46.—

THE
ASTRONOMICAL
ALMANAC

FOR THE YEAR

2015

and its companion

The Astronomical Almanac Online

Data for Astronomy, Space Sciences, Geodesy,
Surveying, Navigation and other applications

WASHINGTON

Issued by the
Nautical Almanac Office
United States
Naval Observatory
by direction of the
Secretary of the Navy
and under the
authority of Congress

TAUNTON

Issued
by
Her Majesty's
Nautical Almanac Office
on behalf
of
The United Kingdom
Hydrographic Office

WASHINGTON: U.S. GOVERNMENT PRINTING OFFICE
TAUNTON: THE U.K. HYDROGRAPHIC OFFICE

NOTE
Every care is taken to prevent errors in the production of this publication. As a final precaution it is recommended that the sequence of pages in this copy be examined on receipt. If faulty it should be returned for replacement.

Printed in the United States of America
by the U.S. Government Printing Office

Beginning with the edition for 1981, the title *The Astronomical Almanac* replaced both the title *The American Ephemeris and Nautical Almanac* and the title *The Astronomical Ephemeris*. The changes in title symbolise the unification of the two series, which until 1980 were published separately in the United States of America since 1855 and in the United Kingdom since 1767. *The Astronomical Almanac* is prepared jointly by the Nautical Almanac Office, United States Naval Observatory, and H.M. Nautical Almanac Office, United Kingdom Hydrographic Office, and is published jointly by the United States Government Printing Office and the United Kingdom Hydrographic Office; it is printed only in the United States of America using reproducible material from both offices.

By international agreement the tasks of computation and publication of astronomical ephemerides are shared among the ephemeris offices of several countries. The contributors of the basic data for this Almanac are listed on page vii. This volume was designed in consultation with other astronomers of many countries, and is intended to provide current, accurate astronomical data for use in the making and reduction of observations and for general purposes. (The other publications listed on pages viii-ix give astronomical data for particular applications, such as navigation and surveying.)

Beginning with the 1984 edition, most of the data tabulated in *The Astronomical Almanac* have been based on the fundamental ephemerides of the planets and the Moon prepared at the Jet Propulsion Laboratory (JPL). In particular, the 2003 through 2014 editions utilized the JPL Planetary and Lunar Ephemerides DE405/LE405. Beginning with the 2015 edition, JPL's DE430/LE430 are the basis of the tabulations.

The 2009 edition implemented the relevant International Astronomical Union (IAU) resolutions passed at the 2003 and 2006 IAU General Assemblies. This includes the adoption of the report by the IAU Working Group on Precession and the Ecliptic which affects a significant fraction of the tabulated data (see Section L for more details). *U.S. Naval Observatory Circular No. 179* (see page ix) gives a detailed explanation of the relevant IAU resolutions. Beginning with the 2014 edition, all sections reflect the IAU 2006 resolution that formally defined planets, dwarf planets, and small solar system bodies. Beginning with this edition, the 2012 IAU resolution re-defining the astronomical unit is implemented.

The Astronomical Almanac Online is a companion to this volume. It is designed to broaden the scope of this publication. In addition to ancillary information, the data provided will appeal to specialist groups as well as those needing more precise information. Much of the material may also be downloaded.

Suggestions for further improvement of this Almanac would be welcomed; they should be sent to the Chief, Nautical Almanac Office, United States Naval Observatory or to the Head, H.M. Nautical Almanac Office, United Kingdom Hydrographic Office.

BRIAN D. CONNON
Captain, U.S. Navy,
Superintendent, U.S. Naval Observatory
3450 Massachusetts Avenue, NW
Washington, D.C. 20392–5420
U.S.A.

IAN MONCRIEFF CBE
Chief Executive
UK Hydrographic Office
Admiralty Way, Taunton
Somerset, TA1 2DN
United Kingdom

October 2013

Corrections to The Astronomical Almanac, 2009-2014

Page B54, Reduction for precession - approximate formulae:

In the formula for c:

   replace $+0°000\ 104\ 256\ 09$ *with* $+0°000\ 142\ 560\ 94$

and

   replace $-0°000\ 104\ 155\ 607$ *with* $+2°971\ 04 \times 10^{-8}$

In the formula for c':

   replace $-0°000\ 104\ 177\ 728$ *with* $+7°588\ 19 \times 10^{-9}$

Corrections to The Astronomical Almanac, 2014

Page H62, Exoplanets and host stars:

There are two entries for exoplanet "HD 37124 b"; the one with orbital eccentricity 0.160 should be "HD 37124 d".

Changes introduced for 2015

The JPL ephemeris DE430/LE430 for the Sun, Moon, planets and dwarf planet Pluto is used throughout this edition with the exception of the eclipses of the Sun and Moon detailed in section A which are, as in previous editions, based on DE405/LE405.

The IAU 2012 resolution on the re-definition of the astronomical unit of length is implemented in all sections.

Section D: The physical ephemeris of the Moon is updated from DE403/LE403 to DE430/LE430, consistent with the rest of the edition.

Section E: The application for predicting magnitude and surface brightness of planets given in the physical ephemeris pages (E54-E79) is updated to account for the geometry of oblate planets.

Section F: Mutual events of the Galilean satellites (F38-F39) are added.

Section H: Updates to the data are made to the lists of selected double stars and selected quasars.

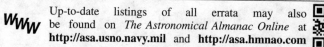

CONTENTS, 2015

Section A   PHENOMENA

Seasons: Moon's phases; principal occultations; planetary phenomena; elongations and magnitudes of planets; visibility of planets; diary of phenomena; times of sunrise, sunset, twilight, moonrise and moonset; eclipses, transits, use of Besselian elements.

Section B   TIME-SCALES AND COORDINATE SYSTEMS

Calendar; chronological cycles and eras; religious calendars; relationships between time scales; universal and sidereal times, Earth rotation angle; reduction of celestial coordinates; proper motion, annual parallax, aberration, light-deflection, precession and nutation; coordinates of the CIP & CIO, matrix elements for both frame bias, precession-nutation, and GCRS to the Celestial Intermediate Reference System, formulae for apparent and intermediate place reduction; position and velocity of the Earth; polar motion; diurnal parallax and aberration; altitude, azimuth; refraction; pole star formulae and table.

Section C   SUN

Mean orbital elements, elements of rotation; low-precision formulae for coordinates of the Sun and the equation of time; ecliptic and equatorial coordinates; heliographic coordinates, horizontal parallax, semi-diameter and time of transit; geocentric rectangular coordinates.

Section D   MOON

Phases; perigee and apogee; mean elements of orbit and rotation; lengths of mean months; geocentric, topocentric and selenographic coordinates; formulae for libration; ecliptic and equatorial coordinates, distance, horizontal parallax and time of transit; physical ephemeris, semi-diameter and fraction illuminated; low-precision formulae for geocentric and topocentric coordinates.

Section E   PLANETS

Rotation elements for Mercury, Venus, Mars, Jupiter, Saturn, Uranus, and Neptune; physical ephemerides; osculating orbital elements (including the Earth-Moon barycentre); heliocentric ecliptic coordinates; geocentric equatorial coordinates; times of transit.

Section F   NATURAL SATELLITES

Ephemerides and phenomena of the satellites of Mars, Jupiter, Saturn (including the rings), Uranus, Neptune and Pluto.

Section G   DWARF PLANETS AND SMALL SOLAR SYSTEM BODIES

Osculating elements; opposition dates and finding charts; physical ephemerides; geocentric equatorial coordinates, visual magnitudes, and time of transit for those bodies at opposition. Osculating elements for periodic comets.

Section H   STARS AND STELLAR SYSTEMS

Lists of bright stars, double stars, *UBVRI* standards, *uvby* & Hβ standards, spectrophotometric standards, radial velocity standards, variable stars, exoplanet/host stars, bright galaxies, open clusters, globular clusters, ICRF radio source positions, radio telescope flux & polarization calibrators, X-ray sources, quasars, pulsars, and gamma ray sources.

Section J   OBSERVATORIES

Index of observatory name and place; lists of optical and radio observatories.

Section K   TABLES AND DATA

Julian dates of Gregorian calendar dates; selected astronomical constants; reduction of time scales; reduction of terrestrial coordinates; interpolation methods; vectors and matrices.

Section L   NOTES AND REFERENCES   Section M GLOSSARY   Section N INDEX

THE ASTRONOMICAL ALMANAC ONLINE

WWW — **http://asa.usno.navy.mil** & **http://asa.hmnao.com**

Eclipse Portal; occultation maps; lunar polynomial coefficients; planetary heliocentric osculating elements; satellite offsets, apparent distances, position angles, orbital, physical, and photometric data; minor planet diameters; various star data sets; observatory search; astronomical constants; glossary, errata.

The pagination within each section is given in full on the first page of each section.

U.S. NAVAL OBSERVATORY

Captain Brian D. Connon, *U.S.N., Superintendent*
Commander Erlina A. Haun, *U.S.N., Deputy Superintendent*
Brian Luzum, *Acting Scientific Director*

ASTRONOMICAL APPLICATIONS DEPARTMENT

Sean E. Urban and Jennifer L. Bartlett, *Acting Head*
Sean E. Urban *Chief, Nautical Almanac Office*
Jennifer L. Bartlett, *Chief, Software Products Division*
Sean E. Urban and Jennifer L. Bartlett, *Acting Chief, Science Support Division*

George H. Kaplan	James L. Hilton
William T. Harris	Wendy K. Puatua
Susan G. Stewart	Mark T. Stollberg
Michael Efroimsky	Eric G. Barron
Amy C. Fredericks	Michael V. Lesniak III
QMC (SW) Melvin Prescott, U.S.N	Yvette Washington

THE UNITED KINGDOM HYDROGRAPHIC OFFICE

Ian Moncrieff CBE, *Chief Executive*
Captain Jamie McMichael-Phillips RN, *Deputy National Hydrographer*

HER MAJESTY'S NAUTICAL ALMANAC OFFICE

Steven A. Bell, *Head*

Catherine Y. Hohenkerk	Donald B. Taylor
Paresh S. Prema	Susan G. Nelmes
James A. Whittaker	

The data in this volume have been prepared as follows:

By H.M. Nautical Almanac Office, United Kingdom Hydrographic Office:

Section A—phenomena, rising, setting of Sun and Moon, lunar eclipses; B—ephemerides and tables relating to time-scales and coordinate reference frames; D—physical ephemerides and geocentric coordinates of the Moon; F—ephemerides for sixteen of the major planetary satellites; G—opposition dates, finding charts, geocentric coordinates, transit times, and osculating orbital elements, of selected dwarf planets and small solar system bodies; K—tables and data.

By the Nautical Almanac Office, United States Naval Observatory:

Section A—eclipses of the Sun; C—physical ephemerides, geocentric and rectangular coordinates of the Sun; E—physical ephemerides, orbital elements, heliocentric and geocentric coordinates, and transit times of the planets; F—phenomena and ephemerides of satellites, except Jupiter I–IV; G—ephemerides of the largest and/or brightest 93 minor planets; H—data for lists of bright stars, photometric standard stars, radial velocity standard stars, exoplanets and host stars, bright galaxies, open clusters, globular clusters, radio source positions, radio flux calibrators, X-ray sources, quasars, pulsars, variable stars, double stars and gamma ray sources; J—information on observatories; L—notes and references; M—glossary; N—index.

By the Jet Propulsion Laboratory, California Institute of Technology:

The planetary and lunar ephemerides DE430/LE430. The ephemeris for the dwarf planet Eris.

By the IAU Standards Of Fundamental Astronomy (SOFA) initiative:

Software implementation of fundamental quantities used in sections A, B, D and G.

By the Institut de Mécanique Céleste et de Calcul des Éphémérides, Paris Observatory:

Section F—ephemerides and phenomena of satellites I–IV of Jupiter.

By the Minor Planet Center, Cambridge, Massachusetts:

Section G—orbital elements of periodic comets.

Section H—Stars and stellar systems: many individuals have provided expertise in compiling the tables; they are listed in Section L and on *The Astronomical Almanac Online*.

In general the Office responsible for the preparation of the data has drafted the related explanatory notes and auxiliary material, but both have contributed to the final form of the material. The preliminaries, Section A, except the solar eclipses, and Sections B, D, G and K have been composed in the United Kingdom, while the rest of the material has been composed in the United States. The work of proofreading has been shared, but no attempt has been made to eliminate the differences in spelling and style between the contributions of the two Offices.

Joint publications of HM Nautical Almanac Office (UKHO) and the United States Naval Observatory

These publications are published by and available from, UKHO Distributors, and the Superintendent of Documents, U.S. Government Printing Office (USGPO) except where noted.

Astronomical Phenomena contains extracts from *The Astronomical Almanac* and is published annually in advance of the main volume. Included are dates and times of planetary and lunar phenomena and other astronomical data of general interest. (UKHO GP200)

The Nautical Almanac contains ephemerides at an interval of one hour and auxiliary astronomical data for marine navigation. (UKHO NP314)

The Air Almanac contains ephemerides at an interval of ten minutes and auxiliary astronomical data for air navigation. This publication is now distributed solely on CD-ROM and is only available from USGPO.

Other publications of HM Nautical Almanac Office (UKHO)

The Star Almanac for Land Surveyors (NP 321) contains the Greenwich hour angle of Aries and the position of the Sun, tabulated for every six hours, and represented by monthly polynomial coefficients. Positions of all stars brighter than magnitude 4·0 are tabulated monthly to a precision of $0.^s1$ in right ascension and $1''$ in declination. A CD-ROM is included which contains the electronic edition plus coefficients, in ASCII format, representing the data.

NavPac and Compact Data for 2011–2015 (DP 330) contains software, algorithms and data, which are mainly in the form of polynomial coefficients, for calculating the positions of the Sun, Moon, navigational planets and bright stars. It enables navigators to compute their position at sea from sextant observations using an IBM PC or compatible for the period 1986–2015. The tabular data are also supplied as ASCII files on the CD-ROM. The web pages http://astro.ukho.gov.uk/nao/navpac/ provides information for issues related to NavPac.

Planetary and Lunar Coordinates, 2001–2020 provides low-precision astronomical data and phenomena for use well in advance of the annual ephemerides. It contains heliocentric, geocentric, spherical and rectangular coordinates of the Sun, Moon and planets, eclipse maps and auxiliary data. All the tabular ephemerides are supplied solely on CD-ROM as ASCII and Adobe's portable document format files. The full printed edition is published in the United States by Willmann-Bell Inc, PO Box 35025, Richmond VA 23235, USA.

Rapid Sight Reduction Tables for Navigation (AP 3270 / NP 303), 3 volumes, formerly entitled *Sight Reduction Tables for Air Navigation*. Volume 1, selected stars for epoch 2015·0, containing the altitude to $1'$ and true azimuth to $1°$ for the seven stars most suitable for navigation, for all latitudes and hour angles of Aries. Volumes 2 and 3 contain altitudes to $1'$ and azimuths to $1°$ for integral degrees of declination from N 29° to S 29°, for relevant latitudes and all hour angles at which the zenith distance is less than 95° providing for sights of the Sun, Moon and planets.

The UK Air Almanac (AP1602) contains data useful in the planning of activities where the level of illumination is important, particularly aircraft movements, and is produced to the general requirements of the Royal Air Force. It is available for download from HMNAO's web site.

NAO Technical Notes are issued irregularly to disseminate astronomical data concerning ephemerides or astronomical phenomena.

Other publications of the United States Naval Observatory

Astronomical Papers of the American Ephemeris[†] are issued irregularly and contain reports of research in celestial mechanics with particular relevance to ephemerides.

U.S. Naval Observatory Circulars[†] are issued irregularly to disseminate astronomical data concerning ephemerides or astronomical phenomena.

U.S. Naval Observatory Circular No. 179, The IAU Resolutions on Astronomical Reference Systems, Time Scales, and Earth Rotation Models explains resolutions and their effects on the data (see Web Links).

Explanatory Supplement to The Astronomical Almanac edited by Sean E. Urban, U.S. Naval Observatory and P. Kenneth Seidelmann, University of Virginia. This third edition is completely updated and offers an authoritative source on the basis and derivation of information contained in *The Astronomical Almanac*, and contains material that is relevant to positional and dynamical astronomy and to chronology. The publication is a collaborative work with authors from the U.S. Naval Observatory, H.M. Nautical Almanac Office, the Jet Propulsion Laboratory and others. It is published by, and available from University Science Books, Mill Valley, California, whose UK distributor is Macmillan Distribution.

MICA is an interactive astronomical almanac for professional applications. Software for both PC systems with Intel processors and Apple Macintosh computers is provided on a single CD-ROM. *MICA* allows a user to compute, to full precision, much of the tabular data contained in *The Astronomical Almanac*, as well as data for specific times and locations. All calculations are made in real time and data are not interpolated from tables. MICA is a product of the U.S. Naval Observatory; it is published by and available from Willmann-Bell Inc. The latest version covers the interval 1800-2050.

† Many of these publications are available from the Nautical Almanac Office, U.S. Naval Observatory, Washington, DC 20392-5420, see Web Links on the next page for availability.

Publications of other countries

Apparent Places of Fundamental Stars is prepared by the Astronomisches Rechen-Institut, Heidelberg (www.ari.uni-heidelberg.de). The printed version of APFS gives the data for a few fundamental stars only, together with the explanation and examples. The apparent places of stars using the FK6 or Hipparcos catalogues are provided by the on-line database ARIAPFS (http://www.ari.uni-heidelberg.de/ariapfs). The printed booklet also contains the so-called '10-Day-Stars' and the 'Circumpolar Stars' and is available from G. Braun Buchverlag, Erbprinzenstrasse 4 - 12, 76133 Karlsruhe, Germany.

Ephemerides of Minor Planets is prepared annually by the Institute of Applied Astronomy of the Russian Academy of Sciences (www.ipa.nw.ru). Included in this volume are elements, opposition dates and opposition ephemerides of all numbered minor planets. This volume (www.ipa.nw.ru/PAGE/DEPFUND/LSBSS/engephem.htm) is available from the Institute of Applied Astronomy, Naberezhnaya Kutuzova 10, St. Petersburg, 191187 Russia.

Electronic Publications

The Astronomical Almanac Online: The companion publication of *The Astronomical Almanac*, providing data best presented in machine-readable form. It typically does not duplicate data from the book. It does, in some cases, provide additional information or greater precision than the printed data. Examples of data found on *The Astronomical Almanac Online* are searchable databases, eclipse and occultation maps, errata found in the printed publication, and a searchable glossary. See next page for web links to *The Astronomical Almanac Online*.

Please refer to the relevant World Wide Web address for further details about the publications and services provided by the following organisations.

H.M. Nautical Almanac Office and U.S. Naval Observatory
- *The Astronomical Almanac Online* at

http://asa.usno.navy.mil — WᴡᴡW — — **http://asa.hmnao.com**

U.S. Naval Observatory
- U.S. Naval Observatory at http://www.usno.navy.mil/USNO
- USNO Astronomical Applications Department at http://aa.usno.navy.mil/
- USNO Data Services at http://aa.usno.navy.mil/data/
- NOVAS astrometry software at http://aa.usno.navy.mil/software/novas/
- *USNO Circular 179* at http://aa.usno.navy.mil/publications/docs/Circular_179.php

H.M. Nautical Almanac Office
- General information at http://www.ukho.gov.uk/HMNAO/
- Eclipses Online at http://astro.ukho.gov.uk/eclipse/
- Online data services at http://astro.ukho.gov.uk/websurf/
- Crescent MoonWatch at http://astro.ukho.gov.uk/moonwatch/

International Astronomical Organizations
- IAU: International Astronomical Union at http://www.iau.org
- IERS: International Earth Rotation and Reference Systems Service at http://www.iers.org
- SOFA: IAU Standards of Fundamental Astronomy at http://www.iausofa.org
- NSFA: IAU Working Group on Numerical Standards at http://maia.usno.navy.mil/NSFA
- MPC: Minor Planet Centre at http://www.minorplanetcenter.org
- CDS: Centre de Données astronomiques de Strasbourg at http://cdsweb.u-strasbg.fr

Products provided by International Astronomical Organizations
- IERS Products http://www.iers.org/ : then
    Orientation data, time, follow, Data / Products → Earth Orientation Data
    Bulletins A, B, C, D and descriptions follow, Publications → IERS Bulletins
    Technical Notes follow, Publications → IERS Technical Notes
- IERS Conventions Centre, updates at http://tai.bipm.org/iers/convupdt/convupdt.html

Publishers and Suppliers
- The UK Hydrographic Office (UKHO) at http://www.ukho.gov.uk
- U.S. Government Printing Office (USGPO) at http://bookstore.gpo.gov
- University Science Books at http://www.uscibooks.com
- Willmann-Bell at http://www.willbell.com
- Macmillan Distribution at http://www.palgrave.com

CONTENTS OF SECTION A

WWW This symbol indicates that these data or auxiliary material may also be found on *The Astronomical Almanac Online* at **http://asa.usno.navy.mil** and **http://asa.hmnao.com**

NOTE: All the times in this section are expressed in Universal Time (UT).

THE SUN

		d h			d h m			d h m
Perigee	... Jan.	4 07	Equinoxes	... Mar.	20 22 45 ...	... Sept.	23 08 21
Apogee	... July	6 20	Solstices	... June	21 16 38 ...	... Dec.	22 04 48

PHASES OF THE MOON

Lunation	New Moon			First Quarter			Full Moon			Last Quarter		
		d	h m		d	h m		d	h m		d	h m
1138							Jan.	5	04 53	Jan.	13	09 46
1139	Jan.	20	13 14	Jan.	27	04 48	Feb.	3	23 09	Feb.	12	03 50
1140	Feb.	18	23 47	Feb.	25	17 14	Mar.	5	18 05	Mar.	13	17 48
1141	Mar.	20	09 36	Mar.	27	07 43	Apr.	4	12 06	Apr.	12	03 44
1142	Apr.	18	18 57	Apr.	25	23 55	May	4	03 42	May	11	10 36
1143	May	18	04 13	May	25	17 19	June	2	16 19	June	9	15 42
1144	June	16	14 05	June	24	11 03	July	2	02 20	July	8	20 24
1145	July	16	01 24	July	24	04 04	July	31	10 43	Aug.	7	02 03
1146	Aug.	14	14 53	Aug.	22	19 31	Aug.	29	18 35	Sept.	5	09 54
1147	Sept.	13	06 41	Sept.	21	08 59	Sept.	28	02 50	Oct.	4	21 06
1148	Oct.	13	00 06	Oct.	20	20 31	Oct.	27	12 05	Nov.	3	12 24
1149	Nov.	11	17 47	Nov.	19	06 27	Nov.	25	22 44	Dec.	3	07 40
1150	Dec.	11	10 29	Dec.	18	15 14	Dec.	25	11 11			

ECLIPSES

A total eclipse of the Sun	Mar. 20	Greenland, Iceland, Europe, North Africa and north-western Asia.
A total eclipse of the Moon	Apr. 4	The western half of North America, Oceania, Australasia and eastern Asia.
A partial eclipse of the Sun	Sept. 13	Parts of southern Africa, the southern half of Madagascar, the southern Indian Ocean and the eastern part of Antarctica.
A total eclipse of the Moon	Sept. 28	Western Asia, Africa, Europe, the Americas excluding the western half of Alaska.

<table>
<tr><th colspan="6">MOON AT PERIGEE</th><th colspan="6">MOON AT APOGEE</th></tr>
</table>

	d	h		d	h		d	h		d	h		d	h		d	h
Jan.	21	20	June	10	05	Oct.	26	13	Jan.	9	18	May	26	22	Oct.	11	13
Feb.	19	07	July	5	19	Nov.	23	20	Feb.	6	06	June	23	17	Nov.	7	22
Mar.	19	20	Aug.	2	10	Dec.	21	09	Mar.	5	08	July	21	11	Dec.	5	15
Apr.	17	04	Aug.	30	15				Apr.	1	13	Aug.	18	03			
May	15	00	Sept.	28	02				Apr.	29	04	Sept.	14	11			

OCCULTATIONS OF PLANETS AND BRIGHT STARS BY THE MOON

Date			Body	Areas of Visibility
	d	h		
Jan. 25	12		Uranus	N. half of Africa, S. Europe, Middle East, Russia, N. Asia
Jan. 29	18		*Aldebaran*	Northernmost Canada
Feb. 21	22		Uranus	N. Polynesia, USA except north west, Mexico
Feb. 25	23		*Aldebaran*	Alaska, N.W. Canada, northernmost Russia, Greenland, Iceland, Scandinavia
Mar. 21	11		Uranus	Easternmost Brazil, Central Africa, Middle East, W. Asia
Mar. 21	22		Mars	Parts of W. Antarctica, S.W. South America
Mar. 25	7		*Aldebaran*	Kazakhstan, Russia, N.E. Scandinavia, extreme N.E. China, N. Greenland, N.W. Canada, Alaska
Apr. 21	17		*Aldebaran*	N.W. USA, Canada, Iceland, Scandinavia, extreme N. of British Isles, N.W. Russia
Apr. 26	7		Juno	Eastern S.E. Asia, N. Papua New Guinea, Micronesia, N. Melanesia, French Polynesia
May 15	12		Uranus	Central South America, West and Central Africa
June 11	20		Uranus	S. and E. Australia, New Zealand, Fiji, Samoa, French Polynesia
June 15	2		Mercury	S. tip of India, Sri Lanka, most of S.E. Asia, Micronesia
June 15	12		*Aldebaran*	E. and N. Canada, Greenland, Iceland, N. Scandinavia, North and central Russia
July 9	3		Uranus	E. parts of Antarctica, S. Indian Ocean, S. tip of Madagascar, westernmost Australia
July 12	18		*Aldebaran*	N. Japan, E. Russia, Alaska, N. Canada, Greenland, Iceland

Date			Body	Areas of Visibility
	d	h		
July 19	1		Venus	New Guinea, N.E. Australia, Melanesia, French Polynesia
Aug. 5	9		Uranus	Antarctic Peninsula, S. South America, Falkland Islands
Aug. 9	0		*Aldebaran*	Middle East, E. Europe, N.W. Asia, Scandinavia, Russia, Alaska, N.W. Canada
Sept. 1	16		Uranus	Wilkes Land, Victoria Land, most of New Zealand
Sept. 5	6		*Aldebaran*	Eastern North America, Europe, western Russia, N.W. Asia
Sept.29	1		Uranus	Parts of Antarctica, South Africa, S. tip of Madagascar
Oct. 2	13		*Aldebaran*	Micronesia, Japan, North America
Oct. 8	21		Venus	Australia, E. Melanesia, New Zealand, Victoria Land
Oct. 11	12		Mercury	S. South America, Falkland Islands, parts of Antarctica
Oct. 26	10		Uranus	E. part of Antarctica, New Zealand, S. French Polynesia
Oct. 29	23		*Aldebaran*	N.W. Africa, Europe, Russia, N. Middle East, N. Asia
Nov. 22	19		Uranus	Queen Maud Land, Enderby Land, southern Indian Ocean
Nov. 26	10		*Aldebaran*	Japan, E. Russia, N. USA, Canada, Greenland
Dec. 6	3		Mars	Central and East Africa, S. Arabian Peninsula, S. tip of India, Indonesia, Australia
Dec. 7	17		Venus	North and Central America, Caribbean
Dec. 20	1		Uranus	Antarctic Peninsula, S. tip of South America, Falkland Islands
Dec. 23	20		*Aldebaran*	Easternmost coast of Canada, N.W. Africa, Europe, Russia, N. Asia

Maps showing the areas of visibility may be found on AsA-Online.

OCCULTATIONS OF X-RAY SOURCES BY THE MOON

This table can be found on *The Astronomical Almanac Online* at http://asa.usno.navy.mil and http://asa.hmnao.com.

AVAILABILITY OF PREDICTIONS OF LUNAR OCCULTATIONS

IOTA, the International Occultation Timing Association is responsible for the predictions and reductions of timings of occultations of stars by the Moon. Their web address is http://lunar-occultations.com/iota.

GEOCENTRIC PHENOMENA

MERCURY

	d h	d h	d h	d h
Greatest elongation East	Jan. 14 20 (19°)	May 7 05 (21°)	Sept. 4 10 (27°)	Dec. 29 03 (20°)
Stationary	Jan. 21 04	May 19 11	Sept. 17 13	—
Inferior conjunction ...	Jan. 30 14	May 30 17	Sept. 30 15	—
Stationary	Feb. 11 07	June 11 20	Oct. 8 22	—
Greatest elongation West	Feb. 24 16 (27°)	June 24 17 (22°)	Oct. 16 03 (18°)	—
Superior conjunction ...	Apr. 10 04	July 23 19	Nov. 17 15	—

VENUS

	d h		d h
Greatest elongation East	June 6 18 (45°)	Stationary	Sept. 5 09
Greatest illuminated extent	July 10 04	Greatest illuminated extent	Sept.21 15
Stationary	July 23 06	Greatest elongation West	Oct. 26 07 (46°)
Inferior conjunction ...	Aug. 15 19		

SUPERIOR PLANETS

	Conjunction	Stationary	Opposition	Stationary
	d h	d h	d h	d h
Mars	June 14 16	—	—	
Jupiter	Aug. 26 22	—	| Feb. 6 18	Apr. 8 20
Saturn	Nov. 30 00	| Mar. 14 22	May 23 02	Aug. 2 20
Uranus	Apr. 6 14	July 26 16	Oct. 12 04	Dec. 26 11
Neptune	Feb. 26 05	June 12 20	Sept. 1 04	Nov. 18 21

The vertical bars indicate where the dates for the planet are not in chronological order.

OCCULTATIONS BY PLANETS AND SATELLITES

Details of predictions of occultations of stars by planets, minor planets and satellites are given in *The Handbook of the British Astronomical Association*.

HELIOCENTRIC PHENOMENA

	Perihelion	Aphelion	Ascending Node	Greatest Lat. North	Descending Node	Greatest Lat. South
Mercury	Jan. 21	Mar. 6	Jan. 17	Feb. 1	Feb. 24	Mar. 27
	Apr. 19	June 2	Apr. 15	Apr. 30	May 23	June 23
	July 16	Aug. 29	July 12	July 27	Aug. 19	Sept. 19
	Oct. 12	Nov. 25	Oct. 8	Oct. 22	Nov. 15	Dec. 15
Venus	Apr. 18	Aug. 8	Mar. 15	May 10	July 5	Jan. 18
	Nov. 29	—	Oct. 26	Dec. 20	—	Aug. 31
Mars	—	Nov. 20	Apr. 12	Oct. 13	—	—

Jupiter, Saturn, Uranus, Neptune: None in 2015

PHENOMENA, 2015

ELONGATIONS AND MAGNITUDES OF PLANETS AT 0^h UT

Date	Mercury Elong.	Mag.	Venus Elong.	Mag.
Jan. −2	E. 12	−0·8	E. 16	−3·9
3	E. 15	−0·8	E. 17	−3·9
8	E. 17	−0·8	E. 18	−3·9
13	E. 19	−0·7	E. 19	−3·9
18	E. 18	−0·4	E. 20	−3·9
23	E. 14	+0·9	E. 22	−3·9
28	E. 6	+3·9	E. 23	−3·9
Feb. 2	W. 7	+4·1	E. 24	−3·9
7	W. 16	+1·7	E. 25	−3·9
12	W. 22	+0·6	E. 26	−3·9
17	W. 25	+0·2	E. 27	−3·9
22	W. 27	0·0	E. 28	−3·9
27	W. 27	0·0	E. 30	−3·9
Mar. 4	W. 26	0·0	E. 31	−3·9
9	W. 24	−0·1	E. 32	−3·9
14	W. 22	−0·2	E. 33	−3·9
19	W. 19	−0·3	E. 34	−4·0
24	W. 16	−0·5	E. 35	−4·0
29	W. 12	−0·8	E. 36	−4·0
Apr. 3	W. 8	−1·3	E. 37	−4·0
8	W. 3	−1·9	E. 38	−4·0
13	E. 3	−2·0	E. 39	−4·1
18	E. 9	−1·5	E. 40	−4·1
23	E. 14	−1·1	E. 41	−4·1
28	E. 18	−0·7	E. 41	−4·1
May 3	E. 20	−0·2	E. 42	−4·2
8	E. 21	+0·4	E. 43	−4·2
13	E. 20	+1·1	E. 44	−4·2
18	E. 16	+2·2	E. 44	−4·3
23	E. 11	+3·7	E. 45	−4·3
28	E. 4	·	E. 45	−4·3
June 2	W. 4	·	E. 45	−4·4
7	W. 11	+3·8	E. 45	−4·4
12	W. 17	+2·4	E. 45	−4·5
17	W. 20	+1·4	E. 45	−4·5
22	W. 22	+0·7	E. 44	−4·6
27	W. 22	+0·2	E. 44	−4·6
July 2	W. 21	−0·3	E. 42	−4·6

Date	Mercury Elong.	Mag.	Venus Elong.	Mag.
July 2	W. 21	−0·3	E. 42	−4·6
7	W. 18	−0·7	E. 41	−4·7
12	W. 13	−1·1	E. 38	−4·7
17	W. 8	−1·6	E. 35	−4·7
22	W. 3	−2·1	E. 32	−4·6
27	E. 4	−1·8	E. 27	−4·6
Aug. 1	E. 9	−1·2	E. 22	−4·4
6	E. 14	−0·7	E. 16	−4·2
11	E. 18	−0·4	E. 10	−4·1
16	E. 21	−0·2	W. 8	−4·1
21	E. 23	−0·1	W. 12	−4·1
26	E. 25	0·0	W. 17	−4·3
31	E. 27	+0·1	W. 23	−4·5
Sept. 5	E. 27	+0·1	W. 29	−4·6
10	E. 26	+0·3	W. 33	−4·7
15	E. 24	+0·6	W. 36	−4·8
20	E. 19	+1·2	W. 39	−4·8
25	E. 12	+2·8	W. 42	−4·8
30	E. 3	·	W. 43	−4·7
Oct. 5	W. 9	+3·1	W. 44	−4·7
10	W. 15	+0·6	W. 45	−4·7
15	W. 18	−0·5	W. 46	−4·6
20	W. 17	−0·8	W. 46	−4·6
25	W. 15	−0·9	W. 46	−4·5
30	W. 12	−1·0	W. 46	−4·5
Nov. 4	W. 9	−1·0	W. 46	−4·4
9	W. 5	−1·2	W. 46	−4·4
14	W. 2	−1·3	W. 45	−4·4
19	E. 1	·	W. 45	−4·3
24	E. 4	−1·1	W. 44	−4·3
29	E. 7	−0·9	W. 44	−4·2
Dec. 4	E. 9	−0·7	W. 43	−4·2
9	E. 12	−0·6	W. 42	−4·2
14	E. 14	−0·6	W. 41	−4·1
19	E. 17	−0·6	W. 40	−4·1
24	E. 19	−0·7	W. 39	−4·1
29	E. 20	−0·6	W. 39	−4·1
34	E. 18	−0·2	W. 38	−4·0

SELECTED DWARF AND MINOR PLANETS

	Conjunction	Stationary	Opposition	Stationary
Ceres … …	—	June 6	July 25	Sept. 15
Pallas … …	—	Apr. 19	June 12	Aug. 8
Juno … …	Sept. 27	—	Jan. 29	Mar. 9
Vesta … …	Jan. 11	Aug. 16	Sept. 29	Nov. 17
Pluto … …	Jan. 4	Apr. 17	July 6	Sept. 24

ELONGATIONS AND MAGNITUDES OF PLANETS AT 0ʰ UT

Date	Mars Elong.	Mag.	Jupiter Elong.	Mag.	Saturn Elong.	Mag.	Uranus Elong.	Mag.	Neptune Elong.	Mag.
Jan. −2	E. 42	+1·1	W. 135	−2·4	W. 37	+0·5	E. 95	+5·8	E. 58	+7·9
8	E. 39	+1·1	W. 146	−2·5	W. 46	+0·6	E. 85	+5·8	E. 48	+7·9
18	E. 37	+1·2	W. 157	−2·5	W. 55	+0·5	E. 75	+5·9	E. 38	+8·0
28	E. 34	+1·2	W. 169	−2·6	W. 65	+0·5	E. 65	+5·9	E. 28	+8·0
Feb. 7	E. 32	+1·2	E. 179	−2·6	W. 74	+0·5	E. 56	+5·9	E. 19	+8·0
17	E. 30	+1·2	E. 168	−2·6	W. 84	+0·5	E. 46	+5·9	E. 9	+8·0
27	E. 27	+1·3	E. 157	−2·5	W. 93	+0·5	E. 36	+5·9	W. 1	+8·0
Mar. 9	E. 25	+1·3	E. 146	−2·5	W. 103	+0·4	E. 27	+5·9	W. 10	+8·0
19	E. 22	+1·3	E. 135	−2·4	W. 113	+0·4	E. 17	+5·9	W. 20	+8·0
29	E. 20	+1·4	E. 125	−2·3	W. 123	+0·3	E. 8	+5·9	W. 30	+8·0
Apr. 8	E. 18	+1·4	E. 115	−2·3	W. 133	+0·3	W. 1	+5·9	W. 39	+8·0
18	E. 15	+1·4	E. 105	−2·2	W. 144	+0·2	W. 11	+5·9	W. 49	+7·9
28	E. 13	+1·4	E. 96	−2·1	W. 154	+0·1	W. 20	+5·9	W. 58	+7·9
May 8	E. 10	+1·5	E. 87	−2·1	W. 164	+0·1	W. 29	+5·9	W. 68	+7·9
18	E. 7	+1·5	E. 78	−2·0	W. 174	0·0	W. 38	+5·9	W. 77	+7·9
28	E. 5	+1·5	E. 70	−1·9	E. 174	0·0	W. 47	+5·9	W. 87	+7·9
June 7	E. 2	+1·5	E. 62	−1·9	E. 164	+0·1	W. 56	+5·9	W. 96	+7·9
17	W. 1	+1·5	E. 54	−1·8	E. 154	+0·2	W. 66	+5·9	W. 106	+7·9
27	W. 3	+1·6	E. 46	−1·8	E. 144	+0·2	W. 75	+5·9	W. 115	+7·9
July 7	W. 6	+1·6	E. 38	−1·8	E. 134	+0·3	W. 84	+5·8	W. 125	+7·9
17	W. 9	+1·6	E. 31	−1·7	E. 124	+0·3	W. 94	+5·8	W. 135	+7·8
27	W. 12	+1·7	E. 23	−1·7	E. 115	+0·4	W. 103	+5·8	W. 144	+7·8
Aug. 6	W. 15	+1·7	E. 16	−1·7	E. 105	+0·4	W. 113	+5·8	W. 154	+7·8
16	W. 18	+1·7	E. 8	−1·7	E. 96	+0·5	W. 123	+5·8	W. 164	+7·8
26	W. 22	+1·8	E. 1	−1·7	E. 86	+0·5	W. 132	+5·7	W. 174	+7·8
Sept. 5	W. 25	+1·8	W. 7	−1·7	E. 77	+0·5	W. 142	+5·7	E. 176	+7·8
15	W. 28	+1·8	W. 14	−1·7	E. 68	+0·6	W. 152	+5·7	E. 166	+7·8
25	W. 32	+1·8	W. 22	−1·7	E. 59	+0·6	W. 162	+5·7	E. 156	+7·8
Oct. 5	W. 35	+1·8	W. 30	−1·7	E. 50	+0·6	W. 173	+5·7	E. 146	+7·8
15	W. 39	+1·8	W. 38	−1·8	E. 41	+0·6	E. 177	+5·7	E. 136	+7·8
25	W. 43	+1·7	W. 46	−1·8	E. 32	+0·5	E. 167	+5·7	E. 126	+7·9
Nov. 4	W. 47	+1·7	W. 54	−1·8	E. 23	+0·5	E. 156	+5·7	E. 116	+7·9
14	W. 51	+1·6	W. 62	−1·9	E. 14	+0·5	E. 146	+5·7	E. 106	+7·9
24	W. 55	+1·6	W. 71	−1·9	E. 6	+0·5	E. 136	+5·7	E. 96	+7·9
Dec. 4	W. 59	+1·5	W. 80	−2·0	W. 4	+0·4	E. 125	+5·8	E. 86	+7·9
14	W. 63	+1·4	W. 89	−2·0	W. 13	+0·5	E. 115	+5·8	E. 76	+7·9
24	W. 68	+1·3	W. 99	−2·1	W. 22	+0·5	E. 105	+5·8	E. 66	+7·9
34	W. 72	+1·2	W. 109	−2·2	W. 31	+0·5	E. 95	+5·8	E. 56	+7·9

VISUAL MAGNITUDES OF SELECTED DWARF & MINOR PLANETS

	Jan. 8	Feb. 17	Mar. 29	May 8	June 17	July 27	Sept. 5	Oct. 15	Nov. 24	Dec. 34
Ceres	9·0	9·2	9·1	8·7	8·1	7·5	8·2	8·9	9·2	9·3
Pallas	10·0	9·9	9·7	9·5	9·4	9·7	10·1	10·4	10·5	10·5
Juno	8·3	8·5	9·5	10·2	10·7	10·9	10·9	11·0	11·2	11·2
Vesta	7·5	7·8	8·0	7·9	7·7	7·2	6·5	6·5	7·3	8·0
Pluto	14·2	14·2	14·2	14·1	14·1	14·1	14·1	14·2	14·2	14·2

VISIBILITY OF PLANETS

The planet diagram on page A7 shows, in graphical form for any date during the year, the local mean times of meridian passage of the Sun, of the five planets, Mercury, Venus, Mars, Jupiter and Saturn, and of every 2^h of right ascension. Intermediate lines, corresponding to particular stars, may be drawn in by the user if desired. The diagram is intended to provide a general picture of the availability of planets and stars for observation during the year.

On each side of the line marking the time of meridian passage of the Sun, a band 45^m wide is shaded to indicate that planets and most stars crossing the meridian within 45^m of the Sun are generally too close to the Sun for observation.

For any date the diagram provides immediately the local mean time of meridian passage of the Sun, planets and stars, and thus the following information:
- a) whether a planet or star is too close to the Sun for observation;
- b) visibility of a planet or star in the morning or evening;
- c) location of a planet or star during twilight;
- d) proximity of planets to stars or other planets.

When the meridian passage of a body occurs at midnight, it is close to opposition to the Sun and is visible all night, and may be observed in both morning and evening twilights. As the time of meridian passage decreases, the body ceases to be observable in the morning, but its altitude above the eastern horizon during evening twilight gradually increases until it is on the meridian at evening twilight. From then onwards the body is observable above the western horizon, its altitude at evening twilight gradually decreasing, until it becomes too close to the Sun for observation. When it again becomes visible, it is seen in the morning twilight, low in the east. Its altitude at morning twilight gradually increases until meridian passage occurs at the time of morning twilight, then as the time of meridian passage decreases to 0^h, the body is observable in the west in the morning twilight with a gradually decreasing altitude, until it once again reaches opposition.

Notes on the visibility of the planets are given on page A8. Further information on the visibility of planets may be obtained from the diagram below which shows, in graphical form for any date during the year, the declinations of the bodies plotted on the planet diagram on page A7.

DECLINATION OF SUN AND PLANETS, 2015

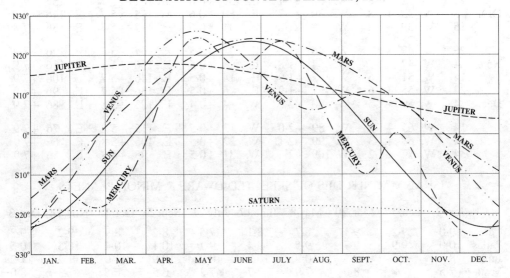

LOCAL MEAN TIME OF MERIDIAN PASSAGE

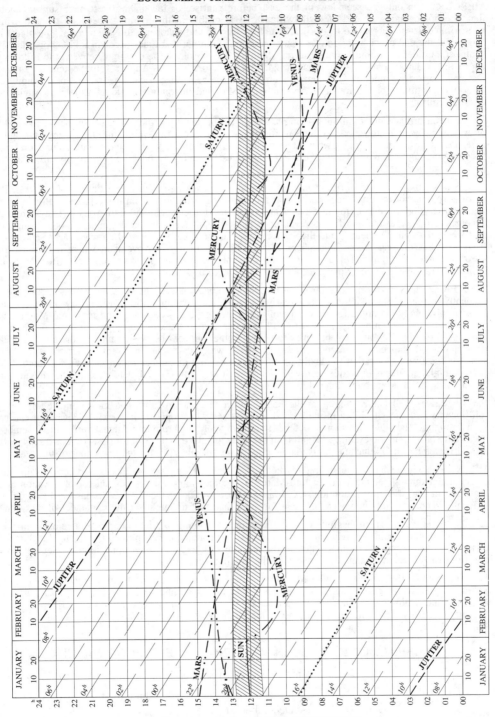

LOCAL MEAN TIME OF MERIDIAN PASSAGE

VISIBILITY OF PLANETS

MERCURY can only be seen low in the east before sunrise, or low in the west after sunset (about the time of beginning or end of civil twilight). It is visible in the mornings between the following approximate dates: February 6 to April 1, June 9 to July 16 and October 7 to November 3. The planet is brighter at the end of each period,(the best conditions in northern latitudes occur in mid-October and in southern latitudes from mid-February to mid-March). It is visible in the evenings between the following approximate dates: January 1 to January 24, April 18 to May 21, August 1 to September 24 and December 5 to December 31. The planet is brighter at the beginning of each period,(the best conditions in northern latitudes occur from late April to early May and in southern latitudes from mid-August to mid-September).

VENUS is a brilliant object in the evening sky from the beginning of the year until in the second week of August it becomes too close to the Sun for observation. From the end of the third week of August it reappears in the morning sky where it stays until the end of the year. Venus is in conjunction with Mercury on August 5, with Mars on February 21, August 29 and November 3 and with Jupiter on July 1, July 31 and October 26.

MARS is visible as a reddish object in Capricornus in the evening sky at the beginning of the year. Its eastward elongation gradually decreases as it moves through Aquarius from early January, Pisces from mid-February, briefly into Cetus in early March, then into Pisces again and into Aries in late March. It becomes too close to the Sun for observation in mid-April. It reappears in the morning sky during the first week of August in Gemini and then moves into Cancer in early August, Leo from early September (passing $0°8$ N of *Regulus* on September 24) and into Virgo early in November, where it remains for the rest of the year (passing $4°$ N of *Spica* on December 21). Mars is in conjunction with Venus on February 21, August 29 and November 3 and with Jupiter on October 17.

JUPITER can be seen for most of the night in Leo at the beginning of the year. Its westward elongation gradually increases, passes into Cancer in early February, and is at opposition on February 6 when it can be seen throughout the night. Its eastward elongation then gradually decreases and from mid-May it can be seen only in the evening sky. It passes into Leo in the second week of June (passing $0°4$ N of *Regulus* on August 10). In mid-August it becomes too close to the Sun for observation until in the second week of September it reappears in the morning sky in Leo in which constellation it remains for the rest of the year. Its westward elongation gradually increases and by mid-December it can be seen for more than half the night. Jupiter is in conjunction with Venus on July 1, July 31 and October 26, with Mercury on August 7 and with Mars on October 17.

SATURN rises well before sunrise at the beginning of the year in Libra and moves into Scorpius in mid-January. It returns to Libra in the second week of May, is at opposition on May 23 when it can be seen throughout the night, and in mid-October returns to Scorpius. From mid-August until mid-November it can only be seen in the evening sky and then becomes too close to the Sun for observation. It reappears in mid-December in Ophiuchus and is visible only in the morning sky for the remainder of the year.

URANUS is visible at the beginning of the year in the evening sky in Pisces and remains in this constellation throughout the year. In mid-March it becomes too close to the Sun for observation and reappears in late April in the morning sky. Uranus is at opposition on October 12. Its eastward elongation gradually decreases and Uranus can be seen for more than half the night for the remainder of the year.

NEPTUNE is visible at the beginning of the year in the evening sky in Aquarius and remains in this constellation throughout the year. In the first week of February it becomes too close to the Sun for observation and reappears in mid-March in the morning sky. Neptune is at opposition on September 1 and from early December can only be seen in the evening sky.

DO NOT CONFUSE (1) Venus with Mercury in the first three weeks of January, with Mars in mid-February to early March and again in late October to mid-November and with Jupiter in late June to mid-July and again in late October; on all occasions Venus is the brighter object. (2) Jupiter with Mercury in early August and with Mars in October after the first week; on both occasions Jupiter is the brighter object.

VISIBILITY OF PLANETS IN MORNING AND EVENING TWILIGHT

	Morning		Evening	
Venus			January 1	– August 11
	August 20	– December 31		
Mars			January 1	– April 18
	August 6	– December 31		
Jupiter	January 1	– February 6	February 6	– August 13
	September 10	– December 31		
Saturn	January 1	– May 23	May 23	– November 13
	December 17	– December 31		

CONFIGURATIONS OF SUN, MOON AND PLANETS

	d h	
Jan.	4 00	Pluto in conjunction with Sun
	4 07	Earth at perihelion
	5 05	FULL MOON
	8 08	Jupiter 5° N. of Moon
	9 18	Moon at apogee
	11 06	Vesta in conjunction with Sun
	13 10	LAST QUARTER
	14 20	Mercury greatest elong. E. (19°)
	16 12	Saturn 1°.9 S. of Moon
	19 21	Mars 0°.2 S. of Neptune
	20 13	NEW MOON
	21 04	Mercury stationary
	21 18	Mercury 3° S. of Moon
	21 20	Moon at perigee
	22 05	Venus 6° S. of Moon
	23 01	Neptune 4° S. of Moon
	23 05	Mars 4° S. of Moon
	25 12	Uranus 0°.6 S. of Moon Occn.
	27 05	FIRST QUARTER
	29 18	*Aldebaran* 1°.2 S. of Moon Occn.
	29 23	Juno at opposition
	30 14	Mercury in inferior conjunction
Feb.	1 11	Venus 0°.8 S. of Neptune
	3 23	FULL MOON
	4 09	Jupiter 5° N. of Moon
	6 06	Moon at apogee
	6 18	Jupiter at opposition
	11 07	Mercury stationary
	12 04	LAST QUARTER
	13 00	Saturn 2° S. of Moon
	17 06	Mercury 3° S. of Moon
	19 00	NEW MOON
	19 07	Moon at perigee
	21 01	Mars 1°.5 S. of Moon
	21 01	Venus 2° S. of Moon
	21 20	Venus 0°.5 S. of Mars
	21 22	Uranus 0°.3 S. of Moon Occn.
	24 16	Mercury greatest elong. W. (27°)
	25 17	FIRST QUARTER
	25 23	*Aldebaran* 1°.0 S. of Moon Occn.
	26 05	Neptune in conjunction with Sun
Mar.	3 08	Jupiter 5° N. of Moon
	4 20	Venus 0°.1 N. of Uranus
	5 08	Moon at apogee
	5 18	FULL MOON
	9 15	Juno stationary
	11 20	Mars 0°.3 N. of Uranus
	12 08	Saturn 2° S. of Moon
	13 18	LAST QUARTER

	d h		
Mar.	14 22	Saturn stationary	
	19 02	Neptune 4° S. of Moon	
	19 05	Mercury 5° S. of Moon	
	19 20	Moon at perigee	
	20 10	NEW MOON	Eclipse
	20 23	Equinox	
	21 11	Uranus 0°.1 S. of Moon	Occn.
	21 22	Mars 1°.0 N. of Moon	Occn.
	22 20	Venus 3° N. of Moon	
	25 07	*Aldebaran* 0°.9 S. of Moon Occn.	
	27 08	FIRST QUARTER	
	30 10	Jupiter 6° N. of Moon	
Apr.	1 13	Moon at apogee	
	4 12	FULL MOON	Eclipse
	6 14	Uranus in conjunction with Sun	
	8 13	Saturn 2° S. of Moon	
	8 20	Jupiter stationary	
	10 04	Mercury in superior conjunction	
	12 04	LAST QUARTER	
	15 13	Neptune 4° S. of Moon	
	17 04	Moon at perigee	
	17 07	Pluto stationary	
	18 19	NEW MOON	
	19 23	Pallas stationary	
	21 04	Venus 7° N. of *Aldebaran*	
	21 17	*Aldebaran* 0°.9 S. of Moon Occn.	
	21 18	Venus 7° N. of Moon	
	26 00	FIRST QUARTER	
	26 07	Juno 0°.1 N. of Moon	Occn.
	26 18	Jupiter 5° N. of Moon	
	29 04	Moon at apogee	
May	4 04	FULL MOON	
	5 16	Saturn 2° S. of Moon	
	7 05	Mercury greatest elong. E. (21°)	
	11 11	LAST QUARTER	
	12 01	Mercury 8° N. of *Aldebaran*	
	12 21	Neptune 3° S. of Moon	
	15 00	Moon at perigee	
	15 12	Uranus 0°.2 N. of Moon	Occn.
	18 04	NEW MOON	
	19 07	Mercury 6° N. of Moon	
	19 11	Mercury stationary	
	21 19	Venus 8° N. of Moon	
	23 02	Saturn at opposition	
	24 07	Jupiter 5° N. of Moon	
	25 17	FIRST QUARTER	

CONFIGURATIONS OF SUN, MOON AND PLANETS

	d	h	
May	26	22	Moon at apogee
	30	17	Mercury in inferior conjunction
	30	17	Venus 4° S. of *Pollux*
June	1	20	Saturn 1°9 S. of Moon
	2	16	FULL MOON
	6	18	Venus greatest elong. E. (45°)
	6	22	Ceres stationary
	9	03	Neptune 3° S. of Moon
	9	16	LAST QUARTER
	10	05	Moon at perigee
	11	20	Mercury stationary
	11	20	Uranus 0°5 N. of Moon Occn.
	12	01	Pallas at opposition
	12	20	Neptune stationary
	14	16	Mars in conjunction with Sun
	15	02	Mercury 0°04 N. of Moon Occn.
	15	12	*Aldebaran* 1°0 S. of Moon Occn.
	16	14	NEW MOON
	20	11	Venus 6° N. of Moon
	21	00	Jupiter 5° N. of Moon
	21	17	Solstice
	23	17	Moon at apogee
	24	08	Mercury 2° N. of *Aldebaran*
	24	11	FIRST QUARTER
	24	17	Mercury greatest elong. W. (22°)
	29	01	Saturn 2° S. of Moon
July	1	14	Venus 0°4 S. of Jupiter
	2	02	FULL MOON
	5	19	Moon at perigee
	6	08	Neptune 3° S. of Moon
	6	16	Pluto at opposition
	6	20	Earth at aphelion
	8	20	LAST QUARTER
	9	03	Uranus 0°8 N. of Moon Occn.
	10	04	Venus greatest illuminated extent
	12	18	*Aldebaran* 0°9 S. of Moon Occn.
	16	01	NEW MOON
	18	18	Jupiter 4° N. of Moon
	19	01	Venus 0°4 N. of Moon Occn.
	21	11	Moon at apogee
	23	06	Venus stationary
	23	19	Mercury in superior conjunction
	24	04	FIRST QUARTER
	25	08	Ceres at opposition
	26	08	Saturn 2° S. of Moon
	26	16	Uranus stationary
	31	11	FULL MOON
	31	20	Venus 6° S. of Jupiter
Aug.	2	10	Moon at perigee
	2	15	Neptune 3° S. of Moon

	d	h	
Aug.	2	20	Saturn stationary
	5	09	Mercury 8° N. of Venus
	5	09	Uranus 1°0 N. of Moon Occn.
	7	02	LAST QUARTER
	7	04	Mercury 0°6 N. of Jupiter
	7	15	Mercury 1°0 N. of *Regulus*
	8	12	Pallas stationary
	9	00	*Aldebaran* 0°7 S. of Moon Occn.
	10	23	Jupiter 0°4 N. of *Regulus*
	13	05	Mars 6° N. of Moon
	14	15	NEW MOON
	15	19	Venus in inferior conjunction
	16	06	Vesta stationary
	16	15	Mercury 2° N. of Moon
	18	03	Moon at apogee
	22	17	Saturn 3° S. of Moon
	22	20	FIRST QUARTER
	26	22	Jupiter in conjunction with Sun
	29	05	Venus 9° S. of Mars
	29	19	FULL MOON
	30	00	Neptune 3° S. of Moon
	30	15	Moon at perigee
Sept.	1	04	Neptune at opposition
	1	16	Uranus 1°1 N. of Moon Occn.
	4	10	Mercury greatest elong. E. (27°)
	5	06	*Aldebaran* 0°5 S. of Moon Occn.
	5	09	Venus stationary
	5	10	LAST QUARTER
	10	06	Venus 3° S. of Moon
	10	23	Mars 5° N. of Moon
	13	07	NEW MOON Eclipse
	14	11	Moon at apogee
	15	06	Mercury 5° S. of Moon
	15	18	Ceres stationary
	17	13	Mercury stationary
	19	03	Saturn 3° S. of Moon
	21	09	FIRST QUARTER
	21	15	Venus greatest illuminated extent
	23	08	Equinox
	24	17	Mars 0°8 N. of *Regulus*
	24	19	Pluto stationary
	26	10	Neptune 3° S. of Moon
	27	04	Juno in conjunction with Sun
	28	02	Moon at perigee
	28	03	FULL MOON Eclipse
	29	01	Uranus 1°0 N. of Moon Occn.
	29	03	Vesta at opposition
	30	15	Mercury in inferior conjunction
Oct.	2	13	*Aldebaran* 0°5 S. of Moon Occn.
	4	21	LAST QUARTER

CONFIGURATIONS OF SUN, MOON AND PLANETS

	d	h		
Oct.	8	21	Venus 0°.7 N. of Moon	Occn.
	8	22	Mercury stationary	
	9	17	Mars 3° N. of Moon	
	9	21	Venus 3° S. of *Regulus*	
	10	00	Jupiter 3° N. of Moon	
	11	12	Mercury 0°.9 N. of Moon	Occn.
	11	13	Moon at apogee	
	12	04	Uranus at opposition	
	13	00	NEW MOON	
	16	03	Mercury greatest elong. W. (18°)	
	16	13	Saturn 3° S. of Moon	
	17	14	Mars 0°.4 N. of Jupiter	
	20	21	FIRST QUARTER	
	23	19	Neptune 3° S. of Moon	
	26	07	Venus greatest elong. W. (46°)	
	26	08	Venus 1°.1 S. of Jupiter	
	26	10	Uranus 0°.9 N. of Moon	Occn.
	26	13	Moon at perigee	
	27	12	FULL MOON	
	28	19	Mercury 4° N. of *Spica*	
	29	23	*Aldebaran* 0°.6 S. of Moon	Occn.
Nov.	3	12	LAST QUARTER	
	3	16	Venus 0°.7 S. of Mars	
	6	16	Jupiter 2° N. of Moon	
	7	10	Mars 1°.8 N. of Moon	
	7	14	Venus 1°.2 N. of Moon	
	7	22	Moon at apogee	
	11	18	NEW MOON	
	13	01	Saturn 3° S. of Moon	
	17	15	Mercury in superior conjunction	

	d	h		
Nov.	17	16	Vesta stationary	
	18	21	Neptune stationary	
	19	06	FIRST QUARTER	
	20	02	Neptune 3° S. of Moon	
	22	19	Uranus 0°.9 N. of Moon	Occn.
	23	20	Moon at perigee	
	25	23	FULL MOON	
	26	10	*Aldebaran* 0°.7 S. of Moon	Occn.
	28	16	Venus 4° N. of *Spica*	
	30	00	Saturn in conjunction with Sun	
Dec.	3	08	LAST QUARTER	
	4	06	Jupiter 1°.8 N. of Moon	
	5	15	Moon at apogee	
	6	03	Mars 0°.1 N. of Moon	Occn.
	7	17	Venus 0°.7 S. of Moon	Occn.
	11	10	NEW MOON	
	17	08	Neptune 3° S. of Moon	
	18	15	FIRST QUARTER	
	20	01	Uranus 1°.2 N. of Moon	Occn.
	21	09	Moon at perigee	
	21	12	Mars 4° N. of *Spica*	
	22	05	Solstice	
	23	20	*Aldebaran* 0°.7 S. of Moon	Occn.
	25	11	FULL MOON	
	26	11	Uranus stationary	
	29	03	Mercury greatest elong. E. (20°)	
	31	18	Jupiter 1°.5 N. of Moon	

Arrangement and basis of the tabulations

The tabulations of risings, settings and twilights on pages A14–A77 refer to the instants when the true geocentric zenith distance of the central point of the disk of the Sun or Moon takes the value indicated in the following table. The tabular times are in universal time (UT) for selected latitudes on the meridian of Greenwich; the times for other latitudes and longitudes may be obtained by interpolation as described below and as exemplified on page A13.

Phenomena	Zenith distance	Pages
SUN (interval 4 days): sunrise and sunset	90° 50′	A14–A21
civil twilight	96°	A22–A29
nautical twilight	102°	A30–A37
astronomical twilight	108°	A38–A45
MOON (interval 1 day): moonrise and moonset	90° 34′ + s − π	A46–A77

(s = semidiameter, π =horizontal parallax)

The zenith distance at the times for rising and setting is such that under normal conditions the upper limb of the Sun and Moon appears to be on the horizon of an observer at sea-level. The parallax of the Sun is ignored. The observed time may differ from the tabular time because of a variation of the atmospheric refraction from the adopted value (34′) and because of a difference in height of the observer and the actual horizon.

Use of tabulations

The following procedure may be used to obtain times of the phenomena for a non-tabular place and date.

Step 1:   Interpolate linearly for latitude. The differences between adjacent values are usually small and so the required interpolates can often be obtained by inspection.

Step 2:   Interpolate linearly for date and longitude in order to obtain the local mean times of the phenomena at the longitude concerned. For the Sun the variations with longitude of the local mean times of the phenomena are small, but to obtain better precision the interpolation factor for date should be increased by

$$\text{west longitude in degrees}\ /1440$$

since the interval of tabulation is 4 days. For the Moon, the interpolating factor to be used is simply

$$\text{west longitude in degrees}\ /360$$

since the interval of tabulation is 1 day; backward interpolation should be carried out for east longitudes.

Step 3:   Convert the times so obtained (which are on the scale of local mean time for the local meridian) to universal time (UT) or to the appropriate clock time, which may differ from the time of the nearest standard meridian according to the customs of the country concerned. The UT of the phenomenon is obtained from the local mean time by applying the longitude expressed in time measure (1 hour for each 15° of longitude), adding for west longitudes and subtracting for east longitudes. The times so obtained may require adjustment by 24^h; if so, the corresponding date must be changed accordingly.

Approximate formulae for direct calculation

The approximate UT of rising or setting of a body with right ascension α and declination δ at latitude ϕ and *east* longitude λ may be calculated from

$$UT = 0{\cdot}997\,27\,\{\alpha - \lambda \pm \cos^{-1}(-\tan\phi\tan\delta) - (GMST\ \text{at}\ 0^h\ UT)\}$$

where each term is expressed in time measure and the GMST at 0^h UT is given in the tabulations on pages B13–B20. The negative sign corresponds to rising and the positive sign to setting. The formula ignores refraction, semi-diameter and any changes in α and δ during the day. If $\tan\phi\tan\delta$ is numerically greater than 1, there is no phenomenon.

Examples

The following examples of the calculations of the times of rising and setting phenomena use the procedure described on page A12.

1. To find the times of sunrise and sunset for Paris on 2015 July 18. Paris is at latitude N 48° 52′ (= +48°87), longitude E 2° 20′ (= E 2°33 = E 0^h 09^m), and in the summer the clocks are kept two hours in advance of UT. The relevant portions of the tabulation on page A19 and the results of the interpolation for latitude are as follows, where the interpolation factor is (48·87 − 48)/2 = 0·43:

	Sunrise			Sunset		
	+48°	+50°	+48°87	+48°	+50°	+48°87
	h m	h m	h m	h m	h m	h m
July 17	04 18	04 09	04 14	19 54	20 02	19 57
July 21	04 22	04 14	04 19	19 50	19 58	19 53

The interpolation factor for date and longitude is (18 − 17)/4 − 2·33/1440 = 0·25

	Sunrise	Sunset
	d h m	d h m
Interpolate to obtain local mean time:	18 04 15	18 19 56
Subtract 0^h 09^m to obtain universal time:	18 04 06	18 19 47
Add 2^h to obtain clock time:	18 06 06	18 21 47

2. To find the times of beginning and end of astronomical twilight for Canberra, Australia on 2015 November 4. Canberra is at latitude S 35° 18′ (= −35°30), longitude E 149° 08′(= E 149°13 = E 9^h 57^m), and in the summer the clocks are kept eleven hours in advance of UT. The relevant portions of the tabulation on page A44 and the results of the interpolation for latitude are as follows, where the interpolation factor is (−35·30 − (−40))/5 = 0·94:

Astronomical Twilight

	beginning			end		
	−40°	−35°	−35°30	−40°	−35°	−35°30
	h m	h m	h m	h m	h m	h m
Nov. 2	03 06	03 24	03 23	20 23	20 04	20 05
Nov. 6	02 59	03 19	03 18	20 29	20 09	20 10

The interpolation factor for date and longitude is (4 − 2)/4 − 149·13/1440 = 0·40

	Astronomical Twilight	
	beginning	end
	d h m	d h m
Interpolation to obtain local mean time:	4 03 21	4 20 07
Subtract 9^h 57^m to obtain universal time:	3 17 24	4 10 10
Add 11^h to obtain clock time:	4 04 24	4 21 10

3. To find the times of moonrise and moonset for Washington, D.C. on 2015 January 24. Washington is at latitude N 38° 55′ (= +38°92), longitude W 77° 00′ (= W 77°00 = W 5^h 08^m), and in the winter the clocks are kept five hours behind UT. The relevant portions of the tabulation on page A48 and the results of the interpolation for latitude are as follows, where the interpolation factor is (38·92 − 35)/5 = 0·78:

	Moonrise			Moonset		
	+35°	+40°	+38°92	+35°	+40°	+38°92
	h m	h m	h m	h m	h m	h m
Jan. 24	09 36	09 36	09 36	22 09	22 11	22 11
Jan. 25	10 15	10 12	10 13	23 15	23 19	23 18

The interpolation factor for longitude is 77·0/360 = 0·21

	Moonrise	Moonset
	d h m	d h m
Interpolate to obtain local mean time:	24 09 44	24 22 25
Add 5^h 08^m to obtain universal time:	24 14 52	25 03 33
Subtract 5^h to obtain clock time:	24 09 52	24 22 33

SUNRISE AND SUNSET, 2015

UNIVERSAL TIME FOR MERIDIAN OF GREENWICH

SUNRISE

Lat.	−55°	−50°	−45°	−40°	−35°	−30°	−20°	−10°	0°	+10°	+20°	+30°	+35°	+40°
	h m	h m	h m	h m	h m	h m	h m	h m	h m	h m	h m	h m	h m	h m
Jan. −2	3 22	3 52	4 14	4 32	4 47	5 00	5 22	5 41	5 58	6 16	6 34	6 55	7 07	7 21
2	3 27	3 56	4 18	4 35	4 50	5 03	5 24	5 43	6 00	6 17	6 35	6 56	7 08	7 22
6	3 32	4 00	4 22	4 39	4 53	5 06	5 27	5 45	6 02	6 19	6 36	6 57	7 09	7 22
10	3 38	4 06	4 26	4 43	4 57	5 09	5 30	5 47	6 04	6 20	6 37	6 57	7 08	7 22
14	3 45	4 11	4 31	4 47	5 01	5 12	5 32	5 49	6 05	6 21	6 38	6 57	7 08	7 20
18	3 53	4 17	4 36	4 52	5 05	5 16	5 35	5 51	6 07	6 22	6 38	6 56	7 07	7 19
22	4 01	4 24	4 42	4 56	5 09	5 19	5 38	5 53	6 08	6 22	6 38	6 55	7 05	7 17
26	4 09	4 31	4 47	5 01	5 13	5 23	5 40	5 55	6 09	6 23	6 37	6 54	7 03	7 14
30	4 17	4 38	4 53	5 06	5 17	5 26	5 43	5 57	6 10	6 23	6 36	6 52	7 01	7 11
Feb. 3	4 26	4 45	4 59	5 11	5 21	5 30	5 45	5 58	6 10	6 22	6 35	6 49	6 58	7 07
7	4 35	4 52	5 05	5 16	5 25	5 33	5 47	5 59	6 11	6 22	6 33	6 47	6 54	7 03
11	4 43	4 59	5 11	5 21	5 29	5 37	5 50	6 01	6 11	6 21	6 32	6 44	6 50	6 58
15	4 52	5 06	5 17	5 26	5 33	5 40	5 52	6 01	6 11	6 20	6 29	6 40	6 46	6 53
19	5 01	5 13	5 22	5 30	5 37	5 43	5 53	6 02	6 10	6 19	6 27	6 37	6 42	6 48
23	5 09	5 20	5 28	5 35	5 41	5 46	5 55	6 03	6 10	6 17	6 24	6 33	6 37	6 43
27	5 18	5 27	5 34	5 40	5 45	5 49	5 57	6 03	6 09	6 15	6 22	6 29	6 33	6 37
Mar. 3	5 26	5 33	5 39	5 44	5 48	5 52	5 58	6 04	6 09	6 14	6 19	6 24	6 27	6 31
7	5 34	5 40	5 45	5 49	5 52	5 55	6 00	6 04	6 08	6 12	6 15	6 20	6 22	6 25
11	5 42	5 47	5 50	5 53	5 55	5 57	6 01	6 04	6 07	6 09	6 12	6 15	6 17	6 19
15	5 50	5 53	5 55	5 57	5 59	6 00	6 02	6 04	6 06	6 07	6 09	6 10	6 11	6 12
19	5 58	6 00	6 01	6 01	6 02	6 03	6 03	6 04	6 05	6 05	6 05	6 06	6 06	6 06
23	6 06	6 06	6 06	6 05	6 05	6 05	6 05	6 04	6 03	6 03	6 02	6 01	6 00	5 59
27	6 14	6 12	6 11	6 10	6 08	6 07	6 06	6 04	6 02	6 00	5 58	5 56	5 55	5 53
31	6 22	6 18	6 16	6 14	6 12	6 10	6 07	6 04	6 01	5 58	5 55	5 51	5 49	5 46
Apr. 4	6 29	6 25	6 21	6 18	6 15	6 12	6 08	6 04	6 00	5 56	5 51	5 46	5 43	5 40

SUNSET

Lat.	−55°	−50°	−45°	−40°	−35°	−30°	−20°	−10°	0°	+10°	+20°	+30°	+35°	+40°
	h m	h m	h m	h m	h m	h m	h m	h m	h m	h m	h m	h m	h m	h m
Jan. −2	20 41	20 12	19 49	19 32	19 17	19 04	18 42	18 23	18 06	17 48	17 30	17 09	16 57	16 43
2	20 40	20 11	19 50	19 32	19 17	19 05	18 43	18 25	18 08	17 51	17 33	17 12	17 00	16 46
6	20 38	20 10	19 49	19 32	19 18	19 05	18 44	18 26	18 09	17 53	17 35	17 15	17 03	16 50
10	20 35	20 08	19 48	19 31	19 18	19 06	18 45	18 27	18 11	17 55	17 38	17 18	17 07	16 53
14	20 32	20 06	19 46	19 30	19 17	19 05	18 45	18 28	18 13	17 57	17 40	17 21	17 10	16 58
18	20 27	20 02	19 44	19 28	19 16	19 04	18 45	18 29	18 14	17 59	17 43	17 25	17 14	17 02
22	20 21	19 58	19 40	19 26	19 14	19 03	18 45	18 30	18 15	18 01	17 46	17 28	17 18	17 07
26	20 15	19 53	19 37	19 23	19 12	19 02	18 45	18 30	18 16	18 02	17 48	17 32	17 22	17 11
30	20 08	19 48	19 32	19 20	19 09	19 00	18 44	18 30	18 17	18 04	17 50	17 35	17 26	17 16
Feb. 3	20 00	19 42	19 28	19 16	19 06	18 57	18 42	18 29	18 17	18 05	17 53	17 39	17 30	17 21
7	19 52	19 35	19 22	19 12	19 02	18 54	18 41	18 29	18 18	18 07	17 55	17 42	17 34	17 26
11	19 44	19 29	19 17	19 07	18 58	18 51	18 39	18 28	18 18	18 08	17 57	17 45	17 38	17 31
15	19 35	19 21	19 11	19 02	18 54	18 48	18 36	18 27	18 18	18 09	17 59	17 48	17 42	17 35
19	19 26	19 14	19 04	18 57	18 50	18 44	18 34	18 25	18 17	18 09	18 01	17 51	17 46	17 40
23	19 16	19 06	18 58	18 51	18 45	18 40	18 31	18 24	18 17	18 10	18 03	17 54	17 50	17 45
27	19 06	18 58	18 51	18 45	18 40	18 36	18 28	18 22	18 16	18 10	18 04	17 57	17 53	17 49
Mar. 3	18 57	18 50	18 44	18 39	18 35	18 31	18 25	18 20	18 15	18 11	18 06	18 00	17 57	17 54
7	18 47	18 41	18 37	18 33	18 30	18 27	18 22	18 18	18 14	18 11	18 07	18 03	18 01	17 58
11	18 37	18 33	18 29	18 27	18 24	18 22	18 19	18 16	18 13	18 11	18 08	18 05	18 04	18 02
15	18 26	18 24	18 22	18 20	18 19	18 18	18 15	18 14	18 12	18 11	18 09	18 08	18 07	18 06
19	18 16	18 15	18 14	18 14	18 13	18 13	18 12	18 11	18 11	18 11	18 11	18 11	18 11	18 11
23	18 06	18 06	18 07	18 07	18 08	18 08	18 09	18 09	18 10	18 11	18 12	18 13	18 14	18 15
27	17 56	17 58	17 59	18 01	18 02	18 03	18 05	18 07	18 09	18 11	18 13	18 15	18 17	18 19
31	17 46	17 49	17 52	17 54	17 56	17 58	18 02	18 05	18 08	18 11	18 14	18 18	18 20	18 23
Apr. 4	17 36	17 41	17 45	17 48	17 51	17 53	17 58	18 02	18 06	18 10	18 15	18 20	18 23	18 27

UNIVERSAL TIME FOR MERIDIAN OF GREENWICH

SUNRISE

Lat.	+40°	+42°	+44°	+46°	+48°	+50°	+52°	+54°	+56°	+58°	+60°	+62°	+64°	+66°
	h m	h m	h m	h m	h m	h m	h m	h m	h m	h m	h m	h m	h m	h m
Jan. −2	7 21	7 28	7 34	7 42	7 50	7 58	8 08	8 19	8 32	8 46	9 03	9 24	9 52	10 32
2	7 22	7 28	7 35	7 42	7 50	7 58	8 08	8 19	8 31	8 45	9 02	9 22	9 49	10 26
6	7 22	7 28	7 35	7 42	7 49	7 58	8 07	8 17	8 29	8 43	8 59	9 19	9 43	10 18
10	7 22	7 27	7 34	7 41	7 48	7 56	8 05	8 15	8 26	8 40	8 55	9 13	9 37	10 08
14	7 20	7 26	7 32	7 39	7 46	7 54	8 02	8 12	8 23	8 35	8 50	9 07	9 28	9 57
18	7 19	7 24	7 30	7 36	7 43	7 50	7 59	8 08	8 18	8 30	8 43	8 59	9 19	9 45
22	7 17	7 22	7 27	7 33	7 40	7 47	7 54	8 03	8 12	8 23	8 36	8 51	9 09	9 32
26	7 14	7 19	7 24	7 29	7 35	7 42	7 49	7 57	8 06	8 16	8 28	8 42	8 58	9 18
30	7 11	7 15	7 20	7 25	7 31	7 37	7 44	7 51	7 59	8 09	8 19	8 32	8 46	9 04
Feb. 3	7 07	7 11	7 16	7 20	7 26	7 31	7 37	7 44	7 52	8 00	8 10	8 21	8 34	8 50
7	7 03	7 07	7 11	7 15	7 20	7 25	7 31	7 37	7 44	7 51	8 00	8 10	8 22	8 36
11	6 58	7 02	7 05	7 09	7 14	7 18	7 23	7 29	7 35	7 42	7 50	7 59	8 09	8 21
15	6 53	6 56	7 00	7 03	7 07	7 11	7 16	7 21	7 26	7 32	7 39	7 47	7 56	8 07
19	6 48	6 51	6 54	6 57	7 00	7 04	7 08	7 12	7 17	7 22	7 28	7 35	7 43	7 52
23	6 43	6 45	6 48	6 50	6 53	6 56	7 00	7 03	7 07	7 12	7 17	7 23	7 29	7 37
27	6 37	6 39	6 41	6 43	6 46	6 48	6 51	6 54	6 57	7 01	7 05	7 10	7 16	7 22
Mar. 3	6 31	6 33	6 34	6 36	6 38	6 40	6 42	6 45	6 47	6 50	6 54	6 57	7 02	7 07
7	6 25	6 26	6 27	6 29	6 30	6 32	6 33	6 35	6 37	6 39	6 42	6 45	6 48	6 52
11	6 19	6 19	6 20	6 21	6 22	6 23	6 24	6 26	6 27	6 28	6 30	6 32	6 34	6 36
15	6 12	6 13	6 13	6 14	6 14	6 15	6 15	6 16	6 16	6 17	6 18	6 19	6 20	6 21
19	6 06	6 06	6 06	6 06	6 06	6 06	6 06	6 06	6 06	6 06	6 06	6 06	6 06	6 06
23	5 59	5 59	5 59	5 58	5 58	5 57	5 57	5 56	5 55	5 55	5 54	5 53	5 52	5 50
27	5 53	5 52	5 51	5 50	5 50	5 49	5 47	5 46	5 45	5 43	5 42	5 40	5 38	5 35
31	5 46	5 45	5 44	5 43	5 41	5 40	5 38	5 36	5 34	5 32	5 30	5 27	5 23	5 20
Apr. 4	5 40	5 38	5 37	5 35	5 33	5 31	5 29	5 27	5 24	5 21	5 17	5 14	5 09	5 04

SUNSET

Lat.	+40°	+42°	+44°	+46°	+48°	+50°	+52°	+54°	+56°	+58°	+60°	+62°	+64°	+66°
	h m	h m	h m	h m	h m	h m	h m	h m	h m	h m	h m	h m	h m	h m
Jan. −2	16 43	16 37	16 30	16 22	16 14	16 06	15 56	15 45	15 33	15 18	15 01	14 40	14 12	13 32
2	16 46	16 40	16 33	16 26	16 18	16 10	16 00	15 49	15 37	15 23	15 06	14 46	14 19	13 42
6	16 50	16 44	16 37	16 30	16 22	16 14	16 05	15 54	15 42	15 29	15 13	14 53	14 28	13 54
10	16 53	16 48	16 41	16 35	16 27	16 19	16 10	16 00	15 49	15 36	15 20	15 02	14 39	14 07
14	16 58	16 52	16 46	16 39	16 32	16 25	16 16	16 06	15 56	15 43	15 29	15 11	14 50	14 22
18	17 02	16 57	16 51	16 45	16 38	16 31	16 22	16 13	16 03	15 52	15 38	15 22	15 02	14 37
22	17 07	17 02	16 56	16 50	16 44	16 37	16 29	16 21	16 11	16 00	15 48	15 33	15 15	14 52
26	17 11	17 07	17 02	16 56	16 50	16 43	16 36	16 28	16 19	16 09	15 58	15 44	15 28	15 08
30	17 16	17 12	17 07	17 02	16 56	16 50	16 44	16 36	16 28	16 19	16 08	15 56	15 41	15 23
Feb. 3	17 21	17 17	17 12	17 08	17 03	16 57	16 51	16 44	16 37	16 28	16 19	16 07	15 54	15 38
7	17 26	17 22	17 18	17 14	17 09	17 04	16 58	16 52	16 45	16 38	16 29	16 19	16 07	15 53
11	17 31	17 27	17 24	17 20	17 15	17 11	17 06	17 00	16 54	16 47	16 40	16 31	16 20	16 08
15	17 35	17 32	17 29	17 26	17 22	17 18	17 13	17 08	17 03	16 57	16 50	16 42	16 33	16 23
19	17 40	17 37	17 34	17 31	17 28	17 25	17 21	17 16	17 12	17 07	17 01	16 54	16 46	16 37
23	17 45	17 42	17 40	17 37	17 34	17 31	17 28	17 24	17 20	17 16	17 11	17 05	16 59	16 51
27	17 49	17 47	17 45	17 43	17 41	17 38	17 35	17 32	17 29	17 25	17 21	17 17	17 11	17 05
Mar. 3	17 54	17 52	17 50	17 49	17 47	17 45	17 43	17 40	17 38	17 35	17 31	17 28	17 24	17 19
7	17 58	17 57	17 56	17 54	17 53	17 51	17 50	17 48	17 46	17 44	17 41	17 39	17 36	17 32
11	18 02	18 01	18 01	18 00	17 59	17 58	17 57	17 56	17 54	17 53	17 51	17 50	17 48	17 45
15	18 06	18 06	18 06	18 05	18 05	18 04	18 04	18 03	18 03	18 02	18 01	18 01	18 00	17 59
19	18 11	18 11	18 11	18 11	18 11	18 11	18 11	18 11	18 11	18 11	18 11	18 11	18 12	18 12
23	18 15	18 15	18 16	18 16	18 17	18 17	18 18	18 18	18 19	18 20	18 21	18 22	18 23	18 25
27	18 19	18 20	18 20	18 21	18 22	18 23	18 25	18 26	18 27	18 29	18 31	18 33	18 35	18 38
31	18 23	18 24	18 25	18 27	18 28	18 30	18 31	18 33	18 35	18 38	18 40	18 43	18 47	18 51
Apr. 4	18 27	18 28	18 30	18 32	18 34	18 36	18 38	18 41	18 44	18 47	18 50	18 54	18 59	19 04

SUNRISE AND SUNSET, 2015

UNIVERSAL TIME FOR MERIDIAN OF GREENWICH

SUNRISE

Lat.	−55°	−50°	−45°	−40°	−35°	−30°	−20°	−10°	0°	+10°	+20°	+30°	+35°	+40°
	h m	h m	h m	h m	h m	h m	h m	h m	h m	h m	h m	h m	h m	h m
Mar. 31	6 22	6 18	6 16	6 14	6 12	6 10	6 07	6 04	6 01	5 58	5 55	5 51	5 49	5 46
Apr. 4	6 29	6 25	6 21	6 18	6 15	6 12	6 08	6 04	6 00	5 56	5 51	5 46	5 43	5 40
8	6 37	6 31	6 26	6 22	6 18	6 15	6 09	6 04	5 59	5 54	5 48	5 42	5 38	5 34
12	6 45	6 37	6 31	6 26	6 21	6 17	6 10	6 04	5 58	5 51	5 45	5 37	5 33	5 27
16	6 52	6 43	6 36	6 30	6 24	6 19	6 11	6 04	5 57	5 49	5 42	5 33	5 27	5 21
20	7 00	6 49	6 41	6 34	6 27	6 22	6 12	6 04	5 56	5 47	5 39	5 28	5 22	5 16
24	7 08	6 55	6 46	6 38	6 31	6 24	6 14	6 04	5 55	5 46	5 36	5 24	5 18	5 10
28	7 15	7 02	6 51	6 42	6 34	6 27	6 15	6 04	5 54	5 44	5 33	5 20	5 13	5 05
May 2	7 23	7 07	6 55	6 45	6 37	6 29	6 16	6 05	5 54	5 42	5 31	5 17	5 09	4 59
6	7 30	7 13	7 00	6 49	6 40	6 32	6 18	6 05	5 53	5 41	5 28	5 13	5 05	4 55
10	7 37	7 19	7 05	6 53	6 43	6 34	6 19	6 06	5 53	5 40	5 26	5 10	5 01	4 50
14	7 44	7 25	7 10	6 57	6 46	6 37	6 21	6 06	5 53	5 39	5 24	5 08	4 58	4 46
18	7 51	7 30	7 14	7 01	6 49	6 39	6 22	6 07	5 53	5 38	5 23	5 05	4 55	4 43
22	7 57	7 35	7 18	7 04	6 52	6 42	6 24	6 08	5 53	5 38	5 22	5 03	4 52	4 39
26	8 03	7 40	7 22	7 08	6 55	6 44	6 25	6 09	5 53	5 38	5 21	5 01	4 50	4 37
30	8 09	7 45	7 26	7 11	6 58	6 46	6 27	6 10	5 54	5 38	5 20	5 00	4 48	4 34
June 3	8 14	7 49	7 29	7 14	7 00	6 49	6 28	6 11	5 54	5 38	5 20	4 59	4 47	4 33
7	8 18	7 52	7 32	7 16	7 02	6 50	6 30	6 12	5 55	5 38	5 20	4 58	4 46	4 31
11	8 22	7 55	7 35	7 18	7 04	6 52	6 31	6 13	5 56	5 39	5 20	4 58	4 46	4 31
15	8 24	7 57	7 37	7 20	7 06	6 54	6 33	6 14	5 57	5 39	5 20	4 58	4 46	4 31
19	8 26	7 59	7 38	7 21	7 07	6 55	6 34	6 15	5 58	5 40	5 21	4 59	4 46	4 31
23	8 27	8 00	7 39	7 22	7 08	6 56	6 34	6 16	5 58	5 41	5 22	5 00	4 47	4 32
27	8 27	8 00	7 39	7 23	7 09	6 56	6 35	6 17	5 59	5 42	5 23	5 01	4 48	4 33
July 1	8 26	8 00	7 39	7 23	7 09	6 57	6 36	6 17	6 00	5 43	5 24	5 02	4 50	4 35
5	8 24	7 58	7 38	7 22	7 08	6 56	6 36	6 18	6 01	5 44	5 25	5 04	4 51	4 37

SUNSET

	−55°	−50°	−45°	−40°	−35°	−30°	−20°	−10°	0°	+10°	+20°	+30°	+35°	+40°
	h m	h m	h m	h m	h m	h m	h m	h m	h m	h m	h m	h m	h m	h m
Mar. 31	17 46	17 49	17 52	17 54	17 56	17 58	18 02	18 05	18 08	18 11	18 14	18 18	18 20	18 23
Apr. 4	17 36	17 41	17 45	17 48	17 51	17 53	17 58	18 02	18 06	18 10	18 15	18 20	18 23	18 27
8	17 26	17 32	17 37	17 42	17 45	17 49	17 55	18 00	18 05	18 10	18 16	18 23	18 27	18 31
12	17 16	17 24	17 30	17 36	17 40	17 44	17 52	17 58	18 04	18 10	18 17	18 25	18 30	18 35
16	17 06	17 16	17 23	17 30	17 35	17 40	17 48	17 56	18 03	18 11	18 18	18 28	18 33	18 39
20	16 57	17 08	17 17	17 24	17 30	17 36	17 45	17 54	18 02	18 11	18 20	18 30	18 36	18 43
24	16 48	17 00	17 10	17 18	17 25	17 32	17 43	17 52	18 02	18 11	18 21	18 33	18 39	18 47
28	16 39	16 53	17 04	17 13	17 21	17 28	17 40	17 51	18 01	18 11	18 22	18 35	18 43	18 51
May 2	16 31	16 46	16 58	17 08	17 17	17 24	17 38	17 49	18 00	18 12	18 24	18 38	18 46	18 55
6	16 23	16 39	16 52	17 03	17 13	17 21	17 35	17 48	18 00	18 12	18 25	18 40	18 49	18 59
10	16 15	16 33	16 47	16 59	17 09	17 18	17 34	17 47	18 00	18 13	18 27	18 43	18 52	19 03
14	16 08	16 27	16 43	16 55	17 06	17 15	17 32	17 46	18 00	18 14	18 28	18 46	18 56	19 07
18	16 01	16 22	16 38	16 52	17 03	17 13	17 30	17 46	18 00	18 14	18 30	18 48	18 59	19 11
22	15 56	16 17	16 35	16 49	17 01	17 11	17 29	17 45	18 00	18 15	18 32	18 51	19 02	19 14
26	15 50	16 13	16 31	16 46	16 59	17 10	17 28	17 45	18 01	18 16	18 33	18 53	19 05	19 18
30	15 46	16 10	16 29	16 44	16 57	17 08	17 28	17 45	18 01	18 17	18 35	18 55	19 07	19 21
June 3	15 42	16 07	16 27	16 42	16 56	17 08	17 28	17 45	18 02	18 18	18 36	18 57	19 10	19 24
7	15 39	16 05	16 25	16 41	16 55	17 07	17 28	17 46	18 02	18 20	18 38	18 59	19 12	19 26
11	15 37	16 04	16 24	16 41	16 55	17 07	17 28	17 46	18 03	18 21	18 39	19 01	19 14	19 29
15	15 36	16 03	16 24	16 41	16 55	17 07	17 28	17 47	18 04	18 22	18 40	19 02	19 15	19 30
19	15 36	16 04	16 24	16 41	16 55	17 08	17 29	17 48	18 05	18 23	18 42	19 04	19 17	19 32
23	15 37	16 04	16 25	16 42	16 56	17 09	17 30	17 48	18 06	18 23	18 42	19 04	19 18	19 33
27	15 39	16 06	16 27	16 43	16 57	17 10	17 31	17 49	18 07	18 24	18 43	19 05	19 18	19 33
July 1	15 42	16 08	16 29	16 45	16 59	17 11	17 32	17 50	18 07	18 25	18 43	19 05	19 18	19 33
5	15 45	16 11	16 31	16 47	17 01	17 13	17 33	17 51	18 08	18 25	18 44	19 05	19 18	19 32

UNIVERSAL TIME FOR MERIDIAN OF GREENWICH
SUNRISE

Lat.	+40°	+42°	+44°	+46°	+48°	+50°	+52°	+54°	+56°	+58°	+60°	+62°	+64°	+66°
	h m	h m	h m	h m	h m	h m	h m	h m	h m	h m	h m	h m	h m	h m
Mar. 31	5 46	5 45	5 44	5 43	5 41	5 40	5 38	5 36	5 34	5 32	5 30	5 27	5 23	5 20
Apr. 4	5 40	5 38	5 37	5 35	5 33	5 31	5 29	5 27	5 24	5 21	5 17	5 14	5 09	5 04
8	5 34	5 32	5 30	5 28	5 25	5 23	5 20	5 17	5 13	5 10	5 05	5 01	4 55	4 49
12	5 27	5 25	5 23	5 20	5 17	5 14	5 11	5 07	5 03	4 59	4 53	4 48	4 41	4 33
16	5 21	5 19	5 16	5 13	5 10	5 06	5 02	4 58	4 53	4 48	4 42	4 35	4 27	4 18
20	5 16	5 13	5 09	5 06	5 02	4 58	4 53	4 49	4 43	4 37	4 30	4 22	4 13	4 02
24	5 10	5 06	5 03	4 59	4 55	4 50	4 45	4 40	4 33	4 26	4 19	4 09	3 59	3 46
28	5 05	5 01	4 57	4 52	4 48	4 43	4 37	4 31	4 24	4 16	4 07	3 57	3 45	3 31
May 2	4 59	4 55	4 51	4 46	4 41	4 35	4 29	4 22	4 15	4 06	3 56	3 45	3 31	3 15
6	4 55	4 50	4 45	4 40	4 35	4 29	4 22	4 14	4 06	3 57	3 46	3 33	3 18	2 59
10	4 50	4 45	4 40	4 35	4 29	4 22	4 15	4 07	3 58	3 47	3 35	3 21	3 05	2 43
14	4 46	4 41	4 36	4 30	4 23	4 16	4 08	4 00	3 50	3 39	3 26	3 10	2 51	2 28
18	4 43	4 37	4 31	4 25	4 18	4 11	4 02	3 53	3 43	3 30	3 16	3 00	2 39	2 12
22	4 39	4 34	4 28	4 21	4 14	4 06	3 57	3 47	3 36	3 23	3 08	2 50	2 27	1 55
26	4 37	4 31	4 24	4 17	4 10	4 01	3 52	3 42	3 30	3 16	3 00	2 40	2 15	1 39
30	4 34	4 28	4 22	4 14	4 06	3 58	3 48	3 37	3 25	3 10	2 53	2 32	2 04	1 22
June 3	4 33	4 26	4 19	4 12	4 04	3 55	3 45	3 33	3 20	3 05	2 47	2 24	1 54	1 05
7	4 31	4 25	4 18	4 10	4 02	3 53	3 42	3 30	3 17	3 01	2 42	2 18	1 45	0 47
11	4 31	4 24	4 17	4 09	4 00	3 51	3 40	3 28	3 15	2 58	2 39	2 14	1 38	0 24
15	4 31	4 24	4 17	4 09	4 00	3 50	3 39	3 27	3 13	2 57	2 36	2 10	1 34	◻
19	4 31	4 24	4 17	4 09	4 00	3 50	3 39	3 27	3 13	2 56	2 36	2 09	1 31	◻
23	4 32	4 25	4 18	4 10	4 01	3 51	3 40	3 28	3 14	2 57	2 36	2 10	1 32	◻
27	4 33	4 26	4 19	4 11	4 02	3 53	3 42	3 29	3 15	2 59	2 38	2 12	1 35	◻
July 1	4 35	4 28	4 21	4 13	4 04	3 55	3 44	3 32	3 18	3 02	2 42	2 16	1 41	0 16
5	4 37	4 30	4 23	4 15	4 07	3 58	3 47	3 35	3 22	3 06	2 46	2 22	1 48	0 45

SUNSET

Lat.	+40°	+42°	+44°	+46°	+48°	+50°	+52°	+54°	+56°	+58°	+60°	+62°	+64°	+66°
	h m	h m	h m	h m	h m	h m	h m	h m	h m	h m	h m	h m	h m	h m
Mar. 31	18 23	18 24	18 25	18 27	18 28	18 30	18 31	18 33	18 35	18 38	18 40	18 43	18 47	18 51
Apr. 4	18 27	18 28	18 30	18 32	18 34	18 36	18 38	18 41	18 44	18 47	18 50	18 54	18 59	19 04
8	18 31	18 33	18 35	18 37	18 40	18 42	18 45	18 48	18 52	18 56	19 00	19 05	19 11	19 17
12	18 35	18 37	18 40	18 42	18 45	18 48	18 52	18 56	19 00	19 05	19 10	19 16	19 23	19 31
16	18 39	18 42	18 45	18 48	18 51	18 55	18 59	19 03	19 08	19 14	19 20	19 27	19 35	19 45
20	18 43	18 46	18 49	18 53	18 57	19 01	19 06	19 11	19 16	19 23	19 30	19 38	19 47	19 58
24	18 47	18 51	18 54	18 58	19 03	19 07	19 12	19 18	19 24	19 32	19 40	19 49	20 00	20 13
28	18 51	18 55	18 59	19 04	19 08	19 14	19 19	19 26	19 33	19 40	19 50	20 00	20 12	20 27
May 2	18 55	18 59	19 04	19 09	19 14	19 20	19 26	19 33	19 41	19 49	19 59	20 11	20 25	20 42
6	18 59	19 04	19 09	19 14	19 20	19 26	19 33	19 40	19 49	19 58	20 09	20 22	20 38	20 57
10	19 03	19 08	19 13	19 19	19 25	19 32	19 39	19 47	19 56	20 07	20 19	20 33	20 51	21 12
14	19 07	19 12	19 18	19 24	19 30	19 37	19 45	19 54	20 04	20 15	20 29	20 44	21 04	21 28
18	19 11	19 16	19 22	19 29	19 35	19 43	19 51	20 01	20 12	20 24	20 38	20 55	21 17	21 45
22	19 14	19 20	19 26	19 33	19 40	19 48	19 57	20 07	20 19	20 32	20 47	21 06	21 29	22 01
26	19 18	19 24	19 30	19 37	19 45	19 53	20 03	20 13	20 25	20 39	20 55	21 16	21 42	22 19
30	19 21	19 27	19 34	19 41	19 49	19 58	20 08	20 19	20 31	20 46	21 03	21 25	21 53	22 36
June 3	19 24	19 30	19 37	19 45	19 53	20 02	20 12	20 24	20 37	20 52	21 10	21 33	22 04	22 55
7	19 26	19 33	19 40	19 48	19 56	20 06	20 16	20 28	20 41	20 57	21 16	21 41	22 14	23 16
11	19 29	19 35	19 42	19 50	19 59	20 08	20 19	20 31	20 45	21 01	21 21	21 47	22 22	23 43
15	19 30	19 37	19 44	19 52	20 01	20 11	20 22	20 34	20 48	21 05	21 25	21 51	22 28	◻
19	19 32	19 39	19 46	19 54	20 03	20 12	20 23	20 36	20 50	21 07	21 27	21 54	22 32	◻
23	19 33	19 39	19 47	19 55	20 03	20 13	20 24	20 36	20 51	21 07	21 28	21 54	22 32	◻
27	19 33	19 40	19 47	19 55	20 04	20 13	20 24	20 36	20 50	21 07	21 27	21 53	22 30	◻
July 1	19 33	19 39	19 47	19 54	20 03	20 13	20 23	20 35	20 49	21 05	21 25	21 50	22 26	23 42
5	19 32	19 39	19 46	19 53	20 02	20 11	20 21	20 33	20 47	21 03	21 22	21 46	22 19	23 19

◻ indicates Sun continuously above horizon.

SUNRISE AND SUNSET, 2015

UNIVERSAL TIME FOR MERIDIAN OF GREENWICH

SUNRISE

Lat.	−55°	−50°	−45°	−40°	−35°	−30°	−20°	−10°	0°	+10°	+20°	+30°	+35°	+40°
	h m	h m	h m	h m	h m	h m	h m	h m	h m	h m	h m	h m	h m	h m
July 1	8 26	8 00	7 39	7 23	7 09	6 57	6 36	6 17	6 00	5 43	5 24	5 02	4 50	4 35
5	8 24	7 58	7 38	7 22	7 08	6 56	6 36	6 18	6 01	5 44	5 25	5 04	4 51	4 37
9	8 22	7 56	7 37	7 21	7 08	6 56	6 36	6 18	6 02	5 45	5 27	5 06	4 53	4 39
13	8 18	7 54	7 35	7 19	7 06	6 55	6 35	6 18	6 02	5 46	5 28	5 08	4 56	4 42
17	8 13	7 50	7 32	7 17	7 05	6 54	6 35	6 18	6 03	5 47	5 30	5 10	4 58	4 45
21	8 08	7 46	7 29	7 15	7 03	6 52	6 34	6 18	6 03	5 48	5 31	5 12	5 01	4 48
25	8 02	7 41	7 25	7 12	7 00	6 50	6 33	6 17	6 03	5 48	5 33	5 15	5 04	4 52
29	7 56	7 36	7 21	7 08	6 57	6 48	6 31	6 17	6 03	5 49	5 34	5 17	5 07	4 55
Aug. 2	7 49	7 30	7 16	7 04	6 54	6 45	6 29	6 16	6 03	5 50	5 36	5 19	5 10	4 59
6	7 41	7 24	7 11	7 00	6 50	6 42	6 27	6 15	6 02	5 50	5 37	5 22	5 13	5 03
10	7 33	7 18	7 05	6 55	6 46	6 39	6 25	6 13	6 02	5 51	5 38	5 24	5 16	5 06
14	7 25	7 11	6 59	6 50	6 42	6 35	6 23	6 12	6 01	5 51	5 40	5 27	5 19	5 10
18	7 16	7 03	6 53	6 45	6 37	6 31	6 20	6 10	6 01	5 51	5 41	5 29	5 22	5 14
22	7 07	6 56	6 47	6 39	6 33	6 27	6 17	6 08	6 00	5 51	5 42	5 31	5 25	5 18
26	6 57	6 48	6 40	6 33	6 28	6 23	6 14	6 06	5 59	5 51	5 43	5 33	5 28	5 22
30	6 48	6 39	6 33	6 27	6 22	6 18	6 11	6 04	5 57	5 51	5 44	5 36	5 31	5 25
Sept. 3	6 38	6 31	6 26	6 21	6 17	6 13	6 07	6 02	5 56	5 51	5 45	5 38	5 34	5 29
7	6 28	6 23	6 18	6 15	6 11	6 09	6 04	5 59	5 55	5 50	5 46	5 40	5 37	5 33
11	6 18	6 14	6 11	6 08	6 06	6 04	6 00	5 57	5 53	5 50	5 46	5 42	5 40	5 37
15	6 08	6 05	6 03	6 02	6 00	5 59	5 56	5 54	5 52	5 50	5 47	5 44	5 43	5 40
19	5 57	5 56	5 56	5 55	5 54	5 54	5 53	5 52	5 51	5 49	5 48	5 46	5 45	5 44
23	5 47	5 48	5 48	5 48	5 49	5 49	5 49	5 49	5 49	5 49	5 49	5 49	5 48	5 48
27	5 37	5 39	5 40	5 42	5 43	5 44	5 45	5 47	5 48	5 49	5 50	5 51	5 51	5 52
Oct. 1	5 26	5 30	5 33	5 35	5 37	5 39	5 42	5 44	5 46	5 49	5 51	5 53	5 54	5 56
5	5 16	5 21	5 25	5 29	5 32	5 34	5 38	5 42	5 45	5 48	5 52	5 55	5 57	6 00

SUNSET

Lat.	−55°	−50°	−45°	−40°	−35°	−30°	−20°	−10°	0°	+10°	+20°	+30°	+35°	+40°
	h m	h m	h m	h m	h m	h m	h m	h m	h m	h m	h m	h m	h m	h m
July 1	15 42	16 08	16 29	16 45	16 59	17 11	17 32	17 50	18 07	18 25	18 43	19 05	19 18	19 33
5	15 45	16 11	16 31	16 47	17 01	17 13	17 33	17 51	18 08	18 25	18 44	19 05	19 18	19 32
9	15 49	16 14	16 34	16 50	17 03	17 15	17 35	17 52	18 09	18 25	18 43	19 04	19 17	19 31
13	15 54	16 18	16 37	16 52	17 05	17 17	17 36	17 53	18 09	18 26	18 43	19 03	19 15	19 29
17	15 59	16 22	16 40	16 55	17 08	17 19	17 38	17 54	18 10	18 25	18 42	19 02	19 14	19 27
21	16 05	16 27	16 44	16 58	17 10	17 21	17 39	17 55	18 10	18 25	18 41	19 00	19 11	19 24
25	16 11	16 32	16 48	17 02	17 13	17 23	17 41	17 56	18 10	18 25	18 40	18 58	19 09	19 21
29	16 18	16 37	16 53	17 05	17 16	17 26	17 42	17 56	18 10	18 24	18 39	18 56	19 06	19 17
Aug. 2	16 24	16 43	16 57	17 09	17 19	17 28	17 43	17 57	18 10	18 23	18 37	18 53	19 02	19 13
6	16 31	16 48	17 01	17 12	17 22	17 30	17 45	17 57	18 09	18 21	18 35	18 50	18 59	19 09
10	16 38	16 54	17 06	17 16	17 25	17 33	17 46	17 58	18 09	18 20	18 32	18 46	18 54	19 04
14	16 46	17 00	17 11	17 20	17 28	17 35	17 47	17 58	18 08	18 18	18 30	18 42	18 50	18 59
18	16 53	17 05	17 15	17 24	17 31	17 37	17 48	17 58	18 07	18 17	18 27	18 39	18 45	18 53
22	17 00	17 11	17 20	17 27	17 34	17 39	17 49	17 58	18 06	18 15	18 24	18 34	18 40	18 47
26	17 07	17 17	17 25	17 31	17 37	17 42	17 50	17 58	18 05	18 13	18 21	18 30	18 35	18 41
30	17 15	17 23	17 29	17 35	17 40	17 44	17 51	17 58	18 04	18 10	18 17	18 25	18 30	18 35
Sept. 3	17 22	17 29	17 34	17 38	17 42	17 46	17 52	17 57	18 03	18 08	18 14	18 21	18 25	18 29
7	17 29	17 35	17 39	17 42	17 45	17 48	17 53	17 57	18 01	18 06	18 10	18 16	18 19	18 23
11	17 37	17 40	17 43	17 46	17 48	17 50	17 54	17 57	18 00	18 03	18 07	18 11	18 13	18 16
15	17 44	17 46	17 48	17 50	17 51	17 52	17 54	17 57	17 59	18 01	18 03	18 06	18 08	18 09
19	17 52	17 52	17 53	17 53	17 54	17 54	17 55	17 56	17 57	17 58	17 59	18 01	18 02	18 03
23	17 59	17 58	17 58	17 57	17 57	17 57	17 56	17 56	17 56	17 56	17 56	17 56	17 56	17 56
27	18 07	18 04	18 03	18 01	18 00	17 59	17 57	17 56	17 54	17 53	17 52	17 51	17 50	17 50
Oct. 1	18 14	18 10	18 07	18 05	18 03	18 01	17 58	17 55	17 53	17 51	17 48	17 46	17 45	17 43
5	18 22	18 17	18 12	18 09	18 06	18 03	17 59	17 55	17 52	17 48	17 45	17 41	17 39	17 37

UNIVERSAL TIME FOR MERIDIAN OF GREENWICH

SUNRISE

Lat.	+40°	+42°	+44°	+46°	+48°	+50°	+52°	+54°	+56°	+58°	+60°	+62°	+64°	+66°
	h m	h m	h m	h m	h m	h m	h m	h m	h m	h m	h m	h m	h m	h m
July 1	4 35	4 28	4 21	4 13	4 04	3 55	3 44	3 32	3 18	3 02	2 42	2 16	1 41	0 16
5	4 37	4 30	4 23	4 15	4 07	3 58	3 47	3 35	3 22	3 06	2 46	2 22	1 48	0 45
9	4 39	4 33	4 26	4 18	4 10	4 01	3 51	3 39	3 26	3 11	2 52	2 29	1 58	1 06
13	4 42	4 36	4 29	4 22	4 14	4 05	3 55	3 44	3 31	3 17	2 59	2 37	2 09	1 25
17	4 45	4 39	4 32	4 25	4 18	4 09	4 00	3 49	3 37	3 23	3 07	2 46	2 20	1 43
21	4 48	4 42	4 36	4 30	4 22	4 14	4 05	3 55	3 44	3 31	3 15	2 56	2 32	2 00
25	4 52	4 46	4 40	4 34	4 27	4 19	4 11	4 01	3 51	3 38	3 24	3 06	2 45	2 16
29	4 55	4 50	4 44	4 38	4 32	4 25	4 17	4 08	3 58	3 46	3 33	3 17	2 57	2 32
Aug. 2	4 59	4 54	4 49	4 43	4 37	4 30	4 23	4 14	4 05	3 54	3 42	3 28	3 10	2 48
6	5 03	4 58	4 53	4 48	4 42	4 36	4 29	4 21	4 13	4 03	3 52	3 38	3 23	3 03
10	5 06	5 02	4 58	4 53	4 47	4 42	4 35	4 28	4 20	4 11	4 01	3 49	3 35	3 18
14	5 10	5 06	5 02	4 58	4 53	4 48	4 42	4 35	4 28	4 20	4 11	4 00	3 48	3 32
18	5 14	5 10	5 07	5 03	4 58	4 53	4 48	4 42	4 36	4 29	4 20	4 11	4 00	3 47
22	5 18	5 15	5 11	5 08	5 04	4 59	4 55	4 50	4 44	4 37	4 30	4 22	4 12	4 00
26	5 22	5 19	5 16	5 13	5 09	5 05	5 01	4 57	4 52	4 46	4 40	4 32	4 24	4 14
30	5 25	5 23	5 20	5 18	5 15	5 11	5 08	5 04	5 00	4 55	4 49	4 43	4 36	4 27
Sept. 3	5 29	5 27	5 25	5 23	5 20	5 17	5 14	5 11	5 07	5 03	4 59	4 53	4 47	4 40
7	5 33	5 31	5 29	5 28	5 26	5 23	5 21	5 18	5 15	5 12	5 08	5 04	4 59	4 53
11	5 37	5 35	5 34	5 33	5 31	5 29	5 27	5 25	5 23	5 20	5 17	5 14	5 10	5 06
15	5 40	5 40	5 39	5 38	5 36	5 35	5 34	5 32	5 31	5 29	5 27	5 25	5 22	5 19
19	5 44	5 44	5 43	5 43	5 42	5 41	5 40	5 40	5 39	5 37	5 36	5 35	5 33	5 31
23	5 48	5 48	5 48	5 48	5 47	5 47	5 47	5 47	5 46	5 46	5 46	5 45	5 45	5 44
27	5 52	5 52	5 52	5 53	5 53	5 53	5 54	5 54	5 54	5 55	5 55	5 55	5 56	5 57
Oct. 1	5 56	5 56	5 57	5 58	5 59	5 59	6 00	6 01	6 02	6 03	6 04	6 06	6 07	6 09
5	6 00	6 01	6 02	6 03	6 04	6 05	6 07	6 08	6 10	6 12	6 14	6 16	6 19	6 22

SUNSET

Lat.	+40°	+42°	+44°	+46°	+48°	+50°	+52°	+54°	+56°	+58°	+60°	+62°	+64°	+66°
	h m	h m	h m	h m	h m	h m	h m	h m	h m	h m	h m	h m	h m	h m
July 1	19 33	19 39	19 47	19 54	20 03	20 13	20 23	20 35	20 49	21 05	21 25	21 50	22 26	23 42
5	19 32	19 39	19 46	19 53	20 02	20 11	20 21	20 33	20 47	21 03	21 22	21 46	22 19	23 19
9	19 31	19 37	19 44	19 52	20 00	20 09	20 19	20 30	20 43	20 59	21 17	21 40	22 10	23 00
13	19 29	19 35	19 42	19 49	19 57	20 06	20 16	20 27	20 39	20 54	21 11	21 32	22 01	22 43
17	19 27	19 33	19 39	19 46	19 54	20 02	20 12	20 22	20 34	20 48	21 04	21 24	21 50	22 26
21	19 24	19 30	19 36	19 43	19 50	19 58	20 07	20 17	20 28	20 41	20 56	21 15	21 38	22 10
25	19 21	19 26	19 32	19 39	19 45	19 53	20 01	20 11	20 21	20 34	20 48	21 05	21 26	21 54
29	19 17	19 22	19 28	19 34	19 40	19 48	19 55	20 04	20 14	20 25	20 39	20 54	21 13	21 38
Aug. 2	19 13	19 18	19 23	19 29	19 35	19 41	19 49	19 57	20 06	20 17	20 29	20 43	21 00	21 22
6	19 09	19 13	19 18	19 23	19 29	19 35	19 42	19 49	19 58	20 07	20 19	20 31	20 47	21 06
10	19 04	19 08	19 12	19 17	19 22	19 28	19 34	19 41	19 49	19 58	20 08	20 20	20 33	20 50
14	18 59	19 02	19 07	19 11	19 16	19 21	19 27	19 33	19 40	19 48	19 57	20 07	20 20	20 34
18	18 53	18 57	19 00	19 04	19 09	19 13	19 18	19 24	19 30	19 38	19 46	19 55	20 06	20 19
22	18 47	18 51	18 54	18 57	19 01	19 05	19 10	19 15	19 21	19 27	19 34	19 42	19 52	20 03
26	18 41	18 44	18 47	18 50	18 54	18 57	19 01	19 06	19 11	19 16	19 22	19 30	19 38	19 47
30	18 35	18 38	18 40	18 43	18 46	18 49	18 53	18 56	19 01	19 05	19 11	19 17	19 24	19 32
Sept. 3	18 29	18 31	18 33	18 35	18 38	18 41	18 43	18 47	18 50	18 54	18 59	19 04	19 10	19 16
7	18 23	18 24	18 26	18 28	18 30	18 32	18 34	18 37	18 40	18 43	18 47	18 51	18 55	19 01
11	18 16	18 17	18 19	18 20	18 22	18 23	18 25	18 27	18 29	18 32	18 34	18 38	18 41	18 45
15	18 09	18 10	18 11	18 12	18 13	18 14	18 16	18 17	18 19	18 20	18 22	18 25	18 27	18 30
19	18 03	18 03	18 04	18 04	18 05	18 06	18 06	18 07	18 08	18 09	18 10	18 11	18 13	18 15
23	17 56	17 56	17 56	17 57	17 57	17 57	17 57	17 57	17 57	17 57	17 58	17 58	17 58	17 59	17 59
27	17 50	17 49	17 49	17 49	17 48	17 48	17 48	17 47	17 47	17 46	17 46	17 45	17 45	17 44
Oct. 1	17 43	17 42	17 42	17 41	17 40	17 39	17 38	17 37	17 36	17 35	17 34	17 32	17 31	17 29
5	17 37	17 36	17 34	17 33	17 32	17 31	17 29	17 28	17 26	17 24	17 22	17 19	17 16	17 13

SUNRISE AND SUNSET, 2015

UNIVERSAL TIME FOR MERIDIAN OF GREENWICH

SUNRISE

Lat.	−55°	−50°	−45°	−40°	−35°	−30°	−20°	−10°	0°	+10°	+20°	+30°	+35°	+40°
	h m	h m	h m	h m	h m	h m	h m	h m	h m	h m	h m	h m	h m	h m
Oct. 1	5 26	5 30	5 33	5 35	5 37	5 39	5 42	5 44	5 46	5 49	5 51	5 53	5 54	5 56
5	5 16	5 21	5 25	5 29	5 32	5 34	5 38	5 42	5 45	5 48	5 52	5 55	5 57	6 00
9	5 06	5 13	5 18	5 22	5 26	5 29	5 35	5 40	5 44	5 48	5 53	5 58	6 01	6 04
13	4 56	5 04	5 11	5 16	5 21	5 25	5 32	5 38	5 43	5 48	5 54	6 00	6 04	6 08
17	4 46	4 56	5 04	5 10	5 15	5 20	5 28	5 36	5 42	5 49	5 55	6 03	6 07	6 12
21	4 37	4 48	4 57	5 04	5 10	5 16	5 26	5 34	5 41	5 49	5 57	6 06	6 11	6 16
25	4 27	4 40	4 50	4 59	5 06	5 12	5 23	5 32	5 41	5 49	5 58	6 08	6 14	6 21
29	4 18	4 33	4 44	4 53	5 01	5 08	5 20	5 31	5 40	5 50	6 00	6 11	6 18	6 25
Nov. 2	4 10	4 25	4 38	4 48	4 57	5 05	5 18	5 30	5 40	5 51	6 02	6 14	6 22	6 30
6	4 01	4 19	4 32	4 44	4 53	5 02	5 16	5 29	5 40	5 52	6 04	6 17	6 25	6 34
10	3 53	4 12	4 27	4 40	4 50	4 59	5 14	5 28	5 40	5 53	6 06	6 21	6 29	6 39
14	3 46	4 07	4 23	4 36	4 47	4 57	5 13	5 28	5 41	5 54	6 08	6 24	6 33	6 43
18	3 39	4 01	4 19	4 33	4 44	4 55	5 12	5 27	5 42	5 56	6 10	6 27	6 37	6 48
22	3 33	3 57	4 15	4 30	4 42	4 53	5 12	5 28	5 42	5 57	6 13	6 31	6 41	6 53
26	3 28	3 53	4 12	4 28	4 41	4 52	5 11	5 28	5 44	5 59	6 15	6 34	6 45	6 57
30	3 23	3 50	4 10	4 26	4 40	4 51	5 11	5 29	5 45	6 01	6 18	6 37	6 48	7 01
Dec. 4	3 20	3 47	4 08	4 25	4 39	4 51	5 12	5 30	5 46	6 03	6 20	6 40	6 52	7 05
8	3 17	3 46	4 07	4 24	4 39	4 51	5 13	5 31	5 48	6 05	6 23	6 43	6 55	7 09
12	3 16	3 45	4 07	4 25	4 39	4 52	5 14	5 33	5 50	6 07	6 25	6 46	6 58	7 12
16	3 15	3 45	4 08	4 26	4 40	4 53	5 15	5 34	5 52	6 09	6 28	6 49	7 01	7 15
20	3 16	3 46	4 09	4 27	4 42	4 55	5 17	5 36	5 54	6 11	6 30	6 51	7 03	7 18
24	3 18	3 48	4 11	4 29	4 44	4 57	5 19	5 38	5 56	6 13	6 32	6 53	7 05	7 19
28	3 21	3 51	4 13	4 31	4 46	4 59	5 21	5 40	5 58	6 15	6 33	6 55	7 07	7 21
32	3 25	3 55	4 17	4 34	4 49	5 02	5 24	5 42	6 00	6 17	6 35	6 56	7 08	7 22
36	3 31	3 59	4 21	4 38	4 52	5 05	5 26	5 44	6 01	6 18	6 36	6 57	7 08	7 22

SUNSET

Lat.	−55°	−50°	−45°	−40°	−35°	−30°	−20°	−10°	0°	+10°	+20°	+30°	+35°	+40°
	h m	h m	h m	h m	h m	h m	h m	h m	h m	h m	h m	h m	h m	h m
Oct. 1	18 14	18 10	18 07	18 05	18 03	18 01	17 58	17 55	17 53	17 51	17 48	17 46	17 45	17 43
5	18 22	18 17	18 12	18 09	18 06	18 03	17 59	17 55	17 52	17 48	17 45	17 41	17 39	17 37
9	18 30	18 23	18 18	18 13	18 09	18 06	18 00	17 55	17 51	17 46	17 42	17 36	17 34	17 30
13	18 38	18 29	18 23	18 17	18 13	18 08	18 01	17 55	17 50	17 44	17 38	17 32	17 28	17 24
17	18 46	18 36	18 28	18 22	18 16	18 11	18 03	17 55	17 49	17 42	17 35	17 28	17 23	17 18
21	18 54	18 43	18 33	18 26	18 19	18 14	18 04	17 56	17 48	17 40	17 32	17 23	17 18	17 12
25	19 02	18 49	18 39	18 30	18 23	18 17	18 06	17 56	17 47	17 39	17 30	17 19	17 14	17 07
29	19 11	18 56	18 44	18 35	18 27	18 20	18 07	17 57	17 47	17 37	17 27	17 16	17 09	17 02
Nov. 2	19 19	19 03	18 50	18 39	18 31	18 23	18 09	17 58	17 47	17 36	17 25	17 12	17 05	16 57
6	19 27	19 10	18 56	18 44	18 34	18 26	18 11	17 59	17 47	17 36	17 23	17 09	17 02	16 53
10	19 36	19 16	19 01	18 49	18 38	18 29	18 14	18 00	17 47	17 35	17 22	17 07	16 58	16 48
14	19 44	19 23	19 07	18 54	18 42	18 33	18 16	18 01	17 48	17 35	17 21	17 05	16 55	16 45
18	19 52	19 30	19 12	18 58	18 46	18 36	18 18	18 03	17 49	17 35	17 20	17 03	16 53	16 42
22	20 00	19 36	19 18	19 03	18 50	18 39	18 21	18 05	17 50	17 35	17 19	17 01	16 51	16 39
26	20 08	19 42	19 23	19 07	18 54	18 43	18 23	18 06	17 51	17 35	17 19	17 00	16 50	16 37
30	20 15	19 48	19 28	19 12	18 58	18 46	18 26	18 08	17 52	17 36	17 19	17 00	16 49	16 36
Dec. 4	20 21	19 54	19 32	19 16	19 01	18 49	18 28	18 10	17 54	17 37	17 20	17 00	16 48	16 35
8	20 27	19 58	19 37	19 19	19 05	18 52	18 31	18 12	17 55	17 39	17 21	17 00	16 48	16 35
12	20 32	20 02	19 40	19 23	19 08	18 55	18 33	18 15	17 57	17 40	17 22	17 01	16 49	16 35
16	20 36	20 06	19 44	19 26	19 11	18 58	18 36	18 17	17 59	17 42	17 23	17 02	16 50	16 36
20	20 39	20 09	19 46	19 28	19 13	19 00	18 38	18 19	18 01	17 44	17 25	17 04	16 52	16 37
24	20 41	20 10	19 48	19 30	19 15	19 02	18 40	18 21	18 03	17 46	17 27	17 06	16 54	16 39
28	20 41	20 11	19 49	19 31	19 16	19 03	18 41	18 23	18 05	17 48	17 29	17 08	16 56	16 42
32	20 41	20 12	19 50	19 32	19 17	19 05	18 43	18 24	18 07	17 50	17 32	17 11	16 59	16 45
36	20 39	20 11	19 49	19 32	19 18	19 05	18 44	18 26	18 09	17 52	17 34	17 14	17 02	16 48

UNIVERSAL TIME FOR MERIDIAN OF GREENWICH
SUNRISE

Lat.	+40°	+42°	+44°	+46°	+48°	+50°	+52°	+54°	+56°	+58°	+60°	+62°	+64°	+66°
	h m	h m	h m	h m	h m	h m	h m	h m	h m	h m	h m	h m	h m	h m
Oct. 1	5 56	5 56	5 57	5 58	5 59	5 59	6 00	6 01	6 02	6 03	6 04	6 06	6 07	6 09
5	6 00	6 01	6 02	6 03	6 04	6 05	6 07	6 08	6 10	6 12	6 14	6 16	6 19	6 22
9	6 04	6 05	6 07	6 08	6 10	6 12	6 14	6 16	6 18	6 21	6 24	6 27	6 31	6 35
13	6 08	6 10	6 12	6 14	6 16	6 18	6 21	6 23	6 26	6 30	6 33	6 38	6 43	6 48
17	6 12	6 14	6 17	6 19	6 22	6 24	6 27	6 31	6 35	6 39	6 43	6 49	6 55	7 02
21	6 16	6 19	6 22	6 24	6 28	6 31	6 34	6 38	6 43	6 48	6 53	7 00	7 07	7 15
25	6 21	6 24	6 27	6 30	6 34	6 37	6 42	6 46	6 51	6 57	7 03	7 11	7 19	7 29
29	6 25	6 28	6 32	6 36	6 40	6 44	6 49	6 54	7 00	7 06	7 14	7 22	7 32	7 43
Nov. 2	6 30	6 33	6 37	6 41	6 46	6 51	6 56	7 02	7 08	7 16	7 24	7 33	7 44	7 57
6	6 34	6 38	6 42	6 47	6 52	6 57	7 03	7 10	7 17	7 25	7 34	7 45	7 57	8 12
10	6 39	6 43	6 48	6 53	6 58	7 04	7 10	7 17	7 25	7 34	7 44	7 56	8 10	8 27
14	6 43	6 48	6 53	6 58	7 04	7 10	7 17	7 25	7 34	7 43	7 54	8 07	8 23	8 42
18	6 48	6 53	6 58	7 04	7 10	7 17	7 24	7 33	7 42	7 52	8 04	8 19	8 36	8 57
22	6 53	6 58	7 03	7 09	7 16	7 23	7 31	7 40	7 50	8 01	8 14	8 30	8 48	9 12
26	6 57	7 02	7 08	7 15	7 22	7 29	7 38	7 47	7 57	8 09	8 23	8 40	9 01	9 27
30	7 01	7 07	7 13	7 20	7 27	7 35	7 44	7 53	8 04	8 17	8 32	8 50	9 12	9 42
Dec. 4	7 05	7 11	7 17	7 24	7 32	7 40	7 49	7 59	8 11	8 24	8 40	8 59	9 23	9 56
8	7 09	7 15	7 21	7 29	7 36	7 45	7 54	8 05	8 17	8 31	8 47	9 07	9 33	10 09
12	7 12	7 18	7 25	7 32	7 40	7 49	7 59	8 09	8 22	8 36	8 53	9 14	9 41	10 20
16	7 15	7 21	7 28	7 36	7 44	7 52	8 02	8 13	8 26	8 40	8 58	9 19	9 47	10 28
20	7 18	7 24	7 31	7 38	7 46	7 55	8 05	8 16	8 29	8 44	9 01	9 23	9 51	10 34
24	7 19	7 26	7 33	7 40	7 48	7 57	8 07	8 18	8 31	8 46	9 03	9 25	9 53	10 35
28	7 21	7 27	7 34	7 41	7 49	7 58	8 08	8 19	8 32	8 46	9 03	9 25	9 53	10 34
32	7 22	7 28	7 35	7 42	7 50	7 59	8 08	8 19	8 31	8 46	9 02	9 23	9 50	10 28
36	7 22	7 28	7 35	7 42	7 50	7 58	8 07	8 18	8 30	8 44	9 00	9 20	9 45	10 21

SUNSET

Lat.	+40°	+42°	+44°	+46°	+48°	+50°	+52°	+54°	+56°	+58°	+60°	+62°	+64°	+66°
	h m	h m	h m	h m	h m	h m	h m	h m	h m	h m	h m	h m	h m	h m
Oct. 1	17 43	17 42	17 42	17 41	17 40	17 39	17 38	17 37	17 36	17 35	17 34	17 32	17 31	17 29
5	17 37	17 36	17 34	17 33	17 32	17 31	17 29	17 28	17 26	17 24	17 22	17 19	17 16	17 13
9	17 30	17 29	17 27	17 26	17 24	17 22	17 20	17 18	17 15	17 13	17 10	17 06	17 03	16 58
13	17 24	17 22	17 20	17 18	17 16	17 14	17 11	17 08	17 05	17 02	16 58	16 54	16 49	16 43
17	17 18	17 16	17 14	17 11	17 09	17 06	17 03	16 59	16 55	16 51	16 46	16 41	16 35	16 28
21	17 12	17 10	17 07	17 04	17 01	16 58	16 54	16 50	16 46	16 41	16 35	16 29	16 21	16 13
25	17 07	17 04	17 01	16 58	16 54	16 50	16 46	16 41	16 36	16 30	16 24	16 17	16 08	15 58
29	17 02	16 58	16 55	16 51	16 47	16 43	16 38	16 33	16 27	16 20	16 13	16 05	15 55	15 43
Nov. 2	16 57	16 53	16 49	16 45	16 41	16 36	16 30	16 25	16 18	16 11	16 02	15 53	15 42	15 29
6	16 53	16 49	16 44	16 40	16 35	16 29	16 23	16 17	16 10	16 02	15 52	15 42	15 29	15 14
10	16 48	16 44	16 39	16 35	16 29	16 23	16 17	16 10	16 02	15 53	15 43	15 31	15 17	15 00
14	16 45	16 40	16 35	16 30	16 24	16 18	16 11	16 03	15 54	15 45	15 34	15 21	15 05	14 46
18	16 42	16 37	16 31	16 26	16 20	16 13	16 05	15 57	15 48	15 37	15 25	15 11	14 54	14 32
22	16 39	16 34	16 28	16 22	16 16	16 08	16 01	15 52	15 42	15 30	15 17	15 02	14 43	14 19
26	16 37	16 32	16 26	16 19	16 12	16 05	15 56	15 47	15 37	15 24	15 10	14 54	14 33	14 06
30	16 36	16 30	16 24	16 17	16 10	16 02	15 53	15 43	15 32	15 19	15 05	14 47	14 24	13 55
Dec. 4	16 35	16 29	16 22	16 16	16 08	16 00	15 51	15 40	15 29	15 15	15 00	14 41	14 17	13 44
8	16 35	16 28	16 22	16 15	16 07	15 59	15 49	15 38	15 26	15 13	14 56	14 36	14 11	13 34
12	16 35	16 29	16 22	16 15	16 07	15 58	15 48	15 38	15 25	15 11	14 54	14 33	14 06	13 27
16	16 36	16 29	16 23	16 15	16 07	15 58	15 49	15 38	15 25	15 10	14 53	14 32	14 04	13 22
20	16 37	16 31	16 24	16 17	16 09	16 00	15 50	15 39	15 26	15 11	14 54	14 32	14 04	13 21
24	16 39	16 33	16 26	16 19	16 11	16 02	15 52	15 41	15 28	15 13	14 56	14 34	14 06	13 23
28	16 42	16 36	16 29	16 21	16 13	16 05	15 55	15 44	15 31	15 17	14 59	14 38	14 10	13 29
32	16 45	16 39	16 32	16 25	16 17	16 08	15 59	15 48	15 36	15 21	15 04	14 44	14 17	13 38
36	16 48	16 42	16 36	16 29	16 21	16 13	16 03	15 53	15 41	15 27	15 11	14 51	14 25	13 50

CIVIL TWILIGHT, 2015

UNIVERSAL TIME FOR MERIDIAN OF GREENWICH
BEGINNING OF MORNING CIVIL TWILIGHT

Lat.	−55°	−50°	−45°	−40°	−35°	−30°	−20°	−10°	0°	+10°	+20°	+30°	+35°	+40°
	h m	h m	h m	h m	h m	h m	h m	h m	h m	h m	h m	h m	h m	h m
Jan. −2	2 25	3 08	3 37	4 00	4 18	4 33	4 57	5 18	5 36	5 53	6 10	6 29	6 39	6 51
2	2 30	3 12	3 41	4 03	4 21	4 36	5 00	5 20	5 38	5 54	6 11	6 30	6 40	6 52
6	2 37	3 17	3 45	4 07	4 24	4 39	5 03	5 22	5 40	5 56	6 13	6 31	6 41	6 52
10	2 44	3 23	3 50	4 11	4 28	4 42	5 05	5 24	5 41	5 57	6 13	6 31	6 41	6 52
14	2 53	3 29	3 55	4 15	4 32	4 46	5 08	5 27	5 43	5 59	6 14	6 31	6 40	6 51
18	3 02	3 36	4 01	4 20	4 36	4 49	5 11	5 29	5 45	5 59	6 14	6 30	6 39	6 49
22	3 11	3 44	4 07	4 25	4 40	4 53	5 14	5 31	5 46	6 00	6 14	6 30	6 38	6 47
26	3 21	3 51	4 13	4 31	4 45	4 57	5 17	5 33	5 47	6 00	6 14	6 28	6 36	6 45
30	3 31	3 59	4 20	4 36	4 49	5 01	5 19	5 35	5 48	6 01	6 13	6 26	6 34	6 42
Feb. 3	3 41	4 07	4 26	4 41	4 54	5 04	5 22	5 36	5 49	6 00	6 12	6 24	6 31	6 38
7	3 51	4 15	4 32	4 47	4 58	5 08	5 24	5 38	5 49	6 00	6 11	6 22	6 28	6 35
11	4 01	4 23	4 39	4 52	5 02	5 12	5 27	5 39	5 49	5 59	6 09	6 19	6 24	6 30
15	4 11	4 30	4 45	4 57	5 07	5 15	5 29	5 40	5 50	5 58	6 07	6 16	6 20	6 26
19	4 21	4 38	4 51	5 02	5 11	5 18	5 31	5 41	5 49	5 57	6 05	6 12	6 16	6 21
23	4 30	4 45	4 57	5 07	5 15	5 22	5 33	5 42	5 49	5 56	6 02	6 08	6 12	6 15
27	4 39	4 53	5 03	5 12	5 19	5 25	5 34	5 42	5 49	5 54	5 59	6 04	6 07	6 10
Mar. 3	4 48	5 00	5 09	5 17	5 23	5 28	5 36	5 43	5 48	5 52	5 56	6 00	6 02	6 04
7	4 57	5 07	5 15	5 21	5 26	5 31	5 38	5 43	5 47	5 50	5 53	5 56	5 57	5 58
11	5 05	5 14	5 20	5 26	5 30	5 33	5 39	5 43	5 46	5 48	5 50	5 51	5 52	5 52
15	5 14	5 21	5 26	5 30	5 33	5 36	5 40	5 43	5 45	5 46	5 47	5 47	5 46	5 45
19	5 22	5 27	5 31	5 34	5 37	5 39	5 41	5 43	5 44	5 44	5 43	5 42	5 41	5 39
23	5 30	5 34	5 36	5 38	5 40	5 41	5 43	5 43	5 43	5 42	5 40	5 37	5 35	5 32
27	5 38	5 40	5 41	5 43	5 43	5 44	5 44	5 43	5 42	5 39	5 36	5 32	5 29	5 26
31	5 46	5 46	5 47	5 47	5 46	5 46	5 45	5 43	5 40	5 37	5 33	5 27	5 23	5 19
Apr. 4	5 53	5 52	5 51	5 50	5 49	5 48	5 46	5 43	5 39	5 35	5 29	5 22	5 18	5 13

END OF EVENING CIVIL TWILIGHT

Lat.	−55°	−50°	−45°	−40°	−35°	−30°	−20°	−10°	0°	+10°	+20°	+30°	+35°	+40°
	h m	h m	h m	h m	h m	h m	h m	h m	h m	h m	h m	h m	h m	h m
Jan. −2	21 39	20 56	20 27	20 04	19 46	19 31	19 06	18 46	18 28	18 11	17 54	17 35	17 25	17 13
2	21 37	20 55	20 27	20 05	19 47	19 32	19 08	18 48	18 30	18 13	17 56	17 38	17 28	17 16
6	21 34	20 54	20 26	20 04	19 47	19 33	19 09	18 49	18 32	18 15	17 59	17 41	17 31	17 20
10	21 29	20 51	20 24	20 03	19 47	19 32	19 09	18 50	18 33	18 17	18 01	17 44	17 34	17 24
14	21 24	20 48	20 22	20 02	19 46	19 32	19 10	18 51	18 35	18 19	18 04	17 47	17 38	17 27
18	21 17	20 43	20 19	20 00	19 44	19 31	19 09	18 52	18 36	18 21	18 06	17 50	17 42	17 32
22	21 10	20 38	20 15	19 57	19 42	19 30	19 09	18 52	18 37	18 23	18 09	17 54	17 45	17 36
26	21 02	20 32	20 11	19 54	19 40	19 28	19 08	18 52	18 38	18 25	18 11	17 57	17 49	17 40
30	20 53	20 26	20 06	19 50	19 37	19 25	19 07	18 52	18 38	18 26	18 14	18 00	17 53	17 45
Feb. 3	20 44	20 19	20 01	19 46	19 33	19 23	19 05	18 51	18 39	18 27	18 16	18 04	17 57	17 50
7	20 35	20 12	19 55	19 41	19 29	19 20	19 04	18 50	18 39	18 28	18 18	18 07	18 01	17 54
11	20 25	20 05	19 49	19 36	19 25	19 16	19 01	18 49	18 39	18 29	18 20	18 10	18 04	17 59
15	20 15	19 57	19 42	19 30	19 21	19 13	18 59	18 48	18 39	18 30	18 22	18 13	18 08	18 03
19	20 05	19 48	19 35	19 25	19 16	19 09	18 57	18 47	18 38	18 31	18 23	18 16	18 12	18 08
23	19 55	19 40	19 28	19 19	19 11	19 05	18 54	18 45	18 38	18 31	18 25	18 19	18 15	18 12
27	19 45	19 31	19 21	19 13	19 06	19 00	18 51	18 43	18 37	18 31	18 26	18 21	18 19	18 16
Mar. 3	19 34	19 23	19 14	19 07	19 01	18 56	18 48	18 41	18 36	18 32	18 28	18 24	18 22	18 21
7	19 24	19 14	19 06	19 00	18 55	18 51	18 44	18 39	18 35	18 32	18 29	18 27	18 26	18 25
11	19 13	19 05	18 59	18 54	18 50	18 46	18 41	18 37	18 34	18 32	18 30	18 29	18 29	18 29
15	19 03	18 56	18 51	18 47	18 44	18 41	18 37	18 35	18 33	18 32	18 31	18 32	18 32	18 33
19	18 52	18 47	18 44	18 41	18 38	18 37	18 34	18 32	18 32	18 32	18 33	18 34	18 36	18 38
23	18 42	18 39	18 36	18 34	18 33	18 32	18 30	18 30	18 31	18 32	18 34	18 37	18 39	18 42
27	18 32	18 30	18 29	18 28	18 27	18 27	18 27	18 28	18 29	18 32	18 35	18 39	18 42	18 46
31	18 22	18 21	18 21	18 21	18 22	18 22	18 24	18 26	18 28	18 32	18 36	18 42	18 46	18 50
Apr. 4	18 12	18 13	18 14	18 15	18 16	18 17	18 20	18 23	18 27	18 32	18 37	18 44	18 49	18 54

UNIVERSAL TIME FOR MERIDIAN OF GREENWICH
BEGINNING OF MORNING CIVIL TWILIGHT

Lat.	+40°	+42°	+44°	+46°	+48°	+50°	+52°	+54°	+56°	+58°	+60°	+62°	+64°	+66°
	h m	h m	h m	h m	h m	h m	h m	h m	h m	h m	h m	h m	h m	h m
Jan. −2	6 51	6 56	7 01	7 07	7 13	7 20	7 27	7 35	7 44	7 55	8 06	8 19	8 35	8 55
2	6 52	6 57	7 02	7 08	7 14	7 20	7 28	7 35	7 44	7 54	8 05	8 18	8 34	8 52
6	6 52	6 57	7 02	7 07	7 13	7 20	7 27	7 34	7 43	7 53	8 03	8 16	8 31	8 49
10	6 52	6 56	7 01	7 07	7 12	7 19	7 25	7 33	7 41	7 50	8 00	8 12	8 26	8 43
14	6 51	6 55	7 00	7 05	7 11	7 17	7 23	7 30	7 38	7 47	7 56	8 08	8 21	8 37
18	6 49	6 54	6 58	7 03	7 08	7 14	7 20	7 27	7 34	7 42	7 51	8 02	8 14	8 29
22	6 47	6 51	6 56	7 00	7 05	7 10	7 16	7 22	7 29	7 37	7 45	7 55	8 07	8 20
26	6 45	6 49	6 53	6 57	7 01	7 06	7 12	7 17	7 24	7 31	7 39	7 48	7 58	8 10
30	6 42	6 45	6 49	6 53	6 57	7 02	7 07	7 12	7 18	7 24	7 31	7 39	7 49	8 00
Feb. 3	6 38	6 42	6 45	6 49	6 52	6 56	7 01	7 06	7 11	7 17	7 23	7 30	7 39	7 48
7	6 35	6 37	6 40	6 44	6 47	6 51	6 55	6 59	7 03	7 09	7 14	7 21	7 28	7 36
11	6 30	6 33	6 36	6 38	6 41	6 44	6 48	6 52	6 56	7 00	7 05	7 10	7 17	7 24
15	6 26	6 28	6 30	6 33	6 35	6 38	6 41	6 44	6 47	6 51	6 55	7 00	7 05	7 11
19	6 21	6 22	6 24	6 26	6 29	6 31	6 33	6 36	6 39	6 42	6 45	6 49	6 53	6 57
23	6 15	6 17	6 18	6 20	6 22	6 23	6 25	6 27	6 29	6 32	6 34	6 37	6 40	6 44
27	6 10	6 11	6 12	6 13	6 14	6 16	6 17	6 18	6 20	6 22	6 23	6 25	6 27	6 30
Mar. 3	6 04	6 05	6 05	6 06	6 07	6 08	6 08	6 09	6 10	6 11	6 12	6 13	6 14	6 15
7	5 58	5 58	5 59	5 59	5 59	5 59	6 00	6 00	6 00	6 00	6 00	6 01	6 01	6 01
11	5 52	5 52	5 52	5 51	5 51	5 51	5 51	5 50	5 50	5 49	5 49	5 48	5 47	5 46
15	5 45	5 45	5 44	5 44	5 43	5 42	5 42	5 41	5 40	5 38	5 37	5 35	5 33	5 30
19	5 39	5 38	5 37	5 36	5 35	5 34	5 32	5 31	5 29	5 27	5 24	5 22	5 18	5 15
23	5 32	5 31	5 30	5 28	5 27	5 25	5 23	5 21	5 18	5 15	5 12	5 08	5 04	4 59
27	5 26	5 24	5 22	5 20	5 18	5 16	5 13	5 11	5 07	5 04	5 00	4 55	4 49	4 43
31	5 19	5 17	5 15	5 13	5 10	5 07	5 04	5 00	4 57	4 52	4 47	4 41	4 34	4 26
Apr. 4	5 13	5 10	5 08	5 05	5 02	4 58	4 54	4 50	4 46	4 40	4 34	4 27	4 19	4 09

END OF EVENING CIVIL TWILIGHT

Lat.	+40°	+42°	+44°	+46°	+48°	+50°	+52°	+54°	+56°	+58°	+60°	+62°	+64°	+66°
	h m	h m	h m	h m	h m	h m	h m	h m	h m	h m	h m	h m	h m	h m
Jan. −2	17 13	17 08	17 03	16 57	16 51	16 44	16 37	16 29	16 20	16 10	15 58	15 45	15 29	15 10
2	17 16	17 11	17 06	17 00	16 54	16 48	16 40	16 33	16 24	16 14	16 03	15 50	15 34	15 16
6	17 20	17 15	17 10	17 04	16 58	16 52	16 45	16 37	16 29	16 19	16 08	15 56	15 41	15 23
10	17 24	17 19	17 14	17 08	17 03	16 57	16 50	16 42	16 34	16 25	16 15	16 03	15 49	15 32
14	17 27	17 23	17 18	17 13	17 08	17 02	16 55	16 48	16 41	16 32	16 22	16 11	15 58	15 42
18	17 32	17 27	17 23	17 18	17 13	17 07	17 01	16 55	16 47	16 39	16 30	16 19	16 07	15 52
22	17 36	17 32	17 28	17 23	17 18	17 13	17 07	17 01	16 54	16 47	16 38	16 28	16 17	16 04
26	17 40	17 37	17 33	17 28	17 24	17 19	17 14	17 08	17 02	16 55	16 47	16 38	16 28	16 16
30	17 45	17 42	17 38	17 34	17 30	17 25	17 21	17 15	17 10	17 03	16 56	16 48	16 39	16 28
Feb. 3	17 50	17 46	17 43	17 39	17 36	17 32	17 27	17 23	17 17	17 12	17 05	16 58	16 50	16 40
7	17 54	17 51	17 48	17 45	17 42	17 38	17 34	17 30	17 26	17 20	17 15	17 09	17 01	16 53
11	17 59	17 56	17 53	17 51	17 48	17 45	17 41	17 38	17 34	17 29	17 24	17 19	17 13	17 06
15	18 03	18 01	17 59	17 56	17 54	17 51	17 48	17 45	17 42	17 38	17 34	17 30	17 25	17 19
19	18 08	18 06	18 04	18 02	18 00	17 58	17 55	17 53	17 50	17 47	17 44	17 40	17 36	17 32
23	18 12	18 11	18 09	18 08	18 06	18 04	18 02	18 00	17 58	17 56	17 54	17 51	17 48	17 45
27	18 16	18 15	18 14	18 13	18 12	18 11	18 09	18 08	18 07	18 05	18 03	18 02	18 00	17 57
Mar. 3	18 21	18 20	18 19	18 19	18 18	18 17	18 16	18 16	18 15	18 14	18 13	18 12	18 11	18 10
7	18 25	18 25	18 24	18 24	18 24	18 24	18 23	18 23	18 23	18 23	18 23	18 23	18 23	18 23
11	18 29	18 29	18 29	18 30	18 30	18 30	18 30	18 31	18 31	18 32	18 33	18 34	18 35	18 36
15	18 33	18 34	18 34	18 35	18 36	18 37	18 37	18 39	18 40	18 41	18 43	18 45	18 47	18 50
19	18 38	18 38	18 39	18 40	18 42	18 43	18 44	18 46	18 48	18 50	18 53	18 56	18 59	19 03
23	18 42	18 43	18 44	18 46	18 48	18 49	18 52	18 54	18 56	18 59	19 03	19 07	19 11	19 17
27	18 46	18 48	18 49	18 51	18 54	18 56	18 59	19 02	19 05	19 09	19 13	19 18	19 24	19 31
31	18 50	18 52	18 54	18 57	19 00	19 02	19 06	19 09	19 13	19 18	19 23	19 29	19 36	19 45
Apr. 4	18 54	18 57	18 59	19 02	19 06	19 09	19 13	19 17	19 22	19 28	19 34	19 41	19 49	19 59

CIVIL TWILIGHT, 2015

UNIVERSAL TIME FOR MERIDIAN OF GREENWICH
BEGINNING OF MORNING CIVIL TWILIGHT

Lat.	−55°	−50°	−45°	−40°	−35°	−30°	−20°	−10°	0°	+10°	+20°	+30°	+35°	+40°
	h m	h m	h m	h m	h m	h m	h m	h m	h m	h m	h m	h m	h m	h m
Mar. 31	5 46	5 46	5 47	5 47	5 46	5 46	5 45	5 43	5 40	5 37	5 33	5 27	5 23	5 19
Apr. 4	5 53	5 52	5 51	5 50	5 49	5 48	5 46	5 43	5 39	5 35	5 29	5 22	5 18	5 13
8	6 01	5 58	5 56	5 54	5 52	5 51	5 47	5 42	5 38	5 32	5 26	5 17	5 12	5 06
12	6 08	6 04	6 01	5 58	5 56	5 53	5 48	5 42	5 37	5 30	5 22	5 13	5 07	5 00
16	6 15	6 10	6 06	6 02	5 59	5 55	5 49	5 42	5 36	5 28	5 19	5 08	5 01	4 53
20	6 23	6 16	6 11	6 06	6 02	5 58	5 50	5 42	5 35	5 26	5 16	5 04	4 56	4 47
24	6 30	6 22	6 15	6 10	6 05	6 00	5 51	5 42	5 34	5 24	5 13	4 59	4 51	4 41
28	6 37	6 28	6 20	6 14	6 08	6 02	5 52	5 43	5 33	5 22	5 10	4 55	4 46	4 36
May 2	6 44	6 33	6 25	6 17	6 11	6 05	5 53	5 43	5 32	5 21	5 07	4 51	4 42	4 30
6	6 50	6 39	6 29	6 21	6 14	6 07	5 55	5 43	5 32	5 19	5 05	4 48	4 37	4 25
10	6 57	6 44	6 34	6 24	6 16	6 09	5 56	5 44	5 31	5 18	5 03	4 44	4 33	4 20
14	7 03	6 49	6 38	6 28	6 19	6 12	5 57	5 44	5 31	5 17	5 01	4 41	4 30	4 16
18	7 09	6 54	6 42	6 31	6 22	6 14	5 59	5 45	5 31	5 16	4 59	4 39	4 26	4 12
22	7 15	6 59	6 46	6 35	6 25	6 16	6 00	5 46	5 31	5 15	4 58	4 37	4 23	4 08
26	7 20	7 03	6 49	6 38	6 28	6 18	6 02	5 46	5 31	5 15	4 57	4 35	4 21	4 05
30	7 25	7 07	6 53	6 41	6 30	6 20	6 03	5 47	5 32	5 15	4 56	4 33	4 19	4 02
June 3	7 29	7 11	6 56	6 43	6 32	6 22	6 05	5 48	5 32	5 15	4 56	4 32	4 18	4 00
7	7 33	7 14	6 59	6 46	6 34	6 24	6 06	5 49	5 33	5 15	4 55	4 31	4 17	3 59
11	7 36	7 17	7 01	6 48	6 36	6 26	6 07	5 50	5 33	5 16	4 55	4 31	4 16	3 58
15	7 39	7 19	7 03	6 49	6 38	6 27	6 09	5 51	5 34	5 16	4 56	4 31	4 16	3 58
19	7 41	7 20	7 04	6 51	6 39	6 28	6 10	5 52	5 35	5 17	4 56	4 32	4 16	3 58
23	7 41	7 21	7 05	6 52	6 40	6 29	6 10	5 53	5 36	5 18	4 57	4 32	4 17	3 59
27	7 42	7 22	7 06	6 52	6 40	6 30	6 11	5 54	5 37	5 19	4 58	4 33	4 18	4 00
July 1	7 41	7 21	7 06	6 52	6 41	6 30	6 12	5 55	5 38	5 20	5 00	4 35	4 20	4 02
5	7 39	7 20	7 05	6 52	6 40	6 30	6 12	5 55	5 38	5 21	5 01	4 37	4 22	4 04

END OF EVENING CIVIL TWILIGHT

Lat.	−55°	−50°	−45°	−40°	−35°	−30°	−20°	−10°	0°	+10°	+20°	+30°	+35°	+40°
	h m	h m	h m	h m	h m	h m	h m	h m	h m	h m	h m	h m	h m	h m
Mar. 31	18 22	18 21	18 21	18 21	18 22	18 22	18 24	18 26	18 28	18 32	18 36	18 42	18 46	18 50
Apr. 4	18 12	18 13	18 14	18 15	18 16	18 17	18 20	18 23	18 27	18 32	18 37	18 44	18 49	18 54
8	18 02	18 05	18 07	18 09	18 11	18 13	18 17	18 21	18 26	18 32	18 38	18 47	18 52	18 59
12	17 53	17 56	18 00	18 03	18 06	18 08	18 14	18 19	18 25	18 32	18 40	18 50	18 56	19 03
16	17 43	17 49	17 53	17 57	18 01	18 04	18 11	18 17	18 24	18 32	18 41	18 52	18 59	19 07
20	17 34	17 41	17 47	17 51	17 56	18 00	18 08	18 15	18 23	18 32	18 42	18 55	19 03	19 12
24	17 26	17 34	17 40	17 46	17 51	17 56	18 05	18 14	18 23	18 33	18 44	18 58	19 06	19 16
28	17 18	17 27	17 34	17 41	17 47	17 53	18 03	18 12	18 22	18 33	18 45	19 00	19 10	19 20
May 2	17 10	17 20	17 29	17 36	17 43	17 49	18 00	18 11	18 22	18 34	18 47	19 03	19 13	19 25
6	17 02	17 14	17 24	17 32	17 39	17 46	17 58	18 10	18 22	18 34	18 49	19 06	19 17	19 29
10	16 55	17 08	17 19	17 28	17 36	17 43	17 57	18 09	18 22	18 35	18 50	19 09	19 20	19 33
14	16 49	17 03	17 14	17 24	17 33	17 41	17 55	18 08	18 22	18 36	18 52	19 12	19 24	19 38
18	16 43	16 58	17 11	17 21	17 30	17 39	17 54	18 08	18 22	18 37	18 54	19 14	19 27	19 42
22	16 38	16 54	17 07	17 18	17 28	17 37	17 53	18 08	18 22	18 38	18 56	19 17	19 30	19 46
26	16 33	16 50	17 04	17 16	17 26	17 35	17 52	18 07	18 23	18 39	18 57	19 20	19 33	19 50
30	16 30	16 47	17 02	17 14	17 25	17 34	17 52	18 08	18 23	18 40	18 59	19 22	19 36	19 53
June 3	16 26	16 45	17 00	17 13	17 24	17 34	17 51	18 08	18 24	18 41	19 01	19 24	19 39	19 56
7	16 24	16 43	16 59	17 12	17 23	17 33	17 51	18 08	18 25	18 42	19 02	19 27	19 41	19 59
11	16 23	16 42	16 58	17 11	17 23	17 33	17 52	18 09	18 26	18 44	19 04	19 28	19 43	20 01
15	16 22	16 42	16 58	17 11	17 23	17 34	17 52	18 10	18 27	18 45	19 05	19 30	19 45	20 03
19	16 22	16 42	16 58	17 12	17 24	17 34	17 53	18 10	18 28	18 46	19 06	19 31	19 46	20 05
23	16 23	16 43	16 59	17 13	17 24	17 35	17 54	18 11	18 28	18 47	19 07	19 32	19 47	20 05
27	16 24	16 44	17 00	17 14	17 26	17 36	17 55	18 12	18 29	18 47	19 08	19 32	19 48	20 06
July 1	16 27	16 46	17 02	17 15	17 27	17 37	17 56	18 13	18 30	18 48	19 08	19 33	19 48	20 05
5	16 30	16 49	17 04	17 17	17 29	17 39	17 57	18 14	18 31	18 48	19 08	19 32	19 47	20 05

CIVIL TWILIGHT, 2015

UNIVERSAL TIME FOR MERIDIAN OF GREENWICH
BEGINNING OF MORNING CIVIL TWILIGHT

Lat.	+40°	+42°	+44°	+46°	+48°	+50°	+52°	+54°	+56°	+58°	+60°	+62°	+64°	+66°
	h m	h m	h m	h m	h m	h m	h m	h m	h m	h m	h m	h m	h m	h m
Mar. 31	5 19	5 17	5 15	5 13	5 10	5 07	5 04	5 00	4 57	4 52	4 47	4 41	4 34	4 26
Apr. 4	5 13	5 10	5 08	5 05	5 02	4 58	4 54	4 50	4 46	4 40	4 34	4 27	4 19	4 09
8	5 06	5 03	5 00	4 57	4 53	4 49	4 45	4 40	4 35	4 28	4 21	4 13	4 04	3 52
12	5 00	4 56	4 53	4 49	4 45	4 41	4 35	4 30	4 24	4 17	4 08	3 59	3 48	3 34
16	4 53	4 50	4 46	4 42	4 37	4 32	4 26	4 20	4 13	4 05	3 55	3 45	3 32	3 16
20	4 47	4 43	4 39	4 34	4 29	4 23	4 17	4 10	4 02	3 53	3 42	3 30	3 15	2 57
24	4 41	4 37	4 32	4 27	4 21	4 15	4 08	4 00	3 51	3 41	3 29	3 15	2 58	2 37
28	4 36	4 31	4 25	4 20	4 14	4 07	3 59	3 50	3 41	3 29	3 16	3 00	2 41	2 15
May 2	4 30	4 25	4 19	4 13	4 06	3 59	3 50	3 41	3 30	3 18	3 03	2 45	2 22	1 51
6	4 25	4 19	4 13	4 07	3 59	3 51	3 42	3 32	3 20	3 06	2 50	2 29	2 03	1 24
10	4 20	4 14	4 08	4 00	3 53	3 44	3 34	3 23	3 10	2 55	2 37	2 13	1 42	0 46
14	4 16	4 09	4 02	3 55	3 46	3 37	3 27	3 15	3 01	2 44	2 24	1 57	1 18	// //
18	4 12	4 05	3 58	3 50	3 41	3 31	3 20	3 07	2 52	2 33	2 11	1 40	0 46	// //
22	4 08	4 01	3 53	3 45	3 36	3 25	3 13	2 59	2 43	2 23	1 58	1 21	// //	// //
26	4 05	3 58	3 50	3 41	3 31	3 20	3 07	2 53	2 35	2 14	1 45	1 00	// //	// //
30	4 02	3 55	3 46	3 37	3 27	3 15	3 02	2 47	2 28	2 05	1 33	0 34	// //	// //
June 3	4 00	3 53	3 44	3 34	3 24	3 12	2 58	2 42	2 22	1 57	1 21	// //	// //	// //
7	3 59	3 51	3 42	3 32	3 21	·3 09	2 55	2 38	2 17	1 51	1 11	// //	// //	// //
11	3 58	3 50	3 41	3 31	3 20	3 07	2 52	2 35	2 13	1 45	1 01	// //	// //	// //
15	3 58	3 49	3 40	3 30	3 19	3 06	2 51	2 33	2 11	1 42	0 54	// //	// //	▭
19	3 58	3 50	3 40	3 30	3 19	3 06	2 51	2 33	2 10	1 40	0 50	// //	// //	▭
23	3 59	3 50	3 41	3 31	3 19	3 06	2 51	2 33	2 11	1 41	0 50	// //	// //	▭
27	4 00	3 52	3 43	3 32	3 21	3 08	2 53	2 35	2 13	1 44	0 54	// //	// //	// //
July 1	4 02	3 54	3 45	3 35	3 23	3 11	2 56	2 38	2 17	1 48	1 02	// //	// //	// //
5	4 04	3 56	3 47	3 37	3 26	3 14	2 59	2 42	2 21	1 54	1 13	// //	// //	// //

END OF EVENING CIVIL TWILIGHT

Lat.	+40°	+42°	+44°	+46°	+48°	+50°	+52°	+54°	+56°	+58°	+60°	+62°	+64°	+66°
	h m	h m	h m	h m	h m	h m	h m	h m	h m	h m	h m	h m	h m	h m
Mar. 31	18 50	18 52	18 54	18 57	19 00	19 02	19 06	19 09	19 13	19 18	19 23	19 29	19 36	19 45
Apr. 4	18 54	18 57	18 59	19 02	19 06	19 09	19 13	19 17	19 22	19 28	19 34	19 41	19 49	19 59
8	18 59	19 01	19 05	19 08	19 12	19 16	19 20	19 25	19 31	19 37	19 44	19 53	20 03	20 15
12	19 03	19 06	19 10	19 14	19 18	19 22	19 27	19 33	19 40	19 47	19 55	20 05	20 17	20 30
16	19 07	19 11	19 15	19 19	19 24	19 29	19 35	19 41	19 49	19 57	20 06	20 18	20 31	20 47
20	19 12	19 16	19 20	19 25	19 30	19 36	19 42	19 50	19 58	20 07	20 18	20 30	20 46	21 05
24	19 16	19 20	19 25	19 31	19 36	19 43	19 50	19 58	20 07	20 17	20 29	20 44	21 01	21 24
28	19 20	19 25	19 31	19 36	19 43	19 50	19 57	20 06	20 16	20 28	20 41	20 58	21 18	21 44
May 2	19 25	19 30	19 36	19 42	19 49	19 57	20 05	20 15	20 26	20 38	20 54	21 12	21 35	22 08
6	19 29	19 35	19 41	19 48	19 55	20 03	20 13	20 23	20 35	20 49	21 06	21 27	21 55	22 37
10	19 33	19 39	19 46	19 53	20 01	20 10	20 20	20 31	20 44	21 00	21 19	21 43	22 16	23 21
14	19 38	19 44	19 51	19 59	20 07	20 17	20 27	20 40	20 54	21 11	21 32	21 59	22 41	// //
18	19 42	19 49	19 56	20 04	20 13	20 23	20 35	20 48	21 03	21 21	21 45	22 17	23 17	// //
22	19 46	19 53	20 01	20 09	20 19	20 29	20 41	20 55	21 12	21 32	21 58	22 36	// //	// //
26	19 50	19 57	20 05	20 14	20 24	20 35	20 48	21 03	21 20	21 42	22 11	22 59	// //	// //
30	19 53	20 01	20 09	20 18	20 29	20 40	20 54	21 09	21 28	21 52	22 25	23 31	// //	// //
June 3	19 56	20 04	20 13	20 22	20 33	20 45	20 59	21 15	21 35	22 01	22 37	// //	// //	// //
7	19 59	20 07	20 16	20 26	20 37	20 49	21 04	21 21	21 41	22 08	22 49	// //	// //	// //
11	20 01	20 10	20 19	20 29	20 40	20 53	21 07	21 25	21 46	22 15	23 00	// //	// //	// //
15	20 03	20 12	20 21	20 31	20 42	20 55	21 10	21 28	21 50	22 20	23 09	// //	// //	▭
19	20 05	20 13	20 22	20 32	20 44	20 57	21 12	21 30	21 52	22 22	23 13	// //	// //	▭
23	20 05	20 14	20 23	20 33	20 45	20 58	21 13	21 31	21 53	22 23	23 14	// //	// //	▭
27	20 06	20 14	20 23	20 33	20 45	20 58	21 13	21 31	21 53	22 22	23 10	// //	// //	▭
July 1	20 05	20 14	20 23	20 33	20 44	20 57	21 11	21 29	21 50	22 19	23 03	// //	// //	// //
5	20 05	20 13	20 22	20 31	20 42	20 55	21 09	21 26	21 47	22 13	22 54	// //	// //	// //

▭ indicates Sun continuously above horizon.
// // indicates continuous twilight.

CIVIL TWILIGHT, 2015

UNIVERSAL TIME FOR MERIDIAN OF GREENWICH
BEGINNING OF MORNING CIVIL TWILIGHT

Lat.	−55°	−50°	−45°	−40°	−35°	−30°	−20°	−10°	0°	+10°	+20°	+30°	+35°	+40°
	h m	h m	h m	h m	h m	h m	h m	h m	h m	h m	h m	h m	h m	h m
July 1	7 41	7 21	7 06	6 52	6 41	6 30	6 12	5 55	5 38	5 20	5 00	4 35	4 20	4 02
5	7 39	7 20	7 05	6 52	6 40	6 30	6 12	5 55	5 38	5 21	5 01	4 37	4 22	4 04
9	7 37	7 19	7 04	6 51	6 40	6 30	6 12	5 55	5 39	5 22	5 02	4 39	4 24	4 07
13	7 34	7 16	7 02	6 49	6 39	6 29	6 12	5 56	5 40	5 23	5 04	4 41	4 27	4 10
17	7 30	7 13	6 59	6 48	6 37	6 28	6 11	5 56	5 40	5 24	5 06	4 43	4 29	4 13
21	7 26	7 10	6 56	6 45	6 35	6 26	6 10	5 56	5 41	5 25	5 07	4 46	4 32	4 17
25	7 21	7 05	6 53	6 42	6 33	6 25	6 09	5 55	5 41	5 26	5 09	4 48	4 36	4 21
29	7 15	7 01	6 49	6 39	6 30	6 22	6 08	5 55	5 41	5 27	5 11	4 51	4 39	4 25
Aug. 2	7 08	6 55	6 45	6 35	6 27	6 20	6 06	5 54	5 41	5 28	5 12	4 53	4 42	4 29
6	7 01	6 50	6 40	6 31	6 24	6 17	6 04	5 53	5 41	5 28	5 14	4 56	4 45	4 33
10	6 54	6 43	6 34	6 27	6 20	6 14	6 02	5 51	5 41	5 29	5 15	4 59	4 49	4 37
14	6 46	6 37	6 29	6 22	6 16	6 10	6 00	5 50	5 40	5 29	5 17	5 01	4 52	4 41
18	6 38	6 30	6 23	6 17	6 12	6 07	5 57	5 48	5 39	5 29	5 18	5 04	4 55	4 45
22	6 29	6 22	6 17	6 11	6 07	6 03	5 55	5 47	5 39	5 30	5 19	5 06	4 59	4 49
26	6 20	6 15	6 10	6 06	6 02	5 58	5 52	5 45	5 38	5 30	5 20	5 09	5 02	4 53
30	6 11	6 07	6 03	6 00	5 57	5 54	5 48	5 43	5 36	5 30	5 21	5 11	5 05	4 57
Sept. 3	6 01	5 59	5 56	5 54	5 52	5 49	5 45	5 40	5 35	5 29	5 22	5 14	5 08	5 01
7	5 52	5 50	5 49	5 48	5 46	5 45	5 42	5 38	5 34	5 29	5 23	5 16	5 11	5 05
11	5 42	5 42	5 42	5 41	5 41	5 40	5 38	5 36	5 33	5 29	5 24	5 18	5 14	5 09
15	5 32	5 33	5 34	5 35	5 35	5 35	5 34	5 33	5 31	5 29	5 25	5 20	5 17	5 13
19	5 21	5 24	5 26	5 28	5 29	5 30	5 31	5 31	5 30	5 28	5 26	5 23	5 20	5 17
23	5 11	5 15	5 19	5 21	5 23	5 25	5 27	5 28	5 29	5 28	5 27	5 25	5 23	5 21
27	5 00	5 06	5 11	5 15	5 18	5 20	5 23	5 26	5 27	5 28	5 28	5 27	5 26	5 25
Oct. 1	4 50	4 57	5 03	5 08	5 12	5 15	5 20	5 23	5 26	5 28	5 29	5 29	5 29	5 29
5	4 39	4 49	4 56	5 01	5 06	5 10	5 16	5 21	5 24	5 27	5 30	5 31	5 32	5 33

END OF EVENING CIVIL TWILIGHT

Lat.	−55°	−50°	−45°	−40°	−35°	−30°	−20°	−10°	0°	+10°	+20°	+30°	+35°	+40°
	h m	h m	h m	h m	h m	h m	h m	h m	h m	h m	h m	h m	h m	h m
July 1	16 27	16 46	17 02	17 15	17 27	17 37	17 56	18 13	18 30	18 48	19 08	19 33	19 48	20 05
5	16 30	16 49	17 04	17 17	17 29	17 39	17 57	18 14	18 31	18 48	19 08	19 32	19 47	20 05
9	16 33	16 52	17 07	17 20	17 31	17 41	17 59	18 15	18 31	18 48	19 08	19 31	19 46	20 03
13	16 38	16 56	17 10	17 22	17 33	17 43	18 00	18 16	18 32	18 48	19 07	19 30	19 44	20 01
17	16 42	16 59	17 13	17 25	17 35	17 45	18 01	18 17	18 32	18 48	19 06	19 29	19 42	19 58
21	16 47	17 04	17 17	17 28	17 38	17 47	18 03	18 17	18 32	18 48	19 05	19 27	19 40	19 55
25	16 53	17 08	17 21	17 31	17 40	17 49	18 04	18 18	18 32	18 47	19 04	19 24	19 37	19 52
29	16 59	17 13	17 24	17 34	17 43	17 51	18 05	18 18	18 32	18 46	19 02	19 22	19 34	19 48
Aug. 2	17 05	17 18	17 28	17 38	17 46	17 53	18 06	18 19	18 31	18 45	19 00	19 19	19 30	19 43
6	17 11	17 23	17 33	17 41	17 48	17 55	18 08	18 19	18 31	18 44	18 58	19 15	19 26	19 38
10	17 18	17 28	17 37	17 44	17 51	17 57	18 09	18 19	18 30	18 42	18 55	19 12	19 22	19 33
14	17 24	17 33	17 41	17 48	17 54	18 00	18 10	18 19	18 29	18 40	18 53	19 08	19 17	19 28
18	17 31	17 39	17 46	17 51	17 57	18 02	18 11	18 19	18 28	18 38	18 50	19 03	19 12	19 22
22	17 38	17 44	17 50	17 55	18 00	18 04	18 12	18 19	18 27	18 36	18 46	18 59	19 07	19 16
26	17 45	17 50	17 54	17 59	18 02	18 06	18 13	18 19	18 26	18 34	18 43	18 54	19 01	19 10
30	17 52	17 55	17 59	18 02	18 05	18 08	18 13	18 19	18 25	18 32	18 40	18 50	18 56	19 03
Sept. 3	17 59	18 01	18 03	18 06	18 08	18 10	18 14	18 19	18 24	18 29	18 36	18 45	18 50	18 57
7	18 06	18 07	18 08	18 09	18 11	18 12	18 15	18 18	18 22	18 27	18 33	18 40	18 45	18 50
11	18 13	18 13	18 13	18 13	18 13	18 14	18 16	18 18	18 21	18 24	18 29	18 35	18 39	18 43
15	18 20	18 19	18 17	18 17	18 16	18 16	18 16	18 18	18 19	18 22	18 25	18 30	18 33	18 37
19	18 28	18 25	18 22	18 20	18 19	18 18	18 17	18 17	18 18	18 19	18 21	18 25	18 27	18 30
23	18 35	18 31	18 27	18 24	18 22	18 20	18 18	18 17	18 16	18 17	18 18	18 20	18 21	18 23
27	18 43	18 37	18 32	18 28	18 25	18 23	18 19	18 17	18 15	18 14	18 14	18 15	18 15	18 17
Oct. 1	18 51	18 43	18 37	18 32	18 28	18 25	18 20	18 16	18 14	18 12	18 10	18 10	18 10	18 10
5	18 59	18 50	18 42	18 36	18 32	18 28	18 21	18 16	18 13	18 09	18 07	18 05	18 04	18 04

UNIVERSAL TIME FOR MERIDIAN OF GREENWICH
BEGINNING OF MORNING CIVIL TWILIGHT

Lat.	+40°	+42°	+44°	+46°	+48°	+50°	+52°	+54°	+56°	+58°	+60°	+62°	+64°	+66°
	h m	h m	h m	h m	h m	h m	h m	h m	h m	h m	h m	h m	h m	h m
July 1	4 02	3 54	3 45	3 35	3 23	3 11	2 56	2 38	2 17	1 48	1 02	// //	// //	// //
5	4 04	3 56	3 47	3 37	3 26	3 14	2 59	2 42	2 21	1 54	1 13	// //	// //	// //
9	4 07	3 59	3 50	3 41	3 30	3 18	3 04	2 47	2 27	2 02	1 25	// //	// //	// //
13	4 10	4 02	3 54	3 44	3 34	3 22	3 09	2 53	2 34	2 10	1 37	0 27	// //	// //
17	4 13	4 06	3 58	3 49	3 39	3 28	3 15	3 00	2 42	2 20	1 50	1 01	// //	// //
21	4 17	4 10	4 02	3 53	3 44	3 33	3 21	3 07	2 50	2 30	2 03	1 24	// //	// //
25	4 21	4 14	4 06	3 58	3 49	3 39	3 28	3 14	2 59	2 40	2 16	1 44	0 39	// //
29	4 25	4 18	4 11	4 03	3 55	3 45	3 34	3 22	3 08	2 51	2 29	2 01	1 18	// //
Aug. 2	4 29	4 22	4 16	4 09	4 00	3 52	3 41	3 30	3 17	3 01	2 42	2 18	1 43	0 29
6	4 33	4 27	4 21	4 14	4 06	3 58	3 49	3 38	3 26	3 12	2 54	2 33	2 05	1 20
10	4 37	4 32	4 26	4 19	4 12	4 05	3 56	3 46	3 35	3 22	3 07	2 48	2 24	1 50
14	4 41	4 36	4 31	4 25	4 18	4 11	4 03	3 54	3 44	3 32	3 19	3 02	2 41	2 14
18	4 45	4 41	4 36	4 30	4 24	4 18	4 11	4 02	3 53	3 43	3 30	3 16	2 58	2 34
22	4 49	4 45	4 41	4 36	4 30	4 24	4 18	4 10	4 02	3 53	3 42	3 29	3 13	2 53
26	4 53	4 50	4 46	4 41	4 36	4 31	4 25	4 18	4 11	4 02	3 53	3 41	3 28	3 11
30	4 57	4 54	4 50	4 46	4 42	4 37	4 32	4 26	4 20	4 12	4 03	3 53	3 41	3 27
Sept. 3	5 01	4 59	4 55	4 52	4 48	4 44	4 39	4 34	4 28	4 22	4 14	4 05	3 55	3 43
7	5 05	5 03	5 00	4 57	4 54	4 50	4 46	4 42	4 37	4 31	4 24	4 17	4 08	3 58
11	5 09	5 07	5 05	5 02	4 59	4 56	4 53	4 49	4 45	4 40	4 34	4 28	4 21	4 12
15	5 13	5 12	5 10	5 07	5 05	5 03	5 00	4 57	4 53	4 49	4 44	4 39	4 33	4 26
19	5 17	5 16	5 14	5 13	5 11	5 09	5 06	5 04	5 01	4 58	4 54	4 50	4 45	4 39
23	5 21	5 20	5 19	5 18	5 16	5 15	5 13	5 11	5 09	5 07	5 04	5 01	4 57	4 52
27	5 25	5 24	5 24	5 23	5 22	5 21	5 20	5 19	5 17	5 15	5 14	5 11	5 09	5 05
Oct. 1	5 29	5 29	5 28	5 28	5 28	5 27	5 27	5 26	5 25	5 24	5 23	5 22	5 20	5 18
5	5 33	5 33	5 33	5 33	5 33	5 33	5 33	5 33	5 33	5 33	5 33	5 32	5 32	5 31

END OF EVENING CIVIL TWILIGHT

Lat.	+40°	+42°	+44°	+46°	+48°	+50°	+52°	+54°	+56°	+58°	+60°	+62°	+64°	+66°
	h m	h m	h m	h m	h m	h m	h m	h m	h m	h m	h m	h m	h m	h m
July 1	20 05	20 14	20 23	20 33	20 44	20 57	21 11	21 29	21 50	22 19	23 03	// //	// //	// //
5	20 05	20 13	20 22	20 31	20 42	20 55	21 09	21 26	21 47	22 13	22 54	// //	// //	// //
9	20 03	20 11	20 20	20 29	20 40	20 52	21 06	21 22	21 42	22 07	22 43	// //	// //	// //
13	20 01	20 09	20 17	20 26	20 37	20 48	21 02	21 17	21 36	21 59	22 31	23 34	// //	// //
17	19 58	20 06	20 14	20 23	20 33	20 44	20 57	21 11	21 29	21 51	22 19	23 05	// //	// //
21	19 55	20 02	20 10	20 19	20 28	20 39	20 51	21 05	21 21	21 41	22 07	22 44	// //	// //
25	19 52	19 59	20 06	20 14	20 23	20 33	20 44	20 57	21 13	21 31	21 54	22 26	23 22	// //
29	19 48	19 54	20 01	20 09	20 17	20 27	20 37	20 49	21 04	21 20	21 41	22 08	22 49	// //
Aug. 2	19 43	19 49	19 56	20 03	20 11	20 20	20 30	20 41	20 54	21 09	21 28	21 52	22 24	23 25
6	19 38	19 44	19 50	19 57	20 04	20 13	20 22	20 32	20 44	20 58	21 15	21 36	22 03	22 44
10	19 33	19 38	19 44	19 50	19 57	20 05	20 13	20 23	20 34	20 47	21 02	21 20	21 43	22 15
14	19 28	19 33	19 38	19 44	19 50	19 57	20 05	20 14	20 24	20 35	20 49	21 05	21 25	21 51
18	19 22	19 26	19 31	19 37	19 42	19 49	19 56	20 04	20 13	20 23	20 35	20 50	21 07	21 29
22	19 16	19 20	19 24	19 29	19 34	19 40	19 47	19 54	20 02	20 11	20 22	20 35	20 50	21 09
26	19 10	19 13	19 17	19 22	19 26	19 32	19 37	19 44	19 51	20 00	20 09	20 20	20 34	20 50
30	19 03	19 06	19 10	19 14	19 18	19 23	19 28	19 34	19 40	19 48	19 56	20 06	20 17	20 31
Sept. 3	18 57	19 00	19 03	19 06	19 10	19 14	19 19	19 24	19 29	19 36	19 43	19 52	20 02	20 13
7	18 50	18 53	18 55	18 58	19 01	19 05	19 09	19 13	19 18	19 24	19 30	19 37	19 46	19 56
11	18 43	18 45	18 48	18 50	18 53	18 56	18 59	19 03	19 07	19 12	19 17	19 23	19 31	19 39
15	18 37	18 38	18 40	18 42	18 44	18 47	18 50	18 53	18 56	19 00	19 05	19 10	19 16	19 23
19	18 30	18 31	18 33	18 34	18 36	18 38	18 40	18 43	18 45	18 48	18 52	18 56	19 01	19 06
23	18 23	18 24	18 25	18 26	18 28	18 29	18 31	18 32	18 34	18 37	18 39	18 43	18 46	18 50
27	18 17	18 17	18 18	18 18	18 19	18 20	18 21	18 22	18 24	18 25	18 27	18 29	18 32	18 35
Oct. 1	18 10	18 10	18 10	18 11	18 11	18 11	18 12	18 12	18 13	18 14	18 15	18 16	18 18	18 19
5	18 04	18 03	18 03	18 03	18 03	18 03	18 03	18 03	18 03	18 03	18 03	18 03	18 04	18 04

// // indicates continuous twilight.

CIVIL TWILIGHT, 2015

UNIVERSAL TIME FOR MERIDIAN OF GREENWICH
BEGINNING OF MORNING CIVIL TWILIGHT

Lat.	−55°	−50°	−45°	−40°	−35°	−30°	−20°	−10°	0°	+10°	+20°	+30°	+35°	+40°
	h m	h m	h m	h m	h m	h m	h m	h m	h m	h m	h m	h m	h m	h m
Oct. 1	4 50	4 57	5 03	5 08	5 12	5 15	5 20	5 23	5 26	5 28	5 29	5 29	5 29	5 29
5	4 39	4 49	4 56	5 01	5 06	5 10	5 16	5 21	5 24	5 27	5 30	5 31	5 32	5 33
9	4 29	4 40	4 48	4 55	5 00	5 05	5 13	5 19	5 23	5 27	5 31	5 34	5 35	5 37
13	4 18	4 31	4 41	4 48	4 55	5 00	5 09	5 16	5 22	5 27	5 32	5 36	5 38	5 41
17	4 08	4 22	4 33	4 42	4 50	4 56	5 06	5 14	5 21	5 27	5 33	5 39	5 42	5 45
21	3 57	4 14	4 26	4 36	4 44	4 51	5 03	5 12	5 20	5 28	5 34	5 41	5 45	5 49
25	3 47	4 05	4 19	4 30	4 39	4 47	5 00	5 11	5 20	5 28	5 36	5 44	5 48	5 53
29	3 37	3 57	4 12	4 24	4 35	4 43	4 57	5 09	5 19	5 28	5 37	5 47	5 52	5 57
Nov. 2	3 27	3 49	4 06	4 19	4 30	4 40	4 55	5 08	5 19	5 29	5 39	5 50	5 55	6 02
6	3 18	3 42	4 00	4 14	4 26	4 36	4 53	5 07	5 19	5 30	5 41	5 53	5 59	6 06
10	3 08	3 34	3 54	4 10	4 22	4 33	4 51	5 06	5 19	5 31	5 43	5 56	6 03	6 10
14	2 59	3 28	3 49	4 05	4 19	4 31	4 50	5 05	5 19	5 32	5 45	5 59	6 06	6 15
18	2 51	3 22	3 44	4 02	4 16	4 28	4 49	5 05	5 20	5 33	5 47	6 02	6 10	6 19
22	2 43	3 16	3 40	3 59	4 14	4 27	4 48	5 05	5 20	5 35	5 49	6 05	6 14	6 23
26	2 37	3 11	3 37	3 56	4 12	4 25	4 47	5 05	5 21	5 36	5 52	6 08	6 17	6 27
30	2 30	3 07	3 34	3 54	4 11	4 24	4 47	5 06	5 23	5 38	5 54	6 11	6 21	6 31
Dec. 4	2 25	3 04	3 32	3 53	4 10	4 24	4 48	5 07	5 24	5 40	5 56	6 14	6 24	6 35
8	2 21	3 02	3 30	3 52	4 10	4 24	4 48	5 08	5 26	5 42	5 59	6 17	6 27	6 38
12	2 19	3 01	3 30	3 52	4 10	4 25	4 49	5 10	5 27	5 44	6 01	6 20	6 30	6 42
16	2 18	3 01	3 30	3 53	4 11	4 26	4 51	5 11	5 29	5 46	6 04	6 22	6 33	6 45
20	2 18	3 02	3 31	3 54	4 12	4 28	4 53	5 13	5 31	5 48	6 06	6 25	6 35	6 47
24	2 20	3 04	3 33	3 56	4 14	4 30	4 54	5 15	5 33	5 50	6 08	6 27	6 37	6 49
28	2 23	3 07	3 36	3 59	4 17	4 32	4 57	5 17	5 35	5 52	6 09	6 28	6 39	6 50
32	2 28	3 11	3 40	4 02	4 20	4 35	4 59	5 19	5 37	5 54	6 11	6 29	6 40	6 51
36	2 35	3 15	3 44	4 05	4 23	4 38	5 02	5 22	5 39	5 56	6 12	6 30	6 41	6 52

END OF EVENING CIVIL TWILIGHT

Lat.	−55°	−50°	−45°	−40°	−35°	−30°	−20°	−10°	0°	+10°	+20°	+30°	+35°	+40°
	h m	h m	h m	h m	h m	h m	h m	h m	h m	h m	h m	h m	h m	h m
Oct. 1	18 51	18 43	18 37	18 32	18 28	18 25	18 20	18 16	18 14	18 12	18 10	18 10	18 10	18 10
5	18 59	18 50	18 42	18 36	18 32	18 28	18 21	18 16	18 13	18 09	18 07	18 05	18 04	18 04
9	19 07	18 56	18 48	18 41	18 35	18 30	18 22	18 16	18 11	18 07	18 04	18 00	17 59	17 57
13	19 16	19 03	18 53	18 45	18 38	18 33	18 24	18 16	18 10	18 05	18 00	17 56	17 54	17 51
17	19 25	19 10	18 59	18 50	18 42	18 36	18 25	18 17	18 10	18 03	17 58	17 52	17 49	17 45
21	19 34	19 17	19 04	18 54	18 46	18 38	18 27	18 17	18 09	18 02	17 55	17 48	17 44	17 40
25	19 43	19 24	19 10	18 59	18 50	18 42	18 28	18 18	18 09	18 00	17 52	17 44	17 39	17 35
29	19 52	19 32	19 16	19 04	18 53	18 45	18 30	18 19	18 08	17 59	17 50	17 40	17 35	17 30
Nov. 2	20 02	19 39	19 22	19 09	18 58	18 48	18 32	18 20	18 08	17 58	17 48	17 37	17 31	17 25
6	20 11	19 47	19 28	19 14	19 02	18 51	18 35	18 21	18 09	17 57	17 46	17 34	17 28	17 21
10	20 21	19 55	19 35	19 19	19 06	18 55	18 37	18 22	18 09	17 57	17 45	17 32	17 25	17 17
14	20 31	20 02	19 41	19 24	19 10	18 59	18 39	18 24	18 10	17 57	17 44	17 30	17 22	17 14
18	20 41	20 10	19 47	19 29	19 15	19 02	18 42	18 25	18 11	17 57	17 43	17 28	17 20	17 11
22	20 50	20 17	19 53	19 34	19 19	19 06	18 45	18 27	18 12	17 57	17 43	17 27	17 18	17 09
26	20 59	20 24	19 59	19 39	19 23	19 09	18 47	18 29	18 13	17 58	17 43	17 26	17 17	17 07
30	21 08	20 31	20 04	19 44	19 27	19 13	18 50	18 31	18 14	17 59	17 43	17 26	17 16	17 06
Dec. 4	21 16	20 37	20 09	19 48	19 31	19 16	18 53	18 33	18 16	18 00	17 44	17 26	17 16	17 05
8	21 23	20 42	20 14	19 52	19 34	19 19	18 55	18 35	18 18	18 01	17 45	17 26	17 16	17 05
12	21 29	20 47	20 18	19 55	19 37	19 22	18 58	18 38	18 20	18 03	17 46	17 27	17 17	17 05
16	21 34	20 50	20 21	19 58	19 40	19 25	19 00	18 40	18 22	18 05	17 47	17 29	17 18	17 06
20	21 37	20 53	20 23	20 01	19 43	19 27	19 02	18 42	18 24	18 07	17 49	17 30	17 20	17 08
24	21 39	20 55	20 25	20 03	19 45	19 29	19 04	18 44	18 26	18 09	17 51	17 32	17 22	17 10
28	21 39	20 56	20 26	20 04	19 46	19 31	19 06	18 46	18 28	18 11	17 53	17 35	17 24	17 12
32	21 37	20 56	20 27	20 05	19 47	19 32	19 07	18 47	18 30	18 13	17 56	17 37	17 27	17 15
36	21 35	20 54	20 26	20 05	19 47	19 32	19 08	18 49	18 31	18 15	17 58	17 40	17 30	17 19

UNIVERSAL TIME FOR MERIDIAN OF GREENWICH
BEGINNING OF MORNING CIVIL TWILIGHT

Lat.	+40°	+42°	+44°	+46°	+48°	+50°	+52°	+54°	+56°	+58°	+60°	+62°	+64°	+66°
	h m	h m	h m	h m	h m	h m	h m	h m	h m	h m	h m	h m	h m	h m
Oct. 1	5 29	5 29	5 28	5 28	5 28	5 27	5 27	5 26	5 25	5 24	5 23	5 22	5 20	5 18
5	5 33	5 33	5 33	5 33	5 33	5 33	5 33	5 33	5 33	5 33	5 33	5 32	5 32	5 31
9	5 37	5 37	5 37	5 38	5 39	5 39	5 40	5 40	5 41	5 41	5 42	5 43	5 43	5 44
13	5 41	5 42	5 43	5 43	5 44	5 45	5 47	5 48	5 49	5 50	5 51	5 53	5 54	5 56
17	5 45	5 46	5 47	5 49	5 50	5 52	5 53	5 55	5 57	5 59	6 01	6 03	6 06	6 09
21	5 49	5 51	5 52	5 54	5 56	5 58	6 00	6 02	6 05	6 07	6 10	6 13	6 17	6 21
25	5 53	5 55	5 57	5 59	6 02	6 04	6 07	6 10	6 13	6 16	6 20	6 24	6 28	6 34
29	5 57	6 00	6 02	6 05	6 07	6 10	6 13	6 17	6 21	6 25	6 29	6 34	6 40	6 46
Nov. 2	6 02	6 04	6 07	6 10	6 13	6 17	6 20	6 24	6 28	6 33	6 38	6 44	6 51	6 59
6	6 06	6 09	6 12	6 15	6 19	6 23	6 27	6 31	6 36	6 42	6 48	6 54	7 02	7 11
10	6 10	6 14	6 17	6 21	6 25	6 29	6 34	6 39	6 44	6 50	6 57	7 04	7 13	7 23
14	6 15	6 18	6 22	6 26	6 30	6 35	6 40	6 46	6 52	6 58	7 06	7 14	7 24	7 36
18	6 19	6 23	6 27	6 31	6 36	6 41	6 47	6 52	6 59	7 06	7 15	7 24	7 35	7 47
22	6 23	6 27	6 32	6 36	6 41	6 47	6 53	6 59	7 06	7 14	7 23	7 33	7 45	7 59
26	6 27	6 32	6 36	6 41	6 47	6 52	6 59	7 05	7 13	7 21	7 31	7 42	7 54	8 10
30	6 31	6 36	6 41	6 46	6 51	6 58	7 04	7 11	7 19	7 28	7 38	7 50	8 03	8 20
Dec. 4	6 35	6 40	6 45	6 50	6 56	7 02	7 09	7 17	7 25	7 34	7 45	7 57	8 12	8 29
8	6 38	6 43	6 49	6 54	7 00	7 07	7 14	7 22	7 30	7 40	7 51	8 04	8 19	8 37
12	6 42	6 47	6 52	6 58	7 04	7 11	7 18	7 26	7 35	7 45	7 56	8 09	8 25	8 44
16	6 45	6 50	6 55	7 01	7 07	7 14	7 21	7 29	7 39	7 49	8 00	8 14	8 30	8 49
20	6 47	6 52	6 58	7 03	7 10	7 17	7 24	7 32	7 41	7 52	8 03	8 17	8 33	8 53
24	6 49	6 54	7 00	7 05	7 12	7 19	7 26	7 34	7 43	7 54	8 05	8 19	8 35	8 55
28	6 50	6 56	7 01	7 07	7 13	7 20	7 27	7 35	7 44	7 54	8 06	8 19	8 35	8 55
32	6 51	6 56	7 02	7 07	7 14	7 20	7 28	7 36	7 44	7 54	8 06	8 19	8 34	8 53
36	6 52	6 57	7 02	7 08	7 14	7 20	7 27	7 35	7 43	7 53	8 04	8 17	8 32	8 50

END OF EVENING CIVIL TWILIGHT

Lat.	+40°	+42°	+44°	+46°	+48°	+50°	+52°	+54°	+56°	+58°	+60°	+62°	+64°	+66°
	h m	h m	h m	h m	h m	h m	h m	h m	h m	h m	h m	h m	h m	h m
Oct. 1	18 10	18 10	18 10	18 11	18 11	18 11	18 12	18 12	18 13	18 14	18 15	18 16	18 18	18 19
5	18 04	18 03	18 03	18 03	18 03	18 03	18 03	18 03	18 03	18 03	18 03	18 03	18 04	18 04
9	17 57	17 57	17 56	17 56	17 55	17 54	17 54	17 53	17 53	17 52	17 51	17 51	17 50	17 49
13	17 51	17 50	17 49	17 48	17 47	17 46	17 45	17 44	17 43	17 41	17 40	17 38	17 37	17 35
17	17 45	17 44	17 43	17 41	17 40	17 38	17 37	17 35	17 33	17 33	17 29	17 26	17 24	17 21
21	17 40	17 38	17 36	17 35	17 33	17 31	17 28	17 26	17 24	17 21	17 18	17 15	17 11	17 07
25	17 35	17 33	17 30	17 28	17 26	17 23	17 21	17 18	17 15	17 11	17 07	17 03	16 59	16 53
29	17 30	17 27	17 25	17 22	17 19	17 16	17 13	17 10	17 06	17 02	16 57	16 52	16 47	16 40
Nov. 2	17 25	17 22	17 19	17 16	17 13	17 10	17 06	17 02	16 58	16 53	16 48	16 42	16 35	16 27
6	17 21	17 18	17 15	17 11	17 08	17 04	17 00	16 55	16 50	16 45	16 39	16 32	16 24	16 15
10	17 17	17 14	17 10	17 06	17 02	16 58	16 54	16 48	16 43	16 37	16 30	16 22	16 14	16 03
14	17 14	17 10	17 06	17 02	16 58	16 53	16 48	16 43	16 36	16 30	16 22	16 14	16 04	15 52
18	17 11	17 07	17 03	16 58	16 54	16 49	16 43	16 37	16 31	16 23	16 15	16 06	15 55	15 42
22	17 09	17 04	17 00	16 55	16 50	16 45	16 39	16 32	16 25	16 17	16 09	15 58	15 47	15 33
26	17 07	17 02	16 58	16 53	16 47	16 42	16 35	16 29	16 21	16 13	16 03	15 52	15 39	15 24
30	17 06	17 01	16 56	16 51	16 45	16 39	16 33	16 25	16 17	16 08	15 58	15 47	15 33	15 17
Dec. 4	17 05	17 00	16 55	16 50	16 44	16 37	16 31	16 23	16 15	16 05	15 55	15 42	15 28	15 11
8	17 05	17 00	16 55	16 49	16 43	16 36	16 29	16 22	16 13	16 03	15 52	15 39	15 24	15 06
12	17 05	17 00	16 55	16 49	16 43	16 36	16 29	16 21	16 12	16 02	15 51	15 38	15 22	15 03
16	17 06	17 01	16 56	16 50	16 44	16 37	16 29	16 21	16 12	16 02	15 51	15 37	15 21	15 02
20	17 08	17 03	16 57	16 51	16 45	16 38	16 31	16 23	16 13	16 03	15 51	15 38	15 22	15 02
24	17 10	17 05	16 59	16 53	16 47	16 40	16 33	16 25	16 16	16 05	15 54	15 40	15 24	15 04
28	17 12	17 07	17 02	16 56	16 50	16 43	16 36	16 28	16 19	16 08	15 57	15 43	15 28	15 08
32	17 15	17 10	17 05	16 59	16 53	16 47	16 39	16 31	16 22	16 13	16 01	15 48	15 33	15 14
36	17 19	17 14	17 09	17 03	16 57	16 51	16 43	16 36	16 27	16 17	16 07	15 54	15 39	15 21

NAUTICAL TWILIGHT, 2015

UNIVERSAL TIME FOR MERIDIAN OF GREENWICH
BEGINNING OF MORNING NAUTICAL TWILIGHT

Lat.	−55°	−50°	−45°	−40°	−35°	−30°	−20°	−10°	0°	+10°	+20°	+30°	+35°	+40°
	h m	h m	h m	h m	h m	h m	h m	h m	h m	h m	h m	h m	h m	h m
Jan. −2	// //	2 03	2 48	3 18	3 41	3 59	4 28	4 51	5 10	5 26	5 42	5 59	6 07	6 17
2	0 16	2 08	2 52	3 22	3 44	4 02	4 31	4 53	5 12	5 28	5 44	6 00	6 09	6 18
6	0 45	2 15	2 57	3 26	3 48	4 06	4 34	4 55	5 14	5 30	5 45	6 01	6 09	6 18
10	1 05	2 22	3 03	3 30	3 52	4 09	4 37	4 58	5 15	5 31	5 46	6 01	6 09	6 18
14	1 23	2 31	3 09	3 36	3 56	4 13	4 40	5 00	5 17	5 33	5 47	6 01	6 09	6 17
18	1 39	2 40	3 16	3 41	4 01	4 17	4 43	5 02	5 19	5 34	5 47	6 01	6 08	6 16
22	1 55	2 49	3 23	3 47	4 06	4 21	4 46	5 05	5 20	5 34	5 47	6 00	6 07	6 14
26	2 11	2 59	3 30	3 53	4 11	4 25	4 49	5 07	5 22	5 35	5 47	5 59	6 06	6 12
30	2 25	3 08	3 37	3 59	4 16	4 30	4 52	5 09	5 23	5 35	5 47	5 58	6 03	6 09
Feb. 3	2 39	3 18	3 45	4 05	4 21	4 34	4 54	5 10	5 24	5 35	5 46	5 56	6 01	6 06
7	2 53	3 28	3 52	4 11	4 25	4 38	4 57	5 12	5 24	5 35	5 44	5 53	5 58	6 02
11	3 05	3 37	3 59	4 16	4 30	4 42	5 00	5 13	5 25	5 34	5 43	5 51	5 55	5 58
15	3 18	3 46	4 06	4 22	4 35	4 45	5 02	5 15	5 25	5 33	5 41	5 48	5 51	5 54
19	3 29	3 55	4 13	4 28	4 40	4 49	5 04	5 16	5 25	5 32	5 39	5 44	5 47	5 49
23	3 40	4 03	4 20	4 33	4 44	4 53	5 06	5 17	5 25	5 31	5 36	5 41	5 42	5 44
27	3 51	4 12	4 27	4 39	4 48	4 56	5 08	5 17	5 24	5 30	5 34	5 37	5 38	5 38
Mar. 3	4 01	4 20	4 33	4 44	4 52	4 59	5 10	5 18	5 24	5 28	5 31	5 33	5 33	5 33
7	4 11	4 27	4 39	4 49	4 56	5 02	5 12	5 18	5 23	5 26	5 28	5 28	5 28	5 27
11	4 21	4 35	4 45	4 53	5 00	5 05	5 13	5 18	5 22	5 24	5 25	5 24	5 22	5 20
15	4 30	4 42	4 51	4 58	5 04	5 08	5 15	5 19	5 21	5 22	5 21	5 19	5 17	5 14
19	4 39	4 49	4 57	5 03	5 07	5 11	5 16	5 19	5 20	5 20	5 18	5 14	5 11	5 07
23	4 47	4 56	5 02	5 07	5 11	5 13	5 17	5 19	5 19	5 17	5 14	5 09	5 05	5 01
27	4 55	5 02	5 07	5 11	5 14	5 16	5 18	5 19	5 17	5 15	5 11	5 04	5 00	4 54
31	5 03	5 09	5 12	5 15	5 17	5 18	5 19	5 18	5 16	5 13	5 07	4 59	4 54	4 47
Apr. 4	5 11	5 15	5 17	5 19	5 20	5 21	5 20	5 18	5 15	5 10	5 03	4 54	4 48	4 40

END OF EVENING NAUTICAL TWILIGHT

Lat.	−55°	−50°	−45°	−40°	−35°	−30°	−20°	−10°	0°	+10°	+20°	+30°	+35°	+40°
	h m	h m	h m	h m	h m	h m	h m	h m	h m	h m	h m	h m	h m	h m
Jan. −2	// //	22 01	21 16	20 46	20 23	20 04	19 36	19 13	18 54	18 38	18 22	18 05	17 57	17 47
2	23 43	21 59	21 15	20 46	20 23	20 05	19 37	19 15	18 56	18 40	18 24	18 08	17 59	17 50
6	23 22	21 55	21 14	20 45	20 23	20 05	19 38	19 16	18 58	18 42	18 26	18 11	18 02	17 54
10	23 06	21 51	21 11	20 44	20 22	20 05	19 38	19 17	18 59	18 44	18 29	18 14	18 06	17 57
14	22 52	21 45	21 08	20 42	20 21	20 04	19 38	19 18	19 01	18 45	18 31	18 17	18 09	18 01
18	22 38	21 39	21 04	20 39	20 19	20 03	19 38	19 18	19 02	18 47	18 33	18 20	18 13	18 05
22	22 24	21 32	20 59	20 35	20 17	20 01	19 37	19 18	19 03	18 49	18 36	18 23	18 16	18 09
26	22 11	21 24	20 54	20 31	20 14	19 59	19 36	19 18	19 03	18 50	18 38	18 26	18 20	18 13
30	21 58	21 16	20 48	20 27	20 10	19 56	19 35	19 18	19 04	18 51	18 40	18 29	18 23	18 18
Feb. 3	21 46	21 08	20 42	20 22	20 06	19 53	19 33	19 17	19 04	18 52	18 42	18 32	18 27	18 22
7	21 33	20 59	20 35	20 17	20 02	19 50	19 31	19 16	19 04	18 53	18 44	18 35	18 31	18 26
11	21 21	20 50	20 28	20 11	19 57	19 46	19 28	19 15	19 04	18 54	18 46	18 38	18 34	18 31
15	21 08	20 41	20 21	20 05	19 52	19 42	19 26	19 13	19 03	18 55	18 48	18 41	18 38	18 35
19	20 56	20 31	20 13	19 59	19 47	19 38	19 23	19 12	19 03	18 55	18 49	18 44	18 41	18 39
23	20 44	20 22	20 05	19 52	19 42	19 33	19 20	19 10	19 02	18 56	18 51	18 47	18 45	18 44
27	20 32	20 12	19 58	19 46	19 37	19 29	19 17	19 08	19 01	18 56	18 52	18 49	18 48	18 48
Mar. 3	20 21	20 03	19 50	19 39	19 31	19 24	19 14	19 06	19 00	18 56	18 53	18 52	18 52	18 52
7	20 09	19 53	19 42	19 33	19 25	19 19	19 10	19 04	18 59	18 56	18 55	18 55	18 55	18 56
11	19 58	19 44	19 34	19 26	19 19	19 14	19 07	19 01	18 58	18 56	18 56	18 57	18 58	19 01
15	19 47	19 35	19 26	19 19	19 14	19 09	19 03	18 59	18 57	18 56	18 57	19 00	19 02	19 05
19	19 36	19 26	19 18	19 12	19 08	19 04	19 00	18 57	18 56	18 56	18 58	19 02	19 05	19 09
23	19 25	19 16	19 10	19 06	19 02	18 59	18 56	18 55	18 55	18 56	18 59	19 05	19 09	19 14
27	19 14	19 07	19 03	18 59	18 56	18 55	18 53	18 52	18 53	18 56	19 01	19 07	19 12	19 18
31	19 04	18 59	18 55	18 53	18 51	18 50	18 49	18 50	18 52	18 56	19 02	19 10	19 16	19 22
Apr. 4	18 54	18 50	18 48	18 46	18 45	18 45	18 46	18 48	18 51	18 56	19 03	19 13	19 19	19 27

// // indicates continuous twilight.

UNIVERSAL TIME FOR MERIDIAN OF GREENWICH
BEGINNING OF MORNING NAUTICAL TWILIGHT

Lat.	+40°	+42°	+44°	+46°	+48°	+50°	+52°	+54°	+56°	+58°	+60°	+62°	+64°	+66°
	h m	h m	h m	h m	h m	h m	h m	h m	h m	h m	h m	h m	h m	h m
Jan. −2	6 17	6 21	6 25	6 29	6 34	6 39	6 44	6 49	6 55	7 02	7 09	7 18	7 27	7 38
2	6 18	6 21	6 26	6 30	6 34	6 39	6 44	6 50	6 55	7 02	7 09	7 17	7 26	7 37
6	6 18	6 22	6 26	6 30	6 34	6 39	6 44	6 49	6 55	7 01	7 08	7 16	7 24	7 34
10	6 18	6 21	6 25	6 29	6 33	6 38	6 42	6 47	6 53	6 59	7 05	7 13	7 21	7 31
14	6 17	6 21	6 24	6 28	6 32	6 36	6 40	6 45	6 50	6 56	7 02	7 09	7 17	7 26
18	6 16	6 19	6 23	6 26	6 30	6 34	6 38	6 42	6 47	6 52	6 58	7 04	7 11	7 19
22	6 14	6 17	6 20	6 24	6 27	6 31	6 34	6 39	6 43	6 48	6 53	6 59	7 05	7 12
26	6 12	6 15	6 18	6 21	6 24	6 27	6 30	6 34	6 38	6 42	6 47	6 52	6 58	7 04
30	6 09	6 12	6 14	6 17	6 20	6 23	6 26	6 29	6 32	6 36	6 40	6 45	6 49	6 55
Feb. 3	6 06	6 08	6 11	6 13	6 15	6 18	6 20	6 23	6 26	6 29	6 33	6 36	6 40	6 45
7	6 02	6 04	6 06	6 08	6 10	6 12	6 15	6 17	6 19	6 22	6 24	6 27	6 31	6 34
11	5 58	6 00	6 02	6 03	6 05	6 06	6 08	6 10	6 12	6 14	6 16	6 18	6 20	6 23
15	5 54	5 55	5 56	5 58	5 59	6 00	6 01	6 03	6 04	6 05	6 06	6 08	6 09	6 11
19	5 49	5 50	5 51	5 52	5 52	5 53	5 54	5 55	5 55	5 56	5 57	5 57	5 58	5 58
23	5 44	5 44	5 45	5 45	5 46	5 46	5 46	5 46	5 46	5 46	5 46	5 46	5 45	5 45
27	5 38	5 39	5 39	5 39	5 39	5 38	5 38	5 38	5 37	5 36	5 35	5 34	5 33	5 31
Mar. 3	5 33	5 32	5 32	5 32	5 31	5 30	5 30	5 29	5 27	5 26	5 24	5 22	5 19	5 16
7	5 27	5 26	5 25	5 24	5 23	5 22	5 21	5 19	5 17	5 15	5 12	5 09	5 06	5 01
11	5 20	5 19	5 18	5 17	5 15	5 14	5 12	5 09	5 07	5 04	5 00	4 56	4 51	4 45
15	5 14	5 12	5 11	5 09	5 07	5 05	5 02	4 59	4 56	4 52	4 48	4 43	4 36	4 29
19	5 07	5 06	5 03	5 01	4 59	4 56	4 53	4 49	4 45	4 40	4 35	4 29	4 21	4 12
23	5 01	4 58	4 56	4 53	4 50	4 47	4 43	4 39	4 34	4 28	4 22	4 14	4 05	3 55
27	4 54	4 51	4 48	4 45	4 41	4 37	4 33	4 28	4 22	4 16	4 08	3 59	3 49	3 36
31	4 47	4 44	4 41	4 37	4 33	4 28	4 23	4 17	4 10	4 03	3 54	3 44	3 31	3 16
Apr. 4	4 40	4 37	4 33	4 28	4 24	4 19	4 13	4 06	3 58	3 50	3 40	3 28	3 13	2 55

END OF EVENING NAUTICAL TWILIGHT

Lat.	+40°	+42°	+44°	+46°	+48°	+50°	+52°	+54°	+56°	+58°	+60°	+62°	+64°	+66°
	h m	h m	h m	h m	h m	h m	h m	h m	h m	h m	h m	h m	h m	h m
Jan. −2	17 47	17 43	17 39	17 35	17 30	17 26	17 20	17 15	17 09	17 02	16 55	16 46	16 37	16 26
2	17 50	17 46	17 42	17 38	17 34	17 29	17 24	17 18	17 13	17 06	16 59	16 51	16 42	16 31
6	17 54	17 50	17 46	17 42	17 38	17 33	17 28	17 23	17 17	17 11	17 04	16 56	16 48	16 37
10	17 57	17 54	17 50	17 46	17 42	17 37	17 33	17 28	17 22	17 16	17 10	17 03	16 54	16 45
14	18 01	17 58	17 54	17 50	17 46	17 42	17 38	17 33	17 28	17 22	17 16	17 09	17 02	16 53
18	18 05	18 02	17 58	17 55	17 51	17 47	17 43	17 39	17 34	17 29	17 23	17 17	17 10	17 02
22	18 09	18 06	18 03	18 00	17 56	17 53	17 49	17 45	17 41	17 36	17 31	17 25	17 19	17 12
26	18 13	18 11	18 08	18 05	18 02	17 59	17 55	17 52	17 48	17 43	17 39	17 34	17 28	17 22
30	18 18	18 15	18 13	18 10	18 07	18 04	18 01	17 58	17 55	17 51	17 47	17 43	17 38	17 33
Feb. 3	18 22	18 20	18 17	18 15	18 13	18 10	18 08	18 05	18 02	17 59	17 56	17 52	17 48	17 44
7	18 26	18 24	18 22	18 21	18 19	18 17	18 14	18 12	18 10	18 07	18 05	18 02	17 59	17 55
11	18 31	18 29	18 27	18 26	18 24	18 23	18 21	18 19	18 18	18 16	18 14	18 12	18 09	18 07
15	18 35	18 34	18 33	18 31	18 30	18 29	18 28	18 27	18 25	18 24	18 23	18 22	18 20	18 19
19	18 39	18 38	18 38	18 37	18 36	18 35	18 35	18 34	18 33	18 33	18 32	18 32	18 32	18 31
23	18 44	18 43	18 43	18 42	18 42	18 42	18 42	18 42	18 42	18 42	18 42	18 42	18 43	18 44
27	18 48	18 48	18 48	18 48	18 48	18 48	18 49	18 49	18 50	18 51	18 52	18 53	18 55	18 57
Mar. 3	18 52	18 52	18 53	18 53	18 54	18 55	18 56	18 57	18 58	19 00	19 01	19 04	19 06	19 10
7	18 56	18 57	18 58	18 59	19 00	19 01	19 03	19 04	19 06	19 09	19 11	19 15	19 19	19 23
11	19 01	19 02	19 03	19 04	19 06	19 08	19 10	19 12	19 15	19 18	19 22	19 26	19 31	19 37
15	19 05	19 06	19 08	19 10	19 12	19 14	19 17	19 20	19 23	19 27	19 32	19 37	19 44	19 51
19	19 09	19 11	19 13	19 15	19 18	19 21	19 24	19 28	19 32	19 37	19 43	19 49	19 57	20 06
23	19 14	19 16	19 18	19 21	19 24	19 28	19 32	19 36	19 41	19 47	19 54	20 01	20 11	20 22
27	19 18	19 21	19 24	19 27	19 31	19 35	19 39	19 44	19 50	19 57	20 05	20 14	20 25	20 38
31	19 22	19 26	19 29	19 33	19 37	19 42	19 47	19 53	20 00	20 08	20 17	20 27	20 40	20 56
Apr. 4	19 27	19 30	19 34	19 39	19 44	19 49	19 55	20 02	20 09	20 18	20 29	20 41	20 56	21 15

NAUTICAL TWILIGHT, 2015

UNIVERSAL TIME FOR MERIDIAN OF GREENWICH
BEGINNING OF MORNING NAUTICAL TWILIGHT

Lat.	−55°	−50°	−45°	−40°	−35°	−30°	−20°	−10°	0°	+10°	+20°	+30°	+35°	+40°
	h m	h m	h m	h m	h m	h m	h m	h m	h m	h m	h m	h m	h m	h m
Mar. 31	5 03	5 09	5 12	5 15	5 17	5 18	5 19	5 18	5 16	5 13	5 07	4 59	4 54	4 47
Apr. 4	5 11	5 15	5 17	5 19	5 20	5 21	5 20	5 18	5 15	5 10	5 03	4 54	4 48	4 40
8	5 19	5 21	5 22	5 23	5 23	5 23	5 21	5 18	5 14	5 08	5 00	4 49	4 42	4 33
12	5 26	5 27	5 27	5 27	5 26	5 25	5 22	5 18	5 12	5 05	4 56	4 44	4 36	4 26
16	5 33	5 33	5 32	5 31	5 29	5 27	5 23	5 18	5 11	5 03	4 53	4 39	4 30	4 20
20	5 40	5 39	5 37	5 34	5 32	5 30	5 24	5 18	5 10	5 01	4 49	4 34	4 25	4 13
24	5 47	5 44	5 41	5 38	5 35	5 32	5 25	5 18	5 09	4 59	4 46	4 30	4 19	4 07
28	5 54	5 50	5 45	5 42	5 38	5 34	5 26	5 18	5 08	4 57	4 43	4 25	4 14	4 00
May 2	6 00	5 55	5 50	5 45	5 41	5 36	5 27	5 18	5 07	4 55	4 40	4 21	4 09	3 54
6	6 07	6 00	5 54	5 49	5 43	5 38	5 28	5 18	5 07	4 53	4 38	4 17	4 04	3 49
10	6 13	6 05	5 58	5 52	5 46	5 41	5 30	5 18	5 06	4 52	4 35	4 14	4 00	3 43
14	6 19	6 10	6 02	5 55	5 49	5 43	5 31	5 19	5 06	4 51	4 33	4 10	3 56	3 38
18	6 24	6 14	6 06	5 58	5 51	5 45	5 32	5 19	5 05	4 50	4 31	4 07	3 52	3 33
22	6 29	6 19	6 10	6 02	5 54	5 47	5 33	5 20	5 05	4 49	4 30	4 05	3 49	3 29
26	6 34	6 23	6 13	6 04	5 56	5 49	5 35	5 21	5 05	4 49	4 28	4 02	3 46	3 26
30	6 39	6 27	6 16	6 07	5 59	5 51	5 36	5 21	5 06	4 48	4 27	4 01	3 43	3 22
June 3	6 43	6 30	6 19	6 10	6 01	5 53	5 37	5 22	5 06	4 48	4 27	3 59	3 42	3 20
7	6 46	6 33	6 22	6 12	6 03	5 54	5 39	5 23	5 07	4 48	4 26	3 58	3 40	3 18
11	6 49	6 35	6 24	6 14	6 05	5 56	5 40	5 24	5 07	4 49	4 26	3 58	3 39	3 17
15	6 51	6 37	6 26	6 15	6 06	5 57	5 41	5 25	5 08	4 49	4 27	3 58	3 39	3 16
19	6 53	6 39	6 27	6 17	6 07	5 59	5 42	5 26	5 09	4 50	4 27	3 58	3 39	3 16
23	6 54	6 40	6 28	6 18	6 08	5 59	5 43	5 27	5 10	4 51	4 28	3 59	3 40	3 17
27	6 54	6 40	6 28	6 18	6 09	6 00	5 44	5 28	5 11	4 52	4 29	4 00	3 42	3 18
July 1	6 54	6 40	6 28	6 18	6 09	6 00	5 44	5 28	5 11	4 53	4 30	4 02	3 43	3 21
5	6 52	6 39	6 28	6 18	6 09	6 00	5 45	5 29	5 12	4 54	4 32	4 04	3 45	3 23

END OF EVENING NAUTICAL TWILIGHT

Lat.	−55°	−50°	−45°	−40°	−35°	−30°	−20°	−10°	0°	+10°	+20°	+30°	+35°	+40°
	h m	h m	h m	h m	h m	h m	h m	h m	h m	h m	h m	h m	h m	h m
Mar. 31	19 04	18 59	18 55	18 53	18 51	18 50	18 49	18 50	18 52	18 56	19 02	19 10	19 16	19 22
Apr. 4	18 54	18 50	18 48	18 46	18 45	18 45	18 46	18 48	18 51	18 56	19 03	19 13	19 19	19 27
8	18 44	18 42	18 41	18 40	18 40	18 41	18 43	18 46	18 50	18 56	19 04	19 16	19 23	19 31
12	18 34	18 34	18 34	18 34	18 35	18 36	18 39	18 44	18 49	18 57	19 06	19 18	19 26	19 36
16	18 25	18 26	18 27	18 28	18 30	18 32	18 36	18 42	18 49	18 57	19 07	19 21	19 30	19 41
20	18 17	18 19	18 21	18 23	18 25	18 28	18 34	18 40	18 48	18 57	19 09	19 24	19 34	19 46
24	18 08	18 11	18 15	18 18	18 21	18 24	18 31	18 39	18 47	18 58	19 11	19 27	19 38	19 51
28	18 00	18 05	18 09	18 13	18 17	18 21	18 29	18 37	18 47	18 58	19 12	19 30	19 42	19 56
May 2	17 53	17 58	18 04	18 08	18 13	18 18	18 27	18 36	18 47	18 59	19 14	19 33	19 46	20 01
6	17 46	17 53	17 59	18 04	18 09	18 15	18 25	18 35	18 47	19 00	19 16	19 37	19 50	20 06
10	17 39	17 47	17 54	18 00	18 06	18 12	18 23	18 34	18 47	19 01	19 18	19 40	19 54	20 11
14	17 33	17 42	17 50	17 57	18 03	18 10	18 22	18 34	18 47	19 02	19 20	19 43	19 58	20 15
18	17 28	17 38	17 46	17 54	18 01	18 08	18 21	18 34	18 47	19 03	19 22	19 46	20 01	20 20
22	17 23	17 34	17 43	17 51	17 59	18 06	18 20	18 33	18 48	19 04	19 24	19 49	20 05	20 25
26	17 19	17 31	17 41	17 49	17 57	18 05	18 19	18 33	18 49	19 06	19 26	19 52	20 09	20 29
30	17 16	17 28	17 38	17 48	17 56	18 04	18 19	18 34	18 49	19 07	19 28	19 55	20 12	20 33
June 3	17 13	17 26	17 37	17 46	17 55	18 03	18 19	18 34	18 50	19 08	19 30	19 57	20 15	20 37
7	17 11	17 24	17 36	17 46	17 55	18 03	18 19	18 35	18 51	19 09	19 31	20 00	20 18	20 40
11	17 10	17 24	17 35	17 45	17 54	18 03	18 19	18 35	18 52	19 11	19 33	20 02	20 20	20 43
15	17 09	17 23	17 35	17 45	17 55	18 03	18 20	18 36	18 53	19 12	19 34	20 03	20 22	20 45
19	17 10	17 24	17 35	17 46	17 55	18 04	18 20	18 37	18 54	19 13	19 35	20 04	20 23	20 46
23	17 11	17 25	17 36	17 47	17 56	18 05	18 21	18 38	18 55	19 14	19 36	20 05	20 24	20 47
27	17 12	17 26	17 38	17 48	17 57	18 06	18 22	18 38	18 55	19 14	19 37	20 06	20 24	20 47
July 1	17 14	17 28	17 39	17 49	17 59	18 07	18 23	18 39	18 56	19 15	19 37	20 06	20 24	20 47
5	17 17	17 30	17 41	17 51	18 00	18 09	18 25	18 40	18 57	19 15	19 37	20 05	20 23	20 46

NAUTICAL TWILIGHT, 2015

UNIVERSAL TIME FOR MERIDIAN OF GREENWICH
BEGINNING OF MORNING NAUTICAL TWILIGHT

Lat.	+40°	+42°	+44°	+46°	+48°	+50°	+52°	+54°	+56°	+58°	+60°	+62°	+64°	+66°
	h m	h m	h m	h m	h m	h m	h m	h m	h m	h m	h m	h m	h m	h m
Mar. 31	4 47	4 44	4 41	4 37	4 33	4 28	4 23	4 17	4 10	4 03	3 54	3 44	3 31	3 16
Apr. 4	4 40	4 37	4 33	4 28	4 24	4 19	4 13	4 06	3 58	3 50	3 40	3 28	3 13	2 55
8	4 33	4 29	4 25	4 20	4 15	4 09	4 02	3 55	3 46	3 36	3 25	3 11	2 54	2 32
12	4 26	4 22	4 17	4 12	4 06	3 59	3 52	3 44	3 34	3 23	3 09	2 53	2 33	2 07
16	4 20	4 15	4 09	4 04	3 57	3 50	3 41	3 32	3 21	3 09	2 53	2 35	2 11	1 36
20	4 13	4 08	4 02	3 55	3 48	3 40	3 31	3 21	3 08	2 54	2 37	2 15	1 45	0 53
24	4 07	4 01	3 54	3 47	3 39	3 31	3 20	3 09	2 55	2 39	2 19	1 53	1 12	// //
28	4 00	3 54	3 47	3 39	3 31	3 21	3 10	2 57	2 42	2 24	2 00	1 27	0 07	// //
May 2	3 54	3 47	3 40	3 32	3 22	3 12	3 00	2 45	2 29	2 07	1 39	0 53	// //	// //
6	3 49	3 41	3 33	3 24	3 14	3 03	2 49	2 34	2 15	1 50	1 14	// //	// //	// //
10	3 43	3 35	3 27	3 17	3 06	2 54	2 39	2 22	2 00	1 31	0 41	// //	// //	// //
14	3 38	3 30	3 21	3 10	2 59	2 45	2 29	2 10	1 46	1 10	// //	// //	// //	// //
18	3 33	3 25	3 15	3 04	2 52	2 37	2 20	1 59	1 30	0 41	// //	// //	// //	// //
22	3 29	3 20	3 10	2 58	2 45	2 30	2 11	1 47	1 13	// //	// //	// //	// //	// //
26	3 26	3 16	3 05	2 53	2 39	2 22	2 02	1 36	0 55	// //	// //	// //	// //	// //
30	3 22	3 12	3 01	2 48	2 34	2 16	1 54	1 25	0 30	// //	// //	// //	// //	// //
June 3	3 20	3 10	2 58	2 45	2 29	2 11	1 47	1 14	// //	// //	// //	// //	// //	// //
7	3 18	3 07	2 55	2 42	2 26	2 06	1 41	1 04	// //	// //	// //	// //	// //	// //
11	3 17	3 06	2 54	2 40	2 23	2 03	1 37	0 56	// //	// //	// //	// //	// //	// //
15	3 16	3 05	2 53	2 38	2 21	2 01	1 34	0 49	// //	// //	// //	// //	// //	▭
19	3 16	3 05	2 53	2 38	2 21	2 00	1 32	0 46	// //	// //	// //	// //	// //	▭
23	3 17	3 06	2 53	2 39	2 22	2 01	1 33	0 46	// //	// //	// //	// //	// //	▭
27	3 18	3 07	2 55	2 41	2 24	2 03	1 35	0 50	// //	// //	// //	// //	// //	▭
July 1	3 21	3 10	2 57	2 43	2 26	2 06	1 39	0 57	// //	// //	// //	// //	// //	// //
5	3 23	3 12	3 00	2 46	2 30	2 11	1 45	1 07	// //	// //	// //	// //	// //	// //

END OF EVENING NAUTICAL TWILIGHT

Lat.	+40°	+42°	+44°	+46°	+48°	+50°	+52°	+54°	+56°	+58°	+60°	+62°	+64°	+66°
	h m	h m	h m	h m	h m	h m	h m	h m	h m	h m	h m	h m	h m	h m
Mar. 31	19 22	19 26	19 29	19 33	19 37	19 42	19 47	19 53	20 00	20 08	20 17	20 27	20 40	20 56
Apr. 4	19 27	19 30	19 34	19 39	19 44	19 49	19 55	20 02	20 09	20 18	20 29	20 41	20 56	21 15
8	19 31	19 36	19 40	19 45	19 50	19 56	20 03	20 11	20 19	20 30	20 42	20 56	21 13	21 36
12	19 36	19 41	19 46	19 51	19 57	20 04	20 11	20 20	20 30	20 41	20 55	21 11	21 32	22 01
16	19 41	19 46	19 51	19 57	20 04	20 12	20 20	20 30	20 41	20 54	21 09	21 29	21 54	22 31
20	19 46	19 51	19 57	20 04	20 11	20 19	20 29	20 39	20 52	21 06	21 24	21 47	22 19	23 20
24	19 51	19 57	20 03	20 10	20 18	20 27	20 38	20 49	21 03	21 20	21 41	22 09	22 53	// //
28	19 56	20 02	20 09	20 17	20 26	20 36	20 47	21 00	21 15	21 34	21 59	22 35	// //	// //
May 2	20 01	20 08	20 15	20 24	20 33	20 44	20 56	21 11	21 28	21 50	22 20	23 13	// //	// //
6	20 06	20 13	20 21	20 30	20 41	20 52	21 06	21 22	21 41	22 07	22 45	// //	// //	// //
10	20 11	20 18	20 27	20 37	20 48	21 01	21 15	21 33	21 55	22 26	23 25	// //	// //	// //
14	20 15	20 24	20 33	20 44	20 55	21 09	21 25	21 45	22 10	22 49	// //	// //	// //	// //
18	20 20	20 29	20 39	20 50	21 03	21 17	21 35	21 57	22 26	23 21	// //	// //	// //	// //
22	20 25	20 34	20 44	20 56	21 10	21 25	21 44	22 09	22 44	// //	// //	// //	// //	// //
26	20 29	20 39	20 50	21 02	21 16	21 33	21 54	22 21	23 04	// //	// //	// //	// //	// //
30	20 33	20 43	20 55	21 07	21 22	21 40	22 02	22 33	23 33	// //	// //	// //	// //	// //
June 3	20 37	20 47	20 59	21 12	21 28	21 47	22 10	22 44	// //	// //	// //	// //	// //	// //
7	20 40	20 51	21 03	21 17	21 33	21 52	22 18	22 55	// //	// //	// //	// //	// //	// //
11	20 43	20 54	21 06	21 20	21 37	21 57	22 24	23 05	// //	// //	// //	// //	// //	// //
15	20 45	20 56	21 08	21 23	21 40	22 00	22 28	23 13	// //	// //	// //	// //	// //	▭
19	20 46	20 57	21 10	21 25	21 42	22 03	22 31	23 18	// //	// //	// //	// //	// //	▭
23	20 47	20 58	21 11	21 25	21 42	22 03	22 31	23 18	// //	// //	// //	// //	// //	▭
27	20 47	20 58	21 11	21 25	21 42	22 03	22 30	23 15	// //	// //	// //	// //	// //	▭
July 1	20 47	20 58	21 10	21 24	21 41	22 01	22 27	23 08	// //	// //	// //	// //	// //	// //
5	20 46	20 56	21 08	21 22	21 38	21 58	22 23	23 00	// //	// //	// //	// //	// //	// //

▭ indicates Sun continuously above horizon.
// // indicates continuous twilight.

NAUTICAL TWILIGHT, 2015

UNIVERSAL TIME FOR MERIDIAN OF GREENWICH
BEGINNING OF MORNING NAUTICAL TWILIGHT

Lat.	−55°	−50°	−45°	−40°	−35°	−30°	−20°	−10°	0°	+10°	+20°	+30°	+35°	+40°
	h m	h m	h m	h m	h m	h m	h m	h m	h m	h m	h m	h m	h m	h m
July 1	6 54	6 40	6 28	6 18	6 09	6 00	5 44	5 28	5 11	4 53	4 30	4 02	3 43	3 21
5	6 52	6 39	6 28	6 18	6 09	6 00	5 45	5 29	5 12	4 54	4 32	4 04	3 45	3 23
9	6 50	6 38	6 27	6 17	6 08	6 00	5 45	5 29	5 13	4 55	4 33	4 06	3 48	3 26
13	6 48	6 35	6 25	6 16	6 07	5 59	5 44	5 30	5 14	4 56	4 35	4 08	3 51	3 30
17	6 44	6 33	6 23	6 14	6 06	5 59	5 44	5 30	5 15	4 57	4 37	4 11	3 54	3 34
21	6 40	6 29	6 20	6 12	6 04	5 57	5 43	5 30	5 15	4 59	4 39	4 14	3 57	3 38
25	6 36	6 26	6 17	6 09	6 02	5 55	5 43	5 29	5 15	5 00	4 41	4 16	4 01	3 42
29	6 30	6 21	6 13	6 06	6 00	5 53	5 41	5 29	5 16	5 01	4 43	4 19	4 05	3 47
Aug. 2	6 24	6 16	6 09	6 03	5 57	5 51	5 40	5 28	5 16	5 02	4 44	4 22	4 08	3 51
6	6 18	6 11	6 05	5 59	5 54	5 48	5 38	5 27	5 16	5 02	4 46	4 25	4 12	3 56
10	6 11	6 05	6 00	5 55	5 50	5 45	5 36	5 26	5 16	5 03	4 48	4 28	4 16	4 01
14	6 03	5 59	5 54	5 50	5 46	5 42	5 34	5 25	5 15	5 04	4 50	4 31	4 20	4 06
18	5 55	5 52	5 48	5 45	5 42	5 38	5 31	5 24	5 15	5 04	4 51	4 34	4 23	4 10
22	5 47	5 45	5 42	5 40	5 37	5 35	5 29	5 22	5 14	5 04	4 53	4 37	4 27	4 15
26	5 38	5 37	5 36	5 34	5 33	5 30	5 26	5 20	5 13	5 05	4 54	4 40	4 31	4 20
30	5 29	5 29	5 29	5 29	5 27	5 26	5 23	5 18	5 12	5 05	4 55	4 42	4 34	4 24
Sept. 3	5 20	5 21	5 22	5 22	5 22	5 22	5 19	5 16	5 11	5 05	4 56	4 45	4 37	4 28
7	5 10	5 13	5 15	5 16	5 17	5 17	5 16	5 14	5 10	5 05	4 57	4 47	4 41	4 33
11	5 00	5 04	5 08	5 10	5 11	5 12	5 12	5 11	5 09	5 05	4 58	4 50	4 44	4 37
15	4 49	4 56	5 00	5 03	5 06	5 07	5 09	5 09	5 07	5 04	4 59	4 52	4 47	4 41
19	4 39	4 47	4 52	4 57	5 00	5 02	5 05	5 06	5 06	5 04	5 00	4 55	4 50	4 45
23	4 28	4 37	4 44	4 50	4 54	4 57	5 02	5 04	5 05	5 04	5 01	4 57	4 54	4 49
27	4 17	4 28	4 36	4 43	4 48	4 52	4 58	5 01	5 03	5 03	5 02	4 59	4 57	4 53
Oct. 1	4 06	4 19	4 28	4 36	4 42	4 47	4 54	4 59	5 02	5 03	5 03	5 01	5 00	4 57
5	3 54	4 09	4 20	4 29	4 36	4 42	4 50	4 56	5 00	5 03	5 04	5 04	5 03	5 01

END OF EVENING NAUTICAL TWILIGHT

Lat.	−55°	−50°	−45°	−40°	−35°	−30°	−20°	−10°	0°	+10°	+20°	+30°	+35°	+40°
	h m	h m	h m	h m	h m	h m	h m	h m	h m	h m	h m	h m	h m	h m
July 1	17 14	17 28	17 39	17 49	17 59	18 07	18 23	18 39	18 56	19 15	19 37	20 06	20 24	20 47
5	17 17	17 30	17 41	17 51	18 00	18 09	18 25	18 40	18 57	19 15	19 37	20 05	20 23	20 46
9	17 20	17 33	17 44	17 53	18 02	18 10	18 26	18 41	18 57	19 15	19 37	20 04	20 22	20 44
13	17 24	17 36	17 47	17 56	18 04	18 12	18 27	18 42	18 58	19 15	19 36	20 03	20 20	20 41
17	17 28	17 40	17 50	17 58	18 06	18 14	18 28	18 43	18 58	19 15	19 35	20 01	20 18	20 38
21	17 33	17 44	17 53	18 01	18 09	18 16	18 30	18 43	18 58	19 14	19 34	19 59	20 15	20 34
25	17 38	17 48	17 56	18 04	18 11	18 18	18 31	18 44	18 58	19 13	19 32	19 56	20 11	20 30
29	17 43	17 52	18 00	18 07	18 14	18 20	18 32	18 44	18 57	19 12	19 30	19 53	20 08	20 25
Aug. 2	17 49	17 57	18 04	18 10	18 16	18 22	18 33	18 44	18 57	19 11	19 28	19 50	20 04	20 20
6	17 55	18 02	18 08	18 13	18 19	18 24	18 34	18 44	18 56	19 09	19 25	19 46	19 59	20 15
10	18 01	18 07	18 12	18 17	18 21	18 26	18 35	18 45	18 55	19 08	19 23	19 42	19 54	20 09
14	18 07	18 12	18 16	18 20	18 24	18 28	18 36	18 45	18 54	19 06	19 20	19 38	19 49	20 03
18	18 13	18 17	18 20	18 23	18 26	18 30	18 37	18 44	18 53	19 04	19 16	19 33	19 44	19 57
22	18 20	18 22	18 24	18 27	18 29	18 32	18 38	18 44	18 52	19 01	19 13	19 28	19 38	19 50
26	18 27	18 27	18 29	18 30	18 32	18 34	18 38	18 44	18 51	18 59	19 10	19 24	19 32	19 43
30	18 33	18 33	18 33	18 34	18 34	18 36	18 39	18 44	18 49	18 56	19 06	19 19	19 27	19 36
Sept. 3	18 40	18 39	18 37	18 37	18 37	18 38	18 40	18 43	18 48	18 54	19 02	19 13	19 21	19 30
7	18 48	18 44	18 42	18 41	18 40	18 40	18 41	18 43	18 46	18 51	18 58	19 08	19 15	19 23
11	18 55	18 50	18 47	18 44	18 43	18 42	18 41	18 42	18 45	18 49	18 55	19 03	19 09	19 16
15	19 03	18 56	18 52	18 48	18 46	18 44	18 42	18 42	18 43	18 46	18 51	18 58	19 03	19 09
19	19 10	19 02	18 56	18 52	18 49	18 46	18 43	18 42	18 42	18 44	18 47	18 53	18 57	19 02
23	19 18	19 09	19 01	18 56	18 52	18 48	18 44	18 41	18 40	18 41	18 43	18 48	18 51	18 55
27	19 27	19 15	19 07	19 00	18 55	18 51	18 45	18 41	18 39	18 39	18 40	18 42	18 45	18 48
Oct. 1	19 35	19 22	19 12	19 04	18 58	18 53	18 46	18 41	18 38	18 36	18 36	18 38	18 39	18 41
5	19 44	19 29	19 18	19 09	19 02	18 56	18 47	18 41	18 37	18 34	18 33	18 33	18 34	18 35

UNIVERSAL TIME FOR MERIDIAN OF GREENWICH
BEGINNING OF MORNING NAUTICAL TWILIGHT

Lat.	+40°	+42°	+44°	+46°	+48°	+50°	+52°	+54°	+56°	+58°	+60°	+62°	+64°	+66°
	h m	h m	h m	h m	h m	h m	h m	h m	h m	h m	h m	h m	h m	h m
July 1	3 21	3 10	2 57	2 43	2 26	2 06	1 39	0 57	// //	// //	// //	// //	// //	// //
5	3 23	3 12	3 00	2 46	2 30	2 11	1 45	1 07	// //	// //	// //	// //	// //	// //
9	3 26	3 16	3 04	2 51	2 35	2 16	1 52	1 18	// //	// //	// //	// //	// //	// //
13	3 30	3 20	3 08	2 55	2 40	2 22	2 00	1 29	0 25	// //	// //	// //	// //	// //
17	3 34	3 24	3 13	3 01	2 46	2 29	2 09	1 41	0 56	// //	// //	// //	// //	// //
21	3 38	3 28	3 18	3 06	2 53	2 37	2 18	1 53	1 17	// //	// //	// //	// //	// //
25	3 42	3 33	3 23	3 12	2 59	2 45	2 27	2 05	1 34	0 36	// //	// //	// //	// //
29	3 47	3 38	3 29	3 18	3 06	2 53	2 36	2 16	1 50	1 11	// //	// //	// //	// //
Aug. 2	3 51	3 43	3 35	3 25	3 14	3 01	2 46	2 28	2 05	1 34	0 27	// //	// //	// //
6	3 56	3 49	3 40	3 31	3 21	3 09	2 55	2 39	2 19	1 53	1 12	// //	// //	// //
10	4 01	3 54	3 46	3 38	3 28	3 17	3 05	2 50	2 32	2 10	1 39	0 40	// //	// //
14	4 06	3 59	3 52	3 44	3 35	3 25	3 14	3 00	2 44	2 25	2 00	1 22	// //	// //
18	4 10	4 04	3 58	3 50	3 42	3 33	3 23	3 10	2 56	2 39	2 18	1 49	1 00	// //
22	4 15	4 09	4 03	3 57	3 49	3 41	3 31	3 20	3 08	2 53	2 34	2 10	1 36	0 18
26	4 20	4 14	4 09	4 03	3 56	3 48	3 40	3 30	3 19	3 05	2 49	2 29	2 03	1 22
30	4 24	4 19	4 14	4 09	4 03	3 56	3 48	3 39	3 29	3 17	3 03	2 46	2 24	1 54
Sept. 3	4 28	4 24	4 20	4 15	4 09	4 03	3 56	3 48	3 39	3 29	3 16	3 01	2 43	2 19
7	4 33	4 29	4 25	4 21	4 16	4 10	4 04	3 57	3 49	3 40	3 29	3 16	3 00	2 41
11	4 37	4 34	4 30	4 26	4 22	4 17	4 11	4 05	3 58	3 50	3 41	3 30	3 16	3 00
15	4 41	4 38	4 35	4 32	4 28	4 24	4 19	4 13	4 07	4 00	3 52	3 43	3 31	3 17
19	4 45	4 43	4 40	4 37	4 34	4 30	4 26	4 21	4 16	4 10	4 03	3 55	3 45	3 34
23	4 49	4 47	4 45	4 43	4 40	4 37	4 33	4 29	4 25	4 20	4 14	4 07	3 59	3 49
27	4 53	4 52	4 50	4 48	4 46	4 43	4 40	4 37	4 33	4 29	4 24	4 18	4 12	4 03
Oct. 1	4 57	4 56	4 55	4 53	4 51	4 49	4 47	4 45	4 42	4 38	4 34	4 30	4 24	4 17
5	5 01	5 01	5 00	4 58	4 57	4 56	4 54	4 52	4 50	4 47	4 44	4 40	4 36	4 31

END OF EVENING NAUTICAL TWILIGHT

Lat.	+40°	+42°	+44°	+46°	+48°	+50°	+52°	+54°	+56°	+58°	+60°	+62°	+64°	+66°
	h m	h m	h m	h m	h m	h m	h m	h m	h m	h m	h m	h m	h m	h m
July 1	20 47	20 58	21 10	21 24	21 41	22 01	22 27	23 08	// //	// //	// //	// //	// //	// //
5	20 46	20 56	21 08	21 22	21 38	21 58	22 23	23 00	// //	// //	// //	// //	// //	// //
9	20 44	20 54	21 06	21 19	21 35	21 53	22 17	22 50	// //	// //	// //	// //	// //	// //
13	20 41	20 51	21 02	21 15	21 30	21 48	22 10	22 40	23 37	// //	// //	// //	// //	// //
17	20 38	20 48	20 59	21 11	21 25	21 41	22 02	22 29	23 11	// //	// //	// //	// //	// //
21	20 34	20 44	20 54	21 06	21 19	21 34	21 53	22 17	22 52	// //	// //	// //	// //	// //
25	20 30	20 39	20 49	21 00	21 12	21 27	21 44	22 06	22 35	23 26	// //	// //	// //	// //
29	20 25	20 34	20 43	20 53	21 05	21 19	21 35	21 54	22 19	22 57	// //	// //	// //	// //
Aug. 2	20 20	20 28	20 37	20 47	20 58	21 10	21 25	21 42	22 04	22 35	23 30	// //	// //	// //
6	20 15	20 22	20 30	20 39	20 50	21 01	21 15	21 31	21 50	22 15	22 53	// //	// //	// //
10	20 09	20 16	20 24	20 32	20 41	20 52	21 04	21 19	21 36	21 58	22 27	23 18	// //	// //
14	20 03	20 09	20 16	20 24	20 33	20 43	20 54	21 07	21 23	21 41	22 06	22 41	// //	// //
18	19 57	20 03	20 09	20 16	20 24	20 33	20 44	20 55	21 09	21 26	21 46	22 14	22 57	// //
22	19 50	19 55	20 01	20 08	20 15	20 24	20 33	20 44	20 56	21 11	21 29	21 51	22 23	23 22
26	19 43	19 48	19 54	20 00	20 07	20 14	20 22	20 32	20 43	20 56	21 12	21 31	21 56	22 33
30	19 36	19 41	19 46	19 51	19 58	20 04	20 12	20 21	20 30	20 42	20 56	21 12	21 33	22 01
Sept. 3	19 30	19 34	19 38	19 43	19 48	19 55	20 01	20 09	20 18	20 28	20 40	20 54	21 12	21 35
7	19 23	19 26	19 30	19 35	19 39	19 45	19 51	19 58	20 06	20 15	20 25	20 37	20 53	21 11
11	19 16	19 19	19 22	19 26	19 30	19 35	19 41	19 47	19 53	20 01	20 11	20 21	20 34	20 50
15	19 09	19 11	19 14	19 18	19 22	19 26	19 30	19 36	19 42	19 48	19 56	20 06	20 17	20 30
19	19 02	19 04	19 07	19 09	19 13	19 16	19 20	19 25	19 30	19 36	19 43	19 51	20 00	20 11
23	18 55	18 57	18 59	19 01	19 04	19 07	19 10	19 14	19 19	19 24	19 29	19 36	19 44	19 53
27	18 48	18 50	18 51	18 53	18 55	18 58	19 01	19 04	19 07	19 11	19 16	19 22	19 28	19 36
Oct. 1	18 41	18 43	18 44	18 45	18 47	18 49	18 51	18 54	18 56	19 00	19 04	19 08	19 13	19 20
5	18 35	18 36	18 37	18 38	18 39	18 40	18 42	18 44	18 46	18 48	18 51	18 55	18 59	19 04

// // indicates continuous twilight.

NAUTICAL TWILIGHT, 2015

UNIVERSAL TIME FOR MERIDIAN OF GREENWICH
BEGINNING OF MORNING NAUTICAL TWILIGHT

Lat.	−55°	−50°	−45°	−40°	−35°	−30°	−20°	−10°	0°	+10°	+20°	+30°	+35°	+40°
	h m	h m	h m	h m	h m	h m	h m	h m	h m	h m	h m	h m	h m	h m
Oct. 1	4 06	4 19	4 28	4 36	4 42	4 47	4 54	4 59	5 02	5 03	5 03	5 01	5 00	4 57
5	3 54	4 09	4 20	4 29	4 36	4 42	4 50	4 56	5 00	5 03	5 04	5 04	5 03	5 01
9	3 43	4 00	4 12	4 22	4 30	4 37	4 47	4 54	4 59	5 03	5 05	5 06	5 06	5 05
13	3 31	3 50	4 04	4 15	4 24	4 32	4 43	4 52	4 58	5 03	5 06	5 08	5 09	5 09
17	3 19	3 41	3 56	4 09	4 19	4 27	4 40	4 49	4 57	5 03	5 07	5 11	5 12	5 13
21	3 07	3 31	3 49	4 02	4 13	4 22	4 37	4 47	4 56	5 03	5 09	5 13	5 15	5 17
25	2 55	3 22	3 41	3 56	4 08	4 18	4 34	4 45	4 55	5 03	5 10	5 16	5 19	5 21
29	2 43	3 12	3 33	3 50	4 03	4 14	4 31	4 44	4 54	5 03	5 11	5 19	5 22	5 25
Nov. 2	2 30	3 03	3 26	3 44	3 58	4 10	4 28	4 42	4 54	5 04	5 13	5 21	5 25	5 30
6	2 18	2 54	3 19	3 38	3 53	4 06	4 26	4 41	4 54	5 05	5 15	5 24	5 29	5 34
10	2 05	2 45	3 12	3 33	3 49	4 03	4 24	4 40	4 54	5 05	5 16	5 27	5 32	5 38
14	1 52	2 37	3 06	3 28	3 45	4 00	4 22	4 39	4 54	5 06	5 18	5 30	5 36	5 42
18	1 39	2 29	3 00	3 24	3 42	3 57	4 21	4 39	4 54	5 08	5 20	5 33	5 39	5 46
22	1 26	2 21	2 55	3 20	3 39	3 55	4 20	4 39	4 55	5 09	5 22	5 36	5 43	5 50
26	1 12	2 15	2 51	3 17	3 37	3 53	4 19	4 39	4 56	5 11	5 25	5 39	5 46	5 54
30	0 58	2 09	2 47	3 14	3 35	3 52	4 19	4 39	4 57	5 12	5 27	5 42	5 49	5 58
Dec. 4	0 43	2 03	2 44	3 12	3 34	3 51	4 19	4 40	4 58	5 14	5 29	5 45	5 53	6 01
8	0 26	2 00	2 42	3 11	3 33	3 51	4 19	4 41	5 00	5 16	5 32	5 47	5 56	6 05
12	// //	1 57	2 41	3 11	3 33	3 52	4 20	4 43	5 01	5 18	5 34	5 50	5 59	6 08
16	// //	1 56	2 41	3 11	3 34	3 53	4 22	4 44	5 03	5 20	5 36	5 52	6 01	6 10
20	// //	1 56	2 42	3 12	3 35	3 54	4 23	4 46	5 05	5 22	5 38	5 55	6 03	6 13
24	// //	1 58	2 44	3 14	3 37	3 56	4 25	4 48	5 07	5 24	5 40	5 57	6 05	6 15
28	// //	2 01	2 47	3 17	3 40	3 59	4 28	4 50	5 09	5 26	5 42	5 58	6 07	6 16
32	// //	2 06	2 50	3 20	3 43	4 01	4 30	4 52	5 11	5 28	5 44	6 00	6 08	6 17
36	0 37	2 13	2 55	3 24	3 47	4 05	4 33	4 55	5 13	5 29	5 45	6 01	6 09	6 18

END OF EVENING NAUTICAL TWILIGHT

Lat.	−55°	−50°	−45°	−40°	−35°	−30°	−20°	−10°	0°	+10°	+20°	+30°	+35°	+40°
	h m	h m	h m	h m	h m	h m	h m	h m	h m	h m	h m	h m	h m	h m
Oct. 1	19 35	19 22	19 12	19 04	18 58	18 53	18 46	18 41	18 38	18 36	18 36	18 38	18 39	18 41
5	19 44	19 29	19 18	19 09	19 02	18 56	18 47	18 41	18 37	18 34	18 33	18 33	18 34	18 35
9	19 54	19 36	19 23	19 13	19 05	18 59	18 48	18 41	18 36	18 32	18 29	18 28	18 28	18 29
13	20 03	19 44	19 29	19 18	19 09	19 01	18 50	18 41	18 35	18 30	18 26	18 24	18 23	18 23
17	20 14	19 52	19 36	19 23	19 13	19 04	18 51	18 42	18 34	18 28	18 23	18 20	18 18	18 17
21	20 24	20 00	19 42	19 28	19 17	19 08	18 53	18 42	18 34	18 26	18 21	18 16	18 13	18 11
25	20 35	20 08	19 49	19 33	19 21	19 11	18 55	18 43	18 33	18 25	18 18	18 12	18 09	18 06
29	20 47	20 17	19 55	19 39	19 25	19 15	18 57	18 44	18 33	18 24	18 16	18 09	18 05	18 01
Nov. 2	20 59	20 26	20 02	19 44	19 30	19 18	18 59	18 45	18 33	18 23	18 14	18 06	18 01	17 57
6	21 12	20 35	20 09	19 50	19 35	19 22	19 02	18 46	18 34	18 23	18 12	18 03	17 58	17 53
10	21 25	20 44	20 17	19 56	19 39	19 26	19 04	18 48	18 34	18 22	18 11	18 01	17 55	17 50
14	21 39	20 54	20 24	20 02	19 44	19 30	19 07	18 50	18 35	18 22	18 10	17 59	17 53	17 46
18	21 54	21 03	20 31	20 07	19 49	19 34	19 10	18 51	18 36	18 22	18 10	17 57	17 51	17 44
22	22 09	21 12	20 38	20 13	19 54	19 38	19 13	18 53	18 37	18 23	18 10	17 56	17 49	17 42
26	22 25	21 21	20 45	20 18	19 58	19 42	19 16	18 56	18 39	18 24	18 10	17 55	17 48	17 40
30	22 42	21 30	20 51	20 24	20 03	19 45	19 19	18 58	18 40	18 25	18 10	17 55	17 47	17 39
Dec. 4	23 01	21 38	20 57	20 28	20 07	19 49	19 22	19 00	18 42	18 26	18 11	17 55	17 47	17 39
8	23 23	21 45	21 02	20 33	20 11	19 52	19 24	19 02	18 44	18 28	18 12	17 56	17 48	17 39
12	// //	21 51	21 07	20 37	20 14	19 56	19 27	19 05	18 46	18 29	18 13	17 57	17 49	17 39
16	// //	21 56	21 10	20 40	20 17	19 58	19 29	19 07	18 48	18 31	18 15	17 58	17 50	17 40
20	// //	21 59	21 13	20 43	20 19	20 01	19 32	19 09	18 50	18 33	18 17	18 00	17 51	17 42
24	// //	22 01	21 15	20 44	20 21	20 03	19 34	19 11	18 52	18 35	18 19	18 02	17 53	17 44
28	// //	22 01	21 16	20 46	20 23	20 04	19 35	19 13	18 54	18 37	18 21	18 05	17 56	17 47
32	23 55	21 59	21 16	20 46	20 23	20 05	19 36	19 14	18 56	18 39	18 23	18 07	17 59	17 49
36	23 28	21 57	21 14	20 45	20 23	20 05	19 37	19 16	18 57	18 41	18 25	18 10	18 01	17 53

// // indicates continuous twilight.

UNIVERSAL TIME FOR MERIDIAN OF GREENWICH
BEGINNING OF MORNING NAUTICAL TWILIGHT

Lat.	+40°	+42°	+44°	+46°	+48°	+50°	+52°	+54°	+56°	+58°	+60°	+62°	+64°	+66°
	h m	h m	h m	h m	h m	h m	h m	h m	h m	h m	h m	h m	h m	h m
Oct. 1	4 57	4 56	4 55	4 53	4 51	4 49	4 47	4 45	4 42	4 38	4 34	4 30	4 24	4 17
5	5 01	5 01	5 00	4 58	4 57	4 56	4 54	4 52	4 50	4 47	4 44	4 40	4 36	4 31
9	5 05	5 05	5 04	5 04	5 03	5 02	5 01	4 59	4 58	4 56	4 54	4 51	4 48	4 44
13	5 09	5 09	5 09	5 09	5 09	5 08	5 07	5 07	5 06	5 05	5 03	5 02	4 59	4 57
17	5 13	5 14	5 14	5 14	5 14	5 14	5 14	5 14	5 14	5 13	5 13	5 12	5 11	5 09
21	5 17	5 18	5 19	5 19	5 20	5 20	5 21	5 21	5 21	5 22	5 22	5 22	5 22	5 22
25	5 21	5 22	5 23	5 24	5 25	5 26	5 27	5 28	5 29	5 30	5 31	5 32	5 33	5 34
29	5 25	5 27	5 28	5 30	5 31	5 32	5 34	5 35	5 37	5 38	5 40	5 42	5 44	5 45
Nov. 2	5 30	5 31	5 33	5 35	5 36	5 38	5 40	5 42	5 44	5 46	5 49	5 51	5 54	5 57
6	5 34	5 36	5 38	5 40	5 42	5 44	5 47	5 49	5 52	5 54	5 58	6 01	6 04	6 08
10	5 38	5 40	5 42	5 45	5 47	5 50	5 53	5 56	5 59	6 02	6 06	6 10	6 14	6 19
14	5 42	5 44	5 47	5 50	5 53	5 56	5 59	6 02	6 06	6 10	6 14	6 19	6 24	6 30
18	5 46	5 49	5 52	5 55	5 58	6 01	6 05	6 09	6 13	6 17	6 22	6 28	6 34	6 40
22	5 50	5 53	5 56	6 00	6 03	6 07	6 11	6 15	6 19	6 24	6 30	6 36	6 43	6 50
26	5 54	5 57	6 01	6 04	6 08	6 12	6 16	6 21	6 26	6 31	6 37	6 44	6 51	6 59
30	5 58	6 01	6 05	6 09	6 13	6 17	6 21	6 26	6 32	6 37	6 44	6 51	6 59	7 08
Dec. 4	6 01	6 05	6 09	6 13	6 17	6 21	6 26	6 31	6 37	6 43	6 50	6 57	7 06	7 15
8	6 05	6 08	6 12	6 17	6 21	6 26	6 31	6 36	6 42	6 48	6 55	7 03	7 12	7 22
12	6 08	6 12	6 16	6 20	6 24	6 29	6 34	6 40	6 46	6 52	7 00	7 08	7 17	7 28
16	6 10	6 14	6 19	6 23	6 28	6 32	6 38	6 43	6 49	6 56	7 04	7 12	7 21	7 32
20	6 13	6 17	6 21	6 25	6 30	6 35	6 40	6 46	6 52	6 59	7 06	7 15	7 25	7 36
24	6 15	6 19	6 23	6 27	6 32	6 37	6 42	6 48	6 54	7 01	7 08	7 17	7 26	7 38
28	6 16	6 20	6 24	6 29	6 33	6 38	6 44	6 49	6 55	7 02	7 09	7 18	7 27	7 38
32	6 17	6 21	6 25	6 30	6 34	6 39	6 44	6 50	6 56	7 02	7 09	7 17	7 27	7 37
36	6 18	6 22	6 26	6 30	6 34	6 39	6 44	6 49	6 55	7 01	7 08	7 16	7 25	7 35

END OF EVENING NAUTICAL TWILIGHT

	+40°	+42°	+44°	+46°	+48°	+50°	+52°	+54°	+56°	+58°	+60°	+62°	+64°	+66°
	h m	h m	h m	h m	h m	h m	h m	h m	h m	h m	h m	h m	h m	h m
Oct. 1	18 41	18 43	18 44	18 45	18 47	18 49	18 51	18 54	18 56	19 00	19 04	19 08	19 13	19 20
5	18 35	18 36	18 37	18 38	18 39	18 40	18 42	18 44	18 46	18 48	18 51	18 55	18 59	19 04
9	18 29	18 29	18 30	18 30	18 31	18 32	18 33	18 34	18 36	18 37	18 39	18 42	18 45	18 49
13	18 23	18 23	18 23	18 23	18 23	18 24	18 24	18 25	18 26	18 27	18 28	18 29	18 31	18 34
17	18 17	18 17	18 16	18 16	18 16	18 16	18 16	18 16	18 16	18 16	18 17	18 18	18 18	18 20
21	18 11	18 11	18 10	18 09	18 09	18 08	18 08	18 07	18 07	18 06	18 06	18 06	18 06	18 06
25	18 06	18 05	18 04	18 03	18 02	18 01	18 00	17 59	17 58	17 57	17 56	17 55	17 54	17 53
29	18 01	18 00	17 59	17 57	17 56	17 54	17 53	17 51	17 50	17 48	17 46	17 45	17 43	17 41
Nov. 2	17 57	17 55	17 54	17 52	17 50	17 48	17 46	17 44	17 42	17 40	17 37	17 35	17 32	17 29
6	17 53	17 51	17 49	17 47	17 45	17 42	17 40	17 37	17 35	17 32	17 29	17 25	17 22	17 18
10	17 50	17 47	17 45	17 42	17 40	17 37	17 34	17 31	17 28	17 25	17 21	17 17	17 12	17 07
14	17 46	17 44	17 41	17 38	17 35	17 32	17 29	17 26	17 22	17 18	17 14	17 09	17 04	16 58
18	17 44	17 41	17 38	17 35	17 32	17 28	17 25	17 21	17 17	17 12	17 07	17 02	16 56	16 49
22	17 42	17 39	17 35	17 32	17 28	17 25	17 21	17 17	17 12	17 07	17 02	16 56	16 49	16 41
26	17 40	17 37	17 33	17 30	17 26	17 22	17 18	17 13	17 08	17 03	16 57	16 50	16 43	16 34
30	17 39	17 36	17 32	17 28	17 24	17 20	17 15	17 10	17 05	16 59	16 53	16 46	16 38	16 29
Dec. 4	17 39	17 35	17 31	17 27	17 23	17 18	17 14	17 08	17 03	16 57	16 50	16 42	16 34	16 24
8	17 39	17 35	17 31	17 27	17 22	17 18	17 13	17 07	17 02	16 55	16 48	16 40	16 31	16 21
12	17 39	17 35	17 31	17 27	17 22	17 18	17 13	17 07	17 01	16 54	16 47	16 39	16 30	16 19
16	17 40	17 36	17 32	17 28	17 23	17 18	17 13	17 08	17 01	16 55	16 47	16 39	16 29	16 18
20	17 42	17 38	17 34	17 29	17 25	17 20	17 15	17 09	17 03	16 56	16 48	16 40	16 30	16 19
24	17 44	17 40	17 36	17 31	17 27	17 22	17 17	17 11	17 05	16 58	16 50	16 42	16 32	16 21
28	17 47	17 43	17 38	17 34	17 29	17 25	17 19	17 14	17 08	17 01	16 54	16 45	16 36	16 25
32	17 49	17 45	17 41	17 37	17 33	17 28	17 23	17 17	17 11	17 05	16 58	16 49	16 40	16 30
36	17 53	17 49	17 45	17 41	17 36	17 32	17 27	17 21	17 16	17 09	17 02	16 55	16 46	16 35

ASTRONOMICAL TWILIGHT, 2015

UNIVERSAL TIME FOR MERIDIAN OF GREENWICH
BEGINNING OF MORNING ASTRONOMICAL TWILIGHT

Lat.	−55°	−50°	−45°	−40°	−35°	−30°	−20°	−10°	0°	+10°	+20°	+30°	+35°	+40°
	h m	h m	h m	h m	h m	h m	h m	h m	h m	h m	h m	h m	h m	h m
Jan. −2	// //	// //	1 43	2 30	3 01	3 24	3 58	4 23	4 43	5 00	5 15	5 30	5 37	5 44
2	// //	// //	1 48	2 34	3 04	3 27	4 01	4 26	4 45	5 02	5 17	5 31	5 38	5 45
6	// //	// //	1 55	2 39	3 08	3 31	4 04	4 28	4 47	5 04	5 18	5 32	5 38	5 45
10	// //	// //	2 03	2 44	3 13	3 34	4 07	4 31	4 49	5 05	5 19	5 32	5 39	5 45
14	// //	0 51	2 11	2 50	3 18	3 39	4 10	4 33	4 51	5 07	5 20	5 33	5 39	5 45
18	// //	1 13	2 20	2 57	3 23	3 43	4 13	4 36	4 53	5 08	5 21	5 32	5 38	5 44
22	// //	1 32	2 29	3 04	3 28	3 48	4 17	4 38	4 55	5 09	5 21	5 32	5 37	5 42
26	// //	1 48	2 39	3 11	3 34	3 52	4 20	4 40	4 56	5 09	5 21	5 31	5 36	5 40
30	// //	2 03	2 48	3 18	3 40	3 57	4 23	4 42	4 57	5 10	5 20	5 29	5 34	5 37
Feb. 3	0 46	2 17	2 58	3 25	3 45	4 02	4 26	4 44	4 58	5 10	5 19	5 28	5 31	5 34
7	1 24	2 31	3 07	3 32	3 51	4 06	4 29	4 46	4 59	5 10	5 18	5 25	5 28	5 31
11	1 49	2 43	3 16	3 39	3 56	4 11	4 32	4 48	5 00	5 09	5 17	5 23	5 25	5 27
15	2 09	2 55	3 24	3 45	4 02	4 15	4 35	4 49	5 00	5 09	5 15	5 20	5 21	5 23
19	2 26	3 06	3 32	3 52	4 07	4 19	4 37	4 51	5 00	5 08	5 13	5 16	5 17	5 18
23	2 41	3 16	3 40	3 58	4 12	4 23	4 40	4 52	5 00	5 07	5 11	5 13	5 13	5 13
27	2 56	3 26	3 48	4 04	4 17	4 27	4 42	4 52	5 00	5 05	5 08	5 09	5 08	5 07
Mar. 3	3 09	3 36	3 55	4 10	4 21	4 30	4 44	4 53	4 59	5 03	5 05	5 05	5 03	5 01
7	3 21	3 45	4 02	4 15	4 25	4 34	4 46	4 54	4 59	5 02	5 02	5 00	4 58	4 55
11	3 32	3 53	4 09	4 20	4 29	4 37	4 47	4 54	4 58	5 00	4 59	4 56	4 53	4 49
15	3 43	4 01	4 15	4 25	4 33	4 40	4 49	4 54	4 57	4 58	4 56	4 51	4 47	4 42
19	3 53	4 09	4 21	4 30	4 37	4 43	4 50	4 54	4 56	4 55	4 52	4 46	4 41	4 35
23	4 02	4 17	4 27	4 35	4 41	4 45	4 51	4 54	4 55	4 53	4 49	4 41	4 35	4 28
27	4 11	4 24	4 33	4 39	4 44	4 48	4 52	4 54	4 53	4 50	4 45	4 36	4 29	4 21
31	4 20	4 30	4 38	4 44	4 48	4 50	4 54	4 54	4 52	4 48	4 41	4 30	4 23	4 14
Apr. 4	4 28	4 37	4 43	4 48	4 51	4 53	4 55	4 54	4 51	4 45	4 37	4 25	4 17	4 07

END OF EVENING ASTRONOMICAL TWILIGHT

Lat.	−55°	−50°	−45°	−40°	−35°	−30°	−20°	−10°	0°	+10°	+20°	+30°	+35°	+40°
	h m	h m	h m	h m	h m	h m	h m	h m	h m	h m	h m	h m	h m	h m
Jan. −2	// //	// //	22 21	21 34	21 03	20 40	20 06	19 41	19 21	19 04	18 49	18 34	18 27	18 20
2	// //	// //	22 19	21 34	21 03	20 41	20 07	19 42	19 22	19 06	18 51	18 37	18 30	18 23
6	// //	// //	22 15	21 32	21 03	20 40	20 08	19 43	19 24	19 08	18 53	18 40	18 33	18 26
10	// //	23 49	22 11	21 30	21 01	20 40	20 08	19 44	19 25	19 10	18 56	18 43	18 36	18 30
14	// //	23 21	22 05	21 27	20 59	20 39	20 08	19 45	19 26	19 11	18 58	18 45	18 39	18 33
18	// //	23 03	21 59	21 23	20 57	20 37	20 07	19 45	19 27	19 13	19 00	18 48	18 43	18 37
22	// //	22 48	21 52	21 18	20 54	20 35	20 06	19 45	19 28	19 14	19 02	18 51	18 46	18 41
26	// //	22 34	21 44	21 13	20 50	20 32	20 05	19 45	19 29	19 16	19 04	18 54	18 50	18 45
30	// //	22 20	21 36	21 07	20 46	20 29	20 03	19 44	19 29	19 17	19 06	18 57	18 53	18 49
Feb. 3	23 30	22 08	21 28	21 01	20 41	20 25	20 01	19 43	19 29	19 18	19 08	19 00	18 57	18 54
7	22 58	21 55	21 20	20 55	20 36	20 21	19 58	19 42	19 29	19 18	19 10	19 03	19 00	18 58
11	22 35	21 43	21 11	20 48	20 31	20 17	19 56	19 40	19 28	19 19	19 12	19 06	19 04	19 02
15	22 16	21 31	21 03	20 42	20 26	20 13	19 53	19 39	19 28	19 20	19 13	19 09	19 07	19 06
19	21 58	21 20	20 54	20 35	20 20	20 08	19 50	19 37	19 27	19 20	19 15	19 12	19 11	19 11
23	21 42	21 08	20 45	20 28	20 14	20 03	19 47	19 35	19 26	19 20	19 16	19 14	19 14	19 15
27	21 27	20 57	20 36	20 20	20 08	19 58	19 43	19 33	19 25	19 20	19 18	19 17	19 18	19 19
Mar. 3	21 13	20 46	20 27	20 13	20 02	19 53	19 40	19 31	19 24	19 21	19 19	19 20	19 21	19 23
7	20 59	20 36	20 19	20 06	19 56	19 48	19 36	19 28	19 23	19 21	19 20	19 22	19 25	19 28
11	20 46	20 25	20 10	19 59	19 50	19 43	19 33	19 26	19 22	19 21	19 21	19 25	19 28	19 32
15	20 33	20 15	20 02	19 52	19 44	19 38	19 29	19 24	19 21	19 21	19 23	19 28	19 31	19 37
19	20 21	20 05	19 53	19 45	19 38	19 32	19 25	19 21	19 20	19 21	19 24	19 30	19 35	19 41
23	20 09	19 55	19 45	19 38	19 32	19 27	19 22	19 19	19 19	19 21	19 25	19 33	19 39	19 46
27	19 58	19 46	19 37	19 31	19 26	19 22	19 18	19 17	19 17	19 21	19 26	19 36	19 42	19 51
31	19 47	19 37	19 29	19 24	19 20	19 18	19 15	19 14	19 16	19 21	19 28	19 39	19 46	19 56
Apr. 4	19 36	19 28	19 22	19 18	19 15	19 13	19 11	19 12	19 15	19 21	19 29	19 42	19 50	20 01

// // indicates continuous twilight.

ASTRONOMICAL TWILIGHT, 2015

UNIVERSAL TIME FOR MERIDIAN OF GREENWICH
BEGINNING OF MORNING ASTRONOMICAL TWILIGHT

Lat.	+40°	+42°	+44°	+46°	+48°	+50°	+52°	+54°	+56°	+58°	+60°	+62°	+64°	+66°
	h m	h m	h m	h m	h m	h m	h m	h m	h m	h m	h m	h m	h m	h m
Jan. −2	5 44	5 47	5 50	5 53	5 56	5 59	6 03	6 06	6 10	6 14	6 18	6 23	6 28	6 33
2	5 45	5 48	5 51	5 53	5 57	6 00	6 03	6 06	6 10	6 14	6 18	6 22	6 27	6 33
6	5 45	5 48	5 51	5 54	5 57	6 00	6 03	6 06	6 09	6 13	6 17	6 21	6 26	6 31
10	5 45	5 48	5 50	5 53	5 56	5 59	6 02	6 05	6 08	6 11	6 15	6 19	6 23	6 27
14	5 45	5 47	5 50	5 52	5 55	5 57	6 00	6 03	6 06	6 09	6 12	6 15	6 19	6 23
18	5 44	5 46	5 48	5 50	5 53	5 55	5 58	6 00	6 03	6 05	6 08	6 11	6 14	6 18
22	5 42	5 44	5 46	5 48	5 50	5 52	5 54	5 57	5 59	6 01	6 03	6 06	6 08	6 11
26	5 40	5 42	5 44	5 45	5 47	5 49	5 51	5 52	5 54	5 56	5 58	6 00	6 02	6 04
30	5 37	5 39	5 40	5 42	5 43	5 45	5 46	5 48	5 49	5 50	5 51	5 53	5 54	5 55
Feb. 3	5 34	5 36	5 37	5 38	5 39	5 40	5 41	5 42	5 43	5 44	5 44	5 45	5 45	5 45
7	5 31	5 32	5 33	5 33	5 34	5 35	5 35	5 36	5 36	5 36	5 36	5 36	5 36	5 35
11	5 27	5 28	5 28	5 28	5 29	5 29	5 29	5 29	5 29	5 28	5 28	5 27	5 25	5 24
15	5 23	5 23	5 23	5 23	5 23	5 23	5 22	5 22	5 21	5 20	5 18	5 17	5 14	5 12
19	5 18	5 18	5 17	5 17	5 17	5 16	5 15	5 14	5 12	5 11	5 08	5 06	5 03	4 59
23	5 13	5 12	5 12	5 11	5 10	5 09	5 07	5 05	5 03	5 01	4 58	4 54	4 50	4 45
27	5 07	5 06	5 05	5 04	5 03	5 01	4 59	4 57	4 54	4 51	4 47	4 42	4 37	4 30
Mar. 3	5 01	5 00	4 59	4 57	4 55	4 53	4 50	4 47	4 44	4 40	4 35	4 29	4 23	4 14
7	4 55	4 53	4 52	4 49	4 47	4 44	4 41	4 37	4 33	4 28	4 22	4 16	4 08	3 58
11	4 49	4 47	4 44	4 42	4 39	4 35	4 32	4 27	4 22	4 16	4 09	4 01	3 52	3 40
15	4 42	4 40	4 37	4 34	4 30	4 26	4 22	4 17	4 11	4 04	3 56	3 46	3 35	3 21
19	4 35	4 32	4 29	4 25	4 21	4 17	4 12	4 06	3 59	3 51	3 41	3 30	3 17	3 00
23	4 28	4 25	4 21	4 17	4 12	4 07	4 01	3 54	3 46	3 37	3 26	3 13	2 57	2 37
27	4 21	4 17	4 13	4 08	4 03	3 57	3 50	3 42	3 33	3 23	3 10	2 55	2 36	2 10
31	4 14	4 10	4 05	3 59	3 53	3 47	3 39	3 30	3 20	3 08	2 53	2 35	2 12	1 38
Apr. 4	4 07	4 02	3 56	3 50	3 44	3 36	3 27	3 17	3 06	2 52	2 35	2 13	1 43	0 50

END OF EVENING ASTRONOMICAL TWILIGHT

Lat.	+40°	+42°	+44°	+46°	+48°	+50°	+52°	+54°	+56°	+58°	+60°	+62°	+64°	+66°
	h m	h m	h m	h m	h m	h m	h m	h m	h m	h m	h m	h m	h m	h m
Jan. −2	18 20	18 17	18 14	18 11	18 08	18 05	18 02	17 58	17 54	17 50	17 46	17 41	17 36	17 31
2	18 23	18 20	18 17	18 14	18 11	18 08	18 05	18 02	17 58	17 54	17 50	17 46	17 41	17 36
6	18 26	18 24	18 21	18 18	18 15	18 12	18 09	18 06	18 02	17 59	17 55	17 51	17 46	17 41
10	18 30	18 27	18 25	18 22	18 19	18 16	18 13	18 10	18 07	18 04	18 00	17 57	17 53	17 48
14	18 33	18 31	18 29	18 26	18 24	18 21	18 18	18 16	18 13	18 10	18 07	18 03	18 00	17 56
18	18 37	18 35	18 33	18 31	18 28	18 26	18 24	18 21	18 19	18 16	18 13	18 10	18 07	18 04
22	18 41	18 39	18 37	18 35	18 33	18 31	18 29	18 27	18 25	18 23	18 20	18 18	18 16	18 13
26	18 45	18 44	18 42	18 40	18 38	18 37	18 35	18 33	18 32	18 30	18 28	18 26	18 24	18 23
30	18 49	18 48	18 47	18 45	18 44	18 42	18 41	18 40	18 38	18 37	18 36	18 35	18 34	18 33
Feb. 3	18 54	18 52	18 51	18 50	18 49	18 48	18 47	18 46	18 46	18 45	18 44	18 44	18 44	18 43
7	18 58	18 57	18 56	18 55	18 55	18 54	18 54	18 53	18 53	18 53	18 53	18 53	18 54	18 55
11	19 02	19 02	19 01	19 01	19 00	19 00	19 00	19 00	19 01	19 01	19 02	19 03	19 04	19 06
15	19 06	19 06	19 06	19 06	19 06	19 06	19 07	19 08	19 08	19 10	19 11	19 13	19 15	19 18
19	19 11	19 11	19 11	19 11	19 12	19 13	19 14	19 15	19 17	19 18	19 21	19 23	19 27	19 31
23	19 15	19 15	19 16	19 17	19 18	19 19	19 21	19 23	19 25	19 27	19 30	19 34	19 39	19 44
27	19 19	19 20	19 21	19 22	19 24	19 26	19 28	19 30	19 33	19 36	19 40	19 45	19 51	19 58
Mar. 3	19 23	19 25	19 26	19 28	19 30	19 32	19 35	19 38	19 42	19 46	19 51	19 57	20 04	20 12
7	19 28	19 30	19 31	19 34	19 36	19 39	19 42	19 46	19 51	19 56	20 02	20 09	20 17	20 27
11	19 32	19 34	19 37	19 39	19 42	19 46	19 50	19 54	20 00	20 06	20 13	20 21	20 31	20 43
15	19 37	19 39	19 42	19 45	19 49	19 53	19 58	20 03	20 09	20 16	20 24	20 34	20 46	21 01
19	19 41	19 44	19 48	19 51	19 56	20 00	20 06	20 12	20 19	20 27	20 37	20 48	21 02	21 20
23	19 46	19 49	19 53	19 58	20 02	20 08	20 14	20 21	20 29	20 38	20 50	21 03	21 20	21 41
27	19 51	19 55	19 59	20 04	20 09	20 15	20 22	20 30	20 40	20 51	21 03	21 19	21 39	22 06
31	19 56	20 00	20 05	20 10	20 17	20 23	20 31	20 40	20 51	21 03	21 18	21 37	22 02	22 39
Apr. 4	20 01	20 05	20 11	20 17	20 24	20 32	20 41	20 51	21 03	21 17	21 35	21 57	22 30	23 38

ASTRONOMICAL TWILIGHT, 2015

UNIVERSAL TIME FOR MERIDIAN OF GREENWICH
BEGINNING OF MORNING ASTRONOMICAL TWILIGHT

Lat.	−55°	−50°	−45°	−40°	−35°	−30°	−20°	−10°	0°	+10°	+20°	+30°	+35°	+40°
	h m	h m	h m	h m	h m	h m	h m	h m	h m	h m	h m	h m	h m	h m
Mar. 31	4 20	4 30	4 38	4 44	4 48	4 50	4 54	4 54	4 52	4 48	4 41	4 30	4 23	4 14
Apr. 4	4 28	4 37	4 43	4 48	4 51	4 53	4 55	4 54	4 51	4 45	4 37	4 25	4 17	4 07
8	4 36	4 43	4 48	4 52	4 54	4 55	4 55	4 54	4 49	4 43	4 34	4 20	4 11	3 59
12	4 44	4 49	4 53	4 55	4 57	4 57	4 56	4 53	4 48	4 40	4 30	4 15	4 04	3 52
16	4 51	4 55	4 58	4 59	5 00	5 00	4 57	4 53	4 47	4 38	4 26	4 09	3 58	3 44
20	4 58	5 01	5 03	5 03	5 03	5 02	4 58	4 53	4 46	4 36	4 23	4 04	3 52	3 37
24	5 05	5 07	5 07	5 07	5 05	5 04	4 59	4 53	4 44	4 33	4 19	3 59	3 46	3 30
28	5 12	5 12	5 11	5 10	5 08	5 06	5 00	4 53	4 43	4 31	4 16	3 54	3 40	3 23
May 2	5 18	5 17	5 16	5 13	5 11	5 08	5 01	4 53	4 42	4 29	4 13	3 50	3 35	3 16
6	5 24	5 22	5 20	5 17	5 14	5 10	5 02	4 53	4 41	4 28	4 10	3 45	3 29	3 09
10	5 30	5 27	5 24	5 20	5 16	5 12	5 03	4 53	4 41	4 26	4 07	3 41	3 24	3 03
14	5 36	5 32	5 28	5 23	5 19	5 14	5 04	4 53	4 40	4 24	4 04	3 37	3 19	2 56
18	5 41	5 36	5 31	5 26	5 21	5 16	5 06	4 54	4 40	4 23	4 02	3 34	3 15	2 51
22	5 46	5 40	5 35	5 29	5 24	5 18	5 07	4 54	4 40	4 22	4 00	3 31	3 11	2 46
26	5 51	5 44	5 38	5 32	5 26	5 20	5 08	4 55	4 40	4 22	3 59	3 28	3 08	2 41
30	5 55	5 48	5 41	5 35	5 28	5 22	5 09	4 55	4 40	4 21	3 58	3 26	3 05	2 37
June 3	5 59	5 51	5 44	5 37	5 30	5 24	5 10	4 56	4 40	4 21	3 57	3 24	3 02	2 33
7	6 02	5 54	5 46	5 39	5 32	5 25	5 12	4 57	4 40	4 21	3 56	3 23	3 00	2 31
11	6 05	5 56	5 48	5 41	5 34	5 27	5 13	4 58	4 41	4 21	3 56	3 22	2 59	2 29
15	6 07	5 58	5 50	5 42	5 35	5 28	5 14	4 59	4 42	4 22	3 56	3 22	2 59	2 28
19	6 08	5 59	5 51	5 44	5 36	5 29	5 15	5 00	4 43	4 22	3 57	3 22	2 59	2 28
23	6 09	6 00	5 52	5 45	5 37	5 30	5 16	5 00	4 43	4 23	3 58	3 23	3 00	2 28
27	6 10	6 01	5 53	5 45	5 38	5 31	5 17	5 01	4 44	4 24	3 59	3 24	3 01	2 30
July 1	6 09	6 01	5 53	5 45	5 38	5 31	5 17	5 02	4 45	4 25	4 00	3 26	3 03	2 32
5	6 08	6 00	5 52	5 45	5 38	5 31	5 17	5 03	4 46	4 27	4 02	3 28	3 06	2 35

END OF EVENING ASTRONOMICAL TWILIGHT

Lat.	−55°	−50°	−45°	−40°	−35°	−30°	−20°	−10°	0°	+10°	+20°	+30°	+35°	+40°
	h m	h m	h m	h m	h m	h m	h m	h m	h m	h m	h m	h m	h m	h m
Mar. 31	19 47	19 37	19 29	19 24	19 20	19 18	19 15	19 14	19 16	19 21	19 28	19 39	19 46	19 56
Apr. 4	19 36	19 28	19 22	19 18	19 15	19 13	19 11	19 12	19 15	19 21	19 29	19 42	19 50	20 01
8	19 26	19 19	19 15	19 11	19 09	19 08	19 08	19 10	19 14	19 21	19 31	19 45	19 54	20 06
12	19 17	19 11	19 08	19 05	19 04	19 04	19 05	19 08	19 14	19 21	19 32	19 48	19 58	20 11
16	19 07	19 03	19 01	19 00	18 59	19 00	19 02	19 07	19 13	19 22	19 34	19 51	20 02	20 16
20	18 58	18 56	18 55	18 54	18 55	18 56	18 59	19 05	19 12	19 22	19 36	19 54	20 07	20 22
24	18 50	18 49	18 49	18 49	18 50	18 52	18 57	19 04	19 12	19 23	19 38	19 58	20 11	20 28
28	18 42	18 42	18 43	18 44	18 46	18 49	18 55	19 02	19 12	19 24	19 40	20 01	20 16	20 33
May 2	18 35	18 36	18 38	18 40	18 43	18 46	18 53	19 01	19 12	19 25	19 42	20 05	20 20	20 39
6	18 28	18 30	18 33	18 36	18 39	18 43	18 51	19 00	19 12	19 26	19 44	20 09	20 25	20 45
10	18 22	18 25	18 29	18 32	18 36	18 40	18 49	19 00	19 12	19 27	19 46	20 12	20 29	20 51
14	18 16	18 20	18 25	18 29	18 33	18 38	18 48	18 59	19 12	19 28	19 49	20 16	20 34	20 57
18	18 11	18 16	18 21	18 26	18 31	18 36	18 47	18 59	19 13	19 30	19 51	20 20	20 39	21 03
22	18 07	18 13	18 18	18 24	18 29	18 35	18 46	18 59	19 14	19 31	19 53	20 23	20 43	21 09
26	18 03	18 09	18 16	18 22	18 28	18 34	18 46	18 59	19 14	19 33	19 55	20 26	20 47	21 14
30	18 00	18 07	18 14	18 20	18 27	18 33	18 46	19 00	19 15	19 34	19 58	20 29	20 51	21 19
June 3	17 57	18 05	18 12	18 19	18 26	18 32	18 46	19 00	19 16	19 35	20 00	20 32	20 55	21 24
7	17 55	18 04	18 11	18 18	18 25	18 32	18 46	19 01	19 17	19 37	20 01	20 35	20 58	21 28
11	17 54	18 03	18 11	18 18	18 25	18 32	18 46	19 01	19 18	19 38	20 03	20 37	21 00	21 31
15	17 54	18 03	18 11	18 18	18 26	18 33	18 47	19 02	19 19	19 39	20 04	20 39	21 02	21 33
19	17 54	18 03	18 11	18 19	18 26	18 33	18 48	19 03	19 20	19 40	20 06	20 40	21 04	21 35
23	17 55	18 04	18 12	18 20	18 27	18 34	18 49	19 04	19 21	19 41	20 06	20 41	21 05	21 36
27	17 56	18 05	18 13	18 21	18 28	18 35	18 50	19 05	19 22	19 42	20 07	20 41	21 05	21 36
July 1	17 59	18 07	18 15	18 22	18 29	18 36	18 51	19 06	19 22	19 42	20 07	20 41	21 04	21 35
5	18 01	18 09	18 17	18 24	18 31	18 38	18 52	19 06	19 23	19 42	20 07	20 41	21 03	21 33

UNIVERSAL TIME FOR MERIDIAN OF GREENWICH
BEGINNING OF MORNING ASTRONOMICAL TWILIGHT

Lat.	+40°	+42°	+44°	+46°	+48°	+50°	+52°	+54°	+56°	+58°	+60°	+62°	+64°	+66°
	h m	h m	h m	h m	h m	h m	h m	h m	h m	h m	h m	h m	h m	h m
Mar. 31	4 14	4 10	4 05	3 59	3 53	3 47	3 39	3 30	3 20	3 08	2 53	2 35	2 12	1 38
Apr. 4	4 07	4 02	3 56	3 50	3 44	3 36	3 27	3 17	3 06	2 52	2 35	2 13	1 43	0 50
8	3 59	3 54	3 48	3 41	3 34	3 25	3 16	3 04	2 51	2 35	2 15	1 48	1 05	// //
12	3 52	3 46	3 39	3 32	3 24	3 14	3 03	2 51	2 36	2 17	1 52	1 16	// //	// //
16	3 44	3 38	3 31	3 23	3 13	3 03	2 51	2 36	2 19	1 57	1 25	0 16	// //	// //
20	3 37	3 30	3 22	3 13	3 03	2 51	2 38	2 22	2 01	1 34	0 47	// //	// //	// //
24	3 30	3 22	3 14	3 04	2 53	2 40	2 24	2 06	1 41	1 05	// //	// //	// //	// //
28	3 23	3 14	3 05	2 54	2 42	2 28	2 10	1 49	1 18	0 06	// //	// //	// //	// //
May 2	3 16	3 07	2 57	2 45	2 32	2 16	1 56	1 30	0 47	// //	// //	// //	// //	// //
6	3 09	2 59	2 48	2 36	2 21	2 03	1 40	1 07	// //	// //	// //	// //	// //	// //
10	3 03	2 52	2 40	2 27	2 10	1 50	1 23	0 37	// //	// //	// //	// //	// //	// //
14	2 56	2 45	2 33	2 18	2 00	1 37	1 03	// //	// //	// //	// //	// //	// //	// //
18	2 51	2 39	2 25	2 09	1 49	1 22	0 38	// //	// //	// //	// //	// //	// //	// //
22	2 46	2 33	2 18	2 01	1 38	1 07	// //	// //	// //	// //	// //	// //	// //	// //
26	2 41	2 27	2 12	1 53	1 28	0 50	// //	// //	// //	// //	// //	// //	// //	// //
30	2 37	2 23	2 06	1 46	1 18	0 28	// //	// //	// //	// //	// //	// //	// //	// //
June 3	2 33	2 19	2 01	1 39	1 08	// //	// //	// //	// //	// //	// //	// //	// //	// //
7	2 31	2 15	1 57	1 34	0 59	// //	// //	// //	// //	// //	// //	// //	// //	// //
11	2 29	2 13	1 54	1 29	0 52	// //	// //	// //	// //	// //	// //	// //	// //	// //
15	2 28	2 12	1 52	1 27	0 45	// //	// //	// //	// //	// //	// //	// //	// //	□
19	2 28	2 11	1 52	1 25	0 42	// //	// //	// //	// //	// //	// //	// //	// //	□
23	2 28	2 12	1 52	1 26	0 42	// //	// //	// //	// //	// //	// //	// //	// //	□
27	2 30	2 14	1 54	1 28	0 46	// //	// //	// //	// //	// //	// //	// //	// //	□
July 1	2 32	2 17	1 57	1 32	0 53	// //	// //	// //	// //	// //	// //	// //	// //	// //
5	2 35	2 20	2 01	1 38	1 02	// //	// //	// //	// //	// //	// //	// //	// //	// //

END OF EVENING ASTRONOMICAL TWILIGHT

Lat.	+40°	+42°	+44°	+46°	+48°	+50°	+52°	+54°	+56°	+58°	+60°	+62°	+64°	+66°
	h m	h m	h m	h m	h m	h m	h m	h m	h m	h m	h m	h m	h m	h m
Mar. 31	19 56	20 00	20 05	20 10	20 17	20 23	20 31	20 40	20 51	21 03	21 18	21 37	22 02	22 39
Apr. 4	20 01	20 05	20 11	20 17	20 24	20 32	20 41	20 51	21 03	21 17	21 35	21 57	22 30	23 38
8	20 06	20 11	20 17	20 24	20 32	20 40	20 50	21 02	21 15	21 32	21 53	22 22	23 11	// //
12	20 11	20 17	20 24	20 31	20 40	20 49	21 00	21 13	21 29	21 49	22 14	22 54	// //	// //
16	20 16	20 23	20 30	20 39	20 48	20 59	21 11	21 26	21 44	22 07	22 41	// //	// //	// //
20	20 22	20 29	20 37	20 46	20 57	21 09	21 22	21 39	22 01	22 30	23 24	// //	// //	// //
24	20 28	20 36	20 44	20 54	21 06	21 19	21 35	21 54	22 20	23 00	// //	// //	// //	// //
28	20 33	20 42	20 52	21 02	21 15	21 30	21 47	22 10	22 43	// //	// //	// //	// //	// //
May 2	20 39	20 49	20 59	21 11	21 25	21 41	22 01	22 29	23 17	// //	// //	// //	// //	// //
6	20 45	20 55	21 06	21 19	21 34	21 53	22 17	22 52	// //	// //	// //	// //	// //	// //
10	20 51	21 02	21 14	21 28	21 45	22 06	22 34	23 28	// //	// //	// //	// //	// //	// //
14	20 57	21 09	21 22	21 37	21 55	22 19	22 54	// //	// //	// //	// //	// //	// //	// //
18	21 03	21 15	21 29	21 46	22 06	22 34	23 24	// //	// //	// //	// //	// //	// //	// //
22	21 09	21 22	21 36	21 54	22 17	22 50	// //	// //	// //	// //	// //	// //	// //	// //
26	21 14	21 28	21 44	22 03	22 28	23 09	// //	// //	// //	// //	// //	// //	// //	// //
30	21 19	21 33	21 50	22 11	22 39	23 35	// //	// //	// //	// //	// //	// //	// //	// //
June 3	21 24	21 38	21 56	22 18	22 50	// //	// //	// //	// //	// //	// //	// //	// //	// //
7	21 28	21 43	22 01	22 25	23 00	// //	// //	// //	// //	// //	// //	// //	// //	// //
11	21 31	21 47	22 06	22 31	23 09	// //	// //	// //	// //	// //	// //	// //	// //	// //
15	21 33	21 49	22 09	22 35	23 17	// //	// //	// //	// //	// //	// //	// //	// //	□
19	21 35	21 51	22 11	22 37	23 21	// //	// //	// //	// //	// //	// //	// //	// //	□
23	21 36	21 52	22 12	22 38	23 22	// //	// //	// //	// //	// //	// //	// //	// //	□
27	21 36	21 52	22 11	22 37	23 18	// //	// //	// //	// //	// //	// //	// //	// //	□
July 1	21 35	21 51	22 10	22 34	23 13	// //	// //	// //	// //	// //	// //	// //	// //	// //
5	21 33	21 48	22 07	22 30	23 05	// //	// //	// //	// //	// //	// //	// //	// //	// //

□ indicates Sun continuously above horizon.
// // indicates continuous twilight.

ASTRONOMICAL TWILIGHT, 2015

UNIVERSAL TIME FOR MERIDIAN OF GREENWICH
BEGINNING OF MORNING ASTRONOMICAL TWILIGHT

Lat.	−55°	−50°	−45°	−40°	−35°	−30°	−20°	−10°	0°	+10°	+20°	+30°	+35°	+40°
	h m	h m	h m	h m	h m	h m	h m	h m	h m	h m	h m	h m	h m	h m
July 1	6 09	6 01	5 53	5 45	5 38	5 31	5 17	5 02	4 45	4 25	4 00	3 26	3 03	2 32
5	6 08	6 00	5 52	5 45	5 38	5 31	5 17	5 03	4 46	4 27	4 02	3 28	3 06	2 35
9	6 06	5 58	5 51	5 44	5 38	5 31	5 18	5 03	4 47	4 28	4 04	3 31	3 08	2 39
13	6 04	5 57	5 50	5 43	5 37	5 31	5 18	5 04	4 48	4 29	4 06	3 33	3 12	2 44
17	6 01	5 54	5 48	5 42	5 36	5 30	5 17	5 04	4 49	4 30	4 08	3 36	3 16	2 48
21	5 57	5 51	5 45	5 40	5 34	5 28	5 17	5 04	4 49	4 32	4 10	3 40	3 20	2 54
25	5 53	5 47	5 42	5 37	5 32	5 27	5 16	5 04	4 50	4 33	4 12	3 43	3 24	2 59
29	5 48	5 43	5 39	5 34	5 30	5 25	5 15	5 04	4 50	4 34	4 14	3 46	3 28	3 05
Aug. 2	5 42	5 38	5 35	5 31	5 27	5 23	5 14	5 03	4 51	4 35	4 16	3 50	3 32	3 10
6	5 36	5 33	5 30	5 27	5 24	5 20	5 12	5 02	4 51	4 36	4 18	3 53	3 37	3 16
10	5 29	5 27	5 25	5 23	5 20	5 17	5 10	5 01	4 51	4 37	4 20	3 57	3 41	3 22
14	5 21	5 21	5 20	5 19	5 17	5 14	5 08	5 00	4 50	4 38	4 22	4 00	3 46	3 28
18	5 13	5 14	5 14	5 14	5 12	5 11	5 05	4 59	4 50	4 39	4 24	4 03	3 50	3 33
22	5 05	5 07	5 08	5 09	5 08	5 07	5 03	4 57	4 49	4 39	4 26	4 07	3 54	3 39
26	4 56	5 00	5 02	5 03	5 03	5 03	5 00	4 55	4 49	4 40	4 27	4 10	3 58	3 44
30	4 47	4 52	4 55	4 57	4 58	4 58	4 57	4 53	4 48	4 40	4 29	4 13	4 02	3 49
Sept. 3	4 37	4 44	4 48	4 51	4 53	4 54	4 54	4 51	4 47	4 40	4 30	4 16	4 06	3 54
7	4 27	4 35	4 41	4 45	4 48	4 49	4 50	4 49	4 46	4 40	4 31	4 18	4 10	3 59
11	4 17	4 26	4 33	4 38	4 42	4 44	4 47	4 47	4 45	4 40	4 32	4 21	4 13	4 04
15	4 06	4 17	4 25	4 32	4 36	4 39	4 43	4 44	4 43	4 40	4 34	4 24	4 17	4 08
19	3 54	4 08	4 17	4 25	4 30	4 34	4 40	4 42	4 42	4 40	4 35	4 26	4 20	4 13
23	3 43	3 58	4 09	4 18	4 24	4 29	4 36	4 39	4 41	4 39	4 36	4 29	4 24	4 17
27	3 31	3 48	4 01	4 11	4 18	4 24	4 32	4 37	4 39	4 39	4 37	4 31	4 27	4 21
Oct. 1	3 18	3 38	3 52	4 03	4 12	4 19	4 28	4 34	4 38	4 39	4 38	4 34	4 30	4 26
5	3 05	3 27	3 44	3 56	4 06	4 13	4 24	4 32	4 36	4 39	4 39	4 36	4 33	4 30

END OF EVENING ASTRONOMICAL TWILIGHT

Lat.	−55°	−50°	−45°	−40°	−35°	−30°	−20°	−10°	0°	+10°	+20°	+30°	+35°	+40°
	h m	h m	h m	h m	h m	h m	h m	h m	h m	h m	h m	h m	h m	h m
July 1	17 59	18 07	18 15	18 22	18 29	18 36	18 51	19 06	19 22	19 42	20 07	20 41	21 04	21 35
5	18 01	18 09	18 17	18 24	18 31	18 38	18 52	19 06	19 23	19 42	20 07	20 41	21 03	21 33
9	18 04	18 12	18 19	18 26	18 33	18 39	18 53	19 07	19 23	19 42	20 07	20 39	21 01	21 30
13	18 08	18 15	18 22	18 28	18 35	18 41	18 54	19 08	19 24	19 42	20 06	20 38	20 59	21 27
17	18 12	18 19	18 25	18 31	18 37	18 43	18 55	19 08	19 24	19 42	20 04	20 35	20 56	21 23
21	18 16	18 22	18 28	18 34	18 39	18 45	18 56	19 09	19 23	19 41	20 03	20 33	20 53	21 18
25	18 21	18 26	18 31	18 36	18 41	18 46	18 57	19 09	19 23	19 40	20 01	20 29	20 49	21 13
29	18 26	18 30	18 35	18 39	18 44	18 48	18 58	19 10	19 23	19 38	19 59	20 26	20 44	21 07
Aug. 2	18 31	18 35	18 38	18 42	18 46	18 50	18 59	19 10	19 22	19 37	19 56	20 22	20 39	21 01
6	18 37	18 39	18 42	18 45	18 48	18 52	19 00	19 10	19 21	19 35	19 53	20 18	20 34	20 54
10	18 43	18 44	18 46	18 48	18 51	18 54	19 01	19 10	19 20	19 33	19 50	20 13	20 29	20 48
14	18 49	18 49	18 50	18 51	18 53	18 56	19 02	19 09	19 19	19 31	19 47	20 09	20 23	20 41
18	18 55	18 54	18 54	18 55	18 56	18 58	19 03	19 09	19 18	19 29	19 44	20 04	20 17	20 33
22	19 02	18 59	18 58	18 58	18 59	19 00	19 03	19 09	19 16	19 27	19 40	19 59	20 11	20 26
26	19 09	19 05	19 03	19 01	19 01	19 02	19 04	19 08	19 15	19 24	19 36	19 53	20 05	20 19
30	19 16	19 10	19 07	19 05	19 04	19 03	19 05	19 08	19 14	19 21	19 32	19 48	19 58	20 11
Sept. 3	19 23	19 16	19 12	19 08	19 07	19 05	19 05	19 08	19 12	19 19	19 28	19 43	19 52	20 04
7	19 30	19 22	19 16	19 12	19 09	19 07	19 06	19 07	19 10	19 16	19 25	19 37	19 46	19 56
11	19 38	19 28	19 21	19 16	19 12	19 10	19 07	19 07	19 09	19 13	19 21	19 32	19 39	19 49
15	19 46	19 35	19 26	19 20	19 15	19 12	19 08	19 06	19 07	19 11	19 17	19 26	19 33	19 41
19	19 55	19 41	19 31	19 24	19 18	19 14	19 08	19 06	19 06	19 08	19 13	19 21	19 27	19 34
23	20 04	19 48	19 37	19 28	19 22	19 16	19 09	19 06	19 04	19 05	19 09	19 16	19 20	19 27
27	20 14	19 56	19 42	19 33	19 25	19 19	19 10	19 05	19 03	19 03	19 05	19 10	19 14	19 20
Oct. 1	20 24	20 03	19 48	19 37	19 29	19 22	19 12	19 05	19 02	19 00	19 02	19 05	19 09	19 13
5	20 34	20 11	19 55	19 42	19 32	19 24	19 13	19 05	19 01	18 58	18 58	19 00	19 03	19 06

UNIVERSAL TIME FOR MERIDIAN OF GREENWICH
BEGINNING OF MORNING ASTRONOMICAL TWILIGHT

Lat.	+40°	+42°	+44°	+46°	+48°	+50°	+52°	+54°	+56°	+58°	+60°	+62°	+64°	+66°
	h m	h m	h m	h m	h m	h m	h m	h m	h m	h m	h m	h m	h m	h m
July 1	2 32	2 17	1 57	1 32	0 53	// //	// //	// //	// //	// //	// //	// //	// //	// //
5	2 35	2 20	2 01	1 38	1 02	// //	// //	// //	// //	// //	// //	// //	// //	// //
9	2 39	2 24	2 07	1 44	1 12	// //	// //	// //	// //	// //	// //	// //	// //	// //
13	2 44	2 29	2 12	1 51	1 23	0 23	// //	// //	// //	// //	// //	// //	// //	// //
17	2 48	2 35	2 19	1 59	1 34	0 52	// //	// //	// //	// //	// //	// //	// //	// //
21	2 54	2 41	2 26	2 08	1 45	1 11	// //	// //	// //	// //	// //	// //	// //	// //
25	2 59	2 47	2 33	2 16	1 55	1 27	0 34	// //	// //	// //	// //	// //	// //	// //
29	3 05	2 53	2 40	2 25	2 06	1 42	1 05	// //	// //	// //	// //	// //	// //	// //
Aug. 2	3 10	3 00	2 48	2 33	2 16	1 55	1 26	0 25	// //	// //	// //	// //	// //	// //
6	3 16	3 06	2 55	2 42	2 26	2 08	1 43	1 06	// //	// //	// //	// //	// //	// //
10	3 22	3 13	3 02	2 50	2 36	2 19	1 58	1 30	0 36	// //	// //	// //	// //	// //
14	3 28	3 19	3 09	2 58	2 46	2 31	2 12	1 49	1 14	// //	// //	// //	// //	// //
18	3 33	3 25	3 16	3 06	2 55	2 41	2 25	2 05	1 38	0 54	// //	// //	// //	// //
22	3 39	3 31	3 23	3 14	3 03	2 51	2 37	2 20	1 57	1 27	0 16	// //	// //	// //
26	3 44	3 37	3 30	3 21	3 12	3 01	2 48	2 33	2 14	1 50	1 13	// //	// //	// //
30	3 49	3 43	3 36	3 28	3 20	3 10	2 58	2 45	2 29	2 09	1 41	0 57	// //	// //
Sept. 3	3 54	3 49	3 42	3 35	3 27	3 19	3 08	2 56	2 42	2 25	2 03	1 32	0 32	// //
7	3 59	3 54	3 48	3 42	3 35	3 27	3 18	3 07	2 55	2 40	2 22	1 58	1 22	// //
11	4 04	3 59	3 54	3 48	3 42	3 35	3 27	3 17	3 07	2 54	2 38	2 18	1 52	1 11
15	4 08	4 04	4 00	3 55	3 49	3 43	3 35	3 27	3 18	3 06	2 53	2 36	2 15	1 46
19	4 13	4 09	4 05	4 01	3 56	3 50	3 44	3 36	3 28	3 18	3 06	2 52	2 35	2 12
23	4 17	4 14	4 11	4 07	4 02	3 57	3 52	3 45	3 38	3 29	3 19	3 07	2 52	2 34
27	4 21	4 19	4 16	4 12	4 09	4 04	3 59	3 54	3 47	3 40	3 31	3 21	3 08	2 53
Oct. 1	4 26	4 23	4 21	4 18	4 15	4 11	4 07	4 02	3 57	3 50	3 43	3 34	3 23	3 10
5	4 30	4 28	4 26	4 23	4 21	4 18	4 14	4 10	4 05	4 00	3 54	3 46	3 37	3 26

END OF EVENING ASTRONOMICAL TWILIGHT

Lat.	+40°	+42°	+44°	+46°	+48°	+50°	+52°	+54°	+56°	+58°	+60°	+62°	+64°	+66°
	h m	h m	h m	h m	h m	h m	h m	h m	h m	h m	h m	h m	h m	h m
July 1	21 35	21 51	22 10	22 34	23 13	// //	// //	// //	// //	// //	// //	// //	// //	// //
5	21 33	21 48	22 07	22 30	23 05	// //	// //	// //	// //	// //	// //	// //	// //	// //
9	21 30	21 45	22 03	22 25	22 56	// //	// //	// //	// //	// //	// //	// //	// //	// //
13	21 27	21 41	21 58	22 18	22 46	23 39	// //	// //	// //	// //	// //	// //	// //	// //
17	21 23	21 36	21 52	22 11	22 36	23 15	// //	// //	// //	// //	// //	// //	// //	// //
21	21 18	21 31	21 46	22 03	22 26	22 58	// //	// //	// //	// //	// //	// //	// //	// //
25	21 13	21 25	21 39	21 55	22 15	22 43	23 30	// //	// //	// //	// //	// //	// //	// //
29	21 07	21 18	21 31	21 46	22 05	22 28	23 03	// //	// //	// //	// //	// //	// //	// //
Aug. 2	21 01	21 12	21 24	21 37	21 54	22 15	22 43	23 33	// //	// //	// //	// //	// //	// //
6	20 54	21 04	21 15	21 28	21 43	22 02	22 25	22 59	// //	// //	// //	// //	// //	// //
10	20 48	20 57	21 07	21 19	21 33	21 49	22 09	22 36	23 22	// //	// //	// //	// //	// //
14	20 41	20 49	20 59	21 10	21 22	21 37	21 54	22 17	22 49	// //	// //	// //	// //	// //
18	20 33	20 41	20 50	21 00	21 11	21 25	21 40	22 00	22 25	23 04	// //	// //	// //	// //
22	20 26	20 33	20 41	20 51	21 01	21 13	21 27	21 43	22 05	22 34	23 26	// //	// //	// //
26	20 19	20 25	20 33	20 41	20 50	21 01	21 14	21 28	21 46	22 10	22 43	// //	// //	// //
30	20 11	20 17	20 24	20 32	20 40	20 50	21 01	21 14	21 30	21 49	22 15	22 55	// //	// //
Sept. 3	20 04	20 09	20 15	20 22	20 30	20 39	20 49	21 00	21 14	21 30	21 52	22 20	23 10	// //
7	19 56	20 01	20 07	20 13	20 20	20 28	20 37	20 47	20 59	21 13	21 31	21 54	22 26	23 37
11	19 49	19 53	19 58	20 04	20 10	20 17	20 25	20 34	20 45	20 57	21 12	21 31	21 56	22 33
15	19 41	19 45	19 50	19 55	20 00	20 06	20 14	20 22	20 31	20 42	20 55	21 11	21 31	21 59
19	19 34	19 38	19 41	19 46	19 51	19 56	20 02	20 10	20 18	20 27	20 39	20 52	21 09	21 31
23	19 27	19 30	19 33	19 37	19 41	19 46	19 52	19 58	20 05	20 14	20 23	20 35	20 49	21 07
27	19 20	19 22	19 25	19 29	19 32	19 37	19 41	19 47	19 53	20 00	20 09	20 19	20 31	20 46
Oct. 1	19 13	19 15	19 18	19 20	19 24	19 27	19 31	19 36	19 41	19 48	19 55	20 03	20 14	20 26
5	19 06	19 08	19 10	19 13	19 15	19 18	19 22	19 26	19 30	19 35	19 41	19 49	19 57	20 08

// // indicates continuous twilight.

ASTRONOMICAL TWILIGHT, 2015

UNIVERSAL TIME FOR MERIDIAN OF GREENWICH
BEGINNING OF MORNING ASTRONOMICAL TWILIGHT

Lat.	−55°	−50°	−45°	−40°	−35°	−30°	−20°	−10°	0°	+10°	+20°	+30°	+35°	+40°
	h m	h m	h m	h m	h m	h m	h m	h m	h m	h m	h m	h m	h m	h m
Oct. 1	3 18	3 38	3 52	4 03	4 12	4 19	4 28	4 34	4 38	4 39	4 38	4 34	4 30	4 26
5	3 05	3 27	3 44	3 56	4 06	4 13	4 24	4 32	4 36	4 39	4 39	4 36	4 33	4 30
9	2 52	3 17	3 35	3 49	3 59	4 08	4 21	4 29	4 35	4 38	4 40	4 38	4 37	4 34
13	2 37	3 06	3 26	3 41	3 53	4 03	4 17	4 27	4 34	4 38	4 41	4 41	4 40	4 38
17	2 23	2 55	3 17	3 34	3 47	3 57	4 13	4 24	4 33	4 38	4 42	4 43	4 43	4 42
21	2 07	2 44	3 08	3 27	3 41	3 52	4 10	4 22	4 31	4 38	4 43	4 46	4 46	4 46
25	1 50	2 32	2 59	3 20	3 35	3 48	4 07	4 20	4 30	4 38	4 44	4 48	4 49	4 50
29	1 32	2 20	2 51	3 13	3 29	3 43	4 03	4 18	4 30	4 39	4 45	4 51	4 53	4 54
Nov. 2	1 11	2 08	2 42	3 06	3 24	3 38	4 00	4 17	4 29	4 39	4 47	4 53	4 56	4 58
6	0 45	1 56	2 33	2 59	3 19	3 34	3 58	4 15	4 29	4 39	4 48	4 56	4 59	5 02
10	// //	1 43	2 25	2 53	3 14	3 30	3 55	4 14	4 28	4 40	4 50	4 59	5 02	5 06
14	// //	1 30	2 17	2 47	3 09	3 27	3 53	4 13	4 28	4 41	4 52	5 01	5 06	5 10
18	// //	1 16	2 09	2 42	3 05	3 24	3 52	4 12	4 29	4 42	4 54	5 04	5 09	5 14
22	// //	1 02	2 02	2 37	3 02	3 21	3 50	4 12	4 29	4 43	4 56	5 07	5 12	5 18
26	// //	0 45	1 55	2 32	2 59	3 19	3 50	4 12	4 30	4 45	4 58	5 10	5 16	5 21
30	// //	0 25	1 49	2 29	2 56	3 17	3 49	4 12	4 31	4 46	5 00	5 13	5 19	5 25
Dec. 4	// //	// //	1 44	2 26	2 55	3 16	3 49	4 13	4 32	4 48	5 02	5 15	5 22	5 29
8	// //	// //	1 40	2 24	2 53	3 16	3 49	4 14	4 33	4 50	5 04	5 18	5 25	5 32
12	// //	// //	1 37	2 23	2 53	3 16	3 50	4 15	4 35	4 52	5 07	5 21	5 28	5 35
16	// //	// //	1 35	2 23	2 54	3 17	3 51	4 17	4 37	4 54	5 09	5 23	5 30	5 37
20	// //	// //	1 36	2 24	2 55	3 18	3 53	4 18	4 39	4 56	5 11	5 25	5 33	5 40
24	// //	// //	1 37	2 26	2 57	3 20	3 55	4 20	4 41	4 58	5 13	5 27	5 35	5 42
28	// //	// //	1 41	2 28	3 00	3 23	3 57	4 23	4 43	5 00	5 15	5 29	5 36	5 43
32	// //	// //	1 46	2 32	3 03	3 26	4 00	4 25	4 45	5 01	5 16	5 30	5 37	5 44
36	// //	// //	1 53	2 37	3 07	3 29	4 03	4 27	4 47	5 03	5 18	5 32	5 38	5 45

END OF EVENING ASTRONOMICAL TWILIGHT

Lat.	−55°	−50°	−45°	−40°	−35°	−30°	−20°	−10°	0°	+10°	+20°	+30°	+35°	+40°
	h m	h m	h m	h m	h m	h m	h m	h m	h m	h m	h m	h m	h m	h m
Oct. 1	20 24	20 03	19 48	19 37	19 29	19 22	19 12	19 05	19 02	19 00	19 02	19 05	19 09	19 13
5	20 34	20 11	19 55	19 42	19 32	19 24	19 13	19 05	19 01	18 58	18 58	19 00	19 03	19 06
9	20 46	20 20	20 01	19 47	19 36	19 27	19 14	19 06	19 00	18 56	18 55	18 56	18 57	19 00
13	20 58	20 29	20 08	19 52	19 40	19 31	19 16	19 06	18 59	18 54	18 52	18 51	18 52	18 54
17	21 11	20 38	20 15	19 58	19 45	19 34	19 18	19 07	18 58	18 53	18 49	18 47	18 47	18 48
21	21 26	20 48	20 23	20 04	19 49	19 38	19 20	19 07	18 58	18 51	18 46	18 43	18 43	18 43
25	21 42	20 58	20 30	20 10	19 54	19 41	19 22	19 08	18 58	18 50	18 44	18 40	18 38	18 38
29	22 00	21 09	20 38	20 16	19 59	19 45	19 25	19 09	18 58	18 49	18 42	18 36	18 34	18 33
Nov. 2	22 21	21 21	20 47	20 23	20 04	19 49	19 27	19 11	18 58	18 48	18 40	18 34	18 31	18 29
6	22 50	21 34	20 56	20 29	20 09	19 54	19 30	19 12	18 59	18 48	18 39	18 31	18 28	18 25
10	// //	21 47	21 05	20 36	20 15	19 58	19 33	19 14	18 59	18 47	18 37	18 29	18 25	18 21
14	// //	22 02	21 14	20 43	20 20	20 03	19 36	19 16	19 00	18 48	18 37	18 27	18 23	18 18
18	// //	22 17	21 23	20 50	20 26	20 07	19 39	19 18	19 02	18 48	18 36	18 26	18 21	18 16
22	// //	22 34	21 32	20 57	20 31	20 11	19 42	19 20	19 03	18 49	18 36	18 25	18 19	18 14
26	// //	22 54	21 41	21 03	20 36	20 16	19 45	19 23	19 05	18 50	18 36	18 24	18 18	18 13
30	// //	23 19	21 50	21 09	20 41	20 20	19 48	19 25	19 06	18 51	18 37	18 24	18 18	18 12
Dec. 4	// //	// //	21 58	21 15	20 46	20 24	19 51	19 27	19 08	18 52	18 38	18 25	18 18	18 11
8	// //	// //	22 05	21 20	20 50	20 28	19 54	19 30	19 10	18 54	18 39	18 25	18 18	18 12
12	// //	// //	22 11	21 25	20 54	20 31	19 57	19 32	19 12	18 55	18 40	18 26	18 19	18 12
16	// //	// //	22 16	21 29	20 57	20 34	20 00	19 34	19 14	18 57	18 42	18 28	18 21	18 13
20	// //	// //	22 19	21 31	21 00	20 36	20 02	19 37	19 16	18 59	18 44	18 29	18 22	18 15
24	// //	// //	22 21	21 33	21 02	20 38	20 04	19 38	19 18	19 01	18 46	18 31	18 24	18 17
28	// //	// //	22 21	21 34	21 03	20 40	20 05	19 40	19 20	19 03	18 48	18 34	18 27	18 19
32	// //	// //	22 20	21 34	21 03	20 40	20 07	19 42	19 22	19 05	18 50	18 36	18 29	18 22
36	// //	// //	22 17	21 33	21 03	20 41	20 07	19 43	19 24	19 07	18 53	18 39	18 32	18 25

// // indicates continuous twilight.

UNIVERSAL TIME FOR MERIDIAN OF GREENWICH
BEGINNING OF MORNING ASTRONOMICAL TWILIGHT

Lat.	+40°	+42°	+44°	+46°	+48°	+50°	+52°	+54°	+56°	+58°	+60°	+62°	+64°	+66°
	h m	h m	h m	h m	h m	h m	h m	h m	h m	h m	h m	h m	h m	h m
Oct. 1	4 26	4 23	4 21	4 18	4 15	4 11	4 07	4 02	3 57	3 50	3 43	3 34	3 23	3 10
5	4 30	4 28	4 26	4 23	4 21	4 18	4 14	4 10	4 05	4 00	3 54	3 46	3 37	3 26
9	4 34	4 32	4 31	4 29	4 27	4 24	4 21	4 18	4 14	4 09	4 04	3 58	3 50	3 41
13	4 38	4 37	4 36	4 34	4 32	4 30	4 28	4 25	4 22	4 19	4 14	4 09	4 03	3 55
17	4 42	4 41	4 40	4 39	4 38	4 37	4 35	4 33	4 30	4 28	4 24	4 20	4 15	4 09
21	4 46	4 46	4 45	4 45	4 44	4 43	4 42	4 40	4 38	4 36	4 34	4 30	4 27	4 22
25	4 50	4 50	4 50	4 50	4 49	4 49	4 48	4 47	4 46	4 45	4 43	4 41	4 38	4 34
29	4 54	4 54	4 55	4 55	4 55	4 55	4 55	4 54	4 54	4 53	4 52	4 50	4 49	4 46
Nov. 2	4 58	4 59	4 59	5 00	5 00	5 01	5 01	5 01	5 01	5 01	5 01	5 00	4 59	4 58
6	5 02	5 03	5 04	5 05	5 06	5 07	5 07	5 08	5 08	5 09	5 09	5 09	5 09	5 09
10	5 06	5 07	5 09	5 10	5 11	5 12	5 13	5 14	5 15	5 16	5 17	5 18	5 19	5 20
14	5 10	5 12	5 13	5 15	5 16	5 18	5 19	5 21	5 22	5 24	5 25	5 27	5 28	5 30
18	5 14	5 16	5 18	5 19	5 21	5 23	5 25	5 27	5 29	5 31	5 33	5 35	5 37	5 39
22	5 18	5 20	5 22	5 24	5 26	5 28	5 31	5 33	5 35	5 38	5 40	5 43	5 46	5 49
26	5 21	5 24	5 26	5 28	5 31	5 33	5 36	5 38	5 41	5 44	5 47	5 50	5 53	5 57
30	5 25	5 28	5 30	5 33	5 35	5 38	5 41	5 44	5 47	5 50	5 53	5 57	6 01	6 05
Dec. 4	5 29	5 31	5 34	5 37	5 39	5 42	5 45	5 48	5 52	5 55	5 59	6 03	6 07	6 12
8	5 32	5 35	5 37	5 40	5 43	5 46	5 50	5 53	5 56	6 00	6 04	6 08	6 13	6 18
12	5 35	5 38	5 41	5 44	5 47	5 50	5 53	5 57	6 00	6 04	6 08	6 13	6 18	6 23
16	5 37	5 40	5 43	5 47	5 50	5 53	5 56	6 00	6 04	6 08	6 12	6 17	6 22	6 28
20	5 40	5 43	5 46	5 49	5 52	5 56	5 59	6 03	6 06	6 11	6 15	6 20	6 25	6 31
24	5 42	5 45	5 48	5 51	5 54	5 58	6 01	6 05	6 08	6 13	6 17	6 22	6 27	6 33
28	5 43	5 46	5 49	5 52	5 56	5 59	6 02	6 06	6 10	6 14	6 18	6 23	6 28	6 33
32	5 44	5 47	5 50	5 53	5 56	6 00	6 03	6 06	6 10	6 14	6 18	6 23	6 28	6 33
36	5 45	5 48	5 51	5 54	5 57	6 00	6 03	6 06	6 10	6 13	6 17	6 22	6 26	6 31

END OF EVENING ASTRONOMICAL TWILIGHT

Lat.	+40°	+42°	+44°	+46°	+48°	+50°	+52°	+54°	+56°	+58°	+60°	+62°	+64°	+66°
	h m	h m	h m	h m	h m	h m	h m	h m	h m	h m	h m	h m	h m	h m
Oct. 1	19 13	19 15	19 18	19 20	19 24	19 27	19 31	19 36	19 41	19 48	19 55	20 03	20 14	20 26
5	19 06	19 08	19 10	19 13	19 15	19 18	19 22	19 26	19 30	19 35	19 41	19 49	19 57	20 08
9	19 00	19 01	19 03	19 05	19 07	19 09	19 12	19 15	19 19	19 24	19 29	19 35	19 42	19 51
13	18 54	18 55	18 56	18 58	18 59	19 01	19 03	19 06	19 09	19 13	19 17	19 22	19 28	19 35
17	18 48	18 49	18 50	18 51	18 52	18 53	18 55	18 57	18 59	19 02	19 05	19 09	19 14	19 20
21	18 43	18 43	18 43	18 44	18 45	18 46	18 47	18 48	18 50	18 52	18 54	18 57	19 01	19 06
25	18 38	18 38	18 38	18 38	18 38	18 38	18 39	18 40	18 41	18 42	18 44	18 46	18 49	18 52
29	18 33	18 32	18 32	18 32	18 32	18 32	18 32	18 32	18 33	18 33	18 34	18 36	18 37	18 40
Nov. 2	18 29	18 28	18 27	18 27	18 26	18 26	18 25	18 25	18 25	18 25	18 25	18 26	18 27	18 28
6	18 25	18 24	18 23	18 22	18 21	18 20	18 19	18 18	18 18	18 17	18 17	18 17	18 17	18 17
10	18 21	18 20	18 19	18 17	18 16	18 15	18 14	18 12	18 11	18 10	18 09	18 08	18 08	18 07
14	18 18	18 17	18 15	18 13	18 12	18 10	18 09	18 07	18 06	18 04	18 03	18 01	17 59	17 58
18	18 16	18 14	18 12	18 10	18 08	18 06	18 05	18 03	18 01	17 59	17 56	17 54	17 52	17 50
22	18 14	18 12	18 10	18 08	18 05	18 03	18 01	17 59	17 56	17 54	17 51	17 49	17 46	17 43
26	18 13	18 10	18 08	18 06	18 03	18 01	17 58	17 55	17 53	17 50	17 47	17 44	17 40	17 36
30	18 12	18 09	18 07	18 04	18 01	17 59	17 56	17 53	17 50	17 47	17 43	17 40	17 36	17 31
Dec. 4	18 11	18 09	18 06	18 03	18 00	17 57	17 54	17 51	17 48	17 44	17 41	17 37	17 32	17 28
8	18 12	18 09	18 06	18 03	18 00	17 57	17 54	17 50	17 47	17 43	17 39	17 35	17 30	17 25
12	18 12	18 09	18 06	18 03	18 00	17 57	17 54	17 50	17 47	17 43	17 38	17 34	17 29	17 23
16	18 13	18 10	18 07	18 04	18 01	17 58	17 54	17 51	17 47	17 43	17 39	17 34	17 29	17 23
20	18 15	18 12	18 09	18 06	18 03	17 59	17 56	17 52	17 48	17 44	17 40	17 35	17 30	17 24
24	18 17	18 14	18 11	18 08	18 05	18 01	17 58	17 54	17 50	17 46	17 42	17 37	17 32	17 26
28	18 19	18 17	18 14	18 10	18 07	18 04	18 01	17 57	17 53	17 49	17 45	17 40	17 35	17 30
32	18 22	18 19	18 16	18 13	18 10	18 07	18 04	18 00	17 57	17 53	17 49	17 44	17 39	17 34
36	18 25	18 23	18 20	18 17	18 14	18 11	18 08	18 04	18 01	17 57	17 53	17 49	17 45	17 39

MOONRISE AND MOONSET, 2015

UNIVERSAL TIME FOR MERIDIAN OF GREENWICH

MOONRISE

Lat.	−55°	−50°	−45°	−40°	−35°	−30°	−20°	−10°	0°	+10°	+20°	+30°	+35°	+40°
	h m	h m	h m	h m	h m	h m	h m	h m	h m	h m	h m	h m	h m	h m
Jan. 0	15 43	15 28	15 16	15 06	14 57	14 49	14 37	14 25	14 15	14 04	13 53	13 41	13 34	13 25
1	16 52	16 33	16 19	16 07	15 57	15 48	15 32	15 19	15 07	14 54	14 41	14 26	14 17	14 07
2	17 55	17 34	17 18	17 05	16 53	16 44	16 27	16 12	15 58	15 45	15 30	15 14	15 04	14 53
3	18 50	18 29	18 12	17 58	17 47	17 37	17 19	17 04	16 50	16 36	16 21	16 04	15 54	15 42
4	19 37	19 16	19 00	18 47	18 36	18 26	18 09	17 55	17 41	17 27	17 12	16 56	16 46	16 35
5	20 15	19 57	19 43	19 31	19 21	19 12	18 56	18 43	18 30	18 18	18 04	17 49	17 40	17 29
6	20 47	20 32	20 20	20 10	20 01	19 53	19 40	19 29	19 18	19 07	18 55	18 42	18 34	18 25
7	21 14	21 02	20 53	20 45	20 38	20 32	20 21	20 12	20 03	19 55	19 45	19 35	19 28	19 21
8	21 38	21 29	21 23	21 17	21 12	21 08	21 00	20 53	20 47	20 41	20 34	20 27	20 22	20 17
9	21 59	21 54	21 50	21 47	21 44	21 42	21 37	21 34	21 30	21 27	21 23	21 18	21 16	21 13
10	22 19	22 18	22 17	22 16	22 15	22 15	22 14	22 13	22 12	22 12	22 11	22 10	22 09	22 09
11	22 39	22 41	22 43	22 45	22 47	22 48	22 50	22 53	22 55	22 57	22 59	23 01	23 03	23 05
12	22 59	23 06	23 11	23 15	23 19	23 22	23 28	23 33	23 38	23 43	23 48	23 54	23 57	.. ..
13	23 22	23 32	23 40	23 47	23 53	23 58	.. ..	.. ..	.. ..	.. ..	.. ..	.. ..	.. ..	0 01
14	23 49	.. ..	.. ..	.. ..	.. ..	.. ..	0 07	0 15	0 23	0 30	0 38	0 48	0 53	0 59
15	.. ..	0 03	0 14	0 23	0 31	0 38	0 50	1 00	1 10	1 20	1 31	1 43	1 50	1 59
16	0 22	0 39	0 52	1 03	1 13	1 21	1 36	1 49	2 01	2 13	2 26	2 40	2 49	2 59
17	1 02	1 22	1 37	1 50	2 01	2 10	2 26	2 41	2 54	3 08	3 22	3 39	3 49	4 00
18	1 53	2 13	2 30	2 43	2 55	3 05	3 22	3 37	3 51	4 05	4 20	4 38	4 48	5 00
19	2 55	3 15	3 31	3 44	3 55	4 05	4 22	4 36	4 50	5 04	5 18	5 35	5 45	5 56
20	4 07	4 25	4 39	4 51	5 01	5 09	5 24	5 38	5 50	6 02	6 15	6 30	6 39	6 48
21	5 27	5 41	5 52	6 02	6 10	6 17	6 29	6 39	6 49	6 59	7 09	7 21	7 28	7 36
22	6 51	7 00	7 08	7 14	7 20	7 24	7 33	7 40	7 47	7 53	8 01	8 09	8 13	8 19
23	8 15	8 20	8 23	8 26	8 29	8 31	8 35	8 39	8 42	8 46	8 49	8 53	8 56	8 58
24	9 38	9 38	9 38	9 37	9 37	9 37	9 37	9 37	9 36	9 36	9 36	9 36	9 36	9 36

MOONSET

Lat.	−55°	−50°	−45°	−40°	−35°	−30°	−20°	−10°	0°	+10°	+20°	+30°	+35°	+40°
	h m	h m	h m	h m	h m	h m	h m	h m	h m	h m	h m	h m	h m	h m
Jan. 0	0 33	0 46	0 56	1 04	1 12	1 18	1 29	1 39	1 48	1 57	2 07	2 19	2 25	2 32
1	1 04	1 21	1 34	1 44	1 54	2 02	2 16	2 28	2 40	2 51	3 03	3 18	3 26	3 35
2	1 41	2 01	2 16	2 28	2 39	2 48	3 04	3 18	3 31	3 45	3 59	4 15	4 24	4 35
3	2 25	2 46	3 02	3 16	3 27	3 37	3 54	4 09	4 23	4 37	4 52	5 09	5 19	5 31
4	3 15	3 37	3 53	4 07	4 18	4 28	4 46	5 01	5 15	5 29	5 44	6 01	6 11	6 22
5	4 12	4 32	4 48	5 01	5 11	5 21	5 37	5 52	6 05	6 18	6 32	6 48	6 58	7 08
6	5 13	5 31	5 45	5 56	6 06	6 14	6 29	6 41	6 53	7 05	7 18	7 32	7 40	7 50
7	6 17	6 31	6 43	6 52	7 00	7 07	7 19	7 30	7 40	7 50	8 00	8 12	8 19	8 27
8	7 22	7 33	7 41	7 48	7 55	8 00	8 09	8 17	8 25	8 32	8 40	8 49	8 54	9 00
9	8 27	8 34	8 40	8 44	8 48	8 52	8 58	9 03	9 08	9 13	9 18	9 24	9 27	9 31
10	9 32	9 35	9 38	9 40	9 42	9 43	9 46	9 48	9 50	9 53	9 55	9 57	9 59	10 01
11	10 38	10 37	10 36	10 36	10 35	10 35	10 34	10 33	10 33	10 32	10 31	10 30	10 30	10 29
12	11 43	11 39	11 35	11 32	11 29	11 27	11 22	11 19	11 15	11 12	11 08	11 04	11 02	10 59
13	12 50	12 42	12 35	12 29	12 24	12 20	12 12	12 05	11 59	11 53	11 46	11 39	11 35	11 30
14	13 58	13 46	13 36	13 27	13 20	13 14	13 03	12 54	12 45	12 36	12 27	12 16	12 10	12 03
15	15 07	14 51	14 38	14 27	14 18	14 10	13 57	13 45	13 34	13 23	13 11	12 58	12 50	12 41
16	16 14	15 55	15 40	15 28	15 17	15 08	14 53	14 39	14 26	14 13	13 59	13 44	13 34	13 24
17	17 18	16 58	16 42	16 28	16 17	16 07	15 50	15 35	15 21	15 07	14 52	14 35	14 25	14 14
18	18 17	17 56	17 40	17 26	17 15	17 05	16 48	16 33	16 19	16 05	15 50	15 33	15 22	15 11
19	19 07	18 48	18 33	18 21	18 10	18 01	17 45	17 32	17 18	17 05	16 51	16 35	16 26	16 15
20	19 49	19 33	19 21	19 11	19 02	18 54	18 41	18 29	18 18	18 07	17 55	17 41	17 33	17 24
21	20 23	20 12	20 03	19 56	19 49	19 44	19 34	19 25	19 17	19 08	18 59	18 49	18 43	18 36
22	20 53	20 47	20 42	20 37	20 33	20 30	20 24	20 18	20 13	20 08	20 03	19 56	19 53	19 49
23	21 20	21 18	21 17	21 15	21 14	21 13	21 11	21 10	21 08	21 07	21 05	21 03	21 02	21 00
24	21 46	21 48	21 50	21 52	21 54	21 55	21 57	22 00	22 01	22 03	22 05	22 08	22 09	22 11

.. .. indicates phenomenon will occur the next day.

UNIVERSAL TIME FOR MERIDIAN OF GREENWICH

MOONRISE

Lat.	+40°	+42°	+44°	+46°	+48°	+50°	+52°	+54°	+56°	+58°	+60°	+62°	+64°	+66°
	h m	h m	h m	h m	h m	h m	h m	h m	h m	h m	h m	h m	h m	h m
Jan. 0	13 25	13 22	13 18	13 14	13 09	13 04	12 59	12 53	12 47	12 39	12 31	12 22	12 11	11 58
1	14 07	14 03	13 58	13 53	13 48	13 42	13 35	13 28	13 20	13 11	13 01	12 49	12 35	12 18
2	14 53	14 48	14 43	14 37	14 31	14 24	14 17	14 09	14 00	13 49	13 37	13 23	13 07	12 46
3	15 42	15 37	15 32	15 26	15 19	15 12	15 04	14 56	14 46	14 35	14 23	14 08	13 50	13 27
4	16 35	16 30	16 24	16 18	16 12	16 05	15 58	15 49	15 40	15 29	15 17	15 03	14 45	14 23
5	17 29	17 25	17 20	17 15	17 09	17 03	16 56	16 48	16 40	16 30	16 19	16 06	15 50	15 32
6	18 25	18 21	18 17	18 13	18 08	18 02	17 56	17 50	17 43	17 35	17 25	17 15	17 02	16 47
7	19 21	19 18	19 15	19 11	19 08	19 03	18 59	18 54	18 48	18 42	18 35	18 26	18 17	18 06
8	20 17	20 15	20 13	20 10	20 08	20 05	20 01	19 58	19 54	19 50	19 45	19 39	19 33	19 25
9	21 13	21 12	21 11	21 09	21 08	21 06	21 04	21 02	21 00	20 58	20 55	20 52	20 48	20 44
10	22 09	22 08	22 08	22 08	22 08	22 07	22 07	22 06	22 06	22 06	22 05	22 04	22 04	22 03
11	23 05	23 05	23 06	23 07	23 08	23 09	23 10	23 11	23 12	23 14	23 16	23 17	23 20	23 22
12	.. ..	.. ..	.. ..	.. ..	.. ..	.. ..	.. ..	.. ..	.. ..	.. ..	.. ..	.. ..	.. ..	.. ..
13	0 01	0 03	0 05	0 07	0 09	0 11	0 14	0 17	0 20	0 23	0 27	0 31	0 37	0 42
14	0 59	1 02	1 05	1 08	1 11	1 15	1 19	1 23	1 28	1 34	1 40	1 47	1 55	2 05
15	1 59	2 02	2 06	2 10	2 15	2 20	2 25	2 31	2 38	2 45	2 54	3 03	3 15	3 29
16	2 59	3 03	3 08	3 13	3 19	3 25	3 31	3 39	3 47	3 56	4 07	4 19	4 34	4 52
17	4 00	4 05	4 10	4 16	4 22	4 29	4 36	4 45	4 54	5 05	5 17	5 32	5 49	6 11
18	5 00	5 05	5 10	5 16	5 23	5 30	5 38	5 46	5 56	6 07	6 20	6 35	6 54	7 17
19	5 56	6 01	6 06	6 12	6 18	6 25	6 33	6 41	6 50	7 01	7 13	7 27	7 44	8 05
20	6 48	6 53	6 57	7 02	7 08	7 14	7 20	7 27	7 35	7 44	7 55	8 07	8 20	8 37
21	7 36	7 39	7 43	7 47	7 51	7 56	8 01	8 06	8 13	8 19	8 27	8 36	8 46	8 58
22	8 19	8 21	8 24	8 26	8 29	8 32	8 36	8 39	8 44	8 48	8 53	8 59	9 06	9 13
23	8 58	8 59	9 01	9 02	9 03	9 05	9 07	9 09	9 11	9 13	9 15	9 18	9 21	9 25
24	9 36	9 36	9 36	9 36	9 35	9 35	9 35	9 35	9 35	9 35	9 35	9 35	9 35	9 35

MOONSET

Lat.	+40°	+42°	+44°	+46°	+48°	+50°	+52°	+54°	+56°	+58°	+60°	+62°	+64°	+66°
	h m	h m	h m	h m	h m	h m	h m	h m	h m	h m	h m	h m	h m	h m
Jan. 0	2 32	2 36	2 39	2 43	2 47	2 52	2 57	3 02	3 08	3 15	3 22	3 31	3 41	3 53
1	3 35	3 39	3 44	3 48	3 54	3 59	4 05	4 12	4 20	4 29	4 39	4 50	5 04	5 20
2	4 35	4 40	4 45	4 50	4 56	5 03	5 10	5 18	5 27	5 37	5 49	6 02	6 19	6 39
3	5 31	5 36	5 41	5 47	5 54	6 01	6 08	6 17	6 26	6 37	6 50	7 05	7 23	7 45
4	6 22	6 27	6 33	6 38	6 45	6 52	6 59	7 08	7 17	7 28	7 41	7 55	8 13	8 35
5	7 08	7 13	7 18	7 24	7 30	7 36	7 43	7 51	8 00	8 10	8 21	8 34	8 50	9 09
6	7 50	7 54	7 58	8 03	8 08	8 14	8 20	8 27	8 34	8 43	8 53	9 04	9 17	9 33
7	8 27	8 30	8 34	8 38	8 42	8 46	8 51	8 57	9 03	9 10	9 18	9 26	9 37	9 49
8	9 00	9 03	9 05	9 08	9 12	9 15	9 19	9 23	9 27	9 32	9 38	9 44	9 52	10 00
9	9 31	9 33	9 35	9 36	9 39	9 41	9 43	9 46	9 49	9 52	9 55	9 59	10 04	10 09
10	10 01	10 01	10 02	10 03	10 04	10 05	10 06	10 07	10 08	10 10	10 11	10 13	10 15	10 17
11	10 29	10 29	10 29	10 29	10 28	10 28	10 28	10 27	10 27	10 27	10 26	10 26	10 25	10 24
12	10 59	10 58	10 56	10 55	10 54	10 52	10 50	10 48	10 46	10 44	10 41	10 39	10 35	10 31
13	11 30	11 28	11 25	11 23	11 20	11 17	11 14	11 11	11 07	11 03	10 58	10 53	10 47	10 40
14	12 03	12 00	11 57	11 53	11 50	11 46	11 41	11 36	11 31	11 25	11 18	11 10	11 01	10 50
15	12 41	12 37	12 33	12 28	12 23	12 18	12 12	12 06	11 59	11 51	11 42	11 32	11 20	11 05
16	13 24	13 19	13 14	13 09	13 03	12 57	12 50	12 43	12 34	12 24	12 13	12 01	11 45	11 27
17	14 14	14 09	14 03	13 57	13 51	13 44	13 37	13 28	13 18	13 08	12 55	12 41	12 23	12 01
18	15 11	15 06	15 00	14 54	14 48	14 41	14 33	14 24	14 14	14 03	13 50	13 35	13 17	12 54
19	16 15	16 10	16 05	15 59	15 53	15 47	15 39	15 31	15 22	15 12	15 00	14 46	14 29	14 09
20	17 24	17 20	17 15	17 11	17 06	17 00	16 54	16 47	16 40	16 31	16 21	16 10	15 57	15 41
21	18 36	18 33	18 30	18 26	18 22	18 18	18 14	18 09	18 03	17 57	17 50	17 42	17 33	17 21
22	19 49	19 47	19 45	19 43	19 40	19 38	19 35	19 32	19 29	19 25	19 21	19 16	19 11	19 04
23	21 00	21 00	20 59	20 58	20 58	20 57	20 56	20 55	20 54	20 53	20 51	20 50	20 48	20 46
24	22 11	22 11	22 12	22 13	22 13	22 14	22 15	22 16	22 17	22 19	22 20	22 22	22 24	22 26

.. .. indicates phenomenon will occur the next day.

MOONRISE AND MOONSET, 2015
UNIVERSAL TIME FOR MERIDIAN OF GREENWICH
MOONRISE

Lat.	−55°	−50°	−45°	−40°	−35°	−30°	−20°	−10°	0°	+10°	+20°	+30°	+35°	+40°
	h m	h m	h m	h m	h m	h m	h m	h m	h m	h m	h m	h m	h m	h m
Jan. 23	8 15	8 20	8 23	8 26	8 29	8 31	8 35	8 39	8 42	8 46	8 49	8 53	8 56	8 58
24	9 38	9 38	9 38	9 37	9 37	9 37	9 37	9 37	9 36	9 36	9 36	9 36	9 36	9 36
25	10 59	10 54	10 50	10 47	10 44	10 41	10 37	10 33	10 29	10 25	10 22	10 17	10 15	10 12
26	12 18	12 08	12 00	11 54	11 48	11 43	11 35	11 28	11 21	11 14	11 07	10 59	10 54	10 49
27	13 33	13 19	13 08	12 59	12 51	12 44	12 32	12 22	12 12	12 03	11 53	11 41	11 35	11 27
28	14 43	14 26	14 12	14 01	13 51	13 43	13 28	13 16	13 04	12 52	12 40	12 26	12 17	12 08
29	15 48	15 28	15 12	14 59	14 48	14 39	14 23	14 09	13 55	13 42	13 28	13 12	13 03	12 52
30	16 45	16 24	16 07	15 54	15 42	15 32	15 15	15 00	14 46	14 32	14 18	14 01	13 51	13 39
31	17 34	17 13	16 57	16 44	16 32	16 22	16 05	15 51	15 37	15 23	15 08	14 51	14 41	14 30
Feb. 1	18 15	17 56	17 41	17 29	17 18	17 09	16 53	16 39	16 26	16 13	15 59	15 43	15 34	15 23
2	18 49	18 33	18 20	18 09	18 00	17 52	17 38	17 25	17 14	17 02	16 50	16 36	16 27	16 18
3	19 18	19 05	18 54	18 45	18 38	18 31	18 19	18 09	18 00	17 50	17 40	17 28	17 21	17 14
4	19 43	19 33	19 25	19 19	19 13	19 08	18 59	18 51	18 44	18 37	18 29	18 20	18 15	18 10
5	20 05	19 59	19 54	19 49	19 46	19 43	19 37	19 32	19 28	19 23	19 18	19 12	19 09	19 05
6	20 25	20 23	20 21	20 19	20 18	20 16	20 14	20 12	20 10	20 08	20 06	20 04	20 02	20 01
7	20 45	20 46	20 47	20 48	20 49	20 49	20 50	20 51	20 52	20 53	20 54	20 55	20 56	20 57
8	21 06	21 10	21 14	21 18	21 20	21 23	21 27	21 31	21 35	21 38	21 42	21 47	21 50	21 53
9	21 28	21 36	21 43	21 48	21 53	21 58	22 05	22 12	22 18	22 25	22 32	22 39	22 44	22 49
10	21 52	22 04	22 14	22 22	22 29	22 35	22 46	22 55	23 04	23 13	23 22	23 33	23 39	23 47
11	22 21	22 37	22 49	22 59	23 08	23 15	23 29	23 40	23 51	.. ..	.. ..	.. ..	.. ..	.. ..
12	22 57	23 15	23 29	23 41	23 51	.. ..	.. ..	.. ..	.. ..	0 03	0 14	0 28	0 36	0 45
13	23 40	.. ..	.. ..	.. ..	.. ..	0 00	0 16	0 29	0 42	0 55	1 08	1 24	1 33	1 44
14	.. ..	0 01	0 16	0 29	0 41	0 50	1 07	1 22	1 35	1 49	2 04	2 21	2 31	2 42
15	0 35	0 55	1 11	1 25	1 36	1 46	2 03	2 18	2 32	2 45	3 00	3 17	3 27	3 39
16	1 40	1 59	2 14	2 27	2 37	2 47	3 03	3 17	3 30	3 43	3 57	4 13	4 22	4 32

MOONSET

Lat.	−55°	−50°	−45°	−40°	−35°	−30°	−20°	−10°	0°	+10°	+20°	+30°	+35°	+40°
	h m	h m	h m	h m	h m	h m	h m	h m	h m	h m	h m	h m	h m	h m
Jan. 23	21 20	21 18	21 17	21 15	21 14	21 13	21 11	21 10	21 08	21 07	21 05	21 03	21 02	21 00
24	21 46	21 48	21 50	21 52	21 54	21 55	21 57	22 00	22 01	22 03	22 05	22 08	22 09	22 11
25	22 11	22 18	22 24	22 29	22 33	22 37	22 43	22 48	22 54	22 59	23 05	23 11	23 15	23 19
26	22 39	22 50	22 59	23 06	23 13	23 19	23 29	23 37	23 45	23 54	.. ..	.. ..	.. ..	.. ..
27	23 09	23 24	23 36	23 46	23 54	.. ..	.. ..	.. ..	.. ..	.. ..	0 02	0 12	0 18	0 25
28	23 44	.. ..	.. ..	.. ..	.. ..	0 02	0 15	0 26	0 37	0 48	0 59	1 12	1 20	1 29
29	.. ..	0 02	0 16	0 28	0 38	0 47	1 03	1 16	1 29	1 41	1 55	2 10	2 19	2 29
30	0 25	0 45	1 01	1 14	1 25	1 35	1 52	2 06	2 20	2 34	2 48	3 05	3 15	3 26
31	1 12	1 33	1 50	2 03	2 14	2 25	2 42	2 57	3 11	3 25	3 40	3 57	4 07	4 18
Feb. 1	2 06	2 26	2 42	2 55	3 06	3 16	3 33	3 47	4 01	4 14	4 29	4 45	4 55	5 06
2	3 04	3 23	3 37	3 49	3 59	4 08	4 23	4 37	4 49	5 02	5 15	5 30	5 38	5 48
3	4 07	4 22	4 35	4 45	4 53	5 01	5 14	5 25	5 36	5 47	5 58	6 11	6 18	6 27
4	5 11	5 23	5 33	5 41	5 47	5 54	6 04	6 13	6 21	6 30	6 39	6 49	6 55	7 01
5	6 16	6 24	6 31	6 37	6 41	6 46	6 53	6 59	7 05	7 11	7 17	7 25	7 29	7 33
6	7 21	7 25	7 29	7 32	7 35	7 37	7 41	7 45	7 48	7 51	7 55	7 59	8 01	8 03
7	8 26	8 27	8 27	8 28	8 28	8 29	8 29	8 30	8 30	8 31	8 31	8 32	8 32	8 33
8	9 31	9 28	9 26	9 24	9 22	9 20	9 17	9 15	9 13	9 10	9 08	9 05	9 03	9 02
9	10 37	10 30	10 24	10 20	10 16	10 12	10 06	10 01	9 56	9 51	9 45	9 39	9 36	9 32
10	11 43	11 32	11 24	11 17	11 10	11 05	10 56	10 48	10 40	10 32	10 24	10 15	10 10	10 04
11	12 50	12 35	12 24	12 14	12 06	11 59	11 47	11 36	11 26	11 16	11 06	10 54	10 47	10 39
12	13 56	13 38	13 24	13 13	13 03	12 55	12 40	12 27	12 15	12 03	11 51	11 36	11 28	11 18
13	15 00	14 40	14 24	14 12	14 01	13 51	13 35	13 21	13 07	12 54	12 40	12 23	12 14	12 03
14	15 59	15 39	15 22	15 09	14 58	14 48	14 31	14 16	14 02	13 48	13 33	13 16	13 06	12 54
15	16 52	16 33	16 17	16 04	15 53	15 44	15 27	15 13	14 59	14 45	14 31	14 14	14 04	13 53
16	17 38	17 21	17 07	16 56	16 46	16 38	16 23	16 10	15 58	15 45	15 32	15 17	15 08	14 58

.. .. indicates phenomenon will occur the next day.

UNIVERSAL TIME FOR MERIDIAN OF GREENWICH
MOONRISE

Lat.	+40°	+42°	+44°	+46°	+48°	+50°	+52°	+54°	+56°	+58°	+60°	+62°	+64°	+66°
	h m	h m	h m	h m	h m	h m	h m	h m	h m	h m	h m	h m	h m	h m
Jan. 23	8 58	8 59	9 01	9 02	9 03	9 05	9 07	9 09	9 11	9 13	9 15	9 18	9 21	9 25
24	9 36	9 36	9 36	9 36	9 35	9 35	9 35	9 35	9 35	9 35	9 35	9 35	9 35	9 35
25	10 12	10 11	10 10	10 08	10 07	10 05	10 03	10 02	10 00	9 57	9 55	9 52	9 49	9 45
26	10 49	10 47	10 44	10 42	10 39	10 36	10 32	10 29	10 25	10 20	10 15	10 10	10 03	9 56
27	11 27	11 24	11 21	11 17	11 13	11 08	11 03	10 58	10 52	10 46	10 39	10 30	10 20	10 09
28	12 08	12 04	12 00	11 55	11 50	11 44	11 38	11 31	11 24	11 16	11 06	10 55	10 42	10 27
29	12 52	12 47	12 42	12 37	12 31	12 25	12 18	12 10	12 01	11 51	11 40	11 27	11 11	10 52
30	13 39	13 34	13 29	13 23	13 17	13 10	13 02	12 54	12 45	12 34	12 22	12 07	11 50	11 28
31	14 30	14 25	14 20	14 14	14 07	14 01	13 53	13 44	13 35	13 24	13 12	12 57	12 40	12 18
Feb. 1	15 23	15 18	15 13	15 08	15 02	14 55	14 48	14 40	14 32	14 22	14 10	13 57	13 40	13 21
2	16 18	16 14	16 09	16 05	15 59	15 54	15 47	15 41	15 33	15 24	15 14	15 03	14 49	14 33
3	17 14	17 10	17 07	17 03	16 58	16 54	16 49	16 43	16 37	16 30	16 22	16 13	16 02	15 50
4	18 10	18 07	18 04	18 01	17 58	17 55	17 51	17 47	17 42	17 37	17 31	17 25	17 17	17 08
5	19 05	19 04	19 02	19 00	18 58	18 56	18 54	18 51	18 48	18 45	18 41	18 37	18 33	18 27
6	20 01	20 00	20 00	19 59	19 58	19 57	19 56	19 55	19 54	19 53	19 51	19 50	19 48	19 46
7	20 57	20 57	20 57	20 58	20 58	20 59	20 59	21 00	21 00	21 01	21 02	21 02	21 03	21 04
8	21 53	21 54	21 55	21 57	21 58	22 00	22 02	22 04	22 07	22 09	22 12	22 15	22 19	22 24
9	22 49	22 51	22 54	22 56	22 59	23 02	23 06	23 09	23 14	23 18	23 23	23 29	23 36	23 44
10	23 47	23 50	23 53	23 57	.. ..	.. ..	.. ..	.. ..	.. ..	.. ..	.. ..	.. ..	.. ..	.. ..
11	.. ..	.. ..	.. ..	.. ..	0 01	0 05	0 10	0 15	0 21	0 28	0 35	0 43	0 53	1 05
12	0 45	0 49	0 53	0 58	1 03	1 08	1 14	1 21	1 28	1 37	1 46	1 57	2 11	2 26
13	1 44	1 48	1 53	1 59	2 05	2 11	2 18	2 26	2 35	2 45	2 56	3 09	3 25	3 45
14	2 42	2 47	2 53	2 58	3 05	3 12	3 19	3 28	3 37	3 48	4 01	4 16	4 33	4 56
15	3 39	3 44	3 49	3 55	4 02	4 08	4 16	4 25	4 34	4 45	4 58	5 12	5 30	5 52
16	4 32	4 37	4 42	4 48	4 53	5 00	5 07	5 15	5 23	5 33	5 44	5 57	6 13	6 32

MOONSET

Lat.	+40°	+42°	+44°	+46°	+48°	+50°	+52°	+54°	+56°	+58°	+60°	+62°	+64°	+66°
	h m	h m	h m	h m	h m	h m	h m	h m	h m	h m	h m	h m	h m	h m
Jan. 23	21 00	21 00	20 59	20 58	20 58	20 57	20 56	20 55	20 54	20 53	20 51	20 50	20 48	20 46
24	22 11	22 11	22 12	22 13	22 13	22 14	22 15	22 16	22 17	22 19	22 20	22 22	22 24	22 26
25	23 19	23 21	23 23	23 25	23 27	23 29	23 32	23 35	23 38	23 42	23 46	23 51	23 56	.. ..
26	.. ..	.. ..	.. ..	.. ..	.. ..	.. ..	.. ..	.. ..	.. ..	.. ..	.. ..	.. ..	.. ..	0 02
27	0 25	0 28	0 31	0 34	0 38	0 42	0 46	0 51	0 56	1 02	1 09	1 16	1 25	1 36
28	1 29	1 32	1 37	1 41	1 46	1 51	1 57	2 03	2 10	2 18	2 27	2 37	2 50	3 04
29	2 29	2 34	2 38	2 44	2 49	2 56	3 02	3 10	3 18	3 28	3 39	3 52	4 07	4 26
30	3 26	3 31	3 36	3 42	3 48	3 55	4 02	4 11	4 20	4 31	4 43	4 57	5 14	5 36
31	4 18	4 23	4 29	4 34	4 41	4 48	4 55	5 04	5 13	5 24	5 37	5 51	6 09	6 31
Feb. 1	5 06	5 10	5 16	5 21	5 27	5 34	5 41	5 49	5 58	6 08	6 20	6 34	6 50	7 11
2	5 48	5 53	5 57	6 02	6 08	6 14	6 20	6 27	6 35	6 44	6 55	7 07	7 21	7 38
3	6 27	6 30	6 34	6 38	6 43	6 48	6 54	7 00	7 06	7 14	7 22	7 32	7 43	7 56
4	7 01	7 04	7 07	7 11	7 14	7 18	7 22	7 27	7 32	7 38	7 44	7 52	8 00	8 10
5	7 33	7 35	7 37	7 40	7 42	7 45	7 48	7 51	7 55	7 58	8 03	8 08	8 13	8 20
6	8 03	8 05	8 06	8 07	8 08	8 10	8 11	8 13	8 15	8 17	8 19	8 22	8 25	8 28
7	8 33	8 33	8 33	8 33	8 33	8 33	8 34	8 34	8 34	8 34	8 35	8 35	8 36	8 36
8	9 02	9 01	9 00	8 59	8 58	8 57	8 56	8 55	8 53	8 52	8 50	8 48	8 46	8 43
9	9 32	9 30	9 28	9 26	9 24	9 22	9 19	9 16	9 13	9 10	9 06	9 02	8 57	8 52
10	10 04	10 01	9 58	9 55	9 52	9 48	9 44	9 40	9 36	9 30	9 24	9 18	9 10	9 01
11	10 39	10 35	10 31	10 27	10 23	10 18	10 13	10 07	10 01	9 54	9 46	9 37	9 26	9 14
12	11 18	11 14	11 09	11 04	10 59	10 53	10 47	10 40	10 32	10 23	10 13	10 02	9 48	9 32
13	12 03	11 58	11 53	11 47	11 41	11 35	11 27	11 19	11 10	11 00	10 49	10 35	10 19	9 59
14	12 54	12 49	12 44	12 38	12 32	12 25	12 17	12 08	11 59	11 48	11 35	11 20	11 02	10 40
15	13 53	13 48	13 43	13 37	13 31	13 24	13 16	13 08	12 58	12 48	12 35	12 21	12 03	11 41
16	14 58	14 54	14 49	14 44	14 38	14 32	14 25	14 18	14 09	14 00	13 49	13 36	13 21	13 03

.. .. indicates phenomenon will occur the next day.

MOONRISE AND MOONSET, 2015

UNIVERSAL TIME FOR MERIDIAN OF GREENWICH

MOONRISE

Lat.	−55°	−50°	−45°	−40°	−35°	−30°	−20°	−10°	0°	+10°	+20°	+30°	+35°	+40°
	h m	h m	h m	h m	h m	h m	h m	h m	h m	h m	h m	h m	h m	h m
Feb. 15	0 35	0 55	1 11	1 25	1 36	1 46	2 03	2 18	2 32	2 45	3 00	3 17	3 27	3 39
16	1 40	1 59	2 14	2 27	2 37	2 47	3 03	3 17	3 30	3 43	3 57	4 13	4 22	4 32
17	2 55	3 11	3 24	3 35	3 44	3 52	4 05	4 17	4 29	4 40	4 52	5 05	5 13	5 22
18	4 17	4 29	4 38	4 46	4 53	4 59	5 10	5 19	5 27	5 36	5 45	5 55	6 01	6 08
19	5 42	5 49	5 55	6 00	6 04	6 08	6 14	6 20	6 25	6 30	6 36	6 42	6 46	6 50
20	7 08	7 11	7 12	7 14	7 15	7 16	7 18	7 20	7 22	7 23	7 25	7 27	7 28	7 30
21	8 33	8 31	8 28	8 26	8 25	8 23	8 21	8 19	8 17	8 15	8 13	8 11	8 09	8 08
22	9 56	9 49	9 42	9 37	9 33	9 29	9 22	9 17	9 11	9 06	9 00	8 54	8 50	8 46
23	11 16	11 03	10 54	10 46	10 39	10 33	10 23	10 14	10 05	9 57	9 48	9 38	9 32	9 26
24	12 30	12 14	12 01	11 51	11 42	11 34	11 21	11 09	10 58	10 47	10 36	10 23	10 15	10 07
25	13 38	13 19	13 05	12 52	12 42	12 33	12 17	12 04	11 51	11 38	11 25	11 10	11 01	10 51
26	14 39	14 18	14 02	13 49	13 38	13 28	13 11	12 57	12 43	12 29	12 15	11 58	11 48	11 37
27	15 31	15 10	14 54	14 41	14 29	14 19	14 02	13 48	13 34	13 20	13 05	12 48	12 38	12 27
28	16 14	15 55	15 40	15 27	15 16	15 07	14 51	14 37	14 23	14 10	13 56	13 40	13 30	13 19
Mar. 1	16 51	16 34	16 20	16 09	15 59	15 51	15 36	15 23	15 11	14 59	14 46	14 32	14 23	14 13
2	17 21	17 07	16 56	16 46	16 38	16 31	16 18	16 08	15 57	15 47	15 36	15 24	15 17	15 08
3	17 47	17 36	17 28	17 20	17 14	17 08	16 59	16 50	16 42	16 34	16 26	16 16	16 10	16 04
4	18 10	18 03	17 57	17 52	17 48	17 44	17 37	17 31	17 26	17 20	17 14	17 08	17 04	16 59
5	18 31	18 28	18 25	18 22	18 20	18 18	18 14	18 11	18 08	18 06	18 03	17 59	17 57	17 55
6	18 52	18 52	18 51	18 51	18 51	18 51	18 51	18 51	18 51	18 51	18 51	18 51	18 51	18 51
7	19 12	19 16	19 18	19 21	19 23	19 25	19 28	19 31	19 33	19 36	19 39	19 42	19 44	19 47
8	19 34	19 41	19 46	19 51	19 55	19 59	20 06	20 11	20 17	20 22	20 28	20 35	20 39	20 43
9	19 57	20 08	20 16	20 24	20 30	20 35	20 45	20 53	21 01	21 09	21 18	21 28	21 33	21 40
10	20 24	20 38	20 50	20 59	21 07	21 14	21 27	21 37	21 48	21 58	22 09	22 22	22 29	22 37
11	20 57	21 14	21 27	21 39	21 48	21 57	22 11	22 24	22 36	22 48	23 01	23 16	23 25	23 35

MOONSET

Lat.	−55°	−50°	−45°	−40°	−35°	−30°	−20°	−10°	0°	+10°	+20°	+30°	+35°	+40°
	h m	h m	h m	h m	h m	h m	h m	h m	h m	h m	h m	h m	h m	h m
Feb. 15	16 52	16 33	16 17	16 04	15 53	15 44	15 27	15 13	14 59	14 45	14 31	14 14	14 04	13 53
16	17 38	17 21	17 07	16 56	16 46	16 38	16 23	16 10	15 58	15 45	15 32	15 17	15 08	14 58
17	18 17	18 03	17 52	17 43	17 36	17 29	17 17	17 06	16 56	16 47	16 36	16 24	16 16	16 08
18	18 50	18 41	18 33	18 27	18 22	18 17	18 09	18 02	17 55	17 48	17 40	17 32	17 27	17 21
19	19 19	19 15	19 11	19 08	19 06	19 03	18 59	18 55	18 52	18 48	18 45	18 40	18 38	18 35
20	19 46	19 47	19 47	19 47	19 47	19 47	19 48	19 48	19 48	19 48	19 48	19 48	19 48	19 48
21	20 13	20 18	20 22	20 25	20 28	20 31	20 35	20 39	20 43	20 47	20 50	20 55	20 57	21 00
22	20 41	20 50	20 58	21 04	21 10	21 14	21 23	21 30	21 37	21 44	21 51	22 00	22 05	22 10
23	21 11	21 25	21 35	21 44	21 52	21 59	22 11	22 21	22 31	22 40	22 51	23 02	23 09	23 17
24	21 45	22 02	22 16	22 27	22 36	22 45	22 59	23 12	23 24	23 35	23 48	.. ..	.. ..	.. ..
25	22 25	22 44	23 00	23 12	23 23	23 32	23 49	.. ..	.. ..	.. ..	.. ..	0 03	0 11	0 21
26	23 10	23 31	23 47	.. ..	.. ..	.. ..	.. ..	0 03	0 16	0 29	0 43	1 00	1 09	1 20
27	.. ..	.. ..	.. ..	0 01	0 12	0 22	0 39	0 54	1 08	1 21	1 36	1 53	2 03	2 14
28	0 02	0 23	0 39	0 52	1 03	1 13	1 30	1 44	1 58	2 11	2 26	2 43	2 52	3 03
Mar. 1	0 59	1 18	1 33	1 45	1 55	2 05	2 20	2 34	2 47	2 59	3 13	3 28	3 37	3 47
2	2 00	2 16	2 29	2 40	2 49	2 57	3 11	3 23	3 34	3 45	3 57	4 10	4 18	4 27
3	3 03	3 16	3 26	3 35	3 42	3 49	4 00	4 10	4 19	4 28	4 38	4 49	4 55	5 03
4	4 07	4 16	4 24	4 31	4 36	4 41	4 49	4 57	5 03	5 10	5 17	5 25	5 30	5 35
5	5 12	5 17	5 22	5 26	5 30	5 33	5 38	5 42	5 46	5 51	5 55	6 00	6 03	6 06
6	6 17	6 19	6 20	6 22	6 23	6 24	6 26	6 27	6 29	6 30	6 32	6 34	6 35	6 36
7	7 22	7 20	7 19	7 18	7 17	7 16	7 14	7 13	7 11	7 10	7 09	7 07	7 06	7 05
8	8 27	8 22	8 17	8 14	8 10	8 08	8 03	7 58	7 54	7 50	7 46	7 41	7 38	7 35
9	9 33	9 24	9 16	9 10	9 05	9 00	8 52	8 45	8 38	8 31	8 24	8 16	8 11	8 06
10	10 39	10 26	10 16	10 07	10 00	9 53	9 42	9 33	9 23	9 14	9 05	8 53	8 47	8 40
11	11 45	11 28	11 15	11 05	10 56	10 48	10 34	10 22	10 11	10 00	9 48	9 34	9 26	9 17

.. .. indicates phenomenon will occur the next day.

UNIVERSAL TIME FOR MERIDIAN OF GREENWICH

MOONRISE

Lat.	+40°	+42°	+44°	+46°	+48°	+50°	+52°	+54°	+56°	+58°	+60°	+62°	+64°	+66°
	h m	h m	h m	h m	h m	h m	h m	h m	h m	h m	h m	h m	h m	h m
Feb. 15	3 39	3 44	3 49	3 55	4 02	4 08	4 16	4 25	4 34	4 45	4 58	5 12	5 30	5 52
16	4 32	4 37	4 42	4 48	4 53	5 00	5 07	5 15	5 23	5 33	5 44	5 57	6 13	6 32
17	5 22	5 26	5 30	5 35	5 40	5 45	5 51	5 57	6 05	6 13	6 22	6 32	6 44	6 59
18	6 08	6 11	6 14	6 17	6 21	6 25	6 29	6 34	6 39	6 45	6 52	6 59	7 08	7 18
19	6 50	6 52	6 54	6 56	6 58	7 00	7 03	7 06	7 09	7 13	7 16	7 21	7 26	7 32
20	7 30	7 30	7 31	7 32	7 32	7 33	7 34	7 35	7 36	7 37	7 38	7 40	7 41	7 43
21	8 08	8 07	8 07	8 06	8 05	8 04	8 04	8 03	8 02	8 00	7 59	7 58	7 56	7 54
22	8 46	8 44	8 43	8 41	8 38	8 36	8 33	8 31	8 27	8 24	8 20	8 16	8 11	8 05
23	9 26	9 23	9 20	9 16	9 13	9 09	9 05	9 00	8 55	8 50	8 43	8 36	8 28	8 18
24	10 07	10 03	9 59	9 55	9 50	9 45	9 39	9 33	9 26	9 19	9 10	9 00	8 49	8 35
25	10 51	10 46	10 41	10 36	10 31	10 25	10 18	10 11	10 02	9 53	9 42	9 30	9 16	8 58
26	11 37	11 33	11 27	11 22	11 16	11 09	11 02	10 53	10 44	10 34	10 22	10 08	9 51	9 31
27	12 27	12 22	12 17	12 11	12 05	11 58	11 50	11 42	11 33	11 22	11 10	10 55	10 38	10 16
28	13 19	13 15	13 09	13 04	12 58	12 51	12 44	12 36	12 27	12 17	12 05	11 51	11 35	11 14
Mar. 1	14 13	14 09	14 04	13 59	13 54	13 48	13 42	13 34	13 26	13 17	13 07	12 55	12 40	12 23
2	15 08	15 05	15 01	14 57	14 52	14 47	14 42	14 36	14 29	14 21	14 13	14 03	13 51	13 38
3	16 04	16 01	15 58	15 55	15 51	15 47	15 43	15 38	15 33	15 28	15 21	15 14	15 05	14 55
4	16 59	16 57	16 55	16 53	16 51	16 48	16 45	16 42	16 39	16 35	16 31	16 26	16 20	16 13
5	17 55	17 54	17 53	17 52	17 51	17 49	17 48	17 46	17 44	17 43	17 40	17 38	17 35	17 32
6	18 51	18 51	18 51	18 51	18 51	18 51	18 51	18 51	18 51	18 51	18 51	18 50	18 50	18 50
7	19 47	19 48	19 49	19 50	19 51	19 52	19 54	19 55	19 57	19 59	20 01	20 03	20 06	20 09
8	20 43	20 45	20 47	20 49	20 52	20 54	20 57	21 00	21 04	21 07	21 12	21 17	21 22	21 29
9	21 40	21 43	21 46	21 49	21 53	21 57	22 01	22 05	22 11	22 16	22 23	22 30	22 39	22 49
10	22 37	22 41	22 45	22 49	22 54	22 59	23 04	23 11	23 17	23 25	23 34	23 44	23 56	.. ..
11	23 35	23 39	23 44	23 49	23 55	.. ..	.. ..	.. ..	.. ..	.. ..	.. ..	.. ..	.. ..	0 10

MOONSET

Lat.	+40°	+42°	+44°	+46°	+48°	+50°	+52°	+54°	+56°	+58°	+60°	+62°	+64°	+66°
	h m	h m	h m	h m	h m	h m	h m	h m	h m	h m	h m	h m	h m	h m
Feb. 15	13 53	13 48	13 43	13 37	13 31	13 24	13 16	13 08	12 58	12 48	12 35	12 21	12 03	11 41
16	14 58	14 54	14 49	14 44	14 38	14 32	14 25	14 18	14 09	14 00	13 49	13 36	13 21	13 03
17	16 08	16 05	16 01	15 57	15 52	15 47	15 42	15 36	15 29	15 22	15 13	15 03	14 52	14 38
18	17 21	17 19	17 16	17 13	17 10	17 07	17 03	16 59	16 54	16 49	16 43	16 37	16 29	16 20
19	18 35	18 34	18 32	18 31	18 29	18 28	18 26	18 24	18 21	18 19	18 16	18 13	18 09	18 05
20	19 48	19 48	19 48	19 48	19 48	19 49	19 49	19 49	19 49	19 49	19 49	19 49	19 49	19 49
21	21 00	21 02	21 03	21 04	21 06	21 08	21 10	21 12	21 14	21 16	21 19	21 22	21 26	21 30
22	22 10	22 13	22 15	22 18	22 21	22 24	22 28	22 32	22 36	22 41	22 47	22 53	23 00	23 09
23	23 17	23 21	23 24	23 28	23 33	23 37	23 43	23 48	23 54	.. ..	.. ..	.. ..	.. ..	.. ..
24	.. ..	.. ..	.. ..	.. ..	.. ..	.. ..	.. ..	.. ..	.. ..	0 02	0 10	0 19	0 30	0 43
25	0 21	0 25	0 30	0 34	0 40	0 46	0 52	0 59	1 07	1 16	1 26	1 38	1 52	2 09
26	1 20	1 25	1 30	1 35	1 41	1 48	1 55	2 03	2 12	2 22	2 34	2 48	3 04	3 25
27	2 14	2 19	2 25	2 30	2 37	2 43	2 51	2 59	3 09	3 19	3 32	3 46	4 04	4 25
28	3 03	3 08	3 13	3 19	3 25	3 32	3 39	3 47	3 57	4 07	4 19	4 33	4 49	5 10
Mar. 1	3 47	3 52	3 57	4 02	4 07	4 14	4 20	4 28	4 36	4 45	4 56	5 09	5 23	5 41
2	4 27	4 31	4 35	4 39	4 44	4 50	4 55	5 02	5 09	5 17	5 26	5 36	5 48	6 03
3	5 03	5 06	5 09	5 13	5 17	5 21	5 26	5 31	5 36	5 42	5 50	5 58	6 07	6 18
4	5 35	5 38	5 40	5 43	5 46	5 49	5 52	5 56	6 00	6 04	6 09	6 15	6 22	6 29
5	6 06	6 08	6 09	6 11	6 12	6 14	6 16	6 19	6 21	6 24	6 27	6 30	6 34	6 39
6	6 36	6 36	6 37	6 37	6 38	6 38	6 39	6 40	6 41	6 42	6 43	6 44	6 45	6 47
7	7 05	7 05	7 04	7 03	7 03	7 02	7 02	7 01	7 00	6 59	6 58	6 57	6 56	6 54
8	7 35	7 33	7 32	7 30	7 29	7 27	7 25	7 22	7 20	7 17	7 14	7 11	7 07	7 02
9	8 06	8 04	8 01	7 59	7 56	7 53	7 49	7 46	7 41	7 37	7 32	7 26	7 19	7 12
10	8 40	8 37	8 33	8 30	8 26	8 21	8 17	8 11	8 06	7 59	7 52	7 44	7 35	7 24
11	9 17	9 13	9 09	9 04	8 59	8 54	8 48	8 42	8 34	8 26	8 17	8 07	7 54	7 39

.. .. indicates phenomenon will occur the next day.

MOONRISE AND MOONSET, 2015

UNIVERSAL TIME FOR MERIDIAN OF GREENWICH

MOONRISE

Lat.	−55°	−50°	−45°	−40°	−35°	−30°	−20°	−10°	0°	+10°	+20°	+30°	+35°	+40°
	h m	h m	h m	h m	h m	h m	h m	h m	h m	h m	h m	h m	h m	h m
Mar. 9	19 57	20 08	20 16	20 24	20 30	20 35	20 45	20 53	21 01	21 09	21 18	21 28	21 33	21 40
10	20 24	20 38	20 50	20 59	21 07	21 14	21 27	21 37	21 48	21 58	22 09	22 22	22 29	22 37
11	20 57	21 14	21 27	21 39	21 48	21 57	22 11	22 24	22 36	22 48	23 01	23 16	23 25	23 35
12	21 36	21 56	22 11	22 23	22 34	22 43	23 00	23 14	23 27	23 41	23 55	.. ..	.. ..	.. ..
13	22 24	22 45	23 01	23 14	23 25	23 35	23 52	.. ..	.. ..	.. ..	.. ..	0 11	0 21	0 32
14	23 23	23 42	23 58	.. ..	.. ..	.. ..	.. ..	0 07	0 20	0 34	0 49	1 06	1 16	1 27
15	.. ..	.. ..	.. ..	0 11	0 22	0 31	0 48	1 02	1 16	1 29	1 43	2 00	2 09	2 20
16	0 30	0 48	1 02	1 14	1 23	1 32	1 47	2 00	2 12	2 24	2 37	2 52	3 00	3 10
17	1 46	2 01	2 12	2 21	2 29	2 36	2 48	2 59	3 09	3 19	3 29	3 41	3 48	3 56
18	3 08	3 18	3 26	3 32	3 38	3 43	3 51	3 59	4 06	4 13	4 20	4 29	4 34	4 39
19	4 33	4 38	4 42	4 45	4 48	4 51	4 55	4 59	5 02	5 06	5 10	5 14	5 17	5 20
20	5 59	5 59	5 59	5 59	5 59	5 59	5 59	5 59	5 59	5 59	5 59	5 59	5 59	5 59
21	7 24	7 19	7 15	7 12	7 09	7 06	7 02	6 58	6 54	6 51	6 47	6 43	6 41	6 38
22	8 48	8 38	8 30	8 23	8 18	8 13	8 04	7 57	7 50	7 43	7 36	7 28	7 23	7 18
23	10 08	9 53	9 42	9 33	9 25	9 18	9 06	8 55	8 46	8 36	8 26	8 14	8 07	8 00
24	11 21	11 04	10 50	10 38	10 29	10 20	10 05	9 52	9 41	9 29	9 16	9 02	8 53	8 44
25	12 27	12 08	11 52	11 39	11 28	11 19	11 02	10 48	10 35	10 21	10 07	9 51	9 42	9 31
26	13 24	13 04	12 47	12 34	12 23	12 13	11 56	11 41	11 27	11 14	10 59	10 42	10 32	10 21
27	14 12	13 52	13 36	13 24	13 13	13 03	12 46	12 32	12 19	12 05	11 51	11 34	11 25	11 14
28	14 51	14 33	14 19	14 07	13 57	13 48	13 33	13 20	13 08	12 55	12 42	12 27	12 18	12 08
29	15 24	15 09	14 56	14 46	14 38	14 30	14 17	14 05	13 55	13 44	13 32	13 19	13 11	13 03
30	15 51	15 39	15 30	15 22	15 15	15 09	14 58	14 49	14 40	14 31	14 22	14 11	14 05	13 58
31	16 15	16 07	16 00	15 54	15 49	15 44	15 37	15 30	15 24	15 17	15 11	15 03	14 58	14 53
Apr. 1	16 37	16 32	16 28	16 24	16 21	16 19	16 14	16 10	16 07	16 03	15 59	15 54	15 52	15 49
2	16 57	16 56	16 55	16 54	16 53	16 52	16 51	16 50	16 49	16 48	16 47	16 46	16 45	16 44

MOONSET

Lat.	−55°	−50°	−45°	−40°	−35°	−30°	−20°	−10°	0°	+10°	+20°	+30°	+35°	+40°
	h m	h m	h m	h m	h m	h m	h m	h m	h m	h m	h m	h m	h m	h m
Mar. 9	9 33	9 24	9 16	9 10	9 05	9 00	8 52	8 45	8 38	8 31	8 24	8 16	8 11	8 06
10	10 39	10 26	10 16	10 07	10 00	9 53	9 42	9 33	9 23	9 14	9 05	8 53	8 47	8 40
11	11 45	11 28	11 15	11 05	10 56	10 48	10 34	10 22	10 11	10 00	9 48	9 34	9 26	9 17
12	12 48	12 29	12 14	12 02	11 52	11 43	11 27	11 13	11 00	10 48	10 34	10 18	10 09	9 59
13	13 48	13 27	13 11	12 58	12 47	12 38	12 21	12 06	11 52	11 39	11 24	11 07	10 58	10 46
14	14 42	14 21	14 06	13 53	13 41	13 32	13 15	13 00	12 47	12 33	12 18	12 01	11 51	11 40
15	15 29	15 11	14 56	14 44	14 34	14 25	14 09	13 55	13 42	13 29	13 16	13 00	12 50	12 40
16	16 10	15 54	15 42	15 32	15 23	15 15	15 02	14 50	14 39	14 28	14 16	14 02	13 54	13 45
17	16 44	16 33	16 24	16 16	16 10	16 04	15 53	15 44	15 36	15 27	15 18	15 08	15 02	14 55
18	17 15	17 08	17 03	16 58	16 54	16 50	16 44	16 38	16 33	16 27	16 22	16 15	16 11	16 07
19	17 43	17 41	17 39	17 38	17 36	17 35	17 33	17 31	17 29	17 27	17 25	17 23	17 22	17 20
20	18 11	18 13	18 15	18 17	18 18	18 19	18 21	18 23	18 25	18 27	18 29	18 31	18 32	18 33
21	18 38	18 45	18 51	18 56	19 00	19 04	19 10	19 16	19 21	19 26	19 32	19 38	19 42	19 46
22	19 08	19 20	19 29	19 37	19 43	19 49	19 59	20 08	20 17	20 25	20 34	20 44	20 50	20 57
23	19 42	19 57	20 09	20 20	20 28	20 36	20 49	21 01	21 12	21 23	21 34	21 48	21 55	22 04
24	20 21	20 39	20 54	21 06	21 16	21 25	21 40	21 54	22 07	22 19	22 33	22 48	22 57	23 08
25	21 05	21 25	21 41	21 54	22 05	22 15	22 32	22 47	23 00	23 14	23 28	23 45	23 55	.. ..
26	21 56	22 16	22 33	22 46	22 57	23 07	23 24	23 39	23 52	.. ..	.. ..	.. ..	.. ..	0 06
27	22 52	23 11	23 27	23 39	23 50	23 59	.. ..	.. ..	.. ..	0 06	0 21	0 37	0 47	0 58
28	23 52	.. ..	.. ..	.. ..	.. ..	.. ..	0 15	0 29	0 42	0 55	1 09	1 25	1 34	1 45
29	.. ..	0 09	0 23	0 34	0 44	0 52	1 06	1 19	1 31	1 42	1 55	2 09	2 17	2 26
30	0 54	1 09	1 20	1 29	1 37	1 44	1 56	2 07	2 17	2 27	2 37	2 49	2 56	3 03
31	1 58	2 09	2 18	2 25	2 31	2 36	2 46	2 54	3 01	3 09	3 17	3 26	3 31	3 37
Apr. 1	3 02	3 10	3 15	3 20	3 24	3 28	3 34	3 39	3 45	3 50	3 55	4 01	4 04	4 08
2	4 07	4 11	4 13	4 16	4 18	4 19	4 22	4 25	4 27	4 30	4 32	4 35	4 36	4 38

.. .. indicates phenomenon will occur the next day.

MOONRISE AND MOONSET, 2015

UNIVERSAL TIME FOR MERIDIAN OF GREENWICH

MOONRISE

Lat.	+40°	+42°	+44°	+46°	+48°	+50°	+52°	+54°	+56°	+58°	+60°	+62°	+64°	+66°
	h m	h m	h m	h m	h m	h m	h m	h m	h m	h m	h m	h m	h m	h m
Mar. 9	21 40	21 43	21 46	21 49	21 53	21 57	22 01	22 05	22 11	22 16	22 23	22 30	22 39	22 49
10	22 37	22 41	22 45	22 49	22 54	22 59	23 04	23 11	23 17	23 25	23 34	23 44	23 56	.. ..
11	23 35	23 39	23 44	23 49	23 55	.. ..	.. ..	.. ..	.. ..	.. ..	.. ..	.. ..	.. ..	0 10
12	.. ..	.. ..	.. ..	.. ..	.. ..	0 01	0 07	0 15	0 23	0 32	0 43	0 55	1 10	1 28
13	0 32	0 37	0 42	0 48	0 54	1 00	1 08	1 16	1 25	1 36	1 48	2 02	2 19	2 40
14	1 27	1 32	1 38	1 44	1 50	1 57	2 05	2 13	2 23	2 33	2 46	3 01	3 18	3 40
15	2 20	2 25	2 30	2 36	2 42	2 49	2 56	3 04	3 13	3 24	3 35	3 49	4 06	4 26
16	3 10	3 14	3 19	3 24	3 29	3 35	3 42	3 49	3 57	4 05	4 16	4 27	4 41	4 58
17	3 56	4 00	4 03	4 07	4 12	4 16	4 21	4 27	4 33	4 40	4 48	4 57	5 08	5 20
18	4 39	4 42	4 44	4 47	4 50	4 53	4 57	5 01	5 05	5 10	5 15	5 21	5 28	5 36
19	5 20	5 21	5 22	5 24	5 25	5 27	5 29	5 31	5 33	5 35	5 38	5 41	5 45	5 49
20	5 59	5 59	5 59	5 59	5 59	5 59	5 59	5 59	5 59	6 00	6 00	6 00	6 00	6 00
21	6 38	6 37	6 36	6 34	6 33	6 31	6 30	6 28	6 26	6 23	6 21	6 18	6 15	6 11
22	7 18	7 16	7 13	7 10	7 08	7 04	7 01	6 57	6 53	6 49	6 44	6 38	6 32	6 24
23	8 00	7 56	7 53	7 49	7 45	7 40	7 35	7 30	7 24	7 17	7 10	7 01	6 51	6 40
24	8 44	8 40	8 35	8 30	8 25	8 20	8 13	8 07	7 59	7 50	7 41	7 30	7 16	7 01
25	9 31	9 26	9 21	9 16	9 10	9 03	8 56	8 49	8 40	8 30	8 18	8 05	7 49	7 30
26	10 21	10 16	10 11	10 05	9 59	9 52	9 45	9 36	9 27	9 16	9 04	8 50	8 33	8 12
27	11 14	11 09	11 04	10 58	10 52	10 45	10 38	10 30	10 20	10 10	9 58	9 44	9 27	9 06
28	12 08	12 03	11 58	11 53	11 48	11 41	11 35	11 27	11 19	11 09	10 59	10 46	10 31	10 13
29	13 03	12 59	12 55	12 50	12 45	12 40	12 34	12 28	12 21	12 13	12 04	11 53	11 41	11 26
30	13 58	13 55	13 52	13 48	13 44	13 40	13 35	13 30	13 25	13 18	13 11	13 03	12 53	12 42
31	14 53	14 51	14 49	14 46	14 43	14 40	14 37	14 34	14 30	14 25	14 20	14 14	14 08	14 00
Apr. 1	15 49	15 48	15 46	15 45	15 43	15 41	15 39	15 37	15 35	15 32	15 30	15 26	15 23	15 18
2	16 44	16 44	16 44	16 43	16 43	16 42	16 42	16 41	16 41	16 40	16 39	16 39	16 38	16 37

MOONSET

Lat.	+40°	+42°	+44°	+46°	+48°	+50°	+52°	+54°	+56°	+58°	+60°	+62°	+64°	+66°
	h m	h m	h m	h m	h m	h m	h m	h m	h m	h m	h m	h m	h m	h m
Mar. 9	8 06	8 04	8 01	7 59	7 56	7 53	7 49	7 46	7 41	7 37	7 32	7 26	7 19	7 12
10	8 40	8 37	8 33	8 30	8 26	8 21	8 17	8 11	8 06	7 59	7 52	7 44	7 35	7 24
11	9 17	9 13	9 09	9 04	8 59	8 54	8 48	8 42	8 34	8 26	8 17	8 07	7 54	7 39
12	9 59	9 54	9 49	9 44	9 38	9 32	9 25	9 18	9 09	9 00	8 49	8 36	8 21	8 02
13	10 46	10 41	10 36	10 30	10 24	10 17	10 10	10 01	9 52	9 42	9 29	9 15	8 58	8 37
14	11 40	11 35	11 30	11 24	11 17	11 11	11 03	10 54	10 45	10 34	10 22	10 07	9 49	9 27
15	12 40	12 35	12 30	12 25	12 19	12 12	12 05	11 57	11 48	11 38	11 27	11 13	10 57	10 37
16	13 45	13 41	13 37	13 32	13 27	13 21	13 15	13 09	13 01	12 53	12 43	12 32	12 19	12 03
17	14 55	14 51	14 48	14 45	14 41	14 36	14 32	14 27	14 21	14 15	14 08	14 00	13 50	13 39
18	16 07	16 05	16 03	16 00	15 58	15 55	15 52	15 49	15 46	15 42	15 38	15 33	15 27	15 20
19	17 20	17 19	17 19	17 18	17 17	17 16	17 15	17 14	17 13	17 11	17 10	17 08	17 06	17 04
20	18 33	18 34	18 35	18 35	18 36	18 37	18 38	18 39	18 40	18 41	18 42	18 44	18 45	18 47
21	19 46	19 48	19 50	19 52	19 54	19 57	19 59	20 02	20 06	20 09	20 13	20 18	20 23	20 30
22	20 57	21 00	21 03	21 06	21 10	21 14	21 18	21 23	21 29	21 35	21 41	21 49	21 58	22 09
23	22 04	22 08	22 12	22 17	22 22	22 27	22 33	22 39	22 47	22 55	23 04	23 15	23 27	23 42
24	23 08	23 12	23 17	23 23	23 28	23 35	23 41	23 49	23 58	.. ..	.. ..	.. ..	.. ..	.. ..
25	.. ..	.. ..	.. ..	.. ..	.. ..	.. ..	.. ..	.. ..	.. ..	0 07	0 18	0 31	0 47	1 06
26	0 06	0 11	0 16	0 22	0 28	0 35	0 42	0 50	1 00	1 10	1 22	1 37	1 54	2 15
27	0 58	1 03	1 08	1 14	1 20	1 27	1 35	1 43	1 52	2 03	2 15	2 29	2 46	3 07
28	1 45	1 49	1 54	2 00	2 06	2 12	2 19	2 27	2 35	2 45	2 56	3 09	3 24	3 43
29	2 26	2 30	2 35	2 39	2 45	2 50	2 56	3 03	3 10	3 19	3 28	3 39	3 52	4 08
30	3 03	3 07	3 10	3 14	3 19	3 23	3 28	3 34	3 40	3 46	3 54	4 03	4 13	4 25
31	3 37	3 40	3 42	3 45	3 49	3 52	3 56	4 00	4 04	4 10	4 15	4 22	4 29	4 38
Apr. 1	4 08	4 10	4 12	4 14	4 16	4 18	4 21	4 23	4 26	4 30	4 33	4 38	4 42	4 48
2	4 38	4 39	4 40	4 41	4 42	4 43	4 44	4 45	4 47	4 48	4 50	4 52	4 54	4 56

.. .. indicates phenomenon will occur the next day.

MOONRISE AND MOONSET, 2015

UNIVERSAL TIME FOR MERIDIAN OF GREENWICH

MOONRISE

Lat.	−55°	−50°	−45°	−40°	−35°	−30°	−20°	−10°	0°	+10°	+20°	+30°	+35°	+40°
	h m	h m	h m	h m	h m	h m	h m	h m	h m	h m	h m	h m	h m	h m
Apr. 1	16 37	16 32	16 28	16 24	16 21	16 19	16 14	16 10	16 07	16 03	15 59	15 54	15 52	15 49
2	16 57	16 56	16 55	16 54	16 53	16 52	16 51	16 50	16 49	16 48	16 47	16 46	16 45	16 44
3	17 18	17 20	17 22	17 23	17 25	17 26	17 28	17 30	17 32	17 33	17 35	17 38	17 39	17 40
4	17 39	17 45	17 50	17 54	17 57	18 00	18 06	18 10	18 15	18 19	18 24	18 30	18 33	18 37
5	18 02	18 11	18 19	18 26	18 31	18 36	18 45	18 52	18 59	19 07	19 14	19 23	19 28	19 34
6	18 28	18 41	18 52	19 00	19 08	19 14	19 26	19 36	19 46	19 55	20 05	20 17	20 24	20 32
7	18 59	19 15	19 28	19 39	19 48	19 56	20 10	20 22	20 34	20 45	20 58	21 12	21 20	21 30
8	19 36	19 55	20 09	20 22	20 32	20 41	20 57	21 11	21 24	21 37	21 51	22 07	22 16	22 27
9	20 21	20 41	20 57	21 10	21 21	21 31	21 47	22 02	22 16	22 30	22 44	23 01	23 11	23 22
10	21 14	21 35	21 50	22 03	22 15	22 24	22 41	22 56	23 09	23 23	23 38	23 54	.. ..	.. ..
11	22 17	22 36	22 51	23 03	23 13	23 22	23 37	23 51	.. ..	.. ..	.. ..	.. ..	0 04	0 15
12	23 28	23 44	23 56	.. ..	.. ..	.. ..	.. ..	.. ..	0 04	0 16	0 30	0 45	0 54	1 05
13	.. ..	.. ..	.. ..	0 06	0 15	0 23	0 36	0 48	0 58	1 09	1 21	1 34	1 42	1 50
14	0 44	0 56	1 06	1 13	1 20	1 26	1 36	1 45	1 53	2 02	2 10	2 21	2 26	2 33
15	2 05	2 12	2 18	2 23	2 27	2 31	2 37	2 43	2 48	2 53	2 59	3 05	3 09	3 13
16	3 28	3 30	3 32	3 34	3 35	3 37	3 39	3 41	3 43	3 44	3 46	3 49	3 50	3 51
17	4 52	4 49	4 47	4 46	4 44	4 43	4 41	4 39	4 37	4 36	4 34	4 32	4 31	4 29
18	6 16	6 08	6 03	5 58	5 53	5 50	5 43	5 38	5 32	5 27	5 22	5 16	5 12	5 08
19	7 38	7 26	7 17	7 09	7 02	6 56	6 46	6 37	6 28	6 20	6 11	6 01	5 56	5 49
20	8 57	8 41	8 28	8 17	8 08	8 01	7 47	7 35	7 24	7 14	7 02	6 49	6 41	6 33
21	10 09	9 50	9 35	9 22	9 12	9 03	8 47	8 33	8 20	8 08	7 54	7 39	7 30	7 20
22	11 12	10 51	10 35	10 22	10 11	10 01	9 44	9 29	9 16	9 02	8 47	8 31	8 21	8 10
23	12 05	11 45	11 29	11 15	11 04	10 54	10 38	10 23	10 09	9 55	9 41	9 24	9 14	9 03
24	12 49	12 30	12 15	12 03	11 52	11 43	11 27	11 13	11 00	10 47	10 33	10 18	10 08	9 58
25	13 25	13 08	12 55	12 44	12 35	12 27	12 13	12 01	11 49	11 38	11 25	11 11	11 03	10 54

MOONSET

Lat.	−55°	−50°	−45°	−40°	−35°	−30°	−20°	−10°	0°	+10°	+20°	+30°	+35°	+40°
	h m	h m	h m	h m	h m	h m	h m	h m	h m	h m	h m	h m	h m	h m
Apr. 1	3 02	3 10	3 15	3 20	3 24	3 28	3 34	3 39	3 45	3 50	3 55	4 01	4 04	4 08
2	4 07	4 11	4 13	4 16	4 18	4 19	4 22	4 25	4 27	4 30	4 32	4 35	4 36	4 38
3	5 13	5 12	5 12	5 11	5 11	5 11	5 10	5 10	5 10	5 09	5 09	5 08	5 08	5 08
4	6 18	6 14	6 10	6 08	6 05	6 03	5 59	5 56	5 52	5 49	5 46	5 42	5 40	5 37
5	7 25	7 16	7 10	7 04	7 00	6 56	6 48	6 42	6 36	6 30	6 24	6 17	6 13	6 08
6	8 31	8 19	8 10	8 02	7 55	7 49	7 39	7 30	7 21	7 13	7 04	6 54	6 48	6 41
7	9 37	9 22	9 10	9 00	8 51	8 43	8 30	8 19	8 08	7 58	7 47	7 34	7 26	7 18
8	10 41	10 23	10 09	9 57	9 47	9 38	9 23	9 10	8 57	8 45	8 32	8 17	8 08	7 58
9	11 42	11 22	11 06	10 53	10 42	10 33	10 16	10 02	9 48	9 35	9 21	9 04	8 54	8 44
10	12 37	12 17	12 01	11 48	11 36	11 27	11 10	10 55	10 41	10 27	10 13	9 56	9 46	9 34
11	13 26	13 06	12 51	12 39	12 28	12 19	12 03	11 48	11 35	11 22	11 08	10 51	10 42	10 31
12	14 07	13 51	13 37	13 26	13 17	13 09	12 54	12 42	12 30	12 18	12 05	11 51	11 42	11 32
13	14 43	14 30	14 19	14 10	14 03	13 56	13 44	13 34	13 25	13 15	13 04	12 53	12 46	12 38
14	15 14	15 05	14 58	14 51	14 46	14 41	14 33	14 26	14 19	14 12	14 05	13 57	13 52	13 46
15	15 42	15 37	15 34	15 30	15 28	15 25	15 21	15 17	15 14	15 10	15 06	15 02	14 59	14 56
16	16 09	16 09	16 09	16 09	16 09	16 09	16 09	16 09	16 08	16 08	16 08	16 08	16 08	16 08
17	16 35	16 40	16 44	16 47	16 50	16 52	16 56	17 00	17 03	17 07	17 11	17 15	17 17	17 20
18	17 04	17 13	17 20	17 27	17 32	17 37	17 45	17 52	17 59	18 06	18 13	18 21	18 26	18 31
19	17 36	17 49	18 00	18 09	18 16	18 23	18 35	18 45	18 55	19 05	19 15	19 27	19 34	19 42
20	18 12	18 29	18 43	18 54	19 04	19 12	19 27	19 39	19 51	20 03	20 16	20 30	20 39	20 49
21	18 55	19 14	19 30	19 43	19 53	20 03	20 19	20 34	20 47	21 00	21 15	21 31	21 40	21 51
22	19 44	20 05	20 21	20 34	20 46	20 56	21 13	21 28	21 41	21 55	22 10	22 27	22 37	22 48
23	20 40	21 00	21 16	21 29	21 40	21 49	22 06	22 20	22 34	22 47	23 02	23 18	23 28	23 39
24	21 40	21 58	22 12	22 24	22 34	22 43	22 59	23 12	23 24	23 36	23 50	.. ..	.. ..	.. ..
25	22 43	22 58	23 10	23 21	23 29	23 37	23 50	.. ..	.. ..	.. ..	.. ..	0 05	0 13	0 23

.. .. indicates phenomenon will occur the next day.

UNIVERSAL TIME FOR MERIDIAN OF GREENWICH

MOONRISE

Lat.	+40°	+42°	+44°	+46°	+48°	+50°	+52°	+54°	+56°	+58°	+60°	+62°	+64°	+66°
	h m	h m	h m	h m	h m	h m	h m	h m	h m	h m	h m	h m	h m	h m
Apr. 1	15 49	15 48	15 46	15 45	15 43	15 41	15 39	15 37	15 35	15 32	15 30	15 26	15 23	15 18
2	16 44	16 44	16 44	16 43	16 43	16 42	16 42	16 41	16 41	16 40	16 39	16 39	16 38	16 37
3	17 40	17 41	17 42	17 42	17 43	17 44	17 45	17 46	17 47	17 49	17 50	17 52	17 53	17 56
4	18 37	18 39	18 40	18 42	18 44	18 46	18 49	18 51	18 54	18 57	19 01	19 05	19 10	19 15
5	19 34	19 37	19 39	19 42	19 46	19 49	19 53	19 57	20 02	20 07	20 13	20 19	20 27	20 36
6	20 32	20 35	20 39	20 43	20 47	20 52	20 57	21 03	21 09	21 16	21 24	21 33	21 44	21 57
7	21 30	21 34	21 38	21 43	21 48	21 54	22 01	22 07	22 15	22 24	22 34	22 46	23 00	23 17
8	22 27	22 32	22 37	22 42	22 48	22 55	23 02	23 10	23 19	23 29	23 41	23 54	.. ..	.. ..
9	23 22	23 27	23 33	23 39	23 45	23 52	23 59	.. ..	.. ..	.. ..	.. ..	.. ..	0 11	0 31
10	.. ..	.. ..	.. ..	.. ..	.. ..	.. ..	.. ..	0 08	0 17	0 28	0 41	0 55	1 13	1 35
11	0 15	0 20	0 25	0 31	0 37	0 44	0 52	1 00	1 09	1 20	1 32	1 46	2 03	2 24
12	1 05	1 09	1 14	1 19	1 25	1 31	1 38	1 45	1 54	2 03	2 14	2 27	2 42	3 00
13	1 50	1 54	1 58	2 03	2 08	2 13	2 18	2 25	2 32	2 39	2 48	2 58	3 10	3 24
14	2 33	2 36	2 39	2 42	2 46	2 50	2 54	2 59	3 04	3 09	3 16	3 23	3 32	3 41
15	3 13	3 15	3 17	3 19	3 21	3 23	3 26	3 29	3 32	3 36	3 39	3 44	3 49	3 55
16	3 51	3 52	3 53	3 53	3 54	3 55	3 56	3 57	3 58	3 59	4 01	4 02	4 04	4 06
17	4 29	4 29	4 28	4 28	4 27	4 26	4 26	4 25	4 24	4 23	4 22	4 20	4 19	4 17
18	5 08	5 07	5 05	5 03	5 01	4 58	4 56	4 53	4 50	4 47	4 43	4 39	4 34	4 29
19	5 49	5 46	5 43	5 40	5 36	5 33	5 29	5 24	5 19	5 14	5 07	5 00	4 52	4 43
20	6 33	6 29	6 25	6 20	6 16	6 11	6 05	5 59	5 52	5 44	5 36	5 26	5 14	5 01
21	7 20	7 15	7 10	7 05	6 59	6 53	6 47	6 39	6 31	6 21	6 11	5 58	5 44	5 26
22	8 10	8 05	8 00	7 54	7 48	7 41	7 34	7 25	7 16	7 06	6 54	6 40	6 23	6 02
23	9 03	8 58	8 53	8 47	8 41	8 34	8 26	8 18	8 09	7 58	7 46	7 31	7 14	6 53
24	9 58	9 53	9 48	9 43	9 37	9 30	9 23	9 15	9 07	8 57	8 45	8 32	8 16	7 56
25	10 54	10 49	10 45	10 40	10 35	10 29	10 23	10 16	10 09	10 00	9 50	9 39	9 25	9 09

MOONSET

Lat.	+40°	+42°	+44°	+46°	+48°	+50°	+52°	+54°	+56°	+58°	+60°	+62°	+64°	+66°
	h m	h m	h m	h m	h m	h m	h m	h m	h m	h m	h m	h m	h m	h m
Apr. 1	4 08	4 10	4 12	4 14	4 16	4 18	4 21	4 23	4 26	4 30	4 33	4 38	4 42	4 48
2	4 38	4 39	4 40	4 41	4 42	4 43	4 44	4 45	4 47	4 48	4 50	4 52	4 54	4 56
3	5 08	5 07	5 07	5 07	5 07	5 07	5 07	5 06	5 06	5 06	5 05	5 05	5 05	5 04
4	5 37	5 36	5 35	5 34	5 32	5 31	5 29	5 28	5 26	5 24	5 21	5 19	5 16	5 12
5	6 08	6 06	6 04	6 02	5 59	5 57	5 54	5 50	5 47	5 43	5 38	5 34	5 28	5 21
6	6 41	6 38	6 35	6 32	6 28	6 24	6 20	6 16	6 10	6 05	5 58	5 51	5 42	5 32
7	7 18	7 14	7 10	7 06	7 01	6 56	6 50	6 44	6 38	6 30	6 22	6 12	6 00	5 47
8	7 58	7 54	7 49	7 44	7 38	7 32	7 26	7 19	7 10	7 01	6 51	6 39	6 24	6 07
9	8 44	8 39	8 33	8 28	8 22	8 15	8 08	8 00	7 50	7 40	7 28	7 14	6 58	6 37
10	9 34	9 29	9 24	9 18	9 12	9 05	8 57	8 49	8 39	8 28	8 16	8 01	7 44	7 22
11	10 31	10 26	10 21	10 15	10 09	10 02	9 55	9 47	9 38	9 27	9 15	9 01	8 44	8 23
12	11 32	11 28	11 23	11 18	11 13	11 07	11 00	10 53	10 45	10 36	10 25	10 13	9 59	9 41
13	12 38	12 34	12 30	12 26	12 22	12 17	12 12	12 06	12 00	11 53	11 44	11 35	11 24	11 10
14	13 46	13 44	13 41	13 38	13 35	13 32	13 28	13 24	13 20	13 15	13 09	13 02	12 55	12 46
15	14 56	14 55	14 54	14 52	14 51	14 49	14 47	14 45	14 42	14 40	14 37	14 34	14 30	14 25
16	16 08	16 08	16 08	16 08	16 08	16 08	16 07	16 07	16 07	16 07	16 07	16 07	16 07	16 06
17	17 20	17 21	17 22	17 24	17 25	17 27	17 28	17 30	17 33	17 35	17 38	17 40	17 44	17 48
18	18 31	18 34	18 36	18 39	18 42	18 45	18 49	18 53	18 57	19 02	19 07	19 13	19 20	19 29
19	19 42	19 45	19 49	19 53	19 57	20 02	20 07	20 13	20 19	20 26	20 34	20 43	20 54	21 07
20	20 49	20 53	20 58	21 03	21 08	21 14	21 20	21 27	21 35	21 44	21 55	22 07	22 21	22 38
21	21 51	21 56	22 01	22 07	22 13	22 19	22 27	22 35	22 44	22 54	23 06	23 20	23 36	23 57
22	22 48	22 53	22 58	23 04	23 10	23 17	23 25	23 33	23 43	23 53	.. ..	.. ..	.. ..	.. ..
23	23 39	23 43	23 48	23 54	.. ..	.. ..	.. ..	.. ..	.. ..	.. ..	0 05	0 20	0 37	0 59
24	.. ..	.. ..	.. ..	0 00	0 07	0 14	0 22	0 31	0 41	0 53	1 06	1 23	1 42	2 03
25	0 23	0 27	0 32	0 37	0 43	0 48	0 55	1 02	1 10	1 19	1 29	1 41	1 55	2 12

.. .. indicates phenomenon will occur the next day.

MOONRISE AND MOONSET, 2015

UNIVERSAL TIME FOR MERIDIAN OF GREENWICH

MOONRISE

Lat.	−55°	−50°	−45°	−40°	−35°	−30°	−20°	−10°	0°	+10°	+20°	+30°	+35°	+40°
	h m	h m	h m	h m	h m	h m	h m	h m	h m	h m	h m	h m	h m	h m
Apr. 24	12 49	12 30	12 15	12 03	11 52	11 43	11 27	11 13	11 00	10 47	10 33	10 18	10 08	9 58
25	13 25	13 08	12 55	12 44	12 35	12 27	12 13	12 01	11 49	11 38	11 25	11 11	11 03	10 54
26	13 54	13 41	13 30	13 22	13 14	13 07	12 56	12 45	12 36	12 26	12 16	12 04	11 57	11 50
27	14 19	14 10	14 02	13 55	13 49	13 44	13 35	13 28	13 20	13 13	13 05	12 56	12 51	12 46
28	14 42	14 36	14 30	14 26	14 22	14 19	14 13	14 08	14 04	13 59	13 54	13 48	13 45	13 41
29	15 03	15 00	14 58	14 56	14 54	14 53	14 50	14 48	14 46	14 44	14 42	14 40	14 38	14 37
30	15 23	15 24	15 25	15 25	15 26	15 26	15 27	15 28	15 29	15 29	15 30	15 31	15 32	15 32
May 1	15 44	15 48	15 52	15 55	15 58	16 00	16 04	16 08	16 12	16 15	16 19	16 23	16 26	16 29
2	16 06	16 14	16 21	16 26	16 31	16 35	16 43	16 50	16 56	17 02	17 09	17 17	17 21	17 26
3	16 31	16 43	16 52	17 00	17 07	17 13	17 24	17 33	17 42	17 51	18 00	18 11	18 17	18 24
4	17 00	17 15	17 27	17 38	17 46	17 54	18 07	18 19	18 30	18 41	18 52	19 06	19 14	19 23
5	17 35	17 53	18 08	18 19	18 30	18 38	18 54	19 07	19 20	19 33	19 46	20 02	20 11	20 21
6	18 18	18 38	18 53	19 06	19 17	19 27	19 44	19 58	20 12	20 26	20 40	20 57	21 07	21 18
7	19 09	19 30	19 46	19 59	20 10	20 20	20 37	20 52	21 06	21 19	21 34	21 51	22 01	22 13
8	20 09	20 29	20 44	20 57	21 07	21 17	21 33	21 47	22 00	22 13	22 27	22 43	22 53	23 03
9	21 17	21 34	21 47	21 58	22 08	22 16	22 30	22 43	22 54	23 06	23 18	23 32	23 40	23 50
10	22 31	22 44	22 55	23 03	23 11	23 18	23 29	23 39	23 48	23 57	.. ..	.. ..	.. ..	.. ..
11	23 48	23 57	.. ..	.. ..	.. ..	.. ..	.. ..	.. ..	.. ..	.. ..	0 07	0 19	0 25	0 32
12	.. ..	.. ..	0 04	0 10	0 16	0 20	0 28	0 35	0 41	0 48	0 55	1 02	1 07	1 12
13	1 08	1 12	1 16	1 19	1 21	1 24	1 27	1 31	1 34	1 37	1 41	1 45	1 47	1 50
14	2 29	2 28	2 28	2 28	2 28	2 28	2 27	2 27	2 27	2 27	2 27	2 26	2 26	2 26
15	3 50	3 45	3 41	3 38	3 35	3 32	3 28	3 24	3 20	3 16	3 13	3 08	3 06	3 03
16	5 12	5 02	4 54	4 47	4 42	4 37	4 28	4 21	4 14	4 07	4 00	3 52	3 47	3 42
17	6 31	6 17	6 06	5 56	5 48	5 41	5 29	5 19	5 09	4 59	4 49	4 37	4 31	4 23
18	7 47	7 29	7 15	7 03	6 53	6 45	6 30	6 17	6 05	5 53	5 40	5 26	5 17	5 08

MOONSET

Lat.	−55°	−50°	−45°	−40°	−35°	−30°	−20°	−10°	0°	+10°	+20°	+30°	+35°	+40°
	h m	h m	h m	h m	h m	h m	h m	h m	h m	h m	h m	h m	h m	h m
Apr. 24	21 40	21 58	22 12	22 24	22 34	22 43	22 59	23 12	23 24	23 36	23 50	.. ..	.. ..	.. ..
25	22 43	22 58	23 10	23 21	23 29	23 37	23 50	.. ..	.. ..	.. ..	.. ..	0 05	0 13	0 23
26	23 47	23 59	.. ..	.. ..	.. ..	.. ..	.. ..	0 01	0 12	0 23	0 34	0 47	0 54	1 02
27	.. ..	.. ..	0 09	0 17	0 23	0 30	0 40	0 49	0 58	1 06	1 15	1 25	1 31	1 38
28	0 51	1 00	1 07	1 12	1 17	1 21	1 29	1 35	1 41	1 47	1 54	2 01	2 05	2 10
29	1 56	2 01	2 05	2 08	2 11	2 13	2 17	2 21	2 24	2 28	2 31	2 35	2 38	2 40
30	3 01	3 02	3 03	3 03	3 04	3 04	3 05	3 06	3 07	3 07	3 08	3 09	3 09	3 10
May 1	4 07	4 04	4 01	3 59	3 58	3 56	3 54	3 51	3 49	3 47	3 45	3 42	3 41	3 39
2	5 13	5 06	5 01	4 56	4 52	4 49	4 43	4 38	4 33	4 28	4 23	4 17	4 13	4 09
3	6 20	6 09	6 01	5 54	5 48	5 43	5 33	5 25	5 18	5 10	5 02	4 53	4 48	4 42
4	7 27	7 13	7 02	6 52	6 44	6 37	6 25	6 14	6 05	5 55	5 44	5 32	5 25	5 17
5	8 33	8 16	8 02	7 51	7 41	7 33	7 18	7 05	6 54	6 42	6 29	6 14	6 06	5 57
6	9 36	9 17	9 01	8 49	8 38	8 28	8 12	7 58	7 45	7 31	7 17	7 01	6 52	6 41
7	10 34	10 14	9 58	9 44	9 33	9 23	9 06	8 51	8 38	8 24	8 09	7 52	7 42	7 30
8	11 25	11 05	10 50	10 37	10 26	10 16	10 00	9 45	9 32	9 18	9 03	8 47	8 37	8 26
9	12 09	11 51	11 37	11 25	11 15	11 07	10 52	10 38	10 26	10 13	10 00	9 45	9 36	9 25
10	12 46	12 31	12 20	12 10	12 02	11 54	11 42	11 31	11 20	11 09	10 58	10 45	10 38	10 29
11	13 17	13 07	12 58	12 51	12 45	12 39	12 30	12 21	12 14	12 06	11 57	11 47	11 42	11 35
12	13 45	13 39	13 34	13 29	13 26	13 22	13 17	13 11	13 07	13 02	12 56	12 50	12 47	12 43
13	14 11	14 09	14 08	14 06	14 05	14 04	14 02	14 01	13 59	13 58	13 56	13 54	13 53	13 52
14	14 36	14 39	14 41	14 43	14 44	14 46	14 48	14 50	14 52	14 54	14 56	14 58	14 59	15 01
15	15 03	15 10	15 16	15 21	15 25	15 28	15 35	15 40	15 46	15 51	15 56	16 03	16 07	16 11
16	15 32	15 43	15 53	16 00	16 07	16 13	16 23	16 32	16 40	16 48	16 57	17 08	17 13	17 20
17	16 05	16 21	16 33	16 43	16 52	17 00	17 13	17 25	17 36	17 47	17 58	18 12	18 19	18 28
18	16 45	17 03	17 18	17 30	17 40	17 49	18 05	18 19	18 32	18 44	18 58	19 14	19 23	19 33

.. .. indicates phenomenon will occur the next day.

UNIVERSAL TIME FOR MERIDIAN OF GREENWICH

MOONRISE

Lat.	+40°	+42°	+44°	+46°	+48°	+50°	+52°	+54°	+56°	+58°	+60°	+62°	+64°	+66°
	h m	h m	h m	h m	h m	h m	h m	h m	h m	h m	h m	h m	h m	h m
Apr. 24	9 58	9 53	9 48	9 43	9 37	9 30	9 23	9 15	9 07	8 57	8 45	8 32	8 16	7 56
25	10 54	10 49	10 45	10 40	10 35	10 29	10 23	10 16	10 09	10 00	9 50	9 39	9 25	9 09
26	11 50	11 46	11 43	11 39	11 34	11 30	11 25	11 19	11 13	11 06	10 58	10 49	10 38	10 25
27	12 46	12 43	12 40	12 37	12 34	12 31	12 27	12 23	12 18	12 13	12 07	12 00	11 53	11 44
28	13 41	13 39	13 38	13 36	13 34	13 31	13 29	13 26	13 23	13 20	13 16	13 12	13 08	13 02
29	14 37	14 36	14 35	14 34	14 33	14 33	14 32	14 30	14 29	14 28	14 26	14 25	14 23	14 20
30	15 32	15 33	15 33	15 33	15 34	15 34	15 34	15 35	15 35	15 36	15 37	15 37	15 38	15 39
May 1	16 29	16 30	16 31	16 33	16 34	16 36	16 38	16 40	16 42	16 45	16 48	16 51	16 55	16 59
2	17 26	17 28	17 31	17 33	17 36	17 39	17 42	17 46	17 50	17 55	18 00	18 05	18 12	18 20
3	18 24	18 27	18 31	18 34	18 38	18 43	18 47	18 53	18 58	19 05	19 12	19 20	19 30	19 42
4	19 23	19 27	19 31	19 36	19 41	19 46	19 52	19 59	20 06	20 14	20 24	20 35	20 48	21 03
5	20 21	20 26	20 31	20 36	20 42	20 48	20 55	21 03	21 12	21 22	21 33	21 46	22 02	22 21
6	21 18	21 23	21 29	21 34	21 41	21 48	21 55	22 04	22 13	22 24	22 36	22 51	23 08	23 30
7	22 13	22 18	22 23	22 29	22 35	22 42	22 50	22 58	23 08	23 19	23 31	23 46	.. ..	.. ..
8	23 03	23 08	23 13	23 18	23 24	23 31	23 38	23 46	23 55	.. ..	.. ..	.. ..	0 03	0 25
9	23 50	23 54	23 58	.. ..	.. ..	.. ..	.. ..	.. ..	.. ..	0 05	0 16	0 29	0 45	1 05
10	.. ..	.. ..	.. ..	0 03	0 08	0 14	0 20	0 27	0 34	0 42	0 52	1 03	1 16	1 31
11	0 32	0 36	0 39	0 43	0 47	0 51	0 56	1 01	1 07	1 14	1 21	1 29	1 39	1 50
12	1 12	1 14	1 17	1 19	1 22	1 25	1 28	1 32	1 36	1 40	1 45	1 50	1 57	2 04
13	1 50	1 51	1 52	1 53	1 55	1 56	1 58	1 59	2 01	2 04	2 06	2 09	2 12	2 15
14	2 26	2 26	2 26	2 26	2 26	2 26	2 26	2 26	2 26	2 26	2 26	2 26	2 26	2 26
15	3 03	3 02	3 01	2 59	2 58	2 56	2 55	2 53	2 51	2 48	2 46	2 43	2 40	2 36
16	3 42	3 39	3 37	3 34	3 31	3 28	3 25	3 21	3 17	3 13	3 08	3 02	2 56	2 48
17	4 23	4 20	4 16	4 12	4 08	4 04	3 59	3 53	3 47	3 41	3 33	3 25	3 15	3 03
18	5 08	5 04	4 59	4 54	4 49	4 43	4 37	4 30	4 23	4 14	4 04	3 53	3 40	3 24

MOONSET

Lat.	+40°	+42°	+44°	+46°	+48°	+50°	+52°	+54°	+56°	+58°	+60°	+62°	+64°	+66°
	h m	h m	h m	h m	h m	h m	h m	h m	h m	h m	h m	h m	h m	h m
Apr. 24	.. ..	.. ..	.. ..	.. ..	0 00	0 07	0 14	0 22	0 31	0 41	0 53	1 06	1 23	1 42
25	0 23	0 27	0 32	0 37	0 43	0 48	0 55	1 02	1 10	1 19	1 29	1 41	1 55	2 12
26	1 02	1 06	1 10	1 14	1 19	1 24	1 29	1 35	1 42	1 49	1 58	2 08	2 19	2 32
27	1 38	1 41	1 44	1 47	1 51	1 54	1 59	2 03	2 09	2 14	2 21	2 28	2 37	2 46
28	2 10	2 12	2 14	2 16	2 19	2 22	2 25	2 28	2 31	2 35	2 40	2 45	2 51	2 57
29	2 40	2 41	2 42	2 44	2 45	2 47	2 48	2 50	2 52	2 54	2 57	2 59	3 03	3 06
30	3 10	3 10	3 10	3 10	3 10	3 11	3 11	3 11	3 12	3 12	3 12	3 13	3 13	3 14
May 1	3 39	3 38	3 37	3 37	3 36	3 35	3 34	3 32	3 31	3 30	3 28	3 26	3 24	3 22
2	4 09	4 08	4 06	4 04	4 02	4 00	3 57	3 54	3 51	3 48	3 45	3 40	3 36	3 30
3	4 42	4 39	4 36	4 33	4 30	4 27	4 23	4 19	4 14	4 09	4 03	3 57	3 49	3 40
4	5 17	5 14	5 10	5 06	5 02	4 57	4 52	4 46	4 40	4 33	4 25	4 16	4 06	3 53
5	5 57	5 52	5 48	5 43	5 38	5 32	5 26	5 19	5 11	5 02	4 52	4 41	4 27	4 11
6	6 41	6 36	6 31	6 25	6 19	6 13	6 06	5 58	5 49	5 39	5 27	5 14	4 58	4 38
7	7 30	7 25	7 20	7 14	7 08	7 01	6 53	6 45	6 35	6 24	6 12	5 57	5 39	5 17
8	8 26	8 21	8 15	8 09	8 03	7 56	7 49	7 40	7 31	7 20	7 08	6 53	6 36	6 14
9	9 25	9 21	9 16	9 11	9 05	8 59	8 52	8 44	8 36	8 26	8 15	8 02	7 46	7 27
10	10 29	10 25	10 21	10 17	10 12	10 07	10 01	9 55	9 47	9 40	9 30	9 20	9 08	8 53
11	11 35	11 32	11 29	11 26	11 22	11 18	11 14	11 09	11 04	10 58	10 52	10 44	10 35	10 25
12	12 43	12 41	12 39	12 37	12 35	12 33	12 30	12 27	12 24	12 20	12 16	12 12	12 07	12 01
13	13 52	13 51	13 50	13 50	13 49	13 48	13 47	13 46	13 45	13 44	13 43	13 41	13 40	13 38
14	15 01	15 02	15 02	15 03	15 04	15 05	15 06	15 07	15 08	15 09	15 10	15 12	15 14	15 16
15	16 11	16 13	16 15	16 17	16 19	16 21	16 24	16 27	16 30	16 34	16 38	16 43	16 48	16 55
16	17 20	17 23	17 26	17 30	17 33	17 37	17 42	17 47	17 52	17 58	18 05	18 13	18 22	18 32
17	18 28	18 32	18 36	18 41	18 46	18 51	18 57	19 04	19 11	19 19	19 28	19 39	19 52	20 07
18	19 33	19 38	19 43	19 48	19 54	20 00	20 07	20 15	20 24	20 34	20 45	20 58	21 14	21 33

.. .. indicates phenomenon will occur the next day.

MOONRISE AND MOONSET, 2015

UNIVERSAL TIME FOR MERIDIAN OF GREENWICH

MOONRISE

Lat.	−55°	−50°	−45°	−40°	−35°	−30°	−20°	−10°	0°	+10°	+20°	+30°	+35°	+40°
	h m	h m	h m	h m	h m	h m	h m	h m	h m	h m	h m	h m	h m	h m
May 17	6 31	6 17	6 06	5 56	5 48	5 41	5 29	5 19	5 09	4 59	4 49	4 37	4 31	4 23
18	7 47	7 29	7 15	7 03	6 53	6 45	6 30	6 17	6 05	5 53	5 40	5 26	5 17	5 08
19	8 55	8 35	8 19	8 06	7 55	7 45	7 29	7 14	7 01	6 47	6 33	6 17	6 07	5 57
20	9 54	9 33	9 17	9 03	8 52	8 42	8 25	8 10	7 56	7 42	7 27	7 10	7 00	6 49
21	10 43	10 23	10 08	9 55	9 44	9 34	9 17	9 03	8 49	8 36	8 21	8 05	7 55	7 44
22	11 23	11 05	10 51	10 40	10 30	10 21	10 06	9 53	9 40	9 28	9 15	9 00	8 51	8 41
23	11 56	11 41	11 29	11 19	11 11	11 04	10 51	10 39	10 29	10 18	10 07	9 54	9 46	9 38
24	12 23	12 12	12 03	11 55	11 48	11 42	11 32	11 23	11 15	11 07	10 58	10 47	10 42	10 35
25	12 47	12 39	12 32	12 27	12 23	12 18	12 11	12 05	11 59	11 53	11 47	11 40	11 36	11 31
26	13 08	13 04	13 00	12 57	12 55	12 53	12 49	12 45	12 42	12 39	12 35	12 32	12 29	12 27
27	13 28	13 28	13 27	13 27	13 26	13 26	13 25	13 25	13 24	13 24	13 24	13 23	13 23	13 22
28	13 48	13 51	13 54	13 56	13 58	13 59	14 02	14 05	14 07	14 09	14 12	14 15	14 17	14 18
29	14 10	14 16	14 22	14 26	14 30	14 34	14 40	14 45	14 50	14 56	15 01	15 07	15 11	15 15
30	14 33	14 44	14 52	14 59	15 05	15 10	15 20	15 28	15 36	15 43	15 52	16 01	16 07	16 13
31	15 00	15 14	15 26	15 35	15 43	15 50	16 02	16 13	16 23	16 33	16 44	16 56	17 04	17 12
June 1	15 33	15 50	16 04	16 15	16 25	16 33	16 48	17 01	17 13	17 25	17 38	17 53	18 01	18 11
2	16 13	16 32	16 48	17 00	17 11	17 21	17 37	17 51	18 05	18 18	18 33	18 49	18 59	19 10
3	17 02	17 22	17 38	17 52	18 03	18 13	18 30	18 45	18 59	19 13	19 28	19 45	19 55	20 07
4	18 00	18 20	18 36	18 49	19 00	19 10	19 26	19 41	19 54	20 08	20 23	20 39	20 49	21 00
5	19 07	19 25	19 39	19 51	20 01	20 09	20 24	20 38	20 50	21 02	21 15	21 30	21 39	21 49
6	20 20	20 34	20 46	20 56	21 04	21 11	21 24	21 35	21 45	21 55	22 06	22 18	22 25	22 33
7	21 37	21 47	21 56	22 03	22 09	22 14	22 23	22 31	22 39	22 46	22 54	23 03	23 08	23 14
8	22 55	23 01	23 06	23 10	23 14	23 17	23 22	23 27	23 31	23 36	23 40	23 46	23 49	23 52
9	.. ..	.. ..	.. ..	.. ..	.. ..	.. ..	.. ..	.. ..	.. ..	.. ..	.. ..	.. ..	.. ..	.. ..
10	0 15	0 16	0 17	0 18	0 19	0 20	0 21	0 22	0 23	0 24	0 25	0 27	0 27	0 28

MOONSET

Lat.	−55°	−50°	−45°	−40°	−35°	−30°	−20°	−10°	0°	+10°	+20°	+30°	+35°	+40°
	h m	h m	h m	h m	h m	h m	h m	h m	h m	h m	h m	h m	h m	h m
May 17	16 05	16 21	16 33	16 43	16 52	17 00	17 13	17 25	17 36	17 47	17 58	18 12	18 19	18 28
18	16 45	17 03	17 18	17 30	17 40	17 49	18 05	18 19	18 32	18 44	18 58	19 14	19 23	19 33
19	17 31	17 51	18 07	18 21	18 32	18 42	18 59	19 13	19 27	19 41	19 56	20 13	20 23	20 34
20	18 24	18 45	19 01	19 15	19 26	19 36	19 53	20 08	20 22	20 36	20 50	21 07	21 17	21 28
21	19 23	19 43	19 58	20 11	20 22	20 31	20 47	21 01	21 14	21 27	21 41	21 57	22 06	22 17
22	20 26	20 43	20 57	21 08	21 18	21 26	21 40	21 52	22 04	22 16	22 28	22 42	22 50	22 59
23	21 31	21 45	21 56	22 05	22 13	22 20	22 32	22 42	22 51	23 01	23 11	23 22	23 29	23 37
24	22 37	22 47	22 55	23 02	23 08	23 13	23 22	23 29	23 37	23 44	23 51	.. ..	.. ..	.. ..
25	23 42	23 48	23 54	23 58	.. ..	.. ..	.. ..	.. ..	.. ..	.. ..	.. ..	0 00	0 05	0 10
26	.. ..	.. ..	.. ..	.. ..	0 02	0 05	0 11	0 15	0 20	0 25	0 29	0 35	0 38	0 41
27	0 47	0 50	0 52	0 54	0 55	0 56	0 59	1 01	1 03	1 04	1 06	1 08	1 10	1 11
28	1 52	1 51	1 50	1 49	1 49	1 48	1 47	1 46	1 45	1 44	1 43	1 42	1 41	1 40
29	2 58	2 53	2 49	2 46	2 43	2 40	2 36	2 32	2 28	2 24	2 20	2 16	2 13	2 10
30	4 05	3 56	3 49	3 43	3 38	3 33	3 25	3 18	3 12	3 05	2 59	2 51	2 46	2 41
31	5 13	5 00	4 50	4 41	4 34	4 28	4 17	4 07	3 58	3 49	3 39	3 29	3 22	3 15
June 1	6 20	6 04	5 51	5 40	5 31	5 23	5 10	4 58	4 46	4 35	4 23	4 10	4 02	3 53
2	7 26	7 07	6 52	6 39	6 29	6 20	6 04	5 50	5 37	5 25	5 11	4 55	4 46	4 36
3	8 27	8 06	7 50	7 37	7 26	7 16	6 59	6 44	6 31	6 17	6 02	5 45	5 35	5 24
4	9 22	9 01	8 45	8 32	8 21	8 11	7 54	7 39	7 25	7 11	6 57	6 39	6 29	6 18
5	10 09	9 50	9 36	9 23	9 13	9 04	8 48	8 34	8 21	8 08	7 54	7 38	7 28	7 18
6	10 49	10 33	10 21	10 10	10 01	9 53	9 40	9 28	9 16	9 05	8 53	8 39	8 30	8 21
7	11 22	11 10	11 01	10 53	10 46	10 40	10 29	10 19	10 11	10 02	9 52	9 41	9 35	9 27
8	11 51	11 43	11 37	11 32	11 27	11 23	11 16	11 10	11 04	10 58	10 51	10 44	10 40	10 35
9	12 17	12 14	12 11	12 09	12 07	12 05	12 01	11 59	11 56	11 53	11 50	11 47	11 45	11 43
10	12 42	12 43	12 44	12 44	12 45	12 45	12 46	12 47	12 48	12 48	12 49	12 50	12 50	12 51

.. .. indicates phenomenon will occur the next day.

MOONRISE AND MOONSET, 2015

UNIVERSAL TIME FOR MERIDIAN OF GREENWICH

MOONRISE

Lat.	+40°	+42°	+44°	+46°	+48°	+50°	+52°	+54°	+56°	+58°	+60°	+62°	+64°	+66°
	h m	h m	h m	h m	h m	h m	h m	h m	h m	h m	h m	h m	h m	h m
May 17	4 23	4 20	4 16	4 12	4 08	4 04	3 59	3 53	3 47	3 41	3 33	3 25	3 15	3 03
18	5 08	5 04	4 59	4 54	4 49	4 43	4 37	4 30	4 23	4 14	4 04	3 53	3 40	3 24
19	5 57	5 52	5 47	5 41	5 35	5 29	5 21	5 13	5 05	4 54	4 43	4 30	4 14	3 54
20	6 49	6 44	6 38	6 33	6 26	6 19	6 12	6 03	5 54	5 43	5 31	5 16	4 59	4 37
21	7 44	7 39	7 34	7 28	7 22	7 15	7 08	7 00	6 50	6 40	6 28	6 14	5 57	5 36
22	8 41	8 36	8 31	8 26	8 21	8 15	8 08	8 00	7 52	7 43	7 32	7 19	7 04	6 46
23	9 38	9 34	9 30	9 26	9 21	9 16	9 10	9 04	8 57	8 49	8 40	8 30	8 18	8 03
24	10 35	10 32	10 29	10 25	10 21	10 17	10 13	10 08	10 03	9 57	9 50	9 42	9 33	9 22
25	11 31	11 29	11 27	11 24	11 22	11 19	11 16	11 13	11 09	11 05	11 00	10 55	10 49	10 42
26	12 27	12 26	12 24	12 23	12 22	12 20	12 19	12 17	12 15	12 13	12 10	12 08	12 04	12 01
27	13 22	13 22	13 22	13 22	13 22	13 22	13 21	13 21	13 21	13 21	13 20	13 20	13 20	13 19
28	14 18	14 19	14 20	14 21	14 22	14 23	14 25	14 26	14 27	14 29	14 31	14 33	14 36	14 38
29	15 15	15 17	15 19	15 21	15 23	15 26	15 29	15 32	15 35	15 38	15 43	15 47	15 53	15 59
30	16 13	16 16	16 19	16 22	16 26	16 29	16 33	16 38	16 43	16 49	16 55	17 02	17 11	17 21
31	17 12	17 16	17 20	17 24	17 28	17 33	17 39	17 45	17 52	17 59	18 08	18 18	18 29	18 43
June 1	18 11	18 16	18 20	18 25	18 31	18 37	18 44	18 51	18 59	19 09	19 19	19 32	19 47	20 05
2	19 10	19 15	19 20	19 26	19 32	19 39	19 46	19 55	20 04	20 14	20 27	20 41	20 58	21 20
3	20 07	20 12	20 17	20 23	20 30	20 37	20 44	20 53	21 03	21 14	21 26	21 41	21 59	22 22
4	21 00	21 05	21 10	21 16	21 22	21 29	21 36	21 44	21 54	22 04	22 16	22 30	22 47	23 08
5	21 49	21 53	21 58	22 03	22 09	22 15	22 21	22 28	22 36	22 45	22 56	23 08	23 22	23 39
6	22 33	22 37	22 41	22 45	22 50	22 54	23 00	23 05	23 12	23 19	23 27	23 37	23 47	.. ..
7	23 14	23 17	23 20	23 23	23 26	23 29	23 33	23 37	23 42	23 47	23 53	23 59	.. ..	0 00
8	23 52	23 54	23 55	23 57	23 59	.. ..	.. ..	.. ..	.. ..	.. ..	.. ..	.. ..	0 07	0 15
9	.. ..	.. ..	.. ..	.. ..	.. ..	0 01	0 03	0 05	0 08	0 11	0 14	0 18	0 22	0 27
10	0 28	0 29	0 29	0 29	0 30	0 30	0 31	0 32	0 32	0 33	0 34	0 35	0 36	0 37

MOONSET

Lat.	+40°	+42°	+44°	+46°	+48°	+50°	+52°	+54°	+56°	+58°	+60°	+62°	+64°	+66°
	h m	h m	h m	h m	h m	h m	h m	h m	h m	h m	h m	h m	h m	h m
May 17	18 28	18 32	18 36	18 41	18 46	18 51	18 57	19 04	19 11	19 19	19 28	19 39	19 52	20 07
18	19 33	19 38	19 43	19 48	19 54	20 00	20 07	20 15	20 24	20 34	20 45	20 58	21 14	21 33
19	20 34	20 39	20 44	20 50	20 56	21 03	21 10	21 19	21 28	21 39	21 51	22 06	22 23	22 45
20	21 28	21 33	21 39	21 44	21 51	21 57	22 05	22 13	22 23	22 33	22 45	23 00	23 17	23 38
21	22 17	22 21	22 26	22 32	22 37	22 44	22 51	22 58	23 07	23 17	23 28	23 40	23 56	.. ..
22	22 59	23 03	23 07	23 12	23 17	23 23	23 29	23 35	23 43	23 51	.. ..	.. ..	.. ..	0 14
23	23 37	23 40	23 43	23 47	23 51	23 56	.. ..	.. ..	.. ..	.. ..	0 00	0 11	0 24	0 39
24	.. ..	.. ..	.. ..	.. ..	.. ..	.. ..	0 00	0 06	0 12	0 18	0 26	0 34	0 44	0 55
25	0 10	0 13	0 15	0 18	0 21	0 24	0 28	0 32	0 36	0 41	0 46	0 52	0 59	1 07
26	0 41	0 43	0 45	0 46	0 48	0 50	0 53	0 55	0 58	1 01	1 04	1 08	1 12	1 17
27	1 11	1 12	1 12	1 13	1 14	1 15	1 15	1 16	1 17	1 19	1 20	1 21	1 23	1 25
28	1 40	1 40	1 40	1 39	1 39	1 38	1 38	1 37	1 37	1 36	1 35	1 34	1 33	1 32
29	2 10	2 09	2 07	2 06	2 04	2 02	2 01	1 59	1 56	1 54	1 51	1 48	1 44	1 40
30	2 41	2 39	2 37	2 34	2 31	2 28	2 25	2 22	2 18	2 13	2 08	2 03	1 57	1 49
31	3 15	3 12	3 09	3 05	3 01	2 57	2 52	2 47	2 42	2 36	2 29	2 21	2 11	2 01
June 1	3 53	3 49	3 45	3 40	3 35	3 30	3 24	3 18	3 10	3 02	2 53	2 43	2 31	2 16
2	4 36	4 31	4 26	4 21	4 15	4 09	4 02	3 54	3 46	3 36	3 25	3 12	2 57	2 38
3	5 24	5 19	5 13	5 08	5 01	4 54	4 47	4 38	4 29	4 18	4 06	3 51	3 34	3 12
4	6 18	6 13	6 07	6 02	5 55	5 48	5 40	5 32	5 22	5 11	4 59	4 44	4 26	4 03
5	7 18	7 13	7 08	7 02	6 56	6 49	6 42	6 34	6 25	6 15	6 03	5 49	5 33	5 12
6	8 21	8 17	8 13	8 08	8 03	7 57	7 51	7 44	7 36	7 27	7 18	7 06	6 52	6 36
7	9 27	9 24	9 21	9 17	9 13	9 08	9 04	8 58	8 52	8 46	8 38	8 30	8 20	8 08
8	10 35	10 32	10 30	10 28	10 25	10 22	10 19	10 15	10 12	10 07	10 02	9 57	9 50	9 43
9	11 43	11 42	11 40	11 39	11 38	11 37	11 35	11 34	11 32	11 30	11 28	11 25	11 22	11 19
10	12 51	12 51	12 51	12 51	12 51	12 52	12 52	12 52	12 52	12 53	12 53	12 53	12 54	12 55

.. .. indicates phenomenon will occur the next day.

MOONRISE AND MOONSET, 2015

UNIVERSAL TIME FOR MERIDIAN OF GREENWICH

MOONRISE

Lat.	−55°	−50°	−45°	−40°	−35°	−30°	−20°	−10°	0°	+10°	+20°	+30°	+35°	+40°
	h m	h m	h m	h m	h m	h m	h m	h m	h m	h m	h m	h m	h m	h m
June 8	22 55	23 01	23 06	23 10	23 14	23 17	23 22	23 27	23 31	23 36	23 40	23 46	23 49	23 52
9	.. ..	.. ..	.. ..	.. ..	.. ..	.. ..	.. ..	.. ..	.. ..	.. ..	.. ..	.. ..	.. ..	.. ..
10	0 15	0 16	0 17	0 18	0 19	0 20	0 21	0 22	0 23	0 24	0 25	0 27	0 27	0 28
11	1 35	1 31	1 28	1 26	1 24	1 23	1 20	1 17	1 15	1 12	1 10	1 07	1 06	1 04
12	2 54	2 46	2 39	2 34	2 30	2 26	2 19	2 13	2 07	2 01	1 55	1 49	1 45	1 41
13	4 12	4 00	3 50	3 42	3 35	3 28	3 18	3 09	3 00	2 51	2 42	2 32	2 26	2 19
14	5 28	5 11	4 58	4 48	4 39	4 31	4 17	4 05	3 54	3 43	3 31	3 18	3 10	3 01
15	6 38	6 19	6 04	5 51	5 41	5 31	5 16	5 02	4 49	4 36	4 22	4 07	3 57	3 47
16	7 41	7 21	7 04	6 51	6 39	6 29	6 12	5 58	5 44	5 30	5 15	4 58	4 48	4 37
17	8 35	8 15	7 58	7 45	7 34	7 24	7 07	6 52	6 38	6 24	6 09	5 52	5 42	5 31
18	9 20	9 01	8 46	8 33	8 23	8 13	7 57	7 43	7 30	7 17	7 03	6 47	6 38	6 27
19	9 56	9 40	9 27	9 16	9 06	8 58	8 44	8 32	8 20	8 09	7 56	7 42	7 34	7 25
20	10 26	10 13	10 02	9 53	9 46	9 39	9 28	9 18	9 08	8 59	8 48	8 37	8 30	8 22
21	10 51	10 42	10 34	10 27	10 22	10 17	10 08	10 01	9 54	9 46	9 39	9 30	9 25	9 19
22	11 13	11 07	11 03	10 59	10 55	10 52	10 47	10 42	10 37	10 33	10 28	10 23	10 19	10 16
23	11 34	11 32	11 30	11 28	11 27	11 26	11 24	11 22	11 20	11 18	11 16	11 14	11 13	11 12
24	11 54	11 55	11 56	11 57	11 58	11 59	12 00	12 01	12 02	12 03	12 04	12 06	12 07	12 07
25	12 14	12 19	12 23	12 27	12 30	12 32	12 37	12 41	12 45	12 49	12 53	12 58	13 00	13 03
26	12 37	12 45	12 52	12 58	13 03	13 08	13 15	13 22	13 29	13 35	13 42	13 50	13 55	14 00
27	13 02	13 14	13 24	13 32	13 39	13 45	13 56	14 06	14 15	14 24	14 33	14 44	14 51	14 58
28	13 31	13 47	13 59	14 10	14 18	14 26	14 40	14 52	15 03	15 14	15 26	15 40	15 48	15 57
29	14 07	14 26	14 40	14 52	15 03	15 12	15 27	15 41	15 54	16 07	16 21	16 37	16 46	16 56
30	14 52	15 12	15 28	15 41	15 52	16 02	16 19	16 34	16 48	17 02	17 16	17 33	17 43	17 55
July 1	15 46	16 07	16 23	16 36	16 48	16 58	17 15	17 29	17 43	17 57	18 12	18 29	18 39	18 51
2	16 51	17 10	17 25	17 38	17 48	17 57	18 13	18 27	18 40	18 53	19 07	19 23	19 32	19 43

MOONSET

Lat.	−55°	−50°	−45°	−40°	−35°	−30°	−20°	−10°	0°	+10°	+20°	+30°	+35°	+40°
	h m	h m	h m	h m	h m	h m	h m	h m	h m	h m	h m	h m	h m	h m
June 8	11 51	11 43	11 37	11 32	11 27	11 23	11 16	11 10	11 04	10 58	10 51	10 44	10 40	10 35
9	12 17	12 14	12 11	12 09	12 07	12 05	12 01	11 59	11 56	11 53	11 50	11 47	11 45	11 43
10	12 42	12 43	12 44	12 44	12 45	12 45	12 46	12 47	12 48	12 48	12 49	12 50	12 50	12 51
11	13 07	13 13	13 17	13 21	13 24	13 26	13 31	13 36	13 40	13 44	13 48	13 53	13 55	13 59
12	13 34	13 44	13 52	13 58	14 04	14 09	14 17	14 25	14 32	14 39	14 47	14 56	15 01	15 06
13	14 04	14 18	14 29	14 38	14 46	14 53	15 05	15 16	15 26	15 35	15 46	15 58	16 05	16 13
14	14 40	14 57	15 11	15 22	15 32	15 40	15 55	16 08	16 20	16 32	16 45	17 00	17 08	17 18
15	15 22	15 42	15 57	16 10	16 21	16 31	16 47	17 02	17 15	17 29	17 43	17 59	18 09	18 20
16	16 11	16 32	16 49	17 02	17 14	17 24	17 41	17 56	18 10	18 24	18 39	18 56	19 06	19 17
17	17 08	17 28	17 44	17 57	18 08	18 18	18 35	18 50	19 03	19 17	19 31	19 48	19 57	20 08
18	18 09	18 28	18 42	18 54	19 05	19 14	19 29	19 42	19 55	20 07	20 20	20 35	20 44	20 54
19	19 14	19 30	19 42	19 52	20 01	20 09	20 22	20 33	20 44	20 54	21 05	21 18	21 26	21 34
20	20 20	20 32	20 42	20 50	20 57	21 03	21 13	21 22	21 30	21 39	21 47	21 57	22 03	22 10
21	21 26	21 35	21 41	21 47	21 51	21 56	22 03	22 09	22 15	22 21	22 27	22 34	22 38	22 42
22	22 32	22 36	22 40	22 43	22 45	22 48	22 51	22 55	22 58	23 01	23 04	23 08	23 10	23 13
23	23 37	23 38	23 38	23 39	23 39	23 39	23 40	23 40	23 40	23 41	23 41	23 41	23 42	23 42
24	.. ..	.. ..	.. ..	.. ..	.. ..	.. ..	.. ..	.. ..	.. ..	.. ..	.. ..	.. ..	.. ..	.. ..
25	0 43	0 39	0 37	0 34	0 32	0 31	0 28	0 25	0 23	0 20	0 18	0 15	0 13	0 11
26	1 48	1 41	1 35	1 31	1 27	1 23	1 17	1 11	1 06	1 01	0 55	0 49	0 45	0 41
27	2 55	2 44	2 35	2 28	2 22	2 16	2 07	1 58	1 51	1 43	1 34	1 25	1 20	1 13
28	4 02	3 48	3 36	3 26	3 18	3 11	2 58	2 48	2 37	2 27	2 16	2 04	1 57	1 49
29	5 09	4 51	4 37	4 25	4 16	4 07	3 52	3 39	3 27	3 15	3 02	2 47	2 39	2 29
30	6 13	5 53	5 37	5 24	5 13	5 04	4 47	4 33	4 19	4 06	3 51	3 35	3 25	3 14
July 1	7 12	6 51	6 35	6 21	6 10	6 00	5 43	5 28	5 14	5 00	4 45	4 28	4 18	4 06
2	8 04	7 44	7 28	7 16	7 05	6 55	6 39	6 24	6 11	5 57	5 42	5 26	5 16	5 05

.. .. indicates phenomenon will occur the next day.

UNIVERSAL TIME FOR MERIDIAN OF GREENWICH

MOONRISE

Lat.	+40°	+42°	+44°	+46°	+48°	+50°	+52°	+54°	+56°	+58°	+60°	+62°	+64°	+66°
	h m	h m	h m	h m	h m	h m	h m	h m	h m	h m	h m	h m	h m	h m
June 8	23 52	23 54	23 55	23 57	23 59	.. ..	.. ..	.. ..	.. ..	.. ..	.. ..	.. ..	0 07	0 15
9	.. ..	.. ..	.. ..	.. ..	.. ..	0 01	0 03	0 05	0 08	0 11	0 14	0 18	0 22	0 27
10	0 28	0 29	0 29	0 29	0 30	0 30	0 31	0 32	0 32	0 33	0 34	0 35	0 36	0 37
11	1 04	1 03	1 02	1 02	1 01	1 00	0 59	0 57	0 56	0 55	0 53	0 51	0 49	0 47
12	1 41	1 39	1 37	1 35	1 32	1 30	1 27	1 24	1 21	1 17	1 13	1 09	1 03	0 57
13	2 19	2 16	2 13	2 10	2 06	2 02	1 58	1 53	1 48	1 43	1 36	1 29	1 20	1 10
14	3 01	2 57	2 53	2 49	2 44	2 39	2 33	2 27	2 20	2 12	2 03	1 53	1 41	1 27
15	3 47	3 43	3 38	3 32	3 27	3 21	3 14	3 06	2 58	2 48	2 37	2 25	2 10	1 52
16	4 37	4 32	4 27	4 21	4 15	4 08	4 01	3 52	3 43	3 32	3 20	3 06	2 49	2 28
17	5 31	5 26	5 20	5 15	5 08	5 01	4 54	4 45	4 36	4 25	4 13	3 58	3 41	3 19
18	6 27	6 22	6 17	6 12	6 06	5 59	5 52	5 44	5 35	5 25	5 14	5 00	4 44	4 24
19	7 25	7 20	7 16	7 11	7 06	7 00	6 54	6 47	6 39	6 31	6 21	6 09	5 56	5 39
20	8 22	8 19	8 15	8 11	8 07	8 03	7 57	7 52	7 46	7 39	7 31	7 22	7 11	6 59
21	9 19	9 17	9 14	9 11	9 08	9 05	9 01	8 57	8 53	8 48	8 42	8 35	8 28	8 19
22	10 16	10 14	10 13	10 11	10 09	10 07	10 04	10 02	9 59	9 56	9 53	9 49	9 44	9 39
23	11 12	11 11	11 10	11 10	11 09	11 08	11 07	11 06	11 05	11 04	11 03	11 01	11 00	10 58
24	12 07	12 08	12 08	12 09	12 09	12 10	12 10	12 11	12 12	12 12	12 13	12 14	12 15	12 17
25	13 03	13 05	13 06	13 08	13 10	13 11	13 13	13 16	13 18	13 21	13 24	13 27	13 31	13 36
26	14 00	14 03	14 05	14 08	14 11	14 14	14 17	14 21	14 25	14 30	14 35	14 41	14 48	14 56
27	14 58	15 01	15 05	15 09	15 13	15 17	15 22	15 27	15 33	15 40	15 48	15 56	16 06	16 18
28	15 57	16 01	16 06	16 10	16 15	16 21	16 27	16 34	16 41	16 50	17 00	17 11	17 24	17 40
29	16 56	17 01	17 06	17 12	17 18	17 24	17 31	17 39	17 48	17 58	18 09	18 23	18 39	18 59
30	17 55	18 00	18 05	18 11	18 17	18 24	18 32	18 41	18 50	19 01	19 14	19 29	19 47	20 09
July 1	18 51	18 56	19 01	19 07	19 13	19 20	19 28	19 36	19 46	19 57	20 09	20 24	20 42	21 04
2	19 43	19 48	19 53	19 58	20 04	20 10	20 17	20 25	20 34	20 43	20 55	21 08	21 23	21 42

MOONSET

	+40°	+42°	+44°	+46°	+48°	+50°	+52°	+54°	+56°	+58°	+60°	+62°	+64°	+66°
	h m	h m	h m	h m	h m	h m	h m	h m	h m	h m	h m	h m	h m	h m
June 8	10 35	10 32	10 30	10 28	10 25	10 22	10 19	10 15	10 12	10 07	10 02	9 57	9 50	9 43
9	11 43	11 42	11 40	11 39	11 38	11 37	11 35	11 34	11 32	11 30	11 28	11 25	11 22	11 19
10	12 51	12 51	12 51	12 51	12 51	12 52	12 52	12 52	12 53	12 53	12 53	12 54	12 54	12 55
11	13 59	14 00	14 01	14 03	14 05	14 07	14 09	14 11	14 13	14 16	14 19	14 23	14 27	14 31
12	15 06	15 09	15 12	15 14	15 18	15 21	15 25	15 29	15 33	15 38	15 44	15 51	15 58	16 07
13	16 13	16 17	16 21	16 25	16 29	16 34	16 39	16 45	16 51	16 59	17 07	17 16	17 28	17 41
14	17 18	17 23	17 27	17 32	17 38	17 44	17 50	17 58	18 06	18 15	18 25	18 37	18 52	19 10
15	18 20	18 25	18 30	18 36	18 42	18 49	18 56	19 04	19 13	19 24	19 36	19 50	20 07	20 28
16	19 17	19 22	19 28	19 33	19 40	19 47	19 54	20 03	20 12	20 23	20 36	20 50	21 08	21 30
17	20 08	20 13	20 18	20 24	20 30	20 37	20 44	20 52	21 01	21 12	21 23	21 37	21 54	22 14
18	20 54	20 58	21 03	21 08	21 13	21 19	21 26	21 33	21 41	21 50	22 00	22 12	22 26	22 44
19	21 34	21 38	21 42	21 46	21 50	21 55	22 01	22 07	22 13	22 21	22 29	22 39	22 50	23 03
20	22 10	22 13	22 16	22 19	22 22	22 26	22 30	22 35	22 40	22 46	22 52	22 59	23 08	23 17
21	22 42	22 44	22 46	22 49	22 51	22 54	22 56	23 00	23 03	23 07	23 11	23 16	23 21	23 28
22	23 13	23 14	23 15	23 16	23 17	23 19	23 20	23 22	23 24	23 25	23 28	23 30	23 33	23 36
23	23 42	23 42	23 42	23 42	23 42	23 42	23 42	23 43	23 43	23 43	23 43	23 43	23 44	23 44
24	.. ..	.. ..	.. ..	.. ..	.. ..	.. ..	.. ..	.. ..	.. ..	.. ..	23 59	23 57	23 54	23 52
25	0 11	0 10	0 09	0 08	0 07	0 06	0 05	0 03	0 02	0 00	.. ..	.. ..	.. ..	.. ..
26	0 41	0 39	0 37	0 35	0 33	0 31	0 28	0 25	0 22	0 19	0 15	0 11	0 05	0 00
27	1 13	1 11	1 08	1 05	1 01	0 58	0 54	0 49	0 45	0 39	0 33	0 27	0 19	0 10
28	1 49	1 45	1 41	1 37	1 33	1 28	1 23	1 17	1 11	1 04	0 55	0 46	0 35	0 23
29	2 29	2 25	2 20	2 15	2 10	2 04	1 57	1 50	1 42	1 33	1 23	1 11	0 58	0 41
30	3 14	3 10	3 04	2 59	2 53	2 46	2 39	2 31	2 22	2 11	1 59	1 46	1 29	1 09
July 1	4 06	4 01	3 56	3 50	3 43	3 36	3 29	3 20	3 10	2 59	2 47	2 32	2 14	1 51
2	5 05	5 00	4 54	4 49	4 42	4 35	4 28	4 19	4 10	3 59	3 47	3 32	3 15	2 53

.. .. indicates phenomenon will occur the next day.

MOONRISE AND MOONSET, 2015

UNIVERSAL TIME FOR MERIDIAN OF GREENWICH

MOONRISE

Lat.	−55°	−50°	−45°	−40°	−35°	−30°	−20°	−10°	0°	+10°	+20°	+30°	+35°	+40°
	h m	h m	h m	h m	h m	h m	h m	h m	h m	h m	h m	h m	h m	h m
July 1	15 46	16 07	16 23	16 36	16 48	16 58	17 15	17 29	17 43	17 57	18 12	18 29	18 39	18 51
2	16 51	17 10	17 25	17 38	17 48	17 57	18 13	18 27	18 40	18 53	19 07	19 23	19 32	19 43
3	18 03	18 20	18 32	18 43	18 52	19 00	19 14	19 26	19 37	19 48	20 00	20 14	20 22	20 31
4	19 21	19 33	19 43	19 51	19 58	20 04	20 15	20 24	20 33	20 41	20 51	21 01	21 07	21 14
5	20 41	20 49	20 55	21 00	21 05	21 09	21 16	21 22	21 27	21 33	21 39	21 45	21 49	21 54
6	22 02	22 05	22 08	22 10	22 11	22 13	22 16	22 18	22 20	22 23	22 25	22 28	22 29	22 31
7	23 23	23 21	23 19	23 18	23 17	23 16	23 15	23 14	23 12	23 11	23 10	23 09	23 08	23 07
8	.. ..	.. ..	.. ..	.. ..	.. ..	.. ..	.. ..	.. ..	.. ..	.. ..	23 55	23 50	23 47	23 43
9	0 42	0 35	0 30	0 26	0 22	0 19	0 14	0 09	0 04	0 00	.. ..	.. ..	.. ..	.. ..
10	2 00	1 49	1 40	1 33	1 27	1 21	1 12	1 04	0 56	0 49	0 41	0 32	0 27	0 21
11	3 15	3 00	2 48	2 39	2 30	2 23	2 10	1 59	1 49	1 39	1 28	1 16	1 09	1 01
12	4 26	4 08	3 54	3 42	3 32	3 23	3 08	2 55	2 42	2 30	2 17	2 02	1 54	1 44
13	5 31	5 11	4 55	4 42	4 31	4 21	4 04	3 50	3 36	3 23	3 08	2 52	2 42	2 31
14	6 28	6 07	5 51	5 37	5 26	5 16	4 59	4 44	4 30	4 16	4 01	3 44	3 34	3 23
15	7 16	6 56	6 40	6 27	6 16	6 07	5 50	5 36	5 22	5 09	4 54	4 38	4 28	4 17
16	7 55	7 37	7 23	7 12	7 02	6 53	6 38	6 25	6 13	6 00	5 47	5 32	5 24	5 14
17	8 28	8 13	8 01	7 52	7 43	7 36	7 23	7 12	7 01	6 51	6 40	6 27	6 19	6 11
18	8 55	8 44	8 35	8 27	8 21	8 15	8 05	7 56	7 48	7 40	7 31	7 21	7 15	7 08
19	9 19	9 11	9 05	9 00	8 55	8 51	8 44	8 38	8 33	8 27	8 21	8 14	8 10	8 05
20	9 40	9 36	9 33	9 30	9 28	9 26	9 22	9 19	9 16	9 13	9 10	9 06	9 04	9 02
21	10 00	10 00	9 59	9 59	9 59	9 59	9 59	9 58	9 58	9 58	9 58	9 58	9 57	9 57
22	10 20	10 23	10 26	10 28	10 30	10 32	10 35	10 38	10 40	10 43	10 46	10 49	10 51	10 53
23	10 41	10 48	10 54	10 58	11 03	11 06	11 12	11 18	11 23	11 29	11 34	11 41	11 44	11 49
24	11 05	11 15	11 23	11 31	11 37	11 42	11 51	12 00	12 07	12 15	12 24	12 33	12 39	12 45
25	11 31	11 45	11 56	12 06	12 14	12 21	12 33	12 44	12 54	13 04	13 15	13 27	13 35	13 43

MOONSET

Lat.	−55°	−50°	−45°	−40°	−35°	−30°	−20°	−10°	0°	+10°	+20°	+30°	+35°	+40°
	h m	h m	h m	h m	h m	h m	h m	h m	h m	h m	h m	h m	h m	h m
July 1	7 12	6 51	6 35	6 21	6 10	6 00	5 43	5 28	5 14	5 00	4 45	4 28	4 18	4 06
2	8 04	7 44	7 28	7 16	7 05	6 55	6 39	6 24	6 11	5 57	5 42	5 26	5 16	5 05
3	8 48	8 30	8 17	8 06	7 56	7 47	7 33	7 20	7 07	6 55	6 42	6 27	6 18	6 08
4	9 25	9 11	9 00	8 51	8 43	8 36	8 24	8 14	8 04	7 54	7 43	7 31	7 23	7 15
5	9 56	9 46	9 39	9 32	9 27	9 22	9 14	9 06	8 59	8 52	8 44	8 35	8 30	8 24
6	10 23	10 18	10 14	10 11	10 08	10 05	10 01	9 56	9 53	9 49	9 44	9 39	9 37	9 33
7	10 49	10 48	10 48	10 48	10 47	10 47	10 46	10 46	10 45	10 45	10 44	10 43	10 43	10 42
8	11 14	11 18	11 21	11 24	11 26	11 28	11 31	11 34	11 37	11 40	11 43	11 46	11 48	11 51
9	11 40	11 48	11 55	12 00	12 05	12 09	12 17	12 23	12 29	12 35	12 42	12 49	12 53	12 58
10	12 08	12 21	12 31	12 39	12 46	12 52	13 03	13 12	13 21	13 30	13 40	13 51	13 57	14 04
11	12 41	12 57	13 10	13 20	13 29	13 37	13 51	14 03	14 14	14 26	14 38	14 52	15 00	15 09
12	13 19	13 38	13 53	14 06	14 16	14 25	14 41	14 55	15 08	15 21	15 35	15 51	16 00	16 11
13	14 05	14 25	14 42	14 55	15 06	15 16	15 33	15 48	16 02	16 16	16 30	16 47	16 57	17 09
14	14 57	15 18	15 35	15 48	15 59	16 09	16 26	16 41	16 55	17 09	17 24	17 40	17 50	18 01
15	15 56	16 16	16 31	16 44	16 54	17 04	17 20	17 34	17 47	18 00	18 13	18 29	18 38	18 49
16	17 00	17 17	17 30	17 41	17 50	17 59	18 13	18 25	18 36	18 48	19 00	19 14	19 22	19 31
17	18 05	18 19	18 30	18 39	18 46	18 53	19 05	19 15	19 24	19 34	19 43	19 55	20 01	20 09
18	19 11	19 21	19 29	19 36	19 42	19 47	19 55	20 03	20 10	20 17	20 24	20 32	20 37	20 43
19	20 17	20 24	20 28	20 33	20 36	20 39	20 45	20 49	20 54	20 58	21 02	21 08	21 11	21 14
20	21 23	21 25	21 27	21 28	21 30	21 31	21 33	21 35	21 36	21 38	21 40	21 41	21 42	21 44
21	22 28	22 26	22 25	22 24	22 23	22 22	22 21	22 20	22 18	22 17	22 16	22 15	22 14	22 13
22	23 33	23 28	23 23	23 20	23 17	23 14	23 09	23 05	23 01	22 57	22 53	22 48	22 45	22 42
23	.. ..	.. ..	.. ..	.. ..	.. ..	.. ..	23 58	23 51	23 44	23 38	23 31	23 23	23 18	23 13
24	0 38	0 29	0 22	0 16	0 11	0 06	.. ..	.. ..	.. ..	.. ..	.. ..	.. ..	23 54	23 46
25	1 44	1 32	1 21	1 13	1 06	0 59	0 48	0 38	0 29	0 20	0 11	0 00	.. ..	.. ..

.. .. indicates phenomenon will occur the next day.

MOONRISE AND MOONSET, 2015
UNIVERSAL TIME FOR MERIDIAN OF GREENWICH
MOONRISE

Lat.	+40°	+42°	+44°	+46°	+48°	+50°	+52°	+54°	+56°	+58°	+60°	+62°	+64°	+66°
	h m	h m	h m	h m	h m	h m	h m	h m	h m	h m	h m	h m	h m	h m
July 1	18 51	18 56	19 01	19 07	19 13	19 20	19 28	19 36	19 46	19 57	20 09	20 24	20 42	21 04
2	19 43	19 48	19 53	19 58	20 04	20 10	20 17	20 25	20 34	20 43	20 55	21 08	21 23	21 42
3	20 31	20 35	20 39	20 43	20 48	20 54	20 59	21 06	21 13	21 21	21 30	21 41	21 53	22 08
4	21 14	21 17	21 20	21 24	21 27	21 31	21 36	21 41	21 46	21 52	21 59	22 06	22 15	22 25
5	21 54	21 56	21 58	22 00	22 02	22 05	22 08	22 11	22 14	22 18	22 22	22 27	22 32	22 38
6	22 31	22 32	22 33	22 34	22 35	22 36	22 37	22 38	22 39	22 41	22 43	22 44	22 47	22 49
7	23 07	23 07	23 06	23 06	23 06	23 05	23 05	23 04	23 03	23 03	23 02	23 01	23 00	22 59
8	23 43	23 42	23 40	23 39	23 37	23 35	23 33	23 30	23 28	23 25	23 22	23 18	23 14	23 09
9	.. ..	.. ..	.. ..	.. ..	.. ..	.. ..	.. ..	23 58	23 54	23 49	23 43	23 37	23 29	23 21
10	0 21	0 18	0 16	0 13	0 09	0 06	0 02	.. ..	.. ..	.. ..	.. ..	23 59	23 48	23 36
11	1 01	0 57	0 53	0 49	0 45	0 40	0 35	0 29	0 23	0 16	0 08	.. ..	.. ..	23 57
12	1 44	1 40	1 35	1 30	1 25	1 19	1 13	1 06	0 58	0 49	0 39	0 27	0 13	.. ..
13	2 31	2 26	2 21	2 16	2 10	2 03	1 56	1 48	1 39	1 29	1 17	1 03	0 47	0 27
14	3 23	3 17	3 12	3 06	3 00	2 53	2 45	2 37	2 27	2 17	2 04	1 50	1 32	1 10
15	4 17	4 12	4 07	4 01	3 55	3 48	3 41	3 33	3 23	3 13	3 01	2 47	2 30	2 09
16	5 14	5 09	5 04	4 59	4 54	4 48	4 41	4 33	4 25	4 16	4 05	3 53	3 38	3 20
17	6 11	6 07	6 03	5 59	5 54	5 49	5 44	5 37	5 30	5 23	5 14	5 04	4 52	4 37
18	7 08	7 06	7 02	6 59	6 55	6 51	6 47	6 42	6 37	6 31	6 25	6 17	6 08	5 58
19	8 05	8 03	8 01	7 59	7 56	7 54	7 51	7 48	7 44	7 40	7 36	7 31	7 25	7 18
20	9 02	9 01	8 59	8 58	8 57	8 56	8 54	8 52	8 51	8 49	8 46	8 44	8 41	8 37
21	9 57	9 57	9 57	9 57	9 57	9 57	9 57	9 57	9 57	9 57	9 56	9 56	9 56	9 56
22	10 53	10 54	10 55	10 56	10 57	10 58	11 00	11 01	11 03	11 04	11 07	11 09	11 11	11 15
23	11 49	11 51	11 53	11 55	11 57	12 00	12 02	12 05	12 09	12 13	12 17	12 22	12 27	12 34
24	12 45	12 48	12 51	12 54	12 58	13 02	13 06	13 10	13 16	13 21	13 28	13 35	13 44	13 54
25	13 43	13 47	13 50	13 55	13 59	14 04	14 10	14 16	14 23	14 30	14 39	14 49	15 00	15 14

MOONSET

Lat.	+40°	+42°	+44°	+46°	+48°	+50°	+52°	+54°	+56°	+58°	+60°	+62°	+64°	+66°
	h m	h m	h m	h m	h m	h m	h m	h m	h m	h m	h m	h m	h m	h m
July 1	4 06	4 01	3 56	3 50	3 43	3 36	3 29	3 20	3 10	2 59	2 47	2 32	2 14	1 51
2	5 05	5 00	4 54	4 49	4 42	4 35	4 28	4 19	4 10	3 59	3 47	3 32	3 15	2 53
3	6 08	6 04	5 59	5 54	5 48	5 42	5 35	5 28	5 19	5 10	4 59	4 46	4 31	4 13
4	7 15	7 12	7 08	7 03	6 59	6 54	6 49	6 43	6 36	6 28	6 20	6 10	5 58	5 45
5	8 24	8 21	8 19	8 16	8 13	8 09	8 05	8 01	7 56	7 51	7 45	7 38	7 31	7 21
6	9 33	9 32	9 30	9 29	9 27	9 25	9 23	9 21	9 18	9 15	9 12	9 09	9 04	8 59
7	10 42	10 42	10 42	10 42	10 41	10 41	10 41	10 40	10 40	10 40	10 39	10 38	10 38	10 37
8	11 51	11 52	11 53	11 54	11 55	11 56	11 58	11 59	12 01	12 03	12 05	12 08	12 10	12 14
9	12 58	13 00	13 02	13 05	13 08	13 10	13 14	13 17	13 21	13 25	13 30	13 35	13 41	13 49
10	14 04	14 08	14 11	14 15	14 19	14 23	14 28	14 33	14 39	14 45	14 52	15 01	15 11	15 22
11	15 09	15 13	15 17	15 22	15 27	15 33	15 39	15 45	15 53	16 01	16 11	16 22	16 35	16 51
12	16 11	16 15	16 20	16 26	16 32	16 38	16 45	16 53	17 02	17 12	17 23	17 37	17 53	18 12
13	17 09	17 14	17 19	17 25	17 31	17 38	17 45	17 54	18 03	18 14	18 26	18 41	18 58	19 20
14	18 01	18 06	18 12	18 17	18 24	18 31	18 38	18 46	18 56	19 06	19 18	19 33	19 50	20 11
15	18 49	18 53	18 58	19 04	19 10	19 16	19 23	19 30	19 39	19 49	20 00	20 12	20 28	20 46
16	19 31	19 35	19 39	19 44	19 49	19 54	20 00	20 07	20 14	20 22	20 32	20 42	20 55	21 10
17	20 09	20 12	20 15	20 19	20 23	20 28	20 32	20 37	20 43	20 50	20 57	21 05	21 15	21 26
18	20 43	20 45	20 48	20 50	20 53	20 56	21 00	21 04	21 08	21 12	21 18	21 24	21 30	21 38
19	21 14	21 15	21 17	21 19	21 20	21 22	21 25	21 27	21 29	21 32	21 35	21 39	21 43	21 48
20	21 44	21 44	21 45	21 45	21 46	21 47	21 47	21 48	21 49	21 50	21 51	21 53	21 54	21 56
21	22 13	22 12	22 12	22 11	22 11	22 10	22 10	22 09	22 08	22 08	22 07	22 06	22 05	22 03
22	22 42	22 41	22 39	22 38	22 36	22 34	22 32	22 30	22 28	22 25	22 22	22 19	22 15	22 11
23	23 13	23 11	23 08	23 06	23 03	23 00	22 57	22 53	22 49	22 45	22 40	22 34	22 28	22 20
24	23 46	23 43	23 40	23 36	23 32	23 28	23 24	23 19	23 13	23 07	23 00	22 52	22 42	22 31
25	.. ..	.. ..	.. ..	.. ..	.. ..	.. ..	23 55	23 48	23 41	23 33	23 24	23 14	23 01	22 47

.. .. indicates phenomenon will occur the next day.

MOONRISE AND MOONSET, 2015

UNIVERSAL TIME FOR MERIDIAN OF GREENWICH

MOONRISE

Lat.	−55°	−50°	−45°	−40°	−35°	−30°	−20°	−10°	0°	+10°	+20°	+30°	+35°	+40°
	h m	h m	h m	h m	h m	h m	h m	h m	h m	h m	h m	h m	h m	h m
July 24	11 05	11 15	11 23	11 31	11 37	11 42	11 51	12 00	12 07	12 15	12 24	12 33	12 39	12 45
25	11 31	11 45	11 56	12 06	12 14	12 21	12 33	12 44	12 54	13 04	13 15	13 27	13 35	13 43
26	12 04	12 21	12 34	12 45	12 55	13 03	13 18	13 31	13 43	13 55	14 08	14 22	14 31	14 41
27	12 43	13 02	13 18	13 30	13 41	13 50	14 07	14 21	14 34	14 48	15 02	15 19	15 28	15 39
28	13 32	13 53	14 09	14 22	14 33	14 43	15 00	15 15	15 29	15 43	15 58	16 15	16 25	16 36
29	14 31	14 51	15 07	15 20	15 31	15 41	15 57	16 12	16 25	16 39	16 53	17 10	17 19	17 30
30	15 41	15 58	16 13	16 24	16 34	16 43	16 57	17 10	17 23	17 35	17 48	18 03	18 11	18 21
31	16 58	17 12	17 23	17 32	17 40	17 48	18 00	18 10	18 20	18 30	18 41	18 53	19 00	19 07
Aug. 1	18 19	18 29	18 37	18 43	18 49	18 54	19 02	19 10	19 17	19 24	19 31	19 40	19 45	19 50
2	19 42	19 47	19 51	19 55	19 58	20 00	20 05	20 09	20 12	20 16	20 20	20 24	20 27	20 30
3	21 05	21 06	21 06	21 06	21 06	21 06	21 06	21 06	21 07	21 07	21 07	21 07	21 07	21 08
4	22 27	22 23	22 19	22 16	22 13	22 11	22 07	22 03	22 00	21 57	21 53	21 50	21 47	21 45
5	23 47	23 38	23 31	23 24	23 19	23 15	23 07	23 00	22 53	22 47	22 40	22 32	22 28	22 23
6	.. ..	.. ..	.. ..	.. ..	.. ..	.. ..	.. ..	23 55	23 46	23 37	23 27	23 16	23 09	23 02
7	1 04	0 51	0 40	0 31	0 24	0 17	0 05	.. ..	.. ..	.. ..	.. ..	.. ..	23 54	23 44
8	2 17	2 00	1 46	1 35	1 26	1 18	1 03	0 51	0 39	0 28	0 16	0 02	.. ..	.. ..
9	3 24	3 04	2 49	2 36	2 25	2 16	2 00	1 46	1 33	1 19	1 06	0 50	0 40	0 30
10	4 22	4 02	3 45	3 32	3 21	3 11	2 54	2 39	2 25	2 12	1 57	1 40	1 30	1 19
11	5 13	4 52	4 36	4 23	4 12	4 02	3 46	3 31	3 17	3 04	2 49	2 32	2 23	2 12
12	5 54	5 36	5 21	5 09	4 59	4 50	4 34	4 21	4 08	3 55	3 42	3 26	3 17	3 07
13	6 29	6 13	6 01	5 50	5 41	5 34	5 20	5 08	4 57	4 46	4 34	4 20	4 12	4 03
14	6 58	6 46	6 36	6 27	6 20	6 14	6 03	5 53	5 44	5 35	5 25	5 14	5 07	5 00
15	7 23	7 14	7 07	7 01	6 55	6 51	6 43	6 36	6 29	6 22	6 15	6 07	6 02	5 57
16	7 45	7 40	7 36	7 32	7 29	7 26	7 21	7 17	7 13	7 09	7 04	6 59	6 57	6 53
17	8 06	8 04	8 03	8 02	8 01	8 00	7 58	7 57	7 55	7 54	7 53	7 51	7 50	7 49

MOONSET

Lat.	−55°	−50°	−45°	−40°	−35°	−30°	−20°	−10°	0°	+10°	+20°	+30°	+35°	+40°
	h m	h m	h m	h m	h m	h m	h m	h m	h m	h m	h m	h m	h m	h m
July 24	0 38	0 29	0 22	0 16	0 11	0 06	.. ..	.. ..	.. ..	.. ..	.. ..	.. ..	23 54	23 46
25	1 44	1 32	1 21	1 13	1 06	0 59	0 48	0 38	0 29	0 20	0 11	0 00	.. ..	.. ..
26	2 50	2 34	2 21	2 11	2 02	1 54	1 40	1 28	1 17	1 06	0 54	0 40	0 32	0 24
27	3 55	3 36	3 21	3 09	2 58	2 49	2 34	2 20	2 07	1 54	1 41	1 25	1 16	1 06
28	4 56	4 35	4 19	4 06	3 55	3 45	3 29	3 14	3 00	2 46	2 32	2 15	2 05	1 54
29	5 51	5 31	5 15	5 02	4 51	4 41	4 24	4 09	3 55	3 42	3 27	3 10	3 00	2 48
30	6 40	6 21	6 07	5 54	5 44	5 35	5 19	5 05	4 53	4 40	4 26	4 10	4 00	3 50
31	7 21	7 05	6 53	6 43	6 34	6 26	6 13	6 01	5 50	5 39	5 27	5 13	5 05	4 56
Aug. 1	7 56	7 44	7 35	7 27	7 21	7 15	7 05	6 56	6 47	6 39	6 29	6 19	6 13	6 06
2	8 26	8 19	8 13	8 08	8 04	8 01	7 54	7 49	7 43	7 38	7 32	7 25	7 22	7 17
3	8 53	8 51	8 49	8 47	8 46	8 44	8 42	8 40	8 38	8 36	8 34	8 32	8 30	8 29
4	9 19	9 21	9 23	9 25	9 26	9 27	9 29	9 30	9 32	9 34	9 35	9 37	9 38	9 39
5	9 46	9 52	9 57	10 02	10 06	10 09	10 15	10 20	10 25	10 30	10 35	10 41	10 45	10 49
6	10 14	10 24	10 33	10 40	10 47	10 52	11 02	11 10	11 18	11 26	11 35	11 44	11 50	11 56
7	10 45	11 00	11 12	11 21	11 30	11 37	11 50	12 01	12 11	12 22	12 33	12 46	12 53	13 02
8	11 21	11 39	11 53	12 05	12 15	12 24	12 39	12 52	13 05	13 17	13 30	13 46	13 54	14 05
9	12 04	12 24	12 40	12 53	13 04	13 13	13 30	13 44	13 58	14 11	14 26	14 43	14 52	15 03
10	12 53	13 14	13 30	13 44	13 55	14 05	14 22	14 37	14 51	15 04	15 19	15 36	15 46	15 57
11	13 49	14 09	14 25	14 38	14 49	14 58	15 14	15 29	15 42	15 55	16 09	16 26	16 35	16 46
12	14 50	15 08	15 22	15 34	15 43	15 52	16 07	16 20	16 32	16 44	16 57	17 11	17 20	17 29
13	15 54	16 09	16 21	16 30	16 39	16 46	16 59	17 10	17 20	17 30	17 41	17 53	18 00	18 08
14	17 00	17 11	17 20	17 28	17 34	17 40	17 49	17 58	18 06	18 14	18 22	18 32	18 37	18 43
15	18 05	18 13	18 19	18 24	18 29	18 32	18 39	18 45	18 50	18 56	19 01	19 08	19 11	19 16
16	19 11	19 15	19 18	19 20	19 22	19 24	19 28	19 31	19 33	19 36	19 39	19 42	19 44	19 46
17	20 16	20 16	20 16	20 16	20 16	20 16	20 16	20 16	20 16	20 16	20 16	20 15	20 15	20 15

.. .. indicates phenomenon will occur the next day.

UNIVERSAL TIME FOR MERIDIAN OF GREENWICH
MOONRISE

Lat.	+40°	+42°	+44°	+46°	+48°	+50°	+52°	+54°	+56°	+58°	+60°	+62°	+64°	+66°
	h m	h m	h m	h m	h m	h m	h m	h m	h m	h m	h m	h m	h m	h m
July 24	12 45	12 48	12 51	12 54	12 58	13 02	13 06	13 10	13 16	13 21	13 28	13 35	13 44	13 54
25	13 43	13 47	13 50	13 55	13 59	14 04	14 10	14 16	14 23	14 30	14 39	14 49	15 00	15 14
26	14 41	14 45	14 50	14 55	15 01	15 07	15 13	15 21	15 29	15 38	15 49	16 01	16 16	16 34
27	15 39	15 44	15 49	15 55	16 01	16 08	16 15	16 23	16 33	16 43	16 55	17 09	17 27	17 48
28	16 36	16 41	16 47	16 52	16 59	17 06	17 14	17 22	17 32	17 43	17 55	18 10	18 28	18 50
29	17 30	17 35	17 41	17 46	17 52	17 59	18 06	18 15	18 24	18 34	18 46	19 00	19 17	19 37
30	18 21	18 25	18 30	18 35	18 40	18 46	18 53	19 00	19 08	19 17	19 27	19 39	19 53	20 09
31	19 07	19 11	19 15	19 19	19 23	19 28	19 33	19 38	19 45	19 52	19 59	20 08	20 19	20 31
Aug. 1	19 50	19 53	19 55	19 58	20 01	20 04	20 08	20 12	20 16	20 21	20 26	20 32	20 39	20 47
2	20 30	20 31	20 32	20 34	20 36	20 37	20 39	20 41	20 43	20 46	20 48	20 52	20 55	20 59
3	21 08	21 08	21 08	21 08	21 08	21 08	21 08	21 09	21 09	21 09	21 09	21 09	21 10	21 10
4	21 45	21 44	21 43	21 41	21 40	21 39	21 37	21 35	21 34	21 32	21 29	21 27	21 24	21 20
5	22 23	22 20	22 18	22 16	22 13	22 10	22 07	22 03	22 00	21 55	21 51	21 45	21 39	21 32
6	23 02	22 59	22 56	22 52	22 48	22 44	22 39	22 34	22 28	22 22	22 15	22 07	21 57	21 46
7	23 44	23 40	23 36	23 31	23 26	23 21	23 15	23 08	23 01	22 53	22 43	22 33	22 20	22 05
8	.. ..	.. ..	.. ..	.. ..	.. ..	.. ..	.. ..	23 56	23 48	23 40	23 30	23 19	23 06	22 50	22 32
9	0 30	0 25	0 20	0 15	0 09	0 03	.. ..	.. ..	.. ..	.. ..	.. ..	.. ..	23 48	23 31	23 10
10	1 19	1 14	1 09	1 03	0 57	0 50	0 43	0 34	0 25	0 15	0 02	.. ..	.. ..	.. ..
11	2 12	2 07	2 01	1 56	1 50	1 43	1 35	1 27	1 18	1 07	0 55	0 41	0 24	0 02
12	3 07	3 02	2 57	2 52	2 46	2 40	2 33	2 25	2 16	2 07	1 56	1 43	1 27	1 08
13	4 03	3 59	3 55	3 50	3 45	3 40	3 34	3 27	3 20	3 11	3 02	2 51	2 38	2 22
14	5 00	4 57	4 53	4 50	4 46	4 41	4 36	4 31	4 25	4 19	4 11	4 03	3 53	3 41
15	5 57	5 55	5 52	5 49	5 46	5 43	5 40	5 36	5 32	5 27	5 22	5 16	5 09	5 01
16	6 53	6 52	6 50	6 49	6 47	6 45	6 43	6 41	6 38	6 35	6 32	6 29	6 25	6 20
17	7 49	7 49	7 48	7 48	7 47	7 47	7 46	7 45	7 44	7 43	7 43	7 41	7 40	7 39

MOONSET

Lat.	+40°	+42°	+44°	+46°	+48°	+50°	+52°	+54°	+56°	+58°	+60°	+62°	+64°	+66°
	h m	h m	h m	h m	h m	h m	h m	h m	h m	h m	h m	h m	h m	h m
July 24	23 46	23 43	23 40	23 36	23 32	23 28	23 24	23 19	23 13	23 07	23 00	22 52	22 42	22 31
25	.. ..	.. ..	.. ..	.. ..	.. ..	.. ..	23 55	23 48	23 41	23 33	23 24	23 14	23 01	22 47
26	0 24	0 20	0 15	0 11	0 06	0 01	.. ..	.. ..	.. ..	.. ..	23 55	23 43	23 28	23 09
27	1 06	1 01	0 56	0 51	0 45	0 39	0 32	0 24	0 16	0 06	.. ..	.. ..	.. ..	23 43
28	1 54	1 49	1 43	1 38	1 31	1 24	1 17	1 09	0 59	0 49	0 36	0 22	0 05	.. ..
29	2 48	2 43	2 38	2 32	2 26	2 19	2 11	2 03	1 53	1 42	1 29	1 15	0 57	0 34
30	3 50	3 45	3 40	3 34	3 28	3 22	3 15	3 07	2 58	2 48	2 36	2 22	2 06	1 46
31	4 56	4 52	4 48	4 43	4 38	4 32	4 26	4 19	4 12	4 03	3 54	3 42	3 29	3 13
Aug. 1	6 06	6 03	5 59	5 56	5 52	5 48	5 43	5 38	5 32	5 26	5 19	5 11	5 01	4 50
2	7 17	7 15	7 13	7 11	7 08	7 06	7 03	7 00	6 56	6 52	6 48	6 43	6 37	6 30
3	8 29	8 28	8 27	8 26	8 25	8 24	8 23	8 22	8 21	8 19	8 18	8 16	8 14	8 11
4	9 39	9 40	9 40	9 41	9 42	9 42	9 43	9 44	9 45	9 46	9 47	9 48	9 50	9 51
5	10 49	10 50	10 52	10 54	10 56	10 59	11 01	11 04	11 07	11 10	11 14	11 18	11 23	11 29
6	11 56	11 59	12 02	12 05	12 09	12 13	12 17	12 22	12 27	12 32	12 39	12 46	12 55	13 05
7	13 02	13 06	13 10	13 14	13 19	13 24	13 30	13 36	13 43	13 50	13 59	14 09	14 21	14 36
8	14 05	14 09	14 14	14 19	14 25	14 31	14 37	14 45	14 53	15 03	15 13	15 26	15 41	15 59
9	15 03	15 08	15 13	15 19	15 25	15 32	15 39	15 47	15 57	16 07	16 19	16 33	16 50	17 11
10	15 57	16 02	16 07	16 13	16 19	16 26	16 34	16 42	16 51	17 02	17 14	17 29	17 46	18 07
11	16 46	16 50	16 56	17 01	17 07	17 13	17 21	17 28	17 37	17 47	17 59	18 12	18 28	18 47
12	17 29	17 33	17 38	17 43	17 48	17 54	18 00	18 07	18 15	18 24	18 33	18 45	18 58	19 15
13	18 08	18 12	18 15	18 20	18 24	18 29	18 34	18 40	18 46	18 53	19 01	19 10	19 21	19 33
14	18 43	18 46	18 49	18 52	18 55	18 59	19 03	19 07	19 12	19 17	19 23	19 30	19 38	19 47
15	19 16	19 17	19 19	19 21	19 24	19 26	19 29	19 32	19 35	19 38	19 42	19 47	19 52	19 58
16	19 46	19 47	19 48	19 49	19 50	19 51	19 52	19 54	19 55	19 57	19 59	20 01	20 04	20 06
17	20 15	20 15	20 15	20 15	20 15	20 15	20 15	20 15	20 15	20 15	20 15	20 15	20 14	20 14

.. .. indicates phenomenon will occur the next day.

MOONRISE AND MOONSET, 2015

UNIVERSAL TIME FOR MERIDIAN OF GREENWICH

MOONRISE

Lat.	−55°	−50°	−45°	−40°	−35°	−30°	−20°	−10°	0°	+10°	+20°	+30°	+35°	+40°
	h m	h m	h m	h m	h m	h m	h m	h m	h m	h m	h m	h m	h m	h m
Aug. 16	7 45	7 40	7 36	7 32	7 29	7 26	7 21	7 17	7 13	7 09	7 04	6 59	6 57	6 53
17	8 06	8 04	8 03	8 02	8 01	8 00	7 58	7 57	7 55	7 54	7 53	7 51	7 50	7 49
18	8 26	8 28	8 30	8 31	8 32	8 33	8 35	8 36	8 37	8 39	8 41	8 42	8 43	8 45
19	8 47	8 52	8 57	9 00	9 04	9 06	9 11	9 16	9 20	9 24	9 29	9 34	9 37	9 40
20	9 09	9 18	9 25	9 31	9 37	9 41	9 49	9 56	10 03	10 10	10 17	10 25	10 30	10 36
21	9 34	9 46	9 56	10 05	10 12	10 18	10 29	10 39	10 48	10 57	11 07	11 18	11 25	11 32
22	10 03	10 19	10 31	10 41	10 50	10 58	11 12	11 23	11 35	11 46	11 58	12 12	12 20	12 29
23	10 38	10 57	11 11	11 23	11 33	11 42	11 57	12 11	12 24	12 36	12 50	13 06	13 15	13 25
24	11 22	11 41	11 57	12 10	12 21	12 31	12 47	13 02	13 15	13 29	13 44	14 01	14 10	14 21
25	12 14	12 35	12 51	13 04	13 15	13 24	13 41	13 56	14 10	14 23	14 38	14 55	15 05	15 16
26	13 17	13 36	13 51	14 04	14 14	14 23	14 39	14 53	15 06	15 19	15 32	15 48	15 57	16 08
27	14 30	14 46	14 59	15 09	15 18	15 26	15 40	15 52	16 03	16 14	16 26	16 39	16 47	16 56
28	15 49	16 01	16 11	16 19	16 26	16 32	16 42	16 51	17 00	17 09	17 18	17 28	17 34	17 41
29	17 13	17 20	17 26	17 31	17 35	17 39	17 46	17 51	17 57	18 02	18 08	18 15	18 18	18 23
30	18 38	18 40	18 43	18 44	18 46	18 47	18 49	18 51	18 53	18 55	18 57	18 59	19 01	19 02
31	20 03	20 01	19 59	19 57	19 56	19 54	19 52	19 50	19 49	19 47	19 45	19 43	19 42	19 41
Sept. 1	21 27	21 20	21 14	21 09	21 05	21 01	20 55	20 49	20 44	20 39	20 34	20 27	20 24	20 20
2	22 48	22 36	22 27	22 19	22 12	22 06	21 56	21 47	21 39	21 31	21 22	21 12	21 07	21 00
3	.. ..	23 49	23 36	23 26	23 17	23 09	22 56	22 45	22 34	22 23	22 12	21 59	21 51	21 43
4	0 05	.. ..	.. ..	.. ..	.. ..	.. ..	23 54	23 41	23 28	23 16	23 02	22 47	22 38	22 28
5	1 15	0 56	0 41	0 29	0 19	0 10	.. ..	.. ..	.. ..	.. ..	23 54	23 37	23 28	23 17
6	2 17	1 57	1 41	1 28	1 16	1 07	0 50	0 35	0 22	0 08	.. ..	.. ..	.. ..	.. ..
7	3 10	2 50	2 34	2 20	2 09	2 00	1 43	1 28	1 14	1 01	0 46	0 29	0 20	0 09
8	3 54	3 35	3 20	3 08	2 57	2 48	2 32	2 18	2 05	1 52	1 38	1 22	1 13	1 03
9	4 31	4 14	4 01	3 50	3 41	3 33	3 18	3 06	2 54	2 43	2 30	2 16	2 08	1 58

MOONSET

Lat.	−55°	−50°	−45°	−40°	−35°	−30°	−20°	−10°	0°	+10°	+20°	+30°	+35°	+40°
	h m	h m	h m	h m	h m	h m	h m	h m	h m	h m	h m	h m	h m	h m
Aug. 16	19 11	19 15	19 18	19 20	19 22	19 24	19 28	19 31	19 33	19 36	19 39	19 42	19 44	19 46
17	20 16	20 16	20 16	20 16	20 16	20 16	20 16	20 16	20 16	20 16	20 16	20 15	20 15	20 15
18	21 21	21 17	21 14	21 11	21 09	21 07	21 04	21 01	20 58	20 55	20 52	20 49	20 47	20 45
19	22 26	22 18	22 12	22 07	22 02	21 59	21 52	21 46	21 41	21 35	21 29	21 23	21 19	21 15
20	23 30	23 19	23 10	23 03	22 56	22 51	22 41	22 32	22 24	22 17	22 08	21 58	21 53	21 47
21	.. ..	.. ..	.. ..	23 59	23 51	23 44	23 31	23 20	23 10	23 00	22 49	22 37	22 30	22 21
22	0 35	0 20	0 09	.. ..	.. ..	.. ..	.. ..	.. ..	23 58	23 46	23 33	23 18	23 10	23 00
23	1 39	1 21	1 07	0 56	0 46	0 37	0 23	0 10	.. ..	.. ..	.. ..	.. ..	23 55	23 44
24	2 40	2 20	2 05	1 52	1 41	1 32	1 16	1 02	0 48	0 35	0 21	0 05	.. ..	.. ..
25	3 37	3 17	3 01	2 47	2 36	2 26	2 10	1 55	1 41	1 27	1 13	0 56	0 46	0 34
26	4 28	4 08	3 53	3 40	3 30	3 20	3 04	2 50	2 36	2 23	2 08	1 52	1 42	1 31
27	5 12	4 55	4 42	4 30	4 21	4 12	3 58	3 45	3 33	3 21	3 08	2 53	2 44	2 34
28	5 50	5 37	5 26	5 17	5 09	5 02	4 50	4 40	4 30	4 20	4 09	3 57	3 50	3 42
29	6 23	6 14	6 06	6 00	5 55	5 50	5 41	5 34	5 27	5 20	5 12	5 04	4 59	4 53
30	6 52	6 48	6 44	6 41	6 38	6 35	6 31	6 27	6 24	6 20	6 16	6 11	6 09	6 06
31	7 20	7 20	7 20	7 20	7 20	7 20	7 20	7 20	7 20	7 19	7 19	7 19	7 19	7 19
Sept. 1	7 47	7 52	7 55	7 59	8 01	8 04	8 08	8 12	8 15	8 18	8 22	8 26	8 29	8 31
2	8 16	8 25	8 32	8 38	8 43	8 48	8 56	9 03	9 10	9 17	9 24	9 32	9 37	9 42
3	8 47	9 00	9 11	9 19	9 27	9 34	9 45	9 56	10 05	10 15	10 25	10 37	10 43	10 51
4	9 22	9 39	9 52	10 03	10 13	10 21	10 35	10 48	11 00	11 12	11 24	11 38	11 47	11 56
5	10 03	10 23	10 38	10 51	11 01	11 11	11 27	11 41	11 54	12 07	12 21	12 37	12 47	12 57
6	10 51	11 12	11 28	11 41	11 52	12 02	12 19	12 33	12 47	13 01	13 16	13 32	13 42	13 53
7	11 45	12 05	12 21	12 34	12 45	12 55	13 11	13 26	13 39	13 53	14 07	14 23	14 33	14 44
8	12 44	13 02	13 17	13 29	13 39	13 48	14 03	14 17	14 29	14 42	14 55	15 10	15 19	15 28
9	13 47	14 02	14 15	14 25	14 34	14 42	14 55	15 06	15 17	15 28	15 39	15 52	16 00	16 09

.. .. indicates phenomenon will occur the next day.

UNIVERSAL TIME FOR MERIDIAN OF GREENWICH
MOONRISE

Lat.	+40°	+42°	+44°	+46°	+48°	+50°	+52°	+54°	+56°	+58°	+60°	+62°	+64°	+66°
	h m	h m	h m	h m	h m	h m	h m	h m	h m	h m	h m	h m	h m	h m
Aug.16	6 53	6 52	6 50	6 49	6 47	6 45	6 43	6 41	6 38	6 35	6 32	6 29	6 25	6 20
17	7 49	7 49	7 48	7 48	7 47	7 47	7 46	7 45	7 44	7 43	7 43	7 41	7 40	7 39
18	8 45	8 45	8 46	8 46	8 47	8 48	8 48	8 49	8 50	8 51	8 52	8 54	8 55	8 57
19	9 40	9 42	9 43	9 45	9 47	9 49	9 51	9 53	9 56	9 59	10 02	10 06	10 10	10 15
20	10 36	10 38	10 41	10 44	10 47	10 50	10 53	10 57	11 02	11 06	11 12	11 18	11 25	11 34
21	11 32	11 35	11 39	11 43	11 47	11 51	11 56	12 01	12 07	12 14	12 22	12 31	12 41	12 53
22	12 29	12 33	12 37	12 42	12 47	12 52	12 58	13 05	13 13	13 21	13 31	13 42	13 55	14 11
23	13 25	13 30	13 35	13 40	13 46	13 53	14 00	14 07	14 16	14 26	14 37	14 51	15 06	15 26
24	14 21	14 26	14 32	14 38	14 44	14 51	14 58	15 07	15 16	15 27	15 39	15 54	16 11	16 33
25	15 16	15 21	15 26	15 32	15 38	15 45	15 53	16 01	16 10	16 21	16 33	16 48	17 05	17 26
26	16 08	16 12	16 17	16 22	16 28	16 35	16 42	16 49	16 58	17 07	17 18	17 31	17 47	18 05
27	16 56	17 00	17 04	17 09	17 13	17 19	17 25	17 31	17 38	17 46	17 55	18 06	18 18	18 32
28	17 41	17 44	17 47	17 50	17 54	17 58	18 02	18 07	18 12	18 18	18 25	18 32	18 41	18 51
29	18 23	18 24	18 26	18 29	18 31	18 33	18 36	18 39	18 42	18 46	18 50	18 54	19 00	19 06
30	19 02	19 03	19 04	19 04	19 05	19 06	19 07	19 08	19 09	19 11	19 12	19 14	19 16	19 18
31	19 41	19 41	19 40	19 39	19 39	19 38	19 37	19 36	19 35	19 34	19 33	19 32	19 31	19 29
Sept. 1	20 20	20 18	20 16	20 15	20 12	20 10	20 08	20 05	20 02	19 59	19 55	19 51	19 46	19 41
2	21 00	20 57	20 54	20 51	20 48	20 44	20 40	20 36	20 31	20 25	20 19	20 12	20 04	19 55
3	21 43	21 39	21 35	21 31	21 26	21 21	21 16	21 10	21 03	20 55	20 47	20 37	20 26	20 12
4	22 28	22 24	22 19	22 14	22 08	22 02	21 56	21 48	21 40	21 31	21 21	21 08	20 54	20 37
5	23 17	23 12	23 07	23 01	22 55	22 48	22 41	22 33	22 24	22 14	22 02	21 48	21 32	21 11
6	.. ..	.. ..	23 58	23 53	23 46	23 40	23 32	23 24	23 15	23 04	22 52	22 38	22 21	21 59
7	0 09	0 04	.. ..	.. ..	.. ..	.. ..	.. ..	.. ..	.. ..	.. ..	23 50	23 36	23 20	23 01
8	1 03	0 58	0 53	0 47	0 41	0 35	0 28	0 20	0 11	0 01	.. ..	.. ..	.. ..	.. ..
9	1 58	1 54	1 49	1 45	1 39	1 34	1 27	1 20	1 13	1 04	0 54	0 42	0 29	0 12

MOONSET

Lat.	+40°	+42°	+44°	+46°	+48°	+50°	+52°	+54°	+56°	+58°	+60°	+62°	+64°	+66°
	h m	h m	h m	h m	h m	h m	h m	h m	h m	h m	h m	h m	h m	h m
Aug.16	19 46	19 47	19 48	19 49	19 50	19 51	19 52	19 54	19 55	19 57	19 59	20 01	20 04	20 06
17	20 15	20 15	20 15	20 15	20 15	20 15	20 15	20 15	20 15	20 15	20 15	20 15	20 14	20 14
18	20 45	20 44	20 42	20 41	20 40	20 39	20 37	20 36	20 34	20 32	20 30	20 28	20 25	20 22
19	21 15	21 13	21 11	21 09	21 06	21 04	21 01	20 58	20 55	20 51	20 47	20 42	20 37	20 31
20	21 47	21 44	21 41	21 38	21 34	21 31	21 26	21 22	21 17	21 12	21 06	20 59	20 51	20 41
21	22 21	22 18	22 14	22 10	22 05	22 01	21 55	21 49	21 43	21 36	21 28	21 18	21 07	20 55
22	23 00	22 56	22 51	22 46	22 41	22 35	22 29	22 22	22 14	22 05	21 55	21 44	21 30	21 13
23	23 44	23 40	23 34	23 29	23 23	23 16	23 09	23 01	22 52	22 42	22 31	22 17	22 01	21 41
24	.. ..	.. ..	.. ..	.. ..	.. ..	.. ..	23 57	23 49	23 40	23 29	23 16	23 02	22 44	22 22
25	0 34	0 29	0 24	0 18	0 12	0 05	.. ..	.. ..	.. ..	.. ..	.. ..	.. ..	23 43	23 22
26	1 31	1 26	1 21	1 15	1 09	1 02	0 55	0 47	0 37	0 27	0 15	0 00	.. ..	.. ..
27	2 34	2 30	2 25	2 20	2 14	2 08	2 01	1 54	1 46	1 36	1 26	1 13	0 58	0 40
28	3 42	3 38	3 34	3 30	3 26	3 21	3 15	3 09	3 03	2 55	2 47	2 37	2 26	2 12
29	4 53	4 50	4 48	4 45	4 42	4 38	4 34	4 30	4 26	4 20	4 15	4 08	4 00	3 51
30	6 06	6 04	6 03	6 01	6 00	5 58	5 56	5 54	5 51	5 49	5 46	5 42	5 38	5 34
31	7 19	7 19	7 19	7 19	7 19	7 18	7 18	7 18	7 18	7 18	7 18	7 18	7 17	7 17
Sept. 1	8 31	8 33	8 34	8 35	8 37	8 38	8 40	8 42	8 44	8 46	8 49	8 52	8 55	8 59
2	9 42	9 45	9 47	9 50	9 53	9 56	10 00	10 03	10 08	10 12	10 18	10 24	10 31	10 39
3	10 51	10 54	10 58	11 02	11 06	11 11	11 16	11 22	11 28	11 35	11 43	11 52	12 02	12 15
4	11 56	12 01	12 05	12 10	12 15	12 21	12 27	12 34	12 42	12 51	13 01	13 13	13 27	13 44
5	12 57	13 02	13 07	13 13	13 19	13 25	13 32	13 40	13 49	13 59	14 11	14 25	14 41	15 01
6	13 53	13 58	14 04	14 09	14 15	14 22	14 30	14 38	14 47	14 58	15 10	15 24	15 41	16 03
7	14 44	14 48	14 54	14 59	15 05	15 12	15 19	15 27	15 36	15 46	15 58	16 11	16 28	16 48
8	15 28	15 33	15 38	15 43	15 48	15 54	16 01	16 08	16 16	16 25	16 35	16 47	17 02	17 19
9	16 09	16 12	16 16	16 21	16 25	16 30	16 36	16 42	16 49	16 56	17 05	17 15	17 26	17 40

.. .. indicates phenomenon will occur the next day.

MOONRISE AND MOONSET, 2015

UNIVERSAL TIME FOR MERIDIAN OF GREENWICH

MOONRISE

Lat.	−55°	−50°	−45°	−40°	−35°	−30°	−20°	−10°	0°	+10°	+20°	+30°	+35°	+40°
	h m	h m	h m	h m	h m	h m	h m	h m	h m	h m	h m	h m	h m	h m
Sept. 8	3 54	3 35	3 20	3 08	2 57	2 48	2 32	2 18	2 05	1 52	1 38	1 22	1 13	1 03
9	4 31	4 14	4 01	3 50	3 41	3 33	3 18	3 06	2 54	2 43	2 30	2 16	2 08	1 58
10	5 01	4 48	4 37	4 28	4 20	4 13	4 02	3 51	3 41	3 32	3 21	3 09	3 02	2 55
11	5 28	5 17	5 09	5 02	4 56	4 51	4 42	4 34	4 27	4 19	4 11	4 02	3 57	3 51
12	5 51	5 44	5 39	5 34	5 30	5 27	5 21	5 16	5 11	5 06	5 00	4 54	4 51	4 47
13	6 12	6 09	6 06	6 04	6 02	6 01	5 58	5 56	5 54	5 51	5 49	5 46	5 45	5 43
14	6 32	6 33	6 33	6 34	6 34	6 34	6 35	6 35	6 36	6 36	6 37	6 38	6 38	6 38
15	6 53	6 57	7 00	7 03	7 06	7 08	7 12	7 15	7 18	7 21	7 25	7 29	7 31	7 34
16	7 14	7 22	7 28	7 33	7 38	7 42	7 49	7 55	8 01	8 07	8 13	8 20	8 25	8 29
17	7 38	7 49	7 58	8 06	8 12	8 18	8 28	8 37	8 45	8 53	9 02	9 12	9 18	9 25
18	8 05	8 20	8 31	8 41	8 49	8 56	9 09	9 20	9 31	9 41	9 52	10 05	10 13	10 21
19	8 38	8 55	9 09	9 20	9 30	9 38	9 53	10 06	10 18	10 30	10 43	10 58	11 07	11 17
20	9 17	9 36	9 51	10 04	10 14	10 24	10 40	10 54	11 07	11 21	11 35	11 51	12 01	12 12
21	10 04	10 24	10 40	10 53	11 04	11 14	11 31	11 45	11 59	12 13	12 27	12 44	12 54	13 05
22	11 01	11 20	11 36	11 48	11 59	12 09	12 25	12 39	12 52	13 06	13 20	13 36	13 46	13 57
23	12 07	12 24	12 38	12 49	12 59	13 08	13 22	13 35	13 47	13 59	14 12	14 27	14 35	14 45
24	13 20	13 35	13 46	13 55	14 03	14 10	14 22	14 33	14 43	14 53	15 03	15 15	15 22	15 30
25	14 40	14 50	14 58	15 05	15 10	15 15	15 24	15 32	15 39	15 46	15 53	16 02	16 07	16 12
26	16 04	16 09	16 13	16 17	16 20	16 22	16 27	16 31	16 35	16 39	16 43	16 47	16 50	16 53
27	17 30	17 30	17 30	17 30	17 30	17 30	17 31	17 31	17 31	17 31	17 32	17 32	17 32	17 32
28	18 56	18 51	18 47	18 44	18 41	18 39	18 35	18 31	18 27	18 24	18 21	18 17	18 14	18 12
29	20 21	20 11	20 03	19 57	19 51	19 47	19 38	19 31	19 24	19 17	19 10	19 02	18 58	18 52
30	21 43	21 29	21 17	21 08	21 00	20 53	20 41	20 31	20 21	20 11	20 01	19 50	19 43	19 35
Oct. 1	22 59	22 41	22 27	22 16	22 06	21 57	21 42	21 30	21 18	21 06	20 53	20 39	20 31	20 21
2	.. ..	23 47	23 31	23 18	23 07	22 58	22 41	22 27	22 14	22 01	21 46	21 30	21 21	21 10

MOONSET

	−55°	−50°	−45°	−40°	−35°	−30°	−20°	−10°	0°	+10°	+20°	+30°	+35°	+40°
	h m	h m	h m	h m	h m	h m	h m	h m	h m	h m	h m	h m	h m	h m
Sept. 8	12 44	13 02	13 17	13 29	13 39	13 48	14 03	14 17	14 29	14 42	14 55	15 10	15 19	15 28
9	13 47	14 02	14 15	14 25	14 34	14 42	14 55	15 06	15 17	15 28	15 39	15 52	16 00	16 09
10	14 51	15 03	15 13	15 22	15 29	15 35	15 46	15 55	16 04	16 12	16 21	16 32	16 38	16 45
11	15 56	16 05	16 12	16 18	16 23	16 28	16 35	16 42	16 48	16 54	17 01	17 08	17 13	17 18
12	17 01	17 06	17 11	17 14	17 17	17 20	17 24	17 28	17 31	17 35	17 39	17 43	17 46	17 48
13	18 06	18 08	18 09	18 10	18 10	18 11	18 12	18 13	18 14	18 15	18 16	18 17	18 17	18 18
14	19 11	19 09	19 07	19 05	19 04	19 02	19 00	18 58	18 56	18 54	18 52	18 50	18 49	18 47
15	20 16	20 10	20 05	20 01	19 57	19 54	19 48	19 43	19 39	19 34	19 29	19 24	19 21	19 17
16	21 21	21 11	21 03	20 56	20 50	20 45	20 37	20 29	20 22	20 15	20 07	19 59	19 54	19 48
17	22 25	22 12	22 01	21 52	21 44	21 38	21 26	21 16	21 07	20 57	20 47	20 36	20 29	20 22
18	23 28	23 12	22 59	22 48	22 39	22 31	22 17	22 04	21 53	21 42	21 30	21 16	21 08	20 59
19	.. ..	.. ..	23 55	23 43	23 33	23 24	23 08	22 54	22 41	22 29	22 15	21 59	21 50	21 40
20	0 29	0 10	.. ..	.. ..	.. ..	.. ..	.. ..	23 46	23 32	23 18	23 04	22 47	22 37	22 26
21	1 26	1 06	0 50	0 37	0 26	0 17	0 00	.. ..	.. ..	.. ..	23 56	23 39	23 30	23 19
22	2 18	1 58	1 43	1 30	1 19	1 09	0 53	0 38	0 24	0 11	.. ..	.. ..	.. ..	.. ..
23	3 04	2 46	2 31	2 19	2 09	2 00	1 45	1 31	1 18	1 06	0 52	0 36	0 27	0 17
24	3 44	3 28	3 16	3 06	2 57	2 50	2 36	2 25	2 14	2 03	1 51	1 37	1 29	1 20
25	4 18	4 07	3 57	3 50	3 43	3 37	3 27	3 18	3 09	3 01	2 52	2 41	2 35	2 28
26	4 49	4 42	4 36	4 31	4 27	4 23	4 17	4 11	4 05	4 00	3 54	3 47	3 43	3 39
27	5 17	5 15	5 13	5 11	5 09	5 08	5 06	5 03	5 01	4 59	4 57	4 55	4 53	4 51
28	5 45	5 47	5 49	5 50	5 51	5 52	5 54	5 56	5 58	5 59	6 01	6 03	6 04	6 05
29	6 13	6 20	6 25	6 30	6 34	6 38	6 44	6 49	6 54	6 59	7 05	7 11	7 15	7 19
30	6 44	6 55	7 04	7 12	7 18	7 24	7 34	7 43	7 51	7 59	8 08	8 18	8 24	8 31
Oct. 1	7 18	7 34	7 46	7 56	8 05	8 12	8 26	8 37	8 48	8 59	9 11	9 24	9 32	9 40
2	7 59	8 17	8 32	8 44	8 54	9 03	9 18	9 32	9 45	9 57	10 11	10 26	10 35	10 46

.. .. indicates phenomenon will occur the next day.

UNIVERSAL TIME FOR MERIDIAN OF GREENWICH
MOONRISE

Lat.	+40°	+42°	+44°	+46°	+48°	+50°	+52°	+54°	+56°	+58°	+60°	+62°	+64°	+66°
	h m	h m	h m	h m	h m	h m	h m	h m	h m	h m	h m	h m	h m	h m
Sept. 8	1 03	0 58	0 53	0 47	0 41	0 35	0 28	0 20	0 11	0 01	.. ..	.. ..	.. ..	.. ..
9	1 58	1 54	1 49	1 45	1 39	1 34	1 27	1 20	1 13	1 04	0 54	0 42	0 29	0 12
10	2 55	2 51	2 47	2 43	2 39	2 34	2 29	2 23	2 17	2 10	2 02	1 52	1 41	1 28
11	3 51	3 48	3 45	3 42	3 39	3 35	3 32	3 27	3 23	3 17	3 11	3 04	2 56	2 47
12	4 47	4 45	4 43	4 41	4 39	4 37	4 34	4 32	4 29	4 25	4 21	4 17	4 12	4 06
13	5 43	5 42	5 41	5 40	5 39	5 38	5 37	5 36	5 35	5 33	5 31	5 29	5 27	5 25
14	6 38	6 39	6 39	6 39	6 39	6 39	6 40	6 40	6 40	6 41	6 41	6 42	6 42	6 43
15	7 34	7 35	7 36	7 37	7 39	7 40	7 42	7 44	7 46	7 48	7 51	7 54	7 57	8 01
16	8 29	8 31	8 34	8 36	8 39	8 41	8 45	8 48	8 52	8 56	9 01	9 06	9 12	9 19
17	9 25	9 28	9 31	9 35	9 38	9 42	9 47	9 52	9 57	10 03	10 10	10 18	10 27	10 38
18	10 21	10 25	10 29	10 33	10 38	10 43	10 49	10 55	11 02	11 10	11 19	11 29	11 41	11 55
19	11 17	11 21	11 26	11 31	11 37	11 43	11 49	11 57	12 05	12 14	12 25	12 38	12 52	13 10
20	12 12	12 17	12 22	12 28	12 34	12 40	12 48	12 56	13 05	13 15	13 27	13 41	13 58	14 19
21	13 05	13 10	13 16	13 22	13 28	13 35	13 42	13 51	14 00	14 11	14 23	14 38	14 55	15 17
22	13 57	14 01	14 07	14 12	14 18	14 25	14 32	14 40	14 49	14 59	15 11	15 24	15 40	16 00
23	14 45	14 49	14 54	14 59	15 04	15 10	15 16	15 23	15 31	15 40	15 50	16 01	16 15	16 32
24	15 30	15 34	15 37	15 41	15 46	15 50	15 55	16 01	16 07	16 14	16 22	16 31	16 41	16 54
25	16 12	16 15	16 18	16 20	16 23	16 27	16 30	16 34	16 39	16 43	16 49	16 55	17 02	17 10
26	16 53	16 54	16 56	16 57	16 59	17 01	17 02	17 04	17 07	17 09	17 12	17 15	17 19	17 23
27	17 32	17 32	17 33	17 33	17 33	17 33	17 33	17 33	17 33	17 33	17 34	17 34	17 34	17 35
28	18 12	18 11	18 10	18 08	18 07	18 05	18 04	18 02	18 00	17 58	17 56	17 53	17 50	17 47
29	18 52	18 50	18 48	18 45	18 42	18 39	18 36	18 32	18 28	18 24	18 19	18 14	18 07	18 00
30	19 35	19 32	19 28	19 25	19 21	19 16	19 11	19 06	19 00	18 53	18 46	18 37	18 28	18 16
Oct. 1	20 21	20 17	20 13	20 08	20 03	19 57	19 51	19 44	19 36	19 28	19 18	19 07	18 54	18 38
2	21 10	21 06	21 00	20 55	20 49	20 43	20 36	20 28	20 19	20 09	19 58	19 44	19 29	19 09

MOONSET

Lat.	+40°	+42°	+44°	+46°	+48°	+50°	+52°	+54°	+56°	+58°	+60°	+62°	+64°	+66°
	h m	h m	h m	h m	h m	h m	h m	h m	h m	h m	h m	h m	h m	h m
Sept. 8	15 28	15 33	15 38	15 43	15 48	15 54	16 01	16 08	16 16	16 25	16 35	16 47	17 02	17 19
9	16 09	16 12	16 16	16 21	16 25	16 30	16 36	16 42	16 49	16 56	17 05	17 15	17 26	17 40
10	16 45	16 48	16 51	16 54	16 58	17 02	17 06	17 11	17 16	17 22	17 29	17 36	17 45	17 55
11	17 18	17 20	17 22	17 24	17 27	17 30	17 33	17 36	17 40	17 44	17 49	17 54	18 00	18 07
12	17 48	17 50	17 51	17 52	17 54	17 55	17 57	17 59	18 01	18 03	18 06	18 09	18 12	18 16
13	18 18	18 18	18 19	18 19	18 19	18 20	18 20	18 21	18 21	18 22	18 22	18 23	18 24	18 24
14	18 47	18 47	18 46	18 45	18 44	18 44	18 43	18 42	18 41	18 39	18 38	18 36	18 35	18 32
15	19 17	19 16	19 14	19 12	19 10	19 08	19 06	19 03	19 01	18 58	18 54	18 50	18 46	18 41
16	19 48	19 46	19 43	19 40	19 37	19 34	19 31	19 27	19 22	19 17	19 12	19 06	18 59	18 51
17	20 22	20 19	20 15	20 11	20 07	20 03	19 58	19 53	19 47	19 40	19 33	19 24	19 15	19 03
18	20 59	20 55	20 50	20 46	20 41	20 35	20 29	20 23	20 15	20 07	19 58	19 47	19 35	19 19
19	21 40	21 35	21 30	21 25	21 19	21 13	21 06	20 59	20 50	20 40	20 29	20 17	20 02	19 43
20	22 26	22 21	22 16	22 10	22 04	21 57	21 50	21 42	21 32	21 22	21 10	20 56	20 39	20 18
21	23 19	23 14	23 08	23 02	22 56	22 49	22 42	22 33	22 24	22 13	22 01	21 47	21 29	21 08
22	.. ..	.. ..	.. ..	.. ..	23 56	23 49	23 42	23 34	23 26	23 16	23 04	22 51	22 35	22 15
23	0 17	0 12	0 07	0 01	.. ..	.. ..	.. ..	.. ..	.. ..	.. ..	.. ..	.. ..	23 54	23 38
24	1 20	1 16	1 12	1 07	1 02	0 56	0 50	0 44	0 36	0 28	0 18	0 07	.. ..	.. ..
25	2 28	2 25	2 21	2 18	2 14	2 10	2 05	2 00	1 54	1 48	1 41	1 33	1 23	1 12
26	3 39	3 37	3 35	3 32	3 30	3 27	3 24	3 21	3 17	3 13	3 09	3 04	2 58	2 51
27	4 51	4 51	4 50	4 49	4 48	4 47	4 46	4 45	4 43	4 42	4 40	4 38	4 36	4 34
28	6 05	6 06	6 06	6 07	6 08	6 08	6 09	6 10	6 11	6 12	6 13	6 14	6 16	6 18
29	7 19	7 20	7 22	7 24	7 27	7 29	7 32	7 35	7 38	7 41	7 45	7 50	7 55	8 01
30	8 31	8 34	8 37	8 40	8 44	8 48	8 52	8 57	9 02	9 08	9 15	9 23	9 32	9 42
Oct. 1	9 40	9 44	9 49	9 53	9 58	10 03	10 09	10 15	10 23	10 31	10 40	10 51	11 03	11 18
2	10 46	10 50	10 55	11 01	11 06	11 13	11 19	11 27	11 36	11 45	11 56	12 09	12 25	12 44

.. .. indicates phenomenon will occur the next day.

MOONRISE AND MOONSET, 2015
UNIVERSAL TIME FOR MERIDIAN OF GREENWICH
MOONRISE

Lat.	−55°	−50°	−45°	−40°	−35°	−30°	−20°	−10°	0°	+10°	+20°	+30°	+35°	+40°
	h m	h m	h m	h m	h m	h m	h m	h m	h m	h m	h m	h m	h m	h m
Oct. 1	22 59	22 41	22 27	22 16	22 06	21 57	21 42	21 30	21 18	21 06	20 53	20 39	20 31	20 21
2	.. ..	23 47	23 31	23 18	23 07	22 58	22 41	22 27	22 14	22 01	21 46	21 30	21 21	21 10
3	0 07	.. ..	.. ..	.. ..	.. ..	23 54	23 37	23 22	23 08	22 55	22 40	22 23	22 13	22 02
4	1 05	0 44	0 28	0 15	0 04	.. ..	.. ..	.. ..	.. ..	23 48	23 33	23 17	23 08	22 57
5	1 53	1 33	1 18	1 05	0 54	0 45	0 29	0 14	0 01	.. ..	.. ..	.. ..	.. ..	23 53
6	2 32	2 15	2 01	1 50	1 40	1 31	1 16	1 03	0 51	0 39	0 26	0 11	0 03	.. ..
7	3 05	2 50	2 39	2 29	2 21	2 13	2 01	1 50	1 39	1 29	1 18	1 05	0 58	0 49
8	3 32	3 21	3 12	3 04	2 58	2 52	2 42	2 33	2 25	2 17	2 08	1 58	1 52	1 46
9	3 56	3 48	3 42	3 37	3 32	3 28	3 21	3 15	3 09	3 03	2 57	2 50	2 46	2 42
10	4 18	4 13	4 10	4 07	4 05	4 02	3 59	3 55	3 52	3 49	3 46	3 42	3 40	3 37
11	4 38	4 37	4 37	4 37	4 36	4 36	4 35	4 35	4 35	4 34	4 34	4 33	4 33	4 33
12	4 58	5 01	5 04	5 06	5 08	5 09	5 12	5 14	5 17	5 19	5 22	5 25	5 26	5 28
13	5 20	5 26	5 31	5 36	5 40	5 43	5 49	5 55	6 00	6 05	6 10	6 16	6 20	6 24
14	5 43	5 53	6 01	6 08	6 14	6 19	6 28	6 36	6 43	6 51	6 59	7 08	7 14	7 20
15	6 09	6 22	6 33	6 42	6 50	6 56	7 08	7 19	7 29	7 38	7 49	8 01	8 08	8 16
16	6 39	6 56	7 09	7 20	7 29	7 37	7 51	8 04	8 15	8 27	8 40	8 54	9 02	9 12
17	7 16	7 34	7 49	8 02	8 12	8 21	8 37	8 51	9 04	9 17	9 31	9 47	9 56	10 07
18	7 59	8 20	8 35	8 48	8 59	9 09	9 26	9 41	9 54	10 08	10 23	10 39	10 49	11 01
19	8 52	9 12	9 28	9 41	9 52	10 01	10 18	10 32	10 46	10 59	11 14	11 31	11 40	11 51
20	9 52	10 11	10 26	10 38	10 48	10 57	11 12	11 26	11 39	11 51	12 05	12 20	12 29	12 39
21	11 01	11 17	11 29	11 39	11 48	11 56	12 09	12 21	12 32	12 43	12 54	13 08	13 15	13 24
22	12 16	12 27	12 37	12 45	12 52	12 58	13 08	13 17	13 26	13 34	13 43	13 53	13 59	14 06
23	13 35	13 42	13 48	13 53	13 58	14 02	14 08	14 14	14 20	14 25	14 31	14 37	14 41	14 46
24	14 57	15 00	15 02	15 04	15 06	15 07	15 10	15 12	15 14	15 16	15 18	15 21	15 22	15 24
25	16 22	16 19	16 18	16 16	16 15	16 14	16 12	16 10	16 09	16 08	16 06	16 04	16 03	16 02

MOONSET

Lat.	−55°	−50°	−45°	−40°	−35°	−30°	−20°	−10°	0°	+10°	+20°	+30°	+35°	+40°
	h m	h m	h m	h m	h m	h m	h m	h m	h m	h m	h m	h m	h m	h m
Oct. 1	7 18	7 34	7 46	7 56	8 05	8 12	8 26	8 37	8 48	8 59	9 11	9 24	9 32	9 40
2	7 59	8 17	8 32	8 44	8 54	9 03	9 18	9 32	9 45	9 57	10 11	10 26	10 35	10 46
3	8 45	9 05	9 21	9 34	9 45	9 55	10 12	10 26	10 40	10 54	11 08	11 25	11 35	11 46
4	9 38	9 59	10 15	10 28	10 39	10 49	11 06	11 20	11 34	11 48	12 02	12 19	12 28	12 39
5	10 37	10 56	11 11	11 23	11 34	11 43	11 59	12 13	12 25	12 38	12 52	13 07	13 16	13 27
6	11 39	11 56	12 09	12 20	12 29	12 37	12 51	13 03	13 15	13 26	13 38	13 52	14 00	14 09
7	12 43	12 57	13 07	13 16	13 24	13 31	13 42	13 52	14 02	14 11	14 21	14 32	14 39	14 46
8	13 48	13 58	14 06	14 13	14 18	14 23	14 32	14 40	14 47	14 54	15 01	15 09	15 14	15 20
9	14 53	14 59	15 04	15 08	15 12	15 15	15 21	15 26	15 30	15 35	15 39	15 45	15 48	15 51
10	15 58	16 00	16 02	16 04	16 06	16 07	16 09	16 11	16 13	16 14	16 16	16 18	16 20	16 21
11	17 03	17 01	17 00	16 59	16 59	16 58	16 57	16 56	16 55	16 54	16 53	16 52	16 51	16 50
12	18 08	18 03	17 58	17 55	17 52	17 50	17 45	17 41	17 37	17 34	17 30	17 25	17 23	17 20
13	19 13	19 04	18 57	18 51	18 46	18 41	18 34	18 27	18 21	18 14	18 08	18 00	17 56	17 51
14	20 17	20 05	19 55	19 47	19 40	19 34	19 23	19 14	19 05	18 56	18 47	18 36	18 30	18 23
15	21 21	21 06	20 53	20 43	20 34	20 26	20 13	20 02	19 51	19 40	19 29	19 15	19 08	18 59
16	22 23	22 05	21 50	21 38	21 28	21 20	21 04	20 51	20 39	20 26	20 13	19 58	19 49	19 39
17	23 21	23 01	22 46	22 33	22 22	22 12	21 56	21 41	21 28	21 14	21 00	20 44	20 34	20 23
18	.. ..	23 54	23 38	23 25	23 14	23 04	22 47	22 33	22 19	22 05	21 50	21 34	21 24	21 12
19	0 14	.. ..	.. ..	.. ..	.. ..	23 54	23 38	23 24	23 11	22 58	22 44	22 27	22 18	22 07
20	1 01	0 42	0 27	0 14	0 04	.. ..	.. ..	.. ..	.. ..	23 52	23 39	23 25	23 16	23 06
21	1 41	1 25	1 12	1 01	0 51	0 43	0 28	0 16	0 04	.. ..	.. ..	.. ..	.. ..	.. ..
22	2 16	2 03	1 53	1 44	1 36	1 29	1 18	1 07	0 57	0 48	0 37	0 25	0 18	0 10
23	2 47	2 38	2 30	2 24	2 19	2 14	2 06	1 58	1 51	1 44	1 37	1 28	1 23	1 17
24	3 15	3 10	3 06	3 03	3 00	2 58	2 53	2 49	2 45	2 41	2 37	2 33	2 30	2 27
25	3 42	3 42	3 42	3 41	3 41	3 41	3 41	3 40	3 40	3 40	3 39	3 39	3 38	3 38

.. .. indicates phenomenon will occur the next day.

UNIVERSAL TIME FOR MERIDIAN OF GREENWICH
MOONRISE

Lat.	+40°	+42°	+44°	+46°	+48°	+50°	+52°	+54°	+56°	+58°	+60°	+62°	+64°	+66°
	h m	h m	h m	h m	h m	h m	h m	h m	h m	h m	h m	h m	h m	h m
Oct. 1	20 21	20 17	20 13	20 08	20 03	19 57	19 51	19 44	19 36	19 28	19 18	19 07	18 54	18 38
2	21 10	21 06	21 00	20 55	20 49	20 43	20 36	20 28	20 19	20 09	19 58	19 44	19 29	19 09
3	22 02	21 57	21 52	21 46	21 40	21 33	21 26	21 18	21 08	20 58	20 46	20 32	20 15	19 53
4	22 57	22 52	22 47	22 41	22 35	22 29	22 21	22 13	22 04	21 54	21 42	21 28	21 12	20 52
5	23 53	23 48	23 44	23 39	23 33	23 27	23 21	23 13	23 05	22 56	22 45	22 33	22 19	22 01
6	.. ..	.. ..	.. ..	.. ..	.. ..	.. ..	.. ..	.. ..	.. ..	.. ..	23 52	23 42	23 31	23 16
7	0 49	0 45	0 41	0 37	0 32	0 27	0 22	0 16	0 09	0 01	.. ..	.. ..	.. ..	.. ..
8	1 46	1 43	1 39	1 36	1 32	1 29	1 24	1 19	1 14	1 08	1 02	0 54	0 45	0 35
9	2 42	2 40	2 37	2 35	2 33	2 30	2 27	2 24	2 20	2 16	2 11	2 06	2 00	1 53
10	3 37	3 36	3 35	3 34	3 32	3 31	3 29	3 28	3 26	3 24	3 21	3 18	3 15	3 12
11	4 33	4 33	4 32	4 32	4 32	4 32	4 32	4 32	4 31	4 31	4 31	4 31	4 30	4 30
12	5 28	5 29	5 30	5 31	5 32	5 33	5 34	5 36	5 37	5 39	5 41	5 43	5 45	5 48
13	6 24	6 26	6 28	6 30	6 32	6 34	6 37	6 40	6 43	6 47	6 51	6 55	7 00	7 07
14	7 20	7 23	7 25	7 29	7 32	7 36	7 40	7 44	7 49	7 54	8 01	8 08	8 16	8 25
15	8 16	8 20	8 23	8 27	8 32	8 37	8 42	8 48	8 54	9 02	9 10	9 19	9 31	9 44
16	9 12	9 16	9 21	9 26	9 31	9 37	9 43	9 50	9 58	10 07	10 17	10 29	10 43	11 00
17	10 07	10 12	10 17	10 22	10 28	10 35	10 42	10 50	10 59	11 09	11 21	11 35	11 51	12 11
18	11 01	11 06	11 11	11 17	11 23	11 30	11 37	11 46	11 55	12 06	12 18	12 33	12 50	13 12
19	11 51	11 56	12 02	12 07	12 14	12 20	12 28	12 36	12 45	12 56	13 08	13 22	13 39	14 00
20	12 39	12 44	12 49	12 54	13 00	13 06	13 13	13 20	13 28	13 38	13 49	14 01	14 16	14 34
21	13 24	13 28	13 32	13 36	13 41	13 46	13 52	13 58	14 05	14 13	14 22	14 32	14 44	14 58
22	14 06	14 09	14 12	14 15	14 19	14 23	14 27	14 32	14 37	14 43	14 50	14 57	15 06	15 16
23	14 46	14 47	14 49	14 52	14 54	14 56	14 59	15 02	15 06	15 09	15 13	15 18	15 23	15 29
24	15 24	15 25	15 26	15 26	15 27	15 28	15 29	15 31	15 32	15 33	15 35	15 37	15 39	15 41
25	16 02	16 02	16 01	16 01	16 00	16 00	15 59	15 58	15 58	15 57	15 56	15 55	15 53	15 52

MOONSET

Lat.	+40°	+42°	+44°	+46°	+48°	+50°	+52°	+54°	+56°	+58°	+60°	+62°	+64°	+66°
	h m	h m	h m	h m	h m	h m	h m	h m	h m	h m	h m	h m	h m	h m
Oct. 1	9 40	9 44	9 49	9 53	9 58	10 03	10 09	10 15	10 23	10 31	10 40	10 51	11 03	11 18
2	10 46	10 50	10 55	11 01	11 06	11 13	11 19	11 27	11 36	11 45	11 56	12 09	12 25	12 44
3	11 46	11 51	11 56	12 02	12 08	12 14	12 22	12 30	12 39	12 50	13 02	13 16	13 33	13 54
4	12 39	12 44	12 49	12 55	13 01	13 08	13 15	13 23	13 33	13 43	13 55	14 09	14 25	14 46
5	13 27	13 31	13 36	13 41	13 47	13 53	14 00	14 08	14 16	14 26	14 36	14 49	15 04	15 22
6	14 09	14 13	14 17	14 22	14 26	14 32	14 38	14 44	14 51	15 00	15 09	15 19	15 32	15 46
7	14 46	14 49	14 53	14 56	15 00	15 05	15 10	15 15	15 21	15 27	15 34	15 43	15 52	16 03
8	15 20	15 22	15 25	15 28	15 31	15 34	15 37	15 41	15 45	15 50	15 55	16 01	16 08	16 16
9	15 51	15 53	15 54	15 56	15 58	16 00	16 02	16 04	16 07	16 10	16 13	16 17	16 21	16 26
10	16 21	16 22	16 22	16 23	16 24	16 24	16 25	16 26	16 27	16 28	16 29	16 31	16 32	16 34
11	16 50	16 50	16 50	16 49	16 49	16 48	16 48	16 47	16 47	16 46	16 45	16 44	16 43	16 42
12	17 20	17 19	17 17	17 16	17 14	17 12	17 11	17 09	17 06	17 04	17 01	16 58	16 55	16 51
13	17 51	17 48	17 46	17 44	17 41	17 38	17 35	17 31	17 27	17 23	17 18	17 13	17 07	17 00
14	18 23	18 20	18 17	18 14	18 10	18 06	18 01	17 56	17 51	17 45	17 38	17 30	17 22	17 11
15	18 59	18 55	18 51	18 47	18 42	18 37	18 31	18 25	18 18	18 10	18 02	17 52	17 40	17 26
16	19 39	19 34	19 30	19 24	19 19	19 13	19 06	18 59	18 51	18 41	18 31	18 19	18 04	17 47
17	20 23	20 18	20 13	20 07	20 01	19 55	19 47	19 39	19 30	19 20	19 08	18 54	18 37	18 17
18	21 12	21 07	21 02	20 56	20 50	20 43	20 35	20 27	20 18	20 07	19 54	19 40	19 22	19 00
19	22 07	22 02	21 57	21 51	21 45	21 39	21 31	21 23	21 14	21 04	20 52	20 38	20 21	20 01
20	23 06	23 02	22 58	22 52	22 47	22 41	22 35	22 27	22 19	22 10	22 00	21 48	21 33	21 16
21	.. ..	.. ..	.. ..	23 59	23 54	23 49	23 44	23 38	23 32	23 25	23 16	23 07	22 56	22 42
22	0 10	0 07	0 03	.. ..	.. ..	.. ..	.. ..	.. ..	.. ..	.. ..	.. ..	.. ..	.. ..	.. ..
23	1 17	1 15	1 12	1 09	1 06	1 02	0 59	0 54	0 50	0 45	0 39	0 32	0 25	0 16
24	2 27	2 25	2 24	2 22	2 20	2 19	2 17	2 14	2 12	2 09	2 06	2 02	1 58	1 54
25	3 38	3 38	3 38	3 38	3 37	3 37	3 37	3 37	3 36	3 36	3 36	3 35	3 35	3 34

.. .. indicates phenomenon will occur the next day.

MOONRISE AND MOONSET, 2015

UNIVERSAL TIME FOR MERIDIAN OF GREENWICH

MOONRISE

Lat.	−55°	−50°	−45°	−40°	−35°	−30°	−20°	−10°	0°	+10°	+20°	+30°	+35°	+40°
	h m	h m	h m	h m	h m	h m	h m	h m	h m	h m	h m	h m	h m	h m
Oct. 24	14 57	15 00	15 02	15 04	15 06	15 07	15 10	15 12	15 14	15 16	15 18	15 21	15 22	15 24
25	16 22	16 19	16 18	16 16	16 15	16 14	16 12	16 10	16 09	16 08	16 06	16 04	16 03	16 02
26	17 47	17 40	17 34	17 29	17 25	17 22	17 15	17 10	17 05	17 00	16 55	16 49	16 46	16 42
27	19 11	18 59	18 50	18 42	18 35	18 29	18 19	18 10	18 02	17 54	17 45	17 36	17 30	17 24
28	20 32	20 16	20 04	19 53	19 44	19 36	19 23	19 11	19 00	18 49	18 38	18 25	18 17	18 09
29	21 47	21 28	21 13	21 00	20 50	20 41	20 25	20 11	19 58	19 46	19 32	19 17	19 08	18 57
30	22 52	22 32	22 15	22 02	21 51	21 41	21 24	21 09	20 56	20 42	20 27	20 11	20 01	19 50
31	23 47	23 26	23 10	22 57	22 46	22 36	22 20	22 05	21 51	21 37	21 23	21 06	20 56	20 45
Nov. 1	.. ..	.. ..	23 58	23 46	23 35	23 26	23 11	22 57	22 44	22 31	22 18	22 02	21 53	21 42
2	0 31	0 12	.. ..	.. ..	.. ..	.. ..	23 57	23 45	23 34	23 23	23 11	22 57	22 49	22 40
3	1 07	0 51	0 38	0 28	0 19	0 11	.. ..	.. ..	.. ..	.. ..	.. ..	23 52	23 45	23 38
4	1 36	1 24	1 14	1 05	0 58	0 52	0 40	0 31	0 22	0 12	0 03	.. ..	.. ..	.. ..
5	2 01	1 52	1 45	1 39	1 33	1 29	1 21	1 13	1 07	1 00	0 53	0 45	0 40	0 34
6	2 23	2 18	2 14	2 10	2 07	2 04	1 59	1 54	1 50	1 46	1 42	1 37	1 34	1 30
7	2 44	2 42	2 41	2 39	2 38	2 37	2 36	2 34	2 33	2 31	2 30	2 28	2 27	2 26
8	3 04	3 06	3 07	3 08	3 09	3 10	3 12	3 13	3 15	3 16	3 18	3 19	3 20	3 21
9	3 25	3 30	3 34	3 38	3 41	3 44	3 49	3 53	3 57	4 01	4 06	4 11	4 14	4 17
10	3 47	3 56	4 03	4 09	4 14	4 19	4 27	4 34	4 41	4 48	4 55	5 03	5 08	5 13
11	4 12	4 24	4 34	4 42	4 50	4 56	5 07	5 17	5 26	5 35	5 45	5 56	6 02	6 10
12	4 41	4 56	5 09	5 19	5 28	5 36	5 49	6 01	6 12	6 24	6 36	6 49	6 57	7 07
13	5 15	5 34	5 48	6 00	6 10	6 19	6 35	6 48	7 01	7 14	7 27	7 43	7 52	8 03
14	5 57	6 17	6 33	6 46	6 57	7 06	7 23	7 38	7 51	8 05	8 20	8 36	8 46	8 57
15	6 47	7 07	7 23	7 36	7 48	7 57	8 14	8 29	8 43	8 57	9 11	9 28	9 38	9 50
16	7 45	8 04	8 19	8 32	8 42	8 52	9 08	9 22	9 35	9 48	10 02	10 18	10 28	10 38
17	8 50	9 07	9 20	9 31	9 41	9 49	10 04	10 16	10 28	10 39	10 52	11 06	11 14	11 24

MOONSET

Lat.	−55°	−50°	−45°	−40°	−35°	−30°	−20°	−10°	0°	+10°	+20°	+30°	+35°	+40°
	h m	h m	h m	h m	h m	h m	h m	h m	h m	h m	h m	h m	h m	h m
Oct. 24	3 15	3 10	3 06	3 03	3 00	2 58	2 53	2 49	2 45	2 41	2 37	2 33	2 30	2 27
25	3 42	3 42	3 42	3 41	3 41	3 41	3 41	3 40	3 40	3 40	3 39	3 39	3 38	3 38
26	4 09	4 14	4 17	4 20	4 23	4 25	4 29	4 32	4 35	4 39	4 42	4 46	4 48	4 51
27	4 38	4 47	4 54	5 00	5 06	5 10	5 18	5 25	5 32	5 39	5 46	5 54	5 59	6 04
28	5 11	5 24	5 35	5 44	5 51	5 58	6 10	6 20	6 30	6 39	6 50	7 01	7 08	7 16
29	5 49	6 06	6 19	6 31	6 40	6 49	7 03	7 16	7 28	7 40	7 53	8 07	8 16	8 25
30	6 33	6 53	7 09	7 21	7 32	7 42	7 58	8 12	8 26	8 39	8 54	9 10	9 19	9 30
31	7 25	7 46	8 02	8 16	8 27	8 37	8 54	9 09	9 22	9 36	9 51	10 08	10 18	10 29
Nov. 1	8 24	8 44	8 59	9 12	9 23	9 33	9 49	10 04	10 17	10 30	10 44	11 01	11 10	11 21
2	9 26	9 44	9 58	10 10	10 20	10 29	10 43	10 56	11 09	11 21	11 33	11 48	11 57	12 06
3	10 31	10 46	10 58	11 08	11 16	11 23	11 36	11 47	11 57	12 08	12 18	12 31	12 38	12 46
4	11 37	11 48	11 57	12 05	12 12	12 17	12 27	12 36	12 44	12 52	13 00	13 10	13 15	13 21
5	12 42	12 50	12 56	13 02	13 06	13 10	13 17	13 22	13 28	13 33	13 39	13 46	13 49	13 53
6	13 48	13 52	13 55	13 57	14 00	14 02	14 05	14 08	14 11	14 14	14 16	14 20	14 22	14 24
7	14 53	14 53	14 53	14 53	14 53	14 53	14 53	14 53	14 53	14 53	14 53	14 53	14 53	14 53
8	15 57	15 54	15 51	15 48	15 46	15 44	15 41	15 38	15 35	15 32	15 30	15 26	15 24	15 22
9	17 03	16 55	16 49	16 44	16 40	16 36	16 29	16 24	16 18	16 13	16 07	16 00	15 57	15 52
10	18 08	17 57	17 48	17 40	17 34	17 28	17 19	17 10	17 02	16 54	16 46	16 36	16 31	16 24
11	19 13	18 58	18 47	18 37	18 29	18 22	18 09	17 58	17 48	17 38	17 27	17 15	17 07	16 59
12	20 17	19 59	19 45	19 34	19 24	19 15	19 01	18 48	18 36	18 24	18 11	17 56	17 48	17 38
13	21 17	20 57	20 42	20 29	20 18	20 09	19 53	19 38	19 25	19 12	18 57	18 41	18 32	18 21
14	22 12	21 52	21 36	21 23	21 11	21 01	20 45	20 30	20 16	20 02	19 47	19 30	19 20	19 09
15	23 01	22 42	22 26	22 13	22 02	21 52	21 36	21 21	21 08	20 54	20 40	20 23	20 13	20 02
16	23 44	23 26	23 12	23 00	22 50	22 41	22 26	22 13	22 00	21 48	21 34	21 19	21 10	21 00
17	.. ..	.. ..	23 53	23 43	23 35	23 28	23 15	23 03	22 53	22 42	22 31	22 17	22 10	22 01

.. .. indicates phenomenon will occur the next day.

UNIVERSAL TIME FOR MERIDIAN OF GREENWICH

MOONRISE

Lat.	+40°	+42°	+44°	+46°	+48°	+50°	+52°	+54°	+56°	+58°	+60°	+62°	+64°	+66°
	h m	h m	h m	h m	h m	h m	h m	h m	h m	h m	h m	h m	h m	h m
Oct. 24	15 24	15 25	15 26	15 26	15 27	15 28	15 29	15 31	15 32	15 33	15 35	15 37	15 39	15 41
25	16 02	16 02	16 01	16 01	16 00	16 00	15 59	15 58	15 58	15 57	15 56	15 55	15 53	15 52
26	16 42	16 40	16 38	16 37	16 35	16 32	16 30	16 27	16 24	16 21	16 18	16 14	16 09	16 04
27	17 24	17 21	17 18	17 15	17 11	17 07	17 03	16 59	16 54	16 49	16 43	16 36	16 28	16 18
28	18 09	18 05	18 01	17 56	17 52	17 47	17 41	17 35	17 28	17 21	17 12	17 02	16 51	16 37
29	18 57	18 53	18 48	18 43	18 37	18 31	18 24	18 17	18 08	17 59	17 48	17 36	17 21	17 04
30	19 50	19 45	19 40	19 34	19 28	19 21	19 14	19 05	18 56	18 46	18 34	18 20	18 03	17 42
31	20 45	20 40	20 35	20 29	20 23	20 16	20 09	20 00	19 51	19 41	19 28	19 14	18 57	18 36
Nov. 1	21 42	21 38	21 33	21 27	21 22	21 15	21 08	21 01	20 52	20 42	20 31	20 18	20 02	19 43
2	22 40	22 36	22 32	22 27	22 22	22 17	22 11	22 04	21 57	21 48	21 39	21 28	21 15	20 59
3	23 38	23 34	23 31	23 27	23 23	23 19	23 14	23 09	23 03	22 56	22 49	22 40	22 30	22 18
4	.. ..	.. ..	.. ..	.. ..	.. ..	.. ..	.. ..	.. ..	.. ..	.. ..	23 59	23 53	23 46	23 38
5	0 34	0 32	0 30	0 27	0 24	0 21	0 17	0 13	0 09	0 04	.. ..	.. ..	.. ..	.. ..
6	1 30	1 29	1 27	1 26	1 24	1 22	1 20	1 18	1 15	1 12	1 09	1 06	1 01	0 57
7	2 26	2 26	2 25	2 24	2 24	2 23	2 23	2 22	2 21	2 20	2 19	2 18	2 16	2 15
8	3 21	3 22	3 22	3 23	3 24	3 24	3 25	3 26	3 27	3 28	3 29	3 30	3 31	3 33
9	4 17	4 19	4 20	4 22	4 24	4 26	4 28	4 30	4 33	4 36	4 39	4 43	4 47	4 52
10	5 13	5 16	5 18	5 21	5 24	5 27	5 31	5 35	5 39	5 44	5 49	5 55	6 03	6 11
11	6 10	6 13	6 17	6 20	6 25	6 29	6 34	6 39	6 45	6 52	7 00	7 08	7 19	7 31
12	7 07	7 11	7 15	7 20	7 25	7 30	7 36	7 43	7 51	7 59	8 09	8 20	8 33	8 49
13	8 03	8 07	8 12	8 18	8 24	8 30	8 37	8 45	8 54	9 04	9 15	9 28	9 44	10 04
14	8 57	9 02	9 08	9 14	9 20	9 27	9 34	9 43	9 52	10 03	10 15	10 30	10 48	11 09
15	9 50	9 55	10 00	10 06	10 12	10 19	10 27	10 35	10 45	10 55	11 08	11 22	11 40	12 02
16	10 38	10 43	10 48	10 54	11 00	11 06	11 13	11 21	11 30	11 40	11 51	12 05	12 20	12 40
17	11 24	11 28	11 32	11 37	11 42	11 48	11 54	12 01	12 08	12 17	12 26	12 37	12 51	13 06

MOONSET

Lat.	+40°	+42°	+44°	+46°	+48°	+50°	+52°	+54°	+56°	+58°	+60°	+62°	+64°	+66°
	h m	h m	h m	h m	h m	h m	h m	h m	h m	h m	h m	h m	h m	h m
Oct. 24	2 27	2 25	2 24	2 22	2 20	2 19	2 17	2 14	2 12	2 09	2 06	2 02	1 58	1 54
25	3 38	3 38	3 38	3 38	3 37	3 37	3 37	3 37	3 36	3 36	3 36	3 35	3 35	3 34
26	4 51	4 52	4 53	4 54	4 56	4 57	4 59	5 01	5 03	5 05	5 07	5 10	5 13	5 17
27	6 04	6 06	6 09	6 11	6 14	6 17	6 21	6 25	6 29	6 34	6 39	6 45	6 52	7 00
28	7 16	7 19	7 23	7 27	7 31	7 36	7 41	7 47	7 53	8 00	8 08	8 17	8 28	8 41
29	8 25	8 30	8 34	8 39	8 45	8 51	8 57	9 04	9 12	9 21	9 32	9 44	9 58	10 15
30	9 30	9 35	9 40	9 46	9 52	9 59	10 06	10 14	10 23	10 33	10 45	10 59	11 16	11 36
31	10 29	10 34	10 39	10 45	10 51	10 58	11 06	11 14	11 23	11 34	11 46	12 00	12 18	12 39
Nov. 1	11 21	11 26	11 31	11 36	11 42	11 49	11 56	12 04	12 13	12 23	12 34	12 47	13 03	13 23
2	12 06	12 10	12 15	12 20	12 25	12 31	12 37	12 44	12 52	13 01	13 11	13 22	13 36	13 52
3	12 46	12 49	12 53	12 57	13 02	13 07	13 12	13 18	13 24	13 31	13 39	13 48	13 59	14 12
4	13 21	13 24	13 27	13 30	13 33	13 37	13 41	13 45	13 50	13 56	14 02	14 08	14 16	14 26
5	13 53	13 55	13 57	13 59	14 02	14 04	14 07	14 10	14 13	14 17	14 21	14 25	14 30	14 36
6	14 24	14 25	14 26	14 27	14 28	14 29	14 30	14 32	14 33	14 35	14 37	14 39	14 42	14 45
7	14 53	14 53	14 53	14 53	14 53	14 53	14 53	14 53	14 53	14 53	14 53	14 53	14 53	14 53
8	15 22	15 21	15 20	15 19	15 18	15 17	15 15	15 14	15 12	15 10	15 08	15 06	15 04	15 01
9	15 52	15 50	15 48	15 46	15 44	15 42	15 39	15 36	15 33	15 29	15 25	15 20	15 15	15 09
10	16 24	16 22	16 19	16 16	16 12	16 08	16 04	16 00	15 55	15 50	15 44	15 37	15 29	15 19
11	16 59	16 56	16 52	16 48	16 43	16 38	16 33	16 27	16 21	16 14	16 06	15 56	15 45	15 32
12	17 38	17 34	17 29	17 24	17 19	17 13	17 06	16 59	16 52	16 43	16 33	16 21	16 07	15 51
13	18 21	18 16	18 11	18 05	17 59	17 53	17 46	17 38	17 29	17 19	17 07	16 53	16 37	16 17
14	19 09	19 04	18 58	18 53	18 46	18 39	18 32	18 23	18 14	18 03	17 50	17 36	17 18	16 56
15	20 02	19 57	19 52	19 46	19 40	19 33	19 25	19 17	19 08	18 57	18 45	18 30	18 13	17 51
16	21 00	20 55	20 50	20 45	20 39	20 33	20 26	20 18	20 10	20 00	19 49	19 36	19 20	19 01
17	22 01	21 57	21 53	21 49	21 44	21 38	21 33	21 26	21 19	21 11	21 02	20 51	20 39	20 24

.. .. indicates phenomenon will occur the next day.

MOONRISE AND MOONSET, 2015

UNIVERSAL TIME FOR MERIDIAN OF GREENWICH

MOONRISE

Lat.	−55°	−50°	−45°	−40°	−35°	−30°	−20°	−10°	0°	+10°	+20°	+30°	+35°	+40°
	h m	h m	h m	h m	h m	h m	h m	h m	h m	h m	h m	h m	h m	h m
Nov. 16	7 45	8 04	8 19	8 32	8 42	8 52	9 08	9 22	9 35	9 48	10 02	10 18	10 28	10 38
17	8 50	9 07	9 20	9 31	9 41	9 49	10 04	10 16	10 28	10 39	10 52	11 06	11 14	11 24
18	10 01	10 15	10 26	10 34	10 42	10 49	11 00	11 11	11 20	11 30	11 40	11 51	11 58	12 05
19	11 17	11 26	11 34	11 40	11 45	11 50	11 58	12 05	12 12	12 19	12 26	12 34	12 39	12 44
20	12 35	12 40	12 44	12 47	12 50	12 53	12 57	13 01	13 04	13 08	13 12	13 16	13 19	13 22
21	13 56	13 56	13 56	13 56	13 56	13 56	13 56	13 57	13 57	13 57	13 57	13 58	13 58	13 58
22	15 18	15 13	15 09	15 06	15 03	15 01	14 57	14 54	14 50	14 47	14 44	14 40	14 38	14 35
23	16 40	16 31	16 23	16 17	16 12	16 07	15 59	15 52	15 45	15 39	15 32	15 24	15 19	15 14
24	18 02	17 48	17 37	17 28	17 20	17 13	17 02	16 51	16 42	16 32	16 22	16 11	16 04	15 57
25	19 21	19 03	18 49	18 37	18 28	18 19	18 04	17 51	17 39	17 28	17 15	17 00	16 52	16 43
26	20 32	20 12	19 56	19 43	19 32	19 22	19 06	18 51	18 38	18 24	18 10	17 54	17 44	17 33
27	21 34	21 13	20 56	20 43	20 31	20 21	20 04	19 49	19 35	19 21	19 07	18 49	18 40	18 28
28	22 25	22 05	21 49	21 36	21 25	21 16	20 59	20 45	20 31	20 18	20 03	19 47	19 37	19 26
29	23 05	22 48	22 34	22 23	22 13	22 04	21 49	21 36	21 24	21 12	20 59	20 44	20 35	20 25
30	23 38	23 24	23 13	23 03	22 55	22 48	22 35	22 24	22 14	22 04	21 53	21 40	21 33	21 25
Dec. 1	.. ..	23 55	23 46	23 39	23 33	23 27	23 18	23 09	23 01	22 53	22 45	22 35	22 30	22 23
2	0 06	.. ..	.. ..	.. ..	.. ..	.. ..	23 57	23 51	23 46	23 41	23 35	23 29	23 25	23 21
3	0 29	0 22	0 16	0 11	0 07	0 03	.. ..	.. ..	.. ..	.. ..	.. ..	.. ..	.. ..	.. ..
4	0 50	0 47	0 44	0 42	0 39	0 38	0 35	0 32	0 29	0 27	0 24	0 21	0 19	0 17
5	1 10	1 10	1 11	1 11	1 11	1 11	1 11	1 11	1 11	1 12	1 12	1 12	1 12	1 12
6	1 30	1 34	1 37	1 40	1 42	1 44	1 48	1 51	1 54	1 57	2 00	2 03	2 06	2 08
7	1 52	1 59	2 05	2 10	2 14	2 18	2 25	2 31	2 37	2 42	2 48	2 55	2 59	3 04
8	2 15	2 26	2 35	2 42	2 49	2 54	3 04	3 13	3 21	3 29	3 38	3 48	3 54	4 00
9	2 42	2 56	3 08	3 17	3 26	3 33	3 45	3 56	4 07	4 17	4 29	4 41	4 49	4 57
10	3 14	3 31	3 45	3 57	4 06	4 15	4 30	4 43	4 55	5 07	5 21	5 36	5 44	5 54

MOONSET

Lat.	−55°	−50°	−45°	−40°	−35°	−30°	−20°	−10°	0°	+10°	+20°	+30°	+35°	+40°
	h m	h m	h m	h m	h m	h m	h m	h m	h m	h m	h m	h m	h m	h m
Nov. 16	23 44	23 26	23 12	23 00	22 50	22 41	22 26	22 13	22 00	21 48	21 34	21 19	21 10	21 00
17	.. ..	.. ..	23 53	23 43	23 35	23 28	23 15	23 03	22 53	22 42	22 31	22 17	22 10	22 01
18	0 19	0 05	.. ..	.. ..	.. ..	.. ..	.. ..	23 53	23 45	23 37	23 28	23 18	23 12	23 05
19	0 51	0 40	0 31	0 24	0 17	0 12	0 02	.. ..	.. ..	.. ..	.. ..	.. ..	.. ..	.. ..
20	1 18	1 12	1 06	1 01	0 57	0 54	0 48	0 42	0 37	0 32	0 26	0 20	0 16	0 12
21	1 44	1 42	1 40	1 38	1 37	1 35	1 33	1 31	1 29	1 27	1 25	1 23	1 21	1 20
22	2 10	2 12	2 13	2 15	2 16	2 17	2 19	2 21	2 22	2 24	2 25	2 27	2 28	2 29
23	2 36	2 43	2 48	2 53	2 57	3 00	3 06	3 11	3 16	3 21	3 26	3 32	3 36	3 40
24	3 06	3 17	3 26	3 33	3 40	3 45	3 55	4 04	4 12	4 20	4 29	4 39	4 44	4 51
25	3 40	3 55	4 07	4 17	4 26	4 33	4 47	4 58	5 09	5 20	5 32	5 45	5 52	6 01
26	4 20	4 39	4 54	5 06	5 16	5 25	5 41	5 54	6 07	6 20	6 34	6 49	6 59	7 09
27	5 09	5 29	5 45	5 59	6 10	6 20	6 37	6 52	7 05	7 19	7 34	7 51	8 01	8 12
28	6 05	6 26	6 42	6 55	7 07	7 17	7 34	7 48	8 02	8 16	8 31	8 48	8 58	9 09
29	7 07	7 26	7 42	7 54	8 05	8 14	8 30	8 44	8 57	9 10	9 24	9 39	9 48	9 59
30	8 13	8 30	8 43	8 54	9 03	9 11	9 25	9 37	9 48	10 00	10 12	10 25	10 33	10 42
Dec. 1	9 21	9 34	9 44	9 53	10 00	10 07	10 18	10 28	10 37	10 46	10 56	11 07	11 13	11 20
2	10 28	10 37	10 45	10 51	10 56	11 01	11 09	11 16	11 23	11 30	11 37	11 45	11 49	11 54
3	11 34	11 39	11 44	11 48	11 51	11 54	11 59	12 03	12 07	12 11	12 15	12 20	12 23	12 26
4	12 39	12 41	12 42	12 44	12 45	12 46	12 47	12 48	12 50	12 51	12 52	12 53	12 54	12 55
5	13 44	13 42	13 41	13 39	13 38	13 37	13 35	13 33	13 32	13 30	13 29	13 27	13 26	13 24
6	14 49	14 44	14 39	14 35	14 31	14 28	14 23	14 19	14 14	14 10	14 05	14 00	13 57	13 54
7	15 55	15 45	15 37	15 31	15 25	15 20	15 12	15 05	14 58	14 51	14 43	14 35	14 30	14 25
8	17 00	16 47	16 36	16 28	16 20	16 13	16 02	15 52	15 43	15 33	15 24	15 12	15 06	14 58
9	18 05	17 49	17 36	17 25	17 15	17 07	16 53	16 41	16 30	16 18	16 06	15 52	15 44	15 35
10	19 08	18 49	18 34	18 21	18 11	18 02	17 46	17 32	17 19	17 06	16 52	16 36	16 27	16 17

.. .. indicates phenomenon will occur the next day.

UNIVERSAL TIME FOR MERIDIAN OF GREENWICH
MOONRISE

Lat.	+40°	+42°	+44°	+46°	+48°	+50°	+52°	+54°	+56°	+58°	+60°	+62°	+64°	+66°
	h m	h m	h m	h m	h m	h m	h m	h m	h m	h m	h m	h m	h m	h m
Nov. 16	10 38	10 43	10 48	10 54	11 00	11 06	11 13	11 21	11 30	11 40	11 51	12 05	12 20	12 40
17	11 24	11 28	11 32	11 37	11 42	11 48	11 54	12 01	12 08	12 17	12 26	12 37	12 51	13 06
18	12 05	12 09	12 12	12 16	12 20	12 25	12 29	12 35	12 41	12 47	12 55	13 03	13 13	13 25
19	12 44	12 47	12 49	12 52	12 55	12 58	13 01	13 05	13 09	13 14	13 19	13 24	13 31	13 39
20	13 22	13 23	13 24	13 26	13 27	13 29	13 31	13 32	13 35	13 37	13 40	13 43	13 46	13 50
21	13 58	13 58	13 58	13 58	13 59	13 59	13 59	13 59	13 59	13 59	14 00	14 00	14 00	14 01
22	14 35	14 34	14 33	14 32	14 31	14 29	14 28	14 26	14 24	14 22	14 20	14 17	14 14	14 11
23	15 14	15 12	15 10	15 07	15 04	15 02	14 58	14 55	14 51	14 47	14 42	14 36	14 30	14 23
24	15 57	15 53	15 50	15 46	15 42	15 37	15 33	15 27	15 22	15 15	15 08	14 59	14 50	14 38
25	16 43	16 39	16 34	16 29	16 24	16 18	16 12	16 05	15 58	15 49	15 40	15 28	15 15	15 00
26	17 33	17 29	17 23	17 18	17 12	17 05	16 58	16 50	16 41	16 31	16 20	16 06	15 50	15 31
27	18 28	18 23	18 18	18 12	18 06	17 59	17 51	17 43	17 33	17 23	17 10	16 56	16 38	16 17
28	19 26	19 21	19 16	19 10	19 04	18 58	18 50	18 42	18 33	18 22	18 10	17 56	17 40	17 19
29	20 25	20 21	20 16	20 11	20 06	20 00	19 53	19 46	19 38	19 28	19 18	19 06	18 51	18 33
30	21 25	21 21	21 17	21 13	21 08	21 03	20 58	20 52	20 45	20 38	20 29	20 19	20 08	19 54
Dec. 1	22 23	22 20	22 17	22 14	22 11	22 07	22 03	21 58	21 53	21 48	21 41	21 34	21 25	21 15
2	23 21	23 19	23 17	23 14	23 12	23 10	23 07	23 04	23 01	22 57	22 53	22 48	22 43	22 36
3	.. ..	.. ..	.. ..	.. ..	.. ..	.. ..	.. ..	.. ..	.. ..	.. ..	.. ..	.. ..	23 59	23 56
4	0 17	0 16	0 15	0 14	0 13	0 12	0 10	0 09	0 07	0 05	0 04	0 01	.. ..	.. ..
5	1 12	1 13	1 13	1 13	1 13	1 13	1 13	1 13	1 13	1 13	1 14	1 14	1 14	1 14
6	2 08	2 09	2 10	2 11	2 13	2 14	2 16	2 17	2 19	2 21	2 24	2 26	2 29	2 33
7	3 04	3 06	3 08	3 10	3 13	3 16	3 19	3 22	3 25	3 29	3 34	3 39	3 45	3 52
8	4 00	4 03	4 06	4 10	4 13	4 17	4 22	4 27	4 32	4 38	4 45	4 52	5 01	5 12
9	4 57	5 01	5 05	5 10	5 14	5 19	5 25	5 31	5 38	5 46	5 55	6 05	6 17	6 32
10	5 54	5 59	6 04	6 09	6 15	6 21	6 27	6 35	6 43	6 53	7 03	7 16	7 31	7 50

MOONSET

Lat.	+40°	+42°	+44°	+46°	+48°	+50°	+52°	+54°	+56°	+58°	+60°	+62°	+64°	+66°
	h m	h m	h m	h m	h m	h m	h m	h m	h m	h m	h m	h m	h m	h m
Nov. 16	21 00	20 55	20 50	20 45	20 39	20 33	20 26	20 18	20 10	20 00	19 49	19 36	19 20	19 01
17	22 01	21 57	21 53	21 49	21 44	21 38	21 33	21 26	21 19	21 11	21 02	20 51	20 39	20 24
18	23 05	23 02	22 59	22 56	22 52	22 48	22 44	22 39	22 34	22 28	22 21	22 13	22 04	21 53
19	.. ..	.. ..	.. ..	.. ..	.. ..	.. ..	23 58	23 55	23 52	23 48	23 44	23 39	23 33	23 27
20	0 12	0 10	0 08	0 06	0 03	0 01	.. ..	.. ..	.. ..	.. ..	.. ..	.. ..	.. ..	.. ..
21	1 20	1 19	1 18	1 17	1 17	1 16	1 15	1 13	1 12	1 11	1 09	1 07	1 05	1 03
22	2 29	2 30	2 30	2 31	2 31	2 32	2 33	2 34	2 35	2 35	2 37	2 38	2 39	2 41
23	3 40	3 41	3 43	3 45	3 47	3 50	3 52	3 55	3 58	4 02	4 05	4 10	4 15	4 21
24	4 51	4 54	4 57	5 00	5 04	5 08	5 12	5 17	5 22	5 28	5 34	5 42	5 51	6 01
25	6 01	6 05	6 09	6 14	6 19	6 24	6 30	6 36	6 43	6 51	7 01	7 11	7 24	7 39
26	7 09	7 14	7 19	7 24	7 30	7 36	7 43	7 51	7 59	8 09	8 20	8 34	8 49	9 08
27	8 12	8 17	8 22	8 28	8 34	8 41	8 49	8 57	9 07	9 17	9 30	9 44	10 01	10 23
28	9 09	9 14	9 19	9 25	9 31	9 38	9 45	9 54	10 03	10 13	10 26	10 40	10 57	11 18
29	9 59	10 03	10 08	10 13	10 19	10 25	10 32	10 40	10 48	10 58	11 09	11 21	11 36	11 55
30	10 42	10 46	10 50	10 55	11 00	11 05	11 11	11 17	11 24	11 32	11 42	11 52	12 04	12 19
Dec. 1	11 20	11 23	11 27	11 30	11 34	11 39	11 43	11 48	11 54	12 00	12 07	12 15	12 24	12 35
2	11 54	11 57	11 59	12 02	12 04	12 07	12 11	12 14	12 18	12 23	12 28	12 33	12 39	12 47
3	12 26	12 27	12 28	12 30	12 32	12 33	12 35	12 37	12 40	12 42	12 45	12 48	12 52	12 56
4	12 55	12 56	12 56	12 56	12 57	12 57	12 58	12 59	12 59	13 00	13 01	13 02	13 03	13 04
5	13 24	13 24	13 23	13 23	13 22	13 21	13 20	13 19	13 19	13 17	13 16	13 15	13 13	13 12
6	13 54	13 52	13 51	13 49	13 47	13 45	13 43	13 41	13 38	13 35	13 32	13 28	13 24	13 20
7	14 25	14 22	14 20	14 17	14 14	14 11	14 07	14 04	13 59	13 55	13 49	13 43	13 37	13 29
8	14 58	14 55	14 51	14 48	14 44	14 39	14 35	14 29	14 23	14 17	14 10	14 01	13 52	13 40
9	15 35	15 31	15 27	15 22	15 17	15 12	15 06	14 59	14 52	14 44	14 34	14 23	14 11	13 56
10	16 17	16 12	16 07	16 02	15 56	15 50	15 43	15 35	15 26	15 17	15 05	14 53	14 37	14 18

.. .. indicates phenomenon will occur the next day.

MOONRISE AND MOONSET, 2015

UNIVERSAL TIME FOR MERIDIAN OF GREENWICH

MOONRISE

Lat.	−55°	−50°	−45°	−40°	−35°	−30°	−20°	−10°	0°	+10°	+20°	+30°	+35°	+40°
	h m	h m	h m	h m	h m	h m	h m	h m	h m	h m	h m	h m	h m	h m
Dec. 9	2 42	2 56	3 08	3 17	3 26	3 33	3 45	3 56	4 07	4 17	4 29	4 41	4 49	4 57
10	3 14	3 31	3 45	3 57	4 06	4 15	4 30	4 43	4 55	5 07	5 21	5 36	5 44	5 54
11	3 53	4 13	4 28	4 41	4 52	5 01	5 18	5 32	5 45	5 59	6 13	6 30	6 40	6 51
12	4 40	5 01	5 17	5 30	5 42	5 52	6 09	6 24	6 38	6 52	7 07	7 24	7 34	7 45
13	5 36	5 56	6 12	6 25	6 36	6 46	7 03	7 17	7 31	7 44	7 59	8 16	8 25	8 36
14	6 40	6 59	7 13	7 25	7 35	7 44	7 59	8 12	8 24	8 37	8 50	9 05	9 14	9 24
15	7 51	8 06	8 18	8 27	8 36	8 43	8 56	9 07	9 17	9 28	9 39	9 51	9 59	10 07
16	9 05	9 16	9 25	9 32	9 39	9 44	9 54	10 02	10 10	10 18	10 26	10 35	10 41	10 47
17	10 22	10 29	10 34	10 39	10 42	10 46	10 52	10 57	11 01	11 06	11 11	11 17	11 20	11 24
18	11 41	11 43	11 44	11 46	11 47	11 48	11 50	11 51	11 53	11 54	11 56	11 58	11 59	12 00
19	13 00	12 57	12 55	12 53	12 52	12 50	12 48	12 46	12 44	12 42	12 40	12 38	12 37	12 36
20	14 20	14 13	14 07	14 02	13 57	13 54	13 47	13 42	13 37	13 31	13 26	13 20	13 16	13 12
21	15 40	15 28	15 18	15 10	15 04	14 58	14 47	14 39	14 30	14 22	14 13	14 03	13 58	13 51
22	16 58	16 42	16 29	16 18	16 09	16 02	15 48	15 36	15 26	15 15	15 03	14 50	14 43	14 34
23	18 11	17 52	17 37	17 24	17 14	17 05	16 49	16 35	16 22	16 09	15 56	15 40	15 31	15 21
24	19 17	18 56	18 40	18 26	18 15	18 05	17 48	17 33	17 19	17 05	16 51	16 34	16 24	16 13
25	20 13	19 53	19 36	19 23	19 12	19 02	18 45	18 30	18 16	18 02	17 47	17 30	17 20	17 09
26	21 00	20 41	20 26	20 13	20 03	19 54	19 38	19 24	19 11	18 58	18 44	18 28	18 18	18 08
27	21 37	21 21	21 08	20 57	20 48	20 40	20 26	20 14	20 03	19 52	19 39	19 25	19 17	19 08
28	22 07	21 55	21 45	21 36	21 29	21 22	21 11	21 02	20 52	20 43	20 33	20 22	20 16	20 08
29	22 33	22 24	22 17	22 11	22 05	22 01	21 53	21 46	21 39	21 32	21 25	21 17	21 12	21 07
30	22 56	22 50	22 46	22 42	22 39	22 37	22 32	22 28	22 24	22 20	22 15	22 11	22 08	22 05
31	23 16	23 15	23 13	23 12	23 11	23 10	23 09	23 08	23 07	23 05	23 04	23 03	23 02	23 01
32	23 36	23 38	23 40	23 41	23 43	23 44	23 46	23 47	23 49	23 51	23 52	23 54	23 56	23 57
33	23 57	.. ..	.. ..	.. ..	.. ..	.. ..	.. ..	.. ..	.. ..	.. ..	.. ..	.. ..	.. ..	.. ..

MOONSET

Lat.	−55°	−50°	−45°	−40°	−35°	−30°	−20°	−10°	0°	+10°	+20°	+30°	+35°	+40°
	h m	h m	h m	h m	h m	h m	h m	h m	h m	h m	h m	h m	h m	h m
Dec. 9	18 05	17 49	17 36	17 25	17 15	17 07	16 53	16 41	16 30	16 18	16 06	15 52	15 44	15 35
10	19 08	18 49	18 34	18 21	18 11	18 02	17 46	17 32	17 19	17 06	16 52	16 36	16 27	16 17
11	20 07	19 46	19 30	19 17	19 06	18 56	18 39	18 24	18 10	17 56	17 42	17 25	17 15	17 04
12	20 59	20 39	20 23	20 10	19 58	19 49	19 32	19 17	19 03	18 49	18 34	18 17	18 07	17 56
13	21 45	21 26	21 11	20 59	20 48	20 39	20 23	20 09	19 56	19 43	19 29	19 13	19 04	18 53
14	22 23	22 08	21 55	21 44	21 35	21 27	21 13	21 01	20 50	20 38	20 26	20 12	20 04	19 54
15	22 56	22 44	22 34	22 26	22 19	22 12	22 01	21 52	21 42	21 33	21 23	21 12	21 06	20 58
16	23 25	23 16	23 10	23 04	22 59	22 55	22 47	22 41	22 34	22 28	22 21	22 13	22 09	22 04
17	23 51	23 47	23 43	23 41	23 38	23 36	23 32	23 29	23 26	23 23	23 19	23 15	23 13	23 10
18	.. ..	.. ..	.. ..	.. ..	.. ..	.. ..	.. ..	.. ..	.. ..	.. ..	.. ..	.. ..	.. ..	.. ..
19	0 15	0 16	0 16	0 16	0 16	0 16	0 17	0 17	0 17	0 17	0 17	0 18	0 18	0 18
20	0 40	0 45	0 49	0 52	0 55	0 57	1 02	1 05	1 09	1 12	1 16	1 20	1 23	1 26
21	1 07	1 16	1 24	1 30	1 35	1 40	1 48	1 55	2 02	2 09	2 16	2 24	2 29	2 34
22	1 38	1 51	2 02	2 10	2 18	2 25	2 36	2 47	2 56	3 06	3 16	3 28	3 35	3 43
23	2 13	2 30	2 44	2 55	3 05	3 13	3 28	3 40	3 52	4 04	4 17	4 32	4 40	4 50
24	2 56	3 16	3 32	3 45	3 56	4 05	4 22	4 36	4 49	5 03	5 17	5 34	5 43	5 54
25	3 48	4 09	4 25	4 39	4 50	5 00	5 17	5 32	5 47	6 01	6 15	6 33	6 42	6 54
26	4 47	5 07	5 23	5 37	5 48	5 57	6 14	6 29	6 42	6 56	7 10	7 27	7 37	7 47
27	5 52	6 10	6 25	6 36	6 47	6 55	7 11	7 24	7 36	7 48	8 01	8 16	8 25	8 35
28	7 00	7 15	7 27	7 37	7 45	7 53	8 05	8 17	8 27	8 37	8 48	9 01	9 08	9 16
29	8 08	8 20	8 29	8 37	8 43	8 49	8 59	9 07	9 15	9 23	9 31	9 41	9 46	9 53
30	9 16	9 24	9 30	9 35	9 39	9 43	9 50	9 55	10 01	10 06	10 12	10 18	10 22	10 26
31	10 23	10 27	10 30	10 32	10 34	10 36	10 39	10 42	10 44	10 47	10 50	10 53	10 54	10 56
32	11 29	11 29	11 28	11 28	11 28	11 28	11 28	11 27	11 27	11 27	11 27	11 26	11 26	11 26
33	12 34	12 30	12 27	12 24	12 21	12 19	12 16	12 12	12 09	12 06	12 03	12 00	11 57	11 55

.. .. indicates phenomenon will occur the next day.

UNIVERSAL TIME FOR MERIDIAN OF GREENWICH
MOONRISE

Lat.	+40°	+42°	+44°	+46°	+48°	+50°	+52°	+54°	+56°	+58°	+60°	+62°	+64°	+66°
	h m	h m	h m	h m	h m	h m	h m	h m	h m	h m	h m	h m	h m	h m
Dec. 9	4 57	5 01	5 05	5 10	5 14	5 19	5 25	5 31	5 38	5 46	5 55	6 05	6 17	6 32
10	5 54	5 59	6 04	6 09	6 15	6 21	6 27	6 35	6 43	6 53	7 03	7 16	7 31	7 50
11	6 51	6 56	7 01	7 07	7 13	7 20	7 27	7 36	7 45	7 55	8 08	8 22	8 39	9 01
12	7 45	7 50	7 56	8 02	8 08	8 15	8 23	8 31	8 41	8 52	9 05	9 20	9 37	10 00
13	8 36	8 41	8 47	8 52	8 58	9 05	9 12	9 21	9 30	9 40	9 52	10 06	10 23	10 44
14	9 24	9 28	9 33	9 38	9 43	9 49	9 56	10 03	10 11	10 20	10 31	10 43	10 57	11 15
15	10 07	10 11	10 15	10 19	10 23	10 28	10 34	10 39	10 46	10 53	11 02	11 11	11 22	11 35
16	10 47	10 50	10 52	10 56	10 59	11 02	11 06	11 11	11 16	11 21	11 27	11 34	11 41	11 50
17	11 24	11 26	11 28	11 29	11 31	11 34	11 36	11 39	11 42	11 45	11 48	11 52	11 57	12 02
18	12 00	12 00	12 01	12 02	12 02	12 03	12 04	12 05	12 06	12 07	12 08	12 09	12 11	12 12
19	12 36	12 35	12 34	12 34	12 33	12 32	12 31	12 30	12 29	12 28	12 27	12 25	12 24	12 22
20	13 12	13 11	13 09	13 07	13 05	13 02	13 00	12 57	12 54	12 51	12 47	12 43	12 38	12 33
21	13 51	13 49	13 46	13 42	13 39	13 35	13 31	13 27	13 22	13 16	13 10	13 03	12 55	12 45
22	14 34	14 30	14 26	14 22	14 17	14 12	14 06	14 00	13 54	13 46	13 37	13 28	13 16	13 02
23	15 21	15 16	15 12	15 06	15 01	14 55	14 48	14 40	14 32	14 23	14 12	14 00	13 45	13 27
24	16 13	16 08	16 03	15 57	15 51	15 44	15 36	15 28	15 19	15 08	14 56	14 42	14 25	14 04
25	17 09	17 04	16 58	16 53	16 46	16 39	16 32	16 23	16 14	16 03	15 51	15 36	15 19	14 57
26	18 08	18 03	17 58	17 53	17 47	17 40	17 33	17 25	17 16	17 06	16 55	16 42	16 25	16 06
27	19 08	19 04	19 00	18 55	18 50	18 44	18 38	18 31	18 24	18 15	18 05	17 54	17 41	17 25
28	20 08	20 05	20 01	19 58	19 53	19 49	19 44	19 39	19 33	19 26	19 19	19 10	19 00	18 48
29	21 07	21 05	21 02	20 59	20 57	20 53	20 50	20 46	20 42	20 37	20 32	20 26	20 19	20 11
30	22 05	22 03	22 02	22 00	21 59	21 57	21 55	21 52	21 50	21 47	21 44	21 41	21 37	21 32
31	23 01	23 01	23 00	23 00	22 59	22 59	22 58	22 58	22 57	22 56	22 55	22 54	22 53	22 52
32	23 57	23 58	23 58	23 59	.. ..	.. ..	.. ..	.. ..	.. ..	.. ..	.. ..	.. ..	.. ..	.. ..
33	.. ..	.. ..	.. ..	.. ..	0 00	0 00	0 01	0 02	0 03	0 04	0 06	0 07	0 09	0 11

MOONSET

Lat.	+40°	+42°	+44°	+46°	+48°	+50°	+52°	+54°	+56°	+58°	+60°	+62°	+64°	+66°
	h m	h m	h m	h m	h m	h m	h m	h m	h m	h m	h m	h m	h m	h m
Dec. 9	15 35	15 31	15 27	15 22	15 17	15 12	15 06	14 59	14 52	14 44	14 34	14 23	14 11	13 56
10	16 17	16 12	16 07	16 02	15 56	15 50	15 43	15 35	15 26	15 17	15 05	14 53	14 37	14 18
11	17 04	16 59	16 53	16 47	16 41	16 34	16 27	16 18	16 09	15 58	15 46	15 31	15 14	14 52
12	17 56	17 51	17 45	17 39	17 33	17 26	17 18	17 10	17 00	16 49	16 37	16 22	16 04	15 41
13	18 53	18 48	18 43	18 37	18 31	18 25	18 18	18 10	18 01	17 50	17 39	17 25	17 08	16 48
14	19 54	19 50	19 45	19 41	19 35	19 30	19 23	19 16	19 09	19 00	18 50	18 38	18 25	18 08
15	20 58	20 55	20 51	20 47	20 43	20 39	20 34	20 28	20 22	20 16	20 08	19 59	19 49	19 36
16	22 04	22 01	21 59	21 56	21 54	21 50	21 47	21 43	21 39	21 35	21 30	21 24	21 17	21 09
17	23 10	23 09	23 08	23 07	23 05	23 04	23 02	23 00	22 58	22 56	22 53	22 50	22 47	22 43
18	.. ..	.. ..	.. ..	.. ..	.. ..	.. ..	.. ..	.. ..	.. ..	.. ..	.. ..	.. ..	.. ..	.. ..
19	0 18	0 18	0 18	0 18	0 18	0 18	0 18	0 18	0 18	0 18	0 18	0 18	0 18	0 18
20	1 26	1 27	1 28	1 30	1 31	1 33	1 35	1 37	1 39	1 41	1 44	1 47	1 50	1 55
21	2 34	2 37	2 39	2 42	2 45	2 48	2 52	2 55	3 00	3 04	3 10	3 16	3 23	3 31
22	3 43	3 46	3 50	3 54	3 58	4 03	4 08	4 13	4 20	4 27	4 35	4 44	4 55	5 07
23	4 50	4 54	4 59	5 04	5 09	5 15	5 22	5 29	5 37	5 46	5 56	6 08	6 22	6 40
24	5 54	5 59	6 04	6 10	6 16	6 23	6 30	6 38	6 47	6 58	7 10	7 24	7 41	8 01
25	6 54	6 59	7 04	7 10	7 17	7 23	7 31	7 40	7 49	8 00	8 12	8 27	8 45	9 06
26	7 47	7 52	7 57	8 03	8 09	8 16	8 23	8 31	8 40	8 50	9 02	9 16	9 32	9 52
27	8 35	8 39	8 44	8 49	8 54	9 00	9 06	9 13	9 21	9 30	9 40	9 52	10 06	10 23
28	9 16	9 20	9 24	9 28	9 32	9 37	9 42	9 48	9 54	10 02	10 10	10 19	10 30	10 43
29	9 53	9 55	9 58	10 01	10 05	10 09	10 12	10 17	10 22	10 27	10 33	10 40	10 48	10 57
30	10 26	10 28	10 29	10 32	10 34	10 36	10 39	10 42	10 45	10 48	10 52	10 56	11 01	11 07
31	10 56	10 57	10 58	10 59	11 00	11 01	11 03	11 04	11 05	11 07	11 09	11 11	11 13	11 16
32	11 26	11 26	11 26	11 26	11 25	11 25	11 25	11 25	11 25	11 25	11 24	11 24	11 24	11 24
33	11 55	11 54	11 53	11 52	11 50	11 49	11 48	11 46	11 44	11 42	11 40	11 37	11 34	11 31

.. .. indicates phenomenon will occur the next day.

ECLIPSES, 2015

CONTENTS OF THE ECLIPSE SECTION

SUMMARY OF ECLIPSES AND TRANSITS FOR 2015

There are four eclipses, two of the Sun and two of the Moon. All times are expressed in Universal Time using $\Delta T = +68\overset{s}{.}0$. There are no transits of Mercury or Venus across the Sun.

I. *A total eclipse of the Sun*, March 20. See map on page A85. The eclipse begins at $07^h 41^m$ and ends at $11^h 50^m$; the total phase begins at $09^h 13^m$ and ends at $10^h 18^m$. It is visible from Europe, northern Africa, the Middle East, western Asia, and the northern Atlantic Ocean.

II. *A total eclipse of the Moon*, April 4. See map on page A87. The eclipse begins at $09^h 00^m$ and ends at $15^h 01^m$; the total phase begins at $11^h 54^m$ and ends at $12^h 06^m$. It is visible from Asia, Australia, Oceania, North America, South America, Antarctica, the Indian Ocean and the Pacific Ocean.

III. *A partial eclipse of the Sun*, September 13. See map on page A89. The eclipse begins at $04^h 42^m$ and ends at $09^h 06^m$. It is visible from southern Africa, Antarctica, and the southwestern Indian Ocean.

IV. *A total eclipse of the Moon*, September 28. See map on page A90. The eclipse begins at $00^h 10^m$ and ends at $05^h 24^m$; the total phase begins at $02^h 11^m$ and ends at $03^h 24^m$. It is visible from North America, South America, Europe, Africa, Antarctica, the eastern Pacific Ocean, the Atlantic Ocean, and the western Indian Ocean.

Local circumstances and animations for upcoming eclipses can be found on *The Astronomical Almanac Online* at http://asa.hmnao.com or http://asa.usno.navy.mil.^{WWW}

These data or auxiliary material may also be found on
Eclipses Online Portal at
http://astro.ukho.gov.uk/eclbin/query_eo.cgi

Local circumstances and animations for upcoming eclipses can be found on *The Astronomical Almanac Online* at http://asa.hmnao.com or http://asa.usno.navy.mil.

General Information

The elements and circumstances are computed according to Bessel's method from apparent right ascensions and declinations of the Sun and Moon. Semidiameters of the Sun and Moon used in the calculation of eclipses do not include irradiation. The adopted semidiameter of the Sun at unit distance is $15'\ 59''\!.64$ from the IAU (1976) Astronomical Constants. The apparent semidiameter of the Moon is equal to arcsin $(k \sin \pi)$, where π is the Moon's horizontal parallax and k is an adopted constant. In 1982, the IAU adopted $k = 0.272\ 5076$, corresponding to the mean radius of Watts' datum as determined by observations of occultations and to the adopted radius of the Earth.

Standard corrections of $+0''\!.5$ and $-0''\!.25$ have been applied to the longitude and latitude of the Moon, respectively, to help correct for the difference between the center of figure and the center of mass.

Refraction is neglected in calculating solar and lunar eclipses. Because the circumstances of eclipses are calculated for the surface of the ellipsoid, refraction is not included in Besselian element polynomials. For local predictions, corrections for refraction are unnecessary; they are required only in precise comparisons of theory with observation in which many other refinements are also necessary.

All time arguments are given provisionally in Universal Time, using $\Delta T(A) = 68^s\!.0$. Once an updated value of ΔT is known, the data on these pages may be expressed in Universal Time as follows:

Define $\delta T = \Delta T - \Delta T(A)$, in units of seconds of time.

Change the times of circumstances given in preliminary Universal Time by subtracting δT.

Correct the tabulated longitudes, $\lambda(A)$, using $\lambda = \lambda(A) + 0.00417807 \times \delta T$ (longitudes are in degrees).

Leave all other quantities unchanged.

The correction of δT is included in the Besselian elements.

Longitude is positive to the east, and negative to the west.

Explanation of Solar Eclipse Diagram

The solar eclipse diagrams in *The Astronomical Almanac* show the region over which different phases of each eclipse may be seen and the times at which these phases occur. Each diagram has a series of dashed curves that show the outline of the Moon's penumbra on the Earth's surface at one-hour intervals. Short dashes show the leading edge and long dashes show the trailing edge. Except for certain extreme cases, the shadow outline moves generally from west to east. The Moon's shadow cone first contacts the Earth's surface where "First Contact" is indicated on the diagram. "Last Contact" is where the Moon's shadow cone last contacts the Earth's surface. The path of the central eclipse, whether for a total, annular, or annular-total eclipse, is marked by two closely spaced curves that cut across all of the dashed curves. These two curves mark the extent of the Moon's umbral shadow on the Earth's surface. Viewers within these boundaries will observe a total, annular, or annular-total eclipse and viewers outside these boundaries will see a partial eclipse.

Solid curves labeled "Northern" and "Southern Limit of Eclipse" represent the furthest extent north or south of the Moon's penumbra on the Earth's surface. Viewers outside of these boundaries will not experience any eclipse. When only one of these two curves appears, only part of the Moon's penumbra touches the Earth; the other part is projected into space north or south of the Earth, and the terminator defines the other limit.

Another set of solid curves appears on some diagrams as two teardrop shapes (or lobes) on either end of the eclipse path, and on other diagrams as a distorted figure eight. These lobes represent in time the intersection of the Moon's penumbra with the Earth's terminator as the eclipse progresses. As time elapses, the Earth's terminator moves east-to-west while the Moon's penumbra moves west-to-east. These lobes connect to form an elongated figure eight on a diagram when part of the Moon's penumbra stays in contact with the Earth's terminator throughout the eclipse. The lobes become two separate teardrop shapes when the Moon's penumbra breaks contact with the Earth's terminator during the beginning of the eclipse and reconnects with it near the end. In the east, the outer portion of the lobe is labeled "Eclipse begins at Sunset" and marks the first contact between the Moon's penumbra and Earth's terminator in the east. Observers on this curve just fail to see the eclipse. The inner part of the lobe is labeled "Eclipse ends at Sunset" and marks the last contact between the Moon's penumbra and the Earth's terminator in the east. Observers on this curve just see the whole eclipse. The curve bisecting this lobe is labeled "Maximum Eclipse at Sunset" and is part of the sunset terminator at maximum eclipse. Viewers in the eastern half of the lobe will see the Sun set before maximum eclipse; *i.e.* see less than half of the eclipse. Viewers in the western half of the lobe will see the Sun set after maximum eclipse; *i.e.* see more than half of the eclipse. A similar description holds for the western lobe except everything occurs at sunrise instead of sunset.

Computing Local Circumstances for Solar Eclipses

The solar eclipse maps show the path of the eclipse, beginning and ending times of the eclipse, and the region of visibility, including restrictions due to rising and setting of the Sun. The short-dash and long-dash lines show, respectively, the progress of the leading and trailing edge of the penumbra; thus, at a given location, the times of the first and last contact may be interpolated. If further precision is desired, Besselian elements can be utilized.

Besselian elements characterize the geometric position of the shadow of the Moon relative to the Earth. The exterior tangents to the surfaces of the Sun and Moon form the umbral cone; the interior tangents form the penumbral cone. The common axis of these two cones is the axis of the shadow. To form a system of geocentric rectangular coordinates, the geocentric plane perpendicular to the axis of the shadow is taken as the xy-plane. This is called the fundamental plane. The x-axis is the intersection of the fundamental plane with the plane of the equator; it is positive toward the east. The y-axis is positive toward the north. The z-axis is parallel to the axis of the shadow and is positive toward the Moon. The tabular values of x and y are the coordinates, in units of the Earth's equatorial radius, of the intersection of the axis of the shadow with the fundamental plane. The direction of the axis of the shadow is specified by the declination d and hour angle μ of the point on the celestial sphere toward which the axis is directed.

The radius of the umbral cone is regarded as positive for an annular eclipse and negative for a total eclipse. The angles f_1 and f_2 are the angles at which the tangents that form the penumbral and umbral cones, respectively, intersect the axis of the shadow.

To predict accurate local circumstances, calculate the geocentric coordinates $\rho \sin \phi'$ and $\rho \cos \phi'$ from the geodetic latitude ϕ and longitude λ, using the relationships given on pages K11–K12. Inclusion of the height h in this calculation is all that is necessary to obtain the local circumstances at high altitudes.

Obtain approximate times for the beginning, middle and end of the eclipse from the eclipse map. For each of these three times compute from the Besselian element polynomials, the values of x, y, $\sin d$, $\cos d$, μ and l_1 (the radius of the penumbra on the fundamental plane), except that at the approximate time of the middle of the eclipse l_2 (the radius of the umbra on the fundamental plane) is required instead of l_1 if the eclipse is central (i.e., total, annular or annular-total). The hourly variations x', y' of x and y are needed, and may be obtained by evaluating the derivative of the polynomial expressions for x and y. Values of μ', d', $\tan f_1$ and $\tan f_2$ are nearly constant throughout the eclipse and are given immediately following the Besselian polynomials.

For each of the three approximate times, calculate the coordinates ξ, η, ζ for the observer and the hourly variations ξ' and η' from

$$\xi = \rho \cos \phi' \sin \theta,$$
$$\eta = \rho \sin \phi' \cos d - \rho \cos \phi' \sin d \cos \theta,$$
$$\zeta = \rho \sin \phi' \sin d + \rho \cos \phi' \cos d \cos \theta,$$
$$\xi' = \mu' \rho \cos \phi' \cos \theta,$$
$$\eta' = \mu' \xi \sin d - \zeta d',$$

where

$$\theta = \mu + \lambda$$

for longitudes measured positive towards the east.

Next, calculate

$$\begin{array}{ll} u = x - \xi & u' = x' - \xi' \\ v = y - \eta & v' = y' - \eta' \\ m^2 = u^2 + v^2 & n^2 = u'^2 + v'^2 \end{array} \qquad (m, n > 0)$$

$$L_i = l_i - \zeta \tan f_i$$
$$D = uu' + vv'$$
$$\Delta = \tfrac{1}{n}(uv' - u'v)$$
$$\sin \psi = \frac{\Delta}{L_i}$$

where $i = 1, 2$.

At the approximate times of the beginning and end of the eclipse, L_1 is required. At the approximate time of the middle of the eclipse, L_2 is required if the eclipse is central; L_1 is required if the eclipse is partial.

Neglecting the variation of L, the correction τ to be applied to the approximate time of the middle of the eclipse to obtain the *Universal Time of greatest phase* is

$$\tau = -\frac{D}{n^2},$$

which may be expressed in minutes by multiplying by 60. The correction τ to be applied to the approximate times of the beginning and end of the eclipse to obtain the *Universal Times of the penumbral contacts* is

$$\tau = \frac{L_1}{n} \cos \psi - \frac{D}{n^2},$$

which may be expressed in minutes by multiplying by 60.

If the eclipse is central, use the approximate time for the middle of the eclipse as a first approximation to the times of umbral contact. The correction τ to be applied to obtain the *Universal Times of the umbral contacts* is

$$\tau = \frac{L_2}{n} \cos \psi - \frac{D}{n^2},$$

which may be expressed in minutes by multiplying by 60.

In the last two equations, the ambiguity in the quadrant of ψ is removed by noting that $\cos \psi$ must be *negative* for the beginning of the eclipse, for the beginning of the annular phase, or for the end of the total phase; $\cos \psi$ must be *positive* for the end of the eclipse, the end of the annular phase, or the beginning of the total phase.

For greater accuracy, the times resulting from the calculation outlined above should be used in place of the original approximate times, and the entire procedure repeated at least once. The calculations for each of the contact times and the time of greatest phase should be performed separately.

The *magnitude of greatest partial eclipse*, in units of the solar diameter is

$$M_1 = \frac{L_1 - m}{(2L_1 - 0.5459)},$$

where the value of m at the time of greatest phase is used. If the magnitude is negative at the time of greatest phase, no eclipse is visible from the location.

The *magnitude of the central phase*, in the same units is

$$M_2 = \frac{L_1 - L_2}{(L_1 + L_2)}.$$

The *position angle of a point of contact* measured eastward (counterclockwise) from the north point of the solar limb is given by

$$\tan P = \frac{u}{v},$$

where u and v are evaluated at the times of contacts computed in the final approximation. The quadrant of P is determined by noting that $\sin P$ has the algebraic sign of u, except for the contacts of the total phase, for which $\sin P$ has the opposite sign to u.

The position angle of the point of contact measured eastward from the vertex of the solar limb is given by

$$V = P - C,$$

where C, the parallactic angle, is obtained with sufficient accuracy from

$$\tan C = \frac{\xi}{\eta},$$

with $\sin C$ having the same algebraic sign as ξ, and the results of the final approximation again being used. The vertex point of the solar limb lies on a great circle arc drawn from the zenith to the center of the solar disk.

Lunar Eclipses

A calculator to produce local circumstances of recent and upcoming lunar eclipses is provided at http://aa.usno.navy.mil.

In calculating lunar eclipses the radius of the geocentric shadow of the Earth is increased by one-fiftieth part to allow for the effect of the atmosphere. Refraction is neglected in calculating solar and lunar eclipses. Standard corrections of $+0''.5$ and $-0''.25$ have been applied to the longitude and latitude of the Moon, respectively, to help correct for the difference between the center of figure and the center of mass.

Explanation of Lunar Eclipse Diagram

Information on lunar eclipses is presented in the form of a diagram consisting of two parts. The upper panel shows the path of the Moon relative to the penumbral and umbral shadows of the Earth. The lower panel shows the visibility of the eclipse from the surface of the Earth. The title of the upper panel includes the type of eclipse, its place in the sequence of eclipses for the year and the Greenwich calendar date of the eclipse. The inner darker circle is the umbral shadow of the Earth and the outer lighter circle is that of the penumbra. The axis of the shadow of the Earth is denoted by $(+)$ with the ecliptic shown for reference purposes. A 30-arcminute scale bar is provided on the right hand side of the diagram and the orientation is given by the cardinal points displayed on the small graphic on the left hand side of the diagram. The position angle (PA) is measured from North point of the lunar disk along the limb of the Moon to the point of contact. It is shown on the graphic by the use of an arc extending anti-clockwise (eastwards) from North terminated with an arrow head.

Moon symbols are plotted at the principal phases of the eclipse to show its position relative to the umbral and penumbral shadows. The UT times of the different phases of the eclipse to the nearest tenth of a minute are printed above or below the Moon symbols as appropriate. P1 and P4 are the first and last external contacts of the penumbra respectively and denote the beginning and end of the penumbral eclipse respectively. U1 and U4 are the first and last external contacts of the umbra denoting the beginning and end of the partial phase of the eclipse respectively. U2 and U3 are the first and last internal contacts of the umbra and denote the beginning and end of the total phase respectively. MID is the middle of the eclipse. The position angle is given for P1 and P4 for penumbral eclipses and U1 and U4 for partial and total eclipses. The UT time of the geocentric opposition in right ascension of the Sun and Moon and the magnitude of the eclipse are given above or below the Moon symbols as appropriate.

The lower panel is a cylindrical equidistant map projection showing the Earth centered on the longitude at which the Moon is in the zenith at the middle of the eclipse. The visibility of the eclipse is displayed by plotting the Moon rise/set terminator for the principal phases of the eclipse for which timing information is provided in the upper panel. The terminator for the middle of the eclipse is not plotted for the sake of clarity.

The unshaded area indicates the region of the Earth from which all the eclipse is visible whereas the darkest shading indicates the area from which the eclipse is invisible. The different shades of gray indicate regions where the Moon is either rising or setting during the principal phases of the eclipse. The Moon is rising on the left hand side of the diagram after the eclipse has started and is setting on the right hand side of the diagram before the eclipse ends. Labels are provided to this effect.

Symbols are plotted showing the locations for which the Moon is in the zenith at the principal phases of the eclipse. The points at which the Moon is in the zenith at P1 and P4 are denoted by $(+)$, at U1 and U4 by $(\odot)$ and at U2 and U3 by $(\oplus)$. These symbols are also plotted on the upper panel where appropriate. The value of ΔT used for the calculation of the eclipse circumstances is given below the diagram. Country boundaries are also provided to assist the user in determining the visibility of the eclipse at a particular location.

I. –Total Eclipse of the Sun, 2015 March 20

CIRCUMSTANCES OF THE ECLIPSE

Universal Time of geocentric conjunction in right ascension, March 20^{d} 10^{h} 17^{m} $05\overset{s}{.}134$
Julian Date $= 2457101.9285316420$

		UT			Longitude		Latitude	
		d	h	m	°	′		
Eclipse begins	March	20	7	40.8	− 23	12.8		
Beginning of southern limit of umbra		20	9	09.6	− 45	13.4		
Beginning of center line; central eclipse begins		20	9	12.7	− 45	58.1		
Beginning of northern limit of umbra		20	9	16.1	− 46	47.9		
End of northern limit of umbra		20	10	14.8	− 53	15.9		
Central eclipse at local apparent noon		20	10	17.1	+ 27	37.3	+85	06.2
End of center line; central eclipse ends		20	10	18.2	+ 97	49.4	+89	22.7
End of southern limit of umbra		20	10	21.2	+111	36.4	+87	37.1
Eclipse ends		20	11	50.2	+ 94	03.9	+56	06.1

BESSELIAN ELEMENTS

Let $t = (UT - 7^{h}) + \delta T / 3600$ in units of hours.

These equations are valid over the range $0\overset{h}{.}625 \leq t \leq 5\overset{h}{.}008$. Do not use t outside the given range, and do not omit any terms in the series.

Intersection of the axis of shadow with the fundamental plane:
$$x = -1.81860952 + 0.55345790\,t + 0.00008944\,t^{2} - 0.00000935\,t^{3}$$
$$y = +0.40607424 + 0.17889266\,t - 0.00002789\,t^{2} - 0.00000293\,t^{3}$$

Direction of the axis of shadow:
$$\sin\,d = -0.00454669 + 0.00028062\,t - 0.00000029\,t^{2} + 0.00000003\,t^{3}$$
$$\cos\,d = +0.99998988 + 0.00000109\,t$$
$$\mu = 283\overset{\circ}{.}09283252 + 15.00440865\,t + 0.00000113\,t^{2} - 0.00000007\,t^{3} - 0.00417807\,\delta$$

Radius of the shadow on the fundamental plane:
penumbra $(l_{1}) = +0.53575955 + 0.00010415\,t - 0.00001314\,t^{2} + 0.00000002\,t^{3}$
umbra $(l_{2}) = -0.01057289 + 0.00010315\,t - 0.00001286\,t^{2}$

Other important quantities:
$$\tan f_{1} = +0.004695$$
$$\tan f_{2} = +0.004672$$
$$\mu' = +0.261876 \text{ radians per hour}$$
$$d' = +0.000280 \text{ radians per hour}$$

All time arguments are given provisionally in Universal Time, using $\Delta T(A) = 68\overset{s}{.}0$.

TOTAL SOLAR ECLIPSE OF 2015 MARCH 20

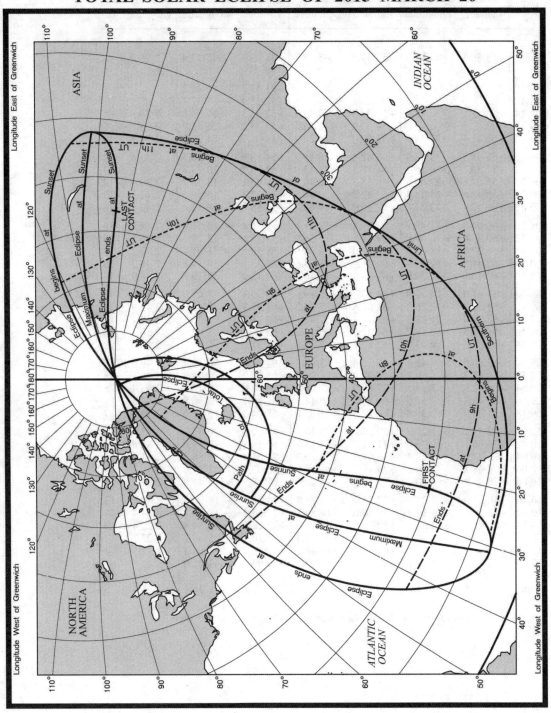

PATH OF CENTRAL PHASE: TOTAL SOLAR ECLIPSE OF MARCH 20

U.T.	Northern Limit		Central Line		Southern Limit		Central Line	
	Latitude	Longitude	Latitude	Longitude	Latitude	Longitude	Duration	Alt.
	° ′	° ′	° ′	° ′	° ′	° ′	m s	°
Limits	+55 36.5	−46 47.9	+53 37.5	−45 58.1	+51 49.6	− 45 13.4	2 09.0	..
h m								
09 10	.. .. .	.. .. .	.. .. .	.. .. .	+51 53.3	− 40 15.2	. . . .	..
09 12	.. .. .	.. .. .	.. .. .	.. .. .	+52 23.4	− 33 37.1	. . . .	..
09 14	.. .. .	.. .. .	+53 58.3	−37 35.7	+52 55.3	− 29 50.5	2 19.5	5
09 16	.. .. .	.. .. .	+54 32.2	−32 55.3	+53 28.2	− 26 55.9	2 25.7	8
09 18	+56 11.4	−37 19.6	+55 07.0	−29 38.9	+54 01.7	− 24 29.2	2 30.1	10
09 20	+56 48.5	−33 16.4	+55 42.4	−26 59.9	+54 35.9	− 22 20.3	2 33.6	12
09 22	+57 26.2	−30 15.3	+56 18.5	−24 43.0	+55 10.7	− 20 23.8	2 36.6	13
09 24	+58 04.6	−27 45.3	+56 55.3	−22 40.9	+55 46.1	− 18 36.7	2 39.1	14
09 26	+58 43.6	−25 34.7	+57 32.8	−20 49.5	+56 22.2	− 16 56.6	2 41.3	15
09 28	+59 23.4	−23 37.4	+58 10.9	−19 06.2	+56 59.0	− 15 22.0	2 43.1	16
09 30	+60 04.0	−21 49.9	+58 49.8	−17 29.1	+57 36.4	− 13 51.9	2 44.7	16
09 32	+60 45.4	−20 09.8	+59 29.5	−15 56.9	+58 14.6	− 12 25.3	2 46.1	17
09 34	+61 27.8	−18 35.6	+60 10.0	−14 28.6	+58 53.5	− 11 01.4	2 47.2	17
09 36	+62 11.1	−17 05.9	+60 51.4	−13 03.5	+59 33.2	− 9 39.8	2 48.2	18
09 38	+62 55.5	−15 39.9	+61 33.8	−11 40.7	+60 13.8	− 8 19.8	2 48.9	18
09 40	+63 41.0	−14 16.9	+62 17.2	−10 19.8	+60 55.3	− 7 01.0	2 49.5	18
09 42	+64 27.7	−12 56.2	+63 01.6	− 9 00.2	+61 37.7	− 5 43.0	2 49.9	18
09 44	+65 15.9	−11 37.3	+63 47.3	− 7 41.5	+62 21.3	− 4 25.3	2 50.1	18
09 46	+66 05.5	−10 19.7	+64 34.3	− 6 23.2	+63 05.9	− 3 07.6	2 50.1	18
09 48	+66 56.8	− 9 03.0	+65 22.6	− 5 05.0	+63 51.8	− 1 49.5	2 50.0	18
09 50	+67 50.0	− 7 46.8	+66 12.6	− 3 46.3	+64 39.0	− 0 30.4	2 49.6	18
09 52	+68 45.3	− 6 30.8	+67 04.2	− 2 26.7	+65 27.7	+ 0 49.9	2 49.1	18
09 54	+69 42.9	− 5 14.5	+67 57.9	− 1 05.7	+66 18.0	+ 2 12.1	2 48.4	18
09 56	+70 43.3	− 3 57.6	+68 53.7	+ 0 17.3	+67 10.1	+ 3 36.8	2 47.5	17
09 58	+71 46.9	− 2 39.8	+69 52.0	+ 1 43.0	+68 04.3	+ 5 04.6	2 46.4	17
10 00	+72 54.2	− 1 20.7	+70 53.2	+ 3 12.1	+69 00.7	+ 6 36.3	2 45.1	16
10 02	+74 06.1	0 00.0	+71 57.7	+ 4 45.7	+69 59.8	+ 8 13.0	2 43.6	16
10 04	+75 23.8	+ 1 22.4	+73 06.3	+ 6 25.2	+71 01.8	+ 9 56.2	2 41.8	15
10 06	+76 48.8	+ 2 46.2	+74 19.8	+ 8 12.5	+72 07.5	+ 11 47.6	2 39.8	14
10 08	+78 23.9	+ 4 10.0	+75 39.5	+10 10.3	+73 17.5	+ 13 49.8	2 37.4	13
10 10	+80 13.9	+ 5 28.0	+77 07.4	+12 23.2	+74 32.8	+ 16 06.8	2 34.6	12
10 12	+82 29.6	+ 6 14.7	+78 46.6	+14 59.1	+75 54.9	+ 18 44.8	2 31.4	11
10 14	+85 49.7	+ 2 31.6	+80 43.5	+18 15.0	+77 26.1	+ 21 54.8	2 27.4	9
10 16	.. .. .	.. .. .	+83 13.3	+23 02.4	+79 10.3	+ 25 59.2	2 22.1	7
10 18	.. .. .	.. .. .	+87 45.4	+39 48.2	+81 16.0	+ 31 56.3	2 12.5	2
10 20	.. .. .	.. .. .	.. .. .	.. .. .	+84 07.4	+ 44 05.0	. . . .	..
Limits	+88 35.8	−53 15.9	+89 22.7	+97 49.4	+87 37.1	+111 36.4	2 08.6	..

Dot leaders indicate the phenomenon does not occur at this time.

II. - Total Eclipse of the Moon

2015 April 04

UT of geocentric opposition in RA: April $4^d 11^h 44^m 7^s.552$

Umbral magnitude of the eclipse: 1.006

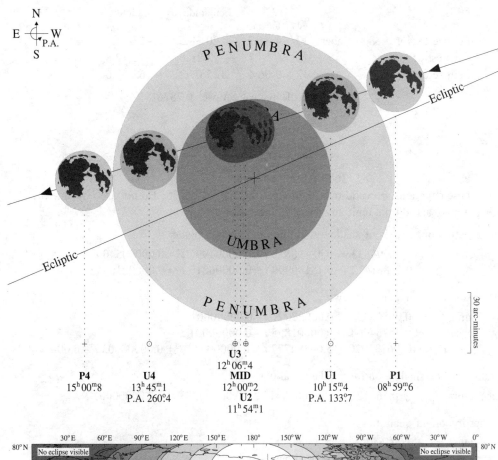

N
E — W
P.A.
S

PENUMBRA

Ecliptic

UMBRA

PENUMBRA

Ecliptic

30 arc-minutes

P4
$15^h 00^m.8$

U4
$13^h 45^m.1$
P.A. $260°.4$

U3
$12^h 06^m.4$
MID
$12^h 00^m.2$
U2
$11^h 54^m.1$

U1
$10^h 15^m.4$
P.A. $133°.7$

P1
$08^h 59^m.6$

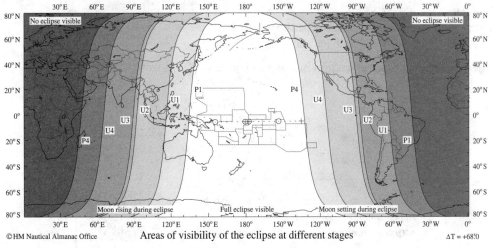

No eclipse visible

No eclipse visible

Moon rising during eclipse

Full eclipse visible

Moon setting during eclipse

Areas of visibility of the eclipse at different stages

$\Delta T = +68^s.0$

III. –Partial Eclipse of the Sun, 2015 September 13

CIRCUMSTANCES OF THE ECLIPSE

Universal Time of geocentric conjunction in right ascension, September $13^d\ 07^h\ 35^m\ 18\overset{s}{.}140$
Julian Date = 2457278.8161821710

		UT			Longitude		Latitude	
		d	h	m	°	′	°	′
Eclipse begins	September	13	4	41.7	+ 20	38.5	−27	11.7
Greatest eclipse		13	6	54.2	− 2	16.6	−72	12.8
Eclipse ends		13	9	06.4	+125	07.2	−62	02.6

Magnitude of greatest eclipse: 0.7876

BESSELIAN ELEMENTS

Let $t = (\mathrm{UT}-4^h) + \delta T/3600$ in units of hours.

These equations are valid over the range $0\overset{h}{.}625 \le t \le 5\overset{h}{.}275$. Do not use t outside the given range, and do not omit any terms in the series.

Intersection of the axis of shadow with the fundamental plane:
$$x = -1.72994733 + 0.48198835\ t + 0.00004997\ t^2 - 0.00000540\ t^3$$
$$y = -0.60881422 - 0.15190990\ t + 0.00000810\ t^2 + 0.00000163\ t^3$$

Direction of the axis of shadow:
$$\sin d = +0.06865336 - 0.00027091\ t - 0.00000001\ t^2$$
$$\cos d = +0.99764064 + 0.00001855\ t - 0.00000001\ t^2$$
$$\mu = 240\overset{\circ}{.}96131070 + 15.00484777\ t + 0.00000003\ t^2 + 0.00000003\ t^3 - 0.00417807$$

Radius of the shadow on the fundamental plane:

penumbra $(l_1) = +0.56812267 + 0.00008417\ t - 0.00000983\ t^2 + 0.00000001\ t^3$

Other important quantities:
$$\tan f_1 = +0.004647$$
$$\mu' = +0.261884 \text{ radians per hour}$$
$$d' = -0.000272 \text{ radians per hour}$$

All time arguments are given provisionally in Universal Time, using $\Delta T(A) = 68\overset{s}{.}0$.

PARTIAL SOLAR ECLIPSE OF 2015 SEPTEMBER 13

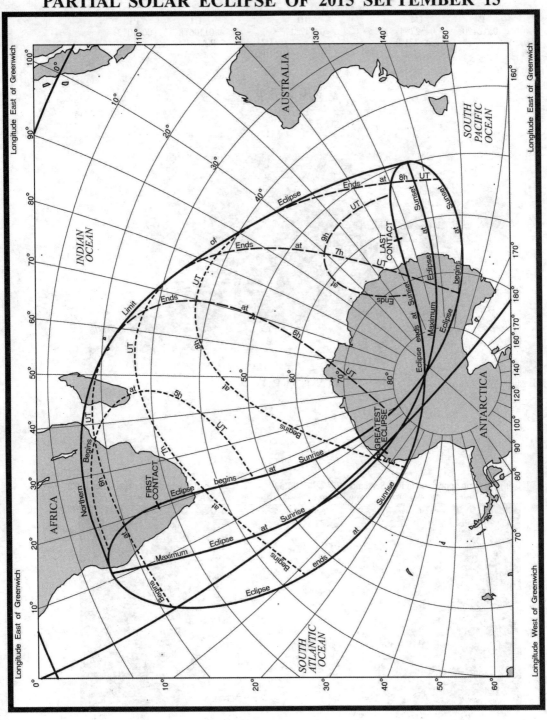

IV. - Total Eclipse of the Moon

2015 September 28

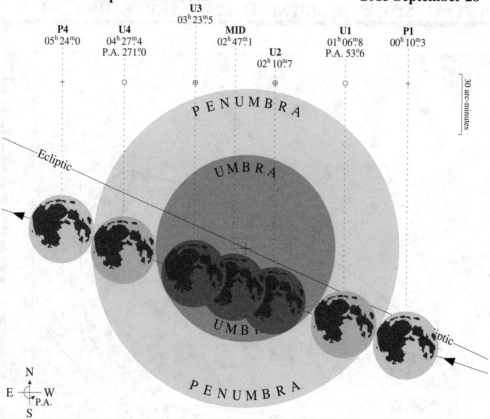

U3
$03^h 23^m.5$

P4
$05^h 24^m.0$

U4
$04^h 27^m.4$
P.A. 271°.0

MID
$02^h 47^m.1$

U2
$02^h 10^m.7$

U1
$01^h 06^m.8$
P.A. 53°.6

P1
$00^h 10^m.3$

30 arc-minutes

PENUMBRA

UMBRA

Ecliptic

UMBRA

PENUMBRA

N
E   W
S
P.A.

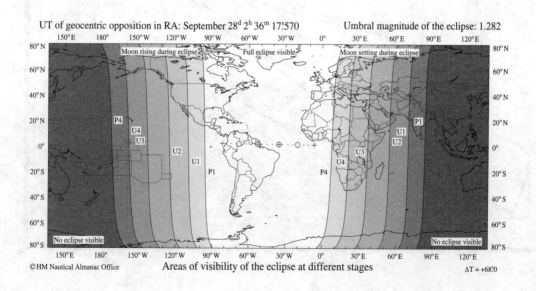

UT of geocentric opposition in RA: September $28^d 2^h 36^m 17^s.570$ Umbral magnitude of the eclipse: 1.282

Moon rising during eclipse   Full eclipse visible   Moon setting during eclipse

No eclipse visible   No eclipse visible

© HM Nautical Almanac Office   Areas of visibility of the eclipse at different stages   ΔT = +68°.0

CONTENTS OF SECTION B

Introduction

The tables and formulae in this section are produced in accordance with the recommendations of the International Astronomical Union at its General Assemblies up to and including 2012. They are intended for use with relativistic coordinate time-scales, the International Celestial Reference System (ICRS), the Geocentric Celestial Reference System (GCRS) and the standard epoch of J2000·0 TT.

Because of its consistency with previous reference systems, implementation of the ICRS will be transparent to any applications with accuracy requirements of no better than $0''1$ near epoch J2000·0. At this level of accuracy the distinctions between the International Celestial Reference Frame, FK5, and dynamical equator and equinox of J2000·0 are not significant.

Procedures are given to calculate both intermediate and apparent right ascension, declination and hour angle of planetary and stellar objects which are referred to the ICRS, e.g. the JPL DE430/LE430 Planetary and Lunar Ephemerides or the Hipparcos star catalogue. These procedures include the effects of the differences between time-scales, light-time and the relativistic effects of light deflection, parallax and aberration, and the rotations, i.e. frame bias, precession and nutation, to give the "of date" system.

In particular, the rotations from the GCRS to the Terrestrial Intermediate Reference System are illustrated using both equinox-based and CIO-based techniques. Both of these techniques require the position of the Celestial Intermediate Pole and involve the angles for frame bias, precession and nutation, whether applied individually or amalgamated, directly or indirectly. These angles, together with their appropriate rotations and the relationships between them, are given in this section.

The equinox-based and CIO-based techniques only differ in the location of the origin for right ascension, and thus whether Greenwich apparent sidereal time or Earth rotation angle, respectively, is used to calculate hour angle. Equinox-based techniques use the equinox as the origin for right ascension and the system is usually labelled the true equator and equinox of date. CIO-based techniques use the celestial intermediate origin (CIO) and the system is labelled the Celestial Intermediate Reference System. The term "Intermediate" is used to signify that it is the system "between" the GCRS and the International Terrestrial Reference System. It must be emphasized that the equator of date is the celestial intermediate equator, and that hour angle is independent of the origin of right ascension. However, it is essential that hour angle is calculated consistently within the system being used.

In particular, this section includes the long-standing daily tabulations of the nutation angles, $\Delta\psi$ and $\Delta\epsilon$, the true obliquity of the ecliptic, Greenwich mean and apparent sidereal time and the equation of the equinoxes, as well as the parameters that define the Celestial Intermediate Reference System, $\mathcal{X}$, $\mathcal{Y}$, s, the Earth rotation angle and equation of the origins. Also tabulated daily are the matrices, both equinox and CIO based, for reduction from the GCRS, together with various useful formulae.

The 2006 IAU General Assembly adopted various resolutions, including the recommendations of the Working Group on Precession and the Ecliptic (WGPE), which in this section are designated IAU 2006. The WGPE report includes not only updated precession angles, but also Greenwich mean sidereal time and other related quantities. It should be noted that the IAU 2006 precession parameters are to be used with the IAU 2000A nutation series. However, for the highest precision, adjustments are required to the nutation in longitude and obliquity (see page B55). These adjustments are included in the IAU SOFA code which is used throughout this section.

The IAU SOFA code is available from the IAU Standards Of Fundamental Astronomy (SOFA) web site and contains code for all the fundamental quantities related to various systems (e.g., IAU 2006, IAU 2000). The *IERS Conventions 2010* (Technical Note 36), and their updates, in particular Chapter 5 that describes the ITRS to GCRS conversion is available from the IERS. See page x for the web site addresses.

Introduction (continued)

A detailed explanation and implementation of "The IAU Resolutions on Astronomical Reference Systems, Time Scales, and Earth Rotation Models" is published in *USNO Circular 179* (2005) (see page x). Background information about time-scales and coordinate reference systems recommended by the IAU and adopted in this almanac are given in Section L, *Notes and References* and in Section M, *Glossary*.

The definitions involving the relationship between universal time and sidereal time contain both universal and dynamical time scales, and thus require knowledge of ΔT. However, accurate values of ΔT (see pages K8–K9) are only available in retrospect via analysis of observations from the IERS (see page x). Therefore tables in this section adopt the most likely value at the time of production. The value used and the errors are stated in the text.

 This symbol indicates that these data or auxiliary material
may also be found on *The Astronomical Almanac Online*
at **http://asa.usno.navy.mil** and **http://asa.hmnao.com**

Julian date

A Julian date (JD) may be associated with any time scale (see page B6). A tabulation of Julian date (JD) at 0^h UT1 against calendar date is given with the ephemeris of universal and sidereal times on pages B13–B20. Similarly, pages B21–B24 tabulate the UT1 Julian date together with the Earth rotation angle. The following relationship holds during 2015:

UT1 Julian date $= \text{JD}_{\text{UT1}} = 245\ 7022{\cdot}5 + \text{day of year} + \text{fraction of day from } 0^h \text{ UT1}$

TT Julian date $= \text{JD}_{\text{TT}} = 245\ 7022{\cdot}5 + d + \text{fraction of day from } 0^h \text{ TT}$

where the day of the year (d) for the current year of the Gregorian calendar is given on pages B4–B5. The following table gives the Julian dates at day 0 of each month of 2015:

0^h	Julian Date	0^h	Julian Date	0^h	Julian Date
Jan. 0	245 7022·5	May 0	245 7142·5	Sept. 0	245 7265·5
Feb. 0	245 7053·5	June 0	245 7173·5	Oct. 0	245 7295·5
Mar. 0	245 7081·5	July 0	245 7203·5	Nov. 0	245 7326·5
Apr. 0	245 7112·5	Aug. 0	245 7234·5	Dec. 0	245 7356·5

Tabulations of Julian date against calendar date for other years are given on pages K2–K4.

A date may also be expressed in years as a Julian epoch, or for some purposes as a Besselian epoch, using:

$$\text{Julian epoch} = \text{J}[2000{\cdot}0 + (\text{JD}_{\text{TT}} - 245\ 1545{\cdot}0)/365{\cdot}25]$$

$$\text{Besselian epoch} = \text{B}[1900{\cdot}0 + (\text{JD}_{\text{TT}} - 241\ 5020{\cdot}313\ 52)/365{\cdot}242\ 198\ 781]$$

the prefixes J and B may be omitted only where the context, or precision, make them superfluous.

400-day date, JD 245 7200·5 = 2015 June 27·0

Standard epoch B1900·0 = 1900 Jan. 0·813 52 = JD 241 5020·313 52 TT
B1950·0 = 1950 Jan. 0·923   = JD 243 3282·423 TT
B2015·0 = 2015 Jan. 0·666 TT = JD 245 7023·166 TT

Standard epoch J2000·0 = 2000 Jan. 1·5 TT   = JD 245 1545·0 TT
J2015·5 = 2015 July 2·875 TT = JD 245 7206·375 TT

For epochs B1900·0 and B1950·0 the TT time scale is used proleptically.

The *modified Julian date* (MJD) is the Julian date minus 240 0000·5 and in 2015 is given by: MJD $= 57022{\cdot}0 + \text{day of year} + \text{fraction of day from } 0^h$ in the time scale being used.

	JANUARY		FEBRUARY		MARCH		APRIL		MAY		JUNE	
Day of Month	Day of Week	Day of Year	Day of Week	Day of Year	Day of Week	Day of Year	Day of Week	Day of Year	Day of Week	Day of Year	Day of Week	Day of Year
1	Thu.	1	Sun.	32	Sun.	60	Wed.	91	Fri.	121	Mon.	152
2	Fri.	2	Mon.	33	Mon.	61	Thu.	92	Sat.	122	Tue.	153
3	Sat.	3	Tue.	34	Tue.	62	Fri.	93	Sun.	123	Wed.	154
4	Sun.	4	Wed.	35	Wed.	63	Sat.	94	Mon.	124	Thu.	155
5	Mon.	5	Thu.	36	Thu.	64	Sun.	95	Tue.	125	Fri.	156
6	Tue.	6	Fri.	37	Fri.	65	Mon.	96	Wed.	126	Sat.	157
7	Wed.	7	Sat.	38	Sat.	66	Tue.	97	Thu.	127	Sun.	158
8	Thu.	8	Sun.	39	Sun.	67	Wed.	98	Fri.	128	Mon.	159
9	Fri.	9	Mon.	40	Mon.	68	Thu.	99	Sat.	129	Tue.	160
10	Sat.	10	Tue.	41	Tue.	69	Fri.	100	Sun.	130	Wed.	161
11	Sun.	11	Wed.	42	Wed.	70	Sat.	101	Mon.	131	Thu.	162
12	Mon.	12	Thu.	43	Thu.	71	Sun.	102	Tue.	132	Fri.	163
13	Tue.	13	Fri.	44	Fri.	72	Mon.	103	Wed.	133	Sat.	164
14	Wed.	14	Sat.	45	Sat.	73	Tue.	104	Thu.	134	Sun.	165
15	Thu.	15	Sun.	46	Sun.	74	Wed.	105	Fri.	135	Mon.	166
16	Fri.	16	Mon.	47	Mon.	75	Thu.	106	Sat.	136	Tue.	167
17	Sat.	17	Tue.	48	Tue.	76	Fri.	107	Sun.	137	Wed.	168
18	Sun.	18	Wed.	49	Wed.	77	Sat.	108	Mon.	138	Thu.	169
19	Mon.	19	Thu.	50	Thu.	78	Sun.	109	Tue.	139	Fri.	170
20	Tue.	20	Fri.	51	Fri.	79	Mon.	110	Wed.	140	Sat.	171
21	Wed.	21	Sat.	52	Sat.	80	Tue.	111	Thu.	141	Sun.	172
22	Thu.	22	Sun.	53	Sun.	81	Wed.	112	Fri.	142	Mon.	173
23	Fri.	23	Mon.	54	Mon.	82	Thu.	113	Sat.	143	Tue.	174
24	Sat.	24	Tue.	55	Tue.	83	Fri.	114	Sun.	144	Wed.	175
25	Sun.	25	Wed.	56	Wed.	84	Sat.	115	Mon.	145	Thu.	176
26	Mon.	26	Thu.	57	Thu.	85	Sun.	116	Tue.	146	Fri.	177
27	Tue.	27	Fri.	58	Fri.	86	Mon.	117	Wed.	147	Sat.	178
28	Wed.	28	Sat.	59	Sat.	87	Tue.	118	Thu.	148	Sun.	179
29	Thu.	29			Sun.	88	Wed.	119	Fri.	149	Mon.	180
30	Fri.	30			Mon.	89	Thu.	120	Sat.	150	Tue.	181
31	Sat.	31			Tue.	90			Sun.	151		

CHRONOLOGICAL CYCLES AND ERAS

Dominical Letter	D	Julian Period (year of)	6728
Epact	10	Roman Indiction	8
Golden Number (Lunar Cycle) ...	II	Solar Cycle	8

All dates are given in terms of the Gregorian calendar in which
2015 January 14 corresponds to 2015 January 1 of the Julian calendar.

ERA	YEAR	BEGINS	ERA	YEAR	BEGINS
Byzantine	7524	Sept. 14	Japanese	2675	Jan. 1
Jewish (A.M.)*	5776	Sept. 13	Seleucidæ (Grecian) ...	2327	Sept. 14
Chinese (yǐ wèi)		Feb. 19			(or Oct. 14)
Roman (A.U.C.)	2768	Jan. 14	Saka (Indian)	1937	Mar. 22
Nabonassar	2764	Apr. 20	Diocletian (Coptic) ...	1732	Sept. 12
			Islamic (Hegira)* ...	1437	Oct. 14

* Year begins at sunset

Day of Month	JULY Day of Week	Day of Year	AUGUST Day of Week	Day of Year	SEPTEMBER Day of Week	Day of Year	OCTOBER Day of Week	Day of Year	NOVEMBER Day of Week	Day of Year	DECEMBER Day of Week	Day of Year
1	Wed.	182	Sat.	213	Tue.	244	Thu.	274	Sun.	305	Tue.	335
2	Thu.	183	Sun.	214	Wed.	245	Fri.	275	Mon.	306	Wed.	336
3	Fri.	184	Mon.	215	Thu.	246	Sat.	276	Tue.	307	Thu.	337
4	Sat.	185	Tue.	216	Fri.	247	Sun.	277	Wed.	308	Fri.	338
5	Sun.	186	Wed.	217	Sat.	248	Mon.	278	Thu.	309	Sat.	339
6	Mon.	187	Thu.	218	Sun.	249	Tue.	279	Fri.	310	Sun.	340
7	Tue.	188	Fri.	219	Mon.	250	Wed.	280	Sat.	311	Mon.	341
8	Wed.	189	Sat.	220	Tue.	251	Thu.	281	Sun.	312	Tue.	342
9	Thu.	190	Sun.	221	Wed.	252	Fri.	282	Mon.	313	Wed.	343
10	Fri.	191	Mon.	222	Thu.	253	Sat.	283	Tue.	314	Thu.	344
11	Sat.	192	Tue.	223	Fri.	254	Sun.	284	Wed.	315	Fri.	345
12	Sun.	193	Wed.	224	Sat.	255	Mon.	285	Thu.	316	Sat.	346
13	Mon.	194	Thu.	225	Sun.	256	Tue.	286	Fri.	317	Sun.	347
14	Tue.	195	Fri.	226	Mon.	257	Wed.	287	Sat.	318	Mon.	348
15	Wed.	196	Sat.	227	Tue.	258	Thu.	288	Sun.	319	Tue.	349
16	Thu.	197	Sun.	228	Wed.	259	Fri.	289	Mon.	320	Wed.	350
17	Fri.	198	Mon.	229	Thu.	260	Sat.	290	Tue.	321	Thu.	351
18	Sat.	199	Tue.	230	Fri.	261	Sun.	291	Wed.	322	Fri.	352
19	Sun.	200	Wed.	231	Sat.	262	Mon.	292	Thu.	323	Sat.	353
20	Mon.	201	Thu.	232	Sun.	263	Tue.	293	Fri.	324	Sun.	354
21	Tue.	202	Fri.	233	Mon.	264	Wed.	294	Sat.	325	Mon.	355
22	Wed.	203	Sat.	234	Tue.	265	Thu.	295	Sun.	326	Tue.	356
23	Thu.	204	Sun.	235	Wed.	266	Fri.	296	Mon.	327	Wed.	357
24	Fri.	205	Mon.	236	Thu.	267	Sat.	297	Tue.	328	Thu.	358
25	Sat.	206	Tue.	237	Fri.	268	Sun.	298	Wed.	329	Fri.	359
26	Sun.	207	Wed.	238	Sat.	269	Mon.	299	Thu.	330	Sat.	360
27	Mon.	208	Thu.	239	Sun.	270	Tue.	300	Fri.	331	Sun.	361
28	Tue.	209	Fri.	240	Mon.	271	Wed.	301	Sat.	332	Mon.	362
29	Wed.	210	Sat.	241	Tue.	272	Thu.	302	Sun.	333	Tue.	363
30	Thu.	211	Sun.	242	Wed.	273	Fri.	303	Mon.	334	Wed.	364
31	Fri.	212	Mon.	243			Sat.	304			Thu.	365

RELIGIOUS CALENDARS

Epiphany	Jan.	6	Ascension Day	May	14
Ash Wednesday	Feb.	18	Whit Sunday—Pentecost ...	May	24
Palm Sunday	Mar.	29	Trinity Sunday	May	31
Good Friday	Apr.	3	First Sunday in Advent	Nov.	29
Easter Day	Apr.	5	Christmas Day (Friday)	Dec.	25

First day of Passover (Pesach)	Apr.	4	Day of Atonement (Yom Kippur)	Sept.	23
Feast of Weeks (Shavuot) ...	May	24	First day of Tabernacles (Succoth)	Sept.	28
Jewish New Year (Rosh Hashanah)	Sept.	14	Festival of Lights (Hanukkah)	Dec.	7

First day of Ramadân	June	18	Islamic New Year	Oct.	15
First day of Shawwal (Eid ul-Fitr)	July	18			

The Jewish and Islamic dates above are tabular dates, which begin at sunset on the previous evening and end at sunset on the date tabulated. In practice, the dates of Islamic fasts and festivals are determined by an actual sighting of the appropriate new moon.

Notation for time-scales and related quantities

A summary of the notation for time-scales and related quantities used in this Almanac is given below. Additional information is given in the *Glossary* (section M and *The Astronomical Almanac Online*) and in the *Notes and References* (section L).

UT1　　universal time (also UT); counted from 0^h (midnight); unit is second of mean solar time, affected by irregularities in the Earth's rate of rotation.

UT0　　local approximation to universal time; not corrected for polar motion (rarely used).

GMST　Greenwich mean sidereal time; GHA of mean equinox of date.

GAST　Greenwich apparent sidereal time; GHA of true equinox of date.

E_e　　Equation of the equinoxes: GAST $-$ GMST.

E_o　　Equation of the origins: ERA $-$ GAST $= \theta -$ GAST.

ERA　　Earth rotation angle (θ); the angle between the celestial and terrestrial intermediate origins; it is proportional to UT1.

TAI　　International Atomic Time; unit is the SI second on the geoid.

UTC　　coordinated universal time; differs from TAI by an integral number of seconds, and is the basis of most radio time signals and national and/or legal time systems.

ΔUT　　$=$ UT1$-$UTC; increment to be applied to UTC to give UT1.

DUT　　predicted value of ΔUT, rounded to 0^s1, given in some radio time signals.

TDB　　barycentric dynamical time; used as time-scale of ephemerides, referred to the barycentre of the solar system.

TT　　　terrestrial time; used as time-scale of ephemerides for observations from the Earth's surface (geoid). TT $=$ TAI $+ 32^s184$.

ΔT　　$=$ TT $-$ UT1; increment to be applied to UT1 to give TT.
　　　　$=$ TAI $+ 32^s184 -$ UT1.

ΔAT　　$=$ TAI $-$ UTC; increment to be applied to UTC to give TAI; an integral number of seconds.

ΔTT　　$=$ TT $-$ UTC $= \Delta$AT$+32^s184$; increment to be applied to UTC to give TT.

JD$_{TT}$　　$=$ Julian date and fraction, where the time fraction is expressed in the terrestrial time scale, e.g. 2000 January 1, 12^h TT is JD 245 1545·0 TT.

JD$_{UT1}$　$=$ Julian date and fraction, where the time fraction is expressed in the universal time scale, e.g. 2000 January 1, 12^h UT1 is JD 245 1545·0 UT1.

The following intervals are used in this section.

$$T = (\text{JD}_{TT} - 245\,1545\cdot0)/36\,525 = \text{Julian centuries of 365 25 days from J2000}\cdot0$$

$$D = \text{JD} - 245\,1545\cdot0 = \text{days and fraction from J2000}\cdot0$$

$$D_U = \text{JD}_{UT1} - 245\,1545\cdot0 = \text{days and UT1 fraction from J2000}\cdot0$$

$$d = \text{Day of the year, January 1} = 1, \text{etc., see B4–B5}$$

Note that the intervals above are based on different time scales. T implies the TT time scale while D_U implies the UT1 time scale. This is an important distinction when calculating Greenwich mean sidereal time. T is the number of Julian centuries from J2000·0 to the required epoch (TT), while D, D_U and d are all in days.

The name Greenwich mean time (GMT) is not used in this Almanac since it is ambiguous. It is now used, although not in astronomy, in the sense of UTC, in addition to the earlier sense of UT; prior to 1925 it was reckoned for astronomical purposes from Greenwich mean noon (12^h UT).

Relationships between time-scales

The unit of UTC is the SI second on the geoid, but step adjustments of 1 second (leap seconds) are occasionally introduced into UTC so that universal time (UT1) may be obtained directly from it with an accuracy of 1 second or better and so that International Atomic Time (TAI) may be obtained by the addition of an integral number of seconds. The step adjustments, when required, are usually inserted after the 60th second of the last minute of December 31 or June 30. Values of the differences ΔAT for 1972 onwards are given on page K9. Accurate values of the increment ΔUT to be applied to UTC to give UT1 are derived from observations, but predicted values are transmitted in code in some time signals. Wherever UT is used in this volume it always means UT1.

The difference between the terrestrial time scale (TT) and the barycentric dynamical time scale (TDB) is often ignored, since the two time scales differ by no more than 2 milliseconds.

An expression for the relationship between the barycentric and terrestrial time-scales (due to the variations in gravitational potential around the Earth's orbit) is:

$$\text{TDB} = \text{TT} + 0\overset{s}{.}001\,657 \sin g + 0\overset{s}{.}000\,022 \sin(L - L_J)$$

and
$$g = 357\overset{\circ}{.}53 + 0.985\,600\,28(\text{JD} - 245\,1545\cdot0)$$

$$L - L_J = 246\overset{\circ}{.}11 + 0.902\,517\,92(\text{JD} - 245\,1545\cdot0)$$

where g is the mean anomaly of the Earth in its orbit around the Sun, and $L - L_J$ is the difference in the mean ecliptic longitudes of the Sun and Jupiter. The above formula for TDB $-$ TT is accurate to about $\pm 30\mu$s over the period 1980 to 2050.

For 2015
$$g = 356\overset{\circ}{.}15 + 0\overset{\circ}{.}985\,60\,d \qquad \text{and} \qquad L - L_J = 149\overset{\circ}{.}66 + 0\overset{\circ}{.}902\,52\,d$$

where d is the day of the year and fraction of the day.

The TDB time scale should be used for quantities such as precession angles and the fundamental arguments. However, for these quantities, the difference between TDB and TT is negligible at the microarcsecond (μas) level.

Relationships between universal time, ERA, GMST and GAST

The following equations show the relationships between the Earth rotation angle (ERA=θ), Greenwich mean (GMST) and apparent (GAST) sidereal time, in terms of the equation of the origins (E_o) and the equation of the equinoxes (E_e):

$$\text{GMST}(D_U, T) = \theta(D_U) + \text{polynomial part}(T)$$
$$\text{GAST}(D_U, T) = \theta(D_U) - \text{equation of the origins}(T)$$
$$= \text{GMST}(D_U, T) + \text{equation of the equinoxes}(T)$$

The definition of these quantities follow. Note that ERA is a function of UT1, while GMST and GAST are functions of both UT1 and TT. A diagram showing the relationships between these concepts is given on page B9.

ERA is for use with intermediate right ascensions while GAST must be used with apparent (equinox based) right ascension.

Relationship between universal time and Earth rotation angle

The Earth rotation angle (θ) is measured in the Celestial Intermediate Reference System along its equator (the true equator of date) between the terrestrial and the celestial intermediate origins. It is proportional to UT1, and its time derivative is the Earth's adopted mean angular velocity; it is defined by the following relationship

$$\theta(D_U) = 2\pi(0.7790\,5727\,32640 + 1.0027\,3781\,1911\,35448\,D_U) \text{ radians}$$
$$= 360°(0.7790\,5727\,32640 + 0.0027\,3781\,1911\,35448\,D_U + D_U \bmod 1)$$

where D_U is the interval, in days, elapsed since the epoch 2000 January 1^d 12^h UT1 (JD 245 1545·0 UT1), and D_U mod 1 is the fraction of the UT1 day remaining after removing all the whole days. The Earth rotation angle (ERA) is tabulated daily at 0^h UT1 on pages B21–B24.

During 2015, on day d, at t^h UT1, the Earth rotation angle, expressed in arc and time, respectively, is given by:

$$\theta = 99°.151\,926 + 0°.985\,612\,288\,d + 15°.041\,0672\,t$$
$$= 6^h.610\,1284 + 0^h.065\,707\,4859\,d + 1^h.002\,737\,81\,t$$

Relationship between universal and sidereal time

Greenwich Mean Sidereal Time

Universal time is defined in terms of Greenwich mean sidereal time (i.e. the hour angle of the mean equinox of date) by:

$$\text{GMST}(D_U, T) = \theta(D_U) + \text{GMST}_P(T)$$
$$\text{GMST}_P(T) = 0''.014\,506 + 4612''.156\,534\,T + 1''.391\,5817\,T^2$$
$$- 0''.000\,000\,44\,T^3 - 0''.000\,029\,956\,T^4 - 3''.68 \times 10^{-8}\,T^5$$

where θ is the Earth rotation angle. The polynomial part, $\text{GMST}_P(T)$ is due almost entirely to the effect of precession and is given separately as it also forms part of the equation of the origins (see page B10). The time interval D_U is measured in days elapsed since the epoch 2000 January 1^d 12^h UT1 (JD 245 1545·0 UT1), whereas T is measured in the TT scale, in Julian centuries of 36 525 days, from JD 245 1545·0 TT.

The Earth rotation angle is expressed in degrees while the terms of the polynomial part (GMST_P) are in arcseconds. GMST is tabulated on pages B13–B20 and the equivalent expression in time units is

$$\text{GMST}(D_U, T) = 86400^s(0.7790\,5727\,32640 + 0.0027\,3781\,1911\,35448D_U + D_U \bmod 1)$$
$$+ 0^s.000\,967\,07 + 307^s.477\,102\,27\,T + 0^s.092\,772\,113\,T^2$$
$$- 0^s.000\,000\,0293\,T^3 - 0^s.000\,001\,997\,07\,T^4 - 2^s.453 \times 10^{-9}\,T^5$$

It is necessary, in this formula, to distinguish TT from UT1 only for the most precise work. The table on pages B13–B20 is calculated assuming $\Delta T = 68^s$. An error of $\pm 1^s$ in ΔT introduces differences of $\mp 1''.5 \times 10^{-6}$ or equivalently $\mp 0^s.10 \times 10^{-6}$ during 2015.

The following relationship holds during 2015:

on day of year d at t^h UT1, GMST $= 6^h.622\,9379 + 0^h.065\,709\,8245\,d + 1^h.002\,737\,91\,t$

where the day of year d is tabulated on pages B4–B5. Add or subtract multiples of 24^h as necessary.

Relationship between universal and sidereal time (continued)

In 2015:
$$\begin{aligned}
1 \text{ mean solar day} &= 1{\cdot}002\,737\,909\,35 & \text{mean sidereal days}\\
&= 24^{\text{h}}\,03^{\text{m}}\,56{\overset{\text{s}}{\cdot}}555\,37 \text{ of mean sidereal time}\\
1 \text{ mean sidereal day} &= 0{\cdot}997\,269\,566\,33 & \text{mean solar days}\\
&= 23^{\text{h}}\,56^{\text{m}}\,04{\overset{\text{s}}{\cdot}}090\,53 \text{ of mean solar time}
\end{aligned}$$

Greenwich Apparent Sidereal Time

The hour angle of the true equinox of date (GAST) is given by:

$$\begin{aligned}
\text{GAST}(D_{\text{U}}, T) &= \theta(D_{\text{U}}) - \text{equation of the origins} = \theta(D_{\text{U}}) - E_o(T)\\
&= \text{GMST}(D_{\text{U}}, T) + \text{equation of the equinoxes} = \text{GMST}(D_{\text{U}}, T) + E_e(T)
\end{aligned}$$

where θ is the Earth rotation angle (ERA) and GMST, the Greenwich mean sidereal time are given above, while the equation of the origins (E_o) and the equation of the equinoxes (E_e) are given on page B10.

Pages B13–B20 tabulate GAST and the equation of the equinoxes daily at 0^{h} UT1. These quantities have been calculated using the IAU 2000A nutation model together with the tiny (μas level) amendments (see B55); they are expressed in time units and are based on a predicted $\Delta T = 68^{\text{s}}$. An error of $\pm 1^{\text{s}}$ in ΔT introduces a maximum error of $\pm 2{\overset{''}{\cdot}}9 \times 10^{-6}$ or equivalently $\pm 0{\overset{\text{s}}{\cdot}}19 \times 10^{-6}$ during 2015.

Interpolation may be used to obtain the equation of the equinoxes for another instant, or if full precision is required.

Relationships between origins

The difference between the CIO and true equinox of date is called the equation of the origins

$$E_o(T) = \theta - \text{GAST}$$

while the difference between the true and mean equinox is called the equation of the equinoxes and is given by

$$E_e(T) = \text{GAST} - \text{GMST}$$

The following schematic diagram shows the relationship between the "zero longitude" defined by the terrestrial intermediate origin, the true equinox and the celestial intermediate origin.

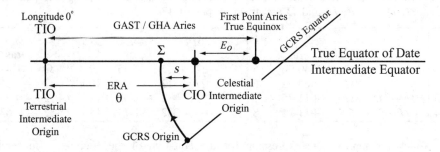

The diagram illustrates that the origin of Greenwich hour angle, the terrestrial intermediate origin (TIO), may be obtained from either Greenwich apparent sidereal time (GAST) or Earth rotation angle (ERA). The quantity s, the CIO locator, positions the GCRS origin (Σ) on the equator (see page B47). Note that the planes of intermediate equator and the true equator of date (the pole of which is the celestial intermediate pole) are identical.

Relationships between origins (continued)

Equation of the origins

The equation of the origins (E_o), the angular difference between the origin of intermediate right ascension (the CIO) and the origin of equinox right ascension (the true equinox) is defined to be

$$E_o(T) = \theta - \text{GAST} = s - \tan^{-1}\frac{\mathbf{M_j} \cdot \mathcal{R}_{\Sigma_i}}{\mathbf{M_i} \cdot \mathcal{R}_{\Sigma_i}}$$

where s is the CIO locator (see page B47). $\mathbf{M_i}$, and $\mathbf{M_j}$ are vectors formed from the top and middle rows of $\mathbf{M}$ (see page B50) which transforms positions from the GCRS to the equator and equinox of date, while the vector $\mathcal{R}_{\Sigma_i}$ which is formed from the top row of $\mathcal{R}_{\Sigma}$ is given on page B49. The symbol $\cdot$ denotes the scalar or dot product of the two vectors.

Alternatively,

$$E_o(T) = -(\text{GMST}_P(T) + E_e(T))$$

where GMST_P is the polynomial part of the Greenwich mean sidereal time formulae (see page B8), and E_e is the equation of the equinoxes given below. E_o is tabulated with the Earth rotation angle (θ) on pages B21–B24, and is calculated in the sense

$$E_o = \theta - \text{GAST} = \alpha_i - \alpha_e$$

and therefore $\alpha_i = E_o + \alpha_e$

Thus, given an apparent right ascension (α_e) and the equation of the origins, the intermediate right ascension (α_i) may be calculated so that it can be used with the Earth rotation angle (θ) to form an hour angle.

Equation of the Equinoxes

The equation of the equinoxes (E_e) is the difference between Greenwich apparent (GAST) and mean (GMST) sidereal time.

$$E_e(T) = \text{GAST} - \text{GMST}$$

which can be expressed, less precisely, in series form as

$$= \Delta\psi \cos\epsilon_A + \sum_k S_k \times 10^{-6} \sin A_k - 0.''87 \times 10^{-6}\, T \sin\Omega$$

GAST and GMST are given on pages B9 and B8, respectively. $\Delta\psi$ is the total nutation in longitude (in seconds of arc) and ϵ_A is the mean obliquity of the ecliptic (see pages B55 and B52, respectively). The coefficients (S_k) for all terms exceeding 0.5μas during 1975-2025 are given below and this series expression is accurate to $\pm0.''3 \times 10^{-5}$ during this period. The arguments (A_k) l, l', F, D, and Ω are given on page B47.

k	A_k	S_k	k	A_k	S_k	k	A_k	S_k
		μas			μas			μas
1	Ω	$+2640{\cdot}96$	5	$2F-2D+2\Omega$	$-4{\cdot}55$	9	$l'+\Omega$	$-1{\cdot}41$
2	2Ω	$+63{\cdot}52$	6	$2F+3\Omega$	$+2{\cdot}02$	10	$l'-\Omega$	$-1{\cdot}26$
3	$2F-2D+3\Omega$	$+11{\cdot}75$	7	$2F+\Omega$	$+1{\cdot}98$	11	$l+\Omega$	$-0{\cdot}63$
4	$2F-2D+\Omega$	$+11{\cdot}21$	8	3Ω	$-1{\cdot}72$	12	$l-\Omega$	$-0{\cdot}63$

The following approximate expression for the equation of the equinoxes (in seconds), incorporates the two largest terms, and is accurate to better than $2^s \times 10^{-6}$ assuming $\Delta\psi$ and ϵ_A are supplied with sufficient accuracy.

$$E_e^s = \tfrac{1}{15}\left(\Delta\psi\,\cos\epsilon_A + 0.''002\,64\sin\Omega + 0.''000\,06\sin 2\Omega\right)$$

During 2015, $\Omega = 194°99 - 0°052\,953\,75\,d$, and d is the day of the year and fraction of day (see page D2).

Relationships between local time and hour angle

The local hour angle of an object is the angle between two planes: the plane containing the geocentre, the CIP, and the observer; and the plane containing the geocentre, the CIP, and the object. Hour angle increases with time and is positive when the object is west of the observer as viewed from the geocentre. The plane defining the astronomical zero ("Greenwich") meridian (from which Greenwich hour angles are measured) contains the geocentre, the CIP, and the TIO; there, the observer's longitude λ (not λ_{ITRS}) = 0. This plane is now called the TIO meridian and it is a fundamental plane of the Terrestrial Intermediate Reference System.

The following general relationships are used to relate the right ascensions of celestial objects to locations on the Earth and universal time (UT1):

local mean solar time = universal time + east longitude
local hour angle (h) = Greenwich hour angle (H) + east longitude (λ)

Equinox-based
local mean sidereal time = Greenwich mean sidereal time + east longitude
local apparent sidereal time = local mean sidereal time + equation of equinoxes
= Greenwich apparent sidereal time + east longitude
Greenwich hour angle = Greenwich apparent sidereal time − apparent right ascension
local hour angle = local apparent sidereal time − apparent right ascension

CIO-based
Greenwich hour angle = Earth rotation angle − intermediate right ascension
local hour angle = Earth rotation angle − intermediate right ascension
+ east longitude
= Earth rotation angle − equation of origins
− apparent right ascension + east longitude

Note: ensure that the units of all quantities used are compatible.

Alternatively, use the rotation matrix $\mathbf{R}_3$ (see page K19) to rotate the equator and equinox of date system or the Celestial Intermediate Reference System about the z-axis (CIP) to the terrestrial system, resulting in either the TIO meridian and hour angle, or the local meridian and local hour angle.

Equinox-based	*CIO-based*
$\mathbf{r}_e$ = position with respect to the equator and equinox (mean or true) of date	$\mathbf{r}_i$ = position with respect to the Celestial Intermediate Reference System
$\mathbf{r} = \mathbf{R}_3(\text{GST})\,\mathbf{r}_e$ or $\mathbf{R}_3(\text{GST} + \lambda)\,\mathbf{r}_e$	$\mathbf{r} = \mathbf{R}_3(\theta)\,\mathbf{r}_i$ or $\mathbf{R}_3(\theta + \lambda)\,\mathbf{r}_i$

depending on whether the Greenwich (H) or local (h) hour angle is required, and then

$$H \text{ or } h = \tan^{-1}(-\mathbf{r}_y/\mathbf{r}_x) \qquad \text{positive to the west,}$$

and $\mathbf{r}_x$, $\mathbf{r}_y$ are components of $\mathbf{r}$ (see page K18). GST is the Greenwich mean (GMST) or apparent (GAST) sidereal time, as appropriate, and θ is the Earth rotation angle. Greenwich apparent and mean sidereal times, and the equation of the equinoxes are tabulated on pages B13–B20, while Earth rotation angle and equation of the origins are tabulated on pages B21–B24. Both tables are tabulated daily at 0^{h} UT1.

The relationships above, which result in a position with respect to the Terrestrial Intermediate Reference System (see page B26), require corrections for polar motion (see page B84) when the reduction of very precise observations are made with respect to a standard geodetic system such as the International Terrestrial Reference System (ITRS). These small corrections are (i) the alignment of the terrestrial intermediate origin (TIO) onto the longitude origin (λ_{ITRS} = 0) of the ITRS, and (ii) for positioning the pole (CIP) within the ITRS.

Examples of the use of the ephemeris of universal and sidereal times

1. *Conversion of universal time to local sidereal time*

To find the local apparent sidereal time at $09^h 44^m 30^s$ UT on 2015 July 8 in longitude 80° 22′ 55″.79 west.

	h	m	s
Greenwich mean sidereal time on July 8 at 0^h UT (page B17)	19	02	31·5410
Add the equivalent mean sidereal time interval from 0^h to $09^h 44^m 30^s$ UT (multiply UT interval by 1·002 737 9094)	9	46	06·0185
Greenwich mean sidereal time at required UT:	4	48	37·5595
Add equation of equinoxes, interpolated using second-order differences to approximate UT $= 0^d41$			+0·1316
Greenwich apparent sidereal time:	4	48	37·6911
Subtract west longitude (add east longitude)	5	21	31·7193
Local apparent sidereal time:	23	27	05·9718

The calculation for local mean sidereal time is similar, but omit the step which allows for the equation of the equinoxes.

2. *Conversion of local sidereal time to universal time*

To find the universal time at $23^h 27^m 05^s9718$ local apparent sidereal time on 2015 July 8 in longitude 80° 22′ 55″.79 west.

	h	m	s
Local apparent sidereal time:	23	27	05·9718
Add west longitude (subtract east longitude)	5	21	31·7193
Greenwich apparent sidereal time:	4	48	37·6911
Subtract equation of equinoxes, interpolated using second-order differences to approximate UT $= 0^d41$			+0·1316
Greenwich mean sidereal time:	4	48	37·5595
Subtract Greenwich mean sidereal time at 0^h UT	19	02	31·5410
Mean sidereal time interval from 0^h UT:	9	46	06·0185
Equivalent UT interval (multiply mean sidereal time interval by 0·997 269 5663)	9	44	30·0000

The conversion of mean sidereal time to universal time is carried out by a similar procedure; omit the step which allows for the equation of the equinoxes.

Date 0ʰ UT1	Julian Date	G. SIDEREAL TIME (GHA of the Equinox) Apparent	Mean	Equation of Equinoxes at 0ʰ UT1	GSD at 0ʰ GMST	UT1 at 0ʰ GMST (Greenwich Transit of the Mean Equinox)
	245	h m s	s	s	**246**	h m s
Jan. 0	7022·5	6 37 22·8722	22·5764	+0·2957	3751·0	Jan. 0 17 19 46·6147
1	7023·5	6 41 19·4297	19·1318	+0·2979	3752·0	1 17 15 50·7052
2	7024·5	6 45 15·9895	15·6872	+0·3023	3753·0	2 17 11 54·7957
3	7025·5	6 49 12·5507	12·2425	+0·3082	3754·0	3 17 07 58·8863
4	7026·5	6 53 09·1126	08·7979	+0·3147	3755·0	4 17 04 02·9768
5	7027·5	6 57 05·6741	05·3533	+0·3208	3756·0	5 17 00 07·0673
6	7028·5	7 01 02·2344	01·9086	+0·3257	3757·0	6 16 56 11·1579
7	7029·5	7 04 58·7929	58·4640	+0·3289	3758·0	7 16 52 15·2484
8	7030·5	7 08 55·3494	55·0194	+0·3300	3759·0	8 16 48 19·3389
9	7031·5	7 12 51·9039	51·5747	+0·3291	3760·0	9 16 44 23·4294
10	7032·5	7 16 48·4568	48·1301	+0·3267	3761·0	10 16 40 27·5200
11	7033·5	7 20 45·0086	44·6855	+0·3231	3762·0	11 16 36 31·6105
12	7034·5	7 24 41·5601	41·2409	+0·3192	3763·0	12 16 32 35·7010
13	7035·5	7 28 38·1120	37·7962	+0·3158	3764·0	13 16 28 39·7916
14	7036·5	7 32 34·6651	34·3516	+0·3135	3765·0	14 16 24 43·8821
15	7037·5	7 36 31·2200	30·9070	+0·3131	3766·0	15 16 20 47·9726
16	7038·5	7 40 27·7774	27·4623	+0·3150	3767·0	16 16 16 52·0632
17	7039·5	7 44 24·3372	24·0177	+0·3195	3768·0	17 16 12 56·1537
18	7040·5	7 48 20·8990	20·5731	+0·3260	3769·0	18 16 09 00·2442
19	7041·5	7 52 17·4619	17·1284	+0·3334	3770·0	19 16 05 04·3348
20	7042·5	7 56 14·0241	13·6838	+0·3404	3771·0	20 16 01 08·4253
21	7043·5	8 00 10·5843	10·2392	+0·3451	3772·0	21 15 57 12·5158
22	7044·5	8 04 07·1411	06·7945	+0·3466	3773·0	22 15 53 16·6063
23	7045·5	8 08 03·6946	03·3499	+0·3447	3774·0	23 15 49 20·6969
24	7046·5	8 11 60·2457	59·9053	+0·3404	3775·0	24 15 45 24·7874
25	7047·5	8 15 56·7959	56·4606	+0·3353	3776·0	25 15 41 28·8779
26	7048·5	8 19 53·3469	53·0160	+0·3309	3777·0	26 15 37 32·9685
27	7049·5	8 23 49·8997	49·5714	+0·3283	3778·0	27 15 33 37·0590
28	7050·5	8 27 46·4547	46·1267	+0·3280	3779·0	28 15 29 41·1495
29	7051·5	8 31 43·0119	42·6821	+0·3298	3780·0	29 15 25 45·2401
30	7052·5	8 35 39·5706	39·2375	+0·3331	3781·0	30 15 21 49·3306
31	7053·5	8 39 36·1301	35·7928	+0·3372	3782·0	31 15 17 53·4211
Feb. 1	7054·5	8 43 32·6893	32·3482	+0·3411	3783·0	Feb. 1 15 13 57·5117
2	7055·5	8 47 29·2476	28·9036	+0·3440	3784·0	2 15 10 01·6022
3	7056·5	8 51 25·8042	25·4590	+0·3452	3785·0	3 15 06 05·6927
4	7057·5	8 55 22·3588	22·0143	+0·3445	3786·0	4 15 02 09·7832
5	7058·5	8 59 18·9114	18·5697	+0·3417	3787·0	5 14 58 13·8738
6	7059·5	9 03 15·4622	15·1251	+0·3372	3788·0	6 14 54 17·9643
7	7060·5	9 07 12·0118	11·6804	+0·3314	3789·0	7 14 50 22·0548
8	7061·5	9 11 08·5608	08·2358	+0·3250	3790·0	8 14 46 26·1454
9	7062·5	9 15 05·1099	04·7912	+0·3187	3791·0	9 14 42 30·2359
10	7063·5	9 19 01·6599	01·3465	+0·3133	3792·0	10 14 38 34·3264
11	7064·5	9 22 58·2114	57·9019	+0·3095	3793·0	11 14 34 38·4170
12	7065·5	9 26 54·7650	54·4573	+0·3077	3794·0	12 14 30 42·5075
13	7066·5	9 30 51·3208	51·0126	+0·3082	3795·0	13 14 26 46·5980
14	7067·5	9 34 47·8787	47·5680	+0·3107	3796·0	14 14 22 50·6885
15	7068·5	9 38 44·4381	44·1234	+0·3147	3797·0	15 14 18 54·7791

Date 0ʰ UT1	Julian Date	G. SIDEREAL TIME (GHA of the Equinox)		Equation of Equinoxes at 0ʰ UT1	GSD at 0ʰ GMST	UT1 at 0ʰ GMST (Greenwich Transit of the Mean Equinox)
		Apparent	Mean			
	245	h m s	s	s	**246**	h m s
Feb. 15	**7068·5**	9 38 44·4381	44·1234	+0·3147	**3797·0**	Feb. 15 14 18 54·7791
16	**7069·5**	9 42 40·9977	40·6787	+0·3190	**3798·0**	16 14 14 58·8696
17	**7070·5**	9 46 37·5561	37·2341	+0·3220	**3799·0**	17 14 11 02·9601
18	**7071·5**	9 50 34·1118	33·7895	+0·3223	**3800·0**	18 14 07 07·0507
19	**7072·5**	9 54 30·6641	30·3448	+0·3193	**3801·0**	19 14 03 11·1412
20	**7073·5**	9 58 27·2135	26·9002	+0·3133	**3802·0**	20 13 59 15·2317
21	**7074·5**	10 02 23·7611	23·4556	+0·3056	**3803·0**	21 13 55 19·3223
22	**7075·5**	10 06 20·3089	20·0109	+0·2980	**3804·0**	22 13 51 23·4128
23	**7076·5**	10 10 16·8583	16·5663	+0·2920	**3805·0**	23 13 47 27·5033
24	**7077·5**	10 14 13·4101	13·1217	+0·2885	**3806·0**	24 13 43 31·5939
25	**7078·5**	10 18 09·9643	09·6771	+0·2873	**3807·0**	25 13 39 35·6844
26	**7079·5**	10 22 06·5203	06·2324	+0·2879	**3808·0**	26 13 35 39·7749
27	**7080·5**	10 26 03·0772	02·7878	+0·2894	**3809·0**	27 13 31 43·8654
28	**7081·5**	10 29 59·6341	59·3432	+0·2909	**3810·0**	28 13 27 47·9560
Mar. 1	**7082·5**	10 33 56·1901	55·8985	+0·2916	**3811·0**	Mar. 1 13 23 52·0465
2	**7083·5**	10 37 52·7446	52·4539	+0·2907	**3812·0**	2 13 19 56·1370
3	**7084·5**	10 41 49·2973	49·0093	+0·2880	**3813·0**	3 13 16 00·2276
4	**7085·5**	10 45 45·8480	45·5646	+0·2833	**3814·0**	4 13 12 04·3181
5	**7086·5**	10 49 42·3969	42·1200	+0·2769	**3815·0**	5 13 08 08·4086
6	**7087·5**	10 53 38·9445	38·6754	+0·2691	**3816·0**	6 13 04 12·4992
7	**7088·5**	10 57 35·4913	35·2307	+0·2605	**3817·0**	7 13 00 16·5897
8	**7089·5**	11 01 32·0381	31·7861	+0·2520	**3818·0**	8 12 56 20·6802
9	**7090·5**	11 05 28·5857	28·3415	+0·2442	**3819·0**	9 12 52 24·7708
10	**7091·5**	11 09 25·1347	24·8968	+0·2378	**3820·0**	10 12 48 28·8613
11	**7092·5**	11 13 21·6856	21·4522	+0·2334	**3821·0**	11 12 44 32·9518
12	**7093·5**	11 17 18·2386	18·0076	+0·2311	**3822·0**	12 12 40 37·0423
13	**7094·5**	11 21 14·7938	14·5629	+0·2308	**3823·0**	13 12 36 41·1329
14	**7095·5**	11 25 11·3504	11·1183	+0·2321	**3824·0**	14 12 32 45·2234
15	**7096·5**	11 29 07·9078	07·6737	+0·2341	**3825·0**	15 12 28 49·3139
16	**7097·5**	11 33 04·4646	04·2290	+0·2355	**3826·0**	16 12 24 53·4045
17	**7098·5**	11 37 01·0196	00·7844	+0·2352	**3827·0**	17 12 20 57·4950
18	**7099·5**	11 40 57·5717	57·3398	+0·2320	**3828·0**	18 12 17 01·5855
19	**7100·5**	11 44 54·1209	53·8952	+0·2258	**3829·0**	19 12 13 05·6761
20	**7101·5**	11 48 50·6678	50·4505	+0·2173	**3830·0**	20 12 09 09·7666
21	**7102·5**	11 52 47·2141	47·0059	+0·2082	**3831·0**	21 12 05 13·8571
22	**7103·5**	11 56 43·7614	43·5613	+0·2002	**3832·0**	22 12 01 17·9476
23	**7104·5**	12 00 40·3112	40·1166	+0·1946	**3833·0**	23 11 57 22·0382
24	**7105·5**	12 04 36·8637	36·6720	+0·1917	**3834·0**	24 11 53 26·1287
25	**7106·5**	12 08 33·4186	33·2274	+0·1912	**3835·0**	25 11 49 30·2192
26	**7107·5**	12 12 29·9748	29·7827	+0·1921	**3836·0**	26 11 45 34·3098
27	**7108·5**	12 16 26·5314	26·3381	+0·1933	**3837·0**	27 11 41 38·4003
28	**7109·5**	12 20 23·0873	22·8935	+0·1938	**3838·0**	28 11 37 42·4908
29	**7110·5**	12 24 19·6418	19·4488	+0·1930	**3839·0**	29 11 33 46·5814
30	**7111·5**	12 28 16·1945	16·0042	+0·1903	**3840·0**	30 11 29 50·6719
31	**7112·5**	12 32 12·7454	12·5596	+0·1858	**3841·0**	31 11 25 54·7624
Apr. 1	**7113·5**	12 36 09·2944	09·1149	+0·1795	**3842·0**	Apr. 1 11 21 58·8530
2	**7114·5**	12 40 05·8421	05·6703	+0·1718	**3843·0**	2 11 18 02·9435

Date 0^h UT1	Julian Date	G. SIDEREAL TIME (GHA of the Equinox) Apparent	Mean	Equation of Equinoxes at 0^h UT1	GSD at 0^h GMST	UT1 at 0^h GMST (Greenwich Transit of the Mean Equinox)
	245	h m s	s	s	246	h m s
Apr. 1	7113·5	12 36 09·2944	09·1149	+0·1795	3842·0	Apr. 1 11 21 58·8530
2	7114·5	12 40 05·8421	05·6703	+0·1718	3843·0	2 11 18 02·9435
3	7115·5	12 44 02·3889	02·2257	+0·1633	3844·0	3 11 14 07·0340
4	7116·5	12 47 58·9357	58·7810	+0·1546	3845·0	4 11 10 11·1245
5	7117·5	12 51 55·4830	55·3364	+0·1466	3846·0	5 11 06 15·2151
6	7118·5	12 55 52·0318	51·8918	+0·1400	3847·0	6 11 02 19·3056
7	7119·5	12 59 48·5825	48·4471	+0·1353	3848·0	7 10 58 23·3961
8	7120·5	13 03 45·1353	45·0025	+0·1328	3849·0	8 10 54 27·4867
9	7121·5	13 07 41·6903	41·5579	+0·1324	3850·0	9 10 50 31·5772
10	7122·5	13 11 38·2470	38·1133	+0·1338	3851·0	10 10 46 35·6677
11	7123·5	13 15 34·8045	34·6686	+0·1359	3852·0	11 10 42 39·7583
12	7124·5	13 19 31·3619	31·2240	+0·1379	3853·0	12 10 38 43·8488
13	7125·5	13 23 27·9179	27·7794	+0·1385	3854·0	13 10 34 47·9393
14	7126·5	13 27 24·4716	24·3347	+0·1369	3855·0	14 10 30 52·0299
15	7127·5	13 31 21·0226	20·8901	+0·1325	3856·0	15 10 26 56·1204
16	7128·5	13 35 17·5712	17·4455	+0·1257	3857·0	16 10 23 00·2109
17	7129·5	13 39 14·1186	14·0008	+0·1177	3858·0	17 10 19 04·3014
18	7130·5	13 43 10·6664	10·5562	+0·1102	3859·0	18 10 15 08·3920
19	7131·5	13 47 07·2161	07·1116	+0·1046	3860·0	19 10 11 12·4825
20	7132·5	13 51 03·7688	03·6669	+0·1019	3861·0	20 10 07 16·5730
21	7133·5	13 55 00·3243	00·2223	+0·1020	3862·0	21 10 03 20·6636
22	7134·5	13 58 56·8818	56·7777	+0·1042	3863·0	22 9 59 24·7541
23	7135·5	14 02 53·4403	53·3330	+0·1072	3864·0	23 9 55 28·8446
24	7136·5	14 06 49·9984	49·8884	+0·1100	3865·0	24 9 51 32·9352
25	7137·5	14 10 46·5553	46·4438	+0·1115	3866·0	25 9 47 37·0257
26	7138·5	14 14 43·1105	42·9991	+0·1114	3867·0	26 9 43 41·1162
27	7139·5	14 18 39·6637	39·5545	+0·1092	3868·0	27 9 39 45·2067
28	7140·5	14 22 36·2151	36·1099	+0·1052	3869·0	28 9 35 49·2973
29	7141·5	14 26 32·7650	32·6652	+0·0997	3870·0	29 9 31 53·3878
30	7142·5	14 30 29·3139	29·2206	+0·0933	3871·0	30 9 27 57·4783
May 1	7143·5	14 34 25·8625	25·7760	+0·0865	3872·0	May 1 9 24 01·5689
2	7144·5	14 38 22·4116	22·3314	+0·0802	3873·0	2 9 20 05·6594
3	7145·5	14 42 18·9619	18·8867	+0·0752	3874·0	3 9 16 09·7499
4	7146·5	14 46 15·5141	15·4421	+0·0720	3875·0	4 9 12 13·8405
5	7147·5	14 50 12·0685	11·9975	+0·0711	3876·0	5 9 08 17·9310
6	7148·5	14 54 08·6253	08·5528	+0·0725	3877·0	6 9 04 22·0215
7	7149·5	14 58 05·1839	05·1082	+0·0757	3878·0	7 9 00 26·1121
8	7150·5	15 02 01·7436	01·6636	+0·0801	3879·0	8 8 56 30·2026
9	7151·5	15 05 58·3033	58·2189	+0·0844	3880·0	9 8 52 34·2931
10	7152·5	15 09 54·8619	54·7743	+0·0876	3881·0	10 8 48 38·3836
11	7153·5	15 13 51·4184	51·3297	+0·0887	3882·0	11 8 44 42·4742
12	7154·5	15 17 47·9722	47·8850	+0·0872	3883·0	12 8 40 46·5647
13	7155·5	15 21 44·5237	44·4404	+0·0833	3884·0	13 8 36 50·6552
14	7156·5	15 25 41·0737	40·9958	+0·0779	3885·0	14 8 32 54·7458
15	7157·5	15 29 37·6235	37·5511	+0·0724	3886·0	15 8 28 58·8363
16	7158·5	15 33 34·1747	34·1065	+0·0682	3887·0	16 8 25 02·9268
17	7159·5	15 37 30·7284	30·6619	+0·0665	3888·0	17 8 21 07·0174

Date 0ʰ UT1		Julian Date	G. SIDEREAL TIME (GHA of the Equinox) Apparent	Mean	Equation of Equinoxes at 0ʰ UT1	GSD at 0ʰ GMST	UT1 at 0ʰ GMST (Greenwich Transit of the Mean Equinox)		
		245	h m s	s	s	246		h m s	
May	17	7159·5	15 37 30·7284	30·6619	+0·0665	3888·0	May 17	8 21 07·0174	
	18	7160·5	15 41 27·2850	27·2172	+0·0678	3889·0	18	8 17 11·1079	
	19	7161·5	15 45 23·8442	23·7726	+0·0716	3890·0	19	8 13 15·1984	
	20	7162·5	15 49 20·4049	20·3280	+0·0769	3891·0	20	8 09 19·2890	
	21	7163·5	15 53 16·9658	16·8833	+0·0825	3892·0	21	8 05 23·3795	
	22	7164·5	15 57 13·5259	13·4387	+0·0872	3893·0	22	8 01 27·4700	
	23	7165·5	16 01 10·0843	09·9941	+0·0902	3894·0	23	7 57 31·5605	
	24	7166·5	16 05 06·6407	06·5495	+0·0913	3895·0	24	7 53 35·6511	
	25	7167·5	16 09 03·1951	03·1048	+0·0902	3896·0	25	7 49 39·7416	
	26	7168·5	16 12 59·7477	59·6602	+0·0875	3897·0	26	7 45 43·8321	
	27	7169·5	16 16 56·2991	56·2156	+0·0836	3898·0	27	7 41 47·9227	
	28	7170·5	16 20 52·8500	52·7709	+0·0790	3899·0	28	7 37 52·0132	
	29	7171·5	16 24 49·4010	49·3263	+0·0747	3900·0	29	7 33 56·1037	
	30	7172·5	16 28 45·9530	45·8817	+0·0714	3901·0	30	7 30 00·1943	
	31	7173·5	16 32 42·5067	42·4370	+0·0697	3902·0	31	7 26 04·2848	
June	1	7174·5	16 36 39·0626	38·9924	+0·0702	3903·0	June 1	7 22 08·3753	
	2	7175·5	16 40 35·6208	35·5478	+0·0731	3904·0	2	7 18 12·4658	
	3	7176·5	16 44 32·1812	32·1031	+0·0781	3905·0	3	7 14 16·5564	
	4	7177·5	16 48 28·7430	28·6585	+0·0845	3906·0	4	7 10 20·6469	
	5	7178·5	16 52 25·3051	25·2139	+0·0912	3907·0	5	7 06 24·7374	
	6	7179·5	16 56 21·8662	21·7692	+0·0970	3908·0	6	7 02 28·8280	
	7	7180·5	17 00 18·4252	18·3246	+0·1006	3909·0	7	6 58 32·9185	
	8	7181·5	17 04 14·9816	14·8800	+0·1016	3910·0	8	6 54 37·0090	
	9	7182·5	17 08 11·5354	11·4353	+0·1000	3911·0	9	6 50 41·0996	
	10	7183·5	17 12 08·0873	07·9907	+0·0966	3912·0	10	6 46 45·1901	
	11	7184·5	17 16 04·6387	04·5461	+0·0926	3913·0	11	6 42 49·2806	
	12	7185·5	17 20 01·1910	01·1014	+0·0895	3914·0	12	6 38 53·3712	
	13	7186·5	17 23 57·7452	57·6568	+0·0884	3915·0	13	6 34 57·4617	
	14	7187·5	17 27 54·3022	54·2122	+0·0900	3916·0	14	6 31 01·5522	
	15	7188·5	17 31 50·8618	50·7676	+0·0943	3917·0	15	6 27 05·6427	
	16	7189·5	17 35 47·4233	47·3229	+0·1004	3918·0	16	6 23 09·7333	
	17	7190·5	17 39 43·9855	43·8783	+0·1072	3919·0	17	6 19 13·8238	
	18	7191·5	17 43 40·5473	40·4337	+0·1137	3920·0	18	6 15 17·9143	
	19	7192·5	17 47 37·1077	36·9890	+0·1187	3921·0	19	6 11 22·0049	
	20	7193·5	17 51 33·6661	33·5444	+0·1217	3922·0	20	6 07 26·0954	
	21	7194·5	17 55 30·2223	30·0998	+0·1225	3923·0	21	6 03 30·1859	
	22	7195·5	17 59 26·7765	26·6551	+0·1214	3924·0	22	5 59 34·2765	
	23	7196·5	18 03 23·3292	23·2105	+0·1187	3925·0	23	5 55 38·3670	
	24	7197·5	18 07 19·8810	19·7659	+0·1152	3926·0	24	5 51 42·4575	
	25	7198·5	18 11 16·4327	16·3212	+0·1115	3927·0	25	5 47 46·5481	
	26	7199·5	18 15 12·9850	12·8766	+0·1084	3928·0	26	5 43 50·6386	
	27	7200·5	18 19 09·5386	09·4320	+0·1067	3929·0	27	5 39 54·7291	
	28	7201·5	18 23 06·0942	05·9873	+0·1068	3930·0	28	5 35 58·8196	
	29	7202·5	18 27 02·6520	02·5427	+0·1093	3931·0	29	5 32 02·9102	
	30	7203·5	18 30 59·2121	59·0981	+0·1140	3932·0	30	5 28 07·0007	
July	1	7204·5	18 34 55·7739	55·6534	+0·1205	3933·0	July 1	5 24 11·0912	
	2	7205·5	18 38 52·3366	52·2088	+0·1278	3934·0	2	5 20 15·1818	

Date 0ʰ UT1	Julian Date	G. SIDEREAL TIME (GHA of the Equinox)		Equation of Equinoxes at 0ʰ UT1	GSD at 0ʰ GMST	UT1 at 0ʰ GMST (Greenwich Transit of the Mean Equinox)	
		Apparent	Mean				
	245	h m s	s	s	**246**		h m s
July 2	**7205·5**	18 38 52·3366	52·2088	+0·1278	**3934·0**	July 2	5 20 15·1818
3	**7206·5**	18 42 48·8987	48·7642	+0·1345	**3935·0**	3	5 16 19·2723
4	**7207·5**	18 46 45·4589	45·3195	+0·1394	**3936·0**	4	5 12 23·3628
5	**7208·5**	18 50 42·0163	41·8749	+0·1414	**3937·0**	5	5 08 27·4534
6	**7209·5**	18 54 38·5708	38·4303	+0·1405	**3938·0**	6	5 04 31·5439
7	**7210·5**	18 58 35·1230	34·9857	+0·1374	**3939·0**	7	5 00 35·6344
8	**7211·5**	19 02 31·6742	31·5410	+0·1332	**3940·0**	8	4 56 39·7249
9	**7212·5**	19 06 28·2259	28·0964	+0·1295	**3941·0**	9	4 52 43·8155
10	**7213·5**	19 10 24·7792	24·6518	+0·1274	**3942·0**	10	4 48 47·9060
11	**7214·5**	19 14 21·3350	21·2071	+0·1278	**3943·0**	11	4 44 51·9965
12	**7215·5**	19 18 17·8932	17·7625	+0·1307	**3944·0**	12	4 40 56·0871
13	**7216·5**	19 22 14·4534	14·3179	+0·1355	**3945·0**	13	4 37 00·1776
14	**7217·5**	19 26 11·0146	10·8732	+0·1414	**3946·0**	14	4 33 04·2681
15	**7218·5**	19 30 07·5757	07·4286	+0·1471	**3947·0**	15	4 29 08·3587
16	**7219·5**	19 34 04·1358	03·9840	+0·1518	**3948·0**	16	4 25 12·4492
17	**7220·5**	19 38 00·6940	00·5393	+0·1546	**3949·0**	17	4 21 16·5397
18	**7221·5**	19 41 57·2500	57·0947	+0·1553	**3950·0**	18	4 17 20·6303
19	**7222·5**	19 45 53·8039	53·6501	+0·1538	**3951·0**	19	4 13 24·7208
20	**7223·5**	19 49 50·3560	50·2054	+0·1506	**3952·0**	20	4 09 28·8113
21	**7224·5**	19 53 46·9069	46·7608	+0·1461	**3953·0**	21	4 05 32·9018
22	**7225·5**	19 57 43·4574	43·3162	+0·1412	**3954·0**	22	4 01 36·9924
23	**7226·5**	20 01 40·0081	39·8715	+0·1366	**3955·0**	23	3 57 41·0829
24	**7227·5**	20 05 36·5599	36·4269	+0·1329	**3956·0**	24	3 53 45·1734
25	**7228·5**	20 09 33·1132	32·9823	+0·1309	**3957·0**	25	3 49 49·2640
26	**7229·5**	20 13 29·6686	29·5376	+0·1309	**3958·0**	26	3 45 53·3545
27	**7230·5**	20 17 26·2262	26·0930	+0·1331	**3959·0**	27	3 41 57·4450
28	**7231·5**	20 21 22·7857	22·6484	+0·1373	**3960·0**	28	3 38 01·5356
29	**7232·5**	20 25 19·3465	19·2038	+0·1427	**3961·0**	29	3 34 05·6261
30	**7233·5**	20 29 15·9074	15·7591	+0·1482	**3962·0**	30	3 30 09·7166
31	**7234·5**	20 33 12·4669	12·3145	+0·1525	**3963·0**	31	3 26 13·8072
Aug. 1	**7235·5**	20 37 09·0240	08·8699	+0·1541	**3964·0**	Aug. 1	3 22 17·8977
2	**7236·5**	20 41 05·5778	05·4252	+0·1526	**3965·0**	2	3 18 21·9882
3	**7237·5**	20 45 02·1289	01·9806	+0·1483	**3966·0**	3	3 14 26·0787
4	**7238·5**	20 48 58·6784	58·5360	+0·1424	**3967·0**	4	3 10 30·1693
5	**7239·5**	20 52 55·2278	55·0913	+0·1365	**3968·0**	5	3 06 34·2598
6	**7240·5**	20 56 51·7786	51·6467	+0·1319	**3969·0**	6	3 02 38·3503
7	**7241·5**	21 00 48·3318	48·2021	+0·1297	**3970·0**	7	2 58 42·4409
8	**7242·5**	21 04 44·8874	44·7574	+0·1300	**3971·0**	8	2 54 46·5314
9	**7243·5**	21 08 41·4451	41·3128	+0·1323	**3972·0**	9	2 50 50·6219
10	**7244·5**	21 12 38·0039	37·8682	+0·1357	**3973·0**	10	2 46 54·7125
11	**7245·5**	21 16 34·5628	34·4235	+0·1393	**3974·0**	11	2 42 58·8030
12	**7246·5**	21 20 31·1208	30·9789	+0·1419	**3975·0**	12	2 39 02·8935
13	**7247·5**	21 24 27·6773	27·5343	+0·1430	**3976·0**	13	2 35 06·9840
14	**7248·5**	21 28 24·2316	24·0896	+0·1420	**3977·0**	14	2 31 11·0746
15	**7249·5**	21 32 20·7839	20·6450	+0·1389	**3978·0**	15	2 27 15·1651
16	**7250·5**	21 36 17·3342	17·2004	+0·1338	**3979·0**	16	2 23 19·2556
17	**7251·5**	21 40 13·8831	13·7557	+0·1274	**3980·0**	17	2 19 23·3462

Date 0ʰ UT1	Julian Date	G. SIDEREAL TIME (GHA of the Equinox)		Equation of Equinoxes at 0ʰ UT1	GSD at 0ʰ GMST	UT1 at 0ʰ GMST (Greenwich Transit of the Mean Equinox)	
		Apparent	Mean				
	245	h m s	s	s	246		h m s
Aug. 17	7251·5	21 40 13·8831	13·7557	+0·1274	3980·0	Aug. 17	2 19 23·3462
18	7252·5	21 44 10·4314	10·3111	+0·1203	3981·0	18	2 15 27·4367
19	7253·5	21 48 06·9797	06·8665	+0·1132	3982·0	19	2 11 31·5272
20	7254·5	21 52 03·5287	03·4219	+0·1069	3983·0	20	2 07 35·6178
21	7255·5	21 55 60·0791	59·9772	+0·1019	3984·0	21	2 03 39·7083
22	7256·5	21 59 56·6314	56·5326	+0·0988	3985·0	22	1 59 43·7988
23	7257·5	22 03 53·1856	53·0880	+0·0977	3986·0	23	1 55 47·8894
24	7258·5	22 07 49·7419	49·6433	+0·0985	3987·0	24	1 51 51·9799
25	7259·5	22 11 46·2996	46·1987	+0·1009	3988·0	25	1 47 56·0704
26	7260·5	22 15 42·8580	42·7541	+0·1039	3989·0	26	1 44 00·1609
27	7261·5	22 19 39·4158	39·3094	+0·1063	3990·0	27	1 40 04·2515
28	7262·5	22 23 35·9717	35·8648	+0·1069	3991·0	28	1 36 08·3420
29	7263·5	22 27 32·5247	32·4202	+0·1046	3992·0	29	1 32 12·4325
30	7264·5	22 31 29·0747	28·9755	+0·0992	3993·0	30	1 28 16·5231
31	7265·5	22 35 25·6224	25·5309	+0·0915	3994·0	31	1 24 20·6136
Sept. 1	7266·5	22 39 22·1694	22·0863	+0·0832	3995·0	Sept. 1	1 20 24·7041
2	7267·5	22 43 18·7175	18·6416	+0·0759	3996·0	2	1 16 28·7947
3	7268·5	22 47 15·2679	15·1970	+0·0708	3997·0	3	1 12 32·8852
4	7269·5	22 51 11·8209	11·7524	+0·0685	3998·0	4	1 08 36·9757
5	7270·5	22 55 08·3762	08·3077	+0·0685	3999·0	5	1 04 41·0663
6	7271·5	22 59 04·9329	04·8631	+0·0698	4000·0	6	1 00 45·1568
7	7272·5	23 03 01·4900	01·4185	+0·0715	4001·0	7	0 56 49·2473
8	7273·5	23 06 58·0463	57·9738	+0·0725	4002·0	8	0 52 53·3378
9	7274·5	23 10 54·6012	54·5292	+0·0720	4003·0	9	0 48 57·4284
10	7275·5	23 14 51·1542	51·0846	+0·0696	4004·0	10	0 45 01·5189
11	7276·5	23 18 47·7050	47·6400	+0·0651	4005·0	11	0 41 05·6094
12	7277·5	23 22 44·2540	44·1953	+0·0587	4006·0	12	0 37 09·7000
13	7278·5	23 26 40·8015	40·7507	+0·0508	4007·0	13	0 33 13·7905
14	7279·5	23 30 37·3482	37·3061	+0·0422	4008·0	14	0 29 17·8810
15	7280·5	23 34 33·8948	33·8614	+0·0334	4009·0	15	0 25 21·9716
16	7281·5	23 38 30·4420	30·4168	+0·0252	4010·0	16	0 21 26·0621
17	7282·5	23 42 26·9905	26·9722	+0·0183	4011·0	17	0 17 30·1526
18	7283·5	23 46 23·5406	23·5275	+0·0131	4012·0	18	0 13 34·2431
19	7284·5	23 50 20·0928	20·0829	+0·0099	4013·0	19	0 09 38·3337
20	7285·5	23 54 16·6469	16·6383	+0·0087	4014·0	20	0 05 42·4242
21	7286·5	23 58 13·2026	13·1936	+0·0090	4015·0	21	0 01 46·5147
					4016·0	21	23 57 50·6053
22	7287·5	0 02 09·7592	09·7490	+0·0102	4017·0	22	23 53 54·6958
23	7288·5	0 06 06·3158	06·3044	+0·0114	4018·0	23	23 49 58·7863
24	7289·5	0 10 02·8711	02·8597	+0·0114	4019·0	24	23 46 02·8769
25	7290·5	0 13 59·4243	59·4151	+0·0092	4020·0	25	23 42 06·9674
26	7291·5	0 17 55·9746	55·9705	+0·0041	4021·0	26	23 38 11·0579
27	7292·5	0 21 52·5224	52·5258	−0·0035	4022·0	27	23 34 15·1485
28	7293·5	0 25 49·0687	49·0812	−0·0125	4023·0	28	23 30 19·2390
29	7294·5	0 29 45·6154	45·6366	−0·0211	4024·0	29	23 26 23·3295
30	7295·5	0 33 42·1642	42·1919	−0·0278	4025·0	30	23 22 27·4200
Oct. 1	7296·5	0 37 38·7159	38·7473	−0·0314	4026·0	Oct. 1	23 18 31·5106

Date 0ʰ UT1	Julian Date	G. SIDEREAL TIME (GHA of the Equinox)		Equation of Equinoxes at 0ʰ UT1	GSD at 0ʰ GMST	UT1 at 0ʰ GMST (Greenwich Transit of the Mean Equinox)		
		Apparent	Mean					
	245	h m s	s	s	**246**		h m s	
Oct. 1	**7296·5**	0 37 38·7159	38·7473	− 0·0314	**4026·0**	Oct. 1	23 18 31·5106	
2	**7297·5**	0 41 35·2704	35·3027	− 0·0323	**4027·0**	2	23 14 35·6011	
3	**7298·5**	0 45 31·8269	31·8581	− 0·0312	**4028·0**	3	23 10 39·6916	
4	**7299·5**	0 49 28·3841	28·4134	− 0·0294	**4029·0**	4	23 06 43·7822	
5	**7300·5**	0 53 24·9408	24·9688	− 0·0280	**4030·0**	5	23 02 47·8727	
6	**7301·5**	0 57 21·4962	21·5242	− 0·0280	**4031·0**	6	22 58 51·9632	
7	**7302·5**	1 01 18·0497	18·0795	− 0·0298	**4032·0**	7	22 54 56·0538	
8	**7303·5**	1 05 14·6012	14·6349	− 0·0337	**4033·0**	8	22 51 00·1443	
9	**7304·5**	1 09 11·1507	11·1903	− 0·0395	**4034·0**	9	22 47 04·2348	
10	**7305·5**	1 13 07·6988	07·7456	− 0·0468	**4035·0**	10	22 43 08·3253	
11	**7306·5**	1 17 04·2459	04·3010	− 0·0551	**4036·0**	11	22 39 12·4159	
12	**7307·5**	1 21 00·7929	00·8564	− 0·0635	**4037·0**	12	22 35 16·5064	
13	**7308·5**	1 24 57·3403	57·4117	− 0·0714	**4038·0**	13	22 31 20·5969	
14	**7309·5**	1 28 53·8890	53·9671	− 0·0781	**4039·0**	14	22 27 24·6875	
15	**7310·5**	1 32 50·4394	50·5225	− 0·0831	**4040·0**	15	22 23 28·7780	
16	**7311·5**	1 36 46·9918	47·0778	− 0·0860	**4041·0**	16	22 19 32·8685	
17	**7312·5**	1 40 43·5462	43·6332	− 0·0870	**4042·0**	17	22 15 36·9591	
18	**7313·5**	1 44 40·1024	40·1886	− 0·0862	**4043·0**	18	22 11 41·0496	
19	**7314·5**	1 48 36·6595	36·7439	− 0·0844	**4044·0**	19	22 07 45·1401	
20	**7315·5**	1 52 33·2169	33·2993	− 0·0824	**4045·0**	20	22 03 49·2307	
21	**7316·5**	1 56 29·7736	29·8547	− 0·0811	**4046·0**	21	21 59 53·3212	
22	**7317·5**	2 00 26·3284	26·4100	− 0·0816	**4047·0**	22	21 55 57·4117	
23	**7318·5**	2 04 22·8809	22·9654	− 0·0845	**4048·0**	23	21 52 01·5022	
24	**7319·5**	2 08 19·4310	19·5208	− 0·0898	**4049·0**	24	21 48 05·5928	
25	**7320·5**	2 12 15·9792	16·0762	− 0·0970	**4050·0**	25	21 44 09·6833	
26	**7321·5**	2 16 12·5271	12·6315	− 0·1045	**4051·0**	26	21 40 13·7738	
27	**7322·5**	2 20 09·0763	09·1869	− 0·1106	**4052·0**	27	21 36 17·8644	
28	**7323·5**	2 24 05·6283	05·7423	− 0·1140	**4053·0**	28	21 32 21·9549	
29	**7324·5**	2 28 02·1835	02·2976	− 0·1141	**4054·0**	29	21 28 26·0454	
30	**7325·5**	2 31 58·7415	58·8530	− 0·1115	**4055·0**	30	21 24 30·1360	
31	**7326·5**	2 35 55·3009	55·4084	− 0·1074	**4056·0**	31	21 20 34·2265	
Nov. 1	**7327·5**	2 39 51·8604	51·9637	− 0·1033	**4057·0**	Nov. 1	21 16 38·3170	
2	**7328·5**	2 43 48·4187	48·5191	− 0·1004	**4058·0**	2	21 12 42·4076	
3	**7329·5**	2 47 44·9752	45·0745	− 0·0992	**4059·0**	3	21 08 46·4981	
4	**7330·5**	2 51 41·5296	41·6298	− 0·1003	**4060·0**	4	21 04 50·5886	
5	**7331·5**	2 55 38·0819	38·1852	− 0·1033	**4061·0**	5	21 00 54·6791	
6	**7332·5**	2 59 34·6325	34·7406	− 0·1080	**4062·0**	6	20 56 58·7697	
7	**7333·5**	3 03 31·1822	31·2959	− 0·1138	**4063·0**	7	20 53 02·8602	
8	**7334·5**	3 07 27·7314	27·8513	− 0·1199	**4064·0**	8	20 49 06·9507	
9	**7335·5**	3 11 24·2810	24·4067	− 0·1257	**4065·0**	9	20 45 11·0413	
10	**7336·5**	3 15 20·8317	20·9620	− 0·1303	**4066·0**	10	20 41 15·1318	
11	**7337·5**	3 19 17·3841	17·5174	− 0·1333	**4067·0**	11	20 37 19·2223	
12	**7338·5**	3 23 13·9385	14·0728	− 0·1343	**4068·0**	12	20 33 23·3129	
13	**7339·5**	3 27 10·4950	10·6281	− 0·1331	**4069·0**	13	20 29 27·4034	
14	**7340·5**	3 31 07·0534	07·1835	− 0·1301	**4070·0**	14	20 25 31·4939	
15	**7341·5**	3 35 03·6131	03·7389	− 0·1258	**4071·0**	15	20 21 35·5844	
16	**7342·5**	3 39 00·1731	00·2943	− 0·1211	**4072·0**	16	20 17 39·6750	

Date 0ʰ UT1	Julian Date	G. SIDEREAL TIME (GHA of the Equinox) Apparent	Mean	Equation of Equinoxes at 0ʰ UT1	GSD at 0ʰ GMST	UT1 at 0ʰ GMST (Greenwich Transit of the Mean Equinox)
	245	h m s	s	s	246	h m s
Nov. 16	7342·5	3 39 00·1731	00·2943	− 0·1211	4072·0	Nov. 16 20 17 39·6750
17	7343·5	3 42 56·7325	56·8496	- 0·1171	4073·0	17 20 13 43·7655
18	7344·5	3 46 53·2904	53·4050	− 0·1146	4074·0	18 20 09 47·8560
19	7345·5	3 50 49·8461	49·9604	− 0·1142	4075·0	19 20 05 51·9466
20	7346·5	3 54 46·3994	46·5157	− 0·1163	4076·0	20 20 01 56·0371
21	7347·5	3 58 42·9508	43·0711	− 0·1203	4077·0	21 19 58 00·1276
22	7348·5	4 02 39·5013	39·6265	− 0·1252	4078·0	22 19 54 04·2182
23	7349·5	4 06 36·0525	36·1818	− 0·1294	4079·0	23 19 50 08·3087
24	7350·5	4 10 32·6057	32·7372	− 0·1315	4080·0	24 19 46 12·3992
25	7351·5	4 14 29·1621	29·2926	− 0·1305	4081·0	25 19 42 16·4898
26	7352·5	4 18 25·7216	25·8479	− 0·1263	4082·0	26 19 38 20·5803
27	7353·5	4 22 22·2833	22·4033	− 0·1200	4083·0	27 19 34 24·6708
28	7354·5	4 26 18·8459	18·9587	− 0·1128	4084·0	28 19 30 28·7613
29	7355·5	4 30 15·4079	15·5140	− 0·1062	4085·0	29 19 26 32·8519
30	7356·5	4 34 11·9681	12·0694	− 0·1013	4086·0	30 19 22 36·9424
Dec. 1	7357·5	4 38 08·5261	08·6248	− 0·0987	4087·0	Dec. 1 19 18 41·0329
2	7358·5	4 42 05·0818	05·1801	− 0·0983	4088·0	2 19 14 45·1235
3	7359·5	4 46 01·6356	01·7355	− 0·0999	4089·0	3 19 10 49·2140
4	7360·5	4 49 58·1880	58·2909	− 0·1029	4090·0	4 19 06 53·3045
5	7361·5	4 53 54·7397	54·8462	− 0·1066	4091·0	5 19 02 57·3951
6	7362·5	4 57 51·2915	51·4016	− 0·1101	4092·0	6 18 59 01·4856
7	7363·5	5 01 47·8441	47·9570	− 0·1128	4093·0	7 18 55 05·5761
8	7364·5	5 05 44·3983	44·5124	− 0·1141	4094·0	8 18 51 09·6667
9	7365·5	5 09 40·9543	41·0677	− 0·1134	4095·0	9 18 47 13·7572
10	7366·5	5 13 37·5125	37·6231	− 0·1106	4096·0	10 18 43 17·8477
11	7367·5	5 17 34·0727	34·1785	− 0·1058	4097·0	11 18 39 21·9382
12	7368·5	5 21 30·6343	30·7338	− 0·0995	4098·0	12 18 35 26·0288
13	7369·5	5 25 27·1967	27·2892	− 0·0925	4099·0	13 18 31 30·1193
14	7370·5	5 29 23·7585	23·8446	− 0·0860	4100·0	14 18 27 34·2098
15	7371·5	5 33 20·3189	20·3999	− 0·0810	4101·0	15 18 23 38·3004
16	7372·5	5 37 16·8771	16·9553	− 0·0782	4102·0	16 18 19 42·3909
17	7373·5	5 41 13·4327	13·5107	− 0·0780	4103·0	17 18 15 46·4814
18	7374·5	5 45 09·9861	10·0660	− 0·0799	4104·0	18 18 11 50·5720
19	7375·5	5 49 06·5383	06·6214	− 0·0831	4105·0	19 18 07 54·6625
20	7376·5	5 53 03·0907	03·1768	− 0·0861	4106·0	20 18 03 58·7530
21	7377·5	5 56 59·6445	59·7321	− 0·0876	4107·0	21 18 00 02·8435
22	7378·5	6 00 56·2009	56·2875	− 0·0866	4108·0	22 17 56 06·9341
23	7379·5	6 04 52·7603	52·8429	− 0·0826	4109·0	23 17 52 11·0246
24	7380·5	6 08 49·3221	49·3982	− 0·0761	4110·0	24 17 48 15·1151
25	7381·5	6 12 45·8855	45·9536	− 0·0682	4111·0	25 17 44 19·2057
26	7382·5	6 16 42·4488	42·5090	− 0·0602	4112·0	26 17 40 23·2962
27	7383·5	6 20 39·0109	39·0643	− 0·0534	4113·0	27 17 36 27·3867
28	7384·5	6 24 35·5709	35·6197	− 0·0489	4114·0	28 17 32 31·4773
29	7385·5	6 28 32·1283	32·1751	− 0·0467	4115·0	29 17 28 35·5678
30	7386·5	6 32 28·6835	28·7305	− 0·0469	4116·0	30 17 24 39·6583
31	7387·5	6 36 25·2369	25·2858	− 0·0489	4117·0	31 17 20 43·7489
32	7388·5	6 40 21·7893	21·8412	− 0·0519	4118·0	32 17 16 47·8394

Date 0^h UT1	Julian Date	Earth Rotation Angle θ	Equation of Origins E_o	Date 0^h UT1	Julian Date	Earth Rotation Angle θ	Equation of Origins E_o
		$\circ$ $'$ $''$	$'$ $''$			$\circ$ $'$ $''$	$'$ $''$
	245				245		
Jan. 0	7022·5	99 09 06·9349	− 11 36·1474	Feb. 15	7068·5	144 29 24·3299	− 11 42·2416
1	7023·5	100 08 15·1392	− 11 36·3069	16	7069·5	145 28 32·5341	− 11 42·4314
2	7024·5	101 07 23·3434	− 11 36·4989	17	7070·5	146 27 40·7383	− 11 42·6026
3	7025·5	102 06 31·5477	− 11 36·7135	18	7071·5	147 26 48·9426	− 11 42·7341
4	7026·5	103 05 39·7519	− 11 36·9372	19	7072·5	148 25 57·1468	− 11 42·8151
5	7027·5	104 04 47·9561	− 11 37·1553	20	7073·5	149 25 05·3510	− 11 42·8509
6	7028·5	105 03 56·1604	− 11 37·3554	21	7074·5	150 24 13·5553	− 11 42·8617
7	7029·5	106 03 04·3646	− 11 37·5288	22	7075·5	151 23 21·7595	− 11 42·8743
8	7030·5	107 02 12·5688	− 11 37·6716	23	7076·5	152 22 29·9638	− 11 42·9113
9	7031·5	108 01 20·7731	− 11 37·7851	24	7077·5	153 21 38·1680	− 11 42·9842
10	7032·5	109 00 28·9773	− 11 37·8743	25	7078·5	154 20 46·3722	− 11 43·0928
11	7033·5	109 59 37·1816	− 11 37·9477	26	7079·5	155 19 54·5765	− 11 43·2283
12	7034·5	110 58 45·3858	− 11 38·0157	27	7080·5	156 19 02·7807	− 11 43·3774
13	7035·5	111 57 53·5900	− 11 38·0899	28	7081·5	157 18 10·9849	− 11 43·5261
14	7036·5	112 57 01·7943	− 11 38·1819	Mar. 1	7082·5	158 17 19·1892	− 11 43·6620
15	7037·5	113 56 09·9985	− 11 38·3021	2	7083·5	159 16 27·3934	− 11 43·7756
16	7038·5	114 55 18·2027	− 11 38·4578	3	7084·5	160 15 35·5977	− 11 43·8613
17	7039·5	115 54 26·4070	− 11 38·6506	4	7085·5	161 14 43·8019	− 11 43·9176
18	7040·5	116 53 34·6112	− 11 38·8741	5	7086·5	162 13 52·0061	− 11 43·9472
19	7041·5	117 52 42·8155	− 11 39·1125	6	7087·5	163 13 00·2104	− 11 43·9564
20	7042·5	118 51 51·0197	− 11 39·3425	7	7088·5	164 12 08·4146	− 11 43·9546
21	7043·5	119 50 59·2239	− 11 39·5400	8	7089·5	165 11 16·6188	− 11 43·9526
22	7044·5	120 50 07·4282	− 11 39·6884	9	7090·5	166 10 24·8231	− 11 43·9619
23	7045·5	121 49 15·6324	− 11 39·7867	10	7091·5	167 09 33·0273	− 11 43·9926
24	7046·5	122 48 23·8366	− 11 39·8489	11	7092·5	168 08 41·2315	− 11 44·0521
25	7047·5	123 47 32·0409	− 11 39·8982	12	7093·5	169 07 49·4358	− 11 44·1439
26	7048·5	124 46 40·2451	− 11 39·9583	13	7094·5	170 06 57·6400	− 11 44·2665
27	7049·5	125 45 48·4494	− 11 40·0455	14	7095·5	171 06 05·8443	− 11 44·4124
28	7050·5	126 44 56·6536	− 11 40·1670	15	7096·5	172 05 14·0485	− 11 44·5683
29	7051·5	127 44 04·8578	− 11 40·3205	16	7097·5	173 04 22·2527	− 11 44·7161
30	7052·5	128 43 13·0621	− 11 40·4972	17	7098·5	174 03 30·4570	− 11 44·8366
31	7053·5	129 42 21·2663	− 11 40·6847	18	7099·5	175 02 38·6612	− 11 44·9150
Feb. 1	7054·5	130 41 29·4705	− 11 40·8693	19	7100·5	176 01 46·8654	− 11 44·9481
2	7055·5	131 40 37·6748	− 11 41·0386	20	7101·5	177 00 55·0697	− 11 44·9475
3	7056·5	132 39 45·8790	− 11 41·1835	21	7102·5	178 00 03·2739	− 11 44·9370
4	7057·5	133 38 54·0832	− 11 41·2986	22	7103·5	178 59 11·4782	− 11 44·9432
5	7058·5	134 38 02·2875	− 11 41·3835	23	7104·5	179 58 19·6824	− 11 44·9854
6	7059·5	135 37 10·4917	− 11 41·4418	24	7105·5	180 57 27·8866	− 11 45·0693
7	7060·5	136 36 18·6960	− 11 41·4811	25	7106·5	181 56 36·0909	− 11 45·1880
8	7061·5	137 35 26·9002	− 11 41·5113	26	7107·5	182 55 44·2951	− 11 45·3275
9	7062·5	138 34 35·1044	− 11 41·5435	27	7108·5	183 54 52·4993	− 11 45·4714
10	7063·5	139 33 43·3087	− 11 41·5891	28	7109·5	184 54 00·7036	− 11 45·6054
11	7064·5	140 32 51·5129	− 11 41·6579	29	7110·5	185 53 08·9078	− 11 45·7191
12	7065·5	141 31 59·7171	− 11 41·7574	30	7111·5	186 52 17·1121	− 11 45·8060
13	7066·5	142 31 07·9214	− 11 41·8909	31	7112·5	187 51 25·3163	− 11 45·8643
14	7067·5	143 30 16·1256	− 11 42·0556	Apr. 1	7113·5	188 50 33·5205	− 11 45·8960
15	7068·5	144 29 24·3299	− 11 42·2416	2	7114·5	189 49 41·7248	− 11 45·9067

$$\mathrm{GHA} = \theta - \alpha_i, \qquad \alpha_i = \alpha_e + E_o$$

α_i, α_e are the right ascensions with respect to the CIO and the true equinox of date, respectively.

Date 0ʰ UT1	Julian Date	Earth Rotation Angle θ	Equation of Origins E_o	Date 0ʰ UT1	Julian Date	Earth Rotation Angle θ	Equation of Origins E_o
	245	° ′ ″	′ ″		245	° ′ ″	′ ″
Apr. 1	7113·5	188 50 33·5205	− 11 45·8960	May 17	7159·5	234 10 50·9154	− 11 50·0099
2	7114·5	189 49 41·7248	− 11 45·9067	18	7160·5	235 09 59·1197	− 11 50·1553
3	7115·5	190 48 49·9290	− 11 45·9051	19	7161·5	236 09 07·3239	− 11 50·3387
4	7116·5	191 47 58·1332	− 11 45·9017	20	7162·5	237 08 15·5281	− 11 50·5450
5	7117·5	192 47 06·3375	− 11 45·9082	21	7163·5	238 07 23·7324	− 11 50·7550
6	7118·5	193 46 14·5417	− 11 45·9351	22	7164·5	239 06 31·9366	− 11 50·9519
7	7119·5	194 45 22·7459	− 11 45·9909	23	7165·5	240 05 40·1409	− 11 51·1240
8	7120·5	195 44 30·9502	− 11 46·0798	24	7166·5	241 04 48·3451	− 11 51·2655
9	7121·5	196 43 39·1544	− 11 46·2005	25	7167·5	242 03 56·5493	− 11 51·3767
10	7122·5	197 42 47·3587	− 11 46·3465	26	7168·5	243 03 04·7536	− 11 51·4619
11	7123·5	198 41 55·5629	− 11 46·5053	27	7169·5	244 02 12·9578	− 11 51·5289
12	7124·5	199 41 03·7671	− 11 46·6611	28	7170·5	245 01 21·1620	− 11 51·5875
13	7125·5	200 40 11·9714	− 11 46·7967	29	7171·5	246 00 29·3663	− 11 51·6490
14	7126·5	201 39 20·1756	− 11 46·8981	30	7172·5	246 59 37·5705	− 11 51·7250
15	7127·5	202 38 28·3798	− 11 46·9587	31	7173·5	247 58 45·7748	− 11 51·8259
16	7128·5	203 37 36·5841	− 11 46·9837	June 1	7174·5	248 57 53·9790	− 11 51·9596
17	7129·5	204 36 44·7883	− 11 46·9902	2	7175·5	249 57 02·1832	− 11 52·1290
18	7130·5	205 35 52·9926	− 11 47·0029	3	7176·5	250 56 10·3875	− 11 52·3305
19	7131·5	206 35 01·1968	− 11 47·0453	4	7177·5	251 55 18·5917	− 11 52·5531
20	7132·5	207 34 09·4010	− 11 47·1307	5	7178·5	252 54 26·7959	− 11 52·7803
21	7133·5	208 33 17·6053	− 11 47·2589	6	7179·5	253 53 35·0002	− 11 52·9928
22	7134·5	209 32 25·8095	− 11 47·4180	7	7180·5	254 52 43·2044	− 11 53·1743
23	7135·5	210 31 34·0137	− 11 47·5901	8	7181·5	255 51 51·4087	− 11 53·3156
24	7136·5	211 30 42·2180	− 11 47·7578	9	7182·5	256 50 59·6129	− 11 53·4179
25	7137·5	212 29 50·4222	− 11 47·9076	10	7183·5	257 50 07·8171	− 11 53·4928
26	7138·5	213 28 58·6265	− 11 48·0311	11	7184·5	258 49 16·0214	− 11 53·5593
27	7139·5	214 28 06·8307	− 11 48·1253	12	7185·5	259 48 24·2256	− 11 53·6387
28	7140·5	215 27 15·0349	− 11 48·1917	13	7186·5	260 47 32·4298	− 11 53·7489
29	7141·5	216 26 23·2392	− 11 48·2354	14	7187·5	261 46 40·6341	− 11 53·8993
30	7142·5	217 25 31·4434	− 11 48·2647	15	7188·5	262 45 48·8383	− 11 54·0890
May 1	7143·5	218 24 39·6476	− 11 48·2896	16	7189·5	263 44 57·0425	− 11 54·3069
2	7144·5	219 23 47·8519	− 11 48·3216	17	7190·5	264 44 05·2468	− 11 54·5361
3	7145·5	220 22 56·0561	− 11 48·3722	18	7191·5	265 43 13·4510	− 11 54·7588
4	7146·5	221 22 04·2604	− 11 48·4510	19	7192·5	266 42 21·6553	− 11 54·9603
5	7147·5	222 21 12·4646	− 11 48·5636	20	7193·5	267 41 29·8595	− 11 55·1318
6	7148·5	223 20 20·6688	− 11 48·7106	21	7194·5	268 40 38·0637	− 11 55·2706
7	7149·5	224 19 28·8731	− 11 48·8859	22	7195·5	269 39 46·2680	− 11 55·3798
8	7150·5	225 18 37·0773	− 11 49·0773	23	7196·5	270 38 54·4722	− 11 55·4662
9	7151·5	226 17 45·2815	− 11 49·2687	24	7197·5	271 38 02·6764	− 11 55·5393
10	7152·5	227 16 53·4858	− 11 49·4428	25	7198·5	272 37 10·8807	− 11 55·6102
11	7153·5	228 16 01·6900	− 11 49·5854	26	7199·5	273 36 19·0849	− 11 55·6902
12	7154·5	229 15 09·8942	− 11 49·6894	27	7200·5	274 35 27·2892	− 11 55·7901
13	7155·5	230 14 18·0985	− 11 49·7574	28	7201·5	275 34 35·4934	− 11 55·9190
14	7156·5	231 13 26·3027	− 11 49·8025	29	7202·5	276 33 43·6976	− 11 56·0821
15	7157·5	232 12 34·5070	− 11 49·8454	30	7203·5	277 32 51·9019	− 11 56·2792
16	7158·5	233 11 42·7112	− 11 49·9087	July 1	7204·5	278 32 00·1061	− 11 56·5030
17	7159·5	234 10 50·9154	− 11 50·0099	2	7205·5	279 31 08·3103	− 11 56·7384

$$\text{GHA} = \theta - \alpha_i, \qquad \alpha_i = \alpha_e + E_o$$

α_i, α_e are the right ascensions with respect to the CIO and the true equinox of date, respectively.

Date 0ʰ UT1	Julian Date	Earth Rotation Angle θ	Equation of Origins E_o	Date 0ʰ UT1	Julian Date	Earth Rotation Angle θ	Equation of Origins E_o
		° ′ ″	′ ″			° ′ ″	′ ″
	245				245		
July 1	7204.5	278 32 00.1061	− 11 56.5030	Aug. 16	7250.5	323 52 17.5010	− 12 02.5119
2	7205.5	279 31 08.3103	− 11 56.7384	17	7251.5	324 51 25.7052	− 12 02.5420
3	7206.5	280 30 16.5146	− 11 56.9657	18	7252.5	325 50 33.9095	− 12 02.5614
4	7207.5	281 29 24.7188	− 11 57.1648	19	7253.5	326 49 42.1137	− 12 02.5815
5	7208.5	282 28 32.9231	− 11 57.3220	20	7254.5	327 48 50.3180	− 12 02.6128
6	7209.5	283 27 41.1273	− 11 57.4351	21	7255.5	328 47 58.5222	− 12 02.6648
7	7210.5	284 26 49.3315	− 11 57.5139	22	7256.5	329 47 06.7264	− 12 02.7441
8	7211.5	285 25 57.5358	− 11 57.5775	23	7257.5	330 46 14.9307	− 12 02.8540
9	7212.5	286 25 05.7400	− 11 57.6479	24	7258.5	331 45 23.1349	− 12 02.9932
10	7213.5	287 24 13.9442	− 11 57.7438	25	7259.5	332 44 31.3391	− 12 03.1549
11	7214.5	288 23 22.1485	− 11 57.8758	26	7260.5	333 43 39.5434	− 12 03.3261
12	7215.5	289 22 30.3527	− 11 58.0452	27	7261.5	334 42 47.7476	− 12 03.4887
13	7216.5	290 21 38.5570	− 11 58.2440	28	7262.5	335 41 55.9519	− 12 03.6232
14	7217.5	291 20 46.7612	− 11 58.4580	29	7263.5	336 41 04.1561	− 12 03.7147
15	7218.5	292 19 54.9654	− 11 58.6707	30	7264.5	337 40 12.3603	− 12 03.7601
16	7219.5	293 19 03.1697	− 11 58.8669	31	7265.5	338 39 20.5646	− 12 03.7715
17	7220.5	294 18 11.3739	− 11 59.0357	Sept. 1	7266.5	339 38 28.7688	− 12 03.7726
18	7221.5	295 17 19.5781	− 11 59.1718	2	7267.5	340 37 36.9730	− 12 03.7894
19	7222.5	296 16 27.7824	− 11 59.2758	3	7268.5	341 36 45.1773	− 12 03.8406
20	7223.5	297 15 35.9866	− 11 59.3533	4	7269.5	342 35 53.3815	− 12 03.9319
21	7224.5	298 14 44.1908	− 11 59.4131	5	7270.5	343 35 01.5858	− 12 04.0576
22	7225.5	299 13 52.3951	− 11 59.4657	6	7271.5	344 34 09.7900	− 12 04.2042
23	7226.5	300 13 00.5993	− 11 59.5226	7	7272.5	345 33 17.9942	− 12 04.3555
24	7227.5	301 12 08.8036	− 11 59.5943	8	7273.5	346 32 26.1985	− 12 04.4965
25	7228.5	302 11 17.0078	− 11 59.6902	9	7274.5	347 31 34.4027	− 12 04.6154
26	7229.5	303 10 25.2120	− 11 59.8167	10	7275.5	348 30 42.6069	− 12 04.7054
27	7230.5	304 09 33.4163	− 11 59.9760	11	7276.5	349 29 50.8112	− 12 04.7643
28	7231.5	305 08 41.6205	− 12 00.1648	12	7277.5	350 28 59.0154	− 12 04.7947
29	7232.5	306 07 49.8247	− 12 00.3724	13	7278.5	351 28 07.2197	− 12 04.8032
30	7233.5	307 06 58.0290	− 12 00.5814	14	7279.5	352 27 15.4239	− 12 04.7992
31	7234.5	308 06 06.2332	− 12 00.7709	15	7280.5	353 26 23.6281	− 12 04.7937
Aug. 1	7235.5	309 05 14.4375	− 12 00.9221	16	7281.5	354 25 31.8324	− 12 04.7975
2	7236.5	310 04 22.6417	− 12 01.0260	17	7282.5	355 24 40.0366	− 12 04.8202
3	7237.5	311 03 30.8459	− 12 01.0877	18	7283.5	356 23 48.2408	− 12 04.8689
4	7238.5	312 02 39.0502	− 12 01.1252	19	7284.5	357 22 56.4451	− 12 04.9472
5	7239.5	313 01 47.2544	− 12 01.1624	20	7285.5	358 22 04.6493	− 12 05.0545
6	7240.5	314 00 55.4586	− 12 01.2210	21	7286.5	359 21 12.8535	− 12 05.1856
7	7241.5	315 00 03.6629	− 12 01.3143	22	7287.5	0 20 21.0578	− 12 05.3305
8	7242.5	315 59 11.8671	− 12 01.4446	23	7288.5	1 19 29.2620	− 12 05.4746
9	7243.5	316 58 20.0714	− 12 01.6051	24	7289.5	2 18 37.4663	− 12 05.6010
10	7244.5	317 57 28.2756	− 12 01.7828	25	7290.5	3 17 45.6705	− 12 05.6939
11	7245.5	318 56 36.4798	− 12 01.9622	26	7291.5	4 16 53.8747	− 12 05.7446
12	7246.5	319 55 44.6841	− 12 02.1287	27	7292.5	5 16 02.0790	− 12 05.7566
13	7247.5	320 54 52.8883	− 12 02.2708	28	7293.5	6 15 10.2832	− 12 05.7476
14	7248.5	321 54 01.0925	− 12 02.3821	29	7294.5	7 14 18.4874	− 12 05.7442
15	7249.5	322 53 09.2968	− 12 02.4612	30	7295.5	8 13 26.6917	− 12 05.7712
16	7250.5	323 52 17.5010	− 12 02.5119	Oct. 1	7296.5	9 12 34.8959	− 12 05.8423

$$\text{GHA} = \theta - \alpha_i, \qquad \alpha_i = \alpha_e + E_o$$

α_i, α_e are the right ascensions with respect to the CIO and the true equinox of date, respectively.

Date 0ʰ UT1	Julian Date	Earth Rotation Angle θ	Equation of Origins E_o	Date 0ʰ UT1	Julian Date	Earth Rotation Angle θ	Equation of Origins E_o
	245	° ′ ″	′ ″		245	° ′ ″	′ ″
Oct. 1	7296·5	9 12 34·8959	− 12 05·8423	Nov. 16	7342·5	54 32 52·2908	− 12 10·3060
2	7297·5	10 11 43·1002	− 12 05·9558	17	7343·5	55 32 00·4951	− 12 10·4932
3	7298·5	11 10 51·3044	− 12 06·0986	18	7344·5	56 31 08·6993	− 12 10·6572
4	7299·5	12 09 59·5086	− 12 06·2521	19	7345·5	57 30 16·9035	− 12 10·7881
5	7300·5	13 09 07·7129	− 12 06·3989	20	7346·5	58 29 25·1078	− 12 10·8834
6	7301·5	14 08 15·9171	− 12 06·5255	21	7347·5	59 28 33·3120	− 12 10·9498
7	7302·5	15 07 24·1213	− 12 06·6240	22	7348·5	60 27 41·5162	− 12 11·0032
8	7303·5	16 06 32·3256	− 12 06·6917	23	7349·5	61 26 49·7205	− 12 11·0664
9	7304·5	17 05 40·5298	− 12 06·7310	24	7350·5	62 25 57·9247	− 12 11·1614
10	7305·5	18 04 48·7341	− 12 06·7476	25	7351·5	63 25 06·1290	− 12 11·3027
11	7306·5	19 03 56·9383	− 12 06·7506	26	7352·5	64 24 14·3332	− 12 11·4909
12	7307·5	20 03 05·1425	− 12 06·7504	27	7353·5	65 23 22·5374	− 12 11·7127
13	7308·5	21 02 13·3468	− 12 06·7582	28	7354·5	66 22 30·7417	− 12 11·9471
14	7309·5	22 01 21·5510	− 12 06·7841	29	7355·5	67 21 38·9459	− 12 12·1721
15	7310·5	23 00 29·7552	− 12 06·8359	30	7356·5	68 20 47·1501	− 12 12·3716
16	7311·5	23 59 37·9595	− 12 06·9179	Dec. 1	7357·5	69 19 55·3544	− 12 12·5373
17	7312·5	24 58 46·1637	− 12 07·0300	2	7358·5	70 19 03·5586	− 12 12·6686
18	7313·5	25 57 54·3680	− 12 07·1674	3	7359·5	71 18 11·7629	− 12 12·7707
19	7314·5	26 57 02·5722	− 12 07·3210	4	7360·5	72 17 19·9671	− 12 12·8523
20	7315·5	27 56 10·7764	− 12 07·4777	5	7361·5	73 16 28·1713	− 12 12·9240
21	7316·5	28 55 18·9807	− 12 07·6228	6	7362·5	74 15 36·3756	− 12 12·9970
22	7317·5	29 54 27·1849	− 12 07·7418	7	7363·5	75 14 44·5798	− 12 13·0824
23	7318·5	30 53 35·3891	− 12 07·8251	8	7364·5	76 13 52·7840	− 12 13·1898
24	7319·5	31 52 43·5934	− 12 07·8712	9	7365·5	77 13 00·9883	− 12 13·3261
25	7320·5	32 51 51·7976	− 12 07·8904	10	7366·5	78 12 09·1925	− 12 13·4945
26	7321·5	33 51 00·0018	− 12 07·9041	11	7367·5	79 11 17·3968	− 12 13·6931
27	7322·5	34 50 08·2061	− 12 07·9383	12	7368·5	80 10 25·6010	− 12 13·9142
28	7323·5	35 49 16·4103	− 12 08·0140	13	7369·5	81 09 33·8052	− 12 14·1447
29	7324·5	36 48 24·6146	− 12 08·1384	14	7370·5	82 08 42·0095	− 12 14·3686
30	7325·5	37 47 32·8188	− 12 08·3035	15	7371·5	83 07 50·2137	− 12 14·5702
31	7326·5	38 46 41·0230	− 12 08·4907	16	7372·5	84 06 58·4179	− 12 14·7379
Nov. 1	7327·5	39 45 49·2273	− 12 08·6785	17	7373·5	85 06 06·6222	− 12 14·8678
2	7328·5	40 44 57·4315	− 12 08·8495	18	7374·5	86 05 14·8264	− 12 14·9652
3	7329·5	41 44 05·6357	− 12 08·9925	19	7375·5	87 04 23·0307	− 12 15·0444
4	7330·5	42 43 13·8400	− 12 09·1035	20	7376·5	88 03 31·2349	− 12 15·1253
5	7331·5	43 42 22·0442	− 12 09·1839	21	7377·5	89 02 39·4391	− 12 15·2287
6	7332·5	44 41 30·2485	− 12 09·2398	22	7378·5	90 01 47·6434	− 12 15·3704
7	7333·5	45 40 38·4527	− 12 09·2797	23	7379·5	91 00 55·8476	− 12 15·5564
8	7334·5	46 39 46·6569	− 12 09·3140	24	7380·5	92 00 04·0518	− 12 15·7803
9	7335·5	47 38 54·8612	− 12 09·3540	25	7381·5	92 59 12·2561	− 12 16·0258
10	7336·5	48 38 03·0654	− 12 09·4103	26	7382·5	93 58 20·4603	− 12 16·2720
11	7337·5	49 37 11·2696	− 12 09·4916	27	7383·5	94 57 28·6645	− 12 16·4991
12	7338·5	50 36 19·4739	− 12 09·6036	28	7384·5	95 56 36·8688	− 12 16·6942
13	7339·5	51 35 27·6781	− 12 09·7475	29	7385·5	96 55 45·0730	− 12 16·8522
14	7340·5	52 34 35·8824	− 12 09·9193	30	7386·5	97 54 53·2773	− 12 16·9757
15	7341·5	53 33 44·0866	− 12 10·1098	31	7387·5	98 54 01·4815	− 12 17·0726
16	7342·5	54 32 52·2908	− 12 10·3060	32	7388·5	99 53 09·6857	− 12 17·1534

$$\text{GHA} = \theta - \alpha_i, \qquad \alpha_i = \alpha_e + E_o$$

α_i, α_e are the right ascensions with respect to the CIO and the true equinox of date, respectively.

Purpose, explanation and arrangement

The formulae, tables and ephemerides in the remainder of this section are mainly intended to provide for the reduction of celestial coordinates (especially of right ascension, declination and hour angle) from one reference system to another; in particular from a position in the International Celestial Reference System (ICRS) to a geocentric apparent or intermediate position, but some of the data may be used for other purposes.

Formulae and numerical values are given for the separate steps in such reductions, i.e. for proper motion, parallax, light-deflection, aberration on pages B27–B29, and for frame bias, precession and nutation on pages B50–B56. Formulae are given for full-precision reductions using vectors and rotation matrices on pages B48–B50. The examples given use **both** the long-standing equator and equinox of date system, as well as the Celestial Intermediate Reference System (equator and CIO of date)(see pages B66–B75). Finally, formulae and numerical values are given for the reduction from geocentric to topocentric place on pages B84–B86. Background information is given in the *Notes and References* and in the *Glossary*, while vector and matrix algebra, including the rotation matrices, is given on pages K18–K19.

Notation and units

The following is a list of some frequently used coordinate systems and their designations and include the practical consequences of adoption of the ICRS, IAU 2000 resolutions B1.6, B1.7 and B1.8, and IAU 2006 resolutions 1 and 2.

1. Barycentric Celestial Reference System (BCRS): a system of barycentric space-time coordinates for the solar system within the framework of General Relativity. For all practical applications, the BCRS is assumed to be oriented according to the ICRS axes, the directions of which are realized by the International Celestial Reference Frame. The ICRS is not identical to the system defined by the dynamical mean equator and equinox of J2000·0, although the difference in orientation is only about $0''\!.02$.

2. The Geocentric Celestial Reference System (GCRS): is a system of geocentric space-time coordinates within the framework of General Relativity. The directions of the GCRS axes are obtained from those of the BCRS (ICRS) by a relativistic transformation. Positions of stars obtained from ICRS reference data, corrected for proper motion, parallax, light-bending, and aberration (for a geocentric observer) are with respect to the GCRS. The same is true for planetary positions, although the corrections are somewhat different.

3. The J2000·0 dynamical reference system; mean equator and equinox of J2000·0; a geocentric system where the origin of right ascension is the intersection of the mean ecliptic and equator of J2000·0; the system in which the IAU 2000 precession-nutation is defined. For precise applications a small rotation (frame bias, see B50) should be made to GCRS positions before precession and nutation are applied. The J2000·0 system may also be barycentric, for example as the reference system for catalogues.

4. The mean system of date (*m*); mean equator and equinox of date.

5. The true system of date (*t*); true equator and equinox of date: a geocentric system of date, the pole of which is the celestial intermediate pole (CIP), with the origin of right ascension at the equinox on the true equator of date (intermediate equator). It is a system "between" the GCRS and the Terrestrial Intermediate Reference System that separates the components labelled precession-nutation and polar motion.

6. The Celestial Intermediate Reference System (*i*): the IAU recommended geocentric system of date, the pole of which is the celestial intermediate pole (CIP), with the origin of right ascension at the celestial intermediate origin (CIO) which is located on the intermediate equator (true equator of date). It is a system "between" (*intermediate*) the GCRS and the Terrestrial Intermediate Reference System that separates the components labelled precession-nutation and polar motion.

Notation and units (continued)

7. The Terrestrial Intermediate Reference System: a rotating geocentric system of date, the pole of which is the celestial intermediate pole (CIP), with the origin of longitude the terrestrial intermediate origin (TIO), which is located on the intermediate equator (true equator of date). The plane containing the geocentre, the CIP, and TIO is the fundamental plane of this system and is called the TIO meridian and corresponds to the astronomical zero meridian.

8. The International Terrestrial Reference System (ITRS): a geodetic system realized by the International Terrestrial Reference Frame (ITRF2008), see page K11. The CIP and TIO of the Terrestrial Intermediate Reference System differ from the geodetic pole and zero-longitude point on the geodetic equator by the effects of polar motion (page B84).

Summary

No.	System	Equator/Pole	Origin on the Equator	Epoch
1	BCRS (ICRS)	ICRS equator and pole	ICRS (RA)	—
2	GCRS	ICRS (see 2 above)	ICRS (RA)	—
3	J2000·0	mean equator	mean equinox (RA)	J2000·0
4	Mean (m)	mean equator	mean equinox (RA)	date
5	True (t)	equator/CIP	true equinox (RA)	date
6	Intermediate (i)	equator/CIP	CIO (RA)	date
7	Terrestrial	equator/CIP	TIO (GHA)	date
8	ITRS	geodetic equator/pole	longitude (λ_{ITRS})	date

- The true equator of date, the intermediate equator, the instantaneous equator are all terms for the plane orthogonal to the direction of the CIP, which in this volume will be referred to as the "equator of date". Declinations, apparent or intermediate, derived using either equinox-based or CIO-based methods, respectively, are identical.

- The origin of the right ascension system may be one of five different locations (ICRS origin, J2000·0, mean equinox, true equinox, or the CIO). The notation will make it clear which is being referred to when necessary.

- The celestial intermediate origin (CIO) is the chosen origin of the Celestial Intermediate Reference System. It has no instantaneous motion along the equator as the equator's orientation in space changes, and is therefore referred to as a "non-rotating" origin. The CIO makes the relationship between UT1 and Earth rotation a simple linear function (see page B8). Right ascensions measured from this origin are called intermediate right ascensions or CIO right ascensions.

- The only difference between apparent and intermediate right ascensions is the position of the origin on the equator. When using the equator and equinox of date system, right ascension is measured from the equinox and is called apparent right ascension. When using the Celestial Intermediate Reference System, right ascension is measured from the CIO, and is called intermediate right ascension.

- Apparent right ascension is subtracted from Greenwich apparent sidereal time to give hour angle (GHA).

- Intermediate right ascension is subtracted from Earth rotation angle to give hour angle (GHA).

Matrices

$\mathbf{R}_1, \mathbf{R}_2, \mathbf{R}_3$ rotation matrices $\mathbf{R}_n(\phi)$, $n = 1, 2, 3$, where the original system is rotated about its x, y, or z-axis by the angle ϕ, counterclockwise as viewed from the $+x$, $+y$ or $+z$ direction, respectively (see page K19 for information on matrices).

$\mathscr{R}_\Sigma$ Matrix transformation of the GCRS to the equator and GCRS origin of date. An intermediary matrix which locates and relates origins, see pages B9 and B49.

Notation and units (continued)

Matrices for Equinox-Based Techniques

B   Bias matrix: transformation of the GCRS to J2000·0 system, mean equator and equinox of J2000·0, see page B50.

P   Precession matrix: transformation of the J2000·0 system to the mean equator and equinox of date, see page B51.

N   Nutation matrix: transformation of the mean equator and equinox of date to equator and equinox of date, see page B55.

M = NPB Celestial to equator and equinox of date matrix: transformation of the GCRS to the true equator and equinox of date, see page B50.

R$_3$(GAST) Earth rotation matrix: transformation of the true equator and equinox of date to the Terrestrial Intermediate Reference System (origin is the TIO).

Matrices for CIO-Based Techniques

C   Celestial to Intermediate matrix: transformation of the GCRS to the Celestial Intermediate Reference System (equator and CIO of date). **C** includes frame bias and precession-nutation, see page B49.

R$_3$(θ) Earth rotation matrix: transformation of the Celestial Intermediate Reference System to the Terrestrial Intermediate Reference System (origin is the TIO).

Other terms

t an epoch expressed in terms of the Julian year; (see page B3); the difference between two epochs represents a time-interval expressed in Julian years; subscripts zero and one are used to indicate the epoch of a catalogue place, usually the standard epoch of J2000·0, and the epoch of the middle of a Julian year (here shortened to "epoch of year"), respectively.

T an interval of time expressed in Julian centuries of 36 525 days; usually measured from J2000·0, i.e. from JD 245 1545·0 TT.

$\mathbf{r}_m, \mathbf{r}_t, \mathbf{r}_i$ column position vectors (see page K18), with respect to mean equinox, true equinox, and celestial intermediate system, respectively.

α, δ, π right ascension, declination and annual parallax; in the formulae for computation, right ascension and related quantities are expressed in time-measure ($1^h = 15°$, etc.), while declination and related quantities, including annual parallax, are expressed in angular measure, unless the contrary is indicated.

α_e, α_i equinox and intermediate right ascensions, respectively; α_e is measured from the equinox, while α_i is measured from the CIO.

μ_α, μ_δ components of proper motion in right ascension and declination. **Check the units**. Modern catalogues usually include the cos δ factor in μ_α, translating the rate of change of right ascension to great circle units comparable to those of μ_δ.

λ, β ecliptic longitude and latitude.

Ω, i, ω orbital elements referred to the ecliptic; longitude of ascending node, inclination, argument of perihelion.

X, Y, Z rectangular coordinates of the Earth with respect to the barycentre of the solar system, referred to the ICRS and expressed in astronomical units (au).

$\dot{X}, \dot{Y}, \dot{Z}$ first derivatives of X, Y, Z with respect to time expressed in TDB days.

Approximate reduction for proper motion

In its simplest form the reduction for the proper motion is given by:

$$\alpha = \alpha_0 + (t - t_0)\mu_\alpha \quad \text{or} \quad \alpha = \alpha_0 + (t - t_0)\mu_\alpha / \cos \delta$$
$$\delta = \delta_0 + (t - t_0)\mu_\delta$$

where the rate of the proper motions are per year. In some cases it is necessary to allow also for second-order terms, radial velocity and orbital motion, but appropriate formulae are usually given in the catalogue (see page B72).

Approximate reduction for annual parallax

The reduction for annual parallax from the catalogue place (α_0, δ_0) to the geocentric place (α, δ) is given by:

$$\alpha = \alpha_0 + (\pi/15 \cos \delta_0)(X \sin \alpha_0 - Y \cos \alpha_0)$$
$$\delta = \delta_0 + \pi(X \cos \alpha_0 \sin \delta_0 + Y \sin \alpha_0 \sin \delta_0 - Z \cos \delta_0)$$

where X, Y, Z are the coordinates of the Earth tabulated on pages B76–B83. Expressions for X, Y, Z may be obtained from page C5, since $X = -x$, $Y = -y$, $Z = -z$.

The times of reception of periodic phenomena, such as pulsar signals, may be reduced to a common origin at the barycentre by adding the light-time corresponding to the component of the Earth's position vector along the direction to the object; that is by adding to the observed times $(X \cos \alpha \cos \delta + Y \sin \alpha \cos \delta + Z \sin \delta)/c$, where the velocity of light, $c = 173 \cdot 14$ au/d, and the light time for 1 au, $1/c = 0^{\rm d}005\ 7755$.

Approximate reduction for light-deflection

The apparent direction of a star or a body in the solar system may be significantly affected by the deflection of light in the gravitational field of the Sun. The elongation (E) from the centre of the Sun is increased by an amount (ΔE) that, for a star, depends on the elongation in the following manner:

$$\Delta E = 0\rlap{.}''004\ 07 / \tan (E/2)$$

E	$0\rlap{.}°25$	$0\rlap{.}°5$	$1°$	$2°$	$5°$	$10°$	$20°$	$50°$	$90°$
ΔE	$1\rlap{.}''866$	$0\rlap{.}''933$	$0\rlap{.}''466$	$0\rlap{.}''233$	$0\rlap{.}''093$	$0\rlap{.}''047$	$0\rlap{.}''023$	$0\rlap{.}''009$	$0\rlap{.}''004$

The body disappears behind the Sun when E is less than the limiting grazing value of about $0\rlap{.}°25$. The effects in right ascension and declination may be calculated approximately from:

$$\cos E = \sin \delta \sin \delta_0 + \cos \delta \cos \delta_0 \cos (\alpha - \alpha_0)$$
$$\Delta\alpha = 0\rlap{.}^{\rm s}000\ 271 \cos \delta_0 \sin (\alpha - \alpha_0)/(1 - \cos E) \cos \delta$$
$$\Delta\delta = 0\rlap{.}''004\ 07[\sin \delta \cos \delta_0 \cos (\alpha - \alpha_0) - \cos \delta \sin \delta_0]/(1 - \cos E)$$

where α, δ refer to the star, and α_0, δ_0 to the Sun. See also page B67 *Step 3*.

Approximate reduction for annual aberration

The reduction for annual aberration from a geometric geocentric place (α_0, δ_0) to an apparent geocentric place (α, δ) is given by:

$$\alpha = \alpha_0 + (-\dot{X} \sin \alpha_0 + \dot{Y} \cos \alpha_0)/(c \cos \delta_0)$$
$$\delta = \delta_0 + (-\dot{X} \cos \alpha_0 \sin \delta_0 - \dot{Y} \sin \alpha_0 \sin \delta_0 + \dot{Z} \cos \delta_0)/c$$

where $c = 173 \cdot 14$ au/d, and $\dot{X}$, $\dot{Y}$, $\dot{Z}$ are the velocity components of the Earth given on pages B76–B83. Alternatively, but to lower precision, it is possible to use the expressions

$$\dot{X} = +0 \cdot 0172 \sin \lambda \qquad \dot{Y} = -0 \cdot 0158 \cos \lambda \qquad \dot{Z} = -0 \cdot 0068 \cos \lambda$$

where the apparent longitude of the Sun, λ, is given by the expression on page C5. The reduction may also be carried out by using the vector-matrix technique (see page B67 *Step 4*) when full precision is required.

Measurements of radial velocity may be reduced to a common origin at the barycentre by adding the component of the Earth's velocity in the direction of the object; that is by adding

$$\dot{X} \cos \alpha_0 \cos \delta_0 + \dot{Y} \sin \alpha_0 \cos \delta_0 + \dot{Z} \sin \delta_0$$

Traditional reduction for planetary aberration

In the case of a body in the solar system, the apparent direction at the instant of observation (t) differs from the geometric direction at that instant because of (a) the motion of the body during the light-time and (b) the motion of the Earth relative to the reference system in which light propagation is computed. The reduction may be carried out in two stages: (i) by combining the barycentric position of the body at time $t - \Delta t$, where Δt is the light-time, with the barycentric position of the Earth at time t, and then (ii) by applying the correction for annual aberration as described above. Alternatively it is possible to interpolate the geometric (geocentric) ephemeris of the body to the time $t - \Delta t$; it is usually sufficient to subtract the product of the light-time and the first derivative of the coordinate. The light-time Δt in days is given by the distance in au between the body and the Earth, multiplied by 0·005 7755; strictly, the light-time corresponds to the distance from the position of the Earth at time t to the position of the body at time $t - \Delta t$ (i.e. some iteration is required), but it is usually sufficient to use the geocentric distance at time t.

Differential aberration

The corrections for differential annual aberration to be added to the observed differences (in the sense moving object minus star) of right ascension and declination to give the true differences are:

$$\text{in right ascension} \qquad a\,\Delta\alpha + b\,\Delta\delta \qquad \text{in units of } 0^{\text{s}}001$$
$$\text{in declination} \qquad c\,\Delta\alpha + d\,\Delta\delta \qquad \text{in units of } 0''01$$

where $\Delta\alpha$, $\Delta\delta$ are the observed differences in units of 1^{m} and $1'$ respectively, and where a, b, c, d are coefficients defined by:

$$a = -5\cdot701 \cos{(H + \alpha)} \sec\delta \qquad b = -0\cdot380 \sin{(H + \alpha)} \sec\delta \tan\delta$$
$$c = +8\cdot552 \sin{(H + \alpha)} \sin\delta \qquad d = -0\cdot570 \cos{(H + \alpha)} \cos\delta$$
$$H^{\text{h}} = 23\cdot4 - (\text{day of year}/15\cdot2)$$

The day of year is tabulated on pages B4–B5.

GCRS positions

For objects with reference data (catalogue coordinates or ephemerides) expressed in the ICRS, the application of corrections for proper motion and parallax (for stars), light-time (for solar system objects), light deflection, and annual aberration results in a position referred to the GCRS, which is sometimes called the *proper place*.

Astrometric positions

An astrometric place is the direction of a solar system body formed by applying the correction for the barycentric motion of this body during the light time to the geometric geocentric position referred to the ICRS. Such a position is then directly comparable with the astrometric position of a star formed by applying the corrections for proper motion and annual parallax to the ICRS (or J2000) catalog direction. The gravitational deflection of light is ignored since it will generally be similar (although not identical) for the solar system body and background stars. For high-accuracy applications, gravitational light deflection effects need to be considered, and the adopted policy declared.

MATRIX ELEMENTS FOR CONVERSION FROM
GCRS TO EQUATOR AND EQUINOX OF DATE
FOR 0^h TERRESTRIAL TIME

Date 0^h TT	$M_{1,1}-1$	$M_{1,2}$	$M_{1,3}$	$M_{2,1}$	$M_{2,2}-1$	$M_{2,3}$	$M_{3,1}$	$M_{3,2}$	$M_{3,3}-1$
Jan. 0	−67705	−3375 0162	−1466 3508	+3375 0839	−56966	+43 6734	+1466 1950	−48 6222	−10760
1	−67736	−3375 7893	−1466 6865	+3375 8572	−56992	+43 8292	+1466 5302	−48 7802	−10765
2	−67773	−3376 7196	−1467 0904	+3376 7877	−57023	+43 9553	+1466 9336	−48 9091	−10771
3	−67815	−3377 7601	−1467 5421	+3377 8283	−57058	+44 0229	+1467 3850	−48 9797	−10778
4	−67858	−3378 8444	−1468 0127	+3378 9127	−57095	+44 0164	+1467 8556	−48 9764	−10785
5	−67901	−3379 9022	−1468 4719	+3379 9703	−57131	+43 9352	+1468 3150	−48 8983	−10792
6	−67940	−3380 8723	−1468 8930	+3380 9403	−57164	+43 7914	+1468 7366	−48 7574	−10798
7	−67974	−3381 7128	−1469 2580	+3381 7806	−57192	+43 6064	+1469 1021	−48 5748	−10803
8	−68002	−3382 4055	−1469 5589	+3382 4730	−57215	+43 4060	+1469 4036	−48 3765	−10807
9	−68024	−3382 9555	−1469 7979	+3383 0227	−57234	+43 2160	+1469 6433	−48 1880	−10811
10	−68041	−3383 3882	−1469 9860	+3383 4551	−57248	+43 0586	+1469 8319	−48 0319	−10814
11	−68055	−3383 7440	−1470 1409	+3383 8108	−57260	+42 9501	+1469 9871	−47 9245	−10816
12	−68069	−3384 0737	−1470 2844	+3384 1404	−57271	+42 8999	+1470 1308	−47 8752	−10818
13	−68083	−3384 4334	−1470 4409	+3384 5001	−57284	+42 9088	+1470 2873	−47 8852	−10820
14	−68101	−3384 8794	−1470 6349	+3384 9463	−57299	+42 9689	+1470 4810	−47 9467	−10823
15	−68125	−3385 4621	−1470 8881	+3385 5291	−57318	+43 0630	+1470 7338	−48 0424	−10827
16	−68155	−3386 2166	−1471 2157	+3386 2837	−57344	+43 1640	+1471 0611	−48 1457	−10832
17	−68193	−3387 1511	−1471 6214	+3387 2184	−57376	+43 2374	+1471 4665	−48 2218	−10838
18	−68236	−3388 2345	−1472 0917	+3388 3019	−57412	+43 2466	+1471 9367	−48 2342	−10845
19	−68283	−3389 3903	−1472 5933	+3389 4575	−57452	+43 1629	+1472 4386	−48 1539	−10852
20	−68328	−3390 5057	−1473 0775	+3390 5727	−57489	+42 9784	+1472 9233	−47 9727	−10859
21	−68366	−3391 4630	−1473 4931	+3391 5296	−57522	+42 7148	+1473 3397	−47 7119	−10865
22	−68395	−3392 1831	−1473 8058	+3392 2493	−57546	+42 4216	+1473 6534	−47 4208	−10870
23	−68415	−3392 6596	−1474 0130	+3392 7254	−57562	+42 1595	+1473 8615	−47 1602	−10872
24	−68427	−3392 9611	−1474 1443	+3393 0266	−57572	+41 9783	+1473 9933	−46 9798	−10874
25	−68436	−3393 2004	−1474 2486	+3393 2659	−57580	+41 8994	+1474 0980	−46 9017	−10876
26	−68448	−3393 4913	−1474 3753	+3393 5568	−57590	+41 9134	+1474 2246	−46 9164	−10878
27	−68465	−3393 9143	−1474 5593	+3393 9799	−57604	+41 9879	+1474 4083	−46 9922	−10880
28	−68489	−3394 5029	−1474 8151	+3394 5687	−57625	+42 0815	+1474 6637	−47 0876	−10884
29	−68519	−3395 2471	−1475 1382	+3395 3129	−57650	+42 1547	+1474 9866	−47 1630	−10889
30	−68553	−3396 1039	−1475 5103	+3396 1699	−57679	+42 1775	+1475 3585	−47 1883	−10895
31	−68590	−3397 0127	−1475 9049	+3397 0786	−57710	+42 1331	+1475 7532	−47 1465	−10900
Feb. 1	−68626	−3397 9076	−1476 2934	+3397 9733	−57740	+42 0178	+1476 1421	−47 0339	−10906
2	−68659	−3398 7287	−1476 6499	+3398 7942	−57768	+41 8403	+1476 4992	−46 8589	−10911
3	−68688	−3399 4310	−1476 9550	+3399 4962	−57792	+41 6188	+1476 8050	−46 6394	−10916
4	−68710	−3399 9893	−1477 1976	+3400 0542	−57811	+41 3769	+1477 0484	−46 3991	−10919
5	−68727	−3400 4008	−1477 3766	+3400 4653	−57824	+41 1402	+1477 2281	−46 1636	−10922
6	−68739	−3400 6838	−1477 4999	+3400 7480	−57834	+40 9323	+1477 3521	−45 9566	−10923
7	−68746	−3400 8744	−1477 5831	+3400 9383	−57840	+40 7717	+1477 4359	−45 7966	−10925
8	−68752	−3401 0206	−1477 6471	+3401 0844	−57845	+40 6696	+1477 5002	−45 6950	−10925
9	−68758	−3401 1770	−1477 7154	+3401 2407	−57851	+40 6289	+1477 5687	−45 6547	−10926
10	−68767	−3401 3977	−1477 8117	+3401 4615	−57858	+40 6435	+1477 6649	−45 6699	−10928
11	−68781	−3401 7314	−1477 9569	+3401 7952	−57870	+40 6988	+1477 8099	−45 7262	−10930
12	−68800	−3402 2136	−1478 1666	+3402 2776	−57886	+40 7721	+1478 0193	−45 8010	−10933
13	−68827	−3402 8604	−1478 4476	+3402 9245	−57908	+40 8346	+1478 3000	−45 8653	−10937
14	−68859	−3403 6589	−1478 7943	+3403 7230	−57935	+40 8538	+1478 6467	−45 8870	−10943
15	−68895	−3404 5608	−1479 1859	+3404 6249	−57966	+40 8003	+1479 0384	−45 8361	−10948

M = **NPB**. Values are in units of 10^{-10}. Matrix used with GAST (B13–B20). CIP is $\mathcal{X} = M_{3,1}$, $\mathcal{Y} = M_{3,2}$.

MATRIX ELEMENTS FOR CONVERSION FROM
GCRS TO EQUATOR & CELESTIAL INTERMEDIATE ORIGIN OF DATE
FOR 0^h TERRESTRIAL TIME

Julian Date	$C_{1,1}-1$	$C_{1,2}$	$C_{1,3}$	$C_{2,1}$	$C_{2,2}-1$	$C_{2,3}$	$C_{3,1}$	$C_{3,2}$	$C_{3,3}-1$
245									
7022.5	-10749	-51	$-1466\ 1950$	$+764$	-12	$+48\ 6221$	$+1466\ 1950$	$-48\ 6222$	-10760
7023.5	-10754	-51	$-1466\ 5302$	$+766$	-12	$+48\ 7802$	$+1466\ 5302$	$-48\ 7802$	-10765
7024.5	-10759	-51	$-1466\ 9336$	$+768$	-12	$+48\ 9090$	$+1466\ 9336$	$-48\ 9091$	-10771
7025.5	-10766	-51	$-1467\ 3850$	$+769$	-12	$+48\ 9796$	$+1467\ 3850$	$-48\ 9797$	-10778
7026.5	-10773	-50	$-1467\ 8556$	$+769$	-12	$+48\ 9764$	$+1467\ 8556$	$-48\ 9764$	-10785
7027.5	-10780	-50	$-1468\ 3150$	$+768$	-12	$+48\ 8982$	$+1468\ 3150$	$-48\ 8983$	-10792
7028.5	-10786	-50	$-1468\ 7366$	$+766$	-12	$+48\ 7573$	$+1468\ 7366$	$-48\ 7574$	-10798
7029.5	-10791	-50	$-1469\ 1021$	$+763$	-12	$+48\ 5748$	$+1469\ 1021$	$-48\ 5748$	-10803
7030.5	-10796	-50	$-1469\ 4036$	$+761$	-12	$+48\ 3764$	$+1469\ 4036$	$-48\ 3765$	-10807
7031.5	-10799	-50	$-1469\ 6433$	$+758$	-12	$+48\ 1880$	$+1469\ 6433$	$-48\ 1880$	-10811
7032.5	-10802	-49	$-1469\ 8319$	$+755$	-12	$+48\ 0318$	$+1469\ 8319$	$-48\ 0319$	-10814
7033.5	-10804	-49	$-1469\ 9871$	$+754$	-11	$+47\ 9245$	$+1469\ 9871$	$-47\ 9245$	-10816
7034.5	-10806	-49	$-1470\ 1308$	$+753$	-11	$+47\ 8752$	$+1470\ 1308$	$-47\ 8752$	-10818
7035.5	-10809	-49	$-1470\ 2873$	$+753$	-11	$+47\ 8851$	$+1470\ 2873$	$-47\ 8852$	-10820
7036.5	-10812	-49	$-1470\ 4810$	$+754$	-11	$+47\ 9466$	$+1470\ 4810$	$-47\ 9467$	-10823
7037.5	-10815	-49	$-1470\ 7338$	$+756$	-12	$+48\ 0424$	$+1470\ 7338$	$-48\ 0424$	-10827
7038.5	-10820	-49	$-1471\ 0611$	$+757$	-12	$+48\ 1456$	$+1471\ 0611$	$-48\ 1457$	-10832
7039.5	-10826	-49	$-1471\ 4665$	$+758$	-12	$+48\ 2218$	$+1471\ 4665$	$-48\ 2218$	-10838
7040.5	-10833	-48	$-1471\ 9367$	$+758$	-12	$+48\ 2341$	$+1471\ 9367$	$-48\ 2342$	-10845
7041.5	-10840	-48	$-1472\ 4386$	$+757$	-12	$+48\ 1539$	$+1472\ 4386$	$-48\ 1539$	-10852
7042.5	-10848	-48	$-1472\ 9233$	$+755$	-12	$+47\ 9726$	$+1472\ 9233$	$-47\ 9727$	-10859
7043.5	-10854	-48	$-1473\ 3397$	$+751$	-11	$+47\ 7119$	$+1473\ 3397$	$-47\ 7119$	-10865
7044.5	-10858	-48	$-1473\ 6535$	$+746$	-11	$+47\ 4208$	$+1473\ 6534$	$-47\ 4208$	-10870
7045.5	-10861	-48	$-1473\ 8615$	$+743$	-11	$+47\ 1601$	$+1473\ 8615$	$-47\ 1602$	-10872
7046.5	-10863	-47	$-1473\ 9934$	$+740$	-11	$+46\ 9798$	$+1473\ 9933$	$-46\ 9798$	-10874
7047.5	-10865	-47	$-1474\ 0980$	$+739$	-11	$+46\ 9016$	$+1474\ 0980$	$-46\ 9017$	-10876
7048.5	-10867	-47	$-1474\ 2246$	$+739$	-11	$+46\ 9164$	$+1474\ 2246$	$-46\ 9164$	-10878
7049.5	-10869	-47	$-1474\ 4083$	$+740$	-11	$+46\ 9922$	$+1474\ 4083$	$-46\ 9922$	-10880
7050.5	-10873	-47	$-1474\ 6637$	$+742$	-11	$+47\ 0875$	$+1474\ 6637$	$-47\ 0876$	-10884
7051.5	-10878	-47	$-1474\ 9866$	$+743$	-11	$+47\ 1629$	$+1474\ 9866$	$-47\ 1630$	-10889
7052.5	-10883	-47	$-1475\ 3585$	$+743$	-11	$+47\ 1883$	$+1475\ 3585$	$-47\ 1883$	-10895
7053.5	-10889	-47	$-1475\ 7532$	$+742$	-11	$+47\ 1465$	$+1475\ 7532$	$-47\ 1465$	-10900
7054.5	-10895	-46	$-1476\ 1421$	$+741$	-11	$+47\ 0338$	$+1476\ 1421$	$-47\ 0339$	-10906
7055.5	-10900	-46	$-1476\ 4992$	$+738$	-11	$+46\ 8588$	$+1476\ 4992$	$-46\ 8589$	-10911
7056.5	-10905	-46	$-1476\ 8050$	$+735$	-11	$+46\ 6393$	$+1476\ 8050$	$-46\ 6394$	-10916
7057.5	-10908	-46	$-1477\ 0484$	$+731$	-11	$+46\ 3991$	$+1477\ 0484$	$-46\ 3991$	-10919
7058.5	-10911	-46	$-1477\ 2281$	$+728$	-11	$+46\ 1636$	$+1477\ 2281$	$-46\ 1636$	-10922
7059.5	-10913	-46	$-1477\ 3521$	$+725$	-11	$+45\ 9565$	$+1477\ 3521$	$-45\ 9566$	-10923
7060.5	-10914	-46	$-1477\ 4359$	$+722$	-10	$+45\ 7965$	$+1477\ 4359$	$-45\ 7966$	-10925
7061.5	-10915	-46	$-1477\ 5002$	$+721$	-10	$+45\ 6949$	$+1477\ 5002$	$-45\ 6950$	-10925
7062.5	-10916	-46	$-1477\ 5687$	$+720$	-10	$+45\ 6546$	$+1477\ 5687$	$-45\ 6547$	-10926
7063.5	-10917	-46	$-1477\ 6649$	$+721$	-10	$+45\ 6699$	$+1477\ 6649$	$-45\ 6699$	-10928
7064.5	-10920	-46	$-1477\ 8099$	$+721$	-10	$+45\ 7261$	$+1477\ 8099$	$-45\ 7262$	-10930
7065.5	-10923	-46	$-1478\ 0193$	$+723$	-10	$+45\ 8009$	$+1478\ 0193$	$-45\ 8010$	-10933
7066.5	-10927	-45	$-1478\ 3000$	$+723$	-11	$+45\ 8653$	$+1478\ 3000$	$-45\ 8653$	-10937
7067.5	-10932	-45	$-1478\ 6467$	$+724$	-11	$+45\ 8869$	$+1478\ 6467$	$-45\ 8870$	-10943
7068.5	-10938	-45	$-1479\ 0384$	$+723$	-11	$+45\ 8361$	$+1479\ 0384$	$-45\ 8361$	-10948

Values are in units of 10^{-10}. Matrix used with ERA (B21–B24). CIP is $\mathcal{X} = C_{3,1}$, $\mathcal{Y} = C_{3,2}$

MATRIX ELEMENTS FOR CONVERSION FROM
GCRS TO EQUATOR AND EQUINOX OF DATE
FOR 0^h TERRESTRIAL TIME

Date 0^h TT	$M_{1,1}-1$	$M_{1,2}$	$M_{1,3}$	$M_{2,1}$	$M_{2,2}-1$	$M_{2,3}$	$M_{3,1}$	$M_{3,2}$	$M_{3,3}-1$
Feb. 15	−68895	−3404 5608	−1479 1859	+3404 6249	−57966	+40 8003	+1479 0384	−45 8361	−10948
16	−68933	−3405 4810	−1479 5854	+3405 5448	−57997	+40 6560	+1479 4384	−45 6946	−10954
17	−68966	−3406 3107	−1479 9457	+3406 3743	−58025	+40 4250	+1479 7994	−45 4660	−10959
18	−68992	−3406 9485	−1480 2228	+3407 0116	−58047	+40 1396	+1480 0774	−45 1825	−10963
19	−69008	−3407 3414	−1480 3937	+3407 4042	−58060	+39 8559	+1480 2493	−44 9000	−10966
20	−69015	−3407 5150	−1480 4695	+3407 5774	−58066	+39 6351	+1480 3259	−44 6796	−10967
21	−69017	−3407 5676	−1480 4929	+3407 6298	−58068	+39 5190	+1480 3497	−44 5636	−10967
22	−69020	−3407 6287	−1480 5200	+3407 6910	−58070	+39 5143	+1480 3768	−44 5591	−10968
23	−69027	−3407 8078	−1480 5982	+3407 8702	−58076	+39 5940	+1480 4547	−44 6394	−10969
24	−69041	−3408 1610	−1480 7519	+3408 2235	−58088	+39 7126	+1480 6080	−44 7591	−10971
25	−69063	−3408 6873	−1480 9807	+3408 7500	−58106	+39 8233	+1480 8364	−44 8713	−10974
26	−69089	−3409 3440	−1481 2660	+3409 4069	−58128	+39 8901	+1481 1214	−44 9401	−10979
27	−69118	−3410 0669	−1481 5800	+3410 1298	−58153	+39 8928	+1481 4353	−44 9449	−10983
28	−69148	−3410 7879	−1481 8931	+3410 8507	−58178	+39 8264	+1481 7487	−44 8806	−10988
Mar. 1	−69174	−3411 4468	−1482 1793	+3411 5093	−58200	+39 6983	+1482 0353	−44 7544	−10992
2	−69197	−3411 9976	−1482 4187	+3412 0600	−58219	+39 5249	+1482 2752	−44 5827	−10996
3	−69214	−3412 4132	−1482 5995	+3412 4753	−58233	+39 3285	+1482 4566	−44 3875	−10998
4	−69225	−3412 6864	−1482 7185	+3412 7482	−58242	+39 1335	+1482 5763	−44 1934	−11000
5	−69230	−3412 8299	−1482 7813	+3412 8914	−58247	+38 9638	+1482 6397	−44 0241	−11001
6	−69232	−3412 8747	−1482 8013	+3412 9360	−58248	+38 8391	+1482 6601	−43 8995	−11001
7	−69232	−3412 8657	−1482 7980	+3412 9270	−58248	+38 7729	+1482 6570	−43 8334	−11001
8	−69232	−3412 8563	−1482 7945	+3412 9176	−58248	+38 7704	+1482 6536	−43 8308	−11001
9	−69233	−3412 9014	−1482 8146	+3412 9627	−58249	+38 8272	+1482 6735	−43 8878	−11001
10	−69239	−3413 0499	−1482 8796	+3413 1114	−58254	+38 9303	+1482 7381	−43 9913	−11002
11	−69251	−3413 3382	−1483 0052	+3413 3999	−58264	+39 0584	+1482 8632	−44 1202	−11004
12	−69269	−3413 7832	−1483 1987	+3413 8451	−58280	+39 1848	+1483 0563	−44 2480	−11007
13	−69293	−3414 3774	−1483 4569	+3414 4394	−58300	+39 2803	+1483 3141	−44 3452	−11011
14	−69322	−3415 0849	−1483 7642	+3415 1470	−58324	+39 3177	+1483 6212	−44 3847	−11016
15	−69353	−3415 8407	−1484 0924	+3415 9028	−58350	+39 2778	+1483 9496	−44 3470	−11020
16	−69382	−3416 5573	−1484 4037	+3416 6192	−58374	+39 1566	+1484 2612	−44 2280	−11025
17	−69406	−3417 1413	−1484 6574	+3417 2029	−58394	+38 9716	+1484 5156	−44 0447	−11029
18	−69421	−3417 5218	−1484 8230	+3417 5832	−58407	+38 7634	+1484 6818	−43 8377	−11031
19	−69428	−3417 6825	−1484 8932	+3417 7436	−58412	+38 5881	+1484 7527	−43 6628	−11032
20	−69427	−3417 6796	−1484 8926	+3417 7405	−58412	+38 4987	+1484 7523	−43 5735	−11032
21	−69425	−3417 6285	−1484 8710	+3417 6895	−58411	+38 5239	+1484 7307	−43 5985	−11032
22	−69427	−3417 6588	−1484 8847	+3417 7200	−58412	+38 6553	+1484 7439	−43 7300	−11032
23	−69435	−3417 8632	−1484 9739	+3417 9247	−58419	+38 8531	+1484 8325	−43 9283	−11033
24	−69451	−3418 2695	−1485 1507	+3418 3313	−58433	+39 0641	+1485 0085	−44 1405	−11036
25	−69475	−3418 8451	−1485 4008	+3418 9072	−58453	+39 2412	+1485 2579	−44 3194	−11040
26	−69502	−3419 5210	−1485 6944	+3419 5833	−58476	+39 3550	+1485 5511	−44 4352	−11044
27	−69531	−3420 2188	−1485 9975	+3420 2811	−58500	+39 3955	+1485 8540	−44 4777	−11049
28	−69557	−3420 8688	−1486 2798	+3420 9311	−58522	+39 3685	+1486 1365	−44 4527	−11053
29	−69580	−3421 4196	−1486 5192	+3421 4818	−58541	+39 2907	+1486 3761	−44 3766	−11056
30	−69597	−3421 8412	−1486 7025	+3421 9032	−58555	+39 1846	+1486 5598	−44 2716	−11059
31	−69608	−3422 1239	−1486 8257	+3422 1857	−58565	+39 0745	+1486 6833	−44 1625	−11061
Apr. 1	−69614	−3422 2777	−1486 8930	+3422 3395	−58570	+38 9844	+1486 7509	−44 0728	−11062
2	−69617	−3422 3299	−1486 9162	+3422 3916	−58572	+38 9349	+1486 7742	−44 0234	−11062

M = NPB. Values are in units of 10^{-10}. Matrix used with GAST (B13–B20). CIP is $X = M_{3,1}$, $Y = M_{3,2}$.

MATRIX ELEMENTS FOR CONVERSION FROM
GCRS TO EQUATOR & CELESTIAL INTERMEDIATE ORIGIN OF DATE
FOR 0^h TERRESTRIAL TIME

Julian Date	$C_{1,1}-1$	$C_{1,2}$	$C_{1,3}$	$C_{2,1}$	$C_{2,2}-1$	$C_{2,3}$	$C_{3,1}$	$C_{3,2}$	$C_{3,3}-1$
245									
7068·5	− 10938	− 45	− 1479 0384	+ 723	− 11	+ 45 8361	+ 1479 0384	− 45 8361	− 10948
7069·5	− 10944	− 45	− 1479 4384	+ 721	− 10	+ 45 6945	+ 1479 4384	− 45 6946	− 10954
7070·5	− 10949	− 45	− 1479 7994	+ 718	− 10	+ 45 4659	+ 1479 7994	− 45 4660	− 10959
7071·5	− 10953	− 45	− 1480 0774	+ 713	− 10	+ 45 1825	+ 1480 0774	− 45 1825	− 10963
7072·5	− 10956	− 45	− 1480 2493	+ 709	− 10	+ 44 8999	+ 1480 2493	− 44 9000	− 10966
7073·5	− 10957	− 45	− 1480 3259	+ 706	− 10	+ 44 6796	+ 1480 3259	− 44 6796	− 10967
7074·5	− 10957	− 45	− 1480 3497	+ 704	− 10	+ 44 5636	+ 1480 3497	− 44 5636	− 10967
7075·5	− 10958	− 45	− 1480 3768	+ 704	− 10	+ 44 5591	+ 1480 3768	− 44 5591	− 10968
7076·5	− 10959	− 44	− 1480 4547	+ 705	− 10	+ 44 6394	+ 1480 4547	− 44 6394	− 10969
7077·5	− 10961	− 44	− 1480 6080	+ 707	− 10	+ 44 7590	+ 1480 6080	− 44 7591	− 10971
7078·5	− 10964	− 44	− 1480 8364	+ 709	− 10	+ 44 8712	+ 1480 8364	− 44 8713	− 10974
7079·5	− 10969	− 44	− 1481 1214	+ 710	− 10	+ 44 9400	+ 1481 1214	− 44 9401	− 10979
7080·5	− 10973	− 44	− 1481 4353	+ 710	− 10	+ 44 9449	+ 1481 4353	− 44 9449	− 10983
7081·5	− 10978	− 44	− 1481 7487	+ 709	− 10	+ 44 8806	+ 1481 7487	− 44 8806	− 10988
7082·5	− 10982	− 44	− 1482 0353	+ 707	− 10	+ 44 7544	+ 1482 0353	− 44 7544	− 10992
7083·5	− 10986	− 44	− 1482 2752	+ 704	− 10	+ 44 5827	+ 1482 2752	− 44 5827	− 10996
7084·5	− 10988	− 44	− 1482 4566	+ 702	− 10	+ 44 3875	+ 1482 4566	− 44 3875	− 10998
7085·5	− 10990	− 44	− 1482 5763	+ 699	− 10	+ 44 1933	+ 1482 5763	− 44 1934	− 11000
7086·5	− 10991	− 44	− 1482 6397	+ 696	− 10	+ 44 0240	+ 1482 6397	− 44 0241	− 11001
7087·5	− 10991	− 43	− 1482 6601	+ 694	− 10	+ 43 8995	+ 1482 6601	− 43 8995	− 11001
7088·5	− 10991	− 44	− 1482 6570	+ 693	− 10	+ 43 8333	+ 1482 6570	− 43 8334	− 11001
7089·5	− 10991	− 44	− 1482 6536	+ 693	− 10	+ 43 8307	+ 1482 6536	− 43 8308	− 11001
7090·5	− 10992	− 44	− 1482 6735	+ 694	− 10	+ 43 8877	+ 1482 6735	− 43 8878	− 11001
7091·5	− 10993	− 43	− 1482 7381	+ 696	− 10	+ 43 9912	+ 1482 7381	− 43 9913	− 11002
7092·5	− 10994	− 43	− 1482 8632	+ 698	− 10	+ 44 1202	+ 1482 8632	− 44 1202	− 11004
7093·5	− 10997	− 43	− 1483 0563	+ 700	− 10	+ 44 2479	+ 1483 0563	− 44 2480	− 11007
7094·5	− 11001	− 43	− 1483 3141	+ 701	− 10	+ 44 3452	+ 1483 3141	− 44 3452	− 11011
7095·5	− 11006	− 43	− 1483 6212	+ 702	− 10	+ 44 3847	+ 1483 6212	− 44 3847	− 11016
7096·5	− 11011	− 43	− 1483 9496	+ 701	− 10	+ 44 3470	+ 1483 9496	− 44 3470	− 11020
7097·5	− 11015	− 43	− 1484 2612	+ 699	− 10	+ 44 2279	+ 1484 2612	− 44 2280	− 11025
7098·5	− 11019	− 43	− 1484 5156	+ 697	− 10	+ 44 0447	+ 1484 5156	− 44 0447	− 11029
7099·5	− 11021	− 43	− 1484 6818	+ 693	− 10	+ 43 8376	+ 1484 6818	− 43 8377	− 11031
7100·5	− 11022	− 43	− 1484 7527	+ 691	− 10	+ 43 6628	+ 1484 7527	− 43 6628	− 11032
7101·5	− 11022	− 43	− 1484 7523	+ 690	− 9	+ 43 5734	+ 1484 7523	− 43 5735	− 11032
7102·5	− 11022	− 43	− 1484 7307	+ 690	− 10	+ 43 5984	+ 1484 7307	− 43 5985	− 11032
7103·5	− 11022	− 43	− 1484 7439	+ 692	− 10	+ 43 7299	+ 1484 7439	− 43 7300	− 11032
7104·5	− 11024	− 43	− 1484 8325	+ 695	− 10	+ 43 9283	+ 1484 8325	− 43 9283	− 11033
7105·5	− 11026	− 42	− 1485 0085	+ 698	− 10	+ 44 1405	+ 1485 0085	− 44 1405	− 11036
7106·5	− 11030	− 42	− 1485 2579	+ 701	− 10	+ 44 3193	+ 1485 2579	− 44 3194	− 11040
7107·5	− 11034	− 42	− 1485 5511	+ 702	− 10	+ 44 4352	+ 1485 5511	− 44 4352	− 11044
7108·5	− 11039	− 42	− 1485 8540	+ 703	− 10	+ 44 4777	+ 1485 8540	− 44 4777	− 11049
7109·5	− 11043	− 42	− 1486 1365	+ 703	− 10	+ 44 4526	+ 1486 1365	− 44 4527	− 11053
7110·5	− 11047	− 42	− 1486 3761	+ 701	− 10	+ 44 3765	+ 1486 3761	− 44 3766	− 11056
7111·5	− 11049	− 42	− 1486 5598	+ 700	− 10	+ 44 2716	+ 1486 5598	− 44 2716	− 11059
7112·5	− 11051	− 42	− 1486 6833	+ 698	− 10	+ 44 1624	+ 1486 6833	− 44 1625	− 11061
7113·5	− 11052	− 42	− 1486 7509	+ 697	− 10	+ 44 0728	+ 1486 7509	− 44 0728	− 11062
7114·5	− 11052	− 42	− 1486 7742	+ 696	− 10	+ 44 0233	+ 1486 7742	− 44 0234	− 11062

Values are in units of 10^{-10}. Matrix used with ERA (B21–B24). CIP is $\mathcal{X} = C_{3,1}$, $\mathcal{Y} = C_{3,2}$

MATRIX ELEMENTS FOR CONVERSION FROM
GCRS TO EQUATOR AND EQUINOX OF DATE
FOR 0^h TERRESTRIAL TIME

Date 0^h TT	$M_{1,1}-1$	$M_{1,2}$	$M_{1,3}$	$M_{2,1}$	$M_{2,2}-1$	$M_{2,3}$	$M_{3,1}$	$M_{3,2}$	$M_{3,3}-1$
Apr. 1	−69614	−3422 2777	−1486 8930	+3422 3395	−58570	+38 9844	+1486 7509	−44 0728	−11062
2	−69617	−3422 3299	−1486 9162	+3422 3916	−58572	+38 9349	+1486 7742	−44 0234	−11062
3	−69616	−3422 3220	−1486 9133	+3422 3837	−58571	+38 9409	+1486 7714	−44 0294	−11062
4	−69616	−3422 3057	−1486 9069	+3422 3675	−58571	+39 0102	+1486 7647	−44 0987	−11062
5	−69617	−3422 3368	−1486 9209	+3422 3987	−58572	+39 1412	+1486 7783	−44 2297	−11062
6	−69622	−3422 4674	−1486 9782	+3422 5297	−58576	+39 3226	+1486 8349	−44 4115	−11063
7	−69633	−3422 7378	−1487 0960	+3422 8004	−58586	+39 5342	+1486 9519	−44 6240	−11065
8	−69651	−3423 1683	−1487 2832	+3423 2312	−58601	+39 7495	+1487 1384	−44 8405	−11068
9	−69675	−3423 7538	−1487 5376	+3423 8170	−58621	+39 9390	+1487 3921	−45 0317	−11072
10	−69703	−3424 4611	−1487 8448	+3424 5246	−58645	+40 0756	+1487 6989	−45 1705	−11076
11	−69735	−3425 2313	−1488 1793	+3425 2948	−58671	+40 1402	+1488 0331	−45 2374	−11081
12	−69765	−3425 9867	−1488 5073	+3426 0502	−58697	+40 1270	+1488 3611	−45 2264	−11086
13	−69792	−3426 6443	−1488 7930	+3426 7077	−58720	+40 0475	+1488 6470	−45 1488	−11091
14	−69812	−3427 1356	−1489 0066	+3427 1989	−58737	+39 9323	+1488 8610	−45 0351	−11094
15	−69824	−3427 4295	−1489 1346	+3427 4926	−58747	+39 8271	+1488 9894	−44 9308	−11096
16	−69829	−3427 5508	−1489 1878	+3427 6138	−58751	+39 7819	+1489 0427	−44 8859	−11096
17	−69830	−3427 5826	−1489 2021	+3427 6457	−58752	+39 8348	+1489 0569	−44 9390	−11097
18	−69833	−3427 6443	−1489 2295	+3427 7076	−58754	+39 9968	+1489 0836	−45 1012	−11097
19	−69841	−3427 8494	−1489 3190	+3427 9132	−58761	+40 2453	+1489 1723	−45 3503	−11098
20	−69858	−3428 2635	−1489 4991	+3428 3276	−58776	+40 5329	+1489 3514	−45 6391	−11101
21	−69884	−3428 8848	−1489 7691	+3428 9494	−58797	+40 8057	+1489 6204	−45 9138	−11105
22	−69915	−3429 6557	−1490 1038	+3429 7206	−58824	+41 0215	+1489 9544	−46 1319	−11110
23	−69949	−3430 4902	−1490 4662	+3430 5554	−58852	+41 1591	+1490 3162	−46 2719	−11116
24	−69982	−3431 3035	−1490 8193	+3431 3688	−58880	+41 2185	+1490 6691	−46 3337	−11121
25	−70012	−3432 0295	−1491 1347	+3432 0948	−58905	+41 2148	+1490 9844	−46 3323	−11126
26	−70036	−3432 6282	−1491 3948	+3432 6934	−58926	+41 1718	+1491 2447	−46 2910	−11130
27	−70055	−3433 0850	−1491 5934	+3433 1501	−58941	+41 1155	+1491 4435	−46 2360	−11133
28	−70068	−3433 4070	−1491 7336	+3433 4721	−58952	+41 0712	+1491 5838	−46 1927	−11135
29	−70077	−3433 6193	−1491 8262	+3433 6844	−58960	+41 0607	+1491 6765	−46 1828	−11136
30	−70082	−3433 7610	−1491 8883	+3433 8262	−58964	+41 1004	+1491 7383	−46 2230	−11137
May 1	−70087	−3433 8818	−1491 9412	+3433 9471	−58969	+41 2001	+1491 7909	−46 3230	−11138
2	−70094	−3434 0373	−1492 0092	+3434 1028	−58974	+41 3612	+1491 8584	−46 4846	−11139
3	−70104	−3434 2825	−1492 1161	+3434 3483	−58983	+41 5755	+1491 9645	−46 6997	−11141
4	−70119	−3434 6640	−1492 2821	+3434 7302	−58996	+41 8254	+1492 1296	−46 9507	−11143
5	−70142	−3435 2100	−1492 5194	+3435 2766	−59015	+42 0845	+1492 3660	−47 2114	−11147
6	−70171	−3435 9224	−1492 8288	+3435 9895	−59039	+42 3223	+1492 6746	−47 4513	−11152
7	−70205	−3436 7721	−1493 1977	+3436 8394	−59069	+42 5089	+1493 0428	−47 6405	−11157
8	−70243	−3437 7002	−1493 6007	+3437 7677	−59100	+42 6224	+1493 4453	−47 7567	−11163
9	−70281	−3438 6281	−1494 0035	+3438 6957	−59132	+42 6545	+1493 8480	−47 7916	−11169
10	−70316	−3439 4722	−1494 3700	+3439 5397	−59161	+42 6147	+1494 2146	−47 7544	−11175
11	−70344	−3440 1638	−1494 6704	+3440 2312	−59185	+42 5304	+1494 5153	−47 6721	−11179
12	−70365	−3440 6681	−1494 8896	+3440 7354	−59202	+42 4425	+1494 7347	−47 5857	−11182
13	−70378	−3440 9979	−1495 0332	+3441 0652	−59214	+42 3965	+1494 8785	−47 5407	−11185
14	−70387	−3441 2165	−1495 1286	+3441 2838	−59221	+42 4307	+1494 9737	−47 5756	−11186
15	−70396	−3441 4243	−1495 2192	+3441 4918	−59229	+42 5639	+1495 0639	−47 7093	−11187
16	−70408	−3441 7313	−1495 3529	+3441 7991	−59239	+42 7875	+1495 1968	−47 9339	−11190
17	−70428	−3442 2216	−1495 5661	+3442 2899	−59256	+43 0671	+1495 4090	−48 2150	−11193

$M = NPB$. Values are in units of 10^{-10}. Matrix used with GAST (B13–B20). CIP is $\mathcal{X} = M_{3,1}$, $\mathcal{Y} = M_{3,2}$.

MATRIX ELEMENTS FOR CONVERSION FROM
GCRS TO EQUATOR & CELESTIAL INTERMEDIATE ORIGIN OF DATE
FOR 0^h TERRESTRIAL TIME

Julian Date	$C_{1,1}-1$	$C_{1,2}$	$C_{1,3}$	$C_{2,1}$	$C_{2,2}-1$	$C_{2,3}$	$C_{3,1}$	$C_{3,2}$	$C_{3,3}-1$
245									
7113·5	−11052	− 42	− 1486 7509	+697	−10	+44 0728	+1486 7509	− 44 0728	−11062
7114·5	−11052	− 42	− 1486 7742	+696	−10	+44 0233	+1486 7742	− 44 0234	−11062
7115·5	−11052	− 42	− 1486 7714	+696	−10	+44 0294	+1486 7714	− 44 0294	−11062
7116·5	−11052	− 42	− 1486 7647	+697	−10	+44 0986	+1486 7647	− 44 0987	−11062
7117·5	−11053	− 42	− 1486 7783	+699	−10	+44 2297	+1486 7783	− 44 2297	−11062
7118·5	−11053	− 42	− 1486 8349	+702	−10	+44 4115	+1486 8349	− 44 4115	−11063
7119·5	−11055	− 42	− 1486 9519	+705	−10	+44 6239	+1486 9519	− 44 6240	−11065
7120·5	−11058	− 42	− 1487 1384	+708	−10	+44 8405	+1487 1384	− 44 8405	−11068
7121·5	−11062	− 41	− 1487 3921	+711	−10	+45 0317	+1487 3921	− 45 0317	−11072
7122·5	−11066	− 41	− 1487 6989	+713	−10	+45 1704	+1487 6989	− 45 1705	−11076
7123·5	−11071	− 41	− 1488 0331	+714	−10	+45 2374	+1488 0331	− 45 2374	−11081
7124·5	−11076	− 41	− 1488 3611	+714	−10	+45 2263	+1488 3611	− 45 2264	−11086
7125·5	−11080	− 41	− 1488 6470	+713	−10	+45 1488	+1488 6470	− 45 1488	−11091
7126·5	−11084	− 41	− 1488 8610	+711	−10	+45 0351	+1488 8610	− 45 0351	−11094
7127·5	−11085	− 41	− 1488 9894	+710	−10	+44 9307	+1488 9894	− 44 9308	−11096
7128·5	−11086	− 41	− 1489 0427	+709	−10	+44 8859	+1489 0427	− 44 8859	−11096
7129·5	−11086	− 41	− 1489 0569	+710	−10	+44 9389	+1489 0569	− 44 9390	−11097
7130·5	−11087	− 41	− 1489 0836	+712	−10	+45 1011	+1489 0836	− 45 1012	−11097
7131·5	−11088	− 41	− 1489 1723	+716	−10	+45 3502	+1489 1723	− 45 3503	−11098
7132·5	−11091	− 41	− 1489 3514	+720	−10	+45 6391	+1489 3514	− 45 6391	−11101
7133·5	−11095	− 40	− 1489 6204	+724	−11	+45 9137	+1489 6204	− 45 9138	−11105
7134·5	−11100	− 40	− 1489 9544	+728	−11	+46 1318	+1489 9544	− 46 1319	−11110
7135·5	−11105	− 40	− 1490 3162	+730	−11	+46 2719	+1490 3162	− 46 2719	−11116
7136·5	−11110	− 40	− 1490 6691	+731	−11	+46 3337	+1490 6691	− 46 3337	−11121
7137·5	−11115	− 40	− 1490 9844	+731	−11	+46 3322	+1490 9844	− 46 3323	−11126
7138·5	−11119	− 40	− 1491 2447	+730	−11	+46 2909	+1491 2447	− 46 2910	−11130
7139·5	−11122	− 40	− 1491 4435	+729	−11	+46 2360	+1491 4435	− 46 2360	−11133
7140·5	−11124	− 39	− 1491 5838	+728	−11	+46 1927	+1491 5838	− 46 1927	−11135
7141·5	−11125	− 39	− 1491 6765	+728	−11	+46 1828	+1491 6765	− 46 1828	−11136
7142·5	−11126	− 39	− 1491 7383	+729	−11	+46 2229	+1491 7383	− 46 2230	−11137
7143·5	−11127	− 39	− 1491 7909	+730	−11	+46 3230	+1491 7909	− 46 3230	−11138
7144·5	−11128	− 39	− 1491 8584	+733	−11	+46 4845	+1491 8584	− 46 4846	−11139
7145·5	−11130	− 39	− 1491 9645	+736	−11	+46 6996	+1491 9645	− 46 6997	−11141
7146·5	−11132	− 39	− 1492 1296	+740	−11	+46 9506	+1492 1296	− 46 9507	−11143
7147·5	−11136	− 39	− 1492 3660	+744	−11	+47 2114	+1492 3660	− 47 2114	−11147
7148·5	−11140	− 39	− 1492 6746	+747	−11	+47 4513	+1492 6746	− 47 4513	−11152
7149·5	−11146	− 39	− 1493 0428	+750	−11	+47 6404	+1493 0428	− 47 6405	−11157
7150·5	−11152	− 39	− 1493 4453	+752	−11	+47 7567	+1493 4453	− 47 7567	−11163
7151·5	−11158	− 38	− 1493 8480	+752	−11	+47 7916	+1493 8480	− 47 7916	−11169
7152·5	−11163	− 38	− 1494 2146	+752	−11	+47 7543	+1494 2146	− 47 7544	−11175
7153·5	−11168	− 38	− 1494 5153	+751	−11	+47 6721	+1494 5153	− 47 6721	−11179
7154·5	−11171	− 38	− 1494 7348	+749	−11	+47 5857	+1494 7347	− 47 5857	−11182
7155·5	−11173	− 38	− 1494 8785	+749	−11	+47 5407	+1494 8785	− 47 5407	−11185
7156·5	−11175	− 38	− 1494 9737	+749	−11	+47 5755	+1494 9737	− 47 5756	−11186
7157·5	−11176	− 38	− 1495 0639	+751	−11	+47 7093	+1495 0639	− 47 7093	−11187
7158·5	−11178	− 38	− 1495 1968	+754	−11	+47 9338	+1495 1968	− 47 9339	−11190
7159·5	−11181	− 38	− 1495 4090	+759	−12	+48 2150	+1495 4090	− 48 2150	−11193

Values are in units of 10^{-10}. Matrix used with ERA (B21–B24). CIP is $\mathcal{X} = C_{3,1}$, $\mathcal{Y} = C_{3,2}$

MATRIX ELEMENTS FOR CONVERSION FROM
GCRS TO EQUATOR AND EQUINOX OF DATE
FOR 0^h TERRESTRIAL TIME

Date 0^h TT	$M_{1,1}-1$	$M_{1,2}$	$M_{1,3}$	$M_{2,1}$	$M_{2,2}-1$	$M_{2,3}$	$M_{3,1}$	$M_{3,2}$	$M_{3,3}-1$
May 17	−70428	−3442 2216	−1495 5661	+3442 2899	−59256	+43 0671	+1495 4090	−48 2150	−11193
18	−70457	−3442 9262	−1495 8721	+3442 9949	−59281	+43 3535	+1495 7140	−48 5034	−11198
19	−70494	−3443 8156	−1496 2582	+3443 8847	−59311	+43 5982	+1496 0992	−48 7509	−11203
20	−70534	−3444 8153	−1496 6922	+3444 8846	−59346	+43 7686	+1496 5326	−48 9243	−11210
21	−70576	−3445 8337	−1497 1343	+3445 9032	−59381	+43 8536	+1496 9743	−49 0122	−11217
22	−70615	−3446 7884	−1497 5488	+3446 8580	−59414	+43 8619	+1497 3887	−49 0235	−11223
23	−70649	−3447 6225	−1497 9110	+3447 6920	−59443	+43 8159	+1497 7510	−48 9799	−11228
24	−70678	−3448 3089	−1498 2091	+3448 3783	−59466	+43 7433	+1498 0494	−48 9094	−11233
25	−70700	−3448 8479	−1498 4434	+3448 9172	−59485	+43 6721	+1498 2838	−48 8398	−11236
26	−70717	−3449 2611	−1498 6231	+3449 3304	−59499	+43 6264	+1498 4637	−48 7953	−11239
27	−70730	−3449 5859	−1498 7645	+3449 6551	−59510	+43 6247	+1498 6051	−48 7946	−11241
28	−70742	−3449 8702	−1498 8883	+3449 9395	−59520	+43 6786	+1498 7287	−48 8494	−11243
29	−70754	−3450 1684	−1499 0182	+3450 2379	−59530	+43 7922	+1498 8581	−48 9639	−11245
30	−70769	−3450 5365	−1499 1783	+3450 6063	−59543	+43 9608	+1499 0177	−49 1335	−11247
31	−70789	−3451 0258	−1499 3910	+3451 0959	−59560	+44 1702	+1499 2297	−49 3444	−11251
June 1	−70816	−3451 6738	−1499 6725	+3451 7442	−59583	+44 3971	+1499 5104	−49 5733	−11255
2	−70849	−3452 4949	−1500 0291	+3452 5657	−59611	+44 6113	+1499 8661	−49 7899	−11260
3	−70889	−3453 4714	−1500 4530	+3453 5425	−59645	+44 7801	+1500 2894	−49 9617	−11267
4	−70934	−3454 5508	−1500 9215	+3454 6221	−59682	+44 8761	+1500 7576	−50 0609	−11274
5	−70979	−3455 6520	−1501 3995	+3455 7232	−59720	+44 8850	+1501 2354	−50 0731	−11281
6	−71021	−3456 6824	−1501 8468	+3456 7536	−59756	+44 8119	+1501 6829	−50 0031	−11288
7	−71057	−3457 5624	−1502 2289	+3457 6334	−59786	+44 6825	+1502 0654	−49 8763	−11293
8	−71086	−3458 2476	−1502 5265	+3458 3185	−59810	+44 5377	+1502 3635	−49 7336	−11298
9	−71106	−3458 7439	−1502 7422	+3458 8146	−59827	+44 4240	+1502 5796	−49 6214	−11301
10	−71121	−3459 1071	−1502 9003	+3459 1777	−59840	+44 3803	+1502 7378	−49 5788	−11303
11	−71134	−3459 4293	−1503 0406	+3459 5000	−59851	+44 4281	+1502 8779	−49 6275	−11306
12	−71150	−3459 8141	−1503 2080	+3459 8850	−59864	+44 5645	+1503 0448	−49 7651	−11308
13	−71172	−3460 3481	−1503 4400	+3460 4193	−59883	+44 7638	+1503 2761	−49 9660	−11312
14	−71202	−3461 0775	−1503 7568	+3461 1490	−59908	+44 9841	+1503 5921	−50 1885	−11317
15	−71240	−3461 9967	−1504 1559	+3462 0686	−59940	+45 1795	+1503 9905	−50 3866	−11323
16	−71283	−3463 0529	−1504 6144	+3463 1250	−59977	+45 3124	+1504 4484	−50 5227	−11330
17	−71329	−3464 1643	−1505 0968	+3464 2365	−60015	+45 3626	+1504 9306	−50 5763	−11337
18	−71373	−3465 2439	−1505 5654	+3465 3161	−60053	+45 3298	+1505 3993	−50 5467	−11344
19	−71414	−3466 2209	−1505 9895	+3466 2929	−60086	+45 2303	+1505 8237	−50 4502	−11350
20	−71448	−3467 0523	−1506 3505	+3467 1241	−60115	+45 0908	+1506 1851	−50 3131	−11356
21	−71476	−3467 7256	−1506 6430	+3467 7973	−60138	+44 9406	+1506 4781	−50 1650	−11360
22	−71498	−3468 2549	−1506 8731	+3468 3264	−60157	+44 8069	+1506 7086	−50 0329	−11363
23	−71515	−3468 6737	−1507 0552	+3468 7451	−60171	+44 7111	+1506 8911	−49 9383	−11366
24	−71529	−3469 0284	−1507 2095	+3469 0996	−60183	+44 6672	+1507 0455	−49 8956	−11368
25	−71544	−3469 3719	−1507 3591	+3469 4432	−60195	+44 6816	+1507 1950	−49 9110	−11371
26	−71560	−3469 7598	−1507 5278	+3469 8312	−60209	+44 7522	+1507 3634	−49 9827	−11373
27	−71580	−3470 2443	−1507 7384	+3470 3159	−60226	+44 8685	+1507 5736	−50 1005	−11376
28	−71605	−3470 8689	−1508 0098	+3470 9407	−60247	+45 0114	+1507 8445	−50 2453	−11381
29	−71638	−3471 6595	−1508 3531	+3471 7315	−60275	+45 1540	+1508 1872	−50 3903	−11386
30	−71677	−3472 6150	−1508 7679	+3472 6872	−60308	+45 2642	+1508 6016	−50 5033	−11392
July 1	−71722	−3473 6996	−1509 2387	+3473 7719	−60346	+45 3104	+1509 0722	−50 5528	−11399
2	−71769	−3474 8412	−1509 7342	+3474 9135	−60386	+45 2701	+1509 5678	−50 5160	−11407

M = NPB. Values are in units of 10^{-10}. Matrix used with GAST (B13–B20). CIP is $\mathcal{X} = M_{3,1}$, $\mathcal{Y} = M_{3,2}$.

MATRIX ELEMENTS FOR CONVERSION FROM
GCRS TO EQUATOR & CELESTIAL INTERMEDIATE ORIGIN OF DATE
FOR 0^h TERRESTRIAL TIME

Julian Date	$C_{1,1}-1$	$C_{1,2}$	$C_{1,3}$	$C_{2,1}$	$C_{2,2}-1$	$C_{2,3}$	$C_{3,1}$	$C_{3,2}$	$C_{3,3}-1$
245									
7159·5	−11181	− 38	− 1495 4090	+759	− 12	+48 2150	+ 1495 4090	− 48 2150	− 11193
7160·5	−11186	− 38	− 1495 7140	+763	− 12	+48 5034	+ 1495 7140	− 48 5034	− 11198
7161·5	−11192	− 37	− 1496 0992	+767	− 12	+48 7508	+ 1496 0992	− 48 7509	− 11203
7162·5	−11198	− 37	− 1496 5326	+769	− 12	+48 9242	+ 1496 5326	− 48 9243	− 11210
7163·5	−11205	− 37	− 1496 9743	+771	− 12	+49 0122	+ 1496 9743	− 49 0122	− 11217
7164·5	−11211	− 37	− 1497 3887	+771	− 12	+49 0234	+ 1497 3887	− 49 0235	− 11223
7165·5	−11216	− 37	− 1497 7510	+770	− 12	+48 9798	+ 1497 7510	− 48 9799	− 11228
7166·5	−11221	− 36	− 1498 0494	+769	− 12	+48 9093	+ 1498 0494	− 48 9094	− 11233
7167·5	−11224	− 36	− 1498 2838	+768	− 12	+48 8397	+ 1498 2838	− 48 8398	− 11236
7168·5	−11227	− 36	− 1498 4637	+767	− 12	+48 7953	+ 1498 4637	− 48 7953	− 11239
7169·5	−11229	− 36	− 1498 6051	+767	− 12	+48 7945	+ 1498 6051	− 48 7946	− 11241
7170·5	−11231	− 36	− 1498 7287	+768	− 12	+48 8493	+ 1498 7287	− 48 8494	− 11243
7171·5	−11233	− 36	− 1498 8582	+770	− 12	+48 9638	+ 1498 8581	− 48 9639	− 11245
7172·5	−11235	− 36	− 1499 0177	+772	− 12	+49 1335	+ 1499 0177	− 49 1335	− 11247
7173·5	−11238	− 36	− 1499 2297	+776	− 12	+49 3443	+ 1499 2297	− 49 3444	− 11251
7174·5	−11243	− 36	− 1499 5104	+779	− 12	+49 5732	+ 1499 5104	− 49 5733	− 11255
7175·5	−11248	− 35	− 1499 8661	+782	− 12	+49 7899	+ 1499 8661	− 49 7899	− 11260
7176·5	−11254	− 35	− 1500 2894	+785	− 12	+49 9616	+ 1500 2894	− 49 9617	− 11267
7177·5	−11261	− 35	− 1500 7576	+786	− 13	+50 0609	+ 1500 7576	− 50 0609	− 11274
7178·5	−11269	− 35	− 1501 2354	+787	− 13	+50 0731	+ 1501 2354	− 50 0731	− 11281
7179·5	−11275	− 35	− 1501 6829	+785	− 13	+50 0031	+ 1501 6829	− 50 0031	− 11288
7180·5	−11281	− 34	− 1502 0654	+784	− 12	+49 8763	+ 1502 0654	− 49 8763	− 11293
7181·5	−11285	− 34	− 1502 3635	+781	− 12	+49 7336	+ 1502 3635	− 49 7336	− 11298
7182·5	−11289	− 34	− 1502 5796	+780	− 12	+49 6213	+ 1502 5796	− 49 6214	− 11301
7183·5	−11291	− 34	− 1502 7378	+779	− 12	+49 5788	+ 1502 7378	− 49 5788	− 11303
7184·5	−11293	− 34	− 1502 8779	+780	− 12	+49 6275	+ 1502 8779	− 49 6275	− 11306
7185·5	−11296	− 34	− 1503 0448	+782	− 12	+49 7651	+ 1503 0448	− 49 7651	− 11308
7186·5	−11299	− 34	− 1503 2761	+785	− 12	+49 9660	+ 1503 2761	− 49 9660	− 11312
7187·5	−11304	− 34	− 1503 5921	+788	− 13	+50 1885	+ 1503 5921	− 50 1885	− 11317
7188·5	−11310	− 33	− 1503 9905	+791	− 13	+50 3866	+ 1503 9905	− 50 3866	− 11323
7189·5	−11317	− 33	− 1504 4485	+793	− 13	+50 5227	+ 1504 4484	− 50 5227	− 11330
7190·5	−11324	− 33	− 1504 9306	+794	− 13	+50 5762	+ 1504 9306	− 50 5763	− 11337
7191·5	−11331	− 33	− 1505 3993	+794	− 13	+50 5466	+ 1505 3993	− 50 5467	− 11344
7192·5	−11338	− 32	− 1505 8237	+792	− 13	+50 4501	+ 1505 8237	− 50 4502	− 11350
7193·5	−11343	− 32	− 1506 1851	+790	− 13	+50 3131	+ 1506 1851	− 50 3131	− 11356
7194·5	−11347	− 32	− 1506 4781	+788	− 13	+50 1649	+ 1506 4781	− 50 1650	− 11360
7195·5	−11351	− 32	− 1506 7086	+786	− 13	+50 0328	+ 1506 7086	− 50 0329	− 11363
7196·5	−11354	− 32	− 1506 8911	+784	− 12	+49 9383	+ 1506 8911	− 49 9383	− 11366
7197·5	−11356	− 32	− 1507 0455	+784	− 12	+49 8955	+ 1507 0455	− 49 8956	− 11368
7198·5	−11358	− 32	− 1507 1950	+784	− 12	+49 9109	+ 1507 1950	− 49 9110	− 11371
7199·5	−11361	− 32	− 1507 3634	+785	− 12	+49 9826	+ 1507 3634	− 49 9827	− 11373
7200·5	−11364	− 32	− 1507 5737	+787	− 13	+50 1004	+ 1507 5736	− 50 1005	− 11376
7201·5	−11368	− 31	− 1507 8445	+789	− 13	+50 2453	+ 1507 8445	− 50 2453	− 11381
7202·5	−11373	− 31	− 1508 1872	+791	− 13	+50 3902	+ 1508 1872	− 50 3903	− 11386
7203·5	−11379	− 31	− 1508 6016	+793	− 13	+50 5033	+ 1508 6016	− 50 5033	− 11392
7204·5	−11387	− 31	− 1509 0722	+794	− 13	+50 5528	+ 1509 0722	− 50 5528	− 11399
7205·5	−11394	− 31	− 1509 5678	+793	− 13	+50 5159	+ 1509 5678	− 50 5160	− 11407

Values are in units of 10^{-10}. Matrix used with ERA (B21–B24). CIP is $\mathcal{X} = C_{3,1}$, $\mathcal{Y} = C_{3,2}$

MATRIX ELEMENTS FOR CONVERSION FROM
GCRS TO EQUATOR AND EQUINOX OF DATE
FOR 0^h TERRESTRIAL TIME

Date 0^h TT	$M_{1,1}-1$	$M_{1,2}$	$M_{1,3}$	$M_{2,1}$	$M_{2,2}-1$	$M_{2,3}$	$M_{3,1}$	$M_{3,2}$	$M_{3,3}-1$
July 1	−71722	−3473 6996	−1509 2387	+3473 7719	−60346	+45 3104	+1509 0722	−50 5528	−11399
2	−71769	−3474 8412	−1509 7342	+3474 9135	−60386	+45 2701	+1509 5678	−50 5160	−11407
3	−71815	−3475 9431	−1510 2125	+3476 0152	−60424	+45 1389	+1510 0464	−50 3881	−11414
4	−71855	−3476 9084	−1510 6315	+3476 9802	−60457	+44 9360	+1510 4662	−50 1882	−11420
5	−71886	−3477 6709	−1510 9627	+3477 7424	−60484	+44 7018	+1510 7981	−49 9563	−11425
6	−71909	−3478 2190	−1511 2009	+3478 2902	−60503	+44 4872	+1511 0370	−49 7432	−11429
7	−71925	−3478 6012	−1511 3671	+3478 6722	−60516	+44 3375	+1511 2038	−49 5947	−11431
8	−71938	−3478 9096	−1511 5014	+3478 9805	−60527	+44 2792	+1511 3383	−49 5374	−11433
9	−71952	−3479 2509	−1511 6500	+3479 3219	−60538	+44 3133	+1511 4867	−49 5725	−11435
10	−71971	−3479 7154	−1511 8519	+3479 7866	−60555	+44 4167	+1511 6882	−49 6773	−11438
11	−71997	−3480 3556	−1512 1300	+3480 4269	−60577	+44 5507	+1511 9658	−49 8133	−11443
12	−72031	−3481 1766	−1512 4865	+3481 2481	−60606	+44 6721	+1512 3219	−49 9371	−11448
13	−72071	−3482 1401	−1512 9049	+3482 2118	−60639	+44 7433	+1512 7399	−50 0112	−11454
14	−72114	−3483 1778	−1513 3553	+3483 2495	−60675	+44 7404	+1513 1902	−50 0114	−11461
15	−72157	−3484 2091	−1513 8029	+3484 2807	−60711	+44 6567	+1513 6382	−49 9309	−11468
16	−72196	−3485 1604	−1514 2159	+3485 2317	−60744	+44 5022	+1514 0516	−49 7792	−11474
17	−72230	−3485 9785	−1514 5712	+3486 0496	−60773	+44 2988	+1514 4076	−49 5783	−11479
18	−72257	−3486 6384	−1514 8579	+3486 7092	−60796	+44 0748	+1514 6950	−49 3564	−11484
19	−72278	−3487 1430	−1515 0772	+3487 2135	−60813	+43 8588	+1514 9151	−49 1419	−11487
20	−72294	−3487 5188	−1515 2407	+3487 5890	−60826	+43 6750	+1515 0792	−48 9592	−11489
21	−72306	−3487 8085	−1515 3669	+3487 8785	−60836	+43 5403	+1515 2058	−48 8254	−11491
22	−72317	−3488 0638	−1515 4782	+3488 1337	−60845	+43 4635	+1515 3173	−48 7494	−11493
23	−72328	−3488 3393	−1515 5982	+3488 4092	−60855	+43 4449	+1515 4374	−48 7316	−11495
24	−72342	−3488 6871	−1515 7495	+3488 7570	−60867	+43 4766	+1515 5886	−48 7643	−11497
25	−72362	−3489 1518	−1515 9516	+3489 2218	−60883	+43 5427	+1515 7904	−48 8319	−11500
26	−72387	−3489 7648	−1516 2179	+3489 8349	−60904	+43 6205	+1516 0564	−48 9115	−11504
27	−72419	−3490 5374	−1516 5534	+3490 6076	−60931	+43 6814	+1516 3917	−48 9748	−11509
28	−72457	−3491 4524	−1516 9507	+3491 5227	−60963	+43 6946	+1516 7889	−48 9908	−11515
29	−72499	−3492 4588	−1517 3875	+3492 5290	−60998	+43 6330	+1517 2259	−48 9322	−11522
30	−72541	−3493 4722	−1517 8275	+3493 5422	−61034	+43 4815	+1517 6663	−48 7838	−11528
31	−72579	−3494 3907	−1518 2262	+3494 4604	−61066	+43 2468	+1518 0658	−48 5519	−11534
Aug. 1	−72610	−3495 1238	−1518 5446	+3495 1931	−61091	+42 9606	+1518 3852	−48 2679	−11539
2	−72631	−3495 6278	−1518 7637	+3495 6966	−61109	+42 6744	+1518 6052	−47 9832	−11542
3	−72643	−3495 9271	−1518 8941	+3495 9956	−61119	+42 4431	+1518 7364	−47 7529	−11544
4	−72651	−3496 1088	−1518 9734	+3496 1771	−61125	+42 3054	+1518 8162	−47 6157	−11545
5	−72658	−3496 2892	−1519 0522	+3496 3574	−61132	+42 2708	+1518 8951	−47 5816	−11547
6	−72670	−3496 5734	−1519 1760	+3496 6417	−61142	+42 3193	+1519 0187	−47 6310	−11548
7	−72689	−3497 0253	−1519 3725	+3497 0938	−61158	+42 4111	+1519 2149	−47 7242	−11551
8	−72715	−3497 6568	−1519 6469	+3497 7255	−61180	+42 5011	+1519 4889	−47 8161	−11556
9	−72747	−3498 4348	−1519 9847	+3498 5035	−61207	+42 5502	+1519 8266	−47 8675	−11561
10	−72783	−3499 2963	−1520 3588	+3499 3650	−61237	+42 5327	+1520 2006	−47 8527	−11567
11	−72819	−3500 1662	−1520 7365	+3500 2348	−61267	+42 4394	+1520 5786	−47 7621	−11572
12	−72853	−3500 9734	−1521 0870	+3501 0417	−61296	+42 2764	+1520 9297	−47 6015	−11577
13	−72882	−3501 6626	−1521 3864	+3501 7307	−61320	+42 0618	+1521 2297	−47 3889	−11582
14	−72904	−3502 2020	−1521 6208	+3502 2697	−61338	+41 8210	+1521 4650	−47 1498	−11585
15	−72920	−3502 5857	−1521 7877	+3502 6530	−61352	+41 5818	+1521 6327	−46 9118	−11588
16	−72930	−3502 8318	−1521 8950	+3502 8988	−61360	+41 3698	+1521 7407	−46 7005	−11589

M = NPB. Values are in units of 10^{-10}. Matrix used with GAST (B13–B20). CIP is $\mathcal{X} = M_{3,1}$, $\mathcal{Y} = M_{3,2}$.

MATRIX ELEMENTS FOR CONVERSION FROM
GCRS TO EQUATOR & CELESTIAL INTERMEDIATE ORIGIN OF DATE
FOR 0^h TERRESTRIAL TIME

Julian Date	$C_{1,1}-1$	$C_{1,2}$	$C_{1,3}$	$C_{2,1}$	$C_{2,2}-1$	$C_{2,3}$	$C_{3,1}$	$C_{3,2}$	$C_{3,3}-1$
245									
7204·5	−11387	− 31	− 1509 0722	+794	−13	+50 5528	+1509 0722	− 50 5528	−11399
7205·5	−11394	− 31	− 1509 5678	+793	−13	+50 5159	+1509 5678	− 50 5160	−11407
7206·5	−11401	− 30	− 1510 0464	+791	−13	+50 3881	+1510 0464	− 50 3881	−11414
7207·5	−11408	− 30	− 1510 4662	+788	−13	+50 1881	+1510 4662	− 50 1882	−11420
7208·5	−11413	− 30	− 1510 7981	+785	−12	+49 9562	+1510 7981	− 49 9563	−11425
7209·5	−11416	− 30	− 1511 0370	+782	−12	+49 7432	+1511 0370	− 49 7432	−11429
7210·5	−11419	− 30	− 1511 2038	+779	−12	+49 5946	+1511 2038	− 49 5947	−11431
7211·5	−11421	− 30	− 1511 3383	+778	−12	+49 5373	+1511 3383	− 49 5374	−11433
7212·5	−11423	− 30	− 1511 4867	+779	−12	+49 5724	+1511 4867	− 49 5725	−11435
7213·5	−11426	− 30	− 1511 6882	+781	−12	+49 6772	+1511 6882	− 49 6773	−11438
7214·5	−11430	− 29	− 1511 9658	+783	−12	+49 8132	+1511 9658	− 49 8133	−11443
7215·5	−11436	− 29	− 1512 3219	+784	−12	+49 9371	+1512 3219	− 49 9371	−11448
7216·5	−11442	− 29	− 1512 7399	+786	−13	+50 0111	+1512 7399	− 50 0112	−11454
7217·5	−11449	− 29	− 1513 1902	+786	−13	+50 0114	+1513 1902	− 50 0114	−11461
7218·5	−11456	− 29	− 1513 6382	+784	−12	+49 9308	+1513 6382	− 49 9309	−11468
7219·5	−11462	− 28	− 1514 0516	+782	−12	+49 7792	+1514 0516	− 49 7792	−11474
7220·5	−11467	− 28	− 1514 4076	+779	−12	+49 5783	+1514 4076	− 49 5783	−11479
7221·5	−11472	− 28	− 1514 6950	+776	−12	+49 3563	+1514 6950	− 49 3564	−11484
7222·5	−11475	− 28	− 1514 9151	+772	−12	+49 1418	+1514 9151	− 49 1419	−11487
7223·5	−11477	− 28	− 1515 0792	+770	−12	+48 9591	+1515 0792	− 48 9592	−11489
7224·5	−11479	− 28	− 1515 2058	+768	−12	+48 8253	+1515 2058	− 48 8254	−11491
7225·5	−11481	− 28	− 1515 3173	+766	−12	+48 7493	+1515 3173	− 48 7494	−11493
7226·5	−11483	− 28	− 1515 4374	+766	−12	+48 7316	+1515 4374	− 48 7316	−11495
7227·5	−11485	− 28	− 1515 5886	+767	−12	+48 7643	+1515 5886	− 48 7643	−11497
7228·5	−11488	− 28	− 1515 7904	+768	−12	+48 8318	+1515 7904	− 48 8319	−11500
7229·5	−11492	− 27	− 1516 0564	+769	−12	+48 9114	+1516 0564	− 48 9115	−11504
7230·5	−11497	− 27	− 1516 3917	+770	−12	+48 9747	+1516 3917	− 48 9748	−11509
7231·5	−11503	− 27	− 1516 7889	+770	−12	+48 9907	+1516 7889	− 48 9908	−11515
7232·5	−11510	− 27	− 1517 2259	+769	−12	+48 9321	+1517 2259	− 48 9322	−11522
7233·5	−11517	− 27	− 1517 6663	+767	−12	+48 7838	+1517 6663	− 48 7838	−11528
7234·5	−11523	− 26	− 1518 0658	+763	−12	+48 5518	+1518 0658	− 48 5519	−11534
7235·5	−11527	− 26	− 1518 3852	+759	−12	+48 2678	+1518 3852	− 48 2679	−11539
7236·5	−11531	− 26	− 1518 6052	+755	−12	+47 9832	+1518 6052	− 47 9832	−11542
7237·5	−11533	− 26	− 1518 7364	+751	−11	+47 7528	+1518 7364	− 47 7529	−11544
7238·5	−11534	− 26	− 1518 8162	+749	−11	+47 6156	+1518 8162	− 47 6157	−11545
7239·5	−11535	− 26	− 1518 8951	+749	−11	+47 5816	+1518 8951	− 47 5816	−11547
7240·5	−11537	− 26	− 1519 0187	+749	−11	+47 6309	+1519 0187	− 47 6310	−11548
7241·5	−11540	− 26	− 1519 2149	+751	−11	+47 7241	+1519 2149	− 47 7242	−11551
7242·5	−11544	− 26	− 1519 4889	+752	−11	+47 8161	+1519 4889	− 47 8161	−11556
7243·5	−11549	− 26	− 1519 8266	+753	−11	+47 8675	+1519 8266	− 47 8675	−11561
7244·5	−11555	− 25	− 1520 2006	+753	−11	+47 8526	+1520 2006	− 47 8527	−11567
7245·5	−11561	− 25	− 1520 5786	+751	−11	+47 7620	+1520 5786	− 47 7621	−11572
7246·5	−11566	− 25	− 1520 9297	+749	−11	+47 6015	+1520 9297	− 47 6015	−11577
7247·5	−11571	− 25	− 1521 2298	+746	−11	+47 3889	+1521 2297	− 47 3889	−11582
7248·5	−11574	− 25	− 1521 4650	+742	−11	+47 1497	+1521 4650	− 47 1498	−11585
7249·5	−11577	− 25	− 1521 6327	+739	−11	+46 9118	+1521 6327	− 46 9118	−11588
7250·5	−11578	− 25	− 1521 7407	+735	−11	+46 7005	+1521 7407	− 46 7005	−11589

Values are in units of 10^{-10}. Matrix used with ERA (B21–B24). CIP is $\mathcal{X} = C_{3,1}$, $\mathcal{Y} = C_{3,2}$

MATRIX ELEMENTS FOR CONVERSION FROM
GCRS TO EQUATOR AND EQUINOX OF DATE
FOR 0^h TERRESTRIAL TIME

Date 0^h TT	$M_{1,1}-1$	$M_{1,2}$	$M_{1,3}$	$M_{2,1}$	$M_{2,2}-1$	$M_{2,3}$	$M_{3,1}$	$M_{3,2}$	$M_{3,3}-1$
Aug. 16	−72930	−3502 8318	−1521 8950	+3502 8988	−61360	+41 3698	+1521 7407	−46 7005	−11589
17	−72936	−3502 9775	−1521 9587	+3503 0442	−61365	+41 2044	+1521 8051	−46 5356	−11590
18	−72940	−3503 0719	−1522 0003	+3503 1385	−61369	+41 0971	+1521 8470	−46 4286	−11591
19	−72944	−3503 1691	−1522 0430	+3503 2356	−61372	+41 0505	+1521 8898	−46 3823	−11592
20	−72951	−3503 3210	−1522 1094	+3503 3876	−61377	+41 0586	+1521 9563	−46 3909	−11593
21	−72961	−3503 5728	−1522 2192	+3503 6394	−61386	+41 1077	+1522 0658	−46 4407	−11594
22	−72977	−3503 9570	−1522 3863	+3504 0237	−61400	+41 1776	+1522 2327	−46 5118	−11597
23	−72999	−3504 4897	−1522 6178	+3504 5565	−61418	+41 2431	+1522 4639	−46 5789	−11600
24	−73027	−3505 1645	−1522 9110	+3505 2315	−61442	+41 2766	+1522 7569	−46 6144	−11605
25	−73060	−3505 9484	−1523 2514	+3506 0153	−61469	+41 2514	+1523 0974	−46 5916	−11610
26	−73095	−3506 7783	−1523 6118	+3506 8451	−61498	+41 1480	+1523 4581	−46 4908	−11615
27	−73128	−3507 5669	−1523 9542	+3507 6334	−61526	+40 9616	+1523 8011	−46 3068	−11621
28	−73155	−3508 2190	−1524 2375	+3508 2851	−61549	+40 7096	+1524 0853	−46 0567	−11625
29	−73173	−3508 6627	−1524 4304	+3508 7284	−61564	+40 4331	+1524 2792	−45 7816	−11628
30	−73182	−3508 8830	−1524 5265	+3508 9484	−61572	+40 1887	+1524 3761	−45 5379	−11629
31	−73185	−3508 9383	−1524 5511	+3509 0034	−61574	+40 0290	+1524 4012	−45 3783	−11629
Sept. 1	−73185	−3508 9436	−1524 5540	+3509 0087	−61574	+39 9811	+1524 4043	−45 3305	−11629
2	−73188	−3509 0252	−1524 5899	+3509 0903	−61577	+40 0365	+1524 4401	−45 3861	−11630
3	−73199	−3509 2729	−1524 6979	+3509 3382	−61586	+40 1567	+1524 5476	−45 5071	−11632
4	−73217	−3509 7157	−1524 8904	+3509 7812	−61601	+40 2908	+1524 7396	−45 6426	−11635
5	−73243	−3510 3250	−1525 1552	+3510 3907	−61623	+40 3929	+1525 0040	−45 7465	−11639
6	−73272	−3511 0356	−1525 4638	+3511 1014	−61648	+40 4323	+1525 3125	−45 7881	−11643
7	−73303	−3511 7692	−1525 7824	+3511 8349	−61673	+40 3973	+1525 6311	−45 7553	−11648
8	−73331	−3512 4525	−1526 0793	+3512 5181	−61697	+40 2924	+1525 9283	−45 6525	−11653
9	−73356	−3513 0293	−1526 3299	+3513 0947	−61717	+40 1342	+1526 1795	−45 4960	−11656
10	−73374	−3513 4656	−1526 5196	+3513 5306	−61733	+39 9467	+1526 3698	−45 3099	−11659
11	−73386	−3513 7511	−1526 6440	+3513 8159	−61743	+39 7565	+1526 4949	−45 1205	−11661
12	−73392	−3513 8987	−1526 7085	+3513 9632	−61748	+39 5891	+1526 5600	−44 9536	−11662
13	−73394	−3513 9401	−1526 7271	+3514 0044	−61749	+39 4652	+1526 5790	−44 8298	−11662
14	−73393	−3513 9208	−1526 7193	+3513 9851	−61748	+39 3986	+1526 5715	−44 7632	−11662
15	−73392	−3513 8939	−1526 7082	+3513 9582	−61747	+39 3944	+1526 5604	−44 7589	−11662
16	−73392	−3513 9123	−1526 7168	+3513 9766	−61748	+39 4486	+1526 5687	−44 8132	−11662
17	−73397	−3514 0223	−1526 7651	+3514 0868	−61752	+39 5491	+1526 6167	−44 9140	−11663
18	−73407	−3514 2582	−1526 8680	+3514 3229	−61760	+39 6769	+1526 7191	−45 0425	−11665
19	−73423	−3514 6376	−1527 0330	+3514 7025	−61774	+39 8081	+1526 8837	−45 1749	−11667
20	−73445	−3515 1578	−1527 2591	+3515 2229	−61792	+39 9172	+1527 1094	−45 2856	−11671
21	−73471	−3515 7935	−1527 5353	+3515 8586	−61814	+39 9794	+1527 3853	−45 3497	−11675
22	−73500	−3516 4957	−1527 8403	+3516 5609	−61839	+39 9751	+1527 6903	−45 3476	−11679
23	−73530	−3517 1944	−1528 1438	+3517 2595	−61864	+39 8954	+1527 9940	−45 2700	−11684
24	−73555	−3517 8072	−1528 4100	+3517 8721	−61885	+39 7472	+1528 2607	−45 1237	−11688
25	−73574	−3518 2579	−1528 6060	+3518 3225	−61901	+39 5579	+1528 4574	−44 9357	−11691
26	−73584	−3518 5038	−1528 7132	+3518 5681	−61910	+39 3736	+1528 5652	−44 7522	−11693
27	−73587	−3518 5622	−1528 7391	+3518 6263	−61912	+39 2492	+1528 5915	−44 6280	−11693
28	−73585	−3518 5187	−1528 7208	+3518 5827	−61910	+39 2281	+1528 5733	−44 6067	−11693
29	−73584	−3518 5019	−1528 7141	+3518 5661	−61909	+39 3230	+1528 5663	−44 7016	−11693
30	−73590	−3518 6330	−1528 7715	+3518 6975	−61914	+39 5091	+1528 6231	−44 8881	−11694
Oct. 1	−73604	−3518 9774	−1528 9214	+3519 0422	−61926	+39 7348	+1528 7721	−45 1149	−11696

M = NPB. Values are in units of 10^{-10}. Matrix used with GAST (B13–B20). CIP is $\mathcal{X} = M_{3,1}$, $\mathcal{Y} = M_{3,2}$.

MATRIX ELEMENTS FOR CONVERSION FROM
GCRS TO EQUATOR & CELESTIAL INTERMEDIATE ORIGIN OF DATE
FOR 0^h TERRESTRIAL TIME

Julian Date	$C_{1,1}-1$	$C_{1,2}$	$C_{1,3}$	$C_{2,1}$	$C_{2,2}-1$	$C_{2,3}$	$C_{3,1}$	$C_{3,2}$	$C_{3,3}-1$
245									
7250·5	− 11578	− 25	− 1521 7407	+ 735	− 11	+ 46 7005	+ 1521 7407	− 46 7005	− 11589
7251·5	− 11579	− 25	− 1521 8051	+ 733	− 11	+ 46 5356	+ 1521 8051	− 46 5356	− 11590
7252·5	− 11580	− 25	− 1521 8470	+ 731	− 11	+ 46 4286	+ 1521 8470	− 46 4286	− 11591
7253·5	− 11581	− 25	− 1521 8898	+ 730	− 11	+ 46 3823	+ 1521 8898	− 46 3823	− 11592
7254·5	− 11582	− 25	− 1521 9563	+ 731	− 11	+ 46 3908	+ 1521 9563	− 46 3909	− 11593
7255·5	− 11583	− 25	− 1522 0658	+ 731	− 11	+ 46 4407	+ 1522 0658	− 46 4407	− 11594
7256·5	− 11586	− 24	− 1522 2327	+ 732	− 11	+ 46 5117	+ 1522 2327	− 46 5118	− 11597
7257·5	− 11589	− 24	− 1522 4639	+ 733	− 11	+ 46 5789	+ 1522 4639	− 46 5789	− 11600
7258·5	− 11594	− 24	− 1522 7569	+ 734	− 11	+ 46 6144	+ 1522 7569	− 46 6144	− 11605
7259·5	− 11599	− 24	− 1523 0974	+ 734	− 11	+ 46 5916	+ 1523 0974	− 46 5916	− 11610
7260·5	− 11605	− 24	− 1523 4581	+ 732	− 11	+ 46 4907	+ 1523 4581	− 46 4908	− 11615
7261·5	− 11610	− 24	− 1523 8011	+ 729	− 11	+ 46 3067	+ 1523 8011	− 46 3068	− 11621
7262·5	− 11614	− 24	− 1524 0853	+ 726	− 11	+ 46 0567	+ 1524 0853	− 46 0567	− 11625
7263·5	− 11617	− 23	− 1524 2792	+ 721	− 10	+ 45 7815	+ 1524 2792	− 45 7816	− 11628
7264·5	− 11619	− 23	− 1524 3761	+ 718	− 10	+ 45 5378	+ 1524 3761	− 45 5379	− 11629
7265·5	− 11619	− 23	− 1524 4012	+ 715	− 10	+ 45 3783	+ 1524 4012	− 45 3783	− 11629
7266·5	− 11619	− 23	− 1524 4043	+ 714	− 10	+ 45 3304	+ 1524 4043	− 45 3305	− 11629
7267·5	− 11620	− 23	− 1524 4401	+ 715	− 10	+ 45 3860	+ 1524 4401	− 45 3861	− 11630
7268·5	− 11621	− 23	− 1524 5476	+ 717	− 10	+ 45 5070	+ 1524 5476	− 45 5071	− 11632
7269·5	− 11624	− 23	− 1524 7396	+ 719	− 10	+ 45 6425	+ 1524 7396	− 45 6426	− 11635
7270·5	− 11628	− 23	− 1525 0040	+ 721	− 10	+ 45 7464	+ 1525 0040	− 45 7465	− 11639
7271·5	− 11633	− 23	− 1525 3125	+ 721	− 10	+ 45 7880	+ 1525 3125	− 45 7881	− 11643
7272·5	− 11638	− 23	− 1525 6311	+ 721	− 10	+ 45 7552	+ 1525 6311	− 45 7553	− 11648
7273·5	− 11642	− 23	− 1525 9283	+ 719	− 10	+ 45 6524	+ 1525 9283	− 45 6525	− 11653
7274·5	− 11646	− 23	− 1526 1795	+ 717	− 10	+ 45 4960	+ 1526 1795	− 45 4960	− 11656
7275·5	− 11649	− 22	− 1526 3698	+ 714	− 10	+ 45 3098	+ 1526 3698	− 45 3099	− 11659
7276·5	− 11651	− 22	− 1526 4949	+ 711	− 10	+ 45 1205	+ 1526 4949	− 45 1205	− 11661
7277·5	− 11652	− 22	− 1526 5600	+ 709	− 10	+ 44 9535	+ 1526 5600	− 44 9536	− 11662
7278·5	− 11652	− 22	− 1526 5790	+ 707	− 10	+ 44 8298	+ 1526 5790	− 44 8298	− 11662
7279·5	− 11652	− 22	− 1526 5715	+ 706	− 10	+ 44 7631	+ 1526 5715	− 44 7632	− 11662
7280·5	− 11652	− 22	− 1526 5604	+ 706	− 10	+ 44 7588	+ 1526 5604	− 44 7589	− 11662
7281·5	− 11652	− 22	− 1526 5687	+ 707	− 10	+ 44 8131	+ 1526 5687	− 44 8132	− 11662
7282·5	− 11653	− 22	− 1526 6167	+ 708	− 10	+ 44 9140	+ 1526 6167	− 44 9140	− 11663
7283·5	− 11654	− 22	− 1526 7191	+ 710	− 10	+ 45 0424	+ 1526 7191	− 45 0425	− 11665
7284·5	− 11657	− 22	− 1526 8837	+ 712	− 10	+ 45 1749	+ 1526 8837	− 45 1749	− 11667
7285·5	− 11660	− 22	− 1527 1094	+ 714	− 10	+ 45 2855	+ 1527 1094	− 45 2856	− 11671
7286·5	− 11665	− 22	− 1527 3853	+ 715	− 10	+ 45 3496	+ 1527 3853	− 45 3497	− 11675
7287·5	− 11669	− 22	− 1527 6903	+ 715	− 10	+ 45 3475	+ 1527 6903	− 45 3476	− 11679
7288·5	− 11674	− 22	− 1527 9940	+ 714	− 10	+ 45 2699	+ 1527 9940	− 45 2700	− 11684
7289·5	− 11678	− 22	− 1528 2607	+ 711	− 10	+ 45 1236	+ 1528 2607	− 45 1237	− 11688
7290·5	− 11681	− 22	− 1528 4574	+ 708	− 10	+ 44 9356	+ 1528 4574	− 44 9357	− 11691
7291·5	− 11683	− 22	− 1528 5652	+ 706	− 10	+ 44 7522	+ 1528 5652	− 44 7522	− 11693
7292·5	− 11683	− 22	− 1528 5915	+ 704	− 10	+ 44 6279	+ 1528 5915	− 44 6280	− 11693
7293·5	− 11683	− 22	− 1528 5733	+ 703	− 10	+ 44 6067	+ 1528 5733	− 44 6067	− 11693
7294·5	− 11683	− 22	− 1528 5663	+ 705	− 10	+ 44 7015	+ 1528 5663	− 44 7016	− 11693
7295·5	− 11683	− 21	− 1528 6231	+ 708	− 10	+ 44 8880	+ 1528 6231	− 44 8881	− 11694
7296·5	− 11686	− 21	− 1528 7721	+ 711	− 10	+ 45 1148	+ 1528 7721	− 45 1149	− 11696

Values are in units of 10^{-10}. Matrix used with ERA (B21–B24). CIP is $\mathcal{X} = C_{3,1}$, $\mathcal{Y} = C_{3,2}$

MATRIX ELEMENTS FOR CONVERSION FROM
GCRS TO EQUATOR AND EQUINOX OF DATE
FOR 0^h TERRESTRIAL TIME

Date 0^h TT	$M_{1,1}-1$	$M_{1,2}$	$M_{1,3}$	$M_{2,1}$	$M_{2,2}-1$	$M_{2,3}$	$M_{3,1}$	$M_{3,2}$	$M_{3,3}-1$
Oct. 1	−73604	−3518 9774	−1528 9214	+3519 0422	−61926	+39 7348	+1528 7721	−45 1149	−11696
2	−73627	−3519 5276	−1529 1605	+3519 5928	−61946	+39 9439	+1529 0105	−45 3257	−11700
3	−73656	−3520 2195	−1529 4611	+3520 2849	−61970	+40 0943	+1529 3104	−45 4781	−11704
4	−73687	−3520 9640	−1529 7844	+3521 0295	−61997	+40 1663	+1529 6335	−45 5524	−11709
5	−73717	−3521 6756	−1530 0935	+3521 7412	−62022	+40 1616	+1529 9426	−45 5499	−11714
6	−73743	−3522 2894	−1530 3602	+3522 3549	−62043	+40 0968	+1530 2095	−45 4870	−11718
7	−73763	−3522 7669	−1530 5678	+3522 8322	−62060	+39 9967	+1530 4174	−45 3884	−11721
8	−73777	−3523 0956	−1530 7108	+3523 1607	−62071	+39 8885	+1530 5608	−45 2812	−11723
9	−73785	−3523 2859	−1530 7939	+3523 3509	−62078	+39 7980	+1530 6442	−45 1913	−11725
10	−73788	−3523 3668	−1530 8296	+3523 4317	−62081	+39 7467	+1530 6800	−45 1402	−11725
11	−73789	−3523 3811	−1530 8364	+3523 4461	−62081	+39 7498	+1530 6868	−45 1433	−11725
12	−73789	−3523 3804	−1530 8367	+3523 4454	−62081	+39 8145	+1530 6869	−45 2080	−11725
13	−73790	−3523 4181	−1530 8536	+3523 4833	−62083	+39 9394	+1530 7034	−45 3330	−11726
14	−73795	−3523 5435	−1530 9086	+3523 6090	−62087	+40 1141	+1530 7577	−45 5082	−11726
15	−73806	−3523 7945	−1531 0179	+3523 8603	−62096	+40 3207	+1530 8664	−45 7155	−11728
16	−73823	−3524 1918	−1531 1908	+3524 2580	−62110	+40 5357	+1531 0384	−45 9317	−11731
17	−73845	−3524 7351	−1531 4269	+3524 8016	−62130	+40 7331	+1531 2738	−46 1308	−11735
18	−73873	−3525 4013	−1531 7163	+3525 4681	−62153	+40 8883	+1531 5626	−46 2880	−11739
19	−73905	−3526 1457	−1532 0396	+3526 2126	−62179	+40 9819	+1531 8855	−46 3839	−11744
20	−73936	−3526 9055	−1532 3696	+3526 9725	−62206	+41 0041	+1532 2154	−46 4084	−11749
21	−73966	−3527 6088	−1532 6750	+3527 6757	−62231	+40 9583	+1532 5210	−46 3647	−11754
22	−73990	−3528 1863	−1532 9260	+3528 2531	−62251	+40 8638	+1532 7723	−46 2720	−11758
23	−74007	−3528 5900	−1533 1016	+3528 6566	−62266	+40 7562	+1532 9482	−46 1657	−11760
24	−74016	−3528 8135	−1533 1991	+3528 8800	−62273	+40 6821	+1533 0460	−46 0923	−11762
25	−74020	−3528 9069	−1533 2402	+3528 9735	−62277	+40 6875	+1533 0870	−46 0980	−11762
26	−74023	−3528 9733	−1533 2695	+3529 0400	−62279	+40 8009	+1533 1160	−46 2115	−11763
27	−74030	−3529 1390	−1533 3420	+3529 2061	−62285	+41 0190	+1533 1876	−46 4302	−11764
28	−74045	−3529 5056	−1533 5014	+3529 5731	−62298	+41 3046	+1533 3461	−46 7169	−11767
29	−74071	−3530 1087	−1533 7635	+3530 1766	−62320	+41 6000	+1533 6071	−47 0141	−11771
30	−74104	−3530 9090	−1534 1110	+3530 9773	−62348	+41 8499	+1533 9537	−47 2665	−11776
31	−74142	−3531 8162	−1534 5049	+3531 8848	−62380	+42 0194	+1534 3469	−47 4388	−11782
Nov. 1	−74181	−3532 7271	−1534 9003	+3532 7958	−62412	+42 1004	+1534 7420	−47 5226	−11788
2	−74215	−3533 5559	−1535 2603	+3533 6247	−62442	+42 1065	+1535 1019	−47 5312	−11794
3	−74245	−3534 2494	−1535 5615	+3534 3182	−62466	+42 0637	+1535 4032	−47 4905	−11799
4	−74267	−3534 7874	−1535 7953	+3534 8561	−62485	+42 0022	+1535 6373	−47 4307	−11802
5	−74284	−3535 1777	−1535 9651	+3535 2463	−62499	+41 9505	+1535 8072	−47 3802	−11805
6	−74295	−3535 4485	−1536 0831	+3535 5171	−62508	+41 9318	+1535 9252	−47 3623	−11807
7	−74303	−3535 6419	−1536 1675	+3535 7105	−62515	+41 9627	+1536 0095	−47 3938	−11808
8	−74310	−3535 8085	−1536 2403	+3535 8773	−62521	+42 0522	+1536 0820	−47 4838	−11809
9	−74318	−3536 0024	−1536 3250	+3536 0714	−62528	+42 2011	+1536 1661	−47 6333	−11810
10	−74330	−3536 2750	−1536 4437	+3536 3443	−62538	+42 4015	+1536 2842	−47 8346	−11812
11	−74346	−3536 6692	−1536 6152	+3536 7389	−62552	+42 6375	+1536 4548	−48 0718	−11815
12	−74369	−3537 2122	−1536 8512	+3537 2823	−62571	+42 8863	+1536 6899	−48 3222	−11819
13	−74399	−3537 9096	−1537 1541	+3537 9801	−62596	+43 1210	+1536 9919	−48 5591	−11824
14	−74434	−3538 7421	−1537 5156	+3538 8129	−62626	+43 3152	+1537 3527	−48 7559	−11829
15	−74472	−3539 6657	−1537 9166	+3539 7367	−62658	+43 4472	+1537 7531	−48 8907	−11835
16	−74512	−3540 6172	−1538 3297	+3540 6883	−62692	+43 5053	+1538 1660	−48 9517	−11842

M = NPB. Values are in units of 10^{-10}. Matrix used with GAST (B13–B20). CIP is $\mathcal{X} = M_{3,1}$, $\mathcal{Y} = M_{3,2}$.

MATRIX ELEMENTS FOR CONVERSION FROM
GCRS TO EQUATOR & CELESTIAL INTERMEDIATE ORIGIN OF DATE
FOR 0^h TERRESTRIAL TIME

Julian Date	$C_{1,1}-1$	$C_{1,2}$	$C_{1,3}$	$C_{2,1}$	$C_{2,2}-1$	$C_{2,3}$	$C_{3,1}$	$C_{3,2}$	$C_{3,3}-1$
245									
7296·5	− 11686	− 21	− 1528 7721	+ 711	− 10	+ 45 1148	+ 1528 7721	− 45 1149	− 11696
7297·5	− 11689	− 21	− 1529 0105	+ 714	− 10	+ 45 3256	+ 1529 0105	− 45 3257	− 11700
7298·5	− 11694	− 21	− 1529 3104	+ 717	− 10	+ 45 4781	+ 1529 3104	− 45 4781	− 11704
7299·5	− 11699	− 21	− 1529 6335	+ 718	− 10	+ 45 5523	+ 1529 6335	− 45 5524	− 11709
7300·5	− 11704	− 21	− 1529 9426	+ 718	− 10	+ 45 5498	+ 1529 9426	− 45 5499	− 11714
7301·5	− 11708	− 21	− 1530 2095	+ 717	− 10	+ 45 4870	+ 1530 2095	− 45 4870	− 11718
7302·5	− 11711	− 21	− 1530 4174	+ 715	− 10	+ 45 3883	+ 1530 4174	− 45 3884	− 11721
7303·5	− 11713	− 21	− 1530 5608	+ 714	− 10	+ 45 2811	+ 1530 5608	− 45 2812	− 11723
7304·5	− 11714	− 21	− 1530 6442	+ 712	− 10	+ 45 1912	+ 1530 6442	− 45 1913	− 11725
7305·5	− 11715	− 21	− 1530 6800	+ 712	− 10	+ 45 1401	+ 1530 6800	− 45 1402	− 11725
7306·5	− 11715	− 21	− 1530 6868	+ 712	− 10	+ 45 1433	+ 1530 6868	− 45 1433	− 11725
7307·5	− 11715	− 21	− 1530 6869	+ 713	− 10	+ 45 2080	+ 1530 6869	− 45 2080	− 11725
7308·5	− 11715	− 21	− 1530 7034	+ 714	− 10	+ 45 3330	+ 1530 7034	− 45 3330	− 11726
7309·5	− 11716	− 21	− 1530 7577	+ 717	− 10	+ 45 5081	+ 1530 7577	− 45 5082	− 11726
7310·5	− 11718	− 20	− 1530 8664	+ 720	− 10	+ 45 7155	+ 1530 8664	− 45 7155	− 11728
7311·5	− 11720	− 20	− 1531 0384	+ 724	− 11	+ 45 9316	+ 1531 0384	− 45 9317	− 11731
7312·5	− 11724	− 20	− 1531 2738	+ 727	− 11	+ 46 1307	+ 1531 2738	− 46 1308	− 11735
7313·5	− 11728	− 20	− 1531 5626	+ 729	− 11	+ 46 2879	+ 1531 5626	− 46 2880	− 11739
7314·5	− 11733	− 20	− 1531 8855	+ 731	− 11	+ 46 3838	+ 1531 8855	− 46 3839	− 11744
7315·5	− 11738	− 20	− 1532 2154	+ 731	− 11	+ 46 4084	+ 1532 2154	− 46 4084	− 11749
7316·5	− 11743	− 20	− 1532 5210	+ 730	− 11	+ 46 3647	+ 1532 5210	− 46 3647	− 11754
7317·5	− 11747	− 20	− 1532 7723	+ 729	− 11	+ 46 2720	+ 1532 7723	− 46 2720	− 11758
7318·5	− 11750	− 20	− 1532 9482	+ 727	− 11	+ 46 1656	+ 1532 9482	− 46 1657	− 11760
7319·5	− 11751	− 19	− 1533 0460	+ 726	− 11	+ 46 0922	+ 1533 0460	− 46 0923	− 11762
7320·5	− 11752	− 19	− 1533 0870	+ 726	− 11	+ 46 0979	+ 1533 0870	− 46 0980	− 11762
7321·5	− 11752	− 19	− 1533 1160	+ 728	− 11	+ 46 2115	+ 1533 1160	− 46 2115	− 11763
7322·5	− 11753	− 19	− 1533 1876	+ 731	− 11	+ 46 4301	+ 1533 1876	− 46 4302	− 11764
7323·5	− 11756	− 19	− 1533 3461	+ 736	− 11	+ 46 7168	+ 1533 3461	− 46 7169	− 11767
7324·5	− 11760	− 19	− 1533 6071	+ 740	− 11	+ 47 0141	+ 1533 6071	− 47 0141	− 11771
7325·5	− 11765	− 19	− 1533 9537	+ 744	− 11	+ 47 2664	+ 1533 9537	− 47 2665	− 11776
7326·5	− 11771	− 19	− 1534 3469	+ 747	− 11	+ 47 4387	+ 1534 3469	− 47 4388	− 11782
7327·5	− 11777	− 19	− 1534 7420	+ 748	− 11	+ 47 5226	+ 1534 7420	− 47 5226	− 11788
7328·5	− 11783	− 18	− 1535 1019	+ 748	− 11	+ 47 5311	+ 1535 1019	− 47 5312	− 11794
7329·5	− 11787	− 18	− 1535 4032	+ 748	− 11	+ 47 4905	+ 1535 4032	− 47 4905	− 11799
7330·5	− 11791	− 18	− 1535 6373	+ 747	− 11	+ 47 4307	+ 1535 6373	− 47 4307	− 11802
7331·5	− 11794	− 18	− 1535 8072	+ 746	− 11	+ 47 3801	+ 1535 8072	− 47 3802	− 11805
7332·5	− 11795	− 18	− 1535 9252	+ 746	− 11	+ 47 3623	+ 1535 9252	− 47 3623	− 11807
7333·5	− 11797	− 18	− 1536 0095	+ 746	− 11	+ 47 3937	+ 1536 0095	− 47 3938	− 11808
7334·5	− 11798	− 18	− 1536 0820	+ 747	− 11	+ 47 4838	+ 1536 0820	− 47 4838	− 11809
7335·5	− 11799	− 18	− 1536 1661	+ 750	− 11	+ 47 6332	+ 1536 1661	− 47 6333	− 11810
7336·5	− 11801	− 18	− 1536 2842	+ 753	− 11	+ 47 8345	+ 1536 2842	− 47 8346	− 11812
7337·5	− 11803	− 18	− 1536 4548	+ 756	− 12	+ 48 0717	+ 1536 4548	− 48 0718	− 11815
7338·5	− 11807	− 18	− 1536 6899	+ 760	− 12	+ 48 3222	+ 1536 6899	− 48 3222	− 11819
7339·5	− 11812	− 18	− 1536 9920	+ 764	− 12	+ 48 5591	+ 1536 9919	− 48 5591	− 11824
7340·5	− 11817	− 17	− 1537 3527	+ 767	− 12	+ 48 7558	+ 1537 3527	− 48 7559	− 11829
7341·5	− 11823	− 17	− 1537 7531	+ 769	− 12	+ 48 8906	+ 1537 7531	− 48 8907	− 11835
7342·5	− 11830	− 17	− 1538 1660	+ 770	− 12	+ 48 9516	+ 1538 1660	− 48 9517	− 11842

Values are in units of 10^{-10}. Matrix used with ERA (B21–B24). CIP is $\mathcal{X} = C_{3,1}$, $\mathcal{Y} = C_{3,2}$

MATRIX ELEMENTS FOR CONVERSION FROM
GCRS TO EQUATOR AND EQUINOX OF DATE
FOR 0^h TERRESTRIAL TIME

Date 0^h TT	$M_{1,1}-1$	$M_{1,2}$	$M_{1,3}$	$M_{2,1}$	$M_{2,2}-1$	$M_{2,3}$	$M_{3,1}$	$M_{3,2}$	$M_{3,3}-1$
Nov. 16	−74512	−3540 6172	−1538 3297	+3540 6883	−62692	+43 5053	+1538 1660	−48 9517	−11842
17	−74551	−3541 5244	−1538 7235	+3541 5955	−62724	+43 4912	+1538 5599	−48 9404	−11848
18	−74584	−3542 3195	−1539 0688	+3542 3906	−62752	+43 4220	+1538 9054	−48 8737	−11853
19	−74611	−3542 9547	−1539 3447	+3543 0255	−62775	+43 3288	+1539 1816	−48 7824	−11857
20	−74630	−3543 4168	−1539 5457	+3543 4876	−62791	+43 2521	+1539 3828	−48 7071	−11860
21	−74644	−3543 7384	−1539 6857	+3543 8092	−62802	+43 2338	+1539 5228	−48 6898	−11863
22	−74655	−3543 9977	−1539 7987	+3544 0686	−62812	+43 3054	+1539 6356	−48 7623	−11864
23	−74668	−3544 3036	−1539 9319	+3544 3747	−62823	+43 4765	+1539 7681	−48 9342	−11866
24	−74687	−3544 7643	−1540 1322	+3544 8359	−62839	+43 7275	+1539 9675	−49 1867	−11870
25	−74716	−3545 4492	−1540 4297	+3545 5212	−62863	+44 0134	+1540 2640	−49 4747	−11874
26	−74754	−3546 3611	−1540 8256	+3546 4336	−62896	+44 2779	+1540 6589	−49 7420	−11881
27	−74800	−3547 4367	−1541 2925	+3547 5095	−62934	+44 4735	+1541 1250	−49 9410	−11888
28	−74848	−3548 5728	−1541 7856	+3548 6458	−62975	+44 5758	+1541 6177	−50 0467	−11895
29	−74894	−3549 6639	−1542 2592	+3549 7369	−63013	+44 5870	+1542 0912	−50 0612	−11903
30	−74934	−3550 6310	−1542 6790	+3550 7039	−63048	+44 5298	+1542 5112	−50 0071	−11909
Dec. 1	−74968	−3551 4345	−1543 0279	+3551 5073	−63076	+44 4368	+1542 8604	−49 9166	−11915
2	−74995	−3552 0713	−1543 3046	+3552 1440	−63099	+44 3409	+1543 1373	−49 8226	−11919
3	−75016	−3552 5664	−1543 5198	+3552 6389	−63116	+44 2694	+1543 3528	−49 7527	−11922
4	−75033	−3552 9619	−1543 6918	+3553 0344	−63130	+44 2423	+1543 5249	−49 7267	−11925
5	−75048	−3553 3093	−1543 8430	+3553 3819	−63143	+44 2704	+1543 6760	−49 7560	−11927
6	−75063	−3553 6635	−1543 9972	+3553 7362	−63155	+44 3566	+1543 8298	−49 8433	−11929
7	−75080	−3554 0775	−1544 1772	+3554 1504	−63170	+44 4954	+1544 0093	−49 9833	−11932
8	−75102	−3554 5978	−1544 4034	+3554 6710	−63189	+44 6736	+1544 2348	−50 1631	−11936
9	−75130	−3555 2585	−1544 6904	+3555 3321	−63212	+44 8706	+1544 5211	−50 3621	−11940
10	−75164	−3556 0751	−1545 0450	+3556 1489	−63241	+45 0604	+1544 8750	−50 5545	−11946
11	−75205	−3557 0378	−1545 4629	+3557 1119	−63276	+45 2149	+1545 2923	−50 7119	−11953
12	−75250	−3558 1092	−1545 9280	+3558 1835	−63314	+45 3085	+1545 7570	−50 8089	−11960
13	−75298	−3559 2267	−1546 4130	+3559 3011	−63354	+45 3247	+1546 2419	−50 8285	−11967
14	−75344	−3560 3124	−1546 8842	+3560 3867	−63392	+45 2611	+1546 7133	−50 7682	−11975
15	−75385	−3561 2898	−1547 3085	+3561 3639	−63427	+45 1323	+1547 1380	−50 6425	−11981
16	−75419	−3562 1029	−1547 6616	+3562 1768	−63456	+44 9690	+1547 4916	−50 4817	−11986
17	−75446	−3562 7327	−1547 9352	+3562 8063	−63478	+44 8117	+1547 7658	−50 3263	−11991
18	−75466	−3563 2052	−1548 1407	+3563 2787	−63495	+44 7016	+1547 9716	−50 2177	−11994
19	−75482	−3563 5891	−1548 3077	+3563 6626	−63509	+44 6703	+1548 1387	−50 1876	−11996
20	−75499	−3563 9812	−1548 4783	+3564 0548	−63523	+44 7306	+1548 3090	−50 2492	−11999
21	−75520	−3564 4825	−1548 6961	+3564 5562	−63541	+44 8717	+1548 5264	−50 3917	−12002
22	−75549	−3565 1695	−1548 9946	+3565 2435	−63565	+45 0598	+1548 8241	−50 5820	−12007
23	−75588	−3566 0707	−1549 3858	+3566 1451	−63597	+45 2473	+1549 2146	−50 7723	−12013
24	−75634	−3567 1561	−1549 8570	+3567 2307	−63636	+45 3861	+1549 6852	−50 9144	−12021
25	−75684	−3568 3465	−1550 3736	+3568 4213	−63679	+45 4419	+1550 2016	−50 9739	−12029
26	−75735	−3569 5398	−1550 8915	+3569 6145	−63721	+45 4032	+1550 7195	−50 9390	−12037
27	−75781	−3570 6411	−1551 3695	+3570 7157	−63761	+45 2822	+1551 1980	−50 8213	−12044
28	−75822	−3571 5868	−1551 7801	+3571 6611	−63794	+45 1072	+1551 6091	−50 6493	−12050
29	−75854	−3572 3530	−1552 1128	+3572 4270	−63821	+44 9133	+1551 9425	−50 4578	−12055
30	−75880	−3572 9520	−1552 3731	+3573 0258	−63843	+44 7330	+1552 2034	−50 2793	−12059
31	−75899	−3573 4217	−1552 5773	+3573 4952	−63859	+44 5911	+1552 4080	−50 1389	−12062
32	−75916	−3573 8138	−1552 7479	+3573 8872	−63873	+44 5027	+1552 5789	−50 0517	−12065

$\mathbf{M = NPB}$. Values are in units of 10^{-10}. Matrix used with GAST (B13–B20). CIP is $\mathcal{X} = \mathbf{M}_{3,1}$, $\mathcal{Y} = \mathbf{M}_{3,2}$.

MATRIX ELEMENTS FOR CONVERSION FROM
GCRS TO EQUATOR & CELESTIAL INTERMEDIATE ORIGIN OF DATE
FOR 0^h TERRESTRIAL TIME

Julian Date	$C_{1,1}-1$	$C_{1,2}$	$C_{1,3}$	$C_{2,1}$	$C_{2,2}-1$	$C_{2,3}$	$C_{3,1}$	$C_{3,2}$	$C_{3,3}-1$
245									
7342·5	−11830	− 17	− 1538 1660	+770	− 12	+48 9516	+1538 1660	− 48 9517	− 11842
7343·5	−11836	− 17	− 1538 5599	+770	− 12	+48 9403	+1538 5599	− 48 9404	− 11848
7344·5	−11841	− 17	− 1538 9054	+769	− 12	+48 8736	+1538 9054	− 48 8737	− 11853
7345·5	−11845	− 17	− 1539 1816	+767	− 12	+48 7823	+1539 1816	− 48 7824	− 11857
7346·5	−11849	− 16	− 1539 3828	+766	− 12	+48 7071	+1539 3828	− 48 7071	− 11860
7347·5	−11851	− 16	− 1539 5228	+766	− 12	+48 6898	+1539 5228	− 48 6898	− 11863
7348·5	−11852	− 16	− 1539 6356	+767	− 12	+48 7622	+1539 6356	− 48 7623	− 11864
7349·5	−11854	− 16	− 1539 7681	+770	− 12	+48 9342	+1539 7681	− 48 9342	− 11866
7350·5	−11858	− 16	− 1539 9675	+774	− 12	+49 1866	+1539 9675	− 49 1867	− 11870
7351·5	−11862	− 16	− 1540 2640	+778	− 12	+49 4746	+1540 2640	− 49 4747	− 11874
7352·5	−11868	− 16	− 1540 6589	+782	− 12	+49 7420	+1540 6589	− 49 7420	− 11881
7353·5	−11875	− 16	− 1541 1250	+785	− 12	+49 9409	+1541 1250	− 49 9410	− 11888
7354·5	−11883	− 15	− 1541 6177	+787	− 13	+50 0466	+1541 6177	− 50 0467	− 11895
7355·5	−11890	− 15	− 1542 0912	+787	− 13	+50 0612	+1542 0912	− 50 0612	− 11903
7356·5	−11897	− 15	− 1542 5112	+786	− 13	+50 0070	+1542 5112	− 50 0071	− 11909
7357·5	−11902	− 15	− 1542 8604	+785	− 12	+49 9165	+1542 8604	− 49 9166	− 11915
7358·5	−11906	− 15	− 1543 1373	+783	− 12	+49 8225	+1543 1373	− 49 8226	− 11919
7359·5	−11910	− 14	− 1543 3528	+782	− 12	+49 7526	+1543 3528	− 49 7527	− 11922
7360·5	−11912	− 14	− 1543 5249	+782	− 12	+49 7267	+1543 5249	− 49 7267	− 11925
7361·5	−11915	− 14	− 1543 6760	+782	− 12	+49 7559	+1543 6760	− 49 7560	− 11927
7362·5	− 11917	− 14	− 1543 8298	+784	− 12	+49 8432	+1543 8298	− 49 8433	− 11929
7363·5	−11920	− 14	− 1544 0093	+786	− 12	+49 9833	+1544 0093	− 49 9833	− 11932
7364·5	−11923	− 14	− 1544 2348	+789	− 13	+50 1630	+1544 2348	− 50 1631	− 11936
7365·5	−11928	− 14	− 1544 5211	+792	− 13	+50 3621	+1544 5211	− 50 3621	− 11940
7366·5	−11933	− 14	− 1544 8750	+795	− 13	+50 5544	+1544 8750	− 50 5545	− 11946
7367·5	−11940	− 13	− 1545 2923	+797	− 13	+50 7118	+1545 2923	− 50 7119	− 11953
7368·5	−11947	− 13	− 1545 7570	+799	− 13	+50 8088	+1545 7570	− 50 8089	− 11960
7369·5	−11954	− 13	− 1546 2419	+799	− 13	+50 8284	+1546 2419	− 50 8285	− 11967
7370·5	−11962	− 13	− 1546 7133	+798	− 13	+50 7682	+1546 7133	− 50 7682	− 11975
7371·5	−11968	− 13	− 1547 1380	+796	− 13	+50 6425	+1547 1380	− 50 6425	− 11981
7372·5	−11974	− 12	− 1547 4916	+794	− 13	+50 4817	+1547 4916	− 50 4817	− 11986
7373·5	−11978	− 12	− 1547 7658	+791	− 13	+50 3263	+1547 7658	− 50 3263	− 11991
7374·5	−11981	− 12	− 1547 9716	+789	− 13	+50 2176	+1547 9716	− 50 2177	− 11994
7375·5	−11984	− 12	− 1548 1387	+789	− 13	+50 1875	+1548 1387	− 50 1876	− 11996
7376·5	−11986	− 12	− 1548 3090	+790	− 13	+50 2491	+1548 3090	− 50 2492	− 11999
7377·5	−11990	− 12	− 1548 5264	+792	− 13	+50 3917	+1548 5264	− 50 3917	− 12002
7378·5	−11994	− 12	− 1548 8241	+795	− 13	+50 5819	+1548 8241	− 50 5820	− 12007
7379·5	−12000	− 11	− 1549 2146	+798	− 13	+50 7722	+1549 2146	− 50 7723	− 12013
7380·5	−12008	− 11	− 1549 6852	+800	− 13	+50 9144	+1549 6852	− 50 9144	− 12021
7381·5	−12016	− 11	− 1550 2016	+801	− 13	+50 9738	+1550 2016	− 50 9739	− 12029
7382·5	−12024	− 11	− 1550 7195	+801	− 13	+50 9389	+1550 7195	− 50 9390	− 12037
7383·5	−12031	− 10	− 1551 1980	+799	− 13	+50 8213	+1551 1980	− 50 8213	− 12044
7384·5	−12037	− 10	− 1551 6091	+796	− 13	+50 6492	+1551 6091	− 50 6493	− 12050
7385·5	−12043	− 10	− 1551 9425	+793	− 13	+50 4577	+1551 9425	− 50 4578	− 12055
7386·5	−12047	− 10	− 1552 2034	+790	− 13	+50 2793	+1552 2034	− 50 2793	− 12059
7387·5	−12050	− 10	− 1552 4080	+788	− 13	+50 1388	+1552 4080	− 50 1389	− 12062
7388·5	−12053	− 10	− 1552 5789	+787	− 13	+50 0516	+1552 5789	− 50 0517	− 12065

Values are in units of 10^{-10}. Matrix used with ERA (B21–B24). CIP is $\mathcal{X} = C_{3,1}$, $\mathcal{Y} = C_{3,2}$

The Celestial Intermediate Reference System

The IAU 2000 and 2006 resolutions very precisely define the Celestial Intermediate Reference System by the direction of its pole (CIP) and the location of its origin of right ascension (CIO) at any date in the Geocentric Celestial Reference System (GCRS). This system is often denoted as the "equator and CIO of date" which has the same pole and equator as the equator and equinox of date, however, they have different origins for right ascension. This section includes the transformations using both origins and the relationships between them.

Pole of the Celestial Intermediate Reference System

The direction of the celestial intermediate pole (CIP), which is the pole of the Celestial Intermediate Reference System (the true celestial pole of date), at any instant is defined by the transformation from the GCRS that involves the rotations for frame bias and precession-nutation.

The unit vector components of the CIP (in radians) are given by elements one and two from the third row of the following rotation matrices, namely

$$\mathcal{X} = \mathbf{C}_{3,1} = \mathbf{M}_{3,1} \quad \text{and} \quad \mathcal{Y} = \mathbf{C}_{3,2} = \mathbf{M}_{3,2}$$

and the equations for calculating $\mathbf{C}$ are given on page B49, while those for $\mathbf{M}$ are given on page B50. Alternatively, $\mathcal{X}$ and $\mathcal{Y}$ may be calculated directly using

$$\mathcal{X} = \sin\epsilon \sin\psi \cos\bar{\gamma} - (\sin\epsilon \cos\psi \cos\bar{\phi} - \cos\epsilon \sin\bar{\phi}) \sin\bar{\gamma}$$
$$\mathcal{Y} = \sin\epsilon \sin\psi \sin\bar{\gamma} + (\sin\epsilon \cos\psi \cos\bar{\phi} - \cos\epsilon \sin\bar{\phi}) \cos\bar{\gamma}$$

where $\bar{\gamma}, \bar{\phi}, \psi$ and ϵ include the effects of frame bias, precession and nutation (see page B56). $\mathcal{X}$ and $\mathcal{Y}$ are tabulated, in radians, at 0^h TT on even pages B30–B44, on odd pages B31–B45, and in arcseconds on pages B58–B65. The equations above may also be used to calculate the coordinates of the mean pole by ignoring nutation, that is by replacing ψ by $\bar{\psi}$ and ϵ by ϵ_A.

The position $(\mathcal{X}, \mathcal{Y})$ of the CIP, expressed in arcseconds, accurate to $0''0001$, may also be calculated from the following series expansions,

$$\mathcal{X} = -0''016\ 617 + 2004''191\ 898\ T - 0''429\ 7829\ T^2$$
$$- 0''198\ 618\ 34\ T^3 + 7''578 \times 10^{-6}\ T^4 + 5''9285 \times 10^{-6}\ T^5$$
$$+ \sum_{j,i} [(a_{s,j})_i\ T^j \sin(\text{ARGUMENT}) + (a_{c,j})_i\ T^j \cos(\text{ARGUMENT})] + \cdots$$

$$\mathcal{Y} = -0''006\ 951 - 0''025\ 896\ T - 22''407\ 2747\ T^2$$
$$+ 0''001\ 900\ 59\ T^3 + 0''001\ 112\ 526\ T^4 + 0''1358 \times 10^{-6}\ T^5$$
$$+ \sum_{j,i} [(b_{c,j})_i\ T^j \cos(\text{ARGUMENT}) + (b_{s,j})_i\ T^j \sin(\text{ARGUMENT})] + \cdots$$

where T is measured in TT Julian centuries from J2000·0 and the coefficients and arguments may be downloaded from the CDS (see *The Astronomical Almanac Online* for the web link).

Approximate formulae for the Celestial Intermediate Pole

The following formulae may be used to compute $\mathcal{X}$ and $\mathcal{Y}$ to a precision of $0''3$ during 2015:

$$\mathcal{X} = 300''53 + 0''0549\ d \qquad\qquad \mathcal{Y} = -0''51$$
$$- 6''8 \sin\Omega - 0''5 \sin 2L \qquad\qquad + 9''2 \cos\Omega + 0''6 \cos 2L$$

where $\Omega = 195°0 - 0·053\ d$, $L = 279°3 + 0·986\ d$ and d is the day of the year and fraction of the day in the TT time scale.

Origin of the Celestial Intermediate Reference System

The CIO locator s, positions the celestial intermediate origin (CIO) on the equator of the Celestial Intermediate Reference System. It is the difference in the right ascension of the node of the equators in the GCRS and the Celestial Intermediate Reference System (see page B9). The CIO locator s is tabulated daily at 0^h TT, in arcseconds, on pages B58–B65.

The location of the CIO may be represented by $s + \mathcal{X}\mathcal{Y}/2$, the series of which is downloadable from the CDS (see *The Astronomical Almanac Online* for the web link). However, the definition below includes all terms exceeding 0.5μas during the interval 1975–2025.

$$s = -\mathcal{X}\mathcal{Y}/2 + 94'' \times 10^{-6} + \sum_k C_k \sin A_k$$
$$+ (+0.''003\,808\,65 + 1.''73 \times 10^{-6} \sin \Omega + 3.''57 \times 10^{-6} \cos 2\Omega)\, T$$
$$+ (-0.''000\,122\,68 + 743.''52 \times 10^{-6} \sin \Omega - 8.''85 \times 10^{-6} \sin 2\Omega$$
$$+ 56.''91 \times 10^{-6} \sin 2(F - D + \Omega) + 9.''84 \times 10^{-6} \sin 2(F + \Omega))\, T^2$$
$$- 0.''072\,574\,11\, T^3 + 27.''98 \times 10^{-6}\, T^4 + 15.''62 \times 10^{-6}\, T^5$$

		Terms for $C_k \sin A_k$			
	Argument	Coefficient		Argument	Coefficient
k	A_k	C_k	k	A_k	C_k
		$''$			$''$
1	Ω	$-0{\cdot}002\,640\,73$	7	$2F + \Omega$	$-0{\cdot}000\,001\,98$
2	2Ω	$-0{\cdot}000\,063\,53$	8	3Ω	$+0{\cdot}000\,001\,72$
3	$2F - 2D + 3\Omega$	$-0{\cdot}000\,011\,75$	9	$l' + \Omega$	$+0{\cdot}000\,001\,41$
4	$2F - 2D + \Omega$	$-0{\cdot}000\,011\,21$	10	$l' - \Omega$	$+0{\cdot}000\,001\,26$
5	$2F - 2D + 2\Omega$	$+0{\cdot}000\,004\,57$	11	$l + \Omega$	$+0{\cdot}000\,000\,63$
6	$2F + 3\Omega$	$-0{\cdot}000\,002\,02$	12	$l - \Omega$	$+0{\cdot}000\,000\,63$

$\mathcal{X}$, $\mathcal{Y}$ (expressed in radians) is the position of the CIP at the required TT instant. The coefficients and arguments (C_k, A_k) are tabulated above and the expressions for the fundamental arguments are

$$l = 134°963\,402\,51 + 1\,717\,915\,923.''2178T + 31.''8792T^2 + 0.''051\,635T^3 - 0.''000\,244\,70T^4$$
$$l' = 357°529\,109\,18 + 129\,596\,581.''0481T - 0.''5532T^2 + 0.''000\,136T^3 - 0.''000\,011\,49T^4$$
$$F = 93°272\,090\,62 + 1\,739\,527\,262.''8478T - 12.''7512T^2 - 0.''001\,037T^3 + 0.''000\,004\,17T^4$$
$$D = 297°850\,195\,47 + 1\,602\,961\,601.''2090T - 6.''3706T^2 + 0.''006\,593T^3 - 0.''000\,031\,69T^4$$
$$\Omega = 125°044\,555\,01 - 6\,962\,890.''5431T + 7.''4722T^2 + 0.''007\,702T^3 - 0.''000\,059\,39T^4$$

where T is the interval in TT Julian centuries from J2000·0 and is used in both the fundamental arguments and the expression for s itself.

These fundamental arguments are also used with the series expression for the complementary terms of the equation of the equinoxes (see page B10).

Approximate position of the Celestial Intermediate Origin

The CIO locator s may be ignored (i.e. set $s = 0$) in the interval 1963 to 2031 if accuracies no better than $0.''01$ are acceptable.

During 2015, $s + \mathcal{X}\mathcal{Y}/2$ may be computed to a precision of 4×10^{-5} arcseconds from

$$s + \mathcal{X}\mathcal{Y}/2 = 0.''000\,42 - 0.''0026 \sin(195°0 - 0{\cdot}053\,d) - 0.''0001 \sin(30°0 - 0{\cdot}106\,d)$$

where $\mathcal{X}$ and $\mathcal{Y}$ are expressed in radians (page B46 gives an approximation) and d is the day of the year and fraction of the day in the TT time scale.

Reduction from the GCRS

The transformation from the GCRS to the terrestrial reference system applies rotations for frame bias, the effects of precession and nutation, and Earth rotation. It is only the origin of right ascension and whether ERA or GAST is used to obtain a position with respect to the terrestrial system, that differ.

The following shows the matrix transformations to both the Celestial Intermediate Reference System (based on the CIP and CIO) and the traditional equator and equinox of date system (based on the CIP and equinox). This is followed by considering frame bias, precession, nutation, and the angles and rotations that represent these effects.

Summary of the CIP and the relationships between various origins

The CIP is the pole of both the Celestial Intermediate Reference System and the system of the the equator and equinox of date. The transformation from the GCRS to either of these systems and to the Terrestrial Intermediate Reference System may be represented by

$$\mathcal{R}_\beta = \mathbf{R}_3(-\beta)\,\mathcal{R}_\Sigma$$

where the matrix $\mathcal{R}_\Sigma$ transforms position vectors from the GCRS equator and origin (see diagram on page B9) to the "of date" system defined by the CIP and β determines the origin to be used and thus the method (see Capitaine, N., and Wallace, P.T., *Astron. Astrophys.*, **450**, 855-872, 2006). Thus listing the matrix relationships by method (i.e. value of β) gives:

CIO Method	Equinox Method
$\beta = s$	$\beta = s - E_o$
$\mathcal{R}_\beta = \mathbf{R}_3(-s)\,\mathcal{R}_\Sigma$	$\mathcal{R}_\beta = \mathbf{R}_3(-s + E_o)\,\mathcal{R}_\Sigma$
$= \mathbf{C}$	$= \mathbf{M} \equiv \mathbf{NPB}$

where s is the CIO locator (see page B47), E_o is the equation of the origins (see page B10), and the matrices $\mathbf{C}$, $\mathcal{R}_\Sigma$ and $\mathbf{M}$ are defined on pages B49 and B50, respectively.

When β includes the Earth Rotation angle, or Greenwich apparent sidereal time, then coordinates with respect to the terrestrial intermediate origin are the result. Finally, longitude may be included, then the coordinates will be relative to the observers prime meridian.

CIO Method	Equinox Method
$\beta = s - \theta - \lambda$	$\beta = s - E_o - \mathrm{GAST} - \lambda$
$\mathcal{R}_\beta = \mathbf{R}_3(\lambda + \theta - s)\,\mathcal{R}_\Sigma$	$\mathcal{R}_\beta = \mathbf{R}_3(\lambda + \mathrm{GAST} - s + E_o)\,\mathcal{R}_\Sigma$
$= \mathbf{R}_3(\lambda + \theta)\,\mathbf{C}$	$= \mathbf{R}_3(\lambda + \mathrm{GAST})\,\mathbf{M}$
$= \mathbf{Q}$	$= \mathbf{Q}$

where east longitudes are positive. The above ignores the small corrections for polar motion that are required in the reduction of very precise observations; they are (i) alignment of the terrestrial intermediate origin onto the longitude origin ($\lambda_{\mathrm{ITRS}} = 0$) of the International Terrestrial Reference System, and (ii) for the positioning of the CIP within ITRS, (see page B84).

The equation of the origins, the relationship between the two systems may be calculated using

$$\mathbf{M} = \mathbf{R}_3(-s + E_o)\,\mathcal{R}_\Sigma \qquad \text{and thus} \qquad E_o = s - \tan^{-1}\frac{\mathbf{M}_j \cdot \mathcal{R}_{\Sigma_i}}{\mathbf{M}_i \cdot \mathcal{R}_{\Sigma_i}}$$

where $\mathbf{M}_i$ and $\mathbf{M}_j$ are the first two rows of $\mathbf{M}$, $\mathcal{R}_{\Sigma_i}$ is the first row of $\mathcal{R}_\Sigma$ and $\cdot$ denotes the dot or scalar product. See also page B10 for an alternative method.

CIO Method of Reduction from the GCRS — rigorous formulae

Given an equatorial geocentric position vector $\mathbf{r}$ of an object with respect to the GCRS, then $\mathbf{r}_i$, its position with respect to the Celestial Intermediate Reference System, is given by

$$\mathbf{r}_i = \mathbf{C}\,\mathbf{r} \quad \text{and} \quad \mathbf{r} = \mathbf{C}^{-1}\,\mathbf{r}_i = \mathbf{C}'\,\mathbf{r}_i$$

The matrix $\mathbf{C}$ is tabulated daily at 0^h TT on odd numbered pages B31–B45, and is calculated thus

$$\mathbf{C}(\mathcal{X}, \mathcal{Y}, s) = \mathbf{R}_3(-[E + s])\,\mathbf{R}_2(d)\,\mathbf{R}_3(E) = \mathbf{R}_3(-s)\,\mathcal{R}_\Sigma$$

where the quantities $\mathcal{X}$, $\mathcal{Y}$, are the coordinates of the CIP, (expressed in radians), and the relationships between $\mathcal{X}$, $\mathcal{Y}$, $\mathcal{Z}$, E and d are:

$$\mathcal{X} = \sin d \cos E = \mathbf{M}_{3,1} = \mathbf{C}_{3,1}$$
$$\mathcal{Y} = \sin d \sin E = \mathbf{M}_{3,2} = \mathbf{C}_{3,2}$$
$$\mathcal{Z} = \cos d = \sqrt{(1 - \mathcal{X}^2 - \mathcal{Y}^2)}$$

$$E = \tan^{-1}(\mathcal{Y}/\mathcal{X})$$
$$d = \tan^{-1}\left(\frac{\mathcal{X}^2 + \mathcal{Y}^2}{1 - \mathcal{X}^2 - \mathcal{Y}^2}\right)^{\frac{1}{2}}$$

$\mathcal{X}$, $\mathcal{Y}$ and s are given on pages B46-B47 and tabulated, in arcseconds, daily at 0^h TT on pages B58–B65.

The matrix $\mathbf{C}$ transforms positions to the Celestial Intermediate Reference System, with the CIO being located by the rotation $\mathbf{R}_3(-s)$, and $\mathcal{R}_\Sigma$, the transformation from the GCRS equator to the equator of date being given by

$$\mathcal{R}_\Sigma = \begin{pmatrix} 1 - a\mathcal{X}^2 & -a\mathcal{X}\mathcal{Y} & -\mathcal{X} \\ -a\mathcal{X}\mathcal{Y} & 1 - a\mathcal{Y}^2 & -\mathcal{Y} \\ \mathcal{X} & \mathcal{Y} & 1 - a(\mathcal{X}^2 + \mathcal{Y}^2) \end{pmatrix} = \begin{pmatrix} \mathcal{R}_{\Sigma_i} \\ \mathcal{R}_{\Sigma_k} \times \mathcal{R}_{\Sigma_i} \\ \mathcal{R}_{\Sigma_k} \end{pmatrix}$$

where $a = 1/(1 + \mathcal{Z})$. $\mathcal{R}_{\Sigma_i}$ is the unit vector pointing towards Σ (see diagram on page B9) that is obtained from the elements of the first row of $\mathcal{R}_\Sigma$ and similarly $\mathcal{R}_{\Sigma_k}$ is the unit vector pointing towards the CIP. Note that $\mathcal{R}_{\Sigma_k} = \mathbf{M}_k$ (see page B50).

Approximate reduction from GCRS to the Celestial Intermediate Reference System

The matrix $\mathbf{C}$ given below together with the approximate formulae for $\mathcal{X}$ and $\mathcal{Y}$ on page B46 (expressed in radians) may be used when the resulting position is required to no better than $0\rlap{.}{''}3$ during 2015:

$$\mathbf{C} = \begin{pmatrix} 1 - \mathcal{X}^2/2 & 0 & -\mathcal{X} \\ 0 & 1 & -\mathcal{Y} \\ \mathcal{X} & \mathcal{Y} & 1 - \mathcal{X}^2/2 \end{pmatrix}$$

Thus the position vector $\mathbf{r}_i = (x_i, y_i, z_i)$ with respect to the Celestial Intermediate Reference System (equator and CIO of date) may be calculated from the geocentric position vector $\mathbf{r} = (r_x, r_y, r_z)$ with respect to the GCRS using

$$\mathbf{r}_i = \mathbf{C}\,\mathbf{r}$$

therefore using the approximate matrix

$$x_i = (1 - \mathcal{X}^2/2)\,r_x \qquad\qquad\qquad - \mathcal{X}\,r_z$$
$$y_i = \qquad\qquad\qquad r_y \qquad\qquad - \mathcal{Y}\,r_z$$
$$z_i = \qquad\qquad \mathcal{X}\,r_x + \mathcal{Y}\,r_y + (1 - \mathcal{X}^2/2)\,r_z$$

and thus

$$\alpha_i = \tan^{-1}(y_i/x_i) \qquad \delta = \tan^{-1}\left(z_i/\sqrt{(x_i^2 + y_i^2)}\right)$$

where α_i, δ, are the intermediate right ascension and declination, and the quadrant of α_i is determined by the signs of x_i and y_i.

During 2015, the $\mathcal{X}^2$ term may be dropped without significant loss of accuracy.

Equinox Method of reduction from the GCRS — rigorous formulae

The reduction from a geocentric position $\mathbf{r}$ with respect to the Geocentric Celestial Reference System (GCRS) to a position $\mathbf{r}_t$ with respect to the equator and equinox of date, and vice versa, is given by:

$$\mathbf{r}_t = \mathbf{M}\,\mathbf{r} \quad \text{and} \quad \mathbf{r} = \mathbf{M}^{-1}\,\mathbf{r}_t = \mathbf{M}'\,\mathbf{r}_t$$

Using the 4-rotation Fukishma-Willams (F-W) method, the rotation matrix $\mathbf{M}$ may be written as

$$\mathbf{M} = \mathbf{R}_1(-[\epsilon_A + \Delta\epsilon])\,\mathbf{R}_3(-[\bar{\psi} + \Delta\psi])\,\mathbf{R}_1(\bar{\phi})\,\mathbf{R}_3(\bar{\gamma}) = \begin{pmatrix} \mathbf{M}_i \\ \mathbf{M}_j \\ \mathbf{M}_k \end{pmatrix} = \mathbf{N}\,\mathbf{P}\,\mathbf{B}$$

where the angles $\bar{\gamma}$, $\bar{\phi}$, $\bar{\psi}$ combine the frame bias with the effects of precession (see page B56). Nutation is applied by adding the nutations in longitude ($\Delta\psi$) and obliquity ($\Delta\epsilon$) (see page B55) to $\bar{\psi}$ and ϵ_A, respectively. Pages B50–B56 give the formulae for calculating the matrices $\mathbf{B}$, $\mathbf{P}$ and $\mathbf{N}$ individually using the traditional angles and rotations.

The elements of the rows of $\mathbf{M}$ represent unit vectors pointing in the directions of the x, y and z axes of the equator and equinox of date system. Thus the elements of the first row are the components of the unit vector in the direction of the true equinox,

$$\mathbf{M}_i = \begin{pmatrix} M_{1,1} \\ M_{1,2} \\ M_{1,3} \end{pmatrix} = \begin{pmatrix} \cos\psi\cos\bar{\gamma} + \sin\psi\cos\bar{\phi}\sin\bar{\gamma} \\ \cos\psi\sin\bar{\gamma} - \sin\psi\cos\bar{\phi}\cos\bar{\gamma} \\ -\sin\psi\sin\bar{\phi} \end{pmatrix}$$

The second row of elements defines the unit vector in the direction of the y-axis, in the plane $90°$ from the x-z plane, i.e. the plane of the equator of date, and is given by

$$\mathbf{M}_j = \mathbf{M}_k \times \mathbf{M}_i$$
$$= \begin{pmatrix} M_{2,1} \\ M_{2,2} \\ M_{2,3} \end{pmatrix} = \begin{pmatrix} \cos\epsilon\sin\psi\cos\bar{\gamma} - (\cos\epsilon\cos\psi\cos\bar{\phi} + \sin\epsilon\sin\bar{\phi})\sin\bar{\gamma} \\ \cos\epsilon\sin\psi\sin\bar{\gamma} + (\cos\epsilon\cos\psi\cos\bar{\phi} + \sin\epsilon\sin\bar{\phi})\cos\bar{\gamma} \\ \cos\epsilon\cos\psi\sin\bar{\phi} - \sin\epsilon\cos\bar{\phi} \end{pmatrix}$$

Lastly, the elements of the third row are the components of the unit vector pointing in the direction of the celestial intermediate pole, thus

$$\mathbf{M}_k = \begin{pmatrix} M_{3,1} \\ M_{3,2} \\ M_{3,3} \end{pmatrix} = \begin{pmatrix} x \\ y \\ z \end{pmatrix} = \begin{pmatrix} \sin\epsilon\sin\psi\cos\bar{\gamma} - (\sin\epsilon\cos\psi\cos\bar{\phi} - \cos\epsilon\sin\bar{\phi})\sin\bar{\gamma} \\ \sin\epsilon\sin\psi\sin\bar{\gamma} + (\sin\epsilon\cos\psi\cos\bar{\phi} - \cos\epsilon\sin\bar{\phi})\cos\bar{\gamma} \\ \sin\epsilon\cos\psi\sin\bar{\phi} + \cos\epsilon\cos\bar{\phi} \end{pmatrix}$$

Reduction from GCRS to J2000 — frame bias — rigorous formulae

Positions of objects with respect to the GCRS must be rotated to the J2000·0 dynamical system before precession and nutation are applied. Objects whose positions are given with respect to another system, e.g. FK5, may first be transformed to the GCRS before using the methods given here. An GCRS position $\mathbf{r}$ may be transformed to a J2000·0 or FK5 position $\mathbf{r}_0$ and vice versa, as follows,

$$\mathbf{r}_0 = \mathbf{B}\,\mathbf{r} \quad \text{and} \quad \mathbf{r} = \mathbf{B}^{-1}\mathbf{r}_0 = \mathbf{B}'\mathbf{r}_0$$

where $\mathbf{B}$ is the frame bias matrix.

Reduction from GCRS to J2000 — frame bias — rigorous formulae (continued)

There are two sets of parameters that may be used to generate $\mathbf{B}$. There are η_0, ξ_0 and $d\alpha_0$ which appeared in the literature first, or those consistent with the Fukishma-Williams precession parameterization, γ_B, ϕ_B and ψ_B.

Offsets of the Pole and Origin at J2000·0

Rotation From	η_0 mas	ξ_0 mas	$d\alpha_0$ mas	F-W IAU 2006		
				γ_B mas	ϕ_B mas	ψ_B mas
GCRS to J2000·0	− 6·8192	−16·617	−14·6	52·928	6·819	41·775
GCRS to FK5	−19·9	+ 9·1	−22·9			

where η_0, ξ_0 are the offsets from the pole together with the shift in right ascension origin ($d\alpha_0$). The IAU 2006 offsets, γ_B, ϕ_B and ψ_B are extracted from the IAU WGPE report and are consistent with F-W method of rotations:

$$\mathbf{B} = \mathbf{R}_3(-\psi_B)\,\mathbf{R}_1(\phi_B)\,\mathbf{R}_3(\gamma_B)$$

Alternatively

$$\mathbf{B} = \mathbf{R}_1(-\eta_0)\,\mathbf{R}_2(\xi_0)\,\mathbf{R}_3(d\alpha_0) \qquad \mathbf{B}^{-1} = \mathbf{R}_3(-d\alpha_0)\,\mathbf{R}_2(-\xi_0)\,\mathbf{R}_1(+\eta_0)$$

where in terms of corrections provided by the IAU 2000 precession-nutation theory, $\delta\epsilon_0 = \eta_0$ and $\xi_0 = -41\cdot775 \sin(23° 26' 21''448) = -16\cdot617$ mas.

Evaluating the matrix for GCRS to J2000·0 gives

$$\mathbf{B} = \begin{pmatrix} +0\cdot9999\,9999\,9999\,9942 & -0\cdot0000\,0007\,1 & +0\cdot0000\,0008\,056 \\ +0\cdot0000\,0007\,1 & +0\cdot9999\,9999\,9999\,9969 & +0\cdot0000\,0003\,306 \\ -0\cdot0000\,0008\,056 & -0\cdot0000\,0003\,306 & +0\cdot9999\,9999\,9999\,9962 \end{pmatrix}$$

where the number of digits is determined by the accuracy of the offsets.

Approximate reduction from GCRS to J2000

Since the rotations to orient the GCRS to J2000·0 system are small the following approximate matrix, accurate to $2'' \times 10^{-9}$ (1×10^{-14} radians), may be used:

$$\mathbf{B} = \begin{pmatrix} 1 & d\alpha_0 & -\xi_0 \\ -d\alpha_0 & 1 & -\eta_0 \\ \xi_0 & \eta_0 & 1 \end{pmatrix}$$

where η_0, ξ_0 and $d\alpha_0$ are the offsets of the pole and the origin (expressed in radians) from J2000·0 given in the table above.

Reduction for precession—rigorous formulae

Rigorous formulae for the reduction of mean equatorial positions from J2000·0 (t_0) to epoch of date t, and vice versa, are as follows:

For equatorial rectangular coordinates (x_0, y_0, z_0), or direction cosines ($\mathbf{r}_0$),

$$\mathbf{r}_m = \mathbf{P}\,\mathbf{r}_0 \qquad\qquad \mathbf{r}_0 = \mathbf{P}^{-1}\,\mathbf{r}_m = \mathbf{P}'\mathbf{r}_m$$

where

$$\begin{aligned} \mathbf{P} &= \mathbf{R}_1(-\epsilon_A)\,\mathbf{R}_3(-\psi_J)\,\mathbf{R}_1(\phi_J)\,\mathbf{R}_3(\gamma_J) \\ &= \mathbf{R}_3(\chi_A)\,\mathbf{R}_1(-\omega_A)\,\mathbf{R}_3(-\psi_A)\,\mathbf{R}_1(\epsilon_0) \\ &= \mathbf{R}_3(-z_A)\,\mathbf{R}_2(\theta_A)\,\mathbf{R}_3(-\zeta_A) \end{aligned}$$

and $\mathbf{r}_m$ is the position vector precessed from t_0 to the mean equinox at t.

The angles given in this section precess positions from J2000·0 to date and therefore do not include the frame bias, which is only needed when positions are with respect to the GCRS.

Reduction for precession—rigorous formulae (continued)

For all the precession angles given in this section the time argument T is given by

$$T = (t - 2000 \cdot 0)/100 = (\mathrm{JD_{TT}} - 245\ 1545 \cdot 0)/36\ 525$$

which is a function of TT. Strictly speaking precession angles should be a function of TDB, but this makes no significant difference.

The 4-rotation Fukushima-Williams (F-W) method using angles γ_J, ϕ_J, ψ_J, and ϵ_A, are

$$\gamma_J = 10''556\ 403\ T + 0''493\ 2044\ T^2 - 0''000\ 312\ 38\ T^3$$
$$- 2''788 \times 10^{-6}\ T^4 + 2''60 \times 10^{-8}\ T^5$$

$$\phi_J = \epsilon_0 - 46''811\ 015\ T + 0''051\ 1269\ T^2 + 0''000\ 532\ 89\ T^3$$
$$- 0''440 \times 10^{-6}\ T^4 - 1''76 \times 10^{-8}\ T^5$$

$$\psi_J = 5038''481\ 507\ T + 1''558\ 4176\ T^2 - 0''000\ 185\ 22\ T^3$$
$$- 26''452 \times 10^{-6}\ T^4 - 1''48 \times 10^{-8}\ T^5$$

$$\epsilon_A = \epsilon_0 - 46''836\ 769\ T - 0''000\ 1831\ T^2 + 0''002\ 003\ 40\ T^3$$
$$- 0''576 \times 10^{-6}\ T^4 - 4''34 \times 10^{-8}\ T^5$$

where $\epsilon_0 = 84\ 381''406 = 23°\ 26'\ 21''406$ is the obliquity of the ecliptic with respect to the dynamical equinox at J2000 and ϵ_A is the obliquity of the ecliptic with respect to the mean equator of date; equivalently

$$\epsilon_A = 23°439\ 279\ 4444 - 0°013\ 010\ 213\ 61\ T - 5°0861 \times 10^{-8}\ T^2$$
$$+ 5°565 \times 10^{-7}\ T^3 - 1°6 \times 10^{-10}\ T^4 - 1°2056 \times 10^{-11}\ T^5$$

The precession matrix for the F-W precession angles, which includes how to incorporate the frame bias and nutation, is described on page B56.

The Capitaine *et al.* method, the formulation of which cleanly separates precession of the equator from precession of the ecliptic, is via the precession angles χ_A, ω_A, ψ_A, which are

$$\psi_A = 5038''481\ 507\ T - 1''079\ 0069\ T^2 - 0''001\ 140\ 45\ T^3$$
$$+ 0''000\ 132\ 851\ T^4 - 9''51 \times 10^{-8}\ T^5$$

$$\omega_A = \epsilon_0 - 0''025\ 754\ T + 0''051\ 2623\ T^2 - 0''007\ 725\ 03\ T^3$$
$$- 0''000\ 000\ 467\ T^4 + 33''37 \times 10^{-8}\ T^5$$

$$\chi_A = 10''556\ 403\ T - 2''381\ 4292\ T^2 - 0''001\ 211\ 97\ T^3$$
$$+ 0''000\ 170\ 663\ T^4 - 5''60 \times 10^{-8}\ T^5$$

where the precession matrix using χ_A, ω_A, ψ_A and ϵ_0 is

$$\mathbf{P} = \begin{pmatrix} C_4C_2 - S_2S_4C_3 & C_4S_2C_1 + S_4C_3C_2C_1 - S_1S_4S_3 & C_4S_2S_1 + S_4C_3C_2S_1 + C_1S_4S_3 \\ -S_4C_2 - S_2C_4C_3 & -S_4S_2C_1 + C_4C_3C_2C_1 - S_1C_4S_3 & -S_4S_2S_1 + C_4C_3C_2S_1 + C_1C_4S_3 \\ S_2S_3 & -S_3C_2C_1 - S_1C_3 & -S_3C_2S_1 + C_3C_1 \end{pmatrix}$$

where
$$S_1 = \sin\epsilon_0 \quad S_2 = \sin(-\psi_A) \quad S_3 = \sin(-\omega_A) \quad S_4 = \sin\chi_A$$
$$C_1 = \cos\epsilon_0 \quad C_2 = \cos(-\psi_A) \quad C_3 = \cos(-\omega_A) \quad C_4 = \cos\chi_A$$

The traditional equatorial precession angles ζ_A, z_A, θ_A are

$$\zeta_A = +2''650\ 545 + 2306''083\ 227\ T + 0''298\ 8499\ T^2 + 0''018\ 018\ 28\ T^3$$
$$- 5''971 \times 10^{-6}\ T^4 - 3''173 \times 10^{-7}\ T^5$$

$$z_A = -2''650\ 545 + 2306''077\ 181\ T + 1''092\ 7348\ T^2 + 0''018\ 268\ 37\ T^3$$
$$- 28''596 \times 10^{-6}\ T^4 - 2''904 \times 10^{-7}\ T^5$$

$$\theta_A = 2004''191\ 903\ T - 0''429\ 4934\ T^2 - 0''041\ 822\ 64\ T^3$$
$$- 7''089 \times 10^{-6}\ T^4 - 1''274 \times 10^{-7}\ T^5$$

Reduction for precession—rigorous formulae (continued)

The precession matrix using ζ_A, z_A, θ_A is

$$\mathbf{P} = \begin{pmatrix} \cos\zeta_A\cos\theta_A\cos z_A - \sin\zeta_A\sin z_A & -\sin\zeta_A\cos\theta_A\cos z_A - \cos\zeta_A\sin z_A & -\sin\theta_A\cos z_A \\ \cos\zeta_A\cos\theta_A\sin z_A + \sin\zeta_A\cos z_A & -\sin\zeta_A\cos\theta_A\sin z_A + \cos\zeta_A\cos z_A & -\sin\theta_A\sin z_A \\ \cos\zeta_A\sin\theta_A & -\sin\zeta_A\sin\theta_A & \cos\theta_A \end{pmatrix}$$

For right ascension and declination in terms of ζ_A, z_A, θ_A:

$$\sin(\alpha - z_A)\cos\delta = \sin(\alpha_0 + \zeta_A)\cos\delta_0$$
$$\cos(\alpha - z_A)\cos\delta = \cos(\alpha_0 + \zeta_A)\cos\theta_A\cos\delta_0 - \sin\theta_A\sin\delta_0$$
$$\sin\delta = \cos(\alpha_0 + \zeta_A)\sin\theta_A\cos\delta_0 + \cos\theta_A\sin\delta_0$$

$$\sin(\alpha_0 + \zeta_A)\cos\delta_0 = \sin(\alpha - z_A)\cos\delta$$
$$\cos(\alpha_0 + \zeta_A)\cos\delta_0 = \cos(\alpha - z_A)\cos\theta_A\cos\delta + \sin\theta_A\sin\delta$$
$$\sin\delta_0 = -\cos(\alpha - z_A)\sin\theta_A\cos\delta + \cos\theta_A\sin\delta$$

where ζ_A, z_A, θ_A, given above, are angles that serve to specify the position of the mean equator and equinox of date with respect to the mean equator and equinox of J2000·0.

Values of all the angles and the elements of $\mathbf{P}$ for reduction from J2000·0 to epoch and mean equinox of the middle of the year (J2015·5) are as follows:

F-W Precession Angles γ_J, ϕ_J, ψ_J, and ϵ_A

$$\gamma_J = +1''65 = +0°000\,458 \qquad \phi_J = +843\,74''15 = +23°437\,264$$
$$\psi_J = +781''00 = +0°216\,945 \qquad \epsilon_A = 23°\,26'\,14''15 = 23°437\,263$$

Precession Angles ζ_A, z_A, θ_A

$$\zeta_A = +360''10 = +0°100\,028$$
$$z_A = +354''82 = +0°098\,560$$
$$\theta_A = +310''64 = +0°086\,289$$

Precession Angles ψ_A, ω_A, χ_A

$$\psi_A = +780''94 = +0°216\,927$$
$$\omega_A = +843\,81''40 = +23°439\,279$$
$$\chi_A = +1''58 = +0°000\,439$$

The rotation matrix for precession from J2000·0 to J2015·5 is

$$\mathbf{P} = \begin{pmatrix} +0.999\,992\,859 & -0.003\,466\,013 & -0.001\,506\,019 \\ +0.003\,466\,013 & +0.999\,993\,993 & -0.000\,002\,591 \\ +0.001\,506\,019 & -0.000\,002\,629 & +0.999\,998\,866 \end{pmatrix}$$

The precessional motion of the ecliptic is specified by the inclination (π_A) and longitude of the node (Π_A) of the ecliptic of date with respect to the ecliptic and equinox of J2000·0; they are given by:

$$\sin\pi_A\sin\Pi_A = +\,4''199\,094\,T + 0''193\,9873\,T^2 - 0''000\,224\,66\,T^3$$
$$- 9''12\times10^{-7}\,T^4 + 1''20\times10^{-8}\,T^5$$

$$\sin\pi_A\cos\Pi_A = -46''811\,015\,T + 0''051\,0283\,T^2 + 0''000\,524\,13\,T^3$$
$$- 6''46\times10^{-7}\,T^4 - 1''72\times10^{-8}\,T^5$$

π_A is a small angle, and often π_A replaces $\sin\pi_A$.

For epoch J2015·5 $\pi_A = +7''284 = 0°002\,0233$
$$\Pi_A = 174°\,50'2 = 174°837$$

Reduction for precession—approximate formulae

Approximate formulae for the reduction of coordinates and orbital elements referred to the mean equinox and equator or ecliptic of date (t) are as follows:

For reduction to J2000·0

$$\alpha_0 = \alpha - M - N \sin\alpha_m \tan\delta_m$$
$$\delta_0 = \delta - N \cos\alpha_m$$
$$\lambda_0 = \lambda - a + b \cos(\lambda + c') \tan\beta_0$$
$$\beta_0 = \beta - b \sin(\lambda + c')$$
$$\Omega_0 = \Omega - a + b \sin(\Omega + c') \cot i_0$$
$$i_0 = i - b \cos(\Omega + c')$$
$$\omega_0 = \omega - b \sin(\Omega + c') \operatorname{cosec} i_0$$

For reduction from J2000·0

$$\alpha = \alpha_0 + M + N \sin\alpha_m \tan\delta_m$$
$$\delta = \delta_0 + N \cos\alpha_m$$
$$\lambda = \lambda_0 + a - b \cos(\lambda_0 + c) \tan\beta$$
$$\beta = \beta_0 + b \sin(\lambda_0 + c)$$
$$\Omega = \Omega_0 + a - b \sin(\Omega_0 + c) \cot i$$
$$i = i_0 + b \cos(\Omega_0 + c)$$
$$\omega = \omega_0 + b \sin(\Omega_0 + c) \operatorname{cosec} i$$

where the subscript zero refers to epoch J2000·0 and α_m, δ_m refer to the mean epoch; with sufficient accuracy:

$$\alpha_m = \alpha - \tfrac{1}{2}(M + N \sin\alpha \tan\delta)$$
$$\delta_m = \delta - \tfrac{1}{2}N \cos\alpha_m$$

or

$$\alpha_m = \alpha_0 + \tfrac{1}{2}(M + N \sin\alpha_0 \tan\delta_0)$$
$$\delta_m = \delta_0 + \tfrac{1}{2}N \cos\alpha_m$$

The precessional constants M, N, etc., are given by:

$$M = 1°2811\,5566\,89\,T + 0°0003\,8655\,131\,T^2 + 0°0000\,1007\,9625\,T^3$$
$$- 9°60194 \times 10^{-9}\,T^4 - 1°68806 \times 10^{-10}\,T^5$$

$$N = 0°5567\,1997\,31\,T - 0°0001\,1930\,372\,T^2 - 0°0000\,1161\,7400\,T^3$$
$$- 1°96917 \times 10^{-9}\,T^4 - 3°5389 \times 10^{-11}\,T^5$$

$$a = 1°3968\,8783\,19\,T + 0°0003\,0706\,522\,T^2 + 2°2122 \times 10^{-8}\,T^3$$
$$- 6°62694 \times 10^{-9}\,T^4 + 1°0639 \times 10^{-11}\,T^5$$

$$b = 0°0130\,5527\,03\,T - 0°0000\,0930\,350\,T^2 + 3°4886 \times 10^{-8}\,T^3$$
$$+ 3°13889 \times 10^{-11}\,T^4 - 6°11 \times 10^{-13}\,T^5$$

$$c = 5°1258\,9067 + 0°8189\,93580\,T + 0°0001\,4256\,094\,T^2 + 2°971\,04 \times 10^{-8}\,T^3$$
$$- 2°480\,66 \times 10^{-9}\,T^4 + 4°694 \times 10^{-12}\,T^5$$

$$c' = 5°1258\,9067 - 0°5778\,94252\,T - 0°0001\,6450\,428\,T^2 + 7°588\,19 \times 10^{-9}\,T^3$$
$$+ 4°146\,28 \times 10^{-9}\,T^4 - 5°944 \times 10^{-12}\,T^5$$

Formulae for the reduction from the mean equinox and equator or ecliptic of the middle of year (t_1) to date (t) are as follows:

$$\alpha = \alpha_1 + \tau(m + n \sin\alpha_1 \tan\delta_1)$$
$$\lambda = \lambda_1 + \tau(p - \pi \cos(\lambda_1 + 6°) \tan\beta)$$
$$\Omega = \Omega_1 + \tau(p - \pi \sin(\Omega_1 + 6°) \cot i)$$
$$\omega = \omega_1 + \tau\pi \sin(\Omega_1 + 6°) \operatorname{cosec} i$$

$$\delta = \delta_1 + \tau n \cos\alpha_1$$
$$\beta = \beta_1 + \tau\pi \sin(\lambda_1 + 6°)$$
$$i = i_1 + \tau\pi \cos(\Omega_1 + 6°)$$

where $\tau = t - t_1$ and π is the annual rate of rotation of the ecliptic.

Reduction for precession—approximate formulae (continued)

The precessional constants p, m, etc., are as follows:

Annual	Epoch J2015·5		Epoch J2015·5
general precession $p = +0°013\,9698$		Annual rate of rotation	$\pi = +0°000\,1305$
precession in R.A. $m = +0°012\,8128$		Longitude of axis	$\Pi = +174°8367$
precession in Dec. $n = +0°005\,5668$		$\gamma = 180° - \Pi = +5°1633$	

where Π is the longitude of the instantaneous rotation axis of the ecliptic, measured from the mean equinox of date.

Reduction for nutation — rigorous formulae

Nutations in longitude $(\Delta\psi)$ and obliquity $(\Delta\epsilon)$ have been calculated using the IAU 2000A series definitions (order of $1\mu as$) with the following adjustments which are required for use at the highest precision with the IAU 2006 precession, viz:

$$\Delta\psi = \Delta\psi_{2000A} + (0·4697 \times 10^{-6} - 2·7774 \times 10^{-6}\,T)\,\Delta\psi_{2000A}$$

$$\Delta\epsilon = \Delta\epsilon_{2000A} - 2·7774 \times 10^{-6}\,T\,\Delta\epsilon_{2000A}$$

where T is measured in Julian centuries from 245 1545·0 TT. $\Delta\psi$ and $\Delta\epsilon$ together with the true obliquity of the ecliptic (ϵ) are tabulated, daily at 0^h TT, on pages B58–B65. Web links are given on page x or on *The Astronomical Almanac Online* for series for evaluating $\Delta\psi_{2000A}$, $\Delta\epsilon_{2000A}$, and $\Delta\psi$, $\Delta\epsilon$.

A mean place $(\mathbf{r}_m)$ may be transformed to a true place $(\mathbf{r}_t)$, and vice versa, as follows:

$$\mathbf{r}_t = \mathbf{N}\,\mathbf{r}_m \qquad \mathbf{r}_m = \mathbf{N}^{-1}\,\mathbf{r}_t = \mathbf{N}'\,\mathbf{r}_t$$

where $\mathbf{N} = \mathbf{R}_1(-\epsilon)\,\mathbf{R}_3(-\Delta\psi)\,\mathbf{R}_1(+\epsilon_A)$

$\epsilon = \epsilon_A + \Delta\epsilon$

and ϵ_A is given on page B52. The matrix for nutation is given by

$$\mathbf{N} = \begin{pmatrix} \cos\Delta\psi & -\sin\Delta\psi\cos\epsilon_A & -\sin\Delta\psi\sin\epsilon_A \\ \sin\Delta\psi\cos\epsilon & \cos\Delta\psi\cos\epsilon_A\cos\epsilon+\sin\epsilon_A\sin\epsilon & \cos\Delta\psi\sin\epsilon_A\cos\epsilon-\cos\epsilon_A\sin\epsilon \\ \sin\Delta\psi\sin\epsilon & \cos\Delta\psi\cos\epsilon_A\sin\epsilon-\sin\epsilon_A\cos\epsilon & \cos\Delta\psi\sin\epsilon_A\sin\epsilon+\cos\epsilon_A\cos\epsilon \end{pmatrix}$$

Approximate reduction for nutation

To first order, the contributions of the nutations in longitude $(\Delta\psi)$ and in obliquity $(\Delta\epsilon)$ to the reduction from mean place to true place are given by:

$$\Delta\alpha = (\cos\epsilon + \sin\epsilon\,\sin\alpha\,\tan\delta)\,\Delta\psi - \cos\alpha\,\tan\delta\,\Delta\epsilon \qquad \Delta\lambda = \Delta\psi$$

$$\Delta\delta = \sin\epsilon\,\cos\alpha\,\Delta\psi + \sin\alpha\,\Delta\epsilon \qquad\qquad\qquad \Delta\beta = 0$$

The following formulae may be used to compute $\Delta\psi$ and $\Delta\epsilon$ to a precision of about $0°0002\,(1'')$ during 2015.

$$\Delta\psi = -0°0048\,\sin(195°0 - 0·053\,d) \qquad \Delta\epsilon = +0°0026\,\cos(195°0 - 0·053\,d)$$

$$\qquad\quad -0°0004\,\sin(198°7 + 1·971\,d) \qquad\qquad +0°0002\,\cos(198°7 + 1·971\,d)$$

where $d = \text{JD}_{TT} - 245\,7022·5$ is the day of the year and fraction; for this precision

$$\epsilon = 23°44 \qquad \cos\epsilon = 0·917 \qquad \sin\epsilon = 0·398$$

Approximate reduction for nutation (continued)

The corrections to be added to the mean rectangular coordinates (x, y, z) to produce the true rectangular coordinates are given by:

$$\Delta x = -(y \cos \epsilon + z \sin \epsilon)\, \Delta \psi \quad \Delta y = +x \,\Delta \psi \cos \epsilon - z\, \Delta \epsilon \quad \Delta z = +x \,\Delta \psi \sin \epsilon + y \,\Delta \epsilon$$

where $\Delta \psi$ and $\Delta \epsilon$ are expressed in radians. The corresponding rotation matrix is

$$\mathbf{N} = \begin{pmatrix} 1 & -\Delta \psi \cos \epsilon & -\Delta \psi \sin \epsilon \\ +\Delta \psi \cos \epsilon & 1 & -\Delta \epsilon \\ +\Delta \psi \sin \epsilon & +\Delta \epsilon & 1 \end{pmatrix}$$

Combined reduction for frame bias, precession and nutation — rigorous formulae

The angles $\bar{\gamma}$, $\bar{\phi}$, $\bar{\psi}$ which combine frame bias with the effects of precession are given by

$$\bar{\gamma} = -0\rlap{.}''052\,928 + 10\rlap{.}''556\,378\, T + 0\rlap{.}''493\,2044\, T^2 - 0\rlap{.}''000\,312\,38\, T^3$$
$$- 2\rlap{.}''788 \times 10^{-6}\, T^4 + 2\rlap{.}''60 \times 10^{-8}\, T^5$$
$$\bar{\phi} = 84381\rlap{.}''412\,819 - 46\rlap{.}''811\,016\, T + 0\rlap{.}''051\,1268\, T^2 + 0\rlap{.}''000\,532\,89\, T^3$$
$$- 0\rlap{.}''440 \times 10^{-6}\, T^4 - 1\rlap{.}''76 \times 10^{-8}\, T^5$$
$$\bar{\psi} = -0\rlap{.}''041\,775 + 5038\rlap{.}''481\,484\, T + 1\rlap{.}''558\,4175\, T^2 - 0\rlap{.}''000\,185\,22\, T^3$$
$$- 26\rlap{.}''452 \times 10^{-6}\, T^4 - 1\rlap{.}''48 \times 10^{-8}\, T^5$$

Nutation (see page B55) is applied by adding the nutations in longitude $(\Delta \psi)$ and obliquity $(\Delta \epsilon)$ thus

$$\psi = \bar{\psi} + \Delta \psi \qquad \text{and} \qquad \epsilon = \epsilon_A + \Delta \epsilon$$

Values for $\Delta \psi$ and $\Delta \epsilon$ are tabulated daily on pages B58–B65 with ϵ, the true obliquity of the ecliptic, while ϵ_A is given on page B52.

Thus the reduction from a geocentric position $\mathbf{r}$ with respect to the GCRS to a position $\mathbf{r}_t$ with respect to the (true) equator and equinox of date, and vice versa, is given by:

$$\mathbf{r}_t = \mathbf{M}\,\mathbf{r} = \mathbf{N}\mathbf{P}\mathbf{B}\,\mathbf{r} \qquad \mathbf{r} = \mathbf{B}^{-1}\mathbf{P}^{-1}\mathbf{N}^{-1}\,\mathbf{r}_t = \mathbf{B}'\,\mathbf{P}'\,\mathbf{N}'\,\mathbf{r}_t$$

or where
$$\mathbf{M} = \mathbf{R}_1(-\epsilon)\,\mathbf{R}_3(-\psi)\,\mathbf{R}_1(\bar{\phi})\,\mathbf{R}_3(\bar{\gamma})$$

and the matrices $\mathbf{B}$, $\mathbf{P}$ and $\mathbf{N}$ are defined in the preceding sections. The combined matrix $\mathbf{M}$ (see page B50) is tabulated daily at 0^h TT on even numbered pages B30–B44. There should be no significant difference between the various methods of calculating $\mathbf{M}$.

Values for the middle of the year, epoch J2015·5 for $\bar{\gamma}$, $\bar{\phi}$, $\bar{\psi}$, ϵ_A, and the combined bias and precession matrices are

F-W Bias and Precession Angles $\bar{\gamma}$, $\bar{\phi}$, $\bar{\psi}$, and ϵ_A

$$\bar{\gamma} = +1\rlap{.}''60 = +0°000\,443 \qquad \bar{\phi} = +843\,74\rlap{.}''16 = +23°437\,266$$
$$\bar{\psi} = +780\rlap{.}''96 = +0°216\,933 \qquad \epsilon_A = 23°\,26'\,14\rlap{.}''15 = 23°437\,263$$

$$\mathbf{PB} = \begin{pmatrix} +0·999\,992\,859 & -0·003\,466\,084 & -0·001\,505\,938 \\ +0·003\,466\,084 & +0·999\,993\,993 & -0·000\,002\,557 \\ +0·001\,505\,938 & -0·000\,002\,662 & +0·999\,998\,866 \end{pmatrix}$$

where the combined frame bias and precession matrix has been calculated by ignoring the nutation terms $\Delta \psi$ and $\Delta \epsilon$.

Approximate reduction for precession and nutation

The following formulae and table may be used for the approximate reduction from the equator and equinox of J2000·0 (or from the GCRS if the small frame bias correction is ignored) to the true equator and equinox of date during 2015:

$$\alpha = \alpha_0 + f + g \sin(G + \alpha_0) \tan \delta_0$$
$$\delta = \delta_0 + g \cos(G + \alpha_0)$$

where the units of the correction to α_0 and δ_0 are seconds and arcminutes, respectively.

Date		f	g	g	G	Date		f	g	g	G
		s	s	'	h m			s	s	'	h m
Jan.	–2	+46·4	20·2	5·04	00 08	July	7	+47·8	20·8	5·20	00 08
	8	+46·5	20·2	5·05	00 08		17	+47·9	20·8	5·21	00 07
	18∗	+46·6	20·3	5·06	00 08		27	+48·0	20·9	5·22	00 07
	28	+46·7	20·3	5·07	00 07	Aug.	6∗	+48·1	20·9	5·23	00 07
Feb.	7	+46·8	20·3	5·08	00 07		16	+48·2	20·9	5·23	00 07
	17	+46·8	20·4	5·09	00 07		26	+48·2	21·0	5·24	00 07
	27∗	+46·9	20·4	5·10	00 07	Sept.	5	+48·3	21·0	5·25	00 07
Mar.	9	+46·9	20·4	5·10	00 07		15∗	+48·3	21·0	5·25	00 07
	19	+47·0	20·4	5·11	00 07		25	+48·4	21·0	5·26	00 07
	29	+47·0	20·5	5·11	00 07	Oct.	5	+48·4	21·0	5·26	00 07
Apr.	8∗	+47·1	20·5	5·12	00 07		15	+48·5	21·1	5·27	00 07
	18	+47·1	20·5	5·12	00 07		25∗	+48·5	21·1	5·27	00 07
	28	+47·2	20·5	5·13	00 07	Nov.	4	+48·6	21·1	5·28	00 07
May	8	+47·3	20·5	5·14	00 07		14	+48·7	21·2	5·29	00 07
	18∗	+47·3	20·6	5·15	00 07		24	+48·7	21·2	5·30	00 07
	28	+47·4	20·6	5·16	00 07	Dec.	4∗	+48·9	21·2	5·31	00 07
June	7	+47·5	20·7	5·17	00 08		14	+49·0	21·3	5·32	00 08
	17	+47·6	20·7	5·18	00 08		24	+49·0	21·3	5·33	00 08
	27∗†	+47·7	20·7	5·19	00 08		34	+49·2	21·4	5·34	00 07
July	7	+47·8	20·8	5·20	00 08						

∗ 40-day date   † 400-day date for osculation epoch

Differential precession and nutation

The corrections for differential precession and nutation are given below. These are to be added to the observed differences of the right ascension and declination, $\Delta\alpha$ and $\Delta\delta$, of an object relative to a comparison star to obtain the differences in the mean place for a standard epoch (e.g. J2000·0 or the beginning of the year). The differences $\Delta\alpha$ and $\Delta\delta$ are measured in the sense "object – comparison star", and the corrections are in the same units as $\Delta\alpha$ and $\Delta\delta$.

In the correction to right ascension the same units must be used for $\Delta\alpha$ and $\Delta\delta$.

correction to right ascension $e \tan \delta \, \Delta\alpha - f \sec^2 \delta \, \Delta\delta$

correction to declination $f \, \Delta\alpha$

where $e = -\cos\alpha (nt + \sin\epsilon \, \Delta\psi) - \sin\alpha \, \Delta\epsilon$

$f = +\sin\alpha (nt + \sin\epsilon \, \Delta\psi) - \cos\alpha \, \Delta\epsilon$

$\epsilon = 23°44$, $\sin\epsilon = 0·3977$, and $n = 0·000\ 0972$ radians for epoch J2015·5

t is the time in years *from* the standard epoch *to* the time of observation. $\Delta\psi$, $\Delta\epsilon$ are nutations in longitude and obliquity at the time of observation, *expressed in radians*. ($1'' = 0·000\ 004\ 8481$ rad).

The errors in arc units caused by using these formulae are of order $10^{-8} t^2 \sec^2 \delta$ multiplied by the displacement in arc from the comparison star.

FOR 0^h TERRESTRIAL TIME

Date 0^h TT	NUTATION in Long. $\Delta\psi$	in Obl. $\Delta\epsilon$	True Obl. of Ecliptic ϵ 23° 26′	Julian Date 0^h TT 245	CELESTIAL INTERMEDIATE Pole x	y	Origin s
	″	″	″		″	″	″
Jan. 0	+ 4·8355	− 9·5080	04·8741	7022·5	+ 302·4244	− 10·0290	+ 0·0084
1	+ 4·8716	− 9·5404	04·8404	7023·5	+ 302·4936	− 10·0616	+ 0·0084
2	+ 4·9432	− 9·5667	04·8129	7024·5	+ 302·5768	− 10·0882	+ 0·0084
3	+ 5·0394	− 9·5809	04·7973	7025·5	+ 302·6699	− 10·1028	+ 0·0085
4	+ 5·1456	− 9·5799	04·7971	7026·5	+ 302·7670	− 10·1021	+ 0·0085
5	+ 5·2457	− 9·5635	04·8122	7027·5	+ 302·8617	− 10·0860	+ 0·0084
6	+ 5·3262	− 9·5341	04·8403	7028·5	+ 302·9487	− 10·0569	+ 0·0084
7	+ 5·3775	− 9·4962	04·8769	7029·5	+ 303·0241	− 10·0193	+ 0·0084
8	+ 5·3956	− 9·4551	04·9168	7030·5	+ 303·0863	− 9·9784	+ 0·0084
9	+ 5·3816	− 9·4160	04·9545	7031·5	+ 303·1357	− 9·9395	+ 0·0083
10	+ 5·3412	− 9·3837	04·9856	7032·5	+ 303·1746	− 9·9073	+ 0·0083
11	+ 5·2835	− 9·3614	05·0065	7033·5	+ 303·2066	− 9·8851	+ 0·0083
12	+ 5·2200	− 9·3512	05·0155	7034·5	+ 303·2362	− 9·8750	+ 0·0083
13	+ 5·1633	− 9·3531	05·0123	7035·5	+ 303·2685	− 9·8770	+ 0·0083
14	+ 5·1259	− 9·3657	04·9985	7036·5	+ 303·3085	− 9·8897	+ 0·0083
15	+ 5·1192	− 9·3852	04·9776	7037·5	+ 303·3606	− 9·9095	+ 0·0083
16	+ 5·1512	− 9·4063	04·9553	7038·5	+ 303·4281	− 9·9308	+ 0·0083
17	+ 5·2237	− 9·4217	04·9386	7039·5	+ 303·5118	− 9·9465	+ 0·0083
18	+ 5·3296	− 9·4240	04·9351	7040·5	+ 303·6087	− 9·9490	+ 0·0083
19	+ 5·4518	− 9·4070	04·9507	7041·5	+ 303·7123	− 9·9325	+ 0·0083
20	+ 5·5649	− 9·3693	04·9871	7042·5	+ 303·8122	− 9·8951	+ 0·0083
21	+ 5·6425	− 9·3153	05·0399	7043·5	+ 303·8981	− 9·8413	+ 0·0082
22	+ 5·6667	− 9·2550	05·0989	7044·5	+ 303·9628	− 9·7812	+ 0·0082
23	+ 5·6362	− 9·2011	05·1515	7045·5	+ 304·0057	− 9·7275	+ 0·0081
24	+ 5·5663	− 9·1638	05·1875	7046·5	+ 304·0330	− 9·6903	+ 0·0081
25	+ 5·4825	− 9·1476	05·2024	7047·5	+ 304·0545	− 9·6742	+ 0·0081
26	+ 5·4103	− 9·1505	05·1982	7048·5	+ 304·0807	− 9·6772	+ 0·0081
27	+ 5·3677	− 9·1660	05·1814	7049·5	+ 304·1185	− 9·6928	+ 0·0081
28	+ 5·3624	− 9·1855	05·1607	7050·5	+ 304·1712	− 9·7125	+ 0·0081
29	+ 5·3921	− 9·2009	05·1440	7051·5	+ 304·2378	− 9·7281	+ 0·0081
30	+ 5·4471	− 9·2058	05·1378	7052·5	+ 304·3145	− 9·7333	+ 0·0081
31	+ 5·5137	− 9·1969	05·1454	7053·5	+ 304·3959	− 9·7247	+ 0·0081
Feb. 1	+ 5·5773	− 9·1734	05·1676	7054·5	+ 304·4762	− 9·7014	+ 0·0081
2	+ 5·6242	− 9·1371	05·2027	7055·5	+ 304·5498	− 9·6653	+ 0·0081
3	+ 5·6445	− 9·0916	05·2469	7056·5	+ 304·6129	− 9·6201	+ 0·0081
4	+ 5·6323	− 9·0419	05·2954	7057·5	+ 304·6631	− 9·5705	+ 0·0080
5	+ 5·5872	− 8·9932	05·3428	7058·5	+ 304·7002	− 9·5219	+ 0·0080
6	+ 5·5132	− 8·9504	05·3843	7059·5	+ 304·7257	− 9·4792	+ 0·0079
7	+ 5·4184	− 8·9173	05·4161	7060·5	+ 304·7430	− 9·4462	+ 0·0079
8	+ 5·3136	− 8·8963	05·4358	7061·5	+ 304·7563	− 9·4253	+ 0·0079
9	+ 5·2111	− 8·8879	05·4429	7062·5	+ 304·7704	− 9·4170	+ 0·0079
10	+ 5·1231	− 8·8910	05·4385	7063·5	+ 304·7903	− 9·4201	+ 0·0079
11	+ 5·0605	− 8·9025	05·4257	7064·5	+ 304·8202	− 9·4317	+ 0·0079
12	+ 5·0313	− 8·9178	05·4092	7065·5	+ 304·8634	− 9·4471	+ 0·0079
13	+ 5·0390	− 8·9309	05·3948	7066·5	+ 304·9213	− 9·4604	+ 0·0079
14	+ 5·0809	− 8·9351	05·3893	7067·5	+ 304·9928	− 9·4649	+ 0·0079
15	+ 5·1460	− 8·9243	05·3988	7068·5	+ 305·0736	− 9·4544	+ 0·0079

FOR 0^h TERRESTRIAL TIME

Date 0^h TT	NUTATION		True Obl. of Ecliptic	Julian Date	CELESTIAL INTERMEDIATE		
	in Long.	in Obl.			Pole		Origin
	$\Delta\psi$	$\Delta\epsilon$	ϵ 23° 26′	0^h TT 245	$\mathcal{X}$	$\mathcal{Y}$	s
	″	″	″		″	″	″
Feb. 15	+ 5·1460	− 8·9243	05·3988	7068·5	+ 305·0736	− 9·4544	+ 0·0079
16	+ 5·2152	− 8·8948	05·4270	7069·5	+ 305·1561	− 9·4252	+ 0·0079
17	+ 5·2641	− 8·8474	05·4731	7070·5	+ 305·2305	− 9·3780	+ 0·0079
18	+ 5·2699	− 8·7888	05·5305	7071·5	+ 305·2879	− 9·3196	+ 0·0078
19	+ 5·2206	− 8·7304	05·5876	7072·5	+ 305·3233	− 9·2613	+ 0·0078
20	+ 5·1220	− 8·6849	05·6318	7073·5	+ 305·3391	− 9·2158	+ 0·0077
21	+ 4·9961	− 8·6609	05·6545	7074·5	+ 305·3440	− 9·1919	+ 0·0077
22	+ 4·8722	− 8·6600	05·6541	7075·5	+ 305·3496	− 9·1910	+ 0·0077
23	+ 4·7749	− 8·6765	05·6364	7076·5	+ 305·3657	− 9·2075	+ 0·0077
24	+ 4·7166	− 8·7011	05·6105	7077·5	+ 305·3973	− 9·2322	+ 0·0078
25	+ 4·6973	− 8·7240	05·5862	7078·5	+ 305·4444	− 9·2554	+ 0·0078
26	+ 4·7073	− 8·7380	05·5710	7079·5	+ 305·5032	− 9·2696	+ 0·0078
27	+ 4·7322	− 8·7388	05·5689	7080·5	+ 305·5680	− 9·2706	+ 0·0078
28	+ 4·7566	− 8·7253	05·5811	7081·5	+ 305·6326	− 9·2573	+ 0·0078
Mar. 1	+ 4·7671	− 8·6991	05·6061	7082·5	+ 305·6917	− 9·2313	+ 0·0077
2	+ 4·7533	− 8·6635	05·6404	7083·5	+ 305·7412	− 9·1958	+ 0·0077
3	+ 4·7091	− 8·6231	05·6795	7084·5	+ 305·7786	− 9·1556	+ 0·0077
4	+ 4·6329	− 8·5830	05·7183	7085·5	+ 305·8033	− 9·1155	+ 0·0077
5	+ 4·5275	− 8·5480	05·7520	7086·5	+ 305·8164	− 9·0806	+ 0·0076
6	+ 4·3999	− 8·5223	05·7764	7087·5	+ 305·8206	− 9·0549	+ 0·0076
7	+ 4·2602	− 8·5087	05·7888	7088·5	+ 305·8200	− 9·0413	+ 0·0076
8	+ 4·1205	− 8·5081	05·7880	7089·5	+ 305·8193	− 9·0407	+ 0·0076
9	+ 3·9930	− 8·5199	05·7750	7090·5	+ 305·8234	− 9·0525	+ 0·0076
10	+ 3·8887	− 8·5412	05·7524	7091·5	+ 305·8367	− 9·0738	+ 0·0076
11	+ 3·8159	− 8·5677	05·7246	7092·5	+ 305·8625	− 9·1004	+ 0·0076
12	+ 3·7783	− 8·5939	05·6971	7093·5	+ 305·9023	− 9·1268	+ 0·0077
13	+ 3·7743	− 8·6138	05·6760	7094·5	+ 305·9555	− 9·1469	+ 0·0077
14	+ 3·7957	− 8·6217	05·6668	7095·5	+ 306·0188	− 9·1550	+ 0·0077
15	+ 3·8279	− 8·6137	05·6735	7096·5	+ 306·0866	− 9·1472	+ 0·0077
16	+ 3·8514	− 8·5889	05·6970	7097·5	+ 306·1508	− 9·1227	+ 0·0077
17	+ 3·8450	− 8·5509	05·7337	7098·5	+ 306·2033	− 9·0849	+ 0·0076
18	+ 3·7930	− 8·5081	05·7752	7099·5	+ 306·2376	− 9·0422	+ 0·0076
19	+ 3·6914	− 8·4720	05·8101	7100·5	+ 306·2522	− 9·0061	+ 0·0076
20	+ 3·5531	− 8·4536	05·8272	7101·5	+ 306·2521	− 8·9877	+ 0·0076
21	+ 3·4040	− 8·4587	05·8208	7102·5	+ 306·2477	− 8·9928	+ 0·0076
22	+ 3·2732	− 8·4859	05·7924	7103·5	+ 306·2504	− 9·0200	+ 0·0076
23	+ 3·1815	− 8·5267	05·7502	7104·5	+ 306·2687	− 9·0609	+ 0·0076
24	+ 3·1352	− 8·5704	05·7053	7105·5	+ 306·3050	− 9·1046	+ 0·0076
25	+ 3·1270	− 8·6071	05·6673	7106·5	+ 306·3564	− 9·1415	+ 0·0077
26	+ 3·1413	− 8·6308	05·6423	7107·5	+ 306·4169	− 9·1654	+ 0·0077
27	+ 3·1605	− 8·6393	05·6325	7108·5	+ 306·4794	− 9·1742	+ 0·0077
28	+ 3·1690	− 8·6340	05·6366	7109·5	+ 306·5376	− 9·1690	+ 0·0077
29	+ 3·1552	− 8·6181	05·6512	7110·5	+ 306·5871	− 9·1533	+ 0·0077
30	+ 3·1123	− 8·5963	05·6717	7111·5	+ 306·6250	− 9·1317	+ 0·0076
31	+ 3·0382	− 8·5737	05·6930	7112·5	+ 306·6504	− 9·1092	+ 0·0076
Apr. 1	+ 2·9352	− 8·5552	05·7102	7113·5	+ 306·6644	− 9·0907	+ 0·0076
2	+ 2·8092	− 8·5449	05·7192	7114·5	+ 306·6692	− 9·0805	+ 0·0076

FOR 0ʰ TERRESTRIAL TIME

| Date | NUTATION | | True Obl. | Julian | CELESTIAL INTERMEDIATE | | |
| | in Long. | in Obl. | of Ecliptic | Date | Pole | | Origin |
0ʰ TT	$\Delta\psi$	$\Delta\epsilon$	ϵ 23° 26′	0ʰ TT 245	x	y	s
	″	″	″		″	″	″
Apr. 1	+ 2·9352	− 8·5552	05·7102	7113·5	+ 306·6644	− 9·0907	+ 0·0076
2	+ 2·8092	− 8·5449	05·7192	7114·5	+ 306·6692	− 9·0805	+ 0·0076
3	+ 2·6698	− 8·5462	05·7166	7115·5	+ 306·6686	− 9·0817	+ 0·0076
4	+ 2·5285	− 8·5605	05·7011	7116·5	+ 306·6672	− 9·0960	+ 0·0076
5	+ 2·3979	− 8·5875	05·6728	7117·5	+ 306·6700	− 9·1230	+ 0·0076
6	+ 2·2896	− 8·6250	05·6340	7118·5	+ 306·6817	− 9·1605	+ 0·0077
7	+ 2·2127	− 8·6687	05·5890	7119·5	+ 306·7059	− 9·2044	+ 0·0077
8	+ 2·1719	− 8·7132	05·5432	7120·5	+ 306·7443	− 9·2490	+ 0·0077
9	+ 2·1659	− 8·7525	05·5027	7121·5	+ 306·7967	− 9·2885	+ 0·0078
10	+ 2·1873	− 8·7809	05·4730	7122·5	+ 306·8599	− 9·3171	+ 0·0078
11	+ 2·2228	− 8·7945	05·4581	7123·5	+ 306·9289	− 9·3309	+ 0·0078
12	+ 2·2549	− 8·7920	05·4593	7124·5	+ 306·9965	− 9·3286	+ 0·0078
13	+ 2·2651	− 8·7758	05·4743	7125·5	+ 307·0555	− 9·3126	+ 0·0078
14	+ 2·2379	− 8·7521	05·4966	7126·5	+ 307·0996	− 9·2892	+ 0·0078
15	+ 2·1664	− 8·7305	05·5169	7127·5	+ 307·1261	− 9·2676	+ 0·0077
16	+ 2·0560	− 8·7212	05·5249	7128·5	+ 307·1371	− 9·2584	+ 0·0077
17	+ 1·9255	− 8·7322	05·5127	7129·5	+ 307·1400	− 9·2693	+ 0·0077
18	+ 1·8017	− 8·7656	05·4780	7130·5	+ 307·1455	− 9·3028	+ 0·0078
19	+ 1·7102	− 8·8169	05·4254	7131·5	+ 307·1638	− 9·3542	+ 0·0078
20	+ 1·6656	− 8·8764	05·3647	7132·5	+ 307·2008	− 9·4137	+ 0·0078
21	+ 1·6677	− 8·9328	05·3069	7133·5	+ 307·2563	− 9·4704	+ 0·0079
22	+ 1·7034	− 8·9776	05·2609	7134·5	+ 307·3251	− 9·5154	+ 0·0079
23	+ 1·7533	− 9·0062	05·2310	7135·5	+ 307·3998	− 9·5443	+ 0·0079
24	+ 1·7985	− 9·0187	05·2172	7136·5	+ 307·4726	− 9·5570	+ 0·0079
25	+ 1·8241	− 9·0182	05·2164	7137·5	+ 307·5376	− 9·5567	+ 0·0079
26	+ 1·8211	− 9·0095	05·2239	7138·5	+ 307·5913	− 9·5482	+ 0·0079
27	+ 1·7861	− 8·9980	05·2340	7139·5	+ 307·6323	− 9·5369	+ 0·0079
28	+ 1·7209	− 8·9890	05·2418	7140·5	+ 307·6612	− 9·5279	+ 0·0079
29	+ 1·6309	− 8·9869	05·2426	7141·5	+ 307·6804	− 9·5259	+ 0·0079
30	+ 1·5252	− 8·9951	05·2331	7142·5	+ 307·6931	− 9·5342	+ 0·0079
May 1	+ 1·4147	− 9·0157	05·2112	7143·5	+ 307·7040	− 9·5548	+ 0·0079
2	+ 1·3120	− 9·0490	05·1767	7144·5	+ 307·7179	− 9·5881	+ 0·0080
3	+ 1·2295	− 9·0933	05·1311	7145·5	+ 307·7398	− 9·6325	+ 0·0080
4	+ 1·1776	− 9·1449	05·0782	7146·5	+ 307·7738	− 9·6843	+ 0·0080
5	+ 1·1627	− 9·1985	05·0233	7147·5	+ 307·8226	− 9·7381	+ 0·0081
6	+ 1·1852	− 9·2478	04·9727	7148·5	+ 307·8862	− 9·7875	+ 0·0081
7	+ 1·2386	− 9·2866	04·9327	7149·5	+ 307·9622	− 9·8266	+ 0·0081
8	+ 1·3096	− 9·3103	04·9077	7150·5	+ 308·0452	− 9·8505	+ 0·0082
9	+ 1·3806	− 9·3172	04·8995	7151·5	+ 308·1283	− 9·8577	+ 0·0082
10	+ 1·4327	− 9·3092	04·9062	7152·5	+ 308·2039	− 9·8500	+ 0·0081
11	+ 1·4505	− 9·2920	04·9221	7153·5	+ 308·2659	− 9·8331	+ 0·0081
12	+ 1·4263	− 9·2741	04·9388	7154·5	+ 308·3112	− 9·8153	+ 0·0081
13	+ 1·3628	− 9·2647	04·9469	7155·5	+ 308·3408	− 9·8060	+ 0·0081
14	+ 1·2743	− 9·2718	04·9385	7156·5	+ 308·3605	− 9·8132	+ 0·0081
15	+ 1·1833	− 9·2993	04·9097	7157·5	+ 308·3791	− 9·8408	+ 0·0081
16	+ 1·1147	− 9·3455	04·8622	7158·5	+ 308·4065	− 9·8871	+ 0·0082
17	+ 1·0873	− 9·4034	04·8030	7159·5	+ 308·4502	− 9·9451	+ 0·0082

FOR 0^h TERRESTRIAL TIME

Date 0^h TT	NUTATION in Long. $\Delta\psi$	NUTATION in Obl. $\Delta\epsilon$	True Obl. of Ecliptic ϵ 23° 26'	Julian Date 0^h TT 245	CELESTIAL INTERMEDIATE Pole x	CELESTIAL INTERMEDIATE Pole y	Origin s
	"	"	"		"	"	"
May 17	+ 1·0873	− 9·4034	04·8030	**7159·5**	+ 308·4502	− 9·9451	+ 0·0082
18	+ 1·1081	− 9·4627	04·7425	**7160·5**	+ 308·5132	− 10·0046	+ 0·0083
19	+ 1·1704	− 9·5134	04·6904	**7161·5**	+ 308·5926	− 10·0556	+ 0·0083
20	+ 1·2575	− 9·5489	04·6537	**7162·5**	+ 308·6820	− 10·0914	+ 0·0083
21	+ 1·3488	− 9·5667	04·6346	**7163·5**	+ 308·7731	− 10·1095	+ 0·0083
22	+ 1·4258	− 9·5687	04·6313	**7164·5**	+ 308·8586	− 10·1118	+ 0·0083
23	+ 1·4757	− 9·5595	04·6392	**7165·5**	+ 308·9333	− 10·1028	+ 0·0083
24	+ 1·4923	− 9·5447	04·6527	**7166·5**	+ 308·9949	− 10·0883	+ 0·0083
25	+ 1·4759	− 9·5302	04·6660	**7167·5**	+ 309·0432	− 10·0739	+ 0·0083
26	+ 1·4311	− 9·5209	04·6740	**7168·5**	+ 309·0803	− 10·0648	+ 0·0083
27	+ 1·3665	− 9·5206	04·6729	**7169·5**	+ 309·1095	− 10·0646	+ 0·0083
28	+ 1·2928	− 9·5319	04·6604	**7170·5**	+ 309·1350	− 10·0759	+ 0·0083
29	+ 1·2222	− 9·5554	04·6356	**7171·5**	+ 309·1617	− 10·0995	+ 0·0083
30	+ 1·1673	− 9·5903	04·5995	**7172·5**	+ 309·1946	− 10·1345	+ 0·0083
31	+ 1·1396	− 9·6336	04·5549	**7173·5**	+ 309·2383	− 10·1780	+ 0·0084
June 1	+ 1·1477	− 9·6806	04·5066	**7174·5**	+ 309·2962	− 10·2252	+ 0·0084
2	+ 1·1946	− 9·7250	04·4608	**7175·5**	+ 309·3696	− 10·2699	+ 0·0084
3	+ 1·2765	− 9·7602	04·4244	**7176·5**	+ 309·4569	− 10·3053	+ 0·0085
4	+ 1·3815	− 9·7803	04·4030	**7177·5**	+ 309·5535	− 10·3258	+ 0·0085
5	+ 1·4915	− 9·7825	04·3996	**7178·5**	+ 309·6520	− 10·3283	+ 0·0085
6	+ 1·5855	− 9·7677	04·4130	**7179·5**	+ 309·7443	− 10·3139	+ 0·0085
7	+ 1·6457	− 9·7413	04·4382	**7180·5**	+ 309·8232	− 10·2877	+ 0·0084
8	+ 1·6621	− 9·7116	04·4666	**7181·5**	+ 309·8847	− 10·2583	+ 0·0084
9	+ 1·6360	− 9·6883	04·4886	**7182·5**	+ 309·9293	− 10·2351	+ 0·0084
10	+ 1·5800	− 9·6794	04·4962	**7183·5**	+ 309·9619	− 10·2264	+ 0·0084
11	+ 1·5148	− 9·6894	04·4850	**7184·5**	+ 309·9908	− 10·2364	+ 0·0084
12	+ 1·4637	− 9·7177	04·4554	**7185·5**	+ 310·0252	− 10·2648	+ 0·0084
13	+ 1·4461	− 9·7589	04·4129	**7186·5**	+ 310·0730	− 10·3062	+ 0·0084
14	+ 1·4724	− 9·8046	04·3659	**7187·5**	+ 310·1381	− 10·3521	+ 0·0085
15	+ 1·5414	− 9·8452	04·3240	**7188·5**	+ 310·2203	− 10·3930	+ 0·0085
16	+ 1·6412	− 9·8729	04·2950	**7189·5**	+ 310·3148	− 10·4211	+ 0·0085
17	+ 1·7534	− 9·8836	04·2830	**7190·5**	+ 310·4142	− 10·4321	+ 0·0085
18	+ 1·8585	− 9·8772	04·2882	**7191·5**	+ 310·5109	− 10·4260	+ 0·0085
19	+ 1·9405	− 9·8570	04·3071	**7192·5**	+ 310·5984	− 10·4061	+ 0·0085
20	+ 1·9898	− 9·8284	04·3344	**7193·5**	+ 310·6730	− 10·3778	+ 0·0085
21	+ 2·0035	− 9·7977	04·3639	**7194·5**	+ 310·7334	− 10·3473	+ 0·0085
22	+ 1·9849	− 9·7703	04·3900	**7195·5**	+ 310·7810	− 10·3200	+ 0·0084
23	+ 1·9414	− 9·7506	04·4083	**7196·5**	+ 310·8186	− 10·3005	+ 0·0084
24	+ 1·8835	− 9·7417	04·4160	**7197·5**	+ 310·8504	− 10·2917	+ 0·0084
25	+ 1·8231	− 9·7448	04·4116	**7198·5**	+ 310·8813	− 10·2949	+ 0·0084
26	+ 1·7726	− 9·7594	04·3957	**7199·5**	+ 310·9160	− 10·3097	+ 0·0084
27	+ 1·7439	− 9·7836	04·3703	**7200·5**	+ 310·9594	− 10·3340	+ 0·0084
28	+ 1·7467	− 9·8133	04·3393	**7201·5**	+ 311·0152	− 10·3638	+ 0·0085
29	+ 1·7868	− 9·8429	04·3084	**7202·5**	+ 311·0860	− 10·3937	+ 0·0085
30	+ 1·8639	− 9·8659	04·2841	**7203·5**	+ 311·1714	− 10·4171	+ 0·0085
July 1	+ 1·9701	− 9·8758	04·2729	**7204·5**	+ 311·2685	− 10·4273	+ 0·0085
2	+ 2·0891	− 9·8679	04·2796	**7205·5**	+ 311·3707	− 10·4197	+ 0·0085

FOR 0ʰ TERRESTRIAL TIME

Date 0ʰ TT	NUTATION in Long. $\Delta\psi$	in Obl. $\Delta\epsilon$	True Obl. of Ecliptic ϵ 23° 26′	Julian Date 0ʰ TT 245	CELESTIAL INTERMEDIATE Pole x	y	Origin s
	″	″	″		″	″	″
July 1	+ 1·9701	− 9·8758	04·2729	7204·5	+ 311·2685	− 10·4273	+ 0·0085
2	+ 2·0891	− 9·8679	04·2796	7205·5	+ 311·3707	− 10·4197	+ 0·0085
3	+ 2·1992	− 9·8411	04·3050	7206·5	+ 311·4694	− 10·3933	+ 0·0085
4	+ 2·2786	− 9·7996	04·3453	7207·5	+ 311·5560	− 10·3520	+ 0·0084
5	+ 2·3124	− 9·7515	04·3921	7208·5	+ 311·6245	− 10·3042	+ 0·0084
6	+ 2·2980	− 9·7074	04·4349	7209·5	+ 311·6738	− 10·2603	+ 0·0084
7	+ 2·2462	− 9·6766	04·4644	7210·5	+ 311·7082	− 10·2296	+ 0·0083
8	+ 2·1779	− 9·6647	04·4750	7211·5	+ 311·7359	− 10·2178	+ 0·0083
9	+ 2·1170	− 9·6719	04·4666	7212·5	+ 311·7665	− 10·2251	+ 0·0083
10	+ 2·0838	− 9·6933	04·4438	7213·5	+ 311·8081	− 10·2467	+ 0·0084
11	+ 2·0901	− 9·7212	04·4147	7214·5	+ 311·8653	− 10·2747	+ 0·0084
12	+ 2·1370	− 9·7465	04·3881	7215·5	+ 311·9388	− 10·3003	+ 0·0084
13	+ 2·2160	− 9·7615	04·3719	7216·5	+ 312·0250	− 10·3156	+ 0·0084
14	+ 2·3116	− 9·7612	04·3709	7217·5	+ 312·1179	− 10·3156	+ 0·0084
15	+ 2·4058	− 9·7442	04·3865	7218·5	+ 312·2103	− 10·2990	+ 0·0084
16	+ 2·4820	− 9·7127	04·4168	7219·5	+ 312·2956	− 10·2677	+ 0·0084
17	+ 2·5283	− 9·6710	04·4572	7220·5	+ 312·3690	− 10·2263	+ 0·0083
18	+ 2·5390	− 9·6250	04·5019	7221·5	+ 312·4283	− 10·1805	+ 0·0083
19	+ 2·5149	− 9·5806	04·5451	7222·5	+ 312·4737	− 10·1362	+ 0·0083
20	+ 2·4617	− 9·5428	04·5816	7223·5	+ 312·5075	− 10·0986	+ 0·0082
21	+ 2·3892	− 9·5151	04·6080	7224·5	+ 312·5336	− 10·0710	+ 0·0082
22	+ 2·3089	− 9·4993	04·6225	7225·5	+ 312·5566	− 10·0553	+ 0·0082
23	+ 2·2332	− 9·4956	04·6249	7226·5	+ 312·5814	− 10·0516	+ 0·0082
24	+ 2·1738	− 9·5022	04·6170	7227·5	+ 312·6126	− 10·0584	+ 0·0082
25	+ 2·1406	− 9·5160	04·6019	7228·5	+ 312·6542	− 10·0723	+ 0·0082
26	+ 2·1408	− 9·5322	04·5844	7229·5	+ 312·7091	− 10·0887	+ 0·0082
27	+ 2·1768	− 9·5450	04·5703	7230·5	+ 312·7782	− 10·1018	+ 0·0082
28	+ 2·2449	− 9·5481	04·5660	7231·5	+ 312·8602	− 10·1051	+ 0·0082
29	+ 2·3335	− 9·5356	04·5772	7232·5	+ 312·9503	− 10·0930	+ 0·0082
30	+ 2·4237	− 9·5047	04·6068	7233·5	+ 313·0411	− 10·0624	+ 0·0082
31	+ 2·4925	− 9·4566	04·6536	7234·5	+ 313·1236	− 10·0145	+ 0·0081
Aug. 1	+ 2·5197	− 9·3978	04·7112	7235·5	+ 313·1894	− 9·9560	+ 0·0081
2	+ 2·4954	− 9·3389	04·7688	7236·5	+ 313·2348	− 9·8973	+ 0·0081
3	+ 2·4250	− 9·2913	04·8151	7237·5	+ 313·2619	− 9·8497	+ 0·0080
4	+ 2·3282	− 9·2630	04·8422	7238·5	+ 313·2783	− 9·8214	+ 0·0080
5	+ 2·2311	− 9·2559	04·8480	7239·5	+ 313·2946	− 9·8144	+ 0·0080
6	+ 2·1574	− 9·2660	04·8366	7240·5	+ 313·3201	− 9·8246	+ 0·0080
7	+ 2·1213	− 9·2850	04·8162	7241·5	+ 313·3606	− 9·8438	+ 0·0080
8	+ 2·1257	− 9·3038	04·7962	7242·5	+ 313·4171	− 9·8628	+ 0·0080
9	+ 2·1629	− 9·3142	04·7845	7243·5	+ 313·4867	− 9·8734	+ 0·0080
10	+ 2·2190	− 9·3108	04·7866	7244·5	+ 313·5639	− 9·8703	+ 0·0080
11	+ 2·2769	− 9·2919	04·8043	7245·5	+ 313·6419	− 9·8516	+ 0·0080
12	+ 2·3207	− 9·2585	04·8364	7246·5	+ 313·7143	− 9·8185	+ 0·0080
13	+ 2·3380	− 9·2144	04·8791	7247·5	+ 313·7762	− 9·7747	+ 0·0079
14	+ 2·3216	− 9·1649	04·9273	7248·5	+ 313·8247	− 9·7253	+ 0·0079
15	+ 2·2702	− 9·1157	04·9753	7249·5	+ 313·8593	− 9·6763	+ 0·0079
16	+ 2·1879	− 9·0721	05·0176	7250·5	+ 313·8816	− 9·6327	+ 0·0078

FOR 0ʰ TERRESTRIAL TIME

Date 0ʰ TT	NUTATION in Long. $\Delta\psi$	in Obl. $\Delta\epsilon$	True Obl. of Ecliptic ϵ 23° 26′	Julian Date 0ʰ TT 245	CELESTIAL INTERMEDIATE Pole x	y	Origin s
	″	″	″		″	″	″
Aug. 16	+ 2·1879	− 9·0721	05·0176	7250·5	+ 313·8816	− 9·6327	+ 0·0078
17	+ 2·0830	− 9·0380	05·0504	7251·5	+ 313·8948	− 9·5987	+ 0·0078
18	+ 1·9666	− 9·0159	05·0712	7252·5	+ 313·9035	− 9·5766	+ 0·0078
19	+ 1·8508	− 9·0063	05·0795	7253·5	+ 313·9123	− 9·5670	+ 0·0078
20	+ 1·7474	− 9·0080	05·0765	7254·5	+ 313·9260	− 9·5688	+ 0·0078
21	+ 1·6663	− 9·0182	05·0651	7255·5	+ 313·9486	− 9·5791	+ 0·0078
22	+ 1·6151	− 9·0328	05·0492	7256·5	+ 313·9830	− 9·5937	+ 0·0078
23	+ 1·5972	− 9·0465	05·0343	7257·5	+ 314·0307	− 9·6076	+ 0·0078
24	+ 1·6112	− 9·0536	05·0259	7258·5	+ 314·0912	− 9·6149	+ 0·0078
25	+ 1·6498	− 9·0486	05·0296	7259·5	+ 314·1614	− 9·6102	+ 0·0078
26	+ 1·6988	− 9·0276	05·0493	7260·5	+ 314·2358	− 9·5894	+ 0·0078
27	+ 1·7384	− 8·9894	05·0863	7261·5	+ 314·3065	− 9·5515	+ 0·0078
28	+ 1·7474	− 8·9376	05·1368	7262·5	+ 314·3652	− 9·4999	+ 0·0077
29	+ 1·7095	− 8·8807	05·1924	7263·5	+ 314·4051	− 9·4431	+ 0·0077
30	+ 1·6214	− 8·8303	05·2414	7264·5	+ 314·4251	− 9·3929	+ 0·0076
31	+ 1·4962	− 8·7974	05·2731	7265·5	+ 314·4303	− 9·3600	+ 0·0076
Sept. 1	+ 1·3597	− 8·7875	05·2817	7266·5	+ 314·4310	− 9·3501	+ 0·0076
2	+ 1·2404	− 8·7990	05·2689	7267·5	+ 314·4383	− 9·3616	+ 0·0076
3	+ 1·1584	− 8·8239	05·2428	7268·5	+ 314·4605	− 9·3865	+ 0·0076
4	+ 1·1203	− 8·8517	05·2137	7269·5	+ 314·5001	− 9·4145	+ 0·0077
5	+ 1·1197	− 8·8729	05·1912	7270·5	+ 314·5547	− 9·4359	+ 0·0077
6	+ 1·1418	− 8·8813	05·1815	7271·5	+ 314·6183	− 9·4445	+ 0·0077
7	+ 1·1691	− 8·8743	05·1872	7272·5	+ 314·6840	− 9·4377	+ 0·0077
8	+ 1·1851	− 8·8528	05·2074	7273·5	+ 314·7453	− 9·4165	+ 0·0077
9	+ 1·1771	− 8·8204	05·2385	7274·5	+ 314·7971	− 9·3842	+ 0·0076
10	+ 1·1375	− 8·7819	05·2758	7275·5	+ 314·8364	− 9·3458	+ 0·0076
11	+ 1·0641	− 8·7427	05·3137	7276·5	+ 314·8622	− 9·3068	+ 0·0076
12	+ 0·9596	− 8·7082	05·3469	7277·5	+ 314·8756	− 9·2723	+ 0·0075
13	+ 0·8313	− 8·6827	05·3711	7278·5	+ 314·8795	− 9·2468	+ 0·0075
14	+ 0·6893	− 8·6690	05·3836	7279·5	+ 314·8780	− 9·2331	+ 0·0075
15	+ 0·5456	− 8·6681	05·3832	7280·5	+ 314·8757	− 9·2322	+ 0·0075
16	+ 0·4121	− 8·6793	05·3707	7281·5	+ 314·8774	− 9·2434	+ 0·0075
17	+ 0·2992	− 8·7000	05·3487	7282·5	+ 314·8873	− 9·2642	+ 0·0075
18	+ 0·2146	− 8·7265	05·3210	7283·5	+ 314·9084	− 9·2907	+ 0·0076
19	+ 0·1622	− 8·7536	05·2925	7284·5	+ 314·9424	− 9·3180	+ 0·0076
20	+ 0·1415	− 8·7763	05·2685	7285·5	+ 314·9889	− 9·3408	+ 0·0076
21	+ 0·1468	− 8·7893	05·2542	7286·5	+ 315·0458	− 9·3540	+ 0·0076
22	+ 0·1670	− 8·7887	05·2536	7287·5	+ 315·1087	− 9·3536	+ 0·0076
23	+ 0·1865	− 8·7724	05·2685	7288·5	+ 315·1714	− 9·3376	+ 0·0076
24	+ 0·1866	− 8·7421	05·2976	7289·5	+ 315·2264	− 9·3074	+ 0·0076
25	+ 0·1503	− 8·7032	05·3353	7290·5	+ 315·2670	− 9·2687	+ 0·0075
26	+ 0·0679	− 8·6652	05·3719	7291·5	+ 315·2892	− 9·2308	+ 0·0075
27	− 0·0566	− 8·6396	05·3963	7292·5	+ 315·2946	− 9·2052	+ 0·0075
28	− 0·2040	− 8·6352	05·3994	7293·5	+ 315·2909	− 9·2008	+ 0·0075
29	− 0·3454	− 8·6548	05·3785	7294·5	+ 315·2894	− 9·2204	+ 0·0075
30	− 0·4536	− 8·6932	05·3388	7295·5	+ 315·3011	− 9·2588	+ 0·0075
Oct. 1	− 0·5138	− 8·7399	05·2908	7296·5	+ 315·3319	− 9·3056	+ 0·0076

FOR 0ʰ TERRESTRIAL TIME

Date 0ʰ TT	NUTATION in Long. $\Delta\psi$	in Obl. $\Delta\epsilon$	True Obl. of Ecliptic ϵ 23° 26′	Julian Date 0ʰ TT 245	CELESTIAL INTERMEDIATE Pole x	y	Origin s
	″	″	″		″	″	″
Oct. 1	− 0·5138	− 8·7399	05·2908	7296·5	+ 315·3319	− 9·3056	+ 0·0076
2	− 0·5278	− 8·7832	05·2463	7297·5	+ 315·3811	− 9·3491	+ 0·0076
3	− 0·5099	− 8·8144	05·2138	7298·5	+ 315·4429	− 9·3805	+ 0·0076
4	− 0·4801	− 8·8295	05·1974	7299·5	+ 315·5096	− 9·3959	+ 0·0076
5	− 0·4578	− 8·8288	05·1968	7300·5	+ 315·5733	− 9·3953	+ 0·0076
6	− 0·4574	− 8·8156	05·2087	7301·5	+ 315·6284	− 9·3824	+ 0·0076
7	− 0·4877	− 8·7951	05·2279	7302·5	+ 315·6712	− 9·3620	+ 0·0076
8	− 0·5515	− 8·7729	05·2489	7303·5	+ 315·7008	− 9·3399	+ 0·0076
9	− 0·6464	− 8·7543	05·2662	7304·5	+ 315·7180	− 9·3214	+ 0·0076
10	− 0·7658	− 8·7437	05·2755	7305·5	+ 315·7254	− 9·3108	+ 0·0075
11	− 0·9002	− 8·7444	05·2736	7306·5	+ 315·7268	− 9·3115	+ 0·0076
12	− 1·0380	− 8·7577	05·2589	7307·5	+ 315·7268	− 9·3248	+ 0·0076
13	− 1·1672	− 8·7835	05·2319	7308·5	+ 315·7302	− 9·3506	+ 0·0076
14	− 1·2767	− 8·8196	05·1945	7309·5	+ 315·7414	− 9·3867	+ 0·0076
15	− 1·3579	− 8·8622	05·1505	7310·5	+ 315·7639	− 9·4295	+ 0·0076
16	− 1·4062	− 8·9067	05·1048	7311·5	+ 315·7993	− 9·4741	+ 0·0077
17	− 1·4217	− 8·9476	05·0626	7312·5	+ 315·8479	− 9·5152	+ 0·0077
18	− 1·4095	− 8·9798	05·0291	7313·5	+ 315·9075	− 9·5476	+ 0·0077
19	− 1·3799	− 8·9994	05·0083	7314·5	+ 315·9741	− 9·5674	+ 0·0077
20	− 1·3467	− 9·0042	05·0022	7315·5	+ 316·0421	− 9·5724	+ 0·0077
21	− 1·3262	− 8·9949	05·0101	7316·5	+ 316·1052	− 9·5634	+ 0·0077
22	− 1·3340	− 8·9756	05·0282	7317·5	+ 316·1570	− 9·5443	+ 0·0077
23	− 1·3809	− 8·9536	05·0489	7318·5	+ 316·1933	− 9·5224	+ 0·0077
24	− 1·4683	− 8·9384	05·0629	7319·5	+ 316·2134	− 9·5072	+ 0·0077
25	− 1·5849	− 8·9395	05·0605	7320·5	+ 316·2219	− 9·5084	+ 0·0077
26	− 1·7077	− 8·9629	05·0358	7321·5	+ 316·2279	− 9·5318	+ 0·0077
27	− 1·8080	− 9·0080	04·9894	7322·5	+ 316·2427	− 9·5769	+ 0·0077
28	− 1·8633	− 9·0670	04·9291	7323·5	+ 316·2753	− 9·6360	+ 0·0078
29	− 1·8653	− 9·1281	04·8667	7324·5	+ 316·3292	− 9·6974	+ 0·0078
30	− 1·8231	− 9·1799	04·8137	7325·5	+ 316·4007	− 9·7494	+ 0·0079
31	− 1·7567	− 9·2152	04·7771	7326·5	+ 316·4818	− 9·7850	+ 0·0079
Nov. 1	− 1·6896	− 9·2321	04·7588	7327·5	+ 316·5633	− 9·8022	+ 0·0079
2	− 1·6409	− 9·2337	04·7560	7328·5	+ 316·6375	− 9·8040	+ 0·0079
3	− 1·6227	− 9·2251	04·7634	7329·5	+ 316·6996	− 9·7956	+ 0·0079
4	− 1·6393	− 9·2125	04·7746	7330·5	+ 316·7479	− 9·7833	+ 0·0079
5	− 1·6892	− 9·2020	04·7839	7331·5	+ 316·7830	− 9·7729	+ 0·0079
6	− 1·7660	− 9·1982	04·7864	7332·5	+ 316·8073	− 9·7692	+ 0·0079
7	− 1·8602	− 9·2047	04·7786	7333·5	+ 316·8247	− 9·7757	+ 0·0079
8	− 1·9603	− 9·2232	04·7588	7334·5	+ 316·8397	− 9·7942	+ 0·0079
9	− 2·0544	− 9·2539	04·7268	7335·5	+ 316·8570	− 9·8251	+ 0·0079
10	− 2·1308	− 9·2954	04·6841	7336·5	+ 316·8814	− 9·8666	+ 0·0079
11	− 2·1798	− 9·3442	04·6340	7337·5	+ 316·9166	− 9·9155	+ 0·0080
12	− 2·1953	− 9·3957	04·5812	7338·5	+ 316·9650	− 9·9672	+ 0·0080
13	− 2·1762	− 9·4443	04·5313	7339·5	+ 317·0273	− 10·0160	+ 0·0081
14	− 2·1267	− 9·4846	04·4897	7340·5	+ 317·1018	− 10·0566	+ 0·0081
15	− 2·0567	− 9·5121	04·4609	7341·5	+ 317·1844	− 10·0844	+ 0·0081
16	− 1·9804	− 9·5244	04·4473	7342·5	+ 317·2695	− 10·0970	+ 0·0081

FOR 0^h TERRESTRIAL TIME

Date 0^h TT	NUTATION in Long. $\Delta\psi$	in Obl. $\Delta\epsilon$	True Obl. of Ecliptic ϵ 23° 26′	Julian Date 0^h TT 245	CELESTIAL INTERMEDIATE Pole x	y	Origin s
	″	″	″		″	″	″
Nov. 16	− 1·9804	− 9·5244	04·4473	7342·5	+ 317·2695	− 10·0970	+ 0·0081
17	− 1·9141	− 9·5218	04·4487	7343·5	+ 317·3508	− 10·0947	+ 0·0081
18	− 1·8730	− 9·5078	04·4614	7344·5	+ 317·4220	− 10·0809	+ 0·0081
19	− 1·8679	− 9·4887	04·4792	7345·5	+ 317·4790	− 10·0621	+ 0·0081
20	− 1·9016	− 9·4731	04·4935	7346·5	+ 317·5205	− 10·0466	+ 0·0081
21	− 1·9669	− 9·4694	04·4959	7347·5	+ 317·5494	− 10·0430	+ 0·0081
22	− 2·0463	− 9·4843	04·4798	7348·5	+ 317·5726	− 10·0579	+ 0·0081
23	− 2·1152	− 9·5196	04·4431	7349·5	+ 317·6000	− 10·0934	+ 0·0081
24	− 2·1492	− 9·5716	04·3899	7350·5	+ 317·6411	− 10·1455	+ 0·0081
25	− 2·1329	− 9·6307	04·3295	7351·5	+ 317·7022	− 10·2049	+ 0·0082
26	− 2·0655	− 9·6856	04·2733	7352·5	+ 317·7837	− 10·2600	+ 0·0082
27	− 1·9614	− 9·7263	04·2314	7353·5	+ 317·8799	− 10·3011	+ 0·0083
28	− 1·8436	− 9·7477	04·2086	7354·5	+ 317·9815	− 10·3229	+ 0·0083
29	− 1·7360	− 9·7504	04·2047	7355·5	+ 318·0791	− 10·3259	+ 0·0083
30	− 1·6562	− 9·7389	04·2149	7356·5	+ 318·1658	− 10·3147	+ 0·0083
Dec. 1	− 1·6132	− 9·7200	04·2325	7357·5	+ 318·2378	− 10·2960	+ 0·0082
2	− 1·6076	− 9·7004	04·2508	7358·5	+ 318·2949	− 10·2766	+ 0·0082
3	− 1·6340	− 9·6858	04·2641	7359·5	+ 318·3394	− 10·2622	+ 0·0082
4	− 1·6827	− 9·6803	04·2683	7360·5	+ 318·3749	− 10·2569	+ 0·0082
5	− 1·7423	− 9·6863	04·2611	7361·5	+ 318·4060	− 10·2629	+ 0·0082
6	− 1·8003	− 9·7041	04·2420	7362·5	+ 318·4378	− 10·2809	+ 0·0082
7	− 1·8448	− 9·7329	04·2119	7363·5	+ 318·4748	− 10·3098	+ 0·0083
8	− 1·8655	− 9·7698	04·1737	7364·5	+ 318·5213	− 10·3469	+ 0·0083
9	− 1·8546	− 9·8107	04·1316	7365·5	+ 318·5803	− 10·3879	+ 0·0083
10	− 1·8087	− 9·8501	04·0909	7366·5	+ 318·6533	− 10·4276	+ 0·0083
11	− 1·7299	− 9·8822	04·0574	7367·5	+ 318·7394	− 10·4601	+ 0·0084
12	− 1·6267	− 9·9019	04·0365	7368·5	+ 318·8353	− 10·4801	+ 0·0084
13	− 1·5131	− 9·9056	04·0315	7369·5	+ 318·9353	− 10·4841	+ 0·0084
14	− 1·4066	− 9·8928	04·0430	7370·5	+ 319·0325	− 10·4717	+ 0·0084
15	− 1·3246	− 9·8666	04·0680	7371·5	+ 319·1201	− 10·4458	+ 0·0083
16	− 1·2794	− 9·8332	04·1001	7372·5	+ 319·1931	− 10·4126	+ 0·0083
17	− 1·2755	− 9·8009	04·1311	7373·5	+ 319·2496	− 10·3806	+ 0·0083
18	− 1·3069	− 9·7783	04·1524	7374·5	+ 319·2921	− 10·3581	+ 0·0083
19	− 1·3582	− 9·7720	04·1574	7375·5	+ 319·3265	− 10·3519	+ 0·0083
20	− 1·4077	− 9·7846	04·1436	7376·5	+ 319·3617	− 10·3646	+ 0·0083
21	− 1·4326	− 9·8138	04·1130	7377·5	+ 319·4065	− 10·3940	+ 0·0083
22	− 1·4158	− 9·8528	04·0727	7378·5	+ 319·4679	− 10·4333	+ 0·0083
23	− 1·3509	− 9·8918	04·0325	7379·5	+ 319·5485	− 10·4725	+ 0·0083
24	− 1·2445	− 9·9208	04·0022	7380·5	+ 319·6455	− 10·5019	+ 0·0084
25	− 1·1145	− 9·9327	03·9891	7381·5	+ 319·7520	− 10·5141	+ 0·0084
26	− 0·9839	− 9·9251	03·9954	7382·5	+ 319·8589	− 10·5069	+ 0·0084
27	− 0·8739	− 9·9005	04·0187	7383·5	+ 319·9575	− 10·4827	+ 0·0083
28	− 0·7990	− 9·8647	04·0532	7384·5	+ 320·0423	− 10·4472	+ 0·0083
29	− 0·7644	− 9·8249	04·0917	7385·5	+ 320·1111	− 10·4077	+ 0·0083
30	− 0·7673	− 9·7879	04·1274	7386·5	+ 320·1649	− 10·3709	+ 0·0083
31	− 0·7994	− 9·7588	04·1552	7387·5	+ 320·2071	− 10·3419	+ 0·0082
32	− 0·8489	− 9·7407	04·1721	7388·5	+ 320·2424	− 10·3239	+ 0·0082

Planetary reduction overview

Data and formulae are provided for the precise computation of the geocentric apparent right ascension, intermediate right ascension, declination, and hour angle, at an instant of time, for an object within the solar system, ignoring polar motion (see page B84), from a barycentric ephemeris in rectangular coordinates and relativistic coordinate time referred to the International Celestial Reference System (ICRS).

1. Given an instant for which the position of the planet is required, obtain the dynamical time (TDB) to use with the ephemeris. If the position is required at a given Universal Time (UT1), or the hour angle is required, then obtain a value for ΔT, which may have to be predicted.

2. Calculate the geocentric rectangular coordinates of the planet from barycentric ephemerides of the planet and the Earth at coordinate time argument TDB, allowing for light time calculated from heliocentric coordinates.

3. Calculate the geocentric direction of the planet by allowing for light deflection due to solar gravitation.

4. Calculate the proper direction of the planet by applying the correction for the Earth's orbital velocity about the barycentre (i.e. annual aberration). The resulting vector (from steps 2-4) is in the Geocentric Celestial Reference System (GCRS), and is sometimes called the proper or virtual place.

Equinox Method	*CIO Method*
5. Apply frame bias, precession and nutation to convert from the GCRS to the system defined by the true equator and equinox of date.	5. Rotate from the GCRS to the intermediate system using $\mathcal{X}, \mathcal{Y}$ and s to apply frame bias and precession-nutation.
6. Convert to spherical coordinates, giving the geocentric apparent right ascension and declination with respect to the true equator and equinox of date.	6. Convert to spherical coordinates, giving the geocentric intermediate right ascension and declination with respect to the CIO and equator of date.
7. Calculate Greenwich apparent sidereal time and form the Greenwich hour angle for the given UT1.	7. Calculate the Earth rotation angle and form the Greenwich hour angle for the given UT1.

Alternatively, if right ascension is not required, combine Steps 5 and 7

*5. Apply frame bias, precession, nutation, and Greenwich apparent sidereal time to convert from the GCRS to the Terrestrial Intermediate Reference System; with origin of longitude at the TIO, and the equator of date.	*5. Rotate, using $\mathcal{X}$, $\mathcal{Y}$, s and θ to apply frame bias, precession-nutation and Earth rotation, from the GCRS to the Terrestrial Intermediate Reference System; with origin of longitude at the TIO, and equator of date.

*6. Convert to spherical coordinates, giving the Greenwich hour angle (H) and declination (δ) with respect Terrestrial Intermediate Reference System (TIO and equator of date).

Note: In *Steps 7* and *Steps *5* the effects of polar motion (see page B84) have been ignored; they are the very small difference between the International Terrestrial Reference Frame (ITRF) zero meridian and the TIO, and the position of the CIP within the ITRS.

Formulae and method for planetary reduction

Step 1.   Depending on the instant at which the planetary position is required, obtain the terrestrial or proper time (TT) and the barycentric dynamical time (TDB). Terrestrial time is related to UT1, whereas TDB is used as the time argument for the barycentric ephemeris. For calculating apparent place the following approximate formulae are sufficient for converting from UT1 to TT and TDB:

$$TT = UT1 + \Delta T, \qquad TDB = TT + 0\overset{s}{\cdot}001\,657\sin g + 0\cdot000\,022\sin(L - L_J)$$

$$g = 357\overset{\circ}{\cdot}53 + 0\cdot985\,600\,28\,D \quad \text{and} \quad L - L_J = 246\overset{\circ}{\cdot}11 + 0\cdot902\,517\,92\,D$$

where $D = JD - 245\,1545\cdot0$ and ΔT may be obtained from page K9 and JD is the Julian date to two decimals of a day. The difference between TT and TDB may be ignored.

Step 2.   Obtain the Earth's barycentric position $\mathbf{E}_B(t)$ in au and velocity $\dot{\mathbf{E}}_B(t)$ in au/d, at coordinate time $t = TDB$, referred to the ICRS.

Using an ephemeris, obtain the barycentric ICRS position of the planet $\mathbf{Q}_B$ in au at time $(t - \tau)$ where τ is the light time, so that light emitted by the planet at the event $\mathbf{Q}_B(t - \tau)$ arrives at the Earth at the event $\mathbf{E}_B(t)$.

The light time equation is solved iteratively using the heliocentric position of the Earth $(\mathbf{E})$ and the planet $(\mathbf{Q})$, starting with the approximation $\tau = 0$, as follows:

Form $\mathbf{P}$, the vector from the Earth to the planet from the equation:

$$\mathbf{P} = \mathbf{Q}_B(t - \tau) - \mathbf{E}_B(t)$$

Form $\mathbf{E}$ and $\mathbf{Q}$ from the equations: $\mathbf{E} = \mathbf{E}_B(t) - \mathbf{S}_B(t)$

$$\mathbf{Q} = \mathbf{Q}_B(t - \tau) - \mathbf{S}_B(t - \tau)$$

where $\mathbf{S}_B$ is the barycentric position of the Sun.

Calculate τ from: $c\tau = P + (2\mu/c^2)\ln[(E + P + Q)/(E - P + Q)]$

where the light time (τ) includes the effect of gravitational retardation due to the Sun, and

$$\mu = \text{solar mass parameter} = GM_S \qquad c = \text{velocity of light} = 173\cdot1446\,\text{au/d}$$
$$\mu/c^2 = 9\cdot87 \times 10^{-9}\,\text{au} \qquad P = |\mathbf{P}|,\ Q = |\mathbf{Q}|,\ E = |\mathbf{E}|$$

where | | means calculate the square root of the sum of the squares of the components.

After convergence, form unit vectors $\mathbf{p}$, $\mathbf{q}$, $\mathbf{e}$ by dividing $\mathbf{P}$, $\mathbf{Q}$, $\mathbf{E}$ by P, Q, E respectively.

Step 3.   Calculate the geocentric direction $(\mathbf{p}_1)$ of the planet, corrected for light deflection due to solar gravitation, from:

$$\mathbf{p}_1 = \mathbf{p} + (2\mu/c^2 E)((\mathbf{p}\cdot\mathbf{q})\,\mathbf{e} - (\mathbf{e}\cdot\mathbf{p})\,\mathbf{q})/(1 + \mathbf{q}\cdot\mathbf{e})$$

where the dot indicates a scalar product.

The vector $\mathbf{p}_1$ is a unit vector to order μ/c^2.

Step 4.   Calculate the proper direction of the planet $(\mathbf{p}_2)$ in the GCRS that is moving with the instantaneous velocity $(\mathbf{V})$ of the Earth, from:

$$\mathbf{p}_2 = (\beta^{-1}\mathbf{p}_1 + (1 + (\mathbf{p}_1\cdot\mathbf{V})/(1 + \beta^{-1}))\,\mathbf{V})/(1 + \mathbf{p}_1\cdot\mathbf{V})$$

where $\mathbf{V} = \dot{\mathbf{E}}_B/c = 0\cdot005\,7755\,\dot{\mathbf{E}}_B$ and $\beta = (1 - V^2)^{-1/2}$; the velocity $(\mathbf{V})$ is expressed in units of the velocity of light.

Formulae and method for planetary reduction (continued)

<table>
<tr><td align="center">Equinox method</td><td align="center">CIO method</td></tr>
</table>

Step 5. Apply frame bias, precession and nutation to the proper direction ($\mathbf{p}_2$) by multiplying by the rotation matrix $\mathbf{M} = \mathbf{NPB}$ given on the even pages B30–B44 to obtain the apparent direction $\mathbf{p}_3$ from:

Step 5. Apply the rotation from the GCRS to the Celestial Intermediate System by multiplying the proper direction ($\mathbf{p}_2$) by the matrix $\mathbf{C}(\mathcal{X}, \mathcal{Y}, s)$ given on the odd pages B31–B45 to obtain the intermediate direction $\mathbf{p}_3$ from:

$$\mathbf{p}_3 = \mathbf{M}\,\mathbf{p}_2 \qquad\qquad \mathbf{p}_3 = \mathbf{C}\,\mathbf{p}_2$$

Step 6. Convert to spherical coordinates α_e, δ using:

Step 6. Convert to spherical coordinates α_i, δ using:

$$\alpha_e = \tan^{-1}(\eta/\xi) \quad \delta = \tan^{-1}(\zeta/\beta) \qquad\qquad \alpha_i = \tan^{-1}(\eta/\xi) \quad \delta = \tan^{-1}(\zeta/\beta)$$

where $\mathbf{p}_3 = (\xi, \eta, \zeta)$, $\beta = \sqrt{(\xi^2 + \eta^2)}$ and the quadrant of α_e or α_i is determined by the signs of ξ and η.

Step 7. Calculate Greenwich apparent sidereal time (GAST) for the required UT1 (B13–B20), and then form

Step 7. Calculate the Earth rotation angle (θ) for the required UT1 (B21–B24), and then form

$$H = \text{GAST} - \alpha_e \qquad\qquad H = \theta - \alpha_i$$

Note: H is usually given in arc measure, while GAST and right ascension are given in units of time.

Note: H and θ are usually given in arc measure, while right ascension is given in units of time.

Alternatively combining steps 5 and 7 before forming spherical coordinates

Step *5. Apply frame bias, precession, nutation, and sidereal time, to the proper direction ($\mathbf{p}_2$) by multiplying by the rotation matrix $\mathbf{R}_3(\text{GAST})\mathbf{M}$ to obtain the position ($\mathbf{p}_4$) measured relative to the Terrestrial Intermediate Reference System:

Step *5. Apply the rotation from the GCRS to the terrestrial system by multiplying the proper direction ($\mathbf{p}_2$) by the matrix $\mathbf{R}_3(\theta)\mathbf{C}(\mathcal{X}, \mathcal{Y}, s)$ to obtain the position ($\mathbf{p}_4$) measured with respect to the Terrestrial Intermediate Reference System:

$$\mathbf{p}_4 = \mathbf{R}_3(\text{GAST})\mathbf{M}\,\mathbf{p}_2 \qquad\qquad \mathbf{p}_4 = \mathbf{R}_3(\theta)\,\mathbf{C}\,\mathbf{p}_2$$

Step *6. Convert to spherical coordinates Greenwich hour angle (H) and declination δ using:

$$H = \tan^{-1}(-\eta/\xi), \quad \delta = \tan^{-1}(\zeta/\beta)$$

where $\mathbf{p}_4 = (\xi, \eta, \zeta)$, $\beta = \sqrt{(\xi^2 + \eta^2)}$, and H is measured from the TIO meridian positive to the west, and the quadrant is determined by the signs of ξ and $-\eta$.

Example of planetary reduction: Equinox Method

Calculate the apparent place, the apparent right ascension (right ascension with respect to the equinox) and declination and the Greenwich hour angle, of Venus on 2015 January 3 at $12^{\text{h}} 00^{\text{m}} 00^{\text{s}}$ UT1. Assume that $\Delta T = 68{}^{\text{s}}\!.0$.

Example of planetary reduction: Equinox Method (continued)

Step 1.   From page B13, on 2015 January 3 the tabular JD = 245 7025·5 UT1.

$$\Delta T = \text{TT} - \text{UT1} = 68\overset{s}{\cdot}0 = 7\cdot870\ 370 \times 10^{-4}\ \text{days.}$$

At $12^h\ 00^m\ 00^s$ UT1 the required TT instant is therefore

$$\text{TT} = 245\ 7026\cdot000\ 787 = 245\ 7025\cdot5 + 0\cdot500\ 00 + 7\cdot870\ 370 \times 10^{-4}$$

and the equivalent TDB instant is calculated from

$$\text{TDB} - \text{TT} = -0\cdot01 \times 10^{-9}\ \text{days, and thus}$$

$$\text{TDB} = 245\ 7026\cdot000\ 787\ 037$$

where $g = 359\overset{\circ}{\cdot}61$, and $L - L_J = 152\overset{\circ}{\cdot}81$. Thus the instant required is JD 245 7026·000 787 TT, and the difference between TDB and TT may be neglected.

Step 2.   Tabular values, taken from the JPL DE430/LE430 barycentric ephemeris, referred to the ICRS at J2000·0, which are required for the calculation, are as follows:

Vector	Julian date (0^h TDB)	x	y	z
$\mathbf{Q_B}$	245 7023·5	+0·552 498 348	−0·422 303 894	−0·224 925 460
	245 7024·5	+0·565 402 816	−0·407 964 150	−0·219 290 017
	245 7025·5	+0·577 876 112	−0·393 312 279	−0·213 486 855
	245 7026·5	+0·589 908 636	−0·378 359 475	−0·207 520 405
	245 7027·5	+0·601 491 115	−0·363 117 165	−0·201 395 220
$\mathbf{S_B}$	245 7024·5	+0·002 845 001	−0·000 725 154	−0·000 464 060
	245 7025·5	+0·002 848 966	−0·000 720 302	−0·000 462 063
	245 7026·5	+0·002 852 926	−0·000 715 444	−0·000 460 062

Interpolating to the instant JD 245 7026·000 787 037 TDB gives:

$$\mathbf{S_B} = (+0\cdot002\ 850\ 950, \quad -0\cdot000\ 717\ 870, \quad -0\cdot000\ 461\ 061)$$
$$\mathbf{E_B} = (-0\cdot211\ 185\ 477, \quad +0\cdot879\ 802\ 153, \quad +0\cdot381\ 260\ 168)$$
$$\mathbf{\dot{E}_B} = (-0\cdot017\ 060\ 786, \quad -0\cdot003\ 491\ 758, \quad -0\cdot001\ 513\ 508)$$

where Stirling's central-difference formula has been used up to δ^2 for $\mathbf{S_B}$ and δ^4 for $\mathbf{E_B}$ and $\mathbf{\dot{E}_B}$, the tabular values of which may be found on page B76.

$$\mathbf{E} = (-0\cdot214\ 036\ 427, \quad +0\cdot880\ 520\ 023, \quad +0\cdot381\ 721\ 230) \qquad E = 0\cdot983\ 279\ 309$$

The first iteration, with $\tau = 0$, gives:

$$\mathbf{P} = (+0\cdot795\ 143\ 006, \quad -1\cdot265\ 663\ 169, \quad -0\cdot591\ 779\ 232) \qquad P = 1\cdot607\ 593\ 953$$
$$\mathbf{Q} = (+0\cdot581\ 106\ 578, \quad -0\cdot385\ 143\ 146, \quad -0\cdot210\ 058\ 002) \qquad Q = 0\cdot728\ 110\ 200$$
$$\tau = 0^d 009\ 284\ 6887$$

The second iteration, with $\tau = 0^d 009\ 284\ 6887$ using Stirling's central-difference formula up to δ^4 to interpolate $\mathbf{Q_B}$, and up to δ^2 to interpolate $\mathbf{S_B}$, gives:

$$\mathbf{P} = (+0\cdot795\ 031\ 268, \quad -1\cdot265\ 801\ 995, \quad -0\cdot591\ 834\ 625) \qquad P = 1\cdot607\ 668\ 383$$
$$\mathbf{Q} = (+0\cdot580\ 994\ 877, \quad -0\cdot385\ 281\ 927, \quad -0\cdot210\ 113\ 376) \qquad Q = 0\cdot728\ 110\ 460$$
$$\tau = 0^d 009\ 285\ 1186$$

Iterate until P changes by less than 10^{-9}. Hence the unit vectors are:

$$\mathbf{p} = (+0\cdot494\ 524\ 411, \quad -0\cdot787\ 352\ 673, \quad -0\cdot368\ 132\ 279)$$

$$\mathbf{q} = (+0\cdot797\ 948\ 806, \quad -0\cdot529\ 153\ 136, \quad -0\cdot288\ 573\ 494)$$

$$\mathbf{e} = (-0\cdot217\ 676\ 122, \quad +0\cdot895\ 493\ 289, \quad +0\cdot388\ 212\ 409)$$

Example of planetary reduction: Equinox Method (continued)

Step 3.   Calculate the scalar products:

$\mathbf{p} \cdot \mathbf{q} = +0.917\ 468\ 518 \quad \mathbf{e} \cdot \mathbf{p} = -0.955\ 628\ 710 \quad \mathbf{q} \cdot \mathbf{e} = -0.759\ 575\ 295 \qquad$ then

$$\frac{(2\mu/c^2 E)}{1+\mathbf{q} \cdot \mathbf{e}} \left((\mathbf{p} \cdot \mathbf{q})\mathbf{e} - (\mathbf{e} \cdot \mathbf{p})\mathbf{q} \right) = (+0.000\ 000\ 047, +0.000\ 000\ 026, +0.000\ 000\ 007)$$

$$\text{and} \quad \mathbf{p}_1 = (+0.494\ 524\ 458, -0.787\ 352\ 647, -0.368\ 132\ 272)$$

Step 4.   Take $\dot{\mathbf{E}}_B$, interpolated to JD 245 7026.000 787 TT from *Step* 2 and calculate:

$\mathbf{V} = 0.005\ 775\ 518\ \dot{\mathbf{E}}_B = (-0.000\ 098\ 535, \quad -0.000\ 020\ 167, \quad -0.000\ 008\ 741)$

Then $V = 0.000\ 100\ 957$, $\beta = 1.000\ 000\ 005$ and $\beta^{-1} = 0.999\ 999\ 995$

Calculate the scalar product $\mathbf{p}_1 \cdot \mathbf{V} = -0.000\ 029\ 632$

Then $1 + (\mathbf{p}_1 \cdot \mathbf{V})/(1 + \beta^{-1}) = 0.999\ 985\ 184$

Hence $\quad \mathbf{p}_2 = (+0.494\ 440\ 574, \quad -0.787\ 396\ 141, \quad -0.368\ 151\ 921)$

Step 5.   From page B30, the bias, precession and nutation matrix **M**, interpolated to the required instant JD 245 7026.000 787 TT, is given by:

$$\mathbf{M} = \mathbf{NPB} = \begin{bmatrix} +0.999\ 993\ 216 & -0.003\ 378\ 302 & -0.001\ 467\ 777 \\ +0.003\ 378\ 370 & +0.999\ 994\ 292 & +0.000\ 044\ 029 \\ +0.001\ 467\ 620 & -0.000\ 048\ 988 & +0.999\ 998\ 922 \end{bmatrix}$$

Hence $\qquad \mathbf{p}_3 = \mathbf{M}\,\mathbf{p}_2 = (+0.497\ 637\ 647, -0.785\ 737\ 453, -0.367\ 387\ 300)$

Step 6.   Converting to spherical coordinates $\alpha_e = 20^h\ 09^m\ 23^s\!.4355$, $\delta = -21°\ 33'\ 16''\!.471$.

Step 7.   From page B13, interpolating in the daily values to the required UT1 instant gives

$$\text{GAST} - \text{UT1} = 6^h\ 51^m\ 10^s\!.8317, \qquad \text{and thus}$$

$$H = (\text{GAST} - \text{UT1}) - \alpha_e + \text{UT1}$$

$$= 6^h\ 51^m\ 10^s\!.8317 - 20^h\ 09^m\ 23^s\!.4355 + 12^h\ 00^m\ 00^s$$

$$= 340°\ 26'\ 50''\!.943$$

where H, the Greenwich hour angle of Venus, is expressed in angular measure.

Example of planetary reduction: CIO Method

Step 1-4.   Repeat Steps 1-4 of the planetary reduction given on page B66, calculating the proper direction of the planet ($\mathbf{p}_2$) in the GCRS, hence

$$\mathbf{p}_2 = (+0.494\ 440\ 574, \quad -0.787\ 396\ 141, \quad -0.368\ 151\ 921)$$

Step 5. From pages B31 extract **C**, interpolated to the required TT time, that rotates the GCRS to the Celestial Intermediate Reference System, viz:

$$\mathbf{C} = \begin{bmatrix} +0.999\ 998\ 923 & -0.000\ 000\ 005 & -0.001\ 467\ 620 \\ +0.000\ 000\ 077 & +0.999\ 999\ 999 & +0.000\ 048\ 988 \\ +0.001\ 467\ 620 & -0.000\ 048\ 988 & +0.999\ 998\ 922 \end{bmatrix}$$

Hence $\qquad \mathbf{p}_3 = \mathbf{C}\,\mathbf{p}_2 = (+0.494\ 980\ 352, -0.787\ 414\ 137, -0.367\ 387\ 300)$

Example of planetary reduction: CIO Method **(continued)**

Step 6. Converting to spherical coordinates $\alpha_i = 20^h\ 08^m\ 36^s9805$, $\delta = -21°\ 33'\ 16''471$.

Step 7. From page B21, interpolating to the required UT1, gives

$$\theta - \text{UT1} = 102°\ 36'\ 05''650$$

and thus the Greenwich hour angle (H) of Venus is

$$H = (\theta - \text{UT1}) - \alpha_i + \text{UT1}$$
$$= 102°\ 36'\ 05''650 - (20^h\ 08^m\ 36^s9805 + 12^h\ 00^m\ 00^s) \times 15$$
$$= 340°\ 26'\ 50''943$$

Summary of planetary reduction examples

Thus on 2015 January 3 at $12^h\ 00^m\ 00^s$ UT1, Venus's position is

   $H = 340°\ 26'\ 50''943$ is the Greenwich hour angle ignoring polar motion,

   $\delta = -21°\ 33'\ 16''471$ is the apparent and intermediate declination,

   $\alpha_e = 20^h\ 09^m\ 23^s4355$ is the apparent (equinox) right ascension, and

   $\alpha_i = 20^h\ 08^m\ 36^s9805$ is the intermediate right ascension

The geometric distance between the Earth and Venus at time $t = \text{JD}\ 245\ 7026 \cdot 000\ 787$ TT is the value of $P = 1 \cdot 607\ 593\ 953$ au in the first iteration in *Step* 2, where $\tau = 0$. The distance between the Earth at time t and Venus at time $(t - \tau)$ is the value of $P = 1 \cdot 607\ 668\ 387$ au in the final iteration in *Step* 2, where $\tau = 0^d009\ 285\ 1186$.

Solar reduction

The method for solar reduction is identical to the method for planetary reduction, except for the following differences:

In *Step* 2 set $\mathbf{Q}_B = \mathbf{S}_B$ and hence $\mathbf{P} = \mathbf{S}_B(t - \tau) - \mathbf{E}_B(t)$. Calculate the light time (τ) by iteration from $\tau = P/c$ and form the unit vector $\mathbf{p}$ only.

In *Step* 3 set $\mathbf{p}_1 = \mathbf{p}$ since there is no light deflection from the centre of the Sun's disk.

Stellar reduction overview

The method for planetary reduction may be applied with some modification to the calculation of the apparent places of stars.

The barycentric direction of a star at a particular epoch is calculated from its right ascension, declination and space motion at the catalogue epoch with respect to the ICRS. If the position of the star is not on the ICRS, and the accuracy of the data warrants it, convert it to the ICRS. See page B50 for FK5 to ICRS conversion.

The main modifications to the planetary reduction in the stellar case are: in *Step* 1, the distinction between TDB and TT is not significant; in *Step* 2, the space motion of the star is included but light time is ignored; in *Step* 3, the relativity term for light deflection is modified to the asymptotic case where the star is assumed to be at infinity.

Formulae and method for stellar reduction

The steps in the stellar reduction are as follows:

Step 1. Set TDB = TT.

Step 2. Obtain the Earth's barycentric position $\mathbf{E}_B$ in au and velocity $\dot{\mathbf{E}}_B$ in au/d, at coordinate time t = TDB, referred to the ICRS.

The barycentric direction ($\mathbf{q}$) of a star at epoch J2000·0, referred to the ICRS, is given by:

$$\mathbf{q} = (\cos\alpha_0 \cos\delta_0,\ \sin\alpha_0 \cos\delta_0,\ \sin\delta_0)$$

where α_0 and δ_0 are the ICRS right ascension and declination at epoch J2000·0.

The space motion vector $\mathbf{m} = (m_x, m_y, m_z)$ of the star, expressed in radians per century, is given by:

$$
\begin{aligned}
m_x &= -\mu_\alpha \sin\alpha_0 \ - \ \mu_\delta \sin\delta_0 \cos\alpha_0 \ + v\,\pi \cos\delta_0 \cos\alpha_0 \\
m_y &= \ \ \ \mu_\alpha \cos\alpha_0 \ - \ \mu_\delta \sin\delta_0 \sin\alpha_0 \ + v\,\pi \cos\delta_0 \sin\alpha_0 \\
m_z &= \mu_\delta \cos\delta_0 \ \ \ \ \ \ \ \ \ \ + v\,\pi \sin\delta_0
\end{aligned}
$$

where (μ_α, μ_δ), the proper motion in right ascension and declination, are in radians/century; μ_α is the measurement in units of a great circle, and so **includes** the $\cos\delta_0$ factor. Note: catalogues give proper motions in various units, e.g., arcseconds per century ("/cy), milliarcseonds per year (mas/yr). Use the factor $1/10$ to convert from mas/yr to "/cy. The radial velocity (v) is in au/century (1 km/s = 21·095 au/century), measured positively away from the Earth.

Calculate $\mathbf{P}$, the geocentric vector of the star at the required epoch, from:

$$\mathbf{P} = \mathbf{q} + T\,\mathbf{m} - \pi\,\mathbf{E}_B$$

where $T = (\text{JD}_{TT} - 245\ 1545\!\cdot\!0)/36\ 525$, which is the interval in Julian centuries from J2000·0, and JD_{TT} is the Julian date to one decimal of a day.

Form the heliocentric position of the Earth ($\mathbf{E}$) from:

$$\mathbf{E} = \mathbf{E}_B - \mathbf{S}_B$$

where $\mathbf{S}_B$ is the barycentric position of the Sun at time t.

Form the geocentric direction ($\mathbf{p}$) of the star and the unit vector ($\mathbf{e}$) from $\mathbf{p} = \mathbf{P}/|\mathbf{P}|$ and $\mathbf{e} = \mathbf{E}/|\mathbf{E}|$.

Step 3. Calculate the geocentric direction ($\mathbf{p}_1$) of the star, corrected for light deflection, from:

$$\mathbf{p}_1 = \mathbf{p} + (2\mu/c^2 E)(\mathbf{e} - (\mathbf{p} \cdot \mathbf{e})\mathbf{p})/(1 + \mathbf{p} \cdot \mathbf{e})$$

where the dot indicates a scalar product, $\mu/c^2 = 9\!\cdot\!87 \times 10^{-9}$ au and $E = |\mathbf{E}|$. Note that the expression is derived from the planetary case by substituting $\mathbf{q} = \mathbf{p}$ in the equation for light deflection (*Step* 3) given on page B67.

The vector $\mathbf{p}_1$ is a unit vector to order μ/c^2.

Step 4. Calculate the proper direction ($\mathbf{p}_2$) in the GCRS that is moving with the instantaneous velocity ($\mathbf{V}$) of the Earth, from:

$$\mathbf{p}_2 = (\beta^{-1}\mathbf{p}_1 + (1 + (\mathbf{p}_1 \cdot \mathbf{V})/(1 + \beta^{-1}))\mathbf{V})/(1 + \mathbf{p}_1 \cdot \mathbf{V})$$

where $\mathbf{V} = \dot{\mathbf{E}}_B/c = 0\!\cdot\!005\ 7755\ \dot{\mathbf{E}}_B$ and $\beta = (1 - V^2)^{-1/2}$; the velocity ($\mathbf{V}$) is expressed in units of velocity of light.

| *Equinox method* | *CIO method* |

Step 5. Follow the left-hand *Steps 5–7* or   *Step 5.* Follow the right-hand *Steps 5–7* or
           Steps *5–*6 on page B68.   *Steps *5–*6* on page B68.

Example of stellar reduction: Equinox Method

Calculate the apparent position of a fictitious star on 2015 January 1 at $0^h 00^m 00^s$ TT. The ICRS right ascension (α_0), declination (δ_0), proper motions (μ_α, μ_δ), parallax (π) and radial velocity (v) of the star at J2000·0 are given by:

$$\alpha_0 = 14^h 39^m 36^s\!.4958 \qquad \delta_0 = -60° 50' 02''\!.309 \qquad \pi = 0''\!.742 = 3·5973 \times 10^{-6}\,\text{rad}$$
$$\mu_\alpha = -367\ 8·06\,\text{mas/yr} \qquad \mu_\delta = +482·87\,\text{mas/yr} \qquad v = -21·6\,\text{km/s}$$
$$= -0·001\ 783\ 174\,\text{rad/cy}, \qquad = +0·000\ 234\ 102\,\text{rad/cy}, \quad v\pi = -0·001\ 639\ 121\,\text{rad/cy}$$

Note: $\mu_\alpha = -367\ 8·06\,\text{mas/yr}$ is the arc proper motion in right ascension on a great circle in milliarcseconds per year; it includes the $\cos \delta_0$ factor.

Step 1.   TDB = TT = JD 245 7023·5 TT.

Step 2.   Tabular values of $\mathbf{E_B}$, $\mathbf{\dot{E}_B}$ and $\mathbf{S_B}$, taken from the JPL DE430/LE430 barycentric ephemeris, referred to the ICRS, which are required for the calculation, are as follows:

Vector	Julian date (0^h TDB)	Rectangular components		
		x	y	z
$\mathbf{E_B}$	245 7023·5	$-0·168\ 324\ 137$	$+0·887\ 679\ 115$	$+0·384\ 673\ 995$
$\mathbf{\dot{E}_B}$	245 7023·5	$-0·017\ 212\ 292$	$-0·002\ 806\ 696$	$-0·001\ 216\ 223$
$\mathbf{S_B}$	245 7023·5	$+0·002\ 841\ 029$	$-0·000\ 730\ 001$	$-0·000\ 466\ 055$

From the positional data, calculate:

$$\mathbf{q} = (-0·373\ 860\ 494,\ -0·312\ 618\ 798,\ -0·873\ 211\ 210)$$
$$\mathbf{m} = (-0·000\ 687\ 882,\ +0·001\ 749\ 237,\ +0·001\ 545\ 387)$$

Form $\mathbf{P} = \mathbf{q} + T\,\mathbf{m} - \pi\,\mathbf{E_B} = (-0·373\ 963\ 066,\ -0·312\ 359\ 618,\ -0·872\ 980\ 797)$

where $T = (245\ 7023·5 - 245\ 1545·0)/36\ 525 = +0·149\ 993\ 155,$

and form $\mathbf{E} = \mathbf{E_B} - \mathbf{S_B} = (-0·171\ 165\ 166,\ +0·888\ 409\ 116,\ +0·385\ 140\ 050),$

$E = 0·983\ 311\ 308$

Hence the unit vectors are:

$$\mathbf{p} = (-0·374\ 054\ 276,\ -0·312\ 435\ 803,\ -0·873\ 193\ 717)$$
$$\mathbf{e} = (-0·174\ 070\ 170,\ +0·903\ 487\ 134,\ +0·391\ 676\ 621)$$

Step 3.   Calculate the scalar product $\mathbf{p} \cdot \mathbf{e} = -0·559\ 179\ 601$, then

$$\frac{(2\mu/c^2 E)}{(1 + \mathbf{p} \cdot \mathbf{e})} (\mathbf{e} - (\mathbf{p} \cdot \mathbf{e})\mathbf{p}) = (-0·000\ 000\ 017,\ +0·000\ 000\ 033,\ -0·000\ 000\ 004)$$

and $\mathbf{p_1} = (-0·374\ 054\ 294,\ -0·312\ 435\ 769,\ -0·873\ 193\ 722)$

Step 4.   Using $\mathbf{\dot{E}_B}$ given in the table in *Step* 2, calculate

$\mathbf{V} = 0·005\ 775\ 518\,\mathbf{\dot{E}_B} = (-0·000\ 099\ 410,\ -0·000\ 016\ 210,\ -0·000\ 007\ 024)$

Then $V = 0·000\ 100\ 968$, $\beta = 1·000\ 000\ 005$ and $\beta^{-1} = 0·999\ 999\ 995$

Calculate the scalar product $\mathbf{p_1} \cdot \mathbf{V} = +0·000\ 048\ 383$

Then $1 + (\mathbf{p_1} \cdot \mathbf{V})/(1 + \beta^{-1}) = 1·000\ 024\ 191$

Hence $\mathbf{p_2} = (-0·374\ 135\ 602,\ -0·312\ 436\ 862,\ -0·873\ 158\ 496)$

Example of stellar reduction: Equinox Method (continued)

Step 5.   From page B30, the bias, precession and nutation matrix **M** is given by:

$$\mathbf{M} = \mathbf{NPB} = \begin{bmatrix} +0.999\ 993\ 226 & -0.003\ 375\ 789 & -0.001\ 466\ 687 \\ +0.003\ 375\ 857 & +0.999\ 994\ 301 & +0.000\ 043\ 829 \\ +0.001\ 466\ 530 & -0.000\ 048\ 780 & +0.999\ 998\ 923 \end{bmatrix}$$

hence $\mathbf{p}_3 = \mathbf{M}\,\mathbf{p}_2 = (-0.371\ 797\ 697,\ -0.313\ 736\ 379,\ -0.873\ 690\ 996)$

Step 6.   Converting to spherical coordinates: $\alpha_e = 14^{\mathrm{h}}\ 40^{\mathrm{m}}\ 38\overset{\mathrm{s}}{.}1328,\ \delta = -60°\ 53'\ 25\overset{''}{.}555$

Example of stellar reduction: `CIO Method`

Steps 1-4.   Repeat Steps 1-4 above, calculating the proper direction of the star ($\mathbf{p}_2$) in the GCRS. Hence

$$\mathbf{p}_2 = (-0.374\ 135\ 602,\quad -0.312\ 436\ 862,\quad -0.873\ 158\ 496)$$

Step 5. From page B31 extract **C** that rotates the GCRS to the CIO and equator of date,

$$\mathbf{C} = \begin{bmatrix} +0.999\ 998\ 925 & -0.000\ 000\ 005 & -0.001\ 466\ 530 \\ +0.000\ 000\ 077 & +0.999\ 999\ 999 & +0.000\ 048\ 780 \\ +0.001\ 466\ 530 & -0.000\ 048\ 780 & +0.999\ 998\ 923 \end{bmatrix}$$

hence $\mathbf{p}_3 = \mathbf{C}\,\mathbf{p}_2 = (-0.372\ 854\ 685,\ -0.312\ 479\ 483,\ -0.873\ 690\ 996)$

Step 6. Converting to spherical coordinates $\alpha_i = 14^{\mathrm{h}}\ 39^{\mathrm{m}}\ 51\overset{\mathrm{s}}{.}7123,\ \delta = -60°\ 53'\ 25\overset{''}{.}555$.

Note: the intermediate right ascension (α_i) may also be calculated thus

$$\alpha_i = \alpha_e + E_o = 14^{\mathrm{h}}\ 40^{\mathrm{m}}\ 38\overset{\mathrm{s}}{.}1328 - 46\overset{\mathrm{s}}{.}4205$$

where α_e is the apparent (equinox) right ascension and E_o is the equation of the origins, which is tabulated daily at 0^{h} UT1 on pages B21–B24.

Approximate reduction to apparent geocentric altitude and azimuth

The following example illustrates an approximate procedure based on the CIO method for calculating the altitude and azimuth of a star for a specified UT1 instant. The procedure given is accurate to about $\pm 1''$. It is valid for 2015 as it uses the relevant annual equations given earlier in this section. Strictly, all the parameters, except the Earth rotation angle (θ), should be evaluated for the equivalent TT (UT1+ΔT) instant.

Example On 2015 January 1 at $0^{\mathrm{h}}\ 00^{\mathrm{m}}\ 00^{\mathrm{s}}$ UT1 calculate the local hour angle (h), declination (δ), and altitude and azimuth of the fictitious star given in the example on page B73, for an observer at W 60°0, S 30°0.

Step A The day of the year is 1; the time is $0^{\mathrm{h}}000\ 00$ UT1; the ICRS barycentric direction (**q**) and space motion (**m**) of the star at epoch J2000·0 (see page B73) are

$$\mathbf{q} = (-0.373\ 860\ 494,\ -0.312\ 618\ 798,\ -0.873\ 211\ 210),$$

$$\mathbf{m} = (-0.000\ 687\ 882,\ +0.001\ 749\ 237,\ +0.001\ 545\ 387)\cdot$$

Apply space motion and ignore parallax to give the approximate geocentric position of the star at the epoch of date with respect to the GCRS

$$\mathbf{p} = \mathbf{q} + T\mathbf{m} = (-0.373\ 963\ 672,\ -0.312\ 356\ 425,\ -0.872\ 979\ 413)$$

where $T = +0.149\ 993\ 155$ centuries from 245 1545·0 TT and $\mathbf{p} = (p_x, p_y, p_z)$ is a column vector.

Approximate reduction to apparent geocentric altitude and azimuth (continued)

Step B Apply aberration and precession-nutation to form

$$x_i = v_x + (1 - \mathcal{X}^2/2)\, p_x \qquad - \qquad \mathcal{X}\, p_z = -0.372\ 781$$
$$y_i = v_y + \qquad\qquad\qquad p_y - \qquad \mathcal{Y}\, p_z = -0.312\ 415$$
$$z_i = v_z + \qquad \mathcal{X}\, p_x + \mathcal{Y}\, p_y + (1 - \mathcal{X}^2/2)\, p_z = -0.873\ 519$$

where

$$\mathbf{v} = \frac{1}{c}(0.0172 \sin L, -0.0158 \cos L, -0.0068 \cos L)$$

$$= \frac{1}{173.14}(-0.016\ 92, -0.002\ 82, -0.001\ 21)$$

where $\mathbf{v}$ in au/day is the approximate barycentric velocity of the Earth, $L = 280°3$ is the ecliptic longitude of the Sun, and the speed of light is given by $c = 173.14$ au/d.

$\mathcal{X}, \mathcal{Y}$ are the approximate coordinates of the CIP, given in radians, and are evaluated using the approximate formulae on page B46, with arguments $\Omega = 194°9$ and $2L = 200°6$, thus giving

$$\mathcal{X} = +0.001\ 467 \qquad \text{and} \qquad \mathcal{Y} = -0.000\ 048$$

Therefore (x_i, y_i, z_i) is the position vector of the star with respect to the equator and CIO of date, i.e., the position of the star in the Celestial Intermediate Reference System.

Converting to spherical coordinates gives $\alpha_i = 14^h\ 39^m\ 51\overset{s}{.}7$ and $\delta = -60°\ 53'\ 26''$ (see page B68 *Step 6*).

Step C Transform from the celestial intermediate origin and equator of date to the observer's meridian at longitude $\lambda = -60°0$ (west longitudes are negative)

$$x_g = +x_i\ \cos(\theta + \lambda) + y_i\ \sin(\theta + \lambda) = -0.486\ 381$$
$$y_g = -x_i\ \sin(\theta + \lambda) + y_i\ \cos(\theta + \lambda) = +0.001\ 463$$
$$z_g = +z_i \qquad\qquad\qquad\qquad\qquad = -0.873\ 519$$

where the Earth rotation angle (see page B8) is

$$\theta = 99°151\ 926 + 0°985\ 6123 \times \text{day of year} + 15°041\ 067 \times \text{UT1}$$
$$= 100°137\ 538$$

Thus the local hour angle (h) and declination (δ) are calculated using

$$h = \tan^{-1}(-y_g/x_g)$$
$$= 180°\ 10'\ 20''$$
$$\delta = -60°\ 53'\ 26''$$

h is measured positive to the west of the local meridian and the declination is unchanged (from Step B) by the rotation.

Step D Transform to altitude and azimuth (also see page B86), for the observer at latitude $\phi = -30°0$:

$$x_t = -x_g \sin\phi + z_g \cos\phi = -0.999\ 680$$
$$y_t = +y_g \qquad\qquad\qquad = +0.001\ 463$$
$$z_t = +x_g \cos\phi + z_g \sin\phi = +0.015\ 541$$

Thus

$$\text{Altitude} = \tan^{-1}\left(\frac{z_t}{\sqrt{x_t^2 + y_t^2}}\right) = +0°\ 53'\ 26''$$

$$\text{Azimuth} = \tan^{-1}\left(\frac{y_t}{x_t}\right) = 179°\ 54'\ 58''$$

where azimuth is measured from north through east in the plane of the horizon.

POSITION AND VELOCITY OF THE EARTH, 2015

ICRS, ORIGIN AT SOLAR SYSTEM BARYCENTRE
FOR 0^h BARYCENTRIC DYNAMICAL TIME

Date 0^h TDB		X	Y	Z	$\dot{X}$	$\dot{Y}$	$\dot{Z}$
Jan.	0	$-0.151\ 085\ 529$	$+0.890\ 347\ 988$	$+0.385\ 830\ 429$	$-1726\ 4078$	$-253\ 0873$	$-109\ 6573$
	1	$-0.168\ 324\ 137$	$+0.887\ 679\ 115$	$+0.384\ 673\ 995$	$-1721\ 2292$	$-280\ 6696$	$-121\ 6223$
	2	$-0.185\ 508\ 430$	$+0.884\ 734\ 953$	$+0.383\ 398\ 128$	$-1715\ 5456$	$-308\ 1449$	$-133\ 5438$
	3	$-0.202\ 633\ 383$	$+0.881\ 516\ 578$	$+0.382\ 003\ 269$	$-1709\ 3621$	$-335\ 5119$	$-145\ 4204$
	4	$-0.219\ 694\ 015$	$+0.878\ 025\ 081$	$+0.380\ 489\ 874$	$-1702\ 6816$	$-362\ 7692$	$-157\ 2509$
	5	$-0.236\ 685\ 364$	$+0.874\ 261\ 566$	$+0.378\ 858\ 410$	$-1695\ 5057$	$-389\ 9152$	$-169\ 0338$
	6	$-0.253\ 602\ 478$	$+0.870\ 227\ 155$	$+0.377\ 109\ 361$	$-1687\ 8345$	$-416\ 9477$	$-180\ 7675$
	7	$-0.270\ 440\ 400$	$+0.865\ 923\ 001$	$+0.375\ 243\ 231$	$-1679\ 6671$	$-443\ 8635$	$-192\ 4498$
	8	$-0.287\ 194\ 161$	$+0.861\ 350\ 288$	$+0.373\ 260\ 543$	$-1671\ 0020$	$-470\ 6585$	$-204\ 0785$
	9	$-0.303\ 858\ 774$	$+0.856\ 510\ 249$	$+0.371\ 161\ 848$	$-1661\ 8373$	$-497\ 3277$	$-215\ 6508$
	10	$-0.320\ 429\ 234$	$+0.851\ 404\ 174$	$+0.368\ 947\ 724$	$-1652\ 1710$	$-523\ 8649$	$-227\ 1638$
	11	$-0.336\ 900\ 516$	$+0.846\ 033\ 413$	$+0.366\ 618\ 780$	$-1642\ 0013$	$-550\ 2636$	$-238\ 6142$
	12	$-0.353\ 267\ 576$	$+0.840\ 399\ 388$	$+0.364\ 175\ 659$	$-1631\ 3263$	$-576\ 5165$	$-249\ 9987$
	13	$-0.369\ 525\ 351$	$+0.834\ 503\ 594$	$+0.361\ 619\ 038$	$-1620\ 1441$	$-602\ 6161$	$-261\ 3137$
	14	$-0.385\ 668\ 760$	$+0.828\ 347\ 605$	$+0.358\ 949\ 629$	$-1608\ 4525$	$-628\ 5540$	$-272\ 5555$
	15	$-0.401\ 692\ 696$	$+0.821\ 933\ 081$	$+0.356\ 168\ 186$	$-1596\ 2491$	$-654\ 3215$	$-283\ 7201$
	16	$-0.417\ 592\ 026$	$+0.815\ 261\ 775$	$+0.353\ 275\ 499$	$-1583\ 5309$	$-679\ 9086$	$-294\ 8033$
	17	$-0.433\ 361\ 587$	$+0.808\ 335\ 548$	$+0.350\ 272\ 407$	$-1570\ 2946$	$-705\ 3037$	$-305\ 8003$
	18	$-0.448\ 996\ 180$	$+0.801\ 156\ 387$	$+0.347\ 159\ 800$	$-1556\ 5371$	$-730\ 4929$	$-316\ 7053$
	19	$-0.464\ 490\ 586$	$+0.793\ 726\ 432$	$+0.343\ 938\ 628$	$-1542\ 2568$	$-755\ 4596$	$-327\ 5120$
	20	$-0.479\ 839\ 577$	$+0.786\ 048\ 000$	$+0.340\ 609\ 911$	$-1527\ 4548$	$-780\ 1848$	$-338\ 2131$
	21	$-0.495\ 037\ 960$	$+0.778\ 123\ 609$	$+0.337\ 174\ 743$	$-1512\ 1365$	$-804\ 6479$	$-348\ 8010$
	22	$-0.510\ 080\ 619$	$+0.769\ 955\ 984$	$+0.333\ 634\ 293$	$-1496\ 3122$	$-828\ 8285$	$-359\ 2682$
	23	$-0.524\ 962\ 568$	$+0.761\ 548\ 042$	$+0.329\ 989\ 803$	$-1479\ 9973$	$-852\ 7086$	$-369\ 6082$
	24	$-0.539\ 678\ 990$	$+0.752\ 902\ 861$	$+0.326\ 242\ 571$	$-1463\ 2099$	$-876\ 2743$	$-379\ 8158$
	25	$-0.554\ 225\ 257$	$+0.744\ 023\ 634$	$+0.322\ 393\ 939$	$-1445\ 9695$	$-899\ 5167$	$-389\ 8876$
	26	$-0.568\ 596\ 932$	$+0.734\ 913\ 623$	$+0.318\ 445\ 279$	$-1428\ 2945$	$-922\ 4306$	$-399\ 8214$
	27	$-0.582\ 789\ 752$	$+0.725\ 576\ 124$	$+0.314\ 397\ 976$	$-1410\ 2010$	$-945\ 0141$	$-409\ 6160$
	28	$-0.596\ 799\ 603$	$+0.716\ 014\ 442$	$+0.310\ 253\ 424$	$-1391\ 7027$	$-967\ 2673$	$-419\ 2710$
	29	$-0.610\ 622\ 494$	$+0.706\ 231\ 878$	$+0.306\ 013\ 023$	$-1372\ 8108$	$-989\ 1907$	$-428\ 7859$
	30	$-0.624\ 254\ 537$	$+0.696\ 231\ 724$	$+0.301\ 678\ 174$	$-1353\ 5344$	$-1010\ 7854$	$-438\ 1603$
	31	$-0.637\ 691\ 926$	$+0.686\ 017\ 263$	$+0.297\ 250\ 285$	$-1333\ 8810$	$-1032\ 0521$	$-447\ 3940$
Feb.	1	$-0.650\ 930\ 921$	$+0.675\ 591\ 775$	$+0.292\ 730\ 766$	$-1313\ 8567$	$-1052\ 9910$	$-456\ 4862$
	2	$-0.663\ 967\ 841$	$+0.664\ 958\ 536$	$+0.288\ 121\ 035$	$-1293\ 4665$	$-1073\ 6021$	$-465\ 4363$
	3	$-0.676\ 799\ 046$	$+0.654\ 120\ 829$	$+0.283\ 422\ 518$	$-1272\ 7145$	$-1093\ 8846$	$-474\ 2432$
	4	$-0.689\ 420\ 935$	$+0.643\ 081\ 944$	$+0.278\ 636\ 652$	$-1251\ 6039$	$-1113\ 8372$	$-482\ 9059$
	5	$-0.701\ 829\ 939$	$+0.631\ 845\ 191$	$+0.273\ 764\ 886$	$-1230\ 1376$	$-1133\ 4578$	$-491\ 4229$
	6	$-0.714\ 022\ 510$	$+0.620\ 413\ 903$	$+0.268\ 808\ 686$	$-1208\ 3180$	$-1152\ 7436$	$-499\ 7925$
	7	$-0.725\ 995\ 127$	$+0.608\ 791\ 446$	$+0.263\ 769\ 533$	$-1186\ 1470$	$-1171\ 6910$	$-508\ 0129$
	8	$-0.737\ 744\ 287$	$+0.596\ 981\ 226$	$+0.258\ 648\ 931$	$-1163\ 6269$	$-1190\ 2956$	$-516\ 0820$
	9	$-0.749\ 266\ 507$	$+0.584\ 986\ 693$	$+0.253\ 448\ 406$	$-1140\ 7595$	$-1208\ 5527$	$-523\ 9974$
	10	$-0.760\ 558\ 327$	$+0.572\ 811\ 349$	$+0.248\ 169\ 505$	$-1117\ 5470$	$-1226\ 4567$	$-531\ 7566$
	11	$-0.771\ 616\ 302$	$+0.560\ 458\ 756$	$+0.242\ 813\ 803$	$-1093\ 9911$	$-1244\ 0016$	$-539\ 3570$
	12	$-0.782\ 437\ 010$	$+0.547\ 932\ 537$	$+0.237\ 382\ 903$	$-1070\ 0936$	$-1261\ 1807$	$-546\ 7958$
	13	$-0.793\ 017\ 040$	$+0.535\ 236\ 388$	$+0.231\ 878\ 437$	$-1045\ 8560$	$-1277\ 9861$	$-554\ 0697$
	14	$-0.803\ 353\ 001$	$+0.522\ 374\ 091$	$+0.226\ 302\ 072$	$-1021\ 2797$	$-1294\ 4088$	$-561\ 1750$
	15	$-0.813\ 441\ 512$	$+0.509\ 349\ 525$	$+0.220\ 655\ 514$	$-996\ 3667$	$-1310\ 4376$	$-568\ 1074$

$\dot{X},\ \dot{Y},\ \dot{Z}$ are in units of 10^{-9} au / d.

ICRS, ORIGIN AT SOLAR SYSTEM BARYCENTRE
FOR 0ʰ BARYCENTRIC DYNAMICAL TIME

Date 0ʰ TDB	X	Y	Z	$\dot{X}$	$\dot{Y}$	$\dot{Z}$
Feb. 15	−0·813 441 512	+0·509 349 525	+0·220 655 514	− 996 3667	−1310 4376	− 568 1074
16	−0·823 279 223	+0·496 166 696	+0·214 940 515	− 971 1201	−1326 0592	− 574 8622
17	−0·832 862 821	+0·482 829 750	+0·209 158 882	− 945 5456	−1341 2581	− 581 4334
18	−0·842 189 075	+0·469 342 999	+0·203 312 478	− 919 6532	−1356 0173	− 587 8153
19	−0·851 254 874	+0·455 710 924	+0·197 403 228	− 893 4577	−1370 3204	− 594 0019
20	−0·860 057 285	+0·441 938 158	+0·191 433 107	− 866 9789	−1384 1535	− 599 9885
21	−0·868 593 585	+0·428 029 452	+0·185 404 135	− 840 2398	−1397 5073	− 605 7719
22	−0·876 861 291	+0·413 989 622	+0·179 318 350	− 813 2639	−1410 3782	− 611 3509
23	−0·884 858 148	+0·399 823 495	+0·173 177 799	− 786 0733	−1422 7672	− 616 7255
24	−0·892 582 105	+0·385 535 871	+0·166 984 517	− 758 6867	−1434 6786	− 621 8971
25	−0·900 031 280	+0·371 131 495	+0·160 740 527	− 731 1192	−1446 1185	− 626 8675
26	−0·907 203 926	+0·356 615 053	+0·154 447 832	− 703 3828	−1457 0929	− 631 6384
27	−0·914 098 404	+0·341 991 171	+0·148 108 419	− 675 4870	−1467 6073	− 636 2113
28	−0·920 713 161	+0·327 264 424	+0·141 724 261	− 647 4398	−1477 6665	− 640 5876
Mar. 1	−0·927 046 719	+0·312 439 345	+0·135 297 319	− 619 2482	−1487 2744	− 644 7682
2	−0·933 097 665	+0·297 520 430	+0·128 829 547	− 590 9183	−1496 4341	− 648 7538
3	−0·938 864 643	+0·282 512 148	+0·122 322 892	− 562 4557	−1505 1482	− 652 5450
4	−0·944 346 352	+0·267 418 944	+0·115 779 294	− 533 8653	−1513 4188	− 656 1422
5	−0·949 541 539	+0·252 245 246	+0·109 200 694	− 505 1518	−1521 2473	− 659 5456
6	−0·954 448 992	+0·236 995 469	+0·102 589 029	− 476 3192	−1528 6346	− 662 7552
7	−0·959 067 539	+0·221 674 024	+0·095 946 237	− 447 3714	−1535 5809	− 665 7707
8	−0·963 396 046	+0·206 285 323	+0·089 274 262	− 418 3117	−1542 0857	− 668 5919
9	−0·967 433 411	+0·190 833 786	+0·082 575 049	− 389 1435	−1548 1479	− 671 2181
10	−0·971 178 566	+0·175 323 848	+0·075 850 554	− 359 8701	−1553 7654	− 673 6483
11	−0·974 630 473	+0·159 759 970	+0·069 102 740	− 330 4946	−1558 9354	− 675 8815
12	−0·977 788 129	+0·144 146 643	+0·062 333 586	− 301 0204	−1563 6544	− 677 9162
13	−0·980 650 564	+0·128 488 401	+0·055 545 083	− 271 4510	−1567 9176	− 679 7508
14	−0·983 216 844	+0·112 789 830	+0·048 739 243	− 241 7901	−1571 7190	− 681 3832
15	−0·985 486 076	+0·097 055 585	+0·041 918 102	− 212 0424	−1575 0512	− 682 8107
16	−0·987 457 422	+0·081 290 400	+0·035 083 722	− 182 2138	−1577 9051	− 684 0304
17	−0·989 130 112	+0·065 499 113	+0·028 238 199	− 152 3130	−1580 2699	− 685 0386
18	−0·990 503 482	+0·049 686 670	+0·021 383 667	− 122 3521	−1582 1343	− 685 8317
19	−0·991 577 007	+0·033 858 131	+0·014 522 295	− 92 3474	−1583 4873	− 686 4062
20	−0·992 350 353	+0·018 018 655	+0·007 656 280	− 62 3198	−1584 3209	− 686 7597
21	−0·992 823 405	+0·002 173 457	+0·000 787 840	− 32 2927	−1584 6315	− 686 8914
22	−0·992 996 290	−0·013 672 236	−0·006 080 811	− 2 2904	−1584 4207	− 686 8021
23	−0·992 869 368	−0·029 513 242	−0·012 947 474	+ 27 6653	−1583 6954	− 686 4944
24	−0·992 443 202	−0·045 344 464	−0·019 809 982	+ 57 5558	−1582 4658	− 685 9718
25	−0·991 718 516	−0·061 160 915	−0·026 666 207	+ 87 3672	−1580 7433	− 685 2384
26	−0·990 696 157	−0·076 957 725	−0·033 514 061	+ 117 0890	−1578 5393	− 684 2981
27	−0·989 377 061	−0·092 730 130	−0·040 351 492	+ 146 7133	−1575 8641	− 683 1544
28	−0·987 762 237	−0·108 473 465	−0·047 176 480	+ 176 2340	−1572 7265	− 681 8102
29	−0·985 852 744	−0·124 183 145	−0·053 987 037	+ 205 6459	−1569 1343	− 680 2684
30	−0·983 649 696	−0·139 854 658	−0·060 781 197	+ 234 9444	−1565 0942	− 678 5311
31	−0·981 154 249	−0·155 483 555	−0·067 557 015	+ 264 1251	−1560 6120	− 676 6005
Apr. 1	−0·978 367 601	−0·171 065 443	−0·074 312 570	+ 293 1839	−1555 6932	− 674 4786
2	−0·975 290 988	−0·186 595 981	−0·081 045 954	+ 322 1173	−1550 3428	− 672 1669

$\dot{X}$, $\dot{Y}$, $\dot{Z}$ are in units of 10^{-9} au / d.

POSITION AND VELOCITY OF THE EARTH, 2015

ICRS, ORIGIN AT SOLAR SYSTEM BARYCENTRE
FOR 0ʰ BARYCENTRIC DYNAMICAL TIME

Date 0ʰ TDB		X	Y	Z	$\dot{X}$	$\dot{Y}$	$\dot{Z}$
Apr.	1	−0·978 367 601	−0·171 065 443	−0·074 312 570	+ 293 1839	−1555 6932	− 674 4786
	2	−0·975 290 988	−0·186 595 981	−0·081 045 954	+ 322 1173	−1550 3428	− 672 1669
	3	−0·971 925 684	−0·202 070 875	−0·087 755 282	+ 350 9219	−1544 5651	− 669 6673
	4	−0·968 272 988	−0·217 485 872	−0·094 438 679	+ 379 5951	−1538 3639	− 666 9811
	5	−0·964 334 229	−0·232 836 753	−0·101 094 286	+ 408 1344	−1531 7425	− 664 1095
	6	−0·960 110 753	−0·248 119 327	−0·107 720 255	+ 436 5378	−1524 7028	− 661 0534
	7	−0·955 603 931	−0·263 329 420	−0·114 314 742	+ 464 8035	−1517 2462	− 657 8135
	8	−0·950 815 149	−0·278 462 861	−0·120 875 911	+ 492 9294	−1509 3726	− 654 3898
	9	−0·945 745 818	−0·293 515 478	−0·127 401 925	+ 520 9130	−1501 0810	− 650 7823
	10	−0·940 397 372	−0·308 483 079	−0·133 890 944	+ 548 7515	−1492 3690	− 646 9906
	11	−0·934 771 284	−0·323 361 446	−0·140 341 120	+ 576 4409	−1483 2334	− 643 0137
	12	−0·928 869 068	−0·338 146 319	−0·146 750 597	+ 603 9760	−1473 6694	− 638 8505
	13	−0·922 692 301	−0·352 833 388	−0·153 117 504	+ 631 3497	−1463 6716	− 634 4995
	14	−0·916 242 642	−0·367 418 283	−0·159 439 956	+ 658 5526	−1453 2337	− 629 9592
	15	−0·909 521 860	−0·381 896 574	−0·165 716 051	+ 685 5720	−1442 3496	− 625 2278
	16	−0·902 531 866	−0·396 263 771	−0·171 943 873	+ 712 3921	−1431 0144	− 620 3045
	17	−0·895 274 747	−0·410 515 350	−0·178 121 500	+ 738 9936	−1419 2258	− 615 1890
	18	−0·887 752 792	−0·424 646 782	−0·184 247 017	+ 765 3557	−1406 9858	− 609 8826
	19	−0·879 968 501	−0·438 653 583	−0·190 318 526	+ 791 4573	−1394 3009	− 604 3882
	20	−0·871 924 578	−0·452 531 353	−0·196 334 168	+ 817 2793	−1381 1821	− 598 7099
	21	−0·863 623 898	−0·466 275 824	−0·202 292 129	+ 842 8065	−1367 6433	− 592 8531
	22	−0·855 069 468	−0·479 882 871	−0·208 190 652	+ 868 0277	−1353 7000	− 586 8232
	23	−0·846 264 388	−0·493 348 526	−0·214 028 034	+ 892 9357	−1339 3671	− 580 6257
	24	−0·837 211 813	−0·506 668 960	−0·219 802 623	+ 917 5259	−1324 6581	− 574 2655
	25	−0·827 914 938	−0·519 840 475	−0·225 512 816	+ 941 7956	−1309 5852	− 567 7470
	26	−0·818 376 976	−0·532 859 485	−0·231 157 049	+ 965 7428	−1294 1586	− 561 0741
	27	−0·808 601 161	−0·545 722 500	−0·236 733 795	+ 989 3661	−1278 3877	− 554 2502
	28	−0·798 590 739	−0·558 426 118	−0·242 241 560	+1012 6641	−1262 2806	− 547 2785
	29	−0·788 348 968	−0·570 967 017	−0·247 678 883	+1035 6356	−1245 8451	− 540 1620
	30	−0·777 879 119	−0·583 341 949	−0·253 044 328	+1058 2795	−1229 0884	− 532 9036
May	1	−0·767 184 471	−0·595 547 737	−0·258 336 491	+1080 5954	−1212 0173	− 525 5059
	2	−0·756 268 305	−0·607 581 267	−0·263 553 990	+1102 5831	−1194 6378	− 517 9715
	3	−0·745 133 901	−0·619 439 485	−0·268 695 471	+1124 2431	−1176 9555	− 510 3025
	4	−0·733 784 533	−0·631 119 383	−0·273 759 598	+1145 5761	−1158 9747	− 502 5009
	5	−0·722 223 466	−0·642 617 993	−0·278 745 053	+1166 5831	−1140 6983	− 494 5683
	6	−0·710 453 956	−0·653 932 370	−0·283 650 530	+1187 2649	−1122 1281	− 486 5055
	7	−0·698 479 252	−0·665 059 576	−0·288 474 733	+1207 6216	−1103 2641	− 478 3133
	8	−0·686 302 612	−0·675 996 668	−0·293 216 365	+1227 6520	−1084 1051	− 469 9917
	9	−0·673 927 308	−0·686 740 687	−0·297 874 134	+1247 3536	−1064 6489	− 461 5405
	10	−0·661 356 652	−0·697 288 645	−0·302 446 742	+1266 7215	−1044 8923	− 452 9593
	11	−0·648 594 012	−0·707 637 520	−0·306 932 886	+1285 7489	−1024 8320	− 444 2478
	12	−0·635 642 840	−0·717 784 264	−0·311 331 261	+1304 4262	−1004 4653	− 435 4055
	13	−0·622 506 695	−0·727 725 799	−0·315 640 561	+1322 7414	− 983 7903	− 426 4328
	14	−0·609 189 266	−0·737 459 042	−0·319 859 484	+1340 6803	− 962 8071	− 417 3303
	15	−0·595 694 398	−0·746 980 923	−0·323 986 740	+1358 2266	− 941 5187	− 408 0999
	16	−0·582 026 099	−0·756 288 420	−0·328 021 065	+1375 3636	− 919 9317	− 398 7446
	17	−0·568 188 543	−0·765 378 596	−0·331 961 229	+1392 0753	− 898 0563	− 389 2685

$\dot{X}, \dot{Y}, \dot{Z}$ are in units of 10^{-9} au / d.

ICRS, ORIGIN AT SOLAR SYSTEM BARYCENTRE
FOR 0^h BARYCENTRIC DYNAMICAL TIME

Date 0^h TDB		X	Y	Z	$\dot{X}$	$\dot{Y}$	$\dot{Z}$
May	17	−0·568 188 543	−0·765 378 596	−0·331 961 229	+1392 0753	− 898 0563	− 389 2685
	18	−0·554 186 058	−0·774 248 631	−0·335 806 050	+1408 3476	− 875 9062	− 379 6770
	19	−0·540 023 091	−0·782 895 856	−0·339 554 404	+1424 1701	− 853 4972	− 369 9760
	20	−0·525 704 178	−0·791 317 768	−0·343 205 227	+1439 5359	− 830 8463	− 360 1720
	21	−0·511 233 905	−0·799 512 030	−0·346 757 519	+1454 4417	− 807 9698	− 350 2708
	22	−0·496 616 879	−0·807 476 463	−0·350 210 338	+1468 8867	− 784 8829	− 340 2782
	23	−0·481 857 703	−0·815 209 030	−0·353 562 795	+1482 8720	− 761 5988	− 330 1992
	24	−0·466 960 965	−0·822 707 822	−0·356 814 048	+1496 3995	− 738 1294	− 320 0382
	25	−0·451 931 232	−0·829 971 036	−0·359 963 299	+1509 4713	− 714 4850	− 309 7993
	26	−0·436 773 050	−0·836 996 969	−0·363 009 786	+1522 0898	− 690 6748	− 299 4861
	27	−0·421 490 939	−0·843 784 009	−0·365 952 785	+1534 2573	− 666 7075	− 289 1022
	28	−0·406 089 399	−0·850 330 623	−0·368 791 605	+1545 9762	− 642 5912	− 278 6508
	29	−0·390 572 902	−0·856 635 361	−0·371 525 587	+1557 2492	− 618 3334	− 268 1351
	30	−0·374 945 891	−0·862 696 843	−0·374 154 102	+1568 0795	− 593 9412	− 257 5580
	31	−0·359 212 776	−0·868 513 758	−0·376 676 551	+1578 4707	− 569 4209	− 246 9222
June	1	−0·343 377 926	−0·874 084 851	−0·379 092 359	+1588 4272	− 544 7775	− 236 2301
	2	−0·327 445 666	−0·879 408 910	−0·381 400 972	+1597 9533	− 520 0147	− 225 4834
	3	−0·311 420 281	−0·884 484 752	−0·383 601 850	+1607 0530	− 495 1342	− 214 6834
	4	−0·295 306 018	−0·889 311 203	−0·385 694 465	+1615 7294	− 470 1361	− 203 8308
	5	−0·279 107 099	−0·893 887 078	−0·387 678 291	+1623 9839	− 445 0189	− 192 9257
	6	−0·262 827 749	−0·898 211 175	−0·389 552 804	+1631 8154	− 419 7799	− 181 9680
	7	−0·246 472 213	−0·902 282 260	−0·391 317 474	+1639 2201	− 394 4162	− 170 9573
	8	−0·230 044 791	−0·906 099 076	−0·392 971 774	+1646 1914	− 368 9257	− 159 8939
	9	−0·213 549 861	−0·909 660 349	−0·394 515 179	+1652 7200	− 343 3077	− 148 7783
	10	−0·196 991 902	−0·912 964 810	−0·395 947 170	+1658 7951	− 317 5637	− 137 6117
	11	−0·180 375 511	−0·916 011 217	−0·397 267 250	+1664 4044	− 291 6978	− 126 3965
	12	−0·163 705 408	−0·918 798 384	−0·398 474 948	+1669 5354	− 265 7172	− 115 1357
	13	−0·146 986 438	−0·921 325 211	−0·399 569 826	+1674 1760	− 239 6318	− 103 8336
	14	−0·130 223 557	−0·923 590 714	−0·400 551 499	+1678 3160	− 213 4546	− 92 4953
	15	−0·113 421 814	−0·925 594 046	−0·401 419 630	+1681 9473	− 187 2004	− 81 1264
	16	−0·096 586 324	−0·927 334 519	−0·402 173 945	+1685 0647	− 160 8855	− 69 7332
	17	−0·079 722 239	−0·928 811 609	−0·402 814 233	+1687 6663	− 134 5265	− 58 3218
	18	−0·062 834 714	−0·930 024 957	−0·403 340 342	+1689 7530	− 108 1396	− 46 8984
	19	−0·045 928 886	−0·930 974 357	−0·403 752 179	+1691 3278	− 81 7394	− 35 4685
	20	−0·029 009 850	−0·931 659 745	−0·404 049 707	+1692 3953	− 55 3392	− 24 0371
	21	−0·012 082 652	−0·932 081 180	−0·404 232 932	+1692 9610	− 28 9507	− 12 6088
	22	+0·004 847 718	−0·932 238 831	−0·404 301 906	+1693 0308	− 2 5840	− 1 1875
	23	+0·021 776 331	−0·932 132 963	−0·404 256 718	+1692 6105	+ 23 7517	+ 10 2229
	24	+0·038 698 314	−0·931 763 928	−0·404 097 495	+1691 7058	+ 50 0482	+ 21 6192
	25	+0·055 608 853	−0·931 132 157	−0·403 824 393	+1690 3227	+ 76 2976	+ 32 9980
	26	+0·072 503 193	−0·930 238 157	−0·403 437 602	+1688 4671	+ 102 4928	+ 44 3564
	27	+0·089 376 641	−0·929 082 504	−0·402 937 343	+1686 1454	+ 128 6271	+ 55 6914
	28	+0·106 224 571	−0·927 665 836	−0·402 323 862	+1683 3646	+ 154 6948	+ 67 0004
	29	+0·123 042 428	−0·925 988 846	−0·401 597 429	+1680 1321	+ 180 6911	+ 78 2813
	30	+0·139 825 732	−0·924 052 261	−0·400 758 335	+1676 4553	+ 206 6131	+ 89 5324
July	1	+0·156 570 078	−0·921 856 835	−0·399 806 884	+1672 3416	+ 232 4597	+ 100 7526
	2	+0·173 271 128	−0·919 403 315	−0·398 743 386	+1667 7970	+ 258 2320	+ 111 9417

$\dot{X}$, $\dot{Y}$, $\dot{Z}$ are in units of 10^{-9} au / d.

ICRS, ORIGIN AT SOLAR SYSTEM BARYCENTRE
FOR 0^h BARYCENTRIC DYNAMICAL TIME

Date 0^h TDB		X	Y	Z	$\dot{X}$	$\dot{Y}$	$\dot{Z}$
July	1	+0·156 570 078	−0·921 856 835	−0·399 806 884	+1672 3416	+ 232 4597	+ 100 7526
	2	+0·173 271 128	−0·919 403 315	−0·398 743 386	+1667 7970	+ 258 2320	+ 111 9417
	3	+0·189 924 593	−0·916 692 434	−0·397 568 152	+1662 8251	+ 283 9327	+ 123 0999
	4	+0·206 526 208	−0·913 724 885	−0·396 281 488	+1657 4266	+ 309 5660	+ 134 2278
	5	+0·223 071 693	−0·910 501 327	−0·394 883 695	+1651 5985	+ 335 1353	+ 145 3259
	6	+0·239 556 726	−0·907 022 386	−0·393 375 070	+1645 3347	+ 360 6427	+ 156 3940
	7	+0·255 976 906	−0·903 288 681	−0·391 755 919	+1638 6264	+ 386 0877	+ 167 4312
	8	+0·272 327 740	−0·899 300 852	−0·390 026 557	+1631 4638	+ 411 4664	+ 178 4354
	9	+0·288 604 635	−0·895 059 596	−0·388 187 331	+1623 8370	+ 436 7717	+ 189 4035
	10	+0·304 802 903	−0·890 565 697	−0·386 238 622	+1615 7372	+ 461 9934	+ 200 3313
	11	+0·320 917 778	−0·885 820 049	−0·384 180 855	+1607 1575	+ 487 1190	+ 211 2141
	12	+0·336 944 437	−0·880 823 683	−0·382 014 508	+1598 0933	+ 512 1347	+ 222 0463
	13	+0·352 878 023	−0·875 577 773	−0·379 740 115	+1588 5426	+ 537 0251	+ 232 8224
	14	+0·368 713 667	−0·870 083 649	−0·377 358 268	+1578 5056	+ 561 7750	+ 243 5364
	15	+0·384 446 523	−0·864 342 793	−0·374 869 614	+1567 9852	+ 586 3691	+ 254 1826
	16	+0·400 071 777	−0·858 356 834	−0·372 274 859	+1556 9865	+ 610 7931	+ 264 7558
	17	+0·415 584 681	−0·852 127 541	−0·369 574 758	+1545 5162	+ 635 0339	+ 275 2508
	18	+0·430 980 556	−0·845 656 807	−0·366 770 117	+1533 5821	+ 659 0795	+ 285 6632
	19	+0·446 254 807	−0·838 946 635	−0·363 861 783	+1521 1930	+ 682 9198	+ 295 9889
	20	+0·461 402 929	−0·831 999 127	−0·360 850 640	+1508 3578	+ 706 5455	+ 306 2243
	21	+0·476 420 507	−0·824 816 466	−0·357 737 609	+1495 0856	+ 729 9490	+ 316 3661
	22	+0·491 303 215	−0·817 400 912	−0·354 523 640	+1481 3854	+ 753 1230	+ 326 4114
	23	+0·506 046 819	−0·809 754 792	−0·351 209 712	+1467 2662	+ 776 0612	+ 336 3576
	24	+0·520 647 173	−0·801 880 493	−0·347 796 828	+1452 7371	+ 798 7579	+ 346 2020
	25	+0·535 100 225	−0·793 780 456	−0·344 286 019	+1437 8073	+ 821 2080	+ 355 9424
	26	+0·549 402 016	−0·785 457 169	−0·340 678 335	+1422 4866	+ 843 4072	+ 365 5767
	27	+0·563 548 688	−0·776 913 159	−0·336 974 844	+1406 7851	+ 865 3523	+ 375 1033
	28	+0·577 536 483	−0·768 150 975	−0·333 176 630	+1390 7130	+ 887 0419	+ 384 5212
	29	+0·591 361 745	−0·759 173 171	−0·329 284 784	+1374 2800	+ 908 4765	+ 393 8298
	30	+0·605 020 909	−0·749 982 287	−0·325 300 397	+1357 4946	+ 929 6588	+ 403 0296
	31	+0·618 510 483	−0·740 580 821	−0·321 224 553	+1340 3628	+ 950 5936	+ 412 1214
Aug.	1	+0·631 827 018	−0·730 971 221	−0·317 058 325	+1322 8867	+ 971 2866	+ 421 1065
	2	+0·644 967 064	−0·721 155 878	−0·312 802 776	+1305 0645	+ 991 7430	+ 429 9860
	3	+0·657 927 135	−0·711 137 139	−0·308 458 957	+1286 8903	+1011 9657	+ 438 7602
	4	+0·670 703 671	−0·700 917 346	−0·304 027 927	+1268 3561	+1031 9536	+ 447 4281
	5	+0·683 293 028	−0·690 498 866	−0·299 510 757	+1249 4532	+1051 7017	+ 455 9874
	6	+0·695 691 481	−0·679 884 142	−0·294 908 553	+1230 1742	+1071 2008	+ 464 4345
	7	+0·707 895 242	−0·669 075 720	−0·290 222 457	+1210 5142	+1090 4390	+ 472 7648
	8	+0·719 900 488	−0·658 076 276	−0·285 453 664	+1190 4712	+1109 4030	+ 480 9733
	9	+0·731 703 392	−0·646 888 622	−0·280 603 415	+1170 0460	+1128 0785	+ 489 0547
	10	+0·743 300 146	−0·635 515 715	−0·275 673 009	+1149 2421	+1146 4515	+ 497 0040
	11	+0·754 686 990	−0·623 960 647	−0·270 663 793	+1128 0651	+1164 5085	+ 504 8160
	12	+0·765 860 228	−0·612 226 642	−0·265 577 163	+1106 5223	+1182 2368	+ 512 4861
	13	+0·776 816 245	−0·600 317 045	−0·260 414 559	+1084 6225	+1199 6248	+ 520 0099
	14	+0·787 551 522	−0·588 235 314	−0·255 177 466	+1062 3759	+1216 6621	+ 527 3835
	15	+0·798 062 643	−0·575 985 004	−0·249 867 402	+1039 7933	+1233 3393	+ 534 6033
	16	+0·808 346 305	−0·563 569 756	−0·244 485 923	+1016 8860	+1249 6484	+ 541 6662

$\dot{X}, \dot{Y}, \dot{Z}$ are in units of 10^{-9} au / d.

ICRS, ORIGIN AT SOLAR SYSTEM BARYCENTRE
FOR 0ʰ BARYCENTRIC DYNAMICAL TIME

Date 0ʰ TDB	X	Y	Z	$\dot{X}$	$\dot{Y}$	$\dot{Z}$
Aug. 16	+0·808 346 305	−0·563 569 756	−0·244 485 923	+1016 8860	+1249 6484	+ 541 6662
17	+0·818 399 321	−0·550 993 285	−0·239 034 611	+ 993 6659	+1265 5827	+ 548 5695
18	+0·828 218 620	−0·538 259 370	−0·233 515 074	+ 970 1447	+1281 1365	+ 555 3108
19	+0·837 801 251	−0·525 371 840	−0·227 928 942	+ 946 3343	+1296 3049	+ 561 8881
20	+0·847 144 380	−0·512 334 570	−0·222 277 865	+ 922 2463	+1311 0839	+ 568 2996
21	+0·856 245 292	−0·499 151 470	−0·216 563 508	+ 897 8926	+1325 4704	+ 574 5438
22	+0·865 101 385	−0·485 826 479	−0·210 787 550	+ 873 2847	+1339 4618	+ 580 6195
23	+0·873 710 179	−0·472 363 556	−0·204 951 683	+ 848 4348	+1353 0566	+ 586 5256
24	+0·882 069 313	−0·458 766 672	−0·199 057 604	+ 823 3547	+1366 2541	+ 592 2616
25	+0·890 176 547	−0·445 039 795	−0·193 107 017	+ 798 0567	+1379 0555	+ 597 8274
26	+0·898 029 758	−0·431 186 873	−0·187 101 622	+ 772 5520	+1391 4637	+ 603 2235
27	+0·905 626 932	−0·417 211 815	−0·181 043 108	+ 746 8508	+1403 4838	+ 608 4512
28	+0·912 966 144	−0·403 118 468	−0·174 933 153	+ 720 9605	+1415 1226	+ 613 5123
29	+0·920 045 524	−0·388 910 606	−0·168 773 410	+ 694 8847	+1426 3883	+ 618 4091
30	+0·926 863 217	−0·374 591 923	−0·162 565 513	+ 668 6225	+1437 2878	+ 623 1434
31	+0·933 417 336	−0·360 166 055	−0·156 311 080	+ 642 1689	+1447 8257	+ 627 7164
Sept. 1	+0·939 705 933	−0·345 636 615	−0·150 011 725	+ 615 5167	+1458 0017	+ 632 1275
2	+0·945 726 983	−0·331 007 243	−0·143 669 076	+ 588 6584	+1467 8108	+ 636 3747
3	+0·951 478 396	−0·316 281 652	−0·137 284 788	+ 561 5889	+1477 2437	+ 640 4546
4	+0·956 958 051	−0·301 463 665	−0·130 860 556	+ 534 3066	+1486 2880	+ 644 3628
5	+0·962 163 827	−0·286 557 230	−0·124 398 120	+ 506 8139	+1494 9308	+ 648 0946
6	+0·967 093 646	−0·271 566 430	−0·117 899 266	+ 479 1163	+1503 1592	+ 651 6456
7	+0·971 745 497	−0·256 495 467	−0·111 365 824	+ 451 2220	+1510 9614	+ 655 0116
8	+0·976 117 463	−0·241 348 658	−0·104 799 664	+ 423 1410	+1518 3269	+ 658 1888
9	+0·980 207 731	−0·226 130 415	−0·098 202 689	+ 394 8844	+1525 2467	+ 661 1739
10	+0·984 014 607	−0·210 845 237	−0·091 576 834	+ 366 4645	+1531 7127	+ 663 9642
11	+0·987 536 518	−0·195 497 696	−0·084 924 062	+ 337 8938	+1537 7183	+ 666 5572
12	+0·990 772 023	−0·180 092 425	−0·078 246 356	+ 309 1854	+1543 2578	+ 668 9507
13	+0·993 719 813	−0·164 634 108	−0·071 545 719	+ 280 3530	+1548 3268	+ 671 1430
14	+0·996 378 715	−0·149 127 469	−0·064 824 170	+ 251 4102	+1552 9216	+ 673 1329
15	+0·998 747 696	−0·133 577 264	−0·058 083 739	+ 222 3709	+1557 0399	+ 674 9193
16	+1·000 825 858	−0·117 988 264	−0·051 326 465	+ 193 2489	+1560 6802	+ 676 5015
17	+1·002 612 443	−0·102 365 255	−0·044 554 390	+ 164 0579	+1563 8420	+ 677 8792
18	+1·004 106 830	−0·086 713 018	−0·037 769 562	+ 134 8114	+1566 5257	+ 679 0524
19	+1·005 308 531	−0·071 036 331	−0·030 974 023	+ 105 5229	+1568 7325	+ 680 0213
20	+1·006 217 193	−0·055 339 950	−0·024 169 815	+ 76 2056	+1570 4648	+ 680 7865
21	+1·006 832 591	−0·039 628 605	−0·017 358 969	+ 46 8724	+1571 7260	+ 681 3490
22	+1·007 154 631	−0·023 906 986	−0·010 543 506	+ 17 5360	+1572 5206	+ 681 7102
23	+1·007 183 340	−0·008 179 726	−0·003 725 430	− 11 7919	+1572 8552	+ 681 8721
24	+1·006 918 855	+0·007 548 612	+0·003 093 280	− 41 1012	+1572 7378	+ 681 8373
25	+1·006 361 404	+0·023 273 554	+0·009 910 670	− 70 3842	+1572 1779	+ 681 6087
26	+1·005 511 273	+0·038 990 729	+0·016 724 820	− 99 6369	+1571 1859	+ 681 1898
27	+1·004 368 766	+0·054 695 863	+0·023 533 842	− 128 8596	+1569 7712	+ 680 5835
28	+1·002 934 167	+0·070 384 766	+0·030 335 872	− 158 0564	+1567 9402	+ 679 7918
29	+1·001 207 702	+0·086 053 288	+0·037 129 063	− 187 2340	+1565 6951	+ 678 8155
30	+0·999 189 531	+0·101 697 275	+0·043 911 563	− 216 3985	+1563 0322	+ 677 6533
Oct. 1	+0·996 879 763	+0·117 312 514	+0·050 681 501	− 245 5536	+1559 9438	+ 676 3026

$\dot{X},\ \dot{Y},\ \dot{Z}$ are in units of 10^{-9} au / d.

ICRS, ORIGIN AT SOLAR SYSTEM BARYCENTRE
FOR 0^h BARYCENTRIC DYNAMICAL TIME

Date 0^h TDB	X	Y	Z	$\dot{X}$	$\dot{Y}$	$\dot{Z}$
Oct. 1	+0·996 879 763	+0·117 312 514	+0·050 681 501	− 245 5536	+1559 9438	+ 676 3026
2	+0·994 278 491	+0·132 894 698	+0·057 436 975	− 274 6988	+1556 4193	+ 674 7600
3	+0·991 385 838	+0·148 439 409	+0·064 176 049	− 303 8287	+1552 4475	+ 673 0219
4	+0·988 201 996	+0·163 942 123	+0·070 896 750	− 332 9347	+1548 0183	+ 671 0849
5	+0·984 727 261	+0·179 398 222	+0·077 597 075	− 362 0053	+1543 1232	+ 668 9464
6	+0·980 962 051	+0·194 803 012	+0·084 274 999	− 391 0276	+1537 7558	+ 666 6044
7	+0·976 906 916	+0·210 151 747	+0·090 928 479	− 419 9880	+1531 9114	+ 664 0574
8	+0·972 562 544	+0·225 439 639	+0·097 555 460	− 448 8725	+1525 5868	+ 661 3044
9	+0·967 929 765	+0·240 661 876	+0·104 153 880	− 477 6672	+1518 7801	+ 658 3450
10	+0·963 009 548	+0·255 813 630	+0·110 721 672	− 506 3578	+1511 4901	+ 655 1790
11	+0·957 803 004	+0·270 890 067	+0·117 256 771	− 534 9300	+1503 7168	+ 651 8064
12	+0·952 311 389	+0·285 886 357	+0·123 757 113	− 563 3696	+1495 4609	+ 648 2277
13	+0·946 536 103	+0·300 797 683	+0·130 220 640	− 591 6621	+1486 7243	+ 644 4436
14	+0·940 478 687	+0·315 619 249	+0·136 645 305	− 619 7930	+1477 5097	+ 640 4553
15	+0·934 140 829	+0·330 346 297	+0·143 029 071	− 647 7482	+1467 8211	+ 636 2643
16	+0·927 524 356	+0·344 974 108	+0·149 369 921	− 675 5136	+1457 6635	+ 631 8724
17	+0·920 631 234	+0·359 498 022	+0·155 665 857	− 703 0758	+1447 0428	+ 627 2818
18	+0·913 463 560	+0·373 913 444	+0·161 914 904	− 730 4219	+1435 9662	+ 622 4951
19	+0·906 023 557	+0·388 215 855	+0·168 115 116	− 757 5396	+1424 4421	+ 617 5154
20	+0·898 313 566	+0·402 400 825	+0·174 264 579	− 784 4178	+1412 4798	+ 612 3460
21	+0·890 336 033	+0·416 464 025	+0·180 361 415	− 811 0465	+1400 0898	+ 606 9906
22	+0·882 093 496	+0·430 401 236	+0·186 403 785	− 837 4176	+1387 2840	+ 601 4534
23	+0·873 588 560	+0·444 208 360	+0·192 389 892	− 863 5255	+1374 0748	+ 595 7389
24	+0·864 823 872	+0·457 881 428	+0·198 317 985	− 889 3678	+1360 4747	+ 589 8515
25	+0·855 802 086	+0·471 416 591	+0·204 186 358	− 914 9456	+1346 4954	+ 583 7953
26	+0·846 525 827	+0·484 810 100	+0·209 993 340	− 940 2634	+1332 1452	+ 577 5736
27	+0·836 997 665	+0·498 058 275	+0·215 737 285	− 965 3274	+1317 4288	+ 571 1882
28	+0·827 220 105	+0·511 157 454	+0·221 416 560	− 990 1437	+1302 3456	+ 564 6394
29	+0·817 195 606	+0·524 103 948	+0·227 029 525	−1014 7155	+1286 8907	+ 557 9259
30	+0·806 926 613	+0·536 894 005	+0·232 574 523	−1039 0419	+1271 0568	+ 551 0458
31	+0·796 415 603	+0·549 523 794	+0·238 049 879	−1063 1174	+1254 8360	+ 543 9970
Nov. 1	+0·785 665 133	+0·561 989 413	+0·243 453 896	−1086 9322	+1238 2218	+ 536 7778
2	+0·774 677 867	+0·574 286 904	+0·248 784 864	−1110 4745	+1221 2099	+ 529 3872
3	+0·763 456 596	+0·586 412 279	+0·254 041 068	−1133 7308	+1203 7983	+ 521 8251
4	+0·752 004 250	+0·598 361 539	+0·259 220 795	−1156 6874	+1185 9872	+ 514 0920
5	+0·740 323 893	+0·610 130 696	+0·264 322 342	−1179 3306	+1167 7782	+ 506 1891
6	+0·728 418 727	+0·621 715 788	+0·269 344 017	−1201 6471	+1149 1745	+ 498 1179
7	+0·716 292 083	+0·633 112 884	+0·274 284 145	−1223 6240	+1130 1799	+ 489 8801
8	+0·703 947 423	+0·644 318 099	+0·279 141 072	−1245 2482	+1110 7991	+ 481 4780
9	+0·691 388 337	+0·655 327 597	+0·283 913 165	−1266 5070	+1091 0376	+ 472 9138
10	+0·678 618 543	+0·666 137 602	+0·288 598 817	−1287 3877	+1070 9016	+ 464 1903
11	+0·665 641 886	+0·676 744 405	+0·293 196 448	−1307 8774	+1050 3984	+ 455 3103
12	+0·652 462 340	+0·687 144 374	+0·297 704 512	−1327 9636	+1029 5365	+ 446 2773
13	+0·639 083 999	+0·697 333 970	+0·302 121 496	−1347 6342	+1008 3255	+ 437 0951
14	+0·625 511 079	+0·707 309 757	+0·306 445 930	−1366 8778	+ 986 7764	+ 427 7679
15	+0·611 747 901	+0·717 068 412	+0·310 676 386	−1385 6841	+ 964 9015	+ 418 3004
16	+0·597 798 886	+0·726 606 744	+0·314 811 486	−1404 0439	+ 942 7139	+ 408 6976

$\dot{X}, \dot{Y}, \dot{Z}$ are in units of 10^{-9} au / d.

ICRS, ORIGIN AT SOLAR SYSTEM BARYCENTRE
FOR 0^h BARYCENTRIC DYNAMICAL TIME

Date 0^h TDB	X	Y	Z	$\dot{X}$	$\dot{Y}$	$\dot{Z}$
Nov. 16	+0·597 798 886	+0·726 606 744	+0·314 811 486	−1404 0439	+ 942 7139	+ 408 6976
17	+0·583 668 535	+0·735 921 695	+0·318 849 905	−1421 9500	+ 920 2279	+ 398 9649
18	+0·569 361 416	+0·745 010 356	+0·322 790 370	−1439 3969	+ 897 4583	+ 389 1079
19	+0·554 882 138	+0·753 869 965	+0·326 631 667	−1456 3814	+ 874 4201	+ 379 1322
20	+0·540 235 332	+0·762 497 913	+0·330 372 638	−1472 9026	+ 851 1283	+ 369 0435
21	+0·525 425 624	+0·770 891 733	+0·334 012 179	−1488 9624	+ 827 5970	+ 358 8472
22	+0·510 457 608	+0·779 049 097	+0·337 549 240	−1504 5652	+ 803 8387	+ 348 5482
23	+0·495 335 821	+0·786 967 783	+0·340 982 813	−1519 7176	+ 779 8629	+ 338 1504
24	+0·480 064 731	+0·794 645 651	+0·344 311 928	−1534 4273	+ 755 6757	+ 327 6566
25	+0·464 648 729	+0·802 080 600	+0·347 535 631	−1548 7011	+ 731 2791	+ 317 0683
26	+0·449 092 147	+0·809 270 530	+0·350 652 979	−1562 5436	+ 706 6715	+ 306 3857
27	+0·433 399 292	+0·816 213 314	+0·353 663 029	−1575 9554	+ 681 8492	+ 295 6085
28	+0·417 574 485	+0·822 906 785	+0·356 564 832	−1588 9332	+ 656 8081	+ 284 7361
29	+0·401 622 098	+0·829 348 737	+0·359 357 433	−1601 4697	+ 631 5453	+ 273 7683
30	+0·385 546 593	+0·835 536 949	+0·362 039 881	−1613 5554	+ 606 0602	+ 262 7057
Dec. 1	+0·369 352 530	+0·841 469 206	+0·364 611 236	−1625 1793	+ 580 3546	+ 251 5498
2	+0·353 044 582	+0·847 143 319	+0·367 070 573	−1636 3305	+ 554 4324	+ 240 3027
3	+0·336 627 532	+0·852 557 151	+0·369 416 994	−1646 9982	+ 528 2995	+ 228 9670
4	+0·320 106 264	+0·857 708 629	+0·371 649 630	−1657 1723	+ 501 9629	+ 217 5461
5	+0·303 485 763	+0·862 595 755	+0·373 767 643	−1666 8434	+ 475 4304	+ 206 0432
6	+0·286 771 103	+0·867 216 612	+0·375 770 233	−1676 0024	+ 448 7105	+ 194 4621
7	+0·269 967 451	+0·871 569 370	+0·377 656 636	−1684 6405	+ 421 8123	+ 182 8066
8	+0·253 080 060	+0·875 652 295	+0·379 426 129	−1692 7489	+ 394 7454	+ 171 0807
9	+0·236 114 267	+0·879 463 752	+0·381 078 030	−1700 3192	+ 367 5207	+ 159 2888
10	+0·219 075 498	+0·883 002 220	+0·382 611 701	−1707 3428	+ 340 1496	+ 147 4357
11	+0·201 969 259	+0·886 266 300	+0·384 026 557	−1713 8118	+ 312 6453	+ 135 5265
12	+0·184 801 134	+0·889 254 731	+0·385 322 063	−1719 7192	+ 285 0223	+ 123 5669
13	+0·167 576 766	+0·891 966 403	+0·386 497 747	−1725 0594	+ 257 2964	+ 111 5630
14	+0·150 301 848	+0·894 400 372	+0·387 553 197	−1729 8288	+ 229 4846	+ 99 5213
15	+0·132 982 096	+0·896 555 868	+0·388 488 070	−1734 0263	+ 201 6045	+ 87 4487
16	+0·115 623 225	+0·898 432 293	+0·389 302 089	−1737 6531	+ 173 6736	+ 75 3517
17	+0·098 230 923	+0·900 029 226	+0·389 995 044	−1740 7133	+ 145 7086	+ 63 2369
18	+0·080 810 826	+0·901 346 405	+0·390 566 789	−1743 2133	+ 117 7252	+ 51 1105
19	+0·063 368 497	+0·902 383 714	+0·391 017 234	−1745 1614	+ 89 7370	+ 38 9779
20	+0·045 909 404	+0·903 141 165	+0·391 346 341	−1746 5676	+ 61 7550	+ 26 8438
21	+0·028 438 916	+0·903 618 864	+0·391 554 117	−1747 4424	+ 33 7877	+ 14 7120
22	+0·010 962 293	+0·903 816 986	+0·391 640 599	−1747 7962	+ 5 8404	+ 2 5853
23	−0·006 515 302	+0·903 735 746	+0·391 605 846	−1747 6383	− 22 0846	− 9 5345
24	−0·023 988 789	+0·903 375 368	+0·391 449 934	−1746 9753	− 49 9873	− 21 6466
25	−0·041 453 138	+0·902 736 068	+0·391 172 942	−1745 8110	− 77 8692	− 33 7503
26	−0·058 903 340	+0·901 818 048	+0·390 774 956	−1744 1457	− 105 7318	− 45 8453
27	−0·076 334 373	+0·900 621 494	+0·390 256 067	−1741 9767	− 133 5757	− 57 9309
28	−0·093 741 179	+0·899 146 600	+0·389 616 374	−1739 2991	− 161 3996	− 70 0057
29	−0·111 118 641	+0·897 393 581	+0·388 855 996	−1736 1070	− 189 1999	− 82 0676
30	−0·128 461 582	+0·895 362 700	+0·387 975 074	−1732 3940	− 216 9710	− 94 1139
31	−0·145 764 766	+0·893 054 283	+0·386 973 781	−1728 1545	− 244 7056	− 106 1413
32	−0·163 022 900	+0·890 468 739	+0·385 852 324	−1723 3834	− 272 3951	− 118 1461

$\dot{X}$, $\dot{Y}$, $\dot{Z}$ are in units of 10^{-9} au / d.

Reduction for polar motion

The rotation of the Earth can be represented by a diurnal rotation about a reference axis whose motion with respect to a space-fixed system is given by the theories of precession and nutation plus very small (< 1 mas) corrections from observations. The pole of the reference axis is the celestial intermediate pole (CIP) and the system within which it moves is the GCRS (see page B25). The equator of date is orthogonal to the axis of the CIP. The axis of the CIP also moves with respect to the standard geodetic coordinate system, the ITRS (see below), which is fixed (in a specifically defined sense) with respect to the crust of the Earth. The motion of the CIP within the ITRS is known as polar motion; the path of the pole is quasi-circular with a maximum radius of about 10 m ($0''\!.3$) and principal periods of 365 and 428 days. The longer period component is the Chandler wobble, which corresponds in rigid-body rotational dynamics to the motion of the axis of figure with respect to the axis of rotation. The annual component is driven by seasonal effects. Polar motion as a whole is affected by unpredictable geophysical forces and must be determined continuously from various kinds of observations.

The origin of the International Terrestrial Reference System (ITRS) is the geocentre and the directions of its axes are defined implicitly by the adoption of a set of coordinates of stations (instruments) used to determine UT1 and polar motion from observations. The ITRS is systematically within a few centimetres of WGS 84, the geodetic system provided by GPS. The orientation of the Terrestrial Intermediate Reference System (see page B26) with respect to the ITRS is given by successive rotations through the three small angles y, x, and $-s'$. The celestial reference system is then obtained by a rotation about the z-axis, either by Greenwich apparent sidereal time (GAST) if the celestial coordinates are with respect to the true equator and equinox of date; or by the Earth rotation angle (θ) if the celestial coordinates are with respect to the Celestial Intermediate Reference System.

The small angle s', called the TIO locator, is a measure of the secular drift of the terrestrial intermediate origin (TIO), with respect to geodetic zero longitude, that is, the very slow systematic rotation of the Terrestrial Intermediate Reference System with respect to the ITRS (due to polar motion). The value of s' (see below) is minuscule and may be set to zero unless very precise results are needed.

The quantities x, y correspond to the coordinates of the CIP with respect to the ITRS, measured along the meridians at longitudes $0°$ and $270°$ ($90°$ west). Current values of the coordinates, x, y, of the pole for use in the reduction of observations are published by the Central Bureau of the IERS (see *The Astronomical Almanac Online* for web links). Previous values, from 1970 January 1 onwards, are given on page K10 at 3-monthly intervals. For precise work the values at 5-day intervals from the IERS should be used. The coordinates x and y are usually measured in arcseconds.

The longitude and latitude of a terrestrial observer, λ and ϕ, used in astronomical formulae (e.g., for hour angle or the determination of astronomical time), should be expressed in the Terrestrial Intermediate Reference System, that is, corrected for polar motion:

$$\lambda = \lambda_{\text{ITRS}} + \left(x \sin \lambda_{\text{ITRS}} + y \cos \lambda_{\text{ITRS}} \right) \tan \phi_{\text{ITRS}}$$

$$\phi = \phi_{\text{ITRS}} + \left(x \cos \lambda_{\text{ITRS}} - y \sin \lambda_{\text{ITRS}} \right)$$

where λ_{ITRS} and ϕ_{ITRS} are the ITRS (geodetic) longitude and latitude of the observer, and x and y are the ITRS coordinates of the CIP, in the same units as λ and ϕ. These formulae are approximate and should not be used for places at polar latitudes.

Reduction for polar motion (continued)

The rigorous transformation of a vector $\mathbf{p}_3$ with respect to the celestial system to the corresponding vector $\mathbf{p}_4$ with respect to the ITRS is given by the formula:

$$\mathbf{p}_4 = \mathbf{R}_1(-y)\,\mathbf{R}_2(-x)\,\mathbf{R}_3(s')\,\mathbf{R}_3(\beta)\,\mathbf{p}_3$$

and conversely,

$$\mathbf{p}_3 = \mathbf{R}_3(-\beta)\,\mathbf{R}_3(-s')\,\mathbf{R}_2(x)\,\mathbf{R}_1(y)\,\mathbf{p}_4$$

where the TIO locator

$$s' = -0\rlap{.}''000\,047\,T$$

and T is measured in Julian centuries of 365 25 days from 245 1545·0 TT. Some previous values of x and y are tabulated on page K10. Note, the standard rotation matrices $\mathbf{R}_1, \mathbf{R}_2, \mathbf{R}_3$ are given on page K19 and correspond to rotations about the x, y and z axes, respectively.

The method to form the vector $\mathbf{p}_3$ for celestial objects is given on page B68. However, the vectors given above could represent, for example, the coordinates of a point on the Earth's surface or of a satellite in orbit around the Earth. The quantity β depends on whether the true equinox or the celestial intermediate origin (CIO) is used, viz:

Equinox method	CIO method
where $\beta = $ GAST, Greenwich apparent sidereal time, tabulated daily at 0^h UT1 on pages B13–B20. GAST must be used if $\mathbf{p}_3$ is an equinox based position,	or $\beta = \theta$, the Earth rotation angle, tabulated daily at 0^h UT1 on pages B21–B24. ERA must be used when $\mathbf{p}_3$ is a CIO based position.

Reduction for diurnal parallax and diurnal aberration

The computation of diurnal parallax and aberration due to the displacement of the observer from the centre of the Earth requires a knowledge of the geocentric coordinates (ρ, geocentric distance in units of the Earth's equatorial radius, and ϕ', geocentric latitude, see the explanation beginning on page K11) of the place of observation, and the local hour angle (h).

For bodies whose equatorial horizontal parallax (π) normally amounts to only a few arcseconds the corrections for diurnal parallax in right ascension and declination (in the sense geocentric place *minus* topocentric place) are given by:

$$\Delta\alpha = \pi(\rho\cos\phi'\sin h\,\sec\delta)$$
$$\Delta\delta = \pi(\rho\sin\phi'\cos\delta - \rho\cos\phi'\cos h\,\sin\delta)$$

and

$$h = \text{GAST} - \alpha_e + \lambda$$
$$= \theta - \alpha_i + \lambda$$

where λ is the longitude. $\text{GAST} - \alpha_e$ is the hour angle calculated from the Greenwich apparent sidereal time and the equinox right ascension, whereas $\theta - \alpha_i$ is the hour angle formed from the Earth rotation angle and the CIO right ascension. π may be calculated from $8\rlap{.}''794$ divided by the geocentric distance of the body (in au). For the Moon (and other very close bodies) more precise formulae are required (see page D3).

The corrections for diurnal aberration in right ascension and declination (in the sense apparent place *minus* mean place) are given by:

$$\Delta\alpha = 0\rlap{.}^{s}0213\,\rho\,\cos\phi'\,\cos h\,\sec\delta$$
$$\Delta\delta = 0\rlap{.}''319\,\rho\,\cos\phi'\,\sin h\,\sin\delta$$

Reduction for diurnal parallax and diurnal aberration (continued)

For a body at transit the local hour angle (h) is zero and so $\Delta\delta$ is zero, but

$$\Delta\alpha = \pm0\overset{s}{\cdot}0213\,\rho\,\cos\phi'\sec\delta$$

where the plus and minus signs are used for the upper and lower transits, respectively; this may be regarded as a correction to the time of transit.

Alternatively, the effects may be computed in rectangular coordinates using the following expressions for the geocentric coordinates and velocity components of the observer with respect to the celestial equatorial reference system:

position: $(\ \ a_e\rho\cos\phi'\cos(\beta+\lambda),\ a_e\rho\cos\phi'\sin(\beta+\lambda),\ a_e\rho\sin\phi')$

velocity: $(-a_e\omega\rho\cos\phi'\sin(\beta+\lambda),\ a_e\omega\rho\cos\phi'\cos(\beta+\lambda),\ 0)$

where β is the Greenwich sidereal time (mean or apparent) or the Earth rotation angle (as appropriate), λ is the longitude of the observer (east longitudes are positive), a_e is the equatorial radius of the Earth and ω the angular velocity of the Earth.

$$a_e\omega = 0\cdot465\,\text{km/s} = 0\cdot269\times10^{-3}\text{au/d} \qquad c = 2\cdot998\times10^5\,\text{km/s} = 173\cdot14\,\text{au/d}$$

$$a_e\omega/c = 1\cdot55\times10^{-6}\,\text{rad} = 0\overset{''}{\cdot}320 = 0\overset{s}{\cdot}0213$$

These geocentric position and velocity vectors of the observer are added to the barycentric position and velocity of the Earth's centre, respectively, to obtain the corresponding barycentric vectors of the observer. Then, the procedures on pages B66–B75 may be followed using the barycentric position and velocity of the observer rather than $\mathbf{E}_{\text{B}}$ and $\dot{\mathbf{E}}_{\text{B}}$.

Conversion to altitude and azimuth

It is convenient to use the local hour angle (h) as an intermediary in the conversion from the right ascension $(\alpha_e$ or $\alpha_i)$ and declination (δ) to the azimuth (A_z) and altitude (a).

In order to determine the local hour angle (see page B11) corresponding to the UT1 of the observation, first obtain either Greenwich apparent sidereal time (GAST), see pages B13–B20, or the Earth rotation angle (θ) tabulated on pages B21–B24. This choice depends on whether the right ascension is with respect to the equinox or the CIO, respectively. The formulae are:

Then
$$h = \text{GAST} + \lambda - \alpha_e = \theta + \lambda - \alpha_i$$

$$\cos a \sin A_z = -\cos\delta\sin h$$

$$\cos a \cos A_z = \sin\delta\cos\phi - \cos\delta\cos h\sin\phi$$

$$\sin a = \sin\delta\sin\phi + \cos\delta\cos h\cos\phi$$

where azimuth (A_z) is measured from the north through east in the plane of the horizon, altitude (a) is measured perpendicular to the horizon, and λ, ϕ are the astronomical values (see page K13) of the east longitude and latitude of the place of observation. The plane of the horizon is defined to be perpendicular to the apparent direction of gravity. Zenith distance is given by $z = 90° - a$.

For most purposes the values of the geodetic longitude and latitude may be used but in some cases the effects of local gravity anomalies and polar motion (see page B84) must be included. For full precision, the values of α, δ must be corrected for diurnal parallax and diurnal aberration. The inverse formulae are:

$$\cos\delta\sin h = -\cos a\sin A_z$$

$$\cos\delta\cos h = \sin a\cos\phi - \cos a\cos A_z\sin\phi$$

$$\sin\delta = \sin a\sin\phi + \cos a\cos A_z\cos\phi$$

Correction for refraction

For most astronomical purposes the effect of refraction in the Earth's atmosphere is to decrease the zenith distance (computed by the formulae of the previous section) by an amount R that depends on the zenith distance and on the meteorological conditions at the site. A simple expression for R for zenith distances less than 75° (altitudes greater than 15°) is:

$$R = 0°004\ 52\ P \tan z/(273 + T)$$
$$= 0°004\ 52\ P/((273 + T)\tan a)$$

where T is the temperature (°C) and P is the barometric pressure (millibars). This formula is usually accurate to about $0''1$ for altitudes above 15°, but the error increases rapidly at lower altitudes, especially in abnormal meteorological conditions. For observed apparent altitudes below 15° use the approximate formula:

$$R = P(0·1594 + 0·0196a + 0·000\ 02a^2)/[(273 + T)(1 + 0·505a + 0·0845a^2)]$$

where the altitude a is in degrees.

DETERMINATION OF LATITUDE AND AZIMUTH

Use of the Polaris Table

The table on pages B88-B91 gives data for obtaining latitude from an observed altitude of Polaris (suitably corrected for instrumental errors and refraction) and the azimuth of this star (measured from north, positive to the east and negative to the west), for all hour angles and northern latitudes. The six tabulated quantities, each given to a precision of $0''1$, are a_0, a_1, a_2, referring to the correction to altitude, and b_0, b_1, b_2, to the azimuth.

$$\text{latitude} = \text{corrected observed altitude} + a_0 + a_1 + a_2$$
$$\text{azimuth} = (b_0 + b_1 + b_2)/\cos(\text{latitude})$$

The table is to be entered with the local apparent sidereal time of observation (LAST), and gives the values of a_0, b_0 directly; interpolation, with maximum differences of $0''7$, can be done mentally. To the precision of these tables local mean sidereal time may be used instead of LAST. In the same vertical column, the values of a_1, b_1 are found with the latitude, and those of a_2, b_2 with the date, as argument. Thus all six quantities can, if desired, be extracted together. The errors due to the adoption of a mean value of the local sidereal time for each of the subsidiary tables have been reduced to a minimum, and the total error is not likely to exceed $0''2$. Interpolation between columns should not be attempted.

The observed altitude must be corrected for refraction before being used to determine the astronomical latitude of the place of observation. Both the latitude and the azimuth so obtained are affected by local gravity anomalies if the altitude is measured with respect to a plane orthogonal to the local gravity vector, e.g., a liquid surface.

POLARIS TABLE, 2015

LST	0^h		1^h		2^h		3^h		4^h		5^h	
	a_0	b_0	a_0	b_0	a_0	b_0	a_0	b_0	a_0	b_0	a_0	b_0
m	′	′	′	′	′	′	′	′	′	′	′	′
0	−29·4	+27·7	−35·5	+19·1	−39·3	+9·1	−40·3	−1·5	−38·5	−12·0	−34·1	−21·7
3	−29·7	+27·3	−35·8	+18·6	−39·4	+8·6	−40·3	−2·0	−38·3	−12·5	−33·8	−22·1
6	−30·1	+26·9	−36·0	+18·2	−39·5	+8·1	−40·2	−2·6	−38·2	−13·0	−33·5	−22·6
9	−30·4	+26·5	−36·3	+17·7	−39·6	+7·6	−40·2	−3·1	−38·0	−13·5	−33·2	−23·0
12	−30·8	+26·1	−36·5	+17·2	−39·7	+7·0	−40·1	−3·6	−37·8	−14·0	−32·9	−23·4
15	−31·1	+25·7	−36·7	+16·7	−39·8	+6·5	−40·1	−4·2	−37·6	−14·5	−32·6	−23·9
18	−31·5	+25·3	−36·9	+16·2	−39·9	+6·0	−40·0	−4·7	−37·4	−15·0	−32·3	−24·3
21	−31·8	+24·9	−37·1	+15·7	−39·9	+5·5	−40·0	−5·2	−37·2	−15·5	−31·9	−24·7
24	−32·1	+24·5	−37·3	+15·2	−40·0	+4·9	−39·9	−5·7	−37·0	−16·0	−31·6	−25·1
27	−32·4	+24·1	−37·5	+14·7	−40·1	+4·4	−39·8	−6·3	−36·8	−16·5	−31·3	−25·5
30	−32·7	+23·6	−37·7	+14·2	−40·1	+3·9	−39·7	−6·8	−36·6	−17·0	−30·9	−26·0
33	−33·1	+23·2	−37·9	+13·7	−40·2	+3·3	−39·6	−7·3	−36·4	−17·5	−30·6	−26·4
36	−33·4	+22·7	−38·1	+13·2	−40·2	+2·8	−39·5	−7·9	−36·1	−17·9	−30·3	−26·8
39	−33·6	+22·3	−38·3	+12·7	−40·2	+2·3	−39·4	−8·4	−35·9	−18·4	−29·9	−27·2
42	−33·9	+21·9	−38·4	+12·2	−40·3	+1·7	−39·3	−8·9	−35·7	−18·9	−29·5	−27·5
45	−34·2	+21·4	−38·6	+11·7	−40·3	+1·2	−39·2	−9·4	−35·4	−19·4	−29·2	−27·9
48	−34·5	+21·0	−38·7	+11·2	−40·3	+0·7	−39·1	−9·9	−35·2	−19·8	−28·8	−28·3
51	−34·8	+20·5	−38·9	+10·7	−40·3	+0·1	−38·9	−10·5	−34·9	−20·3	−28·4	−28·7
54	−35·0	+20·0	−39·0	+10·2	−40·3	−0·4	−38·8	−11·0	−34·6	−20·7	−28·1	−29·1
57	−35·3	+19·6	−39·1	+9·7	−40·3	−0·9	−38·7	−11·5	−34·3	−21·2	−27·7	−29·4
60	−35·5	+19·1	−39·3	+9·1	−40·3	−1·5	−38·5	−12·0	−34·1	−21·7	−27·3	−29·8

Lat.	a_1	b_1	a_1	b_1	a_1	b_1	a_1	b_1	a_1	b_1	a_1	b_1
°												
0	−0·1	−0·3	0·0	−0·2	0·0	−0·1	0·0	+0·1	0·0	+0·2	−0·1	+0·3
10	−0·1	−0·2	0·0	−0·2	0·0	0·0	0·0	+0·1	0·0	+0·2	−0·1	+0·2
20	−0·1	−0·2	0·0	−0·1	0·0	0·0	0·0	+0·1	0·0	+0·1	−0·1	+0·2
30	0·0	−0·1	0·0	−0·1	0·0	0·0	0·0	0·0	0·0	+0·1	−0·1	+0·1
40	0·0	−0·1	0·0	−0·1	0·0	0·0	0·0	0·0	0·0	+0·1	0·0	+0·1
45	0·0	0·0	0·0	0·0	0·0	0·0	0·0	0·0	0·0	0·0	0·0	0·0
50	0·0	0·0	0·0	0·0	0·0	0·0	0·0	0·0	0·0	0·0	0·0	0·0
55	0·0	+0·1	0·0	0·0	0·0	0·0	0·0	0·0	0·0	0·0	0·0	−0·1
60	0·0	+0·1	0·0	+0·1	0·0	0·0	0·0	0·0	0·0	−0·1	+0·1	−0·1
62	+0·1	+0·2	0·0	+0·1	0·0	0·0	0·0	−0·1	0·0	−0·1	+0·1	−0·2
64	+0·1	+0·2	0·0	+0·1	0·0	0·0	0·0	−0·1	0·0	−0·2	+0·1	−0·2
66	+0·1	+0·2	0·0	+0·2	0·0	0·0	0·0	−0·1	0·0	−0·2	+0·1	−0·2

Month	a_2	b_2	a_2	b_2	a_2	b_2	a_2	b_2	a_2	b_2	a_2	b_2
Jan.	+0·2	−0·1	+0·2	−0·1	+0·2	0·0	+0·2	0·0	+0·2	+0·1	+0·2	+0·1
Feb.	+0·1	−0·3	+0·2	−0·2	+0·2	−0·2	+0·3	−0·1	+0·3	0·0	+0·3	0·0
Mar.	0·0	−0·3	+0·1	−0·3	+0·1	−0·3	+0·2	−0·3	+0·3	−0·2	+0·3	−0·1
Apr.	−0·2	−0·3	−0·1	−0·4	0·0	−0·4	+0·1	−0·4	+0·2	−0·3	+0·3	−0·3
May	−0·3	−0·2	−0·2	−0·3	−0·2	−0·3	−0·1	−0·4	0·0	−0·4	+0·1	−0·3
June	−0·3	−0·1	−0·3	−0·2	−0·3	−0·2	−0·2	−0·3	−0·1	−0·3	0·0	−0·4
July	−0·3	+0·1	−0·3	0·0	−0·3	−0·1	−0·3	−0·2	−0·2	−0·2	−0·2	−0·3
Aug.	−0·2	+0·2	−0·2	+0·1	−0·3	+0·1	−0·3	0·0	−0·3	−0·1	−0·2	−0·1
Sept.	0·0	+0·3	−0·1	+0·3	−0·2	+0·2	−0·2	+0·2	−0·3	+0·1	−0·3	0·0
Oct.	+0·2	+0·3	+0·1	+0·3	0·0	+0·3	−0·1	+0·3	−0·2	+0·3	−0·2	+0·2
Nov.	+0·3	+0·2	+0·3	+0·3	+0·2	+0·4	+0·1	+0·4	0·0	+0·4	−0·1	+0·4
Dec.	+0·4	+0·1	+0·4	+0·2	+0·3	+0·3	+0·3	+0·4	+0·1	+0·4	0·0	+0·5

Latitude = Corrected observed altitude of *Polaris* + $a_0 + a_1 + a_2$

Azimuth of *Polaris* = $(b_0 + b_1 + b_2) / \cos(\text{latitude})$

LST	6h a_0	6h b_0	7h a_0	7h b_0	8h a_0	8h b_0	9h a_0	9h b_0	10h a_0	10h b_0	11h a_0	11h b_0
m	′	′	′	′	′	′	′	′	′	′	′	′
0	−27·3	−29·8	−18·6	−35·8	−8·7	−39·4	+1·7	−40·3	+12·1	−38·4	+21·6	−33·9
3	−26·9	−30·1	−18·2	−36·1	−8·2	−39·5	+2·3	−40·2	+12·6	−38·2	+22·0	−33·6
6	−26·5	−30·5	−17·7	−36·3	−7·7	−39·6	+2·8	−40·2	+13·1	−38·0	+22·5	−33·3
9	−26·1	−30·8	−17·2	−36·5	−7·2	−39·7	+3·3	−40·1	+13·6	−37·9	+22·9	−33·0
12	−25·7	−31·2	−16·7	−36·8	−6·7	−39·8	+3·8	−40·1	+14·1	−37·7	+23·4	−32·7
15	−25·3	−31·5	−16·3	−37·0	−6·1	−39·9	+4·4	−40·0	+14·6	−37·5	+23·8	−32·4
18	−24·9	−31·8	−15·8	−37·2	−5·6	−39·9	+4·9	−40·0	+15·1	−37·3	+24·2	−32·1
21	−24·5	−32·2	−15·3	−37·4	−5·1	−40·0	+5·4	−39·9	+15·6	−37·1	+24·6	−31·8
24	−24·0	−32·5	−14·8	−37·6	−4·6	−40·1	+5·9	−39·8	+16·0	−36·9	+25·0	−31·4
27	−23·6	−32·8	−14·3	−37·8	−4·1	−40·1	+6·5	−39·7	+16·5	−36·7	+25·4	−31·1
30	−23·2	−33·1	−13·8	−38·0	−3·5	−40·2	+7·0	−39·6	+17·0	−36·4	+25·8	−30·8
33	−22·7	−33·4	−13·3	−38·1	−3·0	−40·2	+7·5	−39·5	+17·5	−36·2	+26·2	−30·4
36	−22·3	−33·7	−12·8	−38·3	−2·5	−40·2	+8·0	−39·4	+17·9	−36·0	+26·6	−30·1
39	−21·9	−34·0	−12·3	−38·5	−1·9	−40·3	+8·5	−39·3	+18·4	−35·7	+27·0	−29·7
42	−21·4	−34·3	−11·8	−38·6	−1·4	−40·3	+9·0	−39·2	+18·9	−35·5	+27·4	−29·4
45	−21·0	−34·6	−11·3	−38·8	−0·9	−40·3	+9·6	−39·1	+19·3	−35·2	+27·8	−29·0
48	−20·5	−34·8	−10·8	−38·9	−0·4	−40·3	+10·1	−39·0	+19·8	−35·0	+28·2	−28·7
51	−20·0	−35·1	−10·3	−39·0	+0·2	−40·3	+10·6	−38·8	+20·3	−34·7	+28·6	−28·3
54	−19·6	−35·3	−9·8	−39·2	+0·7	−40·3	+11·1	−38·7	+20·7	−34·4	+28·9	−27·9
57	−19·1	−35·6	−9·3	−39·3	+1·2	−40·3	+11·6	−38·5	+21·2	−34·2	+29·3	−27·5
60	−18·6	−35·8	−8·7	−39·4	+1·7	−40·3	+12·1	−38·4	+21·6	−33·9	+29·6	−27·2

Lat.	a_1	b_1	a_1	b_1	a_1	b_1	a_1	b_1	a_1	b_1	a_1	b_1
°												
0	−0·2	+0·3	−0·2	+0·2	−0·3	+0·1	−0·3	−0·1	−0·2	−0·2	−0·2	−0·3
10	−0·2	+0·2	−0·2	+0·2	−0·2	0·0	−0·2	−0·1	−0·2	−0·2	−0·1	−0·2
20	−0·1	+0·2	−0·2	+0·1	−0·2	0·0	−0·2	−0·1	−0·2	−0·1	−0·1	−0·2
30	−0·1	+0·1	−0·1	+0·1	−0·1	0·0	−0·1	0·0	−0·1	−0·1	−0·1	−0·1
40	−0·1	+0·1	−0·1	+0·1	−0·1	0·0	−0·1	0·0	−0·1	−0·1	0·0	−0·1
45	0·0	0·0	0·0	0·0	0·0	0·0	0·0	0·0	0·0	0·0	0·0	0·0
50	0·0	0·0	0·0	0·0	0·0	0·0	0·0	0·0	0·0	0·0	0·0	0·0
55	0·0	−0·1	0·0	0·0	+0·1	0·0	+0·1	0·0	0·0	0·0	0·0	+0·1
60	+0·1	−0·1	+0·1	−0·1	+0·1	0·0	+0·1	0·0	+0·1	+0·1	+0·1	+0·1
62	+0·1	−0·2	+0·1	−0·1	+0·2	0·0	+0·2	+0·1	+0·1	+0·1	+0·1	+0·2
64	+0·1	−0·2	+0·2	−0·1	+0·2	0·0	+0·2	+0·1	+0·2	+0·2	+0·1	+0·2
66	+0·2	−0·2	+0·2	−0·2	+0·2	0·0	+0·2	+0·1	+0·2	+0·2	+0·1	+0·2

Month	a_2	b_2	a_2	b_2	a_2	b_2	a_2	b_2	a_2	b_2	a_2	b_2
Jan.	+0·1	+0·2	+0·1	+0·2	0·0	+0·2	0·0	+0·2	−0·1	+0·2	−0·1	+0·2
Feb.	+0·3	+0·1	+0·2	+0·2	+0·2	+0·2	+0·1	+0·3	0·0	+0·3	0·0	+0·3
Mar.	+0·3	0·0	+0·3	+0·1	+0·3	+0·1	+0·3	+0·2	+0·2	+0·3	+0·1	+0·3
Apr.	+0·3	−0·2	+0·4	−0·1	+0·4	0·0	+0·4	+0·1	+0·3	+0·2	+0·3	+0·3
May	+0·2	−0·3	+0·3	−0·2	+0·3	−0·2	+0·4	−0·1	+0·4	0·0	+0·3	+0·1
June	+0·1	−0·3	+0·2	−0·3	+0·2	−0·3	+0·3	−0·2	+0·3	−0·1	+0·4	0·0
July	−0·1	−0·3	0·0	−0·3	+0·1	−0·3	+0·2	−0·3	+0·2	−0·2	+0·3	−0·2
Aug.	−0·2	−0·2	−0·1	−0·2	−0·1	−0·3	0·0	−0·3	+0·1	−0·3	+0·1	−0·2
Sept.	−0·3	0·0	−0·3	−0·1	−0·2	−0·2	−0·2	−0·2	−0·1	−0·3	0·0	−0·3
Oct.	−0·3	+0·2	−0·3	+0·1	−0·3	0·0	−0·3	−0·1	−0·3	−0·2	−0·2	−0·2
Nov.	−0·2	+0·3	−0·3	+0·3	−0·4	+0·2	−0·4	+0·1	−0·4	0·0	−0·4	−0·1
Dec.	−0·1	+0·4	−0·2	+0·4	−0·3	+0·3	−0·4	+0·3	−0·4	+0·1	−0·5	0·0

Latitude = Corrected observed altitude of *Polaris* + $a_0 + a_1 + a_2$

Azimuth of *Polaris* = $(b_0 + b_1 + b_2) / \cos(\text{latitude})$

LST	12^h a_0	b_0	13^h a_0	b_0	14^h a_0	b_0	15^h a_0	b_0	16^h a_0	b_0	17^h a_0	b_0
m	′	′	′	′	′	′	′	′	′	′	′	′
0	+29·6	−27·2	+35·7	−18·6	+39·3	−8·9	+40·3	+ 1·4	+38·5	+11·7	+34·2	+21·2
3	+30·0	−26·8	+35·9	−18·2	+39·4	−8·4	+40·3	+ 2·0	+38·4	+12·2	+33·9	+21·6
6	+30·3	−26·4	+36·1	−17·7	+39·5	−7·9	+40·2	+ 2·5	+38·2	+12·7	+33·7	+22·0
9	+30·7	−26·0	+36·4	−17·2	+39·6	−7·4	+40·2	+ 3·0	+38·1	+13·2	+33·4	+22·5
12	+31·0	−25·6	+36·6	−16·8	+39·7	−6·8	+40·1	+ 3·5	+37·9	+13·7	+33·1	+22·9
15	+31·4	−25·2	+36·8	−16·3	+39·8	−6·3	+40·1	+ 4·0	+37·7	+14·1	+32·8	+23·3
18	+31·7	−24·8	+37·0	−15·8	+39·9	−5·8	+40·0	+ 4·6	+37·5	+14·6	+32·5	+23·7
21	+32·0	−24·4	+37·2	−15·3	+39·9	−5·3	+40·0	+ 5·1	+37·3	+15·1	+32·1	+24·2
24	+32·3	−23·9	+37·4	−14·8	+40·0	−4·8	+39·9	+ 5·6	+37·1	+15·6	+31·8	+24·6
27	+32·6	−23·5	+37·6	−14·4	+40·1	−4·3	+39·8	+ 6·1	+36·9	+16·1	+31·5	+25·0
30	+32·9	−23·1	+37·8	−13·9	+40·1	−3·8	+39·7	+ 6·6	+36·7	+16·6	+31·2	+25·4
33	+33·2	−22·7	+38·0	−13·4	+40·2	−3·2	+39·7	+ 7·1	+36·5	+17·0	+30·8	+25·8
36	+33·5	−22·2	+38·2	−12·9	+40·2	−2·7	+39·6	+ 7·6	+36·3	+17·5	+30·5	+26·2
39	+33·8	−21·8	+38·3	−12·4	+40·2	−2·2	+39·5	+ 8·1	+36·0	+18·0	+30·2	+26·6
42	+34·1	−21·4	+38·5	−11·9	+40·3	−1·7	+39·3	+ 8·7	+35·8	+18·4	+29·8	+27·0
45	+34·4	−20·9	+38·6	−11·4	+40·3	−1·2	+39·2	+ 9·2	+35·5	+18·9	+29·4	+27·4
48	+34·6	−20·5	+38·8	−10·9	+40·3	−0·6	+39·1	+ 9·7	+35·3	+19·3	+29·1	+27·8
51	+34·9	−20·0	+38·9	−10·4	+40·3	−0·1	+39·0	+10·2	+35·0	+19·8	+28·7	+28·1
54	+35·2	−19·6	+39·0	− 9·9	+40·3	+0·4	+38·8	+10·7	+34·8	+20·3	+28·3	+28·5
57	+35·4	−19·1	+39·2	− 9·4	+40·3	+0·9	+38·7	+11·2	+34·5	+20·7	+28·0	+28·9
60	+35·7	−18·6	+39·3	− 8·9	+40·3	+1·4	+38·5	+11·7	+34·2	+21·2	+27·6	+29·2

Lat.	a_1	b_1	a_1	b_1	a_1	b_1	a_1	b_1	a_1	b_1	a_1	b_1
°												
0	− 0·1	− 0·3	0·0	− 0·2	0·0	−0·1	0·0	+ 0·1	0·0	+ 0·2	− 0·1	+ 0·3
10	− 0·1	− 0·2	0·0	− 0·2	0·0	0·0	0·0	+ 0·1	0·0	+ 0·2	− 0·1	+ 0·2
20	− 0·1	− 0·2	0·0	− 0·1	0·0	0·0	0·0	+ 0·1	0·0	+ 0·1	− 0·1	+ 0·2
30	0·0	− 0·1	0·0	− 0·1	0·0	0·0	0·0	0·0	0·0	+ 0·1	− 0·1	+ 0·1
40	0·0	− 0·1	0·0	− 0·1	0·0	0·0	0·0	0·0	0·0	+ 0·1	0·0	+ 0·1
45	0·0	0·0	0·0	0·0	0·0	0·0	0·0	0·0	0·0	0·0	0·0	0·0
50	0·0	0·0	0·0	0·0	0·0	0·0	0·0	0·0	0·0	0·0	0·0	0·0
55	0·0	+ 0·1	0·0	0·0	0·0	0·0	0·0	0·0	0·0	0·0	0·0	− 0·1
60	0·0	+ 0·1	0·0	+ 0·1	0·0	0·0	0·0	0·0	0·0	− 0·1	+ 0·1	− 0·1
62	+ 0·1	+ 0·2	0·0	+ 0·1	0·0	0·0	0·0	− 0·1	0·0	− 0·1	+ 0·1	− 0·2
64	+ 0·1	+ 0·2	0·0	+ 0·1	0·0	0·0	0·0	− 0·1	0·0	− 0·2	+ 0·1	− 0·2
66	+ 0·1	+ 0·2	0·0	+ 0·2	0·0	0·0	0·0	− 0·1	0·0	− 0·2	+ 0·1	− 0·2

Month	a_2	b_2	a_2	b_2	a_2	b_2	a_2	b_2	a_2	b_2	a_2	b_2
Jan.	− 0·2	+ 0·1	− 0·2	+ 0·1	− 0·2	0·0	− 0·2	0·0	− 0·2	− 0·1	− 0·2	− 0·1
Feb.	− 0·1	+ 0·3	− 0·2	+ 0·2	− 0·2	+0·2	− 0·3	+ 0·1	− 0·3	0·0	− 0·3	0·0
Mar.	0·0	+ 0·3	− 0·1	+ 0·3	− 0·1	+0·3	− 0·2	+ 0·3	− 0·3	+ 0·2	− 0·3	+ 0·1
Apr.	+ 0·2	+ 0·3	+ 0·1	+ 0·4	0·0	+0·4	− 0·1	+ 0·4	− 0·2	+ 0·3	− 0·3	+ 0·3
May	+ 0·3	+ 0·2	+ 0·2	+ 0·3	+ 0·2	+0·3	+ 0·1	+ 0·4	0·0	+ 0·4	− 0·1	+ 0·3
June	+ 0·3	+ 0·1	+ 0·3	+ 0·2	+ 0·3	+0·2	+ 0·2	+ 0·3	+ 0·1	+ 0·3	0·0	+ 0·4
July	+ 0·3	− 0·1	+ 0·3	0·0	+ 0·3	+0·1	+ 0·3	+ 0·2	+ 0·2	+ 0·2	+ 0·2	+ 0·3
Aug.	+ 0·2	− 0·2	+ 0·2	− 0·1	+ 0·3	−0·1	+ 0·3	0·0	+ 0·3	+ 0·1	+ 0·2	+ 0·1
Sept.	0·0	− 0·3	+ 0·1	− 0·3	+ 0·2	−0·2	+ 0·2	− 0·2	+ 0·3	− 0·1	+ 0·3	0·0
Oct.	− 0·2	− 0·3	− 0·1	− 0·3	0·0	−0·3	+ 0·1	− 0·3	+ 0·2	− 0·3	+ 0·2	− 0·2
Nov.	− 0·3	− 0·2	− 0·3	− 0·3	− 0·2	−0·4	− 0·1	− 0·4	0·0	− 0·4	+ 0·1	− 0·4
Dec.	− 0·4	− 0·1	− 0·4	− 0·2	− 0·3	−0·3	− 0·3	− 0·4	− 0·1	− 0·4	0·0	− 0·5

Latitude = Corrected observed altitude of *Polaris* + a_0 + a_1 + a_2

Azimuth of *Polaris* = (b_0 + b_1 + b_2) / cos (latitude)

LST	18^h a_0	b_0	19^h a_0	b_0	20^h a_0	b_0	21^h a_0	b_0	22^h a_0	b_0	23^h a_0	b_0
m	′	′	′	′	′	′	′	′	′	′	′	′
0	+27·6	+29·2	+19·1	+35·4	+9·3	+39·2	− 1·2	+40·3	−11·6	+38·7	−21·2	+34·4
3	+27·2	+29·6	+18·6	+35·6	+8·8	+39·3	− 1·7	+40·3	−12·1	+38·5	−21·7	+34·1
6	+26·8	+29·9	+18·2	+35·9	+8·2	+39·4	− 2·2	+40·3	−12·6	+38·4	−22·1	+33·8
9	+26·4	+30·3	+17·7	+36·1	+7·7	+39·5	− 2·8	+40·2	−13·1	+38·2	−22·5	+33·5
12	+26·0	+30·6	+17·2	+36·3	+7·2	+39·6	− 3·3	+40·2	−13·6	+38·0	−23·0	+33·2
15	+25·6	+31·0	+16·7	+36·6	+6·7	+39·7	− 3·8	+40·1	−14·1	+37·9	−23·4	+32·9
18	+25·2	+31·3	+16·3	+36·8	+6·2	+39·8	− 4·3	+40·1	−14·6	+37·7	−23·8	+32·6
21	+24·8	+31·6	+15·8	+37·0	+5·7	+39·9	− 4·9	+40·0	−15·1	+37·5	−24·3	+32·3
24	+24·4	+31·9	+15·3	+37·2	+5·1	+39·9	− 5·4	+40·0	−15·6	+37·3	−24·7	+32·0
27	+24·0	+32·3	+14·8	+37·4	+4·6	+40·0	− 5·9	+39·9	−16·0	+37·1	−25·1	+31·7
30	+23·5	+32·6	+14·3	+37·6	+4·1	+40·1	− 6·4	+39·8	−16·5	+36·9	−25·5	+31·3
33	+23·1	+32·9	+13·8	+37·8	+3·6	+40·1	− 7·0	+39·7	−17·0	+36·6	−25·9	+31·0
36	+22·7	+33·2	+13·3	+38·0	+3·0	+40·2	− 7·5	+39·7	−17·5	+36·4	−26·3	+30·7
39	+22·2	+33·5	+12·8	+38·1	+2·5	+40·2	− 8·0	+39·6	−18·0	+36·2	−26·7	+30·3
42	+21·8	+33·8	+12·3	+38·3	+2·0	+40·2	− 8·5	+39·5	−18·4	+36·0	−27·1	+30·0
45	+21·4	+34·0	+11·8	+38·5	+1·5	+40·3	− 9·0	+39·3	−18·9	+35·7	−27·5	+29·6
48	+20·9	+34·3	+11·3	+38·6	+0·9	+40·3	− 9·5	+39·2	−19·4	+35·5	−27·9	+29·2
51	+20·5	+34·6	+10·8	+38·8	+0·4	+40·3	−10·1	+39·1	−19·8	+35·2	−28·3	+28·9
54	+20·0	+34·9	+10·3	+38·9	−0·1	+40·3	−10·6	+39·0	−20·3	+34·9	−28·6	+28·5
57	+19·6	+35·1	+ 9·8	+39·0	−0·7	+40·3	−11·1	+38·8	−20·7	+34·7	−29·0	+28·1
60	+19·1	+35·4	+ 9·3	+39·2	−1·2	+40·3	−11·6	+38·7	−21·2	+34·4	−29·4	+27·7

Lat.	a_1	b_1	a_1	b_1	a_1	b_1	a_1	b_1	a_1	b_1	a_1	b_1
°												
0	− 0·2	+ 0·3	− 0·2	+ 0·2	−0·3	+ 0·1	− 0·3	− 0·1	− 0·2	− 0·2	− 0·2	− 0·3
10	− 0·2	+ 0·2	− 0·2	+ 0·2	−0·2	0·0	− 0·2	− 0·1	− 0·2	− 0·2	− 0·1	− 0·2
20	− 0·1	+ 0·2	− 0·2	+ 0·1	−0·2	0·0	− 0·2	− 0·1	− 0·2	− 0·1	− 0·1	− 0·2
30	− 0·1	+ 0·1	− 0·1	+ 0·1	−0·1	0·0	− 0·1	0·0	− 0·1	− 0·1	− 0·1	− 0·1
40	− 0·1	+ 0·1	− 0·1	+ 0·1	−0·1	0·0	− 0·1	0·0	− 0·1	− 0·1	0·0	− 0·1
45	0·0	0·0	0·0	0·0	0·0	0·0	0·0	0·0	0·0	0·0	0·0	0·0
50	0·0	0·0	0·0	0·0	0·0	0·0	0·0	0·0	0·0	0·0	0·0	0·0
55	0·0	− 0·1	0·0	0·0	+0·1	0·0	+ 0·1	0·0	0·0	0·0	0·0	+ 0·1
60	+ 0·1	− 0·1	+ 0·1	− 0·1	+0·1	0·0	+ 0·1	0·0	+ 0·1	+ 0·1	+ 0·1	+ 0·1
62	+ 0·1	− 0·2	+ 0·1	− 0·1	+0·2	0·0	+ 0·2	+ 0·1	+ 0·1	+ 0·1	+ 0·1	+ 0·2
64	+ 0·1	− 0·2	+ 0·2	− 0·1	+0·2	0·0	+ 0·2	+ 0·1	+ 0·2	+ 0·2	+ 0·1	+ 0·2
66	+ 0·2	− 0·2	+ 0·2	− 0·2	+0·2	0·0	+ 0·2	+ 0·1	+ 0·2	+ 0·2	+ 0·1	+ 0·2

Month	a_2	b_2	a_2	b_2	a_2	b_2	a_2	b_2	a_2	b_2	a_2	b_2
Jan.	− 0·1	− 0·2	− 0·1	− 0·2	0·0	− 0·2	0·0	− 0·2	+ 0·1	− 0·2	+ 0·1	− 0·2
Feb.	− 0·3	− 0·1	− 0·2	− 0·2	−0·2	− 0·2	− 0·1	− 0·3	0·0	− 0·3	0·0	− 0·3
Mar.	− 0·3	0·0	− 0·3	− 0·1	−0·3	− 0·1	− 0·3	− 0·2	− 0·2	− 0·3	− 0·1	− 0·3
Apr.	− 0·3	+ 0·2	− 0·4	+ 0·1	−0·4	0·0	− 0·4	− 0·1	− 0·3	− 0·2	− 0·3	− 0·3
May	− 0·2	+ 0·3	− 0·3	+ 0·2	−0·3	+ 0·2	− 0·4	+ 0·1	− 0·4	0·0	− 0·3	− 0·1
June	− 0·1	+ 0·3	− 0·2	+ 0·3	−0·2	+ 0·3	− 0·3	+ 0·2	− 0·3	+ 0·1	− 0·4	0·0
July	+ 0·1	+ 0·3	0·0	+ 0·3	−0·1	+ 0·3	− 0·2	+ 0·3	− 0·2	+ 0·2	− 0·3	+ 0·2
Aug.	+ 0·2	+ 0·2	+ 0·1	+ 0·2	+0·1	+ 0·3	0·0	+ 0·3	− 0·1	+ 0·3	− 0·1	+ 0·2
Sept.	+ 0·3	0·0	+ 0·3	+ 0·1	+0·2	+ 0·2	+ 0·2	+ 0·2	+ 0·1	+ 0·3	0·0	+ 0·3
Oct.	+ 0·3	− 0·2	+ 0·3	− 0·1	+0·3	0·0	+ 0·3	+ 0·1	+ 0·3	+ 0·2	+ 0·2	+ 0·2
Nov.	+ 0·2	− 0·3	+ 0·3	− 0·3	+0·4	− 0·2	+ 0·4	− 0·1	+ 0·4	0·0	+ 0·4	+ 0·1
Dec.	+ 0·1	− 0·4	+ 0·2	− 0·4	+0·3	− 0·3	+ 0·4	− 0·3	+ 0·4	− 0·1	+ 0·5	0·0

Latitude = Corrected observed altitude of *Polaris* + a_0 + a_1 + a_2

Azimuth of *Polaris* = $(b_0 + b_1 + b_2) / \cos(\text{latitude})$

Pole Star formulae

The formulae below provide a method for obtaining latitude from the observed altitude of one of the pole stars, *Polaris* or σ Octantis, and an assumed *east* longitude of the observer λ. In addition, the azimuth of a pole star may be calculated from an assumed *east* longitude λ and the observed altitude a, or from λ and an assumed latitude ϕ. An error of $0°\!002$ in a or $0°\!1$ in λ will produce an error of about $0°\!002$ in the calculated latitude. Likewise an error of $0°\!03$ in λ, a or ϕ will produce an error of about $0°\!002$ in the calculated azimuth for latitudes below 70°.

Step 1. Calculate the hour angle HA and polar distance p, in degrees, from expressions of the form:

$$\text{HA} = a_0 + a_1 L + a_2 \sin L + a_3 \cos L + 15\,t$$
$$p = a_0 + a_1 L + a_2 \sin L + a_3 \cos L$$

where
$$L = 0°\!985\,65\,d$$
$$d = \text{day of year (from pages B4–B5)} + t/24$$

and where the coefficients a_0, a_1, a_2, a_3 are given in the table below, t is the universal time in hours, d is the interval in days from 2015 January 0 at 0^{h} UT1 to the time of observation, and the quantity L is in degrees. In the above formulae d is required to two decimals of a day, L to two decimals of a degree and t to three decimals of an hour.

Step 2. Calculate the local hour angle *LHA* from:

$$LHA = \text{HA} + \lambda \quad \text{(add or subtract multiples of } 360°)$$

where λ is the assumed longitude measured east from the Greenwich meridian.

Form the quantities: $S = p \sin(LHA)$ $C = p \cos(LHA)$

Step 3. The latitude of the place of observation, in degrees, is given by:

$$\text{latitude} = a - C + 0·0087\,S^2 \tan a$$

where a is the observed altitude of the pole star after correction for instrument error and atmospheric refraction.

Step 4. The azimuth of the pole star, in degrees, is given by:

$$\text{azimuth of } Polaris = -S/\cos a$$
$$\text{azimuth of } \sigma \text{ Octantis} = 180° + S/\cos a$$

where azimuth is measured eastwards around the horizon from north.

In *Step 4*, if a has not been observed, use the quantity:

$$a = \phi + C - 0·0087\,S^2 \tan \phi$$

where ϕ is an assumed latitude, taken to be positive in either hemisphere.

POLE STAR COEFFICIENTS FOR 2015

	Polaris		σ Octantis	
	GHA	p	GHA	p
	°	°	°	°
a_0	56·61	0·6733	139·10	1·1085
a_1	0·999 13	−0·0000 084	0·999 54	0·0000 097
a_2	0·37	−0·0027	0·18	0·0039
a_3	−0·27	−0·0047	0·22	−0·0038

CONTENTS OF SECTION C

NOTES AND FORMULAS

Mean orbital elements of the Sun

Mean elements of the orbit of the Sun, referred to the mean equinox and ecliptic of date, are given by the following expressions. The time argument d is the interval in days from 2015 January 0, 0^h TT. These expressions are intended for use only during the year of this volume.

d = JD – 245 7022.5 = day of year (from B4–B5) + fraction of day from 0^h TT.

Geometric mean longitude:	$279°.349\,860 + 0.985\,647\,36\,d$
Mean longitude of perigee:	$283°.195\,211 + 0.000\,047\,08\,d$
Mean anomaly:	$356°.154\,649 + 0.985\,600\,28\,d$
Eccentricity:	$0.016\,702\,33 – 0.000\,000\,0012\,d$
Mean obliquity of the ecliptic (w.r.t. mean equator of date):	$23°.437\,328 – 0.000\,000\,36\,d$

The position of the ecliptic of date with respect to the ecliptic of the standard epoch is given by formulas on page B53. Osculating elements of the Earth/Moon barycenter are on page E8.

NOTES AND FORMULAS

Lengths of principal years

The lengths of the principal years at 2015.0 as derived from the Sun's mean motion are:

		d	d h m s
tropical year	(equinox to equinox)	365.242 190	365 05 48 45.2
sidereal year	(fixed star to fixed star)	365.256 363	365 06 09 09.8
anomalistic year	(perigee to perigee)	365.259 636	365 06 13 52.6
eclipse year	(node to node)	346.620 081	346 14 52 55.0

Apparent ecliptic coordinates of the Sun

The apparent ecliptic longitude may be computed from the geometric ecliptic longitude tabulated on pages C6–C20 using:

apparent longitude = tabulated longitude + nutation in longitude $(\Delta\psi)$ – $20''\!.496/R$

where $\Delta\psi$ is tabulated on pages B58–B65 and R is the true geocentric distance tabulated on pages C6–C20. The apparent ecliptic latitude is equal to the geometric ecliptic latitude found on pages C6–C20 to the precision of tabulation.

Time of transit of the Sun

The quantity tabulated as "Ephemeris Transit" on pages C7–C21 is the TT of transit of the Sun over the ephemeris meridian, which is at the longitude $1.002\ 738\ \Delta T$ east of the prime (Greenwich) meridian; in this expression ΔT is the difference TT – UT. The TT of transit of the Sun over a local meridian is obtained by interpolation where the first differences are about 24 hours. The interpolation factor p is given by:

$$p = -\lambda + 1.002\ 738\ \Delta T$$

where λ is the east longitude and the right-hand side of the equation is expressed in days. (Divide longitude in degrees by 360 and ΔT in seconds by 86 400). During 2015 it is expected that ΔT will be about 68 seconds, so that the second term is about +0.000 79 days.

The UT of transit is obtained by subtracting ΔT from the TT of transit obtained by interpolation.

Equation of Time

Apparent solar time is the timescale based on the diurnal motion of the true Sun. The rate of solar diurnal motion has seasonal variations caused by the obliquity of the ecliptic and by the eccentricity of the Earth's orbit. Additional small variations arise from irregularities in the rotation of the Earth on its axis. Mean solar time is the timescale based on the diurnal motion of the fictitious mean Sun, a point with uniform motion along the celestial equator. The difference between apparent solar time and mean solar time is the Equation of Time.

Equation of Time = apparent solar time – mean solar time

To obtain the Equation of Time to a precision of about 1 second it is sufficient to use:

Equation of Time at 12^{h} UT = 12^{h} – tabulated value of ephem. transit found on C7–C21.

NOTES AND FORMULAS

Equation of Time (continued)

Alternatively, Equation of Time may be calculated for any instant during 2015 in seconds of time to a precision of about 3 seconds directly from the expression:

$$\text{Equation of Time} = -109.4 \sin L + 596.0 \sin 2L + 4.5 \sin 3L - 12.7 \sin 4L$$
$$- 428.0 \cos L - 2.1 \cos 2L + 19.2 \cos 3L$$

where L is the mean longitude of the Sun, corrected for aberration, given by:

$$L = 279°\!.344 + 0.985\ 647\ d$$

and where d is the interval in days from 2015 January 0 at 0^{h} UT, given by:

$$d = \text{day of year (from B4–B5)} + \text{fraction of day from } 0^{h} \text{ UT}.$$

ICRS geocentric rectangular coordinates of the Sun

The geocentric equatorial rectangular coordinates of the Sun in au, referred to the ICRS axes, are given on pages C22–C25. The direction of these axes have been defined by the International Astronomical Union and are realized in practice by the coordinates of several hundred extragalactic radio sources. A rigorous method of determining the apparent place of a solar system object is described beginning on page B66.

Elements of the rotation of the Sun

The mean elements of the rotation of the Sun for 2015.0 are given below. With the exception of the position of the ascending node of the solar equator on the ecliptic whose rate is $0°\!.014$ per year, the values change less than $0°\!.01$ per year and can be used for the entire year for most applications. Linear interpolation using values found in recent editions can be made if needed.

Position of the ascending node of the solar equator:
    on the ecliptic (longitude) = $75°\!.97$
    on the mean equator of 2015.0 (right ascension) = $16°\!.16$
Inclination of the solar equator:
    with respect to the "Carrington" ecliptic (1850) = $7°\!.25$
    with respect to the mean equator of 2015.0 = $26°\!.10$
Position of the pole of the solar equator, w.r.t. the mean equinox and equator of 2015.0:
    Right ascension = $286°\!.16$
    Declination = $63°\!.90$
Sidereal rotation rate of the prime meridian = $14°\!.1844$ per day.
Mean synodic period of rotation of the prime meridian = 27.2753 days.

These data are derived from elements originally given by R. C. Carrington, 1863, *Observations of the Spots on the Sun*, p. 244. They have been updated using values from Urban and Seidelmann, 2012, *Explanatory Supplement to the Astronomical Almanac*, p. 426, and Archinal et al., Celestial Mech Dyn Astr, 2011, **110** 401.

NOTES AND FORMULAS

Heliographic coordinates

Except for Ephemeris Transit, the quantities on the right-hand pages of C7–C21 are tabu-
lated for 0^h TT. Except for L_0, the values are, to the accuracy given, essentially the same for
0^h UT. The value of L_0 at 0^h TT is approximately $0°.01$ greater than its value at 0^h UT.

If ρ_1, θ are the observed angular distance and position angle of a sunspot from the center
of the disk of the Sun as seen from the Earth, and ρ is the heliocentric angular distance of the
spot on the solar surface from the center of the Sun's disk, then

$$\sin(\rho + \rho_1) = \rho_1 / S$$

where S is the semidiameter of the Sun. The position angle is measured from the north point
of the disk towards the east.

The formulas for the computation of the heliographic coordinates (L, B) of a sunspot (or
other feature on the surface of the Sun) from (ρ, θ) are as follows:

$$\sin B = \sin B_0 \cos \rho + \cos B_0 \sin \rho \cos(P - \theta)$$
$$\cos B \sin(L - L_0) = \sin \rho \sin(P - \theta)$$
$$\cos B \cos(L - L_0) = \cos \rho \cos B_0 - \sin B_0 \sin \rho \cos(P - \theta)$$

where B is measured positive to the north of the solar equator and L is measured from $0°$ to
$360°$ in the direction of rotation of the Sun, i.e., westwards on the apparent disk as seen from
the Earth. Daily values for B_0 and L_0 are tabulated on pages C7–C21.

SYNODIC ROTATION NUMBERS, 2015

Number	Date of Commencement			Number	Date of Commencement		
2158	2014	Dec.	8.61	2166	2015	July	14.84
2159	2015	Jan.	4.94	2167		Aug.	11.05
2160		Feb.	1.28	2168		Sept	7.30
2161		Feb.	28.62	2169		Oct.	4.57
2162		Mar.	27.93	2170		Oct.	31.86
2163		Apr.	24.21	2171		Nov.	28.17
2164		May	21.43	2172	2015	Dec.	25.49
2165		June	17.64	2173	2016	Jan.	21.83

At the date of commencement of each synodic rotation period the value of L_0 is zero; that
is, the prime meridian passes through the central point of the disk.

NOTES AND FORMULAS

Low precision formulas for the Sun

The following formulas give the apparent coordinates of the Sun to a precision of $1\rlap{.}'0$ and the equation of time to a precision of $3\rlap{.}^{s}5$ between 1950 and 2050; on this page the time argument n is the number of days of TT from J2000.0 (UT can be used with negligible error).

$n = \text{JD} - 2451545.0 = 5477.5 + \text{day of year (from B4–B5)} + \text{fraction of day from } 0^{h} \text{ TT}$
Mean longitude of Sun, corrected for aberration: $L = 280\rlap{.}^{\circ}460 + 0\rlap{.}^{\circ}985\,6474\,n$
Mean anomaly: $g = 357\rlap{.}^{\circ}528 + 0\rlap{.}^{\circ}985\,6003\,n$

Put L and g in the range $0°$ to $360°$ by adding multiples of $360°$.

Ecliptic longitude: $\lambda = L + 1\rlap{.}^{\circ}915 \sin g + 0\rlap{.}^{\circ}020 \sin 2g$
Ecliptic latitude: $\beta = 0°$
Obliquity of ecliptic: $\epsilon = 23\rlap{.}^{\circ}439 - 0\rlap{.}^{\circ}000\,0004\,n$
Right ascension: $\alpha = \tan^{-1}(\cos \epsilon \tan \lambda)$; ($\alpha$ in same quadrant as λ)

Alternatively, right ascension, α, may be calculated directly from:

Right ascension: $\alpha = \lambda - ft \sin 2\lambda + (f/2)t^{2} \sin 4\lambda$
    where $f = 180/\pi$ and $t = \tan^{2}(\epsilon/2)$
Declination: $\delta = \sin^{-1}(\sin \epsilon \sin \lambda)$

Distance of Sun from Earth, R, in au:

$R = 1.000\,14 - 0.016\,71 \cos g - 0.000\,14 \cos 2g$

Equatorial rectangular coordinates of the Sun, in au:

$x = R \cos \lambda$
$y = R \cos \epsilon \sin \lambda$
$z = R \sin \epsilon \sin \lambda$

Equation of time, in minutes:

$E = (L - \alpha)$, in degrees, multiplied by 4.

Other useful quantities:

Horizontal parallax: $0\rlap{.}^{\circ}0024$
Semidiameter: $0\rlap{.}^{\circ}2666/R$
Light-time: $0\rlap{.}^{d}0058$

SUN, 2015

FOR 0ʰ TERRESTRIAL TIME

Date		Julian Date	Geometric Ecliptic Coords. Mn Equinox & Ecliptic of Date		Apparent R. A.	Apparent Declination	True Geocentric Distance
			Longitude	Latitude			
		245	° ′ ″	″	h m s	° ′ ″	au
Jan.	0	7022.5	279 12 54.38	−0.48	18 40 05.43	−23 06 54.0	0.983 3348
	1	7023.5	280 14 02.70	−0.60	18 44 30.55	−23 02 26.3	0.983 3113
	2	7024.5	281 15 10.92	−0.70	18 48 55.36	−22 57 31.1	0.983 2938
	3	7025.5	282 16 19.03	−0.78	18 53 19.83	−22 52 08.4	0.983 2826
	4	7026.5	283 17 27.06	−0.83	18 57 43.93	−22 46 18.4	0.983 2776
	5	7027.5	284 18 35.02	−0.85	19 02 07.63	−22 40 01.3	0.983 2791
	6	7028.5	285 19 42.93	−0.85	19 06 30.91	−22 33 17.3	0.983 2869
	7	7029.5	286 20 50.82	−0.81	19 10 53.75	−22 26 06.5	0.983 3011
	8	7030.5	287 21 58.68	−0.76	19 15 16.11	−22 18 29.2	0.983 3216
	9	7031.5	288 23 06.54	−0.67	19 19 37.98	−22 10 25.5	0.983 3482
	10	7032.5	289 24 14.38	−0.57	19 23 59.34	−22 01 55.7	0.983 3808
	11	7033.5	290 25 22.20	−0.46	19 28 20.16	−21 53 00.0	0.983 4193
	12	7034.5	291 26 30.00	−0.34	19 32 40.41	−21 43 38.8	0.983 4633
	13	7035.5	292 27 37.75	−0.21	19 37 00.09	−21 33 52.1	0.983 5128
	14	7036.5	293 28 45.44	−0.08	19 41 19.17	−21 23 40.4	0.983 5674
	15	7037.5	294 29 53.03	+0.03	19 45 37.63	−21 13 03.8	0.983 6270
	16	7038.5	295 31 00.47	+0.14	19 49 55.45	−21 02 02.8	0.983 6911
	17	7039.5	296 32 07.72	+0.22	19 54 12.62	−20 50 37.6	0.983 7595
	18	7040.5	297 33 14.71	+0.28	19 58 29.11	−20 38 48.6	0.983 8320
	19	7041.5	298 34 21.36	+0.30	20 02 44.90	−20 26 36.0	0.983 9082
	20	7042.5	299 35 27.56	+0.29	20 06 59.98	−20 14 00.3	0.983 9879
	21	7043.5	300 36 33.21	+0.25	20 11 14.32	−20 01 01.8	0.984 0710
	22	7044.5	301 37 38.19	+0.18	20 15 27.89	−19 47 40.9	0.984 1573
	23	7045.5	302 38 42.37	+0.08	20 19 40.70	−19 33 57.9	0.984 2470
	24	7046.5	303 39 45.66	−0.04	20 23 52.71	−19 19 53.2	0.984 3402
	25	7047.5	304 40 47.95	−0.17	20 28 03.92	−19 05 27.1	0.984 4372
	26	7048.5	305 41 49.17	−0.31	20 32 14.33	−18 50 40.1	0.984 5382
	27	7049.5	306 42 49.27	−0.44	20 36 23.91	−18 35 32.5	0.984 6435
	28	7050.5	307 43 48.21	−0.55	20 40 32.67	−18 20 04.7	0.984 7535
	29	7051.5	308 44 45.97	−0.65	20 44 40.61	−18 04 17.1	0.984 8683
	30	7052.5	309 45 42.54	−0.73	20 48 47.72	−17 48 10.0	0.984 9883
	31	7053.5	310 46 37.93	−0.78	20 52 53.99	−17 31 44.0	0.985 1136
Feb.	1	7054.5	311 47 32.14	−0.81	20 56 59.44	−17 14 59.3	0.985 2443
	2	7055.5	312 48 25.18	−0.80	21 01 04.06	−16 57 56.4	0.985 3806
	3	7056.5	313 49 17.07	−0.77	21 05 07.86	−16 40 35.6	0.985 5226
	4	7057.5	314 50 07.84	−0.71	21 09 10.84	−16 22 57.3	0.985 6701
	5	7058.5	315 50 57.49	−0.63	21 13 13.00	−16 05 02.1	0.985 8232
	6	7059.5	316 51 46.05	−0.52	21 17 14.35	−15 46 50.1	0.985 9818
	7	7060.5	317 52 33.53	−0.41	21 21 14.91	−15 28 21.9	0.986 1458
	8	7061.5	318 53 19.95	−0.28	21 25 14.67	−15 09 37.8	0.986 3150
	9	7062.5	319 54 05.31	−0.15	21 29 13.66	−14 50 38.3	0.986 4892
	10	7063.5	320 54 49.62	−0.02	21 33 11.87	−14 31 23.7	0.986 6682
	11	7064.5	321 55 32.89	+0.10	21 37 09.32	−14 11 54.4	0.986 8518
	12	7065.5	322 56 15.10	+0.21	21 41 06.03	−13 52 10.9	0.987 0397
	13	7066.5	323 56 56.24	+0.30	21 45 01.99	−13 32 13.6	0.987 2316
	14	7067.5	324 57 36.29	+0.36	21 48 57.22	−13 12 02.9	0.987 4271
	15	7068.5	325 58 15.22	+0.39	21 52 51.73	−12 51 39.2	0.987 6258

FOR 0^h TERRESTRIAL TIME

Date		Pos. Angle of Axis P	Heliographic Latitude B_0	Heliographic Longitude L_0	Horiz. Parallax	Semi-Diameter	Ephemeris Transit
		°	°	°	″	′ ″	h m s
Jan.	0	+ 2.70	− 2.86	65.02	8.94	16 15.91	12 02 56.93
	1	+ 2.22	− 2.97	51.85	8.94	16 15.93	12 03 25.35
	2	+ 1.73	− 3.09	38.68	8.94	16 15.95	12 03 53.44
	3	+ 1.25	− 3.21	25.51	8.94	16 15.96	12 04 21.18
	4	+ 0.76	− 3.32	12.34	8.94	16 15.97	12 04 48.53
	5	+ 0.28	− 3.44	359.17	8.94	16 15.96	12 05 15.47
	6	− 0.21	− 3.55	346.00	8.94	16 15.96	12 05 41.98
	7	− 0.69	− 3.66	332.83	8.94	16 15.94	12 06 08.03
	8	− 1.17	− 3.77	319.66	8.94	16 15.92	12 06 33.60
	9	− 1.65	− 3.88	306.49	8.94	16 15.90	12 06 58.67
	10	− 2.13	− 3.99	293.32	8.94	16 15.86	12 07 23.21
	11	− 2.61	− 4.10	280.15	8.94	16 15.82	12 07 47.20
	12	− 3.09	− 4.20	266.98	8.94	16 15.78	12 08 10.62
	13	− 3.56	− 4.31	253.82	8.94	16 15.73	12 08 33.45
	14	− 4.03	− 4.41	240.65	8.94	16 15.68	12 08 55.67
	15	− 4.50	− 4.51	227.48	8.94	16 15.62	12 09 17.26
	16	− 4.97	− 4.61	214.31	8.94	16 15.56	12 09 38.20
	17	− 5.44	− 4.71	201.15	8.94	16 15.49	12 09 58.47
	18	− 5.90	− 4.81	187.98	8.94	16 15.42	12 10 18.05
	19	− 6.36	− 4.90	174.81	8.94	16 15.34	12 10 36.92
	20	− 6.82	− 5.00	161.65	8.94	16 15.26	12 10 55.07
	21	− 7.27	− 5.09	148.48	8.94	16 15.18	12 11 12.47
	22	− 7.72	− 5.18	135.31	8.94	16 15.09	12 11 29.11
	23	− 8.17	− 5.27	122.15	8.93	16 15.00	12 11 44.96
	24	− 8.61	− 5.36	108.98	8.93	16 14.91	12 12 00.02
	25	− 9.05	− 5.44	95.81	8.93	16 14.82	12 12 14.27
	26	− 9.49	− 5.53	82.65	8.93	16 14.72	12 12 27.71
	27	− 9.92	− 5.61	69.48	8.93	16 14.61	12 12 40.33
	28	− 10.35	− 5.69	56.31	8.93	16 14.50	12 12 52.11
	29	− 10.78	− 5.77	43.15	8.93	16 14.39	12 13 03.07
	30	− 11.20	− 5.85	29.98	8.93	16 14.27	12 13 13.20
	31	− 11.61	− 5.92	16.82	8.93	16 14.15	12 13 22.49
Feb.	1	− 12.02	− 5.99	3.65	8.93	16 14.02	12 13 30.96
	2	− 12.43	− 6.07	350.48	8.92	16 13.88	12 13 38.61
	3	− 12.83	− 6.14	337.32	8.92	16 13.74	12 13 45.43
	4	− 13.23	− 6.20	324.15	8.92	16 13.60	12 13 51.44
	5	− 13.62	− 6.27	310.98	8.92	16 13.45	12 13 56.64
	6	− 14.01	− 6.33	297.82	8.92	16 13.29	12 14 01.03
	7	− 14.39	− 6.39	284.65	8.92	16 13.13	12 14 04.64
	8	− 14.77	− 6.45	271.48	8.92	16 12.96	12 14 07.45
	9	− 15.14	− 6.51	258.32	8.91	16 12.79	12 14 09.49
	10	− 15.51	− 6.57	245.15	8.91	16 12.61	12 14 10.77
	11	− 15.87	− 6.62	231.98	8.91	16 12.43	12 14 11.28
	12	− 16.23	− 6.67	218.81	8.91	16 12.25	12 14 11.05
	13	− 16.58	− 6.72	205.65	8.91	16 12.06	12 14 10.08
	14	− 16.93	− 6.77	192.48	8.91	16 11.86	12 14 08.39
	15	− 17.27	− 6.81	179.31	8.90	16 11.67	12 14 05.97

SUN, 2015

FOR 0ʰ TERRESTRIAL TIME

Date	Julian Date	Geometric Ecliptic Coords. Mn Equinox & Ecliptic of Date		Apparent R. A.	Apparent Declination	True Geocentric Distance
		Longitude	Latitude			
	245	° ′ ″	″	h m s	° ′ ″	au
Feb. 15	7068.5	325 58 15.22	+0.39	21 52 51.73	−12 51 39.2	0.987 6258
16	7069.5	326 58 52.96	+0.40	21 56 45.53	−12 31 03.0	0.987 8275
17	7070.5	327 59 29.46	+0.36	22 00 38.62	−12 10 14.7	0.988 0316
18	7071.5	329 00 04.64	+0.30	22 04 31.02	−11 49 14.7	0.988 2380
19	7072.5	330 00 38.38	+0.21	22 08 22.73	−11 28 03.5	0.988 4464
20	7073.5	331 01 10.58	+0.09	22 12 13.76	−11 06 41.4	0.988 6566
21	7074.5	332 01 41.14	−0.04	22 16 04.11	−10 45 09.0	0.988 8687
22	7075.5	333 02 09.94	−0.18	22 19 53.80	−10 23 26.6	0.989 0827
23	7076.5	334 02 36.91	−0.32	22 23 42.85	−10 01 34.7	0.989 2988
24	7077.5	335 03 01.98	−0.44	22 27 31.26	− 9 39 33.7	0.989 5173
25	7078.5	336 03 25.10	−0.55	22 31 19.05	− 9 17 23.9	0.989 7383
26	7079.5	337 03 46.25	−0.63	22 35 06.24	− 8 55 05.9	0.989 9622
27	7080.5	338 04 05.41	−0.69	22 38 52.84	− 8 32 39.9	0.990 1892
28	7081.5	339 04 22.58	−0.72	22 42 38.87	− 8 10 06.5	0.990 4195
Mar. 1	7082.5	340 04 37.77	−0.72	22 46 24.35	− 7 47 26.0	0.990 6532
2	7083.5	341 04 50.99	−0.68	22 50 09.30	− 7 24 38.8	0.990 8904
3	7084.5	342 05 02.26	−0.63	22 53 53.73	− 7 01 45.3	0.991 1312
4	7085.5	343 05 11.61	−0.54	22 57 37.68	− 6 38 45.8	0.991 3758
5	7086.5	344 05 19.06	−0.44	23 01 21.15	− 6 15 40.8	0.991 6240
6	7087.5	345 05 24.66	−0.32	23 05 04.18	− 5 52 30.6	0.991 8760
7	7088.5	346 05 28.42	−0.19	23 08 46.78	− 5 29 15.5	0.992 1315
8	7089.5	347 05 30.38	−0.06	23 12 28.99	− 5 05 56.0	0.992 3905
9	7090.5	348 05 30.59	+0.08	23 16 10.81	− 4 42 32.5	0.992 6529
10	7091.5	349 05 29.05	+0.20	23 19 52.29	− 4 19 05.2	0.992 9184
11	7092.5	350 05 25.82	+0.32	23 23 33.43	− 3 55 34.6	0.993 1869
12	7093.5	351 05 20.90	+0.41	23 27 14.26	− 3 32 01.0	0.993 4580
13	7094.5	352 05 14.31	+0.48	23 30 54.81	− 3 08 24.8	0.993 7316
14	7095.5	353 05 06.08	+0.53	23 34 35.09	− 2 44 46.4	0.994 0072
15	7096.5	354 04 56.20	+0.54	23 38 15.12	− 2 21 06.1	0.994 2844
16	7097.5	355 04 44.65	+0.52	23 41 54.94	− 1 57 24.4	0.994 5629
17	7098.5	356 04 31.41	+0.47	23 45 34.54	− 1 33 41.6	0.994 8422
18	7099.5	357 04 16.44	+0.38	23 49 13.95	− 1 09 58.0	0.995 1220
19	7100.5	358 03 59.66	+0.27	23 52 53.19	− 0 46 14.2	0.995 4019
20	7101.5	359 03 41.00	+0.14	23 56 32.27	− 0 22 30.4	0.995 6815
21	7102.5	0 03 20.38	+0.01	0 00 11.21	+ 0 01 12.9	0.995 9608
22	7103.5	1 02 57.69	−0.14	0 03 50.02	+ 0 24 55.3	0.996 2395
23	7104.5	2 02 32.85	−0.27	0 07 28.73	+ 0 48 36.6	0.996 5179
24	7105.5	3 02 05.80	−0.38	0 11 07.35	+ 1 12 16.3	0.996 7960
25	7106.5	4 01 36.48	−0.48	0 14 45.89	+ 1 35 54.0	0.997 0740
26	7107.5	5 01 04.86	−0.54	0 18 24.38	+ 1 59 29.4	0.997 3522
27	7108.5	6 00 30.93	−0.58	0 22 02.83	+ 2 23 02.1	0.997 6307
28	7109.5	6 59 54.67	−0.58	0 25 41.26	+ 2 46 31.7	0.997 9097
29	7110.5	7 59 16.10	−0.56	0 29 19.69	+ 3 09 57.9	0.998 1895
30	7111.5	8 58 35.23	−0.51	0 32 58.14	+ 3 33 20.4	0.998 4702
31	7112.5	9 57 52.09	−0.43	0 36 36.63	+ 3 56 38.7	0.998 7518
Apr. 1	7113.5	10 57 06.71	−0.33	0 40 15.19	+ 4 19 52.7	0.999 0346
2	7114.5	11 56 19.13	−0.22	0 43 53.83	+ 4 43 01.8	0.999 3185

FOR 0ʰ TERRESTRIAL TIME

Date		Pos. Angle of Axis P	Heliographic		Horiz. Parallax	Semi-Diameter	Ephemeris Transit
			Latitude B_0	Longitude L_0			
		°	°	°	''	' ''	h m s
Feb.	15	− 17.27	− 6.81	179.31	8.90	16 11.67	12 14 05.97
	16	− 17.60	− 6.86	166.14	8.90	16 11.47	12 14 02.85
	17	− 17.93	− 6.90	152.98	8.90	16 11.27	12 13 59.04
	18	− 18.26	− 6.93	139.81	8.90	16 11.07	12 13 54.53
	19	− 18.57	− 6.97	126.64	8.90	16 10.86	12 13 49.33
	20	− 18.89	− 7.01	113.47	8.90	16 10.66	12 13 43.47
	21	− 19.19	− 7.04	100.30	8.89	16 10.45	12 13 36.94
	22	− 19.49	− 7.07	87.13	8.89	16 10.24	12 13 29.75
	23	− 19.79	− 7.09	73.96	8.89	16 10.03	12 13 21.92
	24	− 20.07	− 7.12	60.79	8.89	16 09.81	12 13 13.46
	25	− 20.36	− 7.14	47.62	8.89	16 09.59	12 13 04.39
	26	− 20.63	− 7.16	34.45	8.88	16 09.38	12 12 54.73
	27	− 20.90	− 7.18	21.28	8.88	16 09.15	12 12 44.48
	28	− 21.17	− 7.20	8.11	8.88	16 08.93	12 12 33.67
Mar.	1	− 21.42	− 7.21	354.94	8.88	16 08.70	12 12 22.32
	2	− 21.67	− 7.23	341.76	8.87	16 08.47	12 12 10.46
	3	− 21.92	− 7.24	328.59	8.87	16 08.23	12 11 58.09
	4	− 22.16	− 7.24	315.42	8.87	16 07.99	12 11 45.24
	5	− 22.39	− 7.25	302.24	8.87	16 07.75	12 11 31.94
	6	− 22.62	− 7.25	289.07	8.87	16 07.50	12 11 18.21
	7	− 22.83	− 7.25	275.89	8.86	16 07.26	12 11 04.06
	8	− 23.05	− 7.25	262.72	8.86	16 07.00	12 10 49.52
	9	− 23.25	− 7.25	249.54	8.86	16 06.75	12 10 34.62
	10	− 23.45	− 7.24	236.36	8.86	16 06.49	12 10 19.38
	11	− 23.65	− 7.23	223.19	8.85	16 06.23	12 10 03.81
	12	− 23.83	− 7.22	210.01	8.85	16 05.96	12 09 47.94
	13	− 24.01	− 7.21	196.83	8.85	16 05.70	12 09 31.80
	14	− 24.19	− 7.20	183.65	8.85	16 05.43	12 09 15.40
	15	− 24.35	− 7.18	170.47	8.84	16 05.16	12 08 58.77
	16	− 24.51	− 7.16	157.29	8.84	16 04.89	12 08 41.92
	17	− 24.67	− 7.14	144.11	8.84	16 04.62	12 08 24.87
	18	− 24.81	− 7.12	130.93	8.84	16 04.35	12 08 07.64
	19	− 24.95	− 7.09	117.75	8.83	16 04.08	12 07 50.26
	20	− 25.08	− 7.06	104.57	8.83	16 03.81	12 07 32.72
	21	− 25.21	− 7.03	91.38	8.83	16 03.54	12 07 15.05
	22	− 25.33	− 7.00	78.20	8.83	16 03.27	12 06 57.27
	23	− 25.44	− 6.97	65.02	8.82	16 03.00	12 06 39.38
	24	− 25.54	− 6.93	51.83	8.82	16 02.73	12 06 21.41
	25	− 25.64	− 6.89	38.64	8.82	16 02.46	12 06 03.37
	26	− 25.73	− 6.85	25.46	8.82	16 02.19	12 05 45.28
	27	− 25.82	− 6.81	12.27	8.82	16 01.92	12 05 27.16
	28	− 25.89	− 6.77	359.08	8.81	16 01.65	12 05 09.04
	29	− 25.96	− 6.72	345.89	8.81	16 01.39	12 04 50.93
	30	− 26.03	− 6.67	332.70	8.81	16 01.12	12 04 32.85
	31	− 26.08	− 6.62	319.51	8.81	16 00.84	12 04 14.83
Apr.	1	− 26.13	− 6.57	306.32	8.80	16 00.57	12 03 56.88
	2	− 26.17	− 6.52	293.13	8.80	16 00.30	12 03 39.03

SUN, 2015

FOR 0ʰ TERRESTRIAL TIME

Date	Julian Date	Geometric Ecliptic Coords. Mn Equinox & Ecliptic of Date		Apparent R. A.	Apparent Declination	True Geocentric Distance
		Longitude	Latitude			
	245	° ′ ″	″	h m s	° ′ ″	au
Apr. 1	7113.5	10 57 06.71	−0.33	0 40 15.19	+ 4 19 52.7	0.999 0346
2	7114.5	11 56 19.13	−0.22	0 43 53.83	+ 4 43 01.8	0.999 3185
3	7115.5	12 55 29.38	−0.09	0 47 32.58	+ 5 06 05.8	0.999 6037
4	7116.5	13 54 37.52	+0.05	0 51 11.47	+ 5 29 04.4	0.999 8900
5	7117.5	14 53 43.59	+0.18	0 54 50.50	+ 5 51 57.1	1.000 1775
6	7118.5	15 52 47.65	+0.31	0 58 29.72	+ 6 14 43.8	1.000 4662
7	7119.5	16 51 49.75	+0.43	1 02 09.13	+ 6 37 24.1	1.000 7559
8	7120.5	17 50 49.94	+0.53	1 05 48.76	+ 6 59 57.6	1.001 0464
9	7121.5	18 49 48.29	+0.61	1 09 28.63	+ 7 22 24.0	1.001 3375
10	7122.5	19 48 44.83	+0.67	1 13 08.76	+ 7 44 43.0	1.001 6290
11	7123.5	20 47 39.62	+0.69	1 16 49.17	+ 8 06 54.3	1.001 9206
12	7124.5	21 46 32.68	+0.68	1 20 29.88	+ 8 28 57.4	1.002 2118
13	7125.5	22 45 24.05	+0.64	1 24 10.91	+ 8 50 52.2	1.002 5025
14	7126.5	23 44 13.72	+0.57	1 27 52.26	+ 9 12 38.1	1.002 7920
15	7127.5	24 43 01.70	+0.47	1 31 33.96	+ 9 34 14.9	1.003 0800
16	7128.5	25 41 47.96	+0.35	1 35 16.02	+ 9 55 42.3	1.003 3661
17	7129.5	26 40 32.45	+0.21	1 38 58.45	+10 16 59.8	1.003 6498
18	7130.5	27 39 15.12	+0.08	1 42 41.26	+10 38 07.2	1.003 9310
19	7131.5	28 37 55.90	−0.06	1 46 24.47	+10 59 04.1	1.004 2094
20	7132.5	29 36 34.73	−0.18	1 50 08.08	+11 19 50.1	1.004 4849
21	7133.5	30 35 11.52	−0.28	1 53 52.11	+11 40 24.9	1.004 7576
22	7134.5	31 33 46.24	−0.36	1 57 36.56	+12 00 48.1	1.005 0275
23	7135.5	32 32 18.85	−0.41	2 01 21.43	+12 20 59.5	1.005 2948
24	7136.5	33 30 49.32	−0.42	2 05 06.75	+12 40 58.6	1.005 5597
25	7137.5	34 29 17.65	−0.41	2 08 52.51	+13 00 45.1	1.005 8224
26	7138.5	35 27 43.84	−0.36	2 12 38.73	+13 20 18.7	1.006 0830
27	7139.5	36 26 07.91	−0.30	2 16 25.41	+13 39 39.0	1.006 3419
28	7140.5	37 24 29.88	−0.20	2 20 12.58	+13 58 45.8	1.006 5990
29	7141.5	38 22 49.78	−0.10	2 24 00.23	+14 17 38.7	1.006 8546
30	7142.5	39 21 07.66	+0.03	2 27 48.39	+14 36 17.3	1.007 1088
May 1	7143.5	40 19 23.55	+0.16	2 31 37.05	+14 54 41.5	1.007 3618
2	7144.5	41 17 37.52	+0.29	2 35 26.24	+15 12 50.8	1.007 6135
3	7145.5	42 15 49.62	+0.42	2 39 15.97	+15 30 45.0	1.007 8641
4	7146.5	43 13 59.91	+0.54	2 43 06.23	+15 48 23.8	1.008 1136
5	7147.5	44 12 08.48	+0.64	2 46 57.05	+16 05 46.9	1.008 3619
6	7148.5	45 10 15.38	+0.73	2 50 48.43	+16 22 53.9	1.008 6091
7	7149.5	46 08 20.70	+0.79	2 54 40.39	+16 39 44.6	1.008 8550
8	7150.5	47 06 24.51	+0.82	2 58 32.91	+16 56 18.8	1.009 0993
9	7151.5	48 04 26.89	+0.82	3 02 26.02	+17 12 36.0	1.009 3420
10	7152.5	49 02 27.90	+0.78	3 06 19.72	+17 28 36.0	1.009 5826
11	7153.5	50 00 27.59	+0.72	3 10 14.01	+17 44 18.5	1.009 8209
12	7154.5	50 58 26.00	+0.63	3 14 08.88	+17 59 43.2	1.010 0564
13	7155.5	51 56 23.16	+0.52	3 18 04.35	+18 14 49.9	1.010 2887
14	7156.5	52 54 19.08	+0.40	3 22 00.41	+18 29 38.1	1.010 5175
15	7157.5	53 52 13.74	+0.26	3 25 57.06	+18 44 07.7	1.010 7424
16	7158.5	54 50 07.12	+0.13	3 29 54.29	+18 58 18.3	1.010 9629
17	7159.5	55 47 59.19	+0.01	3 33 52.10	+19 12 09.7	1.011 1788

FOR 0ʰ TERRESTRIAL TIME

Date		Pos. Angle of Axis P	Heliographic		Horiz. Parallax	Semi- Diameter	Ephemeris Transit
			Latitude B_0	Longitude L_0			
		°	°	°	"	′ "	h m s
Apr.	1	− 26.13	− 6.57	306.32	8.80	16 00.57	12 03 56.88
	2	− 26.17	− 6.52	293.13	8.80	16 00.30	12 03 39.03
	3	− 26.20	− 6.46	279.93	8.80	16 00.03	12 03 21.30
	4	− 26.23	− 6.40	266.74	8.80	15 59.75	12 03 03.72
	5	− 26.25	− 6.34	253.54	8.79	15 59.47	12 02 46.29
	6	− 26.26	− 6.28	240.35	8.79	15 59.20	12 02 29.06
	7	− 26.27	− 6.22	227.15	8.79	15 58.92	12 02 12.03
	8	− 26.27	− 6.15	213.95	8.78	15 58.64	12 01 55.23
	9	− 26.26	− 6.09	200.76	8.78	15 58.36	12 01 38.67
	10	− 26.24	− 6.02	187.56	8.78	15 58.08	12 01 22.39
	11	− 26.22	− 5.95	174.36	8.78	15 57.81	12 01 06.39
	12	− 26.18	− 5.88	161.16	8.77	15 57.53	12 00 50.71
	13	− 26.15	− 5.80	147.96	8.77	15 57.25	12 00 35.34
	14	− 26.10	− 5.73	134.75	8.77	15 56.97	12 00 20.32
	15	− 26.05	− 5.65	121.55	8.77	15 56.70	12 00 05.65
	16	− 25.99	− 5.57	108.35	8.76	15 56.43	11 59 51.34
	17	− 25.92	− 5.49	95.14	8.76	15 56.16	11 59 37.42
	18	− 25.84	− 5.41	81.94	8.76	15 55.89	11 59 23.88
	19	− 25.76	− 5.33	68.73	8.76	15 55.62	11 59 10.74
	20	− 25.67	− 5.24	55.53	8.75	15 55.36	11 58 58.01
	21	− 25.57	− 5.16	42.32	8.75	15 55.10	11 58 45.69
	22	− 25.47	− 5.07	29.11	8.75	15 54.84	11 58 33.79
	23	− 25.35	− 4.98	15.90	8.75	15 54.59	11 58 22.33
	24	− 25.23	− 4.89	2.69	8.75	15 54.34	11 58 11.31
	25	− 25.11	− 4.80	349.48	8.74	15 54.09	11 58 00.74
	26	− 24.97	− 4.70	336.27	8.74	15 53.84	11 57 50.64
	27	− 24.83	− 4.61	323.06	8.74	15 53.60	11 57 41.01
	28	− 24.68	− 4.51	309.84	8.74	15 53.35	11 57 31.87
	29	− 24.53	− 4.42	296.63	8.73	15 53.11	11 57 23.22
	30	− 24.36	− 4.32	283.41	8.73	15 52.87	11 57 15.08
May	1	− 24.19	− 4.22	270.20	8.73	15 52.63	11 57 07.46
	2	− 24.01	− 4.12	256.98	8.73	15 52.39	11 57 00.37
	3	− 23.83	− 4.02	243.77	8.73	15 52.16	11 56 53.81
	4	− 23.64	− 3.91	230.55	8.72	15 51.92	11 56 47.79
	5	− 23.44	− 3.81	217.33	8.72	15 51.69	11 56 42.34
	6	− 23.23	− 3.71	204.11	8.72	15 51.45	11 56 37.44
	7	− 23.02	− 3.60	190.89	8.72	15 51.22	11 56 33.12
	8	− 22.80	− 3.49	177.67	8.71	15 50.99	11 56 29.38
	9	− 22.57	− 3.39	164.45	8.71	15 50.76	11 56 26.22
	10	− 22.34	− 3.28	151.22	8.71	15 50.54	11 56 23.65
	11	− 22.10	− 3.17	138.00	8.71	15 50.31	11 56 21.68
	12	− 21.85	− 3.06	124.78	8.71	15 50.09	11 56 20.30
	13	− 21.59	− 2.95	111.56	8.70	15 49.87	11 56 19.51
	14	− 21.33	− 2.83	98.33	8.70	15 49.66	11 56 19.31
	15	− 21.06	− 2.72	85.11	8.70	15 49.45	11 56 19.70
	16	− 20.79	− 2.61	71.88	8.70	15 49.24	11 56 20.67
	17	− 20.51	− 2.49	58.66	8.70	15 49.04	11 56 22.21

SUN, 2015

FOR 0ʰ TERRESTRIAL TIME

Date	Julian Date	Geometric Ecliptic Coords. Mn Equinox & Ecliptic of Date		Apparent R. A.	Apparent Declination	True Geocentric Distance
		Longitude	Latitude			
	245	° ′ ″	″	h m s	° ′ ″	au
May 17	7159.5	55 47 59.19	+0.01	3 33 52.10	+19 12 09.7	1.011 1788
18	7160.5	56 45 49.88	−0.10	3 37 50.48	+19 25 41.5	1.011 3900
19	7161.5	57 43 39.16	−0.18	3 41 49.42	+19 38 53.6	1.011 5964
20	7162.5	58 41 26.98	−0.23	3 45 48.91	+19 51 45.7	1.011 7979
21	7163.5	59 39 13.30	−0.26	3 49 48.93	+20 04 17.4	1.011 9947
22	7164.5	60 36 58.08	−0.25	3 53 49.48	+20 16 28.6	1.012 1869
23	7165.5	61 34 41.33	−0.22	3 57 50.53	+20 28 18.8	1.012 3746
24	7166.5	62 32 23.04	−0.16	4 01 52.09	+20 39 48.0	1.012 5580
25	7167.5	63 30 03.21	−0.08	4 05 54.14	+20 50 55.9	1.012 7374
26	7168.5	64 27 41.86	+0.02	4 09 56.67	+21 01 42.1	1.012 9129
27	7169.5	65 25 19.03	+0.14	4 13 59.67	+21 12 06.6	1.013 0847
28	7170.5	66 22 54.74	+0.26	4 18 03.13	+21 22 09.0	1.013 2530
29	7171.5	67 20 29.04	+0.39	4 22 07.03	+21 31 49.3	1.013 4180
30	7172.5	68 18 01.97	+0.52	4 26 11.37	+21 41 07.0	1.013 5798
31	7173.5	69 15 33.60	+0.63	4 30 16.14	+21 50 02.2	1.013 7386
June 1	7174.5	70 13 04.00	+0.74	4 34 21.32	+21 58 34.6	1.013 8945
2	7175.5	71 10 33.23	+0.82	4 38 26.90	+22 06 44.0	1.014 0476
3	7176.5	72 08 01.38	+0.88	4 42 32.86	+22 14 30.2	1.014 1981
4	7177.5	73 05 28.54	+0.91	4 46 39.21	+22 21 53.2	1.014 3458
5	7178.5	74 02 54.80	+0.91	4 50 45.91	+22 28 52.7	1.014 4907
6	7179.5	75 00 20.26	+0.89	4 54 52.96	+22 35 28.6	1.014 6327
7	7180.5	75 57 45.00	+0.83	4 59 00.33	+22 41 40.8	1.014 7716
8	7181.5	76 55 09.10	+0.74	5 03 08.02	+22 47 29.0	1.014 9070
9	7182.5	77 52 32.63	+0.64	5 07 16.01	+22 52 53.3	1.015 0387
10	7183.5	78 49 55.64	+0.51	5 11 24.27	+22 57 53.4	1.015 1663
11	7184.5	79 47 18.16	+0.38	5 15 32.79	+23 02 29.3	1.015 2895
12	7185.5	80 44 40.20	+0.26	5 19 41.55	+23 06 40.8	1.015 4077
13	7186.5	81 42 01.77	+0.13	5 23 50.52	+23 10 27.9	1.015 5208
14	7187.5	82 39 22.85	+0.03	5 27 59.69	+23 13 50.6	1.015 6283
15	7188.5	83 36 43.41	−0.06	5 32 09.01	+23 16 48.6	1.015 7301
16	7189.5	84 34 03.43	−0.12	5 36 18.47	+23 19 22.0	1.015 8260
17	7190.5	85 31 22.86	−0.15	5 40 28.04	+23 21 30.8	1.015 9160
18	7191.5	86 28 41.66	−0.15	5 44 37.68	+23 23 14.8	1.016 0000
19	7192.5	87 25 59.83	−0.13	5 48 47.37	+23 24 34.1	1.016 0781
20	7193.5	88 23 17.33	−0.07	5 52 57.08	+23 25 28.7	1.016 1505
21	7194.5	89 20 34.15	0.00	5 57 06.78	+23 25 58.4	1.016 2172
22	7195.5	90 17 50.30	+0.10	6 01 16.45	+23 26 03.3	1.016 2785
23	7196.5	91 15 05.78	+0.21	6 05 26.06	+23 25 43.5	1.016 3346
24	7197.5	92 12 20.61	+0.33	6 09 35.58	+23 24 58.8	1.016 3856
25	7198.5	93 09 34.80	+0.45	6 13 45.01	+23 23 49.4	1.016 4318
26	7199.5	94 06 48.40	+0.57	6 17 54.30	+23 22 15.3	1.016 4735
27	7200.5	95 04 01.43	+0.68	6 22 03.44	+23 20 16.5	1.016 5108
28	7201.5	96 01 13.95	+0.78	6 26 12.41	+23 17 53.1	1.016 5440
29	7202.5	96 58 26.02	+0.86	6 30 21.19	+23 15 05.1	1.016 5732
30	7203.5	97 55 37.69	+0.92	6 34 29.76	+23 11 52.7	1.016 5988
July 1	7204.5	98 52 49.06	+0.96	6 38 38.09	+23 08 15.9	1.016 6208
2	7205.5	99 50 00.20	+0.96	6 42 46.18	+23 04 14.9	1.016 6395

FOR 0ʰ TERRESTRIAL TIME

Date		Pos. Angle of Axis P	Heliographic		Horiz. Parallax	Semi-Diameter	Ephemeris Transit
			Latitude B_0	Longitude L_0			
		°	°	°	''	' ''	h m s
May	17	− 20.51	− 2.49	58.66	8.70	15 49.04	11 56 22.21
	18	− 20.22	− 2.38	45.43	8.70	15 48.84	11 56 24.31
	19	− 19.92	− 2.26	32.20	8.69	15 48.64	11 56 26.96
	20	− 19.62	− 2.15	18.97	8.69	15 48.45	11 56 30.16
	21	− 19.32	− 2.03	5.75	8.69	15 48.27	11 56 33.88
	22	− 19.00	− 1.92	352.52	8.69	15 48.09	11 56 38.13
	23	− 18.69	− 1.80	339.29	8.69	15 47.91	11 56 42.88
	24	− 18.36	− 1.68	326.06	8.69	15 47.74	11 56 48.13
	25	− 18.03	− 1.56	312.83	8.68	15 47.58	11 56 53.87
	26	− 17.69	− 1.44	299.60	8.68	15 47.41	11 57 00.08
	27	− 17.35	− 1.32	286.37	8.68	15 47.25	11 57 06.76
	28	− 17.01	− 1.20	273.14	8.68	15 47.09	11 57 13.89
	29	− 16.65	− 1.09	259.90	8.68	15 46.94	11 57 21.46
	30	− 16.30	− 0.97	246.67	8.68	15 46.79	11 57 29.46
	31	− 15.93	− 0.85	233.44	8.67	15 46.64	11 57 37.88
June	1	− 15.56	− 0.73	220.20	8.67	15 46.49	11 57 46.70
	2	− 15.19	− 0.60	206.97	8.67	15 46.35	11 57 55.92
	3	− 14.81	− 0.48	193.74	8.67	15 46.21	11 58 05.51
	4	− 14.43	− 0.36	180.50	8.67	15 46.07	11 58 15.48
	5	− 14.04	− 0.24	167.27	8.67	15 45.94	11 58 25.79
	6	− 13.65	− 0.12	154.03	8.67	15 45.81	11 58 36.45
	7	− 13.26	0.00	140.80	8.67	15 45.68	11 58 47.43
	8	− 12.86	+ 0.12	127.56	8.66	15 45.55	11 58 58.71
	9	− 12.45	+ 0.24	114.33	8.66	15 45.43	11 59 10.29
	10	− 12.04	+ 0.36	101.09	8.66	15 45.31	11 59 22.13
	11	− 11.63	+ 0.48	87.85	8.66	15 45.19	11 59 34.23
	12	− 11.22	+ 0.60	74.62	8.66	15 45.08	11 59 46.54
	13	− 10.80	+ 0.72	61.38	8.66	15 44.98	11 59 59.06
	14	− 10.38	+ 0.84	48.15	8.66	15 44.88	12 00 11.75
	15	− 9.95	+ 0.96	34.91	8.66	15 44.78	12 00 24.59
	16	− 9.52	+ 1.08	21.67	8.66	15 44.69	12 00 37.55
	17	− 9.09	+ 1.20	8.44	8.66	15 44.61	12 00 50.59
	18	− 8.66	+ 1.32	355.20	8.66	15 44.53	12 01 03.70
	19	− 8.22	+ 1.44	341.97	8.65	15 44.46	12 01 16.85
	20	− 7.78	+ 1.56	328.73	8.65	15 44.39	12 01 30.00
	21	− 7.34	+ 1.67	315.49	8.65	15 44.33	12 01 43.13
	22	− 6.90	+ 1.79	302.26	8.65	15 44.27	12 01 56.23
	23	− 6.46	+ 1.91	289.02	8.65	15 44.22	12 02 09.25
	24	− 6.01	+ 2.02	275.78	8.65	15 44.17	12 02 22.17
	25	− 5.56	+ 2.14	262.54	8.65	15 44.13	12 02 34.98
	26	− 5.12	+ 2.25	249.31	8.65	15 44.09	12 02 47.65
	27	− 4.67	+ 2.37	236.07	8.65	15 44.06	12 03 00.16
	28	− 4.22	+ 2.48	222.83	8.65	15 44.03	12 03 12.48
	29	− 3.76	+ 2.59	209.60	8.65	15 44.00	12 03 24.60
	30	− 3.31	+ 2.70	196.36	8.65	15 43.98	12 03 36.49
July	1	− 2.86	+ 2.82	183.12	8.65	15 43.96	12 03 48.14
	2	− 2.41	+ 2.93	169.89	8.65	15 43.94	12 03 59.53

SUN, 2015

FOR 0ʰ TERRESTRIAL TIME

Date		Julian Date	Geometric Ecliptic Coords. Mn Equinox & Ecliptic of Date		Apparent R. A.	Apparent Declination	True Geocentric Distance
			Longitude	Latitude			
		245	° ′ ″	″	h m s	° ′ ″	au
July	1	7204.5	98 52 49.06	+0.96	6 38 38.09	+23 08 15.9	1.016 6208
	2	7205.5	99 50 00.20	+0.96	6 42 46.18	+23 04 14.9	1.016 6395
	3	7206.5	100 47 11.22	+0.93	6 46 53.99	+22 59 49.6	1.016 6549
	4	7207.5	101 44 22.22	+0.87	6 51 01.52	+22 55 00.3	1.016 6670
	5	7208.5	102 41 33.31	+0.78	6 55 08.75	+22 49 47.0	1.016 6757
	6	7209.5	103 38 44.58	+0.67	6 59 15.66	+22 44 09.8	1.016 6808
	7	7210.5	104 35 56.11	+0.55	7 03 22.23	+22 38 09.0	1.016 6821
	8	7211.5	105 33 07.99	+0.42	7 07 28.46	+22 31 44.5	1.016 6792
	9	7212.5	106 30 20.25	+0.29	7 11 34.32	+22 24 56.6	1.016 6718
	10	7213.5	107 27 32.94	+0.16	7 15 39.80	+22 17 45.5	1.016 6597
	11	7214.5	108 24 46.06	+0.05	7 19 44.89	+22 10 11.2	1.016 6423
	12	7215.5	109 21 59.64	−0.04	7 23 49.56	+22 02 14.1	1.016 6196
	13	7216.5	110 19 13.64	−0.10	7 27 53.79	+21 53 54.2	1.016 5911
	14	7217.5	111 16 28.07	−0.14	7 31 57.57	+21 45 11.9	1.016 5567
	15	7218.5	112 13 42.88	−0.15	7 36 00.87	+21 36 07.2	1.016 5164
	16	7219.5	113 10 58.06	−0.13	7 40 03.68	+21 26 40.5	1.016 4700
	17	7220.5	114 08 13.57	−0.08	7 44 05.98	+21 16 52.0	1.016 4175
	18	7221.5	115 05 29.40	−0.01	7 48 07.76	+21 06 41.8	1.016 3591
	19	7222.5	116 02 45.53	+0.08	7 52 08.99	+20 56 10.2	1.016 2948
	20	7223.5	117 00 01.95	+0.19	7 56 09.66	+20 45 17.4	1.016 2247
	21	7224.5	117 57 18.64	+0.30	8 00 09.76	+20 34 03.7	1.016 1492
	22	7225.5	118 54 35.61	+0.42	8 04 09.29	+20 22 29.2	1.016 0682
	23	7226.5	119 51 52.87	+0.54	8 08 08.23	+20 10 34.4	1.015 9822
	24	7227.5	120 49 10.43	+0.65	8 12 06.58	+19 58 19.3	1.015 8913
	25	7228.5	121 46 28.32	+0.75	8 16 04.32	+19 45 44.3	1.015 7958
	26	7229.5	122 43 46.56	+0.84	8 20 01.46	+19 32 49.7	1.015 6959
	27	7230.5	123 41 05.18	+0.90	8 23 57.99	+19 19 35.6	1.015 5920
	28	7231.5	124 38 24.25	+0.93	8 27 53.91	+19 06 02.4	1.015 4843
	29	7232.5	125 35 43.82	+0.94	8 31 49.21	+18 52 10.3	1.015 3732
	30	7233.5	126 33 03.96	+0.91	8 35 43.89	+18 37 59.6	1.015 2588
	31	7234.5	127 30 24.77	+0.85	8 39 37.96	+18 23 30.7	1.015 1415
Aug.	1	7235.5	128 27 46.35	+0.76	8 43 31.42	+18 08 43.6	1.015 0213
	2	7236.5	129 25 08.80	+0.65	8 47 24.26	+17 53 38.8	1.014 8984
	3	7237.5	130 22 32.23	+0.53	8 51 16.51	+17 38 16.4	1.014 7726
	4	7238.5	131 19 56.74	+0.39	8 55 08.16	+17 22 36.8	1.014 6438
	5	7239.5	132 17 22.42	+0.25	8 58 59.22	+17 06 40.3	1.014 5118
	6	7240.5	133 14 49.33	+0.12	9 02 49.70	+16 50 27.0	1.014 3764
	7	7241.5	134 12 17.53	0.00	9 06 39.61	+16 33 57.3	1.014 2371
	8	7242.5	135 09 47.04	−0.10	9 10 28.94	+16 17 11.6	1.014 0938
	9	7243.5	136 07 17.88	−0.17	9 14 17.71	+16 00 10.0	1.013 9461
	10	7244.5	137 04 50.05	−0.21	9 18 05.92	+15 42 53.0	1.013 7937
	11	7245.5	138 02 23.54	−0.22	9 21 53.56	+15 25 20.9	1.013 6365
	12	7246.5	138 59 58.34	−0.20	9 25 40.65	+15 07 34.0	1.013 4744
	13	7247.5	139 57 34.42	−0.16	9 29 27.18	+14 49 32.5	1.013 3072
	14	7248.5	140 55 11.75	−0.09	9 33 13.16	+14 31 16.9	1.013 1348
	15	7249.5	141 52 50.32	0.00	9 36 58.59	+14 12 47.5	1.012 9575
	16	7250.5	142 50 30.09	+0.11	9 40 43.48	+13 54 04.5	1.012 7750

FOR 0ʰ TERRESTRIAL TIME

Date		Pos. Angle of Axis P	Heliographic		Horiz. Parallax	Semi-Diameter	Ephemeris Transit
			Latitude B_0	Longitude L_0			
		°	°	°	″	′ ″	h m s
July	1	− 2.86	+ 2.82	183.12	8.65	15 43.96	12 03 48.14
	2	− 2.41	+ 2.93	169.89	8.65	15 43.94	12 03 59.53
	3	− 1.95	+ 3.04	156.65	8.65	15 43.92	12 04 10.65
	4	− 1.50	+ 3.15	143.41	8.65	15 43.91	12 04 21.47
	5	− 1.05	+ 3.25	130.18	8.65	15 43.90	12 04 31.98
	6	− 0.59	+ 3.36	116.94	8.65	15 43.90	12 04 42.17
	7	− 0.14	+ 3.47	103.71	8.65	15 43.90	12 04 52.02
	8	+ 0.31	+ 3.57	90.47	8.65	15 43.90	12 05 01.52
	9	+ 0.76	+ 3.68	77.24	8.65	15 43.91	12 05 10.64
	10	+ 1.21	+ 3.78	64.00	8.65	15 43.92	12 05 19.37
	11	+ 1.66	+ 3.88	50.77	8.65	15 43.94	12 05 27.69
	12	+ 2.11	+ 3.98	37.53	8.65	15 43.96	12 05 35.58
	13	+ 2.56	+ 4.08	24.30	8.65	15 43.98	12 05 43.03
	14	+ 3.01	+ 4.18	11.07	8.65	15 44.01	12 05 50.01
	15	+ 3.45	+ 4.28	357.84	8.65	15 44.05	12 05 56.51
	16	+ 3.89	+ 4.38	344.60	8.65	15 44.10	12 06 02.51
	17	+ 4.34	+ 4.47	331.37	8.65	15 44.14	12 06 07.99
	18	+ 4.78	+ 4.57	318.14	8.65	15 44.20	12 06 12.93
	19	+ 5.21	+ 4.66	304.91	8.65	15 44.26	12 06 17.33
	20	+ 5.65	+ 4.75	291.68	8.65	15 44.32	12 06 21.17
	21	+ 6.08	+ 4.84	278.45	8.65	15 44.39	12 06 24.43
	22	+ 6.51	+ 4.93	265.22	8.66	15 44.47	12 06 27.11
	23	+ 6.94	+ 5.02	251.99	8.66	15 44.55	12 06 29.20
	24	+ 7.36	+ 5.11	238.76	8.66	15 44.63	12 06 30.70
	25	+ 7.79	+ 5.19	225.53	8.66	15 44.72	12 06 31.58
	26	+ 8.21	+ 5.28	212.30	8.66	15 44.81	12 06 31.86
	27	+ 8.62	+ 5.36	199.07	8.66	15 44.91	12 06 31.52
	28	+ 9.04	+ 5.44	185.84	8.66	15 45.01	12 06 30.56
	29	+ 9.45	+ 5.52	172.61	8.66	15 45.12	12 06 28.99
	30	+ 9.85	+ 5.60	159.38	8.66	15 45.22	12 06 26.80
	31	+ 10.26	+ 5.67	146.16	8.66	15 45.33	12 06 24.00
Aug.	1	+ 10.66	+ 5.75	132.93	8.66	15 45.44	12 06 20.60
	2	+ 11.05	+ 5.82	119.70	8.67	15 45.56	12 06 16.59
	3	+ 11.45	+ 5.89	106.48	8.67	15 45.67	12 06 11.98
	4	+ 11.84	+ 5.96	93.25	8.67	15 45.79	12 06 06.78
	5	+ 12.22	+ 6.03	80.03	8.67	15 45.92	12 06 01.00
	6	+ 12.60	+ 6.10	66.81	8.67	15 46.04	12 05 54.64
	7	+ 12.98	+ 6.16	53.58	8.67	15 46.17	12 05 47.71
	8	+ 13.36	+ 6.22	40.36	8.67	15 46.31	12 05 40.20
	9	+ 13.73	+ 6.29	27.14	8.67	15 46.45	12 05 32.13
	10	+ 14.09	+ 6.35	13.92	8.67	15 46.59	12 05 23.49
	11	+ 14.45	+ 6.40	0.69	8.68	15 46.73	12 05 14.30
	12	+ 14.81	+ 6.46	347.47	8.68	15 46.89	12 05 04.55
	13	+ 15.16	+ 6.51	334.25	8.68	15 47.04	12 04 54.25
	14	+ 15.51	+ 6.57	321.04	8.68	15 47.20	12 04 43.40
	15	+ 15.86	+ 6.62	307.82	8.68	15 47.37	12 04 32.01
	16	+ 16.19	+ 6.67	294.60	8.68	15 47.54	12 04 20.08

SUN, 2015

FOR 0ʰ TERRESTRIAL TIME

Date		Julian Date	Geometric Ecliptic Coords. Mn Equinox & Ecliptic of Date		Apparent R. A.	Apparent Declination	True Geocentric Distance
			Longitude	Latitude			
		245	° ′ ″	″	h m s	° ′ ″	au
Aug.	16	7250.5	142 50 30.09	+0.11	9 40 43.48	+13 54 04.5	1.012 7750
	17	7251.5	143 48 11.05	+0.23	9 44 27.84	+13 35 08.3	1.012 5877
	18	7252.5	144 45 53.17	+0.35	9 48 11.68	+13 15 59.2	1.012 3955
	19	7253.5	145 43 36.44	+0.48	9 51 54.99	+12 56 37.5	1.012 1988
	20	7254.5	146 41 20.85	+0.59	9 55 37.80	+12 37 03.6	1.011 9977
	21	7255.5	147 39 06.39	+0.70	9 59 20.12	+12 17 17.8	1.011 7924
	22	7256.5	148 36 53.06	+0.79	10 03 01.95	+11 57 20.4	1.011 5832
	23	7257.5	149 34 40.87	+0.86	10 06 43.30	+11 37 11.6	1.011 3703
	24	7258.5	150 32 29.83	+0.90	10 10 24.20	+11 16 52.0	1.011 1542
	25	7259.5	151 30 19.96	+0.92	10 14 04.65	+10 56 21.7	1.010 9351
	26	7260.5	152 28 11.30	+0.90	10 17 44.66	+10 35 41.0	1.010 7134
	27	7261.5	153 26 03.90	+0.85	10 21 24.26	+10 14 50.4	1.010 4895
	28	7262.5	154 23 57.83	+0.77	10 25 03.46	+ 9 53 50.1	1.010 2636
	29	7263.5	155 21 53.15	+0.67	10 28 42.27	+ 9 32 40.4	1.010 0362
	30	7264.5	156 19 49.98	+0.54	10 32 20.72	+ 9 11 21.7	1.009 8073
	31	7265.5	157 17 48.41	+0.40	10 35 58.83	+ 8 49 54.1	1.009 5771
Sept.	1	7266.5	158 15 48.55	+0.26	10 39 36.61	+ 8 28 18.1	1.009 3457
	2	7267.5	159 13 50.48	+0.12	10 43 14.11	+ 8 06 33.8	1.009 1128
	3	7268.5	160 11 54.30	0.00	10 46 51.33	+ 7 44 41.7	1.008 8783
	4	7269.5	161 10 00.06	−0.11	10 50 28.30	+ 7 22 41.9	1.008 6420
	5	7270.5	162 08 07.80	−0.18	10 54 05.03	+ 7 00 34.9	1.008 4035
	6	7271.5	163 06 17.55	−0.23	10 57 41.55	+ 6 38 20.9	1.008 1627
	7	7272.5	164 04 29.30	−0.25	11 01 17.86	+ 6 16 00.3	1.007 9192
	8	7273.5	165 02 43.07	−0.24	11 04 53.99	+ 5 53 33.4	1.007 6729
	9	7274.5	166 00 58.83	−0.20	11 08 29.96	+ 5 31 00.7	1.007 4237
	10	7275.5	166 59 16.57	−0.13	11 12 05.77	+ 5 08 22.3	1.007 1713
	11	7276.5	167 57 36.25	−0.04	11 15 41.44	+ 4 45 38.6	1.006 9157
	12	7277.5	168 55 57.86	+0.07	11 19 16.99	+ 4 22 50.1	1.006 6569
	13	7278.5	169 54 21.34	+0.19	11 22 52.43	+ 3 59 57.0	1.006 3948
	14	7279.5	170 52 46.69	+0.32	11 26 27.79	+ 3 36 59.6	1.006 1296
	15	7280.5	171 51 13.85	+0.45	11 30 03.08	+ 3 13 58.3	1.005 8614
	16	7281.5	172 49 42.79	+0.57	11 33 38.31	+ 2 50 53.5	1.005 5902
	17	7282.5	173 48 13.49	+0.68	11 37 13.51	+ 2 27 45.4	1.005 3162
	18	7283.5	174 46 45.91	+0.78	11 40 48.69	+ 2 04 34.5	1.005 0396
	19	7284.5	175 45 20.04	+0.86	11 44 23.88	+ 1 41 21.1	1.004 7607
	20	7285.5	176 43 55.84	+0.91	11 47 59.08	+ 1 18 05.4	1.004 4797
	21	7286.5	177 42 33.31	+0.94	11 51 34.31	+ 0 54 47.9	1.004 1969
	22	7287.5	178 41 12.44	+0.93	11 55 09.61	+ 0 31 28.9	1.003 9127
	23	7288.5	179 39 53.23	+0.89	11 58 44.97	+ 0 08 08.8	1.003 6275
	24	7289.5	180 38 35.69	+0.82	12 02 20.43	− 0 15 12.1	1.003 3416
	25	7290.5	181 37 19.85	+0.73	12 05 56.00	− 0 38 33.6	1.003 0554
	26	7291.5	182 36 05.77	+0.61	12 09 31.71	− 1 01 55.1	1.002 7694
	27	7292.5	183 34 53.51	+0.47	12 13 07.59	− 1 25 16.4	1.002 4839
	28	7293.5	184 33 43.15	+0.32	12 16 43.64	− 1 48 37.3	1.002 1991
	29	7294.5	185 32 34.79	+0.17	12 20 19.92	− 2 11 57.3	1.001 9152
	30	7295.5	186 31 28.50	+0.04	12 23 56.43	− 2 35 16.2	1.001 6323
Oct.	1	7296.5	187 30 24.38	−0.08	12 27 33.22	− 2 58 33.6	1.001 3502

FOR 0^h TERRESTRIAL TIME

Date		Pos. Angle of Axis P	Heliographic		Horiz. Parallax	Semi-Diameter	Ephemeris Transit
			Latitude B_0	Longitude L_0			
		°	°	°	''	' ''	h m s
Aug.	16	+ 16.19	+ 6.67	294.60	8.68	15 47.54	12 04 20.08
	17	+ 16.53	+ 6.71	281.38	8.68	15 47.72	12 04 07.63
	18	+ 16.86	+ 6.76	268.16	8.69	15 47.90	12 03 54.66
	19	+ 17.18	+ 6.80	254.95	8.69	15 48.08	12 03 41.17
	20	+ 17.50	+ 6.84	241.73	8.69	15 48.27	12 03 27.18
	21	+ 17.82	+ 6.88	228.52	8.69	15 48.46	12 03 12.71
	22	+ 18.13	+ 6.92	215.30	8.69	15 48.66	12 02 57.74
	23	+ 18.44	+ 6.96	202.09	8.70	15 48.86	12 02 42.32
	24	+ 18.74	+ 6.99	188.87	8.70	15 49.06	12 02 26.43
	25	+ 19.03	+ 7.02	175.66	8.70	15 49.26	12 02 10.11
	26	+ 19.32	+ 7.05	162.44	8.70	15 49.47	12 01 53.36
	27	+ 19.61	+ 7.08	149.23	8.70	15 49.68	12 01 36.20
	28	+ 19.89	+ 7.10	136.02	8.70	15 49.90	12 01 18.65
	29	+ 20.16	+ 7.13	122.81	8.71	15 50.11	12 01 00.73
	30	+ 20.43	+ 7.15	109.60	8.71	15 50.32	12 00 42.46
	31	+ 20.69	+ 7.17	96.38	8.71	15 50.54	12 00 23.86
Sept.	1	+ 20.95	+ 7.19	83.17	8.71	15 50.76	12 00 04.95
	2	+ 21.21	+ 7.20	69.96	8.71	15 50.98	11 59 45.76
	3	+ 21.45	+ 7.22	56.76	8.72	15 51.20	11 59 26.31
	4	+ 21.69	+ 7.23	43.55	8.72	15 51.42	11 59 06.60
	5	+ 21.93	+ 7.24	30.34	8.72	15 51.65	11 58 46.68
	6	+ 22.16	+ 7.24	17.13	8.72	15 51.87	11 58 26.54
	7	+ 22.39	+ 7.25	3.93	8.73	15 52.10	11 58 06.21
	8	+ 22.60	+ 7.25	350.72	8.73	15 52.34	11 57 45.70
	9	+ 22.82	+ 7.25	337.51	8.73	15 52.57	11 57 25.04
	10	+ 23.02	+ 7.25	324.31	8.73	15 52.81	11 57 04.23
	11	+ 23.23	+ 7.25	311.10	8.73	15 53.05	11 56 43.29
	12	+ 23.42	+ 7.24	297.90	8.74	15 53.30	11 56 22.25
	13	+ 23.61	+ 7.23	284.70	8.74	15 53.55	11 56 01.11
	14	+ 23.79	+ 7.23	271.49	8.74	15 53.80	11 55 39.88
	15	+ 23.97	+ 7.21	258.29	8.74	15 54.05	11 55 18.60
	16	+ 24.14	+ 7.20	245.09	8.75	15 54.31	11 54 57.27
	17	+ 24.31	+ 7.18	231.89	8.75	15 54.57	11 54 35.92
	18	+ 24.46	+ 7.17	218.69	8.75	15 54.83	11 54 14.55
	19	+ 24.62	+ 7.15	205.48	8.75	15 55.10	11 53 53.19
	20	+ 24.76	+ 7.12	192.28	8.75	15 55.37	11 53 31.86
	21	+ 24.90	+ 7.10	179.08	8.76	15 55.63	11 53 10.57
	22	+ 25.03	+ 7.07	165.88	8.76	15 55.90	11 52 49.35
	23	+ 25.16	+ 7.04	152.69	8.76	15 56.18	11 52 28.20
	24	+ 25.28	+ 7.01	139.49	8.76	15 56.45	11 52 07.17
	25	+ 25.39	+ 6.98	126.29	8.77	15 56.72	11 51 46.26
	26	+ 25.50	+ 6.95	113.09	8.77	15 56.99	11 51 25.50
	27	+ 25.60	+ 6.91	99.89	8.77	15 57.27	11 51 04.92
	28	+ 25.69	+ 6.87	86.69	8.77	15 57.54	11 50 44.54
	29	+ 25.78	+ 6.83	73.50	8.78	15 57.81	11 50 24.39
	30	+ 25.86	+ 6.79	60.30	8.78	15 58.08	11 50 04.49
Oct.	1	+ 25.93	+ 6.74	47.10	8.78	15 58.35	11 49 44.87

SUN, 2015

FOR 0ʰ TERRESTRIAL TIME

Date		Julian Date	Geometric Ecliptic Coords. Mn Equinox & Ecliptic of Date		Apparent R. A.	Apparent Declination	True Geocentric Distance
			Longitude	Latitude			
		245	° ′ ″	″	h m s	° ′ ″	au
Oct.	1	7296.5	187 30 24.38	−0.08	12 27 33.22	− 2 58 33.6	1.001 3502
	2	7297.5	188 29 22.49	−0.17	12 31 10.30	− 3 21 49.3	1.001 0688
	3	7298.5	189 28 22.89	−0.23	12 34 47.69	− 3 45 02.8	1.000 7879
	4	7299.5	190 27 25.60	−0.26	12 38 25.42	− 4 08 13.8	1.000 5072
	5	7300.5	191 26 30.63	−0.26	12 42 03.51	− 4 31 22.0	1.000 2265
	6	7301.5	192 25 37.98	−0.23	12 45 41.97	− 4 54 27.0	0.999 9457
	7	7302.5	193 24 47.65	−0.17	12 49 20.82	− 5 17 28.4	0.999 6644
	8	7303.5	194 23 59.60	−0.09	12 53 00.09	− 5 40 25.9	0.999 3827
	9	7304.5	195 23 13.81	+0.02	12 56 39.78	− 6 03 19.0	0.999 1003
	10	7305.5	196 22 30.24	+0.13	13 00 19.92	− 6 26 07.4	0.998 8172
	11	7306.5	197 21 48.86	+0.26	13 04 00.52	− 6 48 50.7	0.998 5333
	12	7307.5	198 21 09.62	+0.38	13 07 41.61	− 7 11 28.6	0.998 2487
	13	7308.5	199 20 32.47	+0.51	13 11 23.19	− 7 34 00.7	0.997 9632
	14	7309.5	200 19 57.36	+0.62	13 15 05.29	− 7 56 26.5	0.997 6771
	15	7310.5	201 19 24.23	+0.72	13 18 47.91	− 8 18 45.7	0.997 3904
	16	7311.5	202 18 53.05	+0.80	13 22 31.08	− 8 40 57.9	0.997 1032
	17	7312.5	203 18 23.75	+0.86	13 26 14.81	− 9 03 02.7	0.996 8157
	18	7313.5	204 17 56.29	+0.89	13 29 59.11	− 9 24 59.8	0.996 5282
	19	7314.5	205 17 30.62	+0.89	13 33 44.00	− 9 46 48.6	0.996 2409
	20	7315.5	206 17 06.70	+0.86	13 37 29.49	−10 08 28.9	0.995 9541
	21	7316.5	207 16 44.51	+0.80	13 41 15.59	−10 30 00.2	0.995 6681
	22	7317.5	208 16 24.01	+0.71	13 45 02.32	−10 51 22.1	0.995 3834
	23	7318.5	209 16 05.21	+0.59	13 48 49.70	−11 12 34.2	0.995 1004
	24	7319.5	210 15 48.11	+0.46	13 52 37.73	−11 33 36.1	0.994 8195
	25	7320.5	211 15 32.74	+0.31	13 56 26.45	−11 54 27.4	0.994 5410
	26	7321.5	212 15 19.14	+0.17	14 00 15.86	−12 15 07.8	0.994 2654
	27	7322.5	213 15 07.37	+0.02	14 04 05.98	−12 35 36.9	0.993 9930
	28	7323.5	214 14 57.51	−0.10	14 07 56.84	−12 55 54.3	0.993 7238
	29	7324.5	215 14 49.63	−0.21	14 11 48.46	−13 15 59.6	0.993 4581
	30	7325.5	216 14 43.80	−0.28	14 15 40.85	−13 35 52.5	0.993 1957
	31	7326.5	217 14 40.06	−0.33	14 19 34.02	−13 55 32.6	0.992 9365
Nov.	1	7327.5	218 14 38.45	−0.34	14 23 28.00	−14 14 59.4	0.992 6803
	2	7328.5	219 14 38.99	−0.32	14 27 22.78	−14 34 12.6	0.992 4269
	3	7329.5	220 14 41.68	−0.27	14 31 18.38	−14 53 11.8	0.992 1762
	4	7330.5	221 14 46.51	−0.20	14 35 14.80	−15 11 56.5	0.991 9278
	5	7331.5	222 14 53.46	−0.10	14 39 12.06	−15 30 26.4	0.991 6817
	6	7332.5	223 15 02.48	+0.01	14 43 10.16	−15 48 41.0	0.991 4376
	7	7333.5	224 15 13.56	+0.12	14 47 09.11	−16 06 39.9	0.991 1955
	8	7334.5	225 15 26.63	+0.25	14 51 08.91	−16 24 22.7	0.990 9553
	9	7335.5	226 15 41.66	+0.37	14 55 09.56	−16 41 49.1	0.990 7167
	10	7336.5	227 15 58.57	+0.48	14 59 11.07	−16 58 58.5	0.990 4798
	11	7337.5	228 16 17.31	+0.58	15 03 13.43	−17 15 50.7	0.990 2446
	12	7338.5	229 16 37.80	+0.66	15 07 16.64	−17 32 25.1	0.990 0111
	13	7339.5	230 16 59.99	+0.72	15 11 20.71	−17 48 41.4	0.989 7792
	14	7340.5	231 17 23.78	+0.75	15 15 25.62	−18 04 39.2	0.989 5491
	15	7341.5	232 17 49.11	+0.75	15 19 31.37	−18 20 18.0	0.989 3210
	16	7342.5	233 18 15.90	+0.73	15 23 37.96	−18 35 37.6	0.989 0950

FOR 0ʰ TERRESTRIAL TIME

Date		Pos. Angle of Axis P	Heliographic		Horiz. Parallax	Semi-Diameter	Ephemeris Transit
			Latitude B_0	Longitude L_0			
		°	°	°	''	' ''	h m s
Oct.	1	+ 25.93	+ 6.74	47.10	8.78	15 58.35	11 49 44.87
	2	+ 26.00	+ 6.70	33.91	8.78	15 58.62	11 49 25.55
	3	+ 26.05	+ 6.65	20.71	8.79	15 58.89	11 49 06.55
	4	+ 26.11	+ 6.60	7.52	8.79	15 59.16	11 48 47.90
	5	+ 26.15	+ 6.54	354.32	8.79	15 59.43	11 48 29.62
	6	+ 26.19	+ 6.49	341.13	8.79	15 59.70	11 48 11.72
	7	+ 26.22	+ 6.43	327.93	8.80	15 59.97	11 47 54.22
	8	+ 26.24	+ 6.37	314.74	8.80	16 00.24	11 47 37.15
	9	+ 26.26	+ 6.31	301.55	8.80	16 00.51	11 47 20.51
	10	+ 26.27	+ 6.25	288.35	8.80	16 00.78	11 47 04.33
	11	+ 26.27	+ 6.19	275.16	8.81	16 01.05	11 46 48.63
	12	+ 26.26	+ 6.12	261.97	8.81	16 01.33	11 46 33.41
	13	+ 26.25	+ 6.05	248.78	8.81	16 01.60	11 46 18.70
	14	+ 26.23	+ 5.98	235.59	8.81	16 01.88	11 46 04.50
	15	+ 26.20	+ 5.91	222.40	8.82	16 02.16	11 45 50.84
	16	+ 26.16	+ 5.84	209.21	8.82	16 02.43	11 45 37.73
	17	+ 26.12	+ 5.76	196.02	8.82	16 02.71	11 45 25.19
	18	+ 26.07	+ 5.68	182.83	8.82	16 02.99	11 45 13.22
	19	+ 26.01	+ 5.60	169.64	8.83	16 03.27	11 45 01.84
	20	+ 25.95	+ 5.52	156.45	8.83	16 03.54	11 44 51.08
	21	+ 25.87	+ 5.44	143.26	8.83	16 03.82	11 44 40.93
	22	+ 25.79	+ 5.36	130.07	8.83	16 04.10	11 44 31.42
	23	+ 25.70	+ 5.27	116.88	8.84	16 04.37	11 44 22.57
	24	+ 25.60	+ 5.18	103.69	8.84	16 04.64	11 44 14.39
	25	+ 25.50	+ 5.10	90.50	8.84	16 04.91	11 44 06.89
	26	+ 25.39	+ 5.01	77.31	8.84	16 05.18	11 44 00.10
	27	+ 25.27	+ 4.91	64.12	8.85	16 05.44	11 43 54.03
	28	+ 25.14	+ 4.82	50.94	8.85	16 05.71	11 43 48.71
	29	+ 25.00	+ 4.72	37.75	8.85	16 05.96	11 43 44.14
	30	+ 24.86	+ 4.63	24.56	8.85	16 06.22	11 43 40.36
	31	+ 24.71	+ 4.53	11.37	8.86	16 06.47	11 43 37.36
Nov.	1	+ 24.55	+ 4.43	358.19	8.86	16 06.72	11 43 35.17
	2	+ 24.38	+ 4.33	345.00	8.86	16 06.97	11 43 33.79
	3	+ 24.21	+ 4.23	331.81	8.86	16 07.21	11 43 33.24
	4	+ 24.02	+ 4.12	318.63	8.87	16 07.45	11 43 33.51
	5	+ 23.83	+ 4.02	305.44	8.87	16 07.69	11 43 34.63
	6	+ 23.63	+ 3.91	292.26	8.87	16 07.93	11 43 36.60
	7	+ 23.43	+ 3.81	279.07	8.87	16 08.17	11 43 39.41
	8	+ 23.21	+ 3.70	265.89	8.87	16 08.40	11 43 43.07
	9	+ 22.99	+ 3.59	252.70	8.88	16 08.64	11 43 47.59
	10	+ 22.76	+ 3.48	239.52	8.88	16 08.87	11 43 52.97
	11	+ 22.52	+ 3.36	226.34	8.88	16 09.10	11 43 59.19
	12	+ 22.28	+ 3.25	213.15	8.88	16 09.33	11 44 06.27
	13	+ 22.02	+ 3.14	199.97	8.88	16 09.55	11 44 14.19
	14	+ 21.76	+ 3.02	186.79	8.89	16 09.78	11 44 22.96
	15	+ 21.50	+ 2.91	173.60	8.89	16 10.00	11 44 32.56
	16	+ 21.22	+ 2.79	160.42	8.89	16 10.23	11 44 43.00

FOR 0ʰ TERRESTRIAL TIME

Date	Julian Date	Geometric Ecliptic Coords. Mn Equinox & Ecliptic of Date		Apparent R. A.	Apparent Declination	True Geocentric Distance
		Longitude	Latitude			
	245	° ′ ″	″	h m s	° ′ ″	au
Nov. 16	7342.5	233 18 15.90	+0.73	15 23 37.96	−18 35 37.6	0.989 0950
17	7343.5	234 18 44.08	+0.67	15 27 45.37	−18 50 37.4	0.988 8713
18	7344.5	235 19 13.59	+0.59	15 31 53.61	−19 05 17.1	0.988 6503
19	7345.5	236 19 44.38	+0.48	15 36 02.65	−19 19 36.3	0.988 4323
20	7346.5	237 20 16.39	+0.35	15 40 12.49	−19 33 34.5	0.988 2176
21	7347.5	238 20 49.60	+0.21	15 44 23.13	−19 47 11.5	0.988 0067
22	7348.5	239 21 24.00	+0.06	15 48 34.55	−20 00 26.9	0.987 8000
23	7349.5	240 21 59.60	−0.08	15 52 46.76	−20 13 20.2	0.987 5978
24	7350.5	241 22 36.42	−0.21	15 56 59.74	−20 25 51.3	0.987 4006
25	7351.5	242 23 14.50	−0.32	16 01 13.49	−20 37 59.6	0.987 2085
26	7352.5	243 23 53.89	−0.40	16 05 28.00	−20 49 45.0	0.987 0218
27	7353.5	244 24 34.64	−0.45	16 09 43.26	−21 01 07.0	0.986 8405
28	7354.5	245 25 16.79	−0.47	16 13 59.25	−21 12 05.5	0.986 6646
29	7355.5	246 26 00.39	−0.46	16 18 15.98	−21 22 40.0	0.986 4940
30	7356.5	247 26 45.46	−0.42	16 22 33.41	−21 32 50.2	0.986 3285
Dec. 1	7357.5	248 27 32.00	−0.36	16 26 51.53	−21 42 35.9	0.986 1680
2	7358.5	249 28 20.00	−0.27	16 31 10.33	−21 51 56.8	0.986 0123
3	7359.5	250 29 09.46	−0.16	16 35 29.78	−22 00 52.6	0.985 8611
4	7360.5	251 30 00.33	−0.05	16 39 49.86	−22 09 22.9	0.985 7142
5	7361.5	252 30 52.59	+0.07	16 44 10.55	−22 17 27.6	0.985 5715
6	7362.5	253 31 46.19	+0.19	16 48 31.83	−22 25 06.4	0.985 4328
7	7363.5	254 32 41.07	+0.30	16 52 53.67	−22 32 19.1	0.985 2979
8	7364.5	255 33 37.19	+0.39	16 57 16.03	−22 39 05.3	0.985 1667
9	7365.5	256 34 34.46	+0.47	17 01 38.91	−22 45 25.0	0.985 0390
10	7366.5	257 35 32.82	+0.53	17 06 02.25	−22 51 17.8	0.984 9147
11	7367.5	258 36 32.18	+0.57	17 10 26.04	−22 56 43.7	0.984 7938
12	7368.5	259 37 32.46	+0.57	17 14 50.23	−23 01 42.4	0.984 6763
13	7369.5	260 38 33.56	+0.55	17 19 14.79	−23 06 13.7	0.984 5620
14	7370.5	261 39 35.39	+0.49	17 23 39.68	−23 10 17.6	0.984 4512
15	7371.5	262 40 37.85	+0.41	17 28 04.87	−23 13 53.8	0.984 3439
16	7372.5	263 41 40.85	+0.30	17 32 30.32	−23 17 02.2	0.984 2403
17	7373.5	264 42 44.30	+0.18	17 36 56.00	−23 19 42.8	0.984 1407
18	7374.5	265 43 48.14	+0.04	17 41 21.86	−23 21 55.3	0.984 0455
19	7375.5	266 44 52.31	−0.10	17 45 47.88	−23 23 39.8	0.983 9549
20	7376.5	267 45 56.77	−0.24	17 50 14.02	−23 24 56.0	0.983 8693
21	7377.5	268 47 01.48	−0.37	17 54 40.25	−23 25 44.1	0.983 7890
22	7378.5	269 48 06.45	−0.48	17 59 06.54	−23 26 04.0	0.983 7146
23	7379.5	270 49 11.69	−0.57	18 03 32.86	−23 25 55.6	0.983 6461
24	7380.5	271 50 17.21	−0.62	18 07 59.17	−23 25 18.9	0.983 5839
25	7381.5	272 51 23.05	−0.65	18 12 25.46	−23 24 14.0	0.983 5281
26	7382.5	273 52 29.25	−0.64	18 16 51.68	−23 22 40.9	0.983 4788
27	7383.5	274 53 35.83	−0.60	18 21 17.81	−23 20 39.7	0.983 4359
28	7384.5	275 54 42.82	−0.54	18 25 43.82	−23 18 10.3	0.983 3994
29	7385.5	276 55 50.24	−0.45	18 30 09.67	−23 15 12.8	0.983 3691
30	7386.5	277 56 58.09	−0.35	18 34 35.34	−23 11 47.4	0.983 3449
31	7387.5	278 58 06.36	−0.23	18 39 00.79	−23 07 54.0	0.983 3264
32	7388.5	279 59 15.04	−0.11	18 43 26.00	−23 03 32.9	0.983 3136

FOR 0ʰ TERRESTRIAL TIME

Date	Pos. Angle of Axis P	Heliographic Latitude B_0	Longitude L_0	Horiz. Parallax	Semi-Diameter	Ephemeris Transit
	°	°	°	″	′ ″	h m s
Nov. 16	+ 21.22	+ 2.79	160.42	8.89	16 10.23	11 44 43.00
17	+ 20.94	+ 2.67	147.24	8.89	16 10.44	11 44 54.25
18	+ 20.65	+ 2.55	134.06	8.90	16 10.66	11 45 06.33
19	+ 20.35	+ 2.43	120.87	8.90	16 10.88	11 45 19.21
20	+ 20.04	+ 2.31	107.69	8.90	16 11.09	11 45 32.89
21	+ 19.73	+ 2.19	94.51	8.90	16 11.29	11 45 47.37
22	+ 19.41	+ 2.07	81.33	8.90	16 11.50	11 46 02.63
23	+ 19.09	+ 1.95	68.15	8.90	16 11.70	11 46 18.67
24	+ 18.75	+ 1.82	54.97	8.91	16 11.89	11 46 35.47
25	+ 18.41	+ 1.70	41.79	8.91	16 12.08	11 46 53.04
26	+ 18.07	+ 1.58	28.60	8.91	16 12.26	11 47 11.36
27	+ 17.71	+ 1.45	15.42	8.91	16 12.44	11 47 30.43
28	+ 17.35	+ 1.33	2.24	8.91	16 12.62	11 47 50.23
29	+ 16.99	+ 1.20	349.06	8.91	16 12.78	11 48 10.74
30	+ 16.61	+ 1.07	335.88	8.92	16 12.95	11 48 31.96
Dec. 1	+ 16.24	+ 0.95	322.70	8.92	16 13.10	11 48 53.87
2	+ 15.85	+ 0.82	309.53	8.92	16 13.26	11 49 16.44
3	+ 15.46	+ 0.69	296.35	8.92	16 13.41	11 49 39.66
4	+ 15.06	+ 0.56	283.17	8.92	16 13.55	11 50 03.50
5	+ 14.66	+ 0.44	269.99	8.92	16 13.69	11 50 27.94
6	+ 14.25	+ 0.31	256.81	8.92	16 13.83	11 50 52.95
7	+ 13.84	+ 0.18	243.64	8.93	16 13.96	11 51 18.51
8	+ 13.42	+ 0.05	230.46	8.93	16 14.09	11 51 44.58
9	+ 13.00	− 0.08	217.28	8.93	16 14.22	11 52 11.14
10	+ 12.57	− 0.20	204.11	8.93	16 14.34	11 52 38.16
11	+ 12.14	− 0.33	190.93	8.93	16 14.46	11 53 05.60
12	+ 11.70	− 0.46	177.75	8.93	16 14.58	11 53 33.42
13	+ 11.26	− 0.59	164.58	8.93	16 14.69	11 54 01.60
14	+ 10.82	− 0.72	151.40	8.93	16 14.80	11 54 30.09
15	+ 10.37	− 0.84	138.23	8.93	16 14.91	11 54 58.87
16	+ 9.92	− 0.97	125.05	8.93	16 15.01	11 55 27.89
17	+ 9.46	− 1.10	111.88	8.94	16 15.11	11 55 57.12
18	+ 9.00	− 1.23	98.70	8.94	16 15.20	11 56 26.52
19	+ 8.54	− 1.35	85.53	8.94	16 15.29	11 56 56.06
20	+ 8.07	− 1.48	72.36	8.94	16 15.38	11 57 25.70
21	+ 7.60	− 1.60	59.18	8.94	16 15.46	11 57 55.42
22	+ 7.13	− 1.73	46.01	8.94	16 15.53	11 58 25.18
23	+ 6.66	− 1.85	32.83	8.94	16 15.60	11 58 54.95
24	+ 6.18	− 1.98	19.66	8.94	16 15.66	11 59 24.71
25	+ 5.71	− 2.10	6.49	8.94	16 15.72	11 59 54.41
26	+ 5.23	− 2.22	353.32	8.94	16 15.77	12 00 24.04
27	+ 4.75	− 2.35	340.14	8.94	16 15.81	12 00 53.56
28	+ 4.27	− 2.47	326.97	8.94	16 15.84	12 01 22.94
29	+ 3.79	− 2.59	313.80	8.94	16 15.87	12 01 52.16
30	+ 3.30	− 2.71	300.63	8.94	16 15.90	12 02 21.18
31	+ 2.82	− 2.83	287.46	8.94	16 15.92	12 02 49.97
32	+ 2.33	− 2.94	274.29	8.94	16 15.93	12 03 18.51

SUN, 2015

ICRS GEOCENTRIC RECTANGULAR COORDINATES
FOR 0ʰ TERRESTRIAL TIME

Date		x	y	z	Date		x	y	z
		au	au	au			au	au	au
Jan.	0	+0.153 9226	−0.891 0828	−0.386 2985	Feb.	15	+0.816 4549	−0.509 8552	−0.221 0290
	1	+0.171 1652	−0.888 4091	−0.385 1401		16	+0.826 2963	−0.496 6673	−0.215 3119
	2	+0.188 3534	−0.885 4601	−0.383 8622		17	+0.835 8835	−0.483 3252	−0.209 5281
	3	+0.205 4823	−0.882 2369	−0.382 4653		18	+0.845 2134	−0.469 8333	−0.203 6796
	4	+0.222 5469	−0.878 7405	−0.380 9499		19	+0.854 2829	−0.456 1961	−0.197 7682
	5	+0.239 5422	−0.874 9721	−0.379 3165		20	+0.863 0889	−0.442 4181	−0.191 7960
	6	+0.256 4633	−0.870 9329	−0.377 5654		21	+0.871 6288	−0.428 5043	−0.185 7648
	7	+0.273 3052	−0.866 6238	−0.375 6973		22	+0.879 9002	−0.414 4593	−0.179 6769
	8	+0.290 0629	−0.862 0462	−0.373 7126		23	+0.887 9006	−0.400 2880	−0.173 5342
	9	+0.306 7314	−0.857 2013	−0.371 6119		24	+0.895 6282	−0.385 9951	−0.167 3388
	10	+0.323 3058	−0.852 0903	−0.369 3957		25	+0.903 0810	−0.371 5856	−0.161 0927
	11	+0.339 7810	−0.846 7147	−0.367 0648		26	+0.910 2572	−0.357 0639	−0.154 7978
	12	+0.356 1520	−0.841 0758	−0.364 6196		27	+0.917 1553	−0.342 4349	−0.148 4562
	13	+0.372 4136	−0.835 1750	−0.362 0610		28	+0.923 7736	−0.327 7029	−0.142 0699
	14	+0.388 5609	−0.829 0141	−0.359 3895	Mar.	1	+0.930 1107	−0.312 8726	−0.135 6408
	15	+0.404 5888	−0.822 5947	−0.356 6061		2	+0.936 1652	−0.297 9485	−0.129 1709
	16	+0.420 4920	−0.815 9185	−0.353 7114		3	+0.941 9358	−0.282 9349	−0.122 6621
	17	+0.436 2654	−0.808 9873	−0.350 7062		4	+0.947 4210	−0.267 8365	−0.116 1163
	18	+0.451 9039	−0.801 8032	−0.347 5916		5	+0.952 6197	−0.252 6576	−0.109 5355
	19	+0.467 4022	−0.794 3683	−0.344 3684		6	+0.957 5307	−0.237 4025	−0.102 9217
	20	+0.482 7550	−0.786 6849	−0.341 0376		7	+0.962 1528	−0.222 0758	−0.096 2767
	21	+0.497 9572	−0.778 7555	−0.337 6004		8	+0.966 4848	−0.206 6819	−0.089 6025
	22	+0.513 0038	−0.770 5829	−0.334 0579		9	+0.970 5257	−0.191 2251	−0.082 9011
	23	+0.527 8895	−0.762 1700	−0.330 4114		10	+0.974 2743	−0.175 7099	−0.076 1745
	24	+0.542 6098	−0.753 5199	−0.326 6621		11	+0.977 7297	−0.160 1407	−0.069 4245
	25	+0.557 1599	−0.744 6356	−0.322 8114		12	+0.980 8908	−0.144 5221	−0.062 6531
	26	+0.571 5354	−0.735 5206	−0.318 8607		13	+0.983 7567	−0.128 8586	−0.055 8624
	27	+0.585 7320	−0.726 1781	−0.314 8113		14	+0.986 3265	−0.113 1547	−0.049 0544
	28	+0.599 7457	−0.716 6114	−0.310 6647		15	+0.988 5992	−0.097 4151	−0.042 2310
	29	+0.613 5724	−0.706 8239	−0.306 4222		16	+0.990 5740	−0.081 6446	−0.035 3944
	30	+0.627 2082	−0.696 8187	−0.302 0853		17	+0.992 2501	−0.065 8480	−0.028 5467
	31	+0.640 6494	−0.686 5992	−0.297 6553		18	+0.993 6269	−0.050 0303	−0.021 6900
Feb.	1	+0.653 8922	−0.676 1687	−0.293 1337		19	+0.994 7038	−0.034 1964	−0.014 8264
	2	+0.666 9329	−0.665 5304	−0.288 5219		20	+0.995 4806	−0.018 3516	−0.007 9581
	3	+0.679 7678	−0.654 6876	−0.283 8213		21	+0.995 9570	−0.002 5010	−0.001 0875
	4	+0.692 3935	−0.643 6437	−0.279 0333		22	+0.996 1333	+0.013 3500	+0.005 7834
	5	+0.704 8062	−0.632 4019	−0.274 1595		23	+0.996 0098	+0.029 1964	+0.012 6523
	6	+0.717 0025	−0.620 9655	−0.269 2012		24	+0.995 5870	+0.045 0329	+0.019 5170
	7	+0.728 9789	−0.609 3380	−0.264 1599		25	+0.994 8656	+0.060 8548	+0.026 3755
	8	+0.740 7318	−0.597 5227	−0.259 0372		26	+0.993 8466	+0.076 6569	+0.033 2256
	9	+0.752 2577	−0.585 5231	−0.253 8346		27	+0.992 5309	+0.092 4347	+0.040 0652
	10	+0.763 5532	−0.573 3426	−0.248 5536		28	+0.990 9194	+0.108 1834	+0.046 8925
	11	+0.774 6149	−0.560 9849	−0.243 1958		29	+0.989 0132	+0.123 8985	+0.053 7053
	12	+0.785 4393	−0.548 4536	−0.237 7628		30	+0.986 8135	+0.139 5754	+0.060 5017
	13	+0.796 0231	−0.535 7523	−0.232 2562	·31		+0.984 3214	+0.155 2097	+0.067 2797
	14	+0.806 3627	−0.522 8849	−0.226 6777	Apr.	1	+0.981 5380	+0.170 7970	+0.074 0375
	15	+0.816 4549	−0.509 8552	−0.221 0290		2	+0.978 4647	+0.186 3330	+0.080 7732

ICRS GEOCENTRIC RECTANGULAR COORDINATES
FOR 0ʰ TERRESTRIAL TIME

Date		x	y	z	Date		x	y	z
		au	au	au			au	au	au
Apr.	1	+0.981 5380	+0.170 7970	+0.074 0375	May	17	+0.571 5005	+0.765 3649	+0.331 7926
	2	+0.978 4647	+0.186 3330	+0.080 7732		18	+0.557 5008	+0.774 2406	+0.335 6398
	3	+0.975 1027	+0.201 8133	+0.087 4848		19	+0.543 3407	+0.782 8935	+0.339 3905
	4	+0.971 4533	+0.217 2337	+0.094 1704		20	+0.529 0246	+0.791 3211	+0.343 0437
	5	+0.967 5178	+0.232 5900	+0.100 8283		21	+0.514 5571	+0.799 5210	+0.346 5984
	6	+0.963 2976	+0.247 8780	+0.107 4565		22	+0.499 9429	+0.807 4911	+0.350 0536
	7	+0.958 7940	+0.263 0936	+0.114 0533		23	+0.485 1865	+0.815 2293	+0.353 4084
	8	+0.954 0085	+0.278 2325	+0.120 6167		24	+0.470 2925	+0.822 7338	+0.356 6620
	9	+0.948 9424	+0.293 2905	+0.127 1450		25	+0.455 2656	+0.830 0027	+0.359 8137
	10	+0.943 5971	+0.308 2636	+0.133 6363		26	+0.440 1101	+0.837 0343	+0.362 8625
	11	+0.937 9743	+0.323 1474	+0.140 0887		27	+0.424 8308	+0.843 8270	+0.365 8079
	12	+0.932 0752	+0.337 9378	+0.146 5005		28	+0.409 4319	+0.850 3793	+0.368 6491
	13	+0.925 9017	+0.352 6303	+0.152 8697		29	+0.393 9182	+0.856 6897	+0.371 3855
	14	+0.919 4552	+0.367 2207	+0.159 1944		30	+0.378 2939	+0.862 7569	+0.374 0164
	15	+0.912 7376	+0.381 7045	+0.165 4728		31	+0.362 5634	+0.868 5795	+0.376 5412
	16	+0.905 7508	+0.396 0772	+0.171 7029	June	1	+0.346 7313	+0.874 1563	+0.378 9594
	17	+0.898 4968	+0.410 3342	+0.177 8828		2	+0.330 8017	+0.879 4860	+0.381 2704
	18	+0.890 9780	+0.424 4712	+0.184 0107		3	+0.314 7790	+0.884 5676	+0.383 4737
	19	+0.883 1968	+0.438 4835	+0.190 0845		4	+0.298 6674	+0.889 3997	+0.385 5687
	20	+0.875 1560	+0.452 3668	+0.196 1024		5	+0.282 4711	+0.893 9813	+0.387 5549
	21	+0.866 8585	+0.466 1168	+0.202 0627		6	+0.266 1944	+0.898 3111	+0.389 4319
	22	+0.858 3071	+0.479 7294	+0.207 9635		7	+0.249 8415	+0.902 3879	+0.391 1989
	23	+0.849 5052	+0.493 2006	+0.213 8032		8	+0.233 4167	+0.906 2104	+0.392 8556
	24	+0.840 4557	+0.506 5265	+0.219 5801		9	+0.216 9244	+0.909 7774	+0.394 4014
	25	+0.831 1619	+0.519 7036	+0.225 2926		10	+0.200 3690	+0.913 0876	+0.395 8358
	26	+0.821 6270	+0.532 7281	+0.230 9392		11	+0.183 7552	+0.916 1397	+0.397 1583
	27	+0.811 8542	+0.545 5967	+0.236 5182		12	+0.167 0877	+0.918 9326	+0.398 3684
	28	+0.801 8468	+0.558 3059	+0.242 0283		13	+0.150 3713	+0.921 4652	+0.399 4657
	29	+0.791 6081	+0.570 8524	+0.247 4680		14	+0.133 6109	+0.923 7364	+0.400 4498
	30	+0.781 1413	+0.583 2329	+0.252 8357		15	+0.116 8118	+0.925 7455	+0.401 3203
May	1	+0.770 4496	+0.595 4442	+0.258 1302		16	+0.099 9788	+0.927 4917	+0.402 0771
	2	+0.759 5365	+0.607 4833	+0.263 3501		17	+0.083 1173	+0.928 9745	+0.402 7198
	3	+0.748 4051	+0.619 3472	+0.268 4939		18	+0.066 2322	+0.930 1936	+0.403 2483
	4	+0.737 0587	+0.631 0326	+0.273 5604		19	+0.049 3289	+0.931 1487	+0.403 6625
	5	+0.725 5006	+0.642 5368	+0.278 5481		20	+0.032 4124	+0.931 8398	+0.403 9625
	6	+0.713 7340	+0.653 8568	+0.283 4560		21	+0.015 4877	+0.932 2670	+0.404 1481
	7	+0.701 7623	+0.664 9896	+0.288 2825		22	−0.001 4402	+0.932 4304	+0.404 2195
	8	+0.689 5886	+0.675 9323	+0.293 0265		23	−0.018 3663	+0.932 3303	+0.404 1767
	9	+0.677 2162	+0.686 6820	+0.297 6866		24	−0.035 2859	+0.931 9670	+0.404 0199
	10	+0.664 6485	+0.697 2355	+0.302 2616		25	−0.052 1939	+0.931 3410	+0.403 7493
	11	+0.651 8887	+0.707 5900	+0.306 7501		26	−0.069 0858	+0.930 4527	+0.403 3649
	12	+0.638 9405	+0.717 7424	+0.311 1508		27	−0.085 9568	+0.929 3028	+0.402 8671
	13	+0.625 8072	+0.727 6896	+0.315 4625		28	−0.102 8023	+0.927 8919	+0.402 2560
	14	+0.612 4927	+0.737 4285	+0.319 6838		29	−0.119 6178	+0.926 2207	+0.401 5320
	15	+0.599 0007	+0.746 9560	+0.323 8134		30	−0.136 3987	+0.924 2899	+0.400 6953
	16	+0.585 3352	+0.756 2691	+0.327 8501	July	1	−0.153 1406	+0.922 1002	+0.399 7463
	17	+0.571 5005	+0.765 3649	+0.331 7926		2	−0.169 8393	+0.919 6524	+0.398 6852

SUN, 2015

ICRS GEOCENTRIC RECTANGULAR COORDINATES
FOR 0^h TERRESTRIAL TIME

Date		x	y	z	Date		x	y	z
		au	au	au			au	au	au
July	1	−0.153 1406	+0.922 1002	+0.399 7463	Aug.	16	−0.804 8153	+0.564 0804	+0.244 5382
	2	−0.169 8393	+0.919 6524	+0.398 6852		17	−0.814 8663	+0.551 5098	+0.239 0894
	3	−0.186 4904	+0.916 9473	+0.397 5124		18	−0.824 6836	+0.538 7817	+0.233 5723
	4	−0.203 0896	+0.913 9855	+0.396 2282		19	−0.834 2642	+0.525 9000	+0.227 9887
	5	−0.219 6327	+0.910 7678	+0.394 8328		20	−0.843 6053	+0.512 8686	+0.222 3401
	6	−0.236 1154	+0.907 2946	+0.393 3267		21	−0.852 7042	+0.499 6914	+0.216 6282
	7	−0.252 5332	+0.903 5667	+0.391 7099		22	−0.861 5583	+0.486 3723	+0.210 8547
	8	−0.268 8817	+0.899 5846	+0.389 9830		23	−0.870 1652	+0.472 9152	+0.205 0213
	9	−0.285 1563	+0.895 3491	+0.388 1462		24	−0.878 5223	+0.459 3242	+0.199 1298
	10	−0.301 3522	+0.890 8610	+0.386 1999		25	−0.886 6276	+0.445 6032	+0.193 1817
	11	−0.317 4648	+0.886 1211	+0.384 1446		26	−0.894 4788	+0.431 7562	+0.187 1788
	12	−0.333 4891	+0.881 1306	+0.381 9807		27	−0.902 0741	+0.417 7870	+0.181 1227
	13	−0.349 4204	+0.875 8904	+0.379 7088		28	−0.909 4113	+0.403 6995	+0.175 0153
	14	−0.365 2538	+0.870 4021	+0.377 3293		29	−0.916 4888	+0.389 4976	+0.168 8580
	15	−0.380 9843	+0.864 6670	+0.374 8431		30	−0.923 3045	+0.375 1848	+0.162 6526
	16	−0.396 6073	+0.858 6869	+0.372 2508		31	−0.929 8567	+0.360 7648	+0.156 4007
	17	−0.412 1179	+0.852 4634	+0.369 5532	Sept.	1	−0.936 1434	+0.346 2412	+0.150 1038
	18	−0.427 5116	+0.845 9984	+0.366 7510		2	−0.942 1626	+0.331 6177	+0.143 7637
	19	−0.442 7836	+0.839 2941	+0.363 8451		3	−0.947 9121	+0.316 8981	+0.137 3819
	20	−0.457 9294	+0.832 3523	+0.360 8364		4	−0.953 3898	+0.302 0860	+0.130 9601
	21	−0.472 9448	+0.825 1755	+0.357 7258		5	−0.958 5937	+0.287 1854	+0.124 5002
	22	−0.487 8253	+0.817 7657	+0.354 5143		6	−0.963 5217	+0.272 2005	+0.118 0038
	23	−0.502 5666	+0.810 1254	+0.351 2028		7	−0.968 1716	+0.257 1355	+0.111 4729
	24	−0.517 1648	+0.802 2569	+0.347 7924		8	−0.972 5417	+0.241 9946	+0.104 9092
	25	−0.531 6156	+0.794 1627	+0.344 2840		9	−0.976 6301	+0.226 7823	+0.098 3148
	26	−0.545 9152	+0.785 8452	+0.340 6788		10	−0.980 4352	+0.211 5030	+0.091 6914
	27	−0.560 0597	+0.777 3070	+0.336 9778		11	−0.983 9552	+0.196 1614	+0.085 0412
	28	−0.574 0453	+0.768 5507	+0.333 1820		12	−0.987 1889	+0.180 7620	+0.078 3660
	29	−0.587 8684	+0.759 5787	+0.329 2926		13	−0.990 1349	+0.165 3096	+0.071 6678
	30	−0.601 5254	+0.750 3936	+0.325 3107		14	−0.992 7919	+0.149 8089	+0.064 9488
	31	−0.615 0128	+0.740 9980	+0.321 2373		15	−0.995 1591	+0.134 2646	+0.058 2109
Aug.	1	−0.628 3272	+0.731 3942	+0.317 0736		16	−0.997 2354	+0.118 6816	+0.051 4561
	2	−0.641 4651	+0.721 5847	+0.312 8205		17	−0.999 0202	+0.103 0645	+0.044 6866
	3	−0.654 4231	+0.711 5718	+0.308 4791		18	−1.000 5128	+0.087 4182	+0.037 9043
	4	−0.667 1975	+0.701 3578	+0.304 0506		19	−1.001 7127	+0.071 7475	+0.031 1112
	5	−0.679 7847	+0.690 9452	+0.299 5359		20	−1.002 6196	+0.056 0570	+0.024 3096
	6	−0.692 1811	+0.680 3363	+0.294 9361		21	−1.003 2332	+0.040 3516	+0.017 5012
	7	−0.704 3828	+0.669 5337	+0.290 2525		22	−1.003 5535	+0.024 6360	+0.010 6883
	8	−0.716 3859	+0.658 5401	+0.285 4862		23	−1.003 5804	+0.008 9146	+0.003 8727
	9	−0.728 1867	+0.647 3583	+0.280 6384		24	−1.003 3142	−0.006 8077	−0.002 9434
	10	−0.739 7814	+0.635 9912	+0.275 7105		25	−1.002 7550	−0.022 5267	−0.009 7583
	11	−0.751 1662	+0.624 4420	+0.270 7037		26	−1.001 9031	−0.038 2379	−0.016 5699
	12	−0.762 3374	+0.612 7139	+0.265 6196		27	−1.000 7588	−0.053 9371	−0.023 3764
	13	−0.773 2913	+0.600 8101	+0.260 4594		28	−0.999 3225	−0.069 6200	−0.030 1759
	14	−0.784 0246	+0.588 7342	+0.255 2248		29	−0.997 5943	−0.085 2826	−0.036 9666
	15	−0.794 5337	+0.576 4898	+0.249 9172		30	−0.995 5744	−0.100 9206	−0.043 7465
	16	−0.804 8153	+0.564 0804	+0.244 5382	Oct.	1	−0.993 2630	−0.116 5298	−0.050 5139

ICRS GEOCENTRIC RECTANGULAR COORDINATES
FOR 0^h TERRESTRIAL TIME

Date		x	y	z	Date		x	y	z
		au	au	au			au	au	au
Oct.	1	−0.993 2630	−0.116 5298	−0.050 5139	Nov.	16	−0.594 1116	−0.725 5442	−0.314 5249
	2	−0.990 6600	−0.132 1060	−0.057 2669		17	−0.579 9800	−0.734 8529	−0.318 5606
	3	−0.987 7656	−0.147 6447	−0.064 0034		18	−0.565 6715	−0.743 9354	−0.322 4985
	4	−0.984 5801	−0.163 1415	−0.070 7215		19	−0.551 1909	−0.752 7888	−0.326 3371
	5	−0.981 1037	−0.178 5916	−0.077 4193		20	−0.536 5428	−0.761 4106	−0.330 0755
	6	−0.977 3368	−0.193 9903	−0.084 0947		21	−0.521 7318	−0.769 7982	−0.333 7123
	7	−0.973 2800	−0.209 3331	−0.090 7456		22	−0.506 7626	−0.777 9493	−0.337 2468
	8	−0.968 9339	−0.224 6150	−0.097 3701		23	−0.491 6395	−0.785 8618	−0.340 6777
	9	−0.964 2995	−0.239 8312	−0.103 9659		24	−0.476 3672	−0.793 5335	−0.344 0041
	10	−0.959 3776	−0.254 9769	−0.110 5312		25	−0.460 9499	−0.800 9622	−0.347 2252
	11	−0.954 1694	−0.270 0473	−0.117 0637		26	−0.445 3921	−0.808 1459	−0.350 3399
	12	−0.948 6762	−0.285 0376	−0.123 5615		27	−0.429 6980	−0.815 0825	−0.353 3473
	13	−0.942 8993	−0.299 9429	−0.130 0225		28	−0.413 8720	−0.821 7697	−0.356 2464
	14	−0.936 8402	−0.314 7584	−0.136 4445		29	−0.397 9184	−0.828 2054	−0.359 0364
	15	−0.930 5008	−0.329 4794	−0.142 8257		30	−0.381 8417	−0.834 3874	−0.361 7161
	16	−0.923 8827	−0.344 1012	−0.149 1640	Dec.	1	−0.365 6464	−0.840 3134	−0.364 2848
	17	−0.916 9880	−0.358 6190	−0.155 4574		2	−0.349 3373	−0.845 9813	−0.366 7415
	18	−0.909 8187	−0.373 0284	−0.161 7039		3	−0.332 9191	−0.851 3889	−0.369 0853
	19	−0.902 3771	−0.387 3248	−0.167 9015		4	−0.316 3966	−0.856 5341	−0.371 3152
	20	−0.894 6656	−0.401 5037	−0.174 0484		5	−0.299 7750	−0.861 4150	−0.373 4306
	21	−0.886 6865	−0.415 5608	−0.180 1426		6	−0.283 0592	−0.866 0296	−0.375 4305
	22	−0.878 4424	−0.429 4919	−0.186 1824		7	−0.266 2544	−0.870 3761	−0.377 3142
	23	−0.869 9359	−0.443 2930	−0.192 1660		8	−0.249 3659	−0.874 4527	−0.379 0810
	24	−0.861 1697	−0.456 9600	−0.198 0915		9	−0.232 3990	−0.878 2579	−0.380 7302
	25	−0.852 1463	−0.470 4890	−0.203 9572		10	−0.215 3591	−0.881 7901	−0.382 2612
	26	−0.842 8686	−0.483 8764	−0.209 7616		11	−0.198 2518	−0.885 0479	−0.383 6734
	27	−0.833 3389	−0.497 1185	−0.215 5030		12	−0.181 0826	−0.888 0301	−0.384 9662
	28	−0.823 5598	−0.510 2116	−0.221 1797		13	−0.163 8572	−0.890 7355	−0.386 1392
	29	−0.813 5338	−0.523 1520	−0.226 7900		14	−0.146 5812	−0.893 1632	−0.387 1920
	30	−0.803 2633	−0.535 9359	−0.232 3324		15	−0.129 2604	−0.895 3124	−0.388 1242
	31	−0.792 7508	−0.548 5596	−0.237 8052		16	−0.111 9005	−0.897 1825	−0.388 9355
Nov.	1	−0.781 9989	−0.561 0191	−0.243 2066		17	−0.094 5072	−0.898 7732	−0.389 6258
	2	−0.771 0102	−0.573 3105	−0.248 5350		18	−0.077 0860	−0.900 0840	−0.390 1948
	3	−0.759 7874	−0.585 4297	−0.253 7886		19	−0.059 6427	−0.901 1150	−0.390 6426
	4	−0.748 3336	−0.597 3729	−0.258 9657		20	−0.042 1826	−0.901 8662	−0.390 9690
	5	−0.736 6519	−0.609 1359	−0.264 0646		21	−0.024 7112	−0.902 3376	−0.391 1740
	6	−0.724 7453	−0.620 7148	−0.269 0837		22	−0.007 2336	−0.902 5294	−0.391 2578
	7	−0.712 6172	−0.632 1058	−0.274 0212		23	+0.010 2450	−0.902 4418	−0.391 2204
	8	−0.700 2711	−0.643 3048	−0.278 8755		24	+0.027 7194	−0.902 0752	−0.391 0617
	9	−0.687 7106	−0.654 3082	−0.283 6450		25	+0.045 1847	−0.901 4295	−0.390 7820
	10	−0.674 9395	−0.665 1120	−0.288 3280		26	+0.062 6359	−0.900 5052	−0.390 3814
	11	−0.661 9614	−0.675 7127	−0.292 9230		27	+0.080 0678	−0.899 3023	−0.389 8598
	12	−0.648 7805	−0.686 1065	−0.297 4284		28	+0.097 4755	−0.897 8211	−0.389 2174
	13	−0.635 4008	−0.696 2899	−0.301 8428		29	+0.114 8539	−0.896 0618	−0.388 4543
	14	−0.621 8265	−0.706 2595	−0.306 1646		30	+0.132 1977	−0.894 0245	−0.387 5706
	15	−0.608 0620	−0.716 0120	−0.310 3924		31	+0.149 5018	−0.891 7098	−0.386 5666
	16	−0.594 1116	−0.725 5442	−0.314 5249		32	+0.166 7608	−0.889 1179	−0.385 4424

CONTENTS OF SECTION D

 This symbol indicates that these data or auxiliary material may also be found on *The Astronomical Almanac Online* at **http://asa.usno.navy.mil** and **http://asa.hmnao.com**

NOTE: All the times on this page are expressed in Universal Time (UT1).

PHASES OF THE MOON

Lunation	New Moon			First Quarter			Full Moon			Last Quarter		
	d	h	m	d	h	m		d	h	m		d	h	m
1138							Jan.	5	04	53	Jan.	13	09	46
1139	Jan.	20	13	14	Jan.	27	04	48	Feb.	3	23	09	Feb.	12	03	50
1140	Feb.	18	23	47	Feb.	25	17	14	Mar.	5	18	05	Mar.	13	17	48
1141	Mar.	20	09	36	Mar.	27	07	43	Apr.	4	12	06	Apr.	12	03	44
1142	Apr.	18	18	57	Apr.	25	23	55	May	4	03	42	May	11	10	36
1143	May	18	04	13	May	25	17	19	June	2	16	19	June	9	15	42
1144	June	16	14	05	June	24	11	03	July	2	02	20	July	8	20	24
1145	July	16	01	24	July	24	04	04	July	31	10	43	Aug.	7	02	03
1146	Aug.	14	14	53	Aug.	22	19	31	Aug.	29	18	35	Sept.	5	09	54
1147	Sept.	13	06	41	Sept.	21	08	59	Sept.	28	02	50	Oct.	4	21	06
1148	Oct.	13	00	06	Oct.	20	20	31	Oct.	27	12	05	Nov.	3	12	24
1149	Nov.	11	17	47	Nov.	19	06	27	Nov.	25	22	44	Dec.	3	07	40
1150	Dec.	11	10	29	Dec.	18	15	14	Dec.	25	11	11				

MOON AT PERIGEE

d	h		d	h		d	h
Jan. 21	20	June 10	05	Oct. 26	13
Feb. 19	07	July 5	19	Nov. 23	20
Mar. 19	20	Aug. 2	10	Dec. 21	09
Apr. 17	04	Aug. 30	15		
May 15	00	Sept. 28	02		

MOON AT APOGEE

d	h		d	h		d	h
Jan. 9	18	May 26	22	Oct. 11	13
Feb. 6	06	June 23	17	Nov. 7	22
Mar. 5	08	July 21	11	Dec. 5	15
Apr. 1	13	Aug. 18	03		
Apr. 29	04	Sept. 14	11		

NOTES AND FORMULAE

Mean elements of the orbit of the Moon

The following expressions for the mean elements of the Moon are based on the fundamental arguments developed by Simon *et al.* (*Astron. & Astrophys.*, **282**, 663, 1994). The angular elements are referred to the mean equinox and ecliptic of date. The time argument (d) is the interval in days from 2015 January 0 at 0^h TT. These expressions are intended for use during 2015 only.

$$d = \text{JD} - 245\ 7022 \cdot 5 = \text{day of year (from B4–B5)} + \text{fraction of day from } 0^h \text{ TT}$$

Mean longitude of the Moon, measured in the ecliptic to the mean ascending node and then along the mean orbit:
$$L' = 32°028\ 296 + 13 \cdot 176\ 396\ 46\,d$$

Mean longitude of the lunar perigee, measured as for L':
$$\Gamma' = 333°565\ 802 + 0 \cdot 111\ 403\ 44\,d$$

Mean longitude of the mean ascending node of the lunar orbit on the ecliptic:
$$\Omega = 194°990\ 355 - 0 \cdot 052\ 953\ 75\,d$$

Mean elongation of the Moon from the Sun:
$$D = L' - L = 112°678\ 436 + 12 \cdot 190\ 749\ 10\,d$$

Mean inclination of the lunar orbit to the ecliptic: $5°156\ 6898$.

Mean elements of the rotation of the Moon

The following expressions give the mean elements of the mean equator of the Moon, referred to the true equator of the Earth, during 2015 to a precision of about $0°001$; the time-argument d is as defined above for the orbital elements.

Inclination of the mean equator of the Moon to the true equator of the Earth:
$$i = 24°9279 + 0 \cdot 000\ 349\,d - 0 \cdot 000\ 000\ 619\,d^2$$

Arc of the mean equator of the Moon from its ascending node on the true equator of the Earth to its ascending node on the ecliptic of date:
$$\Delta = 14°1273 - 0 \cdot 049\ 938\,d + 0 \cdot 000\ 000\ 110\,d^2$$

Arc of the true equator of the Earth from the true equinox of date to the ascending node of the mean equator of the Moon:
$$\Omega' = +0°9477 - 0 \cdot 003\ 312\,d - 0 \cdot 000\ 000\ 121\,d^2$$

The inclination (I) of the mean lunar equator to the ecliptic: $1°\ 32'\ 33\rlap{.}''6$

The ascending node of the mean lunar equator on the ecliptic is at the descending node of the mean lunar orbit on the ecliptic, that is at longitude $\Omega + 180°$.

Lengths of mean months

The lengths of the mean months at 2015·0, as derived from the mean orbital elements are:

		d	d	h	m	s
synodic month	(new moon to new moon)	29·530 589	29	12	44	02·9
tropical month	(equinox to equinox)	27·321 582	27	07	43	04·7
sidereal month	(fixed star to fixed star)	27·321 662	27	07	43	11·6
anomalistic month	(perigee to perigee)	27·554 550	27	13	18	33·1
draconic month	(node to node)	27·212 221	27	05	05	35·9

NOTES AND FORMULAE

Geocentric coordinates

The apparent longitude (λ) and latitude (β) of the Moon given on pages D6–D20 are referred to the true ecliptic and equinox of date: the apparent right ascension (α) and declination (δ) are referred to the true equator and equinox of date. These coordinates are primarily intended for planning purposes. The true distance r in kilometres and the horizonal parallax (π) are also tabulated. The semidiameter s may be formed from

$$\sin s = \frac{R_M}{r} = \frac{R_M}{a_E}\sin \pi = 0{\cdot}272\ 399 \sin \pi$$

where π is the horizontal parallax, $R_M = 1737{\cdot}4$ km is the mean radius of the Moon, and $a_E = 6378{\cdot}1366$ km is the equatorial radius of the Earth. The semidiameter is tabulated on pages D7–D21. The distance r_e in Earth radii may be obtained from

$$r_e = \frac{r}{a_E} = r/6378{\cdot}1366$$

More precise values of right ascension, declination and horizontal parallax for any time may be obtained by using the polynomial coefficients given on *The Astronomical Almanac Online*.

The tabulated values are all referred to the centre of the Earth, and may differ from the topocentric values by up to about 1 degree in angle and 2 per cent in distance.

Time of transit of the Moon

The TT of upper (or lower) transit of the Moon over a local meridian may be obtained by interpolation in the tabulation of the time of upper (or lower) transit over the ephemeris meridian given on pages D6–D20, where the first differences are about 25 hours. The interpolation factor p is given by:

$$p = -\lambda + 1{\cdot}002\ 738\ \Delta T$$

where λ is the *east* longitude and the right-hand side is expressed in days. (Divide longitude in degrees by 360 and ΔT in seconds by 86 400). During 2015 it is expected that ΔT will be about 68 seconds, so that the second term is about $+0{\cdot}000$ 79 days. In general, second-order differences are sufficient to give times to a few seconds, but higher-order differences must be taken into account if a precision of better than 1 second is required. The UT1 of transit is obtained by subtracting ΔT from the TT of transit, which is obtained by interpolation.

Topocentric coordinates

The topocentric equatorial rectangular coordinates of the Moon (x', y', z'), referred to the true equinox of date, are equal to the geocentric equatorial rectangular coordinates of the Moon *minus* the geocentric equatorial rectangular coordinates of the observer. Hence, the topocentric right ascension (α'), declination (δ') and distance (r') of the Moon may be calculated from the formulae:

$$\begin{aligned}
x' &= r' \cos\delta' \cos\alpha' = r\cos\delta\cos\alpha - \rho\cos\phi'\cos\theta_0 \\
y' &= r' \cos\delta' \sin\alpha' = r\cos\delta\sin\alpha - \rho\cos\phi'\sin\theta_0 \\
z' &= r' \sin\delta' \qquad\ \ = r\sin\delta \qquad - \rho\sin\phi'
\end{aligned}$$

where θ_0 is the local apparent sidereal time (see B11) and ρ and ϕ' are the geocentric distance and latitude of the observer.

Then $\qquad\qquad r'^2 = x'^2 + y'^2 + z'^2, \quad \alpha' = \tan^{-1}(y'/x'), \quad \delta' = \sin^{-1}(z'/r')$

The topocentric hour angle (h') may be calculated from $h' = \theta_0 - \alpha'$.

Physical ephemeris

See page D4 for notes on the physical ephemeris of the Moon on pages D7–D21.

NOTES AND FORMULAE

Appearance of the Moon

The quantities tabulated in the ephemeris for physical observations of the Moon on odd pages D7–D21 represent the geocentric aspect and illumination of the Moon's disk. The semidiameter of the Moon is also included on these pages. For most purposes it is sufficient to regard the instant of tabulation as 0^h UT1. The fraction illuminated (or phase) is the ratio of the illuminated area to the total area of the lunar disk; it is also the fraction of the diameter illuminated perpendicular to the line of cusps. This quantity indicates the general aspect of the Moon, while the precise times of the four principal phases are given on pages A1 and D1; they are the times when the apparent longitudes of the Moon and Sun differ by $0°$, $90°$, $180°$ and $270°$.

The position angle of the bright limb is measured anticlockwise around the disk from the north point (of the hour circle through the centre of the apparent disk) to the midpoint of the bright limb. Before full moon the morning terminator is visible and the position angle of the northern cusp is $90°$ greater than the position angle of the bright limb; after full moon the evening terminator is visible and the position angle of the northern cusp is $90°$ less than the position angle of the bright limb.

The brightness of the Moon is determined largely by the fraction illuminated, but it also depends on the distance of the Moon, on the nature of the part of the lunar surface that is illuminated, and on other factors. The integrated visual magnitude of the full Moon at mean distance is about $-12·7$. The crescent Moon is not normally visible to the naked eye when the phase is less than $0·01$, but much depends on the conditions of observation.

Selenographic coordinates

The positions of points on the Moon's surface are specified by a system of selenographic coordinates, in which latitude is measured positively to the north from the equator of the pole of rotation, and longitude is measured positively to the east on the selenocentric celestial sphere from the lunar meridian through the mean centre of the apparent disk. Selenographic longitudes are measured positive to the west (towards Mare Crisium) on the apparent disk; this sign convention implies that the longitudes of the Sun and of the terminators are decreasing functions of time, and so for some purposes it is convenient to use colongitude which is $90°$ (or $450°$) minus longitude.

The tabulated values of the Earth's selenographic longitude and latitude specify the sub-terrestrial point on the Moon's surface (that is, the centre of the apparent disk). The position angle of the axis of rotation is measured anticlockwise from the north point, and specifies the orientation of the lunar meridian through the sub-terrestrial point, which is the pole of the great circle that corresponds to the limb of the Moon.

The tabulated values of the Sun's selenographic colongitude and latitude specify the sub-solar point of the Moon's surface (that is at the pole of the great circle that bounds the illuminated hemisphere). The following relations hold approximately:

longitude of morning terminator = $360°$ − colongitude of Sun
longitude of evening terminator = $180°$ (or $540°$) − colongitude of Sun

The altitude (a) of the Sun above the lunar horizon at a point at selenographic longitude and latitude (l, b) may be calculated from:

$$\sin a = \sin b_0 \sin b + \cos b_0 \cos b \sin (c_0 + l)$$

where (c_0, b_0) are the Sun's colongitude and latitude at the time.

NOTES AND FORMULAE

Librations of the Moon

On average the same hemisphere of the Moon is always turned to the Earth but there is a periodic oscillation or libration of the apparent position of the lunar surface that allows about 59 per cent of the surface to be seen from the Earth. The libration is due partly to a physical libration, which is an oscillation of the actual rotational motion about its mean rotation, but mainly to the much larger geocentric optical libration, which results from the non-uniformity of the revolution of the Moon around the centre of the Earth. Both of these effects are taken into account in the computation of the Earth's selenographic longitude (l) and latitude (b) and of the position angle (C) of the axis of rotation. There is a further contribution to the optical libration due to the difference between the viewpoints of the observer on the surface of the Earth and of the hypothetical observer at the centre of the Earth. These topocentric optical librations may be as much as 1° and have important effects on the apparent contour of the limb.

When the libration in longitude, that is the selenographic longitude of the Earth, is positive the mean centre of the disk is displaced eastwards on the celestial sphere, exposing to view a region on the west limb. When the libration in latitude, or selenographic latitude of the Earth, is positive the mean centre of the disk is displaced towards the south, and a region on the north limb is exposed to view. In a similar way the selenographic coordinates of the Sun show which regions of the lunar surface are illuminated.

Differential corrections to be applied to the tabular geocentric librations to form the topocentric librations may be computed from the following formulae:

$$\Delta l = -\pi' \sin(Q - C) \sec b$$
$$\Delta b = +\pi' \cos(Q - C)$$
$$\Delta C = +\sin(b + \Delta b) \, \Delta l - \pi' \sin Q \, \tan \delta$$

where Q is the geocentric parallactic angle of the Moon and π' is the topocentric horizontal parallax. The latter is obtained from the geocentric horizontal parallax (π), which is tabulated on even pages D6–D20 by using:

$$\pi' = \pi (\sin z + 0 \cdot 0084 \sin 2z)$$

where z is the geocentric zenith distance of the Moon. The values of z and Q may be calculated from the geocentric right ascension (α) and declination (δ) of the Moon by using:

$$\sin z \sin Q = \cos \phi \, \sin h$$
$$\sin z \cos Q = \cos \delta \, \sin \phi - \sin \delta \, \cos \phi \, \cos h$$
$$\cos z = \sin \delta \, \sin \phi + \cos \delta \, \cos \phi \, \cos h$$

where ϕ is the geocentric latitude of the observer and h is the local hour angle of the Moon, given by:

$$h = \text{local apparent sidereal time} - \alpha$$

Second differences must be taken into account in the interpolation of the tabular geocentric librations to the time of observation.

MOON, 2015

FOR 0^h TERRESTRIAL TIME

Date 0^h TT	Apparent Longitude	Apparent Latitude	R.A.	Dec.	True Distance	Horiz. Parallax	Ephemeris Transit for date Upper	Lower
	° ′ ″	° ′ ″	h m s	° ′ ″	km	′ ″	h	h
Jan. 0	37 18 43	− 1 52 29	2 22 21·25	+12 10 35·4	380 146·765	57 40·89	20·4531	08·0249
1	50 36 24	− 2 53 57	3 15 51·93	+15 06 09·6	383 563·391	57 10·06	21·3152	08·8834
2	63 42 54	− 3 45 11	4 09 47·10	+17 12 11·5	386 947·639	56 40·06	22·1803	09·7479
3	76 38 41	− 4 23 58	5 03 49·04	+18 23 11·6	390 277·642	56 11·05	23·0389	10·6111
4	89 23 48	− 4 48 52	5 57 27·72	+18 37 07·7	393 524·293	55 43·23	23·8803	11·4624
5	101 58 00	− 4 59 16	6 50 09·26	+17 55 39·6	396 630·116	55 17·05	...	12·2916
6	114 21 08	− 4 55 16	7 41 25·40	+16 23 45·7	399 497·058	54 53·24	00·6956	13·0916
7	126 33 26	− 4 37 40	8 31 00·56	+14 08 45·0	401 984·963	54 32·86	01·4798	13·8602
8	138 35 51	− 4 07 46	9 18 54·49	+11 19 07·0	403 920·262	54 17·18	02·2333	14·5998
9	150 30 11	− 3 27 14	10 05 21·14	+ 8 03 31·5	405 112·825	54 07·59	02·9608	15·3173
10	162 19 12	− 2 37 56	10 50 45·67	+ 4 30 12·7	405 378·114	54 05·46	03·6706	16·0221
11	174 06 38	− 1 41 49	11 35 41·17	+ 0 46 49·1	404 561·774	54 12·01	04·3734	16·7258
12	185 57 01	− 0 40 59	12 20 46·05	− 2 59 24·4	402 564·255	54 28·15	05·0812	17·4410
13	197 55 32	+0 22 25	13 06 41·82	− 6 41 07·8	399 363·541	54 54·34	05·8071	18·1811
14	210 07 41	+1 26 00	13 54 10·78	−10 10 19·9	395 034·226	55 30·45	06·5645	18·9589
15	222 39 00	+2 27 06	14 43 52·49	−13 17 39·9	389 760·770	56 15·52	07·3654	19·7852
16	235 34 24	+3 22 38	15 36 18·00	−15 52 05·7	383 841·763	57 07·57	08·2187	20·6661
17	248 57 34	+4 09 06	16 31 41·53	−17 41 07·4	377 680·876	58 03·49	09·1268	21·5996
18	262 50 00	+4 42 44	17 29 51·53	−18 32 07·1	371 759·620	58 58·98	10·0828	22·5738
19	277 10 22	+4 59 58	18 30 06·21	−18 14 53·4	366 588·747	59 48·90	11·0698	23·5677
20	291 53 59	+4 58 03	19 31 19·87	−16 44 55·0	362 640·540	60 27·98	12·0647	...
21	306 53 05	+4 35 49	20 32 20·74	−14 05 44·7	360 273·235	60 51·82	13·0458	00·5581
22	321 57 59	+3 54 17	21 32 12·11	−10 29 07·8	359 667·568	60 57·97	13·9992	01·5264
23	336 58 43	+2 56 37	22 30 25·01	− 6 12 44·0	360 797·119	60 46·52	14·9208	02·4638
24	351 46 51	+1 47 37	23 26 58·40	− 1 36 39·4	363 444·169	60 19·96	15·8145	03·3707
25	6 16 31	+0 32 50	0 22 10·67	+ 2 59 38·3	367 255·302	59 42·39	16·6886	04·2535
26	20 24 47	− 0 42 19	1 16 28·89	+ 7 19 11·7	371 816·599	58 58·44	17·5518	05·1211
27	34 11 13	− 1 53 08	2 10 19·44	+11 08 13·8	376 725·144	58 12·33	18·4110	05·9816
28	47 37 09	− 2 55 53	3 04 01·06	+14 16 07·4	381 640·684	57 27·34	19·2694	06·8403
29	60 44 52	− 3 47 49	3 57 40·62	+16 35 12·3	386 311·812	56 45·66	20·1259	07·6981
30	73 36 57	− 4 27 03	4 51 11·87	+18 00 40·1	390 579·100	56 08·44	20·9756	08·5520
31	86 15 48	− 4 52 25	5 44 17·61	+18 30 37·3	394 361·455	55 36·13	21·8112	09·3956
Feb. 1	98 43 24	− 5 03 24	6 36 34·90	+18 06 06·1	397 632·723	55 08·69	22·6258	10·2215
2	111 01 19	− 5 00 06	7 27 41·91	+16 50 51·8	400 394·798	54 45·86	23·4145	11·0235
3	123 10 44	− 4 43 08	8 17 23·89	+14 50 52·8	402 652·288	54 27·43	...	11·7986
4	135 12 42	− 4 13 38	9 05 36·76	+12 13 37·0	404 392·591	54 13·37	00·1760	12·5471
5	147 08 21	− 3 33 09	9 52 27·70	+ 9 07 17·4	405 573·920	54 03·90	00·9126	13·2731
6	158 59 11	− 2 43 33	10 38 13·86	+ 5 40 16·3	406 122·532	53 59·51	01·6297	13·9834
7	170 47 12	− 1 46 56	11 23 20·12	+ 2 00 43·7	405 939·076	54 00·98	02·3354	14·6869
8	182 35 08	− 0 45 33	12 08 16·97	− 1 43 29·0	404 912·928	54 09·19	03·0392	15·3937
9	194 26 23	+0 18 14	12 53 38·61	− 5 24 40·7	402 942·612	54 25·08	03·7518	16·1150
10	206 25 05	+1 22 00	13 40 01·19	− 8 55 02·7	399 960·075	54 49·43	04·4847	16·8623
11	218 35 54	+2 23 13	14 28 00·50	−12 06 13·7	395 956·404	55 22·69	05·2490	17·6461
12	231 03 50	+3 19 08	15 18 08·54	−14 48 57·6	391 006·383	56 04·76	06·0545	18·4750
13	243 53 47	+4 06 49	16 10 48·35	−16 52 55·3	385 288·663	56 54·70	06·9078	19·3529
14	257 09 58	+4 43 04	17 06 07·37	−18 07 09·0	379 097·191	57 50·47	07·8098	20·2773
15	270 55 08	+5 04 37	18 03 51·48	−18 21 17·7	372 838·049	58 48·74	08·7538	21·2374

EPHEMERIS FOR PHYSICAL OBSERVATIONS
FOR 0^h TERRESTRIAL TIME

Date 0^h TT	The Earth's Selenographic Long.	Lat.	The Sun's Selenographic Colong.	Lat.	Position Angle Axis	Bright Limb	Semi-diameter	Fraction Illum.
	°	°	°	°	°	°	′ ″	
Jan. 0	+5·229	+2·483	22·95	+1·53	339·713	250·12	15 42·70	0·736
1	+5·328	+3·821	35·09	+1·54	343·611	252·38	15 34·31	0·824
2	+5·257	+4·936	47·23	+1·55	348·378	254·51	15 26·13	0·896
3	+5·022	+5·781	59·36	+1·56	353·733	255·36	15 18·23	0·950
4	+4·621	+6·324	71·49	+1·57	359·355	251·00	15 10·66	0·984
5	+4·046	+6·550	83·62	+1·58	4·916	210·13	15 03·53	0·998
6	+3·287	+6·463	95·74	+1·58	10·120	128·21	14 57·04	0·992
7	+2·343	+6·080	107·87	+1·58	14·735	116·50	14 51·49	0·968
8	+1·223	+5·429	120·00	+1·58	18·592	114·48	14 47·22	0·927
9	−0·044	+4·546	132·14	+1·57	21·588	114·28	14 44·61	0·871
10	−1·413	+3·473	144·28	+1·56	23·658	114·33	14 44·03	0·802
11	−2·820	+2·253	156·42	+1·56	24·763	114·14	14 45·81	0·723
12	−4·187	+0·930	168·57	+1·55	24·869	113·52	14 50·21	0·635
13	−5·422	−0·449	180·72	+1·53	23·942	112·37	14 57·34	0·541
14	−6·428	−1·833	192·88	+1·52	21·946	110·62	15 07·18	0·443
15	−7·108	−3·164	205·05	+1·51	18·857	108·30	15 19·45	0·346
16	−7·373	−4·376	217·22	+1·50	14·686	105·47	15 33·63	0·251
17	−7·160	−5·391	229·40	+1·49	9·520	102·41	15 48·86	0·164
18	−6·441	−6·128	241·58	+1·48	3·571	99·76	16 03·97	0·091
19	−5·243	−6·510	253·77	+1·46	357·199	99·54	16 17·57	0·036
20	−3·653	−6·474	265·96	+1·45	350·887	113·77	16 28·21	0·006
21	−1·809	−5·995	278·15	+1·44	345·162	219·69	16 34·71	0·005
22	+0·116	−5·096	290·34	+1·43	340·485	241·02	16 36·38	0·032
23	+1·952	−3·846	302·53	+1·43	337·177	244·10	16 33·26	0·088
24	+3·557	−2·348	314·72	+1·42	335·399	245·20	16 26·03	0·167
25	+4·842	−0·725	326·89	+1·41	335·172	246·38	16 15·79	0·263
26	+5·765	+0·908	339·07	+1·41	336·418	248·12	16 03·82	0·369
27	+6·330	+2·449	351·23	+1·40	338·988	250·49	15 51·27	0·479
28	+6·566	+3·816	3·39	+1·40	342·686	253·43	15 39·01	0·587
29	+6·514	+4·950	15·54	+1·39	347·273	256·77	15 27·66	0·688
30	+6·216	+5·809	27·69	+1·39	352·477	260·24	15 17·52	0·779
31	+5·711	+6·367	39·84	+1·38	357·999	263·49	15 08·72	0·856
Feb. 1	+5·025	+6·614	51·97	+1·38	3·534	265·93	15 01·25	0·918
2	+4·180	+6·549	64·11	+1·37	8·801	266·26	14 55·03	0·963
3	+3·188	+6·187	76·24	+1·36	13·559	259·36	14 50·01	0·990
4	+2·062	+5·553	88·38	+1·34	17·624	191·64	14 46·18	0·999
5	+0·819	+4·680	100·51	+1·33	20·865	127·01	14 43·60	0·989
6	−0·519	+3·608	112·65	+1·31	23·198	118·58	14 42·41	0·963
7	−1·915	+2·384	124·79	+1·29	24·570	115·88	14 42·81	0·920
8	−3·323	+1·056	136·93	+1·27	24·948	114·22	14 45·04	0·862
9	−4·679	−0·326	149·08	+1·25	24·310	112·54	14 49·37	0·791
10	−5·910	−1·709	161·23	+1·22	22·641	110·51	14 56·00	0·708
11	−6·933	−3·038	173·38	+1·20	19·934	107·97	15 05·06	0·616
12	−7·659	−4·255	185·55	+1·18	16·205	104·87	15 16·52	0·518
13	−8·003	−5·295	197·72	+1·15	11·517	101·26	15 30·12	0·415
14	−7·893	−6·090	209·89	+1·13	6·011	97·26	15 45·31	0·313
15	−7·286	−6·567	222·08	+1·10	359·941	93·15	16 01·18	0·216

MOON, 2015

FOR 0ʰ TERRESTRIAL TIME

Date 0ʰ TT	Apparent Longitude	Apparent Latitude	Apparent R.A.	Dec.	True Distance	Horiz. Parallax	Ephemeris Transit for date Upper	Lower
	° ′ ″	° ′ ″	h m s	° ′ ″	km	′ ″	h	h
Feb. 15	270 55 08	+5 04 37	18 03 51·48	−18 21 17·7	372 838·049	58 48·74	08·7538	21·2374
16	285 09 46	+5 08 29	19 03 23·64	−17 27 48·1	367 005·038	59 44·83	09·7259	22·2169
17	299 51 10	+4 52 33	20 03 50·77	−15 24 30·3	362 129·034	60 33·11	10·7080	23·1975
18	314 53 19	+4 16 22	21 04 17·83	−12 16 34·7	358 702·605	61 07·81	11·6836	...
19	330 07 17	+3 21 36	22 04 02·56	− 8 16 47·6	357 092·730	61 24·35	12·6418	00·1652
20	345 22 30	+2 12 17	23 02 43·51	− 3 43 46·1	357 466·019	61 20·50	13·5792	01·1131
21	0 28 39	+0 54 11	0 00 18·95	+ 1 01 06·2	359 753·376	60 57·10	14·4978	02·0406
22	15 17 15	−0 26 18	0 56 59·65	+ 5 36 53·1	363 668·563	60 17·72	15·4022	02·9515
23	29 42 41	−1 43 08	1 53 00·03	+ 9 45 32·4	368 773·098	59 27·64	16·2964	03·8504
24	43 42 22	−2 51 32	2 48 30·70	+13 13 13·1	374 562·830	58 32·49	17·1822	04·7404
25	57 16 20	−3 48 07	3 43 33·98	+15 50 33·6	380 549·048	57 37·23	18·0582	05·6216
26	70 26 26	−4 30 51	4 38 02·76	+17 32 25·9	386 316·725	56 45·61	18·9203	06·4913
27	83 15 40	−4 58 47	5 31 42·67	+18 17 23·6	391 554·976	56 00·05	19·7632	07·3445
28	95 47 29	−5 11 42	6 24 16·67	+18 07 04·5	396 063·438	55 21·80	20·5820	08·1759
Mar. 1	108 05 19	−5 09 57	7 15 30·16	+17 05 30·1	399 741·507	54 51·23	21·3739	08·9814
2	120 12 24	−4 54 18	8 05 15·19	+15 18 26·0	402 567·337	54 28·12	22·1388	09·7596
3	132 11 34	−4 25 51	8 53 32·44	+12 52 45·0	404 572·076	54 11·93	22·8796	10·5119
4	144 05 13	−3 46 01	9 40 31·32	+ 9 55 58·4	405 813·546	54 01·98	23·6013	11·2424
5	155 55 30	−2 56 34	10 26 28·67	+ 6 35 56·1	406 352·585	53 57·68	...	11·9572
6	167 44 22	−1 59 33	11 11 46·99	+ 3 00 35·1	406 234·646	53 58·62	00·3111	12·6641
7	179 33 47	−0 57 13	11 56 52·74	− 0 42 04·0	405 478·658	54 04·66	01·0172	13·3717
8	191 25 50	+0 07 56	12 42 14·75	− 4 23 56·0	404 074·413	54 15·93	01·7287	14·0893
9	203 22 58	+1 13 18	13 28 22·78	− 7 56 46·2	401 988·838	54 32·83	02·4547	14·8260
10	215 27 59	+2 16 10	14 15 45·72	−11 12 02·5	399 180·528	54 55·85	03·2044	15·5906
11	227 44 09	+3 13 49	15 04 49·24	−14 00 49·6	395 620·936	55 25·51	03·9856	16·3900
12	240 15 02	+4 03 28	15 55 52·40	−16 13 49·6	391 319·837	56 02·07	04·8043	17·2284
13	253 04 19	+4 42 18	16 49 03·80	−17 41 38·6	386 351·836	56 45·30	05·6624	18·1056
14	266 15 28	+5 07 34	17 44 18·00	−18 15 28·1	380 879·789	57 34·23	06·5574	19·0165
15	279 51 14	+5 16 42	18 41 14·51	−17 48 16·5	375 169·791	58 26·81	07·4816	19·9514
16	293 52 52	+5 07 37	19 39 21·05	−16 16 22·8	369 591·059	59 19·75	08·4242	20·8987
17	308 19 35	+4 39 08	20 38 01·32	−13 40 59·8	364 593·690	60 08·54	09·3736	21·8479
18	323 07 55	+3 51 36	21 36 44·30	−10 09 16·7	360 659·571	60 47·91	10·3210	22·7925
19	338 11 40	+2 47 23	22 35 11·05	− 5 54 22·8	358 228·818	61 12·67	11·2622	23·7303
20	353 22 23	+1 30 51	23 33 15·99	− 1 14 22·7	357 615·513	61 18·96	12·1969	...
21	8 30 31	+0 08 06	0 31 03·02	+ 3 29 50·8	358 937·171	61 05·42	13·1271	00·6624
22	23 26 48	−1 14 14	1 28 38·56	+ 7 57 19·0	362 083·448	60 33·56	14·0543	01·5911
23	38 03 39	−2 29 54	2 26 04·33	+11 49 36·8	366 736·495	59 47·46	14·9774	02·5166
24	52 15 59	−3 34 09	3 23 12·55	+14 52 50·4	372 434·450	58 52·57	15·8919	03·4362
25	66 01 31	−4 23 51	4 19 45·16	+16 58 34·5	378 654·459	57 54·53	16·7904	04·3437
26	79 20 23	−4 57 33	5 15 17·46	+18 03 47·6	384 890·313	56 58·23	17·6647	05·2310
27	92 14 42	−5 15 00	6 09 24·71	+18 09 59·5	390 709·146	56 07·32	18·5084	06·0906
28	104 47 49	−5 16 48	7 01 48·79	+17 21 53·4	395 782·975	55 24·15	19·3183	06·9176
29	117 03 45	−5 04 00	7 52 22·36	+15 46 06·3	399 898·379	54 49·94	20·0951	07·7106
30	129 06 48	−4 37 56	8 41 09·81	+13 30 05·7	402 950·359	54 25·02	20·8432	08·4724
31	141 01 07	−4 00 10	9 28 25·60	+10 41 30·6	404 926·123	54 09·09	21·5691	09·2084
Apr. 1	152 50 34	−3 12 23	10 14 31·66	+ 7 27 54·6	405 883·216	54 01·42	22·2810	09·9262
2	164 38 35	−2 16 29	10 59 54·65	+ 3 56 47·4	405 925·175	54 01·09	22·9881	10·6345

EPHEMERIS FOR PHYSICAL OBSERVATIONS
FOR 0^h TERRESTRIAL TIME

Date	The Earth's Selenographic		The Sun's Selenographic		Position Angle		Semi-	Frac-tion
0^h TT	Long.	Lat.	Colong.	Lat.	Axis	Bright Limb	diameter	Illum.
	°	°	°	°	°	°	′ ″	
Feb. 15	−7·286	−6·567	222·08	+1·10	359·941	93·15	16 01·18	0·216
16	−6·179	−6·662	234·27	+1·08	353·682	89·46	16 16·46	0·129
17	−4·627	−6·328	246·46	+1·06	347·702	87·18	16 29·61	0·061
18	−2·740	−5·553	258·66	+1·03	342·493	89·82	16 39·06	0·017
19	−0·677	−4·376	270·86	+1·01	338·480	161·57	16 43·57	0·001
20	+1·386	−2·883	283·06	+0·99	335·961	238·77	16 42·52	0·016
21	+3·280	−1·198	295·26	+0·97	335·075	244·90	16 36·14	0·061
22	+4·874	+0·540	307·45	+0·95	335·810	247·81	16 25·42	0·130
23	+6·086	+2·202	319·65	+0·93	338·036	250·66	16 11·78	0·219
24	+6·880	+3·684	331·83	+0·91	341·532	253·94	15 56·76	0·319
25	+7·263	+4·913	344·01	+0·89	346·020	257·67	15 41·71	0·425
26	+7·264	+5·845	356·19	+0·87	351·186	261·71	15 27·65	0·531
27	+6·932	+6·457	8·35	+0·86	356·709	265·83	15 15·24	0·632
28	+6·317	+6·745	20·52	+0·84	2·277	269·81	15 04·82	0·725
Mar. 1	+5·472	+6·715	32·68	+0·82	7·612	273·40	14 56·49	0·808
2	+4·443	+6·384	44·83	+0·80	12·482	276·33	14 50·20	0·877
3	+3·272	+5·775	56·98	+0·78	16·705	278·25	14 45·79	0·933
4	+1·998	+4·920	69·13	+0·76	20·146	278·28	14 43·08	0·972
5	+0·653	+3·857	81·28	+0·73	22·709	271·74	14 41·91	0·994
6	−0·728	+2·630	93·42	+0·71	24·327	149·78	14 42·16	0·999
7	−2·110	+1·289	105·57	+0·68	24·956	117·41	14 43·81	0·986
8	−3·453	−0·115	117·72	+0·65	24·567	112·72	14 46·88	0·956
9	−4·712	−1·524	129·87	+0·62	23·147	109·90	14 51·48	0·908
10	−5·833	−2·882	142·03	+0·59	20·700	107·12	14 57·75	0·845
11	−6·757	−4·128	154·19	+0·56	17·256	103·96	15 05·83	0·768
12	−7·422	−5·203	166·36	+0·53	12·887	100·32	15 15·79	0·679
13	−7·764	−6·047	178·53	+0·50	7·724	96·24	15 27·56	0·579
14	−7·727	−6·598	190·71	+0·47	1·978	91·85	15 40·89	0·474
15	−7·270	−6·802	202·90	+0·44	355·948	87·39	15 55·21	0·366
16	−6·380	−6·612	215·09	+0·41	350·015	83·16	16 09·63	0·261
17	−5·080	−6·003	227·29	+0·38	344·601	79·51	16 22·92	0·166
18	−3·436	−4·984	239·50	+0·35	340·121	76·85	16 33·64	0·086
19	−1·556	−3·604	251·71	+0·32	336·930	75·88	16 40·38	0·030
20	+0·420	−1·959	263·92	+0·30	335·276	81·60	16 42·10	0·003
21	+2·341	−0·179	276·14	+0·27	335·276	245·89	16 38·41	0·005
22	+4·063	+1·593	288·35	+0·24	336·903	251·38	16 29·73	0·038
23	+5·471	+3·223	300·57	+0·21	339·996	254·77	16 17·18	0·096
24	+6·487	+4·608	312·77	+0·19	344·284	258·49	16 02·23	0·175
25	+7·076	+5·681	324·98	+0·16	349·420	262·61	15 46·42	0·267
26	+7·236	+6·410	337·18	+0·14	355·027	266·95	15 31·09	0·367
27	+6·997	+6·789	349·37	+0·11	0·742	271·28	15 17·22	0·469
28	+6·407	+6·830	1·56	+0·09	6·250	275·39	15 05·46	0·569
29	+5·528	+6·555	13·74	+0·07	11·304	279·09	14 56·14	0·664
30	+4·426	+5·995	25·92	+0·04	15·719	282·27	14 49·35	0·751
31	+3·165	+5·181	38·09	+0·02	19·366	284·86	14 45·01	0·828
Apr. 1	+1·809	+4·153	50·26	−0·01	22·153	286·83	14 42·93	0·893
2	+0·416	+2·949	62·43	−0·04	24·015	288·21	14 42·84	0·944

MOON, 2015

FOR 0ʰ TERRESTRIAL TIME

Date 0ʰ TT	Apparent Longitude	Latitude	Apparent R.A.	Dec.	True Distance	Horiz. Parallax	Ephemeris Transit for date Upper	Lower
	° ′ ″	° ′ ″	h m s	° ′ ″	km	′ ″	h	h
Apr. 1	152 50 34	− 3 12 23	10 14 31·66	+ 7 27 54·6	405 883·216	54 01·42	22·2810	09·9262
2	164 38 35	− 2 16 29	10 59 54·65	+ 3 56 47·4	405 925·175	54 01·09	22·9881	10·6345
3	176 28 08	− 1 14 37	11 45 03·78	+ 0 15 43·8	405 177·207	54 07·07	23·6997	11·3427
4	188 21 46	− 0 09 10	12 30 29·10	− 3 27 23·2	403 764·152	54 18·44	...	12·0600
5	200 21 40	+ 0 57 14	13 16 39·85	− 7 04 12·1	401 792·995	54 34·42	00·4249	12·7954
6	212 29 43	+ 2 01 46	14 04 02·64	− 10 25 47·9	399 342·101	54 54·52	01·1723	13·5564
7	224 47 41	+ 3 01 31	14 52 59·11	− 13 22 46·0	396 458·866	55 18·48	01·9484	14·3488
8	237 17 18	+ 3 53 33	15 43 42·94	− 15 45 28·4	393 166·589	55 46·27	02·7576	15·1750
9	250 00 15	+ 4 35 04	16 36 16·90	− 17 24 34·8	389 480·047	56 17·95	03·6005	16·0337
10	262 58 20	+ 5 03 28	17 30 31·02	− 18 11 51·1	385 427·773	56 53·47	04·4735	16·9191
11	276 13 14	+ 5 16 31	18 26 03·57	− 18 01 08·0	381 077·512	57 32·44	05·3692	17·8227
12	289 46 22	+ 5 12 32	19 22 25·66	− 16 49 22·4	376 559·956	58 13·86	06·2782	18·7349
13	303 38 34	+ 4 50 31	20 19 08·71	− 14 37 24·7	372 084·665	58 55·89	07·1918	19·6483
14	317 49 39	+ 4 10 33	21 15 51·89	− 11 30 25·2	367 941·449	59 35·71	08·1041	20·5593
15	332 18 01	+ 3 14 01	22 12 26·74	− 7 37 57·4	364 481·151	60 09·66	09·0140	21·4686
16	347 00 14	+ 2 03 56	23 08 57·30	− 3 13 40·7	362 073·082	60 33·67	09·9237	22·3800
17	1 51 02	+ 0 44 55	0 05 36·09	+ 1 25 22·1	361 043·103	60 44·03	10·8379	23·2981
18	16 43 39	− 0 37 15	1 02 37·29	+ 5 59 58·2	361 605·443	60 38·37	11·7606	...
19	31 30 27	− 1 56 18	2 00 08·82	+ 10 10 38·0	363 808·193	60 16·34	12·6925	00·2255
20	46 04 01	− 3 06 29	2 58 05·37	+ 13 39 53·5	367 511·273	59 39·89	13·6292	01·1607
21	60 18 10	− 4 03 21	3 56 05·10	+ 16 14 33·9	372 404·769	58 52·85	14·5609	02·0964
22	74 08 42	− 4 44 14	4 53 32·38	+ 17 47 16·8	378 060·411	57 59·99	15·4748	03·0209
23	87 33 46	− 5 08 03	5 49 46·42	+ 18 16 44·3	383 998·596	57 06·17	16·3587	03·9211
24	100 33 47	− 5 15 07	6 44 12·50	+ 17 46 43·2	389 752·624	56 15·59	17·2044	04·7866
25	113 11 02	− 5 06 33	7 36 30·45	+ 16 24 18·7	394 918·206	55 31·43	18·0097	05·6120
26	125 29 09	− 4 43 59	8 26 37·71	+ 14 18 05·4	399 184·232	54 55·82	18·7776	06·3979
27	137 32 37	− 4 09 13	9 14 47·33	+ 11 36 47·4	402 346·386	54 29·92	19·5152	07·1496
28	149 26 16	− 3 24 07	10 01 23·76	+ 8 28 38·5	404 307·449	54 14·06	20·2323	07·8757
29	161 14 58	− 2 30 40	10 46 58·34	+ 5 01 16·0	405 068·193	54 07·95	20·9394	08·5863
30	173 03 18	− 1 30 50	11 32 05·89	+ 1 21 55·6	404 711·844	54 10·81	21·6477	09·2927
May 1	184 55 28	− 0 26 52	12 17 22·15	− 2 22 03·2	403 384·188	54 21·51	22·3683	10·0058
2	196 54 59	+ 0 38 50	13 03 21·80	− 6 02 50·9	401 270·893	54 38·68	23·1109	10·7363
3	209 04 39	+ 1 43 33	13 50 36·23	− 9 31 47·5	398 573·690	55 00·87	23·8839	11·4932
4	221 26 31	+ 2 44 22	14 39 30·73	− 12 39 16·6	395 487·523	55 26·63	...	12·2834
5	234 01 49	+ 3 38 12	15 30 20·68	− 15 14 59·0	392 181·360	55 54·68	00·6921	13·1098
6	246 51 03	+ 4 22 02	16 23 07·72	− 17 08 34·0	388 785·669	56 23·98	01·5362	13·9705
7	259 54 10	+ 4 53 04	17 17 37·25	− 18 10 47·2	385 389·099	56 53·81	02·4115	14·8580
8	273 10 39	+ 5 09 00	18 13 19·82	− 18 14 52·5	382 045·603	57 23·69	03·3083	15·7609
9	286 39 54	+ 5 08 15	19 09 37·55	− 17 17 45·6	378 791·087	57 53·28	04·2143	16·6672
10	300 21 11	+ 4 50 07	20 05 54·25	− 15 20 42·3	375 666·279	58 22·17	05·1184	17·5673
11	314 13 51	+ 4 14 53	21 01 45·08	− 12 29 13·5	372 740·397	58 49·67	06·0135	18·4570
12	328 17 11	+ 3 24 01	21 57 01·97	− 8 52 29·0	370 128·977	59 14·57	06·8983	19·3380
13	342 30 10	+ 2 20 06	22 51 53·51	− 4 42 32·5	367 999·299	59 35·15	07·7769	20·2160
14	356 51 06	+ 1 06 51	23 46 40·41	− 0 13 44·8	366 558·622	59 49·20	08·6565	21·0993
15	11 17 23	− 0 11 01	0 41 48·38	+ 4 17 47·6	366 024·204	59 54·44	09·5454	21·9954
16	25 45 15	− 1 28 10	1 37 39·94	+ 8 34 54·6	366 579·618	59 48·99	10·4497	22·9083
17	40 09 53	− 2 39 14	2 34 25·90	+ 12 20 32·9	368 327·626	59 31·96	11·3706	23·8358

EPHEMERIS FOR PHYSICAL OBSERVATIONS
FOR 0^h TERRESTRIAL TIME

Date 0^h TT	The Earth's Selenographic Long.	Lat.	The Sun's Selenographic Colong.	Lat.	Position Angle Axis	Bright Limb	Semi-diameter	Fraction Illum.
	°	°	°	°	°	°	′ ″	
Apr. 1	+1·809	+4·153	50·26	−0·01	22·153	286·83	14 42·93	0·893
2	+0·416	+2·949	62·43	−0·04	24·015	288·21	14 42·84	0·944
3	−0·962	+1·618	74·59	−0·06	24·899	289·18	14 44·47	0·980
4	−2·278	+0·210	86·76	−0·09	24·768	291·64	14 47·56	0·998
5	−3·491	−1·219	98·92	−0·12	23·596	102·21	14 51·92	0·998
6	−4·563	−2·608	111·08	−0·15	21·378	103·18	14 57·39	0·979
7	−5·460	−3·894	123·25	−0·18	18·141	101·18	15 03·92	0·941
8	−6·149	−5·014	135·42	−0·21	13·961	98·19	15 11·49	0·886
9	−6·599	−5·908	147·59	−0·24	8·975	94·51	15 20·11	0·813
10	−6·782	−6·520	159·77	−0·27	3·396	90·38	15 29·79	0·726
11	−6·675	−6·800	171·96	−0·30	357·510	86·03	15 40·40	0·626
12	−6·261	−6·711	184·15	−0·33	351·662	81·74	15 51·68	0·519
13	−5·534	−6·234	196·35	−0·35	346·222	77·77	16 03·13	0·407
14	−4·506	−5·369	208·56	−0·38	341·553	74·36	16 13·98	0·297
15	−3·209	−4·148	220·77	−0·41	337·978	71·68	16 23·22	0·196
16	−1·701	−2·637	232·99	−0·44	335·756	69·74	16 29·76	0·110
17	−0·065	−0·934	245·21	−0·47	335·065	68·19	16 32·58	0·046
18	+1·596	+0·835	257·44	−0·49	335·977	64·27	16 31·04	0·009
19	+3·165	+2·536	269·67	−0·52	338·446	283·76	16 25·04	0·001
20	+4·529	+4·046	281·90	−0·55	342·292	263·90	16 15·12	0·021
21	+5·587	+5·269	294·13	−0·58	347·213	265·22	16 02·30	0·067
22	+6·271	+6·147	306·36	−0·60	352·820	268·58	15 47·91	0·134
23	+6·543	+6·656	318·58	−0·63	358·696	272·56	15 33·25	0·215
24	+6·403	+6·803	330·80	−0·65	4·458	276·61	15 19·47	0·307
25	+5·882	+6·613	343·02	−0·67	9·798	280·41	15 07·44	0·404
26	+5·033	+6·120	355·22	−0·69	14·498	283·78	14 57·74	0·502
27	+3·929	+5·364	7·42	−0·72	18·418	286·62	14 50·69	0·597
28	+2·646	+4·387	19·62	−0·74	21·470	288·88	14 46·37	0·688
29	+1·268	+3·229	31·81	−0·76	23·598	290·59	14 44·70	0·772
30	−0·128	+1·936	44·00	−0·78	24·759	291·81	14 45·48	0·846
May 1	−1·467	+0·555	56·19	−0·81	24·915	292·73	14 48·40	0·908
2	−2·686	−0·863	68·37	−0·83	24·034	293·92	14 53·08	0·956
3	−3·732	−2·258	80·54	−0·85	22·093	297·96	14 59·12	0·987
4	−4·566	−3·569	92·72	−0·88	19·098	344·67	15 06·14	0·999
5	−5·162	−4·729	104·90	−0·90	15·105	83·91	15 13·78	0·992
6	−5·510	−5·671	117·08	−0·92	10·238	88·58	15 21·76	0·963
7	−5·612	−6·337	129·26	−0·94	4·711	86·95	15 29·88	0·915
8	−5·480	−6·675	141·45	−0·96	358·821	83·73	15 38·02	0·846
9	−5·131	−6·651	153·64	−0·98	352·926	80·01	15 46·08	0·760
10	−4·585	−6·250	165·83	−1·00	347·402	76·34	15 53·95	0·661
11	−3·862	−5·480	178·04	−1·02	342·597	73·06	16 01·44	0·551
12	−2·978	−4·372	190·25	−1·04	338·806	70·41	16 08·22	0·438
13	−1·953	−2·984	202·46	−1·06	336·257	68·51	16 13·82	0·326
14	−0·810	−1·396	214·69	−1·08	335·111	67·35	16 17·65	0·222
15	+0·414	+0·289	226·92	−1·10	335·461	66·78	16 19·08	0·132
16	+1·666	+1·957	239·16	−1·13	337·318	66·12	16 17·59	0·063
17	+2·876	+3·492	251·40	−1·15	340·595	62·48	16 12·95	0·019

MOON, 2015

FOR 0ʰ TERRESTRIAL TIME

Date 0ʰ TT	Apparent Longitude	Latitude	Apparent R.A.	Dec.	True Distance	Horiz. Parallax	Ephemeris Transit for date Upper	Lower
	° ′ ″	° ′ ″	h m s	° ′ ″	km	′ ″	h	h
May 17	40 09 53	− 2 39 14	2 34 25·90	+12 20 32·9	368 327·626	59 31·96	11·3706	23·8358
18	54 25 51	− 3 39 27	3 31 58·43	+15 19 32·6	371 253·191	59 03·81	12·3025	...
19	68 27 47	− 4 25 15	4 29 48·66	+17 20 39·5	375 208·322	58 26·45	13·2332	00·7690
20	82 11 14	− 4 54 32	5 27 11·60	+18 18 13·1	379 923·510	57 42·93	14·1467	01·6931
21	95 33 17	− 5 06 47	6 23 18·02	+18 12 34·1	385 041·652	56 56·89	15·0288	02·5924
22	108 32 56	− 5 02 40	7 17 28·27	+17 09 07·2	390 164·280	56 12·03	15·8702	03·4549
23	121 11 08	− 4 43 43	8 09 21·64	+15 16 26·7	394 898·822	55 31·59	16·6690	04·2748
24	133 30 29	− 4 11 56	8 58 58·42	+12 44 16·8	398 898·637	54 58·18	17·4294	05·0535
25	145 34 52	− 3 29 25	9 46 36·40	+ 9 42 06·8	401 891·933	54 33·62	18·1599	05·7977
26	157 29 02	− 2 38 21	10 32 45·35	+ 6 18 32·0	403 699·201	54 18·96	18·8717	06·5174
27	169 18 10	− 1 40 50	11 18 01·90	+ 2 41 13·2	404 240·613	54 14·60	19·5771	07·2244
28	181 07 34	− 0 39 02	12 03 05·90	− 1 02 40·8	403 535·218	54 20·29	20·2886	07·9313
29	193 02 20	+ 0 24 51	12 48 37·79	− 4 45 58·5	401 693·335	54 35·24	21·0187	08·6506
30	205 07 02	+ 1 28 22	13 35 16·26	− 8 20 50·7	398 902·892	54 58·15	21·7781	09·3941
31	217 25 27	+ 2 28 49	14 23 35·31	−11 38 22·6	395 410·111	55 27·29	22·5755	10·1717
June 1	230 00 20	+ 3 23 16	15 14 00·04	−14 28 24·3	391 495·059	56 00·56	23·4146	10·9898
2	242 53 06	+ 4 08 36	16 06 41·27	−16 39 54·0	387 443·497	56 35·71	...	11·8495
3	256 03 43	+ 4 41 46	17 01 30·35	−18 02 02·0	383 517·843	57 10·47	00·2934	12·7449
4	269 30 50	+ 5 00 07	17 57 57·46	−18 25 54·5	379 931·591	57 42·85	01·2023	13·6636
5	283 11 56	+ 5 01 44	18 55 16·54	−17 46 29·2	376 832·254	58 11·34	02·1266	14·5894
6	297 03 53	+ 4 45 48	19 52 37·12	−16 03 56·3	374 297·063	58 34·99	03·0501	15·5074
7	311 03 27	+ 4 12 42	20 49 18·55	−13 23 49·0	372 342·914	58 53·43	03·9602	16·4082
8	325 07 46	+ 3 24 08	21 44 59·93	− 9 56 04·9	370 948·165	59 06·72	04·8514	17·2901
9	339 14 39	+ 2 22 58	22 39 42·39	− 5 53 35·6	370 080·263	59 15·04	05·7252	18·1576
10	353 22 34	+ 1 12 56	23 33 44·98	− 1 30 46·0	369 721·223	59 18·49	06·5886	19·0195
11	7 30 26	− 0 01 32	0 27 37·05	+ 2 57 17·7	369 883·448	59 16·93	07·4515	19·8858
12	21 37 08	− 1 15 45	1 21 49·87	+ 7 15 15·9	370 611·008	59 09·95	08·3235	20·7651
13	35 41 08	− 2 24 59	2 16 48·12	+11 08 02·4	371 965·538	58 57·02	09·2112	21·6616
14	49 40 14	− 3 24 57	3 12 41·97	+14 21 28·4	374 000·351	58 37·77	10·1157	22·5727
15	63 31 34	− 4 12 06	4 09 21·40	+16 43 37·9	376 729·976	58 12·28	11·0310	23·4890
16	77 11 47	− 4 44 01	5 06 15·37	+18 06 20·8	380 103·942	57 41·28	11·9447	...
17	90 37 43	− 4 59 31	6 02 38·40	+18 26 28·3	383 992·441	57 06·23	12·8412	00·3961
18	103 46 48	− 4 58 38	6 57 43·03	+17 46 11·2	388 187·802	56 29·20	13·7069	01·2786
19	116 37 42	− 4 42 29	7 50 52·98	+16 12 04·0	392 421·034	55 52·63	14·5335	02·1253
20	129 10 31	− 4 12 52	8 41 51·23	+13 53 20·7	396 388·977	55 19·07	15·3196	02·9314
21	141 26 52	− 3 32 00	9 30 41·07	+11 00 06·9	399 786·057	54 50·86	16·0699	03·6988
22	153 29 41	− 2 42 15	10 17 42·38	+ 7 42 03·2	402 335·243	54 30·01	16·7933	04·4343
23	165 23 04	− 1 45 57	11 03 26·31	+ 4 07 51·0	403 814·634	54 18·03	17·5011	05·1484
24	177 11 50	− 0 45 22	11 48 30·66	+ 0 25 13·0	404 077·941	54 15·91	18·2060	05·8531
25	189 01 21	+ 0 17 14	12 33 36·53	− 3 18 42·0	403 068·476	54 24·06	18·9210	06·5614
26	200 57 03	+ 1 19 36	13 19 25·88	− 6 56 43·5	400 826·655	54 42·32	19·6589	07·2863
27	213 04 16	+ 2 19 19	14 06 38·96	−10 21 01·3	397 490·903	55 09·87	20·4312	08·0401
28	225 27 41	+ 3 13 44	14 55 50·84	−13 22 34·6	393 291·244	55 45·21	21·2466	08·8332
29	238 11 02	+ 3 59 58	15 47 26·19	−15 51 01·7	388 534·409	56 26·17	22·1086	09·6718
30	251 16 31	+ 4 35 00	16 41 32·63	−17 35 08·2	383 579·349	57 09·92	23·0132	10·5561
July 1	264 44 31	+ 4 55 54	17 37 54·81	−18 24 07·7	378 803·154	57 53·17	23·9484	11·4780
2	278 33 19	+ 5 00 16	18 35 53·49	−18 09 50·9	374 559·892	58 32·52	...	12·4220

EPHEMERIS FOR PHYSICAL OBSERVATIONS
FOR 0^h TERRESTRIAL TIME

Date 0^h TT	The Earth's Selenographic Long.	Lat.	The Sun's Selenographic Colong.	Lat.	Position Angle Axis	Bright Limb	Semi-diameter	Fraction Illum.
	°	°	°	°	°	°	′　″	
May 17	+2·876	+3·492	251·40	−1·15	340·595	62·48	16 12·95	0·019
18	+3·959	+4·791	263·64	−1·17	345·086	18·63	16 05·29	0·001
19	+4·827	+5·777	275·89	−1·19	350·472	283·32	15 55·11	0·010
20	+5·402	+6·405	288·13	−1·21	356·348	277·87	15 43·26	0·043
21	+5·629	+6·663	300·37	−1·22	2·292	279·34	15 30·72	0·097
22	+5·482	+6·566	312·61	−1·24	7·929	282·14	15 18·50	0·167
23	+4·971	+6·147	324·84	−1·26	12·972	285·09	15 07·49	0·249
24	+4·135	+5·450	337·07	−1·27	17·235	287·75	14 58·39	0·339
25	+3·035	+4·523	349·29	−1·29	20·613	289·93	14 51·70	0·433
26	+1·750	+3·411	1·51	−1·30	23·049	291·55	14 47·70	0·528
27	+0·370	+2·161	13·72	−1·32	24·513	292·62	14 46·52	0·621
28	−1·013	+0·819	25·93	−1·33	24·981	293·13	14 48·07	0·710
29	−2·310	−0·567	38·13	−1·34	24·426	293·18	14 52·14	0·793
30	−3·439	−1·944	50·33	−1·36	22·822	292·91	14 58·38	0·865
31	−4·332	−3·254	62·52	−1·37	20·156	292·80	15 06·31	0·925
June 1	−4·937	−4·433	74·71	−1·38	16·449	294·43	15 15·38	0·969
2	−5·230	−5·413	86·90	−1·39	11·786	307·30	15 24·95	0·994
3	−5·209	−6·130	99·09	−1·40	6·346	45·81	15 34·42	0·997
4	−4·901	−6·523	111·27	−1·41	0·415	73·73	15 43·24	0·978
5	−4·354	−6·553	123·46	−1·42	354·369	75·60	15 51·00	0·935
6	−3·630	−6·200	135·66	−1·43	348·623	73·89	15 57·44	0·870
7	−2·790	−5·474	147·85	−1·43	343·566	71·49	16 02·46	0·786
8	−1·888	−4·413	160·06	−1·44	339·515	69·30	16 06·08	0·686
9	−0·962	−3·079	172·27	−1·45	336·694	67·68	16 08·35	0·576
10	−0·034	−1·554	184·49	−1·45	335·242	66·82	16 09·29	0·462
11	+0·886	+0·065	196·71	−1·46	335·227	66·74	16 08·86	0·349
12	+1·786	+1·678	208·94	−1·47	336·653	67·36	16 06·96	0·244
13	+2·650	+3·182	221·18	−1·48	339·457	68·45	16 03·44	0·154
14	+3·449	+4·484	233·42	−1·49	343·493	69·35	15 58·20	0·082
15	+4·136	+5·508	245·67	−1·49	348·519	68·00	15 51·25	0·032
16	+4·653	+6·200	257·92	−1·50	354·200	52·13	15 42·81	0·006
17	+4·943	+6·535	270·17	−1·51	0·138	314·48	15 33·26	0·004
18	+4·954	+6·512	282·42	−1·52	5·940	291·27	15 23·18	0·025
19	+4·656	+6·157	294·67	−1·53	11·265	289·05	15 13·22	0·065
20	+4·047	+5·510	306·92	−1·53	15·867	289·87	15 04·08	0·123
21	+3·149	+4·618	319·16	−1·54	19·594	291·22	14 56·39	0·194
22	+2·012	+3·533	331·40	−1·54	22·369	292·41	14 50·71	0·276
23	+0·704	+2·308	343·63	−1·55	24·157	293·20	14 47·45	0·365
24	−0·688	+0·990	355·86	−1·55	24·945	293·47	14 46·87	0·458
25	−2·072	−0·372	8·08	−1·55	24·722	293·20	14 49·09	0·552
26	−3·351	−1·729	20·30	−1·56	23·473	292·37	14 54·07	0·646
27	−4·432	−3·028	32·51	−1·56	21·186	291·04	15 01·57	0·736
28	−5·231	−4·213	44·71	−1·56	17·861	289·32	15 11·20	0·818
29	−5·684	−5·220	56·91	−1·56	13·541	287·55	15 22·35	0·889
30	−5·751	−5·984	69·11	−1·55	8·346	286·75	15 34·27	0·946
July 1	−5·430	−6·441	81·30	−1·55	2·503	291·05	15 46·05	0·983
2	−4·756	−6·538	93·49	−1·54	356·359	342·14	15 56·76	0·998

MOON, 2015

FOR 0ʰ TERRESTRIAL TIME

Date 0ʰ TT	Apparent Longitude	Latitude	Apparent R.A.	Dec.	True Distance	Horiz. Parallax	Ephemeris Transit for date Upper	Lower
	° ′ ″	° ′ ″	h m s	° ′ ″	km	′ ″	h	h
July 1	264 44 31	+4 55 54	17 37 54·81	−18 24 07·7	378 803·154	57 53·17	23·9484	11·4780
2	278 33 19	+5 00 16	18 35 53·49	−18 09 50·9	374 559·892	58 32·52	...	12·4220
3	292 39 11	+4 46 39	19 34 33·17	−16 49 04·2	371 138·343	59 04·90	00·8964	13·3693
4	306 56 58	+4 15 01	20 32 57·40	−14 24 56·3	368 727·558	59 28·08	01·8390	14·3039
5	321 20 56	+3 26 58	21 30 24·66	−11 06 45·7	367 399·501	59 40·98	02·7632	15·2166
6	335 45 37	+2 25 36	22 26 37·24	− 7 08 22·1	367 114·325	59 43·76	03·6642	16·1065
7	350 06 40	+1 15 07	23 21 40·86	− 2 45 53·4	367 746·937	59 37·60	04·5446	16·9794
8	4 21 05	+0 00 23	0 15 57·87	+ 1 44 05·9	369 126·617	59 24·23	05·4122	17·8443
9	18 27 13	−1 13 43	1 09 58·31	+ 6 05 43·2	371 077·952	59 05·48	06·2769	18·7109
10	32 24 20	−2 22 37	2 04 11·02	+10 04 21·5	373 452·379	58 42·94	07·1473	19·5864
11	46 12 07	−3 22 19	2 58 55·77	+13 26 58·5	376 143·924	58 17·73	08·0285	20·4733
12	59 50 14	−4 09 42	3 54 17·04	+16 02 35·8	379 088·033	57 50·56	08·9202	21·3682
13	73 18 02	−4 42 29	4 50 00·91	+17 43 04·9	382 246·741	57 21·88	09·8159	22·2618
14	86 34 30	−4 59 28	5 45 36·97	+18 24 02·1	385 586·186	56 52·06	10·7043	23·1418
15	99 38 27	−5 00 25	6 40 25·99	+18 05 23·9	389 053·346	56 21·65	11·5728	23·9962
16	112 28 47	−4 46 02	7 33 50·86	+16 51 19·7	392 558·171	55 51·46	12·4110	...
17	125 04 53	−4 17 48	8 25 26·24	+14 49 15·3	395 965·208	55 22·62	13·2136	00·8169
18	137 26 53	−3 37 46	9 15 03·55	+12 08 29·5	399 096·178	54 56·55	13·9808	01·6014
19	149 35 57	−2 48 19	10 02 50·74	+ 8 58 52·0	401 742·443	54 34·84	14·7179	02·3527
20	161 34 17	−1 51 57	10 49 08·98	+ 5 29 47·4	403 684·593	54 19·08	15·4333	03·0777
21	173 25 02	−0 51 08	11 34 28·53	+ 1 49 49·1	404 715·814	54 10·77	16·1378	03·7862
22	185 12 19	+0 11 42	12 19 25·28	− 1 53 19·0	404 665·989	54 11·17	16·8432	04·4896
23	197 00 52	+1 14 15	13 04 38·11	− 5 32 21·7	403 424·235	54 21·18	17·5620	05·2002
24	208 55 53	+2 14 11	13 50 46·75	− 9 00 02·2	400 958·299	54 41·24	18·3063	05·9303
25	221 02 45	+3 09 06	14 38 29·21	−12 08 27·8	397 329·524	55 11·21	19·0871	06·6916
26	233 26 39	+3 56 27	15 28 18·14	−14 48 43·8	392 701·905	55 50·23	19·9123	07·4938
27	246 12 05	+4 33 32	16 20 35·41	−16 50 46·4	387 343·046	56 36·59	20·7848	08·3427
28	259 22 19	+4 57 32	17 15 25·51	−18 03 55·7	381 614·031	57 27·58	21·7002	09·2377
29	272 58 47	+5 05 48	18 12 30·31	−18 18 20·3	375 944·953	58 19·58	22·6463	10·1704
30	287 00 32	+4 56 15	19 11 09·19	−17 27 11·3	370 794·161	59 08·20	23·6057	11·1255
31	301 24 02	+4 27 58	20 10 27·74	−15 29 04·5	366 593·134	59 48·86	...	12·0849
Aug. 1	316 03 21	+3 41 42	21 09 32·79	−12 29 27·3	363 685·185	60 17·56	00·5613	13·0335
2	330 51 03	+2 40 06	22 07 46·88	− 8 40 21·9	362 272·437	60 31·67	01·5008	13·9628
3	345 39 21	+1 27 32	23 04 55·05	− 4 18 32·8	362 387·355	60 30·52	02·4198	14·8721
4	0 21 16	+0 09 29	0 01 02·97	+ 0 17 09·8	363 899·093	60 15·43	03·3205	15·7659
5	14 51 32	−1 08 18	0 56 29·42	+ 4 48 12·4	366 552·766	59 49·26	04·2093	16·6516
6	29 06 48	−2 20 34	1 51 37·24	+ 8 57 54·0	370 028·149	59 15·54	05·0936	17·5358
7	43 05 35	−3 23 00	2 46 45·08	+12 32 15·6	373 999·619	58 37·78	05·9786	18·4222
8	56 47 42	−4 12 29	3 42 01·14	+15 20 22·8	378 182·573	57 58·87	06·8662	19·3102
9	70 13 45	−4 47 00	4 37 19·77	+17 14 39·5	382 359·120	57 20·87	07·7533	20·1945
10	83 24 44	−5 05 34	5 32 22·02	+18 11 02·8	386 383·080	56 45·03	08·6327	21·0666
11	96 21 39	−5 08 05	6 26 40·43	+18 09 09·9	390 168·824	56 11·99	09·4953	21·9175
12	109 05 24	−4 55 14	7 19 46·60	+17 12 08·2	393 670·334	55 41·99	10·3326	22·7399
13	121 36 45	−4 28 20	8 11 18·83	+15 25 59·7	396 856·850	55 15·15	11·1393	23·5306
14	133 56 33	−3 49 11	9 01 07·09	+12 58 46·3	399 690·626	54 51·65	11·9141	...
15	146 05 45	−3 00 02	9 49 14·27	+ 9 59 31·1	402 110·849	54 31·83	12·6598	00·2903
16	158 05 44	−2 03 20	10 35 54·73	+ 6 37 28·2	404 026·156	54 16·32	13·3827	01·0237

EPHEMERIS FOR PHYSICAL OBSERVATIONS
FOR 0^h TERRESTRIAL TIME

Date 0^h TT	The Earth's Selenographic Long.	Lat.	The Sun's Selenographic Colong.	Lat.	Position Angle Axis	Bright Limb	Semi-diameter	Frac-tion Illum.
	°	°	°	°	°	°	′ ″	
July 1	−5·430	−6·441	81·30	−1·55	2·503	291·05	15 46·05	0·983
2	−4·756	−6·538	93·49	−1·54	356·359	342·14	15 56·76	0·998
3	−3·798	−6·242	105·68	−1·54	350·346	59·18	16 05·59	0·988
4	−2·651	−5·555	117·87	−1·53	344·914	66·76	16 11·90	0·951
5	−1·419	−4·509	130·07	−1·52	340·451	67·25	16 15·41	0·890
6	−0·194	−3·174	142·27	−1·51	337·239	66·68	16 16·17	0·807
7	+0·954	−1·642	154·47	−1·50	335·437	66·34	16 14·49	0·708
8	+1·983	−0·016	166·68	−1·49	335·107	66·62	16 10·85	0·598
9	+2·873	+1·596	178·90	−1·48	336·228	67·66	16 05·74	0·484
10	+3·622	+3·096	191·12	−1·48	338·715	69·43	15 59·60	0·372
11	+4·231	+4·397	203·36	−1·47	342·423	71·78	15 52·74	0·268
12	+4·695	+5·432	215·59	−1·47	347·136	74·46	15 45·34	0·177
13	+5·003	+6·149	227·84	−1·46	352·567	76·90	15 37·52	0·103
14	+5·134	+6·523	240·09	−1·46	358·369	77·85	15 29·40	0·048
15	+5·059	+6·548	252·34	−1·46	4·175	72·66	15 21·12	0·014
16	+4·753	+6·239	264·59	−1·45	9·640	17·48	15 12·90	0·002
17	+4·200	+5·628	276·84	−1·45	14·484	304·85	15 05·04	0·011
18	+3·399	+4·760	289·09	−1·44	18·511	296·19	14 57·94	0·039
19	+2·368	+3·688	301·34	−1·44	21·606	294·54	14 52·03	0·084
20	+1·145	+2·466	313·58	−1·43	23·714	294·17	14 47·74	0·145
21	−0·214	+1·147	325·83	−1·43	24·813	293·87	14 45·47	0·217
22	−1·635	−0·217	338·06	−1·42	24·902	293·26	14 45·58	0·300
23	−3·034	−1·575	350·29	−1·41	23·981	292·18	14 48·31	0·390
24	−4·320	−2·878	2·52	−1·40	22·051	290·56	14 53·77	0·485
25	−5·397	−4·074	14·73	−1·39	19·116	288·38	15 01·94	0·582
26	−6·177	−5·107	26·95	−1·38	15·205	285·67	15 12·56	0·678
27	−6·583	−5·918	39·15	−1·36	10·391	282·55	15 25·19	0·769
28	−6·561	−6·447	51·35	−1·35	4·832	279·32	15 39·08	0·851
29	−6·093	−6·634	63·54	−1·33	358·795	276·66	15 53·24	0·920
30	−5·202	−6·434	75·74	−1·31	352·661	276·63	16 06·48	0·970
31	−3·956	−5·827	87·92	−1·29	346·885	293·66	16 17·56	0·996
Aug. 1	−2·463	−4·830	100·11	−1·27	341·924	47·16	16 25·37	0·995
2	−0·850	−3·499	112·30	−1·24	338·154	62·67	16 29·22	0·965
3	+0·754	−1·929	124·48	−1·22	335·825	65·21	16 28·90	0·908
4	+2·241	−0·240	136·68	−1·20	335·050	66·43	16 24·79	0·829
5	+3·531	+1·446	148·88	−1·17	335·822	67·90	16 17·67	0·731
6	+4·581	+3·014	161·08	−1·15	338·039	69·99	16 08·48	0·623
7	+5·370	+4·371	173·29	−1·13	341·527	72·76	15 58·20	0·511
8	+5·899	+5·449	185·51	−1·11	346·050	76·08	15 47·60	0·401
9	+6·178	+6·204	197·74	−1·10	351·319	79·77	15 37·25	0·297
10	+6·216	+6·614	209·97	−1·08	357·006	83·51	15 27·49	0·206
11	+6·024	+6·676	222·21	−1·06	2·766	86·92	15 18·49	0·129
12	+5·609	+6·404	234·45	−1·05	8·273	89·34	15 10·32	0·069
13	+4·980	+5·827	246·69	−1·04	13·249	89·25	15 03·01	0·027
14	+4·144	+4·985	258·93	−1·02	17·484	77·87	14 56·61	0·005
15	+3·117	+3·926	271·18	−1·01	20·836	324·93	14 51·21	0·002
16	+1·922	+2·703	283·43	−0·99	23·223	299·30	14 46·99	0·018

MOON, 2015

FOR 0ʰ TERRESTRIAL TIME

Date 0ʰ TT	Apparent Longitude	Latitude	Apparent R.A.	Dec.	True Distance	Horiz. Parallax	Ephemeris Transit for date Upper	Lower
	° ′ ″	° ′ ″	h m s	° ′ ″	km	′ ″	h	h
Aug. 16	158 05 44	− 2 03 20	10 35 54·73	+ 6 37 28·2	404 026·156	54 16·32	13·3827	01·0237
17	169 58 22	− 1 01 40	11 21 31·47	+ 3 01 30·9	405 316·440	54 05·96	14·0909	01·7380
18	181 46 10	+0 02 22	12 06 33·42	− 0 40 02·2	405 843·157	54 01·74	14·7943	02·4426
19	193 32 16	+1 06 18	12 51 33·05	− 4 19 24·4	405 466·314	54 04·76	15·5033	03·1474
20	205 20 29	+2 07 40	13 37 04·57	− 7 49 07·1	404 065·848	54 16·00	16·2288	03·8633
21	217 15 10	+3 04 08	14 23 42·08	−11 01 38·5	401 565·053	54 36·28	16·9809	04·6009
22	229 21 04	+3 53 20	15 11 57·09	−13 49 01·3	397 953·875	55 06·01	17·7686	05·3698
23	241 43 05	+4 32 53	16 02 15·18	−16 02 37·7	393 309·861	55 45·05	18·5978	06·1778
24	254 25 51	+5 00 19	16 54 51·28	−17 33 13·4	387 814·133	56 32·46	19·4699	07·0286
25	267 33 18	+5 13 12	17 49 44·88	−18 11 34·5	381 758·794	57 26·28	20·3803	07·9208
26	281 08 01	+5 09 21	18 46 37·23	−17 49 46·9	375 541·003	58 23·34	21·3186	08·8468
27	295 10 31	+4 47 11	19 44 53·30	−16 23 10·6	369 638·299	59 19·29	22·2711	09·7939
28	309 38 42	+4 06 21	20 43 50·01	−13 52 20·0	364 561·381	60 08·86	23·2247	10·7484
29	324 27 40	+3 08 13	21 42 47·74	−10 24 19·5	360 785·950	60 46·63	...	11·6989
30	339 30 03	+1 56 12	22 41 20·08	− 6 12 38·7	358 674·669	61 08·10	00·1706	12·6395
31	354 36 56	+0 35 36	23 39 17·30	− 1 35 38·0	358 409·840	61 10·81	01·1056	13·5693
Sept. 1	9 39 15	− 0 47 11	0 36 43·35	+ 3 06 03·8	359 959·900	60 55·00	02·0310	14·4912
2	24 29 06	− 2 05 44	1 33 48·67	+ 7 32 14·3	363 092·942	60 23·46	02·9503	15·4086
3	39 00 34	− 3 14 32	2 30 42·38	+11 25 21·2	367 432·226	59 40·66	03·8661	16·3229
4	53 10 14	− 4 09 37	3 27 25·84	+14 31 56·8	372 533·192	58 51·63	04·7785	17·2324
5	66 56 50	− 4 48 41	4 23 49·65	+16 43 13·4	377 957·880	58 00·94	05·6838	18·1318
6	80 20 58	− 5 10 47	5 19 34·67	+17 55 02·4	383 329·875	57 12·15	06·5754	19·0136
7	93 24 24	− 5 16 06	6 14 16·71	+18 07 27·4	388 363·794	56 27·66	07·4454	19·8702
8	106 09 33	− 5 05 34	7 07 33·12	+17 23 58·9	392 871·584	55 48·79	08·2873	20·6963
9	118 39 07	− 4 40 40	7 59 08·67	+15 50 38·5	396 751·780	55 16·03	09·0972	21·4901
10	130 55 45	− 4 03 11	8 48 58·65	+13 35 02·8	399 968·456	54 49·36	09·8752	22·2532
11	143 01 57	− 3 15 15	9 37 09·21	+10 45 36·3	402 525·760	54 28·46	10·6245	22·9902
12	155 00 02	− 2 19 11	10 23 55·62	+ 7 30 57·3	404 442·731	54 12·97	11·3510	23·7080
13	166 52 08	− 1 17 28	11 09 39·74	+ 3 59 39·0	405 732·063	54 02·63	12·0622	...
14	178 40 24	− 0 12 41	11 54 47·70	+ 0 20 00·6	406 385·473	53 57·42	12·7667	00·4147
15	190 27 04	+0 52 32	12 39 47·90	− 3 19 53·5	406 367·331	53 57·56	13·4735	01·1192
16	202 14 32	+1 55 37	13 25 09·50	− 6 52 09·1	405 617·143	54 03·55	14·1917	01·8306
17	214 05 35	+2 54 04	14 11 20·95	−10 08 55·6	404 060·388	54 16·05	14·9299	02·5578
18	226 03 21	+3 45 30	14 58 48·22	−13 02 17·3	401 626·355	54 35·78	15·6954	03·3088
19	238 11 23	+4 27 36	15 47 52·61	−15 24 08·8	398 270·955	55 03·38	16·4937	04·0902
20	250 33 30	+4 58 12	16 38 47·89	−17 06 19·1	394 002·060	55 39·18	17·3271	04·9060
21	263 13 38	+5 15 15	17 31 37·54	−18 00 51·0	388 904·432	56 22·95	18·1943	05·7567
22	276 15 31	+5 16 50	18 26 13·04	−18 00 43·1	383 160·612	57 13·67	19·0898	06·6389
23	289 42 10	+5 01 28	19 22 14·87	−17 00 54·8	377 062·955	58 09·20	20·0058	07·5458
24	303 35 22	+4 28 19	20 19 16·77	−14 59 45·1	371 010·634	59 06·12	20·9336	08·4687
25	317 54 55	+3 37 42	21 16 52·73	−12 00 09·3	365 484·896	59 59·74	21·8666	09·3997
26	332 38 08	+2 31 32	22 14 43·63	− 8 10 30·0	360 997·945	60 44·49	22·8018	10·3340
27	347 39 36	+1 13 40	23 12 40·92	− 3 44 41·7	358 017·724	61 14·83	23·7392	11·2701
28	2 51 27	− 0 10 15	0 10 45·60	+ 0 58 44·9	356 882·263	61 26·52	...	12·2093
29	18 04 16	− 1 33 32	1 09 03·16	+ 5 38 41·6	357 728·201	61 17·81	00·6806	13·1532
30	33 08 26	− 2 49 27	2 07 36·28	+ 9 54 05·1	360 459·400	60 49·94	01·6269	14·1012
Oct. 1	47 55 33	− 3 52 30	3 06 18·03	+13 26 45·3	364 768·376	60 06·82	02·5755	15·0487

EPHEMERIS FOR PHYSICAL OBSERVATIONS
FOR 0ʰ TERRESTRIAL TIME

Date 0ʰ TT	The Earth's Selenographic Long.	Lat.	The Sun's Selenographic Colong.	Lat.	Position Angle Axis	Bright Limb	Semi-diameter	Fraction Illum.
	°	°	°	°	°	°	′ ″	
Aug. 16	+1·922	+2·703	283·43	−0·99	23·223	299·30	14 46·99	0·018
17	+0·595	+1·372	295·67	−0·98	24·608	295·18	14 44·16	0·052
18	−0·818	−0·010	307·91	−0·96	24·981	293·37	14 43·01	0·101
19	−2·259	−1·392	320·15	−0·95	24·344	291·81	14 43·84	0·165
20	−3·660	−2·719	332·38	−0·93	22·712	289·98	14 46·90	0·241
21	−4·943	−3·942	344·60	−0·91	20·102	287·68	14 52·42	0·327
22	−6·026	−5·009	356·82	−0·89	16·549	284·84	15 00·52	0·421
23	−6·826	−5·869	9·04	−0·87	12·118	281·48	15 11·15	0·520
24	−7·266	−6·468	21·24	−0·85	6·927	277·66	15 24·07	0·621
25	−7·284	−6·753	33·44	−0·82	1·174	273·57	15 38·72	0·720
26	−6·843	−6·677	45·64	−0·80	355·157	269·49	15 54·27	0·812
27	−5·944	−6·204	57·82	−0·77	349·263	265·88	16 09·50	0·892
28	−4·629	−5·328	70·00	−0·74	343·931	263·68	16 23·01	0·953
29	−2·988	−4·078	82·18	−0·71	339·592	266·66	16 33·29	0·990
30	−1·145	−2·528	94·36	−0·67	336·593	36·64	16 39·14	0·999
31	+0·759	−0·793	106·54	−0·64	335·161	64·76	16 39·88	0·977
Sept. 1	+2·581	+0·991	118·71	−0·60	335·378	68·17	16 35·57	0·927
2	+4·202	+2·685	130·89	−0·57	337·186	70·66	16 26·98	0·852
3	+5·532	+4·171	143·08	−0·54	340·414	73·58	16 15·32	0·759
4	+6·517	+5·362	155·27	−0·51	344·799	77·09	16 01·97	0·655
5	+7·136	+6·208	167·47	−0·48	350·013	81·08	15 48·16	0·546
6	+7·393	+6·689	179·68	−0·45	355·698	85·32	15 34·88	0·438
7	+7·311	+6·807	191·89	−0·43	1·492	89·58	15 22·76	0·336
8	+6·921	+6·583	204·11	−0·41	7·070	93·59	15 12·17	0·244
9	+6·263	+6·048	216·33	−0·38	12·157	97·14	15 03·25	0·163
10	+5·377	+5·242	228·56	−0·36	16·548	100·00	14 55·98	0·097
11	+4·302	+4·210	240·79	−0·34	20·098	101·91	14 50·29	0·048
12	+3·077	+3·003	253·02	−0·32	22·717	102·05	14 46·07	0·015
13	+1·743	+1·675	265·25	−0·30	24·354	89·80	14 43·26	0·001
14	+0·337	+0·281	277·49	−0·28	24·983	294·97	14 41·84	0·005
15	−1·096	−1·122	289·72	−0·26	24·601	290·47	14 41·88	0·026
16	−2·511	−2·480	301·95	−0·24	23·219	288·35	14 43·51	0·065
17	−3·858	−3·739	314·17	−0·22	20·860	286·13	14 46·91	0·120
18	−5·080	−4·847	326·39	−0·20	17·568	283·45	14 52·29	0·189
19	−6·116	−5·754	338·61	−0·17	13·417	280·24	14 59·80	0·270
20	−6·903	−6·414	350·82	−0·15	8·522	276·52	15 09·55	0·363
21	−7·379	−6·782	3·02	−0·12	3·056	272·42	15 21·47	0·462
22	−7·487	−6·815	15·22	−0·10	357·263	268·09	15 35·29	0·567
23	−7·184	−6·483	27·41	−0·07	351·460	263·77	15 50·41	0·672
24	−6·449	−5·768	39·59	−0·04	346·018	259·73	16 05·92	0·772
25	−5·291	−4·676	51·77	0·00	341·327	256·23	16 20·52	0·861
26	−3·759	−3·251	63·93	+0·03	337·757	253·47	16 32·71	0·933
27	−1·941	−1·575	76·10	+0·07	335·608	251·38	16 40·97	0·981
28	+0·040	+0·230	88·26	+0·10	335·077	240·85	16 44·16	1·000
29	+2·039	+2·021	100·42	+0·14	336·225	74·65	16 41·78	0·988
30	+3·906	+3·653	112·58	+0·18	338·967	75·86	16 34·19	0·947
Oct. 1	+5·509	+5·007	124·75	+0·22	343·076	78·63	16 22·45	0·880

MOON, 2015

FOR 0ʰ TERRESTRIAL TIME

Date 0ʰ TT	Apparent Longitude	Apparent Latitude	R.A.	Dec.	True Distance	Horiz. Parallax	Ephemeris Transit for date Upper	Lower
	o ′ ″	o ′ ″	h m s	o ′ ″	km	′ ″	h	h
Oct. 1	47 55 33	− 3 52 30	3 06 18·03	+13 26 45·3	364 768·376	60 06·82	02·5755	15·0487
2	62 19 30	− 4 39 03	4 04 48·42	+16 03 38·2	370 201·773	59 13·87	03·5196	15·9868
3	76 16 59	− 5 07 26	5 02 36·36	+17 37 49·5	376 245·453	58 16·78	04·4489	16·9044
4	89 47 18	− 5 17 41	5 59 06·77	+18 08 23·7	382 403·378	57 20·47	05·3522	17·7912
5	102 51 58	− 5 10 57	6 53 49·75	+17 39 12·3	388 254·223	56 28·62	06·2207	18·6403
6	115 33 57	− 4 49 02	7 46 27·71	+16 17 13·2	393 481·497	55 43·59	07·0500	19·4499
7	127 57 04	− 4 14 04	8 36 57·96	+14 10 55·2	397 880·787	55 06·62	07·8407	20·2229
8	140 05 29	− 3 28 17	9 25 31·30	+11 29 09·5	401 350·646	54 38·03	08·5975	20·9654
9	152 03 15	− 2 34 02	10 12 28·43	+ 8 20 33·8	403 873·365	54 17·56	09·3278	21·6857
10	163 54 10	− 1 33 41	10 58 16·15	+ 4 53 21·6	405 490·616	54 04·56	10·0404	22·3931
11	175 41 35	− 0 29 39	11 43 24·24	+ 1 15 28·6	406 277·700	53 58·28	10·7449	23·0971
12	187 28 24	+0 35 31	12 28 23·25	− 2 25 16·1	406 319·400	53 57·94	11·4508	23·8070
13	199 17 05	+1 39 15	13 13 42·76	− 6 00 57·8	405 690·018	54 02·97	12·1669	…
14	211 09 49	+2 38 57	13 59 49·93	− 9 23 29·1	404 439·835	54 12·99	12·9012	00·5313
15	223 08 33	+3 32 05	14 47 07·73	−12 24 28·7	402 589·700	54 27·94	13·6600	01·2772
16	235 15 14	+4 16 15	15 35 52·91	−14 55 29·1	400 134·654	54 48·00	14·4474	02·0500
17	247 31 51	+4 49 17	16 26 13·90	−16 48 14·1	397 056·401	55 13·49	15·2641	02·8521
18	260 00 37	+5 09 13	17 18 09·17	−17 55 08·4	393 343·296	55 44·77	16·1080	03·6829
19	272 43 56	+5 14 31	18 11 27·27	−18 09 55·9	389 015·396	56 21·98	16·9736	04·5385
20	285 44 22	+5 04 01	19 05 49·36	−17 28 24·0	384 151·057	57 04·81	17·8544	05·4125
21	299 04 22	+4 37 06	20 00 54·12	−15 49 06·1	378 910·489	57 52·18	18·7441	06·2984
22	312 45 56	+3 53 57	20 56 23·86	−13 13 56·6	373 550·488	58 42·01	19·6390	07·1910
23	326 50 07	+2 55 46	21 52 09·51	− 9 48 37·6	368 423·558	59 31·03	20·5392	08·0883
24	341 16 22	+1 45 05	22 48 12·83	− 5 42 55·2	363 954·720	60 14·88	21·4476	08·9921
25	356 01 58	+0 26 00	23 44 44·88	− 1 10 44·1	360 592·302	60 48·59	22·3693	09·9065
26	11 01 43	− 0 55 59	0 42 01·10	+ 3 30 17·1	358 736·310	61 07·47	23·3083	10·8365
27	26 08 07	− 2 14 30	1 40 13·77	+ 7 59 57·7	358 658·884	61 08·26	…	11·7847
28	41 12 05	− 3 23 18	2 39 23·26	+11 57 47·3	360 440·361	60 50·13	00·2651	12·7486
29	56 04 19	− 4 17 17	3 39 11·05	+15 05 51·1	363 943·924	60 14·99	01·2338	13·7187
30	70 36 45	− 4 53 15	4 38 58·44	+17 11 40·3	368 838·511	59 27·01	02·2015	14·6797
31	84 43 44	− 5 10 07	5 37 53·77	+18 09 54·0	374 660·650	58 31·57	03·1514	15·6145
Nov. 1	98 22 32	− 5 08 36	6 35 06·24	+18 02 11·3	380 893·063	57 34·11	04·0675	16·5093
2	111 33 17	− 4 50 36	7 29 59·51	+16 55 26·6	387 037·650	56 39·27	04·9392	17·3572
3	124 18 23	− 4 18 34	8 22 18·91	+14 59 22·6	392 669·141	55 50·51	05·7635	18·1587
4	136 41 47	− 3 35 10	9 12 10·79	+12 24 23·2	397 465·817	55 10·07	06·5438	18·9199
5	148 48 19	− 2 43 02	9 59 57·27	+ 9 20 17·8	401 220·200	54 39·10	07·2882	19·6503
6	160 43 08	− 1 44 37	10 46 09·92	+ 5 55 54·9	403 834·958	54 17·87	08·0074	20·3611
7	172 31 16	− 0 42 19	11 31 24·76	+ 2 19 09·5	405 308·975	54 06·02	08·7128	21·0640
8	184 17 20	+0 21 29	12 16 18·81	− 1 22 32·1	405 717·304	54 02·75	09·4160	21·7701
9	196 05 21	+1 24 24	13 01 27·79	− 5 01 44·7	405 187·692	54 06·99	10·1276	22·4897
10	207 58 38	+2 23 56	13 47 24·15	− 8 30 40·7	403 875·804	54 17·54	10·8573	23·2314
11	219 59 40	+3 17 33	14 34 35·01	−11 40 57·3	401 941·334	54 33·21	11·6127	…
12	232 10 15	+4 02 47	15 23 19·47	−14 23 39·9	399 527·436	54 52·99	12·3983	00·0016
13	244 31 28	+4 37 15	16 13 45·66	−16 29 45·5	396 746·146	55 16·08	13·2148	00·8028
14	257 03 58	+4 58 55	17 05 48·59	−17 50 47·1	393 672·228	55 41·97	14·0585	01·6336
15	269 48 08	+5 06 11	17 59 10·22	−18 19 52·7	390 346·972	56 10·45	14·9216	02·4882
16	282 44 22	+4 58 03	18 53 23·15	−17 52 44·5	386 791·978	56 41·43	15·7949	03·3576

EPHEMERIS FOR PHYSICAL OBSERVATIONS
FOR 0ʰ TERRESTRIAL TIME

Date 0ʰ TT	The Earth's Selenographic Long.	Lat.	The Sun's Selenographic Colong.	Lat.	Position Angle Axis	Bright Limb	Semi-diameter	Fraction Illum.
	°	°	°	°	°	°	′ ″	
Oct. 1	+5·509	+5·007	124·75	+0·22	343·076	78·63	16 22·45	0·880
2	+6·747	+6·007	136·92	+0·25	348·213	82·31	16 08·03	0·795
3	+7·558	+6·615	149·09	+0·28	353·968	86·51	15 52·48	0·697
4	+7·924	+6·831	161·27	+0·31	359·920	90·91	15 37·14	0·593
5	+7·862	+6·681	173·46	+0·34	5·693	95·20	15 23·02	0·489
6	+7·413	+6·203	185·66	+0·36	10·985	99·18	15 10·76	0·388
7	+6·638	+5·445	197·85	+0·39	15·580	102·68	15 00·69	0·294
8	+5·602	+4·454	210·06	+0·41	19·340	105·65	14 52·90	0·210
9	+4·375	+3·283	222·27	+0·43	22·179	108·08	14 47·32	0·137
10	+3·022	+1·980	234·48	+0·46	24·049	110·10	14 43·78	0·079
11	+1·603	+0·601	246·70	+0·48	24·923	112·13	14 42·07	0·036
12	+0·172	−0·802	258·91	+0·50	24·789	116·32	14 41·98	0·009
13	−1·224	−2·174	271·13	+0·52	23·646	200·39	14 43·35	0·000
14	−2·545	−3·457	283·35	+0·54	21·511	276·60	14 46·08	0·009
15	−3·753	−4·599	295·56	+0·56	18·424	278·53	14 50·15	0·037
16	−4·815	−5·547	307·77	+0·58	14·458	277·01	14 55·61	0·082
17	−5·697	−6·254	319·98	+0·60	9·736	274·20	15 02·56	0·144
18	−6·365	−6·678	332·19	+0·62	4·434	270·65	15 11·08	0·220
19	−6·784	−6·785	344·38	+0·64	358·789	266·68	15 21·21	0·310
20	−6·919	−6·550	356·57	+0·66	353·091	262·56	15 32·88	0·410
21	−6·735	−5·960	8·76	+0·68	347·667	258·56	15 45·78	0·517
22	−6·206	−5·021	20·93	+0·71	342·853	254·90	15 59·35	0·626
23	−5·318	−3·758	33·10	+0·74	338·973	251·78	16 12·70	0·732
24	−4·081	−2·229	45·26	+0·77	336·314	249·28	16 24·64	0·829
25	−2·534	−0·521	57·42	+0·80	335·105	247·23	16 33·83	0·909
26	−0·754	+1·248	69·56	+0·83	335·494	244·58	16 38·97	0·966
27	+1·144	+2·939	81·71	+0·86	337·516	231·46	16 39·18	0·996
28	+3·020	+4·419	93·86	+0·90	341·068	98·03	16 34·24	0·995
29	+4·721	+5·577	106·00	+0·93	345·891	87·83	16 24·67	0·966
30	+6·111	+6·345	118·15	+0·96	351·593	89·16	16 11·61	0·912
31	+7·087	+6·699	130·30	+0·98	357·707	92·52	15 56·51	0·837
Nov. 1	+7·596	+6·656	142·45	+1·01	3·772	96·44	15 40·86	0·749
2	+7·630	+6·255	154·62	+1·03	9·406	100·33	15 25·92	0·653
3	+7·224	+5·553	166·78	+1·05	14·338	103·87	15 12·64	0·553
4	+6·441	+4·606	178·96	+1·07	18·406	106·90	15 01·63	0·454
5	+5·362	+3·472	191·14	+1·09	21·525	109·36	14 53·19	0·359
6	+4·077	+2·204	203·32	+1·11	23·658	111·27	14 47·41	0·271
7	+2·671	+0·855	215·51	+1·13	24·792	112·69	14 44·18	0·191
8	+1·228	−0·526	227·71	+1·14	24·921	113·78	14 43·29	0·123
9	−0·180	−1·885	239·90	+1·16	24·041	114·98	14 44·44	0·068
10	−1·493	−3·171	252·10	+1·17	22·158	117·62	14 47·32	0·029
11	−2·665	−4·327	264·30	+1·18	19·296	129·69	14 51·59	0·006
12	−3·664	−5·301	276·51	+1·20	15·512	230·26	14 56·97	0·002
13	−4·471	−6·042	288·71	+1·21	10·915	262·67	15 03·26	0·017
14	−5·079	−6·503	300·91	+1·22	5·681	265·17	15 10·31	0·052
15	−5·486	−6·652	313·10	+1·23	0·054	263·47	15 18·07	0·105
16	−5·691	−6·466	325·29	+1·24	354·338	260·47	15 26·51	0·177

MOON, 2015

FOR 0ʰ TERRESTRIAL TIME

Date 0ʰ TT	Apparent Longitude	Apparent Latitude	R.A.	Dec.	True Distance	Horiz. Parallax	Ephemeris Transit for date Upper	Lower
	° ′ ″	° ′ ″	h m s	° ′ ″	km	′ ″	h	h
Nov. 16	282 44 22	+4 58 03	18 53 23·15	− 17 52 44·5	386 791·978	56 41·43	15·7949	03·3576
17	295 53 15	+4 34 11	19 47 57·78	− 16 28 21·2	383 031·020	57 14·83	16·6698	04·2325
18	309 15 39	+3 55 05	20 42 30·62	− 14 09 11·7	379 116·199	57 50·30	17·5412	05·1060
19	322 52 39	+3 02 05	21 36 50·71	− 11 01 03·6	375 152·950	58 26·97	18·4093	05·9755
20	336 45 11	+1 57 28	22 31 02·12	− 7 12 41·7	371 317·380	59 03·19	19·2785	06·8433
21	350 53 43	+0 44 32	23 25 22·27	− 2 55 32·6	367 859·142	59 36·51	20·1568	07·7159
22	5 17 30	−0 32 24	0 20 17·12	+ 1 36 22·1	365 084·227	60 03·69	21·0530	08·6021
23	19 54 03	−1 48 12	1 16 13·99	+ 6 06 35·8	363 315·656	60 21·24	21·9740	09·5101
24	34 38 50	−2 57 19	2 13 32·59	+ 10 16 56·3	362 836·507	60 26·02	22·9213	10·4446
25	49 25 19	−3 54 32	3 12 15·22	+ 13 48 59·2	363 827·661	60 16·14	23·8883	11·4031
26	64 05 43	−4 35 44	4 11 59·19	+ 16 26 38·4	366 318·261	59 51·55	...	12·3746
27	78 32 12	−4 58 30	5 11 56·49	+ 17 58 57·6	370 165·332	59 14·22	00·8595	13·3402
28	92 38 09	−5 02 23	6 11 04·02	+ 18 22 09·9	375 069·431	58 27·75	01·8144	14·2795
29	106 19 15	−4 48 35	7 08 21·66	+ 17 39 42·6	380 620·214	57 36·59	02·7338	15·1762
30	119 33 51	−4 19 28	8 03 08·69	+ 16 00 24·3	386 356·929	56 45·26	03·6058	16·0226
Dec. 1	132 22 53	−3 37 58	8 55 11·14	+ 13 35 39·3	391 827·859	55 57·71	04·4271	16·8200
2	144 49 23	−2 47 06	9 44 39·37	+ 10 37 05·4	396 637·915	55 16·98	05·2024	17·5757
3	156 57 49	−1 49 45	10 32 00·86	+ 7 15 12·6	400 480·223	54 45·16	05·9413	18·3009
4	168 53 27	−0 48 32	11 17 52·73	+ 3 39 01·4	403 152·464	54 23·38	06·6560	19·0084
5	180 41 53	+0 14 08	12 02 56·20	− 0 03 41·1	404 560·843	54 12·02	07·3596	19·7113
6	192 28 38	+1 15 58	12 47 53·07	− 3 45 46·5	404 714·763	54 10·78	08·0650	20·4223
7	204 18 48	+2 14 42	13 33 23·28	− 7 20 07·0	403 714·451	54 18·84	08·7844	21·1526
8	216 16 46	+3 08 01	14 20 02·54	− 10 39 03·0	401 733·004	54 34·91	09·5282	21·9118
9	228 26 00	+3 53 30	15 08 19·41	− 13 34 03·7	398 993·824	54 57·40	10·3043	22·7059
10	240 48 51	+4 28 48	15 58 31·34	− 15 55 51·9	395 744·656	55 24·47	11·1166	23·5360
11	253 26 27	+4 51 39	16 50 40·48	− 17 34 58·9	392 230·226	55 54·26	11·9633	...
12	266 18 49	+5 00 12	17 44 31·15	− 18 22 53·4	388 666·626	56 25·02	12·8370	00·3974
13	279 24 56	+4 53 13	18 39 31·49	− 18 13 30·4	385 221·517	56 55·30	13·7256	01·2803
14	292 43 13	+4 30 19	19 35 00·76	− 17 04 32·6	382 004·244	57 24·06	14·6161	02·1713
15	306 11 57	+3 52 05	20 30 20·61	− 14 58 10·0	379 068·625	57 50·74	15·4982	03·0586
16	319 49 39	+3 00 13	21 25 05·59	− 12 00 45·0	376 428·413	58 15·08	16·3676	03·9346
17	333 35 20	+1 57 18	22 19 08·93	− 8 21 57·4	374 082·175	58 37·00	17·2261	04·7979
18	347 28 37	+0 46 50	23 12 42·28	− 4 13 41·6	372 041·418	58 56·30	18·0806	05·6532
19	1 29 23	−0 27 08	0 06 11·23	+ 0 10 39·2	370 354·332	59 12·41	18·9413	06·5095
20	15 37 25	−1 40 02	1 00 08·39	+ 4 36 35·2	369 117·845	59 24·31	19·8186	07·3773
21	29 51 46	−2 47 10	1 55 05·30	+ 8 48 42·8	368 472·897	59 30·55	20·7202	08·2661
22	44 10 18	−3 44 03	2 51 23·42	+ 12 31 11·1	368 581·675	59 29·50	21·6480	09·1810
23	58 29 28	−4 26 49	3 49 04·94	+ 15 28 47·7	369 590·610	59 19·75	22·5956	10·1201
24	72 44 24	−4 52 42	4 47 46·57	+ 17 28 51·8	371 587·895	59 00·62	23·5480	11·0724
25	86 49 38	−5 00 23	5 46 40·54	+ 18 23 28·6	374 567·252	58 32·45	...	12·0199
26	100 39 49	−4 50 10	6 44 45·78	+ 18 11 06·0	378 408·669	57 56·79	00·4856	12·9429
27	114 10 46	−4 23 43	7 41 05·41	+ 16 56 36·0	382 881·695	57 16·17	01·3901	13·8260
28	127 20 06	−3 43 40	8 35 01·98	+ 14 49 34·6	387 669·676	56 33·73	02·2499	14·6618
29	140 07 27	−2 53 11	9 26 23·66	+ 12 01 53·3	392 407·680	55 52·75	03·0622	15·4516
30	152 34 26	−1 55 30	10 15 21·72	+ 8 45 28·2	396 724·809	55 16·26	03·8313	16·2025
31	164 44 18	−0 53 39	11 02 23·72	+ 5 11 02·7	400 283·148	54 46·78	04·5667	16·9255
32	176 41 29	+0 09 39	11 48 06·61	+ 1 27 45·8	402 808·863	54 26·16	05·2805	17·6333

EPHEMERIS FOR PHYSICAL OBSERVATIONS
FOR 0^h TERRESTRIAL TIME

Date 0^h TT	The Earth's Selenographic Long.	Lat.	The Sun's Selenographic Colong.	Lat.	Position Angle Axis	Bright Limb	Semi- diameter	Frac- tion Illum.
	°	°	°	°	°	°	′ ″	
Nov. 16	−5·691	−6·466	325·29	+1·24	354·338	260·47	15 26·51	0·177
17	−5·693	−5·938	337·48	+1·25	348·863	257·10	15 35·60	0·264
18	−5·482	−5·081	349·66	+1·27	343·955	253·83	15 45·27	0·363
19	−5·045	−3·924	1·83	+1·28	339·908	250·97	15 55·25	0·471
20	−4·365	−2·516	13·99	+1·30	336·970	248·71	16 05·12	0·583
21	−3·432	−0·931	26·15	+1·32	335·338	247·15	16 14·19	0·693
22	−2·250	+0·738	38·30	+1·33	335·157	246·27	16 21·60	0·794
23	−0·851	+2·381	50·44	+1·35	336·504	245·80	16 26·38	0·881
24	+0·699	+3·878	62·58	+1·37	339·369	244·73	16 27·68	0·946
25	+2·297	+5·115	74·71	+1·39	343·617	238·05	16 24·99	0·986
26	+3·813	+6·003	86·84	+1·41	348·970	160·85	16 18·29	0·998
27	+5·111	+6·490	98·97	+1·43	355·015	104·24	16 08·12	0·983
28	+6·073	+6·566	111·11	+1·44	1·267	100·80	15 55·47	0·943
29	+6·615	+6·257	123·24	+1·46	7·260	102·46	15 41·53	0·883
30	+6·705	+5·617	135·38	+1·47	12·625	105·14	15 27·55	0·807
Dec. 1	+6·353	+4·708	147·53	+1·48	17·124	107·79	15 14·60	0·720
2	+5·610	+3·597	159·68	+1·49	20·635	110·04	15 03·51	0·628
3	+4·553	+2·347	171·83	+1·50	23·114	111·76	14 54·84	0·532
4	+3·274	+1·015	184·00	+1·50	24·561	112·91	14 48·91	0·437
5	+1·872	−0·347	196·17	+1·51	24·986	113·51	14 45·81	0·345
6	+0·442	−1·691	208·34	+1·52	24·402	113·60	14 45·48	0·259
7	−0·923	−2·967	220·52	+1·52	22·819	113·30	14 47·67	0·181
8	−2·148	−4·124	232·70	+1·52	20·249	112·86	14 52·05	0·114
9	−3·172	−5·112	244·89	+1·53	16·727	112·98	14 58·17	0·060
10	−3·955	−5·878	257·08	+1·53	12·330	116·16	15 05·55	0·023
11	−4·479	−6·373	269·27	+1·53	7·202	140·00	15 13·66	0·004
12	−4·750	−6·556	281·46	+1·53	1·571	234·93	15 22·04	0·005
13	−4·790	−6·401	293·65	+1·52	355·747	252·01	15 30·28	0·028
14	−4·634	−5·899	305·84	+1·52	350·089	253·32	15 38·12	0·073
15	−4·316	−5·063	318·02	+1·52	344·960	251·87	15 45·38	0·139
16	−3·866	−3·931	330·20	+1·52	340·680	249·89	15 52·02	0·223
17	−3·300	−2·561	342·37	+1·52	337·498	248·14	15 57·99	0·321
18	−2·619	−1·026	354·54	+1·52	335·588	246·98	16 03·24	0·430
19	−1·820	+0·584	6·70	+1·52	335·061	246·54	16 07·63	0·543
20	−0·896	+2·171	18·85	+1·52	335·970	246·87	16 10·87	0·654
21	+0·145	+3·633	30·99	+1·52	338·310	247·89	16 12·57	0·759
22	+1·273	+4·872	43·13	+1·53	341·998	249·36	16 12·28	0·850
23	+2·430	+5·805	55·26	+1·53	346·849	250·56	16 09·63	0·922
24	+3·532	+6·370	67·39	+1·53	352·558	249·09	16 04·42	0·971
25	+4·480	+6·538	79·51	+1·53	358·714	229·08	15 56·75	0·995
26	+5·176	+6·316	91·64	+1·53	4·856	129·73	15 47·03	0·995
27	+5·542	+5·740	103·76	+1·53	10·557	112·15	15 35·97	0·971
28	+5·532	+4·869	115·89	+1·53	15·491	110·52	15 24·41	0·926
29	+5·140	+3·771	128·03	+1·52	19·455	111·25	15 13·25	0·865
30	+4·394	+2·516	140·16	+1·52	22·360	112·29	15 03·31	0·790
31	+3·353	+1·172	152·30	+1·51	24·188	113·06	14 55·28	0·706
32	+2·096	−0·204	164·45	+1·50	24·957	113·36	14 49·67	0·616

NOTES AND FORMULAE

Low-precision formulae for geocentric coordinates of the Moon

The following formulae give approximate geocentric coordinates of the Moon. During the period 1900 to 2100 the errors will rarely exceed $0°3$ in ecliptic longitude (λ), $0°2$ in ecliptic latitude (β), $0°003$ in horizontal parallax (π), $0°001$ in semidiameter (SD), 0.2 Earth radii in distance (r), $0°3$ in right ascension (α) and $0°2$ in declination (δ).

On this page the time argument T is the number of Julian centuries from J2000·0.

$$T = (\text{JD} - 245\ 1545\!\cdot\!0)/36\ 525 = (5477\!\cdot\!5 + \text{day of year} + (\text{UT1} + \Delta T)/24)/36\ 525$$

where day of year is given on pages B4–B5. The Universal Time (UT1) and $\Delta T = \text{TT} - \text{UT1}$ (see pages K8–K9), are expressed in hours. To the precision quoted ΔT may be ignored.

$$\lambda = 218°32 + 481\ 267°881\ T$$
$$+\ 6°29 \sin (135°0 + 477\ 198°87\ T) - 1°27 \sin (259°3 - 413\ 335°36\ T)$$
$$+\ 0°66 \sin (235°7 + 890\ 534°22\ T) + 0°21 \sin (269°9 + 954\ 397°74\ T)$$
$$-\ 0°19 \sin (357°5 + 35\ 999°05\ T) - 0°11 \sin (186°5 + 966\ 404°03\ T)$$

$$\beta = +\ 5°13 \sin (93°3 + 483\ 202°02\ T) + 0°28 \sin (228°2 + 960\ 400°89\ T)$$
$$-\ 0°28 \sin (318°3 + 6\ 003°15\ T) - 0°17 \sin (217°6 - 407\ 332°21\ T)$$

$$\pi = +\ 0°9508 + 0°0518 \cos (135°0 + 477\ 198°87\ T) + 0°0095 \cos (259°3 - 413\ 335°36\ T)$$
$$+\ 0°0078 \cos (235°7 + 890\ 534°22\ T) + 0°0028 \cos (269°9 + 954\ 397°74\ T)$$

$$SD = 0\!\cdot\!2724\ \pi \qquad \text{and} \qquad r = 1/\sin \pi$$

Form the geocentric direction cosines (l, m, n) from:

$$l = \cos \beta \cos \lambda \qquad\qquad\qquad = \cos \delta \cos \alpha$$
$$m = +0\!\cdot\!9175 \cos \beta \sin \lambda - 0\!\cdot\!3978 \sin \beta = \cos \delta \sin \alpha$$
$$n = +0\!\cdot\!3978 \cos \beta \sin \lambda + 0\!\cdot\!9175 \sin \beta = \sin \delta$$

Then

$$\alpha = \tan^{-1}(m/l) \qquad \text{and} \qquad \delta = \sin^{-1}(n)$$

where the quadrant of α is determined by the signs of l and m, and where α, δ are referred to the mean equator and equinox of date.

Low-precision formulae for topocentric coordinates of the Moon

The following formulae give approximate topocentric values of right ascension (α'), declination (δ'), distance (r'), parallax (π') and semidiameter (SD').

Form the geocentric rectangular coordinates (x, y, z) from:

$$x = rl = r \cos \delta \cos \alpha$$
$$y = rm = r \cos \delta \sin \alpha$$
$$z = rn = r \sin \delta$$

Form the topocentric rectangular coordinates (x', y', z') from:

$$x' = x - \cos \phi' \cos \theta_0$$
$$y' = y - \cos \phi' \sin \theta_0$$
$$z' = z - \sin \phi'$$

where (ϕ', λ') are the observer's geocentric latitude and longitude (east positive). The local sidereal time (see page B8) may be approximated by

$$\theta_0 = 100°46 + 36\ 000°77\ T_U + \lambda' + 15\ \text{UT1}$$

where $\quad T_U = (\text{JD} - 245\ 1545\!\cdot\!0)/36\ 525 = (5477\!\cdot\!5 + \text{day of year} + \text{UT1}/24)/36\ 525$

Then
$$r' = (x'^2 + y'^2 + z'^2)^{1/2} \qquad \alpha' = \tan^{-1}(y'/x') \quad \delta' = \sin^{-1}(z'/r')$$
$$\pi' = \sin^{-1}(1/r') \qquad\qquad SD' = 0\!\cdot\!2724\pi'$$

CONTENTS OF SECTION E

 This symbol indicates that these data or auxiliary material may also be found on *The Astronomical Almanac Online* at **http://asa.usno.navy.mil** and **http://asa.hmnao.com**

PLANETS
NOTES AND FORMULAS

Orbital elements

The heliocentric osculating orbital elements for the Earth given on page E8 and the heliocentric coordinates and velocity of the Earth on page E7 actually refer to the Earth/Moon barycenter. The heliocentric coordinates and velocity of the Earth itself are given by:

$$(\text{Earth's center}) = (\text{Earth/Moon barycenter}) - (0.000\,0312 \cos L, 0.000\,0286 \sin L,$$
$$0.000\,0124 \sin L, -0.000\,00718 \sin L, 0.000\,00657 \cos L, 0.000\,00285 \cos L)$$

where $L = 218° + 481\,268° T$, with T in Julian centuries from JD 245 1545.0. This estimate is accurate to the fifth decimal place in position and the sixth decimal place in velocity. The units of position are in au and the units of velocity are in au/day. The position and velocity are in the mean equator and equinox coordinate system.

Linear interpolation of the heliocentric osculating orbital elements usually leads to errors of about $1''$ or $2''$ in the resulting geocentric positions of the Sun and planets; the errors may, however, reach about $7''$ for Venus at inferior conjunction and about $3''$ for Mars at opposition.

Heliocentric coordinates

The heliocentric ecliptic coordinates of the Earth may be obtained from the geocentric ecliptic coordinates of the Sun given on pages C6–C20 by adding $\pm 180°$ to the longitude, and reversing the sign of the latitude.

Invariable plane of the solar system

Approximate coordinates of the north pole of the invariable plane are:

$$\alpha_0 = 273°8527 \quad \delta_0 = 66°9911$$

This is the direction of the total angular momentum vector of the solar system (Sun and major planets) with respect to the ICRS coordinate axes.

Semidiameter and horizontal parallax

The apparent angular semidiameter, s, of a planet is given by:

$$s = \text{semidiameter at 1 au} / \text{distance in au}$$

where the distance in au is given in the daily geocentric ephemeris on pages E18–E45. Unless otherwise specified, the semidiameters at unit distance (1 au) are for equatorial radii. They are:

	$''$		$''$		$''$
Mercury	3.36	Jupiter: equatorial	98.57	Uranus: equatorial	35.24
Venus	8.34	polar	92.18	polar	34.43
Mars	4.68	Saturn: equatorial	83.10	Neptune: equatorial	34.14
		polar	74.96	polar	33.56

The difference in transit times of the limb and center of a planet in seconds of time is given approximately by:

$$\text{difference in transit time} = (s \text{ in seconds of arc}) / 15 \cos \delta$$

where the sidereal motion of the planet is ignored.

The equatorial horizontal parallax of a planet is given by $8''.794\,143$ divided by its distance in au; formulas for the corrections for diurnal parallax are given on page B85.

NOTES AND FORMULAS

Time of transit of a planet

The transit times that are tabulated on pages E46–E53 are expressed in terrestrial time (TT) and refer to the transits over the ephemeris meridian; for most purposes this may be regarded as giving the universal time (UT) of transit over the Greenwich meridian.

The UT of transit over a local meridian is given by:

$$\text{time of ephemeris transit} - (\lambda/24) \times \text{first difference}$$

with an error that is usually less than 1 second, where λ is the *east* longitude in hours and the first difference is about 24 hours.

Times of rising and setting

Approximate times of the rising and setting of a planet at a place with latitude φ may be obtained from the time of transit by applying the value of the hour angle h of the point on the horizon at the same declination δ as the planet; h is given by:

$$\cos h = -\tan \varphi \tan \delta$$

This ignores the sidereal motion of the planet during the interval between transit and rising or setting and the effects of refraction (~ 2.25 minutes). Similarly, the time at which a planet reaches a zenith distance z may be obtained by determining the corresponding hour angle h:

$$\cos h = -\tan \varphi \tan \delta + \sec \varphi \sec \delta \cos z$$

and applying h to the time of transit.

Ephemeris for physical observations

Explanatory information for data presented in the ephemeris for physical observations (E54–E79) of the planets and the planetary central meridians (E80–E87) is given here. Additional information is given in the Notes and References section, on page L10.

The tabulated surface brightness is the average visual magnitude of an area of one square arcsecond of the illuminated portion of the apparent disk. For a few days around inferior and superior conjunctions, the tabulated surface brightness and magnitude of Mercury and Venus are unknown; surface brightness values are given for phase angles $2°\!.1 < \phi < 169°\!.5$ for Mercury and $2°\!.2 < \phi < 170°\!.2$ for Venus. For Saturn the magnitude includes the contribution due to the rings, but the surface brightness applies only to the disk of the planet.

The diagram illustrates many of the quantities tabulated. The primary reference points are the sub-Earth point, e (center of disk); the sub-solar point, s; and the north pole, n. Points e and s are on the lines of sight (taking into account light-time and aberration) between the center of a planet and the centers of the Earth and Sun, respectively. (For an oblate planet, the Earth and Sun would not appear exactly at the zeniths of these two points). For points e and s, planetographic longitudes, λ_e and λ_s, and planetographic latitudes, β_e and β_s, are given. For points s and n, apparent distances from the center of the disk, d_s and d_n, and apparent position angles, p_s and p_n, are given.

The phase is the ratio of the apparent illuminated area of the disk to the total area of the disk, as seen from the Earth. The phase angle is the planetocentric elongation of the Earth from the Sun. The defect of illumination, q, is the length of the unilluminated section of the diameter passing through e and s. The position angle of q can be computed by adding $180°$ to p_s. Phase and q are based on the geometric terminator, defined by the plane crossing through the planet's center of mass, orthogonal to the direction of the Sun. Both the phase and length of q assume that the change in their values caused by the flattening of the planet is insignificant.

The angle W of the prime meridian is measured counterclockwise (when viewed from above the planet's north pole) along the planet's equator from the ascending node of the planet's equator

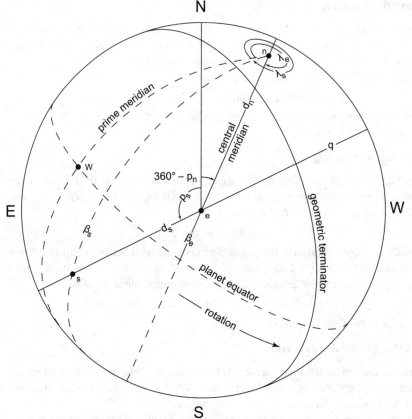

Diagram illustrating the Planetocentric Coordinate System

on the ICRS equator. For a planet with direct rotation (counterclockwise viewed from the planet's north pole), W increases with time. Values of W and its rate of change are given on page E5.

Position angles are measured east from north on the celestial sphere, with north defined by the great circle on the celestial sphere passing through the center of the planet's apparent disk and the true celestial pole of date. Planetographic longitude is reckoned from the prime meridian and increases from $0°$ to $360°$ in the direction opposite rotation. Planetographic latitude is the angle between the planet's equator and the normal to the reference spheroid at the point. Latitudes north of the equator are positive. For points near the limb, sign of the distance may change abruptly as distances are positive in the visible hemisphere and negative on the far side of the planet. Distance and position angle vary rapidly at points close to e and may appear to be discontinuous.

The planetocentric orbital longitude of the Sun, L_s, is measured eastward in the planet's orbital plane from the planet's vernal equinox. Instantaneous orbital and equatorial planes are used in computing L_s. Values of L_s of $0,°$ $90,°$ $180,°$ and $270°$ correspond to the beginning of spring, summer, autumn and winter, for the planet's northern hemisphere.

Planetary central meridians are sub-Earth planetocentric longitudes; none are given for Uranus and Neptune since their rotational periods are not well known. Jupiter has three longitude systems, corresponding to different apparent rates of rotation: System I applies to the visible cloud layer in the equatorial region; System II applies to the visible cloud layer at higher latitudes; System III, used in the physical ephemeris, applies to the origin of the radio emissions. For Saturn, data from the Cassini mission calls into question its rotation rate.

ROTATION ELEMENTS REFERRED TO THE ICRS
at 2015 JANUARY 0, 0^h TDB

Planet	North Pole Right Ascension α_1 °	North Pole Declination δ_1 °	Argument of Prime Meridian at epoch W_0 °	Argument of Prime Meridian var./day $\dot{W}$ °	Longitude of Central Meridian λ_e °	Inclination of Equator to Orbit °
Mercury	281.00	+ 61.41	113.18	+ 6.1385025	11.24	+ 0.04
Venus	272.76	+ 67.16	326.00	− 1.4813688	146.73	+ 2.64
Mars	317.67	+ 52.88	147.46	+ 350.8919823	48.15	+ 25.19
Jupiter I	268.06	+ 64.50	244.35	+ 877.9000000	257.89	+ 3.12
II	268.06	+ 64.50	187.23	+ 870.2700000	200.96	+ 3.12
III	268.06	+ 64.50	85.89	+ 870.5360000	99.62	+ 3.12
Saturn	40.58	+ 83.54	202.50	+ 810.7939024	223.32	+ 26.73
Uranus	257.31	− 15.18	99.40	− 501.1600928	20.69	+ 82.23
Neptune	299.43	+ 42.95	306.76	+ 536.3128492	79.86	+ 28.34

These data were derived from the "Report of the IAU/IAG Working Group on Cartographic Coordinates and Rotational Elements: 2009" (Archinal *et al.*, *Celest. Mech.*, **109**, 101, 2011) and its erratum (Archinal *et al.*, *Celest. Mech.*, **110**, 401, 2011). There is evidence that the variation in the radio emissions of Saturn are not anchored in the bulk of Saturn, and show variation in its period on the order of 1% over a time span of several years.

DEFINITIONS AND FORMULAS

α_1, δ_1 right ascension and declination of the north pole of the planet; variations during one year are negligible.
W_0 the angle measured from the planet's equator in the positive sense with respect to the planet's north pole from the ascending node of the planet's equator on the Earth's mean equator of date to the prime meridian of the planet.
$\dot{W}$ the daily rate of change of W_0. Sidereal periods of rotation are given on page E6.

Given:

α, δ: apparent right ascension and declination of planet, i.e., the center of the disk (pages E18–E45).
s: apparent equatorial diameter (pages E54–E79).
p_n: position angle of north pole (or central meridian or axis) (pages E54–E79).
λ_e: planetographic longitude of sub-Earth point (or central meridian) (pages E54–E77 or E80–E87).
β_e: planetographic latitude of sub-Earth point (pages E54–E77).
$\dot{W}$: from the above table and the flattening f from the table on page E6.

To compute the displacements $\Delta\alpha$, $\Delta\delta$ in right ascension and declination, measured from the center of the disk, of a feature at planetographic longitude λ and planetographic latitude ϕ, first compute the planetocentric quantities ϕ', β_e', λ', and λ_e', and the quantity s'. The formulas on the right may be used for planets where the flattening f is small and can be ignored [1]:

$$\tan\phi' = (1-f)^2 \tan\phi \qquad\qquad \phi' = \phi$$
$$\tan\beta_e' = (1-f)^2 \tan\beta_e \qquad\qquad \beta_e' = \beta_e$$
$$\lambda' = 360° - \lambda \;\; \text{if } \dot{W} \text{ is positive}; \quad \lambda' = \lambda \;\; \text{if } \dot{W} \text{ is negative} \qquad \lambda' \quad \text{as at left}$$
$$\lambda_e' = 360° - \lambda_e \;\; \text{if } \dot{W} \text{ is positive}; \quad \lambda_e' = \lambda_e \;\; \text{if } \dot{W} \text{ is negative} \qquad \lambda_e' \quad \text{as at left}$$
$$s' = \tfrac{1}{2} s (1 - f \sin^2\phi') \qquad\qquad s' = \tfrac{1}{2} s$$

Then compute the quantities X, Y, and Z:

$$X = s' \cos\phi' \sin(\lambda' - \lambda_e')$$
$$Y = s' (\sin\phi' \cos\beta_e' - \cos\phi' \sin\beta_e' \cos(\lambda' - \lambda_e'))$$
$$Z = s' (\sin\phi' \sin\beta_e' + \cos\phi' \cos\beta_e' \cos(\lambda' - \lambda_e'))$$

Finally,

$$\Delta\alpha \cos\delta = -X \cos p_n + Y \sin p_n$$
$$\Delta\delta = X \sin p_n + Y \cos p_n$$

If Z is positive, the feature is on the near (visible) side of the planet; if Z is negative, it is on the far side. If $|Z| < 0.1\,s'$, the feature is on or very near the limb.

---

[1] The flattening is negligible if only one apparent diameter is given, or if the difference between the apparent equatorial and polar diameters is not significant to the precision required.

PLANETS

PHYSICAL AND PHOTOMETRIC DATA

Planet	Mass[1]	Mean Equatorial Radius	Minimum Geocentric Distance[2]	Flattening[3,4] (geometric)	Coefficients of the Potential		
					J_2	J_3	J_4
	kg	km	au		10^{-3}	10^{-6}	10^{-6}
Mercury	3.301 0 x 10^{23}	2 439.7	0.549	0	—	—	—
Venus	4.867 3 x 10^{24}	6 051.8	0.265	0	0.027	—	—
Earth	5.972 1 x 10^{24}	6 378.14	—	0.003 352 81	1.082 64	– 2.54	– 1.61
(Moon)	7.345 8 x 10^{22}	1 737.4	0.002 38	0	0.202 7	—	—
Mars	6.416 9 x 10^{23}	3 396.19	0.373	0.005 886	1.964	36	—
Jupiter	1.898 1 x 10^{27}	71 492	3.945	0.064 874	14.75	—	– 580
Saturn	5.683 1 x 10^{26}	60 268	8.032	0.097 962	16.45	—	– 1 000
Uranus	8.680 9 x 10^{25}	25 559	17.292	0.022 927	12	—	—
Neptune	1.024 1 x 10^{26}	24 764	28.814	0.017 081	4	—	—

Planet	Period of Rotation[5]	Mean Density	Maximum Angular Diameter[6]	Geometric Albedo[7]	Visual Magnitude[8]		Color Indices	
					$V(1,0)$	V_0	$B-V$	$U-B$
	d	g/cm^3	"					
Mercury	+ 58.646 225 2	5.43	12.3	0.106	– 0.60	—	0.93	0.41
Venus	– 243.018 5	5.24	63.0	0.65	– 4.47	—	0.82	0.50
Earth	+ 0.997 269 566	5.513	—	0.367	– 3.86	—	—	—
(Moon)	+ 27.321 66	3.34	2 010.7	0.12	+ 0.21	– 12.74	0.92	0.46
Mars	+ 1.025 956 76	3.93	25.1	0.150	– 1.52	– 2.01	1.36	0.58
Jupiter	+ 0.413 54 (System III)	1.33	49.9	0.52	– 9.40	– 2.70	0.83	0.49
Saturn	+ 0.444 01	0.69	20.7	0.47	– 8.88	+ 0.67	1.04	0.58
Uranus	– 0.718 33	1.27	4.1	0.51	– 7.19	+ 5.52	0.56	0.28
Neptune	+ 0.671 25	1.64	2.4	0.41	– 6.87	+ 7.84	0.41	0.21

NOTES TO TABLE

[1] Values for the masses include the atmospheres but exclude satellites. Values are derived from mass ratios and the value of GM_s found on page K6.

[2] The tabulated minimum geocentric distance applies to the interval 1950 to 2050.

[3] The flattening is the ratio of the difference of the mean equatorial and polar radii to the equatorial radius.

[4] The flattening for Mars is calculated by using the average of its north and south polar radii.

[5] Except for the Earth, the period of rotation is the time required for the zero meridian of the planet to twice cross the XY-plane of the ICRS. The length of the sidereal day is given for the Earth because its equator is nearly coincident with the XY-plane (see B9). A negative sign indicates that the rotation is retrograde with respect to the pole that lies north of the invariable plane of the solar system. The period is measured in days of 86 400 SI seconds. Rotation elements are tabulated on page E5. The rotation rates of Uranus and Neptune were determined from the Voyager mission in 1986 and 1989. The uncertainty of those rotation rates are such that the uncertainty in the rotation angle is more than a complete rotation in each case.

[6] The tabulated maximum angular diameter is based on the equatorial diameter when the planet is at the tabulated minimum geocentric distance.

[7] The geometric albedo is the ratio of the illumination of the planet at zero phase angle to the illumination produced by a plane, absolutely white Lambert surface of the same radius and position as the planet.

[8] $V(1,0)$ is the visual magnitude of the planet reduced to a distance of 1 au from both the Sun and Earth and with phase angle zero. V_0 is the mean opposition magnitude. For Saturn the photometric quantities refer to the disk only. Mercury and Venus values are valid over a range in phase angles (see page E3).

Data for the mean equatorial radius, flattening and sidereal period of rotation are based on the "Report of the IAU/IAG Working Group on Cartographic Coordinates and Rotational Elements: 2009" (Archinal *et al.*, *Celest. Mech.*, **109**, 101, 2011) and its erratum (Archinal *et al.*, *Celest. Mech.*, **110**, 401, 2011).

HELIOCENTRIC COORDINATES AND VELOCITY COMPONENTS
REFERRED TO THE MEAN EQUATOR AND EQUINOX OF J2000.0

Julian Date (TDB) 245	x	y	z	$\dot{x}$	$\dot{y}$	$\dot{z}$
MERCURY	au	au	au	au/day	au/day	au/day
7040.5	+ 0.186 9204	+ 0.228 0898	+ 0.102 4641	− 0.028 124 69	+ 0.014 900 07	+ 0.010 875 08
7077.5	− 0.307 7705	− 0.302 3347	− 0.129 5963	+ 0.014 826 04	− 0.015 328 47	− 0.009 725 26
7114.5	+ 0.356 8004	− 0.095 5490	− 0.088 0302	+ 0.003 674 75	+ 0.024 800 88	+ 0.012 867 31
7151.5	− 0.385 8127	− 0.012 9143	+ 0.033 0983	− 0.005 948 35	− 0.024 045 08	− 0.012 227 89
7188.5	+ 0.165 6217	− 0.358 1186	− 0.208 4719	+ 0.020 464 77	+ 0.011 298 30	+ 0.003 913 83
7225.5	− 0.106 0868	+ 0.257 7502	+ 0.148 6846	− 0.032 130 05	− 0.008 658 31	− 0.001 294 26
7262.5	− 0.140 6880	− 0.397 9847	− 0.198 0132	+ 0.021 169 09	− 0.005 509 14	− 0.005 137 49
7299.5	+ 0.299 4635	+ 0.132 5501	+ 0.039 7616	− 0.017 211 95	+ 0.023 103 36	+ 0.014 125 86
7336.5	− 0.367 1808	− 0.216 0019	− 0.077 3203	+ 0.009 104 83	− 0.019 699 82	− 0.011 467 28
7373.5	+ 0.317 6917	− 0.209 1616	− 0.144 6660	+ 0.011 824 44	+ 0.021 174 14	+ 0.010 085 14
VENUS						
7040.5	+ 0.704 6213	− 0.143 5370	− 0.109 1671	+ 0.004 775 20	+ 0.017 930 29	+ 0.007 765 26
7077.5	+ 0.510 6253	+ 0.478 0689	+ 0.182 7887	− 0.014 374 15	+ 0.012 626 85	+ 0.006 590 76
7114.5	− 0.181 8761	+ 0.629 9378	+ 0.294 9378	− 0.019 636 58	− 0.005 221 23	− 0.001 106 69
7151.5	− 0.692 6890	+ 0.156 3631	+ 0.114 1829	− 0.005 421 42	− 0.018 004 83	− 0.007 757 92
7188.5	− 0.516 4945	− 0.473 5354	− 0.180 3779	+ 0.014 014 62	− 0.012 939 18	− 0.006 708 54
7225.5	+ 0.166 2178	− 0.642 0232	− 0.299 3848	+ 0.019 554 89	+ 0.004 601 38	+ 0.000 832 98
7262.5	+ 0.689 7874	− 0.191 4880	− 0.129 8018	+ 0.006 223 00	+ 0.017 582 15	+ 0.007 517 09
7299.5	+ 0.547 9894	+ 0.442 6454	+ 0.164 4901	− 0.013 254 04	+ 0.013 599 89	+ 0.006 957 72
7336.5	− 0.128 2878	+ 0.642 2344	+ 0.297 0826	− 0.019 969 79	− 0.003 851 57	− 0.000 469 42
7373.5	− 0.676 0065	+ 0.204 5722	+ 0.134 8175	− 0.006 894 51	− 0.017 616 70	− 0.007 490 19
EARTH*						
7040.5	− 0.451 9078	+ 0.801 7748	+ 0.347 5820	− 0.015 561 83	− 0.007 310 39	− 0.003 169 11
7077.5	− 0.895 6062	+ 0.386 0149	+ 0.167 3458	− 0.007 595 17	− 0.014 346 59	− 0.006 219 42
7114.5	− 0.978 4964	− 0.186 3244	− 0.080 7708	+ 0.003 216 07	− 0.015 515 07	− 0.006 726 00
7151.5	− 0.677 2075	− 0.686 7101	− 0.297 6957	+ 0.012 477 51	− 0.010 649 95	− 0.004 616 94
7188.5	− 0.116 7980	− 0.925 7196	− 0.401 3115	+ 0.016 810 47	− 0.001 874 38	− 0.000 812 63
7225.5	+ 0.487 7925	− 0.817 7684	− 0.354 5153	+ 0.014 812 27	+ 0.007 519 01	+ 0.003 259 54
7262.5	+ 0.909 4301	− 0.403 7212	− 0.175 0225	+ 0.007 213 29	+ 0.014 150 16	+ 0.006 134 22
7299.5	+ 0.984 5803	+ 0.163 1710	+ 0.070 7311	− 0.003 338 20	+ 0.015 474 71	+ 0.006 708 47
7336.5	+ 0.674 9104	+ 0.665 0976	+ 0.288 3231	− 0.012 871 94	+ 0.010 697 16	+ 0.004 637 40
7373.5	+ 0.094 5343	+ 0.898 7603	+ 0.389 6213	− 0.017 405 01	+ 0.001 457 10	+ 0.000 631 76
MARS						
7040.5	+ 1.390 249	− 0.003 173	− 0.038 988	+ 0.000 723 690	+ 0.013 816 082	+ 0.006 317 525
7113.5	+ 1.063 669	+ 0.915 927	+ 0.391 395	− 0.009 030 252	+ 0.010 283 931	+ 0.004 960 758
7186.5	+ 0.209 192	+ 1.398 801	+ 0.635 945	− 0.013 334 093	+ 0.002 666 867	+ 0.001 583 203
7259.5	− 0.742 650	+ 1.309 901	+ 0.620 866	− 0.011 922 228	− 0.004 838 372	− 0.001 897 376
7332.5	− 1.435 333	+ 0.751 553	+ 0.383 465	− 0.006 555 229	− 0.009 951 939	− 0.004 387 736
JUPITER						
7040.5	− 3.821 606	+ 3.375 141	+ 1.539 719	− 0.005 350 720	− 0.004 701 664	− 0.001 885 002
7113.5	− 4.191 672	+ 3.014 969	+ 1.394 348	− 0.004 780 460	− 0.005 156 559	− 0.002 093 865
7186.5	− 4.518 523	+ 2.623 703	+ 1.234 598	− 0.004 167 882	− 0.005 553 082	− 0.002 278 742
7259.5	− 4.799 322	+ 2.205 698	+ 1.062 265	− 0.003 519 909	− 0.005 888 870	− 0.002 438 445
7332.5	− 5.031 728	+ 1.765 443	+ 0.879 217	− 0.002 843 072	− 0.006 162 419	− 0.002 572 174
SATURN						
7040.5	− 5.333 552	− 7.850 107	− 3.012 834	+ 0.004 401 934	− 0.002 712 569	− 0.001 310 109
7113.5	− 5.008 023	− 8.041 824	− 3.106 050	+ 0.004 515 462	− 0.002 539 350	− 0.001 243 445
7186.5	− 4.674 475	− 8.220 766	− 3.194 334	+ 0.004 621 561	− 0.002 362 578	− 0.001 174 994
7259.5	− 4.333 466	− 8.386 680	− 3.277 557	+ 0.004 719 842	− 0.002 182 507	− 0.001 104 839
7332.5	− 3.985 570	− 8.539 346	− 3.355 605	+ 0.004 810 288	− 0.001 999 683	− 0.001 033 213
URANUS						
7040.5	+19.285 52	+ 4.965 76	+ 1.902 21	− 0.001 076 872	+ 0.003 295 026	+ 0.001 458 437
7162.5	+19.148 91	+ 5.366 30	+ 2.079 58	− 0.001 162 603	+ 0.003 270 986	+ 0.001 449 113
7284.5	+19.001 87	+ 5.763 83	+ 2.255 77	− 0.001 247 871	+ 0.003 245 528	+ 0.001 439 162
NEPTUNE						
7040.5	+27.547 47	−10.664 56	− 5.050 81	+ 0.001 210 678	+ 0.002 694 749	+ 0.001 072 723
7162.5	+27.692 97	−10.334 98	− 4.919 55	+ 0.001 174 650	+ 0.002 708 139	+ 0.001 079 084
7284.5	+27.834 07	−10.003 77	− 4.787 51	+ 0.001 138 373	+ 0.002 721 514	+ 0.001 085 457

*Values labelled for the Earth are actually for the Earth/Moon barycenter (see note on page E2).

PLANETS, 2015

HELIOCENTRIC OSCULATING ORBITAL ELEMENTS
REFERRED TO THE MEAN EQUINOX AND ECLIPTIC OF J2000.0

Julian Date (TDB) 245	Inclin- ation i	Longitude Asc. Node Ω	Longitude Perihelion ϖ	Semimajor Axis a	Daily Motion n	Eccen- tricity e	Mean Longitude L
MERCURY	°	°	°	au	°		°
7040.5	7.004 04	48.3118	77.4816	0.387 0983	4.092 344	0.205 6247	61.700 34
7065.5	7.004 04	48.3117	77.4814	0.387 0989	4.092 336	0.205 6272	164.008 61
7090.5	7.004 04	48.3116	77.4812	0.387 0988	4.092 337	0.205 6271	266.317 05
7115.5	7.004 04	48.3115	77.4815	0.387 0988	4.092 337	0.205 6254	8.625 24
7140.5	7.004 04	48.3115	77.4818	0.387 0989	4.092 335	0.205 6260	110.933 74
7165.5	7.004 05	48.3113	77.4811	0.387 0983	4.092 344	0.205 6301	213.241 79
7190.5	7.004 04	48.3112	77.4812	0.387 0979	4.092 351	0.205 6312	315.550 42
7215.5	7.004 04	48.3111	77.4813	0.387 0978	4.092 353	0.205 6309	57.859 19
7240.5	7.004 04	48.3111	77.4809	0.387 0980	4.092 350	0.205 6326	160.167 76
7265.5	7.004 05	48.3110	77.4803	0.387 0971	4.092 363	0.205 6339	262.476 79
7290.5	7.004 04	48.3109	77.4796	0.387 0981	4.092 349	0.205 6323	4.785 74
7315.5	7.004 04	48.3109	77.4791	0.387 0977	4.092 354	0.205 6302	107.094 26
7340.5	7.004 05	48.3108	77.4793	0.387 0979	4.092 351	0.205 6310	209.402 96
7365.5	7.004 04	48.3108	77.4793	0.387 0984	4.092 343	0.205 6295	311.711 59
7390.5	7.004 04	48.3107	77.4794	0.387 0981	4.092 348	0.205 6275	54.020 00
VENUS							
7040.5	3.394 48	76.6398	131.265	0.723 3308	1.602 135	0.006 7525	346.487 53
7065.5	3.394 48	76.6397	131.313	0.723 3264	1.602 150	0.006 7550	26.540 95
7090.5	3.394 49	76.6397	131.336	0.723 3246	1.602 156	0.006 7560	66.594 89
7115.5	3.394 48	76.6397	131.316	0.723 3272	1.602 147	0.006 7588	106.648 71
7140.5	3.394 48	76.6395	131.290	0.723 3296	1.602 139	0.006 7618	146.701 99
7165.5	3.394 48	76.6393	131.264	0.723 3272	1.602 147	0.006 7600	186.755 40
7190.5	3.394 48	76.6392	131.257	0.723 3264	1.602 150	0.006 7579	226.809 32
7215.5	3.394 47	76.6392	131.313	0.723 3319	1.602 132	0.006 7536	266.862 94
7240.5	3.394 41	76.6386	131.418	0.723 3423	1.602 097	0.006 7430	306.914 98
7265.5	3.394 37	76.6364	131.542	0.723 3415	1.602 100	0.006 7402	346.965 75
7290.5	3.394 39	76.6352	131.663	0.723 3318	1.602 132	0.006 7438	27.018 02
7315.5	3.394 40	76.6350	131.741	0.723 3253	1.602 154	0.006 7447	67.071 78
7340.5	3.394 40	76.6350	131.760	0.723 3246	1.602 156	0.006 7458	107.125 91
7365.5	3.394 40	76.6348	131.747	0.723 3275	1.602 146	0.006 7498	147.179 54
7390.5	3.394 40	76.6346	131.719	0.723 3272	1.602 147	0.006 7516	187.232 79
EARTH[*]							
7040.5	0.001 88	174.9	103.0650	1.000 0022	0.985 607 2	0.016 6940	116.878 71
7065.5	0.001 89	174.7	103.0484	1.000 0081	0.985 598 5	0.016 7029	141.517 85
7090.5	0.001 90	174.6	103.0239	1.000 0049	0.985 603 3	0.016 7064	166.157 05
7115.5	0.001 91	174.6	102.9993	0.999 9983	0.985 613 0	0.016 7076	190.796 92
7140.5	0.001 91	174.6	102.9901	0.999 9959	0.985 616 5	0.016 7070	215.437 42
7165.5	0.001 91	174.4	102.9900	0.999 9984	0.985 612 9	0.016 7026	240.078 20
7190.5	0.001 91	174.4	102.9878	1.000 0029	0.985 606 2	0.016 6970	264.718 83
7215.5	0.001 91	174.4	102.9798	1.000 0049	0.985 603 2	0.016 6946	289.359 25
7240.5	0.001 93	173.6	102.9664	1.000 0031	0.985 605 9	0.016 6981	313.999 93
7265.5	0.002 01	172.3	102.9359	1.000 0066	0.985 600 7	0.016 7016	338.641 03
7290.5	0.002 06	172.2	102.9169	1.000 0111	0.985 594 0	0.016 7028	3.281 36
7315.5	0.002 07	172.3	102.9285	1.000 0077	0.985 599 0	0.016 7040	27.921 43
7340.5	0.002 07	172.4	102.9509	1.000 0011	0.985 608 9	0.016 7022	52.561 68
7365.5	0.002 07	172.5	102.9668	0.999 9966	0.985 615 5	0.016 7002	77.202 25
7390.5	0.002 07	172.6	102.9733	0.999 9976	0.985 614 0	0.016 7018	101.842 86

[*]Values labelled for the Earth are actually for the Earth/Moon barycenter (see note on page E2).

FORMULAS

Mean anomaly, $M = L - \varpi$

Argument of perihelion, measured from node, $\omega = \varpi - \Omega$

True anomaly, $\quad v = M + (2e - e^3/4)\sin M + (5e^2/4)\sin 2M + (13e^3/12)\sin 3M + \ldots$ in radians.

Planet-Sun distance, $\quad r = a(1 - e^2)/(1 + e\cos v)$

Heliocentric rectangular coordinates, referred to the ecliptic, may be computed from these elements by:

$$x = r\{\cos(v + \omega)\cos\Omega - \sin(v + \omega)\cos i \sin\Omega\}$$
$$y = r\{\cos(v + \omega)\sin\Omega + \sin(v + \omega)\cos i \cos\Omega\}$$
$$z = r\sin(v + \omega)\sin i$$

PLANETS, 2015

HELIOCENTRIC OSCULATING ORBITAL ELEMENTS
REFERRED TO THE MEAN EQUINOX AND ECLIPTIC OF J2000.0

Julian Date (TDB) 245	Inclination i	Longitude Asc. Node Ω	Longitude Perihelion ϖ	Semimajor Axis a	Daily Motion n	Eccentricity e	Mean Longitude L
	°	°	°	au	°		°
MARS							
7040.5	1.848 40	49.5130	336.0620	1.523 6657	0.524 047 7	0.093 4937	355.269 95
7077.5	1.848 41	49.5128	336.0563	1.523 6323	0.524 064 9	0.093 4760	14.660 21
7114.5	1.848 42	49.5127	336.0487	1.523 6034	0.524 079 9	0.093 4632	34.051 22
7151.5	1.848 42	49.5127	336.0414	1.523 5812	0.524 091 3	0.093 4555	53.442 85
7188.5	1.848 40	49.5125	336.0417	1.523 5819	0.524 091 0	0.093 4540	72.834 37
7225.5	1.848 39	49.5121	336.0539	1.523 6130	0.524 074 9	0.093 4477	92.225 21
7262.5	1.848 38	49.5114	336.0735	1.523 6642	0.524 048 5	0.093 4312	111.614 45
7299.5	1.848 37	49.5107	336.0963	1.523 7263	0.524 016 5	0.093 4036	131.001 52
7336.5	1.848 38	49.5096	336.1148	1.523 7738	0.523 991 9	0.093 3767	150.386 87
7373.5	1.848 39	49.5086	336.1294	1.523 7837	0.523 986 8	0.093 3680	169.771 50
JUPITER							
7040.5	1.303 75	100.5137	14.3242	5.202 257	0.083 104 58	0.048 9076	130.994 57
7077.5	1.303 75	100.5138	14.3301	5.202 295	0.083 103 65	0.048 9010	134.069 79
7114.5	1.303 75	100.5140	14.3284	5.202 307	0.083 103 37	0.048 8940	137.145 38
7151.5	1.303 74	100.5135	14.3151	5.202 270	0.083 104 26	0.048 8904	140.221 37
7188.5	1.303 74	100.5132	14.2910	5.202 153	0.083 107 07	0.048 9017	143.296 82
7225.5	1.303 74	100.5133	14.2778	5.202 056	0.083 109 37	0.048 9178	146.371 35
7262.5	1.303 74	100.5135	14.2762	5.202 008	0.083 110 54	0.048 9304	149.445 51
7299.5	1.303 75	100.5139	14.2895	5.202 047	0.083 109 60	0.048 9304	152.519 56
7336.5	1.303 74	100.5132	14.3030	5.202 143	0.083 107 31	0.048 9152	155.594 61
7373.5	1.303 73	100.5127	14.3038	5.202 197	0.083 106 00	0.048 9021	158.670 38
SATURN							
7040.5	2.487 90	113.5720	92.8273	9.539 361	0.033 473 08	0.054 9505	233.803 06
7077.5	2.487 90	113.5723	92.9249	9.540 483	0.033 467 17	0.054 8681	235.038 25
7114.5	2.487 88	113.5728	93.0228	9.541 696	0.033 460 79	0.054 7727	236.273 82
7151.5	2.487 88	113.5729	93.1176	9.542 998	0.033 453 95	0.054 6625	237.510 15
7188.5	2.487 85	113.5735	93.1907	9.544 181	0.033 447 73	0.054 5533	238.747 92
7225.5	2.487 83	113.5743	93.2470	9.545 129	0.033 442 74	0.054 4641	239.985 57
7262.5	2.487 80	113.5750	93.2987	9.545 968	0.033 438 33	0.054 3863	241.222 57
7299.5	2.487 78	113.5757	93.3555	9.546 770	0.033 434 12	0.054 3163	242.458 24
7336.5	2.487 78	113.5756	93.4283	9.547 792	0.033 428 75	0.054 2268	243.693 07
7373.5	2.487 76	113.5759	93.4998	9.548 963	0.033 422 60	0.054 1175	244.928 65
URANUS							
7040.5	0.772 47	73.9239	170.9233	19.143 17	0.011 775 06	0.049 9708	17.854 88
7113.5	0.772 46	73.9245	171.1986	19.137 09	0.011 780 68	0.050 2203	18.701 74
7186.5	0.772 40	73.9322	171.5008	19.131 89	0.011 785 48	0.050 4010	19.543 11
7259.5	0.772 36	73.9362	171.7313	19.128 61	0.011 788 51	0.050 4949	20.387 06
7332.5	0.772 33	73.9397	171.9632	19.124 36	0.011 792 44	0.050 6472	21.234 48
NEPTUNE							
7040.5	1.771 86	131.8131	73.556	29.940 47	0.006 020 150	0.008 6006	337.813 25
7113.5	1.771 98	131.8149	74.801	29.935 67	0.006 021 600	0.008 3881	338.226 08
7186.5	1.772 13	131.8172	75.222	29.934 73	0.006 021 881	0.008 1327	338.635 74
7259.5	1.772 17	131.8178	75.086	29.935 97	0.006 021 506	0.007 9284	339.052 33
7332.5	1.772 26	131.8193	75.611	29.934 44	0.006 021 971	0.007 7396	339.469 45

MERCURY, 2015

HELIOCENTRIC POSITIONS FOR 0ʰ BARYCENTRIC DYNAMICAL TIME
MEAN EQUINOX AND ECLIPTIC OF DATE

Date		Longitude	Latitude	True Heliocentric Distance	Date		Longitude	Latitude	True Heliocentric Distance
		° ′ ″	° ′ ″	au			° ′ ″	° ′ ″	au
Jan.	0	325 18 33.3	− 6 57 23.0	0.402 2975	Feb.	15	198 32 48.9	+ 3 30 42.6	0.414 1708
	1	329 05 41.4	− 6 53 13.6	0.396 8591		16	201 59 24.0	+ 3 08 25.6	0.419 0749
	2	332 59 07.8	− 6 47 05.6	0.391 2973		17	205 21 09.2	+ 2 45 59.5	0.423 7848
	3	336 59 14.8	− 6 38 50.4	0.385 6341		18	208 38 26.5	+ 2 23 29.3	0.428 2885
	4	341 06 25.0	− 6 28 19.6	0.379 8942		19	211 51 36.8	+ 2 00 59.0	0.432 5756
	5	345 21 00.6	− 6 15 24.5	0.374 1051		20	215 01 00.3	+ 1 38 32.3	0.436 6366
	6	349 43 23.2	− 5 59 56.8	0.368 2973		21	218 06 56.1	+ 1 16 12.2	0.440 4634
	7	354 13 53.2	− 5 41 48.7	0.362 5041		22	221 09 42.5	+ 0 54 01.5	0.444 0489
	8	358 52 49.3	− 5 20 53.3	0.356 7623		23	224 09 37.0	+ 0 32 02.4	0.447 3866
	9	3 40 27.9	− 4 57 05.4	0.351 1118		24	227 06 56.3	+ 0 10 16.9	0.450 4710
	10	8 37 01.8	− 4 30 21.3	0.345 5957		25	230 01 56.5	− 0 11 13.2	0.453 2974
	11	13 42 40.0	− 4 00 40.4	0.340 2600		26	232 54 52.9	− 0 32 26.3	0.455 8615
	12	18 57 26.1	− 3 28 05.2	0.335 1534		27	235 46 00.4	− 0 53 21.1	0.458 1598
	13	24 21 17.5	− 2 52 42.3	0.330 3265		28	238 35 33.3	− 1 13 56.2	0.460 1891
	14	29 54 04.0	− 2 14 43.2	0.325 8314	Mar.	1	241 23 45.3	− 1 34 10.6	0.461 9467
	15	35 35 27.0	− 1 34 24.7	0.321 7202		2	244 10 49.9	− 1 54 03.1	0.463 4306
	16	41 24 58.3	− 0 52 09.3	0.318 0445		3	246 57 00.2	− 2 13 32.7	0.464 6390
	17	47 21 59.6	− 0 08 25.4	0.314 8530		4	249 42 29.1	− 2 32 38.4	0.465 5703
	18	53 25 41.7	+ 0 36 13.3	0.312 1908		5	252 27 29.0	− 2 51 19.1	0.466 2236
	19	59 35 05.1	+ 1 21 08.0	0.310 0973		6	255 12 12.4	− 3 09 33.7	0.466 5980
	20	65 49 00.2	+ 2 05 36.8	0.308 6048		7	257 56 51.5	− 3 27 21.2	0.466 6932
	21	72 06 08.7	+ 2 48 56.0	0.307 7370		8	260 41 38.7	− 3 44 40.4	0.466 5091
	22	78 25 05.5	+ 3 30 21.9	0.307 5080		9	263 26 46.0	− 4 01 30.1	0.466 0459
	23	84 44 21.2	+ 4 09 13.4	0.307 9214		10	266 12 25.7	− 4 17 48.9	0.465 3040
	24	91 02 24.6	+ 4 44 53.8	0.308 9707		11	268 58 50.1	− 4 33 35.5	0.464 2844
	25	97 17 46.0	+ 5 16 52.2	0.310 6387		12	271 46 11.7	− 4 48 48.1	0.462 9882
	26	103 28 59.9	+ 5 44 45.3	0.312 8993		13	274 34 43.0	− 5 03 25.2	0.461 4170
	27	109 34 47.9	+ 6 08 17.6	0.315 7180		14	277 24 37.0	− 5 17 24.7	0.459 5726
	28	115 34 00.6	+ 6 27 21.4	0.319 0535		15	280 16 06.9	− 5 30 44.6	0.457 4575
	29	121 25 39.3	+ 6 41 56.6	0.322 8596		16	283 09 26.0	− 5 43 22.6	0.455 0743
	30	127 08 56.6	+ 6 52 09.4	0.327 0864		17	286 04 48.3	− 5 55 16.1	0.452 4263
	31	132 43 16.8	+ 6 58 11.4	0.331 6823		18	289 02 28.0	− 6 06 22.3	0.449 5173
Feb.	1	138 08 15.4	+ 7 00 18.2	0.336 5949		19	292 02 40.1	− 6 16 38.0	0.446 3517
	2	143 23 38.2	+ 6 58 48.1	0.341 7726		20	295 05 39.7	− 6 25 59.9	0.442 9346
	3	148 29 20.3	+ 6 54 00.9	0.347 1650		21	298 11 42.8	− 6 34 24.2	0.439 2716
	4	153 25 24.6	+ 6 46 17.3	0.352 7244		22	301 21 05.9	− 6 41 46.7	0.435 3695
	5	158 12 00.7	+ 6 35 57.5	0.358 4055		23	304 34 06.2	− 6 48 02.8	0.431 2356
	6	162 49 23.3	+ 6 23 21.4	0.364 1660		24	307 51 01.5	− 6 53 07.7	0.426 8786
	7	167 17 51.3	+ 6 08 47.5	0.369 9670		25	311 12 10.4	− 6 56 55.9	0.422 3081
	8	171 37 46.5	+ 5 52 32.9	0.375 7728		26	314 37 52.1	− 6 59 21.6	0.417 5351
	9	175 49 32.6	+ 5 34 53.4	0.381 5508		27	318 08 26.6	− 7 00 18.3	0.412 5720
	10	179 53 34.9	+ 5 16 03.0	0.387 2713		28	321 44 14.7	− 6 59 39.2	0.407 4327
	11	183 50 19.0	+ 4 56 14.5	0.392 9078		29	325 25 37.5	− 6 57 17.1	0.402 1330
	12	187 40 11.0	+ 4 35 39.0	0.398 4363		30	329 12 56.9	− 6 53 04.2	0.396 6906
	13	191 23 36.6	+ 4 14 26.3	0.403 8354		31	333 06 35.1	− 6 46 52.4	0.391 1253
	14	195 01 01.0	+ 3 52 45.0	0.409 0859	Apr.	1	337 06 54.8	− 6 38 33.1	0.385 4594
	15	198 32 48.9	+ 3 30 42.6	0.414 1708		2	341 14 18.2	− 6 27 58.0	0.379 7177

MERCURY, 2015

HELIOCENTRIC POSITIONS FOR 0ʰ BARYCENTRIC DYNAMICAL TIME
MEAN EQUINOX AND ECLIPTIC OF DATE

Date		Longitude	Latitude	True Heliocentric Distance	Date		Longitude	Latitude	True Heliocentric Distance
		° ′ ″	° ′ ″	au			° ′ ″	° ′ ″	au
Apr.	1	337 06 54.8	− 6 38 33.1	0.385 4594	May	17	208 44 37.1	+ 2 22 47.7	0.428 4233
	2	341 14 18.2	− 6 27 58.0	0.379 7177		18	211 57 40.2	+ 2 00 17.5	0.432 7036
	3	345 29 07.8	− 6 14 58.3	0.373 9276		19	215 06 57.0	+ 1 37 50.9	0.436 7576
	4	349 51 45.0	− 5 59 25.8	0.368 1196		20	218 12 46.7	+ 1 15 31.1	0.440 5771
	5	354 22 30.3	− 5 41 12.7	0.362 3275		21	221 15 27.6	+ 0 53 20.7	0.444 1551
	6	359 01 42.1	− 5 20 12.1	0.356 5879		22	224 15 17.0	+ 0 31 21.9	0.447 4852
	7	3 49 36.8	− 4 56 18.7	0.350 9409		23	227 12 31.8	+ 0 09 36.9	0.450 5619
	8	8 46 27.3	− 4 29 29.3	0.345 4296		24	230 07 28.0	− 0 11 52.7	0.453 3803
	9	13 52 22.2	− 3 59 42.9	0.340 1001		25	233 00 20.8	− 0 33 05.2	0.455 9364
	10	19 07 25.1	− 3 27 02.5	0.335 0013		26	235 51 25.2	− 0 53 59.4	0.458 2264
	11	24 31 33.0	− 2 51 34.6	0.330 1838		27	238 40 55.3	− 1 14 34.0	0.460 2474
	12	30 04 35.7	− 2 13 31.0	0.325 6996		28	241 29 05.0	− 1 34 47.7	0.461 9968
	13	35 46 14.1	− 1 33 08.5	0.321 6011		29	244 16 07.8	− 1 54 39.5	0.463 4723
	14	41 35 59.8	− 0 50 49.9	0.317 9394		30	247 02 16.6	− 2 14 08.4	0.464 6722
	15	47 33 14.1	− 0 07 03.8	0.314 7634		31	249 47 44.3	− 2 33 13.3	0.465 5950
	16	53 37 07.6	+ 0 37 35.9	0.312 1181	June	1	252 32 43.5	− 2 51 53.2	0.466 2398
	17	59 46 40.4	+ 1 22 30.5	0.310 0426		2	255 17 26.5	− 3 10 07.0	0.466 6057
	18	66 00 42.6	+ 2 06 57.9	0.308 5689		3	258 02 05.7	− 3 27 53.6	0.466 6924
	19	72 17 55.7	+ 2 50 14.2	0.307 7205		4	260 46 53.3	− 3 45 12.0	0.466 4997
	20	78 36 54.4	+ 3 31 36.0	0.307 5111		5	263 32 01.3	− 4 02 00.7	0.466 0279
	21	84 56 09.3	+ 4 10 22.2	0.307 9442		6	266 17 42.2	− 4 18 18.6	0.465 2775
	22	91 14 09.0	+ 4 45 56.1	0.309 0126		7	269 04 08.1	− 4 34 04.1	0.464 2494
	23	97 29 24.1	+ 5 17 47.3	0.310 6993		8	271 51 31.6	− 4 49 15.7	0.462 9447
	24	103 40 29.1	+ 5 45 32.6	0.312 9775		9	274 40 05.3	− 5 03 51.6	0.461 3651
	25	109 46 06.0	+ 6 08 56.7	0.315 8126		10	277 30 02.0	− 5 17 50.0	0.459 5124
	26	115 45 05.7	+ 6 27 52.3	0.319 1632		11	280 21 34.9	− 5 31 08.6	0.457 3889
	27	121 36 29.6	+ 6 42 19.3	0.322 9829		12	283 14 57.5	− 5 43 45.3	0.454 9975
	28	127 19 31.0	+ 6 52 24.3	0.327 2218		13	286 10 23.8	− 5 55 37.4	0.452 3414
	29	132 53 34.3	+ 6 58 18.8	0.331 8281		14	289 08 08.0	− 6 06 42.0	0.449 4245
	30	138 18 15.5	+ 7 00 18.7	0.336 7496		15	292 08 24.8	− 6 16 56.2	0.446 2510
May	1	143 33 20.6	+ 6 58 42.2	0.341 9346		16	295 11 29.8	− 6 26 16.3	0.442 8262
	2	148 38 44.9	+ 6 53 49.3	0.347 3328		17	298 17 38.8	− 6 34 38.8	0.439 1557
	3	153 34 31.7	+ 6 46 00.5	0.352 8966		18	301 27 08.2	− 6 41 59.3	0.435 2463
	4	158 20 50.6	+ 6 35 36.3	0.358 5807		19	304 40 15.4	− 6 48 13.3	0.431 1054
	5	162 57 56.6	+ 6 22 56.3	0.364 3430		20	307 57 18.2	− 6 53 16.0	0.426 7416
	6	167 26 08.5	+ 6 08 19.0	0.370 1448		21	311 18 35.1	− 6 57 01.7	0.422 1646
	7	171 45 48.4	+ 5 52 01.6	0.375 9502		22	314 44 25.5	− 6 59 24.7	0.417 3855
	8	175 57 19.9	+ 5 34 19.6	0.381 7268		23	318 15 09.3	− 7 00 18.6	0.412 4166
	9	180 01 08.4	+ 5 15 27.3	0.387 4452		24	321 51 07.3	− 6 59 36.5	0.407 2720
	10	183 57 39.6	+ 4 55 37.2	0.393 0787		25	325 32 40.7	− 6 57 11.1	0.401 9675
	11	187 47 19.3	+ 4 35 00.4	0.398 6036		26	329 20 11.4	− 6 52 54.7	0.396 5209
	12	191 30 33.5	+ 4 13 46.7	0.403 9985		27	333 14 01.7	− 6 46 39.0	0.390 9520
	13	195 07 47.2	+ 3 52 04.6	0.409 2442		28	337 14 34.0	− 6 38 15.8	0.385 2833
	14	198 39 25.2	+ 3 30 01.7	0.414 3238		29	341 22 10.9	− 6 27 36.3	0.379 5394
	15	202 05 51.1	+ 3 07 44.3	0.419 2222		30	345 37 14.6	− 6 14 32.1	0.373 7481
	16	205 27 27.7	+ 2 45 18.0	0.423 9260	July	1	350 00 06.5	− 5 58 54.7	0.367 9400
	17	208 44 37.1	+ 2 22 47.7	0.428 4233		2	354 31 07.1	− 5 40 36.5	0.362 1487

MERCURY, 2015

HELIOCENTRIC POSITIONS FOR 0ʰ BARYCENTRIC DYNAMICAL TIME
MEAN EQUINOX AND ECLIPTIC OF DATE

Date	Longitude	Latitude	True Heliocentric Distance	Date	Longitude	Latitude	True Heliocentric Distance
	° ′ ″	° ′ ″	au		° ′ ″	° ′ ″	au
July 1	350 00 06.5	− 5 58 54.7	0.367 9400	Aug. 16	218 18 40.8	+ 1 14 49.6	0.440 6919
2	354 31 07.1	− 5 40 36.5	0.362 1487	17	221 21 16.1	+ 0 52 39.5	0.444 2623
3	359 10 34.9	− 5 19 30.7	0.356 4112	18	224 21 00.5	+ 0 30 41.1	0.447 5846
4	3 58 46.1	− 4 55 32.0	0.350 7675	19	227 18 10.7	+ 0 08 56.6	0.450 6534
5	8 55 53.3	− 4 28 37.0	0.345 2609	20	230 13 02.8	− 0 12 32.5	0.453 4638
6	14 02 05.2	− 3 58 45.3	0.339 9376	21	233 05 52.0	− 0 33 44.5	0.456 0116
7	19 17 25.1	− 3 25 59.5	0.334 8465	22	235 56 53.2	− 0 54 38.1	0.458 2934
8	24 41 49.9	− 2 50 26.6	0.330 0383	23	238 46 20.6	− 1 15 12.0	0.460 3060
9	30 15 09.0	− 2 12 18.4	0.325 5651	24	241 34 28.0	− 1 35 25.1	0.462 0469
10	35 57 03.1	− 1 31 52.0	0.321 4791	25	244 21 28.8	− 1 55 16.2	0.463 5139
11	41 47 03.6	− 0 49 30.2	0.317 8315	26	247 07 36.2	− 2 14 44.4	0.464 7052
12	47 44 31.3	− 0 05 41.8	0.314 6711	27	249 53 02.8	− 2 33 48.5	0.465 6194
13	53 48 36.5	+ 0 38 59.0	0.312 0427	28	252 38 01.2	− 2 52 27.6	0.466 2554
14	59 58 19.1	+ 1 23 53.5	0.309 9852	29	255 22 44.0	− 3 10 40.6	0.466 6127
15	66 12 28.7	+ 2 08 19.3	0.308 5305	30	258 07 23.2	− 3 28 26.4	0.466 6906
16	72 29 46.7	+ 2 51 32.8	0.307 7016	31	260 52 11.2	− 3 45 43.8	0.466 4892
17	78 48 47.7	+ 3 32 50.4	0.307 5120	Sept. 1	263 37 20.1	− 4 02 31.6	0.466 0087
18	85 08 02.0	+ 4 11 31.2	0.307 9649	2	266 23 02.1	− 4 18 48.5	0.465 2497
19	91 25 58.3	+ 4 46 58.8	0.309 0528	3	269 09 29.6	− 4 34 33.0	0.464 2129
20	97 41 07.2	+ 5 18 42.7	0.310 7582	4	271 56 55.1	− 4 49 43.5	0.462 8996
21	103 52 03.6	+ 5 46 20.1	0.313 0543	5	274 45 31.1	− 5 04 18.3	0.461 3114
22	109 57 29.6	+ 6 09 36.0	0.315 9061	6	277 35 30.6	− 5 18 15.5	0.459 4501
23	115 56 16.2	+ 6 28 23.2	0.319 2721	7	280 27 06.8	− 5 31 32.9	0.457 3182
24	121 47 25.6	+ 6 42 42.0	0.323 1057	8	283 20 33.0	− 5 44 08.2	0.454 9185
25	127 30 11.0	+ 6 52 39.0	0.327 3569	9	286 16 03.4	− 5 55 58.8	0.452 2541
26	133 03 57.5	+ 6 58 26.0	0.331 9739	10	289 13 52.1	− 6 07 02.0	0.449 3290
27	138 28 21.1	+ 7 00 18.9	0.336 9045	11	292 14 14.0	− 6 17 14.5	0.446 1476
28	143 43 08.4	+ 6 58 36.0	0.342 0970	12	295 17 24.4	− 6 26 32.9	0.442 7150
29	148 48 14.9	+ 6 53 37.3	0.347 5012	13	298 23 39.4	− 6 34 53.5	0.439 0369
30	153 43 44.0	+ 6 45 43.4	0.353 0696	14	301 33 15.4	− 6 42 12.0	0.435 1200
31	158 29 45.7	+ 6 35 14.7	0.358 7569	15	304 46 29.7	− 6 48 23.9	0.430 9719
Aug. 1	163 06 34.9	+ 6 22 30.7	0.364 5212	16	308 03 40.1	− 6 53 24.2	0.426 6013
2	167 34 30.7	+ 6 07 50.1	0.370 3237	17	311 25 05.3	− 6 57 07.5	0.422 0177
3	171 53 55.1	+ 5 51 29.8	0.376 1288	18	314 51 04.6	− 6 59 27.9	0.417 2324
4	176 05 12.0	+ 5 33 45.5	0.381 9042	19	318 21 58.0	− 7 00 18.9	0.412 2578
5	180 08 46.5	+ 5 14 51.2	0.387 6205	20	321 58 06.1	− 6 59 33.7	0.407 1079
6	184 05 04.5	+ 4 54 59.4	0.393 2511	21	325 39 50.4	− 6 57 04.9	0.401 7986
7	187 54 32.0	+ 4 34 21.3	0.398 7724	22	329 27 32.7	− 6 52 44.9	0.396 3478
8	191 37 34.6	+ 4 13 06.6	0.404 1630	23	333 21 35.2	− 6 46 25.4	0.390 7754
9	195 14 37.5	+ 3 51 23.8	0.409 4039	24	337 22 20.6	− 6 37 58.1	0.385 1038
10	198 46 05.4	+ 3 29 20.3	0.414 4783	25	341 30 11.2	− 6 27 14.2	0.379 3580
11	202 12 22.0	+ 3 07 02.5	0.419 3709	26	345 45 29.2	− 6 14 05.3	0.373 5657
12	205 33 50.0	+ 2 44 36.1	0.424 0685	27	350 08 36.2	− 5 58 23.1	0.367 7576
13	208 50 51.4	+ 2 22 05.7	0.428 5593	28	354 39 52.5	− 5 39 59.7	0.361 9674
14	212 03 47.2	+ 1 59 35.5	0.432 8327	29	359 19 36.6	− 5 18 48.6	0.356 2321
15	215 12 57.3	+ 1 37 09.1	0.436 8796	30	4 08 04.4	− 4 54 44.4	0.350 5920
16	218 18 40.8	+ 1 14 49.6	0.440 6919	Oct. 1	9 05 28.7	− 4 27 43.9	0.345 0904

HELIOCENTRIC POSITIONS FOR 0ʰ BARYCENTRIC DYNAMICAL TIME
MEAN EQUINOX AND ECLIPTIC OF DATE

Date		Longitude	Latitude	True Heliocentric Distance	Date		Longitude	Latitude	True Heliocentric Distance
		° ′ ″	° ′ ″	au			° ′ ″	° ′ ″	au
Oct.	1	9 05 28.7	− 4 27 43.9	0.345 0904	Nov.	16	230 18 36.5	− 0 13 12.2	0.453 5474
	2	14 11 57.8	− 3 57 46.6	0.339 7737		17	233 11 22.2	− 0 34 23.7	0.456 0870
	3	19 27 35.0	− 3 24 55.5	0.334 6907		18	236 02 20.2	− 0 55 16.7	0.458 3604
	4	24 52 16.8	− 2 49 17.5	0.329 8923		19	238 51 44.9	− 1 15 50.0	0.460 3645
	5	30 25 52.4	− 2 11 04.7	0.325 4304		20	241 39 50.1	− 1 36 02.4	0.462 0968
	6	36 08 02.3	− 1 30 34.2	0.321 3574		21	244 26 49.1	− 1 55 52.8	0.463 5552
	7	41 58 17.5	− 0 48 09.3	0.317 7245		22	247 12 55.0	− 2 15 20.2	0.464 7378
	8	47 55 58.5	− 0 04 18.7	0.314 5802		23	249 58 20.5	− 2 34 23.6	0.465 6433
	9	54 00 15.4	+ 0 40 23.2	0.311 9692		24	252 43 18.3	− 2 53 01.9	0.466 2707
	10	60 10 07.4	+ 1 25 17.4	0.309 9303		25	255 28 00.8	− 3 11 14.1	0.466 6192
	11	66 24 24.2	+ 2 09 41.7	0.308 4949		26	258 12 40.1	− 3 28 59.0	0.466 6884
	12	72 41 46.8	+ 2 52 52.2	0.307 6860		27	260 57 28.6	− 3 46 15.5	0.466 4783
	13	79 00 49.5	+ 3 34 05.6	0.307 5167		28	263 42 38.4	− 4 03 02.4	0.465 9891
	14	85 20 02.7	+ 4 12 40.9	0.307 9898		29	266 28 21.7	− 4 19 18.3	0.465 2214
	15	91 37 55.1	+ 4 48 01.8	0.309 0975		30	269 14 50.8	− 4 35 01.8	0.464 1760
	16	97 52 57.2	+ 5 19 38.4	0.310 8219	Dec.	1	272 02 18.3	− 4 50 11.2	0.462 8541
	17	104 03 44.3	+ 5 47 07.8	0.313 1361		2	274 50 56.8	− 5 04 44.9	0.461 2574
	18	110 08 58.6	+ 6 10 15.4	0.316 0047		3	277 40 59.1	− 5 18 40.9	0.459 3877
	19	116 07 31.7	+ 6 28 54.2	0.319 3862		4	280 32 38.5	− 5 31 57.0	0.457 2474
	20	121 58 25.8	+ 6 43 04.7	0.323 2336		5	283 26 08.5	− 5 44 31.0	0.454 8394
	21	127 40 54.7	+ 6 52 53.6	0.327 4971		6	286 21 42.9	− 5 56 20.2	0.452 1669
	22	133 14 23.7	+ 6 58 33.1	0.332 1248		7	289 19 36.2	− 6 07 21.8	0.449 2338
	23	138 38 29.4	+ 7 00 18.9	0.337 0644		8	292 20 03.1	− 6 17 32.7	0.446 0446
	24	143 52 58.4	+ 6 58 29.6	0.342 2642		9	295 23 19.1	− 6 26 49.4	0.442 6042
	25	148 57 46.6	+ 6 53 25.2	0.347 6743		10	298 29 40.1	− 6 35 08.1	0.438 9187
	26	153 52 57.7	+ 6 45 26.1	0.353 2470		11	301 39 22.6	− 6 42 24.6	0.434 9946
	27	158 38 41.7	+ 6 34 52.9	0.358 9373		12	304 52 44.0	− 6 48 34.4	0.430 8395
	28	163 15 13.8	+ 6 22 05.1	0.364 7033		13	308 10 02.1	− 6 53 32.4	0.426 4622
	29	167 42 53.2	+ 6 07 21.1	0.370 5064		14	311 31 35.5	− 6 57 13.2	0.421 8723
	30	172 02 01.9	+ 5 50 57.9	0.376 3110		15	314 57 43.6	− 6 59 30.9	0.417 0810
	31	176 13 03.8	+ 5 33 11.2	0.382 0849		16	318 28 46.5	− 7 00 19.0	0.412 1007
Nov.	1	180 16 24.3	+ 5 14 15.0	0.387 7988		17	322 05 04.8	− 6 59 30.7	0.406 9457
	2	184 12 29.0	+ 4 54 21.6	0.393 4264		18	325 46 59.8	− 6 56 58.6	0.401 6319
	3	188 01 44.0	+ 4 33 42.3	0.398 9438		19	329 34 53.5	− 6 52 35.0	0.396 1771
	4	191 44 34.9	+ 4 12 26.6	0.404 3299		20	333 29 08.2	− 6 46 11.7	0.390 6014
	5	195 21 27.0	+ 3 50 43.0	0.409 5658		21	337 30 06.4	− 6 37 40.2	0.384 9273
	6	198 52 44.8	+ 3 28 39.0	0.414 6346		22	341 38 10.5	− 6 26 52.0	0.379 1797
	7	202 18 52.0	+ 3 06 20.9	0.419 5213		23	345 53 42.7	− 6 13 38.5	0.373 3865
	8	205 40 11.3	+ 2 43 54.2	0.424 2125		24	350 17 04.6	− 5 57 51.3	0.367 5785
	9	208 57 04.7	+ 2 21 23.8	0.428 6966		25	354 48 36.3	− 5 39 22.9	0.361 7896
	10	212 09 53.1	+ 1 58 53.7	0.432 9630		26	359 28 36.2	− 5 18 06.4	0.356 0568
	11	215 18 56.4	+ 1 36 27.5	0.437 0027		27	4 17 20.4	− 4 53 56.8	0.350 4204
	12	218 24 33.8	+ 1 14 08.2	0.440 8074		28	9 15 01.4	− 4 26 50.8	0.344 9240
	13	221 27 03.5	+ 0 51 58.4	0.444 3701		29	14 21 47.4	− 3 56 48.1	0.339 6138
	14	224 26 42.8	+ 0 30 00.5	0.447 6845		30	19 37 41.3	− 3 23 51.7	0.334 5390
	15	227 23 48.5	+ 0 08 16.4	0.450 7452		31	25 02 39.7	− 2 48 08.7	0.329 7502
	16	230 18 36.5	− 0 13 12.2	0.453 5474		32	30 36 31.4	− 2 09 51.4	0.325 2997

VENUS, 2015

HELIOCENTRIC POSITIONS FOR 0ʰ BARYCENTRIC DYNAMICAL TIME
MEAN EQUINOX AND ECLIPTIC OF DATE

Date		Longitude	Latitude	True Heliocentric Distance	Date		Longitude	Latitude	True Heliocentric Distance
		° ′ ″	° ′ ″	au			° ′ ″	° ′ ″	au
Jan.	0	317 43 50.1	− 2 58 02.9	0.728 1857	Apr.	2	104 52 20.8	+ 1 35 52.7	0.718 9498
	2	320 53 44.2	− 3 03 14.1	0.728 1481		4	108 06 48.7	+ 1 45 53.5	0.718 8343
	4	324 03 41.5	− 3 07 51.9	0.728 0957		6	111 21 22.1	+ 1 55 34.1	0.718 7330
	6	327 13 42.2	− 3 11 55.4	0.728 0287		8	114 36 00.8	+ 2 04 52.6	0.718 6463
	8	330 23 46.7	− 3 15 23.8	0.727 9471		10	117 50 44.2	+ 2 13 47.3	0.718 5744
	10	333 33 55.1	− 3 18 16.5	0.727 8512		12	121 05 32.1	+ 2 22 16.4	0.718 5175
	12	336 44 07.7	− 3 20 32.9	0.727 7415		14	124 20 23.9	+ 2 30 18.1	0.718 4759
	14	339 54 24.7	− 3 22 12.6	0.727 6180		16	127 35 19.2	+ 2 37 50.9	0.718 4497
	16	343 04 46.4	− 3 23 15.2	0.727 4813		18	130 50 17.3	+ 2 44 53.4	0.718 4390
	18	346 15 12.8	− 3 23 40.6	0.727 3318		20	134 05 17.7	+ 2 51 24.1	0.718 4437
	20	349 25 44.2	− 3 23 28.5	0.727 1699		22	137 20 19.8	+ 2 57 21.7	0.718 4640
	22	352 36 20.6	− 3 22 39.0	0.726 9960		24	140 35 23.1	+ 3 02 45.2	0.718 4997
	24	355 47 02.3	− 3 21 12.1	0.726 8108		26	143 50 26.7	+ 3 07 33.4	0.718 5507
	26	358 57 49.3	− 3 19 08.2	0.726 6147		28	147 05 30.1	+ 3 11 45.3	0.718 6168
	28	2 08 41.7	− 3 16 27.4	0.726 4084		30	150 20 32.6	+ 3 15 20.3	0.718 6979
	30	5 19 39.6	− 3 13 10.3	0.726 1925	May	2	153 35 33.5	+ 3 18 17.6	0.718 7936
Feb.	1	8 30 43.1	− 3 09 17.3	0.725 9677		4	156 50 32.1	+ 3 20 36.7	0.718 9037
	3	11 41 52.3	− 3 04 49.2	0.725 7346		6	160 05 27.6	+ 3 22 17.1	0.719 0278
	5	14 53 07.3	− 2 59 46.7	0.725 4940		8	163 20 19.5	+ 3 23 18.6	0.719 1655
	7	18 04 28.2	− 2 54 10.6	0.725 2465		10	166 35 06.9	+ 3 23 41.0	0.719 3163
	9	21 15 55.0	− 2 48 01.9	0.724 9930		12	169 49 49.2	+ 3 23 24.3	0.719 4798
	11	24 27 27.8	− 2 41 21.7	0.724 7342		14	173 04 25.8	+ 3 22 28.6	0.719 6554
	13	27 39 06.7	− 2 34 11.3	0.724 4709		16	176 18 56.0	+ 3 20 54.1	0.719 8426
	15	30 50 51.9	− 2 26 31.7	0.724 2040		18	179 33 19.2	+ 3 18 41.2	0.720 0407
	17	34 02 43.3	− 2 18 24.5	0.723 9342		20	182 47 34.8	+ 3 15 50.4	0.720 2492
	19	37 14 41.0	− 2 09 51.1	0.723 6625		22	186 01 42.3	+ 3 12 22.3	0.720 4673
	21	40 26 45.2	− 2 00 53.0	0.723 3895		24	189 15 41.1	+ 3 08 17.6	0.720 6943
	23	43 38 56.0	− 1 51 31.9	0.723 1163		26	192 29 30.9	+ 3 03 37.3	0.720 9295
	25	46 51 13.4	− 1 41 49.4	0.722 8436		28	195 43 11.2	+ 2 58 22.2	0.721 1723
	27	50 03 37.5	− 1 31 47.4	0.722 5723		30	198 56 41.6	+ 2 52 33.5	0.721 4217
Mar.	1	53 16 08.5	− 1 21 27.7	0.722 3033	June	1	202 10 01.8	+ 2 46 12.4	0.721 6770
	3	56 28 46.3	− 1 10 52.1	0.722 0374		3	205 23 11.6	+ 2 39 20.0	0.721 9374
	5	59 41 31.1	− 1 00 02.8	0.721 7754		5	208 36 10.7	+ 2 31 57.9	0.722 2020
	7	62 54 22.9	− 0 49 01.7	0.721 5181		7	211 48 59.0	+ 2 24 07.4	0.722 4701
	9	66 07 21.9	− 0 37 50.8	0.721 2665		9	215 01 36.4	+ 2 15 50.2	0.722 7407
	11	69 20 28.0	− 0 26 32.3	0.721 0212		11	218 14 02.9	+ 2 07 07.8	0.723 0131
	13	72 33 41.2	− 0 15 08.3	0.720 7831		13	221 26 18.4	+ 1 58 02.0	0.723 2863
	15	75 47 01.7	− 0 03 41.0	0.720 5530		15	224 38 23.1	+ 1 48 34.5	0.723 5596
	17	79 00 29.4	+ 0 07 47.4	0.720 3315		17	227 50 17.1	+ 1 38 47.1	0.723 8320
	19	82 14 04.2	+ 0 19 14.7	0.720 1193		19	231 02 00.5	+ 1 28 41.8	0.724 1027
	21	85 27 46.1	+ 0 30 38.8	0.719 9172		21	234 13 33.6	+ 1 18 20.4	0.724 3709
	23	88 41 35.1	+ 0 41 57.4	0.719 7259		23	237 24 56.7	+ 1 07 44.8	0.724 6358
	25	91 55 31.0	+ 0 53 08.4	0.719 5458		25	240 36 10.0	+ 0 56 57.2	0.724 8965
	27	95 09 33.8	+ 1 04 09.5	0.719 3776		27	243 47 14.0	+ 0 45 59.4	0.725 1521
	29	98 23 43.1	+ 1 14 58.7	0.719 2219		29	246 58 09.0	+ 0 34 53.6	0.725 4021
	31	101 37 58.9	+ 1 25 33.8	0.719 0792	July	1	250 08 55.4	+ 0 23 41.8	0.725 6454
Apr.	2	104 52 20.8	+ 1 35 52.7	0.718 9498		3	253 19 33.8	+ 0 12 26.1	0.725 8815

HELIOCENTRIC POSITIONS FOR 0ʰ BARYCENTRIC DYNAMICAL TIME
MEAN EQUINOX AND ECLIPTIC OF DATE

Date	Longitude	Latitude	True Heliocentric Distance	Date	Longitude	Latitude	True Heliocentric Distance
	° ′ ″	° ′ ″	au		° ′ ″	° ′ ″	au
July 1	250 08 55.4	+ 0 23 41.8	0.725 6454	Oct. 1	36 07 53.0	− 2 12 52.9	0.723 7923
3	253 19 33.8	+ 0 12 26.1	0.725 8815	3	39 19 53.8	− 2 04 03.2	0.723 5203
5	256 30 04.6	+ 0 01 08.5	0.726 1097	5	42 32 01.2	− 1 54 50.0	0.723 2475
7	259 40 28.3	− 0 10 08.9	0.726 3291	7	45 44 15.2	− 1 45 14.9	0.722 9749
9	262 50 45.5	− 0 21 24.0	0.726 5391	9	48 56 35.8	− 1 35 19.5	0.722 7033
11	266 00 56.7	− 0 32 34.8	0.726 7392	11	52 09 03.2	− 1 25 05.9	0.722 4335
13	269 11 02.5	− 0 43 39.3	0.726 9286	13	55 21 37.5	− 1 14 35.7	0.722 1665
15	272 21 03.5	− 0 54 35.4	0.727 1069	15	58 34 18.6	− 1 03 51.0	0.721 9029
17	275 31 00.2	− 1 05 21.2	0.727 2735	17	61 47 06.9	− 0 52 53.9	0.721 6438
19	278 40 53.2	− 1 15 54.8	0.727 4278	19	65 00 02.2	− 0 41 46.2	0.721 3898
21	281 50 43.2	− 1 26 14.2	0.727 5695	21	68 13 04.6	− 0 30 30.3	0.721 1418
23	285 00 30.6	− 1 36 17.7	0.727 6982	23	71 26 14.2	− 0 19 08.0	0.720 9006
25	288 10 16.0	− 1 46 03.3	0.727 8133	25	74 39 31.1	− 0 07 41.7	0.720 6669
27	291 20 00.0	− 1 55 29.5	0.727 9146	27	77 52 55.1	+ 0 03 46.5	0.720 4416
29	294 29 43.1	− 2 04 34.4	0.728 0018	29	81 06 26.4	+ 0 15 14.3	0.720 2252
31	297 39 25.9	− 2 13 16.4	0.728 0746	31	84 20 04.8	+ 0 26 39.8	0.720 0185
Aug. 2	300 49 08.8	− 2 21 34.0	0.728 1329	Nov. 2	87 33 50.3	+ 0 38 00.5	0.719 8222
4	303 58 52.3	− 2 29 25.7	0.728 1763	4	90 47 42.8	+ 0 49 14.3	0.719 6370
6	307 08 36.9	− 2 36 50.2	0.728 2049	6	94 01 42.2	+ 1 00 19.0	0.719 4633
8	310 18 23.0	− 2 43 45.9	0.728 2186	8	97 15 48.4	+ 1 11 12.6	0.719 3017
10	313 28 11.1	− 2 50 11.8	0.728 2172	10	100 30 01.1	+ 1 21 52.8	0.719 1529
12	316 38 01.4	− 2 56 06.6	0.728 2009	12	103 44 20.1	+ 1 32 17.5	0.719 0172
14	319 47 54.4	− 3 01 29.2	0.728 1696	14	106 58 45.1	+ 1 42 24.8	0.718 8951
16	322 57 50.4	− 3 06 18.7	0.728 1235	16	110 13 15.9	+ 1 52 12.7	0.718 7870
18	326 07 49.7	− 3 10 34.2	0.728 0626	18	113 27 52.1	+ 2 01 39.2	0.718 6933
20	329 17 52.6	− 3 14 14.9	0.727 9873	20	116 42 33.4	+ 2 10 42.4	0.718 6142
22	332 27 59.4	− 3 17 20.1	0.727 8976	22	119 57 19.3	+ 2 19 20.6	0.718 5500
24	335 38 10.3	− 3 19 49.2	0.727 7939	24	123 12 09.3	+ 2 27 32.1	0.718 5010
26	338 48 25.4	− 3 21 41.7	0.727 6766	26	126 27 03.0	+ 2 35 15.2	0.718 4673
28	341 58 45.1	− 3 22 57.3	0.727 5458	28	129 41 59.9	+ 2 42 28.5	0.718 4489
30	345 09 09.4	− 3 23 35.6	0.727 4020	30	132 56 59.3	+ 2 49 10.4	0.718 4461
Sept. 1	348 19 38.6	− 3 23 36.6	0.727 2457	Dec. 2	136 12 00.7	+ 2 55 19.8	0.718 4587
3	351 30 12.7	− 3 23 00.1	0.727 0774	4	139 27 03.5	+ 3 00 55.4	0.718 4867
5	354 40 52.0	− 3 21 46.2	0.726 8974	6	142 42 07.1	+ 3 05 56.0	0.718 5301
7	357 51 36.5	− 3 19 55.2	0.726 7064	8	145 57 10.7	+ 3 10 20.8	0.718 5887
9	1 02 26.3	− 3 17 27.2	0.726 5050	10	149 12 13.8	+ 3 14 08.9	0.718 6623
11	4 13 21.6	− 3 14 22.7	0.726 2937	12	152 27 15.5	+ 3 17 19.5	0.718 7506
13	7 24 22.4	− 3 10 42.1	0.726 0732	14	155 42 15.2	+ 3 19 52.0	0.718 8535
15	10 35 28.9	− 3 06 26.2	0.725 8441	16	158 57 12.3	+ 3 21 46.1	0.718 9706
17	13 46 41.0	− 3 01 35.6	0.725 6072	18	162 12 05.9	+ 3 23 01.3	0.719 1014
19	16 57 59.0	− 2 56 11.1	0.725 3632	20	165 26 55.4	+ 3 23 37.4	0.719 2455
21	20 09 22.8	− 2 50 13.7	0.725 1127	22	168 41 40.2	+ 3 23 34.4	0.719 4026
23	23 20 52.6	− 2 43 44.4	0.724 8567	24	171 56 19.5	+ 3 22 52.3	0.719 5720
25	26 32 28.4	− 2 36 44.4	0.724 5958	26	175 10 52.7	+ 3 21 31.4	0.719 7533
27	29 44 10.3	− 2 29 14.9	0.724 3309	28	178 25 19.1	+ 3 19 31.9	0.719 9459
29	32 55 58.5	− 2 21 17.2	0.724 0628	30	181 39 38.3	+ 3 16 54.3	0.720 1490
Oct. 1	36 07 53.0	− 2 12 52.9	0.723 7923	32	184 53 49.5	+ 3 13 39.2	0.720 3622

MARS, 2015

HELIOCENTRIC POSITIONS FOR 0ʰ BARYCENTRIC DYNAMICAL TIME
MEAN EQUINOX AND ECLIPTIC OF DATE

Date	Longitude	Latitude	True Heliocentric Distance	Date	Longitude	Latitude	True Heliocentric Distance
	° ′ ″	° ′ ″	au		° ′ ″	° ′ ″	au
Jan. −2	346 50 48.4	− 1 38 43.8	1.383 2168	July 1	91 23 57.9	+ 1 13 52.1	1.572 7546
2	349 22 41.2	− 1 36 23.8	1.384 2897	5	93 21 08.5	+ 1 16 38.9	1.577 4521
6	351 54 18.0	− 1 33 52.8	1.385 5876	9	95 17 38.0	+ 1 19 19.4	1.582 0686
10	354 25 36.0	− 1 31 11.2	1.387 1075	13	97 13 27.5	+ 1 21 53.5	1.586 5993
14	356 56 32.3	− 1 28 19.4	1.388 8460	17	99 08 37.9	+ 1 24 21.3	1.591 0396
18	359 27 04.2	− 1 25 17.9	1.390 7992	21	101 03 10.6	+ 1 26 42.6	1.595 3851
22	1 57 08.9	− 1 22 07.1	1.392 9628	25	102 57 06.7	+ 1 28 57.4	1.599 6313
26	4 26 43.9	− 1 18 47.7	1.395 3319	29	104 50 27.1	+ 1 31 05.7	1.603 7743
30	6 55 46.9	− 1 15 20.0	1.397 9014	Aug. 2	106 43 13.3	+ 1 33 07.5	1.607 8101
Feb. 3	9 24 15.3	− 1 11 44.7	1.400 6658	6	108 35 26.2	+ 1 35 02.7	1.611 7349
7	11 52 07.1	− 1 08 02.3	1.403 6191	10	110 27 07.1	+ 1 36 51.3	1.615 5451
11	14 19 20.1	− 1 04 13.4	1.406 7551	14	112 18 17.2	+ 1 38 33.3	1.619 2372
15	16 45 52.3	− 1 00 18.5	1.410 0672	18	114 08 57.6	+ 1 40 08.7	1.622 8079
19	19 11 41.9	− 0 56 18.2	1.413 5485	22	115 59 09.5	+ 1 41 37.6	1.626 2542
23	21 36 47.1	− 0 52 13.1	1.417 1921	26	117 48 54.2	+ 1 42 59.8	1.629 5729
27	24 01 06.4	− 0 48 03.7	1.420 9905	30	119 38 12.8	+ 1 44 15.5	1.632 7613
Mar. 3	26 24 38.4	− 0 43 50.6	1.424 9363	Sept. 3	121 27 06.5	+ 1 45 24.6	1.635 8167
7	28 47 21.6	− 0 39 34.4	1.429 0218	7	123 15 36.6	+ 1 46 27.1	1.638 7364
11	31 09 15.0	− 0 35 15.7	1.433 2391	11	125 03 44.2	+ 1 47 23.1	1.641 5183
15	33 30 17.5	− 0 30 54.9	1.437 5804	15	126 51 30.4	+ 1 48 12.5	1.644 1598
19	35 50 28.2	− 0 26 32.6	1.442 0375	19	128 38 56.6	+ 1 48 55.5	1.646 6590
23	38 09 46.2	− 0 22 09.3	1.446 6024	23	130 26 04.0	+ 1 49 32.0	1.649 0138
27	40 28 10.9	− 0 17 45.6	1.451 2668	27	132 12 53.6	+ 1 50 02.0	1.651 2224
31	42 45 41.8	− 0 13 21.8	1.456 0227	Oct. 1	133 59 26.8	+ 1 50 25.7	1.653 2831
Apr. 4	45 02 18.4	− 0 08 58.5	1.460 8619	5	135 45 44.6	+ 1 50 42.9	1.655 1943
8	47 18 00.3	− 0 04 36.1	1.465 7760	9	137 31 48.4	+ 1 50 53.8	1.656 9544
12	49 32 47.5	− 0 00 15.0	1.470 7571	13	139 17 39.3	+ 1 50 58.3	1.658 5622
16	51 46 39.7	+ 0 04 04.3	1.475 7970	17	141 03 18.5	+ 1 50 56.5	1.660 0164
20	53 59 37.0	+ 0 08 21.5	1.480 8876	21	142 48 47.2	+ 1 50 48.5	1.661 3160
24	56 11 39.5	+ 0 12 36.1	1.486 0211	25	144 34 06.6	+ 1 50 34.2	1.662 4599
28	58 22 47.3	+ 0 16 47.9	1.491 1896	29	146 19 17.9	+ 1 50 13.8	1.663 4474
May 2	60 33 00.6	+ 0 20 56.5	1.496 3853	Nov. 2	148 04 22.2	+ 1 49 47.2	1.664 2777
6	62 42 20.0	+ 0 25 01.6	1.501 6006	6	149 49 20.8	+ 1 49 14.5	1.664 9501
10	64 50 45.6	+ 0 29 02.9	1.506 8281	10	151 34 14.9	+ 1 48 35.7	1.665 4643
14	66 58 18.1	+ 0 33 00.1	1.512 0603	14	153 19 05.6	+ 1 47 50.8	1.665 8198
18	69 04 58.0	+ 0 36 53.0	1.517 2901	18	155 03 54.1	+ 1 47 00.0	1.666 0163
22	71 10 45.9	+ 0 40 41.4	1.522 5104	22	156 48 41.7	+ 1 46 03.2	1.666 0538
26	73 15 42.5	+ 0 44 24.9	1.527 7142	26	158 33 29.4	+ 1 45 00.5	1.665 9321
30	75 19 48.5	+ 0 48 03.4	1.532 8949	30	160 18 18.6	+ 1 43 51.9	1.665 6515
June 3	77 23 04.7	+ 0 51 36.8	1.538 0459	Dec. 4	162 03 10.3	+ 1 42 37.6	1.665 2120
7	79 25 32.0	+ 0 55 04.7	1.543 1607	8	163 48 05.9	+ 1 41 17.4	1.664 6141
11	81 27 11.1	+ 0 58 27.2	1.548 2332	12	165 33 06.4	+ 1 39 51.5	1.663 8581
15	83 28 03.0	+ 1 01 44.0	1.553 2573	16	167 18 13.0	+ 1 38 19.9	1.662 9446
19	85 28 08.7	+ 1 04 55.0	1.558 2271	20	169 03 27.1	+ 1 36 42.7	1.661 8744
23	87 27 29.1	+ 1 08 00.1	1.563 1369	24	170 48 49.6	+ 1 34 59.9	1.660 6481
27	89 26 05.1	+ 1 10 59.2	1.567 9812	28	172 34 22.0	+ 1 33 11.6	1.659 2667
July 1	91 23 57.9	+ 1 13 52.1	1.572 7546	32	174 20 05.3	+ 1 31 17.8	1.657 7313

HELIOCENTRIC POSITIONS FOR 0ʰ BARYCENTRIC DYNAMICAL TIME
MEAN EQUINOX AND ECLIPTIC OF DATE

Date	Longitude	Latitude	True Heliocentric Distance	Date	Longitude	Latitude	True Heliocentric Distance

JUPITER / SATURN

Date	Longitude	Latitude	True Heliocentric Distance	Date	Longitude	Latitude	True Heliocentric Distance
	° ′ ″	° ′ ″	au		° ′ ″	° ′ ″	au
Jan. −2	134 28 47.4	+ 0 43 32.9	5.319 716	Jan. −2	237 11 04.2	+ 2 04 32.2	9.953 748
8	135 16 24.4	+ 0 44 26.6	5.322 904	8	237 29 30.9	+ 2 04 05.7	9.955 539
18	136 03 58.1	+ 0 45 19.8	5.326 066	18	237 47 57.2	+ 2 03 38.9	9.957 316
28	136 51 28.5	+ 0 46 12.3	5.329 202	28	238 06 23.1	+ 2 03 12.0	9.959 080
Feb. 7	137 38 55.5	+ 0 47 04.3	5.332 310	Feb. 7	238 24 48.6	+ 2 02 44.8	9.960 831
17	138 26 19.2	+ 0 47 55.6	5.335 390	17	238 43 13.7	+ 2 02 17.5	9.962 569
27	139 13 39.8	+ 0 48 46.4	5.338 442	27	239 01 38.5	+ 2 01 49.9	9.964 294
Mar. 9	140 00 57.1	+ 0 49 36.5	5.341 465	Mar. 9	239 20 02.9	+ 2 01 22.2	9.966 006
19	140 48 11.2	+ 0 50 26.1	5.344 458	19	239 38 26.9	+ 2 00 54.2	9.967 705
29	141 35 22.2	+ 0 51 15.0	5.347 421	29	239 56 50.6	+ 2 00 26.1	9.969 390
Apr. 8	142 22 30.1	+ 0 52 03.2	5.350 354	Apr. 8	240 15 13.8	+ 1 59 57.7	9.971 062
18	143 09 34.9	+ 0 52 50.9	5.353 255	18	240 33 36.8	+ 1 59 29.2	9.972 721
28	143 56 36.7	+ 0 53 37.9	5.356 125	28	240 51 59.4	+ 1 59 00.4	9.974 366
May 8	144 43 35.5	+ 0 54 24.2	5.358 962	May 8	241 10 21.6	+ 1 58 31.5	9.975 998
18	145 30 31.4	+ 0 55 09.9	5.361 766	18	241 28 43.5	+ 1 58 02.4	9.977 616
28	146 17 24.4	+ 0 55 54.9	5.364 538	28	241 47 05.0	+ 1 57 33.1	9.979 220
June 7	147 04 14.4	+ 0 56 39.3	5.367 275	June 7	242 05 26.2	+ 1 57 03.5	9.980 810
17	147 51 01.7	+ 0 57 22.9	5.369 979	17	242 23 47.1	+ 1 56 33.8	9.982 387
27	148 37 46.1	+ 0 58 05.9	5.372 648	27	242 42 07.6	+ 1 56 04.0	9.983 949
July 7	149 24 27.8	+ 0 58 48.2	5.375 282	July 7	243 00 27.8	+ 1 55 33.9	9.985 498
17	150 11 06.8	+ 0 59 29.9	5.377 881	17	243 18 47.7	+ 1 55 03.6	9.987 032
27	150 57 43.1	+ 1 00 10.8	5.380 444	27	243 37 07.2	+ 1 54 33.2	9.988 553
Aug. 6	151 44 16.8	+ 1 00 51.0	5.382 971	Aug. 6	243 55 26.4	+ 1 54 02.5	9.990 059
16	152 30 47.9	+ 1 01 30.5	5.385 462	16	244 13 45.2	+ 1 53 31.7	9.991 552
26	153 17 16.5	+ 1 02 09.3	5.387 915	26	244 32 03.8	+ 1 53 00.7	9.993 030
Sept. 5	154 03 42.5	+ 1 02 47.4	5.390 331	Sept. 5	244 50 22.0	+ 1 52 29.5	9.994 495
15	154 50 06.1	+ 1 03 24.8	5.392 710	15	245 08 39.9	+ 1 51 58.1	9.995 946
25	155 36 27.3	+ 1 04 01.4	5.395 050	25	245 26 57.5	+ 1 51 26.6	9.997 382
Oct. 5	156 22 46.1	+ 1 04 37.3	5.397 351	Oct. 5	245 45 14.8	+ 1 50 54.8	9.998 805
15	157 09 02.6	+ 1 05 12.5	5.399 614	15	246 03 31.8	+ 1 50 22.9	10.000 213
25	157 55 16.8	+ 1 05 47.0	5.401 837	25	246 21 48.4	+ 1 49 50.8	10.001 608
Nov. 4	158 41 28.8	+ 1 06 20.7	5.404 020	Nov. 4	246 40 04.8	+ 1 49 18.6	10.002 989
14	159 27 38.6	+ 1 06 53.7	5.406 163	14	246 58 20.9	+ 1 48 46.1	10.004 355
24	160 13 46.2	+ 1 07 25.9	5.408 265	24	247 16 36.7	+ 1 48 13.5	10.005 708
Dec. 4	160 59 51.7	+ 1 07 57.3	5.410 326	Dec. 4	247 34 52.2	+ 1 47 40.7	10.007 046
14	161 45 55.2	+ 1 08 28.0	5.412 346	14	247 53 07.4	+ 1 47 07.8	10.008 370
24	162 31 56.7	+ 1 08 58.0	5.414 324	24	248 11 22.4	+ 1 46 34.6	10.009 680
34	163 17 56.1	+ 1 09 27.2	5.416 260	34	248 29 37.0	+ 1 46 01.3	10.010 975

URANUS / NEPTUNE

Date	Longitude	Latitude	True Heliocentric Distance	Date	Longitude	Latitude	True Heliocentric Distance
	° ′ ″	° ′ ″	au		° ′ ″	° ′ ″	au
Jan. −22	15 10 45.9	− 0 39 40.1	20.008 45	Jan. −22	336 47 29.9	− 0 44 35.4	29.969 51
Jan. 18	15 36 42.0	− 0 39 29.2	20.005 21	Jan. 18	337 02 00.4	− 0 44 59.7	29.968 43
Feb. 27	16 02 38.4	− 0 39 18.2	20.001 93	Feb. 27	337 16 30.9	− 0 45 23.9	29.967 36
Apr. 8	16 28 35.2	− 0 39 07.0	19.998 60	Apr. 8	337 31 01.4	− 0 45 48.0	29.966 31
May 18	16 54 32.4	− 0 38 55.6	19.995 23	May 18	337 45 32.0	− 0 46 12.2	29.965 27
June 27	17 20 30.0	− 0 38 44.2	19.991 82	June 27	338 00 02.7	− 0 46 36.2	29.964 26
Aug. 6	17 46 28.0	− 0 38 32.6	19.988 37	Aug. 6	338 14 33.4	− 0 47 00.3	29.963 25
Sept. 15	18 12 26.5	− 0 38 20.9	19.984 87	Sept. 15	338 29 04.1	− 0 47 24.2	29.962 26
Oct. 25	18 38 25.5	− 0 38 09.0	19.981 34	Oct. 25	338 43 35.0	− 0 47 48.2	29.961 28
Dec. 4	19 04 24.9	− 0 37 57.0	19.977 75	Dec. 4	338 58 05.8	− 0 48 12.0	29.960 32
Dec. 44	19 30 24.7	− 0 37 44.9	19.974 13	Dec. 44	339 12 36.8	− 0 48 35.9	29.959 37

MERCURY, 2015

GEOCENTRIC COORDINATES FOR 0ʰ TERRESTRIAL TIME

Date	Apparent Right Ascension	Apparent Declination	True Geocentric Distance	Date	Apparent Right Ascension	Apparent Declination	True Geocentric Distance
	h m s	o ′ ″	au		h m s	o ′ ″	au
Jan. 0	19 36 51.308	−23 45 29.33	1.293 6074	Feb. 15	20 15 05.643	−17 57 55.81	0.806 6690
1	19 43 40.497	−23 27 55.87	1.278 3424	16	20 16 58.517	−18 04 20.65	0.823 0133
2	19 50 25.794	−23 08 52.74	1.262 2335	17	20 19 13.147	−18 09 23.85	0.839 4441
3	19 57 06.483	−22 48 21.67	1.245 2626	18	20 21 47.765	−18 13 04.88	0.855 8982
4	20 03 41.759	−22 26 25.00	1.227 4136	19	20 24 40.705	−18 15 23.44	0.872 3219
5	20 10 10.707	−22 03 05.73	1.208 6732	20	20 27 50.420	−18 16 19.36	0.888 6703
6	20 16 32.295	−21 38 27.66	1.189 0321	21	20 31 15.475	−18 15 52.60	0.904 9059
7	20 22 45.350	−21 12 35.50	1.168 4863	22	20 34 54.554	−18 14 03.20	0.920 9977
8	20 28 48.549	−20 45 35.06	1.147 0386	23	20 38 46.452	−18 10 51.29	0.936 9199
9	20 34 40.393	−20 17 33.35	1.124 7007	24	20 42 50.070	−18 06 17.04	0.952 6517
10	20 40 19.197	−19 48 38.80	1.101 4952	25	20 47 04.403	−18 00 20.70	0.968 1757
11	20 45 43.068	−19 19 01.40	1.077 4577	26	20 51 28.542	−17 53 02.52	0.983 4782
12	20 50 49.894	−18 48 52.91	1.052 6402	27	20 56 01.660	−17 44 22.81	0.998 5480
13	20 55 37.335	−18 18 26.97	1.027 1130	28	21 00 43.008	−17 34 21.89	1.013 3763
14	21 00 02.827	−17 47 59.25	1.000 9680	Mar. 1	21 05 31.907	−17 23 00.10	1.027 9561
15	21 04 03.591	−17 17 47.50	0.974 3213	2	21 10 27.747	−17 10 17.82	1.042 2821
16	21 07 36.665	−16 48 11.55	0.947 3152	3	21 15 29.976	−16 56 15.41	1.056 3499
17	21 10 38.958	−16 19 33.15	0.920 1198	4	21 20 38.096	−16 40 53.28	1.070 1566
18	21 13 07.324	−15 52 15.72	0.892 9340	5	21 25 51.664	−16 24 11.82	1.083 6995
19	21 14 58.677	−15 26 43.85	0.865 9842	6	21 31 10.279	−16 06 11.45	1.096 9770
20	21 16 10.135	−15 03 22.65	0.839 5225	7	21 36 33.587	−15 46 52.60	1.109 9874
21	21 16 39.206	−14 42 36.86	0.813 8224	8	21 42 01.271	−15 26 15.69	1.122 7294
22	21 16 24.005	−14 24 49.70	0.789 1727	9	21 47 33.051	−15 04 21.18	1.135 2019
23	21 15 23.488	−14 10 21.65	0.765 8692	10	21 53 08.682	−14 41 09.50	1.147 4034
24	21 13 37.703	−13 59 29.02	0.744 2054	11	21 58 47.950	−14 16 41.12	1.159 3324
25	21 11 08.007	−13 52 22.64	0.724 4609	12	22 04 30.670	−13 50 56.50	1.170 9869
26	21 07 57.231	−13 49 06.69	0.706 8896	13	22 10 16.684	−13 23 56.12	1.182 3645
27	21 04 09.755	−13 49 37.97	0.691 7084	14	22 16 05.859	−12 55 40.45	1.193 4622
28	20 59 51.453	−13 53 45.64	0.679 0860	15	22 21 58.088	−12 26 10.01	1.204 2762
29	20 55 09.492	−14 01 11.74	0.669 1358	16	22 27 53.286	−11 55 25.28	1.214 8020
30	20 50 11.997	−14 11 32.26	0.661 9101	17	22 33 51.388	−11 23 26.80	1.225 0340
31	20 45 07.597	−14 24 18.83	0.657 3999	18	22 39 52.351	−10 50 15.09	1.234 9656
Feb. 1	20 40 04.930	−14 39 00.74	0.655 5377	19	22 45 56.154	−10 15 50.72	1.244 5891
2	20 35 12.148	−14 55 06.87	0.656 2041	20	22 52 02.795	− 9 40 14.23	1.253 8953
3	20 30 36.507	−15 12 07.49	0.659 2379	21	22 58 12.291	− 9 03 26.24	1.262 8738
4	20 26 24.080	−15 29 35.55	0.664 4468	22	23 04 24.679	− 8 25 27.36	1.271 5124
5	20 22 39.600	−15 47 07.44	0.671 6190	23	23 10 40.012	− 7 46 18.27	1.279 7971
6	20 19 26.448	−16 04 23.27	0.680 5333	24	23 16 58.360	− 7 05 59.71	1.287 7119
7	20 16 46.731	−16 21 06.87	0.690 9688	25	23 23 19.809	− 6 24 32.47	1.295 2386
8	20 14 41.444	−16 37 05.36	0.702 7117	26	23 29 44.457	− 5 41 57.44	1.302 3565
9	20 13 10.662	−16 52 08.75	0.715 5603	27	23 36 12.417	− 4 58 15.61	1.309 0420
10	20 12 13.740	−17 06 09.40	0.729 3285	28	23 42 43.814	− 4 13 28.09	1.315 2689
11	20 11 49.498	−17 19 01.58	0.743 8474	29	23 49 18.785	− 3 27 36.13	1.321 0076
12	20 11 56.395	−17 30 41.02	0.758 9661	30	23 55 57.472	− 2 40 41.20	1.326 2251
13	20 12 32.655	−17 41 04.61	0.774 5512	31	0 02 40.026	− 1 52 44.94	1.330 8850
14	20 13 36.383	−17 50 10.08	0.790 4859	Apr. 1	0 09 26.600	− 1 03 49.28	1.334 9471
15	20 15 05.643	−17 57 55.81	0.806 6690	2	0 16 17.345	− 0 13 56.45	1.338 3675

GEOCENTRIC COORDINATES FOR 0ʰ TERRESTRIAL TIME

Date	Apparent Right Ascension	Apparent Declination	True Geocentric Distance	Date	Apparent Right Ascension	Apparent Declination	True Geocentric Distance
	h m s	o ′ ″	au		h m s	o ′ ″	au
Apr. 1	0 09 26.600	− 1 03 49.28	1.334 9471	May 17	4 45 19.355	+23 53 03.88	0.659 6135
2	0 16 17.345	− 0 13 56.45	1.338 3675	18	4 45 59.171	+23 42 04.87	0.645 0587
3	0 23 12.406	+ 0 36 50.96	1.341 0982	19	4 46 18.311	+23 29 31.70	0.631 4225
4	0 30 11.921	+ 1 28 29.95	1.343 0877	20	4 46 17.299	+23 15 28.89	0.618 7358
5	0 37 16.007	+ 2 20 57.02	1.344 2804	21	4 45 56.848	+23 00 01.56	0.607 0284
6	0 44 24.759	+ 3 14 08.12	1.344 6178	22	4 45 17.878	+22 43 15.57	0.596 3293
7	0 51 38.235	+ 4 07 58.56	1.344 0382	23	4 44 21.518	+22 25 17.67	0.586 6654
8	0 58 56.455	+ 5 02 22.95	1.342 4780	24	4 43 09.119	+22 06 15.60	0.578 0623
9	1 06 19.379	+ 5 57 15.12	1.339 8724	25	4 41 42.243	+21 46 18.16	0.570 5427
10	1 13 46.911	+ 6 52 28.02	1.336 1569	26	4 40 02.659	+21 25 35.28	0.564 1266
11	1 21 18.864	+ 7 47 53.95	1.331 2690	27	4 38 12.321	+21 04 17.94	0.558 8305
12	1 28 54.961	+ 8 43 23.86	1.325 1499	28	4 36 13.338	+20 42 38.17	0.554 6672
13	1 36 34.836	+ 9 38 48.02	1.317 7473	29	4 34 07.946	+20 20 48.85	0.551 6451
14	1 44 18.006	+10 33 55.83	1.309 0172	30	4 31 58.463	+19 59 03.54	0.549 7681
15	1 52 03.869	+11 28 35.88	1.298 9273	31	4 29 47.249	+19 37 36.20	0.549 0355
16	1 59 51.702	+12 22 36.09	1.287 4589	June 1	4 27 36.653	+19 16 40.94	0.549 4417
17	2 07 40.664	+13 15 43.94	1.274 6094	2	4 25 28.976	+18 56 31.63	0.550 9763
18	2 15 29.800	+14 07 46.68	1.260 3942	3	4 23 26.421	+18 37 21.62	0.553 6245
19	2 23 18.053	+14 58 31.59	1.244 8477	4	4 21 31.061	+18 19 23.42	0.557 3673
20	2 31 04.281	+15 47 46.32	1.228 0234	5	4 19 44.804	+18 02 48.43	0.562 1820
21	2 38 47.279	+16 35 19.15	1.209 9934	6	4 18 09.374	+17 47 46.68	0.568 0425
22	2 46 25.800	+17 20 59.26	1.190 8467	7	4 16 46.295	+17 34 26.73	0.574 9202
23	2 53 58.584	+18 04 37.00	1.170 6865	8	4 15 36.884	+17 22 55.51	0.582 7843
24	3 01 24.380	+18 46 04.02	1.149 6273	9	4 14 42.254	+17 13 18.34	0.591 6026
25	3 08 41.965	+19 25 13.42	1.127 7916	10	4 14 03.323	+17 05 38.88	0.601 3420
26	3 15 50.165	+20 01 59.78	1.105 3063	11	4 13 40.821	+16 59 59.29	0.611 9689
27	3 22 47.862	+20 36 19.13	1.082 2994	12	4 13 35.313	+16 56 20.22	0.623 4500
28	3 29 34.007	+21 08 08.90	1.058 8972	13	4 13 47.215	+16 54 41.06	0.635 7522
29	3 36 07.617	+21 37 27.74	1.035 2218	14	4 14 16.812	+16 54 59.95	0.648 8431
30	3 42 27.779	+22 04 15.45	1.011 3892	15	4 15 04.281	+16 57 14.04	0.662 6911
May 1	3 48 33.646	+22 28 32.76	0.987 5085	16	4 16 09.714	+17 01 19.55	0.677 2657
2	3 54 24.430	+22 50 21.17	0.963 6804	17	4 17 33.130	+17 07 11.94	0.692 5373
3	3 59 59.401	+23 09 42.84	0.939 9977	18	4 19 14.500	+17 14 46.02	0.708 4771
4	4 05 17.873	+23 26 40.38	0.916 5447	19	4 21 13.757	+17 23 56.05	0.725 0572
5	4 10 19.208	+23 41 16.76	0.893 3983	20	4 23 30.814	+17 34 35.87	0.742 2500
6	4 15 02.803	+23 53 35.17	0.870 6276	21	4 26 05.570	+17 46 38.93	0.760 0282
7	4 19 28.095	+24 03 38.96	0.848 2955	22	4 28 57.923	+17 59 58.34	0.778 3647
8	4 23 34.551	+24 11 31.51	0.826 4588	23	4 32 07.776	+18 14 26.95	0.797 2314
9	4 27 21.679	+24 17 16.23	0.805 1693	24	4 35 35.042	+18 29 57.36	0.816 6000
10	4 30 49.019	+24 20 56.47	0.784 4743	25	4 39 19.646	+18 46 21.92	0.836 4403
11	4 33 56.161	+24 22 35.52	0.764 4175	26	4 43 21.530	+19 03 32.74	0.856 7207
12	4 36 42.739	+24 22 16.61	0.745 0396	27	4 47 40.654	+19 21 21.67	0.877 4070
13	4 39 08.452	+24 20 02.91	0.726 3788	28	4 52 16.987	+19 39 40.32	0.898 4619
14	4 41 13.067	+24 15 57.58	0.708 4714	29	4 57 10.516	+19 58 19.98	0.919 8447
15	4 42 56.436	+24 10 03.77	0.691 3524	30	5 02 21.229	+20 17 11.66	0.941 5102
16	4 44 18.510	+24 02 24.74	0.675 0555	July 1	5 07 49.114	+20 36 06.00	0.963 4081
17	4 45 19.355	+23 53 03.88	0.659 6135	2	5 13 34.152	+20 54 53.28	0.985 4824

MERCURY, 2015

GEOCENTRIC COORDINATES FOR 0^h TERRESTRIAL TIME

Date	Apparent Right Ascension	Apparent Declination	True Geocentric Distance	Date	Apparent Right Ascension	Apparent Declination	True Geocentric Distance
	h m s	o ′ ″	au		h m s	o ′ ″	au
July 1	5 07 49.114	+20 36 06.00	0.963 4081	Aug. 16	11 00 20.653	+ 6 51 42.79	1.201 5937
2	5 13 34.152	+20 54 53.28	0.985 4824	17	11 05 52.857	+ 6 08 48.07	1.190 2205
3	5 19 36.299	+21 13 23.39	1.007 6708	18	11 11 18.232	+ 5 26 04.91	1.178 5993
4	5 25 55.477	+21 31 25.80	1.029 9037	19	11 16 36.903	+ 4 43 36.18	1.166 7396
5	5 32 31.560	+21 48 49.62	1.052 1043	20	11 21 48.972	+ 4 01 24.69	1.154 6498
6	5 39 24.351	+22 05 23.54	1.074 1879	21	11 26 54.517	+ 3 19 33.19	1.142 3371
7	5 46 33.568	+22 20 55.96	1.096 0619	22	11 31 53.594	+ 2 38 04.41	1.129 8078
8	5 53 58.822	+22 35 15.04	1.117 6263	23	11 36 46.232	+ 1 57 01.06	1.117 0675
9	6 01 39.597	+22 48 08.83	1.138 7745	24	11 41 32.433	+ 1 16 25.87	1.104 1213
10	6 09 35.230	+22 59 25.40	1.159 3940	25	11 46 12.170	+ 0 36 21.59	1.090 9737
11	6 17 44.896	+23 08 53.07	1.179 3688	26	11 50 45.386	− 0 03 08.96	1.077 6293
12	6 26 07.598	+23 16 20.63	1.198 5812	27	11 55 11.991	− 0 42 02.88	1.064 0921
13	6 34 42.165	+23 21 37.61	1.216 9146	28	11 59 31.863	− 1 20 17.18	1.050 3667
14	6 43 27.254	+23 24 34.55	1.234 2566	29	12 03 44.844	− 1 57 48.74	1.036 4576
15	6 52 21.366	+23 25 03.28	1.250 5027	30	12 07 50.740	− 2 34 34.29	1.022 3697
16	7 01 22.874	+23 22 57.16	1.265 5591	31	12 11 49.314	− 3 10 30.39	1.008 1084
17	7 10 30.050	+23 18 11.33	1.279 3457	Sept. 1	12 15 40.289	− 3 45 33.37	0.993 6798
18	7 19 41.110	+23 10 42.81	1.291 7993	2	12 19 23.340	− 4 19 39.33	0.979 0909
19	7 28 54.258	+23 00 30.59	1.302 8744	3	12 22 58.088	− 4 52 44.07	0.964 3500
20	7 38 07.730	+22 47 35.61	1.312 5446	4	12 26 24.099	− 5 24 43.01	0.949 4666
21	7 47 19.839	+22 32 00.63	1.320 8023	5	12 29 40.878	− 5 55 31.23	0.934 4523
22	7 56 29.010	+22 13 50.11	1.327 6578	6	12 32 47.867	− 6 25 03.33	0.919 3206
23	8 05 33.812	+21 53 09.91	1.333 1373	7	12 35 44.438	− 6 53 13.44	0.904 0879
24	8 14 32.978	+21 30 07.07	1.337 2811	8	12 38 29.895	− 7 19 55.11	0.888 7734
25	8 23 25.411	+21 04 49.50	1.340 1405	9	12 41 03.470	− 7 45 01.31	0.873 4000
26	8 32 10.194	+20 37 25.86	1.341 7757	10	12 43 24.319	− 8 08 24.33	0.857 9949
27	8 40 46.588	+20 08 05.12	1.342 2526	11	12 45 31.526	− 8 29 55.73	0.842 5898
28	8 49 14.015	+19 36 56.39	1.341 6409	12	12 47 24.102	− 8 49 26.27	0.827 2222
29	8 57 32.047	+19 04 08.81	1.340 0116	13	12 49 00.992	− 9 06 45.89	0.811 9357
30	9 05 40.390	+18 29 51.33	1.337 4358	14	12 50 21.082	− 9 21 43.67	0.796 7813
31	9 13 38.867	+17 54 12.63	1.333 9826	15	12 51 23.216	− 9 34 07.82	0.781 8179
Aug. 1	9 21 27.401	+17 17 21.04	1.329 7187	16	12 52 06.216	− 9 43 45.74	0.767 1136
2	9 29 05.999	+16 39 24.47	1.324 7070	17	12 52 28.912	− 9 50 24.10	0.752 7466
3	9 36 34.737	+16 00 30.37	1.319 0068	18	12 52 30.180	− 9 53 49.05	0.738 8061
4	9 43 53.745	+15 20 45.78	1.312 6729	19	12 52 08.999	− 9 53 46.50	0.725 3934
5	9 51 03.196	+14 40 17.27	1.305 7556	20	12 51 24.511	− 9 50 02.58	0.712 6226
6	9 58 03.291	+13 59 10.98	1.298 3011	21	12 50 16.103	− 9 42 24.22	0.700 6210
7	10 04 54.253	+13 17 32.65	1.290 3511	22	12 48 43.503	− 9 30 39.99	0.689 5291
8	10 11 36.316	+12 35 27.64	1.281 9434	23	12 46 46.879	− 9 14 41.14	0.679 5001
9	10 18 09.722	+11 53 00.92	1.273 1119	24	12 44 26.954	− 8 54 22.78	0.670 6988
10	10 24 34.711	+11 10 17.17	1.263 8871	25	12 41 45.111	− 8 29 45.34	0.663 2989
11	10 30 51.523	+10 27 20.73	1.254 2959	26	12 38 43.483	− 8 00 55.92	0.657 4794
12	10 37 00.390	+ 9 44 15.68	1.244 3624	27	12 35 25.023	− 7 28 09.71	0.653 4204
13	10 43 01.533	+ 9 01 05.85	1.234 1078	28	12 31 53.514	− 6 51 50.94	0.651 2965
14	10 48 55.162	+ 8 17 54.85	1.223 5509	29	12 28 13.531	− 6 12 33.42	0.651 2703
15	10 54 41.476	+ 7 34 46.08	1.212 7081	30	12 24 30.328	− 5 31 00.22	0.653 4844
16	11 00 20.653	+ 6 51 42.79	1.201 5937	Oct. 1	12 20 49.661	− 4 48 02.55	0.658 0541

GEOCENTRIC COORDINATES FOR 0^h TERRESTRIAL TIME

Date	Apparent Right Ascension	Apparent Declination	True Geocentric Distance	Date	Apparent Right Ascension	Apparent Declination	True Geocentric Distance
	h m s	° ′ ″	au		h m s	° ′ ″	au
Oct. 1	12 20 49.661	− 4 48 02.55	0.658 0541	Nov. 16	15 19 41.278	−18 25 09.93	1.442 2155
2	12 17 17.548	− 4 04 37.73	0.665 0600	17	15 26 05.128	−18 55 44.86	1.444 8827
3	12 14 00.001	− 3 21 46.46	0.674 5426	18	15 32 30.257	−19 25 23.97	1.446 9455
4	12 11 02.737	− 2 40 29.70	0.686 4977	19	15 38 56.623	−19 54 05.02	1.448 4134
5	12 08 30.916	− 2 01 45.47	0.700 8750	20	15 45 24.312	−20 21 47.34	1.449 2945
6	12 06 28.923	− 1 26 26.06	0.717 5784	21	15 51 53.371	−20 48 29.34	1.449 5959
7	12 05 00.209	− 0 55 15.80	0.736 4681	22	15 58 23.836	−21 14 09.61	1.449 3235
8	12 04 07.211	− 0 28 49.73	0.757 3658	23	16 04 55.740	−21 38 46.77	1.448 4819
9	12 03 51.336	− 0 07 32.92	0.780 0602	24	16 11 29.109	−22 02 19.47	1.447 0747
10	12 04 13.013	+ 0 08 19.32	0.804 3141	25	16 18 03.958	−22 24 46.36	1.445 1040
11	12 05 11.789	+ 0 18 40.82	0.829 8720	26	16 24 40.294	−22 46 06.10	1.442 5710
12	12 06 46.455	+ 0 23 33.48	0.856 4683	27	16 31 18.113	−23 06 17.33	1.439 4757
13	12 08 55.199	+ 0 23 05.99	0.883 8350	28	16 37 57.396	−23 25 18.72	1.435 8168
14	12 11 35.754	+ 0 17 32.54	0.911 7091	29	16 44 38.113	−23 43 08.89	1.431 5921
15	12 14 45.547	+ 0 07 11.48	0.939 8392	30	16 51 20.220	−23 59 46.49	1.426 7981
16	12 18 21.835	− 0 07 35.89	0.967 9911	Dec. 1	16 58 03.659	−24 15 10.16	1.421 4303
17	12 22 21.816	− 0 26 26.44	0.995 9520	2	17 04 48.356	−24 29 18.54	1.415 4831
18	12 26 42.731	− 0 48 56.10	1.023 5333	3	17 11 34.218	−24 42 10.27	1.408 9502
19	12 31 21.937	− 1 14 40.69	1.050 5727	4	17 18 21.136	−24 53 44.03	1.401 8239
20	12 36 16.960	− 1 43 16.55	1.076 9339	5	17 25 08.980	−25 03 58.49	1.394 0957
21	12 41 25.530	− 2 14 20.95	1.102 5061	6	17 31 57.595	−25 12 52.37	1.385 7561
22	12 46 45.603	− 2 47 32.49	1.127 2026	7	17 38 46.806	−25 20 24.40	1.376 7946
23	12 52 15.366	− 3 22 31.29	1.150 9581	8	17 45 36.409	−25 26 33.38	1.367 2000
24	12 57 53.234	− 3 58 59.07	1.173 7268	9	17 52 26.170	−25 31 18.14	1.356 9600
25	13 03 37.838	− 4 36 39.24	1.195 4795	10	17 59 15.824	−25 34 37.60	1.346 0615
26	13 09 28.011	− 5 15 16.85	1.216 2007	11	18 06 05.068	−25 36 30.77	1.334 4908
27	13 15 22.768	− 5 54 38.50	1.235 8864	12	18 12 53.561	−25 36 56.74	1.322 2335
28	13 21 21.288	− 6 34 32.26	1.254 5417	13	18 19 40.917	−25 35 54.75	1.309 2745
29	13 27 22.891	− 7 14 47.54	1.272 1786	14	18 26 26.699	−25 33 24.19	1.295 5989
30	13 33 27.018	− 7 55 14.96	1.288 8147	15	18 33 10.416	−25 29 24.63	1.281 1911
31	13 39 33.221	− 8 35 46.25	1.304 4714	16	18 39 51.514	−25 23 55.86	1.266 0362
Nov. 1	13 45 41.141	− 9 16 14.09	1.319 1727	17	18 46 29.371	−25 16 57.94	1.250 1194
2	13 51 50.495	− 9 56 32.03	1.332 9446	18	18 53 03.284	−25 08 31.24	1.233 4271
3	13 58 01.070	−10 36 34.38	1.345 8137	19	18 59 32.461	−24 58 36.52	1.215 9472
4	14 04 12.707	−11 16 16.11	1.357 8071	20	19 05 56.010	−24 47 14.98	1.197 6696
5	14 10 25.293	−11 55 32.76	1.368 9517	21	19 12 12.923	−24 34 28.34	1.178 5873
6	14 16 38.754	−12 34 20.39	1.379 2736	22	19 18 22.058	−24 20 18.95	1.158 6972
7	14 22 53.047	−13 12 35.45	1.388 7982	23	19 24 22.126	−24 04 49.88	1.138 0012
8	14 29 08.154	−13 50 14.81	1.397 5499	24	19 30 11.672	−23 48 05.02	1.116 5079
9	14 35 24.079	−14 27 15.61	1.405 5516	25	19 35 49.049	−23 30 09.24	1.094 2341
10	14 41 40.841	−15 03 35.28	1.412 8252	26	19 41 12.409	−23 11 08.49	1.071 2067
11	14 47 58.472	−15 39 11.47	1.419 3910	27	19 46 19.674	−22 51 09.95	1.047 4651
12	14 54 17.013	−16 14 02.03	1.425 2678	28	19 51 08.526	−22 30 22.19	1.023 0640
13	15 00 36.511	−16 48 04.96	1.430 4733	29	19 55 36.393	−22 08 55.28	0.998 0755
14	15 06 57.019	−17 21 18.41	1.435 0235	30	19 59 40.450	−21 47 00.90	0.972 5928
15	15 13 18.590	−17 53 40.62	1.438 9331	31	20 03 17.625	−21 24 52.40	0.946 7328
16	15 19 41.278	−18 25 09.93	1.442 2155	32	20 06 24.630	−21 02 44.82	0.920 6391

GEOCENTRIC COORDINATES FOR 0ʰ TERRESTRIAL TIME

Date	Apparent Right Ascension	Apparent Declination	True Geocentric Distance	Date	Apparent Right Ascension	Apparent Declination	True Geocentric Distance
	h m s	° ′ ″	au		h m s	° ′ ″	au
Jan. 0	19 50 47.700	−22 21 17.35	1.617 4770	Feb. 15	23 35 28.687	− 3 58 36.91	1.451 4334
1	19 56 07.769	−22 08 23.77	1.614 6987	16	23 39 58.594	− 3 27 38.28	1.446 9239
2	20 01 26.769	−21 54 50.44	1.611 8845	17	23 44 28.021	− 2 56 34.02	1.442 3736
3	20 06 44.664	−21 40 37.94	1.609 0345	18	23 48 57.005	− 2 25 24.89	1.437 7820
4	20 12 01.420	−21 25 46.83	1.606 1490	19	23 53 25.585	− 1 54 11.64	1.433 1488
5	20 17 17.006	−21 10 17.72	1.603 2281	20	23 57 53.798	− 1 22 55.04	1.428 4736
6	20 22 31.394	−20 54 11.22	1.600 2717	21	0 02 21.684	− 0 51 35.83	1.423 7561
7	20 27 44.561	−20 37 27.97	1.597 2800	22	0 06 49.283	− 0 20 14.75	1.418 9962
8	20 32 56.485	−20 20 08.61	1.594 2529	23	0 11 16.632	+ 0 11 07.45	1.414 1939
9	20 38 07.147	−20 02 13.79	1.591 1902	24	0 15 43.771	+ 0 42 30.04	1.409 3493
10	20 43 16.532	−19 43 44.21	1.588 0920	25	0 20 10.739	+ 1 13 52.26	1.404 4624
11	20 48 24.627	−19 24 40.54	1.584 9581	26	0 24 37.574	+ 1 45 13.38	1.399 5334
12	20 53 31.423	−19 05 03.50	1.581 7882	27	0 29 04.314	+ 2 16 32.65	1.394 5626
13	20 58 36.912	−18 44 53.79	1.578 5823	28	0 33 30.998	+ 2 47 49.35	1.389 5500
14	21 03 41.089	−18 24 12.15	1.575 3399	Mar. 1	0 37 57.666	+ 3 19 02.73	1.384 4959
15	21 08 43.953	−18 02 59.31	1.572 0609	2	0 42 24.356	+ 3 50 12.08	1.379 4003
16	21 13 45.502	−17 41 16.03	1.568 7450	3	0 46 51.109	+ 4 21 16.66	1.374 2635
17	21 18 45.738	−17 19 03.07	1.565 3918	4	0 51 17.964	+ 4 52 15.75	1.369 0856
18	21 23 44.663	−16 56 21.20	1.562 0010	5	0 55 44.962	+ 5 23 08.63	1.363 8667
19	21 28 42.281	−16 33 11.21	1.558 5722	6	1 00 12.142	+ 5 53 54.58	1.358 6068
20	21 33 38.597	−16 09 33.89	1.555 1050	7	1 04 39.545	+ 6 24 32.89	1.353 3061
21	21 38 33.616	−15 45 30.03	1.551 5991	8	1 09 07.210	+ 6 55 02.84	1.347 9646
22	21 43 27.346	−15 21 00.43	1.548 0543	9	1 13 35.177	+ 7 25 23.72	1.342 5823
23	21 48 19.797	−14 56 05.89	1.544 4704	10	1 18 03.485	+ 7 55 34.83	1.337 1592
24	21 53 10.984	−14 30 47.19	1.540 8474	11	1 22 32.171	+ 8 25 35.44	1.331 6952
25	21 58 00.923	−14 05 05.13	1.537 1853	12	1 27 01.273	+ 8 55 24.84	1.326 1904
26	22 02 49.632	−13 39 00.50	1.533 4843	13	1 31 30.827	+ 9 25 02.33	1.320 6444
27	22 07 37.132	−13 12 34.10	1.529 7444	14	1 36 00.866	+ 9 54 27.17	1.315 0573
28	22 12 23.446	−12 45 46.72	1.525 9660	15	1 40 31.424	+10 23 38.67	1.309 4288
29	22 17 08.598	−12 18 39.15	1.522 1491	16	1 45 02.533	+10 52 36.08	1.303 7586
30	22 21 52.613	−11 51 12.19	1.518 2940	17	1 49 34.221	+11 21 18.69	1.298 0464
31	22 26 35.518	−11 23 26.63	1.514 4007	18	1 54 06.518	+11 49 45.75	1.292 2919
Feb. 1	22 31 17.342	−10 55 23.26	1.510 4695	19	1 58 39.449	+12 17 56.55	1.286 4948
2	22 35 58.115	−10 27 02.86	1.506 5004	20	2 03 13.041	+12 45 50.36	1.280 6548
3	22 40 37.868	− 9 58 26.21	1.502 4935	21	2 07 47.317	+13 13 26.44	1.274 7715
4	22 45 16.635	− 9 29 34.08	1.498 4488	22	2 12 22.299	+13 40 44.08	1.268 8449
5	22 49 54.451	− 9 00 27.24	1.494 3663	23	2 16 58.007	+14 07 42.55	1.262 8749
6	22 54 31.352	− 8 31 06.46	1.490 2460	24	2 21 34.457	+14 34 21.13	1.256 8616
7	22 59 07.375	− 8 01 32.49	1.486 0876	25	2 26 11.663	+15 00 39.11	1.250 8052
8	23 03 42.559	− 7 31 46.10	1.481 8913	26	2 30 49.639	+15 26 35.75	1.244 7059
9	23 08 16.942	− 7 01 48.05	1.477 6567	27	2 35 28.397	+15 52 10.35	1.238 5639
10	23 12 50.565	− 6 31 39.08	1.473 3837	28	2 40 07.946	+16 17 22.17	1.232 3798
11	23 17 23.467	− 6 01 19.96	1.469 0721	29	2 44 48.296	+16 42 10.52	1.226 1537
12	23 21 55.690	− 5 30 51.43	1.464 7215	30	2 49 29.456	+17 06 34.69	1.219 8860
13	23 26 27.274	− 5 00 14.24	1.460 3318	31	2 54 11.433	+17 30 33.99	1.213 5771
14	23 30 58.260	− 4 29 29.15	1.455 9026	Apr. 1	2 58 54.232	+17 54 07.72	1.207 2274
15	23 35 28.687	− 3 58 36.91	1.451 4334	2	3 03 37.858	+18 17 15.21	1.200 8373

GEOCENTRIC COORDINATES FOR 0^h TERRESTRIAL TIME

Date	Apparent Right Ascension	Apparent Declination	True Geocentric Distance	Date	Apparent Right Ascension	Apparent Declination	True Geocentric Distance
	h m s	° ′ ″	au		h m s	° ′ ″	au
Apr. 1	2 58 54.232	+17 54 07.72	1.207 2274	May 17	6 43 47.488	+25 47 51.68	0.876 1439
2	3 03 37.858	+18 17 15.21	1.200 8373	18	6 48 31.873	+25 43 16.51	0.868 2617
3	3 08 22.313	+18 39 55.79	1.194 4071	19	6 53 14.771	+25 38 04.64	0.860 3586
4	3 13 07.598	+19 02 08.79	1.187 9371	20	6 57 56.101	+25 32 16.53	0.852 4354
5	3 17 53.711	+19 23 53.57	1.181 4278	21	7 02 35.784	+25 25 52.66	0.844 4927
6	3 22 40.650	+19 45 09.49	1.174 8795	22	7 07 13.740	+25 18 53.55	0.836 5313
7	3 27 28.410	+20 05 55.92	1.168 2926	23	7 11 49.891	+25 11 19.71	0.828 5521
8	3 32 16.982	+20 26 12.23	1.161 6672	24	7 16 24.159	+25 03 11.71	0.820 5559
9	3 37 06.356	+20 45 57.83	1.155 0038	25	7 20 56.471	+24 54 30.12	0.812 5437
10	3 41 56.518	+21 05 12.11	1.148 3026	26	7 25 26.753	+24 45 15.52	0.804 5166
11	3 46 47.453	+21 23 54.50	1.141 5637	27	7 29 54.934	+24 35 28.55	0.796 4757
12	3 51 39.142	+21 42 04.42	1.134 7873	28	7 34 20.943	+24 25 09.83	0.788 4220
13	3 56 31.562	+21 59 41.30	1.127 9736	29	7 38 44.713	+24 14 20.03	0.780 3567
14	4 01 24.689	+22 16 44.61	1.121 1225	30	7 43 06.176	+24 02 59.83	0.772 2811
15	4 06 18.496	+22 33 13.80	1.114 2341	31	7 47 25.265	+23 51 09.93	0.764 1963
16	4 11 12.952	+22 49 08.36	1.107 3083	June 1	7 51 41.918	+23 38 51.04	0.756 1036
17	4 16 08.024	+23 04 27.80	1.100 3451	2	7 55 56.069	+23 26 03.89	0.748 0043
18	4 21 03.675	+23 19 11.64	1.093 3445	3	8 00 07.658	+23 12 49.24	0.739 8998
19	4 25 59.865	+23 33 19.45	1.086 3065	4	8 04 16.623	+22 59 07.84	0.731 7913
20	4 30 56.547	+23 46 50.79	1.079 2312	5	8 08 22.904	+22 45 00.46	0.723 6803
21	4 35 53.672	+23 59 45.25	1.072 1190	6	8 12 26.442	+22 30 27.90	0.715 5680
22	4 40 51.186	+24 12 02.47	1.064 9700	7	8 16 27.181	+22 15 30.94	0.707 4557
23	4 45 49.031	+24 23 42.06	1.057 7847	8	8 20 25.064	+22 00 10.38	0.699 3446
24	4 50 47.151	+24 34 43.70	1.050 5636	9	8 24 20.034	+21 44 27.04	0.691 2358
25	4 55 45.484	+24 45 07.05	1.043 3074	10	8 28 12.037	+21 28 21.74	0.683 1305
26	5 00 43.970	+24 54 51.83	1.036 0165	11	8 32 01.017	+21 11 55.32	0.675 0298
27	5 05 42.544	+25 03 57.78	1.028 6917	12	8 35 46.915	+20 55 08.65	0.666 9348
28	5 10 41.145	+25 12 24.66	1.021 3335	13	8 39 29.671	+20 38 02.62	0.658 8464
29	5 15 39.705	+25 20 12.27	1.013 9428	14	8 43 09.220	+20 20 38.12	0.650 7658
30	5 20 38.160	+25 27 20.44	1.006 5201	15	8 46 45.497	+20 02 56.08	0.642 6942
May 1	5 25 36.441	+25 33 49.03	0.999 0663	16	8 50 18.427	+19 44 57.46	0.634 6326
2	5 30 34.480	+25 39 37.93	0.991 5820	17	8 53 47.935	+19 26 43.20	0.626 5825
3	5 35 32.208	+25 44 47.06	0.984 0681	18	8 57 13.943	+19 08 14.28	0.618 5453
4	5 40 29.555	+25 49 16.38	0.976 5252	19	9 00 36.367	+18 49 31.69	0.610 5225
5	5 45 26.450	+25 53 05.87	0.968 9542	20	9 03 55.123	+18 30 36.42	0.602 5157
6	5 50 22.821	+25 56 15.57	0.961 3558	21	9 07 10.125	+18 11 29.48	0.594 5267
7	5 55 18.596	+25 58 45.51	0.953 7307	22	9 10 21.281	+17 52 11.88	0.586 5574
8	6 00 13.702	+26 00 35.79	0.946 0797	23	9 13 28.499	+17 32 44.67	0.578 6099
9	6 05 08.067	+26 01 46.52	0.938 4033	24	9 16 31.684	+17 13 08.88	0.570 6862
10	6 10 01.616	+26 02 17.83	0.930 7023	25	9 19 30.737	+16 53 25.58	0.562 7885
11	6 14 54.277	+26 02 09.90	0.922 9771	26	9 22 25.555	+16 33 35.85	0.554 9193
12	6 19 45.976	+26 01 22.92	0.915 2283	27	9 25 16.032	+16 13 40.80	0.547 0809
13	6 24 36.640	+25 59 57.13	0.907 4563	28	9 28 02.057	+15 53 41.53	0.539 2759
14	6 29 26.197	+25 57 52.80	0.899 6615	29	9 30 43.517	+15 33 39.19	0.531 5071
15	6 34 14.574	+25 55 10.22	0.891 8443	30	9 33 20.291	+15 13 34.92	0.523 7772
16	6 39 01.696	+25 51 49.72	0.884 0049	July 1	9 35 52.259	+14 53 29.92	0.516 0893
17	6 43 47.488	+25 47 51.68	0.876 1439	2	9 38 19.294	+14 33 25.38	0.508 4464

VENUS, 2015

GEOCENTRIC COORDINATES FOR 0^h TERRESTRIAL TIME

Date	Apparent Right Ascension	Apparent Declination	True Geocentric Distance	Date	Apparent Right Ascension	Apparent Declination	True Geocentric Distance
	h m s	° ′ ″	au		h m s	° ′ ″	au
July 1	9 35 52.259	+14 53 29.92	0.516 0893	Aug. 16	9 29 16.337	+ 6 33 26.32	0.288 4359
2	9 38 19.294	+14 33 25.38	0.508 4464	17	9 26 48.700	+ 6 40 02.30	0.288 5769
3	9 40 41.266	+14 13 22.50	0.500 8518	18	9 24 23.002	+ 6 47 16.87	0.289 0116
4	9 42 58.043	+13 53 22.54	0.493 3086	19	9 22 00.120	+ 6 55 06.50	0.289 7382
5	9 45 09.488	+13 33 26.73	0.485 8203	20	9 19 40.906	+ 7 03 27.50	0.290 7540
6	9 47 15.462	+13 13 36.35	0.478 3902	21	9 17 26.175	+ 7 12 16.07	0.292 0556
7	9 49 15.824	+12 53 52.71	0.471 0217	22	9 15 16.701	+ 7 21 28.32	0.293 6387
8	9 51 10.425	+12 34 17.14	0.463 7184	23	9 13 13.203	+ 7 31 00.33	0.295 4983
9	9 52 59.113	+12 14 51.04	0.456 4837	24	9 11 16.348	+ 7 40 48.22	0.297 6288
10	9 54 41.726	+11 55 35.83	0.449 3214	25	9 09 26.740	+ 7 50 48.14	0.300 0239
11	9 56 18.096	+11 36 33.00	0.442 2353	26	9 07 44.920	+ 8 00 56.31	0.302 6770
12	9 57 48.048	+11 17 44.09	0.435 2292	27	9 06 11.362	+ 8 11 09.10	0.305 5807
13	9 59 11.400	+10 59 10.71	0.428 3074	28	9 04 46.478	+ 8 21 22.97	0.308 7274
14	10 00 27.961	+10 40 54.50	0.421 4742	29	9 03 30.613	+ 8 31 34.56	0.312 1092
15	10 01 37.537	+10 22 57.18	0.414 7344	30	9 02 24.048	+ 8 41 40.67	0.315 7175
16	10 02 39.929	+10 05 20.52	0.408 0926	31	9 01 27.000	+ 8 51 38.29	0.319 5438
17	10 03 34.937	+ 9 48 06.32	0.401 5543	Sept. 1	9 00 39.626	+ 9 01 24.61	0.323 5793
18	10 04 22.359	+ 9 31 16.45	0.395 1248	2	9 00 02.020	+ 9 10 57.04	0.327 8148
19	10 05 01.997	+ 9 14 52.83	0.388 8099	3	8 59 34.219	+ 9 20 13.23	0.332 2416
20	10 05 33.656	+ 8 58 57.40	0.382 6158	4	8 59 16.210	+ 9 29 11.02	0.336 8506
21	10 05 57.147	+ 8 43 32.17	0.376 5489	5	8 59 07.928	+ 9 37 48.48	0.341 6332
22	10 06 12.291	+ 8 28 39.18	0.370 6158	6	8 59 09.271	+ 9 46 03.87	0.346 5808
23	10 06 18.920	+ 8 14 20.47	0.364 8236	7	8 59 20.101	+ 9 53 55.61	0.351 6852
24	10 06 16.884	+ 8 00 38.15	0.359 1795	8	8 59 40.251	+10 01 22.30	0.356 9385
25	10 06 06.048	+ 7 47 34.31	0.353 6911	9	9 00 09.533	+10 08 22.68	0.362 3330
26	10 05 46.304	+ 7 35 11.05	0.348 3662	10	9 00 47.736	+10 14 55.61	0.367 8616
27	10 05 17.569	+ 7 23 30.46	0.343 2130	11	9 01 34.637	+10 21 00.09	0.373 5171
28	10 04 39.794	+ 7 12 34.58	0.338 2397	12	9 02 30.001	+10 26 35.21	0.379 2931
29	10 03 52.967	+ 7 02 25.42	0.333 4548	13	9 03 33.585	+10 31 40.18	0.385 1831
30	10 02 57.120	+ 6 53 04.87	0.328 8668	14	9 04 45.139	+10 36 14.30	0.391 1812
31	10 01 52.335	+ 6 44 34.74	0.324 4845	15	9 06 04.412	+10 40 16.93	0.397 2816
Aug. 1	10 00 38.747	+ 6 36 56.69	0.320 3165	16	9 07 31.148	+10 43 47.55	0.403 4790
2	9 59 16.550	+ 6 30 12.20	0.316 3713	17	9 09 05.095	+10 46 45.67	0.409 7683
3	9 57 46.001	+ 6 24 22.54	0.312 6572	18	9 10 46.000	+10 49 10.88	0.416 1445
4	9 56 07.420	+ 6 19 28.80	0.309 1822	19	9 12 33.613	+10 51 02.84	0.422 6031
5	9 54 21.189	+ 6 15 31.78	0.305 9540	20	9 14 27.688	+10 52 21.23	0.429 1398
6	9 52 27.755	+ 6 12 32.05	0.302 9798	21	9 16 27.984	+10 53 05.81	0.435 7504
7	9 50 27.624	+ 6 10 29.90	0.300 2666	22	9 18 34.264	+10 53 16.37	0.442 4309
8	9 48 21.364	+ 6 09 25.32	0.297 8205	23	9 20 46.299	+10 52 52.74	0.449 1777
9	9 46 09.603	+ 6 09 17.97	0.295 6475	24	9 23 03.865	+10 51 54.80	0.455 9872
10	9 43 53.021	+ 6 10 07.16	0.293 7527	25	9 25 26.745	+10 50 22.42	0.462 8559
11	9 41 32.354	+ 6 11 51.86	0.292 1409	26	9 27 54.731	+10 48 15.55	0.469 7805
12	9 39 08.382	+ 6 14 30.66	0.290 8158	27	9 30 27.620	+10 45 34.13	0.476 7577
13	9 36 41.929	+ 6 18 01.79	0.289 7808	28	9 33 05.218	+10 42 18.15	0.483 7844
14	9 34 13.848	+ 6 22 23.14	0.289 0382	29	9 35 47.335	+10 38 27.62	0.490 8573
15	9 31 45.019	+ 6 27 32.25	0.288 5896	30	9 38 33.784	+10 34 02.63	0.497 9732
16	9 29 16.337	+ 6 33 26.32	0.288 4359	Oct. 1	9 41 24.383	+10 29 03.29	0.505 1291

GEOCENTRIC COORDINATES FOR 0ʰ TERRESTRIAL TIME

Date	Apparent Right Ascension	Apparent Declination	True Geocentric Distance	Date	Apparent Right Ascension	Apparent Declination	True Geocentric Distance
	h m s	° ′ ″	au		h m s	° ′ ″	au
Oct. 1	9 41 24.383	+10 29 03.29	0.505 1291	Nov. 16	12 32 06.790	− 1 44 23.79	0.848 0702
2	9 44 18.949	+10 23 29.77	0.512 3220	17	12 36 17.581	− 2 07 45.29	0.855 4345
3	9 47 17.303	+10 17 22.27	0.519 5491	18	12 40 29.181	− 2 31 14.70	0.862 7847
4	9 50 19.270	+10 10 41.05	0.526 8078	19	12 44 41.596	− 2 54 51.25	0.870 1206
5	9 53 24.683	+10 03 26.36	0.534 0956	20	12 48 54.832	− 3 18 34.22	0.877 4420
6	9 56 33.376	+ 9 55 38.52	0.541 4102	21	12 53 08.902	− 3 42 22.83	0.884 7487
7	9 59 45.194	+ 9 47 17.82	0.548 7494	22	12 57 23.818	− 4 06 16.35	0.892 0404
8	10 02 59.987	+ 9 38 24.62	0.556 1113	23	13 01 39.596	− 4 30 14.03	0.899 3168
9	10 06 17.611	+ 9 28 59.26	0.563 4940	24	13 05 56.254	− 4 54 15.14	0.906 5776
10	10 09 37.930	+ 9 19 02.11	0.570 8959	25	13 10 13.808	− 5 18 18.91	0.913 8222
11	10 13 00.814	+ 9 08 33.58	0.578 3151	26	13 14 32.275	− 5 42 24.59	0.921 0500
12	10 16 26.139	+ 8 57 34.06	0.585 7504	27	13 18 51.670	− 6 06 31.40	0.928 2605
13	10 19 53.788	+ 8 46 03.98	0.593 2002	28	13 23 12.007	− 6 30 38.54	0.935 4529
14	10 23 23.649	+ 8 34 03.78	0.600 6632	29	13 27 33.300	− 6 54 45.23	0.942 6265
15	10 26 55.617	+ 8 21 33.91	0.608 1383	30	13 31 55.562	− 7 18 50.65	0.949 7807
16	10 30 29.592	+ 8 08 34.85	0.615 6244	Dec. 1	13 36 18.806	− 7 42 54.00	0.956 9148
17	10 34 05.481	+ 7 55 07.07	0.623 1203	2	13 40 43.046	− 8 06 54.44	0.964 0282
18	10 37 43.193	+ 7 41 11.07	0.630 6251	3	13 45 08.296	− 8 30 51.18	0.971 1203
19	10 41 22.645	+ 7 26 47.35	0.638 1379	4	13 49 34.569	− 8 54 43.39	0.978 1906
20	10 45 03.760	+ 7 11 56.44	0.645 6578	5	13 54 01.879	− 9 18 30.25	0.985 2385
21	10 48 46.463	+ 6 56 38.85	0.653 1840	6	13 58 30.240	− 9 42 10.94	0.992 2638
22	10 52 30.688	+ 6 40 55.11	0.660 7157	7	14 02 59.666	−10 05 44.63	0.999 2659
23	10 56 16.373	+ 6 24 45.77	0.668 2521	8	14 07 30.169	−10 29 10.51	1.006 2445
24	11 00 03.461	+ 6 08 11.36	0.675 7923	9	14 12 01.764	−10 52 27.75	1.013 1993
25	11 03 51.902	+ 5 51 12.43	0.683 3355	10	14 16 34.461	−11 15 35.52	1.020 1300
26	11 07 41.648	+ 5 33 49.51	0.690 8808	11	14 21 08.272	−11 38 33.00	1.027 0364
27	11 11 32.658	+ 5 16 03.19	0.698 4273	12	14 25 43.208	−12 01 19.35	1.033 9182
28	11 15 24.892	+ 4 57 54.04	0.705 9737	13	14 30 19.278	−12 23 53.74	1.040 7754
29	11 19 18.309	+ 4 39 22.66	0.713 5190	14	14 34 56.493	−12 46 15.34	1.047 6080
30	11 23 12.871	+ 4 20 29.69	0.721 0621	15	14 39 34.863	−13 08 23.32	1.054 4158
31	11 27 08.539	+ 4 01 15.77	0.728 6017	16	14 44 14.396	−13 30 16.85	1.061 1990
Nov. 1	11 31 05.276	+ 3 41 41.60	0.736 1368	17	14 48 55.103	−13 51 55.12	1.067 9576
2	11 35 03.045	+ 3 21 47.83	0.743 6663	18	14 53 36.996	−14 13 17.29	1.074 6917
3	11 39 01.814	+ 3 01 35.17	0.751 1893	19	14 58 20.086	−14 34 22.57	1.081 4012
4	11 43 01.554	+ 2 41 04.32	0.758 7049	20	15 03 04.384	−14 55 10.15	1.088 0864
5	11 47 02.236	+ 2 20 15.97	0.766 2122	21	15 07 49.903	−15 15 39.24	1.094 7470
6	11 51 03.836	+ 1 59 10.84	0.773 7105	22	15 12 36.651	−15 35 49.06	1.101 3831
7	11 55 06.333	+ 1 37 49.64	0.781 1992	23	15 17 24.639	−15 55 38.82	1.107 9946
8	11 59 09.708	+ 1 16 13.10	0.788 6775	24	15 22 13.870	−16 15 07.74	1.114 5811
9	12 03 13.944	+ 0 54 21.93	0.796 1448	25	15 27 04.350	−16 34 15.04	1.121 1424
10	12 07 19.028	+ 0 32 16.86	0.803 6006	26	15 31 56.079	−16 52 59.93	1.127 6781
11	12 11 24.946	+ 0 09 58.65	0.811 0445	27	15 36 49.056	−17 11 21.63	1.134 1878
12	12 15 31.690	− 0 12 31.99	0.818 4759	28	15 41 43.278	−17 29 19.37	1.140 6711
13	12 19 39.251	− 0 35 14.31	0.825 8945	29	15 46 38.740	−17 46 52.35	1.147 1275
14	12 23 47.624	− 0 58 07.54	0.833 2999	30	15 51 35.435	−18 03 59.83	1.153 5565
15	12 27 56.804	− 1 21 10.96	0.840 6919	31	15 56 33.352	−18 20 41.05	1.159 9577
16	12 32 06.790	− 1 44 23.79	0.848 0702	32	16 01 32.481	−18 36 55.25	1.166 3308

MARS, 2015

GEOCENTRIC COORDINATES FOR 0^h TERRESTRIAL TIME

Date	Apparent Right Ascension	Apparent Declination	True Geocentric Distance	Date	Apparent Right Ascension	Apparent Declination	True Geocentric Distance
	h m s	° ′ ″	au		h m s	° ′ ″	au
Jan. 0	21 32 11.220	−15 48 48.12	1.964 9462	Feb. 15	23 46 51.754	− 2 07 59.35	2.173 4799
1	21 35 15.365	−15 33 16.16	1.969 5165	16	23 49 40.750	− 1 48 57.10	2.177 9255
2	21 38 19.070	−15 17 35.03	1.974 0860	17	23 52 29.588	− 1 29 54.92	2.182 3635
3	21 41 22.335	−15 01 44.94	1.978 6551	18	23 55 18.274	− 1 10 52.99	2.186 7934
4	21 44 25.163	−14 45 46.09	1.983 2239	19	23 58 06.814	− 0 51 51.51	2.191 2145
5	21 47 27.556	−14 29 38.70	1.987 7926	20	0 00 55.214	− 0 32 50.68	2.195 6264
6	21 50 29.514	−14 13 22.96	1.992 3615	21	0 03 43.481	− 0 13 50.67	2.200 0285
7	21 53 31.043	−13 56 59.07	1.996 9306	22	0 06 31.624	+ 0 05 08.32	2.204 4206
8	21 56 32.146	−13 40 27.24	2.001 4999	23	0 09 19.648	+ 0 24 06.12	2.208 8026
9	21 59 32.827	−13 23 47.65	2.006 0695	24	0 12 07.561	+ 0 43 02.54	2.213 1743
10	22 02 33.091	−13 07 00.52	2.010 6393	25	0 14 55.370	+ 1 01 57.41	2.217 5358
11	22 05 32.945	−12 50 06.04	2.015 2091	26	0 17 43.080	+ 1 20 50.53	2.221 8870
12	22 08 32.394	−12 33 04.40	2.019 7789	27	0 20 30.698	+ 1 39 41.72	2.226 2279
13	22 11 31.445	−12 15 55.81	2.024 3485	28	0 23 18.232	+ 1 58 30.81	2.230 5587
14	22 14 30.103	−11 58 40.46	2.028 9176	Mar. 1	0 26 05.688	+ 2 17 17.62	2.234 8792
15	22 17 28.376	−11 41 18.57	2.033 4860	2	0 28 53.073	+ 2 36 01.96	2.239 1895
16	22 20 26.269	−11 23 50.33	2.038 0532	3	0 31 40.397	+ 2 54 43.68	2.243 4895
17	22 23 23.788	−11 06 15.95	2.042 6190	4	0 34 27.667	+ 3 13 22.60	2.247 7791
18	22 26 20.938	−10 48 35.65	2.047 1829	5	0 37 14.892	+ 3 31 58.57	2.252 0584
19	22 29 17.723	−10 30 49.65	2.051 7444	6	0 40 02.083	+ 3 50 31.42	2.256 3270
20	22 32 14.147	−10 12 58.18	2.056 3031	7	0 42 49.247	+ 4 09 00.99	2.260 5849
21	22 35 10.211	− 9 55 01.44	2.060 8585	8	0 45 36.396	+ 4 27 27.12	2.264 8318
22	22 38 05.919	− 9 36 59.67	2.065 4102	9	0 48 23.539	+ 4 45 49.68	2.269 0675
23	22 41 01.273	− 9 18 53.09	2.069 9580	10	0 51 10.685	+ 5 04 08.49	2.273 2916
24	22 43 56.279	− 9 00 41.89	2.074 5016	11	0 53 57.844	+ 5 22 23.42	2.277 5039
25	22 46 50.941	− 8 42 26.29	2.079 0409	12	0 56 45.024	+ 5 40 34.30	2.281 7038
26	22 49 45.265	− 8 24 06.50	2.083 5760	13	0 59 32.235	+ 5 58 40.99	2.285 8910
27	22 52 39.258	− 8 05 42.72	2.088 1070	14	1 02 19.484	+ 6 16 43.32	2.290 0650
28	22 55 32.925	− 7 47 15.16	2.092 6340	15	1 05 06.779	+ 6 34 41.14	2.294 2250
29	22 58 26.272	− 7 28 44.02	2.097 1571	16	1 07 54.124	+ 6 52 34.29	2.298 3706
30	23 01 19.306	− 7 10 09.52	2.101 6765	17	1 10 41.527	+ 7 10 22.61	2.302 5010
31	23 04 12.033	− 6 51 31.87	2.106 1922	18	1 13 28.993	+ 7 28 05.92	2.306 6156
Feb. 1	23 07 04.459	− 6 32 51.25	2.110 7045	19	1 16 16.527	+ 7 45 44.07	2.310 7136
2	23 09 56.592	− 6 14 07.89	2.115 2134	20	1 19 04.136	+ 8 03 16.90	2.314 7944
3	23 12 48.440	− 5 55 21.96	2.119 7190	21	1 21 51.824	+ 8 20 44.25	2.318 8573
4	23 15 40.011	− 5 36 33.66	2.124 2212	22	1 24 39.599	+ 8 38 05.98	2.322 9020
5	23 18 31.314	− 5 17 43.19	2.128 7200	23	1 27 27.464	+ 8 55 21.92	2.326 9280
6	23 21 22.358	− 4 58 50.74	2.133 2153	24	1 30 15.425	+ 9 12 31.94	2.330 9352
7	23 24 13.153	− 4 39 56.47	2.137 7070	25	1 33 03.484	+ 9 29 35.88	2.334 9233
8	23 27 03.709	− 4 21 00.59	2.142 1949	26	1 35 51.644	+ 9 46 33.57	2.338 8924
9	23 29 54.037	− 4 02 03.26	2.146 6789	27	1 38 39.910	+10 03 24.87	2.342 8423
10	23 32 44.146	− 3 43 04.69	2.151 1585	28	1 41 28.284	+10 20 09.62	2.346 7729
11	23 35 34.046	− 3 24 05.03	2.155 6336	29	1 44 16.771	+10 36 47.68	2.350 6843
12	23 38 23.748	− 3 05 04.49	2.160 1037	30	1 47 05.376	+10 53 18.89	2.354 5762
13	23 41 13.261	− 2 46 03.23	2.164 5684	31	1 49 54.105	+11 09 43.12	2.358 4488
14	23 44 02.593	− 2 27 01.46	2.169 0274	Apr. 1	1 52 42.961	+11 26 00.22	2.362 3018
15	23 46 51.754	− 2 07 59.35	2.173 4799	2	1 55 31.953	+11 42 10.07	2.366 1351

GEOCENTRIC COORDINATES FOR 0ʰ TERRESTRIAL TIME

Date	Apparent Right Ascension	Apparent Declination	True Geocentric Distance	Date	Apparent Right Ascension	Apparent Declination	True Geocentric Distance
	h m s	° ′ ″	au		h m s	° ′ ″	au
Apr. 1	1 52 42.961	+11 26 00.22	2.362 3018	May 17	4 05 24.226	+21 11 39.18	2.512 1127
2	1 55 31.953	+11 42 10.07	2.366 1351	18	4 08 21.552	+21 20 09.99	2.514 6340
3	1 58 21.085	+11 58 12.52	2.369 9486	19	4 11 19.019	+21 28 28.70	2.517 1167
4	2 01 10.363	+12 14 07.45	2.373 7421	20	4 14 16.617	+21 36 35.24	2.519 5605
5	2 03 59.795	+12 29 54.73	2.377 5154	21	4 17 14.338	+21 44 29.56	2.521 9652
6	2 06 49.386	+12 45 34.23	2.381 2682	22	4 20 12.173	+21 52 11.59	2.524 3306
7	2 09 39.142	+13 01 05.84	2.385 0002	23	4 23 10.114	+21 59 41.27	2.526 6565
8	2 12 29.068	+13 16 29.44	2.388 7112	24	4 26 08.153	+22 06 58.54	2.528 9428
9	2 15 19.170	+13 31 44.89	2.392 4006	25	4 29 06.284	+22 14 03.34	2.531 1895
10	2 18 09.452	+13 46 52.08	2.396 0681	26	4 32 04.500	+22 20 55.64	2.533 3964
11	2 20 59.917	+14 01 50.88	2.399 7130	27	4 35 02.794	+22 27 35.37	2.535 5635
12	2 23 50.569	+14 16 41.17	2.403 3349	28	4 38 01.161	+22 34 02.51	2.537 6907
13	2 26 41.410	+14 31 22.81	2.406 9330	29	4 40 59.595	+22 40 17.01	2.539 7779
14	2 29 32.442	+14 45 55.68	2.410 5068	30	4 43 58.091	+22 46 18.84	2.541 8249
15	2 32 23.668	+15 00 19.65	2.414 0554	31	4 46 56.642	+22 52 07.97	2.543 8317
16	2 35 15.089	+15 14 34.59	2.417 5781	June 1	4 49 55.244	+22 57 44.39	2.545 7981
17	2 38 06.709	+15 28 40.37	2.421 0743	2	4 52 53.889	+23 03 08.06	2.547 7240
18	2 40 58.528	+15 42 36.89	2.424 5431	3	4 55 52.573	+23 08 18.97	2.549 6092
19	2 43 50.548	+15 56 24.02	2.427 9842	4	4 58 51.287	+23 13 17.10	2.551 4533
20	2 46 42.768	+16 10 01.66	2.431 3969	5	5 01 50.024	+23 18 02.44	2.553 2560
21	2 49 35.189	+16 23 29.69	2.434 7810	6	5 04 48.778	+23 22 34.97	2.555 0170
22	2 52 27.806	+16 36 47.98	2.438 1361	7	5 07 47.540	+23 26 54.67	2.556 7357
23	2 55 20.618	+16 49 56.43	2.441 4622	8	5 10 46.303	+23 31 01.52	2.558 4115
24	2 58 13.623	+17 02 54.91	2.444 7590	9	5 13 45.060	+23 34 55.51	2.560 0438
25	3 01 06.818	+17 15 43.31	2.448 0265	10	5 16 43.804	+23 38 36.64	2.561 6320
26	3 04 00.203	+17 28 21.50	2.451 2646	11	5 19 42.529	+23 42 04.90	2.563 1753
27	3 06 53.776	+17 40 49.38	2.454 4731	12	5 22 41.226	+23 45 20.30	2.564 6730
28	3 09 47.538	+17 53 06.85	2.457 6520	13	5 25 39.886	+23 48 22.88	2.566 1245
29	3 12 41.489	+18 05 13.79	2.460 8013	14	5 28 38.495	+23 51 12.61	2.567 5291
30	3 15 35.628	+18 17 10.12	2.463 9207	15	5 31 37.042	+23 53 49.39	2.568 8864
May 1	3 18 29.955	+18 28 55.72	2.467 0101	16	5 34 35.527	+23 56 13.22	2.570 1959
2	3 21 24.472	+18 40 30.52	2.470 0694	17	5 37 33.940	+23 58 24.24	2.571 4572
3	3 24 19.179	+18 51 54.43	2.473 0985	18	5 40 32.266	+24 00 22.51	2.572 6700
4	3 27 14.075	+19 03 07.35	2.476 0970	19	5 43 30.488	+24 02 08.02	2.573 8341
5	3 30 09.160	+19 14 09.21	2.479 0648	20	5 46 28.597	+24 03 40.77	2.574 9495
6	3 33 04.434	+19 24 59.93	2.482 0016	21	5 49 26.581	+24 05 00.78	2.576 0158
7	3 35 59.896	+19 35 39.42	2.484 9070	22	5 52 24.432	+24 06 08.06	2.577 0331
8	3 38 55.543	+19 46 07.60	2.487 7805	23	5 55 22.139	+24 07 02.63	2.578 0013
9	3 41 51.373	+19 56 24.40	2.490 6218	24	5 58 19.695	+24 07 44.51	2.578 9204
10	3 44 47.383	+20 06 29.73	2.493 4302	25	6 01 17.092	+24 08 13.75	2.579 7902
11	3 47 43.570	+20 16 23.51	2.496 2051	26	6 04 14.322	+24 08 30.36	2.580 6107
12	3 50 39.931	+20 26 05.65	2.498 9459	27	6 07 11.377	+24 08 34.40	2.581 3820
13	3 53 36.463	+20 35 36.07	2.501 6518	28	6 10 08.250	+24 08 25.89	2.582 1039
14	3 56 33.162	+20 44 54.71	2.504 3222	29	6 13 04.935	+24 08 04.90	2.582 7764
15	3 59 30.025	+20 54 01.48	2.506 9562	30	6 16 01.423	+24 07 31.46	2.583 3994
16	4 02 27.048	+21 02 56.32	2.509 5532	July 1	6 18 57.708	+24 06 45.64	2.583 9728
17	4 05 24.226	+21 11 39.18	2.512 1127	2	6 21 53.781	+24 05 47.47	2.584 4965

MARS, 2015

GEOCENTRIC COORDINATES FOR 0^h TERRESTRIAL TIME

Date	Apparent Right Ascension	Apparent Declination	True Geocentric Distance	Date	Apparent Right Ascension	Apparent Declination	True Geocentric Distance
	h m s	o ′ ″	au		h m s	o ′ ″	au
July 1	6 18 57.708	+24 06 45.64	2.583 9728	Aug. 16	8 28 33.536	+20 08 45.41	2.550 8587
2	6 21 53.781	+24 05 47.47	2.584 4965	17	8 31 13.569	+19 59 44.01	2.548 7505
3	6 24 49.636	+24 04 37.02	2.584 9702	18	8 33 53.174	+19 50 34.44	2.546 5794
4	6 27 45.264	+24 03 14.33	2.585 3936	19	8 36 32.349	+19 41 16.80	2.544 3454
5	6 30 40.659	+24 01 39.46	2.585 7663	20	8 39 11.096	+19 31 51.20	2.542 0487
6	6 33 35.814	+23 59 52.45	2.586 0878	21	8 41 49.414	+19 22 17.76	2.539 6893
7	6 36 30.724	+23 57 53.35	2.586 3575	22	8 44 27.305	+19 12 36.58	2.537 2672
8	6 39 25.384	+23 55 42.22	2.586 5748	23	8 47 04.767	+19 02 47.78	2.534 7828
9	6 42 19.789	+23 53 19.13	2.586 7391	24	8 49 41.804	+18 52 51.46	2.532 2361
10	6 45 13.931	+23 50 44.14	2.586 8496	25	8 52 18.415	+18 42 47.76	2.529 6272
11	6 48 07.805	+23 47 57.33	2.586 9058	26	8 54 54.601	+18 32 36.77	2.526 9563
12	6 51 01.402	+23 44 58.79	2.586 9071	27	8 57 30.364	+18 22 18.60	2.524 2235
13	6 53 54.714	+23 41 48.60	2.586 8530	28	9 00 05.704	+18 11 53.38	2.521 4290
14	6 56 47.731	+23 38 26.83	2.586 7430	29	9 02 40.625	+18 01 21.20	2.518 5726
15	6 59 40.442	+23 34 53.57	2.586 5769	30	9 05 15.130	+17 50 42.15	2.515 6544
16	7 02 32.840	+23 31 08.91	2.586 3543	31	9 07 49.222	+17 39 56.33	2.512 6740
17	7 05 24.914	+23 27 12.91	2.586 0751	Sept. 1	9 10 22.909	+17 29 03.84	2.509 6312
18	7 08 16.657	+23 23 05.66	2.585 7389	2	9 12 56.194	+17 18 04.77	2.506 5255
19	7 11 08.062	+23 18 47.24	2.585 3459	3	9 15 29.083	+17 06 59.24	2.503 3564
20	7 13 59.121	+23 14 17.72	2.584 8958	4	9 18 01.578	+16 55 47.36	2.500 1235
21	7 16 49.829	+23 09 37.18	2.584 3886	5	9 20 33.682	+16 44 29.25	2.496 8263
22	7 19 40.181	+23 04 45.73	2.583 8244	6	9 23 05.395	+16 33 05.03	2.493 4644
23	7 22 30.172	+22 59 43.43	2.583 2030	7	9 25 36.717	+16 21 34.83	2.490 0375
24	7 25 19.797	+22 54 30.38	2.582 5246	8	9 28 07.649	+16 09 58.77	2.486 5452
25	7 28 09.052	+22 49 06.67	2.581 7892	9	9 30 38.191	+15 58 16.96	2.482 9873
26	7 30 57.934	+22 43 32.39	2.580 9968	10	9 33 08.342	+15 46 29.52	2.479 3637
27	7 33 46.439	+22 37 47.65	2.580 1474	11	9 35 38.106	+15 34 36.56	2.475 6743
28	7 36 34.563	+22 31 52.54	2.579 2410	12	9 38 07.482	+15 22 38.19	2.471 9190
29	7 39 22.303	+22 25 47.16	2.578 2777	13	9 40 36.473	+15 10 34.52	2.468 0978
30	7 42 09.655	+22 19 31.60	2.577 2575	14	9 43 05.081	+14 58 25.67	2.464 2109
31	7 44 56.616	+22 13 05.97	2.576 1803	15	9 45 33.309	+14 46 11.73	2.460 2582
Aug. 1	7 47 43.182	+22 06 30.35	2.575 0458	16	9 48 01.160	+14 33 52.83	2.456 2399
2	7 50 29.353	+21 59 44.84	2.573 8538	17	9 50 28.637	+14 21 29.07	2.452 1563
3	7 53 15.128	+21 52 49.53	2.572 6040	18	9 52 55.742	+14 09 00.55	2.448 0075
4	7 56 00.506	+21 45 44.49	2.571 2957	19	9 55 22.479	+13 56 27.39	2.443 7937
5	7 58 45.488	+21 38 29.84	2.569 9286	20	9 57 48.852	+13 43 49.71	2.439 5153
6	8 01 30.074	+21 31 05.66	2.568 5019	21	10 00 14.863	+13 31 07.60	2.435 1725
7	8 04 14.263	+21 23 32.07	2.567 0152	22	10 02 40.515	+13 18 21.17	2.430 7656
8	8 06 58.052	+21 15 49.19	2.565 4678	23	10 05 05.813	+13 05 30.55	2.426 2949
9	8 09 41.438	+21 07 57.14	2.563 8592	24	10 07 30.759	+12 52 35.83	2.421 7607
10	8 12 24.417	+20 59 56.02	2.562 1891	25	10 09 55.358	+12 39 37.12	2.417 1634
11	8 15 06.986	+20 51 45.96	2.560 4571	26	10 12 19.614	+12 26 34.50	2.412 5029
12	8 17 49.139	+20 43 27.07	2.558 6627	27	10 14 43.535	+12 13 28.08	2.407 7796
13	8 20 30.874	+20 34 59.46	2.556 8059	28	10 17 07.126	+12 00 17.93	2.402 9934
14	8 23 12.187	+20 26 23.24	2.554 8863	29	10 19 30.397	+11 47 04.14	2.398 1441
15	8 25 53.075	+20 17 38.52	2.552 9039	30	10 21 53.355	+11 33 46.80	2.393 2316
16	8 28 33.536	+20 08 45.41	2.550 8587	Oct. 1	10 24 16.007	+11 20 26.01	2.388 2555

GEOCENTRIC COORDINATES FOR 0ʰ TERRESTRIAL TIME

Date	Apparent Right Ascension	Apparent Declination	True Geocentric Distance	Date	Apparent Right Ascension	Apparent Declination	True Geocentric Distance
	h m s	° ′ ″	au		h m s	° ′ ″	au
Oct. 1	10 24 16.007	+11 20 26.01	2.388 2555	Nov. 16	12 09 05.568	+ 0 34 08.51	2.091 8429
2	10 26 38.357	+11 07 01.87	2.383 2156	17	12 11 17.748	+ 0 19 59.73	2.084 0155
3	10 29 00.409	+10 53 34.50	2.378 1114	18	12 13 29.776	+ 0 05 52.24	2.076 1351
4	10 31 22.165	+10 40 04.02	2.372 9427	19	12 15 41.655	− 0 08 13.87	2.068 2024
5	10 33 43.628	+10 26 30.53	2.367 7092	20	12 17 53.388	− 0 22 18.52	2.060 2181
6	10 36 04.799	+10 12 54.15	2.362 4109	21	12 20 04.980	− 0 36 21.63	2.052 1829
7	10 38 25.680	+ 9 59 14.98	2.357 0476	22	12 22 16.435	− 0 50 23.12	2.044 0972
8	10 40 46.274	+ 9 45 33.14	2.351 6193	23	12 24 27.761	− 1 04 22.94	2.035 9618
9	10 43 06.584	+ 9 31 48.73	2.346 1260	24	12 26 38.962	− 1 18 21.01	2.027 7769
10	10 45 26.613	+ 9 18 01.85	2.340 5677	25	12 28 50.045	− 1 32 17.26	2.019 5428
11	10 47 46.363	+ 9 04 12.61	2.334 9447	26	12 31 01.013	− 1 46 11.62	2.011 2598
12	10 50 05.839	+ 8 50 21.11	2.329 2570	27	12 33 11.869	− 2 00 04.00	2.002 9280
13	10 52 25.044	+ 8 36 27.45	2.323 5050	28	12 35 22.614	− 2 13 54.32	1.994 5475
14	10 54 43.981	+ 8 22 31.73	2.317 6889	29	12 37 33.248	− 2 27 42.48	1.986 1184
15	10 57 02.654	+ 8 08 34.06	2.311 8090	30	12 39 43.771	− 2 41 28.39	1.977 6408
16	10 59 21.067	+ 7 54 34.53	2.305 8657	Dec. 1	12 41 54.184	− 2 55 11.95	1.969 1149
17	11 01 39.221	+ 7 40 33.26	2.299 8594	2	12 44 04.487	− 3 08 53.07	1.960 5410
18	11 03 57.122	+ 7 26 30.33	2.293 7905	3	12 46 14.679	− 3 22 31.66	1.951 9193
19	11 06 14.771	+ 7 12 25.87	2.287 6596	4	12 48 24.760	− 3 36 07.63	1.943 2501
20	11 08 32.173	+ 6 58 19.96	2.281 4670	5	12 50 34.731	− 3 49 40.89	1.934 5340
21	11 10 49.331	+ 6 44 12.71	2.275 2133	6	12 52 44.590	− 4 03 11.37	1.925 7713
22	11 13 06.248	+ 6 30 04.22	2.268 8989	7	12 54 54.338	− 4 16 38.96	1.916 9626
23	11 15 22.929	+ 6 15 54.58	2.262 5244	8	12 57 03.973	− 4 30 03.58	1.908 1084
24	11 17 39.379	+ 6 01 43.87	2.256 0902	9	12 59 13.493	− 4 43 25.14	1.899 2094
25	11 19 55.606	+ 5 47 32.18	2.249 5966	10	13 01 22.899	− 4 56 43.57	1.890 2661
26	11 22 11.617	+ 5 33 19.58	2.243 0439	11	13 03 32.186	− 5 09 58.76	1.881 2794
27	11 24 27.420	+ 5 19 06.14	2.236 4322	12	13 05 41.353	− 5 23 10.63	1.872 2500
28	11 26 43.023	+ 5 04 51.94	2.229 7615	13	13 07 50.398	− 5 36 19.08	1.863 1788
29	11 28 58.432	+ 4 50 37.08	2.223 0317	14	13 09 59.316	− 5 49 24.03	1.854 0666
30	11 31 13.652	+ 4 36 21.63	2.216 2429	15	13 12 08.107	− 6 02 25.39	1.844 9145
31	11 33 28.685	+ 4 22 05.72	2.209 3947	16	13 14 16.767	− 6 15 23.07	1.835 7232
Nov. 1	11 35 43.533	+ 4 07 49.43	2.202 4871	17	13 16 25.298	− 6 28 16.99	1.826 4939
2	11 37 58.200	+ 3 53 32.88	2.195 5201	18	13 18 33.698	− 6 41 07.09	1.817 2274
3	11 40 12.685	+ 3 39 16.16	2.188 4936	19	13 20 41.969	− 6 53 53.28	1.807 9245
4	11 42 26.993	+ 3 24 59.38	2.181 4077	20	13 22 50.114	− 7 06 35.53	1.798 5861
5	11 44 41.124	+ 3 10 42.64	2.174 2625	21	13 24 58.134	− 7 19 13.76	1.789 2130
6	11 46 55.080	+ 2 56 26.04	2.167 0582	22	13 27 06.032	− 7 31 47.92	1.779 8057
7	11 49 08.866	+ 2 42 09.67	2.159 7951	23	13 29 13.808	− 7 44 17.96	1.770 3648
8	11 51 22.482	+ 2 27 53.62	2.152 4734	24	13 31 21.461	− 7 56 43.82	1.760 8908
9	11 53 35.931	+ 2 13 38.00	2.145 0934	25	13 33 28.991	− 8 09 05.43	1.751 3840
10	11 55 49.215	+ 1 59 22.89	2.137 6557	26	13 35 36.395	− 8 21 22.72	1.741 8448
11	11 58 02.337	+ 1 45 08.40	2.130 1605	27	13 37 43.669	− 8 33 35.60	1.732 2736
12	12 00 15.298	+ 1 30 54.61	2.122 6084	28	13 39 50.809	− 8 45 44.01	1.722 6706
13	12 02 28.101	+ 1 16 41.64	2.115 0000	29	13 41 57.812	− 8 57 47.86	1.713 0362
14	12 04 40.746	+ 1 02 29.56	2.107 3359	30	13 44 04.672	− 9 09 47.09	1.703 3708
15	12 06 53.234	+ 0 48 18.49	2.099 6166	31	13 46 11.387	− 9 21 41.62	1.693 6749
16	12 09 05.568	+ 0 34 08.51	2.091 8429	32	13 48 17.950	− 9 33 31.37	1.683 9489

GEOCENTRIC COORDINATES FOR 0ʰ TERRESTRIAL TIME

Date	Apparent Right Ascension	Apparent Declination	True Geocentric Distance	Date	Apparent Right Ascension	Apparent Declination	True Geocentric Distance
	h m s	° ′ ″	au		h m s	° ′ ″	au
Jan. 0	9 37 56.323	+15 01 59.19	4.554 9219	Feb. 15	9 17 13.652	+16 48 11.59	4.358 1532
1	9 37 39.697	+15 03 35.84	4.544 4539	16	9 16 42.844	+16 50 35.72	4.361 0495
2	9 37 22.395	+15 05 15.64	4.534 2122	17	9 16 12.231	+16 52 58.37	4.364 2570
3	9 37 04.427	+15 06 58.54	4.524 2007	18	9 15 41.834	+16 55 19.45	4.367 7745
4	9 36 45.800	+15 08 44.48	4.514 4235	19	9 15 11.675	+16 57 38.86	4.371 6001
5	9 36 26.524	+15 10 33.40	4.504 8847	20	9 14 41.780	+16 59 56.48	4.375 7321
6	9 36 06.609	+15 12 25.24	4.495 5880	21	9 14 12.172	+17 02 12.22	4.380 1683
7	9 35 46.064	+15 14 19.91	4.486 5375	22	9 13 42.876	+17 04 25.97	4.384 9061
8	9 35 24.902	+15 16 17.35	4.477 7372	23	9 13 13.916	+17 06 37.65	4.389 9428
9	9 35 03.133	+15 18 17.48	4.469 1909	24	9 12 45.313	+17 08 47.18	4.395 2757
10	9 34 40.771	+15 20 20.19	4.460 9025	25	9 12 17.089	+17 10 54.50	4.400 9017
11	9 34 17.829	+15 22 25.42	4.452 8758	26	9 11 49.262	+17 12 59.53	4.406 8177
12	9 33 54.321	+15 24 33.07	4.445 1147	27	9 11 21.851	+17 15 02.22	4.413 0206
13	9 33 30.263	+15 26 43.03	4.437 6229	28	9 10 54.872	+17 17 02.50	4.419 5072
14	9 33 05.671	+15 28 55.22	4.430 4041	Mar. 1	9 10 28.343	+17 19 00.33	4.426 2742
15	9 32 40.560	+15 31 09.54	4.423 4619	2	9 10 02.280	+17 20 55.63	4.433 3185
16	9 32 14.947	+15 33 25.89	4.416 7999	3	9 09 36.699	+17 22 48.36	4.440 6365
17	9 31 48.850	+15 35 44.17	4.410 4216	4	9 09 11.615	+17 24 38.45	4.448 2250
18	9 31 22.286	+15 38 04.29	4.404 3303	5	9 08 47.046	+17 26 25.85	4.456 0805
19	9 30 55.272	+15 40 26.14	4.398 5294	6	9 08 23.005	+17 28 10.50	4.464 1996
20	9 30 27.827	+15 42 49.62	4.393 0221	7	9 07 59.509	+17 29 52.35	4.472 5788
21	9 29 59.967	+15 45 14.63	4.387 8111	8	9 07 36.573	+17 31 31.35	4.481 2146
22	9 29 31.713	+15 47 41.04	4.382 8992	9	9 07 14.211	+17 33 07.46	4.490 1033
23	9 29 03.086	+15 50 08.73	4.378 2889	10	9 06 52.437	+17 34 40.63	4.499 2414
24	9 28 34.109	+15 52 37.58	4.373 9822	11	9 06 31.265	+17 36 10.82	4.508 6252
25	9 28 04.805	+15 55 07.45	4.369 9810	12	9 06 10.709	+17 37 38.00	4.518 2510
26	9 27 35.198	+15 57 38.22	4.366 2869	13	9 05 50.779	+17 39 02.13	4.528 1150
27	9 27 05.311	+16 00 09.77	4.362 9013	14	9 05 31.489	+17 40 23.19	4.538 2134
28	9 26 35.168	+16 02 41.99	4.359 8255	15	9 05 12.849	+17 41 41.15	4.548 5423
29	9 26 04.791	+16 05 14.77	4.357 0605	16	9 04 54.868	+17 42 55.98	4.559 0978
30	9 25 34.200	+16 07 48.00	4.354 6072	17	9 04 37.557	+17 44 07.66	4.569 8756
31	9 25 03.417	+16 10 21.58	4.352 4666	18	9 04 20.926	+17 45 16.16	4.580 8715
Feb. 1	9 24 32.464	+16 12 55.40	4.350 6394	19	9 04 04.983	+17 46 21.45	4.592 0811
2	9 24 01.361	+16 15 29.35	4.349 1262	20	9 03 49.740	+17 47 23.48	4.603 4998
3	9 23 30.130	+16 18 03.32	4.347 9277	21	9 03 35.208	+17 48 22.24	4.615 1227
4	9 22 58.793	+16 20 37.21	4.347 0441	22	9 03 21.396	+17 49 17.69	4.626 9450
5	9 22 27.372	+16 23 10.88	4.346 4760	23	9 03 08.314	+17 50 09.82	4.638 9615
6	9 21 55.890	+16 25 44.23	4.346 2236	24	9 02 55.969	+17 50 58.63	4.651 1672
7	9 21 24.369	+16 28 17.15	4.346 2872	25	9 02 44.365	+17 51 44.12	4.663 5569
8	9 20 52.833	+16 30 49.53	4.346 6666	26	9 02 33.507	+17 52 26.29	4.676 1257
9	9 20 21.306	+16 33 21.24	4.347 3620	27	9 02 23.397	+17 53 05.16	4.688 8684
10	9 19 49.812	+16 35 52.17	4.348 3732	28	9 02 14.037	+17 53 40.71	4.701 7802
11	9 19 18.373	+16 38 22.23	4.349 7000	29	9 02 05.430	+17 54 12.96	4.714 8562
12	9 18 47.015	+16 40 51.30	4.351 3419	30	9 01 57.577	+17 54 41.90	4.728 0914
13	9 18 15.759	+16 43 19.29	4.353 2985	31	9 01 50.479	+17 55 07.54	4.741 4812
14	9 17 44.631	+16 45 46.08	4.355 5692	Apr. 1	9 01 44.139	+17 55 29.87	4.755 0209
15	9 17 13.652	+16 48 11.59	4.358 1532	2	9 01 38.557	+17 55 48.90	4.768 7056

GEOCENTRIC COORDINATES FOR 0^h TERRESTRIAL TIME

Date	Apparent Right Ascension	Apparent Declination	True Geocentric Distance	Date	Apparent Right Ascension	Apparent Declination	True Geocentric Distance
	h m s	° ′ ″	au		h m s	° ′ ″	au
Apr. 1	9 01 44.139	+17 55 29.87	4.755 0209	May 17	9 09 59.497	+17 15 55.42	5.462 4074
2	9 01 38.557	+17 55 48.90	4.768 7056	18	9 10 25.590	+17 13 55.73	5.478 0457
3	9 01 33.735	+17 56 04.62	4.782 5309	19	9 10 52.238	+17 11 53.41	5.493 6344
4	9 01 29.673	+17 56 17.04	4.796 4922	20	9 11 19.432	+17 09 48.50	5.509 1696
5	9 01 26.372	+17 56 26.16	4.810 5849	21	9 11 47.162	+17 07 41.02	5.524 6479
6	9 01 23.834	+17 56 31.98	4.824 8046	22	9 12 15.420	+17 05 31.01	5.540 0659
7	9 01 22.057	+17 56 34.52	4.839 1468	23	9 12 44.196	+17 03 18.48	5.555 4202
8	9 01 21.043	+17 56 33.78	4.853 6072	24	9 13 13.481	+17 01 03.46	5.570 7076
9	9 01 20.789	+17 56 29.78	4.868 1814	25	9 13 43.268	+16 58 45.97	5.585 9252
10	9 01 21.294	+17 56 22.52	4.882 8650	26	9 14 13.548	+16 56 26.01	5.601 0698
11	9 01 22.557	+17 56 12.03	4.897 6537	27	9 14 44.314	+16 54 03.62	5.616 1387
12	9 01 24.575	+17 55 58.32	4.912 5431	28	9 15 15.559	+16 51 38.79	5.631 1290
13	9 01 27.345	+17 55 41.39	4.927 5288	29	9 15 47.276	+16 49 11.55	5.646 0381
14	9 01 30.865	+17 55 21.26	4.942 6064	30	9 16 19.458	+16 46 41.92	5.660 8633
15	9 01 35.132	+17 54 57.93	4.957 7713	31	9 16 52.097	+16 44 09.91	5.675 6020
16	9 01 40.145	+17 54 31.41	4.973 0188	June 1	9 17 25.189	+16 41 35.54	5.690 2518
17	9 01 45.902	+17 54 01.69	4.988 3443	2	9 17 58.724	+16 38 58.84	5.704 8102
18	9 01 52.403	+17 53 28.77	5.003 7430	3	9 18 32.697	+16 36 19.82	5.719 2750
19	9 01 59.646	+17 52 52.67	5.019 2099	4	9 19 07.099	+16 33 38.51	5.733 6439
20	9 02 07.629	+17 52 13.40	5.034 7402	5	9 19 41.923	+16 30 54.93	5.747 9144
21	9 02 16.346	+17 51 31.00	5.050 3290	6	9 20 17.162	+16 28 09.11	5.762 0844
22	9 02 25.793	+17 50 45.48	5.065 9715	7	9 20 52.807	+16 25 21.06	5.776 1514
23	9 02 35.962	+17 49 56.88	5.081 6629	8	9 21 28.852	+16 22 30.80	5.790 1131
24	9 02 46.847	+17 49 05.23	5.097 3988	9	9 22 05.291	+16 19 38.33	5.803 9670
25	9 02 58.440	+17 48 10.54	5.113 1746	10	9 22 42.119	+16 16 43.65	5.817 7107
26	9 03 10.734	+17 47 12.84	5.128 9859	11	9 23 19.330	+16 13 46.79	5.831 3414
27	9 03 23.723	+17 46 12.14	5.144 8286	12	9 23 56.922	+16 10 47.74	5.844 8566
28	9 03 37.400	+17 45 08.47	5.160 6984	13	9 24 34.888	+16 07 46.52	5.858 2536
29	9 03 51.759	+17 44 01.83	5.176 5914	14	9 25 13.224	+16 04 43.16	5.871 5297
30	9 04 06.792	+17 42 52.24	5.192 5035	15	9 25 51.922	+16 01 37.68	5.884 6822
May 1	9 04 22.495	+17 41 39.72	5.208 4309	16	9 26 30.976	+15 58 30.11	5.897 7085
2	9 04 38.861	+17 40 24.28	5.224 3698	17	9 27 10.377	+15 55 20.47	5.910 6061
3	9 04 55.885	+17 39 05.95	5.240 3163	18	9 27 50.116	+15 52 08.80	5.923 3725
4	9 05 13.559	+17 37 44.73	5.256 2670	19	9 28 30.186	+15 48 55.13	5.936 0054
5	9 05 31.878	+17 36 20.64	5.272 2183	20	9 29 10.579	+15 45 39.46	5.948 5026
6	9 05 50.836	+17 34 53.72	5.288 1666	21	9 29 51.287	+15 42 21.84	5.960 8620
7	9 06 10.425	+17 33 23.98	5.304 1084	22	9 30 32.303	+15 39 02.26	5.973 0815
8	9 06 30.638	+17 31 51.44	5.320 0404	23	9 31 13.621	+15 35 40.75	5.985 1592
9	9 06 51.467	+17 30 16.12	5.335 9591	24	9 31 55.235	+15 32 17.33	5.997 0932
10	9 07 12.906	+17 28 38.06	5.351 8611	25	9 32 37.138	+15 28 52.01	6.008 8819
11	9 07 34.946	+17 26 57.25	5.367 7428	26	9 33 19.325	+15 25 24.80	6.020 5235
12	9 07 57.582	+17 25 13.72	5.383 6008	27	9 34 01.791	+15 21 55.74	6.032 0163
13	9 08 20.807	+17 23 27.47	5.399 4315	28	9 34 44.529	+15 18 24.83	6.043 3589
14	9 08 44.616	+17 21 38.50	5.415 2313	29	9 35 27.533	+15 14 52.10	6.054 5497
15	9 09 09.004	+17 19 46.83	5.430 9963	30	9 36 10.799	+15 11 17.58	6.065 5873
16	9 09 33.966	+17 17 52.47	5.446 7230	July 1	9 36 54.319	+15 07 41.28	6.076 4704
17	9 09 59.497	+17 15 55.42	5.462 4074	2	9 37 38.087	+15 04 03.23	6.087 1976

GEOCENTRIC COORDINATES FOR 0ʰ TERRESTRIAL TIME

Date	Apparent Right Ascension	Apparent Declination	True Geocentric Distance	Date	Apparent Right Ascension	Apparent Declination	True Geocentric Distance
	h m s	o ′ ″	au		h m s	o ′ ″	au
July 1	9 36 54.319	+15 07 41.28	6.076 4704	Aug. 16	10 13 20.615	+11 55 57.06	6.385 9743
2	9 37 38.087	+15 04 03.23	6.087 1976	17	10 14 10.318	+11 51 21.93	6.388 1478
3	9 38 22.097	+15 00 23.47	6.097 7675	18	10 15 00.039	+11 46 46.14	6.390 1149
4	9 39 06.342	+14 56 42.00	6.108 1788	19	10 15 49.773	+11 42 09.72	6.391 8753
5	9 39 50.816	+14 52 58.85	6.118 4300	20	10 16 39.517	+11 37 32.70	6.393 4289
6	9 40 35.514	+14 49 14.02	6.128 5197	21	10 17 29.266	+11 32 55.10	6.394 7754
7	9 41 20.432	+14 45 27.54	6.138 4463	22	10 18 19.017	+11 28 16.96	6.395 9149
8	9 42 05.567	+14 41 39.40	6.148 2081	23	10 19 08.765	+11 23 38.30	6.396 8472
9	9 42 50.915	+14 37 49.61	6.157 8033	24	10 19 58.507	+11 18 59.17	6.397 5726
10	9 43 36.473	+14 33 58.20	6.167 2302	25	10 20 48.238	+11 14 19.61	6.398 0911
11	9 44 22.237	+14 30 05.17	6.176 4869	26	10 21 37.953	+11 09 39.73	6.398 4029
12	9 45 08.202	+14 26 10.57	6.185 5718	27	10 22 27.629	+11 04 59.58	6.398 5081
13	9 45 54.362	+14 22 14.41	6.194 4829	28	10 23 17.272	+11 00 18.71	6.398 4070
14	9 46 40.711	+14 18 16.73	6.203 2186	29	10 24 06.898	+10 55 37.51	6.398 0996
15	9 47 27.241	+14 14 17.56	6.211 7774	30	10 24 56.491	+10 50 56.08	6.397 5861
16	9 48 13.946	+14 10 16.93	6.220 1575	31	10 25 46.045	+10 46 14.40	6.396 8665
17	9 49 00.820	+14 06 14.86	6.228 3576	Sept. 1	10 26 35.559	+10 41 32.47	6.395 9406
18	9 49 47.855	+14 02 11.38	6.236 3763	2	10 27 25.031	+10 36 50.30	6.394 8082
19	9 50 35.047	+13 58 06.51	6.244 2123	3	10 28 14.458	+10 32 07.90	6.393 4690
20	9 51 22.390	+13 54 00.27	6.251 8645	4	10 29 03.838	+10 27 25.32	6.391 9227
21	9 52 09.878	+13 49 52.68	6.259 3318	5	10 29 53.167	+10 22 42.58	6.390 1690
22	9 52 57.507	+13 45 43.76	6.266 6131	6	10 30 42.438	+10 17 59.72	6.388 2075
23	9 53 45.273	+13 41 33.53	6.273 7076	7	10 31 31.647	+10 13 16.80	6.386 0381
24	9 54 33.170	+13 37 22.01	6.280 6143	8	10 32 20.788	+10 08 33.83	6.383 6607
25	9 55 21.195	+13 33 09.23	6.287 3324	9	10 33 09.855	+10 03 50.87	6.381 0752
26	9 56 09.342	+13 28 55.21	6.293 8612	10	10 33 58.843	+ 9 59 07.95	6.378 2816
27	9 56 57.606	+13 24 39.97	6.300 2000	11	10 34 47.746	+ 9 54 25.10	6.375 2801
28	9 57 45.984	+13 20 23.54	6.306 3482	12	10 35 36.561	+ 9 49 42.36	6.372 0709
29	9 58 34.469	+13 16 05.96	6.312 3051	13	10 36 25.282	+ 9 44 59.75	6.368 6543
30	9 59 23.056	+13 11 47.24	6.318 0703	14	10 37 13.905	+ 9 40 17.32	6.365 0306
31	10 00 11.739	+13 07 27.42	6.323 6432	15	10 38 02.426	+ 9 35 35.09	6.361 2005
Aug. 1	10 01 00.513	+13 03 06.53	6.329 0231	16	10 38 50.840	+ 9 30 53.09	6.357 1643
2	10 01 49.373	+12 58 44.58	6.334 2095	17	10 39 39.144	+ 9 26 11.36	6.352 9228
3	10 02 38.317	+12 54 21.58	6.339 2014	18	10 40 27.333	+ 9 21 29.93	6.348 4766
4	10 03 27.340	+12 49 57.55	6.343 9982	19	10 41 15.402	+ 9 16 48.83	6.343 8265
5	10 04 16.443	+12 45 32.50	6.348 5989	20	10 42 03.346	+ 9 12 08.12	6.338 9734
6	10 05 05.621	+12 41 06.44	6.353 0023	21	10 42 51.162	+ 9 07 27.82	6.333 9182
7	10 05 54.873	+12 36 39.40	6.357 2075	22	10 43 38.843	+ 9 02 47.97	6.328 6617
8	10 06 44.194	+12 32 11.41	6.361 2134	23	10 44 26.385	+ 8 58 08.62	6.323 2051
9	10 07 33.580	+12 27 42.49	6.365 0190	24	10 45 13.781	+ 8 53 29.81	6.317 5492
10	10 08 23.024	+12 23 12.69	6.368 6232	25	10 46 01.026	+ 8 48 51.58	6.311 6952
11	10 09 12.522	+12 18 42.03	6.372 0252	26	10 46 48.117	+ 8 44 13.95	6.305 6441
12	10 10 02.068	+12 14 10.56	6.375 2241	27	10 47 35.049	+ 8 39 36.96	6.299 3968
13	10 10 51.656	+12 09 38.29	6.378 2190	28	10 48 21.820	+ 8 35 00.62	6.292 9541
14	10 11 41.279	+12 05 05.27	6.381 0095	29	10 49 08.427	+ 8 30 24.97	6.286 3168
15	10 12 30.934	+12 00 31.52	6.383 5947	30	10 49 54.870	+ 8 25 50.03	6.279 4855
16	10 13 20.615	+11 55 57.06	6.385 9743	Oct. 1	10 50 41.144	+ 8 21 15.82	6.272 4608

GEOCENTRIC COORDINATES FOR 0^h TERRESTRIAL TIME

Date	Apparent Right Ascension	Apparent Declination	True Geocentric Distance	Date	Apparent Right Ascension	Apparent Declination	True Geocentric Distance
	h m s	° ′ ″	au		h m s	° ′ ″	au
Oct. 1	10 50 41.144	+ 8 21 15.82	6.272 4608	Nov. 16	11 21 32.272	+ 5 16 47.63	5.763 0315
2	10 51 27.245	+ 8 16 42.40	6.265 2433	17	11 22 04.336	+ 5 13 37.13	5.748 6262
3	10 52 13.169	+ 8 12 09.80	6.257 8335	18	11 22 35.949	+ 5 10 29.53	5.734 1197
4	10 52 58.908	+ 8 07 38.07	6.250 2320	19	11 23 07.106	+ 5 07 24.86	5.719 5154
5	10 53 44.457	+ 8 03 07.27	6.242 4397	20	11 23 37.799	+ 5 04 23.17	5.704 8165
6	10 54 29.808	+ 7 58 37.44	6.234 4572	21	11 24 08.024	+ 5 01 24.50	5.690 0264
7	10 55 14.957	+ 7 54 08.61	6.226 2855	22	11 24 37.777	+ 4 58 28.89	5.675 1483
8	10 55 59.898	+ 7 49 40.85	6.217 9257	23	11 25 07.053	+ 4 55 36.36	5.660 1854
9	10 56 44.624	+ 7 45 14.17	6.209 3787	24	11 25 35.847	+ 4 52 46.95	5.645 1408
10	10 57 29.131	+ 7 40 48.63	6.200 6458	25	11 26 04.157	+ 4 50 00.69	5.630 0176
11	10 58 13.413	+ 7 36 24.27	6.191 7284	26	11 26 31.975	+ 4 47 17.64	5.614 8187
12	10 58 57.466	+ 7 32 01.11	6.182 6277	27	11 26 59.295	+ 4 44 37.84	5.599 5473
13	10 59 41.285	+ 7 27 39.21	6.173 3452	28	11 27 26.109	+ 4 42 01.34	5.584 2062
14	11 00 24.863	+ 7 23 18.60	6.163 8826	29	11 27 52.409	+ 4 39 28.21	5.568 7986
15	11 01 08.197	+ 7 18 59.32	6.154 2414	30	11 28 18.187	+ 4 36 58.50	5.553 3278
16	11 01 51.281	+ 7 14 41.42	6.144 4234	Dec. 1	11 28 43.435	+ 4 34 32.25	5.537 7969
17	11 02 34.108	+ 7 10 24.93	6.134 4303	2	11 29 08.146	+ 4 32 09.52	5.522 2096
18	11 03 16.674	+ 7 06 09.92	6.124 2642	3	11 29 32.314	+ 4 29 50.35	5.506 5693
19	11 03 58.972	+ 7 01 56.42	6.113 9269	4	11 29 55.931	+ 4 27 34.78	5.490 8798
20	11 04 40.997	+ 6 57 44.48	6.103 4203	5	11 30 18.991	+ 4 25 22.86	5.475 1447
21	11 05 22.740	+ 6 53 34.15	6.092 7466	6	11 30 41.488	+ 4 23 14.62	5.459 3680
22	11 06 04.198	+ 6 49 25.47	6.081 9079	7	11 31 03.416	+ 4 21 10.11	5.443 5537
23	11 06 45.363	+ 6 45 18.50	6.070 9061	8	11 31 24.767	+ 4 19 09.38	5.427 7058
24	11 07 26.231	+ 6 41 13.26	6.059 7433	9	11 31 45.537	+ 4 17 12.45	5.411 8285
25	11 08 06.797	+ 6 37 09.79	6.048 4216	10	11 32 05.719	+ 4 15 19.38	5.395 9261
26	11 08 47.059	+ 6 33 08.12	6.036 9428	11	11 32 25.305	+ 4 13 30.21	5.380 0030
27	11 09 27.013	+ 6 29 08.27	6.025 3088	12	11 32 44.289	+ 4 11 44.98	5.364 0635
28	11 10 06.657	+ 6 25 10.29	6.013 5214	13	11 33 02.664	+ 4 10 03.74	5.348 1123
29	11 10 45.985	+ 6 21 14.22	6.001 5822	14	11 33 20.422	+ 4 08 26.53	5.332 1539
30	11 11 24.991	+ 6 17 20.09	5.989 4928	15	11 33 37.559	+ 4 06 53.40	5.316 1928
31	11 12 03.669	+ 6 13 27.97	5.977 2550	16	11 33 54.066	+ 4 05 24.38	5.300 2339
Nov. 1	11 12 42.012	+ 6 09 37.91	5.964 8706	17	11 34 09.940	+ 4 03 59.51	5.284 2815
2	11 13 20.011	+ 6 05 49.97	5.952 3414	18	11 34 25.175	+ 4 02 38.81	5.268 3404
3	11 13 57.661	+ 6 02 04.20	5.939 6694	19	11 34 39.769	+ 4 01 22.31	5.252 4151
4	11 14 34.952	+ 5 58 20.64	5.926 8567	20	11 34 53.718	+ 4 00 10.02	5.236 5100
5	11 15 11.880	+ 5 54 39.35	5.913 9054	21	11 35 07.020	+ 3 59 01.97	5.220 6295
6	11 15 48.438	+ 5 51 00.36	5.900 8180	22	11 35 19.671	+ 3 57 58.17	5.204 7780
7	11 16 24.619	+ 5 47 23.73	5.887 5967	23	11 35 31.669	+ 3 56 58.64	5.188 9596
8	11 17 00.417	+ 5 43 49.50	5.874 2442	24	11 35 43.008	+ 3 56 03.42	5.173 1787
9	11 17 35.827	+ 5 40 17.72	5.860 7630	25	11 35 53.684	+ 3 55 12.55	5.157 4395
10	11 18 10.842	+ 5 36 48.43	5.847 1559	26	11 36 03.691	+ 3 54 26.04	5.141 7461
11	11 18 45.455	+ 5 33 21.67	5.833 4256	27	11 36 13.022	+ 3 53 43.95	5.126 1030
12	11 19 19.662	+ 5 29 57.49	5.819 5751	28	11 36 21.673	+ 3 53 06.29	5.110 5144
13	11 19 53.453	+ 5 26 35.95	5.805 6073	29	11 36 29.639	+ 3 52 33.10	5.094 9849
14	11 20 26.824	+ 5 23 17.09	5.791 5253	30	11 36 36.916	+ 3 52 04.40	5.079 5191
15	11 20 59.766	+ 5 20 00.97	5.777 3323	31	11 36 43.499	+ 3 51 40.20	5.064 1217
16	11 21 32.272	+ 5 16 47.63	5.763 0315	32	11 36 49.386	+ 3 51 20.52	5.048 7974

SATURN, 2015

GEOCENTRIC COORDINATES FOR 0ʰ TERRESTRIAL TIME

Date	Apparent Right Ascension	Apparent Declination	True Geocentric Distance	Date	Apparent Right Ascension	Apparent Declination	True Geocentric Distance
	h m s	° ′ ″	au		h m s	° ′ ″	au
Jan. 0	15 56 09.013	−18 25 10.15	10.704 9921	Feb. 15	16 10 49.584	−19 00 43.38	10.057 0180
1	15 56 34.170	−18 26 20.33	10.694 5079	16	16 11 00.927	−19 01 03.70	10.040 4958
2	15 56 59.129	−18 27 29.54	10.683 8190	17	16 11 11.877	−19 01 22.90	10.023 9364
3	15 57 23.885	−18 28 37.78	10.672 9279	18	16 11 22.428	−19 01 40.97	10.007 3447
4	15 57 48.433	−18 29 45.04	10.661 8371	19	16 11 32.578	−19 01 57.90	9.990 7260
5	15 58 12.767	−18 30 51.31	10.650 5492	20	16 11 42.323	−19 02 13.67	9.974 0854
6	15 58 36.882	−18 31 56.57	10.639 0667	21	16 11 51.664	−19 02 28.30	9.957 4282
7	15 59 00.772	−18 33 00.83	10.627 3921	22	16 12 00.599	−19 02 41.77	9.940 7595
8	15 59 24.434	−18 34 04.06	10.615 5279	23	16 12 09.130	−19 02 54.11	9.924 0845
9	15 59 47.862	−18 35 06.26	10.603 4768	24	16 12 17.255	−19 03 05.33	9.907 4084
10	16 00 11.051	−18 36 07.42	10.591 2413	25	16 12 24.972	−19 03 15.43	9.890 7360
11	16 00 33.999	−18 37 07.53	10.578 8243	26	16 12 32.280	−19 03 24.44	9.874 0722
12	16 00 56.701	−18 38 06.58	10.566 2285	27	16 12 39.176	−19 03 32.34	9.857 4220
13	16 01 19.152	−18 39 04.57	10.553 4567	28	16 12 45.658	−19 03 39.15	9.840 7899
14	16 01 41.349	−18 40 01.51	10.540 5119	Mar. 1	16 12 51.724	−19 03 44.86	9.824 1808
15	16 02 03.288	−18 40 57.38	10.527 3971	2	16 12 57.372	−19 03 49.47	9.807 5992
16	16 02 24.964	−18 41 52.19	10.514 1153	3	16 13 02.602	−19 03 52.99	9.791 0499
17	16 02 46.372	−18 42 45.95	10.500 6698	4	16 13 07.411	−19 03 55.40	9.774 5374
18	16 03 07.507	−18 43 38.65	10.487 0639	5	16 13 11.799	−19 03 56.72	9.758 0663
19	16 03 28.361	−18 44 30.28	10.473 3011	6	16 13 15.767	−19 03 56.94	9.741 6414
20	16 03 48.929	−18 45 20.84	10.459 3851	7	16 13 19.313	−19 03 56.06	9.725 2672
21	16 04 09.203	−18 46 10.32	10.445 3197	8	16 13 22.439	−19 03 54.10	9.708 9483
22	16 04 29.177	−18 46 58.69	10.431 1088	9	16 13 25.144	−19 03 51.05	9.692 6893
23	16 04 48.847	−18 47 45.95	10.416 7566	10	16 13 27.428	−19 03 46.93	9.676 4951
24	16 05 08.210	−18 48 32.08	10.402 2672	11	16 13 29.291	−19 03 41.75	9.660 3702
25	16 05 27.263	−18 49 17.08	10.387 6449	12	16 13 30.733	−19 03 35.52	9.644 3195
26	16 05 46.004	−18 50 00.95	10.372 8937	13	16 13 31.754	−19 03 28.24	9.628 3477
27	16 06 04.431	−18 50 43.70	10.358 0180	14	16 13 32.353	−19 03 19.93	9.612 4597
28	16 06 22.539	−18 51 25.34	10.343 0216	15	16 13 32.528	−19 03 10.58	9.596 6605
29	16 06 40.326	−18 52 05.87	10.327 9088	16	16 13 32.278	−19 03 00.21	9.580 9551
30	16 06 57.786	−18 52 45.30	10.312 6835	17	16 13 31.602	−19 02 48.81	9.565 3485
31	16 07 14.916	−18 53 23.62	10.297 3495	18	16 13 30.500	−19 02 36.38	9.549 8461
Feb. 1	16 07 31.710	−18 54 00.84	10.281 9110	19	16 13 28.971	−19 02 22.90	9.534 4530
2	16 07 48.165	−18 54 36.94	10.266 3718	20	16 13 27.018	−19 02 08.38	9.519 1747
3	16 08 04.276	−18 55 11.92	10.250 7357	21	16 13 24.645	−19 01 52.83	9.504 0163
4	16 08 20.039	−18 55 45.77	10.235 0069	22	16 13 21.855	−19 01 36.26	9.488 9830
5	16 08 35.451	−18 56 18.50	10.219 1891	23	16 13 18.653	−19 01 18.69	9.474 0801
6	16 08 50.508	−18 56 50.08	10.203 2864	24	16 13 15.039	−19 01 00.13	9.459 3124
7	16 09 05.208	−18 57 20.53	10.187 3027	25	16 13 11.018	−19 00 40.61	9.444 6848
8	16 09 19.547	−18 57 49.84	10.171 2421	26	16 13 06.591	−19 00 20.14	9.430 2018
9	16 09 33.523	−18 58 18.02	10.155 1088	27	16 13 01.759	−18 59 58.72	9.415 8681
10	16 09 47.134	−18 58 45.05	10.138 9068	28	16 12 56.524	−18 59 36.37	9.401 6880
11	16 10 00.375	−18 59 10.96	10.122 6405	29	16 12 50.889	−18 59 13.08	9.387 6659
12	16 10 13.244	−18 59 35.74	10.106 3140	30	16 12 44.857	−18 58 48.87	9.373 8061
13	16 10 25.738	−18 59 59.40	10.089 9318	31	16 12 38.432	−18 58 23.73	9.360 1128
14	16 10 37.853	−19 00 21.95	10.073 4982	Apr. 1	16 12 31.615	−18 57 57.68	9.346 5901
15	16 10 49.584	−19 00 43.38	10.057 0180	2	16 12 24.413	−18 57 30.72	9.333 2421

GEOCENTRIC COORDINATES FOR 0ʰ TERRESTRIAL TIME

Date	Apparent Right Ascension	Apparent Declination	True Geocentric Distance	Date	Apparent Right Ascension	Apparent Declination	True Geocentric Distance
	h m s	° ′ ″	au		h m s	° ′ ″	au
Apr. 1	16 12 31.615	−18 57 57.68	9.346 5901	May 17	16 01 49.996	−18 25 46.95	8.972 3975
2	16 12 24.413	−18 57 30.72	9.333 2421	18	16 01 31.627	−18 24 56.17	8.970 6943
3	16 12 16.829	−18 57 02.86	9.320 0729	19	16 01 13.212	−18 24 05.41	8.969 2927
4	16 12 08.867	−18 56 34.12	9.307 0865	20	16 00 54.760	−18 23 14.69	8.968 1931
5	16 12 00.532	−18 56 04.51	9.294 2868	21	16 00 36.278	−18 22 24.04	8.967 3956
6	16 11 51.830	−18 55 34.04	9.281 6779	22	16 00 17.776	−18 21 33.48	8.966 9003
7	16 11 42.764	−18 55 02.74	9.269 2636	23	15 59 59.262	−18 20 43.03	8.966 7068
8	16 11 33.340	−18 54 30.61	9.257 0480	24	15 59 40.747	−18 19 52.72	8.966 8148
9	16 11 23.560	−18 53 57.68	9.245 0348	25	15 59 22.239	−18 19 02.56	8.967 2239
10	16 11 13.430	−18 53 23.97	9.233 2282	26	15 59 03.750	−18 18 12.59	8.967 9335
11	16 11 02.952	−18 52 49.48	9.221 6320	27	15 58 45.288	−18 17 22.83	8.968 9428
12	16 10 52.130	−18 52 14.23	9.210 2503	28	15 58 26.864	−18 16 33.30	8.970 2512
13	16 10 40.968	−18 51 38.22	9.199 0870	29	15 58 08.488	−18 15 44.04	8.971 8577
14	16 10 29.469	−18 51 01.46	9.188 1463	30	15 57 50.170	−18 14 55.07	8.973 7614
15	16 10 17.640	−18 50 23.96	9.177 4321	31	15 57 31.919	−18 14 06.43	8.975 9613
16	16 10 05.485	−18 49 45.72	9.166 9484	June 1	15 57 13.746	−18 13 18.15	8.978 4563
17	16 09 53.014	−18 49 06.75	9.156 6994	2	15 56 55.657	−18 12 30.25	8.981 2452
18	16 09 40.233	−18 48 27.07	9.146 6889	3	15 56 37.663	−18 11 42.78	8.984 3269
19	16 09 27.153	−18 47 46.72	9.136 9207	4	15 56 19.770	−18 10 55.76	8.987 7003
20	16 09 13.780	−18 47 05.70	9.127 3983	5	15 56 01.985	−18 10 09.21	8.991 3640
21	16 09 00.123	−18 46 24.07	9.118 1251	6	15 55 44.315	−18 09 23.16	8.995 3171
22	16 08 46.187	−18 45 41.84	9.109 1044	7	15 55 26.768	−18 08 37.62	8.999 5582
23	16 08 31.980	−18 44 59.02	9.100 3390	8	15 55 09.351	−18 07 52.61	9.004 0861
24	16 08 17.507	−18 44 15.64	9.091 8319	9	15 54 52.072	−18 07 08.14	9.008 8996
25	16 08 02.776	−18 43 31.72	9.083 5856	10	15 54 34.942	−18 06 24.23	9.013 9972
26	16 07 47.794	−18 42 47.26	9.075 6027	11	15 54 17.970	−18 05 40.92	9.019 3777
27	16 07 32.569	−18 42 02.27	9.067 8856	12	15 54 01.167	−18 04 58.23	9.025 0392
28	16 07 17.109	−18 41 16.79	9.060 4366	13	15 53 44.541	−18 04 16.20	9.030 9802
29	16 07 01.422	−18 40 30.82	9.053 2580	14	15 53 28.104	−18 03 34.86	9.037 1986
30	16 06 45.517	−18 39 44.38	9.046 3518	15	15 53 11.863	−18 02 54.25	9.043 6923
May 1	16 06 29.403	−18 38 57.50	9.039 7201	16	15 52 55.825	−18 02 14.40	9.050 4590
2	16 06 13.088	−18 38 10.20	9.033 3649	17	15 52 39.998	−18 01 35.33	9.057 4961
3	16 05 56.583	−18 37 22.51	9.027 2880	18	15 52 24.388	−18 00 57.06	9.064 8010
4	16 05 39.894	−18 36 34.45	9.021 4913	19	15 52 09.003	−18 00 19.62	9.072 3708
5	16 05 23.032	−18 35 46.04	9.015 9766	20	15 51 53.848	−17 59 43.01	9.080 2025
6	16 05 06.004	−18 34 57.33	9.010 7455	21	15 51 38.932	−17 59 07.26	9.088 2930
7	16 04 48.818	−18 34 08.33	9.005 7998	22	15 51 24.262	−17 58 32.39	9.096 6393
8	16 04 31.482	−18 33 19.06	9.001 1411	23	15 51 09.845	−17 57 58.40	9.105 2381
9	16 04 14.001	−18 32 29.56	8.996 7713	24	15 50 55.688	−17 57 25.34	9.114 0861
10	16 03 56.384	−18 31 39.83	8.992 6918	25	15 50 41.799	−17 56 53.20	9.123 1799
11	16 03 38.639	−18 30 49.89	8.988 9044	26	15 50 28.185	−17 56 22.03	9.132 5162
12	16 03 20.773	−18 29 59.76	8.985 4106	27	15 50 14.852	−17 55 51.84	9.142 0916
13	16 03 02.796	−18 29 09.45	8.982 2121	28	15 50 01.807	−17 55 22.66	9.151 9026
14	16 02 44.719	−18 28 18.99	8.979 3102	29	15 49 49.055	−17 54 54.51	9.161 9458
15	16 02 26.552	−18 27 28.39	8.976 7064	30	15 49 36.601	−17 54 27.40	9.172 2176
16	16 02 08.307	−18 26 37.70	8.974 4018	July 1	15 49 24.450	−17 54 01.37	9.182 7146
17	16 01 49.996	−18 25 46.95	8.972 3975	2	15 49 12.606	−17 53 36.43	9.193 4335

SATURN, 2015

GEOCENTRIC COORDINATES FOR 0^h TERRESTRIAL TIME

Date	Apparent Right Ascension	Apparent Declination	True Geocentric Distance	Date	Apparent Right Ascension	Apparent Declination	True Geocentric Distance
	h m s	° ′ ″	au		h m s	° ′ ″	au
July 1	15 49 24.450	−17 54 01.37	9.182 7146	Aug. 16	15 46 33.896	−17 56 01.07	9.841 9028
2	15 49 12.606	−17 53 36.43	9.193 4335	17	15 46 39.335	−17 56 33.49	9.858 4445
3	15 49 01.072	−17 53 12.59	9.204 3709	18	15 46 45.167	−17 57 07.11	9.875 0080
4	15 48 49.850	−17 52 49.85	9.215 5233	19	15 46 51.392	−17 57 41.92	9.891 5884
5	15 48 38.945	−17 52 28.22	9.226 8876	20	15 46 58.010	−17 58 17.93	9.908 1812
6	15 48 28.362	−17 52 07.71	9.238 4603	21	15 47 05.019	−17 58 55.11	9.924 7815
7	15 48 18.105	−17 51 48.32	9.250 2383	22	15 47 12.418	−17 59 33.47	9.941 3849
8	15 48 08.180	−17 51 30.06	9.262 2181	23	15 47 20.206	−18 00 13.00	9.957 9869
9	15 47 58.595	−17 51 12.95	9.274 3961	24	15 47 28.379	−18 00 53.68	9.974 5830
10	15 47 49.355	−17 50 57.03	9.286 7689	25	15 47 36.936	−18 01 35.52	9.991 1689
11	15 47 40.465	−17 50 42.29	9.299 3326	26	15 47 45.872	−18 02 18.49	10.007 7403
12	15 47 31.930	−17 50 28.78	9.312 0833	27	15 47 55.184	−18 03 02.58	10.024 2931
13	15 47 23.753	−17 50 16.50	9.325 0170	28	15 48 04.869	−18 03 47.76	10.040 8232
14	15 47 15.937	−17 50 05.47	9.338 1296	29	15 48 14.923	−18 04 34.02	10.057 3268
15	15 47 08.486	−17 49 55.69	9.351 4167	30	15 48 25.343	−18 05 21.32	10.073 8000
16	15 47 01.401	−17 49 47.17	9.364 8739	31	15 48 36.129	−18 06 09.65	10.090 2392
17	15 46 54.684	−17 49 39.91	9.378 4967	Sept. 1	15 48 47.280	−18 06 59.00	10.106 6404
18	15 46 48.340	−17 49 33.91	9.392 2807	2	15 48 58.796	−18 07 49.35	10.122 9999
19	15 46 42.370	−17 49 29.18	9.406 2212	3	15 49 10.677	−18 08 40.70	10.139 3139
20	15 46 36.778	−17 49 25.72	9.420 3136	4	15 49 22.921	−18 09 33.05	10.155 5784
21	15 46 31.567	−17 49 23.54	9.434 5533	5	15 49 35.526	−18 10 26.40	10.171 7893
22	15 46 26.739	−17 49 22.63	9.448 9357	6	15 49 48.488	−18 11 20.73	10.187 9424
23	15 46 22.298	−17 49 23.02	9.463 4561	7	15 50 01.805	−18 12 16.02	10.204 0336
24	15 46 18.246	−17 49 24.69	9.478 1100	8	15 50 15.473	−18 13 12.26	10.220 0585
25	15 46 14.584	−17 49 27.67	9.492 8927	9	15 50 29.488	−18 14 09.43	10.236 0129
26	15 46 11.315	−17 49 31.96	9.507 7997	10	15 50 43.849	−18 15 07.50	10.251 8926
27	15 46 08.440	−17 49 37.57	9.522 8264	11	15 50 58.551	−18 16 06.45	10.267 6932
28	15 46 05.959	−17 49 44.49	9.537 9683	12	15 51 13.592	−18 17 06.27	10.283 4106
29	15 46 03.871	−17 49 52.73	9.553 2211	13	15 51 28.971	−18 18 06.93	10.299 0405
30	15 46 02.177	−17 50 02.30	9.568 5804	14	15 51 44.684	−18 19 08.42	10.314 5788
31	15 46 00.876	−17 50 13.17	9.584 0420	15	15 52 00.729	−18 20 10.72	10.330 0213
Aug. 1	15 45 59.965	−17 50 25.34	9.599 6017	16	15 52 17.104	−18 21 13.82	10.345 3641
2	15 45 59.445	−17 50 38.80	9.615 2554	17	15 52 33.806	−18 22 17.70	10.360 6031
3	15 45 59.318	−17 50 53.53	9.630 9992	18	15 52 50.832	−18 23 22.35	10.375 7343
4	15 45 59.585	−17 51 09.53	9.646 8289	19	15 53 08.178	−18 24 27.76	10.390 7541
5	15 46 00.248	−17 51 26.80	9.662 7404	20	15 53 25.841	−18 25 33.90	10.405 6587
6	15 46 01.311	−17 51 45.35	9.678 7296	21	15 53 43.816	−18 26 40.78	10.420 4443
7	15 46 02.773	−17 52 05.18	9.694 7922	22	15 54 02.100	−18 27 48.36	10.435 1076
8	15 46 04.637	−17 52 26.30	9.710 9237	23	15 54 20.686	−18 28 56.63	10.449 6450
9	15 46 06.901	−17 52 48.71	9.727 1197	24	15 54 39.570	−18 30 05.56	10.464 0532
10	15 46 09.565	−17 53 12.40	9.743 3756	25	15 54 58.747	−18 31 15.12	10.478 3291
11	15 46 12.629	−17 53 37.38	9.759 6866	26	15 55 18.212	−18 32 25.29	10.492 4697
12	15 46 16.090	−17 54 03.63	9.776 0481	27	15 55 37.963	−18 33 36.04	10.506 4719
13	15 46 19.949	−17 54 31.13	9.792 4553	28	15 55 57.998	−18 34 47.34	10.520 3329
14	15 46 24.203	−17 54 59.88	9.808 9033	29	15 56 18.314	−18 35 59.18	10.534 0498
15	15 46 28.852	−17 55 29.87	9.825 3874	30	15 56 38.910	−18 37 11.56	10.547 6196
16	15 46 33.896	−17 56 01.07	9.841 9028	Oct. 1	15 56 59.786	−18 38 24.45	10.561 0394

GEOCENTRIC COORDINATES FOR 0ʰ TERRESTRIAL TIME

Date	Apparent Right Ascension	Apparent Declination	True Geocentric Distance	Date	Apparent Right Ascension	Apparent Declination	True Geocentric Distance
	h m s	° ′ ″	au		h m s	° ′ ″	au
Oct. 1	15 56 59.786	−18 38 24.45	10.561 0394	Nov. 16	16 16 50.086	−19 38 31.76	10.967 5375
2	15 57 20.936	−18 39 37.87	10.574 3062	17	16 17 19.363	−19 39 49.12	10.970 9773
3	15 57 42.357	−18 40 51.80	10.587 4166	18	16 17 48.708	−19 41 06.19	10.974 1625
4	15 58 04.044	−18 42 06.21	10.600 3675	19	16 18 18.116	−19 42 22.93	10.977 0925
5	15 58 25.993	−18 43 21.08	10.613 1555	20	16 18 47.582	−19 43 39.33	10.979 7670
6	15 58 48.199	−18 44 36.40	10.625 7774	21	16 19 17.102	−19 44 55.37	10.982 1855
7	15 59 10.658	−18 45 52.13	10.638 2299	22	16 19 46.672	−19 46 11.02	10.984 3479
8	15 59 33.366	−18 47 08.26	10.650 5098	23	16 20 16.290	−19 47 26.27	10.986 2539
9	15 59 56.320	−18 48 24.77	10.662 6137	24	16 20 45.952	−19 48 41.13	10.987 9035
10	16 00 19.516	−18 49 41.62	10.674 5385	25	16 21 15.656	−19 49 55.58	10.989 2963
11	16 00 42.951	−18 50 58.81	10.686 2810	26	16 21 45.397	−19 51 09.63	10.990 4322
12	16 01 06.621	−18 52 16.31	10.697 8383	27	16 22 15.171	−19 52 23.26	10.991 3108
13	16 01 30.524	−18 53 34.10	10.709 2072	28	16 22 44.970	−19 53 36.45	10.991 9317
14	16 01 54.655	−18 54 52.18	10.720 3849	29	16 23 14.787	−19 54 49.17	10.992 2945
15	16 02 19.011	−18 56 10.53	10.731 3684	30	16 23 44.611	−19 56 01.45	10.992 3988
16	16 02 43.588	−18 57 29.14	10.742 1551	Dec. 1	16 24 14.443	−19 57 13.38	10.992 2442
17	16 03 08.381	−18 58 47.98	10.752 7424	2	16 24 44.286	−19 58 24.86	10.991 8302
18	16 03 33.385	−19 00 07.05	10.763 1275	3	16 25 14.131	−19 59 35.82	10.991 1565
19	16 03 58.595	−19 01 26.32	10.773 3081	4	16 25 43.973	−20 00 46.24	10.990 2228
20	16 04 24.006	−19 02 45.78	10.783 2820	5	16 26 13.807	−20 01 56.12	10.989 0291
21	16 04 49.610	−19 04 05.40	10.793 0468	6	16 26 43.628	−20 03 05.47	10.987 5750
22	16 05 15.404	−19 05 25.16	10.802 6005	7	16 27 13.432	−20 04 14.27	10.985 8607
23	16 05 41.381	−19 06 45.03	10.811 9412	8	16 27 43.215	−20 05 22.53	10.983 8861
24	16 06 07.538	−19 08 04.98	10.821 0670	9	16 28 12.972	−20 06 30.23	10.981 6515
25	16 06 33.871	−19 09 25.00	10.829 9762	10	16 28 42.698	−20 07 37.37	10.979 1571
26	16 07 00.377	−19 10 45.05	10.838 6671	11	16 29 12.388	−20 08 43.96	10.976 4033
27	16 07 27.054	−19 12 05.13	10.847 1380	12	16 29 42.034	−20 09 49.98	10.973 3905
28	16 07 53.900	−19 13 25.23	10.855 3873	13	16 30 11.632	−20 10 55.42	10.970 1194
29	16 08 20.912	−19 14 45.35	10.863 4133	14	16 30 41.173	−20 12 00.27	10.966 5909
30	16 08 48.085	−19 16 05.48	10.871 2139	15	16 31 10.653	−20 13 04.52	10.962 8057
31	16 09 15.414	−19 17 25.61	10.878 7875	16	16 31 40.064	−20 14 08.15	10.958 7650
Nov. 1	16 09 42.893	−19 18 45.72	10.886 1319	17	16 32 09.400	−20 15 11.14	10.954 4700
2	16 10 10.518	−19 20 05.78	10.893 2451	18	16 32 38.658	−20 16 13.48	10.949 9220
3	16 10 38.282	−19 21 25.78	10.900 1252	19	16 33 07.834	−20 17 15.16	10.945 1223
4	16 11 06.182	−19 22 45.69	10.906 7702	20	16 33 36.923	−20 18 16.17	10.940 0723
5	16 11 34.214	−19 24 05.49	10.913 1782	21	16 34 05.924	−20 19 16.50	10.934 7737
6	16 12 02.373	−19 25 25.17	10.919 3472	22	16 34 34.831	−20 20 16.17	10.929 2277
7	16 12 30.656	−19 26 44.70	10.925 2755	23	16 35 03.642	−20 21 15.17	10.923 4359
8	16 12 59.059	−19 28 04.06	10.930 9613	24	16 35 32.351	−20 22 13.51	10.917 3997
9	16 13 27.578	−19 29 23.26	10.936 4030	25	16 36 00.952	−20 23 11.18	10.911 1204
10	16 13 56.209	−19 30 42.27	10.941 5990	26	16 36 29.440	−20 24 08.19	10.904 5994
11	16 14 24.948	−19 32 01.08	10.946 5477	27	16 36 57.808	−20 25 04.51	10.897 8379
12	16 14 53.790	−19 33 19.68	10.951 2478	28	16 37 26.050	−20 26 00.14	10.890 8371
13	16 15 22.731	−19 34 38.06	10.955 6980	29	16 37 54.162	−20 26 55.07	10.883 5985
14	16 15 51.764	−19 35 56.21	10.959 8970	30	16 38 22.139	−20 27 49.29	10.876 1232
15	16 16 20.885	−19 37 14.11	10.963 8438	31	16 38 49.976	−20 28 42.78	10.868 4127
16	16 16 50.086	−19 38 31.76	10.967 5375	32	16 39 17.670	−20 29 35.55	10.860 4684

GEOCENTRIC COORDINATES FOR 0ʰ TERRESTRIAL TIME

Date	Apparent Right Ascension	Apparent Declination	True Geocentric Distance	Date	Apparent Right Ascension	Apparent Declination	True Geocentric Distance
	h m s	° ′ ″	au		h m s	° ′ ″	au
Jan. 0	0 47 24.833	+ 4 22 08.40	19.924 447	Feb. 15	0 51 50.273	+ 4 51 46.54	20.652 299
1	0 47 26.605	+ 4 22 22.13	19.941 646	16	0 51 59.713	+ 4 52 47.70	20.665 030
2	0 47 28.571	+ 4 22 37.08	19.958 857	17	0 52 09.279	+ 4 53 49.61	20.677 565
3	0 47 30.729	+ 4 22 53.24	19.976 074	18	0 52 18.967	+ 4 54 52.26	20.689 900
4	0 47 33.077	+ 4 23 10.60	19.993 291	19	0 52 28.774	+ 4 55 55.60	20.702 030
5	0 47 35.613	+ 4 23 29.16	20.010 506	20	0 52 38.698	+ 4 56 59.64	20.713 953
6	0 47 38.338	+ 4 23 48.90	20.027 711	21	0 52 48.738	+ 4 58 04.36	20.725 666
7	0 47 41.248	+ 4 24 09.82	20.044 903	22	0 52 58.893	+ 4 59 09.76	20.737 164
8	0 47 44.344	+ 4 24 31.90	20.062 076	23	0 53 09.162	+ 5 00 15.82	20.748 445
9	0 47 47.626	+ 4 24 55.14	20.079 226	24	0 53 19.543	+ 5 01 22.54	20.759 507
10	0 47 51.091	+ 4 25 19.54	20.096 347	25	0 53 30.034	+ 5 02 29.90	20.770 346
11	0 47 54.742	+ 4 25 45.09	20.113 435	26	0 53 40.631	+ 5 03 37.89	20.780 960
12	0 47 58.578	+ 4 26 11.80	20.130 485	27	0 53 51.331	+ 5 04 46.48	20.791 347
13	0 48 02.598	+ 4 26 39.66	20.147 491	28	0 54 02.130	+ 5 05 55.66	20.801 504
14	0 48 06.803	+ 4 27 08.68	20.164 449	Mar. 1	0 54 13.025	+ 5 07 05.40	20.811 429
15	0 48 11.193	+ 4 27 38.84	20.181 353	2	0 54 24.013	+ 5 08 15.67	20.821 121
16	0 48 15.767	+ 4 28 10.16	20.198 199	3	0 54 35.091	+ 5 09 26.47	20.830 576
17	0 48 20.524	+ 4 28 42.62	20.214 981	4	0 54 46.257	+ 5 10 37.77	20.839 793
18	0 48 25.464	+ 4 29 16.21	20.231 694	5	0 54 57.509	+ 5 11 49.56	20.848 770
19	0 48 30.583	+ 4 29 50.92	20.248 332	6	0 55 08.845	+ 5 13 01.82	20.857 505
20	0 48 35.880	+ 4 30 26.74	20.264 891	7	0 55 20.262	+ 5 14 14.54	20.865 996
21	0 48 41.351	+ 4 31 03.64	20.281 365	8	0 55 31.760	+ 5 15 27.72	20.874 241
22	0 48 46.993	+ 4 31 41.61	20.297 749	9	0 55 43.337	+ 5 16 41.33	20.882 237
23	0 48 52.806	+ 4 32 20.63	20.314 037	10	0 55 54.990	+ 5 17 55.37	20.889 984
24	0 48 58.789	+ 4 33 00.69	20.330 226	11	0 56 06.720	+ 5 19 09.83	20.897 480
25	0 49 04.940	+ 4 33 41.79	20.346 308	12	0 56 18.522	+ 5 20 24.70	20.904 721
26	0 49 11.261	+ 4 34 23.94	20.362 281	13	0 56 30.395	+ 5 21 39.95	20.911 707
27	0 49 17.751	+ 4 35 07.11	20.378 140	14	0 56 42.336	+ 5 22 55.58	20.918 436
28	0 49 24.407	+ 4 35 51.32	20.393 879	15	0 56 54.342	+ 5 24 11.56	20.924 906
29	0 49 31.228	+ 4 36 36.54	20.409 495	16	0 57 06.408	+ 5 25 27.87	20.931 114
30	0 49 38.211	+ 4 37 22.77	20.424 984	17	0 57 18.531	+ 5 26 44.49	20.937 060
31	0 49 45.355	+ 4 38 09.98	20.440 342	18	0 57 30.707	+ 5 28 01.38	20.942 741
Feb. 1	0 49 52.655	+ 4 38 58.16	20.455 564	19	0 57 42.934	+ 5 29 18.53	20.948 156
2	0 50 00.109	+ 4 39 47.28	20.470 647	20	0 57 55.210	+ 5 30 35.92	20.953 302
3	0 50 07.716	+ 4 40 37.34	20.485 587	21	0 58 07.533	+ 5 31 53.54	20.958 180
4	0 50 15.472	+ 4 41 28.32	20.500 379	22	0 58 19.902	+ 5 33 11.39	20.962 787
5	0 50 23.376	+ 4 42 20.20	20.515 021	23	0 58 32.316	+ 5 34 29.46	20.967 123
6	0 50 31.427	+ 4 43 12.97	20.529 507	24	0 58 44.772	+ 5 35 47.73	20.971 187
7	0 50 39.623	+ 4 44 06.63	20.543 836	25	0 58 57.266	+ 5 37 06.20	20.974 978
8	0 50 47.963	+ 4 45 01.15	20.558 001	26	0 59 09.796	+ 5 38 24.82	20.978 497
9	0 50 56.446	+ 4 45 56.54	20.572 001	27	0 59 22.357	+ 5 39 43.59	20.981 742
10	0 51 05.071	+ 4 46 52.79	20.585 831	28	0 59 34.945	+ 5 41 02.49	20.984 713
11	0 51 13.837	+ 4 47 49.89	20.599 487	29	0 59 47.558	+ 5 42 21.47	20.987 411
12	0 51 22.742	+ 4 48 47.82	20.612 966	30	1 00 00.192	+ 5 43 40.54	20.989 834
13	0 51 31.785	+ 4 49 46.59	20.626 263	31	1 00 12.845	+ 5 44 59.67	20.991 984
14	0 51 40.963	+ 4 50 46.16	20.639 376	Apr. 1	1 00 25.515	+ 5 46 18.84	20.993 859
15	0 51 50.273	+ 4 51 46.54	20.652 299	2	1 00 38.199	+ 5 47 38.05	20.995 460

GEOCENTRIC COORDINATES FOR 0ʰ TERRESTRIAL TIME

Date	Apparent Right Ascension	Apparent Declination	True Geocentric Distance	Date	Apparent Right Ascension	Apparent Declination	True Geocentric Distance
	h m s	° ′ ″	au		h m s	° ′ ″	au
Apr. 1	1 00 25.515	+ 5 46 18.84	20.993 859	May 17	1 09 45.187	+ 6 43 36.24	20.791 890
2	1 00 38.199	+ 5 47 38.05	20.995 460	18	1 09 55.936	+ 6 44 40.99	20.781 705
3	1 00 50.897	+ 5 48 57.27	20.996 788	19	1 10 06.590	+ 6 45 45.11	20.771 305
4	1 01 03.606	+ 5 50 16.49	20.997 841	20	1 10 17.144	+ 6 46 48.59	20.760 692
5	1 01 16.329	+ 5 51 35.68	20.998 619	21	1 10 27.595	+ 6 47 51.41	20.749 870
6	1 01 29.065	+ 5 52 54.64	20.999 124	22	1 10 37.940	+ 6 48 53.53	20.738 841
7	1 01 41.755	+ 5 54 13.45	20.999 355	23	1 10 48.176	+ 6 49 54.96	20.727 610
8	1 01 54.480	+ 5 55 32.97	20.999 312	24	1 10 58.300	+ 6 50 55.66	20.716 179
9	1 02 07.217	+ 5 56 52.16	20.998 995	25	1 11 08.312	+ 6 51 55.63	20.704 551
10	1 02 19.950	+ 5 58 11.23	20.998 405	26	1 11 18.208	+ 6 52 54.86	20.692 730
11	1 02 32.678	+ 5 59 30.18	20.997 540	27	1 11 27.988	+ 6 53 53.33	20.680 718
12	1 02 45.397	+ 6 00 49.01	20.996 402	28	1 11 37.651	+ 6 54 51.05	20.668 520
13	1 02 58.103	+ 6 02 07.71	20.994 991	29	1 11 47.196	+ 6 55 48.00	20.656 139
14	1 03 10.792	+ 6 03 26.25	20.993 306	30	1 11 56.620	+ 6 56 44.18	20.643 577
15	1 03 23.463	+ 6 04 44.62	20.991 348	31	1 12 05.925	+ 6 57 39.58	20.630 838
16	1 03 36.113	+ 6 06 02.79	20.989 117	June 1	1 12 15.108	+ 6 58 34.21	20.617 926
17	1 03 48.741	+ 6 07 20.75	20.986 613	2	1 12 24.167	+ 6 59 28.04	20.604 843
18	1 04 01.344	+ 6 08 38.50	20.983 839	3	1 12 33.101	+ 7 00 21.08	20.591 592
19	1 04 13.923	+ 6 09 56.03	20.980 793	4	1 12 41.907	+ 7 01 13.31	20.578 177
20	1 04 26.474	+ 6 11 13.34	20.977 477	5	1 12 50.583	+ 7 02 04.72	20.564 601
21	1 04 38.996	+ 6 12 30.41	20.973 893	6	1 12 59.125	+ 7 02 55.29	20.550 867
22	1 04 51.485	+ 6 13 47.22	20.970 042	7	1 13 07.531	+ 7 03 44.99	20.536 978
23	1 05 03.936	+ 6 15 03.75	20.965 924	8	1 13 15.798	+ 7 04 33.82	20.522 937
24	1 05 16.347	+ 6 16 19.97	20.961 543	9	1 13 23.925	+ 7 05 21.76	20.508 748
25	1 05 28.713	+ 6 17 35.87	20.956 899	10	1 13 31.910	+ 7 06 08.81	20.494 413
26	1 05 41.032	+ 6 18 51.43	20.951 994	11	1 13 39.753	+ 7 06 54.95	20.479 937
27	1 05 53.301	+ 6 20 06.63	20.946 831	12	1 13 47.453	+ 7 07 40.19	20.465 322
28	1 06 05.518	+ 6 21 21.45	20.941 409	13	1 13 55.010	+ 7 08 24.53	20.450 573
29	1 06 17.681	+ 6 22 35.89	20.935 733	14	1 14 02.422	+ 7 09 07.97	20.435 694
30	1 06 29.788	+ 6 23 49.92	20.929 802	15	1 14 09.688	+ 7 09 50.48	20.420 688
May 1	1 06 41.838	+ 6 25 03.54	20.923 619	16	1 14 16.804	+ 7 10 32.08	20.405 559
2	1 06 53.830	+ 6 26 16.75	20.917 186	17	1 14 23.768	+ 7 11 12.73	20.390 313
3	1 07 05.762	+ 6 27 29.53	20.910 505	18	1 14 30.578	+ 7 11 52.43	20.374 953
4	1 07 17.631	+ 6 28 41.87	20.903 576	19	1 14 37.230	+ 7 12 31.16	20.359 483
5	1 07 29.438	+ 6 29 53.77	20.896 403	20	1 14 43.722	+ 7 13 08.90	20.343 908
6	1 07 41.179	+ 6 31 05.21	20.888 987	21	1 14 50.054	+ 7 13 45.65	20.328 233
7	1 07 52.852	+ 6 32 16.18	20.881 330	22	1 14 56.224	+ 7 14 21.40	20.312 461
8	1 08 04.453	+ 6 33 26.67	20.873 433	23	1 15 02.232	+ 7 14 56.15	20.296 597
9	1 08 15.980	+ 6 34 36.66	20.865 299	24	1 15 08.076	+ 7 15 29.88	20.280 646
10	1 08 27.429	+ 6 35 46.12	20.856 928	25	1 15 13.757	+ 7 16 02.60	20.264 611
11	1 08 38.797	+ 6 36 55.03	20.848 323	26	1 15 19.274	+ 7 16 34.31	20.248 497
12	1 08 50.081	+ 6 38 03.37	20.839 486	27	1 15 24.628	+ 7 17 05.01	20.232 309
13	1 09 01.280	+ 6 39 11.14	20.830 419	28	1 15 29.817	+ 7 17 34.69	20.216 050
14	1 09 12.390	+ 6 40 18.32	20.821 123	29	1 15 34.841	+ 7 18 03.36	20.199 725
15	1 09 23.413	+ 6 41 24.89	20.811 602	30	1 15 39.699	+ 7 18 31.01	20.183 338
16	1 09 34.345	+ 6 42 30.87	20.801 857	July 1	1 15 44.389	+ 7 18 57.64	20.166 893
17	1 09 45.187	+ 6 43 36.24	20.791 890	2	1 15 48.911	+ 7 19 23.24	20.150 394

URANUS, 2015

GEOCENTRIC COORDINATES FOR 0ʰ TERRESTRIAL TIME

Date	Apparent Right Ascension	Apparent Declination	True Geocentric Distance	Date	Apparent Right Ascension	Apparent Declination	True Geocentric Distance
	h m s	o ′ ″	au		h m s	o ′ ″	au
July 1	1 15 44.389	+ 7 18 57.64	20.166 893	Aug. 16	1 16 07.152	+ 7 19 55.73	19.424 967
2	1 15 48.911	+ 7 19 23.24	20.150 394	17	1 16 03.471	+ 7 19 32.00	19.410 893
3	1 15 53.261	+ 7 19 47.80	20.133 845	18	1 15 59.623	+ 7 19 07.27	19.396 980
4	1 15 57.437	+ 7 20 11.30	20.117 251	19	1 15 55.611	+ 7 18 41.56	19.383 233
5	1 16 01.438	+ 7 20 33.73	20.100 614	20	1 15 51.437	+ 7 18 14.90	19.369 656
6	1 16 05.262	+ 7 20 55.08	20.083 940	21	1 15 47.104	+ 7 17 47.28	19.356 254
7	1 16 08.909	+ 7 21 15.34	20.067 231	22	1 15 42.615	+ 7 17 18.74	19.343 031
8	1 16 12.380	+ 7 21 34.53	20.050 494	23	1 15 37.970	+ 7 16 49.27	19.329 990
9	1 16 15.675	+ 7 21 52.64	20.033 731	24	1 15 33.173	+ 7 16 18.90	19.317 136
10	1 16 18.794	+ 7 22 09.67	20.016 948	25	1 15 28.224	+ 7 15 47.64	19.304 472
11	1 16 21.737	+ 7 22 25.63	20.000 148	26	1 15 23.125	+ 7 15 15.49	19.292 003
12	1 16 24.503	+ 7 22 40.53	19.983 337	27	1 15 17.877	+ 7 14 42.47	19.279 731
13	1 16 27.091	+ 7 22 54.34	19.966 520	28	1 15 12.480	+ 7 14 08.56	19.267 660
14	1 16 29.499	+ 7 23 07.08	19.949 701	29	1 15 06.935	+ 7 13 33.79	19.255 795
15	1 16 31.725	+ 7 23 18.72	19.932 886	30	1 15 01.245	+ 7 12 58.15	19.244 137
16	1 16 33.768	+ 7 23 29.26	19.916 079	31	1 14 55.413	+ 7 12 21.67	19.232 691
17	1 16 35.627	+ 7 23 38.69	19.899 285	Sept. 1	1 14 49.441	+ 7 11 44.35	19.221 460
18	1 16 37.300	+ 7 23 47.01	19.882 510	2	1 14 43.334	+ 7 11 06.23	19.210 448
19	1 16 38.789	+ 7 23 54.21	19.865 758	3	1 14 37.095	+ 7 10 27.32	19.199 658
20	1 16 40.093	+ 7 24 00.30	19.849 034	4	1 14 30.726	+ 7 09 47.65	19.189 093
21	1 16 41.213	+ 7 24 05.27	19.832 343	5	1 14 24.230	+ 7 09 07.24	19.178 758
22	1 16 42.149	+ 7 24 09.14	19.815 690	6	1 14 17.607	+ 7 08 26.08	19.168 657
23	1 16 42.903	+ 7 24 11.90	19.799 080	7	1 14 10.859	+ 7 07 44.20	19.158 792
24	1 16 43.475	+ 7 24 13.57	19.782 517	8	1 14 03.988	+ 7 07 01.60	19.149 168
25	1 16 43.866	+ 7 24 14.15	19.766 007	9	1 13 56.995	+ 7 06 18.29	19.139 789
26	1 16 44.077	+ 7 24 13.64	19.749 553	10	1 13 49.883	+ 7 05 34.29	19.130 657
27	1 16 44.109	+ 7 24 12.05	19.733 161	11	1 13 42.654	+ 7 04 49.60	19.121 776
28	1 16 43.960	+ 7 24 09.39	19.716 834	12	1 13 35.313	+ 7 04 04.26	19.113 150
29	1 16 43.632	+ 7 24 05.66	19.700 578	13	1 13 27.861	+ 7 03 18.26	19.104 782
30	1 16 43.123	+ 7 24 00.84	19.684 396	14	1 13 20.304	+ 7 02 31.65	19.096 675
31	1 16 42.433	+ 7 23 54.95	19.668 293	15	1 13 12.645	+ 7 01 44.44	19.088 831
Aug. 1	1 16 41.559	+ 7 23 47.96	19.652 273	16	1 13 04.889	+ 7 00 56.65	19.081 254
2	1 16 40.504	+ 7 23 39.88	19.636 341	17	1 12 57.039	+ 7 00 08.32	19.073 947
3	1 16 39.266	+ 7 23 30.70	19.620 499	18	1 12 49.098	+ 6 59 19.46	19.066 911
4	1 16 37.848	+ 7 23 20.44	19.604 754	19	1 12 41.072	+ 6 58 30.10	19.060 149
5	1 16 36.252	+ 7 23 09.11	19.589 109	20	1 12 32.962	+ 6 57 40.26	19.053 664
6	1 16 34.479	+ 7 22 56.71	19.573 568	21	1 12 24.773	+ 6 56 49.96	19.047 458
7	1 16 32.531	+ 7 22 43.27	19.558 137	22	1 12 16.507	+ 6 55 59.22	19.041 532
8	1 16 30.409	+ 7 22 28.79	19.542 820	23	1 12 08.166	+ 6 55 08.06	19.035 889
9	1 16 28.112	+ 7 22 13.27	19.527 621	24	1 11 59.753	+ 6 54 16.49	19.030 529
10	1 16 25.640	+ 7 21 56.72	19.512 547	25	1 11 51.271	+ 6 53 24.53	19.025 456
11	1 16 22.994	+ 7 21 39.13	19.497 601	26	1 11 42.722	+ 6 52 32.18	19.020 670
12	1 16 20.173	+ 7 21 20.51	19.482 788	27	1 11 34.110	+ 6 51 39.46	19.016 172
13	1 16 17.177	+ 7 21 00.85	19.468 114	28	1 11 25.439	+ 6 50 46.41	19.011 965
14	1 16 14.007	+ 7 20 40.17	19.453 582	29	1 11 16.715	+ 6 49 53.06	19.008 048
15	1 16 10.665	+ 7 20 18.46	19.439 199	30	1 11 07.943	+ 6 48 59.42	19.004 425
16	1 16 07.152	+ 7 19 55.73	19.424 967	Oct. 1	1 10 59.127	+ 6 48 05.55	19.001 096

GEOCENTRIC COORDINATES FOR 0^h TERRESTRIAL TIME

Date	Apparent Right Ascension	Apparent Declination	True Geocentric Distance	Date	Apparent Right Ascension	Apparent Declination	True Geocentric Distance
	h m s	° ′ ″	au		h m s	° ′ ″	au
Oct. 1	1 10 59.127	+ 6 48 05.55	19.001 096	Nov. 16	1 04 28.569	+ 6 08 49.48	19.171 715
2	1 10 50.270	+ 6 47 11.45	18.998 063	17	1 04 21.816	+ 6 08 09.56	19.182 069
3	1 10 41.374	+ 6 46 17.14	18.995 328	18	1 04 15.189	+ 6 07 30.46	19.192 668
4	1 10 32.442	+ 6 45 22.66	18.992 891	19	1 04 08.693	+ 6 06 52.18	19.203 509
5	1 10 23.477	+ 6 44 28.00	18.990 755	20	1 04 02.329	+ 6 06 14.74	19.214 587
6	1 10 14.480	+ 6 43 33.18	18.988 921	21	1 03 56.101	+ 6 05 38.15	19.225 899
7	1 10 05.457	+ 6 42 38.23	18.987 390	22	1 03 50.012	+ 6 05 02.44	19.237 441
8	1 09 56.409	+ 6 41 43.16	18.986 162	23	1 03 44.066	+ 6 04 27.63	19.249 209
9	1 09 47.342	+ 6 40 48.00	18.985 240	24	1 03 38.267	+ 6 03 53.74	19.261 198
10	1 09 38.260	+ 6 39 52.78	18.984 624	25	1 03 32.618	+ 6 03 20.80	19.273 406
11	1 09 29.168	+ 6 38 57.51	18.984 313	26	1 03 27.122	+ 6 02 48.82	19.285 829
12	1 09 20.070	+ 6 38 02.23	18.984 310	27	1 03 21.778	+ 6 02 17.81	19.298 462
13	1 09 10.971	+ 6 37 06.97	18.984 614	28	1 03 16.589	+ 6 01 47.79	19.311 301
14	1 09 01.876	+ 6 36 11.76	18.985 225	29	1 03 11.555	+ 6 01 18.75	19.324 344
15	1 08 52.790	+ 6 35 16.62	18.986 144	30	1 03 06.677	+ 6 00 50.70	19.337 587
16	1 08 43.716	+ 6 34 21.59	18.987 370	Dec. 1	1 03 01.956	+ 6 00 23.65	19.351 024
17	1 08 34.660	+ 6 33 26.69	18.988 903	2	1 02 57.396	+ 5 59 57.61	19.364 653
18	1 08 25.625	+ 6 32 31.95	18.990 742	3	1 02 52.997	+ 5 59 32.59	19.378 469
19	1 08 16.613	+ 6 31 37.38	18.992 887	4	1 02 48.764	+ 5 59 08.60	19.392 468
20	1 08 07.629	+ 6 30 43.01	18.995 337	5	1 02 44.699	+ 5 58 45.67	19.406 645
21	1 07 58.675	+ 6 29 48.86	18.998 090	6	1 02 40.805	+ 5 58 23.81	19.420 996
22	1 07 49.754	+ 6 28 54.94	19.001 147	7	1 02 37.085	+ 5 58 03.03	19.435 517
23	1 07 40.870	+ 6 28 01.27	19.004 505	8	1 02 33.540	+ 5 57 43.36	19.450 202
24	1 07 32.026	+ 6 27 07.86	19.008 164	9	1 02 30.173	+ 5 57 24.80	19.465 046
25	1 07 23.226	+ 6 26 14.75	19.012 121	10	1 02 26.987	+ 5 57 07.37	19.480 045
26	1 07 14.475	+ 6 25 21.97	19.016 377	11	1 02 23.982	+ 5 56 51.08	19.495 194
27	1 07 05.779	+ 6 24 29.54	19.020 928	12	1 02 21.160	+ 5 56 35.94	19.510 488
28	1 06 57.143	+ 6 23 37.49	19.025 774	13	1 02 18.521	+ 5 56 21.94	19.525 921
29	1 06 48.570	+ 6 22 45.87	19.030 914	14	1 02 16.066	+ 5 56 09.10	19.541 488
30	1 06 40.063	+ 6 21 54.68	19.036 346	15	1 02 13.794	+ 5 55 57.41	19.557 183
31	1 06 31.625	+ 6 21 03.94	19.042 069	16	1 02 11.706	+ 5 55 46.87	19.573 002
Nov. 1	1 06 23.257	+ 6 20 13.67	19.048 082	17	1 02 09.803	+ 5 55 37.48	19.588 938
2	1 06 14.961	+ 6 19 23.88	19.054 383	18	1 02 08.086	+ 5 55 29.25	19.604 987
3	1 06 06.742	+ 6 18 34.59	19.060 971	19	1 02 06.557	+ 5 55 22.18	19.621 142
4	1 05 58.601	+ 6 17 45.81	19.067 843	20	1 02 05.217	+ 5 55 16.29	19.637 399
5	1 05 50.544	+ 6 16 57.58	19.074 999	21	1 02 04.068	+ 5 55 11.59	19.653 752
6	1 05 42.574	+ 6 16 09.90	19.082 436	22	1 02 03.113	+ 5 55 08.09	19.670 196
7	1 05 34.695	+ 6 15 22.81	19.090 151	23	1 02 02.351	+ 5 55 05.80	19.686 726
8	1 05 26.911	+ 6 14 36.32	19.098 144	24	1 02 01.782	+ 5 55 04.71	19.703 337
9	1 05 19.228	+ 6 13 50.48	19.106 410	25	1 02 01.406	+ 5 55 04.83	19.720 024
10	1 05 11.649	+ 6 13 05.30	19.114 948	26	1 02 01.221	+ 5 55 06.14	19.736 782
11	1 05 04.178	+ 6 12 20.81	19.123 755	27	1 02 01.227	+ 5 55 08.65	19.753 606
12	1 04 56.819	+ 6 11 37.03	19.132 828	28	1 02 01.422	+ 5 55 12.34	19.770 492
13	1 04 49.576	+ 6 10 53.99	19.142 164	29	1 02 01.808	+ 5 55 17.21	19.787 434
14	1 04 42.452	+ 6 10 11.71	19.151 759	30	1 02 02.384	+ 5 55 23.26	19.804 427
15	1 04 35.449	+ 6 09 30.20	19.161 611	31	1 02 03.151	+ 5 55 30.50	19.821 467
16	1 04 28.569	+ 6 08 49.48	19.171 715	32	1 02 04.110	+ 5 55 38.92	19.838 548

NEPTUNE, 2015

GEOCENTRIC COORDINATES FOR 0ʰ TERRESTRIAL TIME

Date	Apparent Right Ascension	Apparent Declination	True Geocentric Distance	Date	Apparent Right Ascension	Apparent Declination	True Geocentric Distance
	h m s	° ′ ″	au		h m s	° ′ ″	au
Jan. 0	22 29 47.957	−10 13 36.38	30.505 506	Feb. 15	22 35 23.079	− 9 40 39.06	30.936 905
1	22 29 53.481	−10 13 03.46	30.519 817	16	22 35 31.569	− 9 39 49.24	30.940 199
2	22 29 59.109	−10 12 29.95	30.533 958	17	22 35 40.080	− 9 38 59.32	30.943 206
3	22 30 04.838	−10 11 55.86	30.547 925	18	22 35 48.607	− 9 38 09.31	30.945 925
4	22 30 10.667	−10 11 21.21	30.561 715	19	22 35 57.148	− 9 37 19.24	30.948 356
5	22 30 16.592	−10 10 46.01	30.575 324	20	22 36 05.700	− 9 36 29.11	30.950 497
6	22 30 22.613	−10 10 10.26	30.588 748	21	22 36 14.263	− 9 35 38.92	30.952 348
7	22 30 28.725	−10 09 33.99	30.601 984	22	22 36 22.836	− 9 34 48.67	30.953 910
8	22 30 34.929	−10 08 57.20	30.615 028	23	22 36 31.420	− 9 33 58.37	30.955 181
9	22 30 41.223	−10 08 19.89	30.627 876	24	22 36 40.014	− 9 33 08.04	30.956 163
10	22 30 47.604	−10 07 42.08	30.640 524	25	22 36 48.619	− 9 32 17.74	30.956 856
11	22 30 54.074	−10 07 03.75	30.652 970	26	22 36 57.221	− 9 31 27.78	30.957 259
12	22 31 00.630	−10 06 24.92	30.665 209	27	22 37 05.786	− 9 30 37.31	30.957 374
13	22 31 07.272	−10 05 45.60	30.677 238	28	22 37 14.385	− 9 29 46.75	30.957 201
14	22 31 13.999	−10 05 05.78	30.689 053	Mar. 1	22 37 22.983	− 9 28 56.37	30.956 740
15	22 31 20.812	−10 04 25.47	30.700 651	2	22 37 31.572	− 9 28 06.10	30.955 992
16	22 31 27.707	−10 03 44.68	30.712 028	3	22 37 40.151	− 9 27 15.90	30.954 958
17	22 31 34.685	−10 03 03.42	30.723 180	4	22 37 48.718	− 9 26 25.79	30.953 639
18	22 31 41.743	−10 02 21.72	30.734 105	5	22 37 57.271	− 9 25 35.77	30.952 034
19	22 31 48.878	−10 01 39.58	30.744 797	6	22 38 05.810	− 9 24 45.84	30.950 145
20	22 31 56.087	−10 00 57.02	30.755 255	7	22 38 14.333	− 9 23 56.02	30.947 973
21	22 32 03.366	−10 00 14.07	30.765 475	8	22 38 22.839	− 9 23 06.30	30.945 517
22	22 32 10.713	− 9 59 30.74	30.775 454	9	22 38 31.327	− 9 22 16.69	30.942 780
23	22 32 18.125	− 9 58 47.04	30.785 188	10	22 38 39.795	− 9 21 27.20	30.939 761
24	22 32 25.600	− 9 58 02.97	30.794 675	11	22 38 48.244	− 9 20 37.85	30.936 461
25	22 32 33.139	− 9 57 18.52	30.803 912	12	22 38 56.671	− 9 19 48.63	30.932 882
26	22 32 40.742	− 9 56 33.71	30.812 898	13	22 39 05.074	− 9 18 59.57	30.929 024
27	22 32 48.406	− 9 55 48.54	30.821 630	14	22 39 13.451	− 9 18 10.68	30.924 887
28	22 32 56.131	− 9 55 03.02	30.830 105	15	22 39 21.800	− 9 17 21.98	30.920 474
29	22 33 03.915	− 9 54 17.16	30.838 322	16	22 39 30.116	− 9 16 33.49	30.915 785
30	22 33 11.756	− 9 53 30.99	30.846 280	17	22 39 38.398	− 9 15 45.23	30.910 821
31	22 33 19.650	− 9 52 44.51	30.853 976	18	22 39 46.641	− 9 14 57.20	30.905 584
Feb. 1	22 33 27.595	− 9 51 57.75	30.861 408	19	22 39 54.844	− 9 14 09.43	30.900 075
2	22 33 35.589	− 9 51 10.72	30.868 575	20	22 40 03.005	− 9 13 21.92	30.894 294
3	22 33 43.628	− 9 50 23.44	30.875 476	21	22 40 11.123	− 9 12 34.66	30.888 246
4	22 33 51.711	− 9 49 35.91	30.882 108	22	22 40 19.199	− 9 11 47.65	30.881 930
5	22 33 59.835	− 9 48 48.14	30.888 470	23	22 40 27.232	− 9 11 00.91	30.875 351
6	22 34 08.000	− 9 48 00.15	30.894 560	24	22 40 35.221	− 9 10 14.44	30.868 509
7	22 34 16.203	− 9 47 11.93	30.900 377	25	22 40 43.163	− 9 09 28.27	30.861 408
8	22 34 24.444	− 9 46 23.49	30.905 920	26	22 40 51.055	− 9 08 42.40	30.854 050
9	22 34 32.721	− 9 45 34.85	30.911 187	27	22 40 58.896	− 9 07 56.87	30.846 437
10	22 34 41.033	− 9 44 46.00	30.916 175	28	22 41 06.682	− 9 07 11.68	30.838 573
11	22 34 49.380	− 9 43 56.95	30.920 885	29	22 41 14.410	− 9 06 26.84	30.830 459
12	22 34 57.760	− 9 43 07.72	30.925 314	30	22 41 22.080	− 9 05 42.37	30.822 099
13	22 35 06.171	− 9 42 18.32	30.929 462	31	22 41 29.688	− 9 04 58.27	30.813 495
14	22 35 14.611	− 9 41 28.76	30.933 326	Apr. 1	22 41 37.234	− 9 04 14.56	30.804 650
15	22 35 23.079	− 9 40 39.06	30.936 905	2	22 41 44.717	− 9 03 31.24	30.795 565

GEOCENTRIC COORDINATES FOR 0ʰ TERRESTRIAL TIME

Date	Apparent Right Ascension	Apparent Declination	True Geocentric Distance	Date	Apparent Right Ascension	Apparent Declination	True Geocentric Distance
	h m s	° ′ ″	au		h m s	° ′ ″	au
Apr. 1	22 41 37.234	− 9 04 14.56	30.804 650	May 17	22 45 54.476	− 8 39 55.53	30.190 918
2	22 41 44.717	− 9 03 31.24	30.795 565	18	22 45 57.665	− 8 39 38.51	30.174 490
3	22 41 52.135	− 9 02 48.31	30.786 245	19	22 46 00.740	− 8 39 22.20	30.157 999
4	22 41 59.487	− 9 02 05.78	30.776 692	20	22 46 03.697	− 8 39 06.60	30.141 450
5	22 42 06.774	− 9 01 23.64	30.766 907	21	22 46 06.537	− 8 38 51.72	30.124 846
6	22 42 13.994	− 9 00 41.92	30.756 895	22	22 46 09.257	− 8 38 37.58	30.108 195
7	22 42 21.146	− 9 00 00.61	30.746 657	23	22 46 11.855	− 8 38 24.19	30.091 499
8	22 42 28.230	− 8 59 19.73	30.736 196	24	22 46 14.332	− 8 38 11.53	30.074 765
9	22 42 35.243	− 8 58 39.28	30.725 516	25	22 46 16.686	− 8 37 59.62	30.057 997
10	22 42 42.185	− 8 57 59.27	30.714 618	26	22 46 18.918	− 8 37 48.45	30.041 199
11	22 42 49.052	− 8 57 19.74	30.703 505	27	22 46 21.028	− 8 37 38.01	30.024 377
12	22 42 55.842	− 8 56 40.68	30.692 181	28	22 46 23.016	− 8 37 28.31	30.007 535
13	22 43 02.553	− 8 56 02.12	30.680 648	29	22 46 24.883	− 8 37 19.35	29.990 678
14	22 43 09.181	− 8 55 24.07	30.668 908	30	22 46 26.630	− 8 37 11.10	29.973 810
15	22 43 15.725	− 8 54 46.54	30.656 966	31	22 46 28.257	− 8 37 03.58	29.956 936
16	22 43 22.183	− 8 54 09.53	30.644 825	June 1	22 46 29.765	− 8 36 56.79	29.940 060
17	22 43 28.556	− 8 53 33.05	30.632 487	2	22 46 31.154	− 8 36 50.72	29.923 187
18	22 43 34.842	− 8 52 57.08	30.619 957	3	22 46 32.423	− 8 36 45.37	29.906 321
19	22 43 41.042	− 8 52 21.63	30.607 238	4	22 46 33.572	− 8 36 40.76	29.889 467
20	22 43 47.156	− 8 51 46.72	30.594 334	5	22 46 34.600	− 8 36 36.89	29.872 628
21	22 43 53.182	− 8 51 12.34	30.581 250	6	22 46 35.505	− 8 36 33.78	29.855 810
22	22 43 59.118	− 8 50 38.51	30.567 989	7	22 46 36.286	− 8 36 31.41	29.839 016
23	22 44 04.962	− 8 50 05.26	30.554 555	8	22 46 36.942	− 8 36 29.81	29.822 251
24	22 44 10.711	− 8 49 32.60	30.540 953	9	22 46 37.472	− 8 36 28.96	29.805 520
25	22 44 16.364	− 8 49 00.53	30.527 186	10	22 46 37.879	− 8 36 28.86	29.788 826
26	22 44 21.918	− 8 48 29.06	30.513 260	11	22 46 38.162	− 8 36 29.49	29.772 176
27	22 44 27.373	− 8 47 58.21	30.499 177	12	22 46 38.323	− 8 36 30.85	29.755 574
28	22 44 32.726	− 8 47 27.97	30.484 943	13	22 46 38.364	− 8 36 32.93	29.739 024
29	22 44 37.979	− 8 46 58.35	30.470 560	14	22 46 38.285	− 8 36 35.74	29.722 533
30	22 44 43.129	− 8 46 29.35	30.456 033	15	22 46 38.086	− 8 36 39.26	29.706 104
May 1	22 44 48.178	− 8 46 00.97	30.441 367	16	22 46 37.767	− 8 36 43.50	29.689 743
2	22 44 53.124	− 8 45 33.21	30.426 564	17	22 46 37.328	− 8 36 48.48	29.673 455
3	22 44 57.968	− 8 45 06.07	30.411 630	18	22 46 36.766	− 8 36 54.20	29.657 244
4	22 45 02.709	− 8 44 39.56	30.396 567	19	22 46 36.083	− 8 37 00.65	29.641 117
5	22 45 07.348	− 8 44 13.68	30.381 380	20	22 46 35.277	− 8 37 07.83	29.625 078
6	22 45 11.882	− 8 43 48.44	30.366 074	21	22 46 34.349	− 8 37 15.75	29.609 131
7	22 45 16.312	− 8 43 23.85	30.350 651	22	22 46 33.301	− 8 37 24.39	29.593 281
8	22 45 20.634	− 8 42 59.91	30.335 115	23	22 46 32.132	− 8 37 33.74	29.577 533
9	22 45 24.848	− 8 42 36.65	30.319 471	24	22 46 30.844	− 8 37 43.80	29.561 891
10	22 45 28.951	− 8 42 14.07	30.303 723	25	22 46 29.439	− 8 37 54.55	29.546 360
11	22 45 32.942	− 8 41 52.19	30.287 875	26	22 46 27.918	− 8 38 05.99	29.530 945
12	22 45 36.818	− 8 41 31.01	30.271 930	27	22 46 26.283	− 8 38 18.11	29.515 648
13	22 45 40.579	− 8 41 10.52	30.255 893	28	22 46 24.535	− 8 38 30.89	29.500 475
14	22 45 44.225	− 8 40 50.74	30.239 769	29	22 46 22.675	− 8 38 44.34	29.485 430
15	22 45 47.756	− 8 40 31.65	30.223 562	30	22 46 20.705	− 8 38 58.45	29.470 516
16	22 45 51.173	− 8 40 13.24	30.207 276	July 1	22 46 18.625	− 8 39 13.21	29.455 739
17	22 45 54.476	− 8 39 55.53	30.190 918	2	22 46 16.434	− 8 39 28.64	29.441 101

NEPTUNE, 2015

GEOCENTRIC COORDINATES FOR 0^h TERRESTRIAL TIME

Date	Apparent Right Ascension	Apparent Declination	True Geocentric Distance	Date	Apparent Right Ascension	Apparent Declination	True Geocentric Distance
	h m s	° ′ ″	au		h m s	° ′ ″	au
July 1	22 46 18.625	− 8 39 13.21	29.455 739	Aug. 16	22 43 01.772	− 9 00 19.57	28.988 234
2	22 46 16.434	− 8 39 28.64	29.441 101	17	22 42 55.895	− 9 00 56.00	28.983 877
3	22 46 14.133	− 8 39 44.73	29.426 606	18	22 42 49.981	− 9 01 32.61	28.979 807
4	22 46 11.720	− 8 40 01.49	29.412 258	19	22 42 44.032	− 9 02 09.38	28.976 024
5	22 46 09.196	− 8 40 18.91	29.398 062	20	22 42 38.053	− 9 02 46.29	28.972 529
6	22 46 06.560	− 8 40 36.98	29.384 021	21	22 42 32.045	− 9 03 23.33	28.969 324
7	22 46 03.815	− 8 40 55.70	29.370 140	22	22 42 26.013	− 9 04 00.48	28.966 409
8	22 46 00.962	− 8 41 15.04	29.356 421	23	22 42 19.958	− 9 04 37.73	28.963 786
9	22 45 58.004	− 8 41 35.00	29.342 870	24	22 42 13.883	− 9 05 15.06	28.961 454
10	22 45 54.943	− 8 41 55.55	29.329 491	25	22 42 07.790	− 9 05 52.46	28.959 416
11	22 45 51.781	− 8 42 16.69	29.316 288	26	22 42 01.681	− 9 06 29.94	28.957 670
12	22 45 48.519	− 8 42 38.42	29.303 265	27	22 41 55.556	− 9 07 07.47	28.956 217
13	22 45 45.158	− 8 43 00.72	29.290 427	28	22 41 49.416	− 9 07 45.06	28.955 059
14	22 45 41.698	− 8 43 23.61	29.277 778	29	22 41 43.262	− 9 08 22.69	28.954 194
15	22 45 38.140	− 8 43 47.07	29.265 321	30	22 41 37.097	− 9 09 00.35	28.953 623
16	22 45 34.483	− 8 44 11.11	29.253 062	31	22 41 30.923	− 9 09 38.02	28.953 346
17	22 45 30.729	− 8 44 35.72	29.241 004	Sept. 1	22 41 24.743	− 9 10 15.68	28.953 364
18	22 45 26.878	− 8 45 00.89	29.229 150	2	22 41 18.563	− 9 10 53.29	28.953 678
19	22 45 22.933	− 8 45 26.61	29.217 505	3	22 41 12.384	− 9 11 30.84	28.954 287
20	22 45 18.894	− 8 45 52.86	29.206 072	4	22 41 06.211	− 9 12 08.32	28.955 192
21	22 45 14.765	− 8 46 19.63	29.194 855	5	22 41 00.044	− 9 12 45.71	28.956 393
22	22 45 10.547	− 8 46 46.90	29.183 857	6	22 40 53.886	− 9 13 23.02	28.957 891
23	22 45 06.243	− 8 47 14.66	29.173 080	7	22 40 47.738	− 9 14 00.24	28.959 686
24	22 45 01.856	− 8 47 42.90	29.162 530	8	22 40 41.602	− 9 14 37.35	28.961 777
25	22 44 57.388	− 8 48 11.59	29.152 207	9	22 40 35.478	− 9 15 14.35	28.964 165
26	22 44 52.840	− 8 48 40.73	29.142 116	10	22 40 29.369	− 9 15 51.22	28.966 849
27	22 44 48.216	− 8 49 10.30	29.132 259	11	22 40 23.277	− 9 16 27.94	28.969 829
28	22 44 43.517	− 8 49 40.31	29.122 639	12	22 40 17.206	− 9 17 04.51	28.973 104
29	22 44 38.743	− 8 50 10.74	29.113 259	13	22 40 11.156	− 9 17 40.89	28.976 673
30	22 44 33.895	− 8 50 41.60	29.104 120	14	22 40 05.133	− 9 18 17.08	28.980 535
31	22 44 28.975	− 8 51 12.87	29.095 226	15	22 39 59.139	− 9 18 53.05	28.984 690
Aug. 1	22 44 23.981	− 8 51 44.56	29.086 579	16	22 39 53.178	− 9 19 28.77	28.989 136
2	22 44 18.915	− 8 52 16.65	29.078 181	17	22 39 47.251	− 9 20 04.25	28.993 872
3	22 44 13.779	− 8 52 49.13	29.070 035	18	22 39 41.363	− 9 20 39.46	28.998 896
4	22 44 08.575	− 8 53 21.98	29.062 143	19	22 39 35.517	− 9 21 14.38	29.004 206
5	22 44 03.308	− 8 53 55.17	29.054 509	20	22 39 29.714	− 9 21 49.00	29.009 802
6	22 43 57.979	− 8 54 28.68	29.047 134	21	22 39 23.956	− 9 22 23.33	29.015 680
7	22 43 52.593	− 8 55 02.51	29.040 022	22	22 39 18.245	− 9 22 57.34	29.021 839
8	22 43 47.152	− 8 55 36.64	29.033 175	23	22 39 12.583	− 9 23 31.03	29.028 277
9	22 43 41.655	− 8 56 11.06	29.026 595	24	22 39 06.971	− 9 24 04.40	29.034 992
10	22 43 36.106	− 8 56 45.77	29.020 286	25	22 39 01.408	− 9 24 37.43	29.041 981
11	22 43 30.505	− 8 57 20.76	29.014 249	26	22 38 55.898	− 9 25 10.12	29.049 243
12	22 43 24.854	− 8 57 56.02	29.008 488	27	22 38 50.441	− 9 25 42.45	29.056 774
13	22 43 19.153	− 8 58 31.55	29.003 004	28	22 38 45.042	− 9 26 14.40	29.064 574
14	22 43 13.404	− 8 59 07.32	28.997 799	29	22 38 39.703	− 9 26 45.94	29.072 639
15	22 43 07.610	− 8 59 43.34	28.992 875	30	22 38 34.428	− 9 27 17.06	29.080 968
16	22 43 01.772	− 9 00 19.57	28.988 234	Oct. 1	22 38 29.221	− 9 27 47.74	29.089 558

GEOCENTRIC COORDINATES FOR 0ʰ TERRESTRIAL TIME

Date	Apparent Right Ascension	Apparent Declination	True Geocentric Distance	Date	Apparent Right Ascension	Apparent Declination	True Geocentric Distance
	h m s	° ′ ″	au		h m s	° ′ ″	au
Oct. 1	22 38 29.221	− 9 27 47.74	29.089 558	Nov. 16	22 36 10.624	− 9 40 52.97	29.710 824
2	22 38 24.083	− 9 28 17.97	29.098 408	17	22 36 10.319	− 9 40 53.64	29.727 683
3	22 38 19.016	− 9 28 47.75	29.107 515	18	22 36 10.142	− 9 40 53.57	29.744 607
4	22 38 14.020	− 9 29 17.08	29.116 878	19	22 36 10.091	− 9 40 52.74	29.761 591
5	22 38 09.097	− 9 29 45.95	29.126 493	20	22 36 10.168	− 9 40 51.15	29.778 629
6	22 38 04.247	− 9 30 14.36	29.136 358	21	22 36 10.372	− 9 40 48.80	29.795 716
7	22 37 59.472	− 9 30 42.29	29.146 471	22	22 36 10.705	− 9 40 45.68	29.812 846
8	22 37 54.773	− 9 31 09.74	29.156 829	23	22 36 11.168	− 9 40 41.78	29.830 015
9	22 37 50.154	− 9 31 36.68	29.167 428	24	22 36 11.762	− 9 40 37.09	29.847 218
10	22 37 45.616	− 9 32 03.11	29.178 266	25	22 36 12.489	− 9 40 31.61	29.864 449
11	22 37 41.162	− 9 32 29.00	29.189 339	26	22 36 13.349	− 9 40 25.35	29.881 704
12	22 37 36.795	− 9 32 54.35	29.200 644	27	22 36 14.340	− 9 40 18.30	29.898 979
13	22 37 32.517	− 9 33 19.13	29.212 178	28	22 36 15.462	− 9 40 10.50	29.916 267
14	22 37 28.331	− 9 33 43.34	29.223 936	29	22 36 16.713	− 9 40 01.94	29.933 565
15	22 37 24.239	− 9 34 06.95	29.235 915	30	22 36 18.091	− 9 39 52.62	29.950 867
16	22 37 20.244	− 9 34 29.97	29.248 111	Dec. 1	22 36 19.597	− 9 39 42.56	29.968 168
17	22 37 16.347	− 9 34 52.38	29.260 521	2	22 36 21.230	− 9 39 31.75	29.985 463
18	22 37 12.549	− 9 35 14.18	29.273 139	3	22 36 22.990	− 9 39 20.18	30.002 748
19	22 37 08.853	− 9 35 35.36	29.285 963	4	22 36 24.877	− 9 39 07.86	30.020 016
20	22 37 05.257	− 9 35 55.93	29.298 987	5	22 36 26.892	− 9 38 54.77	30.037 262
21	22 37 01.763	− 9 36 15.88	29.312 208	6	22 36 29.037	− 9 38 40.93	30.054 482
22	22 36 58.372	− 9 36 35.20	29.325 620	7	22 36 31.310	− 9 38 26.31	30.071 670
23	22 36 55.083	− 9 36 53.90	29.339 221	8	22 36 33.712	− 9 38 10.94	30.088 819
24	22 36 51.898	− 9 37 11.96	29.353 005	9	22 36 36.244	− 9 37 54.80	30.105 926
25	22 36 48.818	− 9 37 29.36	29.366 968	10	22 36 38.906	− 9 37 37.90	30.122 984
26	22 36 45.847	− 9 37 46.10	29.381 106	11	22 36 41.696	− 9 37 20.24	30.139 988
27	22 36 42.986	− 9 38 02.15	29.395 415	12	22 36 44.614	− 9 37 01.84	30.156 932
28	22 36 40.239	− 9 38 17.50	29.409 891	13	22 36 47.658	− 9 36 42.71	30.173 812
29	22 36 37.608	− 9 38 32.15	29.424 529	14	22 36 50.827	− 9 36 22.85	30.190 621
30	22 36 35.092	− 9 38 46.10	29.439 327	15	22 36 54.118	− 9 36 02.28	30.207 354
31	22 36 32.692	− 9 38 59.35	29.454 279	16	22 36 57.530	− 9 35 41.01	30.224 006
Nov. 1	22 36 30.408	− 9 39 11.91	29.469 382	17	22 37 01.062	− 9 35 19.03	30.240 572
2	22 36 28.240	− 9 39 23.77	29.484 631	18	22 37 04.712	− 9 34 56.35	30.257 047
3	22 36 26.187	− 9 39 34.93	29.500 022	19	22 37 08.481	− 9 34 32.98	30.273 425
4	22 36 24.251	− 9 39 45.39	29.515 550	20	22 37 12.369	− 9 34 08.89	30.289 702
5	22 36 22.433	− 9 39 55.14	29.531 212	21	22 37 16.377	− 9 33 44.11	30.305 874
6	22 36 20.734	− 9 40 04.16	29.547 001	22	22 37 20.503	− 9 33 18.61	30.321 935
7	22 36 19.156	− 9 40 12.45	29.562 913	23	22 37 24.749	− 9 32 52.42	30.337 882
8	22 36 17.700	− 9 40 20.00	29.578 944	24	22 37 29.111	− 9 32 25.55	30.353 710
9	22 36 16.369	− 9 40 26.80	29.595 087	25	22 37 33.589	− 9 31 58.01	30.369 414
10	22 36 15.163	− 9 40 32.84	29.611 339	26	22 37 38.180	− 9 31 29.81	30.384 991
11	22 36 14.084	− 9 40 38.12	29.627 694	27	22 37 42.881	− 9 31 00.98	30.400 437
12	22 36 13.134	− 9 40 42.63	29.644 146	28	22 37 47.691	− 9 30 31.52	30.415 746
13	22 36 12.312	− 9 40 46.36	29.660 691	29	22 37 52.608	− 9 30 01.43	30.430 915
14	22 36 11.620	− 9 40 49.33	29.677 322	30	22 37 57.630	− 9 29 30.72	30.445 939
15	22 36 11.058	− 9 40 51.53	29.694 035	31	22 38 02.758	− 9 28 59.39	30.460 814
16	22 36 10.624	− 9 40 52.97	29.710 824	32	22 38 07.991	− 9 28 27.44	30.475 536

Date	Mercury	Venus	Mars	Jupiter	Saturn	Uranus	Neptune
	h m s	h m s	h m s	h m s	h m s	h m s	h m s
Jan. 0	13 01 03	13 14 11	14 54 16	3 00 02	9 17 24	18 07 05	15 49 53
1	13 03 53	13 15 34	14 53 23	2 55 49	9 13 53	18 03 11	15 46 02
2	13 06 40	13 16 56	14 52 30	2 51 36	9 10 22	17 59 17	15 42 12
3	13 09 22	13 18 17	14 51 37	2 47 22	9 06 51	17 55 23	15 38 22
4	13 11 57	13 19 36	14 50 43	2 43 08	9 03 19	17 51 30	15 34 32
5	13 14 26	13 20 55	14 49 48	2 38 53	8 59 47	17 47 37	15 30 42
6	13 16 47	13 22 12	14 48 53	2 34 37	8 56 15	17 43 43	15 26 52
7	13 18 58	13 23 28	14 47 58	2 30 20	8 52 43	17 39 51	15 23 02
8	13 20 59	13 24 43	14 47 02	2 26 03	8 49 11	17 35 58	15 19 13
9	13 22 47	13 25 56	14 46 06	2 21 46	8 45 38	17 32 05	15 15 23
10	13 24 21	13 27 08	14 45 10	2 17 28	8 42 05	17 28 13	15 11 33
11	13 25 40	13 28 19	14 44 13	2 13 09	8 38 32	17 24 21	15 07 44
12	13 26 39	13 29 29	14 43 16	2 08 49	8 34 59	17 20 29	15 03 55
13	13 27 18	13 30 37	14 42 18	2 04 30	8 31 25	17 16 37	15 00 05
14	13 27 34	13 31 44	14 41 20	2 00 09	8 27 51	17 12 46	14 56 16
15	13 27 23	13 32 50	14 40 21	1 55 48	8 24 17	17 08 54	14 52 27
16	13 26 42	13 33 54	14 39 22	1 51 27	8 20 42	17 05 03	14 48 38
17	13 25 30	13 34 57	14 38 23	1 47 05	8 17 08	17 01 12	14 44 49
18	13 23 41	13 35 59	14 37 24	1 42 43	8 13 33	16 57 21	14 41 00
19	13 21 14	13 36 59	14 36 24	1 38 20	8 09 57	16 53 30	14 37 12
20	13 18 06	13 37 58	14 35 23	1 33 57	8 06 22	16 49 40	14 33 23
21	13 14 15	13 38 56	14 34 23	1 29 33	8 02 46	16 45 49	14 29 34
22	13 09 40	13 39 52	14 33 22	1 25 09	7 59 10	16 41 59	14 25 46
23	13 04 19	13 40 47	14 32 20	1 20 45	7 55 33	16 38 09	14 21 57
24	12 58 14	13 41 41	14 31 19	1 16 20	7 51 57	16 34 19	14 18 09
25	12 51 27	13 42 34	14 30 17	1 11 55	7 48 20	16 30 30	14 14 21
26	12 44 02	13 43 26	14 29 14	1 07 29	7 44 42	16 26 40	14 10 32
27	12 36 03	13 44 16	14 28 11	1 03 04	7 41 05	16 22 51	14 06 44
28	12 27 38	13 45 05	14 27 08	0 58 38	7 37 27	16 19 02	14 02 56
29	12 18 54	13 45 53	14 26 05	0 54 12	7 33 48	16 15 13	13 59 08
30	12 09 59	13 46 40	14 25 01	0 49 45	7 30 10	16 11 24	13 55 20
31	12 01 01	13 47 26	14 23 57	0 45 19	7 26 31	16 07 35	13 51 32
Feb. 1	11 52 09	13 48 10	14 22 53	0 40 52	7 22 51	16 03 47	13 47 44
2	11 43 30	13 48 54	14 21 49	0 36 25	7 19 12	15 59 58	13 43 56
3	11 35 11	13 49 37	14 20 44	0 31 58	7 15 32	15 56 10	13 40 08
4	11 27 18	13 50 18	14 19 39	0 27 31	7 11 51	15 52 22	13 36 20
5	11 19 54	13 50 59	14 18 33	0 23 04	7 08 11	15 48 34	13 32 32
6	11 13 02	13 51 39	14 17 28	0 18 37	7 04 30	15 44 46	13 28 44
7	11 06 43	13 52 18	14 16 22	0 14 10	7 00 48	15 40 58	13 24 57
8	11 00 58	13 52 56	14 15 16	0 09 42	6 57 07	15 37 11	13 21 09
9	10 55 48	13 53 33	14 14 10	0 05 15	6 53 24	15 33 24	13 17 21
10	10 51 10	13 54 10	14 13 03	0 00 48	6 49 42	15 29 36	13 13 34
11	10 47 04	13 54 46	14 11 56	23 51 54	6 45 59	15 25 49	13 09 46
12	10 43 29	13 55 21	14 10 49	23 47 27	6 42 16	15 22 02	13 05 58
13	10 40 21	13 55 56	14 09 42	23 43 00	6 38 32	15 18 15	13 02 11
14	10 37 40	13 56 30	14 08 35	23 38 33	6 34 48	15 14 29	12 58 23
15	10 35 24	13 57 04	14 07 28	23 34 07	6 31 04	15 10 42	12 54 36

Second transit: Jupiter, Feb. $10^d23^h56^m21^s$.

Date	Mercury	Venus	Mars	Jupiter	Saturn	Uranus	Neptune
	h m s	h m s	h m s	h m s	h m s	h m s	h m s
Feb. 15	10 35 24	13 57 04	14 07 28	23 34 07	6 31 04	15 10 42	12 54 36
16	10 33 30	13 57 37	14 06 20	23 29 40	6 27 19	15 06 56	12 50 48
17	10 31 57	13 58 09	14 05 12	23 25 14	6 23 34	15 03 09	12 47 01
18	10 30 44	13 58 42	14 04 04	23 20 48	6 19 49	14 59 23	12 43 14
19	10 29 48	13 59 13	14 02 56	23 16 23	6 16 03	14 55 37	12 39 26
20	10 29 08	13 59 45	14 01 48	23 11 57	6 12 16	14 51 51	12 35 39
21	10 28 42	14 00 16	14 00 40	23 07 32	6 08 30	14 48 05	12 31 51
22	10 28 31	14 00 47	13 59 31	23 03 08	6 04 43	14 44 20	12 28 04
23	10 28 31	14 01 18	13 58 23	22 58 43	6 00 55	14 40 34	12 24 17
24	10 28 43	14 01 48	13 57 14	22 54 19	5 57 07	14 36 48	12 20 29
25	10 29 05	14 02 18	13 56 05	22 49 56	5 53 19	14 33 03	12 16 42
26	10 29 37	14 02 49	13 54 57	22 45 32	5 49 30	14 29 18	12 12 55
27	10 30 17	14 03 19	13 53 48	22 41 10	5 45 41	14 25 33	12 09 07
28	10 31 05	14 03 49	13 52 39	22 36 47	5 41 51	14 21 47	12 05 20
Mar. 1	10 32 01	14 04 19	13 51 30	22 32 25	5 38 01	14 18 02	12 01 33
2	10 33 03	14 04 49	13 50 20	22 28 04	5 34 11	14 14 17	11 57 45
3	10 34 11	14 05 20	13 49 11	22 23 43	5 30 20	14 10 33	11 53 58
4	10 35 26	14 05 50	13 48 02	22 19 23	5 26 29	14 06 48	11 50 10
5	10 36 45	14 06 21	13 46 53	22 15 03	5 22 37	14 03 03	11 46 23
6	10 38 09	14 06 51	13 45 43	22 10 44	5 18 45	13 59 19	11 42 36
7	10 39 38	14 07 22	13 44 34	22 06 25	5 14 53	13 55 34	11 38 48
8	10 41 11	14 07 54	13 43 25	22 02 07	5 11 00	13 51 50	11 35 01
9	10 42 48	14 08 25	13 42 15	21 57 49	5 07 07	13 48 05	11 31 13
10	10 44 29	14 08 57	13 41 06	21 53 32	5 03 13	13 44 21	11 27 26
11	10 46 13	14 09 30	13 39 57	21 49 16	4 59 19	13 40 37	11 23 38
12	10 48 01	14 10 02	13 38 47	21 45 00	4 55 24	13 36 53	11 19 51
13	10 49 52	14 10 36	13 37 38	21 40 45	4 51 29	13 33 09	11 16 03
14	10 51 46	14 11 10	13 36 29	21 36 30	4 47 34	13 29 25	11 12 16
15	10 53 44	14 11 44	13 35 20	21 32 16	4 43 38	13 25 41	11 08 28
16	10 55 44	14 12 19	13 34 11	21 28 03	4 39 42	13 21 57	11 04 40
17	10 57 47	14 12 54	13 33 01	21 23 51	4 35 45	13 18 13	11 00 53
18	10 59 53	14 13 30	13 31 53	21 19 39	4 31 48	13 14 29	10 57 05
19	11 02 01	14 14 07	13 30 44	21 15 28	4 27 51	13 10 46	10 53 17
20	11 04 13	14 14 45	13 29 35	21 11 17	4 23 53	13 07 02	10 49 29
21	11 06 28	14 15 23	13 28 26	21 07 08	4 19 54	13 03 18	10 45 41
22	11 08 45	14 16 02	13 27 17	21 02 59	4 15 56	12 59 35	10 41 54
23	11 11 05	14 16 41	13 26 09	20 58 50	4 11 56	12 55 51	10 38 06
24	11 13 29	14 17 22	13 25 00	20 54 43	4 07 57	12 52 08	10 34 18
25	11 15 55	14 18 03	13 23 52	20 50 36	4 03 57	12 48 24	10 30 30
26	11 18 25	14 18 45	13 22 44	20 46 30	3 59 56	12 44 41	10 26 42
27	11 20 59	14 19 27	13 21 35	20 42 25	3 55 56	12 40 57	10 22 53
28	11 23 35	14 20 11	13 20 27	20 38 20	3 51 54	12 37 14	10 19 05
29	11 26 16	14 20 55	13 19 19	20 34 16	3 47 53	12 33 31	10 15 17
30	11 29 00	14 21 40	13 18 12	20 30 13	3 43 51	12 29 47	10 11 29
31	11 31 48	14 22 26	13 17 04	20 26 11	3 39 49	12 26 04	10 07 40
Apr. 1	11 34 41	14 23 13	13 15 56	20 22 09	3 35 46	12 22 21	10 03 52
2	11 37 37	14 24 01	13 14 49	20 18 08	3 31 43	12 18 38	10 00 03

Date	Mercury	Venus	Mars	Jupiter	Saturn	Uranus	Neptune
	h m s	h m s	h m s	h m s	h m s	h m s	h m s
Apr. 1	11 34 41	14 23 13	13 15 56	20 22 09	3 35 46	12 22 21	10 03 52
2	11 37 37	14 24 01	13 14 49	20 18 08	3 31 43	12 18 38	10 00 03
3	11 40 38	14 24 49	13 13 42	20 14 08	3 27 39	12 14 54	9 56 15
4	11 43 44	14 25 38	13 12 34	20 10 09	3 23 35	12 11 11	9 52 26
5	11 46 54	14 26 28	13 11 27	20 06 11	3 19 31	12 07 28	9 48 38
6	11 50 09	14 27 19	13 10 21	20 02 13	3 15 26	12 03 45	9 44 49
7	11 53 29	14 28 11	13 09 14	19 58 16	3 11 22	12 00 01	9 41 00
8	11 56 53	14 29 04	13 08 08	19 54 19	3 07 16	11 56 18	9 37 11
9	12 00 23	14 29 57	13 07 01	19 50 24	3 03 11	11 52 35	9 33 22
10	12 03 56	14 30 51	13 05 55	19 46 29	2 59 04	11 48 52	9 29 33
11	12 07 34	14 31 46	13 04 49	19 42 35	2 54 58	11 45 08	9 25 44
12	12 11 17	14 32 42	13 03 43	19 38 42	2 50 51	11 41 25	9 21 55
13	12 15 02	14 33 38	13 02 38	19 34 49	2 46 44	11 37 42	9 18 06
14	12 18 51	14 34 35	13 01 32	19 30 57	2 42 37	11 33 58	9 14 16
15	12 22 42	14 35 33	13 00 27	19 27 06	2 38 29	11 30 15	9 10 27
16	12 26 35	14 36 31	12 59 22	19 23 16	2 34 21	11 26 32	9 06 37
17	12 30 28	14 37 30	12 58 18	19 19 26	2 30 13	11 22 48	9 02 48
18	12 34 21	14 38 29	12 57 13	19 15 38	2 26 04	11 19 05	8 58 58
19	12 38 12	14 39 29	12 56 09	19 11 50	2 21 55	11 15 22	8 55 08
20	12 42 01	14 40 30	12 55 04	19 08 02	2 17 46	11 11 38	8 51 18
21	12 45 46	14 41 31	12 54 00	19 04 15	2 13 37	11 07 55	8 47 28
22	12 49 25	14 42 32	12 52 57	19 00 30	2 09 27	11 04 11	8 43 38
23	12 52 58	14 43 33	12 51 53	18 56 44	2 05 17	11 00 28	8 39 48
24	12 56 24	14 44 35	12 50 50	18 53 00	2 01 06	10 56 44	8 35 58
25	12 59 40	14 45 37	12 49 46	18 49 16	1 56 56	10 53 00	8 32 08
26	13 02 47	14 46 39	12 48 43	18 45 33	1 52 45	10 49 17	8 28 17
27	13 05 42	14 47 41	12 47 41	18 41 50	1 48 34	10 45 33	8 24 27
28	13 08 25	14 48 43	12 46 38	18 38 09	1 44 23	10 41 49	8 20 36
29	13 10 55	14 49 45	12 45 36	18 34 27	1 40 11	10 38 05	8 16 45
30	13 13 12	14 50 47	12 44 33	18 30 47	1 35 59	10 34 22	8 12 55
May 1	13 15 13	14 51 49	12 43 31	18 27 07	1 31 47	10 30 38	8 09 04
2	13 16 58	14 52 50	12 42 29	18 23 28	1 27 35	10 26 54	8 05 13
3	13 18 28	14 53 51	12 41 28	18 19 50	1 23 23	10 23 10	8 01 22
4	13 19 40	14 54 52	12 40 26	18 16 12	1 19 10	10 19 25	7 57 30
5	13 20 36	14 55 52	12 39 25	18 12 35	1 14 58	10 15 41	7 53 39
6	13 21 12	14 56 51	12 38 24	18 08 58	1 10 45	10 11 57	7 49 48
7	13 21 31	14 57 50	12 37 23	18 05 22	1 06 32	10 08 13	7 45 56
8	13 21 30	14 58 48	12 36 22	18 01 47	1 02 19	10 04 28	7 42 04
9	13 21 10	14 59 45	12 35 21	17 58 12	0 58 05	10 00 44	7 38 13
10	13 20 29	15 00 42	12 34 21	17 54 38	0 53 52	9 56 59	7 34 21
11	13 19 28	15 01 38	12 33 21	17 51 04	0 49 38	9 53 15	7 30 29
12	13 18 07	15 02 32	12 32 21	17 47 31	0 45 25	9 49 30	7 26 37
13	13 16 25	15 03 26	12 31 21	17 43 59	0 41 11	9 45 45	7 22 44
14	13 14 21	15 04 18	12 30 21	17 40 27	0 36 57	9 42 00	7 18 52
15	13 11 56	15 05 09	12 29 21	17 36 56	0 32 43	9 38 15	7 15 00
16	13 09 11	15 05 59	12 28 22	17 33 25	0 28 29	9 34 30	7 11 07
17	13 06 04	15 06 47	12 27 23	17 29 55	0 24 15	9 30 45	7 07 15

Date	Mercury	Venus	Mars	Jupiter	Saturn	Uranus	Neptune
	h m s	h m s	h m s	h m s	h m s	h m s	h m s
May 17	13 06 04	15 06 47	12 27 23	17 29 55	0 24 15	9 30 45	7 07 15
18	13 02 36	15 07 34	12 26 24	17 26 26	0 20 01	9 27 00	7 03 22
19	12 58 48	15 08 19	12 25 25	17 22 57	0 15 47	9 23 14	6 59 29
20	12 54 41	15 09 03	12 24 26	17 19 28	0 11 32	9 19 29	6 55 36
21	12 50 15	15 09 45	12 23 27	17 16 00	0 07 18	9 15 43	6 51 43
22	12 45 31	15 10 25	12 22 28	17 12 33	0 03 04	9 11 58	6 47 49
23	12 40 30	15 11 04	12 21 30	17 09 06	23 54 35	9 08 12	6 43 56
24	12 35 15	15 11 40	12 20 31	17 05 40	23 50 21	9 04 26	6 40 03
25	12 29 45	15 12 15	12 19 33	17 02 14	23 46 06	9 00 40	6 36 09
26	12 24 05	15 12 47	12 18 35	16 58 48	23 41 52	8 56 54	6 32 15
27	12 18 15	15 13 18	12 17 37	16 55 23	23 37 38	8 53 08	6 28 21
28	12 12 17	15 13 46	12 16 39	16 51 59	23 33 24	8 49 21	6 24 28
29	12 06 14	15 14 11	12 15 41	16 48 35	23 29 10	8 45 35	6 20 33
30	12 00 09	15 14 35	12 14 43	16 45 11	23 24 56	8 41 48	6 16 39
31	11 54 02	15 14 56	12 13 45	16 41 48	23 20 42	8 38 02	6 12 45
June 1	11 47 58	15 15 14	12 12 47	16 38 25	23 16 28	8 34 15	6 08 50
2	11 41 58	15 15 30	12 11 49	16 35 03	23 12 14	8 30 28	6 04 56
3	11 36 03	15 15 44	12 10 51	16 31 41	23 08 00	8 26 41	6 01 01
4	11 30 17	15 15 54	12 09 53	16 28 20	23 03 47	8 22 54	5 57 06
5	11 24 40	15 16 02	12 08 55	16 24 59	22 59 33	8 19 06	5 53 12
6	11 19 15	15 16 08	12 07 58	16 21 38	22 55 20	8 15 19	5 49 16
7	11 14 03	15 16 10	12 07 00	16 18 18	22 51 07	8 11 31	5 45 21
8	11 09 05	15 16 09	12 06 02	16 14 58	22 46 53	8 07 43	5 41 26
9	11 04 22	15 16 06	12 05 04	16 11 39	22 42 40	8 03 56	5 37 31
10	10 59 54	15 15 59	12 04 07	16 08 20	22 38 28	8 00 08	5 33 35
11	10 55 44	15 15 50	12 03 09	16 05 01	22 34 15	7 56 19	5 29 39
12	10 51 50	15 15 37	12 02 11	16 01 43	22 30 03	7 52 31	5 25 44
13	10 48 14	15 15 21	12 01 13	15 58 25	22 25 50	7 48 43	5 21 48
14	10 44 56	15 15 02	12 00 15	15 55 08	22 21 38	7 44 54	5 17 52
15	10 41 55	15 14 40	11 59 17	15 51 50	22 17 26	7 41 05	5 13 56
16	10 39 12	15 14 14	11 58 19	15 48 34	22 13 15	7 37 16	5 09 59
17	10 36 47	15 13 45	11 57 21	15 45 17	22 09 03	7 33 27	5 06 03
18	10 34 40	15 13 12	11 56 23	15 42 01	22 04 52	7 29 38	5 02 06
19	10 32 51	15 12 36	11 55 24	15 38 45	22 00 41	7 25 49	4 58 10
20	10 31 19	15 11 56	11 54 26	15 35 30	21 56 30	7 21 59	4 54 13
21	10 30 05	15 11 12	11 53 27	15 32 14	21 52 20	7 18 10	4 50 16
22	10 29 09	15 10 24	11 52 29	15 29 00	21 48 09	7 14 20	4 46 19
23	10 28 30	15 09 32	11 51 30	15 25 45	21 43 59	7 10 30	4 42 22
24	10 28 08	15 08 36	11 50 31	15 22 31	21 39 50	7 06 40	4 38 25
25	10 28 03	15 07 36	11 49 31	15 19 17	21 35 40	7 02 50	4 34 28
26	10 28 16	15 06 31	11 48 32	15 16 03	21 31 31	6 58 59	4 30 30
27	10 28 46	15 05 23	11 47 33	15 12 49	21 27 22	6 55 08	4 26 33
28	10 29 34	15 04 09	11 46 33	15 09 36	21 23 14	6 51 18	4 22 35
29	10 30 38	15 02 51	11 45 33	15 06 23	21 19 05	6 47 27	4 18 37
30	10 32 00	15 01 29	11 44 33	15 03 10	21 14 57	6 43 36	4 14 39
July 1	10 33 39	15 00 01	11 43 32	14 59 58	21 10 49	6 39 44	4 10 41
2	10 35 35	14 58 29	11 42 32	14 56 46	21 06 42	6 35 53	4 06 43

Second transit: Saturn, May 22^{d}23^{h}58^{m}49^s.

Date	Mercury	Venus	Mars	Jupiter	Saturn	Uranus	Neptune
	h m s	h m s	h m s	h m s	h m s	h m s	h m s
July 1	10 33 39	15 00 01	11 43 32	14 59 58	21 10 49	6 39 44	4 10 41
2	10 35 35	14 58 29	11 42 32	14 56 46	21 06 42	6 35 53	4 06 43
3	10 37 48	14 56 51	11 41 31	14 53 34	21 02 35	6 32 01	4 02 45
4	10 40 19	14 55 08	11 40 30	14 50 22	20 58 28	6 28 09	3 58 47
5	10 43 06	14 53 20	11 39 29	14 47 11	20 54 22	6 24 17	3 54 48
6	10 46 10	14 51 26	11 38 27	14 43 59	20 50 15	6 20 25	3 50 50
7	10 49 31	14 49 26	11 37 26	14 40 48	20 46 10	6 16 33	3 46 51
8	10 53 07	14 47 21	11 36 24	14 37 37	20 42 04	6 12 40	3 42 52
9	10 56 59	14 45 09	11 35 21	14 34 27	20 37 59	6 08 48	3 38 53
10	11 01 05	14 42 52	11 34 19	14 31 16	20 33 54	6 04 55	3 34 54
11	11 05 25	14 40 28	11 33 16	14 28 06	20 29 50	6 01 02	3 30 55
12	11 09 58	14 37 58	11 32 13	14 24 56	20 25 46	5 57 09	3 26 56
13	11 14 42	14 35 21	11 31 10	14 21 46	20 21 42	5 53 15	3 22 57
14	11 19 36	14 32 37	11 30 06	14 18 36	20 17 39	5 49 22	3 18 58
15	11 24 38	14 29 46	11 29 02	14 15 27	20 13 36	5 45 28	3 14 58
16	11 29 47	14 26 47	11 27 58	14 12 18	20 09 33	5 41 34	3 10 58
17	11 35 01	14 23 42	11 26 53	14 09 08	20 05 31	5 37 40	3 06 59
18	11 40 18	14 20 28	11 25 48	14 05 59	20 01 29	5 33 46	3 02 59
19	11 45 36	14 17 07	11 24 43	14 02 50	19 57 27	5 29 51	2 58 59
20	11 50 53	14 13 38	11 23 38	13 59 42	19 53 26	5 25 56	2 54 59
21	11 56 09	14 10 01	11 22 32	13 56 33	19 49 25	5 22 02	2 50 59
22	12 01 21	14 06 15	11 21 25	13 53 25	19 45 25	5 18 07	2 46 59
23	12 06 27	14 02 20	11 20 19	13 50 16	19 41 25	5 14 11	2 42 59
24	12 11 28	13 58 17	11 19 12	13 47 08	19 37 25	5 10 16	2 38 59
25	12 16 21	13 54 06	11 18 04	13 44 00	19 33 26	5 06 20	2 34 58
26	12 21 06	13 49 45	11 16 56	13 40 52	19 29 27	5 02 25	2 30 58
27	12 25 42	13 45 15	11 15 48	13 37 45	19 25 29	4 58 29	2 26 57
28	12 30 09	13 40 37	11 14 40	13 34 37	19 21 31	4 54 33	2 22 57
29	12 34 26	13 35 49	11 13 31	13 31 29	19 17 33	4 50 36	2 18 56
30	12 38 33	13 30 53	11 12 21	13 28 22	19 13 36	4 46 40	2 14 55
31	12 42 30	13 25 47	11 11 12	13 25 14	19 09 39	4 42 43	2 10 55
Aug. 1	12 46 18	13 20 34	11 10 01	13 22 07	19 05 42	4 38 47	2 06 54
2	12 49 55	13 15 11	11 08 51	13 19 00	19 01 46	4 34 50	2 02 53
3	12 53 23	13 09 41	11 07 40	13 15 53	18 57 50	4 30 52	1 58 52
4	12 56 40	13 04 03	11 06 29	13 12 45	18 53 55	4 26 55	1 54 51
5	12 59 49	12 58 18	11 05 17	13 09 38	18 50 00	4 22 58	1 50 49
6	13 02 47	12 52 25	11 04 05	13 06 32	18 46 06	4 19 00	1 46 48
7	13 05 37	12 46 27	11 02 52	13 03 25	18 42 12	4 15 02	1 42 47
8	13 08 18	12 40 23	11 01 40	13 00 18	18 38 18	4 11 04	1 38 46
9	13 10 51	12 34 13	11 00 26	12 57 11	18 34 24	4 07 06	1 34 44
10	13 13 15	12 28 00	10 59 13	12 54 04	18 30 31	4 03 07	1 30 43
11	13 15 31	12 21 42	10 57 58	12 50 58	18 26 39	3 59 09	1 26 41
12	13 17 39	12 15 22	10 56 44	12 47 51	18 22 47	3 55 10	1 22 40
13	13 19 40	12 09 00	10 55 29	12 44 45	18 18 55	3 51 11	1 18 38
14	13 21 33	12 02 36	10 54 14	12 41 38	18 15 04	3 47 12	1 14 37
15	13 23 19	11 56 13	10 52 58	12 38 32	18 11 13	3 43 13	1 10 35
16	13 24 58	11 49 49	10 51 42	12 35 25	18 07 22	3 39 13	1 06 33

Date	Mercury	Venus	Mars	Jupiter	Saturn	Uranus	Neptune
	h m s	h m s	h m s	h m s	h m s	h m s	h m s
Aug. 16	13 24 58	11 49 49	10 51 42	12 35 25	18 07 22	3 39 13	1 06 33
17	13 26 30	11 43 28	10 50 25	12 32 19	18 03 32	3 35 14	1 02 31
18	13 27 55	11 37 08	10 49 08	12 29 12	17 59 42	3 31 14	0 58 30
19	13 29 13	11 30 52	10 47 50	12 26 06	17 55 53	3 27 14	0 54 28
20	13 30 25	11 24 40	10 46 32	12 23 00	17 52 04	3 23 14	0 50 26
21	13 31 30	11 18 33	10 45 14	12 19 53	17 48 15	3 19 14	0 46 24
22	13 32 29	11 12 31	10 43 55	12 16 47	17 44 27	3 15 13	0 42 22
23	13 33 22	11 06 36	10 42 36	12 13 40	17 40 39	3 11 13	0 38 20
24	13 34 08	11 00 47	10 41 17	12 10 34	17 36 51	3 07 12	0 34 18
25	13 34 47	10 55 06	10 39 56	12 07 28	17 33 04	3 03 11	0 30 16
26	13 35 20	10 49 32	10 38 36	12 04 21	17 29 17	2 59 10	0 26 14
27	13 35 47	10 44 07	10 37 15	12 01 15	17 25 31	2 55 09	0 22 12
28	13 36 06	10 38 51	10 35 54	11 58 08	17 21 45	2 51 08	0 18 10
29	13 36 19	10 33 44	10 34 32	11 55 02	17 17 59	2 47 06	0 14 08
30	13 36 24	10 28 46	10 33 10	11 51 55	17 14 14	2 43 05	0 10 06
31	13 36 21	10 23 57	10 31 47	11 48 48	17 10 29	2 39 03	0 06 04
Sept. 1	13 36 11	10 19 18	10 30 24	11 45 42	17 06 45	2 35 01	0 02 02
2	13 35 53	10 14 49	10 29 01	11 42 35	17 03 00	2 30 59	23 53 58
3	13 35 27	10 10 30	10 27 37	11 39 28	16 59 17	2 26 57	23 49 56
4	13 34 51	10 06 20	10 26 13	11 36 21	16 55 33	2 22 55	23 45 54
5	13 34 06	10 02 20	10 24 49	11 33 15	16 51 50	2 18 52	23 41 52
6	13 33 10	9 58 29	10 23 24	11 30 08	16 48 07	2 14 50	23 37 50
7	13 32 04	9 54 48	10 21 58	11 27 01	16 44 25	2 10 47	23 33 48
8	13 30 47	9 51 16	10 20 33	11 23 54	16 40 43	2 06 45	23 29 46
9	13 29 17	9 47 53	10 19 06	11 20 47	16 37 01	2 02 42	23 25 44
10	13 27 34	9 44 39	10 17 40	11 17 39	16 33 20	1 58 39	23 21 42
11	13 25 36	9 41 33	10 16 13	11 14 32	16 29 39	1 54 36	23 17 40
12	13 23 24	9 38 35	10 14 46	11 11 25	16 25 58	1 50 32	23 13 38
13	13 20 55	9 35 46	10 13 18	11 08 17	16 22 17	1 46 29	23 09 36
14	13 18 09	9 33 04	10 11 50	11 05 10	16 18 37	1 42 26	23 05 34
15	13 15 05	9 30 30	10 10 22	11 02 02	16 14 58	1 38 22	23 01 33
16	13 11 41	9 28 04	10 08 53	10 58 54	16 11 18	1 34 18	22 57 31
17	13 07 56	9 25 44	10 07 24	10 55 46	16 07 39	1 30 15	22 53 29
18	13 03 49	9 23 31	10 05 54	10 52 38	16 04 01	1 26 11	22 49 27
19	12 59 20	9 21 25	10 04 25	10 49 30	16 00 22	1 22 07	22 45 26
20	12 54 27	9 19 25	10 02 54	10 46 22	15 56 44	1 18 03	22 41 24
21	12 49 10	9 17 31	10 01 24	10 43 14	15 53 06	1 13 59	22 37 22
22	12 43 29	9 15 43	9 59 53	10 40 05	15 49 29	1 09 55	22 33 21
23	12 37 25	9 14 01	9 58 21	10 36 56	15 45 51	1 05 51	22 29 19
24	12 30 59	9 12 24	9 56 50	10 33 48	15 42 14	1 01 46	22 25 18
25	12 24 12	9 10 53	9 55 18	10 30 39	15 38 38	0 57 42	22 21 17
26	12 17 07	9 09 26	9 53 45	10 27 30	15 35 01	0 53 38	22 17 15
27	12 09 47	9 08 05	9 52 13	10 24 20	15 31 25	0 49 33	22 13 14
28	12 02 16	9 06 47	9 50 40	10 21 11	15 27 50	0 45 29	22 09 13
29	11 54 40	9 05 35	9 49 07	10 18 01	15 24 14	0 41 24	22 05 12
30	11 47 03	9 04 26	9 47 33	10 14 51	15 20 39	0 37 19	22 01 10
Oct. 1	11 39 32	9 03 22	9 45 59	10 11 42	15 17 04	0 33 15	21 57 09

Second transit: Neptune, Sept. $1^d23^h58^m00^s$.

Date	Mercury	Venus	Mars	Jupiter	Saturn	Uranus	Neptune
	h m s	h m s	h m s	h m s	h m s	h m s	h m s
Oct. 1	11 39 32	9 03 22	9 45 59	10 11 42	15 17 04	0 33 15	21 57 09
2	11 32 11	9 02 21	9 44 25	10 08 31	15 13 29	0 29 10	21 53 08
3	11 25 08	9 01 25	9 42 50	10 05 21	15 09 55	0 25 05	21 49 08
4	11 18 28	9 00 31	9 41 15	10 02 11	15 06 21	0 21 00	21 45 07
5	11 12 15	8 59 41	9 39 40	9 59 00	15 02 47	0 16 56	21 41 06
6	11 06 33	8 58 55	9 38 05	9 55 49	14 59 13	0 12 51	21 37 05
7	11 01 25	8 58 11	9 36 29	9 52 38	14 55 40	0 08 46	21 33 05
8	10 56 53	8 57 31	9 34 53	9 49 27	14 52 06	0 04 41	21 29 04
9	10 52 58	8 56 53	9 33 17	9 46 15	14 48 33	0 00 36	21 25 04
10	10 49 41	8 56 17	9 31 41	9 43 04	14 45 01	23 52 26	21 21 04
11	10 46 59	8 55 45	9 30 04	9 39 52	14 41 28	23 48 21	21 17 03
12	10 44 53	8 55 14	9 28 27	9 36 40	14 37 56	23 44 16	21 13 03
13	10 43 20	8 54 46	9 26 49	9 33 27	14 34 24	23 40 11	21 09 03
14	10 42 18	8 54 20	9 25 12	9 30 14	14 30 52	23 36 06	21 05 03
15	10 41 43	8 53 57	9 23 34	9 27 02	14 27 21	23 32 01	21 01 03
16	10 41 34	8 53 35	9 21 56	9 23 48	14 23 50	23 27 57	20 57 03
17	10 41 47	8 53 15	9 20 17	9 20 35	14 20 18	23 23 52	20 53 04
18	10 42 20	8 52 57	9 18 39	9 17 21	14 16 48	23 19 47	20 49 04
19	10 43 10	8 52 40	9 17 00	9 14 07	14 13 17	23 15 42	20 45 05
20	10 44 14	8 52 25	9 15 21	9 10 53	14 09 46	23 11 37	20 41 05
21	10 45 32	8 52 12	9 13 41	9 07 39	14 06 16	23 07 32	20 37 06
22	10 47 00	8 52 00	9 12 02	9 04 24	14 02 46	23 03 28	20 33 07
23	10 48 37	8 51 50	9 10 22	9 01 09	13 59 16	22 59 23	20 29 08
24	10 50 22	8 51 41	9 08 42	8 57 54	13 55 46	22 55 18	20 25 09
25	10 52 13	8 51 33	9 07 01	8 54 38	13 52 16	22 51 14	20 21 10
26	10 54 09	8 51 27	9 05 21	8 51 22	13 48 47	22 47 09	20 17 11
27	10 56 09	8 51 22	9 03 40	8 48 06	13 45 18	22 43 05	20 13 12
28	10 58 12	8 51 18	9 01 59	8 44 49	13 41 49	22 39 00	20 09 14
29	11 00 19	8 51 15	9 00 18	8 41 32	13 38 20	22 34 56	20 05 15
30	11 02 28	8 51 14	8 58 37	8 38 15	13 34 51	22 30 51	20 01 17
31	11 04 38	8 51 13	8 56 55	8 34 58	13 31 22	22 26 47	19 57 19
Nov. 1	11 06 51	8 51 14	8 55 14	8 31 40	13 27 54	22 22 43	19 53 21
2	11 09 04	8 51 15	8 53 32	8 28 21	13 24 25	22 18 39	19 49 23
3	11 11 19	8 51 18	8 51 50	8 25 03	13 20 57	22 14 35	19 45 25
4	11 13 35	8 51 21	8 50 08	8 21 44	13 17 29	22 10 31	19 41 27
5	11 15 51	8 51 26	8 48 25	8 18 25	13 14 01	22 06 27	19 37 30
6	11 18 09	8 51 31	8 46 43	8 15 05	13 10 33	22 02 23	19 33 32
7	11 20 27	8 51 38	8 45 00	8 11 45	13 07 06	21 58 20	19 29 35
8	11 22 46	8 51 45	8 43 17	8 08 25	13 03 38	21 54 16	19 25 37
9	11 25 06	8 51 53	8 41 34	8 05 04	13 00 11	21 50 13	19 21 40
10	11 27 27	8 52 02	8 39 51	8 01 43	12 56 43	21 46 09	19 17 43
11	11 29 49	8 52 11	8 38 08	7 58 21	12 53 16	21 42 06	19 13 46
12	11 32 12	8 52 22	8 36 24	7 54 59	12 49 49	21 38 03	19 09 50
13	11 34 35	8 52 33	8 34 40	7 51 36	12 46 22	21 34 00	19 05 53
14	11 37 00	8 52 45	8 32 57	7 48 14	12 42 55	21 29 57	19 01 57
15	11 39 26	8 52 58	8 31 13	7 44 50	12 39 28	21 25 54	18 58 00
16	11 41 53	8 53 12	8 29 28	7 41 27	12 36 01	21 21 52	18 54 04

Second transit: Uranus, Oct. $9^d 23^h 56^m 31^s$.

Date	Mercury	Venus	Mars	Jupiter	Saturn	Uranus	Neptune
	h m s	h m s	h m s	h m s	h m s	h m s	h m s
Nov. 16	11 41 53	8 53 12	8 29 28	7 41 27	12 36 01	21 21 52	18 54 04
17	11 44 21	8 53 26	8 27 44	7 38 02	12 32 34	21 17 49	18 50 08
18	11 46 50	8 53 42	8 26 00	7 34 38	12 29 08	21 13 47	18 46 12
19	11 49 21	8 53 58	8 24 15	7 31 13	12 25 41	21 09 45	18 42 16
20	11 51 53	8 54 15	8 22 30	7 27 47	12 22 14	21 05 43	18 38 20
21	11 54 27	8 54 33	8 20 45	7 24 21	12 18 48	21 01 41	18 34 25
22	11 57 02	8 54 51	8 19 00	7 20 55	12 15 21	20 57 39	18 30 29
23	11 59 38	8 55 11	8 17 15	7 17 28	12 11 55	20 53 37	18 26 34
24	12 02 16	8 55 31	8 15 30	7 14 01	12 08 29	20 49 35	18 22 39
25	12 04 55	8 55 53	8 13 45	7 10 33	12 05 02	20 45 34	18 18 43
26	12 07 36	8 56 15	8 11 59	7 07 04	12 01 36	20 41 33	18 14 49
27	12 10 18	8 56 38	8 10 14	7 03 35	11 58 10	20 37 32	18 10 54
28	12 13 02	8 57 02	8 08 28	7 00 06	11 54 44	20 33 31	18 06 59
29	12 15 47	8 57 27	8 06 42	6 56 36	11 51 17	20 29 30	18 03 04
30	12 18 34	8 57 53	8 04 56	6 53 06	11 47 51	20 25 29	17 59 10
Dec. 1	12 21 22	8 58 21	8 03 10	6 49 35	11 44 25	20 21 29	17 55 16
2	12 24 11	8 58 49	8 01 24	6 46 03	11 40 59	20 17 29	17 51 21
3	12 27 01	8 59 18	7 59 38	6 42 31	11 37 32	20 13 28	17 47 27
4	12 29 52	8 59 48	7 57 51	6 38 59	11 34 06	20 09 28	17 43 33
5	12 32 44	9 00 19	7 56 05	6 35 26	11 30 40	20 05 29	17 39 40
6	12 35 37	9 00 51	7 54 18	6 31 52	11 27 14	20 01 29	17 35 46
7	12 38 30	9 01 24	7 52 31	6 28 18	11 23 47	19 57 30	17 31 52
8	12 41 24	9 01 59	7 50 45	6 24 43	11 20 21	19 53 30	17 27 59
9	12 44 17	9 02 34	7 48 58	6 21 07	11 16 55	19 49 31	17 24 06
10	12 47 10	9 03 11	7 47 11	6 17 31	11 13 28	19 45 32	17 20 13
11	12 50 03	9 03 49	7 45 23	6 13 55	11 10 02	19 41 33	17 16 19
12	12 52 55	9 04 27	7 43 36	6 10 18	11 06 36	19 37 35	17 12 27
13	12 55 45	9 05 07	7 41 49	6 06 40	11 03 09	19 33 37	17 08 34
14	12 58 34	9 05 48	7 40 01	6 03 01	10 59 43	19 29 38	17 04 41
15	13 01 20	9 06 31	7 38 13	5 59 22	10 56 16	19 25 40	17 00 49
16	13 04 03	9 07 14	7 36 26	5 55 43	10 52 49	19 21 42	16 56 56
17	13 06 42	9 07 59	7 34 38	5 52 02	10 49 22	19 17 45	16 53 04
18	13 09 18	9 08 45	7 32 50	5 48 22	10 45 56	19 13 47	16 49 12
19	13 11 48	9 09 32	7 31 01	5 44 40	10 42 29	19 09 50	16 45 19
20	13 14 11	9 10 20	7 29 13	5 40 58	10 39 02	19 05 53	16 41 28
21	13 16 28	9 11 09	7 27 25	5 37 15	10 35 35	19 01 56	16 37 36
22	13 18 36	9 12 00	7 25 36	5 33 32	10 32 07	18 57 59	16 33 44
23	13 20 34	9 12 52	7 23 47	5 29 47	10 28 40	18 54 03	16 29 52
24	13 22 20	9 13 45	7 21 59	5 26 03	10 25 13	18 50 06	16 26 01
25	13 23 53	9 14 40	7 20 10	5 22 17	10 21 45	18 46 10	16 22 09
26	13 25 12	9 15 35	7 18 21	5 18 31	10 18 18	18 42 14	16 18 18
27	13 26 12	9 16 32	7 16 32	5 14 44	10 14 50	18 38 19	16 14 27
28	13 26 53	9 17 30	7 14 42	5 10 57	10 11 22	18 34 23	16 10 36
29	13 27 12	9 18 30	7 12 53	5 07 09	10 07 54	18 30 28	16 06 45
30	13 27 04	9 19 30	7 11 03	5 03 20	10 04 26	18 26 32	16 02 54
31	13 26 29	9 20 32	7 09 13	4 59 30	10 00 58	18 22 38	15 59 03
32	13 25 21	9 21 35	7 07 23	4 55 40	9 57 29	18 18 43	15 55 13

MERCURY, 2015

EPHEMERIS FOR PHYSICAL OBSERVATIONS
FOR 0^h TERRESTRIAL TIME

Date		Light-time	Magnitude	Surface Brightness	Diameter	Phase	Phase Angle	Defect of Illumination
		m		mag./arcsec^2	$''$		$\circ$	$''$
Jan.	0	10.76	− 0.8	+ 2.4	5.20	0.917	33.4	0.43
	2	10.50	− 0.8	+ 2.5	5.33	0.895	37.9	0.56
	4	10.21	− 0.8	+ 2.5	5.48	0.867	42.8	0.73
	6	9.89	− 0.8	+ 2.5	5.66	0.833	48.3	0.95
	8	9.54	− 0.8	+ 2.5	5.86	0.791	54.4	1.23
	10	9.16	− 0.8	+ 2.6	6.11	0.740	61.3	1.59
	12	8.76	− 0.8	+ 2.6	6.39	0.680	68.9	2.05
	14	8.33	− 0.7	+ 2.6	6.72	0.608	77.5	2.63
	16	7.88	− 0.6	+ 2.7	7.10	0.526	87.0	3.37
	18	7.43	− 0.4	+ 2.9	7.53	0.435	97.5	4.26
	20	6.98	0.0	+ 3.1	8.01	0.338	108.9	5.30
	22	6.56	+ 0.6	+ 3.4	8.52	0.242	121.1	6.47
	24	6.19	+ 1.4	+ 3.9	9.04	0.153	134.0	7.66
	26	5.88	+ 2.5	+ 4.4	9.52	0.080	147.1	8.75
	28	5.65	+ 3.9	+ 4.8	9.91	0.031	159.8	9.60
	30	5.51	+ 5.1	+ 4.8	10.16	0.009	169.0	10.07
Feb.	1	5.45	+ 4.7	+ 5.0	10.26	0.015	165.8	10.11
	3	5.48	+ 3.5	+ 4.9	10.21	0.045	155.4	9.74
	5	5.59	+ 2.4	+ 4.6	10.02	0.092	144.6	9.09
	7	5.75	+ 1.7	+ 4.3	9.74	0.150	134.5	8.28
	9	5.95	+ 1.1	+ 4.0	9.40	0.211	125.3	7.42
	11	6.19	+ 0.7	+ 3.8	9.05	0.272	117.1	6.58
	13	6.44	+ 0.5	+ 3.7	8.69	0.331	109.8	5.81
	15	6.71	+ 0.3	+ 3.6	8.34	0.385	103.3	5.13
	17	6.98	+ 0.2	+ 3.5	8.02	0.435	97.4	4.53
	19	7.25	+ 0.1	+ 3.5	7.71	0.481	92.2	4.01
	21	7.52	0.0	+ 3.4	7.44	0.522	87.5	3.56
	23	7.79	0.0	+ 3.4	7.18	0.559	83.2	3.17
	25	8.05	0.0	+ 3.4	6.95	0.593	79.3	2.83
	27	8.30	0.0	+ 3.4	6.74	0.624	75.7	2.54
Mar.	1	8.55	0.0	+ 3.3	6.55	0.652	72.3	2.28
	3	8.78	0.0	+ 3.3	6.37	0.678	69.2	2.05
	5	9.01	0.0	+ 3.3	6.21	0.702	66.2	1.85
	7	9.23	− 0.1	+ 3.2	6.06	0.725	63.3	1.67
	9	9.44	− 0.1	+ 3.2	5.93	0.746	60.5	1.51
	11	9.64	− 0.1	+ 3.2	5.80	0.766	57.8	1.36
	13	9.83	− 0.1	+ 3.1	5.69	0.786	55.2	1.22
	15	10.01	− 0.2	+ 3.0	5.59	0.804	52.5	1.09
	17	10.19	− 0.2	+ 3.0	5.49	0.823	49.8	0.97
	19	10.35	− 0.3	+ 2.9	5.41	0.841	47.0	0.86
	21	10.50	− 0.4	+ 2.8	5.33	0.859	44.2	0.75
	23	10.64	− 0.5	+ 2.7	5.26	0.876	41.2	0.65
	25	10.77	− 0.6	+ 2.6	5.19	0.894	38.0	0.55
	27	10.89	− 0.7	+ 2.5	5.14	0.911	34.7	0.46
	29	10.99	− 0.8	+ 2.4	5.09	0.928	31.1	0.36
	31	11.07	− 1.0	+ 2.2	5.06	0.945	27.1	0.28
Apr.	2	11.13	− 1.2	+ 2.1	5.03	0.961	22.9	0.20

EPHEMERIS FOR PHYSICAL OBSERVATIONS
FOR 0ʰ TERRESTRIAL TIME

Date		Sub-Earth Point		Sub-Solar Point			North Pole	
		Long.	Lat.	Long.	Dist.	P.A.	Dist.	P.A.
		°	°	°	″	°	″	°
Jan.	0	11.24	− 4.15	338.03	+1.43	269.98	−2.59	353.73
	2	20.35	− 4.37	342.69	+1.64	267.74	−2.66	352.14
	4	29.49	− 4.61	346.90	+1.86	265.57	−2.73	350.61
	6	38.69	− 4.88	350.60	+2.11	263.49	−2.82	349.15
	8	47.98	− 5.17	353.74	+2.38	261.47	−2.92	347.78
	10	57.40	− 5.49	356.29	+2.68	259.53	−3.04	346.52
	12	67.02	− 5.86	358.20	+2.98	257.64	−3.18	345.39
	14	76.91	− 6.27	359.48	+3.28	255.81	−3.34	344.41
	16	87.17	− 6.73	0.17	+3.55	253.98	−3.53	343.62
	18	97.90	− 7.24	0.35	−3.73	252.10	−3.74	343.04
	20	109.24	− 7.80	0.15	−3.79	250.05	−3.97	342.72
	22	121.27	− 8.40	359.77	−3.65	247.58	−4.22	342.67
	24	134.07	− 9.00	359.39	−3.25	244.16	−4.46	342.91
	26	147.64	− 9.57	359.24	−2.58	238.41	−4.69	343.46
	28	161.85	−10.04	359.48	− 1.71	225.62	−4.88	344.28
	30	176.51	−10.37	0.25	−0.97	185.32	−5.00	345.28
Feb.	1	191.31	−10.52	1.62	−1.26	123.18	−5.05	346.37
	3	205.99	−10.50	3.62	−2.12	101.25	−5.02	347.42
	5	220.29	−10.34	6.24	−2.90	93.15	−4.93	348.32
	7	234.09	−10.06	9.47	−3.47	89.00	−4.79	348.99
	9	247.33	− 9.71	13.24	−3.84	86.36	−4.63	349.42
	11	260.01	− 9.33	17.51	−4.03	84.39	−4.46	349.58
	13	272.18	− 8.94	22.23	−4.09	82.75	−4.29	349.51
	15	283.90	− 8.55	27.33	−4.06	81.26	−4.12	349.23
	17	295.24	− 8.18	32.77	−3.97	79.85	−3.97	348.78
	19	306.26	− 7.82	38.50	−3.85	78.48	−3.82	348.18
	21	316.99	− 7.48	44.48	+3.71	77.13	−3.69	347.45
	23	327.50	− 7.16	50.66	+3.57	75.80	−3.56	346.64
	25	337.80	− 6.86	57.02	+3.41	74.47	−3.45	345.76
	27	347.93	− 6.58	63.52	+3.26	73.15	−3.35	344.82
Mar.	1	357.91	− 6.31	70.13	+3.12	71.84	−3.25	343.84
	3	7.77	− 6.05	76.81	+2.98	70.56	−3.17	342.85
	5	17.50	− 5.81	83.55	+2.84	69.29	−3.09	341.84
	7	27.13	− 5.58	90.31	+2.71	68.05	−3.02	340.84
	9	36.66	− 5.35	97.07	+2.58	66.85	−2.95	339.85
	11	46.09	− 5.14	103.80	+2.46	65.67	−2.89	338.87
	13	55.44	− 4.93	110.47	+2.34	64.53	−2.83	337.93
	15	64.71	− 4.73	117.06	+2.22	63.43	−2.78	337.02
	17	73.89	− 4.53	123.54	+2.10	62.37	−2.74	336.16
	19	82.99	− 4.34	129.88	+1.98	61.34	−2.70	335.35
	21	92.00	− 4.15	136.04	+1.86	60.36	−2.66	334.59
	23	100.94	− 3.97	141.98	+1.73	59.40	−2.62	333.90
	25	109.79	− 3.79	147.67	+1.60	58.47	−2.59	333.27
	27	118.55	− 3.62	153.06	+1.46	57.54	−2.56	332.73
	29	127.22	− 3.45	158.11	+1.31	56.58	−2.54	332.26
	31	135.81	− 3.29	162.76	+1.15	55.52	−2.52	331.89
Apr.	2	144.30	− 3.13	166.96	+0.98	54.24	−2.51	331.62

MERCURY, 2015

EPHEMERIS FOR PHYSICAL OBSERVATIONS
FOR 0ʰ TERRESTRIAL TIME

Date		Light-time	Magnitude	Surface Brightness	Diameter	Phase	Phase Angle	Defect of Illumination
		m		mag./arcsec^2	ʺ		°	ʺ
Apr.	2	11.13	− 1.2	+ 2.1	5.03	0.961	22.9	0.20
	4	11.17	− 1.4	+ 1.8	5.01	0.975	18.2	0.13
	6	11.18	− 1.6	+ 1.6	5.00	0.987	13.1	0.06
	8	11.17	− 1.9	+ 1.3	5.01	0.996	7.6	0.02
	10	11.11	− 2.2	+ 1.0	5.03	0.999	2.6	0.00
	12	11.02	− 2.1	+ 1.1	5.08	0.997	6.5	0.02
	14	10.89	− 1.9	+ 1.4	5.14	0.986	13.6	0.07
	16	10.71	− 1.7	+ 1.6	5.23	0.966	21.4	0.18
	18	10.48	− 1.5	+ 1.8	5.34	0.935	29.6	0.35
	20	10.21	− 1.4	+ 2.0	5.48	0.893	38.1	0.58
	22	9.91	− 1.2	+ 2.1	5.65	0.842	46.8	0.89
	24	9.56	− 1.0	+ 2.3	5.85	0.784	55.4	1.26
	26	9.19	− 0.9	+ 2.4	6.09	0.721	63.8	1.70
	28	8.81	− 0.7	+ 2.6	6.35	0.655	71.9	2.19
	30	8.41	− 0.5	+ 2.7	6.65	0.590	79.6	2.73
May	2	8.02	− 0.3	+ 2.9	6.98	0.526	87.1	3.31
	4	7.62	− 0.1	+ 3.1	7.34	0.464	94.1	3.93
	6	7.24	+ 0.1	+ 3.3	7.73	0.405	100.9	4.59
	8	6.87	+ 0.4	+ 3.5	8.14	0.350	107.5	5.29
	10	6.53	+ 0.6	+ 3.7	8.57	0.298	113.8	6.02
	12	6.20	+ 1.0	+ 4.0	9.03	0.249	120.1	6.78
	14	5.89	+ 1.3	+ 4.2	9.49	0.204	126.3	7.56
	16	5.61	+ 1.7	+ 4.5	9.96	0.162	132.5	8.35
	18	5.37	+ 2.2	+ 4.8	10.43	0.124	138.7	9.13
	20	5.15	+ 2.7	+ 5.1	10.87	0.090	145.0	9.89
	22	4.96	+ 3.4	+ 5.3	11.28	0.061	151.4	10.59
	24	4.81	+ 4.1	+ 5.6	11.64	0.037	157.9	11.21
	26	4.69	+ 4.9	+ 5.7	11.93	0.019	164.3	11.70
	28	4.61	—	—	12.13	0.007	170.6	12.05
	30	4.57	—	—	12.24	0.002	175.3	12.22
June	1	4.57	—	—	12.24	0.004	173.2	12.20
	3	4.60	+ 5.3	+ 5.7	12.15	0.012	167.4	12.01
	5	4.68	+ 4.5	+ 5.7	11.97	0.027	161.2	11.65
	7	4.78	+ 3.8	+ 5.5	11.70	0.047	155.0	11.15
	9	4.92	+ 3.1	+ 5.3	11.37	0.072	148.9	10.56
	11	5.09	+ 2.6	+ 5.1	10.99	0.101	143.0	9.89
	13	5.29	+ 2.1	+ 4.8	10.58	0.133	137.3	9.18
	15	5.51	+ 1.7	+ 4.6	10.15	0.167	131.7	8.45
	17	5.76	+ 1.4	+ 4.4	9.72	0.204	126.3	7.73
	19	6.03	+ 1.1	+ 4.1	9.28	0.243	120.9	7.02
	21	6.32	+ 0.8	+ 3.9	8.85	0.284	115.6	6.34
	23	6.63	+ 0.6	+ 3.7	8.44	0.327	110.2	5.68
	25	6.96	+ 0.4	+ 3.6	8.04	0.372	104.8	5.05
	27	7.30	+ 0.2	+ 3.4	7.67	0.419	99.3	4.45
	29	7.65	0.0	+ 3.2	7.32	0.469	93.6	3.89
July	1	8.01	− 0.2	+ 3.0	6.98	0.521	87.6	3.35
	3	8.38	− 0.4	+ 2.9	6.68	0.576	81.3	2.83

EPHEMERIS FOR PHYSICAL OBSERVATIONS
FOR 0ʰ TERRESTRIAL TIME

Date		Sub-Earth Point		Sub-Solar Point			North Pole	
		Long.	Lat.	Long.	Dist.	P.A.	Dist.	P.A.
		°	°	°	″	°	″	°
Apr.	2	144.30	− 3.13	166.96	+0.98	54.24	−2.51	331.62
	4	152.70	− 2.97	170.65	+0.78	52.44	−2.50	331.45
	6	161.01	− 2.82	173.79	+0.57	49.24	−2.50	331.39
	8	169.24	− 2.67	176.32	+0.33	41.00	−2.50	331.46
	10	177.40	− 2.52	178.22	+0.12	349.84	−2.52	331.66
	12	185.50	− 2.38	179.50	+0.29	263.58	−2.54	332.00
	14	193.56	− 2.24	180.18	+0.60	251.85	−2.57	332.47
	16	201.61	− 2.11	180.35	+0.95	248.53	−2.61	333.08
	18	209.70	− 1.98	180.15	+1.32	247.36	−2.67	333.83
	20	217.87	− 1.84	179.76	+1.69	247.09	−2.74	334.70
	22	226.15	− 1.71	179.39	+2.06	247.32	−2.82	335.67
	24	234.60	− 1.57	179.24	+2.41	247.85	−2.92	336.72
	26	243.25	− 1.42	179.49	+2.73	248.57	−3.04	337.83
	28	252.14	− 1.26	180.26	+3.02	249.40	−3.18	338.96
	30	261.28	− 1.09	181.64	+3.27	250.31	−3.32	340.08
May	2	270.71	− 0.90	183.65	+3.49	251.25	−3.49	341.17
	4	280.42	− 0.69	186.29	−3.66	252.18	−3.67	342.20
	6	290.43	− 0.45	189.52	−3.79	253.10	−3.86	343.16
	8	300.76	− 0.19	193.30	−3.88	253.98	−4.07	344.02
	10	311.41	+ 0.11	197.58	−3.92	254.82	+4.29	344.76
	12	322.38	+ 0.43	202.30	−3.91	255.64	+4.51	345.37
	14	333.69	+ 0.79	207.41	−3.83	256.43	+4.75	345.85
	16	345.34	+ 1.18	212.86	−3.67	257.26	+4.98	346.18
	18	357.33	+ 1.60	218.59	−3.44	258.17	+5.21	346.35
	20	9.64	+ 2.04	224.58	−3.12	259.29	+5.43	346.38
	22	22.27	+ 2.51	230.77	−2.70	260.87	+5.64	346.27
	24	35.17	+ 2.99	237.13	−2.19	263.38	+5.81	346.04
	26	48.32	+ 3.47	243.63	−1.61	268.12	+5.95	345.70
	28	61.64	+ 3.94	250.24	−1.00	279.63	+6.05	345.29
	30	75.07	+ 4.39	256.92	−0.51	321.76	+6.10	344.84
June	1	88.52	+ 4.80	263.66	−0.73	30.02	+6.10	344.37
	3	101.93	+ 5.16	270.42	−1.32	50.23	+6.05	343.94
	5	115.21	+ 5.46	277.18	−1.93	57.33	+5.96	343.55
	7	128.31	+ 5.72	283.91	−2.47	60.93	+5.82	343.25
	9	141.16	+ 5.91	290.59	−2.94	63.21	+5.66	343.03
	11	153.73	+ 6.05	297.18	−3.31	64.89	+5.47	342.93
	13	166.01	+ 6.14	303.65	−3.59	66.29	+5.26	342.93
	15	177.98	+ 6.19	309.98	−3.79	67.56	+5.05	343.06
	17	189.63	+ 6.20	316.14	−3.92	68.78	+4.83	343.31
	19	200.98	+ 6.19	322.08	−3.98	70.00	+4.61	343.68
	21	212.03	+ 6.14	327.76	−3.99	71.27	+4.40	344.18
	23	222.79	+ 6.08	333.15	−3.96	72.59	+4.20	344.81
	25	233.27	+ 6.00	338.19	−3.89	74.01	+4.00	345.57
	27	243.48	+ 5.91	342.83	−3.78	75.52	+3.81	346.47
	29	253.43	+ 5.82	347.02	−3.65	77.16	+3.64	347.50
July	1	263.12	+ 5.71	350.71	+3.49	78.95	+3.47	348.69
	3	272.56	+ 5.61	353.83	+3.30	80.89	+3.32	350.02

MERCURY, 2015

EPHEMERIS FOR PHYSICAL OBSERVATIONS
FOR 0ʰ TERRESTRIAL TIME

Date	Light-time	Magnitude	Surface Brightness	Diameter	Phase	Phase Angle	Defect of Illumination
	m		mag./arcsec^2	"		°	"
July 1	8.01	− 0.2	+ 3.0	6.98	0.521	87.6	3.35
3	8.38	− 0.4	+ 2.9	6.68	0.576	81.3	2.83
5	8.75	− 0.5	+ 2.7	6.40	0.632	74.7	2.35
7	9.11	− 0.7	+ 2.6	6.14	0.690	67.6	1.90
9	9.47	− 0.9	+ 2.4	5.91	0.749	60.2	1.49
11	9.81	− 1.0	+ 2.3	5.71	0.805	52.3	1.11
13	10.12	− 1.2	+ 2.1	5.53	0.858	44.2	0.78
15	10.40	− 1.4	+ 1.9	5.38	0.905	35.9	0.51
17	10.64	− 1.6	+ 1.7	5.26	0.944	27.5	0.30
19	10.83	− 1.8	+ 1.5	5.16	0.972	19.3	0.15
21	10.98	− 2.0	+ 1.3	5.09	0.990	11.7	0.05
23	11.09	− 2.2	+ 1.1	5.05	0.997	5.8	0.01
25	11.15	− 2.1	+ 1.2	5.02	0.997	6.7	0.02
27	11.16	− 1.8	+ 1.4	5.01	0.989	12.3	0.06
29	11.14	− 1.5	+ 1.7	5.02	0.975	18.0	0.12
31	11.09	− 1.3	+ 1.9	5.04	0.959	23.5	0.21
Aug. 2	11.02	− 1.1	+ 2.1	5.08	0.939	28.5	0.31
4	10.92	− 0.9	+ 2.3	5.12	0.919	33.1	0.42
6	10.80	− 0.7	+ 2.5	5.18	0.897	37.4	0.53
8	10.66	− 0.6	+ 2.6	5.25	0.876	41.3	0.65
10	10.51	− 0.5	+ 2.7	5.32	0.854	44.9	0.78
12	10.35	− 0.4	+ 2.8	5.41	0.832	48.3	0.91
14	10.18	− 0.3	+ 2.9	5.50	0.811	51.6	1.04
16	9.99	− 0.2	+ 3.0	5.60	0.789	54.7	1.18
18	9.80	− 0.2	+ 3.1	5.71	0.768	57.6	1.33
20	9.60	− 0.1	+ 3.1	5.83	0.746	60.5	1.48
22	9.40	− 0.1	+ 3.2	5.95	0.724	63.4	1.64
24	9.18	0.0	+ 3.3	6.09	0.701	66.3	1.82
26	8.96	0.0	+ 3.3	6.24	0.678	69.2	2.01
28	8.74	0.0	+ 3.3	6.40	0.653	72.1	2.22
30	8.50	+ 0.1	+ 3.4	6.58	0.628	75.2	2.45
Sept. 1	8.27	+ 0.1	+ 3.4	6.77	0.600	78.4	2.70
3	8.02	+ 0.1	+ 3.5	6.98	0.571	81.8	2.99
5	7.77	+ 0.1	+ 3.5	7.20	0.540	85.4	3.31
7	7.52	+ 0.2	+ 3.5	7.44	0.507	89.2	3.67
9	7.26	+ 0.2	+ 3.6	7.70	0.470	93.4	4.08
11	7.01	+ 0.3	+ 3.6	7.98	0.430	98.0	4.55
13	6.75	+ 0.4	+ 3.7	8.28	0.387	103.0	5.08
15	6.50	+ 0.6	+ 3.8	8.60	0.341	108.6	5.67
17	6.26	+ 0.8	+ 3.9	8.94	0.291	114.7	6.34
19	6.03	+ 1.0	+ 4.1	9.27	0.238	121.6	7.06
21	5.83	+ 1.4	+ 4.3	9.60	0.184	129.2	7.84
23	5.65	+ 2.0	+ 4.5	9.90	0.130	137.7	8.61
25	5.52	+ 2.8	+ 4.8	10.14	0.081	147.0	9.32
27	5.43	+ 3.8	+ 5.1	10.30	0.039	157.1	9.89
29	5.42	+ 5.0	+ 5.1	10.33	0.012	167.3	10.20
Oct. 1	5.47	—	—	10.22	0.004	172.8	10.18

EPHEMERIS FOR PHYSICAL OBSERVATIONS
FOR 0ʰ TERRESTRIAL TIME

Date		Sub-Earth Point		Sub-Solar Point			North Pole	
		Long.	Lat.	Long.	Dist.	P.A.	Dist.	P.A.
		°	°	°	″	°	″	°
July	1	263.12	+ 5.71	350.71	+3.49	78.95	+3.47	348.69
	3	272.56	+ 5.61	353.83	+3.30	80.89	+3.32	350.02
	5	281.76	+ 5.51	356.36	+3.08	83.03	+3.18	351.50
	7	290.73	+ 5.42	358.25	+2.84	85.38	+3.06	353.14
	9	299.48	+ 5.33	359.51	+2.56	87.98	+2.94	354.92
	11	308.02	+ 5.25	0.18	+2.26	90.89	+2.84	356.83
	13	316.38	+ 5.19	0.35	+1.93	94.19	+2.75	358.86
	15	324.59	+ 5.13	0.14	+1.58	98.08	+2.68	0.98
	17	332.69	+ 5.10	359.75	+1.21	102.96	+2.62	3.15
	19	340.71	+ 5.08	359.38	+0.85	109.92	+2.57	5.34
	21	348.69	+ 5.08	359.24	+0.52	122.77	+2.54	7.50
	23	356.69	+ 5.09	359.50	+0.25	160.48	+2.51	9.61
	25	4.72	+ 5.11	0.28	+0.29	232.87	+2.50	11.62
	27	12.81	+ 5.15	1.66	+0.53	259.16	+2.50	13.52
	29	20.98	+ 5.20	3.68	+0.78	269.16	+2.50	15.30
	31	29.25	+ 5.26	6.33	+1.00	274.78	+2.51	16.94
Aug.	2	37.62	+ 5.33	9.57	+1.21	278.62	+2.53	18.45
	4	46.09	+ 5.40	13.36	+1.40	281.53	+2.55	19.83
	6	54.67	+ 5.48	17.64	+1.57	283.89	+2.58	21.07
	8	63.35	+ 5.56	22.37	+1.73	285.85	+2.61	22.20
	10	72.14	+ 5.64	27.48	+1.88	287.54	+2.65	23.21
	12	81.02	+ 5.73	32.93	+2.02	288.99	+2.69	24.11
	14	90.01	+ 5.82	38.67	+2.15	290.27	+2.73	24.91
	16	99.10	+ 5.91	44.66	+2.28	291.39	+2.78	25.61
	18	108.29	+ 6.00	50.85	+2.41	292.39	+2.84	26.22
	20	117.57	+ 6.09	57.22	+2.54	293.28	+2.90	26.75
	22	126.96	+ 6.19	63.72	+2.66	294.08	+2.96	27.21
	24	136.45	+ 6.29	70.33	+2.79	294.80	+3.03	27.60
	26	146.06	+ 6.39	77.02	+2.92	295.45	+3.10	27.91
	28	155.78	+ 6.49	83.75	+3.05	296.05	+3.18	28.18
	30	165.62	+ 6.60	90.52	+3.18	296.60	+3.27	28.38
Sept.	1	175.60	+ 6.71	97.28	+3.32	297.13	+3.36	28.54
	3	185.73	+ 6.82	104.01	+3.45	297.63	+3.46	28.66
	5	196.03	+ 6.94	110.68	+3.59	298.14	+3.57	28.73
	7	206.51	+ 7.06	117.27	+3.72	298.66	+3.69	28.78
	9	217.20	+ 7.18	123.75	−3.84	299.21	+3.82	28.81
	11	228.14	+ 7.30	130.08	−3.95	299.82	+3.96	28.82
	13	239.35	+ 7.42	136.23	−4.04	300.51	+4.11	28.82
	15	250.89	+ 7.54	142.17	−4.08	301.33	+4.26	28.82
	17	262.80	+ 7.65	147.85	−4.06	302.33	+4.43	28.83
	19	275.12	+ 7.74	153.23	−3.95	303.59	+4.59	28.84
	21	287.90	+ 7.79	158.26	−3.72	305.22	+4.76	28.85
	23	301.17	+ 7.80	162.90	−3.33	307.47	+4.90	28.86
	25	314.91	+ 7.75	167.08	−2.76	310.90	+5.02	28.85
	27	329.07	+ 7.60	170.76	−2.00	317.17	+5.10	28.82
	29	343.54	+ 7.36	173.88	−1.13	333.77	+5.12	28.75
Oct.	1	358.13	+ 7.01	176.39	−0.64	42.62	+5.07	28.64

MERCURY, 2015

EPHEMERIS FOR PHYSICAL OBSERVATIONS
FOR 0ʰ TERRESTRIAL TIME

Date		Light-time	Magnitude	Surface Brightness	Diameter	Phase	Phase Angle	Defect of Illumination
		m		mag./arcsec²	″		°	″
Oct.	1	5.47	—	—	10.22	0.004	172.8	10.18
	3	5.61	+ 4.6	+ 5.0	9.97	0.019	164.3	9.79
	5	5.83	+ 3.1	+ 4.7	9.60	0.058	152.2	9.05
	7	6.12	+ 1.9	+ 4.1	9.14	0.119	139.6	8.05
	9	6.49	+ 1.0	+ 3.6	8.63	0.199	127.0	6.91
	11	6.90	+ 0.3	+ 3.2	8.11	0.291	114.6	5.74
	13	7.35	− 0.2	+ 2.9	7.61	0.389	102.8	4.65
	15	7.81	− 0.5	+ 2.7	7.16	0.486	91.6	3.68
	17	8.28	− 0.7	+ 2.6	6.76	0.577	81.2	2.86
	19	8.74	− 0.8	+ 2.5	6.41	0.659	71.5	2.19
	21	9.17	− 0.9	+ 2.5	6.10	0.729	62.7	1.65
	23	9.57	− 0.9	+ 2.4	5.85	0.789	54.8	1.24
	25	9.94	− 0.9	+ 2.4	5.63	0.837	47.6	0.92
	27	10.28	− 0.9	+ 2.3	5.44	0.876	41.2	0.67
	29	10.58	− 0.9	+ 2.3	5.29	0.908	35.4	0.49 ·
	31	10.85	− 1.0	+ 2.3	5.16	0.932	30.2	0.35
Nov.	2	11.08	− 1.0	+ 2.2	5.05	0.951	25.5	0.25
	4	11.29	− 1.0	+ 2.1	4.96	0.966	21.3	0.17
	6	11.47	− 1.1	+ 2.1	4.88	0.977	17.4	0.11
	8	11.62	− 1.1	+ 2.0	4.81	0.985	13.9	0.07
	10	11.75	− 1.2	+ 1.9	4.76	0.991	10.6	0.04
	12	11.85	− 1.3	+ 1.8	4.72	0.996	7.6	0.02
	14	11.93	− 1.3	+ 1.8	4.69	0.998	4.7	0.01
	16	11.99	—	—	4.66	1.000	2.1	0.00
	18	12.03	—	—	4.65	1.000	0.8	0.00
	20	12.05	− 1.3	+ 1.8	4.64	0.999	3.1	0.00
	22	12.05	− 1.2	+ 1.9	4.64	0.998	5.5	0.01
	24	12.04	− 1.1	+ 2.0	4.65	0.995	7.9	0.02
	26	12.00	− 1.0	+ 2.1	4.66	0.992	10.3	0.04
	28	11.94	− 0.9	+ 2.2	4.69	0.988	12.7	0.06
	30	11.87	− 0.8	+ 2.2	4.72	0.983	15.2	0.08
Dec.	2	11.77	− 0.8	+ 2.3	4.75	0.976	17.7	0.11
	4	11.66	− 0.7	+ 2.4	4.80	0.969	20.3	0.15
	6	11.53	− 0.7	+ 2.4	4.85	0.960	23.0	0.19
	8	11.37	− 0.7	+ 2.5	4.92	0.950	25.8	0.25
	10	11.20	− 0.6	+ 2.5	5.00	0.938	28.9	0.31
	12	11.00	− 0.6	+ 2.6	5.09	0.923	32.2	0.39
	14	10.78	− 0.6	+ 2.6	5.19	0.906	35.7	0.49
	16	10.53	− 0.6	+ 2.6	5.31	0.885	39.6	0.61
	18	10.26	− 0.6	+ 2.6	5.45	0.861	43.8	0.76
	20	9.96	− 0.6	+ 2.6	5.62	0.831	48.6	0.95
	22	9.64	− 0.6	+ 2.7	5.81	0.795	53.8	1.19
	24	9.29	− 0.7	+ 2.7	6.02	0.753	59.7	1.49
	26	8.91	− 0.7	+ 2.7	6.28	0.701	66.2	1.87
	28	8.51	− 0.6	+ 2.7	6.57	0.641	73.6	2.36
	30	8.09	− 0.6	+ 2.8	6.92	0.570	81.9	2.97
	32	7.66	− 0.4	+ 2.8	7.31	0.489	91.3	3.73

EPHEMERIS FOR PHYSICAL OBSERVATIONS
FOR 0ʰ TERRESTRIAL TIME

Date		Sub-Earth Point		Sub-Solar Point			North Pole	
		Long.	Lat.	Long.	Dist.	P.A.	Dist.	P.A.
		°	°	°	″	°	″	°
Oct.	1	358.13	+ 7.01	176.39	−0.64	42.62	+5.07	28.64
	3	12.60	+ 6.56	178.27	−1.35	94.42	+4.95	28.50
	5	26.73	+ 6.04	179.52	−2.24	106.79	+4.77	28.36
	7	40.31	+ 5.48	180.19	−2.96	111.78	+4.55	28.25
	9	53.22	+ 4.91	180.34	−3.45	114.47	+4.30	28.20
	11	65.41	+ 4.37	180.13	−3.68	116.17	+4.04	28.21
	13	76.90	+ 3.87	179.74	−3.71	117.36	+3.80	28.27
	15	87.76	+ 3.41	179.38	−3.58	118.24	+3.57	28.37
	17	98.09	+ 2.99	179.24	+3.34	118.90	+3.37	28.47
	19	108.01	+ 2.63	179.50	+3.04	119.39	+3.20	28.55
	21	117.60	+ 2.30	180.29	+2.71	119.74	+3.05	28.59
	23	126.95	+ 2.00	181.69	+2.39	119.94	+2.92	28.57
	25	136.14	+ 1.73	183.72	+2.08	120.01	+2.81	28.47
	27	145.23	+ 1.49	186.37	+1.79	119.95	+2.72	28.29
	29	154.25	+ 1.26	189.62	+1.53	119.75	+2.64	28.02
	31	163.23	+ 1.04	193.42	+1.30	119.42	+2.58	27.67
Nov.	2	172.19	+ 0.84	197.71	+1.09	118.95	+2.52	27.23
	4	181.16	+ 0.64	202.44	+0.90	118.33	+2.48	26.70
	6	190.13	+ 0.46	207.56	+0.73	117.53	+2.44	26.09
	8	199.12	+ 0.28	213.01	+0.58	116.51	+2.41	25.40
	10	208.13	+ 0.10	218.76	+0.44	115.17	+2.38	24.63
	12	217.15	− 0.07	224.75	+0.31	113.27	−2.36	23.78
	14	226.20	− 0.25	230.94	+0.19	110.02	−2.34	22.85
	16	235.27	− 0.41	237.31	+0.08	100.75	−2.33	21.86
	18	244.36	− 0.58	243.81	+0.03	336.77	−2.32	20.79
	20	253.46	− 0.75	250.42	+0.13	303.12	−2.32	19.66
	22	262.58	− 0.91	257.11	+0.22	297.69	−2.32	18.46
	24	271.72	− 1.08	263.85	+0.32	294.80	−2.32	17.19
	26	280.86	− 1.25	270.61	+0.42	292.60	−2.33	15.87
	28	290.02	− 1.42	277.37	+0.52	290.67	−2.34	14.50
	30	299.18	− 1.59	284.10	+0.62	288.84	−2.36	13.07
Dec.	2	308.35	− 1.77	290.77	+0.72	287.05	−2.38	11.60
	4	317.53	− 1.95	297.36	+0.83	285.27	−2.40	10.08
	6	326.71	− 2.13	303.83	+0.95	283.48	−2.43	8.53
	8	335.90	− 2.32	310.16	+1.07	281.67	−2.46	6.95
	10	345.09	− 2.52	316.31	+1.21	279.85	−2.50	5.35
	12	354.30	− 2.72	322.24	+1.35	278.01	−2.54	3.74
	14	3.53	− 2.94	327.92	+1.52	276.16	−2.59	2.12
	16	12.78	− 3.16	333.30	+1.69	274.30	−2.65	0.52
	18	22.07	− 3.41	338.33	+1.89	272.45	−2.72	358.94
	20	31.41	− 3.67	342.96	+2.11	270.61	−2.80	357.40
	22	40.84	− 3.95	347.14	+2.34	268.78	−2.90	355.92
	24	50.37	− 4.26	350.81	+2.60	266.99	−3.00	354.51
	26	60.07	− 4.60	353.91	+2.87	265.23	−3.13	353.22
	28	69.98	− 4.98	356.42	+3.15	263.51	−3.27	352.06
	30	80.19	− 5.41	358.29	+3.42	261.83	−3.44	351.06
	32	90.80	− 5.88	359.54	−3.65	260.16	−3.63	350.28

VENUS, 2015

EPHEMERIS FOR PHYSICAL OBSERVATIONS
FOR 0ʰ TERRESTRIAL TIME

Date		Light-time	Magnitude	Surface Brightness	Diameter	Phase	Phase Angle	Defect of Illumination
		m		mag./arcsec^2	"		°	"
Jan.	−2	13.50	−3.9	+0.9	10.28	0.965	21.6	0.36
	2	13.41	−3.9	+0.9	10.35	0.960	22.9	0.41
	6	13.31	−3.9	+0.9	10.43	0.956	24.3	0.46
	10	13.21	−3.9	+0.9	10.51	0.951	25.6	0.52
	14	13.10	−3.9	+1.0	10.59	0.946	26.9	0.57
	18	12.99	−3.9	+1.0	10.68	0.940	28.3	0.64
	22	12.88	−3.9	+1.0	10.78	0.935	29.6	0.70
	26	12.75	−3.9	+1.0	10.88	0.929	31.0	0.78
	30	12.63	−3.9	+1.0	10.99	0.922	32.4	0.85
Feb.	3	12.50	−3.9	+1.0	11.11	0.916	33.8	0.94
	7	12.36	−3.9	+1.0	11.23	0.909	35.2	1.02
	11	12.22	−3.9	+1.0	11.36	0.901	36.6	1.12
	15	12.07	−3.9	+1.0	11.50	0.894	38.0	1.22
	19	11.92	−3.9	+1.0	11.64	0.886	39.5	1.33
	23	11.76	−3.9	+1.1	11.80	0.878	41.0	1.44
	27	11.60	−3.9	+1.1	11.97	0.869	42.5	1.57
Mar.	3	11.43	−3.9	+1.1	12.14	0.860	44.0	1.70
	7	11.26	−3.9	+1.1	12.33	0.850	45.5	1.85
	11	11.08	−3.9	+1.1	12.53	0.840	47.1	2.00
	15	10.89	−3.9	+1.1	12.74	0.830	48.7	2.17
	19	10.70	−4.0	+1.1	12.97	0.819	50.3	2.34
	23	10.50	−4.0	+1.1	13.21	0.808	52.0	2.54
	27	10.30	−4.0	+1.2	13.47	0.796	53.6	2.74
	31	10.09	−4.0	+1.2	13.75	0.784	55.3	2.97
Apr.	4	9.88	−4.0	+1.2	14.05	0.772	57.1	3.21
	8	9.66	−4.0	+1.2	14.36	0.759	58.8	3.47
	12	9.44	−4.1	+1.2	14.70	0.745	60.6	3.75
	16	9.21	−4.1	+1.2	15.07	0.731	62.5	4.05
	20	8.98	−4.1	+1.2	15.46	0.717	64.3	4.38
	24	8.74	−4.1	+1.2	15.88	0.702	66.2	4.74
	28	8.50	−4.1	+1.3	16.34	0.686	68.1	5.13
May	2	8.25	−4.2	+1.3	16.83	0.670	70.1	5.55
	6	8.00	−4.2	+1.3	17.36	0.653	72.1	6.02
	10	7.74	−4.2	+1.3	17.93	0.636	74.2	6.52
	14	7.48	−4.2	+1.3	18.55	0.618	76.3	7.08
	18	7.22	−4.3	+1.3	19.22	0.600	78.5	7.69
	22	6.96	−4.3	+1.3	19.95	0.581	80.7	8.36
	26	6.69	−4.3	+1.4	20.74	0.561	83.0	9.11
	30	6.42	−4.4	+1.4	21.61	0.540	85.4	9.93
June	3	6.15	−4.4	+1.4	22.55	0.519	87.8	10.85
	7	5.88	−4.4	+1.4	23.59	0.497	90.4	11.88
	11	5.61	−4.5	+1.4	24.72	0.473	93.1	13.02
	15	5.35	−4.5	+1.4	25.96	0.449	95.9	14.31
	19	5.08	−4.5	+1.4	27.33	0.424	98.8	15.76
	23	4.81	−4.6	+1.5	28.84	0.397	101.9	17.39
	27	4.55	−4.6	+1.5	30.50	0.369	105.2	19.25
July	1	4.29	−4.6	+1.5	32.33	0.339	108.7	21.36

EPHEMERIS FOR PHYSICAL OBSERVATIONS
FOR 0ʰ TERRESTRIAL TIME

Date		L_s	Sub-Earth Point		Sub-Solar Point				North Pole	
			Long.	Lat.	Long.	Lat.	Dist.	P.A.	Dist.	P.A.
		°	°	°	°	°	″	°	″	°
Jan.	−2	76.63	141.26	+ 1.45	162.88	+ 2.57	+ 1.89	264.86	+ 5.14	351.54
	2	82.95	152.20	+ 1.43	175.13	+ 2.62	+ 2.02	262.98	+ 5.17	349.64
	6	89.28	163.14	+ 1.40	187.39	+ 2.64	+ 2.14	261.16	+ 5.21	347.84
	10	95.61	174.07	+ 1.35	199.65	+ 2.63	+ 2.27	259.42	+ 5.25	346.15
	14	101.94	185.00	+ 1.28	211.91	+ 2.58	+ 2.40	257.77	+ 5.30	344.60
	18	108.27	195.92	+ 1.20	224.18	+ 2.51	+ 2.53	256.24	+ 5.34	343.19
	22	114.61	206.84	+ 1.11	236.45	+ 2.40	+ 2.66	254.82	+ 5.39	341.92
	26	120.96	217.75	+ 1.00	248.73	+ 2.26	+ 2.80	253.53	+ 5.44	340.79
	30	127.32	228.65	+ 0.87	261.01	+ 2.10	+ 2.94	252.37	+ 5.49	339.82
Feb.	3	133.68	239.55	+ 0.73	273.30	+ 1.91	+ 3.09	251.34	+ 5.55	339.00
	7	140.05	250.44	+ 0.58	285.59	+ 1.69	+ 3.23	250.46	+ 5.61	338.34
	11	146.43	261.32	+ 0.41	297.90	+ 1.46	+ 3.39	249.71	+ 5.68	337.82
	15	152.82	272.19	+ 0.24	310.21	+ 1.21	+ 3.54	249.11	+ 5.75	337.46
	19	159.21	283.04	+ 0.05	322.53	+ 0.94	+ 3.70	248.65	+ 5.82	337.24
	23	165.62	293.89	− 0.15	334.85	+ 0.66	+ 3.87	248.33	− 5.90	337.17
	27	172.04	304.73	− 0.35	347.19	+ 0.37	+ 4.04	248.16	− 5.98	337.24
Mar.	3	178.47	315.55	− 0.56	359.53	+ 0.07	+ 4.22	248.14	− 6.07	337.46
	7	184.90	326.36	− 0.77	11.89	− 0.23	+ 4.40	248.26	− 6.16	337.82
	11	191.35	337.15	− 0.99	24.25	− 0.52	+ 4.59	248.53	− 6.26	338.32
	15	197.80	347.92	− 1.20	36.63	− 0.81	+ 4.79	248.95	− 6.37	338.97
	19	204.26	358.68	− 1.42	49.01	− 1.08	+ 4.99	249.52	− 6.48	339.75
	23	210.73	9.42	− 1.63	61.40	− 1.35	+ 5.20	250.23	− 6.60	340.67
	27	217.21	20.14	− 1.83	73.80	− 1.59	+ 5.42	251.09	− 6.73	341.72
	31	223.69	30.83	− 2.03	86.21	− 1.82	+ 5.66	252.10	− 6.87	342.90
Apr.	4	230.18	41.51	− 2.23	98.62	− 2.03	+ 5.90	253.24	− 7.02	344.21
	8	236.67	52.15	− 2.41	111.04	− 2.20	+ 6.15	254.52	− 7.18	345.64
	12	243.16	62.77	− 2.57	123.46	− 2.35	+ 6.41	255.92	− 7.34	347.18
	16	249.66	73.36	− 2.72	135.89	− 2.47	+ 6.68	257.45	− 7.53	348.82
	20	256.15	83.92	− 2.86	148.32	− 2.56	+ 6.97	259.07	− 7.72	350.54
	24	262.65	94.45	− 2.97	160.74	− 2.62	+ 7.27	260.79	− 7.93	352.34
	28	269.14	104.93	− 3.07	173.17	− 2.64	+ 7.58	262.58	− 8.16	354.20
May	2	275.64	115.38	− 3.14	185.59	− 2.63	+ 7.91	264.43	− 8.40	356.09
	6	282.12	125.78	− 3.19	198.01	− 2.58	+ 8.26	266.31	− 8.67	358.00
	10	288.61	136.12	− 3.21	210.43	− 2.50	+ 8.63	268.21	− 8.95	359.90
	14	295.08	146.42	− 3.20	222.84	− 2.39	+ 9.01	270.10	− 9.26	1.79
	18	301.56	156.65	− 3.16	235.24	− 2.25	+ 9.42	271.98	− 9.59	3.63
	22	308.02	166.82	− 3.08	247.63	− 2.08	+ 9.84	273.81	− 9.96	5.41
	26	314.47	176.92	− 2.98	260.01	− 1.88	+ 10.29	275.59	− 10.36	7.12
	30	320.92	186.93	− 2.83	272.38	− 1.66	+ 10.77	277.30	− 10.79	8.74
June	3	327.36	196.84	− 2.65	284.75	− 1.42	+ 11.27	278.93	− 11.26	10.26
	7	333.79	206.65	− 2.43	297.10	− 1.17	− 11.79	280.48	− 11.78	11.66
	11	340.21	216.33	− 2.17	309.44	− 0.89	− 12.34	281.94	− 12.35	12.95
	15	346.62	225.88	− 1.86	321.77	− 0.61	− 12.91	283.32	− 12.97	14.12
	19	353.02	235.28	− 1.50	334.09	− 0.32	− 13.50	284.62	− 13.66	15.17
	23	359.41	244.49	− 1.09	346.39	− 0.03	− 14.11	285.85	− 14.42	16.10
	27	5.79	253.50	− 0.63	358.69	+ 0.27	− 14.72	287.02	− 15.25	16.91
July	1	12.16	262.26	− 0.11	10.99	+ 0.56	− 15.31	288.16	− 16.17	17.61

VENUS, 2015

EPHEMERIS FOR PHYSICAL OBSERVATIONS
FOR 0ʰ TERRESTRIAL TIME

Date		Light-time	Magnitude	Surface Brightness	Diameter	Phase	Phase Angle	Defect of Illumination
		m		mag./arcsec^2	″		°	″
July	1	4.29	−4.6	+1.5	32.33	0.339	108.7	21.36
	5	4.04	−4.7	+1.5	34.35	0.308	112.5	23.75
	9	3.80	−4.7	+1.5	36.55	0.276	116.6	26.47
	13	3.56	−4.7	+1.5	38.96	0.242	121.1	29.54
	17	3.34	−4.7	+1.4	41.56	0.207	125.9	32.97
	21	3.13	−4.7	+1.4	44.32	0.170	131.3	36.77
	25	2.94	−4.6	+1.3	47.18	0.134	137.1	40.86
	29	2.77	−4.5	+1.2	50.04	0.099	143.4	45.11
Aug.	2	2.63	−4.4	+1.0	52.75	0.066	150.2	49.25
	6	2.52	−4.2	+0.7	55.08	0.039	157.2	52.93
	10	2.44	−4.0	+0.2	56.81	0.019	164.0	55.70
	14	2.40	−4.1	−0.6	57.74	0.010	168.6	57.17
	18	2.40	−4.1	−0.4	57.74	0.011	167.8	57.09
	22	2.44	−4.1	+0.4	56.83	0.024	162.3	55.49
	26	2.52	−4.3	+0.8	55.14	0.045	155.4	52.63
	30	2.63	−4.5	+1.1	52.86	0.074	148.3	48.93
Sept.	3	2.76	−4.6	+1.2	50.23	0.108	141.6	44.81
	7	2.92	−4.7	+1.3	47.46	0.144	135.4	40.63
	11	3.11	−4.7	+1.4	44.68	0.180	129.7	36.63
	15	3.30	−4.8	+1.4	42.01	0.216	124.6	32.92
	19	3.51	−4.8	+1.5	39.49	0.251	119.8	29.57
	23	3.74	−4.8	+1.5	37.16	0.285	115.5	26.57
	27	3.96	−4.7	+1.5	35.01	0.317	111.5	23.92
Oct.	1	4.20	−4.7	+1.5	33.04	0.347	107.8	21.58
	5	4.44	−4.7	+1.5	31.25	0.376	104.4	19.51
	9	4.69	−4.7	+1.4	29.62	0.403	101.2	17.69
	13	4.93	−4.6	+1.4	28.14	0.428	98.2	16.08
	17	5.18	−4.6	+1.4	26.79	0.453	95.4	14.65
	21	5.43	−4.6	+1.4	25.55	0.476	92.7	13.38
	25	5.68	−4.5	+1.4	24.42	0.498	90.2	12.25
	29	5.93	−4.5	+1.4	23.39	0.520	87.7	11.23
Nov.	2	6.18	−4.5	+1.4	22.44	0.540	85.4	10.32
	6	6.43	−4.4	+1.4	21.57	0.560	83.1	9.50
	10	6.68	−4.4	+1.3	20.77	0.579	81.0	8.75
	14	6.93	−4.4	+1.3	20.03	0.597	78.8	8.08
	18	7.17	−4.3	+1.3	19.34	0.614	76.8	7.46
	22	7.42	−4.3	+1.3	18.71	0.631	74.8	6.90
	26	7.66	−4.3	+1.3	18.12	0.647	72.9	6.39
	30	7.90	−4.2	+1.3	17.57	0.663	71.0	5.92
Dec.	4	8.13	−4.2	+1.3	17.06	0.678	69.1	5.49
	8	8.37	−4.2	+1.3	16.59	0.693	67.3	5.09
	12	8.60	−4.2	+1.2	16.14	0.707	65.5	4.73
	16	8.82	−4.1	+1.2	15.73	0.721	63.8	4.39
	20	9.05	−4.1	+1.2	15.34	0.734	62.1	4.08
	24	9.27	−4.1	+1.2	14.97	0.747	60.4	3.79
	28	9.49	−4.1	+1.2	14.63	0.759	58.7	3.52
	32	9.70	−4.0	+1.2	14.31	0.771	57.1	3.27

EPHEMERIS FOR PHYSICAL OBSERVATIONS
FOR 0ʰ TERRESTRIAL TIME

Date		L_s	Sub-Earth Point		Sub-Solar Point				North Pole	
			Long.	Lat.	Long.	Lat.	Dist.	P.A.	Dist.	P.A.
		°	°	°	°	°	″	°	″	°
July	1	12.16	262.26	− 0.11	10.99	+ 0.56	− 15.31	288.16	− 16.17	17.61
	5	18.52	270.73	+ 0.47	23.27	+ 0.84	− 15.86	289.29	+ 17.17	18.19
	9	24.88	278.88	+ 1.11	35.55	+ 1.11	− 16.34	290.45	+ 18.27	18.65
	13	31.23	286.66	+ 1.81	47.82	+ 1.37	− 16.68	291.70	+ 19.47	19.01
	17	37.57	293.99	+ 2.58	60.08	+ 1.61	− 16.82	293.12	+ 20.76	19.26
	21	43.91	300.83	+ 3.40	72.34	+ 1.83	− 16.66	294.84	+ 22.12	19.41
	25	50.24	307.10	+ 4.26	84.60	+ 2.03	− 16.07	297.04	+ 23.52	19.44
	29	56.57	312.75	+ 5.16	96.86	+ 2.20	− 14.92	300.07	+ 24.92	19.34
Aug.	2	62.89	317.77	+ 6.04	109.11	+ 2.35	− 13.11	304.63	+ 26.23	19.12
	6	69.22	322.18	+ 6.87	121.37	+ 2.47	− 10.66	312.26	+ 27.34	18.76
	10	75.54	326.08	+ 7.58	133.62	+ 2.55	− 7.85	327.01	+ 28.16	18.27
	14	81.87	329.64	+ 8.13	145.87	+ 2.61	− 5.69	358.27	+ 28.58	17.69
	18	88.19	333.08	+ 8.46	158.13	+ 2.64	− 6.10	41.66	+ 28.56	17.04
	22	94.52	336.65	+ 8.57	170.39	+ 2.63	− 8.63	67.73	+ 28.10	16.42
	26	100.85	340.58	+ 8.46	182.65	+ 2.59	− 11.49	80.14	+ 27.27	15.87
	30	107.18	345.03	+ 8.16	194.92	+ 2.52	− 13.87	86.97	+ 26.16	15.46
Sept.	3	113.52	350.11	+ 7.72	207.19	+ 2.42	− 15.58	91.34	+ 24.89	15.23
	7	119.87	355.83	+ 7.20	219.46	+ 2.29	− 16.65	94.50	+ 23.54	15.20
	11	126.22	2.17	+ 6.62	231.74	+ 2.13	− 17.18	97.00	+ 22.19	15.34
	15	132.58	9.08	+ 6.01	244.03	+ 1.94	− 17.30	99.12	+ 20.89	15.66
	19	138.95	16.50	+ 5.40	256.32	+ 1.73	− 17.13	100.99	+ 19.66	16.11
	23	145.33	24.35	+ 4.81	268.62	+ 1.50	− 16.77	102.70	+ 18.51	16.67
	27	151.71	32.60	+ 4.23	280.93	+ 1.25	− 16.29	104.29	+ 17.46	17.31
Oct.	1	158.11	41.17	+ 3.67	293.25	+ 0.98	− 15.73	105.77	+ 16.49	17.99
	5	164.51	50.04	+ 3.15	305.57	+ 0.70	− 15.13	107.16	+ 15.60	18.70
	9	170.93	59.16	+ 2.65	317.90	+ 0.42	− 14.53	108.46	+ 14.79	19.41
	13	177.35	68.49	+ 2.19	330.25	+ 0.12	− 13.92	109.65	+ 14.06	20.10
	17	183.78	78.00	+ 1.76	342.60	− 0.17	− 13.33	110.74	+ 13.39	20.73
	21	190.23	87.68	+ 1.37	354.96	− 0.47	− 12.76	111.71	+ 12.77	21.31
	25	196.68	97.49	+ 1.00	7.33	− 0.76	− 12.21	112.57	+ 12.21	21.81
	29	203.14	107.43	+ 0.67	19.71	− 1.04	+ 11.69	113.29	+ 11.69	22.22
Nov.	2	209.60	117.48	+ 0.37	32.10	− 1.30	+ 11.19	113.87	+ 11.22	22.54
	6	216.08	127.62	+ 0.10	44.50	− 1.55	+ 10.71	114.32	+ 10.79	22.74
	10	222.56	137.85	− 0.14	56.90	− 1.78	+ 10.26	114.61	− 10.38	22.83
	14	229.04	148.16	− 0.35	69.31	− 1.99	+ 9.83	114.76	− 10.01	22.80
	18	235.53	158.53	− 0.53	81.73	− 2.17	+ 9.42	114.75	− 9.67	22.64
	22	242.03	168.96	− 0.68	94.15	− 2.33	+ 9.03	114.57	− 9.35	22.34
	26	248.52	179.45	− 0.80	106.57	− 2.45	+ 8.66	114.24	− 9.06	21.92
	30	255.02	189.98	− 0.90	119.00	− 2.55	+ 8.31	113.74	− 8.79	21.36
Dec.	4	261.51	200.55	− 0.98	131.42	− 2.61	+ 7.97	113.08	− 8.53	20.66
	8	268.00	211.17	− 1.03	143.85	− 2.64	+ 7.65	112.25	− 8.29	19.82
	12	274.50	221.82	− 1.06	156.27	− 2.63	+ 7.35	111.25	− 8.07	18.84
	16	280.98	232.50	− 1.07	168.69	− 2.59	+ 7.05	110.09	− 7.86	17.73
	20	287.47	243.20	− 1.06	181.11	− 2.52	+ 6.78	108.77	− 7.67	16.49
	24	293.95	253.93	− 1.03	193.52	− 2.41	+ 6.51	107.30	− 7.49	15.11
	28	300.42	264.68	− 0.99	205.92	− 2.27	+ 6.25	105.67	− 7.31	13.61
	32	306.88	275.45	− 0.94	218.31	− 2.11	+ 6.01	103.90	− 7.15	11.99

MARS, 2015
EPHEMERIS FOR PHYSICAL OBSERVATIONS
FOR 0ʰ TERRESTRIAL TIME

Date		Light-time	Magnitude	Surface Brightness	Diameter		Phase	Phase Angle	Defect of Illumination
					Eq.	Polar			
		m		mag./arcsec^2	$''$	$''$		°	$''$
Jan.	−2	16.27	+1.1	+4.2	4.79	4.76	0.941	28.1	0.28
	2	16.42	+1.1	+4.2	4.74	4.72	0.943	27.5	0.27
	6	16.57	+1.1	+4.1	4.70	4.68	0.946	26.9	0.25
	10	16.72	+1.1	+4.1	4.66	4.63	0.948	26.3	0.24
	14	16.87	+1.1	+4.1	4.62	4.59	0.951	25.7	0.23
	18	17.03	+1.2	+4.1	4.57	4.55	0.953	25.1	0.22
	22	17.18	+1.2	+4.1	4.53	4.51	0.955	24.5	0.20
	26	17.33	+1.2	+4.1	4.49	4.47	0.957	23.8	0.19
	30	17.48	+1.2	+4.1	4.46	4.43	0.960	23.2	0.18
Feb.	3	17.63	+1.2	+4.1	4.42	4.40	0.962	22.6	0.17
	7	17.78	+1.2	+4.1	4.38	4.36	0.964	21.9	0.16
	11	17.93	+1.2	+4.1	4.34	4.32	0.966	21.3	0.15
	15	18.08	+1.2	+4.1	4.31	4.29	0.968	20.6	0.14
	19	18.22	+1.3	+4.1	4.27	4.25	0.970	20.0	0.13
	23	18.37	+1.3	+4.1	4.24	4.22	0.972	19.3	0.12
	27	18.52	+1.3	+4.1	4.21	4.19	0.974	18.6	0.11
Mar.	3	18.66	+1.3	+4.1	4.17	4.15	0.976	18.0	0.10
	7	18.80	+1.3	+4.1	4.14	4.12	0.977	17.3	0.09
	11	18.94	+1.3	+4.1	4.11	4.09	0.979	16.6	0.09
	15	19.08	+1.3	+4.1	4.08	4.06	0.981	16.0	0.08
	19	19.22	+1.3	+4.1	4.05	4.03	0.982	15.3	0.07
	23	19.35	+1.3	+4.1	4.02	4.00	0.984	14.6	0.07
	27	19.49	+1.4	+4.1	4.00	3.98	0.985	13.9	0.06
	31	19.61	+1.4	+4.1	3.97	3.95	0.987	13.3	0.05
Apr.	4	19.74	+1.4	+4.1	3.95	3.92	0.988	12.6	0.05
	8	19.87	+1.4	+4.1	3.92	3.90	0.989	11.9	0.04
	12	19.99	+1.4	+4.1	3.90	3.88	0.990	11.2	0.04
	16	20.11	+1.4	+4.1	3.87	3.85	0.992	10.5	0.03
	20	20.22	+1.4	+4.1	3.85	3.83	0.993	9.8	0.03
	24	20.33	+1.4	+4.1	3.83	3.81	0.994	9.1	0.02
	28	20.44	+1.4	+4.1	3.81	3.79	0.995	8.4	0.02
May	2	20.54	+1.4	+4.1	3.79	3.77	0.995	7.7	0.02
	6	20.64	+1.4	+4.1	3.77	3.75	0.996	7.0	0.01
	10	20.74	+1.5	+4.1	3.76	3.73	0.997	6.3	0.01
	14	20.83	+1.5	+4.1	3.74	3.72	0.998	5.6	0.01
	18	20.91	+1.5	+4.1	3.72	3.70	0.998	4.9	0.01
	22	20.99	+1.5	+4.0	3.71	3.69	0.999	4.2	0.01
	26	21.07	+1.5	+4.0	3.70	3.68	0.999	3.5	0.00
	30	21.14	+1.5	+4.0	3.68	3.66	0.999	2.8	0.00
June	3	21.20	+1.5	+4.0	3.67	3.65	1.000	2.1	0.00
	7	21.26	+1.5	+4.0	3.66	3.64	1.000	1.4	0.00
	11	21.32	+1.5	+4.0	3.65	3.63	1.000	0.8	0.00
	15	21.36	+1.5	+4.0	3.65	3.62	1.000	0.4	0.00
	19	21.41	+1.5	+4.0	3.64	3.62	1.000	0.9	0.00
	23	21.44	+1.5	+4.1	3.63	3.61	1.000	1.6	0.00
	27	21.47	+1.6	+4.1	3.63	3.61	1.000	2.3	0.00
July	1	21.49	+1.6	+4.1	3.62	3.60	0.999	3.0	0.00

MARS, 2015

EPHEMERIS FOR PHYSICAL OBSERVATIONS
FOR 0ʰ TERRESTRIAL TIME

Date		L_S	Sub-Earth Point		Sub-Solar Point				North Pole	
			Long.	Lat.	Long.	Lat.	Dist.	P.A.	Dist.	P.A.
		°	°	°	°	°	″	°	″	°
Jan.	−2	261.59	67.99	− 20.89	37.77	− 25.16	+ 1.13	253.17	−2.23	357.61
	2	264.12	28.29	− 21.75	358.51	− 25.31	+ 1.10	252.40	−2.19	355.61
	6	266.65	348.56	− 22.54	319.25	− 25.41	+ 1.06	251.68	−2.16	353.61
	10	269.17	308.79	− 23.27	280.00	− 25.45	+ 1.03	251.02	−2.13	351.63
	14	271.68	268.98	− 23.92	240.75	− 25.44	+ 1.00	250.42	−2.10	349.65
	18	274.19	229.15	− 24.50	201.51	− 25.38	+ 0.97	249.88	−2.07	347.70
	22	276.69	189.28	− 25.00	162.28	− 25.27	+ 0.94	249.40	−2.05	345.77
	26	279.19	149.40	− 25.43	123.07	− 25.11	+ 0.91	248.97	−2.02	343.88
	30	281.67	109.50	− 25.77	83.88	− 24.90	+ 0.88	248.61	−2.00	342.02
Feb.	3	284.15	69.59	− 26.02	44.70	− 24.64	+ 0.85	248.30	−1.98	340.20
	7	286.61	29.68	− 26.20	5.55	− 24.33	+ 0.82	248.05	−1.96	338.43
	11	289.06	349.76	− 26.29	326.43	− 23.98	+ 0.79	247.86	−1.94	336.72
	15	291.51	309.85	− 26.29	287.33	− 23.58	+ 0.76	247.73	−1.92	335.08
	19	293.94	269.95	− 26.22	248.26	− 23.14	+ 0.73	247.65	−1.91	333.50
	23	296.36	230.07	− 26.06	209.22	− 22.66	+ 0.70	247.62	−1.90	332.00
	27	298.76	190.21	− 25.82	170.22	− 22.15	+ 0.67	247.65	−1.89	330.58
Mar.	3	301.15	150.38	− 25.50	131.24	− 21.60	+ 0.64	247.74	−1.88	329.25
	7	303.53	110.58	− 25.10	92.31	− 21.01	+ 0.62	247.88	−1.87	328.01
	11	305.90	70.82	− 24.64	53.40	− 20.39	+ 0.59	248.06	−1.86	326.87
	15	308.25	31.09	− 24.10	14.53	− 19.74	+ 0.56	248.30	−1.86	325.82
	19	310.59	351.41	− 23.49	335.69	− 19.07	+ 0.53	248.59	−1.85	324.89
	23	312.91	311.77	− 22.82	296.89	− 18.37	+ 0.51	248.92	−1.85	324.06
	27	315.22	272.17	− 22.10	258.12	− 17.64	+ 0.48	249.30	−1.84	323.33
	31	317.51	232.62	− 21.31	219.39	− 16.90	+ 0.46	249.73	−1.84	322.72
Apr.	4	319.79	193.12	− 20.47	180.69	− 16.13	+ 0.43	250.19	−1.84	322.22
	8	322.05	153.67	− 19.59	142.02	− 15.35	+ 0.40	250.69	−1.84	321.83
	12	324.30	114.26	− 18.66	103.38	− 14.55	+ 0.38	251.23	−1.84	321.55
	16	326.53	74.90	− 17.68	64.77	− 13.73	+ 0.35	251.80	−1.84	321.38
	20	328.75	35.59	− 16.67	26.20	− 12.91	+ 0.33	252.39	−1.84	321.33
	24	330.95	356.31	− 15.63	347.65	− 12.07	+ 0.30	253.01	−1.84	321.37
	28	333.14	317.09	− 14.55	309.13	− 11.22	+ 0.28	253.64	−1.83	321.53
May	2	335.31	277.90	− 13.45	270.64	− 10.36	+ 0.25	254.26	−1.83	321.79
	6	337.46	238.75	− 12.32	232.17	− 9.50	+ 0.23	254.88	−1.83	322.14
	10	339.61	199.63	− 11.17	193.73	− 8.63	+ 0.21	255.47	−1.83	322.60
	14	341.73	160.55	− 10.01	155.32	− 7.76	+ 0.18	255.99	−1.83	323.15
	18	343.84	121.50	− 8.83	116.92	− 6.88	+ 0.16	256.42	−1.83	323.79
	22	345.94	82.48	− 7.63	78.55	− 6.01	+ 0.14	256.67	−1.83	324.51
	26	348.02	43.48	− 6.43	40.19	− 5.13	+ 0.11	256.63	−1.83	325.32
	30	350.09	4.51	− 5.22	1.86	− 4.25	+ 0.09	256.06	−1.82	326.21
June	3	352.15	325.57	− 4.01	323.55	− 3.37	+ 0.07	254.39	−1.82	327.17
	7	354.19	286.64	− 2.79	285.25	− 2.50	+ 0.05	249.99	−1.82	328.21
	11	356.22	247.73	− 1.58	246.96	− 1.63	+ 0.02	235.62	−1.82	329.31
	15	358.23	208.83	− 0.37	208.70	− 0.76	+ 0.01	168.93	−1.81	330.47
	19	0.23	169.94	+ 0.84	170.44	+ 0.10	+ 0.03	117.14	+1.81	331.68
	23	2.22	131.06	+ 2.04	132.20	+ 0.96	+ 0.05	106.15	+1.80	332.95
	27	4.20	92.20	+ 3.23	93.97	+ 1.81	+ 0.07	102.56	+1.80	334.27
July	1	6.17	53.33	+ 4.41	55.76	+ 2.65	+ 0.09	101.22	+1.80	335.63

MARS, 2015

EPHEMERIS FOR PHYSICAL OBSERVATIONS
FOR 0^h TERRESTRIAL TIME

Date		Light-time	Magnitude	Surface Brightness	Diameter		Phase	Phase Angle	Defect of Illumination
					Eq.	Polar			
		m		mag./arcsec^2	''	''		°	''
July	1	21.49	+1.6	+4.1	3.62	3.60	0.999	3.0	0.00
	5	21.50	+1.6	+4.1	3.62	3.60	0.999	3.7	0.00
	9	21.51	+1.6	+4.1	3.62	3.60	0.999	4.4	0.01
	13	21.51	+1.6	+4.2	3.62	3.60	0.998	5.1	0.01
	17	21.51	+1.6	+4.2	3.62	3.60	0.997	5.9	0.01
	21	21.49	+1.7	+4.2	3.62	3.60	0.997	6.6	0.01
	25	21.47	+1.7	+4.2	3.63	3.61	0.996	7.3	0.01
	29	21.44	+1.7	+4.2	3.63	3.61	0.995	8.0	0.02
Aug.	2	21.41	+1.7	+4.2	3.64	3.62	0.994	8.8	0.02
	6	21.36	+1.7	+4.3	3.65	3.63	0.993	9.5	0.02
	10	21.31	+1.7	+4.3	3.66	3.64	0.992	10.2	0.03
	14	21.25	+1.7	+4.3	3.67	3.65	0.991	11.0	0.03
	18	21.18	+1.7	+4.3	3.68	3.66	0.990	11.7	0.04
	22	21.10	+1.8	+4.3	3.69	3.67	0.988	12.4	0.04
	26	21.02	+1.8	+4.3	3.71	3.69	0.987	13.2	0.05
	30	20.92	+1.8	+4.3	3.72	3.70	0.985	13.9	0.05
Sept.	3	20.82	+1.8	+4.4	3.74	3.72	0.984	14.6	0.06
	7	20.71	+1.8	+4.4	3.76	3.74	0.982	15.4	0.07
	11	20.59	+1.8	+4.4	3.78	3.76	0.980	16.1	0.07
	15	20.46	+1.8	+4.4	3.81	3.79	0.979	16.8	0.08
	19	20.32	+1.8	+4.4	3.83	3.81	0.977	17.5	0.09
	23	20.18	+1.8	+4.4	3.86	3.84	0.975	18.3	0.10
	27	20.02	+1.8	+4.4	3.89	3.87	0.973	19.0	0.11
Oct.	1	19.86	+1.8	+4.4	3.92	3.90	0.971	19.7	0.11
	5	19.69	+1.8	+4.5	3.96	3.94	0.969	20.4	0.12
	9	19.51	+1.8	+4.5	3.99	3.97	0.966	21.1	0.13
	13	19.32	+1.8	+4.5	4.03	4.01	0.964	21.9	0.14
	17	19.13	+1.7	+4.5	4.07	4.05	0.962	22.6	0.16
	21	18.92	+1.7	+4.5	4.12	4.10	0.959	23.3	0.17
	25	18.71	+1.7	+4.5	4.16	4.14	0.957	24.0	0.18
	29	18.49	+1.7	+4.5	4.21	4.19	0.954	24.6	0.19
Nov.	2	18.26	+1.7	+4.5	4.27	4.25	0.952	25.3	0.21
	6	18.02	+1.7	+4.5	4.32	4.30	0.949	26.0	0.22
	10	17.78	+1.7	+4.5	4.38	4.36	0.947	26.7	0.23
	14	17.53	+1.6	+4.6	4.44	4.42	0.944	27.3	0.25
	18	17.27	+1.6	+4.6	4.51	4.49	0.942	28.0	0.26
	22	17.00	+1.6	+4.6	4.58	4.56	0.939	28.6	0.28
	26	16.73	+1.6	+4.6	4.66	4.63	0.936	29.3	0.30
	30	16.45	+1.5	+4.6	4.74	4.71	0.934	29.9	0.31
Dec.	4	16.16	+1.5	+4.6	4.82	4.80	0.931	30.5	0.33
	8	15.87	+1.5	+4.6	4.91	4.88	0.928	31.1	0.35
	12	15.57	+1.5	+4.6	5.00	4.98	0.926	31.6	0.37
	16	15.27	+1.4	+4.6	5.10	5.08	0.923	32.2	0.39
	20	14.96	+1.4	+4.6	5.21	5.18	0.921	32.7	0.41
	24	14.64	+1.3	+4.6	5.32	5.29	0.918	33.3	0.44
	28	14.33	+1.3	+4.6	5.44	5.41	0.916	33.7	0.46
	32	14.00	+1.3	+4.6	5.56	5.53	0.913	34.2	0.48

EPHEMERIS FOR PHYSICAL OBSERVATIONS
FOR 0^h TERRESTRIAL TIME

Date		L_s	Sub-Earth Point		Sub-Solar Point				North Pole	
			Long.	Lat.	Long.	Lat.	Dist.	P.A.	Dist.	P.A.
		°	°	°	°	°	″	°	″	°
July	1	6.17	53.33	+ 4.41	55.76	+ 2.65	+ 0.09	101.22	+1.80	335.63
	5	8.12	14.47	+ 5.57	17.55	+ 3.49	+ 0.12	100.82	+1.79	337.04
	9	10.06	335.61	+ 6.72	339.35	+ 4.31	+ 0.14	100.90	+1.79	338.48
	13	11.99	296.75	+ 7.85	301.16	+ 5.13	+ 0.16	101.26	+1.78	339.95
	17	13.91	257.89	+ 8.97	262.98	+ 5.94	+ 0.18	101.78	+1.78	341.45
	21	15.82	219.02	+10.06	224.80	+ 6.74	+ 0.21	102.40	+1.77	342.98
	25	17.72	180.15	+11.13	186.63	+ 7.53	+ 0.23	103.07	+1.77	344.53
	29	19.61	141.27	+12.17	148.46	+ 8.31	+ 0.25	103.79	+1.77	346.10
Aug.	2	21.48	102.38	+13.19	110.30	+ 9.07	+ 0.28	104.52	+1.76	347.69
	6	23.35	63.48	+14.18	72.14	+ 9.83	+ 0.30	105.26	+1.76	349.29
	10	25.22	24.57	+15.13	33.98	+10.57	+ 0.32	106.00	+1.76	350.90
	14	27.07	345.64	+16.06	355.83	+11.30	+ 0.35	106.72	+1.75	352.52
	18	28.91	306.71	+16.95	317.68	+12.01	+ 0.37	107.42	+1.75	354.15
	22	30.75	267.75	+17.81	279.52	+12.71	+ 0.40	108.11	+1.75	355.78
	26	32.58	228.79	+18.63	241.37	+13.40	+ 0.42	108.77	+1.75	357.42
	30	34.40	189.81	+19.41	203.22	+14.07	+ 0.45	109.40	+1.75	359.06
Sept.	3	36.21	150.81	+20.15	165.06	+14.73	+ 0.47	109.99	+1.75	0.69
	7	38.02	111.80	+20.85	126.91	+15.37	+ 0.50	110.56	+1.75	2.33
	11	39.82	72.78	+21.51	88.75	+16.00	+ 0.52	111.10	+1.75	3.95
	15	41.61	33.74	+22.12	50.59	+16.60	+ 0.55	111.59	+1.76	5.57
	19	43.40	354.69	+22.68	12.42	+17.20	+ 0.58	112.06	+1.76	7.18
	23	45.19	315.63	+23.20	334.26	+17.77	+ 0.60	112.48	+1.77	8.78
	27	46.97	276.56	+23.67	296.08	+18.33	+ 0.63	112.87	+1.77	10.36
Oct.	1	48.74	237.48	+24.09	257.91	+18.87	+ 0.66	113.22	+1.78	11.92
	5	50.51	198.39	+24.46	219.73	+19.39	+ 0.69	113.54	+1.79	13.47
	9	52.28	159.30	+24.77	181.54	+19.89	+ 0.72	113.81	+1.81	14.99
	13	54.04	120.20	+25.04	143.35	+20.37	+ 0.75	114.05	+1.82	16.49
	17	55.80	81.11	+25.26	105.15	+20.84	+ 0.78	114.25	+1.83	17.95
	21	57.56	42.02	+25.42	66.95	+21.28	+ 0.81	114.41	+1.85	19.39
	25	59.32	2.93	+25.53	28.74	+21.70	+ 0.84	114.54	+1.87	20.79
	29	61.07	323.85	+25.59	350.53	+22.11	+ 0.88	114.62	+1.89	22.16
Nov.	2	62.82	284.78	+25.59	312.31	+22.49	+ 0.91	114.67	+1.92	23.48
	6	64.57	245.72	+25.55	274.08	+22.85	+ 0.95	114.69	+1.94	24.76
	10	66.31	206.68	+25.45	235.85	+23.19	+ 0.98	114.66	+1.97	26.00
	14	68.06	167.65	+25.31	197.61	+23.50	+ 1.02	114.60	+2.00	27.18
	18	69.81	128.64	+25.12	159.37	+23.80	+ 1.06	114.51	+2.03	28.32
	22	71.55	89.66	+24.88	121.12	+24.07	+ 1.10	114.38	+2.07	29.40
	26	73.30	50.71	+24.59	82.86	+24.31	+ 1.14	114.21	+2.11	30.42
	30	75.04	11.78	+24.26	44.60	+24.54	+ 1.18	114.01	+2.15	31.39
Dec.	4	76.79	332.88	+23.89	6.33	+24.74	+ 1.22	113.77	+2.19	32.29
	8	78.54	294.01	+23.48	328.06	+24.91	+ 1.27	113.51	+2.24	33.14
	12	80.29	255.17	+23.02	289.78	+25.07	+ 1.31	113.21	+2.29	33.92
	16	82.04	216.37	+22.54	251.49	+25.19	+ 1.36	112.87	+2.35	34.64
	20	83.79	177.61	+22.01	213.21	+25.30	+ 1.41	112.51	+2.40	35.29
	24	85.55	138.89	+21.46	174.91	+25.37	+ 1.46	112.12	+2.46	35.88
	28	87.31	100.20	+20.87	136.62	+25.43	+ 1.51	111.70	+2.53	36.41
	32	89.07	61.56	+20.26	98.32	+25.45	+ 1.56	111.25	+2.60	36.87

JUPITER, 2015

EPHEMERIS FOR PHYSICAL OBSERVATIONS
FOR 0ʰ TERRESTRIAL TIME

Date		Light-time	Magnitude	Surface Brightness	Diameter		Phase Angle	Defect of Illumination
					Eq.	Polar		
		m		mag./arcsec^2	"	"	°	"
Jan.	−2	38.06	−2.4	+5.4	43.08	40.28	7.5	0.18
	2	37.71	−2.5	+5.4	43.48	40.66	6.9	0.16
	6	37.39	−2.5	+5.4	43.85	41.01	6.2	0.13
	10	37.10	−2.5	+5.4	44.19	41.33	5.6	0.10
	14	36.85	−2.5	+5.4	44.50	41.61	4.8	0.08
	18	36.63	−2.5	+5.4	44.76	41.86	4.1	0.06
	22	36.45	−2.5	+5.4	44.98	42.06	3.3	0.04
	26	36.31	−2.6	+5.4	45.15	42.22	2.5	0.02
	30	36.22	−2.6	+5.4	45.27	42.34	1.7	0.01
Feb.	3	36.16	−2.6	+5.4	45.34	42.40	0.8	0.00
	7	36.15	−2.6	+5.4	45.36	42.42	0.2	0.00
	11	36.18	−2.6	+5.4	45.32	42.38	0.9	0.00
	15	36.25	−2.6	+5.4	45.24	42.30	1.7	0.01
	19	36.36	−2.5	+5.4	45.10	42.17	2.6	0.02
	23	36.51	−2.5	+5.4	44.91	42.00	3.4	0.04
	27	36.70	−2.5	+5.4	44.67	41.78	4.2	0.06
Mar.	3	36.93	−2.5	+5.4	44.40	41.52	4.9	0.08
	7	37.20	−2.5	+5.4	44.08	41.22	5.6	0.11
	11	37.50	−2.5	+5.4	43.73	40.89	6.3	0.13
	15	37.83	−2.4	+5.4	43.34	40.53	6.9	0.16
	19	38.19	−2.4	+5.4	42.93	40.15	7.5	0.19
	23	38.58	−2.4	+5.4	42.50	39.74	8.1	0.21
	27	39.00	−2.4	+5.4	42.05	39.32	8.6	0.24
	31	39.43	−2.3	+5.4	41.58	38.88	9.0	0.26
Apr.	4	39.89	−2.3	+5.4	41.10	38.44	9.4	0.28
	8	40.37	−2.3	+5.4	40.62	37.98	9.8	0.30
	12	40.86	−2.3	+5.4	40.13	37.53	10.1	0.31
	16	41.36	−2.2	+5.4	39.64	37.07	10.3	0.32
	20	41.87	−2.2	+5.4	39.16	36.62	10.5	0.33
	24	42.39	−2.2	+5.4	38.68	36.17	10.7	0.33
	28	42.92	−2.1	+5.4	38.20	35.72	10.8	0.34
May	2	43.45	−2.1	+5.4	37.74	35.29	10.8	0.34
	6	43.98	−2.1	+5.4	37.28	34.86	10.8	0.33
	10	44.51	−2.1	+5.4	36.84	34.45	10.8	0.33
	14	45.04	−2.0	+5.4	36.41	34.04	10.7	0.32
	18	45.56	−2.0	+5.4	35.99	33.65	10.6	0.31
	22	46.08	−2.0	+5.4	35.59	33.28	10.5	0.30
	26	46.58	−2.0	+5.4	35.20	32.91	10.3	0.28
	30	47.08	−1.9	+5.4	34.83	32.57	10.1	0.27
June	3	47.57	−1.9	+5.4	34.47	32.23	9.8	0.25
	7	48.04	−1.9	+5.4	34.13	31.92	9.6	0.24
	11	48.50	−1.9	+5.4	33.81	31.61	9.3	0.22
	15	48.94	−1.9	+5.4	33.50	31.33	8.9	0.20
	19	49.37	−1.8	+5.4	33.21	31.06	8.6	0.19
	23	49.78	−1.8	+5.4	32.94	30.80	8.2	0.17
	27	50.17	−1.8	+5.4	32.68	30.56	7.8	0.15
July	1	50.54	−1.8	+5.4	32.44	30.34	7.4	0.13

EPHEMERIS FOR PHYSICAL OBSERVATIONS
FOR 0ʰ TERRESTRIAL TIME

Date		L_s	Sub-Earth Point		Sub-Solar Point				North Pole	
			Long.	Lat.	Long.	Lat.	Dist.	P.A.	Dist.	P.A.
		°	°	°	°	°	ʺ	°	ʺ	°
Jan.	−2	177.05	158.30	− 0.26	165.78	+ 0.18	+ 2.81	108.07	− 20.14	21.05
	2	177.37	40.94	− 0.27	47.82	+ 0.16	+ 2.61	107.85	− 20.33	20.98
	6	177.69	283.61	− 0.27	289.84	+ 0.14	+ 2.39	107.58	− 20.50	20.90
	10	178.01	166.30	− 0.27	171.85	+ 0.12	+ 2.14	107.25	− 20.66	20.81
	14	178.32	49.00	− 0.27	53.83	+ 0.10	+ 1.88	106.83	− 20.81	20.70
	18	178.64	291.72	− 0.27	295.79	+ 0.08	+ 1.59	106.29	− 20.93	20.59
	22	178.96	174.44	− 0.26	177.72	+ 0.07	+ 1.29	105.53	− 21.03	20.47
	26	179.27	57.17	− 0.25	59.63	+ 0.05	+ 0.98	104.35	− 21.11	20.34
	30	179.59	299.88	− 0.24	301.52	+ 0.03	+ 0.65	102.11	− 21.17	20.20
Feb.	3	179.90	182.59	− 0.23	183.38	+ 0.01	+ 0.33	95.61	− 21.20	20.06
	7	180.22	65.27	− 0.22	65.22	− 0.01	+ 0.07	4.01	− 21.21	19.91
	11	180.54	307.93	− 0.20	307.03	− 0.03	+ 0.36	299.04	− 21.19	19.76
	15	180.85	190.55	− 0.19	188.82	− 0.05	+ 0.69	293.43	− 21.15	19.62
	19	181.17	73.14	− 0.17	70.58	− 0.07	+ 1.01	291.35	− 21.09	19.47
	23	181.48	315.68	− 0.15	312.31	− 0.09	+ 1.32	290.22	− 21.00	19.33
	27	181.80	198.18	− 0.14	194.03	− 0.11	+ 1.62	289.47	− 20.89	19.19
Mar.	3	182.11	80.62	− 0.12	75.72	− 0.13	+ 1.90	288.92	− 20.76	19.06
	7	182.43	323.01	− 0.10	317.39	− 0.15	+ 2.16	288.50	− 20.61	18.94
	11	182.74	205.34	− 0.09	199.03	− 0.17	+ 2.40	288.15	− 20.44	18.83
	15	183.06	87.60	− 0.07	80.66	− 0.19	+ 2.62	287.86	− 20.27	18.73
	19	183.37	329.81	− 0.06	322.27	− 0.21	+ 2.82	287.62	− 20.07	18.64
	23	183.69	211.95	− 0.04	203.87	− 0.23	+ 2.99	287.41	− 19.87	18.57
	27	184.00	94.03	− 0.03	85.45	− 0.25	+ 3.14	287.24	− 19.66	18.52
	31	184.32	336.04	− 0.02	327.01	− 0.27	+ 3.26	287.09	− 19.44	18.47
Apr.	4	184.63	217.99	− 0.01	208.57	− 0.29	+ 3.37	286.97	− 19.22	18.45
	8	184.94	99.89	0.00	90.11	− 0.31	+ 3.45	286.88	− 18.99	18.44
	12	185.26	341.72	0.00	331.64	− 0.33	+ 3.51	286.80	− 18.76	18.44
	16	185.57	223.49	+ 0.01	213.17	− 0.35	+ 3.55	286.75	− 18.54	18.46
	20	185.89	105.21	+ 0.01	94.69	− 0.37	+ 3.58	286.71	+ 18.31	18.50
	24	186.20	346.87	+ 0.01	336.21	− 0.38	+ 3.58	286.69	+ 18.08	18.55
	28	186.51	228.49	+ 0.01	217.72	− 0.40	+ 3.57	286.69	− 17.86	18.61
May	2	186.83	110.06	0.00	99.23	− 0.42	+ 3.55	286.71	− 17.64	18.69
	6	187.14	351.58	0.00	340.74	− 0.44	+ 3.51	286.74	− 17.43	18.78
	10	187.45	233.06	− 0.01	222.25	− 0.46	+ 3.46	286.78	− 17.22	18.88
	14	187.76	114.50	− 0.02	103.77	− 0.48	+ 3.39	286.83	− 17.02	19.00
	18	188.08	355.91	− 0.03	345.28	− 0.50	+ 3.32	286.89	− 16.83	19.12
	22	188.39	237.28	− 0.04	226.80	− 0.52	+ 3.24	286.97	− 16.64	19.26
	26	188.70	118.63	− 0.06	108.33	− 0.54	+ 3.15	287.05	− 16.46	19.40
	30	189.01	359.94	− 0.08	349.86	− 0.56	+ 3.05	287.13	− 16.28	19.55
June	3	189.33	241.23	− 0.09	231.40	− 0.58	+ 2.95	287.23	− 16.12	19.71
	7	189.64	122.50	− 0.11	112.95	− 0.60	+ 2.84	287.32	− 15.96	19.87
	11	189.95	3.75	− 0.13	354.50	− 0.62	+ 2.72	287.42	− 15.81	20.04
	15	190.26	244.99	− 0.16	236.07	− 0.63	+ 2.60	287.52	− 15.66	20.22
	19	190.57	126.21	− 0.18	117.64	− 0.65	+ 2.48	287.62	− 15.53	20.40
	23	190.88	7.41	− 0.21	359.23	− 0.67	+ 2.35	287.72	− 15.40	20.58
	27	191.20	248.61	− 0.24	240.82	− 0.69	+ 2.22	287.81	− 15.28	20.77
July	1	191.51	129.80	− 0.26	122.43	− 0.71	+ 2.08	287.90	− 15.17	20.95

JUPITER, 2015

EPHEMERIS FOR PHYSICAL OBSERVATIONS
FOR 0ʰ TERRESTRIAL TIME

Date		Light-time	Magnitude	Surface Brightness	Diameter		Phase Angle	Defect of Illumination
					Eq.	Polar		
		m		mag./arcsec^2	$''$	$''$	$\circ$	$''$
July	1	50.54	− 1.8	+ 5.4	32.44	30.34	7.4	0.13
	5	50.89	− 1.8	+ 5.4	32.22	30.13	6.9	0.12
	9	51.21	− 1.8	+ 5.4	32.02	29.94	6.5	0.10
	13	51.52	− 1.8	+ 5.4	31.83	29.76	6.0	0.09
	17	51.80	− 1.7	+ 5.4	31.65	29.60	5.5	0.07
	21	52.06	− 1.7	+ 5.4	31.50	29.45	5.0	0.06
	25	52.29	− 1.7	+ 5.4	31.36	29.32	4.5	0.05
	29	52.50	− 1.7	+ 5.4	31.23	29.21	4.0	0.04
Aug.	2	52.68	− 1.7	+ 5.4	31.12	29.10	3.4	0.03
	6	52.84	− 1.7	+ 5.4	31.03	29.02	2.9	0.02
	10	52.97	− 1.7	+ 5.4	30.96	28.95	2.4	0.01
	14	53.07	− 1.7	+ 5.4	30.90	28.89	1.8	0.01
	18	53.14	− 1.7	+ 5.4	30.85	28.85	1.3	0.00
	22	53.19	− 1.7	+ 5.4	30.82	28.82	0.7	0.00
	26	53.21	− 1.7	+ 5.4	30.81	28.81	0.2	0.00
	30	53.21	− 1.7	+ 5.4	30.82	28.82	0.5	0.00
Sept.	3	53.17	− 1.7	+ 5.4	30.84	28.84	1.0	0.00
	7	53.11	− 1.7	+ 5.4	30.87	28.87	1.6	0.01
	11	53.02	− 1.7	+ 5.4	30.92	28.92	2.1	0.01
	15	52.90	− 1.7	+ 5.4	30.99	28.98	2.7	0.02
	19	52.76	− 1.7	+ 5.4	31.08	29.06	3.2	0.02
	23	52.59	− 1.7	+ 5.4	31.18	29.16	3.7	0.03
	27	52.39	− 1.7	+ 5.4	31.30	29.27	4.3	0.04
Oct.	1	52.17	− 1.7	+ 5.4	31.43	29.39	4.8	0.05
	5	51.92	− 1.7	+ 5.4	31.58	29.53	5.3	0.07
	9	51.64	− 1.7	+ 5.4	31.75	29.69	5.8	0.08
	13	51.34	− 1.8	+ 5.4	31.94	29.86	6.3	0.09
	17	51.02	− 1.8	+ 5.4	32.14	30.05	6.7	0.11
	21	50.67	− 1.8	+ 5.4	32.36	30.26	7.2	0.13
	25	50.30	− 1.8	+ 5.4	32.59	30.48	7.6	0.14
	29	49.91	− 1.8	+ 5.4	32.85	30.72	8.0	0.16
Nov.	2	49.50	− 1.8	+ 5.4	33.12	30.97	8.4	0.18
	6	49.08	− 1.8	+ 5.4	33.41	31.24	8.7	0.19
	10	48.63	− 1.9	+ 5.4	33.72	31.53	9.0	0.21
	14	48.17	− 1.9	+ 5.4	34.04	31.83	9.3	0.23
	18	47.69	− 1.9	+ 5.4	34.38	32.15	9.6	0.24
	22	47.20	− 1.9	+ 5.4	34.74	32.49	9.8	0.26
	26	46.70	− 1.9	+ 5.4	35.11	32.84	10.0	0.27
	30	46.19	− 2.0	+ 5.4	35.50	33.20	10.2	0.28
Dec.	4	45.67	− 2.0	+ 5.4	35.90	33.58	10.3	0.29
	8	45.14	− 2.0	+ 5.4	36.32	33.97	10.4	0.30
	12	44.61	− 2.0	+ 5.4	36.75	34.37	10.5	0.31
	16	44.08	− 2.1	+ 5.4	37.20	34.79	10.5	0.31
	20	43.55	− 2.1	+ 5.4	37.65	35.21	10.4	0.31
	24	43.02	− 2.1	+ 5.4	38.11	35.64	10.3	0.31
	28	42.50	− 2.1	+ 5.4	38.58	36.08	10.2	0.30
	32	41.99	− 2.2	+ 5.4	39.05	36.52	10.0	0.30

JUPITER, 2015

EPHEMERIS FOR PHYSICAL OBSERVATIONS
FOR 0ʰ TERRESTRIAL TIME

Date		L_s	Sub-Earth Point		Sub-Solar Point				North Pole	
			Long.	Lat.	Long.	Lat.	Dist.	P.A.	Dist.	P.A.
		°	°	°	°	°	″	°	″	°
July	1	191.51	129.80	− 0.26	122.43	− 0.71	+ 2.08	287.90	− 15.17	20.95
	5	191.82	10.98	− 0.29	4.06	− 0.73	+ 1.94	287.97	− 15.07	21.14
	9	192.13	252.16	− 0.33	245.69	− 0.75	+ 1.81	288.03	− 14.97	21.33
	13	192.44	133.33	− 0.36	127.34	− 0.77	+ 1.66	288.07	− 14.88	21.51
	17	192.75	14.51	− 0.39	9.00	− 0.79	+ 1.52	288.09	− 14.80	21.70
	21	193.06	255.68	− 0.43	250.68	− 0.81	+ 1.38	288.08	− 14.73	21.89
	25	193.37	136.87	− 0.46	132.37	− 0.82	+ 1.23	288.03	− 14.66	22.07
	29	193.68	18.05	− 0.50	14.08	− 0.84	+ 1.08	287.91	− 14.60	22.25
Aug.	2	193.99	259.24	− 0.54	255.81	− 0.86	+ 0.94	287.70	− 14.55	22.43
	6	194.30	140.44	− 0.58	137.55	− 0.88	+ 0.79	287.34	− 14.51	22.60
	10	194.61	21.65	− 0.62	19.30	− 0.90	+ 0.64	286.74	− 14.47	22.77
	14	194.92	262.87	− 0.66	261.08	− 0.92	+ 0.49	285.68	− 14.44	22.94
	18	195.23	144.11	− 0.70	142.86	− 0.94	+ 0.34	283.54	− 14.42	23.10
	22	195.54	25.35	− 0.74	24.67	− 0.95	+ 0.19	277.82	− 14.41	23.26
	26	195.85	266.62	− 0.78	266.49	− 0.97	+ 0.06	240.11	− 14.41	23.41
	30	196.16	147.90	− 0.82	148.33	− 0.99	+ 0.12	132.29	− 14.41	23.56
Sept.	3	196.47	29.19	− 0.87	30.19	− 1.01	+ 0.27	120.92	− 14.42	23.70
	7	196.78	270.51	− 0.91	272.06	− 1.03	+ 0.42	117.67	− 14.43	23.84
	11	197.09	151.84	− 0.95	153.95	− 1.05	+ 0.57	116.19	− 14.46	23.97
	15	197.40	33.20	− 1.00	35.85	− 1.07	+ 0.72	115.37	− 14.49	24.09
	19	197.71	274.58	− 1.04	277.78	− 1.08	+ 0.87	114.87	− 14.53	24.21
	23	198.01	155.98	− 1.09	159.72	− 1.10	+ 1.02	114.54	− 14.58	24.32
	27	198.32	37.41	− 1.13	41.67	− 1.12	+ 1.16	114.31	− 14.63	24.43
Oct.	1	198.63	278.87	− 1.18	283.64	− 1.14	+ 1.31	114.15	− 14.69	24.53
	5	198.94	160.35	− 1.22	165.63	− 1.16	+ 1.45	114.04	− 14.76	24.62
	9	199.25	41.86	− 1.27	47.63	− 1.17	+ 1.60	113.95	− 14.84	24.71
	13	199.56	283.40	− 1.31	289.65	− 1.19	+ 1.74	113.89	− 14.93	24.79
	17	199.87	164.97	− 1.36	171.68	− 1.21	+ 1.88	113.84	− 15.02	24.87
	21	200.17	46.57	− 1.40	53.73	− 1.23	+ 2.02	113.79	− 15.13	24.94
	25	200.48	288.21	− 1.45	295.79	− 1.25	+ 2.15	113.76	− 15.24	25.00
	29	200.79	169.88	− 1.49	177.86	− 1.27	+ 2.28	113.73	− 15.36	25.06
Nov.	2	201.10	51.58	− 1.53	59.94	− 1.28	+ 2.41	113.70	− 15.48	25.12
	6	201.41	293.32	− 1.58	302.04	− 1.30	+ 2.53	113.67	− 15.62	25.17
	10	201.71	175.10	− 1.62	184.14	− 1.32	+ 2.65	113.64	− 15.76	25.21
	14	202.02	56.92	− 1.66	66.26	− 1.34	+ 2.76	113.61	− 15.91	25.25
	18	202.33	298.78	− 1.70	308.39	− 1.35	+ 2.87	113.58	− 16.07	25.28
	22	202.63	180.67	− 1.74	190.52	− 1.37	+ 2.97	113.55	− 16.24	25.31
	26	202.94	62.61	− 1.78	72.66	− 1.39	+ 3.06	113.51	− 16.41	25.34
	30	203.25	304.59	− 1.82	314.81	− 1.41	+ 3.15	113.47	− 16.59	25.36
Dec.	4	203.56	186.62	− 1.86	196.96	− 1.42	+ 3.22	113.42	− 16.78	25.38
	8	203.86	68.69	− 1.89	79.11	− 1.44	+ 3.29	113.37	− 16.98	25.40
	12	204.17	310.80	− 1.93	321.27	− 1.46	+ 3.34	113.31	− 17.18	25.42
	16	204.48	192.96	− 1.96	203.43	− 1.48	+ 3.38	113.25	− 17.38	25.43
	20	204.78	75.16	− 1.99	85.59	− 1.49	+ 3.41	113.19	− 17.59	25.44
	24	205.09	317.41	− 2.02	327.74	− 1.51	+ 3.42	113.11	− 17.81	25.44
	28	205.40	199.70	− 2.05	209.90	− 1.53	+ 3.42	113.03	− 18.03	25.45
	32	205.70	82.04	− 2.08	92.04	− 1.55	+ 3.39	112.94	− 18.25	25.45

SATURN, 2015
EPHEMERIS FOR PHYSICAL OBSERVATIONS
FOR 0^h TERRESTRIAL TIME

Date		Light-time	Magnitude	Surface Brightness	Diameter		Phase Angle	Defect of Illumination
					Eq.	Polar		
		m		mag./arcsec^2	"	"	°	"
Jan.	−2	89.20	+0.5	+ 6.9	15.50	14.25	3.4	0.01
	2	88.85	+0.6	+ 6.9	15.56	14.31	3.7	0.02
	6	88.48	+0.6	+ 6.9	15.62	14.37	3.9	0.02
	10	88.08	+0.6	+ 6.9	15.69	14.43	4.2	0.02
	14	87.66	+0.6	+ 6.9	15.77	14.50	4.4	0.02
	18	87.22	+0.5	+ 6.9	15.85	14.58	4.6	0.03
	22	86.75	+0.5	+ 6.9	15.93	14.66	4.9	0.03
	26	86.27	+0.5	+ 6.9	16.02	14.74	5.0	0.03
	30	85.77	+0.5	+ 6.9	16.12	14.83	5.2	0.03
Feb.	3	85.25	+0.5	+ 6.9	16.21	14.92	5.3	0.04
	7	84.72	+0.5	+ 6.9	16.31	15.01	5.5	0.04
	11	84.19	+0.5	+ 6.9	16.42	15.11	5.6	0.04
	15	83.64	+0.5	+ 6.9	16.53	15.21	5.6	0.04
	19	83.09	+0.5	+ 6.9	16.63	15.31	5.7	0.04
	23	82.54	+0.5	+ 6.9	16.75	15.41	5.7	0.04
	27	81.98	+0.5	+ 6.9	16.86	15.52	5.7	0.04
Mar.	3	81.43	+0.4	+ 6.9	16.97	15.62	5.7	0.04
	7	80.88	+0.4	+ 6.9	17.09	15.73	5.6	0.04
	11	80.34	+0.4	+ 6.9	17.20	15.83	5.5	0.04
	15	79.81	+0.4	+ 6.9	17.32	15.94	5.4	0.04
	19	79.30	+0.4	+ 6.9	17.43	16.04	5.3	0.04
	23	78.79	+0.3	+ 6.9	17.54	16.14	5.1	0.03
	27	78.31	+0.3	+ 6.9	17.65	16.24	4.9	0.03
	31	77.85	+0.3	+ 6.9	17.76	16.34	4.7	0.03
Apr.	4	77.40	+0.3	+ 6.9	17.86	16.43	4.5	0.03
	8	76.99	+0.3	+ 6.9	17.95	16.52	4.2	0.02
	12	76.60	+0.2	+ 6.9	18.04	16.60	3.9	0.02
	16	76.24	+0.2	+ 6.9	18.13	16.68	3.6	0.02
	20	75.91	+0.2	+ 6.9	18.21	16.75	3.3	0.01
	24	75.61	+0.2	+ 6.9	18.28	16.82	2.9	0.01
	28	75.35	+0.1	+ 6.9	18.34	16.87	2.5	0.01
May	2	75.13	+0.1	+ 6.9	18.40	16.92	2.2	0.01
	6	74.94	+0.1	+ 6.9	18.44	16.96	1.8	0.00
	10	74.79	+0.1	+ 6.9	18.48	17.00	1.4	0.00
	14	74.68	+0.1	+ 6.9	18.51	17.02	1.0	0.00
	18	74.61	0.0	+ 6.9	18.53	17.04	0.6	0.00
	22	74.58	0.0	+ 6.9	18.53	17.04	0.3	0.00
	26	74.58	0.0	+ 6.9	18.53	17.04	0.4	0.00
	30	74.63	+0.1	+ 6.9	18.52	17.03	0.8	0.00
June	3	74.72	+0.1	+ 6.9	18.50	17.01	1.2	0.00
	7	74.85	+0.1	+ 6.9	18.47	16.98	1.6	0.00
	11	75.01	+0.1	+ 6.9	18.43	16.94	2.0	0.01
	15	75.21	+0.1	+ 6.9	18.38	16.89	2.3	0.01
	19	75.45	+0.2	+ 6.9	18.32	16.84	2.7	0.01
	23	75.73	+0.2	+ 6.9	18.25	16.78	3.1	0.01
	27	76.03	+0.2	+ 6.9	18.18	16.71	3.4	0.02
July	1	76.37	+0.2	+ 6.9	18.10	16.63	3.7	0.02

EPHEMERIS FOR PHYSICAL OBSERVATIONS
FOR 0ʰ TERRESTRIAL TIME

Date		L_s	Sub-Earth Point		Sub-Solar Point				North Pole	
			Long.	Lat.	Long.	Lat.	Dist.	P.A.	Dist.	P.A.
		°	°	°	°	°	″	°	″	°
Jan.	−2	63.35	41.86	+29.22	45.47	+28.35	+0.45	104.48	+6.36	2.12
	2	63.47	44.79	+29.29	48.71	+28.38	+0.49	104.02	+6.38	2.17
	6	63.60	47.75	+29.36	51.96	+28.41	+0.53	103.61	+6.41	2.21
	10	63.72	50.74	+29.42	55.23	+28.44	+0.56	103.23	+6.43	2.26
	14	63.84	53.76	+29.48	58.51	+28.47	+0.60	102.89	+6.46	2.31
	18	63.96	56.80	+29.53	61.81	+28.50	+0.63	102.57	+6.49	2.35
	22	64.09	59.89	+29.58	65.11	+28.53	+0.66	102.27	+6.52	2.39
	26	64.21	63.00	+29.62	68.43	+28.56	+0.69	101.99	+6.56	2.43
	30	64.33	66.14	+29.66	71.76	+28.59	+0.72	101.73	+6.60	2.46
Feb.	3	64.45	69.32	+29.69	75.09	+28.62	+0.74	101.48	+6.63	2.49
	7	64.58	72.52	+29.72	78.43	+28.65	+0.76	101.25	+6.67	2.52
	11	64.70	75.76	+29.74	81.78	+28.68	+0.78	101.02	+6.71	2.55
	15	64.82	79.03	+29.76	85.13	+28.71	+0.80	100.81	+6.76	2.57
	19	64.94	82.33	+29.78	88.49	+28.74	+0.81	100.61	+6.80	2.59
	23	65.07	85.66	+29.79	91.84	+28.77	+0.82	100.42	+6.85	2.61
	27	65.19	89.01	+29.79	95.20	+28.80	+0.82	100.23	+6.89	2.63
Mar.	3	65.31	92.40	+29.80	98.55	+28.83	+0.82	100.05	+6.94	2.64
	7	65.44	95.81	+29.79	101.91	+28.86	+0.82	99.88	+6.99	2.65
	11	65.56	99.25	+29.79	105.25	+28.88	+0.81	99.71	+7.03	2.65
	15	65.68	102.71	+29.78	108.60	+28.91	+0.80	99.55	+7.08	2.65
	19	65.80	106.19	+29.76	111.93	+28.94	+0.79	99.38	+7.13	2.65
	23	65.93	109.69	+29.74	115.26	+28.97	+0.77	99.21	+7.17	2.64
	27	66.05	113.22	+29.72	118.58	+29.00	+0.74	99.03	+7.22	2.64
	31	66.17	116.76	+29.70	121.88	+29.02	+0.71	98.85	+7.26	2.62
Apr.	4	66.29	120.31	+29.67	125.17	+29.05	+0.68	98.64	+7.31	2.61
	8	66.41	123.87	+29.64	128.45	+29.08	+0.64	98.42	+7.35	2.59
	12	66.54	127.45	+29.60	131.71	+29.11	+0.60	98.16	+7.39	2.57
	16	66.66	131.03	+29.57	134.96	+29.13	+0.56	97.85	+7.42	2.55
	20	66.78	134.62	+29.53	138.19	+29.16	+0.51	97.48	+7.46	2.52
	24	66.90	138.21	+29.48	141.40	+29.19	+0.46	97.01	+7.49	2.50
	28	67.03	141.80	+29.44	144.59	+29.21	+0.40	96.38	+7.52	2.47
May	2	67.15	145.38	+29.39	147.76	+29.24	+0.34	95.51	+7.54	2.43
	6	67.27	148.95	+29.35	150.91	+29.27	+0.28	94.23	+7.56	2.40
	10	67.39	152.52	+29.30	154.04	+29.29	+0.22	92.17	+7.58	2.37
	14	67.52	156.07	+29.25	157.15	+29.32	+0.16	88.34	+7.60	2.33
	18	67.64	159.61	+29.20	160.23	+29.35	+0.09	79.04	+7.61	2.29
	22	67.76	163.12	+29.15	163.29	+29.37	+0.04	39.57	+7.61	2.26
	26	67.88	166.62	+29.10	166.33	+29.40	+0.06	317.77	+7.61	2.22
	30	68.00	170.09	+29.05	169.35	+29.42	+0.12	298.60	+7.61	2.19
June	3	68.13	173.53	+29.00	172.34	+29.45	+0.18	292.57	+7.61	2.15
	7	68.25	176.95	+28.95	175.31	+29.47	+0.25	289.71	+7.60	2.11
	11	68.37	180.33	+28.91	178.26	+29.50	+0.31	288.05	+7.58	2.08
	15	68.49	183.68	+28.87	181.19	+29.52	+0.37	286.98	+7.56	2.05
	19	68.62	187.00	+28.83	184.10	+29.55	+0.42	286.24	+7.54	2.02
	23	68.74	190.28	+28.79	186.99	+29.57	+0.48	285.68	+7.52	1.99
	27	68.86	193.52	+28.76	189.86	+29.60	+0.53	285.26	+7.49	1.96
July	1	68.98	196.72	+28.73	192.71	+29.62	+0.58	284.92	+7.45	1.93

SATURN, 2015

EPHEMERIS FOR PHYSICAL OBSERVATIONS
FOR 0ʰ TERRESTRIAL TIME

Date		Light-time	Magnitude	Surface Brightness	Diameter		Phase Angle	Defect of Illumination
					Eq.	Polar		
		m		mag./arcsec²	"	"	°	"
July	1	76.37	+0.2	+6.9	18.10	16.63	3.7	0.02
	5	76.74	+0.3	+6.9	18.01	16.55	4.0	0.02
	9	77.13	+0.3	+6.9	17.92	16.47	4.3	0.03
	13	77.55	+0.3	+6.9	17.82	16.38	4.6	0.03
	17	78.00	+0.3	+6.9	17.72	16.28	4.8	0.03
	21	78.46	+0.4	+6.9	17.62	16.19	5.0	0.03
	25	78.95	+0.4	+6.9	17.51	16.09	5.2	0.04
	29	79.45	+0.4	+6.9	17.40	15.99	5.4	0.04
Aug.	2	79.97	+0.4	+6.9	17.28	15.88	5.5	0.04
	6	80.50	+0.4	+6.9	17.17	15.78	5.6	0.04
	10	81.03	+0.5	+6.9	17.06	15.68	5.7	0.04
	14	81.58	+0.5	+6.9	16.94	15.57	5.8	0.04
	18	82.13	+0.5	+6.9	16.83	15.47	5.8	0.04
	22	82.68	+0.5	+6.9	16.72	15.37	5.8	0.04
	26	83.23	+0.5	+6.9	16.61	15.27	5.8	0.04
	30	83.78	+0.5	+6.9	16.50	15.17	5.7	0.04
Sept.	3	84.33	+0.5	+6.9	16.39	15.07	5.7	0.04
	7	84.86	+0.5	+6.9	16.29	14.97	5.6	0.04
	11	85.39	+0.6	+6.9	16.19	14.88	5.5	0.04
	15	85.91	+0.6	+6.9	16.09	14.79	5.4	0.03
	19	86.42	+0.6	+6.9	15.99	14.71	5.2	0.03
	23	86.91	+0.6	+6.9	15.90	14.63	5.0	0.03
	27	87.38	+0.6	+6.9	15.82	14.55	4.8	0.03
Oct.	1	87.83	+0.6	+6.9	15.74	14.48	4.6	0.03
	5	88.27	+0.6	+6.9	15.66	14.41	4.4	0.02
	9	88.68	+0.6	+6.9	15.59	14.34	4.1	0.02
	13	89.07	+0.6	+6.9	15.52	14.28	3.9	0.02
	17	89.43	+0.6	+6.9	15.46	14.22	3.6	0.02
	21	89.76	+0.6	+6.9	15.40	14.17	3.3	0.01
	25	90.07	+0.5	+6.9	15.35	14.13	3.0	0.01
	29	90.35	+0.5	+6.9	15.30	14.08	2.7	0.01
Nov.	2	90.60	+0.5	+6.9	15.26	14.05	2.4	0.01
	6	90.81	+0.5	+6.9	15.22	14.01	2.1	0.01
	10	91.00	+0.5	+6.9	15.19	13.99	1.7	0.00
	14	91.15	+0.5	+6.9	15.16	13.97	1.4	0.00
	18	91.27	+0.5	+6.9	15.14	13.95	1.1	0.00
	22	91.35	+0.5	+6.9	15.13	13.94	0.7	0.00
	26	91.40	+0.5	+6.9	15.12	13.93	0.4	0.00
	30	91.42	+0.4	+6.9	15.12	13.93	0.2	0.00
Dec.	4	91.40	+0.4	+6.9	15.12	13.93	0.4	0.00
	8	91.35	+0.5	+6.9	15.13	13.94	0.7	0.00
	12	91.26	+0.5	+6.9	15.15	13.96	1.1	0.00
	16	91.14	+0.5	+6.9	15.17	13.98	1.4	0.00
	20	90.99	+0.5	+6.9	15.19	14.00	1.7	0.00
	24	90.80	+0.5	+6.9	15.22	14.03	2.1	0.00
	28	90.58	+0.5	+6.9	15.26	14.07	2.4	0.01
	32	90.32	+0.5	+6.9	15.30	14.11	2.7	0.01

SATURN, 2015

EPHEMERIS FOR PHYSICAL OBSERVATIONS
FOR 0ʰ TERRESTRIAL TIME

Date		L_s	Sub-Earth Point		Sub-Solar Point				North Pole	
			Long.	Lat.	Long.	Lat.	Dist.	P.A.	Dist.	P.A.
		°	°	°	°	°	″	°	″	°
July	1	68.98	196.72	+ 28.73	192.71	+ 29.62	+ 0.58	284.92	+ 7.45	1.93
	5	69.10	199.89	+ 28.71	195.55	+ 29.65	+ 0.62	284.64	+ 7.42	1.91
	9	69.23	203.02	+ 28.69	198.37	+ 29.67	+ 0.66	284.40	+ 7.38	1.89
	13	69.35	206.11	+ 28.68	201.18	+ 29.70	+ 0.70	284.20	+ 7.34	1.87
	17	69.47	209.16	+ 28.67	203.97	+ 29.72	+ 0.73	284.01	+ 7.30	1.86
	21	69.59	212.18	+ 28.67	206.75	+ 29.74	+ 0.76	283.84	+ 7.26	1.85
	25	69.71	215.15	+ 28.67	209.52	+ 29.77	+ 0.78	283.67	+ 7.21	1.84
	29	69.84	218.09	+ 28.68	212.28	+ 29.79	+ 0.80	283.52	+ 7.17	1.83
Aug.	2	69.96	221.00	+ 28.70	215.03	+ 29.81	+ 0.81	283.37	+ 7.12	1.83
	6	70.08	223.87	+ 28.72	217.78	+ 29.84	+ 0.82	283.21	+ 7.07	1.83
	10	70.20	226.70	+ 28.75	220.52	+ 29.86	+ 0.83	283.06	+ 7.03	1.84
	14	70.32	229.51	+ 28.78	223.26	+ 29.88	+ 0.83	282.91	+ 6.98	1.85
	18	70.45	232.28	+ 28.81	225.99	+ 29.91	+ 0.83	282.75	+ 6.93	1.86
	22	70.57	235.03	+ 28.86	228.72	+ 29.93	+ 0.83	282.59	+ 6.88	1.87
	26	70.69	237.74	+ 28.90	231.45	+ 29.95	+ 0.82	282.42	+ 6.83	1.89
	30	70.81	240.44	+ 28.96	234.19	+ 29.97	+ 0.81	282.24	+ 6.78	1.91
Sept.	3	70.93	243.11	+ 29.01	236.92	+ 30.00	+ 0.80	282.05	+ 6.74	1.93
	7	71.05	245.76	+ 29.07	239.66	+ 30.02	+ 0.78	281.86	+ 6.69	1.96
	11	71.18	248.38	+ 29.13	242.41	+ 30.04	+ 0.76	281.66	+ 6.65	1.98
	15	71.30	251.00	+ 29.20	245.16	+ 30.06	+ 0.74	281.44	+ 6.61	2.02
	19	71.42	253.59	+ 29.27	247.92	+ 30.08	+ 0.71	281.21	+ 6.56	2.05
	23	71.54	256.17	+ 29.34	250.68	+ 30.11	+ 0.68	280.97	+ 6.52	2.09
	27	71.66	258.74	+ 29.42	253.46	+ 30.13	+ 0.65	280.72	+ 6.48	2.12
Oct.	1	71.79	261.31	+ 29.50	256.25	+ 30.15	+ 0.62	280.44	+ 6.45	2.17
	5	71.91	263.86	+ 29.57	259.05	+ 30.17	+ 0.59	280.15	+ 6.41	2.21
	9	72.03	266.41	+ 29.65	261.86	+ 30.19	+ 0.55	279.83	+ 6.38	2.25
	13	72.15	268.95	+ 29.73	264.68	+ 30.21	+ 0.52	279.49	+ 6.35	2.30
	17	72.27	271.50	+ 29.81	267.52	+ 30.23	+ 0.48	279.11	+ 6.32	2.35
	21	72.39	274.04	+ 29.89	270.37	+ 30.25	+ 0.44	278.68	+ 6.29	2.40
	25	72.52	276.58	+ 29.97	273.24	+ 30.27	+ 0.40	278.20	+ 6.27	2.45
	29	72.64	279.13	+ 30.05	276.13	+ 30.29	+ 0.36	277.65	+ 6.24	2.50
Nov.	2	72.76	281.69	+ 30.13	279.03	+ 30.31	+ 0.31	276.98	+ 6.22	2.56
	6	72.88	284.25	+ 30.21	281.95	+ 30.33	+ 0.27	276.16	+ 6.20	2.61
	10	73.00	286.83	+ 30.29	284.89	+ 30.35	+ 0.23	275.10	+ 6.19	2.67
	14	73.12	289.41	+ 30.36	287.85	+ 30.37	+ 0.18	273.60	+ 6.17	2.73
	18	73.25	292.01	+ 30.43	290.82	+ 30.39	+ 0.14	271.26	+ 6.16	2.78
	22	73.37	294.62	+ 30.50	293.82	+ 30.41	+ 0.09	266.89	+ 6.15	2.84
	26	73.49	297.24	+ 30.57	296.83	+ 30.43	+ 0.05	255.19	+ 6.15	2.90
	30	73.61	299.89	+ 30.63	299.86	+ 30.45	+ 0.02	191.13	+ 6.14	2.95
Dec.	4	73.73	302.55	+ 30.69	302.92	+ 30.47	+ 0.05	123.98	+ 6.14	3.01
	8	73.85	305.24	+ 30.75	305.99	+ 30.49	+ 0.09	111.82	+ 6.14	3.07
	12	73.97	307.94	+ 30.81	309.08	+ 30.51	+ 0.14	107.34	+ 6.15	3.12
	16	74.10	310.67	+ 30.86	312.19	+ 30.53	+ 0.18	104.96	+ 6.15	3.18
	20	74.22	313.42	+ 30.91	315.32	+ 30.55	+ 0.23	103.44	+ 6.16	3.24
	24	74.34	316.20	+ 30.95	318.47	+ 30.57	+ 0.27	102.36	+ 6.17	3.29
	28	74.46	319.00	+ 30.99	321.63	+ 30.58	+ 0.31	101.53	+ 6.18	3.34
	32	74.58	321.83	+ 31.03	324.82	+ 30.60	+ 0.36	100.85	+ 6.20	3.39

URANUS, 2015

EPHEMERIS FOR PHYSICAL OBSERVATIONS
FOR 0^h TERRESTRIAL TIME

Date		Light-time	Magnitude	Equatorial Diameter	Phase Angle	L_s	Sub-Earth Lat.	North Pole	
								Dist.	P.A.
		m		"	°	°	°	"	°
Jan.	−2	165.42	+5.8	3.54	2.8	27.64	+25.61	+1.57	255.28
	8	166.85	+5.8	3.51	2.8	27.75	+25.72	+1.56	255.30
	18	168.26	+5.9	3.48	2.7	27.86	+25.91	+1.54	255.33
	28	169.61	+5.9	3.46	2.6	27.96	+26.18	+1.53	255.37
Feb.	7	170.86	+5.9	3.43	2.3	28.07	+26.53	+1.51	255.42
	17	171.97	+5.9	3.41	2.0	28.18	+26.94	+1.50	255.48
	27	172.92	+5.9	3.39	1.7	28.29	+27.41	+1.48	255.55
Mar.	9	173.67	+5.9	3.38	1.3	28.39	+27.92	+1.47	255.63
	19	174.22	+5.9	3.36	0.9	28.50	+28.47	+1.46	255.72
	29	174.55	+5.9	3.36	0.4	28.61	+29.03	+1.45	255.81
Apr.	8	174.65	+5.9	3.36	0.1	28.72	+29.61	+1.44	255.91
	18	174.52	+5.9	3.36	0.5	28.83	+30.19	+1.43	256.01
	28	174.16	+5.9	3.37	1.0	28.93	+30.75	+1.43	256.12
May	8	173.60	+5.9	3.38	1.4	29.04	+31.29	+1.43	256.22
	18	172.84	+5.9	3.39	1.8	29.15	+31.79	+1.43	256.31
	28	171.89	+5.9	3.41	2.1	29.26	+32.25	+1.43	256.40
June	7	170.80	+5.9	3.43	2.4	29.36	+32.65	+1.43	256.48
	17	169.58	+5.9	3.46	2.7	29.47	+33.00	+1.44	256.55
	27	168.27	+5.9	3.48	2.8	29.58	+33.27	+1.44	256.61
July	7	166.89	+5.8	3.51	2.9	29.69	+33.47	+1.45	256.65
	17	165.50	+5.8	3.54	2.9	29.80	+33.58	+1.46	256.67
	27	164.12	+5.8	3.57	2.8	29.90	+33.62	+1.47	256.67
Aug.	6	162.79	+5.8	3.60	2.7	30.01	+33.58	+1.49	256.66
	16	161.55	+5.8	3.63	2.5	30.12	+33.45	+1.50	256.63
	26	160.45	+5.7	3.65	2.1	30.23	+33.25	+1.51	256.59
Sept.	5	159.50	+5.7	3.67	1.8	30.33	+32.99	+1.53	256.53
	15	158.76	+5.7	3.69	1.3	30.44	+32.66	+1.54	256.46
	25	158.23	+5.7	3.70	0.9	30.55	+32.30	+1.55	256.39
Oct.	5	157.94	+5.7	3.71	0.4	30.66	+31.90	+1.56	256.31
	15	157.90	+5.7	3.71	0.1	30.77	+31.49	+1.57	256.23
	25	158.12	+5.7	3.71	0.6	30.87	+31.09	+1.57	256.15
Nov.	4	158.58	+5.7	3.70	1.1	30.98	+30.70	+1.57	256.08
	14	159.28	+5.7	3.68	1.6	31.09	+30.36	+1.57	256.02
	24	160.19	+5.7	3.66	2.0	31.20	+30.07	+1.56	255.97
Dec.	4	161.28	+5.8	3.63	2.3	31.31	+29.84	+1.56	255.94
	14	162.52	+5.8	3.61	2.6	31.41	+29.70	+1.55	255.91
	24	163.87	+5.8	3.58	2.7	31.52	+29.63	+1.54	255.91
	34	165.28	+5.8	3.55	2.8	31.63	+29.65	+1.52	255.91
	44	166.71	+5.8	3.52	2.8	31.74	+29.77	+1.51	255.94

EPHEMERIS FOR PHYSICAL OBSERVATIONS
FOR 0ʰ TERRESTRIAL TIME

Date		Light-time	Magnitude	Equatorial Diameter	Phase Angle	L_s	Sub-Earth Lat.	North Pole	
								Dist.	P.A.
		m		"	°	°	°	"	°
Jan.	−2	253.46	+7.9	2.24	1.6	291.08	−27.35	−0.99	329.89
	8	254.62	+7.9	2.23	1.4	291.14	−27.31	−0.98	329.72
	18	255.61	+8.0	2.22	1.2	291.20	−27.27	−0.98	329.53
	28	256.41	+8.0	2.22	0.9	291.26	−27.22	−0.97	329.31
Feb.	7	256.99	+8.0	2.21	0.6	291.32	−27.16	−0.97	329.08
	17	257.35	+8.0	2.21	0.3	291.38	−27.10	−0.97	328.84
	27	257.46	+8.0	2.21	0.0	291.44	−27.04	−0.97	328.60
Mar.	9	257.34	+8.0	2.21	0.3	291.50	−26.97	−0.97	328.35
	19	256.99	+8.0	2.21	0.6	291.56	−26.90	−0.98	328.12
	29	256.41	+8.0	2.21	0.9	291.62	−26.84	−0.98	327.90
Apr.	8	255.63	+8.0	2.22	1.2	291.68	−26.77	−0.98	327.69
	18	254.66	+7.9	2.23	1.4	291.74	−26.72	−0.99	327.51
	28	253.54	+7.9	2.24	1.6	291.80	−26.66	−0.99	327.35
May	8	252.29	+7.9	2.25	1.8	291.86	−26.62	−1.00	327.22
	18	250.95	+7.9	2.26	1.9	291.92	−26.58	−1.00	327.12
	28	249.56	+7.9	2.28	1.9	291.98	−26.56	−1.01	327.06
June	7	248.16	+7.9	2.29	1.9	292.04	−26.54	−1.01	327.02
	17	246.79	+7.9	2.30	1.9	292.10	−26.53	−1.02	327.02
	27	245.47	+7.9	2.31	1.8	292.16	−26.54	−1.02	327.05
July	7	244.26	+7.9	2.33	1.6	292.22	−26.55	−1.03	327.12
	17	243.19	+7.8	2.34	1.4	292.28	−26.57	−1.03	327.21
	27	242.29	+7.8	2.34	1.1	292.34	−26.60	−1.04	327.33
Aug.	6	241.58	+7.8	2.35	0.9	292.40	−26.64	−1.04	327.47
	16	241.09	+7.8	2.36	0.5	292.46	−26.69	−1.04	327.62
	26	240.83	+7.8	2.36	0.2	292.52	−26.73	−1.04	327.79
Sept.	5	240.82	+7.8	2.36	0.1	292.58	−26.78	−1.04	327.96
	15	241.06	+7.8	2.36	0.5	292.64	−26.83	−1.04	328.14
	25	241.53	+7.8	2.35	0.8	292.70	−26.87	−1.04	328.30
Oct.	5	242.24	+7.8	2.34	1.1	292.76	−26.91	−1.03	328.45
	15	243.15	+7.8	2.34	1.3	292.82	−26.95	−1.03	328.57
	25	244.24	+7.9	2.33	1.5	292.88	−26.98	−1.03	328.67
Nov.	4	245.47	+7.9	2.31	1.7	292.94	−27.00	−1.02	328.74
	14	246.82	+7.9	2.30	1.8	293.00	−27.01	−1.01	328.78
	24	248.23	+7.9	2.29	1.9	293.06	−27.01	−1.01	328.78
Dec.	4	249.67	+7.9	2.27	1.9	293.12	−27.00	−1.00	328.74
	14	251.09	+7.9	2.26	1.8	293.18	−26.99	−1.00	328.67
	24	252.44	+7.9	2.25	1.7	293.24	−26.96	−0.99	328.56
	34	253.70	+7.9	2.24	1.6	293.30	−26.93	−0.99	328.42
	44	254.81	+7.9	2.23	1.3	293.36	−26.88	−0.98	328.25

FOR 0^h TERRESTRIAL TIME

Date		Mars	Jupiter			Saturn
			System I	System II	System III	
		°	°	°	°	°
Jan.	0	48.15	257.89	200.96	99.62	223.32
	1	38.22	55.91	351.36	250.28	314.06
	2	28.29	213.94	141.75	40.94	44.79
	3	18.36	11.97	292.15	191.61	135.53
	4	8.43	170.00	82.55	342.27	226.27
	5	358.49	328.03	232.95	132.94	317.01
	6	348.56	126.06	23.36	283.61	47.75
	7	338.62	284.10	173.76	74.28	138.49
	8	328.68	82.13	324.16	224.95	229.24
	9	318.73	240.17	114.57	15.62	319.99
	10	308.79	38.21	264.98	166.30	50.74
	11	298.84	196.25	55.39	316.97	141.49
	12	288.89	354.29	205.80	107.65	232.24
	13	278.94	152.33	356.21	258.32	323.00
	14	268.98	310.37	146.62	49.00	53.76
	15	259.02	108.41	297.03	199.68	144.51
	16	249.07	266.46	87.45	350.36	235.28
	17	239.11	64.50	237.86	141.04	326.04
	18	229.15	222.54	28.27	291.72	56.80
	19	219.18	20.59	178.69	82.40	147.57
	20	209.22	178.63	329.10	233.08	238.34
	21	199.25	336.68	119.52	23.76	329.11
	22	189.28	134.72	269.93	174.44	59.89
	23	179.31	292.77	60.35	325.12	150.66
	24	169.34	90.82	210.76	115.81	241.44
	25	159.37	248.86	1.18	266.49	332.22
	26	149.40	46.90	151.59	57.17	63.00
	27	139.43	204.95	302.01	207.85	153.78
	28	129.45	2.99	92.42	358.53	244.57
	29	119.48	161.04	242.83	149.20	335.35
	30	109.50	319.08	33.24	299.88	66.14
	31	99.52	117.12	183.66	90.56	156.93
Feb.	1	89.55	275.16	334.07	241.24	247.73
	2	79.57	73.20	124.47	31.91	338.52
	3	69.59	231.24	274.88	182.59	69.32
	4	59.61	29.27	65.29	333.26	160.12
	5	49.63	187.31	215.70	123.93	250.92
	6	39.66	345.34	6.10	274.60	341.72
	7	29.68	143.38	156.50	65.27	72.52
	8	19.70	301.41	306.90	215.94	163.33
	9	9.72	99.44	97.30	6.60	254.14
	10	359.74	257.46	247.70	157.26	344.95
	11	349.76	55.49	38.10	307.93	75.76
	12	339.78	213.51	188.49	98.59	166.58
	13	329.81	11.53	338.88	249.24	257.39
	14	319.83	169.55	129.27	39.90	348.21
	15	309.85	327.57	279.66	190.55	79.03

FOR 0ʰ TERRESTRIAL TIME

Date		Mars	Jupiter			Saturn
			System I	System II	System III	
		°	°	°	°	°
Feb.	15	309.85	327.57	279.66	190.55	79.03
	16	299.88	125.58	70.04	341.20	169.85
	17	289.90	283.60	220.42	131.85	260.68
	18	279.93	81.61	10.80	282.50	351.50
	19	269.95	239.61	161.18	73.14	82.33
	20	259.98	37.62	311.55	223.78	173.16
	21	250.01	195.62	101.93	14.42	263.99
	22	240.04	353.62	252.29	165.05	354.82
	23	230.07	151.61	42.66	315.68	85.66
	24	220.10	309.60	193.02	106.31	176.49
	25	210.14	107.59	343.38	256.94	267.33
	26	200.18	265.58	133.74	47.56	358.17
	27	190.21	63.56	284.09	198.18	89.01
	28	180.25	221.54	74.44	348.79	179.86
Mar.	1	170.29	19.52	224.79	139.41	270.70
	2	160.34	177.49	15.13	290.02	1.55
	3	150.38	335.46	165.47	80.62	92.40
	4	140.43	133.43	315.81	231.22	183.25
	5	130.48	291.39	106.14	21.82	274.10
	6	120.53	89.35	256.47	172.42	4.95
	7	110.58	247.30	46.79	323.01	95.81
	8	100.64	45.25	197.12	113.60	186.67
	9	90.70	203.20	347.43	264.18	277.52
	10	80.76	1.14	137.75	54.76	8.38
	11	70.82	159.08	288.06	205.34	99.25
	12	60.88	317.02	78.37	355.91	190.11
	13	50.95	114.95	228.67	146.48	280.97
	14	41.02	272.88	18.97	297.04	11.84
	15	31.09	70.81	169.26	87.60	102.71
	16	21.17	228.73	319.55	238.16	193.57
	17	11.25	26.64	109.84	28.71	284.44
	18	1.33	184.56	260.12	179.26	15.32
	19	351.41	342.47	50.40	329.81	106.19
	20	341.49	140.37	200.68	120.35	197.06
	21	331.58	298.27	350.95	270.89	287.94
	22	321.67	96.17	141.22	61.42	18.82
	23	311.77	254.06	291.48	211.95	109.69
	24	301.86	51.95	81.74	2.48	200.57
	25	291.96	209.84	232.00	153.00	291.45
	26	282.07	7.72	22.25	303.52	22.33
	27	272.17	165.59	172.49	94.03	113.22
	28	262.28	323.47	322.74	244.54	204.10
	29	252.39	121.34	112.98	35.04	294.98
	30	242.51	279.20	263.21	185.55	25.87
	31	232.62	77.06	53.45	336.04	116.76
Apr.	1	222.74	234.92	203.67	126.54	207.64
	2	212.87	32.77	353.90	277.03	298.53

FOR 0^h TERRESTRIAL TIME

Date		Mars	Jupiter			Saturn
			System I	System II	System III	
		°	°	°	°	°
Apr.	1	222.74	234.92	203.67	126.54	207.64
	2	212.87	32.77	353.90	277.03	298.53
	3	202.99	190.62	144.12	67.51	29.42
	4	193.12	348.47	294.33	217.99	120.31
	5	183.26	146.31	84.55	8.47	211.20
	6	173.39	304.15	234.75	158.95	302.09
	7	163.53	101.98	24.96	309.42	32.98
	8	153.67	259.81	175.16	99.89	123.87
	9	143.81	57.64	325.36	250.35	214.77
	10	133.96	215.46	115.55	40.81	305.66
	11	124.11	13.28	265.74	191.26	36.56
	12	114.26	171.10	55.93	341.72	127.45
	13	104.42	328.91	206.11	132.17	218.35
	14	94.58	126.72	356.29	282.61	309.24
	15	84.74	284.52	146.47	73.05	40.14
	16	74.90	82.32	296.64	223.49	131.03
	17	65.07	240.12	86.81	13.93	221.93
	18	55.24	37.92	236.97	164.36	312.83
	19	45.41	195.71	27.13	314.78	43.72
	20	35.59	353.49	177.29	105.21	134.62
	21	25.76	151.28	327.45	255.63	225.52
	22	15.95	309.06	117.60	46.05	316.42
	23	6.13	106.84	267.75	196.46	47.31
	24	356.31	264.61	57.89	346.87	138.21
	25	346.50	62.38	208.04	137.28	229.11
	26	336.69	220.15	358.17	287.69	320.00
	27	326.89	17.92	148.31	78.09	50.90
	28	317.09	175.68	298.44	228.49	141.80
	29	307.28	333.44	88.57	18.89	232.69
	30	297.49	131.20	238.70	169.28	323.59
May	1	287.69	288.95	28.83	319.67	54.48
	2	277.90	86.70	178.95	110.06	145.38
	3	268.10	244.45	329.07	260.44	236.27
	4	258.32	42.20	119.18	50.82	327.17
	5	248.53	199.94	269.30	201.20	58.06
	6	238.75	357.68	59.41	351.58	148.95
	7	228.96	155.42	209.51	141.95	239.85
	8	219.18	313.15	359.62	292.33	330.74
	9	209.41	110.88	149.72	82.69	61.63
	10	199.63	268.61	299.82	233.06	152.52
	11	189.86	66.34	89.92	23.43	243.41
	12	180.09	224.07	240.02	173.79	334.30
	13	170.32	21.79	30.11	324.15	65.18
	14	160.55	179.51	180.20	114.50	156.07
	15	150.78	337.23	330.29	264.86	246.96
	16	141.02	134.94	120.38	55.21	337.84
	17	131.26	292.66	270.46	205.56	68.73

FOR 0ʰ TERRESTRIAL TIME

Date		Mars	Jupiter			Saturn
			System I	System II	System III	
		°	°	°	°	°
May	17	131.26	292.66	270.46	205.56	68.73
	18	121.50	90.37	60.55	355.91	159.61
	19	111.74	248.08	210.63	146.26	250.49
	20	101.99	45.79	0.70	296.60	341.37
	21	92.23	203.49	150.78	86.94	72.25
	22	82.48	1.20	300.86	237.28	163.12
	23	72.73	158.90	90.93	27.62	254.00
	24	62.98	316.60	241.00	177.96	344.87
	25	53.23	114.30	31.07	328.29	75.75
	26	43.48	271.99	181.13	118.63	166.62
	27	33.74	69.69	331.20	268.96	257.49
	28	24.00	227.38	121.26	59.29	348.36
	29	14.25	25.07	271.33	209.62	79.22
	30	4.51	182.76	61.39	359.94	170.09
	31	354.77	340.45	211.45	150.27	260.95
June	1	345.04	138.14	1.50	300.59	351.81
	2	335.30	295.82	151.56	90.91	82.67
	3	325.57	93.51	301.61	241.23	173.53
	4	315.83	251.19	91.67	31.55	264.39
	5	306.10	48.87	241.72	181.87	355.24
	6	296.37	206.55	31.77	332.19	86.10
	7	286.64	4.23	181.82	122.50	176.95
	8	276.91	161.91	331.87	272.82	267.79
	9	267.18	319.59	121.92	63.13	358.64
	10	257.45	117.26	271.96	213.44	89.49
	11	247.73	274.93	62.01	3.75	180.33
	12	238.00	72.61	212.05	154.06	271.17
	13	228.27	230.28	2.09	304.37	2.01
	14	218.55	27.95	152.13	94.68	92.85
	15	208.83	185.62	302.18	244.99	183.68
	16	199.10	343.29	92.22	35.29	274.51
	17	189.38	140.96	242.25	185.60	5.34
	18	179.66	298.63	32.29	335.90	96.17
	19	169.94	96.29	182.33	126.21	187.00
	20	160.22	253.96	332.37	276.51	277.82
	21	150.50	51.62	122.40	66.81	8.64
	22	140.78	209.29	272.44	217.11	99.46
	23	131.06	6.95	62.47	7.41	190.28
	24	121.35	164.62	212.51	157.71	281.09
	25	111.63	322.28	2.54	308.01	11.90
	26	101.91	119.94	152.57	98.31	102.71
	27	92.20	277.60	302.60	248.61	193.52
	28	82.48	75.26	92.63	38.90	284.32
	29	72.76	232.92	242.67	189.20	15.13
	30	63.05	30.58	32.70	339.50	105.93
July	1	53.33	188.24	182.73	129.80	196.72
	2	43.62	345.90	332.76	280.09	287.52

FOR 0[h] TERRESTRIAL TIME

Date		Mars	Jupiter			Saturn
			System I	System II	System III	
		°	°	°	°	°
July	1	53.33	188.24	182.73	129.80	196.72
	2	43.62	345.90	332.76	280.09	287.52
	3	33.90	143.56	122.79	70.39	18.31
	4	24.19	301.22	272.82	220.68	109.10
	5	14.47	98.88	62.85	10.98	199.89
	6	4.76	256.54	212.87	161.27	290.68
	7	355.04	54.20	2.90	311.57	21.46
	8	345.33	211.86	152.93	101.86	112.24
	9	335.61	9.51	302.96	252.16	203.02
	10	325.90	167.17	92.99	42.45	293.80
	11	316.18	324.83	243.02	192.74	24.57
	12	306.47	122.49	33.04	343.04	115.34
	13	296.75	280.14	183.07	133.33	206.11
	14	287.04	77.80	333.10	283.63	296.88
	15	277.32	235.46	123.13	73.92	27.64
	16	267.61	33.12	273.16	224.21	118.40
	17	257.89	190.77	63.18	14.51	209.16
	18	248.17	348.43	213.21	164.80	299.92
	19	238.46	146.09	3.24	315.10	30.67
	20	228.74	303.75	153.27	105.39	121.43
	21	219.02	101.41	303.30	255.68	212.18
	22	209.31	259.06	93.33	45.98	302.92
	23	199.59	56.72	243.36	196.27	33.67
	24	189.87	214.38	33.38	346.57	124.41
	25	180.15	12.04	183.41	136.87	215.15
	26	170.43	169.70	333.44	287.16	305.89
	27	160.71	327.36	123.47	77.46	36.63
	28	150.99	125.02	273.50	227.75	127.36
	29	141.27	282.68	63.54	18.05	218.09
	30	131.55	80.34	213.57	168.35	308.82
	31	121.83	238.01	3.60	318.65	39.55
Aug.	1	112.10	35.67	153.63	108.95	130.27
	2	102.38	193.33	303.66	259.24	221.00
	3	92.66	350.99	93.70	49.54	311.72
	4	82.93	148.66	243.73	199.84	42.44
	5	73.21	306.32	33.77	350.14	133.15
	6	63.48	103.99	183.80	140.44	223.87
	7	53.75	261.65	333.84	290.75	314.58
	8	44.03	59.32	123.87	81.05	45.29
	9	34.30	216.98	273.91	231.35	136.00
	10	24.57	14.65	63.95	21.65	226.70
	11	14.84	172.32	213.99	171.96	317.41
	12	5.11	329.99	4.02	322.26	48.11
	13	355.38	127.66	154.06	112.57	138.81
	14	345.64	285.33	304.10	262.87	229.51
	15	335.91	83.00	94.14	53.18	320.20
	16	326.18	240.67	244.19	203.49	50.90

Date		Mars	Jupiter			Saturn
			System I	System II	System III	
		°	°	°	°	°
Aug.	16	326.18	240.67	244.19	203.49	50.90
	17	316.44	38.34	34.23	353.80	141.59
	18	306.71	196.02	184.27	144.11	232.28
	19	296.97	353.69	334.32	294.42	322.97
	20	287.23	151.37	124.36	84.73	53.66
	21	277.49	309.04	274.41	235.04	144.34
	22	267.75	106.72	64.46	25.35	235.03
	23	258.01	264.40	214.50	175.67	325.71
	24	248.27	62.08	4.55	325.98	56.39
	25	238.53	219.76	154.60	116.30	147.07
	26	228.79	17.44	304.65	266.62	237.74
	27	219.04	175.12	94.71	56.94	328.42
	28	209.30	332.80	244.76	207.25	59.09
	29	199.55	130.49	34.81	357.57	149.77
	30	189.81	288.17	184.87	147.90	240.44
	31	180.06	85.86	334.93	298.22	331.11
Sept.	1	170.31	243.55	124.98	88.54	61.78
	2	160.56	41.24	275.04	238.87	152.44
	3	150.81	198.92	65.10	29.19	243.11
	4	141.06	356.62	215.16	179.52	333.77
	5	131.31	154.31	5.22	329.85	64.43
	6	121.56	312.00	155.29	120.18	155.10
	7	111.80	109.70	305.35	270.51	245.76
	8	102.05	267.39	95.42	60.84	336.42
	9	92.29	65.09	245.49	211.17	67.07
	10	82.54	222.79	35.55	1.51	157.73
	11	72.78	20.49	185.62	151.84	248.38
	12	63.02	178.19	335.70	302.18	339.04
	13	53.26	335.89	125.77	92.52	69.69
	14	43.50	133.60	275.84	242.86	160.34
	15	33.74	291.30	65.92	33.20	251.00
	16	23.98	89.01	215.99	183.54	341.65
	17	14.22	246.72	6.07	333.89	72.30
	18	4.45	44.43	156.15	124.23	162.94
	19	354.69	202.14	306.23	274.58	253.59
	20	344.93	359.85	96.31	64.93	344.24
	21	335.16	157.56	246.40	215.28	74.88
	22	325.40	315.28	36.48	5.63	165.53
	23	315.63	113.00	186.57	155.98	256.17
	24	305.86	270.72	336.66	306.34	346.82
	25	296.10	68.44	126.75	96.69	77.46
	26	286.33	226.16	276.84	247.05	168.10
	27	276.56	23.88	66.94	37.41	258.74
	28	266.79	181.61	217.03	187.77	349.39
	29	257.02	339.34	7.13	338.14	80.03
	30	247.25	137.07	157.23	128.50	170.67
Oct.	1	237.48	294.80	307.33	278.87	261.31

FOR 0^h TERRESTRIAL TIME

Date		Mars	Jupiter			Saturn
			System I	System II	System III	
		°	°	°	°	°
Oct.	1	237.48	294.80	307.33	278.87	261.31
	2	227.71	92.53	97.43	69.23	351.95
	3	217.94	250.26	247.53	219.60	82.58
	4	208.16	48.00	37.64	9.98	173.22
	5	198.39	205.73	187.74	160.35	263.86
	6	188.62	3.47	337.85	310.72	354.50
	7	178.85	161.21	127.96	101.10	85.13
	8	169.07	318.96	278.08	251.48	175.77
	9	159.30	116.70	68.19	41.86	266.41
	10	149.53	274.45	218.31	192.24	357.04
	11	139.75	72.20	8.42	342.62	87.68
	12	129.98	229.95	158.54	133.01	178.32
	13	120.20	27.70	308.67	283.40	268.95
	14	110.43	185.45	98.79	73.79	359.59
	15	100.66	343.21	248.92	224.18	90.22
	16	90.88	140.97	39.04	14.57	180.86
	17	81.11	298.73	189.17	164.97	271.50
	18	71.34	96.49	339.30	315.37	2.13
	19	61.56	254.25	129.44	105.77	92.77
	20	51.79	52.02	279.57	256.17	183.40
	21	42.02	209.79	69.71	46.57	274.04
	22	32.24	7.56	219.85	196.98	4.68
	23	22.47	165.33	9.99	347.39	95.31
	24	12.70	323.11	160.14	137.80	185.95
	25	2.93	120.88	310.28	288.21	276.58
	26	353.16	278.66	100.43	78.62	7.22
	27	343.39	76.44	250.58	229.04	97.86
	28	333.62	234.23	40.74	19.46	188.50
	29	323.85	32.01	190.89	169.88	279.13
	30	314.08	189.80	341.05	320.30	9.77
	31	304.31	347.59	131.21	110.73	100.41
Nov.	1	294.55	145.38	281.37	261.15	191.05
	2	284.78	303.17	71.53	51.58	281.69
	3	275.01	100.97	221.70	202.01	12.33
	4	265.25	258.77	11.86	352.45	102.97
	5	255.48	56.57	162.04	142.88	193.61
	6	245.72	214.37	312.21	293.32	284.25
	7	235.96	12.18	102.38	83.76	14.90
	8	226.20	169.99	252.56	234.21	105.54
	9	216.43	327.80	42.74	24.65	196.18
	10	206.68	125.61	192.92	175.10	286.83
	11	196.92	283.43	343.11	325.55	17.47
	12	187.16	81.24	133.29	116.01	108.12
	13	177.40	239.06	283.48	266.46	198.76
	14	167.65	36.89	73.68	56.92	289.41
	15	157.90	194.71	223.87	207.38	20.06
	16	148.14	352.54	14.07	357.84	110.71

FOR 0^h TERRESTRIAL TIME

Date		Mars	Jupiter			Saturn
			System I	System II	System III	
		°	°	°	°	°
Nov.	16	148.14	352.54	14.07	357.84	110.71
	17	138.39	150.37	164.27	148.31	201.36
	18	128.64	308.20	314.47	298.78	292.01
	19	118.90	106.04	104.67	89.25	22.66
	20	109.15	263.87	254.88	239.72	113.31
	21	99.41	61.71	45.09	30.20	203.96
	22	89.66	219.56	195.30	180.67	294.62
	23	79.92	17.40	345.52	331.16	25.27
	24	70.18	175.25	135.73	121.64	115.93
	25	60.44	333.10	285.95	272.13	206.59
	26	50.71	130.95	76.18	62.61	297.24
	27	40.97	288.81	226.40	213.11	27.90
	28	31.24	86.67	16.63	3.60	118.56
	29	21.51	244.53	166.86	154.10	209.23
	30	11.78	42.39	317.09	304.59	299.89
Dec.	1	2.05	200.26	107.33	95.10	30.55
	2	352.32	358.13	257.57	245.60	121.22
	3	342.60	156.00	47.81	36.11	211.88
	4	332.88	313.88	198.05	186.62	302.55
	5	323.16	111.75	348.30	337.13	33.22
	6	313.44	269.64	138.55	127.65	123.89
	7	303.72	67.52	288.80	278.17	214.56
	8	294.01	225.40	79.06	68.69	305.24
	9	284.30	23.29	229.32	219.21	35.91
	10	274.59	181.18	19.58	9.74	126.58
	11	264.88	339.08	169.84	160.27	217.26
	12	255.17	136.98	320.11	310.80	307.94
	13	245.47	294.88	110.38	101.33	38.62
	14	235.77	92.78	260.65	251.87	129.30
	15	226.07	250.68	50.92	42.41	219.98
	16	216.37	48.59	201.20	192.96	310.67
	17	206.68	206.50	351.48	343.50	41.35
	18	196.99	4.42	141.76	134.05	132.04
	19	187.30	162.33	292.05	284.61	222.73
	20	177.61	320.25	82.34	75.16	313.42
	21	167.93	118.18	232.63	225.72	44.11
	22	158.24	276.10	22.93	16.28	134.80
	23	148.56	74.03	173.22	166.84	225.50
	24	138.89	231.96	323.52	317.41	316.20
	25	129.21	29.89	113.83	107.98	46.89
	26	119.54	187.83	264.13	258.55	137.59
	27	109.87	345.77	54.44	49.12	228.30
	28	100.20	143.71	204.75	199.70	319.00
	29	90.54	301.66	355.07	350.28	49.70
	30	80.87	99.60	145.38	140.86	140.41
	31	71.21	257.55	295.70	291.45	231.12
	32	61.56	55.51	86.03	82.04	321.83

CONTENTS OF SECTION F

The satellite ephemerides were calculated using $\Delta T = 68.0$ seconds.

Satellite		Orbital Period (R = Retrograde)	Max. Elong. at Mean Opposition	Semimajor Axis	Orbital Eccentricity	Inclination of Orbit to Planet's Equator	Motion of Node on Fixed Plane[2]
		d	° ′ ″	×10³ km		°	°/yr
Earth							
	Moon	27.321 661		384.400	0.054 900 489	18.2–28.58	19.34[7]
Mars							
I	Phobos[1]	0.318 910 11	25	9.376	0.015 1	1.075	158.8
II	Deimos[1]	1.262 440 8	1 02	23.458	0.000 2	1.788	6.260
Jupiter							
I	Io[1]	1.769 137 761	2 18	421.80	0.004 1	0.036	48.6
II	Europa[1]	3.551 181 055	3 40	671.10	0.009 4	0.466	12.0
III	Ganymede[1]	7.154 553 25	5 51	1 070.40	0.001 3	0.177	2.63
IV	Callisto[1]	16.689 017 0	10 18	1 882.70	0.007 4	0.192	0.643
V	Amalthea[1]	0.498 179 08	59	181.40	0.003 2	0.380	914.6
VI	Himalia	250.56	1 02 34	11 460.00	0.158 6	28.612	524.4
VII	Elara	259.64	1 04 03	11 740.00	0.210 8	27.945	506.1
VIII	Pasiphae	743.61 R	2 09 18	23 629.00	0.406 2	151.413	185.6
IX	Sinope	758.89 R	2 10 20	23 942.00	0.255 2	158.189	181.4
X	Lysithea	259.20	1 03 58	11 717.00	0.116 1	27.663	506.9
XI	Carme	734.17 R	2 07 14	23 401.00	0.254 6	164.994	187.1
XII	Ananke	629.80 R	1 55 03	21 254.00	0.233 2	148.693	215.2
XIII	Leda	240.93	1 00 58	11 164.00	0.162 4	27.882	545.4
XIV	Thebe[1]	0.675	1 13	221.90	0.017 6	1.080	
XV	Adrastea[1]	0.298	42	129.00	0.001 8	0.054	
XVI	Metis[1]	0.295	42	128.00	0.001 2	0.019	
XVII	Callirrhoe	736 R	2 14 25	24 596.24	0.206	143[9]	
XVIII	Themisto	130	40 44	7 450.00	0.20	46[9]	
XIX	Megaclite	734.1 R	2 08 06	23 439.08	0.527 7	151.700[9]	
XX	Taygete	650.1 R	1 58 27	21 671.85	0.246 0	163.545[9]	
XXI	Chaldene	591.7 R	1 50 57	20 299.46	0.155 3	165.620[9]	
XXII	Harpalyke	617.3 R	1 54 20	20 917.72	0.200 3	149.288[9]	
XXIII	Kalyke	767 R	2 11 54	24 135.61	0.317 7	165.792[9]	
XXIV	Iocaste	606.3 R	1 52 50	20 642.86	0.268 6	149.906[9]	
XXV	Erinome	661.1 R	1 59 31	21 867.75	0.346 5	160.909[9]	
XXVI	Isonoe	704.9 R	2 04 38	22 804.70	0.280 9	165.039[9]	
XXVII	Praxidike	624.6 R	1 55 19	21 098.10	0.145 8	146.353[9]	
XXVIII	Autonoe	778.0 R	2 13 25	24 413.09	0.458 6	152.056[9]	
XXIX	Thyone	610.0 R	1 53 31	20 769.90	0.283 3	148.286[9]	
XXX	Hermippe	624.6 R	1 55 03	21 047.99	0.247 9	149.785[9]	
XXXI	Aitne	679.3 R	2 01 44	22 274.41	0.311 2	164.343[9]	
XXXII	Eurydome	752.4 R	2 10 14	23 830.94	0.325 5	150.430[9]	
XXXIII	Euanthe	620.9 R	1 54 41	20 983.14	0.142 7	146.030[9]	
XXXVI	Sponde	690.3 R	2 03 14	22 548.24	0.518 9	155.220[9]	
XXXVII	Kale	679.4 R	2 01 53	22 300.64	0.325 0	164.794[9]	
XXXIX	Hegemone	715 R	2 05 44	23 006.33	0.249 4	152.330[9]	
XLI	Aoede	747 R	2 09 46	23 743.83	0.405 1	159.408[9]	
XLIII	Arche	748.7 R	2 09 53	23 765.12	0.223 7	163.254[9]	
XLV	Helike	601.40 R	1 52 16	20 540.27	0.137 5	154.587[9]	
XLVI	Carpo	455.07	1 33 14	17 056.04	0.294 9	55.147[9]	
XLVII	Eukelade	735.27 R	2 08 21	23 485.28	0.282 8	163.998[9]	
Saturn							
I	Mimas[1]	0.942 421 959	30	185.539	0.019 6	1.574	365.0
II	Enceladus[1]	1.370 218 093	38	238.042	0.000 0	0.003	156.2[8]
III	Tethys[1]	1.887 802 537	48	294.672	0.000 1	1.091	72.25
IV	Dione[1]	2.736 915 571	1 01	377.415	0.002 2	0.028	30.85[8]
V	Rhea[1]	4.517 502 73	1 25	527.068	0.000 2	0.333	10.16
VI	Titan[1]	15.945 448 4	3 17	1 221.865	0.028 8	0.306	0.521 3[8]
VII	Hyperion[1]	21.276 658 2	4 02	1 500.933	0.023 2	0.615	
VIII	Iapetus[1]	79.331 122	9 35	3 560.854	0.029 3	8.298	
IX	Phoebe[1]	546.414 R	34 42	12 893.24	0.175 6	173.73[9]	

[1] Mean orbital data given with respect to the local Laplace plane.
[2] Rate of decrease (or increase) in the longitude of the ascending node.
[3] S = Synchronous, rotation period same as orbital period. C = Chaotic.
[4] V(Sun) = −26.75
[5] V(1, 0) is the visual magnitude of the satellite reduced to a distance of 1 au from both the Sun and Earth and with phase angle of zero.
[6] V_0 is the mean opposition magnitude of the satellite.

Satellite		Mass Ratio (sat./planet)	Radius	Sid. Rot. Per.[3]	Geom. Alb. (V)[4]	$V(1,0)$[5]	V_0[6]	$B - V$	$U - B$
			km	d					
Earth									
	Moon	0.012 300 0371	1737.4	S	0.12	+ 0.21	−12.74	0.92	0.46
Mars									
I	Phobos	1.672×10^{-8}	13.4 × 11.2 × 9.2	S	0.07	+11.8	+11.4	0.6	
II	Deimos	2.43×10^{-9}	7.5 × 6.1 × 5.2	S	0.07	+12.89	+12.5	0.65	0.18
Jupiter									
I	Io	4.704×10^{-5}	1829×1819×1816	S	0.63	− 1.68	+ 5.0	1.17	1.30
II	Europa	2.528×10^{-5}	1564×1561×1561	S	0.68	− 1.41	+ 5.3	0.87	0.52
III	Ganymede	7.805×10^{-5}	2632.3	S	0.44	− 2.09	+ 4.6	0.83	0.50
IV	Callisto	5.667×10^{-5}	2409.3	S	0.19	− 1.05	+ 5.7	0.86	0.55
V	Amalthea	1.10×10^{-9}	125 × 73 × 64	S	0.09	+ 6.3	+14.1	1.50	
VI	Himalia	2.2×10^{-9}	85	0.40	0.04	+ 8.1	+14.6	0.67	0.30
VII	Elara	4.58×10^{-10}	40		0.04 :	+10.0	+16.3	0.69	0.28
VIII	Pasiphae	1.58×10^{-10}	18 :		0.04 :	+ 9.9	+17.0	0.74	0.34
IX	Sinope	3.95×10^{-11}	14 :	0.548	0.04 :	+11.6	+18.1	0.84	
X	Lysithea	3.31×10^{-11}	12 :	0.533	0.04 :	+11.1	+18.3	0.72	
XI	Carme	6.94×10^{-11}	15 :	0.433	0.04 :	+10.9	+17.6	0.76	
XII	Ananke	1.58×10^{-11}	10 :	0.35	0.04 :	+11.9	+18.8	0.90	
XIII	Leda	5.76×10^{-12}	5 :		0.04 :	+13.5	+19.0	0.7	
XIV	Thebe	7.89×10^{-10}	58 × 49 × 42	S	0.05	+ 9.0	+16.0	1.3	
XV	Adrastea	3.95×10^{-12}	10 × 8 × 7	S	0.1 :	+12.4	+18.7		
XVI	Metis	6.31×10^{-11}	30 × 20 × 17	S	0.06	+10.8	+17.5		
XVII	Callirrhoe		4.3 :		0.04 :	+13.9	+20.7	0.72	
XVIII	Themisto		4.0 :		0.04 :	+12.9	+20.3	0.83	
XIX	Megaclite		2.7 :		0.04 :	+15.1	+22.1	0.94	
XX	Taygete		2.5 :		0.04 :	+15.6	+22.9	0.56	
XXI	Chaldene		1.9 :		0.04 :	+15.7	+22.5		
XXII	Harpalyke		2.2 :		0.04 :	+15.2	+22.2		
XXIII	Kalyke		2.6 :		0.04 :	+15.3	+21.8	0.94	
XXIV	Iocaste		2.6 :		0.04 :	+15.3	+22.5	0.63	
XXV	Erinome		1.6 :		0.04 :	+16.0	+22.8		
XXVI	Isonoe		1.9 :		0.04 :	+15.9	+22.5		
XXVII	Praxidike		3.4 :		0.04 :	+15.2	+22.5	0.77	
XXVIII	Autonoe		2.0 :		0.04 :	+15.4	+22.0		
XXIX	Thyone		2.0 :		0.04 :	+15.7	+22.3		
XXX	Hermippe		2.0 :		0.04 :	+15.5	+22.1		
XXXI	Aitne		1.5 :		0.04 :	+16.1	+22.7		
XXXII	Eurydome		1.5 :		0.04 :	+16.1	+22.7		
XXXIII	Euanthe		1.5 :		0.04 :	+16.2	+22.8		
XXXVI	Sponde		1.0 :		0.04 :	+16.4	+23.0		
XXXVII	Kale		1.0 :		0.04 :	+16.4	+23.0		
XXXIX	Hegemone		1.5 :		0.04 :	+15.9	+22.8		
XLI	Aoede		2.0 :		0.04 :	+15.8	+22.5		
XLIII	Arche		1.5 :		0.04 :	+16.4	+22.8		
XLV	Helike		2.0 :		0.04 :	+16.0	+22.6		
XLVI	Carpo		1.5 :		0.04 :	+15.6	+23.0		
XLVII	Eukelade		2.0 :		0.04 :	+15.0	+22.6		
Saturn									
I	Mimas	6.61×10^{-8}	207.8 × 196.7 × 190.6	S	0.6	+ 3.3	+12.8		
II	Enceladus	1.90×10^{-7}	256.6 × 251.4 × 248.3	S	1.0	+ 2.2	+11.8	0.70	0.28
III	Tethys	1.09×10^{-6}	538.4 × 528.3 × 526.3	S	0.8	+ 0.7	+10.3	0.73	0.30
IV	Dione	1.93×10^{-6}	563.4 × 561.3 × 559.6	S	0.6	+ 0.88	+10.4	0.71	0.31
V	Rhea	4.06×10^{-6}	765.0 × 763.1 × 762.4	S	0.6	+ 0.16	+ 9.7	0.78	0.38
VI	Titan	2.366×10^{-4}	2574.73	S	0.2	− 1.20	+ 8.4	1.28	0.75
VII	Hyperion	1.00×10^{-8}	180.1 × 133.0 × 102.7	C	0.25	+ 4.6	+14.4	0.78	0.33
VIII	Iapetus	3.177×10^{-6}	745.7 × 745.7 × 712.1	S	0.2[10]	+ 1.6	+11.0	0.72	0.30
IX	Phoebe	1.454×10^{-8}	109.4 × 108.5 × 101.8	0.4	0.081	+ 6.63	+16.7	0.63	0.34

[7] Motion on the ecliptic plane.
[8] Rate of increase in the longitude of the apse.
[9] Measured from the ecliptic plane.
[10] Bright side, 0.5; faint side, 0.05.
[11] Measured relative to Earth's J2000.0 equator.
  : Quantity is uncertain.

Satellite		Orbital Period (R = Retrograde)	Max. Elong. at Mean Opposition	Semimajor Axis	Orbital Eccentricity	Inclination of Orbit to Planet's Equator	Motion of Node on Fixed Plane[2]
		d	° ′ ″	×10³ km		°	°/yr
Saturn							
X	Janus	0.695	24	151.46	0.006 8	0.163	
XI	Epimetheus	0.694	24	151.41	0.009 8	0.351	
XII	Helene	2.74	1 01	377.40	0.000	0.212	
XIII	Telesto	1.888	48	294.66	0.001	1.158	
XIV	Calypso	1.888	48	294.66	0.001	1.473	
XV	Atlas	0.602	22	137.67	0.001 2	0.003	
XVI	Prometheus	0.613	23	139.38	0.002 2	0.008	
XVII	Pandora	0.629	23	141.72	0.004 2	0.050	
XVIII	Pan[1]	0.575	22	133.585	0.000 0	0.000	
XIX	Ymir	1315.13 R	1 02 14	23 128	0.333 8	173.497	
XX	Paaliaq	686.95	40 55	15 204	0.332 5	46.228	
XXI	Tarvos	926.35	49 06	18 243	0.538 2	33.725	
XXII	Ijiraq	451.42	30 42	11 408	0.271 7	47.485	
XXIV	Kiviuq	449.22	30 38	11 384	0.332 5	46.764	
XXVI	Albiorix	783.46	44 07	16 393	0.479 7	34.060	
XXIX	Siarnaq	895.51	48 56	18 182	0.280 2	45.809	
Uranus							
I	Ariel	2.520 379 052	14	190.9	0.001 2	0.041	6.8
II	Umbriel	4.144 176 46	20	266.0	0.003 9	0.128	3.6
III	Titania	8.705 866 93	33	436.3	0.001 1	0.079	2.0
IV	Oberon	13.463 234 2	44	583.5	0.001 4	0.068	1.4
V	Miranda	1.413 479 408	10	129.9	0.001 3	4.338	19.8
VII	Ophelia	0.376 400 393	4	53.8	0.009 9	0.104	417.9
VIII	Bianca	0.434 578 986	4	59.2	0.000 9	0.193	298.7
IX	Cressida	0.463 569 601	5	61.8	0.000 4	0.006	256.9
X	Desdemona	0.473 649 597	5	62.7	0.000 1	0.113	244.3
XI	Juliet	0.493 065 489	5	64.4	0.000 7	0.065	222.5
XII	Portia	0.513 195 920	5	66.1	0.000 1	0.059	202.6
XIII	Rosalind	0.558 459 529	5	69.9	0.000 1	0.279	166.4
XIV	Belinda	0.623 527 470	6	75.3	0.000 1	0.031	128.8
XV	Puck	0.761 832 871	7	86.0	0.000 1	0.319	80.91
XVI	Caliban	579.73 R	9 08	7 231.000	0.18	141.53[9]	
XVII	Sycorax	1288.38 R	15 24	12 179.000	0.52	159.42[9]	
Neptune							
I	Triton[1]	5.876 854 07 R	17	354.759	0.000 0	156.865	0.523 2
II	Nereid[1]	360.13	4 22	5 513.818	0.750 7	7.090	0.039
V	Despina[1]	0.334 66	2	52.526	0.000 14	0.07	466.0
VI	Galatea[1]	0.428 75	3	61.953	0.000 12	0.05	261.3
VII	Larissa[1]	0.554 65	3	73.548	0.001 39	0.20	143.5
VIII	Proteus[1]	1.122	6	117.646	0.000 5	0.075	28.80
Pluto							
I	Charon	6.387 23	1	19.571	0.000 0	96.145[11]	

[1] Mean orbital data given with respect to the local Laplace plane.
[2] Rate of decrease (or increase) in the longitude of the ascending node.
[3] S = Synchronous, rotation period same as orbital period. C = Chaotic.
[4] V(Sun) = −26.75
[5] $V(1, 0)$ is the visual magnitude of the satellite reduced to a distance of 1 au from both the Sun and Earth and with phase angle of zero.
[6] V_0 is the mean opposition magnitude of the satellite.

A Note on the Satellite Diagrams

The satellite orbit diagrams have been designed to assist observers in locating many of the shorter period (< 21 days) satellites of the planets. Each diagram depicts a planet and the apparent orbits of its satellites at 0 hours UT on that planet's opposition date, unless no opposition date occurs during the year. In that case, the diagram depicts the planet and orbits at 0 hours UT on January 1 or December 31 depending on which date provides the better view. The diagrams are inverted to reproduce what an observer would normally see through a telescope. Two arrows or text in the diagram indicate the apparent motion of the satellite(s); for most satellites in the solar system, the orbital motion is counterclockwise when viewed from the northern side of the orbital plane. In the case of Jupiter, Saturn, and Uranus, the diagram may have an expanded scale in one direction to better clarify the relative positions of the orbits.

Satellite		Mass Ratio (sat./planet)	Radius	Sid. Rot. Per.[3]	Geom. Alb. (V)[4]	$V(1,0)$[5]	V_0[6]	$B - V$	$U - B$
			km	d					
Saturn									
X	Janus	3.338×10^{-9}	$101.5 \times 92.5 \times 76.3$	S	0.71	+ 4 :	+14.4		
XI	Epimetheus	9.263×10^{-10}	$64.9 \times 57.0 \times 53.1$	S	0.73	+ 5.4 :	+15.6		
XII	Helene	4.480×10^{-11}	$21.7 \times 19.1 \times 13.0$		1.67	+ 8.4 :	+18.4		
XIII	Telesto	1.265×10^{-11}	$16.3 \times 11.8 \times 10.0$		1.0	+ 8.9 :	+18.5		
XIV	Calypso	6.325×10^{-12}	$15.1 \times 11.5 \times 7.0$		0.7	+ 9.1 :	+18.7		
XV	Atlas	1.161×10^{-11}	$20.4 \times 17.7 \times 9.4$		0.4	+ 8.4 :	+19.0		
XVI	Prometheus	2.806×10^{-10}	$67.8 \times 39.7 \times 29.7$	S	0.6	+ 6.4 :	+15.8		
XVII	Pandora	2.412×10^{-10}	$52.0 \times 40.5 \times 32.0$	S	0.5	+ 6.4 :	+16.4		
XVIII	Pan	8.707×10^{-12}	$17.2 \times 15.7 \times 10.4$		0.5 :		+19.4		
XIX	Ymir		10 :		0.08 :		+21.9	0.80	
XX	Paaliaq		13 :		0.08 :	+12.4	+21.2	0.86	
XXI	Tarvos		7 :		0.08 :	+11.8	+23.0	0.78	
XXII	Ijiraq		6 :		0.08 :	+12.6	+22.6	1.05	
XXIV	Kiviuq		8 :		0.08 :	+13.6	+22.6	0.92	
XXVI	Albiorix		16 :		0.08 :	+12.7	+20.5	0.80	
XXIX	Siarnaq		21 :		0.08 :	+10.7	+20.1	0.87	
Uranus									
I	Ariel	1.56×10^{-5}	$581.1 \times 577.9 \times 577.7$	S	0.39	+ 1.7	+13.2	0.65	
II	Umbriel	1.35×10^{-5}	584.7	S	0.21	+ 2.6	+14.0	0.68	
III	Titania	4.06×10^{-5}	788.9	S	0.27	+ 1.3	+13.0	0.70	0.28
IV	Oberon	3.47×10^{-5}	761.4	S	0.23	+ 1.5	+13.2	0.68	0.20
V	Miranda	0.08×10^{-5}	$240.4 \times 234.2 \times 232.9$	S	0.32	+ 3.8	+15.3		
VII	Ophelia	6.21×10^{-10}	21.4 :		0.07 :	+11.1	+22.8		
VIII	Bianca	1.07×10^{-9}	27 :		0.065 :	+10.3	+22.0		
IX	Cressida	3.95×10^{-9}	41 :		0.069 :	+ 9.5	+21.1		
X	Desdemona	2.05×10^{-9}	35 :		0.084 :	+ 9.8	+21.5		
XI	Juliet	6.42×10^{-9}	53 :		0.075 :	+ 8.8	+20.6		
XII	Portia	1.92×10^{-8}	70 :		0.069 :	+ 8.3	+19.9		
XIII	Rosalind	2.93×10^{-9}	36 :		0.072 :	+ 9.8	+21.3		
XIV	Belinda	4.11×10^{-9}	45 :		0.067 :	+ 9.4	+21.0		
XV	Puck	3.33×10^{-8}	81 :		0.104 :	+ 7.5	+19.2		
XVI	Caliban	8.45×10^{-9}	36 :		0.04 :	+ 9.7	+22.4		
XVII	Sycorax	6.19×10^{-8}	75 :		0.04 :	+ 8.2	+20.8		
Neptune									
I	Triton	2.089×10^{-4}	1353	S	0.719	− 1.2	+13.0	0.72	0.29
II	Nereid	3.01×10^{-7}	170		0.155	+ 4.0	+19.7	0.65	
V	Despina	2.05×10^{-8}	74		0.090	+ 7.9	+22.0		
VI	Galatea	3.66×10^{-8}	79		0.079	+ 7.6 :	+21.9		
VII	Larissa	4.83×10^{-8}	96		0.091	+ 7.3	+21.5		
VIII	Proteus	4.914×10^{-7}	$218 \times 208 \times 201$	S	0.096	+ 5.6	+19.8		
Pluto									
I	Charon	0.1165	606	S	0.372	+ 0.9	+18.0	0.71	

[7] Motion on the ecliptic plane.
[8] Rate of increase in the longitude of the apse.
[9] Measured from the ecliptic plane.
[10] Bright side, 0.5; faint side, 0.05.
[11] Measured relative to Earth's J2000.0 equator.
: Quantity is uncertain.

A Note on Selection Criteria for the Satellite Data Tables

Due to the recent proliferation of known satellites associated with the gas giant planets, a set of selection criteria has been established under which satellites will be included in the data tables presented on pages F2-F5. These criteria are the following: The value of the visual magnitude of the satellite must not be greater than 23.0 and the satellite must be sanctioned by the IAU with a roman numeral and a name designation. Satellites that have yet to receive IAU approval shall be designated as "works in progress" and shall be included at a later time should such approval be granted, provided their visual magnitudes are not dimmer than 23.0. A more complete version of this table, including satellites with visual magnitude values larger than 23.0, is to be found at *The Astronomical Almanac Online* (**http://asa.usno.navy.mil** and **http://asa.hmnao.com**).

SATELLITES OF MARS, 2015

APPARENT ORBITS OF THE SATELLITES AT 0ʰ UNIVERSAL TIME
ON DECEMBER 31

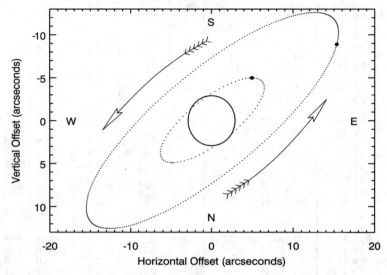

NAME	MEAN SIDEREAL PERIOD
	d
I Phobos	0.318 910 11
II Deimos	1.262 440 8

II Deimos

UNIVERSAL TIME OF GREATEST EASTERN ELONGATION

Jan.	Feb.	Mar.	Apr.	May	June	July	Aug.	Sept.	Oct.	Nov.	Dec.
d h	d h	d h	d h	d h	d h	d h	d h	d h	d h	d h	d h
−1 08.5	1 06.6	1 03.2	1 18.7	2 03.7	1 12.6	1 21.3	1 06.1	1 21.2	2 06.1	1 15.0	1 23.7
0 14.9	2 13.0	2 09.5	3 01.1	3 10.1	2 18.9	3 03.7	2 12.4	3 03.6	3 12.5	2 21.3	3 06.1
1 21.2	3 19.4	3 15.9	4 07.5	4 16.5	4 01.3	4 10.0	3 18.8	4 10.0	4 18.8	4 03.7	4 12.5
3 03.6	5 01.8	4 22.3	5 13.9	5 22.9	5 07.7	5 16.4	5 01.2	5 16.3	6 01.2	5 10.1	5 18.8
4 10.0	6 08.1	6 04.7	6 20.3	7 05.2	6 14.0	6 22.8	6 07.5	6 22.7	7 07.6	6 16.4	7 01.2
5 16.4	7 14.5	7 11.1	8 02.6	8 11.6	7 20.4	8 05.1	7 13.9	8 05.1	8 13.9	7 22.8	8 07.6
6 22.8	8 20.9	8 17.5	9 09.0	9 18.0	9 02.8	9 11.5	8 20.3	9 11.4	9 20.3	9 05.2	9 13.9
8 05.2	10 03.3	9 23.9	10 15.4	11 00.3	10 09.1	10 17.9	10 02.6	10 17.8	11 02.7	10 11.5	10 20.3
9 11.6	11 09.7	11 06.3	11 21.8	12 06.7	11 15.5	12 00.2	11 09.0	12 00.2	12 09.1	11 17.9	12 02.6
10 18.0	12 16.1	12 12.6	13 04.1	13 13.1	12 21.9	13 06.6	12 15.4	13 06.6	13 15.4	13 00.3	13 09.0
12 00.3	13 22.5	13 19.0	14 10.5	14 19.4	14 04.2	14 13.0	13 21.7	14 12.9	14 21.8	14 06.6	14 15.4
13 06.7	15 04.9	15 01.4	15 16.9	16 01.8	15 10.6	15 19.3	15 04.1	15 19.3	16 04.2	15 13.0	15 21.7
14 13.1	16 11.3	16 07.8	16 23.3	17 08.2	16 17.0	17 01.7	16 10.5	17 01.7	17 10.5	16 19.4	17 04.1
15 19.5	17 17.7	17 14.2	18 05.6	18 14.5	17 23.3	18 08.1	17 16.8	18 08.0	18 16.9	18 01.7	18 10.4
17 01.9	19 00.1	18 20.6	19 12.0	19 20.9	19 05.7	19 14.4	18 23.2	19 14.4	19 23.3	19 08.1	19 16.8
18 08.3	20 06.4	20 02.9	20 18.4	21 03.3	20 12.0	20 20.8	20 05.6	20 20.8	21 05.6	20 14.5	20 23.2
19 14.7	21 12.8	21 09.3	22 00.8	22 09.6	21 18.4	22 03.1	21 11.9	22 03.1	22 12.0	21 20.8	22 05.5
20 21.1	22 19.2	22 15.7	23 07.1	23 16.0	23 00.8	23 09.5	22 18.3	23 09.5	23 18.4	23 03.2	23 11.9
22 03.5	24 01.6	23 22.1	24 13.5	24 22.4	24 07.1	24 15.9	24 00.7	24 15.9	25 00.7	24 09.6	24 18.2
23 09.8	25 08.0	25 04.5	25 19.9	26 04.7	25 13.5	25 22.2	25 07.0	25 22.2	26 07.1	25 15.9	26 00.6
24 16.2	26 14.4	26 10.8	27 02.3	27 11.1	26 19.9	27 04.6	26 13.4	27 04.6	27 13.5	26 22.3	27 07.0
25 22.6	27 20.8	27 17.2	28 08.6	28 17.5	28 02.2	28 11.0	27 19.8	28 11.0	28 19.9	28 04.7	28 13.3
27 05.0		28 23.6	29 15.0	29 23.8	29 08.6	29 17.3	29 02.1	29 17.4	30 02.2	29 11.0	29 19.7
28 11.4		30 06.0	30 21.4	31 06.2	30 15.0	30 23.7	30 08.5	30 23.7	31 08.6	30 17.4	31 02.0
29 17.8		31 12.4					31 14.9				32 08.4
31 00.2											

SATELLITES OF MARS, 2015

I Phobos

UNIVERSAL TIME OF EVERY THIRD GREATEST EASTERN ELONGATION

Jan.	Feb.	Mar.	Apr.	May	June	July	Aug.	Sept.	Oct.	Nov.	Dec.
d h	d h	d h	d h	d h	d h	d h	d h	d h	d h	d h	d h
−1 06.9	1 19.1	1 13.5	1 04.8	1 20.1	1 11.3	1 03.5	1 17.6	1 08.8	1 01.0	1 15.2	1 07.4
0 05.8	2 18.1	2 12.5	2 03.8	2 19.1	2 10.3	2 02.5	2 16.6	2 07.8	2 00.0	2 14.2	2 06.3
1 04.8	3 17.1	3 11.5	3 02.8	3 18.0	3 09.3	3 01.5	3 15.6	3 06.8	2 23.0	3 13.1	3 05.3
2 03.8	4 16.1	4 10.5	4 01.8	4 17.0	4 08.2	4 00.4	4 14.6	4 05.7	3 21.9	4 12.1	4 04.3
3 02.8	5 15.1	5 09.5	5 00.8	5 16.0	5 07.2	4 23.4	5 13.5	5 04.7	4 20.9	5 11.1	5 03.3
4 01.8	6 14.0	6 08.4	5 23.7	6 15.0	6 06.2	5 22.4	6 12.5	6 03.7	5 19.9	6 10.1	6 02.2
5 00.7	7 13.0	7 07.4	6 22.7	7 14.0	7 05.1	6 21.3	7 11.5	7 02.7	6 18.9	7 09.0	7 01.2
5 23.7	8 12.0	8 06.4	7 21.7	8 12.9	8 04.1	7 20.3	8 10.5	8 01.6	7 17.8	8 08.0	8 00.2
6 22.7	9 11.0	9 05.4	8 20.7	9 11.9	9 03.1	8 19.3	9 09.4	9 00.6	8 16.8	9 07.0	8 23.2
7 21.7	10 10.0	10 04.4	9 19.6	10 10.9	10 02.1	9 18.3	10 08.4	9 23.6	9 15.8	10 05.9	9 22.1
8 20.6	11 08.9	11 03.3	10 18.6	11 09.9	11 01.0	10 17.2	11 07.4	10 22.6	10 14.8	11 04.9	10 21.1
9 19.6	12 07.9	12 02.3	11 17.6	12 08.8	12 00.0	11 16.2	12 06.4	11 21.5	11 13.7	12 03.9	11 20.1
10 18.6	13 06.9	13 01.3	12 16.6	13 07.8	12 23.0	12 15.2	13 05.3	12 20.5	12 12.7	13 02.9	12 19.0
11 17.6	14 05.9	14 00.3	13 15.5	14 06.8	13 22.0	13 14.2	14 04.3	13 19.5	13 11.7	14 01.8	13 18.0
12 16.6	15 04.9	14 23.2	14 14.5	15 05.8	14 20.9	14 13.1	15 03.3	14 18.5	14 10.7	15 00.8	14 17.0
13 15.5	16 03.8	15 22.2	15 13.5	16 04.7	15 19.9	15 12.1	16 02.3	15 17.4	15 09.6	15 23.8	15 16.0
14 14.5	17 02.8	16 21.2	16 12.5	17 03.7	16 18.9	16 11.1	17 01.2	16 16.4	16 08.6	16 22.8	16 14.9
15 13.5	18 01.8	17 20.2	17 11.5	18 02.7	17 17.9	17 10.1	18 00.2	17 15.4	17 07.6	17 21.7	17 13.9
16 12.5	19 00.8	18 19.2	18 10.4	19 01.7	18 16.8	18 09.0	18 23.2	18 14.4	18 06.6	18 20.7	18 12.9
17 11.5	19 23.8	19 18.1	19 09.4	20 00.6	19 15.8	19 08.0	19 22.2	19 13.3	19 05.5	19 19.7	19 11.9
18 10.4	20 22.7	20 17.1	20 08.4	20 23.6	20 14.8	20 07.0	20 21.1	20 12.3	20 04.5	20 18.7	20 10.8
19 09.4	21 21.7	21 16.1	21 07.4	21 22.6	21 13.8	21 06.0	21 20.1	21 11.3	21 03.5	21 17.6	21 09.8
20 08.4	22 20.7	22 15.1	22 06.3	22 21.6	22 12.7	22 04.9	22 19.1	22 10.3	22 02.5	22 16.6	22 08.8
21 07.4	23 19.7	23 14.0	23 05.3	23 20.5	23 11.7	23 03.9	23 18.1	23 09.2	23 01.4	23 15.6	23 07.7
22 06.4	24 18.6	24 13.0	24 04.3	24 19.5	24 10.7	24 02.9	24 17.0	24 08.2	24 00.4	24 14.6	24 06.7
23 05.3	25 17.6	25 12.0	25 03.3	25 18.5	25 09.7	25 01.9	25 16.0	25 07.2	24 23.4	25 13.5	25 05.7
24 04.3	26 16.6	26 11.0	26 02.2	26 17.5	26 08.6	26 00.8	26 15.0	26 06.2	25 22.4	26 12.5	26 04.7
25 03.3	27 15.6	27 10.0	27 01.2	27 16.4	27 07.6	26 23.8	27 13.9	27 05.1	26 21.3	27 11.5	27 03.6
26 02.3	28 14.6	28 08.9	28 00.2	28 15.4	28 06.6	27 22.8	28 12.9	28 04.1	27 20.3	28 10.4	28 02.6
27 01.3		29 07.9	28 23.2	29 14.4	29 05.6	28 21.8	29 11.9	29 03.1	28 19.3	29 09.4	29 01.6
28 00.2		30 06.9	29 22.1	30 13.4	30 04.5	29 20.7	30 10.9	30 02.1	29 18.3	30 08.4	30 00.6
28 23.2		31 05.9	30 21.1	31 12.3		30 19.7	31 09.8		30 17.2		30 23.5
29 22.2						31 18.7			31 16.2		31 22.5
30 21.2											32 21.5
31 20.2											

APPARENT ORBITS OF SATELLITES I-IV AT 0ʰ UNIVERSAL TIME
ON THE DATE OF OPPOSITION, FEBRUARY 6

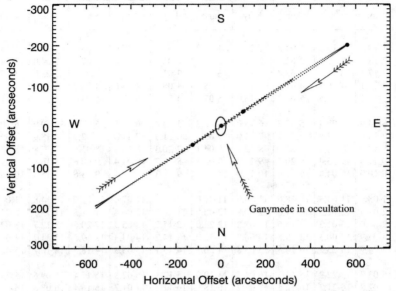

Orbits elongated in ratio of 1.7 to 1 in the North-South direction.

Name	Mean Sidereal Period		Name	Mean Sidereal Period
	d h m s	d		d
V Amalthea	0 11 57 22.673 =	0.498 179 08	XIII Leda	240.92
I Io	1 18 27 33.503 =	1.769 137 761	X Lysithea	259.20
II Europa	3 13 13 42.043 =	3.551 181 055	XII Ananke	629.77 R
III Ganymede	7 03 42 33.401 =	7.154 553 25	XI Carme	734.17 R
IV Callisto	16 16 32 11.069 =	16.689 017 0	VIII Pasiphae	743.63 R
VI Himalia		250.56	IX Sinope	758.90 R
VII Elara		259.64		

V Amalthea

UNIVERSAL TIME OF EVERY TWENTIETH GREATEST EASTERN ELONGATION

	d h		d h		d h		d h		d h
Jan.	−6 06.5	Mar.	14 23.2	June	2 16.5	Aug.	21 10.1	Nov.	9 03.5
	4 05.6		24 22.3		12 15.7		31 09.3		19 02.7
	14 04.7	Apr.	3 21.4		22 14.9	Sept.	10 08.5		29 01.8
	24 03.7		13 20.6	July	2 14.1		20 07.7	Dec.	9 01.0
Feb.	3 02.8		23 19.7		12 13.3		30 06.8		19 00.1
	13 01.9	May	3 18.9		22 12.5	Oct.	10 06.0		28 23.2
	23 01.0		13 18.1	Aug.	1 11.7		20 05.2		38 22.3
Mar.	5 00.1		23 17.3		11 10.9		30 04.4		

MULTIPLES OF THE MEAN SYNODIC PERIOD

d	h	d	h	d	h	d	h
1	0 12.0	6	2 23.7	11	5 11.5	16	7 23.3
2	0 23.9	7	3 11.7	12	5 23.5	17	8 11.3
3	1 11.9	8	3 23.7	13	6 11.4	18	8 23.2
4	1 23.8	9	4 11.6	14	6 23.4	19	9 11.2
5	2 11.8	10	4 23.6	15	7 11.4	20	9 23.2

DIFFERENTIAL COORDINATES FOR 0ʰ UNIVERSAL TIME

Date	VI Himalia		VII Elara		Date	VI Himalia		VII Elara	
	Δα	Δδ	Δα	Δδ		Δα	Δδ	Δα	Δδ
	m s	′	m s	′		m s	′	m s	′
Jan. −2	− 3 20	+ 15.0	+ 3 16	− 2.9	July 1	+ 0 31	− 24.6	+ 0 13	+ 17.0
2	− 3 18	+ 18.1	+ 3 04	− 5.1	5	+ 0 16	− 23.5	+ 0 26	+ 16.9
6	− 3 13	+ 20.8	+ 2 49	− 7.2	9	+ 0 01	− 22.2	+ 0 38	+ 16.8
10	− 3 04	+ 23.2	+ 2 31	− 9.2	13	− 0 13	− 20.6	+ 0 50	+ 16.4
14	− 2 52	+ 25.3	+ 2 09	− 11.0	17	− 0 28	− 18.9	+ 1 02	+ 16.0
18	− 2 36	+ 26.9	+ 1 43	− 12.7	21	− 0 41	− 17.1	+ 1 13	+ 15.4
22	− 2 18	+ 28.1	+ 1 16	− 14.1	25	− 0 54	− 15.0	+ 1 24	+ 14.7
26	− 1 57	+ 28.9	+ 0 46	− 15.3	29	− 1 07	− 12.7	+ 1 34	+ 13.9
30	− 1 34	+ 29.3	+ 0 15	− 16.2	Aug. 2	− 1 18	− 10.3	+ 1 44	+ 12.9
Feb. 3	− 1 09	+ 29.1	− 0 17	− 16.9	6	− 1 29	− 7.8	+ 1 53	+ 11.8
7	− 0 43	+ 28.6	− 0 49	− 17.3	10	− 1 39	− 5.2	+ 2 01	+ 10.5
11	− 0 16	+ 27.7	− 1 19	− 17.4	14	− 1 47	− 2.5	+ 2 09	+ 9.1
15	+ 0 11	+ 26.5	− 1 48	− 17.4	18	− 1 55	+ 0.3	+ 2 15	+ 7.6
19	+ 0 38	+ 24.9	− 2 15	− 17.1	22	− 2 01	+ 3.1	+ 2 20	+ 6.0
23	+ 1 05	+ 23.1	− 2 40	− 16.6	26	− 2 05	+ 5.9	+ 2 25	+ 4.2
27	+ 1 30	+ 21.0	− 3 01	− 15.9	30	− 2 09	+ 8.6	+ 2 28	+ 2.4
Mar. 3	+ 1 54	+ 18.8	− 3 20	− 15.1	Sept. 3	− 2 11	+ 11.3	+ 2 29	+ 0.5
7	+ 2 16	+ 16.4	− 3 36	− 14.2	7	− 2 11	+ 13.8	+ 2 29	− 1.4
11	+ 2 37	+ 13.8	− 3 49	− 13.1	11	− 2 10	+ 16.1	+ 2 28	− 3.4
15	+ 2 55	+ 11.2	− 3 58	− 11.9	15	− 2 07	+ 18.3	+ 2 25	− 5.4
19	+ 3 11	+ 8.6	− 4 05	− 10.7	19	− 2 03	+ 20.3	+ 2 20	− 7.4
23	+ 3 25	+ 5.9	− 4 09	− 9.3	23	− 1 58	+ 22.0	+ 2 14	− 9.3
27	+ 3 36	+ 3.3	− 4 11	− 8.0	27	− 1 52	+ 23.5	+ 2 05	− 11.1
31	+ 3 45	+ 0.6	− 4 10	− 6.5	Oct. 1	− 1 44	+ 24.6	+ 1 55	− 12.7
Apr. 4	+ 3 52	− 2.0	− 4 07	− 5.1	5	− 1 35	+ 25.5	+ 1 44	− 14.2
8	+ 3 56	− 4.5	− 4 03	− 3.6	9	− 1 25	+ 26.0	+ 1 31	− 15.5
12	+ 3 59	− 7.0	− 3 56	− 2.1	13	− 1 15	+ 26.3	+ 1 16	− 16.5
16	+ 3 59	− 9.3	− 3 49	− 0.6	17	− 1 04	+ 26.2	+ 1 01	− 17.4
20	+ 3 58	− 11.6	− 3 40	+ 0.9	21	− 0 52	+ 25.9	+ 0 44	− 17.9
24	+ 3 55	− 13.7	− 3 30	+ 2.3	25	− 0 40	+ 25.2	+ 0 27	− 18.2
28	+ 3 50	− 15.7	− 3 19	+ 3.8	29	− 0 27	+ 24.3	+ 0 09	− 18.2
May 2	+ 3 44	− 17.5	− 3 08	+ 5.2	Nov. 2	− 0 14	+ 23.1	− 0 10	− 17.9
6	+ 3 36	− 19.3	− 2 55	+ 6.5	6	− 0 01	+ 21.6	− 0 28	− 17.4
10	+ 3 27	− 20.8	− 2 43	+ 7.8	10	+ 0 13	+ 19.9	− 0 47	− 16.6
14	+ 3 17	− 22.2	− 2 30	+ 9.0	14	+ 0 26	+ 17.9	− 1 05	− 15.6
18	+ 3 06	− 23.5	− 2 16	+ 10.2	18	+ 0 39	+ 15.8	− 1 23	− 14.3
22	+ 2 55	− 24.5	− 2 03	+ 11.3	22	+ 0 52	+ 13.4	− 1 41	− 12.8
26	+ 2 42	− 25.4	− 1 49	+ 12.3	26	+ 1 05	+ 10.9	− 1 57	− 11.2
30	+ 2 29	− 26.1	− 1 35	+ 13.2	30	+ 1 18	+ 8.2	− 2 14	− 9.4
June 3	+ 2 15	− 26.6	− 1 21	+ 14.0	Dec. 4	+ 1 31	+ 5.3	− 2 29	− 7.4
7	+ 2 01	− 26.9	− 1 08	+ 14.8	8	+ 1 43	+ 2.4	− 2 44	− 5.3
11	+ 1 47	− 27.1	− 0 54	+ 15.4	12	+ 1 55	− 0.7	− 2 57	− 3.0
15	+ 1 32	− 27.0	− 0 40	+ 15.9	16	+ 2 06	− 3.9	− 3 10	− 0.7
19	+ 1 17	− 26.7	− 0 26	+ 16.4	20	+ 2 17	− 7.1	− 3 22	+ 1.7
23	+ 1 02	− 26.2	− 0 13	+ 16.7	24	+ 2 27	− 10.4	− 3 32	+ 4.1
27	+ 0 46	− 25.5	0 00	+ 16.9	28	+ 2 37	− 13.7	− 3 41	+ 6.6
July 1	+ 0 31	− 24.6	+ 0 13	+ 17.0	32	+ 2 46	− 17.0	− 3 49	+ 9.1

Differential coordinates are given in the sense "satellite minus planet."

DIFFERENTIAL COORDINATES FOR 0ʰ UNIVERSAL TIME

Date		VIII Pasiphae		IX Sinope		X Lysithea	
		$\Delta\alpha$	$\Delta\delta$	$\Delta\alpha$	$\Delta\delta$	$\Delta\alpha$	$\Delta\delta$
		m s	′	m s	′	m s	′
Jan.	−2	− 7 05	− 1.4	− 7 25	− 18.1	− 2 26	+ 36.1
	8	− 7 27	+ 2.6	− 7 48	− 17.1	− 2 01	+ 34.2
	18	− 7 45	+ 6.8	− 8 08	− 16.1	− 1 21	+ 28.9
	28	− 7 58	+ 11.0	− 8 22	− 15.0	− 0 31	+ 20.8
Feb.	7	− 8 06	+ 15.1	− 8 32	− 13.7	+ 0 25	+ 10.7
	17	− 8 09	+ 19.1	− 8 37	− 12.2	+ 1 19	− 0.1
	27	− 8 05	+ 23.0	− 8 37	− 10.4	+ 2 07	− 10.6
Mar.	9	− 7 57	+ 26.6	− 8 33	− 8.2	+ 2 44	− 19.9
	19	− 7 42	+ 29.9	− 8 24	− 5.8	+ 3 08	− 27.5
	29	− 7 23	+ 32.9	− 8 13	− 3.2	+ 3 19	− 33.2
Apr.	8	− 7 00	+ 35.5	− 7 58	− 0.4	+ 3 18	− 36.9
	18	− 6 32	+ 37.8	− 7 39	+ 2.5	+ 3 08	− 38.7
	28	− 6 02	+ 39.7	− 7 18	+ 5.3	+ 2 50	− 38.9
May	8	− 5 29	+ 41.3	− 6 53	+ 8.1	+ 2 27	− 37.5
	18	− 4 54	+ 42.5	− 6 26	+ 10.6	+ 2 00	− 34.8
	28	− 4 17	+ 43.4	− 5 54	+ 12.9	+ 1 32	− 31.0
June	7	− 3 39	+ 43.9	− 5 20	+ 14.8	+ 1 03	− 26.1
	17	− 3 00	+ 44.1	− 4 43	+ 16.4	+ 0 35	− 20.5
	27	− 2 21	+ 43.9	− 4 02	+ 17.4	+ 0 07	− 14.2
July	7	− 1 41	+ 43.4	− 3 20	+ 18.0	− 0 18	− 7.4
	17	− 1 01	+ 42.6	− 2 35	+ 18.1	− 0 41	− 0.4
	27	− 0 22	+ 41.5	− 1 48	+ 17.8	− 1 01	+ 6.5
Aug.	6	+ 0 18	+ 40.3	− 1 01	+ 17.0	− 1 17	+ 13.1
	16	+ 0 57	+ 38.8	− 0 13	+ 15.7	− 1 30	+ 18.9
	26	+ 1 36	+ 37.2	+ 0 34	+ 14.1	− 1 38	+ 23.6
Sept.	5	+ 2 14	+ 35.5	+ 1 20	+ 12.2	− 1 42	+ 26.9
	15	+ 2 52	+ 33.7	+ 2 03	+ 10.2	− 1 40	+ 28.3
	25	+ 3 29	+ 31.9	+ 2 44	+ 8.0	− 1 34	+ 27.6
Oct.	5	+ 4 05	+ 30.2	+ 3 21	+ 5.7	− 1 22	+ 25.0
	15	+ 4 41	+ 28.4	+ 3 54	+ 3.5	− 1 07	+ 20.4
	25	+ 5 16	+ 26.8	+ 4 22	+ 1.5	− 0 48	+ 14.3
Nov.	4	+ 5 51	+ 25.3	+ 4 46	− 0.4	− 0 26	+ 7.0
	14	+ 6 25	+ 24.0	+ 5 04	− 2.1	− 0 03	− 1.0
	24	+ 6 58	+ 22.8	+ 5 18	− 3.7	+ 0 22	− 9.5
Dec.	4	+ 7 30	+ 21.7	+ 5 27	− 5.0	+ 0 48	− 18.1
	14	+ 8 01	+ 20.8	+ 5 32	− 6.2	+ 1 14	− 26.3
	24	+ 8 30	+ 20.1	+ 5 32	− 7.4	+ 1 40	− 33.8
	34	+ 8 57	+ 19.4	+ 5 29	− 8.5 .	+ 2 03	− 40.4

Differential coordinates are given in the sense "satellite minus planet."

DIFFERENTIAL COORDINATES FOR 0ʰ UNIVERSAL TIME

Date		XI Carme		XII Ananke		XIII Leda	
		$\Delta\alpha$	$\Delta\delta$	$\Delta\alpha$	$\Delta\delta$	$\Delta\alpha$	$\Delta\delta$
		m s	,	m s	,	m s	,
Jan.	−2	− 5 23	+ 36.7	− 2 28	− 50.8	+ 3 18	+ 14.7
	8	− 5 26	+ 34.0	− 2 55	− 48.0	+ 2 46	+ 19.7
	18	− 5 24	+ 30.6	− 3 20	− 44.7	+ 2 01	+ 24.0
	28	− 5 18	+ 26.6	− 3 42	− 41.0	+ 1 06	+ 27.3
Feb.	7	− 5 07	+ 22.0	− 4 01	− 36.8	+ 0 06	+ 29.1
	17	− 4 52	+ 17.2	− 4 18	− 32.2	− 0 55	+ 29.3
	27	− 4 31	+ 12.2	− 4 32	− 27.2	− 1 51	+ 27.8
Mar.	9	− 4 06	+ 7.3	− 4 45	− 21.9	− 2 38	+ 24.8
	19	− 3 38	+ 2.5	− 4 56	− 16.3	− 3 13	+ 20.4
	29	− 3 05	− 2.1	− 5 06	− 10.5	− 3 34	+ 15.1
Apr.	8	− 2 31	− 6.5	− 5 15	− 4.7	− 3 41	+ 9.2
	18	− 1 54	− 10.7	− 5 23	+ 1.1	− 3 33	+ 3.3
	28	− 1 17	− 14.6	− 5 29	+ 6.8	− 3 11	− 2.4
May	8	− 0 39	− 18.5	− 5 33	+ 12.3	− 2 37	− 7.3
	18	− 0 01	− 22.2	− 5 34	+ 17.6	− 1 52	− 11.2
	28	+ 0 36	− 25.8	− 5 33	+ 22.6	− 1 00	− 13.7
June	7	+ 1 12	− 29.4	− 5 28	+ 27.3	− 0 05	− 14.6
	17	+ 1 46	− 32.9	− 5 21	+ 31.6	+ 0 47	− 13.8
	27	+ 2 19	− 36.4	− 5 09	+ 35.4	+ 1 32	− 11.6
July	7	+ 2 50	− 39.8	− 4 55	+ 38.8	+ 2 06	− 8.6
	17	+ 3 19	− 43.1	− 4 36	+ 41.6	+ 2 30	− 5.1
	27	+ 3 46	− 46.3	− 4 14	+ 43.9	+ 2 44	− 1.5
Aug.	6	+ 4 11	− 49.5	− 3 48	+ 45.5	+ 2 49	+ 1.9
	16	+ 4 34	− 52.5	− 3 19	+ 46.4	+ 2 46	+ 4.9
	26	+ 4 55	− 55.3	− 2 46	+ 46.5	+ 2 38	+ 7.5
Sept.	5	+ 5 14	− 58.0	− 2 10	+ 45.9	+ 2 24	+ 9.5
	15	+ 5 31	− 60.5	− 1 32	+ 44.5	+ 2 07	+ 11.1
	25	+ 5 46	− 62.8	− 0 51	+ 42.3	+ 1 45	+ 12.2
Oct.	5	+ 5 59	− 64.8	− 0 08	+ 39.3	+ 1 20	+ 12.8
	15	+ 6 11	− 66.7	+ 0 35	+ 35.5	+ 0 52	+ 12.9
	25	+ 6 21	− 68.4	+ 1 19	+ 31.0	+ 0 21	+ 12.6
Nov.	4	+ 6 30	− 69.8	+ 2 01	+ 25.8	− 0 12	+ 11.8
	14	+ 6 37	− 71.0	+ 2 41	+ 19.9	− 0 46	+ 10.7
	24	+ 6 44	− 72.0	+ 3 18	+ 13.5	− 1 22	+ 9.0
Dec.	4	+ 6 49	− 72.7	+ 3 51	+ 6.7	− 1 56	+ 7.0
	14	+ 6 52	− 73.2	+ 4 19	− 0.5	− 2 27	+ 4.7
	24	+ 6 55	− 73.5	+ 4 42	− 8.0	− 2 51	+ 2.0
	34	+ 6 57	− 73.5	+ 4 58	− 15.5	− 3 04	− 0.8

Differential coordinates are given in the sense "satellite minus planet."

SATELLITES OF JUPITER, 2015

TERRESTRIAL TIME OF SUPERIOR GEOCENTRIC CONJUNCTION

I Io

	d	h m		d	h m		d	h m		d	h m
Jan.	0	09 12	Mar.	20	22 54	June	8	14 17	Oct.	17	15 20
	2	03 39		22	17 21		10	08 47		19	09 49
	3	22 05		24	11 49		12	03 16		21	04 19
	5	16 32		26	06 16		13	21 46		22	22 49
	7	10 58		28	00 43		15	16 16		24	17 18
	9	05 25		29	19 10		17	10 46		26	11 48
	10	23 51		31	13 38		19	05 15		28	06 18
	12	18 17	Apr.	2	08 05		20	23 45		30	00 47
	14	12 43		4	02 33		22	18 15		31	19 17
	16	07 09		5	21 01		24	12 45	Nov.	2	13 46
	18	01 36		7	15 28		26	07 15		4	08 15
	19	20 02		9	09 56		28	01 45		6	02 45
	21	14 28		11	04 24		29	20 15		7	21 14
	23	08 54		12	22 52	July	1	14 45		9	15 44
	25	03 20		14	17 20		3	09 15		11	10 13
	26	21 46		16	11 48		5	03 45		13	04 42
	28	16 12		18	06 16		6	22 15		14	23 11
	30	10 38		20	00 44		8	16 45		16	17 40
Feb.	1	05 04		21	19 13		10	11 15		18	12 09
	2	23 30		23	13 41		12	05 45		20	06 39
	4	17 56		25	08 09		14	00 15		22	01 08
	6	12 21		27	02 38		15	18 45		23	19 37
	8	06 47		28	21 06		17	13 15		25	14 05
	10	01 13		30	15 35		19	07 45		27	08 34
	11	19 39	May	2	10 04		21	02 15		29	03 03
	13	14 05		4	04 32		22	20 45		30	21 32
	15	08 31		5	23 01		24	15 16	Dec.	2	16 01
	17	02 57		7	17 30		26	09 46		4	10 29
	18	21 24		9	11 59		28	04 16		6	04 58
	20	15 50		11	06 28		29	22 46		7	23 26
	22	10 16		13	00 57		..	.. ..		9	17 55
	24	04 42		14	19 26	Sept.	22	20 21		11	12 23
	25	23 08		16	13 55		24	14 51		13	06 52
	27	17 34		18	08 24		26	09 21		15	01 20
Mar.	1	12 01		20	02 53		28	03 51		16	19 48
	3	06 27		21	21 22		29	22 21		18	14 16
	5	00 54		23	15 52	Oct.	1	16 51		20	08 45
	6	19 20		25	10 21		3	11 21		22	03 13
	8	13 47		27	04 50		5	05 51		23	21 41
	10	08 13		28	23 20		7	00 21		25	16 09
	12	02 40		30	17 49		8	18 51		27	10 36
	13	21 07	June	1	12 19		10	13 20		29	05 04
	15	15 34		3	06 48		12	07 50		30	23 32
	17	10 00		5	01 18		14	02 20			
	19	04 27		6	19 47		15	20 50			

".. .. .." indicates Jupiter too close to the Sun for observations between July 30 and September 21.

TERRESTRIAL TIME OF SUPERIOR GEOCENTRIC CONJUNCTION

II Europa

	d	h m		d	h m		d	h m		d	h m
Jan.	1	07 05	Mar.	23	21 05	June	13	14 49	Oct.	23	07 03
	4	20 14		27	10 16		17	04 11		26	20 26
	8	09 22		30	23 28		20	17 35		30	09 49
	11	22 30	Apr.	3	12 41		24	06 58	Nov.	2	23 11
	15	11 37		7	01 54		27	20 22		6	12 33
	19	00 45		10	15 08	July	1	09 46		10	01 54
	22	13 52		14	04 22		4	23 10		13	15 15
	26	02 58		17	17 38		8	12 34		17	04 36
	29	16 05		21	06 53		12	01 59		20	17 56
Feb.	2	05 11		24	20 10		15	15 24		24	07 16
	5	18 18		28	09 26		19	04 49		27	20 35
	9	07 24	May	1	22 44		22	18 14	Dec.	1	09 54
	12	20 31		5	12 01		26	07 40		4	23 12
	16	09 38		9	01 20		29	21 04		8	12 30
	19	22 45		12	14 39		..	.. ..		12	01 48
	23	11 52		16	03 58	Sept.	24	19 52		15	15 05
	27	00 59		19	17 18		28	09 17		19	04 21
Mar.	2	14 07		23	06 39	Oct.	1	22 41		22	17 37
	6	03 16		26	19 59		5	12 06		26	06 52
	9	16 24		30	09 20		9	01 29		29	20 06
	13	05 34	June	2	22 42		12	14 54			
	16	18 43		6	12 04		16	04 17			
	20	07 54		10	01 26		19	17 41			

III Ganymede

	d	h m		d	h m		d	h m		d	h m
Jan.	1	08 30	Mar.	28	00 47	June	22	00 53	Oct.	29	08 11
	8	11 55	Apr.	4	04 26		29	05 13	Nov.	5	12 27
	15	15 16		11	08 09	July	6	09 35		12	16 40
	22	18 34		18	11 56		13	13 59		19	20 51
	29	21 51		25	15 48		20	18 23		27	01 00
Feb.	6	01 06	May	2	19 44		27	22 48	Dec.	4	05 05
	13	04 23		9	23 44		..	.. ..		11	09 06
	20	07 39		17	03 48	Sept.	23	10 20		18	13 03
	27	10 58		24	07 56		30	14 45		25	16 55
Mar.	6	14 19		31	12 07	Oct.	7	19 09			
	13	17 44	June	7	16 20		14	23 31			
	20	21 13		14	20 35		22	03 52			

IV Callisto

	d	h m		d	h m		d	h m		d	h m
Jan.	16	00 18	Apr.	9	02 18	July	1	23 26	Oct.	27	22 30
Feb.	1	14 31		25	19 23		18	19 42	Nov.	13	18 06
	18	04 36	May	12	13 23		..	.. ..		30	13 04
Mar.	6	19 03		29	08 09	Sept.	24	06 04	Dec.	17	07 17
	23	10 12	June	15	03 33	Oct.	11	02 26			

".. .. .." indicates Jupiter too close to the Sun for observations between July 30 and September 21.

UNIVERSAL TIME OF GEOCENTRIC PHENOMENA

JANUARY

d	h m			d	h m			d	h m			d	h m		
0	7 11	I	Ec D	8	7 00	I	Tr I	16	2 39	IV	Oc R	24	6 52	I	Sh E
	10 20	I	Oc R		7 17	III	Ec D		5 27	I	Ec D		7 08	II	Tr I
1	3 18	III	Ec D		8 37	I	Sh E		8 17	I	Oc R		7 12	I	Tr E
	4 00	II	Ec D		9 17	I	Tr E	17	2 41	I	Sh I		8 00	IV	Sh E
	4 26	I	Sh I		10 47	II	Oc R		3 11	I	Tr I		9 22	II	Sh E
	5 15	I	Tr I		13 44	III	Oc R		3 51	II	Sh I		10 02	II	Tr E
	6 43	I	Sh E	9	3 33	I	Ec D		4 51	II	Tr I		11 02	IV	Tr E
	7 32	I	Tr E		6 33	I	Oc R		4 59	I	Sh E	25	1 50	I	Ec D
	8 30	II	Oc R	10	0 48	I	Sh I		5 28	I	Tr E		4 28	I	Oc R
	10 19	III	Oc R		1 15	II	Sh I		6 46	II	Sh E		23 03	I	Sh I
2	1 39	I	Ec D		1 26	I	Tr I		7 46	II	Tr E		23 20	I	Tr I
	4 47	I	Oc R		2 34	II	Tr I		23 56	I	Ec D	26	0 57	II	Ec D
	22 39	II	Sh I		3 05	I	Sh E	18	2 44	I	Oc R		1 21	I	Sh E
	22 55	I	Sh I		3 43	I	Tr E		21 10	I	Sh I		1 38	I	Tr E
	23 41	I	Tr I		4 09	II	Sh E		21 37	I	Tr I		4 23	II	Oc R
3	0 15	II	Tr I		5 28	II	Tr E		22 24	II	Ec D		5 13	III	Sh I
	1 12	I	Sh E		22 02	I	Ec D		23 27	I	Sh E		6 21	III	Tr I
	1 33	II	Sh E	11	0 59	I	Oc R		23 54	I	Tr E		8 51	III	Sh E
	1 58	I	Tr E		19 16	I	Sh I	19	1 15	III	Sh I		9 59	III	Tr E
	3 09	II	Tr E		19 50	II	Ec D		2 10	II	Oc R		20 19	I	Ec D
	20 08	I	Ec D		19 52	I	Tr I		3 04	III	Tr I		22 54	I	Oc R
	23 13	I	Oc R		21 16	III	Sh I		4 53	III	Sh E	27	17 31	I	Sh I
4	17 17	II	Ec D		21 33	I	Sh E		6 42	III	Tr E		17 46	I	Tr I
	17 19	III	Sh I		22 10	I	Tr E		18 25	I	Ec D		19 45	II	Sh I
	17 23	I	Sh I		23 44	III	Tr I		21 10	I	Oc R		19 49	I	Sh E
	18 08	I	Tr I		23 55	II	Oc R	20	15 38	I	Sh I		20 03	I	Tr E
	19 40	I	Sh E	12	0 54	III	Sh E		16 03	I	Tr I		20 15	II	Tr I
	20 21	III	Tr I		3 21	III	Tr E		17 09	II	Sh I		22 40	II	Sh E
	20 25	I	Tr E		16 30	I	Ec D		17 55	I	Sh E		23 10	II	Tr E
	20 56	III	Sh E		19 25	I	Oc R		17 59	II	Tr I	28	14 47	I	Ec D
	21 39	II	Oc R	13	13 44	I	Sh I		18 20	I	Tr E		17 20	I	Oc R
	23 58	III	Tr E		14 19	I	Tr I		20 03	II	Sh E	29	12 00	I	Sh I
5	14 36	I	Ec D		14 33	II	Sh I		20 54	II	Tr E		12 12	I	Tr I
	17 40	I	Oc R		15 42	II	Tr I	21	12 53	I	Ec D		14 14	II	Ec D
6	11 51	I	Sh I		16 02	I	Sh E		15 36	I	Oc R		14 17	I	Sh E
	11 56	II	Sh I		16 36	I	Tr E	22	10 06	I	Sh I		14 29	I	Tr E
	12 34	I	Tr I		17 27	II	Sh E		10 28	I	Tr I		17 30	II	Oc R
	13 24	II	Tr I		18 37	II	Tr E		11 40	II	Ec D		19 12	III	Ec D
	14 08	I	Sh E	14	10 59	I	Ec D		12 24	I	Sh E		23 39	III	Oc R
	14 50	II	Sh E		13 51	I	Oc R		12 46	I	Tr E	30	9 16	I	Ec D
	14 51	I	Tr E	15	8 13	I	Sh I		15 13	III	Ec D		11 46	I	Oc R
	16 19	II	Tr E		8 45	I	Tr I		15 17	II	Oc R	31	6 28	I	Sh I
7	9 05	I	Ec D		9 07	II	Ec D		20 23	III	Oc R		6 38	I	Tr I
	9 13	IV	Sh I		10 30	I	Sh E	23	7 22	I	Ec D		8 46	I	Sh E
	12 06	I	Oc R		11 02	I	Tr E		10 02	I	Oc R		8 55	I	Tr E
	14 02	IV	Sh E		11 15	III	Ec D	24	3 11	IV	Sh I		9 04	II	Sh I
	15 49	IV	Tr I		13 02	II	Oc R		4 35	I	Sh I		9 23	II	Tr I
	20 31	IV	Tr E		16 48	IV	Ec D		4 54	I	Tr I		11 59	II	Sh E
8	6 20	I	Sh I		17 04	III	Oc R		6 19	IV	Tr I		12 18	II	Tr E
	6 34	II	Ec D		21 42	IV	Ec R		6 27	II	Sh I				
					21 52	IV	Oc D								

I. Jan. 14	II. Jan. 15	III. Jan. 15	IV. Jan. 15
$x_1 = -1.5,\ y_1 = 0.0$	$x_1 = -1.7,\ y_1 = 0.0$	$x_1 = -2.2,\ y_1 = 0.0$	$x_1 = -3.1,\ y_1 = -0.2$
			$x_2 = -1.1,\ y_2 = -0.2$

NOTE.–I denotes ingress; E, egress; D, disappearance; R, reappearance; Ec, eclipse; Oc, occultation; Tr, transit of the satellite; Sh, transit of the shadow.

CONFIGURATIONS OF SATELLITES I-IV FOR JANUARY

UNIVERSAL TIME

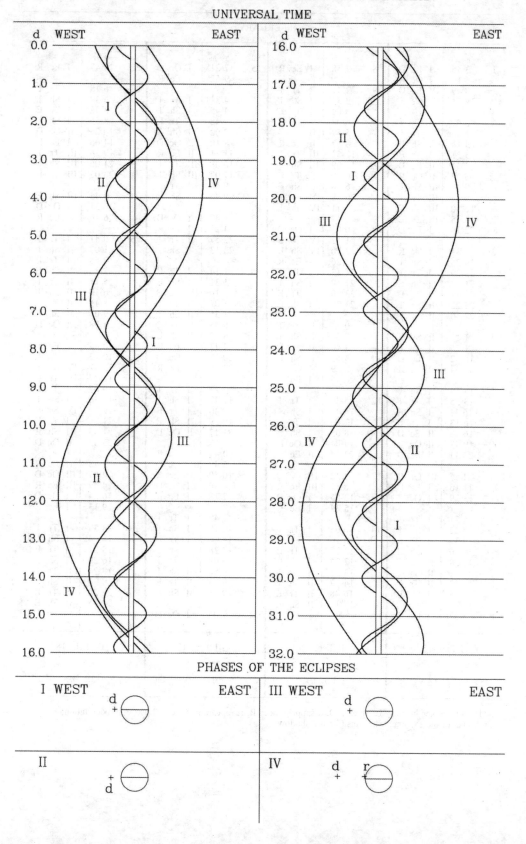

PHASES OF THE ECLIPSES

SATELLITES OF JUPITER, 2015

UNIVERSAL TIME OF GEOCENTRIC PHENOMENA

FEBRUARY

d	h m		d	h m		d	h m		d	h m	
1	3 45	I Ec D	8	7 58	I Ec R	15	7 21	I Oc D	22	11 47	I Ec R
	6 12	I Oc R	9	2 47	I Tr I		9 52	I Ec R	23	6 15	I Tr I
	10 49	IV Ec D		2 51	I Sh I	16	4 31	I Tr I		6 39	I Sh I
	16 53	IV Oc R		5 04	I Tr E		4 45	I Sh I		8 32	I Tr E
2	0 57	I Sh I		5 08	I Sh E		6 48	I Tr E		8 56	I Sh E
	1 04	I Tr I		5 57	II Oc D		7 02	I Sh E		10 25	II Oc D
	3 14	I Sh E		8 57	II Ec R		8 10	II Oc D		14 06	II Ec R
	3 21	I Tr E		12 52	III Tr I		11 31	II Ec R		19 26	III Tr I
	3 31	II Ec D		13 09	III Sh I		16 08	III Tr I		21 06	III Sh I
	6 37	II Oc R		16 30	III Tr E		17 07	III Sh I		23 03	III Tr E
	9 11	III Sh I		16 48	III Sh E		19 45	III Tr E	24	0 45	III Sh E
	9 37	III Tr I		20 28	IV Tr I		20 46	III Sh E		3 31	I Oc D
	12 50	III Sh E		21 11	IV Sh I	17	1 47	I Oc D		6 16	I Ec R
	13 15	III Tr E	10	0 03	I Oc D		4 21	I Ec R	25	0 41	I Tr I
	22 13	I Ec D		1 12	IV Tr E		22 57	I Tr I		1 07	I Sh I
3	0 37	I Oc R		2 00	IV Sh E		23 13	I Sh I		2 58	I Tr E
	19 25	I Sh I		2 26	I Ec R	18	1 14	I Tr E		3 25	I Sh E
	19 29	I Tr I		21 13	I Tr I		1 31	I Sh E		5 17	II Tr I
	21 43	I Sh E		21 19	I Sh I		2 10	IV Oc D		6 12	II Sh I
	21 47	I Tr E		23 30	I Tr E		3 01	II Tr I		8 11	II Tr E
	22 22	II Sh I		23 37	I Sh E		3 35	II Sh I		9 06	II Sh E
	22 30	II Tr I	11	0 45	II Tr I		5 55	II Tr E		21 58	I Oc D
4	1 17	II Sh E		0 58	II Sh I		6 30	II Sh E	26	0 44	I Ec R
	1 25	II Tr E		3 40	II Tr E		9 43	IV Ec R		10 43	IV Tr I
	16 42	I Ec D		3 53	II Sh E		20 13	I Oc D		15 11	IV Sh I
	19 04	I Oc R		18 29	I Oc D		22 50	I Ec R		15 27	IV Tr E
5	13 54	I Sh I		20 55	I Ec R	19	17 23	I Tr I		19 07	I Tr I
	13 55	I Tr I	12	15 39	I Tr I		17 42	I Sh I		19 36	I Sh I
	16 11	I Sh E		15 48	I Sh I		19 40	I Tr E		19 59	IV Sh E
	16 13	I Tr E		17 56	I Tr E		19 59	I Sh E		21 24	I Tr E
	16 48	II Ec D		18 05	I Sh E		21 17	II Oc D		21 53	I Sh E
	19 43	II Oc R		19 04	II Oc D	20	0 49	II Ec R		23 32	II Oc D
	23 11	III Ec D		22 14	II Ec R		5 49	III Oc D	27	3 23	II Ec R
6	2 55	III Oc R	13	2 32	III Oc D		10 50	III Ec R		9 07	III Oc D
	11 10	I Ec D		6 51	III Ec R		14 39	I Oc D		14 49	III Ec R
	13 29	I Oc R		12 55	I Oc D		17 18	I Ec R		16 24	I Oc D
7	8 21	I Tr I		15 24	I Ec R	21	11 49	I Tr I		19 13	I Ec R
	8 22	I Sh I	14	10 05	I Tr I		12 10	I Sh I	28	13 33	I Tr I
	10 39	I Tr E		10 16	I Sh I		14 06	I Tr E		14 04	I Sh I
	10 40	I Sh E		12 22	I Tr E		14 28	I Sh E		15 51	I Tr E
	11 38	II Tr I		12 34	I Sh E		16 09	II Tr I		16 22	I Sh E
	11 41	II Sh I		13 53	II Tr I		16 54	II Sh I		18 26	II Tr I
	14 33	II Tr E		14 17	II Sh I		19 03	II Tr E		19 31	II Sh I
	14 35	II Sh E		16 48	II Tr E		19 48	II Sh E		21 20	II Tr E
8	5 37	I Oc D		17 12	II Sh E	22	9 05	I Oc D		22 25	II Sh E

I. Feb. 15	II. Feb. 16	III. Feb. 13	IV. Feb. 18
$x_2 = +1.2,\ y_2 = 0.0$	$x_2 = +1.3,\ y_2 = 0.0$	$x_2 = +1.4,\ y_2 = 0.0$	$x_2 = +2.1,\ y_2 = -0.1$

NOTE.–I denotes ingress; E, egress; D, disappearance; R, reappearance; Ec, eclipse; Oc, occultation; Tr, transit of the satellite; Sh, transit of the shadow.

CONFIGURATIONS OF SATELLITES I-IV FOR FEBRUARY

UNIVERSAL TIME

PHASES OF THE ECLIPSES

SATELLITES OF JUPITER, 2015

UNIVERSAL TIME OF GEOCENTRIC PHENOMENA

MARCH

d	h m			d	h m			d	h m			d	h m		
1	10 50	I Oc D		9	12 02	I Tr E		17	5 37	III Tr I		24	13 03	III Sh I	
	13 42	I Ec R			12 45	I Sh E			8 50	I Oc D			13 55	I Ec R	
2	8 00	I Tr I			14 57	II Oc D			9 04	III Sh I			16 41	III Sh E	
	8 33	I Sh I			19 15	II Ec R			9 14	III Tr E		25	7 47	I Tr I	
	10 17	I Tr E		10	2 10	III Tr I			12 00	I Ec R			8 45	I Sh I	
	10 50	I Sh E			5 05	III Sh I			12 42	III Sh E			10 04	I Tr E	
	12 40	II Oc D			5 47	III Tr E		18	5 59	I Tr I			11 02	I Sh E	
	16 41	II Ec R			7 03	I Oc D			6 51	I Sh I			14 39	II Tr I	
	22 46	III Tr I			8 43	III Sh E			8 16	I Tr E			16 39	II Sh I	
3	1 05	III Sh I			10 05	I Ec R			9 08	I Sh E			17 32	II Tr E	
	2 23	III Tr E		11	4 12	I Tr I			12 16	II Tr I			19 32	II Sh E	
	4 44	III Sh E			4 56	I Sh I			14 02	II Sh I		26	5 05	I Oc D	
	5 17	I Oc D			6 29	I Tr E			15 09	II Tr E			8 24	I Ec R	
	8 10	I Ec R			7 13	I Sh E			16 56	II Sh E		27	2 14	I Tr I	
4	2 26	I Tr I			9 54	II Tr I		19	3 17	I Oc D			3 14	I Sh I	
	3 02	I Sh I			11 25	II Sh I			6 29	I Ec R			4 31	I Tr E	
	4 43	I Tr E			12 48	II Tr E		20	0 26	I Tr I			5 31	I Sh E	
	5 19	I Sh E			14 19	II Sh E			1 19	I Sh I			8 49	II Oc D	
	7 35	II Tr I		12	1 29	I Oc D			2 43	I Tr E			13 44	II Ec R	
	8 49	II Sh I			4 34	I Ec R			3 36	I Sh E			22 56	III Oc D	
	10 29	II Tr E			22 38	I Tr I			6 26	II Oc D			23 32	I Oc D	
	11 43	II Sh E			23 25	I Sh I			11 08	II Ec R		28	2 36	III Oc R	
	23 43	I Oc D		13	0 56	I Tr E			19 22	III Oc D			2 53	I Ec R	
5	2 39	I Ec R			1 42	I Sh E			21 44	I Oc D			3 06	III Ec D	
	20 52	I Tr I			4 06	II Oc D			23 02	III Oc R			6 47	III Ec R	
	21 30	I Sh I			8 33	II Ec R			23 07	III Ec D			20 41	I Tr I	
	23 09	I Tr E			15 53	III Oc D		21	0 58	I Ec R			21 43	I Sh I	
	23 48	I Sh E			19 56	I Oc D			2 47	III Ec R			22 58	I Tr E	
6	1 48	II Oc D			22 47	III Ec R			18 53	I Tr I		29	0 00	I Sh E	
	5 58	II Ec R			23 03	I Ec R			19 48	I Sh I			3 52	II Tr I	
	12 28	II Oc D		14	17 05	I Tr I			21 10	I Tr E			5 58	II Sh I	
	16 35	IV Oc D			17 53	I Sh I			22 05	I Sh E			6 45	II Tr E	
	18 09	I Oc D			19 22	I Tr E		22	1 28	II Tr I			8 51	II Sh E	
	18 48	III Ec R			20 11	I Sh E			3 21	II Sh I			18 00	I Oc D	
	21 08	I Ec R			23 05	II Tr I			4 21	II Tr E			21 22	I Ec R	
	21 25	IV Oc R		15	0 44	II Sh I			6 14	II Sh E		30	15 09	I Tr I	
	22 53	IV Ec D			1 31	IV Tr I			16 11	I Oc D			16 11	I Sh I	
7	3 45	IV Ec R			1 59	II Tr E			19 26	I Ec R			17 26	I Tr E	
	15 19	I Tr I			3 38	II Sh E		23	7 44	IV Oc D			18 28	I Sh E	
	15 59	I Sh I			6 16	IV Tr E			12 35	IV Oc R			22 01	II Oc D	
	17 36	I Tr E			9 12	IV Sh I			13 20	I Tr I		31	3 01	II Ec R	
	18 16	I Sh E			13 58	IV Sh E			14 17	I Sh I			12 27	I Oc D	
	20 45	II Tr I			14 23	I Oc D			15 37	I Tr E			12 44	III Tr I	
	22 07	II Sh I			17 32	I Ec R			16 34	I Sh E			15 50	I Ec R	
	23 39	II Tr E		16	11 32	I Tr I			16 56	IV Ec D			16 21	III Tr E	
8	1 02	II Sh E			12 22	I Sh I			19 37	II Oc D			17 02	III Sh I	
	12 36	I Oc D			13 49	I Tr E			21 47	IV Ec R			17 09	IV Tr I	
	15 37	I Ec R			14 39	I Sh E		24	0 26	II Ec R			20 40	III Sh E	
9	9 45	I Tr I			17 16	II Oc D			9 09	III Tr I			21 55	IV Tr E	
	10 27	I Sh I			21 51	II Ec R			10 38	I Oc D					
									12 46	III Tr E					

I. Mar. 15	II. Mar. 16	III. Mar. 13	IV. Mar. 6, 7
			$x_1 = +1.6,\ y_1 = -0.1$
$x_2 = +1.7,\ y_2 = 0.0$	$x_2 = +2.2,\ y_2 = 0.0$	$x_2 = +2.8,\ y_2 = 0.0$	$x_2 = +3.6,\ y_2 = -0.1$

NOTE.–I denotes ingress; E, egress; D, disappearance; R, reappearance; Ec, eclipse; Oc, occultation; Tr, transit of the satellite; Sh, transit of the shadow.

CONFIGURATIONS OF SATELLITES I–IV FOR MARCH

UNIVERSAL TIME

PHASES OF THE ECLIPSES

SATELLITES OF JUPITER, 2015

UNIVERSAL TIME OF GEOCENTRIC PHENOMENA

APRIL

d	h m		d	h m		d	h m		d	h m	
1	3 14	IV Sh I	8	21 52	II Sh I	16	3 21	II Sh E	24	9 39	I Tr I
	7 57	IV Sh E		22 25	II Tr E		10 37	I Oc D		10 54	I Sh I
	9 36	I Tr I		23 50	IV Oc D		14 09	I Ec R		11 56	I Tr E
	10 40	I Sh I	9	0 45	II Sh E	17	7 46	I Tr I		13 11	I Sh E
	11 53	I Tr E		4 42	IV Oc R		8 59	I Sh I		18 42	II Oc D
	12 57	I Sh E		8 46	I Oc D		9 45	IV Tr I	25	0 08	II Ec R
	17 05	II Tr I		10 59	IV Ec D		10 03	I Tr E		6 59	I Oc D
	19 16	II Sh I		12 14	I Ec R		11 16	I Sh E		10 33	I Ec R
	19 58	II Tr E		15 48	IV Ec R		14 31	IV Tr E		13 57	IV Oc D
	22 09	II Sh E	10	5 54	I Tr I		16 10	II Oc D		16 54	III Oc D
2	6 55	I Oc D		7 04	I Sh I		21 15	IV Sh I		17 37	III Oc R
	10 19	I Ec R		8 11	I Tr E		21 31	II Ec R		19 05	III Ec D
3	4 04	I Tr I		9 21	I Sh E	18	1 57	IV Sh E		21 47	IV Oc R
	5 09	I Sh I		13 40	II Oc D		5 06	I Oc D		22 45	III Ec R
	6 21	I Tr E		18 55	II Ec R		8 38	I Ec R	26	4 08	I Tr I
	7 26	I Sh E	11	3 13	I Oc D		10 05	III Oc D		5 03	IV Ec D
	11 13	II Oc D		6 18	III Oc D		13 45	III Oc R		5 23	I Sh I
	16 19	II Ec R		6 43	I Ec R		15 06	III Ec D		6 25	I Tr E
4	1 22	I Oc D		9 58	III Oc R		18 46	III Ec R		7 39	I Sh E
	2 35	III Oc D		11 06	III Ec D	19	2 15	I Tr I		9 51	IV Ec R
	4 48	I Ec R		14 46	III Ec R		3 28	I Sh I		13 52	II Tr I
	6 15	III Oc R	12	0 22	I Tr I		4 31	I Tr E		16 23	II Sh I
	7 07	III Ec D		1 33	I Sh I		5 44	I Sh E		16 44	II Tr E
	10 47	III Ec R		2 39	I Tr E		11 19	II Tr I		19 15	II Sh E
	22 31	I Tr I		3 49	I Sh E		13 47	II Sh I	27	1 27	I Oc D
	23 38	I Sh I		8 48	II Tr I		14 11	II Tr E		5 02	I Ec R
5	0 48	I Tr E		11 11	II Sh I		16 39	II Sh E		22 36	I Tr I
	1 55	I Sh E		11 40	II Tr E		23 34	I Oc D		23 51	I Sh I
	6 19	II Tr I		14 03	II Sh E	20	3 07	I Ec R	28	0 53	I Tr E
	8 34	II Sh I		21 41	I Oc D		20 43	I Tr I		2 08	I Sh E
	9 11	II Tr E	13	1 12	I Ec R		21 56	I Sh I		7 58	II Oc D
	11 27	II Sh E		18 50	I Tr I		23 00	I Tr E		13 26	II Ec R
	19 50	I Oc D		20 01	I Sh I	21	0 13	I Sh E		19 56	I Oc D
	23 17	I Ec R		21 07	I Tr E		5 26	II Oc D		23 30	I Ec R
6	16 59	I Tr I		22 18	I Sh E		10 49	II Ec R	29	3 54	III Tr I
	18 06	I Sh I	14	2 55	II Oc D		18 02	I Oc D		7 31	III Tr E
	19 16	I Tr E		8 13	II Ec R		21 35	I Ec R		9 01	III Sh I
	20 23	I Sh E		16 09	I Oc D		23 59	III Tr I		12 37	III Sh E
7	0 27	II Oc D		19 40	I Ec R	22	3 36	III Tr E		17 05	I Tr I
	5 37	II Ec R		20 10	III Tr I		5 01	III Sh I		18 20	I Sh I
	14 18	I Oc D		23 46	III Tr E		8 37	III Sh E		19 22	I Tr E
	16 24	III Tr I	15	1 01	III Sh I		15 11	I Tr I		20 37	I Sh E
	17 45	I Ec R		4 38	III Sh E		16 25	I Sh I	30	3 09	II Tr I
	20 01	III Tr E		13 18	I Tr I		17 28	I Tr E		5 41	II Sh I
	21 01	III Sh I		14 30	I Sh I		18 42	I Sh E		6 01	II Tr E
8	0 38	III Sh E		15 35	I Tr E	23	0 35	II Tr I		8 33	II Sh E
	11 27	I Tr I		16 47	I Sh E		3 05	II Sh I		14 24	I Oc D
	12 35	I Sh I		22 03	II Tr I		3 27	II Tr E		17 59	I Ec R
	13 43	I Tr E	16	0 29	II Sh I		5 57	II Sh E			
	14 52	I Sh E		0 55	II Tr E		12 30	I Oc D			
	19 33	II Tr I					16 04	I Ec R			

I. Apr. 14	II. Apr. 14	III. Apr. 18	IV. Apr. 9
$x_2 = +2.0,\; y_2 = 0.0$	$x_2 = +2.6,\; y_2 = 0.0$	$x_1 = +1.7,\; y_1 = 0.0$ $x_2 = +3.7,\; y_2 = 0.0$	$x_1 = +3.6,\; y_1 = -0.1$ $x_2 = +5.5,\; y_2 = 0.0$

NOTE.–I denotes ingress; E, egress; D, disappearance; R, reappearance; Ec, eclipse; Oc, occultation; Tr, transit of the satellite; Sh, transit of the shadow.

CONFIGURATIONS OF SATELLITES I-IV FOR APRIL

UNIVERSAL TIME

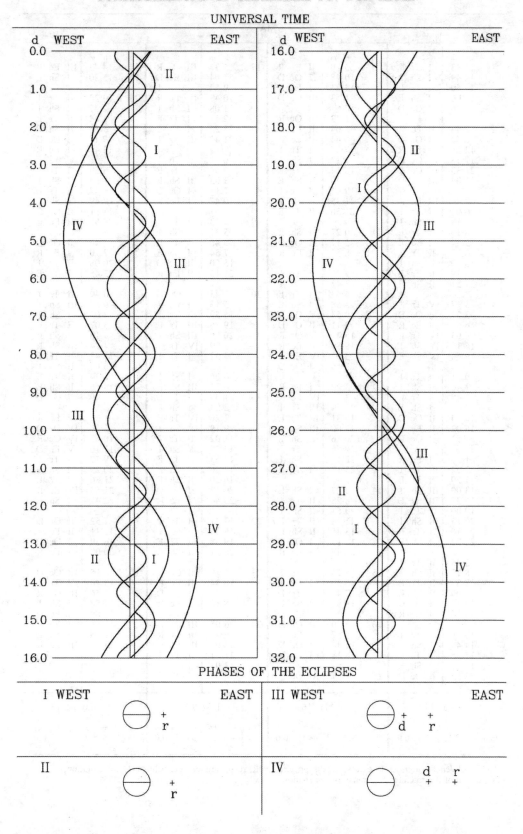

PHASES OF THE ECLIPSES

SATELLITES OF JUPITER, 2015

UNIVERSAL TIME OF GEOCENTRIC PHENOMENA

MAY

d	h m			d	h m			d	h m			d	h m		
1	11 33	I Tr I		9	5 20	II Ec R		17	5 37	III Oc R		24	14 43	III Ec R	
	12 49	I Sh I			10 48	I Oc D			7 04	III Ec D			15 20	I Sh E	
	13 50	I Tr E			14 23	I Ec R			9 54	I Tr I		25	0 22	II Tr I	
	15 06	I Sh E			21 53	III Oc D			10 43	III Ec R			2 47	II Sh I	
	21 16	II Oc D		10	1 33	III Oc R			11 08	I Sh I			3 14	II Tr E	
2	2 44	II Ec R			3 04	III Ec D			12 11	I Tr E			5 38	II Sh E	
	8 53	I Oc D			6 44	III Ec R			13 25	I Sh E			9 11	I Oc D	
	12 28	I Ec R			7 57	I Tr I			21 42	II Tr I			12 41	I Ec R	
	17 53	III Oc D			9 13	I Sh I		18	0 11	II Sh I		26	6 20	I Tr I	
	21 33	III Oc R			10 14	I Tr E			0 34	II Tr E			7 32	I Sh I	
	23 04	III Ec D			11 30	I Sh E			3 03	II Sh E			8 37	I Tr E	
3	2 44	III Ec R			19 04	II Tr I			7 14	I Oc D			9 49	I Sh E	
	6 02	I Tr I			21 35	II Sh I			10 47	I Ec R			18 31	II Oc D	
	7 18	I Sh I			21 56	II Tr E		19	4 23	I Tr I			23 52	II Ec R	
	8 19	I Tr E		11	0 27	II Sh E			5 37	I Sh I		27	3 40	I Oc D	
	9 34	I Sh E			5 17	I Oc D			6 40	I Tr E			7 10	I Ec R	
	16 27	II Tr I			8 52	I Ec R			7 54	I Sh E			20 08	III Tr I	
	18 59	II Sh I		12	2 26	I Tr I			15 50	II Oc D			23 45	III Tr E	
	19 19	II Tr E			3 42	I Sh I			21 15	II Ec R		28	0 49	I Tr I	
	21 51	II Sh E			4 43	I Tr E		20	1 43	I Oc D			0 58	III Sh I	
4	3 17	IV Tr I			5 58	I Sh E			5 15	I Ec R			2 01	I Sh I	
	3 22	I Oc D			10 53	IV Oc D			15 59	III Tr I			3 07	I Tr E	
	6 57	I Ec R			13 11	II Oc D			19 36	III Tr E			4 18	I Sh E	
	8 03	IV Tr E			15 47	IV Oc R			20 59	III Sh I			4 34	III Sh E	
	15 17	IV Sh I			18 39	II Ec R			21 39	IV Tr I			13 42	II Tr I	
	19 56	IV Sh E			23 07	IV Ec D			22 52	I Tr I			16 04	II Sh I	
5	0 31	I Tr I			23 46	I Oc D		21	0 06	I Sh I			16 34	II Tr E	
	1 46	I Sh I		13	3 20	I Ec R			0 35	III Sh E			18 56	II Sh E	
	2 48	I Tr E			3 52	IV Ec R			1 09	I Tr E			22 09	I Oc D	
	4 03	I Sh E			11 54	III Tr I			2 23	I Sh E		29	1 39	I Ec R	
	10 34	II Oc D			15 31	III Tr E			2 26	IV Tr E			5 39	IV Oc D	
	16 02	II Ec R			17 00	III Sh I			9 19	IV Sh I			10 33	IV Oc R	
	21 51	I Oc D			20 36	III Sh E			11 02	II Tr I			17 10	IV Ec D	
6	1 25	I Ec R			20 55	I Tr I			13 29	II Sh I			19 19	I Tr I	
	7 52	III Tr I			22 10	I Sh I			13 53	II Tr E			20 29	I Sh I	
	11 29	III Tr E			23 12	I Tr E			13 56	IV Sh E			21 36	I Tr E	
	13 00	III Sh I		14	0 27	I Sh E			16 20	II Sh E			21 53	IV Ec R	
	16 37	III Sh E			8 23	II Tr I			20 12	I Oc D			22 47	I Sh E	
	19 00	I Tr I			10 53	II Sh I			23 44	I Ec R		30	7 52	II Oc D	
	20 15	I Sh I			11 14	II Tr E		22	17 21	I Tr I			13 11	II Ec R	
	21 16	I Tr E			13 45	II Sh E			18 34	I Sh I			16 39	I Oc D	
	22 32	I Sh E			18 15	I Oc D			19 38	I Tr E			20 08	I Ec R	
7	5 45	II Tr I			21 49	I Ec R			20 51	I Sh E		31	10 15	III Oc D	
	8 17	II Sh I		15	15 24	I Tr I		23	5 10	II Oc D			13 48	I Tr I	
	8 37	II Tr E			16 39	I Sh I			10 34	II Ec R			13 56	III Oc R	
	11 09	II Sh E			17 41	I Tr E			14 41	I Oc D			14 58	I Sh I	
	16 19	I Oc D			18 56	I Sh E			18 13	I Ec R			15 04	III Ec D	
	19 54	I Ec R		16	2 30	II Oc D		24	6 05	III Oc D			16 06	I Tr E	
8	13 28	I Tr I			7 57	II Ec R			9 45	III Oc R			17 15	I Sh E	
	14 44	I Sh I			12 44	I Oc D			11 04	III Ec D			18 43	III Ec R	
	15 45	I Tr E			16 18	I Ec R			11 51	I Tr I					
	17 01	I Sh E		17	1 57	III Oc D			13 03	I Sh I					
	23 52	II Oc D							14 08	I Tr E					

I. May 14	II. May 16	III. May 17	IV. May 12, 13
$x_2 = +2.1,\ y_2 = 0.0$	$x_2 = +2.7,\ y_2 = 0.0$	$x_1 = +1.8,\ y_1 = 0.0$ $x_2 = +3.8,\ y_2 = 0.0$	$x_1 = +4.0,\ y_1 = -0.1$ $x_2 = +5.9,\ y_2 = 0.0$

NOTE.–I denotes ingress; E, egress; D, disappearance; R, reappearance; Ec, eclipse; Oc, occultation; Tr, transit of the satellite; Sh, transit of the shadow.

CONFIGURATIONS OF SATELLITES I-IV FOR MAY

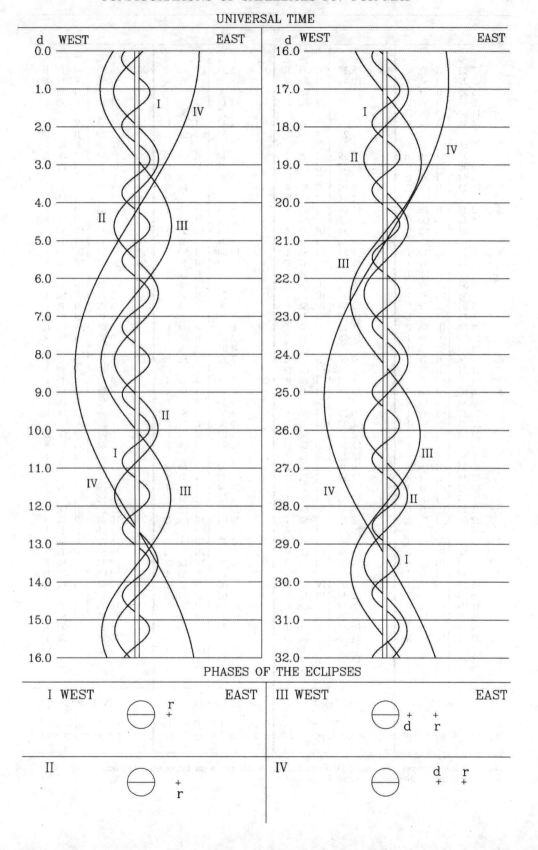

UNIVERSAL TIME

PHASES OF THE ECLIPSES

SATELLITES OF JUPITER, 2015

UNIVERSAL TIME OF GEOCENTRIC PHENOMENA

JUNE

d	h m		d	h m		d	h m		d	h m	
1	3 03	II Tr I	8	8 37	II Tr E	15	15 54	IV Ec R	23	16 33	I Tr E
	5 22	II Sh I		10 49	II Sh E		18 26	I Ec R		17 04	IV Tr E
	5 55	II Tr E		13 07	I Oc D	16	12 15	I Tr I		17 30	I Sh E
	8 13	II Sh E		16 31	I Ec R		13 17	I Sh I		21 22	IV Sh I
	11 08	I Oc D	9	10 16	I Tr I		14 33	I Tr E	24	1 54	IV Sh E
	14 36	I Ec R		11 22	I Sh I		15 35	I Sh E		5 29	II Oc D
2	8 18	I Tr I		12 34	I Tr E	17	2 42	II Oc D		10 20	II Ec R
	9 27	I Sh I		13 39	I Sh E		7 43	II Ec R		11 35	I Oc D
	10 35	I Tr E		23 57	II Oc D		9 35	I Oc D		14 49	I Ec R
	11 44	I Sh E	10	5 06	II Ec R		12 54	I Ec R	25	8 45	I Tr I
	21 13	II Oc D		7 36	I Oc D	18	6 45	I Tr I		9 41	I Sh I
3	2 29	II Ec R		11 00	I Ec R		7 46	I Sh I		11 03	I Tr E
	5 38	I Oc D	11	4 34	III Tr I		8 51	III Tr I		11 59	I Sh E
	9 05	I Ec R		4 46	I Tr I		9 03	I Tr E		13 10	III Tr I
4	0 20	III Tr I		5 51	I Sh I		10 04	I Sh E		16 49	III Tr E
	2 47	I Tr I		7 04	I Tr E		12 30	III Tr E		16 57	III Sh I
	3 56	I Sh I		8 08	I Sh E		12 58	III Sh I		20 33	III Sh E
	3 57	III Tr E		8 12	III Tr E		16 34	III Sh E	26	0 35	II Tr I
	4 58	III Sh I		8 57	III Sh I		21 51	II Tr I		2 25	II Sh I
	5 05	I Tr E		12 34	III Sh E		23 50	II Sh I		3 27	II Tr E
	6 13	I Sh E		19 07	II Tr I	19	0 42	II Tr E		5 16	II Sh E
	8 34	III Sh E		21 15	II Sh I		2 41	II Sh E		6 05	I Oc D
	16 24	II Tr I		21 59	II Tr E		4 05	I Oc D		9 17	I Ec R
	18 40	II Sh I	12	0 06	II Sh E		7 23	I Ec R	27	3 15	I Tr I
	19 16	II Tr E		2 06	I Oc D	20	1 15	I Tr I		4 10	I Sh I
	21 31	II Sh E		5 28	I Ec R		2 15	I Sh I		5 33	I Tr E
5	0 07	I Oc D		23 16	I Tr I		3 33	I Tr E		6 28	I Sh E
	3 34	I Ec R	13	0 20	I Sh I		4 32	I Sh E		18 53	II Oc D
	21 17	I Tr I		1 33	I Tr E		16 06	II Oc D		23 39	II Ec R
	22 25	I Sh I		2 37	I Sh E		21 02	II Ec R	28	0 34	I Oc D
	23 34	I Tr E		13 20	II Oc D		22 35	I Oc D		3 46	I Ec R
6	0 42	I Sh E		18 25	II Ec R	21	1 52	I Ec R		21 45	I Tr I
	10 35	II Oc D		20 36	I Oc D		19 45	I Tr I		22 39	I Sh I
	15 48	II Ec R		23 57	I Ec R		20 44	I Sh I	29	0 03	I Tr E
	16 42	IV Tr I	14	17 46	I Tr I		22 03	I Tr E		0 56	I Sh E
	18 37	I Oc D		18 44	III Oc D		23 01	I Sh E		3 22	III Oc D
	21 29	IV Tr E		18 49	I Sh I		23 02	III Oc D		10 38	III Ec R
	22 02	I Ec R		20 03	I Tr E	22	2 42	III Oc R		13 58	II Tr I
7	3 21	IV Sh I		21 06	I Sh E		3 01	III Ec D		15 42	II Sh I
	7 56	IV Sh E		22 24	III Oc R		6 39	III Ec R		16 50	II Tr E
	14 29	III Oc D		23 02	III Ec D		11 13	II Tr I		18 34	II Sh E
	15 47	I Tr I	15	1 04	IV Oc D		13 07	II Sh I		19 04	I Oc D
	16 53	I Sh I		2 40	III Ec R		14 05	II Tr E		22 15	I Ec R
	18 04	I Tr E		5 57	IV Oc R		15 59	II Sh E	30	16 15	I Tr I
	18 09	III Oc R		8 29	II Tr I		17 05	I Oc D		17 07	I Sh I
	19 03	III Ec D		10 33	II Sh I		20 20	I Ec R		18 33	I Tr E
	19 11	I Sh E		11 14	IV Ec D	23	12 18	IV Tr I		19 25	I Sh E
	22 42	III Ec R		11 20	II Tr E		14 15	I Tr I			
8	5 45	II Tr I		13 24	II Sh E		15 12	I Sh I			
	7 57	II Sh I		15 05	I Oc D						

I. June 15	II. June 17	III. June 14, 15	IV. June 15
		$x_1 = +1.3,\ y_1 = 0.0$	$x_1 = +3.2,\ y_1 = -0.1$
$x_2 = +1.9,\ y_2 = 0.0$	$x_2 = +2.4,\ y_2 = 0.0$	$x_2 = +3.3,\ y_2 = 0.0$	$x_2 = +5.0,\ y_2 = -0.1$

NOTE.—I denotes ingress; E, egress; D, disappearance; R, reappearance; Ec, eclipse; Oc, occultation; Tr, transit of the satellite; Sh, transit of the shadow.

CONFIGURATIONS OF SATELLITES I-IV FOR JUNE

UNIVERSAL TIME

PHASES OF THE ECLIPSES

SATELLITES OF JUPITER, 2015

UNIVERSAL TIME OF GEOCENTRIC PHENOMENA

JULY

d	h m			d	h m			d	h m			d	h m		
1	8 17	II	Oc D	9	12 46	I	Tr I	17	2 16	III	Tr I	24	12 43	II	Sh I
	12 58	II	Ec R		13 31	I	Sh I		4 54	III	Sh I		14 05	I	Oc D
	13 34	I	Oc D		15 04	I	Tr E		5 55	III	Tr E		14 31	II	Tr E
	16 43	I	Ec R		15 49	I	Sh E		8 30	III	Sh E		15 34	II	Sh E
	20 58	IV	Oc D		21 53	III	Tr I		8 53	II	Tr I		16 55	I	Ec R
2	1 50	IV	Oc R	10	0 55	III	Sh I		10 09	II	Sh I	25	11 18	I	Tr I
	5 17	IV	Ec D		1 31	III	Tr E		11 45	II	Tr E		11 50	I	Sh I
	9 54	IV	Ec R		4 31	III	Sh E		12 05	I	Oc D		13 37	I	Tr E
	10 45	I	Tr I		6 06	II	Tr I		13 00	II	Sh E		14 08	I	Sh E
	11 36	I	Sh I		7 34	II	Sh I		15 01	I	Ec R	26	6 10	II	Oc D
	13 03	I	Tr E		8 19	IV	Tr I	18	9 17	I	Tr I		8 36	I	Oc D
	13 54	I	Sh E		8 58	II	Tr E		9 55	I	Sh I		10 08	II	Ec R
	17 31	III	Tr I		10 05	I	Oc D		11 35	I	Tr E		11 23	I	Ec R
	20 56	III	Sh I		10 25	II	Sh E		12 13	I	Sh E	27	4 39	IV	Tr I
	21 09	III	Tr E		13 04	IV	Tr E		17 15	IV	Oc D		5 49	I	Tr I
3	0 32	III	Sh E		13 06	I	Ec R		22 04	IV	Oc R		6 19	I	Sh I
	3 20	II	Tr I		15 23	IV	Sh I		23 20	IV	Ec D		8 07	I	Tr E
	5 00	II	Sh I		19 53	IV	Sh E	19	3 20	II	Oc D		8 37	I	Sh E
	6 12	II	Tr E	11	7 16	I	Tr I		3 54	IV	Ec R		9 21	IV	Tr E
	7 51	II	Sh E		8 00	I	Sh I		6 35	I	Oc D		9 24	IV	Sh I
	8 04	I	Oc D		9 34	I	Tr E		7 31	II	Ec R		13 51	IV	Sh E
	11 12	I	Ec R		10 18	I	Sh E		9 29	I	Ec R		20 57	III	Oc D
4	5 15	I	Tr I	12	0 30	II	Oc D	20	3 47	I	Tr I	28	1 03	II	Tr I
	6 05	I	Sh I		4 35	I	Oc D		4 24	I	Sh I		2 00	II	Sh I
	7 33	I	Tr E		4 54	II	Ec R		6 06	I	Tr E		2 34	III	Ec R
	8 23	I	Sh E		7 35	I	Ec R		6 42	I	Sh E		3 06	I	Oc D
	21 41	II	Oc D	13	1 46	I	Tr I		16 32	III	Oc D		3 55	II	Tr E
5	2 17	II	Ec R		2 29	I	Sh I		22 16	II	Tr I		4 51	II	Sh E
	2 34	I	Oc D		4 05	I	Tr E		22 35	III	Ec R		5 52	I	Ec R
	5 41	I	Ec R		4 47	I	Sh E		23 26	II	Sh I	29	0 19	I	Tr I
	23 46	I	Tr I		12 08	III	Oc D	21	1 05	I	Oc D		0 47	I	Sh I
6	0 34	I	Sh I		18 37	III	Ec R		1 08	II	Tr E		2 37	I	Tr E
	2 04	I	Tr E		19 29	II	Tr I		2 17	II	Sh E		3 05	I	Sh E
	2 52	I	Sh E		20 51	II	Sh I		3 58	I	Ec R		19 35	II	Oc D
	7 44	III	Oc D		22 21	II	Tr E		22 18	I	Tr I		21 36	I	Oc D
	14 37	III	Ec R		23 05	I	Oc D		22 52	I	Sh I		23 26	II	Ec R
	16 43	II	Tr I		23 43	II	Sh E	22	0 36	I	Tr E	30	0 20	I	Ec R
	18 17	II	Sh I	14	2 03	I	Ec R		1 10	I	Sh E		18 49	I	Tr I
	19 35	II	Tr E		20 16	I	Tr I		16 45	II	Oc D		19 16	I	Sh I
	21 04	I	Oc D		20 57	I	Sh I		19 35	I	Oc D		21 08	I	Tr E
	21 08	II	Sh E		22 35	I	Tr E		20 49	II	Ec R		21 34	I	Sh E
7	0 09	I	Ec R		23 15	I	Sh E		22 26	I	Ec R	31	11 07	III	Tr I
	18 16	I	Tr I	15	13 55	II	Oc D	23	16 48	I	Tr I		12 53	III	Sh I
	19 02	I	Sh I		17 35	I	Oc D		17 21	I	Sh I		14 26	II	Tr I
	20 34	I	Tr E		18 12	II	Ec R		19 06	I	Tr E		14 46	III	Tr E
	21 20	I	Sh E		20 32	I	Ec R		19 39	I	Sh E		15 17	II	Sh I
8	11 05	II	Oc D	16	14 47	I	Tr I	24	6 41	III	Tr I		16 06	I	Oc D
	15 34	I	Oc D		15 26	I	Sh I		8 53	III	Sh I		16 28	III	Sh E
	15 35	II	Ec R		17 05	I	Tr E		10 20	III	Tr E		17 19	II	Tr E
	18 38	I	Ec R		17 44	I	Sh E		11 39	II	Tr I		18 08	II	Sh E
									12 29	III	Sh E		18 49	I	Ec R

I. July 15	II. July 15	III. July 13	IV. July 18, 19
			$x_1 = +1.5,\ y_1 = -0.2$
$x_2 = +1.6,\ y_2 = 0.0$	$x_2 = +1.9,\ y_2 = 0.0$	$x_2 = +2.5,\ y_2 = -0.1$	$x_2 = +3.4,\ y_2 = -0.2$

NOTE.–I denotes ingress; E, egress; D, disappearance; R, reappearance; Ec, eclipse; Oc, occultation; Tr, transit of the satellite; Sh, transit of the shadow.

CONFIGURATIONS OF SATELLITES I-IV FOR JULY

UNIVERSAL TIME

PHASES OF THE ECLIPSES

SATELLITES OF JUPITER, 2015

UNIVERSAL TIME OF GEOCENTRIC PHENOMENA

AUGUST

d	h m		d	h m		d	h m		d	h m	
1	13 20	I Tr I	9	11 52	II Oc D	16	17 59	II Ec R	24	16 15	I Sh E
	13 45	I Sh I		12 37	I Oc D	17	11 53	I Tr I	25	11 09	I Oc D
	15 38	I Tr E		15 11	I Ec R		12 03	I Sh I		12 13	II Tr I
	16 03	I Sh E		15 22	II Ec R		14 12	I Tr E		12 16	II Sh I
2	9 01	II Oc D	10	9 52	I Tr I		14 21	I Sh E		13 28	I Ec R
	10 36	I Oc D		10 08	I Sh I	18	9 08	I Oc D		14 45	III Oc D
	12 45	II Ec R		12 10	I Tr E		9 25	II Tr I		15 05	II Tr E
	13 17	I Ec R		12 26	I Sh E		9 42	II Sh I		15 07	II Sh E
3	7 50	I Tr I	11	5 50	III Oc D		10 17	III Oc D		18 26	III Ec R
	8 13	I Sh I		6 38	II Tr I		11 34	I Ec R	26	8 25	I Tr I
	10 08	I Tr E		7 07	I Oc D		12 17	II Tr E		8 26	I Sh I
	10 31	I Sh E		7 08	II Sh I		12 33	II Sh E		10 43	I Tr E
4	1 23	III Oc D		9 30	II Tr E		14 28	III Ec R		10 44	I Sh E
	3 50	II Tr I		9 40	I Ec R	19	6 23	I Tr I	27	5 39	I Ec D
	4 34	II Sh I		9 59	II Sh E		6 31	I Sh I		6 59	II Ec D
	5 07	I Oc D		10 29	III Ec R		8 42	I Tr E		7 57	I Oc R
	6 31	III Ec R	12	4 22	I Tr I		8 49	I Sh E		9 55	II Oc R
	6 42	II Tr E		4 37	I Sh I	20	3 38	I Oc D	28	2 54	I Sh I
	7 25	II Sh E		6 40	I Tr E		4 09	II Oc D		2 55	I Tr I
	7 46	I Ec R		6 55	I Sh E		6 02	I Ec R		5 12	I Sh E
	13 47	IV Oc D	13	1 10	IV Tr I		7 17	II Ec R		5 14	I Tr E
	21 53	IV Ec R		1 17	II Oc D	21	0 54	I Tr I	29	0 07	I Ec D
5	2 20	I Tr I		1 38	I Oc D		1 00	I Sh I		1 33	II Sh I
	2 42	I Sh I		3 24	IV Sh I		3 12	I Tr E		1 37	II Tr I
	4 39	I Tr E		4 08	I Ec R		3 18	I Sh E		2 27	I Oc R
	5 00	I Sh E		4 40	II Ec R		10 28	IV Oc D		4 24	II Sh E
	22 26	II Oc D		5 47	IV Tr E		15 50	IV Ec R		4 29	II Tr E
	23 37	I Oc D		7 47	IV Sh E		22 09	I Oc D		4 48	III Sh I
6	2 03	II Ec R		22 52	I Tr I		22 49	II Tr I		4 56	III Tr I
	2 14	I Ec R		23 05	I Sh I		22 59	II Sh I		8 22	III Sh E
	20 51	I Tr I	14	1 11	I Tr E	22	0 29	III Tr I		8 33	III Tr E
	21 11	I Sh I		1 23	I Sh E		0 31	I Ec R		21 23	I Sh I
	23 09	I Tr E		20 01	II Tr I		0 50	III Sh I		21 24	IV Sh I
	23 29	I Sh E		20 02	III Tr I		1 41	II Tr E		21 26	I Tr I
7	15 35	III Tr I		20 08	I Oc D		1 50	II Sh E		21 47	IV Tr I
	16 52	III Sh I		20 25	II Sh I		4 07	III Tr E		23 41	I Sh E
	17 14	II Tr I		20 51	III Sh I		4 25	III Sh E		23 44	I Tr E
	17 51	II Sh I		22 37	I Ec R		19 24	I Tr I	30	1 43	IV Sh E
	18 07	I Oc D		22 53	II Tr E		19 28	I Sh I		2 17	IV Tr E
	19 13	III Tr E		23 16	II Sh E		21 43	I Tr E		18 36	I Ec D
	20 06	II Tr E		23 40	III Tr E		21 47	I Sh E		20 18	II Ec D
	20 28	III Sh E	15	0 26	III Sh E	23	16 39	I Oc D		20 57	I Oc R
	20 42	II Sh E		17 23	I Tr I		17 35	II Oc D		23 21	II Oc R
	20 43	I Ec R		17 34	I Sh I		18 59	I Ec R	31	15 52	I Sh I
8	15 21	I Tr I		19 41	I Tr E		20 36	II Ec R		15 56	I Tr I
	15 39	I Sh I		19 52	I Sh E	24	13 55	I Tr I		18 10	I Sh E
	17 40	I Tr E	16	14 38	I Oc D		13 57	I Sh I		18 14	I Tr E
	17 57	I Sh E		14 43	II Oc D		16 13	I Tr E			
				17 05	I Ec R						

I. Aug. 14	II. Aug. 16	III. Aug. 18	IV. Aug. 21
$x_2 = +1.2,\ y_2 = -0.1$	$x_2 = +1.2,\ y_2 = -0.1$	$x_2 = +1.3,\ y_2 = -0.1$	$x_2 = +1.2,\ y_2 = -0.3$

NOTE.–I denotes ingress; E, egress; D, disappearance; R, reappearance; Ec, eclipse; Oc, occultation; Tr, transit of the satellite; Sh, transit of the shadow.

CONFIGURATIONS OF SATELLITES I-IV FOR AUGUST

UNIVERSAL TIME

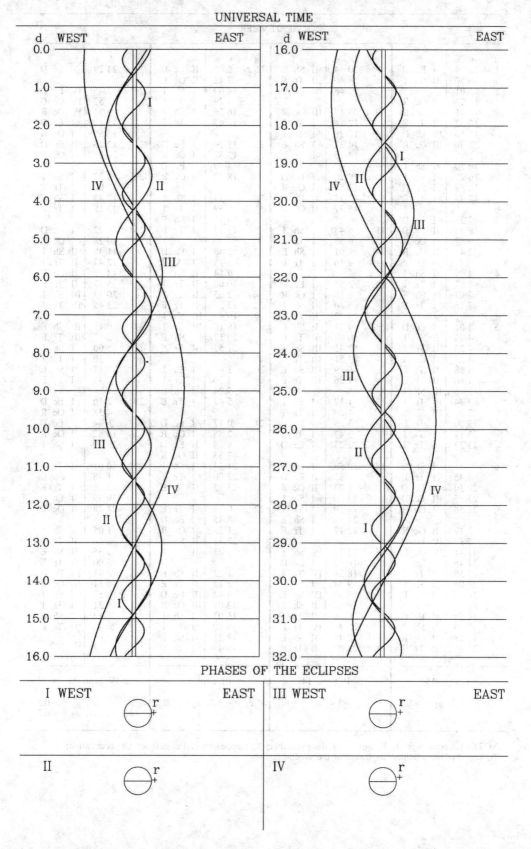

PHASES OF THE ECLIPSES

SATELLITES OF JUPITER, 2015

UNIVERSAL TIME OF GEOCENTRIC PHENOMENA

SEPTEMBER

d	h m			d	h m			d	h m			d	h m		
1	13 04	I	Ec D	8	20 14	II	Sh E	16	2 46	III	Ec D	23	23 29	IV	Ec D
	14 50	II	Sh I		20 40	II	Tr E		7 42	III	Oc R	24	3 45	IV	Ec R
	15 01	II	Tr I		22 48	III	Ec D		14 09	I	Sh I		3 52	IV	Oc D
	15 27	I	Oc R	9	3 17	III	Oc R		14 29	I	Tr I		8 11	IV	Oc R
	17 41	II	Sh E		12 14	I	Sh I		16 26	I	Sh E		13 13	I	Ec D
	17 52	II	Tr E		12 28	I	Tr I		16 47	I	Tr E		15 58	I	Oc R
	18 50	III	Ec D		14 32	I	Sh E	17	11 20	I	Ec D		17 26	II	Ec D
	22 50	III	Oc R		14 46	I	Tr E		13 58	I	Oc R		21 17	II	Oc R
2	10 20	I	Sh I	10	9 26	I	Ec D		14 49	II	Ec D	25	10 32	I	Sh I
	10 27	I	Tr I		11 58	I	Oc R		18 27	II	Oc R		11 00	I	Tr I
	12 38	I	Sh E		12 13	II	Ec D	18	8 37	I	Sh I		12 49	I	Sh E
	12 45	I	Tr E		15 37	II	Oc R		8 59	I	Tr I		13 18	I	Tr E
3	7 33	I	Ec D	11	6 43	I	Sh I		10 55	I	Sh E	26	7 42	I	Ec D
	9 36	II	Ec D		6 58	I	Tr I		11 17	I	Tr E		10 28	I	Oc R
	9 57	I	Oc R		9 01	I	Sh E	19	5 48	I	Ec D		11 48	II	Sh I
	12 46	II	Oc R		9 16	I	Tr E		8 28	I	Oc R		12 47	II	Tr I
4	4 49	I	Sh I	12	3 55	I	Ec D		9 14	II	Sh I		14 39	II	Sh E
	4 57	I	Tr I		6 28	I	Oc R		10 00	II	Tr I		15 37	II	Tr E
	7 07	I	Sh E		6 40	II	Sh I		12 05	II	Sh E		20 43	III	Sh I
	7 15	I	Tr E		7 12	II	Tr I		12 50	II	Tr E		22 45	III	Tr I
5	2 01	I	Ec D		9 31	II	Sh E		16 44	III	Sh I	27	0 16	III	Sh E
	4 07	II	Sh I		10 03	II	Tr E		18 18	III	Tr I		2 17	III	Tr E
	4 25	II	Tr I		12 45	III	Sh I		20 17	III	Sh E		5 00	I	Sh I
	4 27	I	Oc R		13 51	III	Tr I		21 52	III	Tr E		5 30	I	Tr I
	6 58	II	Sh E		16 19	III	Sh E	20	3 06	I	Sh I		7 17	I	Sh E
	7 16	II	Tr E		17 26	III	Tr E		3 30	I	Tr I		7 48	I	Tr E
	8 46	III	Sh I	13	1 12	I	Sh I		5 24	I	Sh E	28	2 10	I	Ec D
	9 24	III	Tr I		1 29	I	Tr I		5 47	I	Tr E		4 58	I	Oc R
	12 20	III	Sh E		3 29	I	Sh E	21	0 17	I	Ec D		6 44	II	Ec D
	13 00	III	Tr E		3 47	I	Tr E		2 58	I	Oc R		10 42	II	Oc R
	23 17	I	Sh I		22 23	I	Ec D		4 08	II	Ec D		23 29	I	Sh I
	23 27	I	Tr I	14	0 58	I	Oc R		7 53	II	Oc R	29	0 01	I	Tr I
6	1 35	I	Sh E		1 32	II	Ec D		21 34	I	Sh I		1 46	I	Sh E
	1 45	I	Tr E		5 03	II	Oc R		22 00	I	Tr I		2 18	I	Tr E
	20 30	I	Ec D		19 40	I	Sh I		23 52	I	Sh E		20 39	I	Ec D
	22 55	II	Ec D		19 59	I	Tr I	22	0 18	I	Tr E		23 28	I	Oc R
	22 58	I	Oc R		21 58	I	Sh E		18 45	I	Ec D	30	1 05	II	Sh I
7	2 12	II	Oc R		22 17	I	Tr E		21 28	I	Oc R		2 10	II	Tr I
	5 27	IV	Ec D	15	15 24	IV	Sh I		22 31	II	Sh I		3 55	II	Sh E
	11 41	IV	Oc R		16 52	I	Ec D		23 23	II	Tr I		5 00	II	Tr E
	17 46	I	Sh I		18 23	IV	Tr I	23	1 22	II	Sh E		10 41	III	Ec D
	17 58	I	Tr I		19 28	I	Oc R		2 14	II	Tr E		16 31	III	Oc R
	20 04	I	Sh E		19 38	IV	Sh E		6 44	III	Ec D		17 57	I	Sh I
	20 16	I	Tr E		19 57	II	Sh I		12 07	III	Oc R		18 31	I	Tr I
8	14 58	I	Ec D		20 36	II	Tr I		16 03	I	Sh I		20 14	I	Sh E
	17 24	II	Sh I		22 44	IV	Tr E		16 30	I	Tr I		20 48	I	Tr E
	17 28	I	Oc R		22 48	II	Sh E		18 21	I	Sh E				
	17 48	II	Tr I		23 27	II	Tr E		18 48	I	Tr E				

I. Sept. 15	II. Sept. 14	III. Sept. 16	IV. Sept. 23, 24
$x_1 = -1.3,\ y_1 = -0.1$	$x_1 = -1.4,\ y_1 = -0.1$	$x_1 = -1.7,\ y_1 = -0.2$	$x_1 = -2.7,\ y_1 = -0.5$
			$x_2 = -0.9,\ y_2 = -0.5$

NOTE.–I denotes ingress; E, egress; D, disappearance; R, reappearance; Ec, eclipse; Oc, occultation; Tr, transit of the satellite; Sh, transit of the shadow.

CONFIGURATIONS OF SATELLITES I-IV FOR SEPTEMBER

UNIVERSAL TIME

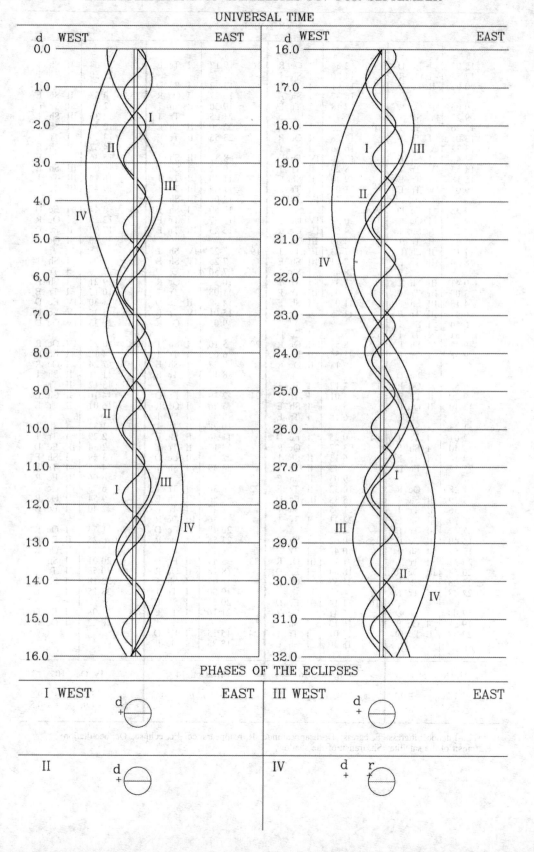

PHASES OF THE ECLIPSES

SATELLITES OF JUPITER, 2015

UNIVERSAL TIME OF GEOCENTRIC PHENOMENA

OCTOBER

d	h m		d	h m		d	h m		d	h m	
1	15 07	I Ec D	9	2 54	II Oc R	16	19 17	I Tr E	24	22 04	II Sh I
	17 58	I Oc R		14 20	I Sh I	17	13 22	I Ec D		23 50	II Tr I
	20 02	II Ec D		15 01	I Tr I		16 27	I Oc R	25	0 53	II Sh E
2	0 06	II Oc R		16 37	I Sh E		19 30	II Sh I		2 39	II Tr E
	9 23	IV Sh I		17 18	I Tr E		21 05	II Tr I		12 35	III Sh I
	12 26	I Sh I	10	11 29	I Ec D		22 20	II Sh E		12 36	I Sh I
	13 01	I Tr I		14 28	I Oc R		23 55	II Tr E		13 29	I Tr I
	13 32	IV Sh E		16 56	II Sh I	18	8 37	III Sh I		14 52	I Sh E
	14 43	I Sh E		17 30	IV Ec D		10 42	I Sh I		15 46	I Tr E
	14 53	IV Tr I		18 20	II Tr I		11 30	I Tr I		16 05	III Sh E
	15 18	I Tr E		19 46	II Sh E		11 54	III Tr I		16 14	III Tr I
	19 01	IV Tr E		21 09	II Tr E		12 08	III Sh E		19 41	III Tr E
3	9 35	I Ec D		21 40	IV Ec R		12 59	I Sh E	26	9 44	I Ec D
	12 28	I Oc R	11	0 22	IV Oc D		13 47	I Tr E		12 55	I Oc R
	14 22	II Sh I		4 27	IV Oc R		15 23	III Tr E		17 07	II Ec D
	15 33	II Tr I		4 39	III Sh I	19	3 22	IV Sh I		21 50	II Oc R
	17 12	II Sh E		7 33	III Tr I		7 25	IV Sh E	27	7 04	I Sh I
	18 24	II Tr E		8 11	III Sh E		7 50	I Ec D		7 59	I Tr I
4	0 41	III Sh I		8 48	I Sh I		10 56	I Oc R		9 21	I Sh E
	3 09	III Tr I		9 31	I Tr I		11 08	IV Tr I		10 15	I Tr E
	4 13	III Sh E		11 02	III Tr E		14 32	II Ec D		11 30	IV Ec D
	6 41	III Tr E		11 05	I Sh E		15 01	IV Tr E		15 35	IV Ec R
	6 54	I Sh I		11 48	I Tr E		19 05	II Oc R		20 33	IV Oc D
	7 31	I Tr I	12	5 57	I Ec D	20	5 10	I Sh I	28	0 22	IV Oc R
	9 11	I Sh E		8 57	I Oc R		6 00	I Tr I		4 12	I Ec D
	9 48	I Tr E		11 56	II Ec D		7 27	I Sh E		7 24	I Oc R
5	4 04	I Ec D		16 18	II Oc R		8 17	I Tr E		11 21	II Sh I
	6 58	I Oc R	13	3 17	I Sh I	21	2 19	I Ec D		13 12	II Tr I
	9 20	II Ec D		4 01	I Tr I		5 26	I Oc R		14 10	II Sh E
	13 30	II Oc R		5 34	I Sh E		8 47	II Sh I		16 01	II Tr E
6	1 23	I Sh I		6 18	I Tr E		10 28	II Tr I	29	1 33	I Sh I
	2 01	I Tr I	14	0 25	I Ec D		11 36	II Sh E		2 29	I Tr I
	3 40	I Sh E		3 27	I Oc R		13 17	II Tr E		2 34	III Ec D
	4 18	I Tr E		6 13	II Sh I		22 36	III Ec D		3 49	I Sh E
	22 32	I Ec D		7 42	II Tr I		23 39	I Sh I		4 45	I Tr E
7	1 28	I Oc R		9 03	II Sh E	22	0 30	I Tr I		6 06	III Ec R
	3 39	II Sh I		10 32	II Tr E		1 56	I Sh E		6 26	III Oc D
	4 56	II Tr I		18 38	III Ec D		2 47	I Tr E		9 54	III Oc R
	6 29	II Sh E		21 45	I Sh I		5 36	III Oc R		22 40	I Ec D
	7 47	II Tr E		22 31	I Tr I		20 47	I Ec D	30	1 54	I Oc R
	14 40	III Ec D	15	0 02	I Sh E		23 56	I Oc R		6 25	II Ec D
	19 51	I Sh I		0 48	I Tr E	23	3 49	II Ec D		11 12	II Oc R
	20 31	I Tr I		1 16	III Oc R		8 28	II Oc R		20 01	I Sh I
	20 54	III Oc R		18 54	I Ec D		18 07	I Sh I		20 58	I Tr I
	22 08	I Sh E		21 57	I Oc R		19 00	I Tr I		22 18	I Sh E
	22 48	I Tr E	16	1 14	II Ec D		20 24	I Sh E		23 15	I Tr E
8	17 00	I Ec D		5 41	II Oc R		21 16	I Tr E	31	17 08	I Ec D
	19 58	I Oc R		16 13	I Sh I	24	15 15	I Ec D		20 23	I Oc R
	22 38	II Ec D		17 01	I Tr I		18 25	I Oc R			
				18 30	I Sh E						

I. Oct. 15	II. Oct. 16	III. Oct. 14	IV. Oct. 10
$x_1 = -1.7,\ y_1 = -0.1$	$x_1 = -2.1,\ y_1 = -0.2$	$x_1 = -2.6,\ y_1 = -0.3$	$x_1 = -3.6,\ y_1 = -0.5$
			$x_2 = -1.9,\ y_2 = -0.5$

NOTE.–I denotes ingress; E, egress; D, disappearance; R, reappearance; Ec, eclipse; Oc, occultation; Tr, transit of the satellite; Sh, transit of the shadow.

CONFIGURATIONS OF SATELLITES I-IV FOR OCTOBER

UNIVERSAL TIME

PHASES OF THE ECLIPSES

SATELLITES OF JUPITER, 2015

UNIVERSAL TIME OF GEOCENTRIC PHENOMENA

NOVEMBER

d	h m			d	h m			d	h m			d	h m		
1	0 38	II	Sh I	8	16 23	I	Sh I	16	0 30	III	Sh I	23	17 16	I	Ec D
	2 34	II	Tr I		17 26	I	Tr I		3 58	III	Sh E		20 43	I	Oc R
	3 27	II	Sh E		18 39	I	Sh E		5 03	III	Tr I	24	3 27	II	Ec D
	5 23	II	Tr E		19 41	I	Tr E		8 24	III	Tr E		8 38	II	Oc R
	14 29	I	Sh I		20 31	III	Sh I		15 23	I	Ec D		14 38	I	Sh I
	15 28	I	Tr I	9	0 00	III	Sh E		18 47	I	Oc R		15 48	I	Tr I
	16 33	III	Sh I		0 49	III	Tr I	17	0 53	II	Ec D		16 54	I	Sh E
	16 46	I	Sh E		4 12	III	Tr E		5 59	II	Oc R		18 03	I	Tr E
	17 44	I	Tr E		13 30	I	Ec D		12 45	I	Sh I	25	11 45	I	Ec D
	20 03	III	Sh E		16 50	I	Oc R		13 52	I	Tr I		15 12	I	Oc R
	20 33	III	Tr I		22 18	II	Ec D		15 01	I	Sh E		21 37	II	Sh I
	23 58	III	Tr E	10	3 17	II	Oc R		16 07	I	Tr E	26	0 00	II	Tr I
2	11 37	I	Ec D		10 51	I	Sh I	18	9 51	I	Ec D		0 26	II	Sh E
	14 53	I	Oc R		11 55	I	Tr I		13 16	I	Oc R		2 46	II	Tr E
	19 43	II	Ec D		13 08	I	Sh E		19 03	II	Sh I		9 06	I	Sh I
3	0 35	II	Oc R		14 11	I	Tr E		21 20	II	Tr I		10 17	I	Tr I
	8 58	I	Sh I	11	7 58	I	Ec D		21 52	II	Sh E		11 22	I	Sh E
	9 57	I	Tr I		11 20	I	Oc R	19	0 07	II	Tr E		12 32	I	Tr E
	11 14	I	Sh E		16 29	II	Sh I		7 13	I	Sh I		18 24	III	Ec D
	12 13	I	Tr E		18 38	II	Tr I		8 21	I	Tr I		21 54	III	Ec R
4	6 05	I	Ec D		19 18	II	Sh E		9 29	I	Sh E		23 19	III	Oc D
	9 22	I	Oc R		21 26	II	Tr E		10 36	I	Tr E	27	2 40	III	Oc R
	13 55	II	Sh I	12	5 20	I	Sh I		14 26	III	Ec D		6 13	I	Ec D
	15 56	II	Tr I		6 24	I	Tr I		17 56	III	Ec R		9 41	I	Oc R
	16 44	II	Sh E		7 36	I	Sh E		19 09	III	Oc D		16 44	II	Ec D
	18 44	II	Tr E		8 40	I	Tr E		22 32	III	Oc R		21 57	II	Oc R
	21 21	IV	Sh I		10 29	III	Ec D	20	4 20	I	Ec D	28	3 35	I	Sh I
5	1 18	IV	Sh E		13 59	III	Ec R		7 45	I	Oc R		4 46	I	Tr I
	3 26	I	Sh I		14 57	III	Oc D		14 10	II	Ec D		5 51	I	Sh E
	4 27	I	Tr I		18 22	III	Oc R		19 19	II	Oc R		7 01	I	Tr E
	5 43	I	Sh E	13	2 27	I	Ec D	21	1 42	I	Sh I	29	0 41	I	Ec D
	6 31	III	Ec D		5 31	IV	Ec D		2 50	I	Tr I		4 10	I	Oc R
	6 43	I	Tr E		5 49	I	Oc R		3 57	I	Sh E		10 54	II	Sh I
	7 02	IV	Tr I		9 30	IV	Ec R		5 05	I	Tr E		13 19	II	Tr I
	10 03	III	Ec R		11 35	II	Ec D		15 19	IV	Sh I		13 43	II	Sh E
	10 37	IV	Tr E		16 19	IV	Oc D		19 09	IV	Sh E		16 06	II	Tr E
	10 43	III	Oc D		16 38	II	Oc R		22 48	I	Ec D		22 03	I	Sh I
	14 09	III	Oc R		19 48	IV	Oc R	22	2 14	I	Oc R		23 15	I	Tr I
6	0 33	I	Ec D		23 48	I	Sh I		2 26	IV	Tr I		23 31	IV	Ec D
	3 52	I	Oc R	14	0 54	I	Tr I		5 41	IV	Tr E	30	0 19	I	Sh E
	9 00	II	Ec D		2 04	I	Sh E		8 20	II	Sh I		1 29	I	Tr E
	13 56	II	Oc R		3 09	I	Tr E		10 40	II	Tr I		3 23	IV	Ec R
	21 55	I	Sh I		20 55	I	Ec D		11 09	II	Sh E		8 25	III	Sh I
	22 56	I	Tr I	15	0 18	I	Oc R		13 27	II	Tr E		11 29	IV	Oc D
7	0 11	I	Sh E		5 46	II	Sh I		20 10	I	Sh I		11 51	III	Sh E
	1 12	I	Tr E		7 59	II	Tr I		21 19	I	Tr I		13 20	III	Tr I
	19 02	I	Ec D		8 35	II	Sh E		22 26	I	Sh E		14 35	IV	Oc R
	22 21	I	Oc R		10 47	II	Tr E		23 34	I	Tr E		16 37	III	Tr E
8	3 12	II	Sh I		18 16	I	Sh I	23	4 28	III	Sh I		19 09	I	Ec D
	5 17	II	Tr I		19 23	I	Tr I		7 55	III	Sh E		22 39	I	Oc R
	6 01	II	Sh E		20 32	I	Sh E		9 13	III	Tr I				
	8 05	II	Tr E		21 38	I	Tr E		12 33	III	Tr E				

I. Nov. 14	II. Nov. 17	III. Nov. 12	IV. Nov. 13
$x_1 = -1.9, \; y_1 = -0.1$	$x_1 = -2.5, \; y_1 = -0.2$	$x_1 = -3.4, \; y_1 = -0.3$	$x_1 = -5.1, \; y_1 = -0.7$
		$x_2 = -1.5, \; y_2 = -0.3$	$x_2 = -3.5, \; y_2 = -0.7$

NOTE.–I denotes ingress; E, egress; D, disappearance; R, reappearance; Ec, eclipse; Oc, occultation; Tr, transit of the satellite; Sh, transit of the shadow.

CONFIGURATIONS OF SATELLITES I-IV FOR NOVEMBER

UNIVERSAL TIME

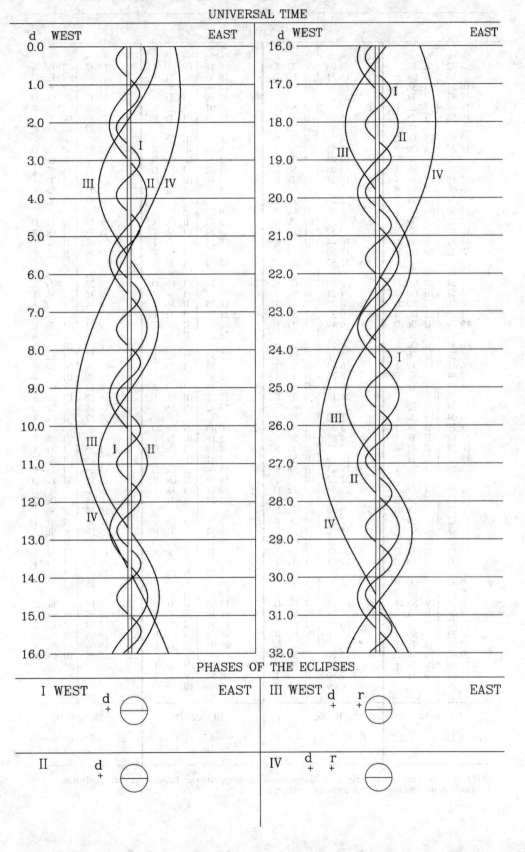

PHASES OF THE ECLIPSES

SATELLITES OF JUPITER, 2015
UNIVERSAL TIME OF GEOCENTRIC PHENOMENA

DECEMBER

d	h m	Phenomenon
1	6 02	II Ec D
	11 16	II Oc R
	16 31	I Sh I
	17 43	I Tr I
	18 47	I Sh E
	19 58	I Tr E
2	13 38	I Ec D
	17 07	I Oc R
3	0 11	II Sh I
	2 38	II Tr I
	3 00	II Sh E
	5 24	II Tr E
	11 00	I Sh I
	12 12	I Tr I
	13 15	I Sh E
	14 27	I Tr E
	22 22	III Ec D
4	1 51	III Ec R
	3 24	III Oc D
	6 44	III Oc R
	8 06	I Ec D
	11 36	I Oc R
	19 19	II Ec D
5	0 34	II Oc R
	5 28	I Sh I
	6 41	I Tr I
	7 44	I Sh E
	8 55	I Tr E
6	2 34	I Ec D
	6 04	I Oc R
	13 29	II Sh I
	15 57	II Tr I
	16 18	II Sh E
	18 43	II Tr E
	23 56	I Sh I
7	1 09	I Tr I
	2 12	I Sh E
	3 24	I Tr E
	12 22	III Sh I
	15 48	III Sh E
	17 23	III Tr I
	20 39	III Tr E
	21 03	I Ec D
8	0 33	I Oc R
	8 36	II Ec D
	9 17	IV Sh I
	13 01	IV Sh E
	13 52	II Oc R
	18 25	I Sh I
	19 38	I Tr I
	20 40	I Sh E
	21 10	IV Tr I
	21 52	I Tr E

d	h m	Phenomenon
9	0 03	IV Tr E
	15 31	I Ec D
	19 02	I Oc R
10	2 46	II Sh I
	5 15	II Tr I
	5 35	II Sh E
	8 01	II Tr E
	12 53	I Sh I
	14 06	I Tr I
	15 08	I Sh E
	16 21	I Tr E
11	2 20	III Ec D
	5 49	III Ec R
	7 27	III Oc D
	9 59	I Ec D
	10 44	III Oc R
	13 30	I Oc R
	21 53	II Ec D
12	3 09	II Oc R
	7 21	I Sh I
	8 35	I Tr I
	9 37	I Sh E
	10 49	I Tr E
13	4 27	I Ec D
	7 58	I Oc R
	16 03	II Sh I
	18 33	II Tr I
	18 52	II Sh E
	21 18	II Tr E
14	1 50	I Sh I
	3 03	I Tr I
	4 05	I Sh E
	5 17	I Tr E
	16 19	III Sh I
	19 45	III Sh E
	21 22	III Tr I
	22 56	I Ec D
15	0 36	III Tr E
	2 27	I Oc R
	11 10	II Ec D
	16 26	II Oc R
	20 18	I Sh I
	21 31	I Tr I
	22 33	I Sh E
	23 45	I Tr E
16	17 24	I Ec D
	17 31	IV Ec D
	20 55	I Oc R
	21 16	IV Ec R
17	5 20	II Sh I
	5 53	IV Oc D
	7 50	II Tr I
	8 09	II Sh E

d	h m	Phenomenon
17	8 35	IV Oc R
	10 35	II Tr E
	14 46	I Sh I
	15 59	I Tr I
	17 01	I Sh E
	18 13	I Tr E
18	6 18	III Ec D
	9 46	III Ec R
	11 24	III Oc D
	11 52	I Ec D
	14 40	III Oc R
	15 23	I Oc R
19	0 27	II Ec D
	5 42	II Oc R
	9 14	I Sh I
	10 27	I Tr I
	11 30	I Sh E
	12 42	I Tr E
20	6 21	I Ec D
	9 51	I Oc R
	18 38	II Sh I
	21 07	II Tr I
	21 27	II Sh E
	23 52	II Tr E
21	3 43	I Sh I
	4 55	I Tr I
	5 58	I Sh E
	7 10	I Tr E
	20 17	III Sh I
	23 42	III Sh E
22	0 49	I Ec D
	1 18	III Tr I
	4 19	I Oc R
	4 31	III Tr E
	13 44	II Ec D
	18 58	II Oc R
	22 11	I Sh I
	23 23	I Tr I
23	0 26	I Sh E
	1 37	I Tr E
	19 17	I Ec D
	22 47	I Oc R
24	7 55	II Sh I
	10 23	II Tr I
	10 44	II Sh E
	13 08	II Tr E
	16 39	I Sh I
	17 51	I Tr I
	18 54	I Sh E
	20 05	I Tr E
25	3 15	IV Sh I
	6 52	IV Sh E
	10 15	III Ec D

d	h m	Phenomenon
25	13 43	III Ec R
	13 46	I Ec D
	15 06	IV Tr I
	15 17	III Oc D
	17 15	I Oc R
	17 36	IV Tr E
	18 32	III Oc R
26	3 01	II Ec D
	8 13	II Oc R
	11 07	I Sh I
	12 19	I Tr I
	13 23	I Sh E
	14 33	I Tr E
27	8 14	I Ec D
	11 43	I Oc R
	21 13	II Sh I
	23 39	II Tr I
28	0 01	II Sh E
	2 24	II Tr E
	5 36	I Sh I
	6 47	I Tr I
	7 51	I Sh E
	9 01	I Tr E
29	0 15	III Sh I
	2 42	I Ec D
	3 39	III Sh E
	5 09	III Tr I
	6 11	I Oc R
	8 20	III Tr E
	16 18	II Ec D
	21 27	II Oc R
30	0 04	I Sh I
	1 15	I Tr I
	2 19	I Sh E
	3 29	I Tr E
	21 11	I Ec D
31	0 38	I Oc R
	10 30	II Sh I
	12 54	II Tr I
	13 19	II Sh E
	15 39	II Tr E
	18 32	I Sh I
	19 42	I Tr I
	20 47	I Sh E
	21 56	I Tr E
32	14 12	III Ec D
	15 39	I Ec D
	17 39	III Ec R
	19 06	III Oc D
	19 06	I Oc R
	22 19	III Oc R

I. Dec. 14	II. Dec. 15	III. Dec. 18	IV. Dec. 16
$x_1 = -2.0, \; y_1 = -0.2$	$x_1 = -2.7, \; y_1 = -0.2$	$x_1 = -3.7, \; y_1 = -0.4$	$x_1 = -5.6, \; y_1 = -0.8$
		$x_2 = -1.8, \; y_2 = -0.4$	$x_2 = -4.1, \; y_2 = -0.8$

NOTE.—I denotes ingress; E, egress; D, disappearance; R, reappearance; Ec, eclipse; Oc, occultation; Tr, transit of the satellite; Sh, transit of the shadow.

CONFIGURATIONS OF SATELLITES I-IV FOR DECEMBER

UNIVERSAL TIME

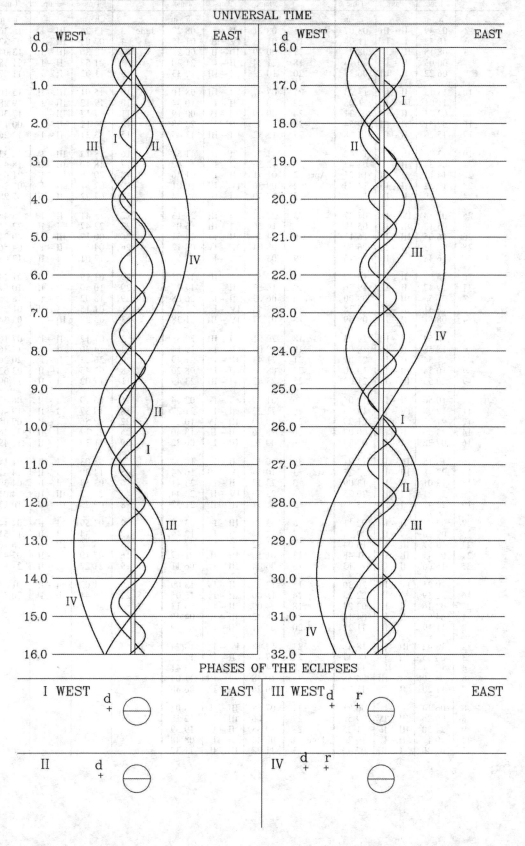

PHASES OF THE ECLIPSES

Date	Start Time	Satellite Pairs	End Time	Date	Start Time	Satellite Pairs	End Time	Date	Start Time	Satellite Pairs	End Time
	h m		h m		h m		h m		h m		h m
Jan. 2	02 49	II – III	03 07	Mar. 15	08 21	II – I	08 27	June 3	15 26	III – I	15 36
3	10 52	II – I	11 04	16	01 33	IV – II	01 45	4	07 03	III – I	07 33
5	08 18	III – I	08 27	17	00 20	III – II	00 25	4	12 36	III – I	13 04
7	00 03	II – I	00 14	18	21 24	II – I	21 30	4	21 53	II – I	21 58
9	06 22	II – III	06 37	20	10 22	I – III	10 33	8	11 02	II – I	11 07
10	13 13	II – I	13 23	21	07 47	I – III	08 10	10	15 01	III – II	15 10
12	11 01	III – I	11 08	22	10 28	II – I	10 34	10	19 12	III – I	19 28
14	02 21	II – I	02 31	24	00 09	III – IV	00 19	11	17 17	III – I	17 30
16	09 41	II – III	09 54	25	23 32	II – I	23 38	12	00 12	II – I	00 17
17	15 28	II – I	15 38	27	13 32	I – III	13 45	15	13 21	II – I	13 26
19	13 36	III – I	13 42	28	11 41	I – III	11 54	16	18 13	III – IV	18 33
21	04 34	II – I	04 43	29	12 36	II – I	12 42	17	18 40	III – II	18 48
22	14 17	I – III	14 21	Apr. 2	01 41	II – I	01 46	18	20 56	III – I	21 06
23	12 52	II – III	13 03	2	09 36	IV – III	10 01	19	02 31	II – I	02 36
24	17 39	II – I	17 48	3	17 30	I – III	17 54	22	07 22	II – III	07 28
25	07 18	IV – II	07 27	3	22 44	I – III	23 13	22	15 41	II – I	15 46
26	05 12	III – II	05 19	4	14 56	I – III	15 05	23	22 47	I – II	22 51
26	16 05	III – I	16 12	5	14 46	II – I	14 51	26	00 17	III – I	00 24
28	06 43	II – I	06 52	8	08 04	III – IV	08 12	26	04 51	II – I	04 56
29	16 38	I – III	16 43	9	03 51	II – I	03 56	27	12 01	I – II	12 06
30	15 57	II – III	16 07	11	17 57	I – III	18 05	29	01 19	I – III	01 24
31	19 47	II – I	19 56	12	16 57	II – I	17 02	29	10 50	II – III	10 57
Feb. 2	07 53	III – II	08 00	16	06 03	II – I	06 08	29	18 02	II – I	18 06
2	18 31	III – I	18 38	17	23 43	IV – I	23 51	July 1	01 15	I – II	01 20
4	08 51	II – I	08 59	18	01 27	IV – III	01 38	3	03 28	III – I	03 34
5	18 59	I – III	19 05	18	20 51	I – III	20 58	3	07 12	II – I	07 16
6	18 58	II – III	19 06	19	19 09	II – I	19 14	4	14 30	I – II	14 36
7	21 54	II – I	22 02	21	21 43	III – I	21 49	6	20 23	II – I	20 26
9	10 34	III – II	10 40	23	08 16	II – I	08 20	8	03 45	I – II	03 52
9	20 55	III – I	21 02	25	23 42	I – III	23 49	11	17 02	I – II	17 09
11	10 56	II – I	11 04	26	01 59	I – IV	02 04	15	06 19	I – II	06 27
11	12 28	IV – III	12 45	26	21 22	II – I	21 27	18	19 37	I – II	19 46
12	21 22	I – III	21 29	27	10 00	III – IV	10 27	22	08 56	I – II	09 05
14	23 59	II – I	00 07	28	18 36	III – II	18 40	25	22 17	I – II	22 26
16	07 22	I – II	07 27	29	00 26	III – I	00 32	29	11 39	I – II	11 49
16	13 15	III – II	13 21	30	10 30	II – I	10 34	Aug. 2	01 03	I – II	01 14
16	23 18	III – I	23 25	May 3	10 36	IV – III	10 44	5	14 29	I – II	14 41
18	13 01	II – I	13 09	3	23 37	II – I	23 41	6	03 53	I – II	04 39
19	20 21	I – II	20 25	4	23 39	IV – II	23 44	7	23 12	III – II	24 01
19	23 47	I – III	23 55	5	21 51	III – II	21 57	8	09 29	III – II	10 17
22	02 04	II – I	02 11	6	03 12	III – I	03 19	9	03 59	I – II	04 14
23	09 20	I – II	09 24	7	12 44	II – I	12 49	12	17 34	I – II	17 51
23	15 57	III – II	16 04	11	01 52	II – I	01 57	15	15 46	III – II	16 10
24	01 41	III – I	01 48	13	01 10	III – II	01 17	16	07 19	I – II	07 40
25	15 06	II – I	15 13	13	06 04	III – I	06 11	19	21 22	I – II	21 58
26	20 25	IV – II	20 30	13	12 55	II – IV	13 09	20	01 03	I – II	01 54
26	22 19	I – II	22 23	14	15 00	II – I	15 05	22	20 44	III – II	20 58
27	02 16	I – III	02 24	18	04 09	II – I	04 13				
Mar. 1	04 09	II – I	04 16	20	04 32	III – II	04 40				
2	11 19	I – II	11 22	20	09 01	III – I	09 09				
2	18 42	III – II	18 48	21	13 18	IV – I	13 24				
3	04 05	III – I	04 11	21	17 17	II – I	17 22				
4	17 11	II – I	17 18	22	14 17	IV – III	14 41				
6	04 50	I – III	04 58	24	10 58	I – III	11 04				
7	11 20	II – IV	11 29	25	06 26	II – I	06 30				
8	06 14	II – I	06 21	27	07 58	III – II	08 07				
8	09 26	III – IV	09 50	27	12 06	III – I	12 15				
9	21 30	III – II	21 35	28	19 35	II – I	19 39				
11	19 17	II – I	19 24	June 1	08 44	II – I	08 48				
13	07 30	I – III	07 40	3	11 28	III – II	11 37				

Date	Start Time	Satellite Pairs	End Time	Date	Start Time	Satellite Pairs	End Time	Date	Start Time	Satellite Pairs	End Time
	h m		h m		h m		h m		h m		h m
Jan. 3	08 59	II – I	09 13	Mar. 4	18 10	II – I	18 18	Apr. 28	05 57	I – II	06 04
4	17 24	III – I*	17 39	6	06 34	I – III	06 46	May 1	19 05	I – II	19 11
6	22 26	II – I	22 40	7	14 53	II – IV*	15 04	3	11 32	II – III	11 41
7	15 52	II – III	16 35	8	07 20	II – I	07 27	5	08 13	I – II	08 19
8	03 18	II – III	04 15	8	15 37	III – IV	16 03	8	21 21	I – II	21 27
10	11 51	II – I	12 03	9	23 34	III – II	23 41	10	14 49	II – III*	14 56
12	09 20	III – I*	09 28	11	20 29	II – I	20 36	12	10 29	I – II	10 35
14	01 11	II – I	01 23	13	09 52	I – III	10 06	15	23 37	I – II	23 43
15	12 30	I – IV*	12 39	13	23 15	I – III	23 43	19	12 45	I – II	12 52
17	09 52	III – IV	10 17	14	07 50	I – III	08 11	21	06 19	III – I	07 31
17	14 30	II – I	14 41	14	12 19	II – III*	12 27	21	07 44	III – I*	08 16
19	12 27	III – I*	12 34	15	09 38	II – I	09 45	23	01 54	I – II	02 00
21	03 47	II – I	03 58	16	06 46	IV – II	06 59	26	15 02	I – II	15 09
22	13 27	I – III*	13 33	17	02 48	III – II	02 57	28	03 38	III – I	04 01
23	09 05	IV – III	09 20	18	22 47	II – I	22 54	30	04 11	I – II	04 18
23	16 20	IV – I*	16 32	20	05 39	I – II	05 45	June 2	17 20	I – II	17 26
24	17 03	II – I	17 13	20	13 40	I – III	14 02	4	01 43	III – I	02 12
24	18 47	IV – I	19 02	21	11 40	I – III	11 54	6	06 29	I – II	06 36
25	04 29	IV – II*	04 48	21	15 41	II – III*	15 50	9	19 38	I – II	19 45
26	15 24	III – I	15 32	22	11 56	II – I	12 02	13	08 48	I – II	08 55
28	06 17	II – I	06 27	23	18 46	I – II	18 52	16	21 58	I – II	22 05
29	16 10	I – III	16 17	24	06 03	III – II	06 11	20	11 08	I – II	11 15
31	19 31	II – I	19 41	24	18 40	I – IV*	19 07	24	00 18	I – II	00 26
31	20 59	II – IV*	21 08	26	01 04	II – I	01 11	27	13 29	I – II	13 37
Feb. 1	21 45	I – IV*	21 54	27	07 53	I – II	07 59	July 1	02 40	I – II	02 48
2	01 32	III – IV	01 46	28	14 58	I – III	15 09	4	15 52	I – II	16 00
2	18 16	III – I	18 25	28	19 02	II – III	19 12	8	05 04	I – II	05 12
4	08 44	II – I	08 53	29	14 13	II – I	14 19	11	18 17	I – II	18 26
5	18 55	I – III	19 03	30	20 59	I – II	21 05	15	07 30	I – II	07 39
7	21 56	II – I	22 05	31	09 18	III – II*	09 25	18	20 45	I – II	20 54
9	13 33	IV – II*	13 42	31	16 15	III – I*	16 21	22	09 59	I – II	10 09
9	21 05	III – I	21 13	Apr. 2	03 21	II – I	03 27	25	23 16	I – II	23 27
11	11 08	II – I	11 17	2	19 05	IV – III*	19 22	29	12 33	I – II	12 45
11	13 25	IV – III	13 52	3	10 06	I – II	10 12	Aug. 1	02 19	III – II*	04 27
12	21 43	I – III	21 52	4	18 03	I – III	18 12	2	01 53	I – II	02 06
15	00 19	II – I	00 28	4	22 22	II – III	22 32	2	15 18	I – II	15 54
16	13 57	III – II*	14 04	5	16 29	II – I*	16 35	5	15 15	I – II	15 30
16	23 52	III – I	24 00	6	23 13	I – II	23 19	6	02 40	I – II	03 12
18	13 30	II – I	13 39	7	12 33	III – II*	12 40	8	11 47	III – II	12 12
20	00 34	I – III	00 44	7	18 59	III – I*	19 05	9	04 41	I – II	04 58
22	02 41	II – I	02 49	9	05 38	II – I*	05 42	12	18 11	I – II	18 32
23	17 09	III – II	17 17	10	12 20	I – II	12 27	16	07 51	I – II	08 20
24	02 37	III – I	02 45	12	01 40	II – III	01 51	16	13 24	I – II	14 04
25	15 51	II – I	15 59	14	01 28	I – II	01 34	19	21 54	I – II	22 52
26	22 43	IV – II*	22 53	17	14 35	I – II	14 41	19	23 40	I – II	01 56
27	03 31	I – III	03 41	19	04 58	II – III	05 08				
27	04 27	IV – III*	04 39	21	03 42	I – II	03 49				
Mar. 1	05 01	II – I	05 09	24	16 50	I – II	16 56				
2	20 21	III – II	20 30	26	08 15	II – III	08 25				

Satellite identification: I = Io, II = Europa, III = Ganymede, IV = Callisto

All times are in Universal Time (UT).

Start times are the nearest minute before the event.

End times are the nearest minute after the event.

Events with a light loss of less than 0.03 magnitude were not included.

Events occurring closer than 1.5 Jupiter radii from the planet were not included.

Penumbral eclipses are indicated with a "*".

RINGS OF SATURN, 2015

FOR 0^h UNIVERSAL TIME

Date		Axes of outer edge of outer ring		U	B	P	U'	B'	P'
		Major	Minor						
		"	"	°	°	°	°	°	°
Jan.	−2	35.17	14.58	108.261	+24.490	+2.115	65.258	+23.723	−11.365
	2	35.30	14.67	108.702	+24.553	+2.165	65.389	+23.750	−11.308
	6	35.45	14.77	109.129	+24.613	+2.214	65.520	+23.777	−11.251
	10	35.61	14.86	109.541	+24.668	+2.260	65.651	+23.804	−11.194
	14	35.78	14.96	109.935	+24.718	+2.305	65.782	+23.831	−11.136
	18	35.97	15.07	110.311	+24.765	+2.348	65.913	+23.857	−11.079
	22	36.16	15.17	110.668	+24.807	+2.388	66.044	+23.884	−11.021
	26	36.36	15.28	111.003	+24.845	+2.426	66.175	+23.910	−10.964
	30	36.57	15.39	111.317	+24.878	+2.461	66.306	+23.936	−10.906
Feb.	3	36.80	15.50	111.607	+24.908	+2.493	66.437	+23.962	−10.849
	7	37.02	15.61	111.872	+24.933	+2.523	66.568	+23.988	−10.791
	11	37.26	15.72	112.113	+24.954	+2.550	66.699	+24.014	−10.733
	15	37.50	15.83	112.327	+24.971	+2.574	66.830	+24.040	−10.676
	19	37.75	15.95	112.515	+24.984	+2.595	66.962	+24.066	−10.618
	23	38.01	16.06	112.674	+24.993	+2.612	67.093	+24.091	−10.560
	27	38.26	16.17	112.804	+24.998	+2.627	67.224	+24.117	−10.502
Mar.	3	38.52	16.28	112.906	+24.999	+2.638	67.356	+24.142	−10.444
	7	38.78	16.39	112.978	+24.997	+2.646	67.487	+24.167	−10.386
	11	39.04	16.50	113.020	+24.991	+2.650	67.619	+24.192	−10.327
	15	39.30	16.60	113.033	+24.982	+2.651	67.750	+24.217	−10.269
	19	39.56	16.70	113.017	+24.970	+2.649	67.882	+24.242	−10.211
	23	39.81	16.80	112.971	+24.954	+2.644	68.013	+24.267	−10.153
	27	40.06	16.89	112.896	+24.935	+2.635	68.145	+24.291	−10.094
	31	40.30	16.97	112.793	+24.912	+2.624	68.276	+24.316	−10.036
Apr.	4	40.53	17.05	112.663	+24.887	+2.609	68.408	+24.340	− 9.977
	8	40.75	17.13	112.506	+24.859	+2.591	68.540	+24.364	− 9.919
	12	40.95	17.20	112.325	+24.829	+2.571	68.672	+24.388	− 9.860
	16	41.15	17.26	112.120	+24.796	+2.548	68.803	+24.412	− 9.801
	20	41.32	17.31	111.893	+24.760	+2.522	68.935	+24.436	− 9.743
	24	41.49	17.35	111.646	+24.723	+2.495	69.067	+24.460	− 9.684
	28	41.63	17.38	111.381	+24.684	+2.465	69.199	+24.484	− 9.625
May	2	41.75	17.41	111.100	+24.643	+2.433	69.331	+24.507	− 9.566
	6	41.86	17.43	110.806	+24.600	+2.400	69.463	+24.531	− 9.507
	10	41.94	17.43	110.501	+24.557	+2.365	69.595	+24.554	− 9.448
	14	42.01	17.43	110.187	+24.513	+2.330	69.727	+24.577	− 9.389
	18	42.05	17.41	109.867	+24.468	+2.294	69.859	+24.600	− 9.330
	22	42.06	17.39	109.543	+24.423	+2.257	69.991	+24.623	− 9.271
	26	42.06	17.36	109.219	+24.379	+2.220	70.123	+24.646	− 9.211
	30	42.03	17.32	108.897	+24.335	+2.184	70.255	+24.669	− 9.152
June	3	41.98	17.27	108.579	+24.293	+2.148	70.387	+24.691	− 9.093
	7	41.91	17.21	108.269	+24.252	+2.112	70.519	+24.714	− 9.033
	11	41.82	17.15	107.968	+24.213	+2.078	70.651	+24.736	− 8.974
	15	41.71	17.08	107.679	+24.176	+2.045	70.784	+24.758	− 8.914
	19	41.57	17.00	107.404	+24.142	+2.014	70.916	+24.781	− 8.855
	23	41.42	16.92	107.145	+24.111	+1.984	71.048	+24.803	− 8.795
	27	41.26	16.84	106.904	+24.083	+1.957	71.180	+24.824	− 8.735
July	1	41.08	16.75	106.684	+24.059	+1.932	71.313	+24.846	− 8.676

Factor by which axes of outer edge of outer ring are to be multiplied to obtain axes of:

Inner edge of outer ring 0.8932	Inner edge of inner ring 0.6726
Outer edge of inner ring 0.8596	Inner edge of dusky ring 0.5447

U = The geocentric longitude of Saturn, measured in the plane of the rings eastward from its ascending node on the mean equator of the Earth. The Saturnicentric longitude of the Earth, measured in the same way, is $U+180°$.

B = The Saturnicentric latitude of the Earth, referred to the plane of the rings, positive toward the north. When B is positive the visible surface of the rings is the northern surface.

P = The geocentric position angle of the northern semiminor axis of the apparent ellipse of the rings, measured eastward from north.

FOR 0^h UNIVERSAL TIME

Date		Axes of outer edge of outer ring		U	B	P	U'	B'	P'
		Major	Minor						
		$''$	$''$	°	°	°	°	°	°
July	1	41.08	16.75	106.684	+24.059	+1.932	71.313	+24.846	−8.676
	5	40.88	16.65	106.485	+24.039	+1.909	71.445	+24.868	−8.616
	9	40.67	16.56	106.309	+24.024	+1.889	71.578	+24.889	−8.556
	13	40.45	16.46	106.156	+24.012	+1.872	71.710	+24.911	−8.496
	17	40.22	16.36	106.029	+24.006	+1.857	71.842	+24.932	−8.436
	21	39.98	16.26	105.928	+24.004	+1.846	71.975	+24.953	−8.376
	25	39.73	16.17	105.854	+24.008	+1.837	72.107	+24.974	−8.316
	29	39.48	16.07	105.807	+24.016	+1.832	72.240	+24.995	−8.256
Aug.	2	39.23	15.97	105.788	+24.029	+1.830	72.373	+25.016	−8.196
	6	38.97	15.88	105.796	+24.047	+1.831	72.505	+25.037	−8.136
	10	38.71	15.79	105.832	+24.070	+1.835	72.638	+25.057	−8.076
	14	38.45	15.70	105.896	+24.098	+1.843	72.771	+25.078	−8.016
	18	38.20	15.62	105.988	+24.131	+1.854	72.903	+25.098	−7.955
	22	37.94	15.53	106.108	+24.168	+1.868	73.036	+25.118	−7.895
	26	37.69	15.46	106.254	+24.210	+1.885	73.169	+25.138	−7.835
	30	37.44	15.38	106.427	+24.255	+1.905	73.302	+25.158	−7.774
Sept.	3	37.20	15.31	106.625	+24.304	+1.928	73.434	+25.178	−7.714
	7	36.96	15.24	106.849	+24.357	+1.953	73.567	+25.198	−7.653
	11	36.73	15.18	107.097	+24.414	+1.982	73.700	+25.218	−7.593
	15	36.51	15.13	107.369	+24.473	+2.013	73.833	+25.237	−7.532
	19	36.30	15.07	107.665	+24.535	+2.047	73.966	+25.256	−7.471
	23	36.10	15.03	107.982	+24.599	+2.084	74.099	+25.276	−7.411
	27	35.90	14.98	108.320	+24.665	+2.123	74.232	+25.295	−7.350
Oct.	1	35.71	14.94	108.679	+24.733	+2.164	74.365	+25.314	−7.289
	5	35.54	14.91	109.056	+24.803	+2.207	74.498	+25.333	−7.228
	9	35.37	14.88	109.452	+24.873	+2.252	74.631	+25.351	−7.167
	13	35.22	14.85	109.864	+24.944	+2.299	74.764	+25.370	−7.106
	17	35.08	14.83	110.293	+25.016	+2.348	74.897	+25.388	−7.046
	21	34.95	14.82	110.736	+25.087	+2.398	75.031	+25.407	−6.984
	25	34.83	14.81	111.193	+25.159	+2.450	75.164	+25.425	−6.923
	29	34.72	14.80	111.662	+25.229	+2.503	75.297	+25.443	−6.862
Nov.	2	34.63	14.80	112.141	+25.299	+2.557	75.430	+25.461	−6.801
	6	34.54	14.80	112.631	+25.368	+2.612	75.563	+25.479	−6.740
	10	34.47	14.81	113.130	+25.435	+2.668	75.697	+25.497	−6.679
	14	34.41	14.82	113.636	+25.501	+2.725	75.830	+25.515	−6.618
	18	34.37	14.83	114.148	+25.565	+2.782	75.963	+25.532	−6.556
	22	34.34	14.85	114.664	+25.627	+2.839	76.097	+25.550	−6.495
	26	34.32	14.88	115.184	+25.687	+2.897	76.230	+25.567	−6.434
	30	34.31	14.90	115.706	+25.744	+2.954	76.364	+25.584	−6.372
Dec.	4	34.32	14.94	116.228	+25.798	+3.012	76.497	+25.601	−6.311
	8	34.34	14.97	116.750	+25.850	+3.069	76.630	+25.618	−6.249
	12	34.37	15.01	117.270	+25.899	+3.125	76.764	+25.635	−6.188
	16	34.42	15.06	117.786	+25.946	+3.181	76.898	+25.652	−6.126
	20	34.48	15.11	118.297	+25.989	+3.236	77.031	+25.668	−6.064
	24	34.55	15.16	118.802	+26.029	+3.291	77.165	+25.685	−6.003
	28	34.63	15.22	119.298	+26.066	+3.344	77.298	+25.701	−5.941
	32	34.73	15.28	119.786	+26.100	+3.396	77.432	+25.717	−5.879

Factor by which axes of outer edge of outer ring are to be multiplied to obtain axes of:

Inner edge of outer ring   0.8932   Inner edge of inner ring   0.6726

Outer edge of inner ring   0.8596   Inner edge of dusky ring   0.5447

U' = The heliocentric longitude of Saturn, measured in the plane of the rings eastward from its ascending node on the ecliptic. The Saturnicentric longitude of the Sun, measured in the same way is $U' + 180°$.

B' = The Saturnicentric latitude of the Sun, referred to the plane of the rings, positive toward the north. When B' is positive the northern surface of the rings is illuminated.

P' = The heliocentric position angle of the northern semiminor axis of the rings on the heliocentric celestial sphere, measured eastward from the great circle that passes through Saturn and the poles of the ecliptic.

APPARENT ORBITS OF SATELLITES I–VII AT 0ʰ UNIVERSAL TIME ON THE DATE OF OPPOSITION, MAY 23

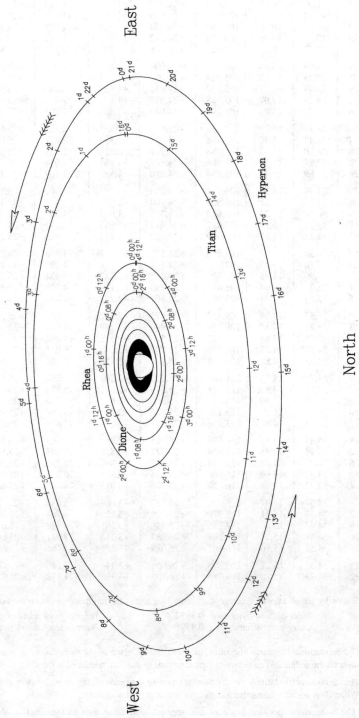

Orbits elongated in ratio of 1.2 to 1 in the North-South direction.

Name		Mean Sidereal Period	Name		Mean Sidereal Period
		d			d
I	Mimas	0.9424	VI	Titan	15.9454
II	Enceladus	1.3702	VII	Hyperion	21.2767
III	Tethys	1.8878	VIII	Iapetus	79.3311
IV	Dione	2.7369	IX	Phoebe	546.414 R

UNIVERSAL TIME OF GREATEST EASTERN ELONGATION

I Mimas

Jan.	Feb.	Mar.	Apr.	May	June	July	Aug.	Sept.	Oct.	Nov.	Dec.
d h	d h	d h	d h	d h	d h	d h	d h	d h	d h	d h	d h
-1 03.5	1 03.3	1 09.9	1 12.3	1 15.9	1 18.2	1 21.8	1 01.6	1 04.1	1 08.1	1 10.7	1 14.8
0 02.1	2 01.9	2 08.5	2 10.9	2 14.6	2 16.8	2 20.4	2 00.2	2 02.7	2 06.7	2 09.4	2 13.4
1 00.7	3 00.6	3 07.2	3 09.5	3 13.2	3 15.4	3 19.1	2 22.8	3 01.3	3 05.3	3 08.0	3 12.1
1 23.4	3 23.2	4 05.8	4 08.1	4 11.8	4 14.0	4 17.7	3 21.5	4 00.0	4 04.0	4 06.6	4 10.7
2 22.0	4 21.8	5 04.4	5 06.7	5 10.4	5 12.6	5 16.3	4 20.1	4 22.6	5 02.6	5 05.3	5 09.3
3 20.6	5 20.4	6 03.0	6 05.4	6 09.0	6 11.2	6 14.9	5 18.7	5 21.2	6 01.2	6 03.9	6 07.9
4 19.2	6 19.0	7 01.6	7 04.0	7 07.6	7 09.8	7 13.5	6 17.3	6 19.8	6 23.8	7 02.5	7 06.6
5 17.9	7 17.7	8 00.3	8 02.6	8 06.2	8 08.5	8 12.1	7 15.9	7 18.5	7 22.5	8 01.1	8 05.2
6 16.5	8 16.3	8 22.9	9 01.2	9 04.8	9 07.1	9 10.8	8 14.6	8 17.1	8 21.1	8 23.8	9 03.8
7 15.1	9 14.9	9 21.5	9 23.8	10 03.5	10 05.7	10 09.4	9 13.2	9 15.7	9 19.7	9 22.4	10 02.5
8 13.7	10 13.5	10 20.1	10 22.4	11 02.1	11 04.3	11 08.0	10 11.8	10 14.3	10 18.3	10 21.0	11 01.1
9 12.4	11 12.1	11 18.7	11 21.1	12 00.7	12 02.9	12 06.6	11 10.4	11 13.0	11 17.0	11 19.6	11 23.7
10 11.0	12 10.8	12 17.3	12 19.7	12 23.3	13 01.5	13 05.2	12 09.0	12 11.6	12 15.6	12 18.3	12 22.3
11 09.6	13 09.4	13 16.0	13 18.3	13 21.9	14 00.1	14 03.8	13 07.7	13 10.2	13 14.2	13 16.9	13 21.0
12 08.2	14 08.0	14 14.6	14 16.9	14 20.5	14 22.8	15 02.5	14 06.3	14 08.8	14 12.8	14 15.5	14 19.6
13 06.9	15 06.6	15 13.2	15 15.5	15 19.1	15 21.4	16 01.1	15 04.9	15 07.5	15 11.5	15 14.2	15 18.2
14 05.5	16 05.2	16 11.8	16 14.1	16 17.7	16 20.0	16 23.7	16 03.5	16 06.1	16 10.1	16 12.8	16 16.8
15 04.1	17 03.9	17 10.4	17 12.7	17 16.4	17 18.6	17 22.3	17 02.1	17 04.7	17 08.7	17 11.4	17 15.5
16 02.7	18 02.5	18 09.0	18 11.4	18 15.0	18 17.2	18 20.9	18 00.8	18 03.3	18 07.3	18 10.0	18 14.1
17 01.3	19 01.1	19 07.7	19 10.0	19 13.6	19 15.8	19 19.6	18 23.4	19 02.0	19 06.0	19 08.7	19 12.7
18 00.0	19 23.7	20 06.3	20 08.6	20 12.2	20 14.4	20 18.2	19 22.0	20 00.6	20 04.6	20 07.3	20 11.3
18 22.6	20 22.3	21 04.9	21 07.2	21 10.8	21 13.1	21 16.8	20 20.6	20 23.2	21 03.2	21 05.9	21 10.0
19 21.2	21 21.0	22 03.5	22 05.8	22 09.4	22 11.7	22 15.4	21 19.3	21 21.8	22 01.9	22 04.5	22 08.6
20 19.8	22 19.6	23 02.1	23 04.4	23 08.0	23 10.3	23 14.0	22 17.9	22 20.5	23 00.5	23 03.2	23 07.2
21 18.5	23 18.2	24 00.7	24 03.0	24 06.7	24 08.9	24 12.6	23 16.5	23 19.1	23 23.1	24 01.8	24 05.9
22 17.1	24 16.8	24 23.4	25 01.6	25 05.3	25 07.5	25 11.3	24 15.1	24 17.7	24 21.7	25 00.4	25 04.5
23 15.7	25 15.4	25 22.0	26 00.3	26 03.9	26 06.1	26 09.9	25 13.7	25 16.3	25 20.4	25 23.0	26 03.1
24 14.3	26 14.1	26 20.6	26 22.9	27 02.5	27 04.8	27 08.5	26 12.4	26 15.0	26 19.0	26 21.7	27 01.7
25 13.0	27 12.7	27 19.2	27 21.5	28 01.1	28 03.4	28 07.1	27 11.0	27 13.6	27 17.6	27 20.3	28 00.4
26 11.6	28 11.3	28 17.8	28 20.1	28 23.7	29 02.0	29 05.7	28 09.6	28 12.2	28 16.2	28 18.9	28 23.0
27 10.2		29 16.4	29 18.7	29 22.3	30 00.6	30 04.4	29 08.2	29 10.8	29 14.9	29 17.6	29 21.6
28 08.8		30 15.1	30 17.3	30 20.9	30 23.2	31 03.0	30 06.9	30 09.5	30 13.5	30 16.2	30 20.2
29 07.4		31 13.7		31 19.6			31 05.5		31 12.1		31 18.9
30 06.1											32 17.5
31 04.7											

II Enceladus

Jan.	Feb.	Mar.	Apr.	May	June	July	Aug.	Sept.	Oct.	Nov.	Dec.
d h	d h	d h	d h	d h	d h	d h	d h	d h	d h	d h	d h
-1 09.3	1 06.8	2 01.4	1 04.8	1 08.1	1 20.2	1 23.6	1 03.0	1 15.5	1 19.3	2 08.0	1 02.9
0 18.2	2 15.7	3 10.3	2 13.7	2 17.0	3 05.1	3 08.4	2 11.9	3 00.4	3 04.2	3 16.9	2 11.8
2 03.1	4 00.6	4 19.2	3 22.6	4 01.9	4 14.0	4 17.3	3 20.8	4 09.3	4 13.1	5 01.8	3 20.7
3 12.0	5 09.4	6 04.1	5 07.5	5 10.7	5 22.9	6 02.2	5 05.7	5 18.2	5 21.9	6 10.7	5 05.6
4 20.9	6 18.3	7 13.0	6 16.3	6 19.6	7 07.7	7 11.1	6 14.6	7 03.1	7 06.8	7 19.6	6 14.5
6 05.8	8 03.2	8 21.8	8 01.2	8 04.5	8 16.6	8 20.0	7 23.5	8 12.0	8 15.7	9 04.5	7 23.4
7 14.7	9 12.1	10 06.7	9 10.1	9 13.4	10 01.5	10 04.9	9 08.3	9 20.9	10 00.6	10 13.4	9 08.3
8 23.6	10 21.0	11 15.6	10 19.0	10 22.2	11 10.4	11 13.7	10 17.2	11 05.8	11 09.5	11 22.3	10 17.2
10 08.5	12 05.9	13 00.5	12 03.9	12 07.1	12 19.3	12 22.6	12 02.1	12 14.7	12 18.5	13 07.2	12 02.1
11 17.4	13 14.8	14 09.4	13 12.7	13 16.0	14 04.1	14 07.5	13 11.0	13 23.6	14 03.4	14 16.1	13 11.0
13 02.3	14 23.7	15 18.3	14 21.6	15 00.9	15 13.0	15 16.4	14 19.9	15 08.5	15 12.3	16 01.0	14 19.9
14 11.2	16 08.6	17 03.1	16 06.5	16 09.7	16 21.9	17 01.3	16 04.8	16 17.4	16 21.2	17 09.9	16 04.8
15 20.1	17 17.4	18 12.0	17 15.4	17 18.6	18 06.8	18 10.2	17 13.7	18 02.3	18 06.1	18 18.8	17 13.7
17 04.9	19 02.3	19 20.9	19 00.2	19 03.5	19 15.6	19 19.0	18 22.6	19 11.2	19 15.0	20 03.7	18 22.6
18 13.8	20 11.2	21 05.8	20 09.1	20 12.4	21 00.5	21 03.9	20 07.5	20 20.1	20 23.9	21 12.6	20 07.5
19 22.7	21 20.1	22 14.7	21 18.0	21 21.2	22 09.4	22 12.8	21 16.4	22 05.0	22 08.8	22 21.5	21 16.4
21 07.6	23 05.0	23 23.6	23 02.9	23 06.1	23 18.3	23 21.7	23 01.3	23 13.9	23 17.7	24 06.4	23 01.3
22 16.5	24 13.9	25 08.4	24 11.7	24 15.0	25 03.2	25 06.6	24 10.2	24 22.8	25 02.6	25 15.3	24 10.2
24 01.4	25 22.8	26 17.3	25 20.6	25 23.9	26 12.0	26 15.5	25 19.0	26 07.7	26 11.5	27 00.2	25 19.1
25 10.3	27 07.7	28 02.2	27 05.5	27 08.7	27 20.9	28 00.4	27 03.9	27 16.6	27 20.4	28 09.1	27 04.0
26 19.2	28 16.5	29 11.1	28 14.4	28 17.6	29 05.8	29 09.2	28 12.8	29 01.5	29 05.3	29 18.0	28 12.9
28 04.1		30 20.0	29 23.2	30 02.5	30 14.7	30 18.1	29 21.7	30 10.4	30 14.2		29 21.8
29 13.0				31 11.4			31 06.6		31 23.1		31 06.7
30 21.9											32 15.6

UNIVERSAL TIME OF GREATEST EASTERN ELONGATION

Jan.	Feb.	Mar.	Apr.	May	June	July	Aug.	Sept.	Oct.	Nov.	Dec.

III Tethys

d h	d h	d h	d h	d h	d h	d h	d h	d h	d h	d h	d h
−1 03.1	2 02.9	2 10.6	1 15.4	1 20.1	1 00.7	1 05.4	2 07.6	1 12.6	1 17.9	2 20.6	1 04.6
1 00.4	4 00.2	4 07.9	3 12.7	3 17.4	2 22.0	3 02.7	4 04.9	3 10.0	3 15.2	4 17.9	3 02.0
2 21.7	5 21.6	6 05.2	5 10.0	5 14.7	4 19.3	5 00.0	6 02.2	5 07.3	5 12.5	6 15.2	4 23.3
4 19.0	7 18.9	8 02.5	7 07.3	7 12.0	6 16.6	6 21.3	7 23.5	7 04.6	7 09.9	8 12.6	6 20.7
6 16.4	9 16.2	9 23.8	9 04.6	9 09.3	8 13.9	8 18.6	9 20.8	9 01.9	9 07.2	10 09.9	8 18.0
8 13.7	11 13.5	11 21.2	11 01.9	11 06.5	10 11.2	10 15.9	11 18.1	10 23.3	11 04.5	12 07.3	10 15.3
10 11.0	13 10.8	13 18.5	12 23.2	13 03.8	12 08.5	12 13.2	13 15.4	12 20.6	13 01.9	14 04.6	12 12.7
12 08.4	15 08.1	15 15.8	14 20.5	15 01.1	14 05.7	14 10.5	15 12.7	14 17.9	14 23.2	16 01.9	14 10.0
14 05.7	17 05.4	17 13.1	16 17.8	16 22.4	16 03.0	16 07.8	17 10.1	16 15.2	16 20.5	17 23.3	16 07.3
16 03.0	19 02.8	19 10.4	18 15.1	18 19.7	18 00.3	18 05.1	19 07.4	18 12.6	18 17.9	19 20.6	18 04.7
18 00.3	21 00.1	21 07.7	20 12.4	20 17.0	19 21.6	20 02.4	21 04.7	20 09.9	20 15.2	21 18.0	20 02.0
19 21.7	22 21.4	23 05.0	22 09.7	22 14.3	21 18.9	21 23.7	23 02.0	22 07.2	22 12.6	23 15.3	21 23.3
21 19.0	24 18.7	25 02.3	24 07.0	24 11.6	23 16.2	23 21.0	24 23.3	24 04.6	24 09.9	25 12.6	23 20.7
23 16.3	26 16.0	26 23.6	26 04.2	26 08.8	25 13.5	25 18.3	26 20.7	26 01.9	26 07.2	27 10.0	25 18.0
25 13.6	28 13.3	28 20.9	28 01.5	28 06.1	27 10.8	27 15.6	28 18.0	27 23.2	28 04.6	29 07.3	27 15.3
27 11.0		30 18.2	29 22.8	30 03.4	29 08.1	29 12.9	30 15.3	29 20.5	30 01.9		29 12.7
29 08.3						31 10.2			31 23.2		31 10.0
31 05.6											33 07.3

IV Dione

d h	d h	d h	d h	d h	d h	d h	d h	d h	d h	d h	d h
−1 07.1	1 03.9	3 06.6	2 09.1	2 11.3	1 13.4	1 15.6	3 11.7	2 14.5	2 17.5	1 20.7	1 23.9
2 00.9	3 21.6	6 00.3	5 02.7	5 04.9	4 07.0	4 09.2	6 05.4	5 08.2	5 11.2	4 14.4	4 17.7
4 18.6	6 15.3	8 18.0	7 20.4	7 22.5	7 00.7	7 02.9	8 23.1	8 01.9	8 04.9	7 08.2	7 11.4
7 12.3	9 09.0	11 11.7	10 14.0	10 16.2	9 18.3	9 20.6	11 16.8	10 19.6	10 22.7	10 01.9	10 05.2
10 06.1	12 02.7	14 05.4	13 07.7	13 09.8	12 12.0	12 14.2	14 10.5	13 13.3	13 16.4	12 19.7	12 22.9
12 23.8	14 20.4	16 23.0	16 01.4	16 03.5	15 05.6	15 07.9	17 04.2	16 07.1	16 10.2	15 13.4	15 16.7
15 17.5	17 14.1	19 16.7	18 19.0	18 21.1	17 23.3	18 01.6	19 21.9	19 00.8	19 03.9	18 07.2	18 10.4
18 11.3	20 07.8	22 10.4	21 12.7	21 14.8	20 16.9	20 19.3	22 15.6	21 18.5	21 21.7	21 00.9	21 04.2
21 05.0	23 01.5	25 04.1	24 06.3	24 08.4	23 10.6	23 12.9	25 09.3	24 12.3	24 15.4	23 18.7	23 21.9
23 22.7	25 19.2	27 21.7	27 00.0	27 02.1	26 04.2	26 06.6	28 03.0	27 06.0	27 09.2	26 12.4	26 15.7
26 16.4	28 12.9	30 15.4	29 17.6	29 19.7	28 21.9	29 00.3	30 20.7	29 23.7	30 02.9	29 06.2	29 09.4
29 10.2						31 18.0					32 03.2

V Rhea

d h	d h	d h	d h	d h	d h	d h	d h	d h	d h	d h	d h
−1 14.8	4 19.1	3 21.9	4 12.7	1 14.7	2 04.9	3 19.2	4 10.0	5 01.3	2 04.5	2 20.5	4 12.7
4 03.4	9 07.6	8 10.4	9 01.1	6 03.1	6 17.2	8 07.6	8 22.4	9 13.8	6 17.1	7 09.1	9 01.3
8 15.9	13 20.1	12 22.8	13 13.4	10 15.4	11 05.5	12 20.0	13 10.9	14 02.3	11 05.6	11 21.7	13 13.9
13 04.5	18 08.6	17 11.2	18 01.8	15 03.7	15 17.9	17 08.4	17 23.4	18 14.9	15 18.2	16 10.3	18 02.5
17 17.0	22 21.0	21 23.6	22 14.1	19 16.0	20 06.2	21 20.8	22 11.8	23 03.4	20 06.8	20 22.9	22 15.1
22 05.6	27 09.5	26 12.0	27 02.4	24 04.3	24 18.5	26 09.2	27 00.3	27 16.0	24 19.4	25 11.5	27 03.7
26 18.1		31 00.4		28 16.6	29 06.9	30 21.6	31 12.8		29 07.9	30 00.1	31 16.3
31 06.6											36 04.8

UNIVERSAL TIME OF CONJUNCTIONS AND ELONGATIONS

VI Titan

Eastern Elongation		Inferior Conjunction		Western Elongation		Superior Conjunction	
	d h		d h		d h		d h
Jan.	0 08.6	Jan.	4 04.4	Jan.	8 08.3	Jan.	12 12.2
	16 09.1		20 04.7		24 08.6		28 12.4
Feb.	1 09.1	Feb.	5 04.7	Feb.	9 08.5	Feb.	13 12.1
	17 08.8		21 04.2		25 08.0	Mar.	1 11.5
Mar.	5 08.0	Mar.	9 03.3	Mar.	13 06.9		17 10.3
	21 06.7		25 01.9		29 05.4	Apr.	2 08.6
Apr.	6 04.9	Apr.	9 24.0	Apr.	14 03.3		18 06.5
	22 02.6		25 21.8		30 00.8	May	4 04.1
May	8 00.1	May	11 19.3	May	15 22.1		20 01.4
	23 21.3		27 16.7		31 19.3	June	4 22.8
June	8 18.7	June	12 14.1	June	16 16.6		20 20.3
	24 16.2		28 11.7	July	2 14.2	July	6 18.0
July	10 14.0	July	14 09.7		18 12.2		22 16.2
	26 12.3		30 08.1	Aug.	3 10.6	Aug.	7 14.9
Aug.	11 11.0	Aug.	15 07.0		19 09.6		23 14.0
	27 10.2		31 06.3	Sept.	4 09.1	Sept.	8 13.5
Sept.	12 09.9	Sept.	16 06.0		20 09.0		24 13.5
	28 09.9	Oct.	2 06.1	Oct.	6 09.3	Oct.	10 13.9
Oct.	14 10.3		18 06.5		22 10.0		26 14.5
	30 11.0	Nov.	3 07.2	Nov.	7 10.8	Nov.	11 15.3
Nov.	15 11.8		19 08.0		23 11.8		27 16.2
Dec.	1 12.7	Dec.	5 08.9	Dec.	9 12.9	Dec.	13 17.1
	17 13.6		21 09.7		25 13.8		29 17.9
	33 14.4		37 10.4		41 14.7		45 18.5
	49 15.1						

VII Hyperion

Eastern Elongation		Inferior Conjunction		Western Elongation		Superior Conjunction	
	d h		d h		d h		d h
Jan.	−14 00.3	Jan.	−9 05.3	Jan.	−4 04.1	Jan.	1 14.9
	7 09.1		12 12.8		17 12.1		22 23.1
	28 16.8	Feb.	2 19.9	Feb.	7 19.8	Feb.	13 07.2
Feb.	18 22.9		24 00.1	Mar.	1 00.8	Mar.	6 13.1
Mar.	12 04.0	Mar.	17 04.5		22 04.8		27 16.6
Apr.	2 07.4	Apr.	7 08.1	Apr.	12 08.1	Apr.	17 20.0
	23 09.5		28 09.4	May	3 09.5	May	8 22.2
May	14 11.8	May	19 12.1		24 11.1		29 23.2
June	4 13.2	June	9 14.4	June	14 13.1	June	20 01.4
	25 15.1		30 16.1	July	5 15.3	July	11 05.1
July	16 19.4	July	21 21.0		26 19.7	Aug.	1 09.4
Aug.	7 00.2	Aug.	12 02.3	Aug.	17 01.5		22 16.1
	28 06.3	Sept.	2 07.6	Sept.	7 08.5	Sept.	13 01.2
Sept.	18 15.6		23 16.7		28 18.0	Oct.	4 11.0
Oct.	10 01.2	Oct.	15 01.9	Oct.	20 04.6		25 22.9
	31 11.7	Nov.	5 10.8	Nov.	10 15.8	Nov.	16 12.5
Nov.	22 00.6		26 22.7	Dec.	2 04.7	Dec.	8 01.7
Dec.	13 13.0	Dec.	18 10.4		23 17.8		29 15.8
	35 01.2		39 20.7		45 06.3		51 05.2

VIII Iapetus

Eastern Elongation		Inferior Conjunction		Western Elongation		Superior Conjunction	
	d h		d h		d h		d h
Jan.	−60 18.0	Jan.	−40 09.4	Jan.	−19 03.7	Jan.	2 05.3
	22 08.1	Feb.	10 09.7	Mar.	3 02.0	Mar.	23 10.5
Apr.	11 23.2	Apr.	30 13.1	May	20 09.9	June	9 17.4
June	28 19.2	July	17 20.6	Aug.	6 14.9	Aug.	27 17.2
Sept.	16 05.1	Oct.	5 20.4	Oct.	26 07.8	Nov.	16 17.1
Dec.	6 16.2	Dec.	26 03.9	Dec.	47 03.2		

SATELLITES OF SATURN, 2015

DIFFERENTIAL COORDINATES OF VII HYPERION FOR 0ʰ UNIVERSAL TIME

Date		$\Delta\alpha$	$\Delta\delta$	Date		$\Delta\alpha$	$\Delta\delta$	Date		$\Delta\alpha$	$\Delta\delta$
		s	'			s	'			s	'
Jan.	0	− 5	+ 1.3	May	2	− 15	− 0.2	Sept.	1	+ 6	− 1.1
	2	+ 2	+ 1.4		4	− 15	+ 0.7		3	− 3	− 1.1
	4	+ 8	+ 1.1		6	− 11	+ 1.4		5	− 11	− 0.6
	6	+ 13	+ 0.5		8	− 3	+ 1.7		7	− 14	+ 0.2
	8	+ 13	− 0.3		10	+ 5	+ 1.5		9	− 12	+ 0.9
	10	+ 10	− 0.9		12	+ 12	+ 1.0		11	− 7	+ 1.4
	12	+ 2	− 1.2		14	+ 16	+ 0.2		13	0	+ 1.5
	14	− 7	− 0.9		16	+ 14	− 0.7		15	+ 7	+ 1.2
	16	− 12	− 0.3		18	+ 7	− 1.3		17	+ 12	+ 0.6
	18	− 13	+ 0.5		20	− 3	− 1.3		19	+ 14	− 0.1
	20	− 9	+ 1.1		22	− 12	− 0.7		21	+ 10	− 0.8
	22	− 3	+ 1.4		24	− 16	+ 0.2		23	+ 3	− 1.2
	24	+ 4	+ 1.4		26	− 14	+ 1.0		25	− 6	− 1.0
	26	+ 10	+ 0.9		28	− 8	+ 1.5		27	− 12	− 0.3
	28	+ 14	+ 0.2		30	+ 1	+ 1.6		29	− 13	+ 0.4
	30	+ 13	− 0.5	June	1	+ 9	+ 1.3	Oct.	1	− 10	+ 1.1
Feb.	1	+ 7	− 1.1		3	+ 14	+ 0.6		3	− 5	+ 1.4
	3	− 1	− 1.2		5	+ 16	− 0.2		5	+ 2	+ 1.4
	5	− 10	− 0.7		7	+ 12	− 1.0		7	+ 9	+ 1.0
	7	− 14	0.0		9	+ 3	− 1.4		9	+ 13	+ 0.4
	9	− 13	+ 0.8		11	− 8	− 1.1		11	+ 13	− 0.4
	11	− 8	+ 1.3		13	− 14	− 0.3		13	+ 8	− 1.0
	13	− 1	+ 1.5		15	− 15	+ 0.6		15	0	− 1.2
	15	+ 7	+ 1.3		17	− 11	+ 1.3		17	− 8	− 0.8
	17	+ 12	+ 0.7		19	− 4	+ 1.6		19	− 13	− 0.1
	19	+ 14	− 0.1		21	+ 4	+ 1.5		21	− 13	+ 0.6
	21	+ 12	− 0.8		23	+ 12	+ 1.0		23	− 9	+ 1.2
	23	+ 4	− 1.2		25	+ 15	+ 0.3		25	− 3	+ 1.4
	25	− 5	− 1.1		27	+ 14	− 0.6		27	+ 4	+ 1.3
	27	− 12	− 0.5		29	+ 8	− 1.2		29	+ 10	+ 0.9
Mar.	1	− 14	+ 0.4	July	1	− 2	− 1.3		31	+ 13	+ 0.2
	3	− 12	+ 1.1		3	− 11	− 0.8	Nov.	2	+ 12	− 0.6
	5	− 5	+ 1.5		5	− 15	+ 0.1		4	+ 6	− 1.1
	7	+ 2	+ 1.5		7	− 14	+ 0.9		6	− 3	− 1.1
	9	+ 10	+ 1.1		9	− 8	+ 1.4		8	− 10	− 0.6
	11	+ 14	+ 0.4		11	0	+ 1.6		10	− 13	+ 0.1
	13	+ 14	− 0.4		13	+ 8	+ 1.3		12	− 12	+ 0.8
	15	+ 9	− 1.1		15	+ 13	+ 0.7		14	− 8	+ 1.3
	17	0	− 1.3		17	+ 15	− 0.1		16	− 1	+ 1.4
	19	− 9	− 0.9		19	+ 12	− 0.9		18	+ 6	+ 1.2
	21	− 14	− 0.1		21	+ 4	− 1.3		20	+ 11	+ 0.7
	23	− 14	+ 0.7		23	− 6	− 1.1		22	+ 13	0.0
	25	− 10	+ 1.4		25	− 13	− 0.4		24	+ 10	− 0.8
	27	− 2	+ 1.6		27	− 15	+ 0.4		26	+ 3	− 1.1
	29	+ 6	+ 1.4		29	− 11	+ 1.1		28	− 5	− 1.0
	31	+ 12	+ 0.9		31	− 5	+ 1.5		30	− 11	− 0.4
Apr.	2	+ 15	+ 0.1	Aug.	2	+ 3	+ 1.5	Dec.	2	− 13	+ 0.3
	4	+ 13	− 0.8		4	+ 10	+ 1.1		4	− 11	+ 1.0
	6	+ 6	− 1.3		6	+ 14	+ 0.4		6	− 6	+ 1.4
	8	− 4	− 1.3		8	+ 14	− 0.4		8	0	+ 1.4
	10	− 12	− 0.6		10	+ 9	− 1.0		10	+ 7	+ 1.1
	12	− 15	+ 0.3		12	0	− 1.2		12	+ 12	+ 0.5
	14	− 13	+ 1.1		14	− 9	− 0.9		14	+ 13	− 0.2
	16	− 7	+ 1.6		16	− 14	− 0.1		16	+ 9	− 0.9
	18	+ 1	+ 1.6		18	− 14	+ 0.7		18	+ 1	− 1.2
	20	+ 9	+ 1.3		20	− 9	+ 1.3		20	− 7	− 0.9
	22	+ 15	+ 0.6		22	− 2	+ 1.5		22	− 12	− 0.2
	24	+ 15	− 0.3		24	+ 5	+ 1.3		24	− 13	+ 0.5
	26	+ 11	− 1.1		26	+ 11	+ 0.8		26	− 11	+ 1.1
	28	+ 2	− 1.4		28	+ 14	+ 0.1		28	− 5	+ 1.5
	30	− 8	− 1.0		30	+ 12	− 0.6		30	+ 2	+ 1.4
May	2	− 15	− 0.2	Sept.	1	+ 6	− 1.1		32	+ 8	+ 1.0

Differential coordinates are given in the sense "satellite minus planet."

DIFFERENTIAL COORDINATES OF VIII IAPETUS FOR 0ʰ UNIVERSAL TIME

Date		$\Delta\alpha$	$\Delta\delta$	Date		$\Delta\alpha$	$\Delta\delta$	Date		$\Delta\alpha$	$\Delta\delta$
		s	′			s	′			s	′
Jan.	0	− 3	+ 2.2	May	2	− 7	− 1.9	Sept.	1	+ 13	+ 1.2
	2	+ 2	+ 2.0		4	− 13	− 1.4		3	+ 18	+ 0.8
	4	+ 7	+ 1.6		6	− 18	− 0.9		5	+ 22	+ 0.3
	6	+ 11	+ 1.3		8	− 23	− 0.4		7	+ 25	− 0.1
	8	+ 16	+ 0.9		10	− 28	+ 0.1		9	+ 28	− 0.6
	10	+ 20	+ 0.4		12	− 32	+ 0.6		11	+ 30	− 1.0
	12	+ 23	0.0		14	− 35	+ 1.1		13	+ 31	− 1.4
	14	+ 26	− 0.4		16	− 37	+ 1.6		15	+ 32	− 1.8
	16	+ 29	− 0.9		18	− 38	+ 2.0		17	+ 31	− 2.1
	18	+ 30	− 1.3		20	− 38	+ 2.4		19	+ 30	− 2.4
	20	+ 31	− 1.6		22	− 37	+ 2.8		21	+ 28	− 2.6
	22	+ 31	− 2.0		24	− 36	+ 3.0		23	+ 26	− 2.7
	24	+ 31	− 2.3		26	− 33	+ 3.2		25	+ 22	− 2.8
	26	+ 29	− 2.5		28	− 30	+ 3.3		27	+ 19	− 2.8
	28	+ 27	− 2.7		30	− 26	+ 3.4		29	+ 14	− 2.7
	30	+ 24	− 2.8	June	1	− 21	+ 3.3	Oct.	1	+ 10	− 2.5
Feb.	1	+ 20	− 2.8		3	− 16	+ 3.2		3	+ 5	− 2.3
	3	+ 16	− 2.7		5	− 11	+ 3.0		5	0	− 2.0
	5	+ 11	− 2.6		7	− 5	+ 2.7		7	− 5	− 1.7
	7	+ 6	− 2.4		9	+ 1	+ 2.4		9	− 10	− 1.3
	9	+ 1	− 2.1		11	+ 7	+ 2.0		11	− 15	− 0.9
	11	− 4	− 1.8		13	+ 12	+ 1.5		13	− 19	− 0.5
	13	− 9	− 1.5		15	+ 18	+ 1.1		15	− 22	− 0.1
	15	− 14	− 1.1		17	+ 22	+ 0.5		17	− 26	+ 0.3
	17	− 19	− 0.6		19	+ 27	0.0		19	− 28	+ 0.8
	19	− 23	− 0.2		21	+ 30	− 0.5		21	− 30	+ 1.2
	21	− 27	+ 0.3		23	+ 33	− 1.0		23	− 31	+ 1.5
	23	− 30	+ 0.7		25	+ 35	− 1.5		25	− 32	+ 1.9
	25	− 32	+ 1.2		27	+ 36	− 1.9		27	− 31	+ 2.1
	27	− 34	+ 1.6		29	+ 35	− 2.3		29	− 30	+ 2.4
Mar.	1	− 35	+ 2.0	July	1	+ 34	− 2.6		31	− 29	+ 2.6
	3	− 35	+ 2.3		3	+ 32	− 2.9	Nov.	2	− 27	+ 2.7
	5	− 34	+ 2.6		5	+ 30	− 3.0		4	− 24	+ 2.8
	7	− 32	+ 2.8		7	+ 26	− 3.1		6	− 20	+ 2.8
	9	− 30	+ 3.0		9	+ 22	− 3.1		8	− 17	+ 2.7
	11	− 27	+ 3.1		11	+ 17	− 3.0		10	− 13	+ 2.6
	13	− 23	+ 3.1		13	+ 11	− 2.9		12	− 8	+ 2.4
	15	− 19	+ 3.0		15	+ 6	− 2.6		14	− 4	+ 2.2
	17	− 14	+ 2.9		17	0	− 2.3		16	+ 1	+ 2.0
	19	− 9	+ 2.7		19	− 6	− 1.9		18	+ 5	+ 1.6
	21	− 4	+ 2.5		21	− 12	− 1.5		20	+ 10	+ 1.3
	23	+ 2	+ 2.2		23	− 17	− 1.0		22	+ 14	+ 0.9
	25	+ 7	+ 1.8		25	− 21	− 0.5		24	+ 18	+ 0.5
	27	+ 12	+ 1.4		27	− 26	0.0		26	+ 22	+ 0.1
	29	+ 17	+ 0.9		29	− 29	+ 0.5		28	+ 25	− 0.3
	31	+ 22	+ 0.5		31	− 32	+ 1.0		30	+ 27	− 0.7
Apr.	2	+ 26	0.0	Aug.	2	− 34	+ 1.4	Dec.	2	+ 29	− 1.1
	4	+ 30	− 0.5		4	− 35	+ 1.8		4	+ 30	− 1.4
	6	+ 33	− 1.0		6	− 35	+ 2.2		6	+ 30	− 1.7
	8	+ 34	− 1.5		8	− 34	+ 2.5		8	+ 30	− 2.0
	10	+ 35	− 1.9		10	− 33	+ 2.8		10	+ 28	− 2.2
	12	+ 35	− 2.3		12	− 31	+ 3.0		12	+ 26	− 2.4
	14	+ 34	− 2.6		14	− 28	+ 3.1		14	+ 24	− 2.5
	16	+ 33	− 2.8		16	− 25	+ 3.1		16	+ 20	− 2.6
	18	+ 30	− 3.0		18	− 21	+ 3.1		18	+ 17	− 2.5
	20	+ 26	− 3.1		20	− 16	+ 3.0		20	+ 12	− 2.4
	22	+ 22	− 3.1		22	− 12	+ 2.8		22	+ 8	− 2.3
	24	+ 16	− 3.0		24	− 7	+ 2.6		24	+ 3	− 2.1
	26	+ 11	− 2.8		26	− 2	+ 2.3		26	− 2	− 1.8
	28	+ 5	− 2.6		28	+ 4	+ 2.0		28	− 7	− 1.5
	30	− 1	− 2.3		30	+ 9	+ 1.6		30	− 11	− 1.1
May	2	− 7	− 1.9	Sept.	1	+ 13	+ 1.2		32	− 16	− 0.8

Differential coordinates are given in the sense "satellite minus planet."

SATELLITES OF SATURN, 2015

DIFFERENTIAL COORDINATES OF IX PHOEBE FOR 0ʰ UNIVERSAL TIME

Date		Δα	Δδ	Date		Δα	Δδ	Date		Δα	Δδ
		m s	′			m s	′			m s	′
Jan.	0	− 0 41	+ 4.0	May	2	− 2 20	+ 10.1	Sept.	1	− 0 40	+ 1.8
	2	− 0 44	+ 4.2		4	− 2 20	+ 10.1		3	− 0 38	+ 1.6
	4	− 0 47	+ 4.4		6	− 2 20	+ 10.1		5	− 0 35	+ 1.4
	6	− 0 50	+ 4.6		8	− 2 19	+ 10.1		7	− 0 33	+ 1.2
	8	− 0 53	+ 4.8		10	− 2 19	+ 10.0		9	− 0 30	+ 1.0
	10	− 0 56	+ 5.0		12	− 2 18	+ 10.0		11	− 0 27	+ 0.8
	12	− 0 59	+ 5.2		14	− 2 18	+ 10.0		13	− 0 25	+ 0.6
	14	− 1 02	+ 5.4		16	− 2 17	+ 9.9		15	− 0 22	+ 0.3
	16	− 1 05	+ 5.5		18	− 2 17	+ 9.9		17	− 0 19	+ 0.1
	18	− 1 08	+ 5.7		20	− 2 16	+ 9.9		19	− 0 17	− 0.1
	20	− 1 10	+ 5.9		22	− 2 15	+ 9.8		21	− 0 14	− 0.3
	22	− 1 13	+ 6.1		24	− 2 14	+ 9.8		23	− 0 11	− 0.5
	24	− 1 16	+ 6.2		26	− 2 14	+ 9.7		25	− 0 09	− 0.7
	26	− 1 19	+ 6.4		28	− 2 13	+ 9.6		27	− 0 06	− 0.9
	28	− 1 21	+ 6.5		30	− 2 12	+ 9.6		29	− 0 03	− 1.1
	30	− 1 24	+ 6.7	June	1	− 2 11	+ 9.5	Oct.	1	0 00	− 1.3
Feb.	1	− 1 26	+ 6.8		3	− 2 10	+ 9.4		3	+ 0 02	− 1.5
	3	− 1 29	+ 7.0		5	− 2 09	+ 9.3		5	+ 0 05	− 1.6
	5	− 1 31	+ 7.1		7	− 2 07	+ 9.2		7	+ 0 08	− 1.8
	7	− 1 34	+ 7.3		9	− 2 06	+ 9.1		9	+ 0 10	− 2.0
	9	− 1 36	+ 7.4		11	− 2 05	+ 9.0		11	+ 0 13	− 2.2
	11	− 1 38	+ 7.5		13	− 2 04	+ 8.9		13	+ 0 16	− 2.4
	13	− 1 41	+ 7.7		15	− 2 02	+ 8.8		15	+ 0 18	− 2.6
	15	− 1 43	+ 7.8		17	− 2 01	+ 8.7		17	+ 0 21	− 2.7
	17	− 1 45	+ 7.9		19	− 1 59	+ 8.6		19	+ 0 24	− 2.9
	19	− 1 47	+ 8.0		21	− 1 58	+ 8.5		21	+ 0 26	− 3.1
	21	− 1 49	+ 8.1		23	− 1 56	+ 8.4		23	+ 0 29	− 3.2
	23	− 1 51	+ 8.2		25	− 1 55	+ 8.2		25	+ 0 31	− 3.4
	25	− 1 53	+ 8.4		27	− 1 53	+ 8.1		27	+ 0 34	− 3.5
	27	− 1 55	+ 8.5		29	− 1 51	+ 7.9		29	+ 0 37	− 3.7
Mar.	1	− 1 56	+ 8.6	July	1	− 1 50	+ 7.8		31	+ 0 39	− 3.8
	3	− 1 58	+ 8.7		3	− 1 48	+ 7.6	Nov.	2	+ 0 42	− 4.0
	5	− 2 00	+ 8.7		5	− 1 46	+ 7.5		4	+ 0 44	− 4.1
	7	− 2 01	+ 8.8		7	− 1 44	+ 7.3		6	+ 0 47	− 4.3
	9	− 2 03	+ 8.9		9	− 1 42	+ 7.2		8	+ 0 49	− 4.4
	11	− 2 04	+ 9.0		11	− 1 41	+ 7.0		10	+ 0 51	− 4.5
	13	− 2 06	+ 9.1		13	− 1 39	+ 6.8		12	+ 0 54	− 4.7
	15	− 2 07	+ 9.2		15	− 1 37	+ 6.7		14	+ 0 56	− 4.8
	17	− 2 08	+ 9.2		17	− 1 35	+ 6.5		16	+ 0 59	− 4.9
	19	− 2 09	+ 9.3		19	− 1 33	+ 6.3		18	+ 1 01	− 5.0
	21	− 2 11	+ 9.4		21	− 1 30	+ 6.1		20	+ 1 03	− 5.1
	23	− 2 12	+ 9.5		23	− 1 28	+ 5.9		22	+ 1 05	− 5.2
	25	− 2 13	+ 9.5		25	− 1 26	+ 5.8		24	+ 1 08	− 5.3
	27	− 2 14	+ 9.6		27	− 1 24	+ 5.6		26	+ 1 10	− 5.4
	29	− 2 15	+ 9.6		29	− 1 22	+ 5.4		28	+ 1 12	− 5.5
	31	− 2 15	+ 9.7		31	− 1 20	+ 5.2		30	+ 1 14	− 5.6
Apr.	2	− 2 16	+ 9.7	Aug.	2	− 1 17	+ 5.0	Dec.	2	+ 1 16	− 5.7
	4	− 2 17	+ 9.8		4	− 1 15	+ 4.8		4	+ 1 18	− 5.8
	6	− 2 17	+ 9.8		6	− 1 13	+ 4.6		6	+ 1 20	− 5.8
	8	− 2 18	+ 9.9		8	− 1 10	+ 4.4		8	+ 1 22	− 5.9
	10	− 2 19	+ 9.9		10	− 1 08	+ 4.2		10	+ 1 24	− 6.0
	12	− 2 19	+ 9.9		12	− 1 06	+ 4.0		12	+ 1 26	− 6.0
	14	− 2 19	+ 10.0		14	− 1 03	+ 3.7		14	+ 1 27	− 6.1
	16	− 2 20	+ 10.0		16	− 1 01	+ 3.5		16	+ 1 29	− 6.1
	18	− 2 20	+ 10.0		18	− 0 58	+ 3.3		18	+ 1 31	− 6.2
	20	− 2 20	+ 10.1		20	− 0 56	+ 3.1		20	+ 1 32	− 6.2
	22	− 2 20	+ 10.1		22	− 0 53	+ 2.9		22	+ 1 34	− 6.3
	24	− 2 20	+ 10.1		24	− 0 51	+ 2.7		24	+ 1 35	− 6.3
	26	− 2 20	+ 10.1		26	− 0 48	+ 2.5		26	+ 1 37	− 6.3
	28	− 2 20	+ 10.1		28	− 0 46	+ 2.3		28	+ 1 38	− 6.4
	30	− 2 20	+ 10.1		30	− 0 43	+ 2.0		30	+ 1 40	− 6.4
May	2	− 2 20	+ 10.1	Sept.	1	− 0 40	+ 1.8		32	+ 1 41	− 6.4

Differential coordinates are given in the sense "satellite minus planet."

APPARENT ORBITS OF SATELLITES I–V AT 0ʰ UNIVERSAL TIME
ON THE DATE OF OPPOSITION, OCTOBER 12

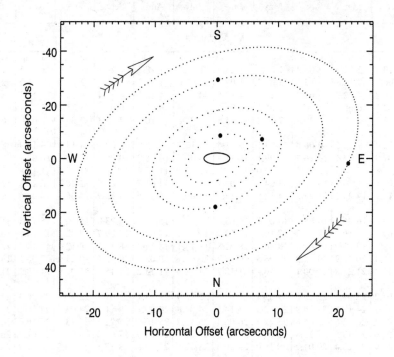

Orbits elongated in ratio of 2.6 to 1 in the East-West direction.

NAME	MEAN SIDEREAL PERIOD
	d
V Miranda	1.413 479 408
I Ariel	2.520 379 052
II Umbriel	4.144 176 46
III Titania	8.705 866 93
IV Oberon	13.463 234 2

RINGS OF URANUS

Ring	Semimajor Axis	Eccentricity	Azimuth of Periapse	Precession Rate
	km		°	°/d
6	41870	0.0014	236	2.77
5	42270	0.0018	182	2.66
4	42600	0.0012	120	2.60
α	44750	0.0007	331	2.18
β	45700	0.0005	231	2.03
η	47210	— —	—	—
γ	47660	— —	—	—
δ	48330	0.0005	140	—
ϵ	51180	0.0079	216	1.36

Epoch: 1977 March 10, 20ʰ UT (JD 244 3213.33)

SATELLITES OF URANUS, 2015

UNIVERSAL TIME OF GREATEST NORTHERN ELONGATION

Jan.	Feb.	Mar.	Apr.	May	June	July	Aug.	Sept.	Oct.	Nov.	Dec.

V Miranda

d h	d h	d h	d h	d h	d h	d h	d h	d h	d h	d h	d h
−2 22.1	1 20.4	2 02.9	2 05.2	1 21.5	1 23.8	1 16.1	1 18.3	1 20.6	1 13.0	1 15.3	1 07.7
0 08.1	3 06.3	3 12.8	3 15.1	3 07.5	3 09.7	3 02.0	3 04.3	3 06.5	2 22.9	3 01.2	2 17.6
1 18.0	4 16.2	4 22.7	5 01.0	4 17.4	4 19.6	4 11.9	4 14.2	4 16.4	4 08.8	4 11.1	4 03.6
3 03.9	6 02.1	6 08.6	6 10.9	6 03.3	6 05.5	5 21.9	6 00.1	6 02.4	5 18.7	5 21.1	5 13.5
4 13.8	7 12.1	7 18.5	7 20.9	7 13.2	7 15.5	7 07.8	7 10.0	7 12.3	7 04.6	7 07.0	6 23.4
5 23.8	8 22.0	9 04.5	9 06.8	8 23.1	9 01.4	8 17.7	8 19.9	8 22.2	8 14.6	8 16.9	8 09.3
7 09.7	10 07.9	10 14.4	10 16.7	10 09.1	10 11.3	10 03.6	10 05.9	10 08.1	10 00.5	10 02.8	9 19.3
8 19.6	11 17.8	12 00.3	12 02.6	11 19.0	11 21.2	11 13.5	11 15.8	11 18.0	11 10.4	11 12.8	11 05.2
10 05.5	13 03.8	13 10.2	13 12.6	13 04.9	13 07.1	12 23.5	13 01.7	13 04.0	12 20.3	12 22.7	12 15.1
11 15.5	14 13.7	14 20.2	14 22.5	14 14.8	14 17.1	14 09.4	14 11.6	14 13.9	14 06.3	14 08.6	14 01.1
13 01.4	15 23.6	16 06.1	16 08.4	16 00.7	16 03.0	15 19.3	15 21.5	15 23.8	15 16.2	15 18.5	15 11.0
14 11.3	17 09.5	17 16.0	17 18.3	17 10.7	17 12.9	17 05.2	17 07.5	17 09.7	17 02.1	17 04.5	16 20.9
15 21.2	18 19.5	19 01.9	19 04.2	18 20.6	18 22.8	18 15.1	18 17.4	18 19.7	18 12.0	18 14.4	18 06.8
17 07.2	20 05.4	20 11.9	20 14.2	20 06.5	20 08.7	20 01.1	20 03.3	20 05.6	19 22.0	20 00.3	19 16.8
18 17.1	21 15.3	21 21.8	22 00.1	21 16.4	21 18.7	21 11.0	21 13.2	21 15.5	21 07.9	21 10.2	21 02.7
20 03.0	23 01.2	23 07.7	23 10.0	23 02.3	23 04.6	22 20.9	22 23.1	23 01.4	22 17.8	22 20.2	22 12.6
21 12.9	24 11.2	24 17.6	24 19.9	24 12.3	24 14.5	24 06.8	24 09.1	24 11.3	24 03.7	24 06.1	23 22.5
22 22.9	25 21.1	26 03.6	26 05.8	25 22.2	26 00.4	25 16.7	25 19.0	25 21.3	25 13.7	25 16.0	25 08.5
24 08.8	27 07.0	27 13.5	27 15.8	27 08.1	27 10.3	27 02.7	27 04.9	27 07.2	26 23.6	27 01.9	26 18.4
25 18.7	28 16.9	28 23.4	29 01.7	28 18.0	28 20.3	28 12.6	28 14.8	28 17.1	28 09.5	28 11.9	28 04.3
27 04.6		30 09.3	30 11.6	30 03.9	30 06.2	29 22.5	30 00.7	30 03.0	29 19.4	29 21.8	29 14.2
28 14.6		31 19.2		31 13.9		31 08.4	31 10.7		31 05.4		31 00.2
30 00.5											32 10.1
31 10.4											

I Ariel

d h	d h	d h	d h	d h	d h	d h	d h	d h	d h	d h	d h
−2 14.9	2 21.8	2 15.2	1 21.1	2 02.9	1 08.7	1 14.4	3 08.7	2 14.6	2 20.4	2 02.3	2 08.3
1 03.4	5 10.3	5 03.7	4 09.5	4 15.4	3 21.1	4 02.9	5 21.2	5 03.0	5 08.9	4 14.8	4 20.8
3 15.9	7 22.8	7 16.2	6 22.0	7 03.8	6 09.6	6 15.4	8 09.7	7 15.5	7 21.4	7 03.3	7 09.3
6 04.4	10 11.3	10 04.7	9 10.5	9 16.3	8 22.1	9 03.9	10 22.2	10 04.0	10 09.9	9 15.8	9 21.8
8 16.9	12 23.8	12 17.2	11 23.0	12 04.8	11 10.6	11 16.4	13 10.7	12 16.5	12 22.4	12 04.3	12 10.3
11 05.4	15 12.3	15 05.7	14 11.5	14 17.3	13 23.1	14 04.9	15 23.2	15 05.0	15 10.9	14 16.8	14 22.7
13 17.9	18 00.8	17 18.1	17 00.0	17 05.8	16 11.6	16 17.3	18 11.6	17 17.5	17 23.4	17 05.3	17 11.2
16 06.4	20 13.3	20 06.6	19 12.5	19 18.3	19 00.0	19 05.8	21 00.1	20 06.0	20 11.9	19 17.8	19 23.7
18 18.9	23 01.7	22 19.1	22 00.9	22 06.7	21 12.5	21 18.3	23 12.6	22 18.5	23 00.4	22 06.3	22 12.2
21 07.4	25 14.2	25 07.6	24 13.4	24 19.2	24 01.0	24 06.8	26 01.1	25 07.0	25 12.9	24 18.8	25 00.7
23 19.9	28 02.7	27 20.1	27 01.9	27 07.7	26 13.5	26 19.3	28 13.6	27 19.4	28 01.3	27 07.3	27 13.2
26 08.3		30 08.6	29 14.4	29 20.2	29 02.0	29 07.8	31 02.1	30 07.9	30 13.8	29 19.8	30 01.7
28 20.8						31 20.2					32 14.2
31 09.3											

UNIVERSAL TIME OF GREATEST NORTHERN ELONGATION

Jan.	Feb.	Mar.	Apr.	May	June	July	Aug.	Sept.	Oct.	Nov.	Dec.

II Umbriel

d h	d h	d h	d h	d h	d h	d h	d h	d h	d h	d h	d h
−1 09.2	1 12.9	2 13.1	4 16.7	3 16.9	1 17.0	4 20.6	2 20.7	5 00.4	4 00.6	2 00.9	1 01.2
3 12.6	5 16.3	6 16.6	8 20.2	7 20.3	5 20.4	9 00.0	7 00.2	9 03.8	8 04.1	6 04.3	5 04.6
7 16.1	9 19.8	10 20.0	12 23.6	11 23.8	9 23.9	13 03.5	11 03.6	13 07.3	12 07.5	10 07.8	9 08.1
11 19.6	13 23.3	14 23.5	17 03.1	16 03.2	14 03.3	17 06.9	15 07.1	17 10.8	16 11.0	14 11.3	13 11.6
15 23.0	18 02.7	19 02.9	21 06.5	20 06.6	18 06.8	21 10.4	19 10.5	21 14.2	20 14.5	18 14.8	17 15.1
20 02.5	22 06.2	23 06.4	25 10.0	24 10.1	22 10.2	25 13.8	23 14.0	25 17.7	24 17.9	22 18.2	21 18.5
24 06.0	26 09.6	27 09.8	29 13.4	28 13.5	26 13.7	29 17.3	27 17.5	29 21.1	28 21.4	26 21.7	25 22.0
28 09.4		31 13.3			30 17.1		31 20.9				30 01.5

III Titania

d h	d h	d h	d h	d h	d h	d h	d h	d h	d h	d h	d h
−6 00.5	6 13.3	4 16.0	8 11.6	4 14.3	8 09.9	4 12.6	8 08.3	3 11.1	8 06.9	3 09.9	8 05.7
2 17.5	15 06.2	13 08.9	17 04.5	13 07.2	17 02.8	13 05.5	17 01.2	12 04.0	16 23.9	12 02.8	16 22.7
11 10.5	23 23.1	22 01.8	25 21.4	22 00.1	25 19.8	21 22.4	25 18.1	20 21.0	25 16.9	20 19.8	25 15.6
20 03.4		30 18.7		30 17.0		30 15.3		29 14.0		29 12.8	34 08.6
28 20.3											

IV Oberon

d h	d h	d h	d h	d h	d h	d h	d h	d h	d h	d h	d h
−8 09.8	1 19.1	14 04.3	10 02.4	7 00.4	2 22.4	13 07.6	9 05.7	5 04.0	2 02.3	11 11.8	8 10.2
5 20.9	15 06.2	27 15.4	23 13.4	20 11.4	16 09.5	26 18.7	22 16.9	18 15.2	15 13.5	24 23.0	21 21.3
19 08.0	28 17.3				29 20.5				29 00.6		35 08.4

SATELLITES OF NEPTUNE, 2015

APPARENT ORBIT OF I TRITON AT 0ʰ UNIVERSAL TIME ON THE DATE OF OPPOSITION, SEPTEMBER 1

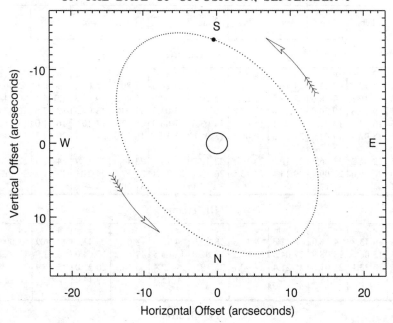

NAME		MEAN SIDEREAL PERIOD
I	Triton	5.876 854 07 R ^{d}
II	Nereid	360.134

DIFFERENTIAL COORDINATES OF II NEREID FOR 0ʰ UNIVERSAL TIME

Date		$\Delta\alpha \cos\delta$	$\Delta\delta$	Date		$\Delta\alpha \cos\delta$	$\Delta\delta$	Date		$\Delta\alpha \cos\delta$	$\Delta\delta$
		′ ″	′ ″			′ ″	′ ″			′ ″	′ ″
Jan.	−2	+3 35.9	+1 38.8	May	8	+3 49.3	+2 02.3	Sept.	15	+6 43.6	+3 19.1
	8	+3 04.2	+1 23.2		18	+4 20.3	+2 17.7		25	+6 37.1	+3 14.7
	18	+2 29.3	+1 06.2		28	+4 48.0	+2 31.2	Oct.	5	+6 27.8	+3 09.1
	28	+1 50.7	+0 47.4	June	7	+5 12.5	+2 43.1		15	+6 15.8	+3 02.2
Feb.	7	+1 07.8	+0 26.7		17	+5 34.2	+2 53.4		25	+6 01.2	+2 54.2
	17	+0 20.0	+0 04.1		27	+5 53.1	+3 02.2	Nov.	4	+5 44.2	+2 45.0
	27	−0 30.2	−0 18.8	July	7	+6 09.3	+3 09.4		14	+5 24.8	+2 34.8
Mar.	9	−0 53.5	−0 26.2		17	+6 22.7	+3 15.2		24	+5 03.1	+2 23.5
	19	−0 03.6	+0 02.4		27	+6 33.3	+3 19.6	Dec.	4	+4 38.9	+2 11.2
	29	+0 57.0	+0 34.4	Aug.	6	+6 41.2	+3 22.4		14	+4 12.4	+1 57.7
Apr.	8	+1 49.6	+1 01.6		16	+6 46.1	+3 23.8		24	+3 43.3	+1 43.1
	18	+2 34.9	+1 24.8		26	+6 48.2	+3 23.6		34	+3 11.4	+1 27.2
	28	+3 14.4	+1 44.8	Sept.	5	+6 47.4	+3 22.1		44	+2 36.2	+1 09.7

I Triton

UNIVERSAL TIME OF GREATEST EASTERN ELONGATION

Jan.	Feb.	Mar.	Apr.	May	June	July	Aug.	Sept.	Oct.	Nov.	Dec.
d h	d h	d h	d h	d h	d h	d h	d h	d h	d h	d h	d h
−5 02.5	5 05.3	6 14.0	4 22.8	4 07.6	2 16.6	2 01.8	6 08.3	4 17.9	4 03.4	2 12.9	1 22.2
0 23.5	11 02.3	12 11.0	10 19.7	10 04.6	8 13.6	7 22.9	12 05.4	10 15.0	10 00.5	8 10.0	7 19.2
6 20.5	16 23.2	18 07.9	16 16.7	16 01.6	14 10.6	13 19.9	18 02.5	16 12.1	15 21.6	14 07.1	13 16.3
12 17.5	22 20.1	24 04.9	22 13.7	21 22.6	20 07.7	19 17.0	23 23.6	22 09.2	21 18.7	20 04.1	19 13.3
18 14.4	28 17.1	30 01.8	28 10.6	27 19.6	26 04.7	25 14.1	29 20.7	28 06.3	27 15.8	26 01.2	25 10.3
24 11.4						31 11.2					31 07.3
30 08.4											37 04.3

SATELLITE OF PLUTO, 2015

APPARENT ORBIT OF I CHARON AT 0ʰ UNIVERSAL TIME ON THE DATE OF OPPOSITION, JULY 6

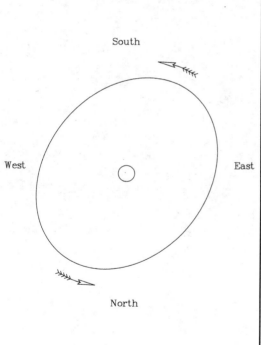

South

West   East

North

Mean Sidereal Period: 6ᵈ.387 23

UNIVERSAL TIME OF GREATEST NORTHERN ELONGATION

	d h		d h		d h
Jan.	−2 10.5	May	6 03.3	Sept.	10 21.9
	4 19.7		12 12.6		17 07.2
	11 04.9		18 21.9		23 16.5
	17 14.1		25 07.2		30 01.8
	23 23.4		31 16.5	Oct.	6 11.1
	30 08.6	June	7 01.8		12 20.4
Feb.	5 17.8		13 11.2		19 05.7
	12 03.0		19 20.5		25 14.9
	18 12.2		26 05.9	Nov.	1 00.2
	24 21.4	July	2 15.2		7 09.5
Mar.	3 06.6		9 00.5		13 18.7
	9 15.9		15 09.9		20 04.0
	16 01.1		21 19.2		26 13.2
	22 10.3		28 04.6	Dec.	2 22.4
	28 19.6	Aug.	3 13.9		9 07.6
Apr.	4 04.9		9 23.3		15 16.9
	10 14.1		16 08.6		22 02.1
	16 23.4		22 17.9		28 11.3
	23 08.7		29 03.3		34 20.5
	29 18.0	Sept.	4 12.6		

CONTENTS OF SECTION G

 This symbol indicates that these data or auxiliary material may also be found on *The Astronomical Almanac Online* at **http://asa.usno.navy.mil** and **http://asa.hmnao.com**

Introduction

At the XXVI General Assembly (2006) the IAU defined a new classification scheme for the solar system. This scheme includes definitions for planets, dwarf planets and small solar system bodies (i.e. asteroids or minor planets, and comets). The 2006 IAU resolution B5 (2) classifies a dwarf planet as follows: A "dwarf planet" is a celestial body that (a) is in orbit around the Sun, (b) has sufficient mass for its self gravity to overcome rigid body forces so that it assumes a hydrostatic equilibrium shape, (c) has not cleared the neighbourhood around its orbit, and (d) is not a satellite. Resolution B6 confirmed the re-classification of Pluto as a dwarf planet.

This section includes tabulated data on selected dwarf planets and small solar system bodies (i.e. minor planets and comets). Solar system bodies classified as planets are tabulated in Section E. See Section L for details about the selection of dwarf and minor planets, the sources of the various data and about the star catalogues used to plot the charts.

Notes on dwarf planets

The current selection of dwarf planets is (1) Ceres, (134340) Pluto and (136199) Eris. Prior to the 2013 edition Pluto was included in Section E—Planets and Ceres was classified as a minor planet. Eris (discovered in 2005) is another prominent member of the dwarf planet group. When these selected dwarf planets are at opposition during the year then more data are provided. Not only is the opposition date and time (nearest hour UT) given but also when the object is stationary in right ascension. Two star charts, one showing the path of the dwarf planet during the year and the other, a more detailed 60-day view on either side of opposition, are provided in order to help with telescope finding. A daily astrometric ephemeris (see page B29) is also tabulated around opposition, which covers the interval when the dwarf planet is within 45° of opposition. Independent of the opposition date the osculating elements and heliocentric coordinates are tabulated for three dates during the year.

A physical ephemeris is tabulated at a ten day interval for those dwarf planets for which reliable data are available; currently (1) Ceres and (134340) Pluto. Information on the use of a physical ephemeris for the planets is given in Section E (see page E3) and can be applied to a dwarf planet ephemeris with the exception that a positive pole, defined as the pole around which the object rotates in a counterclockwise direction, replaces the notion of a north pole.

All dwarf planets acknowledged by the IAU (at the time of production) are listed with their basic physical properties. Please note that for Makemake no reliable mass estimate is available at the date of production, as this dwarf planet has no known satellite. The topic of dwarf planets in our solar system and small solar system bodies is the subject of ongoing research and new discoveries are being made. This section makes no attempt to provide a complete or definitive list.

Notes on bright minor planets

Pages G12–G25 contain various data on a selection of 92 of the largest and/or brightest minor planets. The first of these tabulate their heliocentric osculating orbital elements for epoch 2015 June 27·0 TT (JD 245 7200·5), with respect to the ecliptic and equinox J2000·0.

The opposition dates of all the objects are listed in chronological order together with the visual magnitude and declination. For those that do not have an opposition date in the current year a second list tabulates their next occurrence. A sub-set (printed in bold) of the 14 larger minor planets, consisting of (2) Pallas, (3) Juno, (4) Vesta, (6) Hebe, (7) Iris, (8) Flora, (9) Metis, (10) Hygiea, (15) Eunomia, (16) Psyche, (52) Europa, (65) Cybele, (511) Davida and (704) Interamnia are candidates for a daily ephemeris.

A daily geocentric astrometric ephemeris is tabulated for those of the 14 larger minor planets that have an opposition date occurring between 2015 January 1 and January 31 of the following year. The daily ephemeris of each object is centred about the opposition date, which is repeated at the bottom of the first column and at the top of the second column. The highlighted dates indicate when the object is stationary in right ascension. It is very occasionally possible for a stationary date to be outside the period tabulated.

Linear interpolation is sufficient for the magnitude and ephemeris transit, but for the right ascension and declination second differences are significant. The tabulations are similar to those for the dwarf planets, and the use of the data is similar to that for the planets.

Notes on comets

The table of osculating elements (see last page of this section) is for use in the generation of ephemerides by numerical integration. Typically, an ephemeris may be computed from these unperturbed elements to provide positions accurate to one to two arcminutes within a year of the epoch (Osc. epoch). The innate inaccuracy of some of these elements can be more of a problem and are discussed further in that part of Section L that deals with section G.

PHYSICAL PROPERTIES OF DWARF PLANETS

Number	Name	Equat. Radius km	Mass kg × 10^{20}	Minimum Geocentric Distance au	Sidereal Period of Rotation d	Maximum Angular Diameter ′	Geometric Albedo	Year of Discovery
(1)	Ceres	479·7	9·39	1·5833	0·3781	0·840	0·073	1801
(134340)	Pluto	1195	130·41	28·6031	6·3872	0·110	0·30	1930
(136108)	Haumea	1000	42	33·5620	0·1631	0·092	0·73	2004
(136199)	Eris	1200	166·95	37·5984	1·0800	0·088	0·86	2005
(136472)	Makemake	850	—	37·0193	7·7710	0·053	0·78	2005

OSCULATING ELEMENTS FOR ECLIPTIC AND EQUINOX J2000·0

Name	Magnitude Parameters H	G	Mean Diameter km	Julian Date	Inclination i °	Long. of Asc. Node Ω °	Argument of Perihelion ω °	Semimajor Axis a au	Daily Motion n °/d	Eccentricity e	Mean Anomaly M °
Ceres	3·34	0·12	952	2457100·5	10·593	80·329	72·582	2·767	0·2140	0·075	117·3332044
				2457200·5	10·592	80·327	72·654	2·768	0·2140	0·075	138·6621292
				2457300·5	10·592	80·325	72·687	2·768	0·2140	0·075	160·0299743
Pluto	−0·70	0·15	2390	2457100·5	17·166	110·286	113·009	39·368	0·0039	0·248	37·5214675
				2457200·5	17·163	110·288	113·088	39·399	0·0039	0·249	37·8184320
				2457300·5	17·160	110·289	113·154	39·423	0·0039	0·249	38·1363173
Eris	−1·20	0·15	2400	2457100·5	44·071	35·940	151·059	67·716	0·0017	0·441	204·2313736
				2457200·5	44·098	35·927	151·122	67·691	0·0017	0·442	204·3051100
				2457300·5	44·117	35·919	151·170	67·675	0·0017	0·442	204·3990550

USEFUL FORMULAE

Mean Longitude: $L = M' + \varpi$

Longitude of perihelion: $\varpi = \omega + \Omega$

True anomaly in radians: $v = M + (2e - e^3/4) \sin M + (5e^2/4) \sin 2M + (13e^3/12) \sin 3M + \cdots$

Planet-Sun distance: $r = a(1 - e^2)/(1 + e \cos v)$

Heliocentric rectangular coordinates, referred to the ecliptic, may be computed from the elements using:

$$x = r\{\cos(v + \omega) \cos \Omega - \sin(v + \omega) \cos i \sin \Omega\}$$
$$y = r\{\cos(v + \omega) \sin \Omega + \sin(v + \omega) \cos i \cos \Omega\}$$
$$z = r \sin(v + \omega) \sin i$$

HELIOCENTRIC COORDINATES AND VELOCITY COMPONENTS REFERRED TO THE MEAN EQUATOR AND EQUINOX OF J2000·0

Name	Julian Date	x au	y au	z au	$\dot{x}$ au/d	$\dot{y}$ au/d	$\dot{z}$ au/d
Ceres	2457100·5	0·3669759	−2·5505960	−1·2770872	0·0097579	0·0013515	−0·0013508
	2457200·5	1·3011614	−2·2643458	−1·3324526	0·0087472	0·0042876	0·0002393
	2457300·5	2·0845978	−1·7138964	−1·2325561	0·0067824	0·0066017	0·0017305
Pluto	2457100·5	7·6375607	−29·7592191	−11·5888485	0·0031120	0·0004393	−0·0008021
	2457200·5	7·9484843	−29·7140684	−11·6685866	0·0031065	0·0004637	−0·0007926
	2457300·5	8·2588354	−29·6664727	−11·7473680	0·0031005	0·0004881	−0·0007830
Eris	2457100·5	86·8434242	41·4216114	−5·0884408	−0·0003609	0·0004646	0·0011953
	2457200·5	86·8072423	41·4679819	−4·9689121	−0·0003628	0·0004628	0·0011953
	2457300·5	86·7708620	41·5141874	−4·8493810	−0·0003649	0·0004612	0·0011953

CERES AT OPPOSITION

Date	UT	Mag.
2015 July 25	8^h	+7.5

Stationary in right ascension on 2015 June 6 and September 15.

The following diagrams are provided for observers wishing to find the position of Ceres in relation to the stars. The first chart shows the path of the dwarf planet during 2015. The second chart provides a detailed view of the path over 60 days either side of opposition. The V-magnitude scale used is given on each chart.

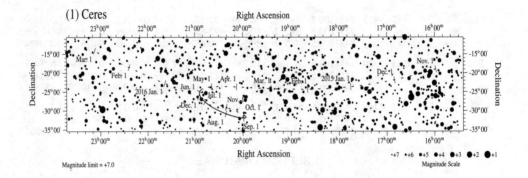

(1) Ceres

Magnitude limit = +7.0

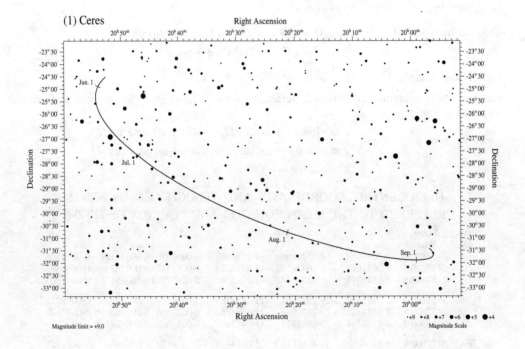

(1) Ceres

Magnitude limit = +9.0

The charts are also available for download from *The Astronomical Almanac Online*.

GEOCENTRIC POSITIONS FOR 0ʰ TERRESTRIAL TIME

Date	Astrometric R.A.	Dec.	Vis. Mag.	Ephemeris Transit	Date	Astrometric R.A.	Dec.	Vis. Mag.	Ephemeris Transit
	h m s	° ′ ″		h m		h m s	° ′ ″		h m
2015 May 27	20 52 54·2	−24 34 09	8·5	4 36·2	2015 July 25	20 27 48·8	−30 11 09	7·5	0 19·2
28	20 53 09·3	−24 37 46	8·5	4 32·5	26	20 26 53·0	−30 16 30	7·5	0 14·3
29	20 53 23·0	−24 41 31	8·4	4 28·8	27	20 25 57·1	−30 21 43	7·5	0 09·5
30	20 53 35·3	−24 45 22	8·4	4 25·0	28	20 25 01·1	−30 26 49	7·5	0 04·6
31	20 53 46·2	−24 49 20	8·4	4 21·3	29	20 24 05·2	−30 31 48	7·5	23 54·9
June 1	20 53 55·6	−24 53 25	8·4	4 17·5	30	20 23 09·3	−30 36 39	7·5	23 50·0
2	20 54 03·6	−24 57 36	8·4	4 13·7	31	20 22 13·6	−30 41 21	7·5	23 45·2
3	20 54 10·1	−25 01 54	8·4	4 09·9	Aug. 1	20 21 18·0	−30 45 56	7·6	23 40·3
4	20 54 15·1	−25 06 19	8·3	4 06·0	2	20 20 22·7	−30 50 22	7·6	23 35·5
5	20 54 18·7	−25 10 51	8·3	4 02·2	3	20 19 27·7	−30 54 40	7·6	23 30·7
6	20 54 20·8	−25 15 29	8·3	3 58·3	4	20 18 33·1	−30 58 49	7·6	23 25·8
7	20 54 21·4	−25 20 14	8·3	3 54·3	5	20 17 38·8	−31 02 49	7·6	23 21·0
8	20 54 20·5	−25 25 05	8·3	3 50·4	6	20 16 45·1	−31 06 40	7·6	23 16·2
9	20 54 18·0	−25 30 02	8·3	3 46·4	7	20 15 51·9	−31 10 22	7·7	23 11·4
10	20 54 14·1	−25 35 06	8·2	3 42·4	8	20 14 59·3	−31 13 56	7·7	23 06·6
11	20 54 08·6	−25 40 16	8·2	3 38·4	9	20 14 07·4	−31 17 19	7·7	23 01·8
12	20 54 01·6	−25 45 33	8·2	3 34·3	10	20 13 16·2	−31 20 34	7·7	22 57·1
13	20 53 53·0	−25 50 55	8·2	3 30·2	11	20 12 25·7	−31 23 39	7·7	22 52·3
14	20 53 42·9	−25 56 23	8·2	3 26·1	12	20 11 36·1	−31 26 35	7·8	22 47·6
15	20 53 31·3	−26 01 56	8·2	3 22·0	13	20 10 47·4	−31 29 22	7·8	22 42·8
16	20 53 18·1	−26 07 35	8·1	3 17·9	14	20 09 59·6	−31 31 59	7·8	22 38·1
17	20 53 03·4	−26 13 20	8·1	3 13·7	15	20 09 12·8	−31 34 26	7·8	22 33·4
18	20 52 47·1	−26 19 09	8·1	3 09·5	16	20 08 27·1	−31 36 45	7·8	22 28·8
19	20 52 29·3	−26 25 03	8·1	3 05·3	17	20 07 42·4	−31 38 54	7·9	22 24·1
20	20 52 10·1	−26 31 02	8·1	3 01·0	18	20 06 58·9	−31 40 53	7·9	22 19·5
21	20 51 49·2	−26 37 05	8·0	2 56·7	19	20 06 16·6	−31 42 44	7·9	22 14·9
22	20 51 26·9	−26 43 13	8·0	2 52·4	20	20 05 35·4	−31 44 25	7·9	22 10·3
23	20 51 03·2	−26 49 24	8·0	2 48·1	21	20 04 55·6	−31 45 57	7·9	22 05·7
24	20 50 37·9	−26 55 39	8·0	2 43·7	22	20 04 17·0	−31 47 21	8·0	22 01·2
25	20 50 11·2	−27 01 58	8·0	2 39·4	23	20 03 39·7	−31 48 35	8·0	21 56·6
26	20 49 43·0	−27 08 19	7·9	2 35·0	24	20 03 03·8	−31 49 41	8·0	21 52·1
27	20 49 13·5	−27 14 44	7·9	2 30·5	25	20 02 29·3	−31 50 38	8·0	21 47·6
28	20 48 42·5	−27 21 11	7·9	2 26·1	26	20 01 56·2	−31 51 27	8·0	21 43·2
29	20 48 10·1	−27 27 40	7·9	2 21·6	27	20 01 24·6	−31 52 07	8·1	21 38·8
30	20 47 36·4	−27 34 11	7·9	2 17·1	28	20 00 54·4	−31 52 39	8·1	21 34·3
July 1	20 47 01·4	−27 40 44	7·9	2 12·6	29	20 00 25·6	−31 53 03	8·1	21 30·0
2	20 46 25·0	−27 47 19	7·8	2 08·1	30	19 59 58·4	−31 53 19	8·1	21 25·6
3	20 45 47·4	−27 53 54	7·8	2 03·5	31	19 59 32·7	−31 53 27	8·1	21 21·3
4	20 45 08·4	−28 00 30	7·8	1 59·0	Sept. 1	19 59 08·4	−31 53 28	8·2	21 16·9
5	20 44 28·3	−28 07 06	7·8	1 54·4	2	19 58 45·8	−31 53 21	8·2	21 12·7
6	20 43 46·9	−28 13 42	7·8	1 49·7	3	19 58 24·6	−31 53 06	8·2	21 08·4
7	20 43 04·4	−28 20 18	7·7	1 45·1	4	19 58 05·1	−31 52 45	8·2	21 04·2
8	20 42 20·8	−28 26 54	7·7	1 40·4	5	19 57 47·1	−31 52 16	8·2	21 00·0
9	20 41 36·0	−28 33 28	7·7	1 35·8	6	19 57 30·6	−31 51 40	8·3	20 55·8
10	20 40 50·2	−28 40 01	7·7	1 31·1	7	19 57 15·8	−31 50 57	8·3	20 51·6
11	20 40 03·3	−28 46 32	7·7	1 26·4	8	19 57 02·6	−31 50 07	8·3	20 47·5
12	20 39 15·5	−28 53 01	7·6	1 21·7	9	19 56 50·9	−31 49 11	8·3	20 43·4
13	20 38 26·7	−28 59 27	7·6	1 16·9	10	19 56 40·9	−31 48 08	8·3	20 39·3
14	20 37 37·1	−29 05 50	7·6	1 12·2	11	19 56 32·5	−31 46 59	8·4	20 35·3
15	20 36 46·6	−29 12 10	7·6	1 07·4	12	19 56 25·7	−31 45 43	8·4	20 31·3
16	20 35 55·4	−29 18 27	7·6	1 02·6	13	19 56 20·6	−31 44 22	8·4	20 27·3
17	20 35 03·4	−29 24 39	7·6	0 57·8	14	19 56 17·0	−31 42 54	8·4	20 23·3
18	20 34 10·8	−29 30 47	7·5	0 53·0	15	19 56 15·0	−31 41 21	8·4	20 19·3
19	20 33 17·5	−29 36 50	7·5	0 48·2	16	19 56 14·7	−31 39 42	8·4	20 15·4
20	20 32 23·7	−29 42 47	7·5	0 43·4	17	19 56 15·9	−31 37 57	8·5	20 11·5
21	20 31 29·5	−29 48 40	7·5	0 38·6	18	19 56 18·8	−31 36 07	8·5	20 07·7
22	20 30 34·8	−29 54 27	7·5	0 33·7	19	19 56 23·2	−31 34 11	8·5	20 03·8
23	20 29 39·7	−30 00 07	7·5	0 28·9	20	19 56 29·2	−31 32 10	8·5	20 00·0
24	20 28 44·4	−30 05 41	7·5	0 24·0	21	19 56 36·7	−31 30 05	8·5	19 56·2
July 25	20 27 48·8	−30 11 09	7·5	0 19·2	Sept. 22	19 56 45·8	−31 27 54	8·5	19 52·5

Second transit for Ceres 2015 July 28ᵈ 23ʰ 59ᵐ8

PLUTO AT OPPOSITION

Date	UT	Mag.
2015 July 6	16^h	+14.1

Stationary in right ascension on 2015 April 17 and September 24.

The following diagrams are provided for observers wishing to find the position of Pluto in relation to the stars. The first chart shows the path of the dwarf planet during 2015. The second chart provides a detailed view of the path over 60 days either side of opposition. The V-magnitude scale used is given on each chart.

Pluto is in Sagitarius, towards the Galatic Centre. The field of view is therefore crowded with background stars.

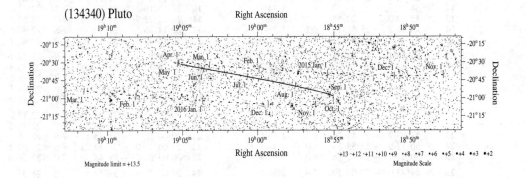

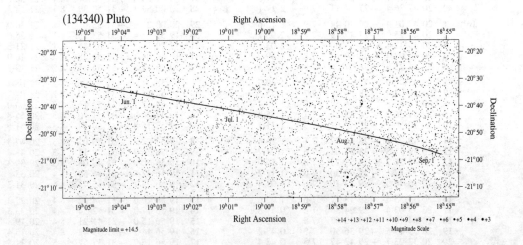

The charts are also available for download from *The Astronomical Almanac Online*.

Date	Astrometric R.A.	Dec.	Vis. Mag.	Ephemeris Transit	Date	Astrometric R.A.	Dec.	Vis. Mag.	Ephemeris Transit
	h m s	° ′ ″		h m		h m s	° ′ ″		h m
2015 May 8	19 05 05·0	−20 31 40	14·1	4 03·3	2015 July 6	19 00 09·8	−20 43 16	14·1	0 06·4
9	19 05 02·4	−20 31 47	14·1	3 59·3	7	19 00 03·5	−20 43 31	14·1	0 02·4
10	19 04 59·7	−20 31 54	14·1	3 55·4	8	18 59 57·2	−20 43 46	14·1	23 54·3
11	19 04 56·9	−20 32 01	14·1	3 51·4	9	18 59 50·9	−20 44 02	14·1	23 50·3
12	19 04 53·9	−20 32 09	14·1	3 47·4	10	18 59 44·6	−20 44 17	14·1	23 46·3
13	19 04 50·9	−20 32 17	14·1	3 43·4	11	18 59 38·3	−20 44 33	14·1	23 42·2
14	19 04 47·7	−20 32 24	14·1	3 39·4	12	18 59 32·0	−20 44 48	14·1	23 38·2
15	19 04 44·4	−20 32 32	14·1	3 35·4	13	18 59 25·7	−20 45 03	14·1	23 34·2
16	19 04 41·0	−20 32 41	14·1	3 31·5	14	18 59 19·4	−20 45 19	14·1	23 30·1
17	19 04 37·5	−20 32 49	14·1	3 27·5	15	18 59 13·2	−20 45 35	14·1	23 26·1
18	19 04 34·0	−20 32 58	14·1	3 23·5	16	18 59 07·0	−20 45 50	14·1	23 22·1
19	19 04 30·3	−20 33 07	14·1	3 19·5	17	18 59 00·8	−20 46 06	14·1	23 18·0
20	19 04 26·5	−20 33 16	14·1	3 15·5	18	18 58 54·6	−20 46 21	14·1	23 14·0
21	19 04 22·6	−20 33 25	14·1	3 11·5	19	18 58 48·4	−20 46 37	14·1	23 10·0
22	19 04 18·6	−20 33 34	14·1	3 07·5	20	18 58 42·3	−20 46 52	14·1	23 05·9
23	19 04 14·5	−20 33 44	14·1	3 03·5	21	18 58 36·2	−20 47 08	14·1	23 01·9
24	19 04 10·4	−20 33 54	14·1	2 59·5	22	18 58 30·2	−20 47 24	14·1	22 57·9
25	19 04 06·1	−20 34 04	14·1	2 55·5	23	18 58 24·1	−20 47 39	14·1	22 53·8
26	19 04 01·8	−20 34 14	14·1	2 51·5	24	18 58 18·2	−20 47 55	14·1	22 49·8
27	19 03 57·3	−20 34 24	14·1	2 47·5	25	18 58 12·2	−20 48 10	14·1	22 45·8
28	19 03 52·8	−20 34 35	14·1	2 43·5	26	18 58 06·3	−20 48 26	14·1	22 41·7
29	19 03 48·2	−20 34 46	14·1	2 39·5	27	18 58 00·5	−20 48 42	14·1	22 37·7
30	19 03 43·5	−20 34 57	14·1	2 35·5	28	18 57 54·7	−20 48 57	14·1	22 33·7
31	19 03 38·7	−20 35 08	14·1	2 31·4	29	18 57 48·9	−20 49 12	14·1	22 29·7
June 1	19 03 33·9	−20 35 19	14·1	2 27·4	30	18 57 43·2	−20 49 28	14·1	22 25·6
2	19 03 28·9	−20 35 30	14·1	2 23·4	31	18 57 37·6	−20 49 43	14·1	22 21·6
3	19 03 23·9	−20 35 42	14·1	2 19·4	Aug. 1	18 57 32·0	−20 49 59	14·1	22 17·6
4	19 03 18·9	−20 35 54	14·1	2 15·4	2	18 57 26·4	−20 50 14	14·1	22 13·6
5	19 03 13·7	−20 36 06	14·1	2 11·4	3	18 57 21·0	−20 50 29	14·1	22 09·5
6	19 03 08·5	−20 36 18	14·1	2 07·4	4	18 57 15·6	−20 50 45	14·1	22 05·5
7	19 03 03·2	−20 36 30	14·1	2 03·3	5	18 57 10·2	−20 51 00	14·1	22 01·5
8	19 02 57·9	−20 36 42	14·1	1 59·3	6	18 57 04·9	−20 51 15	14·1	21 57·5
9	19 02 52·4	−20 36 55	14·1	1 55·3	7	18 56 59·7	−20 51 30	14·1	21 53·5
10	19 02 47·0	−20 37 07	14·1	1 51·3	8	18 56 54·6	−20 51 45	14·1	21 49·4
11	19 02 41·4	−20 37 20	14·1	1 47·3	9	18 56 49·5	−20 52 00	14·1	21 45·4
12	19 02 35·8	−20 37 33	14·1	1 43·2	10	18 56 44·5	−20 52 15	14·1	21 41·4
13	19 02 30·2	−20 37 46	14·1	1 39·2	11	18 56 39·5	−20 52 30	14·1	21 37·4
14	19 02 24·5	−20 37 59	14·1	1 35·2	12	18 56 34·7	−20 52 45	14·1	21 33·4
15	19 02 18·7	−20 38 13	14·1	1 31·1	13	18 56 29·9	−20 53 00	14·1	21 29·4
16	19 02 12·9	−20 38 26	14·1	1 27·1	14	18 56 25·2	−20 53 14	14·1	21 25·4
17	19 02 07·0	−20 38 40	14·1	1 23·1	15	18 56 20·6	−20 53 29	14·1	21 21·4
18	19 02 01·1	−20 38 53	14·1	1 19·1	16	18 56 16·1	−20 53 43	14·1	21 17·4
19	19 01 55·2	−20 39 07	14·1	1 15·0	17	18 56 11·7	−20 53 58	14·1	21 13·4
20	19 01 49·2	−20 39 21	14·1	1 11·0	18	18 56 07·3	−20 54 12	14·1	21 09·4
21	19 01 43·2	−20 39 35	14·1	1 07·0	19	18 56 03·1	−20 54 26	14·1	21 05·4
22	19 01 37·1	−20 39 49	14·1	1 02·9	20	18 55 58·9	−20 54 40	14·1	21 01·4
23	19 01 31·0	−20 40 03	14·1	0 58·9	21	18 55 54·9	−20 54 54	14·1	20 57·4
24	19 01 24·9	−20 40 18	14·1	0 54·9	22	18 55 50·9	−20 55 08	14·1	20 53·4
25	19 01 18·7	−20 40 32	14·1	0 50·8	23	18 55 47·0	−20 55 22	14·1	20 49·4
26	19 01 12·6	−20 40 47	14·1	0 46·8	24	18 55 43·3	−20 55 36	14·1	20 45·4
27	19 01 06·4	−20 41 01	14·1	0 42·8	25	18 55 39·6	−20 55 49	14·1	20 41·4
28	19 01 00·1	−20 41 16	14·1	0 38·7	26	18 55 36·0	−20 56 03	14·1	20 37·4
29	19 00 53·9	−20 41 31	14·1	0 34·7	27	18 55 32·6	−20 56 16	14·1	20 33·4
30	19 00 47·6	−20 41 45	14·1	0 30·7	28	18 55 29·2	−20 56 30	14·1	20 29·4
July 1	19 00 41·4	−20 42 00	14·1	0 26·6	29	18 55 25·9	−20 56 43	14·1	20 25·4
2	19 00 35·1	−20 42 15	14·1	0 22·6	30	18 55 22·8	−20 56 56	14·1	20 21·5
3	19 00 28·8	−20 42 30	14·1	0 18·6	31	18 55 19·7	−20 57 09	14·1	20 17·5
4	19 00 22·5	−20 42 45	14·1	0 14·5	Sept. 1	18 55 16·8	−20 57 22	14·1	20 13·5
5	19 00 16·2	−20 43 01	14·1	0 10·5	2	18 55 14·0	−20 57 34	14·1	20 09·5
July 6	19 00 09·8	−20 43 16	14·1	0 06·4	Sept. 3	18 55 11·3	−20 57 47	14·1	20 05·5

Second transit for Pluto 2015 July 7^d 23^h 58^{m}4

ERIS AT OPPOSITION

Date	UT	Mag.
2015 Oct. 16	13^h	+18.7

Stationary in right ascension on 2015 January 16 and July 23.

The following diagrams are provided for observers wishing to find the position of Eris in relation to the stars. The first chart shows the path of the dwarf planet during 2015. The second chart provides a detailed view of the path over 60 days either side of opposition. The V-magnitude scale used is given on each chart.

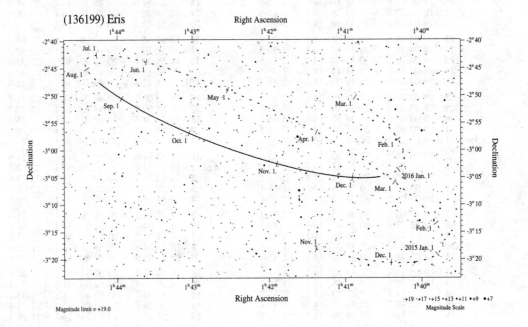

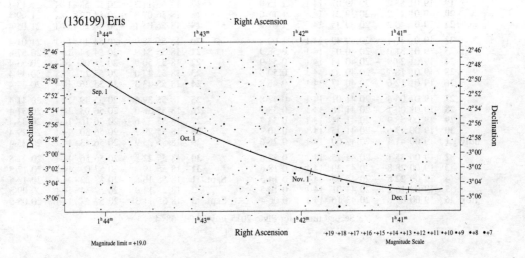

The charts are also available for download from *The Astronomical Almanac Online*.

GEOCENTRIC POSITIONS FOR 0ʰ TERRESTRIAL TIME

Date	Astrometric R.A.	Astrometric Dec.	Vis. Mag.	Ephemeris Transit	Date	Astrometric R.A.	Astrometric Dec.	Vis. Mag.	Ephemeris Transit
	h m s	° ′ ″		h m		h m s	° ′ ″		h m
2015 Aug. 18	1 44 13·3	− 2 47 47	18·7	4 00·2	2015 Oct. 16	1 42 30·0	− 2 59 52	18·7	0 06·5
19	1 44 12·3	− 2 47 58	18·7	3 56·2	17	1 42 27·7	− 3 00 03	18·7	0 02·5
20	1 44 11·3	− 2 48 09	18·7	3 52·3	18	1 42 25·5	− 3 00 14	18·7	23 54·6
21	1 44 10·3	− 2 48 20	18·7	3 48·3	19	1 42 23·2	− 3 00 25	18·7	23 50·6
22	1 44 09·2	− 2 48 31	18·7	3 44·4	20	1 42 21·0	− 3 00 36	18·7	23 46·7
23	1 44 08·1	− 2 48 43	18·7	3 40·4	21	1 42 18·7	− 3 00 46	18·7	23 42·7
24	1 44 07·0	− 2 48 54	18·7	3 36·5	22	1 42 16·5	− 3 00 56	18·7	23 38·7
25	1 44 05·8	− 2 49 06	18·7	3 32·5	23	1 42 14·3	− 3 01 07	18·7	23 34·8
26	1 44 04·6	− 2 49 18	18·7	3 28·6	24	1 42 12·0	− 3 01 17	18·7	23 30·8
27	1 44 03·3	− 2 49 30	18·7	3 24·6	25	1 42 09·8	− 3 01 26	18·7	23 26·8
28	1 44 02·0	− 2 49 42	18·7	3 20·7	26	1 42 07·5	− 3 01 36	18·7	23 22·9
29	1 44 00·7	− 2 49 54	18·7	3 16·7	27	1 42 05·3	− 3 01 46	18·7	23 18·9
30	1 43 59·4	− 2 50 06	18·7	3 12·8	28	1 42 03·1	− 3 01 55	18·7	23 14·9
31	1 43 58·0	− 2 50 18	18·7	3 08·8	29	1 42 00·8	− 3 02 04	18·7	23 11·0
Sept. 1	1 43 56·6	− 2 50 30	18·7	3 04·9	30	1 41 58·6	− 3 02 13	18·7	23 07·0
2	1 43 55·2	− 2 50 43	18·7	3 00·9	31	1 41 56·4	− 3 02 22	18·7	23 03·0
3	1 43 53·7	− 2 50 55	18·7	2 57·0	Nov. 1	1 41 54·2	− 3 02 30	18·7	22 59·1
4	1 43 52·2	− 2 51 08	18·7	2 53·0	2	1 41 52·0	− 3 02 39	18·7	22 55·1
5	1 43 50·7	− 2 51 20	18·7	2 49·1	3	1 41 49·8	− 3 02 47	18·7	22 51·1
6	1 43 49·2	− 2 51 33	18·7	2 45·1	4	1 41 47·6	− 3 02 55	18·7	22 47·1
7	1 43 47·6	− 2 51 45	18·7	2 41·1	5	1 41 45·4	− 3 03 03	18·7	22 43·2
8	1 43 46·0	− 2 51 58	18·7	2 37·2	6	1 41 43·3	− 3 03 11	18·7	22 39·2
9	1 43 44·4	− 2 52 11	18·7	2 33·2	7	1 41 41·1	− 3 03 18	18·7	22 35·2
10	1 43 42·7	− 2 52 24	18·7	2 29·3	8	1 41 39·0	− 3 03 25	18·7	22 31·3
11	1 43 41·0	− 2 52 37	18·7	2 25·3	9	1 41 36·8	− 3 03 32	18·7	22 27·3
12	1 43 39·3	− 2 52 49	18·7	2 21·3	10	1 41 34·7	− 3 03 39	18·7	22 23·3
13	1 43 37·6	− 2 53 02	18·7	2 17·4	11	1 41 32·6	− 3 03 45	18·7	22 19·4
14	1 43 35·8	− 2 53 15	18·7	2 13·4	12	1 41 30·5	− 3 03 52	18·7	22 15·4
15	1 43 34·0	− 2 53 28	18·7	2 09·5	13	1 41 28·5	− 3 03 58	18·7	22 11·4
16	1 43 32·2	− 2 53 41	18·7	2 05·5	14	1 41 26·4	− 3 04 04	18·7	22 07·5
17	1 43 30·4	− 2 53 54	18·7	2 01·5	15	1 41 24·4	− 3 04 09	18·7	22 03·5
18	1 43 28·5	− 2 54 07	18·7	1 57·6	16	1 41 22·3	− 3 04 15	18·7	21 59·5
19	1 43 26·7	− 2 54 20	18·7	1 53·6	17	1 41 20·3	− 3 04 20	18·7	21 55·6
20	1 43 24·8	− 2 54 33	18·7	1 49·6	18	1 41 18·4	− 3 04 25	18·7	21 51·6
21	1 43 22·9	− 2 54 46	18·7	1 45·7	19	1 41 16·4	− 3 04 29	18·7	21 47·7
22	1 43 20·9	− 2 54 59	18·7	1 41·7	20	1 41 14·4	− 3 04 34	18·7	21 43·7
23	1 43 19·0	− 2 55 12	18·7	1 37·8	21	1 41 12·5	− 3 04 38	18·7	21 39·7
24	1 43 17·0	− 2 55 25	18·7	1 33·8	22	1 41 10·6	− 3 04 42	18·7	21 35·8
25	1 43 15·0	− 2 55 37	18·7	1 29·8	23	1 41 08·7	− 3 04 45	18·7	21 31·8
26	1 43 13·0	− 2 55 50	18·7	1 25·9	24	1 41 06·9	− 3 04 49	18·7	21 27·8
27	1 43 10·9	− 2 56 03	18·7	1 21·9	25	1 41 05·1	− 3 04 52	18·7	21 23·9
28	1 43 08·9	− 2 56 16	18·7	1 17·9	26	1 41 03·2	− 3 04 55	18·7	21 19·9
29	1 43 06·8	− 2 56 28	18·7	1 14·0	27	1 41 01·5	− 3 04 57	18·7	21 16·0
30	1 43 04·8	− 2 56 41	18·7	1 10·0	28	1 40 59·7	− 3 05 00	18·7	21 12·0
Oct. 1	1 43 02·7	− 2 56 54	18·7	1 06·0	29	1 40 58·0	− 3 05 02	18·7	21 08·0
2	1 43 00·6	− 2 57 06	18·7	1 02·1	30	1 40 56·2	− 3 05 04	18·7	21 04·1
3	1 42 58·4	− 2 57 19	18·7	0 58·1	Dec. 1	1 40 54·6	− 3 05 05	18·7	21 00·1
4	1 42 56·3	− 2 57 31	18·7	0 54·1	2	1 40 52·9	− 3 05 06	18·7	20 56·2
5	1 42 54·2	− 2 57 43	18·7	0 50·2	3	1 40 51·3	− 3 05 07	18·7	20 52·2
6	1 42 52·0	− 2 57 56	18·7	0 46·2	4	1 40 49·7	− 3 05 08	18·7	20 48·2
7	1 42 49·8	− 2 58 08	18·7	0 42·2	5	1 40 48·1	− 3 05 09	18·7	20 44·3
8	1 42 47·7	− 2 58 20	18·7	0 38·3	6	1 40 46·6	− 3 05 09	18·7	20 40·3
9	1 42 45·5	− 2 58 32	18·7	0 34·3	7	1 40 45·0	− 3 05 09	18·7	20 36·4
10	1 42 43·3	− 2 58 44	18·7	0 30·3	8	1 40 43·6	− 3 05 09	18·7	20 32·4
11	1 42 41·1	− 2 58 55	18·7	0 26·4	9	1 40 42·1	− 3 05 08	18·7	20 28·5
12	1 42 38·9	− 2 59 07	18·7	0 22·4	10	1 40 40·7	− 3 05 07	18·7	20 24·5
13	1 42 36·6	− 2 59 18	18·7	0 18·4	11	1 40 39·3	− 3 05 06	18·7	20 20·5
14	1 42 34·4	− 2 59 30	18·7	0 14·5	12	1 40 38·0	− 3 05 04	18·7	20 16·6
15	1 42 32·2	− 2 59 41	18·7	0 10·5	13	1 40 36·6	− 3 05 03	18·7	20 12·6
Oct. 16	1 42 30·0	− 2 59 52	18·7	0 06·5	Dec. 14	1 40 35·3	− 3 05 01	18·7	20 08·7

Second transit for Eris 2015 October 17ᵈ 23ʰ 58ᵐ6

CERES, 2015

EPHEMERIS FOR PHYSICAL OBSERVATIONS
FOR 0^h TERRESTRIAL TIME

Date		Light Time	Visual Magnitude	Phase Angle	L_s	Sub-Earth Point Longitude	Latitude	Positive Pole P.A.
		m		°	°	°	°	°
Jan.	−12	31·52	8·7	1·9	24·54	104·24	+1·68	10·71
	−2	31·41	8·9	4·0	26·60	261·80	+1·41	9·04
	8	31·18	9·0	6·0	28·65	59·49	+1·15	7·33
	18	30·83	9·0	8·1	30·69	217·31	+0·90	5·60
Jan.	28	30·37	9·1	10·0	32·72	15·29	+0·67	3·88
Feb.	7	29·79	9·1	11·8	34·74	173·43	+0·47	2·17
	17	29·12	9·2	13·6	36·75	331·75	+0·32	0·51
	27	28·35	9·2	15·2	38·75	130·27	+0·21	358·91
Mar.	9	27·50	9·2	16·6	40·74	289·02	+0·17	357·39
	19	26·57	9·1	17·9	42·72	88·00	+0·19	355·96
	29	25·57	9·1	18·9	44·70	247·25	+0·30	354·64
Apr.	8	24·53	9·0	19·7	46·66	46·79	+0·49	353·46
	18	23·46	8·9	20·2	48·62	206·66	+0·78	352·41
	28	22·37	8·8	20·3	50·57	6·89	+1·19	351·51
May	8	21·29	8·7	20·0	52·51	167·53	+1·70	350·79
	18	20·23	8·6	19·3	54·44	328·61	+2·34	350·25
	28	19·24	8·5	18·0	56·37	130·17	+3·10	349·92
June	7	18·32	8·3	16·2	58·28	292·24	+3·96	349·80
	17	17·53	8·1	13·9	60·20	94·81	+4·92	349·91
	27	16·89	7·9	11·1	62·10	257·87	+5·92	350·25
July	7	16·43	7·7	7·9	64·00	61·31	+6·92	350·82
	17	16·17	7·6	4·9	65·90	225·00	+7·84	351·57
	27	16·15	7·5	3·8	67·79	28·73	+8·61	352·45
Aug.	6	16·35	7·6	5·9	69·67	192·28	+9·19	353·34
	16	16·77	7·8	9·1	71·55	355·45	+9·55	354·16
	26	17·38	8·0	12·1	73·42	158·06	+9·68	354·81
Sept.	5	18·17	8·2	14·6	75·29	320·04	+9·61	355·23
	15	19·10	8·4	16·6	77·16	121·36	+9·37	355·39
	25	20·13	8·6	18·1	79·02	282·02	+9·00	355·28
Oct.	5	21·23	8·7	19·0	80·88	82·09	+8·53	354·92
	15	22·38	8·9	19·5	82·74	241·63	+8·00	354·35
	25	23·54	9·0	19·5	84·59	40·71	+7·42	353·58
Nov.	4	24·70	9·1	19·2	86·45	199·42	+6·82	352·67
	14	25·84	9·2	18·6	88·30	357·81	+6·21	351·63
	24	26·93	9·2	17·6	90·15	155·94	+5·60	350·51
Dec.	4	27·96	9·3	16·5	91·99	313·87	+5·00	349·32
	14	28·92	9·3	15·1	93·84	111·64	+4·43	348·11
	24	29·80	9·3	13·6	95·68	269·30	+3·88	346·88
	34	30·58	9·3	12·0	97·53	66·89	+3·37	345·67
Dec.	44	31·25	9·3	10·3	99·38	224·42	+2·90	344·48

EPHEMERIS FOR PHYSICAL OBSERVATIONS
FOR 0ʰ TERRESTRIAL TIME

Date		Light Time	Visual Magnitude	Phase Angle	L_s	Sub-Earth Point Longitude	Sub-Earth Point Latitude	Positive Pole P.A.
		m		°	°	°	°	°
Jan.	−12	280·50	14·2	0·5	63·13	44·55	+50·42	230·38
	−2	280·82	14·2	0·2	63·19	248·49	+50·69	230·00
	8	280·89	14·2	0·1	63·24	92·45	+50·97	229·61
	18	280·72	14·2	0·4	63·30	296·41	+51·25	229·22
Jan.	28	280·32	14·2	0·7	63·35	140·38	+51·51	228·84
Feb.	7	279·69	14·2	0·9	63·41	344·33	+51·76	228·48
	17	278·86	14·2	1·2	63·46	188·27	+51·99	228·15
	27	277·85	14·2	1·4	63·52	32·19	+52·19	227·86
Mar.	9	276·70	14·2	1·5	63·57	236·07	+52·36	227·61
	19	275·43	14·2	1·7	63·63	79·92	+52·49	227·41
	29	274·10	14·2	1·7	63·69	283·73	+52·59	227·26
Apr.	8	272·73	14·2	1·7	63·74	127·48	+52·64	227·17
	18	271·37	14·1	1·7	63·80	331·19	+52·66	227·14
	28	270·07	14·1	1·6	63·85	174·84	+52·63	227·17
May	8	268·85	14·1	1·5	63·91	18·45	+52·56	227·25
	18	267·76	14·1	1·3	63·96	222·01	+52·46	227·38
	28	266·83	14·1	1·1	64·02	65·53	+52·32	227·56
June	7	266·09	14·1	0·9	64·07	269·01	+52·16	227·76
	17	265·56	14·1	0·6	64·13	112·46	+51·97	228·00
	27	265·26	14·1	0·3	64·18	315·89	+51·77	228·25
July	7	265·20	14·1	0·1	64·24	159·30	+51·56	228·51
	17	265·38	14·1	0·3	64·29	2·72	+51·35	228·76
	27	265·80	14·1	0·6	64·35	206·13	+51·14	229·01
Aug.	6	266·45	14·1	0·9	64·40	49·56	+50·95	229·22
	16	267·31	14·1	1·1	64·46	253·00	+50·78	229·41
	26	268·35	14·1	1·3	64·51	96·47	+50·63	229·56
Sept.	5	269·55	14·1	1·5	64·57	299·97	+50·52	229·66
	15	270·88	14·1	1·6	64·62	143·51	+50·45	229·71
	25	272·30	14·2	1·7	64·68	347·09	+50·41	229·72
Oct.	5	273·76	14·2	1·7	64·73	190·71	+50·41	229·67
	15	275·23	14·2	1·7	64·79	34·38	+50·46	229·56
	25	276·67	14·2	1·6	64·84	238·09	+50·55	229·40
Nov.	4	278·02	14·2	1·5	64·90	81·85	+50·67	229·19
	14	279·27	14·2	1·4	64·95	285·65	+50·84	228·93
	24	280·37	14·2	1·2	65·01	129·50	+51·03	228·63
Dec.	4	281·29	14·2	0·9	65·06	333·38	+51·25	228·29
	14	282·00	14·2	0·7	65·12	177·30	+51·50	227·92
	24	282·49	14·2	0·4	65·17	21·24	+51·75	227·52
	34	282·74	14·2	0·1	65·23	225·21	+52·02	227·12
Dec.	44	282·74	14·2	0·2	65·28	69·19	+52·29	226·70

BRIGHT MINOR PLANETS, 2015

OSCULATING ELEMENTS
FOR EPOCH 2015 JUNE 27·0 TT, ECLIPTIC AND EQUINOX J2000·0

No.	Name	Magnitude Parameters H	G	Mean Diameter	Inclination i	Long. of Asc. Node Ω	Argument of Perihelion ω	Semi-major Axis a	Daily Motion n	Eccentricity e	Mean Anomaly M
				km	°	°	°	au	°/d		°
(2)	Pallas	4·13	0·11	524	34·840	173·092	309·966	2·7720	0·21356	0·2312	120·919
(3)	Juno	5·33	0·32	274	12·987	169·860	248·399	2·6711	0·22577	0·2558	78·216
(4)	Vesta	3·20	0·32	512	7·140	103·850	151·189	2·3619	0·27152	0·0888	75·173
(5)	Astraea	6·85	0·15	120	5·369	141·596	358·969	2·5735	0·23874	0·1912	307·899
(6)	Hebe	5·71	0·24	190	14·748	138·703	239·486	2·4260	0·26083	0·2015	81·318
(7)	Iris	5·51	0·15	211	5·522	259·586	145·410	2·3858	0·26746	0·2311	125·692
(8)	Flora	6·49	0·28	138	5·887	110·914	285·431	2·2016	0·30172	0·1567	132·186
(9)	Metis	6·28	0·17	209	5·574	68·940	5·874	2·3866	0·26733	0·1222	263·142
(10)	Hygiea	5·43	0·15	444	3·838	283·412	312·104	3·1421	0·17696	0·1147	264·464
(11)	Parthenope	6·55	0·15	153	4·630	125·567	196·039	2·4523	0·25665	0·1002	279·155
(12)	Victoria	7·24	0·22	113	8·369	235·486	69·507	2·3332	0·27655	0·2212	106·488
(13)	Egeria	6·74	0·15	208	16·537	43·243	80·216	2·5771	0·23823	0·0837	214·297
(14)	Irene	6·30	0·15	180	9·118	86·153	98·026	2·5864	0·23696	0·1662	192·917
(15)	Eunomia	5·28	0·23	320	11·738	293·186	97·539	2·6439	0·22926	0·1874	323·387
(16)	Psyche	5·90	0·20	239	3·099	150·276	227·113	2·9222	0·19731	0·1362	14·115
(17)	Thetis	7·76	0·15	90	5·591	125·567	136·004	2·4708	0·25377	0·1324	308·277
(18)	Melpomene	6·51	0·25	138	10·134	150·471	227·906	2·2950	0·28348	0·2189	230·517
(19)	Fortuna	7·13	0·10	225	1·574	211·155	182·233	2·4414	0·25837	0·1589	195·518
(20)	Massalia	6·50	0·25	145	0·708	206·132	256·586	2·4085	0·26369	0·1428	108·803
(21)	Lutetia	7·35	0·11	98	3·064	80·884	250·117	2·4349	0·25941	0·1646	340·947
(22)	Kalliope	6·45	0·21	181	13·715	66·075	354·885	2·9108	0·19847	0·0996	280·031
(23)	Thalia	6·95	0·15	108	10·114	66·874	60·797	2·6256	0·23166	0·2357	11·217
(24)	Themis	7·08	0·19	175	0·752	35·921	106·770	3·1356	0·17751	0·1258	107·087
(25)	Phocaea	7·83	0·15	75	21·589	214·211	90·079	2·3999	0·26511	0·2553	162·044
(26)	Proserpina	7·50	0·15	95	3·564	45·785	194·202	2·6546	0·22788	0·0905	145·957
(27)	Euterpe	7·00	0·15	118	1·584	94·798	356·584	2·3467	0·27416	0·1722	311·343
(28)	Bellona	7·09	0·15	121	9·433	144·324	344·630	2·7754	0·21317	0·1516	334·503
(29)	Amphitrite	5·85	0·20	212	6·090	356·420	61·961	2·5550	0·24134	0·0720	307·753
(30)	Urania	7·57	0·15	100	2·098	307·630	86·734	2·3653	0·27094	0·1266	10·460
(31)	Euphrosyne	6·74	0·15	256	26·303	31·134	61·452	3·1557	0·17582	0·2218	201·056
(32)	Pomona	7·56	0·15	81	5·524	220·455	338·989	2·5877	0·23677	0·0802	61·020
(37)	Fides	7·29	0·24	108	3·073	7·296	62·974	2·6428	0·22941	0·1736	20·233
(39)	Laetitia	6·10	0·15	150	10·381	157·114	208·274	2·7686	0·21395	0·1138	2·955
(40)	Harmonia	7·00	0·15	108	4·258	94·237	268·629	2·2669	0·28878	0·0466	64·458
(41)	Daphne	7·12	0·10	187	15·796	178·091	45·974	2·7598	0·21497	0·2755	193·316
(42)	Isis	7·53	0·15	100	8·513	84·270	237·038	2·4442	0·25794	0·2219	202·169
(43)	Ariadne	7·93	0·11	66	3·470	264·865	16·317	2·2031	0·30140	0·1688	75·906
(44)	Nysa	7·03	0·46	71	3·707	131·559	343·284	2·4229	0·26133	0·1486	76·950
(45)	Eugenia	7·46	0·07	215	6·604	147·678	88·705	2·7209	0·21961	0·0834	90·282
(48)	Doris	6·90	0·15	222	6·547	183·574	253·599	3·1101	0·17970	0·0733	177·390
(51)	Nemausa	7·35	0·08	158	9·980	176·022	2·204	2·3654	0·27092	0·0669	77·192
(52)	Europa	6·31	0·18	302	7·483	128·728	344·355	3·0946	0·18105	0·1078	342·966
(54)	Alexandra	7·66	0·15	166	11·802	313·335	345·232	2·7102	0·22091	0·1983	68·762
(60)	Echo	8·21	0·27	60	3·601	191·603	270·947	2·3931	0·26623	0·1835	195·986
(63)	Ausonia	7·55	0·25	103	5·780	337·768	296·004	2·3946	0·26599	0·1277	127·211
(64)	Angelina	7·67	0·48	56	1·310	309·149	178·711	2·6808	0·22454	0·1265	84·547
(65)	Cybele	6·62	0·01	230	3·563	155·636	102·362	3·4289	0·15523	0·1108	43·932

OSCULATING ELEMENTS
FOR EPOCH 2015 JUNE 27·0 TT, ECLIPTIC AND EQUINOX J2000·0

No.	Name	Magnitude Parameters H	G	Mean Diameter	Inclination i	Long. of Asc. Node Ω	Argument of Perihelion ω	Semimajor Axis a	Daily Motion n	Eccentricity e	Mean Anomaly M
				km	°	°	°	au	°/d		°
(67)	Asia	8·28	0·15	58	6·030	202·446	107·139	2·4215	0·26156	0·1848	272·190
(68)	Leto	6·78	0·05	123	7·971	44·132	304·882	2·7815	0·21247	0·1872	323·683
(69)	Hesperia	7·05	0·19	138	8·589	185·000	289·705	2·9778	0·19180	0·1708	31·746
(71)	Niobe	7·30	0·40	83	23·266	316·038	266·667	2·7567	0·21533	0·1736	322·852
(79)	Eurynome	7·96	0·25	66	4·617	206·629	200·845	2·4445	0·25788	0·1914	228·225
(80)	Sappho	7·98	0·15	79	8·665	218·774	139·134	2·2955	0·28339	0·2000	61·220
(85)	Io	7·61	0·15	164	11·961	203·124	123·154	2·6525	0·22816	0·1938	261·138
(87)	Sylvia	6·94	0·15	261	10·878	73·058	263·673	3·4795	0·15186	0·0920	240·225
(88)	Thisbe	7·04	0·14	232	5·215	276·679	35·898	2·7673	0·21410	0·1642	109·891
(89)	Julia	6·60	0·15	151	16·134	311·598	45·294	2·5524	0·24170	0·1833	158·766
(92)	Undina	6·61	0·15	126	9·930	101·593	239·632	3·1871	0·17322	0·1038	296·723
(94)	Aurora	7·57	0·15	204	7·968	2·620	61·047	3·1618	0·17531	0·0904	62·529
(97)	Klotho	7·63	0·15	83	11·784	159·707	268·586	2·6702	0·22589	0·2545	354·832
(103)	Hera	7·66	0·15	91	5·420	136·188	188·553	2·7018	0·22193	0·0813	44·346
(107)	Camilla	7·08	0·08	223	10·003	172·617	306·798	3·4879	0·15130	0·0665	114·690
(115)	Thyra	7·51	0·12	80	11·600	308·912	96·784	2·3796	0·26850	0·1917	1·191
(121)	Hermione	7·31	0·15	209	7·596	73·134	298·349	3·4491	0·15387	0·1339	2·888
(128)	Nemesis	7·49	0·15	188	6·242	76·324	303·764	2·7525	0·21583	0·1255	129·346
(129)	Antigone	7·07	0·33	138	12·263	135·705	111·050	2·8698	0·20273	0·2112	16·316
(135)	Hertha	8·23	0·15	79	2·306	343·658	340·308	2·4280	0·26052	0·2078	333·150
(185)	Eunike	7·62	0·15	158	23·238	153·841	224·136	2·7376	0·21760	0·1293	240·339
(192)	Nausikaa	7·13	0·03	95	6·814	343·249	30·045	2·4029	0·26461	0·2460	348·497
(194)	Prokne	7·68	0·15	169	18·509	159·317	163·273	2·6154	0·23302	0·2380	309·063
(196)	Philomela	6·54	0·15	136	7·258	72·519	197·658	3·1137	0·17938	0·0192	202·827
(216)	Kleopatra	7·30	0·29	118	13·107	215·366	180·226	2·7948	0·21095	0·2500	134·995
(230)	Athamantis	7·35	0·27	109	9·443	239·906	138·969	2·3821	0·26808	0·0614	9·089
(270)	Anahita	8·75	0·15	51	2·368	254·486	80·182	2·1980	0·30246	0·1506	98·581
(287)	Nephthys	8·30	0·22	68	10·034	142·383	121·057	2·3530	0·27307	0·0232	16·504
(324)	Bamberga	6·82	0·09	228	11·109	327·923	44·181	2·6859	0·22391	0·3382	135·812
(346)	Hermentaria	7·13	0·15	107	8·753	92·090	291·620	2·7987	0·21051	0·0996	104·851
(349)	Dembowska	5·93	0·37	140	8·247	32·359	346·415	2·9229	0·19724	0·0915	227·823
(354)	Eleonora	6·44	0·37	155	18·403	140·372	5·532	2·7980	0·21059	0·1150	39·482
(372)	Palma	7·20	0·15	189	23·830	327·370	115·608	3·1506	0·17625	0·2599	205·276
(387)	Aquitania	7·41	0·15	101	18·133	128·298	157·261	2·7386	0·21747	0·2366	157·047
(389)	Industria	7·88	0·15	79	8·124	282·368	265·734	2·6073	0·23411	0·0677	254·492
(409)	Aspasia	7·62	0·29	162	11·262	242·194	353·859	2·5752	0·23850	0·0731	164·799
(423)	Diotima	7·24	0·15	209	11·233	69·486	200·768	3·0661	0·18358	0·0387	163·379
(433)	Eros	11·16	0·46	16	10·829	304·332	178·813	1·4579	0·55991	0·2227	343·368
(451)	Patientia	6·65	0·19	225	15·239	89·259	337·183	3·0608	0·18405	0·0758	205·572
(471)	Papagena	6·73	0·37	134	14·976	84·003	314·127	2·8887	0·20074	0·2318	326·366
(511)	Davida	6·22	0·16	326	15·940	107·616	337·767	3·1636	0·17516	0·1883	88·356
(532)	Herculina	5·81	0·26	207	16·316	107·558	76·000	2·7725	0·21350	0·1757	45·757
(654)	Zelinda	8·52	0·15	127	18·127	278·474	214·020	2·2967	0·28316	0·2313	298·635
(702)	Alauda	7·25	0·15	195	20·611	289·933	351·088	3·1921	0·17282	0·0198	171·812
(704)	Interamnia	5·94	−0·02	329	17·309	280·299	95·298	3·0570	0·18440	0·1543	202·242

BRIGHT MINOR PLANETS, 2015

AT OPPOSITION

Name		Date	Mag.	Dec.	Name		Date	Mag.	Dec.
				° ′					° ′
(94)	Aurora	Jan. 2	11·7	+34 41	(92)	Undina	June 16	10·8	−19 06
(346)	Hermentaria	Jan. 3	10·6	+25 21	(32)	Pomona	June 18	10·7	−16 41
(69)	Hesperia	Jan. 16	10·3	+07 51	(451)	Patientia	June 19	11·1	−22 40
(3)	**Juno**	**Jan. 29**	**8·1**	**+03 34**	(129)	Antigone	June 23	9·8	−08 10
(42)	Isis	Jan. 31	11·7	+26 21	(372)	Palma	July 4	13·0	−46 11
(128)	Nemesis	Feb. 1	11·4	+24 47	(287)	Nephthys	July 6	11·1	−11 32
(71)	Niobe	Feb. 4	10·6	+16 39	(31)	Euphrosyne	July 9	12·6	−56 09
(89)	Julia	Feb. 5	10·4	+13 49	(135)	Hertha	July 11	9·9	−25 54
(8)	**Flora**	**Feb. 15**	**9·1**	**+18 22**	(60)	Echo	July 21	11·9	−15 07
(324)	Bamberga	Feb. 19	11·1	+10 26	(68)	Leto	July 30	9·8	−31 51
(354)	Eleonora	Mar. 5	9·6	+17 48	**(65)**	**Cybele**	**Aug. 13**	**11·0**	**−13 23**
(7)	**Iris**	**Mar. 6**	**8·9**	**−02 37**	(21)	Lutetia	Aug. 15	9·3	−19 04
(17)	Thetis	Mar. 7	10·8	+11 00	**(9)**	**Metis**	**Sept. 6**	**9·2**	**−15 31**
(216)	Kleopatra	Mar. 13	11·9	−08 59	(22)	Kalliope	Sept. 8	10·5	−25 01
(511)	**Davida**	**Mar. 18**	**10·8**	**+21 09**	(13)	Egeria	Sept. 13	10·7	−22 46
(67)	Asia	Mar. 19	11·7	−03 04	(45)	Eugenia	Sept. 16	11·2	−06 42
(44)	Nysa	Mar. 22	9·4	+04 01	**(4)**	**Vesta**	**Sept. 29**	**6·2**	**−08 46**
(85)	Io	Mar. 31	11·6	−07 56	**(15)**	**Eunomia**	**Oct. 3**	**7·9**	**+23 02**
(87)	Sylvia	Apr. 8	12·3	+04 08	(471)	Papagena	Oct. 13	9·5	−14 33
(704)	**Interamnia**	**Apr. 12**	**11·3**	**−30 20**	(29)	Amphitrite	Oct. 25	8·7	+17 43
(20)	Massalia	Apr. 20	9·3	−11 24	(14)	Irene	Oct. 29	10·4	+03 33
(64)	Angelina	Apr. 22	10·9	−14 13	(121)	Hermione	Nov. 4	11·5	+09 49
(19)	Fortuna	Apr. 23	10·7	−12 21	(39)	Laetitia	Nov. 7	9·5	+01 07
(11)	Parthenope	Apr. 23	9·7	−05 23	(103)	Hera	Nov. 11	11·2	+09 13
(18)	Melpomene	May 2	10·3	−00 53	(43)	Ariadne	Nov. 18	10·8	+22 02
(349)	Dembowska	May 12	10·2	−22 02	(192)	Nausikaa	Nov. 20	9·0	+32 49
(194)	Prokne	May 15	11·2	+10 03	(26)	Proserpina	Nov. 22	11·3	+21 27
(107)	Camilla	May 15	12·3	−06 59	(54)	Alexandra	Nov. 24	11·9	+36 59
(532)	Herculina	May 17	9·1	+01 45	(41)	Daphne	Dec. 5	12·2	+01 06
(185)	Eunike	May 20	12·3	+13 24	(409)	Aspasia	Dec. 9	11·2	+18 20
(48)	Doris	June 1	11·6	−13 31	**(16)**	**Psyche**	**Dec. 9**	**9·4**	**+18 09**
(51)	Nemausa	June 9	10·4	−05 37	(230)	Athamantis	Dec. 11	10·0	+17 41
(79)	Eurynome	June 9	11·7	−17 18	(63)	Ausonia	Dec. 22	11·2	+31 52
(24)	Themis	June 11	11·5	−23 52	(27)	Euterpe	Dec. 25	8·4	+23 18
(2)	**Pallas**	**June 12**	**9·4**	**+25 32**					

AT OPPOSITION IN EARLY 2016

Name		Date	Mag.	Dec.	Name		Date	Mag.	Dec.
(423)	Diotima	Jan. 8	11·8	+32 15	(52)	Europa	Feb. 13	10·0	+16 23
(88)	Thisbe	Jan. 13	11·4	+19 28	(5)	Astraea	Feb. 15	8·7	+13 31
(12)	Victoria	Jan. 13	11·2	+10 48	(270)	Anahita	Feb. 16	11·9	+09 02
(30)	Urania	Jan. 14	10·0	+22 17	(196)	Philomela	Feb. 23	11·0	+19 33
(387)	Aquitania	Jan. 21	12·1	+16 25	(25)	Phocaea	Feb. 24	12·2	−16 33
(115)	Thyra	Jan. 25	9·8	+20 22	(28)	Bellona	Mar. 7	10·1	+10 40
(389)	Industria	Jan. 26	11·1	+13 40	(37)	Fides	Mar. 9	10·6	+05 31
(702)	Alauda	Jan. 28	11·9	+09 05	(10)	Hygiea	Mar. 16	9·4	−03 25
(654)	Zelinda	Feb. 2	10·1	−05 25	(6)	Hebe	Mar. 17	9·8	+14 03
(40)	Harmonia	Feb. 5	9·7	+20 42	(23)	Thalia	May 22	10·4	−19 14
(80)	Sappho	Feb. 9	11·6	+01 54	(433)	Eros	Aug. 22	12·0	−01 24
(97)	Klotho	Feb. 10	10·4	+08 07					

Daily ephemerides of minor planets printed in **bold** are given in this section

GEOCENTRIC POSITIONS FOR 0ʰ TERRESTRIAL TIME

Date	Astrometric R.A.	Dec.	Vis. Mag.	Ephemeris Transit	Date	Astrometric R.A.	Dec.	Vis. Mag.	Ephemeris Transit
	h m s	° ′ ″		h m		h m s	° ′ ″		h m
2015 Apr. 14	18 00 15·8	+17 36 15	9·6	4 32·8	2015 June 12	17 32 31·5	+25 32 50	9·4	0 13·1
15	18 00 23·5	+17 48 33	9·6	4 29·0	13	17 31 40·0	+25 33 24	9·4	0 08·3
16	18 00 29·8	+18 00 48	9·6	4 25·2	14	17 30 48·4	+25 33 38	9·4	0 03·5
17	18 00 34·7	+18 13 02	9·6	4 21·3	15	17 29 56·9	+25 33 34	9·4	23 54·0
18	18 00 38·2	+18 25 13	9·6	4 17·4	16	17 29 05·5	+25 33 10	9·4	23 49·2
Apr. 19	18 00 40·3	+18 37 21	9·6	4 13·5	17	17 28 14·2	+25 32 27	9·4	23 44·4
20	18 00 40·9	+18 49 26	9·6	4 09·6	18	17 27 23·1	+25 31 26	9·4	23 39·6
21	18 00 40·2	+19 01 27	9·6	4 05·7	19	17 26 32·3	+25 30 05	9·4	23 34·9
22	18 00 38·1	+19 13 24	9·6	4 01·7	20	17 25 41·8	+25 28 26	9·4	23 30·1
23	18 00 34·5	+19 25 17	9·6	3 57·7	21	17 24 51·6	+25 26 28	9·4	23 25·4
24	18 00 29·6	+19 37 05	9·6	3 53·7	22	17 24 01·8	+25 24 12	9·4	23 20·6
25	18 00 23·3	+19 48 47	9·6	3 49·6	23	17 23 12·4	+25 21 38	9·4	23 15·9
26	18 00 15·5	+20 00 25	9·5	3 45·6	24	17 22 23·5	+25 18 45	9·4	23 11·1
27	18 00 06·4	+20 11 56	9·5	3 41·5	25	17 21 35·2	+25 15 35	9·4	23 06·4
28	17 59 55·9	+20 23 21	9·5	3 37·4	26	17 20 47·4	+25 12 07	9·4	23 01·7
29	17 59 44·0	+20 34 40	9·5	3 33·2	27	17 20 00·2	+25 08 21	9·4	22 57·0
30	17 59 30·7	+20 45 52	9·5	3 29·1	28	17 19 13·6	+25 04 19	9·5	22 52·3
May 1	17 59 16·1	+20 56 56	9·5	3 24·9	29	17 18 27·7	+24 59 59	9·5	22 47·6
2	17 59 00·0	+21 07 53	9·5	3 20·7	30	17 17 42·6	+24 55 23	9·5	22 43·0
3	17 58 42·7	+21 18 42	9·5	3 16·5	July 1	17 16 58·1	+24 50 30	9·5	22 38·3
4	17 58 24·0	+21 29 22	9·5	3 12·2	2	17 16 14·5	+24 45 22	9·5	22 33·7
5	17 58 03·9	+21 39 54	9·5	3 08·0	3	17 15 31·6	+24 39 57	9·5	22 29·0
6	17 57 42·5	+21 50 16	9·5	3 03·7	4	17 14 49·7	+24 34 17	9·5	22 24·4
7	17 57 19·8	+22 00 29	9·5	2 59·4	5	17 14 08·5	+24 28 21	9·5	22 19·8
8	17 56 55·8	+22 10 32	9·5	2 55·0	6	17 13 28·3	+24 22 11	9·5	22 15·2
9	17 56 30·5	+22 20 25	9·5	2 50·7	7	17 12 49·0	+24 15 45	9·5	22 10·7
10	17 56 04·0	+22 30 07	9·5	2 46·3	8	17 12 10·6	+24 09 06	9·5	22 06·1
11	17 55 36·1	+22 39 39	9·4	2 41·9	9	17 11 33·3	+24 02 12	9·5	22 01·6
12	17 55 07·1	+22 48 58	9·4	2 37·5	10	17 10 56·9	+23 55 04	9·6	21 57·1
13	17 54 36·8	+22 58 06	9·4	2 33·1	11	17 10 21·6	+23 47 43	9·6	21 52·6
14	17 54 05·2	+23 07 01	9·4	2 28·6	12	17 09 47·3	+23 40 09	9·6	21 48·1
15	17 53 32·5	+23 15 44	9·4	2 24·1	13	17 09 14·1	+23 32 22	9·6	21 43·6
16	17 52 58·7	+23 24 14	9·4	2 19·6	14	17 08 42·1	+23 24 22	9·6	21 39·2
17	17 52 23·7	+23 32 30	9·4	2 15·1	15	17 08 11·1	+23 16 11	9·6	21 34·7
18	17 51 47·6	+23 40 33	9·4	2 10·6	16	17 07 41·3	+23 07 47	9·6	21 30·3
19	17 51 10·4	+23 48 21	9·4	2 06·0	17	17 07 12·6	+22 59 13	9·6	21 25·9
20	17 50 32·2	+23 55 55	9·4	2 01·5	18	17 06 45·2	+22 50 27	9·6	21 21·6
21	17 49 53·0	+24 03 14	9·4	1 56·9	19	17 06 18·9	+22 41 30	9·6	21 17·2
22	17 49 12·7	+24 10 18	9·4	1 52·3	20	17 05 53·8	+22 32 24	9·7	21 12·9
23	17 48 31·6	+24 17 06	9·4	1 47·7	21	17 05 30·0	+22 23 07	9·7	21 08·6
24	17 47 49·5	+24 23 38	9·4	1 43·0	22	17 05 07·3	+22 13 41	9·7	21 04·3
25	17 47 06·6	+24 29 55	9·4	1 38·4	23	17 04 46·0	+22 04 06	9·7	21 00·0
26	17 46 22·9	+24 35 55	9·4	1 33·7	24	17 04 25·8	+21 54 22	9·7	20 55·8
27	17 45 38·3	+24 41 38	9·4	1 29·1	25	17 04 06·9	+21 44 29	9·7	20 51·6
28	17 44 53·0	+24 47 04	9·4	1 24·4	26	17 03 49·3	+21 34 29	9·7	20 47·4
29	17 44 07·0	+24 52 14	9·4	1 19·7	27	17 03 32·9	+21 24 21	9·7	20 43·2
30	17 43 20·3	+24 57 06	9·4	1 15·0	28	17 03 17·8	+21 14 05	9·7	20 39·0
31	17 42 33·0	+25 01 40	9·4	1 10·3	29	17 03 04·0	+21 03 43	9·7	20 34·9
June 1	17 41 45·1	+25 05 57	9·4	1 05·5	30	17 02 51·4	+20 53 14	9·8	20 30·7
2	17 40 56·6	+25 09 56	9·4	1 00·8	31	17 02 40·0	+20 42 39	9·8	20 26·6
3	17 40 07·7	+25 13 37	9·4	0 56·1	Aug. 1	17 02 30·0	+20 31 57	9·8	20 22·6
4	17 39 18·3	+25 17 00	9·4	0 51·3	2	17 02 21·2	+20 21 11	9·8	20 18·5
5	17 38 28·4	+25 20 04	9·4	0 46·6	3	17 02 13·6	+20 10 18	9·8	20 14·5
6	17 37 38·2	+25 22 50	9·4	0 41·8	4	17 02 07·3	+19 59 21	9·8	20 10·5
7	17 36 47·6	+25 25 17	9·4	0 37·0	5	17 02 02·3	+19 48 19	9·8	20 06·5
8	17 35 56·8	+25 27 25	9·4	0 32·2	6	17 01 58·5	+19 37 12	9·8	20 02·5
9	17 35 05·7	+25 29 15	9·4	0 27·5	7	17 01 56·0	+19 26 01	9·8	19 58·5
10	17 34 14·5	+25 30 46	9·4	0 22·7	Aug. 8	17 01 54·7	+19 14 47	9·9	19 54·6
11	17 33 23·0	+25 31 57	9·4	0 17·9	9	17 01 54·7	+19 03 28	9·9	19 50·7
June 12	17 32 31·5	+25 32 50	9·4	0 13·1	Aug. 10	17 01 55·8	+18 52 07	9·9	19 46·8

Second transit for Pallas 2015 June 14ᵈ 23ʰ 58ᵐ8

JUNO, 2015

GEOCENTRIC POSITIONS FOR 0ʰ TERRESTRIAL TIME

Date	Astrometric R.A.	Dec.	Vis. Mag.	Ephemeris Transit	Date	Astrometric R.A.	Dec.	Vis. Mag.	Ephemeris Transit
	h m s	° ′ ″		h m		h m s	° ′ ″		h m
2014 Dec. 1	8 56 06·1	+ 1 21 55	8·9	4 17·2	**2015 Jan. 29**	8 32 58·4	+ 3 28 31	8·1	0 02·1
2	8 56 30·7	+ 1 17 12	8·9	4 13·6	**30**	8 32 06·1	+ 3 37 54	8·1	23 52·5
3	8 56 53·6	+ 1 12 40	8·9	4 10·1	**31**	8 31 14·1	+ 3 47 25	8·2	23 47·7
4	8 57 14·7	+ 1 08 17	8·9	4 06·5	**Feb. 1**	8 30 22·6	+ 3 57 04	8·2	23 42·9
5	8 57 33·9	+ 1 04 05	8·9	4 02·9	**2**	8 29 31·6	+ 4 06 51	8·2	23 38·1
6	8 57 51·4	+ 1 00 04	8·9	3 59·2	**3**	8 28 41·1	+ 4 16 44	8·2	23 33·4
7	8 58 07·1	+ 0 56 15	8·8	3 55·5	**4**	8 27 51·4	+ 4 26 43	8·2	23 28·6
8	8 58 20·9	+ 0 52 37	8·8	3 51·8	**5**	8 27 02·3	+ 4 36 48	8·2	23 23·9
9	8 58 32·8	+ 0 49 10	8·8	3 48·1	**6**	8 26 14·1	+ 4 46 58	8·2	23 19·2
10	8 58 42·9	+ 0 45 56	8·8	3 44·3	**7**	8 25 26·7	+ 4 57 12	8·2	23 14·5
11	8 58 51·2	+ 0 42 55	8·8	3 40·5	**8**	8 24 40·2	+ 5 07 30	8·3	23 09·8
12	8 58 57·5	+ 0 40 06	8·8	3 36·7	**9**	8 23 54·7	+ 5 17 51	8·3	23 05·1
13	8 59 02·0	+ 0 37 30	8·8	3 32·8	**10**	8 23 10·2	+ 5 28 15	8·3	23 00·5
Dec. 14	8 59 04·6	+ 0 35 07	8·7	3 28·9	**11**	8 22 26·9	+ 5 38 40	8·3	22 55·9
15	8 59 05·3	+ 0 32 58	8·7	3 25·0	**12**	8 21 44·7	+ 5 49 07	8·4	22 51·3
16	8 59 04·0	+ 0 31 03	8·7	3 21·1	**13**	8 21 03·7	+ 5 59 35	8·4	22 46·7
17	8 59 00·9	+ 0 29 22	8·7	3 17·1	**14**	8 20 24·0	+ 6 10 03	8·4	22 42·1
18	8 58 55·9	+ 0 27 55	8·7	3 13·1	**15**	8 19 45·7	+ 6 20 31	8·4	22 37·6
19	8 58 48·9	+ 0 26 44	8·7	3 09·0	**16**	8 19 08·7	+ 6 30 58	8·4	22 33·0
20	8 58 40·1	+ 0 25 47	8·6	3 04·9	**17**	8 18 33·1	+ 6 41 23	8·5	22 28·5
21	8 58 29·4	+ 0 25 05	8·6	3 00·8	**18**	8 17 58·9	+ 6 51 47	8·5	22 24·1
22	8 58 16·8	+ 0 24 39	8·6	2 56·7	**19**	8 17 26·3	+ 7 02 08	8·5	22 19·6
23	8 58 02·4	+ 0 24 29	8·6	2 52·5	**20**	8 16 55·2	+ 7 12 27	8·5	22 15·2
24	8 57 46·1	+ 0 24 35	8·6	2 48·3	**21**	8 16 25·7	+ 7 22 42	8·6	22 10·8
25	8 57 28·0	+ 0 24 56	8·6	2 44·0	**22**	8 15 57·8	+ 7 32 54	8·6	22 06·4
26	8 57 08·0	+ 0 25 35	8·5	2 39·8	**23**	8 15 31·6	+ 7 43 01	8·6	22 02·1
27	8 56 46·3	+ 0 26 29	8·5	2 35·5	**24**	8 15 07·0	+ 7 53 04	8·6	21 57·8
28	8 56 22·9	+ 0 27 40	8·5	2 31·2	**25**	8 14 44·1	+ 8 03 01	8·7	21 53·5
29	8 55 57·7	+ 0 29 08	8·5	2 26·8	**26**	8 14 22·9	+ 8 12 53	8·7	21 49·2
30	8 55 30·9	+ 0 30 52	8·5	2 22·4	**27**	8 14 03·4	+ 8 22 40	8·7	21 45·0
31	8 55 02·4	+ 0 32 54	8·5	2 18·0	**28**	8 13 45·7	+ 8 32 20	8·8	21 40·8
2015 Jan. 1	8 54 32·2	+ 0 35 12	8·5	2 13·6	**Mar. 1**	8 13 29·7	+ 8 41 54	8·8	21 36·6
2	8 54 00·5	+ 0 37 48	8·4	2 09·1	**2**	8 13 15·4	+ 8 51 22	8·8	21 32·5
3	8 53 27·3	+ 0 40 40	8·4	2 04·7	**3**	8 13 02·9	+ 9 00 42	8·8	21 28·4
4	8 52 52·5	+ 0 43 50	8·4	2 00·1	**4**	8 12 52·2	+ 9 09 55	8·9	21 24·3
5	8 52 16·3	+ 0 47 17	8·4	1 55·6	**5**	8 12 43·2	+ 9 19 01	8·9	21 20·2
6	8 51 38·6	+ 0 51 01	8·4	1 51·1	**6**	8 12 36·0	+ 9 28 00	8·9	21 16·2
7	8 50 59·6	+ 0 55 01	8·4	1 46·5	**7**	8 12 30·5	+ 9 36 50	8·9	21 12·2
8	8 50 19·2	+ 0 59 19	8·3	1 41·9	**8**	8 12 26·8	+ 9 45 32	9·0	21 08·3
9	8 49 37·6	+ 1 03 54	8·3	1 37·2	**Mar. 9**	8 12 24·8	+ 9 54 06	9·0	21 04·3
10	8 48 54·7	+ 1 08 45	8·3	1 32·6	**10**	8 12 24·5	+10 02 32	9·0	21 00·4
11	8 48 10·7	+ 1 13 54	8·3	1 27·9	**11**	8 12 26·0	+10 10 49	9·0	20 56·5
12	8 47 25·5	+ 1 19 18	8·3	1 23·3	**12**	8 12 29·2	+10 18 58	9·1	20 52·7
13	8 46 39·4	+ 1 24 59	8·3	1 18·6	**13**	8 12 34·1	+10 26 57	9·1	20 48·8
14	8 45 52·2	+ 1 30 56	8·3	1 13·9	**14**	8 12 40·8	+10 34 48	9·1	20 45·0
15	8 45 04·1	+ 1 37 09	8·2	1 09·1	**15**	8 12 49·1	+10 42 30	9·1	20 41·3
16	8 44 15·2	+ 1 43 37	8·2	1 04·4	**16**	8 12 59·1	+10 50 02	9·2	20 37·5
17	8 43 25·5	+ 1 50 21	8·2	0 59·6	**17**	8 13 10·8	+10 57 25	9·2	20 33·8
18	8 42 35·2	+ 1 57 20	8·2	0 54·9	**18**	8 13 24·1	+11 04 39	9·2	20 30·1
19	8 41 44·2	+ 2 04 33	8·2	0 50·1	**19**	8 13 39·1	+11 11 43	9·2	20 26·5
20	8 40 52·6	+ 2 12 01	8·2	0 45·3	**20**	8 13 55·8	+11 18 38	9·3	20 22·8
21	8 40 00·6	+ 2 19 42	8·2	0 40·5	**21**	8 14 14·0	+11 25 24	9·3	20 19·2
22	8 39 08·3	+ 2 27 37	8·2	0 35·7	**22**	8 14 33·9	+11 32 00	9·3	20 15·7
23	8 38 15·6	+ 2 35 44	8·2	0 30·9	**23**	8 14 55·3	+11 38 26	9·3	20 12·1
24	8 37 22·8	+ 2 44 04	8·2	0 26·1	**24**	8 15 18·3	+11 44 42	9·3	20 08·6
25	8 36 29·8	+ 2 52 36	8·2	0 21·3	**25**	8 15 42·9	+11 50 49	9·4	20 05·1
26	8 35 36·8	+ 3 01 19	8·1	0 16·5	**26**	8 16 09·0	+11 56 46	9·4	20 01·6
27	8 34 43·8	+ 3 10 13	8·1	0 11·7	**27**	8 16 36·5	+12 02 33	9·4	19 58·1
28	8 33 51·0	+ 3 19 17	8·1	0 06·9	**28**	8 17 05·6	+12 08 11	9·4	19 54·7
Jan. 29	8 32 58·4	+ 3 28 31	8·1	0 02·1	**Mar. 29**	8 17 36·1	+12 13 39	9·5	19 51·3

Second transit for Juno 2015 January 29ᵈ 23ʰ 57ᵐ3

GEOCENTRIC POSITIONS FOR 0ʰ TERRESTRIAL TIME

Date	Astrometric R.A.	Dec.	Vis. Mag.	Ephemeris Transit	Date	Astrometric R.A.	Dec.	Vis. Mag.	Ephemeris Transit
	h m s	° ′ ″		h m		h m s	° ′ ″		h m
2015 Aug. 1	1 00 33·2	− 3 08 05	7·1	4 23·6	2015 Sept. 29	0 39 18·2	− 8 50 20	6·2	0 10·3
2	1 00 57·3	− 3 10 17	7·1	4 20·0	30	0 38 22·5	− 8 56 27	6·2	0 05·5
3	1 01 19·9	− 3 12 40	7·1	4 16·5	Oct. 1	0 37 26·6	− 9 02 25	6·2	0 00·6
4	1 01 41·0	− 3 15 13	7·1	4 12·9	2	0 36 30·7	− 9 08 14	6·2	23 50·9
5	1 02 00·5	− 3 17 56	7·1	4 09·3	3	0 35 34·8	− 9 13 53	6·3	23 46·0
6	1 02 18·5	− 3 20 50	7·1	4 05·6	4	0 34 39·0	− 9 19 22	6·3	23 41·2
7	1 02 34·8	− 3 23 54	7·0	4 02·0	5	0 33 43·4	− 9 24 39	6·3	23 36·3
8	1 02 49·5	− 3 27 09	7·0	3 58·3	6	0 32 48·1	− 9 29 46	6·3	23 31·5
9	1 03 02·6	− 3 30 35	7·0	3 54·5	7	0 31 53·1	− 9 34 41	6·3	23 26·7
10	1 03 14·1	− 3 34 10	7·0	3 50·8	8	0 30 58·5	− 9 39 25	6·3	23 21·8
11	1 03 23·9	− 3 37 56	7·0	3 47·0	9	0 30 04·4	− 9 43 56	6·3	23 17·0
12	1 03 32·0	− 3 41 52	7·0	3 43·2	10	0 29 10·9	− 9 48 15	6·4	23 12·2
13	1 03 38·4	− 3 45 59	6·9	3 39·4	11	0 28 17·9	− 9 52 21	6·4	23 07·4
14	1 03 43·1	− 3 50 15	6·9	3 35·5	12	0 27 25·6	− 9 56 14	6·4	23 02·6
15	1 03 46·1	− 3 54 41	6·9	3 31·7	13	0 26 34·1	− 9 59 54	6·4	22 57·9
Aug. 16	1 03 47·4	− 3 59 18	6·9	3 27·7	14	0 25 43·4	−10 03 20	6·4	22 53·1
17	1 03 46·9	− 4 04 03	6·9	3 23·8	15	0 24 53·6	−10 06 33	6·5	22 48·4
18	1 03 44·7	− 4 08 59	6·9	3 19·8	16	0 24 04·7	−10 09 32	6·5	22 43·6
19	1 03 40·8	− 4 14 03	6·8	3 15·8	17	0 23 16·9	−10 12 17	6·5	22 38·9
20	1 03 35·2	− 4 19 17	6·8	3 11·8	18	0 22 30·1	−10 14 48	6·5	22 34·2
21	1 03 27·8	− 4 24 40	6·8	3 07·7	19	0 21 44·3	−10 17 05	6·6	22 29·6
22	1 03 18·7	− 4 30 12	6·8	3 03·7	20	0 20 59·8	−10 19 07	6·6	22 24·9
23	1 03 07·9	− 4 35 52	6·8	2 59·5	21	0 20 16·4	−10 20 55	6·6	22 20·3
24	1 02 55·3	− 4 41 40	6·7	2 55·4	22	0 19 34·3	−10 22 29	6·6	22 15·7
25	1 02 41·0	− 4 47 36	6·7	2 51·2	23	0 18 53·5	−10 23 49	6·6	22 11·1
26	1 02 25·0	− 4 53 40	6·7	2 47·0	24	0 18 14·0	−10 24 54	6·7	22 06·5
27	1 02 07·3	− 4 59 52	6·7	2 42·8	25	0 17 35·9	−10 25 45	6·7	22 02·0
28	1 01 47·9	− 5 06 11	6·7	2 38·5	26	0 16 59·2	−10 26 22	6·7	21 57·5
29	1 01 26·8	− 5 12 37	6·7	2 34·3	27	0 16 23·9	−10 26 45	6·7	21 53·0
30	1 01 04·1	− 5 19 09	6·6	2 29·9	28	0 15 50·0	−10 26 54	6·8	21 48·5
31	1 00 39·7	− 5 25 47	6·6	2 25·6	29	0 15 17·6	−10 26 49	6·8	21 44·0
Sept. 1	1 00 13·6	− 5 32 32	6·6	2 21·2	30	0 14 46·7	−10 26 30	6·8	21 39·6
2	0 59 45·9	− 5 39 22	6·6	2 16·8	31	0 14 17·3	−10 25 57	6·8	21 35·2
3	0 59 16·6	− 5 46 17	6·6	2 12·4	Nov. 1	0 13 49·5	−10 25 11	6·8	21 30·9
4	0 58 45·8	− 5 53 18	6·6	2 08·0	2	0 13 23·2	−10 24 11	6·9	21 26·5
5	0 58 13·3	− 6 00 22	6·5	2 03·5	3	0 12 58·5	−10 22 58	6·9	21 22·2
6	0 57 39·3	− 6 07 31	6·5	1 59·0	4	0 12 35·3	−10 21 32	6·9	21 17·9
7	0 57 03·8	− 6 14 43	6·5	1 54·5	5	0 12 13·8	−10 19 52	6·9	21 13·6
8	0 56 26·9	− 6 21 58	6·5	1 49·9	6	0 11 53·9	−10 18 00	7·0	21 09·4
9	0 55 48·4	− 6 29 16	6·5	1 45·4	7	0 11 35·6	−10 15 55	7·0	21 05·2
10	0 55 08·6	− 6 36 35	6·4	1 40·8	8	0 11 18·9	−10 13 37	7·0	21 01·0
11	0 54 27·5	− 6 43 57	6·4	1 36·2	9	0 11 03·9	−10 11 07	7·0	20 56·8
12	0 53 45·0	− 6 51 19	6·4	1 31·5	10	0 10 50·5	−10 08 24	7·0	20 52·7
13	0 53 01·3	− 6 58 42	6·4	1 26·9	11	0 10 38·8	−10 05 29	7·1	20 48·6
14	0 52 16·3	− 7 06 05	6·4	1 22·2	12	0 10 28·7	−10 02 22	7·1	20 44·5
15	0 51 30·2	− 7 13 27	6·4	1 17·5	13	0 10 20·3	− 9 59 04	7·1	20 40·5
16	0 50 43·0	− 7 20 48	6·3	1 12·8	14	0 10 13·5	− 9 55 34	7·1	20 36·5
17	0 49 54·8	− 7 28 07	6·3	1 08·1	15	0 10 08·4	− 9 51 53	7·1	20 32·5
18	0 49 05·5	− 7 35 24	6·3	1 03·3	16	0 10 04·9	− 9 48 00	7·2	20 28·5
19	0 48 15·4	− 7 42 38	6·3	0 58·5	Nov. 17	0 10 03·0	− 9 43 57	7·2	20 24·6
20	0 47 24·4	− 7 49 49	6·3	0 53·8	18	0 10 02·8	− 9 39 43	7·2	20 20·7
21	0 46 32·6	− 7 56 55	6·3	0 49·0	19	0 10 04·2	− 9 35 18	7·2	20 16·8
22	0 45 40·1	− 8 03 57	6·3	0 44·2	20	0 10 07·1	− 9 30 44	7·2	20 12·9
23	0 44 47·0	− 8 10 54	6·3	0 39·4	21	0 10 11·7	− 9 25 59	7·3	20 09·1
24	0 43 53·2	− 8 17 46	6·2	0 34·5	22	0 10 17·8	− 9 21 04	7·3	20 05·3
25	0 42 59·0	− 8 24 31	6·2	0 29·7	23	0 10 25·5	− 9 16 00	7·3	20 01·5
26	0 42 04·3	− 8 31 09	6·2	0 24·9	24	0 10 34·7	− 9 10 46	7·3	19 57·7
27	0 41 09·2	− 8 37 41	6·2	0 20·0	25	0 10 45·5	− 9 05 23	7·3	19 54·0
28	0 40 13·8	− 8 44 04	6·2	0 15·2	26	0 10 57·7	− 8 59 51	7·4	19 50·3
Sept. 29	0 39 18·2	− 8 50 20	6·2	0 10·3	Nov. 27	0 11 11·5	− 8 54 10	7·4	19 46·6

Second transit for Vesta 2015 October 1ᵈ 23ʰ 55ᵐ8

IRIS, 2015
GEOCENTRIC POSITIONS FOR 0ʰ TERRESTRIAL TIME

Date	Astrometric R.A.	Dec.	Vis. Mag.	Ephemeris Transit	Date	Astrometric R.A.	Dec.	Vis. Mag.	Ephemeris Transit
	h m s	° ′ ″		h m		h m s	° ′ ″		h m
2015 Jan. 6	11 25 11·0	− 3 35 49	9·9	4 24·2	2015 Mar. 6	10 52 59·7	− 2 35 35	8·9	0 00·1
7	11 25 22·1	− 3 40 27	9·8	4 20·5	7	10 52 01·4	− 2 29 27	8·9	23 50·4
8	11 25 31·5	− 3 44 54	9·8	4 16·7	8	10 51 03·5	− 2 23 15	8·9	23 45·5
9	11 25 39·3	− 3 49 12	9·8	4 12·9	9	10 50 06·1	− 2 16 58	8·9	23 40·6
10	11 25 45·5	− 3 53 19	9·8	4 09·1	10	10 49 09·0	− 2 10 39	8·9	23 35·7
11	11 25 50·0	− 3 57 16	9·8	4 05·2	11	10 48 12·5	− 2 04 16	8·9	23 30·9
12	11 25 52·7	− 4 01 01	9·8	4 01·3	12	10 47 16·6	− 1 57 51	8·9	23 26·0
Jan. 13	11 25 53·8	− 4 04 37	9·8	3 57·4	13	10 46 21·4	− 1 51 24	9·0	23 21·2
14	11 25 53·2	− 4 08 01	9·7	3 53·4	14	10 45 26·9	− 1 44 56	9·0	23 16·4
15	11 25 50·9	− 4 11 13	9·7	3 49·5	15	10 44 33·2	− 1 38 26	9·0	23 11·6
16	11 25 46·8	− 4 14 15	9·7	3 45·5	16	10 43 40·3	− 1 31 56	9·0	23 06·8
17	11 25 41·0	− 4 17 05	9·7	3 41·4	17	10 42 48·3	− 1 25 26	9·1	23 02·0
18	11 25 33·4	− 4 19 43	9·7	3 37·4	18	10 41 57·2	− 1 18 56	9·1	22 57·2
19	11 25 24·1	− 4 22 10	9·7	3 33·3	19	10 41 07·2	− 1 12 27	9·1	22 52·5
20	11 25 13·1	− 4 24 24	9·6	3 29·2	20	10 40 18·3	− 1 05 59	9·2	22 47·8
21	11 25 00·3	− 4 26 27	9·6	3 25·0	21	10 39 30·4	− 0 59 33	9·2	22 43·1
22	11 24 45·8	− 4 28 17	9·6	3 20·8	22	10 38 43·7	− 0 53 09	9·2	22 38·4
23	11 24 29·5	− 4 29 55	9·6	3 16·6	23	10 37 58·3	− 0 46 48	9·2	22 33·7
24	11 24 11·5	− 4 31 20	9·6	3 12·4	24	10 37 14·1	− 0 40 30	9·3	22 29·1
25	11 23 51·8	− 4 32 33	9·6	3 08·1	25	10 36 31·2	− 0 34 15	9·3	22 24·4
26	11 23 30·4	− 4 33 34	9·5	3 03·9	26	10 35 49·7	− 0 28 05	9·3	22 19·8
27	11 23 07·4	− 4 34 21	9·5	2 59·5	27	10 35 09·5	− 0 21 58	9·3	22 15·3
28	11 22 42·6	− 4 34 56	9·5	2 55·2	28	10 34 30·7	− 0 15 56	9·4	22 10·7
29	11 22 16·2	− 4 35 18	9·5	2 50·8	29	10 33 53·3	− 0 09 58	9·4	22 06·2
30	11 21 48·1	− 4 35 27	9·5	2 46·4	30	10 33 17·4	− 0 04 06	9·4	22 01·7
31	11 21 18·4	− 4 35 24	9·4	2 42·0	31	10 32 42·9	+ 0 01 40	9·5	21 57·2
Feb. 1	11 20 47·1	− 4 35 07	9·4	2 37·5	Apr. 1	10 32 10·0	+ 0 07 21	9·5	21 52·7
2	11 20 14·3	− 4 34 38	9·4	2 33·1	2	10 31 38·5	+ 0 12 56	9·5	21 48·3
3	11 19 39·9	− 4 33 55	9·4	2 28·6	3	10 31 08·6	+ 0 18 25	9·5	21 43·9
4	11 19 04·0	− 4 33 00	9·4	2 24·0	4	10 30 40·2	+ 0 23 47	9·6	21 39·5
5	11 18 26·5	− 4 31 52	9·3	2 19·5	5	10 30 13·4	+ 0 29 02	9·6	21 35·2
6	11 17 47·6	− 4 30 30	9·3	2 14·9	6	10 29 48·1	+ 0 34 11	9·6	21 30·8
7	11 17 07·3	− 4 28 56	9·3	2 10·3	7	10 29 24·4	+ 0 39 12	9·6	21 26·5
8	11 16 25·6	− 4 27 09	9·3	2 05·7	8	10 29 02·3	+ 0 44 06	9·7	21 22·3
9	11 15 42·5	− 4 25 09	9·3	2 01·0	9	10 28 41·7	+ 0 48 53	9·7	21 18·0
10	11 14 58·0	− 4 22 57	9·3	1 56·4	10	10 28 22·7	+ 0 53 32	9·7	21 13·8
11	11 14 12·3	− 4 20 31	9·2	1 51·7	11	10 28 05·3	+ 0 58 03	9·7	21 09·6
12	11 13 25·4	− 4 17 54	9·2	1 47·0	12	10 27 49·5	+ 1 02 26	9·8	21 05·4
13	11 12 37·3	− 4 15 04	9·2	1 42·2	13	10 27 35·3	+ 1 06 41	9·8	21 01·3
14	11 11 48·0	− 4 12 01	9·2	1 37·5	14	10 27 22·7	+ 1 10 48	9·8	20 57·2
15	11 10 57·6	− 4 08 47	9·2	1 32·7	15	10 27 11·6	+ 1 14 47	9·8	20 53·1
16	11 10 06·2	− 4 05 21	9·1	1 27·9	16	10 27 02·2	+ 1 18 37	9·9	20 49·0
17	11 09 13·9	− 4 01 43	9·1	1 23·1	17	10 26 54·3	+ 1 22 18	9·9	20 45·0
18	11 08 20·6	− 3 57 54	9·1	1 18·3	18	10 26 48·0	+ 1 25 51	9·9	20 41·0
19	11 07 26·4	− 3 53 54	9·1	1 13·5	19	10 26 43·3	+ 1 29 16	9·9	20 37·0
20	11 06 31·5	− 3 49 43	9·1	1 08·6	20	10 26 40·1	+ 1 32 31	10·0	20 33·0
21	11 05 35·9	− 3 45 21	9·0	1 03·8	Apr. 21	10 26 38·5	+ 1 35 38	10·0	20 29·1
22	11 04 39·6	− 3 40 50	9·0	0 58·9	22	10 26 38·4	+ 1 38 36	10·0	20 25·2
23	11 03 42·7	− 3 36 08	9·0	0 54·0	23	10 26 39·9	+ 1 41 25	10·0	20 21·3
24	11 02 45·4	− 3 31 17	9·0	0 49·2	24	10 26 42·8	+ 1 44 05	10·0	20 17·4
25	11 01 47·6	− 3 26 17	9·0	0 44·3	25	10 26 47·3	+ 1 46 37	10·1	20 13·6
26	11 00 49·4	− 3 21 08	8·9	0 39·4	26	10 26 53·3	+ 1 48 59	10·1	20 09·8
27	10 59 51·0	− 3 15 51	8·9	0 34·5	27	10 27 00·7	+ 1 51 12	10·1	20 06·0
28	10 58 52·3	− 3 10 26	8·9	0 29·6	28	10 27 09·6	+ 1 53 17	10·1	20 02·2
Mar. 1	10 57 53·5	− 3 04 54	8·9	0 24·7	29	10 27 19·9	+ 1 55 13	10·2	19 58·5
2	10 56 54·6	− 2 59 14	8·9	0 19·8	30	10 27 31·6	+ 1 56 59	10·2	19 54·7
3	10 55 55·7	− 2 53 28	8·9	0 14·9	May 1	10 27 44·7	+ 1 58 37	10·2	19 51·1
4	10 54 56·9	− 2 47 36	8·9	0 09·9	2	10 27 59·2	+ 2 00 07	10·2	19 47·4
5	10 53 58·2	− 2 41 38	8·9	0 05·0	3	10 28 15·0	+ 2 01 27	10·2	19 43·7
Mar. 6	10 52 59·7	− 2 35 35	8·9	0 00·1	May 4	10 28 32·1	+ 2 02 39	10·3	19 40·1

Second transit for Iris 2015 March 6ᵈ 23ʰ 55ᵐ2

GEOCENTRIC POSITIONS FOR 0ʰ TERRESTRIAL TIME

Date	Astrometric R.A. (h m s)	Astrometric Dec. (° ′ ″)	Vis. Mag.	Ephemeris Transit (h m)	Date	Astrometric R.A. (h m s)	Astrometric Dec. (° ′ ″)	Vis. Mag.	Ephemeris Transit (h m)
2014 Dec. 18	10 26 11·2	+12 25 59	10·2	4 40·2	2015 Feb. 15	10 02 49·6	+18 23 17	9·0	0 24·9
19	10 26 41·3	+12 26 51	10·1	4 36·8	16	10 01 45·9	+18 31 23	9·1	0 19·9
20	10 27 09·5	+12 27 55	10·1	4 33·3	17	10 00 42·2	+18 39 22	9·1	0 14·9
21	10 27 36·0	+12 29 12	10·1	4 29·8	18	9 59 38·5	+18 47 13	9·1	0 09·9
22	10 28 00·6	+12 30 41	10·1	4 26·3	19	9 58 35·0	+18 54 55	9·1	0 04·9
23	10 28 23·4	+12 32 22	10·1	4 22·7	20	9 57 31·8	+19 02 28	9·1	23 55·0
24	10 28 44·3	+12 34 16	10·1	4 19·1	21	9 56 29·0	+19 09 53	9·2	23 50·0
25	10 29 03·4	+12 36 23	10·0	4 15·5	22	9 55 26·6	+19 17 07	9·2	23 45·0
26	10 29 20·5	+12 38 43	10·0	4 11·8	23	9 54 24·8	+19 24 11	9·2	23 40·1
27	10 29 35·7	+12 41 15	10·0	4 08·2	24	9 53 23·6	+19 31 04	9·2	23 35·2
28	10 29 49·0	+12 44 01	10·0	4 04·4	25	9 52 23·2	+19 37 46	9·3	23 30·3
29	10 30 00·3	+12 46 59	10·0	4 00·7	26	9 51 23·6	+19 44 17	9·3	23 25·3
30	10 30 09·7	+12 50 10	9·9	3 56·9	27	9 50 24·9	+19 50 36	9·3	23 20·5
31	10 30 17·1	+12 53 34	9·9	3 53·1	28	9 49 27·2	+19 56 43	9·4	23 15·6
2015 Jan. 1	10 30 22·5	+12 57 11	9·9	3 49·2	Mar. 1	9 48 30·6	+20 02 38	9·4	23 10·7
2	10 30 26·0	+13 01 01	9·9	3 45·4	2	9 47 35·0	+20 08 20	9·4	23 05·9
Jan. 3	10 30 27·4	+13 05 04	9·9	3 41·5	3	9 46 40·7	+20 13 50	9·4	23 01·1
4	10 30 26·8	+13 09 20	9·8	3 37·5	4	9 45 47·6	+20 19 07	9·5	22 56·3
5	10 30 24·2	+13 13 49	9·8	3 33·5	5	9 44 55·8	+20 24 11	9·5	22 51·5
6	10 30 19·6	+13 18 30	9·8	3 29·5	6	9 44 05·4	+20 29 02	9·5	22 46·8
7	10 30 12·9	+13 23 24	9·8	3 25·5	7	9 43 16·5	+20 33 40	9·5	22 42·1
8	10 30 04·2	+13 28 31	9·8	3 21·4	8	9 42 29·0	+20 38 04	9·6	22 37·4
9	10 29 53·4	+13 33 51	9·8	3 17·3	9	9 41 43·0	+20 42 16	9·6	22 32·7
10	10 29 40·6	+13 39 23	9·7	3 13·1	10	9 40 58·7	+20 46 14	9·6	22 28·1
11	10 29 25·7	+13 45 07	9·7	3 08·9	11	9 40 15·9	+20 49 58	9·7	22 23·5
12	10 29 08·7	+13 51 03	9·7	3 04·7	12	9 39 34·8	+20 53 30	9·7	22 18·9
13	10 28 49·8	+13 57 11	9·7	3 00·5	13	9 38 55·5	+20 56 48	9·7	22 14·3
14	10 28 28·7	+14 03 30	9·7	2 56·2	14	9 38 17·8	+20 59 52	9·7	22 09·8
15	10 28 05·7	+14 10 01	9·6	2 51·9	15	9 37 41·9	+21 02 44	9·8	22 05·3
16	10 27 40·6	+14 16 43	9·6	2 47·5	16	9 37 07·8	+21 05 22	9·8	22 00·8
17	10 27 13·5	+14 23 35	9·6	2 43·1	17	9 36 35·6	+21 07 47	9·8	21 56·4
18	10 26 44·4	+14 30 38	9·6	2 38·7	18	9 36 05·2	+21 10 00	9·8	21 52·0
19	10 26 13·3	+14 37 51	9·6	2 34·3	19	9 35 36·6	+21 11 59	9·9	21 47·6
20	10 25 40·3	+14 45 14	9·5	2 29·8	20	9 35 10·0	+21 13 45	9·9	21 43·3
21	10 25 05·4	+14 52 46	9·5	2 25·3	21	9 34 45·3	+21 15 19	9·9	21 38·9
22	10 24 28·7	+15 00 26	9·5	2 20·7	22	9 34 22·5	+21 16 40	9·9	21 34·7
23	10 23 50·1	+15 08 15	9·5	2 16·2	23	9 34 01·6	+21 17 49	10·0	21 30·4
24	10 23 09·7	+15 16 11	9·4	2 11·6	24	9 33 42·7	+21 18 45	10·0	21 26·2
25	10 22 27·6	+15 24 14	9·4	2 06·9	25	9 33 25·7	+21 19 29	10·0	21 22·0
26	10 21 43·7	+15 32 24	9·4	2 02·3	26	9 33 10·7	+21 20 02	10·0	21 17·9
27	10 20 58·3	+15 40 41	9·4	1 57·6	27	9 32 57·6	+21 20 22	10·1	21 13·7
28	10 20 11·2	+15 49 02	9·4	1 52·9	28	9 32 46·5	+21 20 31	10·1	21 09·7
29	10 19 22·7	+15 57 29	9·3	1 48·1	29	9 32 37·2	+21 20 29	10·1	21 05·6
30	10 18 32·6	+16 06 00	9·3	1 43·4	30	9 32 29·9	+21 20 16	10·1	21 01·6
31	10 17 41·2	+16 14 34	9·3	1 38·6	31	9 32 24·5	+21 19 51	10·2	20 57·6
Feb. 1	10 16 48·4	+16 23 12	9·3	1 33·8	Apr. 1	9 32 21·0	+21 19 16	10·2	20 53·6
2	10 15 54·4	+16 31 52	9·3	1 29·0	Apr. 2	9 32 19·3	+21 18 30	10·2	20 49·7
3	10 14 59·1	+16 40 33	9·2	1 24·1	3	9 32 19·5	+21 17 34	10·2	20 45·8
4	10 14 02·7	+16 49 16	9·2	1 19·2	4	9 32 21·6	+21 16 28	10·3	20 41·9
5	10 13 05·2	+16 58 00	9·2	1 14·4	5	9 32 25·5	+21 15 11	10·3	20 38·1
6	10 12 06·7	+17 06 43	9·2	1 09·5	6	9 32 31·1	+21 13 45	10·3	20 34·3
7	10 11 07·4	+17 15 26	9·2	1 04·5	7	9 32 38·6	+21 12 09	10·3	20 30·5
8	10 10 07·2	+17 24 07	9·1	0 59·6	8	9 32 47·8	+21 10 23	10·4	20 26·7
9	10 09 06·2	+17 32 46	9·1	0 54·7	9	9 32 58·7	+21 08 28	10·4	20 23·0
10	10 08 04·6	+17 41 22	9·1	0 49·7	10	9 33 11·4	+21 06 23	10·4	20 19·3
11	10 07 02·4	+17 49 54	9·1	0 44·8	11	9 33 25·7	+21 04 10	10·4	20 15·6
12	10 05 59·7	+17 58 23	9·1	0 39·8	12	9 33 41·8	+21 01 48	10·4	20 12·0
13	10 04 56·6	+18 06 47	9·1	0 34·8	13	9 33 59·4	+20 59 17	10·5	20 08·4
14	10 03 53·2	+18 15 05	9·1	0 29·8	14	9 34 18·8	+20 56 37	10·5	20 04·8
Feb. 15	10 02 49·6	+18 23 17	9·0	0 24·9	Apr. 15	9 34 39·7	+20 53 48	10·5	20 01·2

Second transit for Flora 2015 February 19ᵈ 23ʰ 59ᵐ9

METIS, 2015
GEOCENTRIC POSITIONS FOR 0^h TERRESTRIAL TIME

Date	Astrometric R.A.	Dec.	Vis. Mag.	Ephemeris Transit	Date	Astrometric R.A.	Dec.	Vis. Mag.	Ephemeris Transit
	h m s	° ′ ″		h m		h m s	° ′ ″		h m
2015 July 9	23 32 26.5	−11 01 10	10.5	4 26.1	2015 Sept. 6	23 12 40.0	−15 35 49	9.2	0 14.4
10	23 32 51.1	−11 02 00	10.5	4 22.6	7	23 11 43.1	−15 41 36	9.2	0 09.5
11	23 33 14.2	−11 02 59	10.5	4 19.1	8	23 10 45.8	−15 47 16	9.2	0 04.6
12	23 33 36.0	−11 04 09	10.5	4 15.5	9	23 09 48.3	−15 52 49	9.2	23 54.9
13	23 33 56.3	−11 05 28	10.4	4 11.9	10	23 08 50.8	−15 58 13	9.2	23 50.0
14	23 34 15.1	−11 06 57	10.4	4 08.3	11	23 07 53.1	−16 03 29	9.2	23 45.1
15	23 34 32.4	−11 08 36	10.4	4 04.6	12	23 06 55.6	−16 08 36	9.2	23 40.2
16	23 34 48.2	−11 10 25	10.4	4 00.9	13	23 05 58.1	−16 13 34	9.2	23 35.3
17	23 35 02.5	−11 12 24	10.4	3 57.2	14	23 05 00.9	−16 18 22	9.2	23 30.4
18	23 35 15.3	−11 14 32	10.3	3 53.5	15	23 04 03.9	−16 22 59	9.3	23 25.6
19	23 35 26.5	−11 16 51	10.3	3 49.8	16	23 03 07.3	−16 27 26	9.3	23 20.7
20	23 35 36.1	−11 19 20	10.3	3 46.0	17	23 02 11.2	−16 31 42	9.3	23 15.9
21	23 35 44.1	−11 21 59	10.3	3 42.2	18	23 01 15.6	−16 35 46	9.3	23 11.0
22	23 35 50.5	−11 24 47	10.2	3 38.4	19	23 00 20.6	−16 39 39	9.3	23 06.2
23	23 35 55.4	−11 27 45	10.2	3 34.5	20	22 59 26.3	−16 43 20	9.4	23 01.4
24	23 35 58.6	−11 30 53	10.2	3 30.6	21	22 58 32.7	−16 46 49	9.4	22 56.6
July 25	23 36 00.2	−11 34 11	10.2	3 26.7	22	22 57 40.0	−16 50 05	9.4	22 51.8
26	23 36 00.1	−11 37 39	10.2	3 22.8	23	22 56 48.2	−16 53 08	9.4	22 47.0
27	23 35 58.4	−11 41 16	10.1	3 18.8	24	22 55 57.3	−16 55 59	9.4	22 42.2
28	23 35 55.1	−11 45 02	10.1	3 14.8	25	22 55 07.5	−16 58 37	9.5	22 37.5
29	23 35 50.0	−11 48 58	10.1	3 10.8	26	22 54 18.7	−17 01 01	9.5	22 32.8
30	23 35 43.4	−11 53 02	10.1	3 06.8	27	22 53 31.1	−17 03 13	9.5	22 28.1
31	23 35 35.0	−11 57 16	10.0	3 02.7	28	22 52 44.7	−17 05 11	9.5	22 23.4
Aug. 1	23 35 25.0	−12 01 39	10.0	2 58.6	29	22 51 59.6	−17 06 56	9.6	22 18.7
2	23 35 13.3	−12 06 11	10.0	2 54.4	30	22 51 15.7	−17 08 27	9.6	22 14.1
3	23 34 59.8	−12 10 51	10.0	2 50.3	Oct. 1	22 50 33.2	−17 09 45	9.6	22 09.5
4	23 34 44.7	−12 15 40	9.9	2 46.1	2	22 49 52.1	−17 10 49	9.6	22 04.9
5	23 34 28.0	−12 20 37	9.9	2 41.9	3	22 49 12.5	−17 11 39	9.6	22 00.3
6	23 34 09.5	−12 25 42	9.9	2 37.7	4	22 48 34.3	−17 12 17	9.7	21 55.8
7	23 33 49.3	−12 30 55	9.9	2 33.4	5	22 47 57.6	−17 12 40	9.7	21 51.3
8	23 33 27.4	−12 36 16	9.8	2 29.1	6	22 47 22.5	−17 12 50	9.7	21 46.8
9	23 33 03.8	−12 41 43	9.8	2 24.8	7	22 46 49.0	−17 12 46	9.7	21 42.3
10	23 32 38.6	−12 47 18	9.8	2 20.4	8	22 46 17.2	−17 12 29	9.7	21 37.9
11	23 32 11.7	−12 53 00	9.8	2 16.0	9	22 45 47.0	−17 11 58	9.8	21 33.5
12	23 31 43.2	−12 58 47	9.7	2 11.6	10	22 45 18.5	−17 11 14	9.8	21 29.1
13	23 31 13.1	−13 04 41	9.7	2 07.2	11	22 44 51.8	−17 10 17	9.8	21 24.8
14	23 30 41.3	−13 10 40	9.7	2 02.7	12	22 44 26.8	−17 09 07	9.8	21 20.4
15	23 30 08.0	−13 16 44	9.7	1 58.2	13	22 44 03.6	−17 07 43	9.8	21 16.1
16	23 29 33.1	−13 22 53	9.6	1 53.7	14	22 43 42.2	−17 06 07	9.9	21 11.9
17	23 28 56.7	−13 29 06	9.6	1 49.2	15	22 43 22.6	−17 04 17	9.9	21 07.7
18	23 28 18.9	−13 35 23	9.6	1 44.6	16	22 43 04.9	−17 02 15	9.9	21 03.5
19	23 27 39.6	−13 41 44	9.6	1 40.1	17	22 42 49.0	−17 00 00	9.9	20 59.3
20	23 26 58.9	−13 48 07	9.5	1 35.4	18	22 42 34.9	−16 57 33	9.9	20 55.2
21	23 26 16.8	−13 54 33	9.5	1 30.8	19	22 42 22.7	−16 54 54	10.0	20 51.0
22	23 25 33.4	−14 01 00	9.5	1 26.2	20	22 42 12.3	−16 52 03	10.0	20 47.0
23	23 24 48.7	−14 07 29	9.4	1 21.5	21	22 42 03.8	−16 49 00	10.0	20 42.9
24	23 24 02.8	−14 13 59	9.4	1 16.8	22	22 41 57.2	−16 45 45	10.0	20 38.9
25	23 23 15.8	−14 20 29	9.4	1 12.1	23	22 41 52.4	−16 42 18	10.0	20 34.9
26	23 22 27.6	−14 26 59	9.4	1 07.4	24	22 41 49.4	−16 38 40	10.1	20 31.0
27	23 21 38.3	−14 33 28	9.3	1 02.6	Oct. 25	22 41 48.3	−16 34 51	10.1	20 27.0
28	23 20 48.1	−14 39 57	9.3	0 57.8	26	22 41 49.0	−16 30 51	10.1	20 23.1
29	23 19 56.8	−14 46 23	9.3	0 53.1	27	22 41 51.5	−16 26 40	10.1	20 19.3
30	23 19 04.7	−14 52 47	9.3	0 48.3	28	22 41 55.8	−16 22 19	10.1	20 15.4
31	23 18 11.8	−14 59 08	9.3	0 43.5	29	22 42 01.9	−16 17 47	10.2	20 11.6
Sept. 1	23 17 18.0	−15 05 27	9.2	0 38.6	30	22 42 09.8	−16 13 05	10.2	20 07.9
2	23 16 23.6	−15 11 41	9.2	0 33.8	31	22 42 19.5	−16 08 12	10.2	20 04.1
3	23 15 28.5	−15 17 51	9.2	0 29.0	Nov. 1	22 42 30.9	−16 03 10	10.2	20 00.4
4	23 14 32.8	−15 23 56	9.2	0 24.1	2	22 42 44.0	−15 57 58	10.2	19 56.7
5	23 13 36.7	−15 29 55	9.2	0 19.2	3	22 42 58.8	−15 52 36	10.2	19 53.0
Sept. 6	23 12 40.0	−15 35 49	9.2	0 14.4	Nov. 4	22 43 15.4	−15 47 04	10.3	19 49.4

Second transit for Metis 2015 September 8^d 23^h 59^m7

GEOCENTRIC POSITIONS FOR 0ʰ TERRESTRIAL TIME

Date	Astrometric R.A.	Dec.	Vis. Mag.	Ephemeris Transit	Date	Astrometric R.A.	Dec.	Vis. Mag.	Ephemeris Transit
	h m s	° ′ ″		h m		h m s	° ′ ″		h m
2015 Aug. 5	0 29 12·9	+18 26 33	9·0	3 36·6	2015 Oct. 3	0 01 07·7	+22 57 59	7·9	23 11·7
6	0 29 29·1	+18 37 25	9·0	3 32·9	4	0 00 13·6	+22 54 02	7·9	23 06·9
7	0 29 43·7	+18 48 09	9·0	3 29·2	5	23 59 20·1	+22 49 50	7·9	23 02·1
8	0 29 56·7	+18 58 46	9·0	3 25·5	6	23 58 27·2	+22 45 22	7·9	22 57·3
9	0 30 08·0	+19 09 16	8·9	3 21·8	7	23 57 35·0	+22 40 39	7·9	22 52·5
10	0 30 17·8	+19 19 37	8·9	3 18·0	8	23 56 43·7	+22 35 42	7·9	22 47·8
11	0 30 25·8	+19 29 50	8·9	3 14·2	9	23 55 53·2	+22 30 31	7·9	22 43·0
12	0 30 32·2	+19 39 54	8·9	3 10·3	10	23 55 03·7	+22 25 08	8·0	22 38·3
13	0 30 36·9	+19 49 50	8·9	3 06·5	11	23 54 15·3	+22 19 32	8·0	22 33·6
14	0 30 39·8	+19 59 36	8·8	3 02·6	12	23 53 28·1	+22 13 44	8·0	22 28·9
Aug. 15	0 30 41·1	+20 09 13	8·8	2 58·7	13	23 52 42·0	+22 07 45	8·0	22 24·2
16	0 30 40·6	+20 18 39	8·8	2 54·7	14	23 51 57·3	+22 01 36	8·0	22 19·5
17	0 30 38·4	+20 27 56	8·8	2 50·8	15	23 51 13·9	+21 55 18	8·0	22 14·9
18	0 30 34·4	+20 37 02	8·7	2 46·8	16	23 50 31·9	+21 48 51	8·0	22 10·3
19	0 30 28·6	+20 45 57	8·7	2 42·7	17	23 49 51·4	+21 42 15	8·0	22 05·7
20	0 30 21·1	+20 54 41	8·7	2 38·7	18	23 49 12·5	+21 35 33	8·1	22 01·2
21	0 30 11·9	+21 03 13	8·7	2 34·6	19	23 48 35·2	+21 28 43	8·1	21 56·7
22	0 30 00·8	+21 11 34	8·7	2 30·5	20	23 47 59·6	+21 21 48	8·1	21 52·2
23	0 29 48·0	+21 19 42	8·6	2 26·3	21	23 47 25·7	+21 14 48	8·1	21 47·7
24	0 29 33·5	+21 27 38	8·6	2 22·2	22	23 46 53·5	+21 07 43	8·1	21 43·2
25	0 29 17·2	+21 35 21	8·6	2 18·0	23	23 46 23·2	+21 00 35	8·1	21 38·8
26	0 28 59·1	+21 42 51	8·6	2 13·7	24	23 45 54·7	+20 53 24	8·1	21 34·5
27	0 28 39·3	+21 50 07	8·6	2 09·5	25	23 45 28·0	+20 46 11	8·2	21 30·1
28	0 28 17·8	+21 57 09	8·5	2 05·2	26	23 45 03·2	+20 38 56	8·2	21 25·8
29	0 27 54·5	+22 03 58	8·5	2 00·8	27	23 44 40·4	+20 31 40	8·2	21 21·5
30	0 27 29·5	+22 10 31	8·5	1 56·5	28	23 44 19·5	+20 24 24	8·2	21 17·3
31	0 27 02·9	+22 16 50	8·5	1 52·1	29	23 44 00·5	+20 17 08	8·2	21 13·1
Sept. 1	0 26 34·5	+22 22 54	8·4	1 47·7	30	23 43 43·5	+20 09 54	8·3	21 08·9
2	0 26 04·5	+22 28 42	8·4	1 43·3	31	23 43 28·5	+20 02 41	8·3	21 04·7
3	0 25 32·8	+22 34 14	8·4	1 38·8	Nov. 1	23 43 15·5	+19 55 29	8·3	21 00·6
4	0 24 59·6	+22 39 29	8·4	1 34·3	2	23 43 04·6	+19 48 21	8·3	20 56·5
5	0 24 24·7	+22 44 28	8·4	1 29·8	3	23 42 55·6	+19 41 16	8·3	20 52·5
6	0 23 48·2	+22 49 10	8·3	1 25·3	4	23 42 48·7	+19 34 14	8·4	20 48·4
7	0 23 10·3	+22 53 34	8·3	1 20·7	5	23 42 43·9	+19 27 17	8·4	20 44·5
8	0 22 30·8	+22 57 41	8·3	1 16·1	Nov. 6	23 42 41·1	+19 20 25	8·4	20 40·5
9	0 21 49·9	+23 01 29	8·3	1 11·5	7	23 42 40·4	+19 13 38	8·4	20 36·6
10	0 21 07·6	+23 05 00	8·2	1 06·9	8	23 42 41·7	+19 06 57	8·4	20 32·7
11	0 20 24·0	+23 08 12	8·2	1 02·2	9	23 42 45·1	+19 00 22	8·5	20 28·9
12	0 19 39·1	+23 11 05	8·2	0 57·6	10	23 42 50·5	+18 53 53	8·5	20 25·1
13	0 18 53·0	+23 13 39	8·2	0 52·9	11	23 42 58·0	+18 47 32	8·5	20 21·3
14	0 18 05·7	+23 15 54	8·2	0 48·2	12	23 43 07·5	+18 41 18	8·5	20 17·5
15	0 17 17·3	+23 17 50	8·1	0 43·4	13	23 43 19·0	+18 35 12	8·5	20 13·8
16	0 16 27·8	+23 19 26	8·1	0 38·7	14	23 43 32·6	+18 29 15	8·6	20 10·1
17	0 15 37·5	+23 20 43	8·1	0 33·9	15	23 43 48·2	+18 23 25	8·6	20 06·5
18	0 14 46·2	+23 21 41	8·1	0 29·1	16	23 44 05·8	+18 17 45	8·6	20 02·9
19	0 13 54·2	+23 22 18	8·1	0 24·3	17	23 44 25·3	+18 12 14	8·6	19 59·3
20	0 13 01·4	+23 22 37	8·1	0 19·5	18	23 44 46·8	+18 06 52	8·6	19 55·8
21	0 12 08·0	+23 22 36	8·0	0 14·7	19	23 45 10·3	+18 01 40	8·7	19 52·2
22	0 11 14·0	+23 22 15	8·0	0 09·9	20	23 45 35·6	+17 56 38	8·7	19 48·8
23	0 10 19·6	+23 21 35	8·0	0 05·0	21	23 46 02·9	+17 51 46	8·7	19 45·3
24	0 09 24·7	+23 20 36	8·0	0 00·2	22	23 46 32·0	+17 47 04	8·7	19 41·9
25	0 08 29·6	+23 19 18	8·0	23 50·5	23	23 47 03·0	+17 42 32	8·7	19 38·5
26	0 07 34·2	+23 17 41	8·0	23 45·7	24	23 47 35·7	+17 38 11	8·8	19 35·1
27	0 06 38·7	+23 15 46	8·0	23 40·8	25	23 48 10·3	+17 34 00	8·8	19 31·8
28	0 05 43·2	+23 13 32	8·0	23 36·0	26	23 48 46·6	+17 30 00	8·8	19 28·5
29	0 04 47·7	+23 11 00	8·0	23 31·1	27	23 49 24·7	+17 26 11	8·8	19 25·2
30	0 03 52·3	+23 08 11	7·9	23 26·3	28	23 50 04·4	+17 22 32	8·8	19 22·0
Oct. 1	0 02 57·1	+23 05 04	7·9	23 21·4	29	23 50 45·9	+17 19 04	8·8	19 18·7
2	0 02 02·2	+23 01 40	7·9	23 16·6	30	23 51 29·0	+17 15 48	8·9	19 15·5
Oct. 3	0 01 07·7	+22 57 59	7·9	23 11·7	Dec. 1	23 52 13·8	+17 12 42	8·9	19 12·4

Second transit for Eunomia 2015 September 24ᵈ 23ʰ 55ᵐ4

PSYCHE, 2015
GEOCENTRIC POSITIONS FOR 0ʰ TERRESTRIAL TIME

Date	Astrometric R.A. (h m s)	Dec. (° ′ ″)	Vis. Mag.	Ephemeris Transit (h m)
2015 Oct. 11	5 31 12.5	+19 18 46	10.5	4 14.4
12	5 31 32.1	+19 17 42	10.5	4 10.8
13	5 31 50.0	+19 16 37	10.5	4 07.2
14	5 32 06.3	+19 15 30	10.4	4 03.5
15	5 32 20.9	+19 14 23	10.4	3 59.8
16	5 32 33.8	+19 13 14	10.4	3 56.1
17	5 32 45.1	+19 12 04	10.4	3 52.4
18	5 32 54.6	+19 10 53	10.4	3 48.6
19	5 33 02.5	+19 09 42	10.4	3 44.8
20	5 33 08.6	+19 08 30	10.4	3 40.9
21	5 33 13.1	+19 07 16	10.3	3 37.1
22	5 33 15.8	+19 06 02	10.3	3 33.2
Oct. 23	5 33 16.8	+19 04 48	10.3	3 29.3
24	5 33 16.0	+19 03 33	10.3	3 25.3
25	5 33 13.5	+19 02 17	10.3	3 21.3
26	5 33 09.3	+19 01 01	10.2	3 17.3
27	5 33 03.3	+18 59 45	10.2	3 13.3
28	5 32 55.6	+18 58 28	10.2	3 09.2
29	5 32 46.2	+18 57 10	10.2	3 05.2
30	5 32 35.0	+18 55 53	10.2	3 01.0
31	5 32 22.1	+18 54 35	10.2	2 56.9
Nov. 1	5 32 07.5	+18 53 17	10.1	2 52.7
2	5 31 51.1	+18 51 59	10.1	2 48.5
3	5 31 33.0	+18 50 40	10.1	2 44.3
4	5 31 13.2	+18 49 22	10.1	2 40.0
5	5 30 51.6	+18 48 04	10.1	2 35.7
6	5 30 28.4	+18 46 45	10.0	2 31.4
7	5 30 03.5	+18 45 27	10.0	2 27.0
8	5 29 37.0	+18 44 09	10.0	2 22.7
9	5 29 08.8	+18 42 51	10.0	2 18.3
10	5 28 39.0	+18 41 33	10.0	2 13.8
11	5 28 07.6	+18 40 15	10.0	2 09.4
12	5 27 34.7	+18 38 57	9.9	2 04.9
13	5 27 00.3	+18 37 40	9.9	2 00.4
14	5 26 24.3	+18 36 23	9.9	1 55.9
15	5 25 47.0	+18 35 07	9.9	1 51.3
16	5 25 08.2	+18 33 51	9.9	1 46.7
17	5 24 28.0	+18 32 35	9.8	1 42.1
18	5 23 46.6	+18 31 20	9.8	1 37.5
19	5 23 03.8	+18 30 05	9.8	1 32.9
20	5 22 19.9	+18 28 51	9.8	1 28.2
21	5 21 34.8	+18 27 38	9.8	1 23.5
22	5 20 48.5	+18 26 25	9.7	1 18.8
23	5 20 01.2	+18 25 14	9.7	1 14.1
24	5 19 12.8	+18 24 02	9.7	1 09.4
25	5 18 23.5	+18 22 52	9.7	1 04.6
26	5 17 33.3	+18 21 43	9.7	0 59.9
27	5 16 42.3	+18 20 34	9.6	0 55.1
28	5 15 50.4	+18 19 27	9.6	0 50.3
29	5 14 57.9	+18 18 21	9.6	0 45.5
30	5 14 04.6	+18 17 16	9.6	0 40.7
Dec. 1	5 13 10.8	+18 16 12	9.5	0 35.9
2	5 12 16.4	+18 15 09	9.5	0 31.0
3	5 11 21.5	+18 14 08	9.5	0 26.2
4	5 10 26.2	+18 13 08	9.5	0 21.3
5	5 09 30.6	+18 12 09	9.5	0 16.5
6	5 08 34.7	+18 11 12	9.4	0 11.6
7	5 07 38.7	+18 10 17	9.4	0 06.8
8	5 06 42.5	+18 09 23	9.4	0 01.9
Dec. 9	5 05 46.2	+18 08 31	9.4	23 52.2
2015 Dec. 9	5 05 46.2	+18 08 31	9.4	23 52.2
10	5 04 50.0	+18 07 41	9.4	23 47.3
11	5 03 53.9	+18 06 53	9.4	23 42.5
12	5 02 58.0	+18 06 07	9.4	23 37.6
13	5 02 02.3	+18 05 23	9.4	23 32.8
14	5 01 06.9	+18 04 41	9.5	23 27.9
15	5 00 12.0	+18 04 02	9.5	23 23.1
16	4 59 17.5	+18 03 25	9.5	23 18.3
17	4 58 23.5	+18 02 50	9.6	23 13.4
18	4 57 30.2	+18 02 18	9.6	23 08.6
19	4 56 37.5	+18 01 49	9.6	23 03.8
20	4 55 45.5	+18 01 22	9.6	22 59.1
21	4 54 54.3	+18 00 58	9.7	22 54.3
22	4 54 04.0	+18 00 37	9.7	22 49.5
23	4 53 14.6	+18 00 19	9.7	22 44.8
24	4 52 26.1	+18 00 04	9.7	22 40.1
25	4 51 38.6	+17 59 53	9.8	22 35.4
26	4 50 52.2	+17 59 44	9.8	22 30.7
27	4 50 06.9	+17 59 39	9.8	22 26.0
28	4 49 22.7	+17 59 37	9.8	22 21.4
29	4 48 39.7	+17 59 38	9.9	22 16.8
30	4 47 58.0	+17 59 42	9.9	22 12.2
31	4 47 17.5	+17 59 50	9.9	22 07.6
2016 Jan. 1	4 46 38.3	+18 00 02	9.9	22 03.0
2	4 46 00.5	+18 00 17	10.0	21 58.5
3	4 45 24.0	+18 00 36	10.0	21 54.0
4	4 44 49.0	+18 00 58	10.0	21 49.5
5	4 44 15.4	+18 01 24	10.0	21 45.0
6	4 43 43.3	+18 01 54	10.1	21 40.6
7	4 43 12.7	+18 02 27	10.1	21 36.2
8	4 42 43.7	+18 03 04	10.1	21 31.8
9	4 42 16.2	+18 03 45	10.1	21 27.4
10	4 41 50.2	+18 04 29	10.1	21 23.1
11	4 41 25.9	+18 05 18	10.2	21 18.8
12	4 41 03.2	+18 06 10	10.2	21 14.5
13	4 40 42.1	+18 07 05	10.2	21 10.2
14	4 40 22.6	+18 08 05	10.2	21 06.0
15	4 40 04.8	+18 09 08	10.3	21 01.8
16	4 39 48.7	+18 10 15	10.3	20 57.6
17	4 39 34.2	+18 11 26	10.3	20 53.5
18	4 39 21.4	+18 12 40	10.3	20 49.3
19	4 39 10.3	+18 13 58	10.3	20 45.2
20	4 39 00.8	+18 15 19	10.4	20 41.2
21	4 38 53.0	+18 16 44	10.4	20 37.1
22	4 38 46.9	+18 18 12	10.4	20 33.1
23	4 38 42.3	+18 19 44	10.4	20 29.1
24	4 38 39.5	+18 21 18	10.5	20 25.2
Jan. 25	4 38 38.3	+18 22 57	10.5	20 21.3
26	4 38 38.7	+18 24 38	10.5	20 17.4
27	4 38 40.7	+18 26 23	10.5	20 13.5
28	4 38 44.3	+18 28 10	10.5	20 09.6
29	4 38 49.6	+18 30 01	10.6	20 05.8
30	4 38 56.4	+18 31 54	10.6	20 02.0
31	4 39 04.9	+18 33 51	10.6	19 58.2
Feb. 1	4 39 14.9	+18 35 50	10.6	19 54.5
2	4 39 26.5	+18 37 52	10.6	19 50.8
3	4 39 39.6	+18 39 56	10.7	19 47.1
4	4 39 54.3	+18 42 03	10.7	19 43.4
5	4 40 10.5	+18 44 12	10.7	19 39.8
Feb. 6	4 40 28.2	+18 46 24	10.7	19 36.2

Second transit for Psyche 2015 December 8ᵈ 23ʰ 57ᵐ1

Date	Astrometric R.A. (h m s)	Dec. (° ′ ″)	Vis. Mag.	Ephemeris Transit (h m)	Date	Astrometric R.A. (h m s)	Dec. (° ′ ″)	Vis. Mag.	Ephemeris Transit (h m)
2015 June 15	21 50 44.1	−10 59 53	12.2	4 19.0	2015 Aug. 13	21 28 26.0	−13 26 09	11.0	0 04.8
16	21 50 52.3	−10 59 23	12.2	4 15.2	14	21 27 43.6	−13 30 32	11.0	0 00.2
17	21 50 59.2	−10 59 00	12.2	4 11.4	15	21 27 01.3	−13 34 56	11.0	23 50.9
18	21 51 05.0	−10 58 43	12.2	4 07.6	16	21 26 19.0	−13 39 18	11.1	23 46.3
19	21 51 09.5	−10 58 34	12.2	4 03.7	17	21 25 37.0	−13 43 40	11.1	23 41.7
20	21 51 12.9	−10 58 31	12.2	3 59.8	18	21 24 55.1	−13 48 01	11.1	23 37.1
21	21 51 15.0	−10 58 35	12.1	3 55.9	19	21 24 13.4	−13 52 20	11.2	23 32.4
June 22	21 51 15.9	−10 58 46	12.1	3 52.0	20	21 23 32.0	−13 56 39	11.2	23 27.8
23	21 51 15.7	−10 59 04	12.1	3 48.1	21	21 22 51.0	−14 00 55	11.2	23 23.2
24	21 51 14.2	−10 59 29	12.1	3 44.1	22	21 22 10.3	−14 05 10	11.3	23 18.6
25	21 51 11.5	−11 00 01	12.1	3 40.1	23	21 21 30.1	−14 09 22	11.3	23 14.0
26	21 51 07.7	−11 00 40	12.1	3 36.2	24	21 20 50.3	−14 13 33	11.3	23 09.5
27	21 51 02.6	−11 01 26	12.0	3 32.1	25	21 20 11.0	−14 17 41	11.4	23 04.9
28	21 50 56.3	−11 02 19	12.0	3 28.1	26	21 19 32.3	−14 21 46	11.4	23 00.4
29	21 50 48.9	−11 03 19	12.0	3 24.0	27	21 18 54.1	−14 25 48	11.4	22 55.8
30	21 50 40.2	−11 04 26	12.0	3 20.0	28	21 18 16.5	−14 29 47	11.4	22 51.2
July 1	21 50 30.4	−11 05 39	12.0	3 15.9	29	21 17 39.6	−14 33 43	11.5	22 46.7
2	21 50 19.4	−11 07 00	12.0	3 11.7	30	21 17 03.3	−14 37 35	11.5	22 42.2
3	21 50 07.2	−11 08 27	11.9	3 07.6	31	21 16 27.8	−14 41 24	11.5	22 37.7
4	21 49 53.8	−11 10 02	11.9	3 03.5	Sept. 1	21 15 53.0	−14 45 10	11.5	22 33.2
5	21 49 39.3	−11 11 43	11.9	2 59.3	2	21 15 19.0	−14 48 51	11.6	22 28.7
6	21 49 23.6	−11 13 31	11.9	2 55.1	3	21 14 45.8	−14 52 29	11.6	22 24.2
7	21 49 06.8	−11 15 25	11.9	2 50.9	4	21 14 13.4	−14 56 02	11.6	22 19.8
8	21 48 48.8	−11 17 27	11.8	2 46.6	5	21 13 41.9	−14 59 31	11.6	22 15.3
9	21 48 29.7	−11 19 35	11.8	2 42.4	6	21 13 11.3	−15 02 56	11.7	22 10.9
10	21 48 09.5	−11 21 49	11.8	2 38.1	7	21 12 41.6	−15 06 16	11.7	22 06.5
11	21 47 48.2	−11 24 10	11.8	2 33.8	8	21 12 12.9	−15 09 32	11.7	22 02.1
12	21 47 25.7	−11 26 38	11.8	2 29.5	9	21 11 45.2	−15 12 42	11.7	21 57.7
13	21 47 02.2	−11 29 12	11.7	2 25.2	10	21 11 18.4	−15 15 48	11.8	21 53.4
14	21 46 37.6	−11 31 52	11.7	2 20.9	11	21 10 52.7	−15 18 49	11.8	21 49.0
15	21 46 12.0	−11 34 38	11.7	2 16.5	12	21 10 28.1	−15 21 45	11.8	21 44.7
16	21 45 45.4	−11 37 30	11.7	2 12.1	13	21 10 04.5	−15 24 35	11.8	21 40.4
17	21 45 17.7	−11 40 27	11.7	2 07.7	14	21 09 42.0	−15 27 21	11.8	21 36.1
18	21 44 49.1	−11 43 31	11.6	2 03.3	15	21 09 20.7	−15 30 01	11.9	21 31.8
19	21 44 19.6	−11 46 40	11.6	1 58.9	16	21 09 00.5	−15 32 36	11.9	21 27.6
20	21 43 49.1	−11 49 54	11.6	1 54.5	17	21 08 41.4	−15 35 05	11.9	21 23.3
21	21 43 17.7	−11 53 14	11.6	1 50.0	18	21 08 23.5	−15 37 28	11.9	21 19.1
22	21 42 45.5	−11 56 38	11.6	1 45.6	19	21 08 06.8	−15 39 46	12.0	21 14.9
23	21 42 12.4	−12 00 08	11.5	1 41.1	20	21 07 51.3	−15 41 59	12.0	21 10.8
24	21 41 38.6	−12 03 42	11.5	1 36.6	21	21 07 36.9	−15 44 06	12.0	21 06.6
25	21 41 03.9	−12 07 20	11.5	1 32.1	22	21 07 23.8	−15 46 07	12.0	21 02.5
26	21 40 28.6	−12 11 03	11.5	1 27.6	23	21 07 11.9	−15 48 02	12.0	20 58.4
27	21 39 52.5	−12 14 50	11.5	1 23.0	24	21 07 01.2	−15 49 52	12.1	20 54.3
28	21 39 15.7	−12 18 41	11.4	1 18.5	25	21 06 51.8	−15 51 36	12.1	20 50.2
29	21 38 38.3	−12 22 36	11.4	1 13.9	26	21 06 43.5	−15 53 14	12.1	20 46.2
30	21 38 00.3	−12 26 34	11.4	1 09.4	27	21 06 36.6	−15 54 46	12.1	20 42.1
31	21 37 21.8	−12 30 35	11.4	1 04.8	28	21 06 30.8	−15 56 13	12.1	20 38.1
Aug. 1	21 36 42.7	−12 34 39	11.3	1 00.2	29	21 06 26.2	−15 57 34	12.2	20 34.1
2	21 36 03.1	−12 38 47	11.3	0 55.6	30	21 06 22.9	−15 58 49	12.2	20 30.2
3	21 35 23.0	−12 42 56	11.3	0 51.1	Oct. 1	21 06 20.9	−15 59 58	12.2	20 26.2
4	21 34 42.6	−12 47 09	11.3	0 46.4	Oct. 2	21 06 20.0	−16 01 01	12.2	20 22.3
5	21 34 01.7	−12 51 23	11.2	0 41.8	3	21 06 20.4	−16 01 59	12.2	20 18.4
6	21 33 20.5	−12 55 40	11.2	0 37.2	4	21 06 22.0	−16 02 51	12.3	20 14.5
7	21 32 39.0	−12 59 58	11.2	0 32.6	5	21 06 24.8	−16 03 37	12.3	20 10.6
8	21 31 57.2	−13 04 17	11.2	0 28.0	6	21 06 28.9	−16 04 17	12.3	20 06.8
9	21 31 15.2	−13 08 38	11.1	0 23.4	7	21 06 34.2	−16 04 51	12.3	20 03.0
10	21 30 33.1	−13 13 00	11.1	0 18.7	8	21 06 40.7	−16 05 20	12.3	19 59.1
11	21 29 50.8	−13 17 23	11.1	0 14.1	9	21 06 48.4	−16 05 43	12.3	19 55.4
12	21 29 08.4	−13 21 46	11.0	0 09.5	10	21 06 57.3	−16 06 00	12.4	19 51.6
Aug. 13	21 28 26.0	−13 26 09	11.0	0 04.8	Oct. 11	21 07 07.5	−16 06 11	12.4	19 47.8

Second transit for Cybele 2015 August 14^d 23^h 55^{m}6

DAVIDA, 2015
GEOCENTRIC POSITIONS FOR 0h TERRESTRIAL TIME

Date	Astrometric R.A.	Dec.	Vis. Mag.	Ephemeris Transit	Date	Astrometric R.A.	Dec.	Vis. Mag.	Ephemeris Transit
	h m s	° ′ ″		h m		h m s	° ′ ″		h m
2015 Jan. 18	12 40 13·2	+13 43 22	11·4	4 51·9	2015 Mar. 18	12 25 03·9	+21 13 58	10·8	0 44·7
19	12 40 35·8	+13 48 46	11·4	4 48·4	19	12 24 18·8	+21 20 17	10·8	0 40·1
20	12 40 57·1	+13 54 18	11·4	4 44·8	20	12 23 33·4	+21 26 25	10·8	0 35·4
21	12 41 17·1	+14 00 00	11·4	4 41·2	21	12 22 47·8	+21 32 22	10·8	0 30·7
22	12 41 35·7	+14 05 51	11·4	4 37·5	22	12 22 02·0	+21 38 06	10·8	0 26·0
23	12 41 53·0	+14 11 51	11·4	4 33·9	23	12 21 16·1	+21 43 39	10·8	0 21·3
24	12 42 09·0	+14 18 00	11·4	4 30·2	24	12 20 30·2	+21 48 59	10·8	0 16·6
25	12 42 23·6	+14 24 17	11·3	4 26·5	25	12 19 44·3	+21 54 07	10·9	0 11·9
26	12 42 36·8	+14 30 43	11·3	4 22·8	26	12 18 58·5	+21 59 01	10·9	0 07·2
27	12 42 48·7	+14 37 17	11·3	4 19·1	27	12 18 12·7	+22 03 43	10·9	0 02·6
28	12 42 59·2	+14 44 00	11·3	4 15·3	28	12 17 27·2	+22 08 11	10·9	23 53·2
29	12 43 08·2	+14 50 50	11·3	4 11·5	29	12 16 41·8	+22 12 26	10·9	23 48·5
30	12 43 15·9	+14 57 48	11·3	4 07·7	30	12 15 56·7	+22 16 28	10·9	23 43·8
31	12 43 22·3	+15 04 54	11·3	4 03·9	31	12 15 11·9	+22 20 15	10·9	23 39·2
Feb. 1	12 43 27·2	+15 12 08	11·3	4 00·0	Apr. 1	12 14 27·5	+22 23 49	10·9	23 34·5
2	12 43 30·7	+15 19 28	11·2	3 56·2	2	12 13 43·4	+22 27 10	11·0	23 29·8
3	12 43 32·8	+15 26 56	11·2	3 52·3	3	12 12 59·8	+22 30 16	11·0	23 25·2
Feb. 4	12 43 33·4	+15 34 30	11·2	3 48·3	4	12 12 16·7	+22 33 08	11·0	23 20·6
5	12 43 32·7	+15 42 10	11·2	3 44·4	5	12 11 34·2	+22 35 46	11·0	23 15·9
6	12 43 30·6	+15 49 57	11·2	3 40·4	6	12 10 52·2	+22 38 10	11·0	23 11·3
7	12 43 27·0	+15 57 50	11·2	3 36·4	7	12 10 10·8	+22 40 20	11·0	23 06·7
8	12 43 22·0	+16 05 49	11·2	3 32·4	8	12 09 30·1	+22 42 16	11·1	23 02·1
9	12 43 15·6	+16 13 53	11·1	3 28·4	9	12 08 50·0	+22 43 58	11·1	22 57·5
10	12 43 07·8	+16 22 02	11·1	3 24·3	10	12 08 10·7	+22 45 26	11·1	22 53·0
11	12 42 58·5	+16 30 16	11·1	3 20·2	11	12 07 32·2	+22 46 40	11·1	22 48·4
12	12 42 47·9	+16 38 35	11·1	3 16·1	12	12 06 54·4	+22 47 40	11·1	22 43·9
13	12 42 35·8	+16 46 57	11·1	3 12·0	13	12 06 17·5	+22 48 26	11·1	22 39·3
14	12 42 22·4	+16 55 23	11·1	3 07·8	14	12 05 41·4	+22 48 58	11·2	22 34·8
15	12 42 07·5	+17 03 53	11·1	3 03·6	15	12 05 06·2	+22 49 16	11·2	22 30·3
16	12 41 51·3	+17 12 25	11·1	2 59·4	16	12 04 32·0	+22 49 21	11·2	22 25·8
17	12 41 33·7	+17 21 00	11·0	2 55·2	17	12 03 58·7	+22 49 12	11·2	22 21·4
18	12 41 14·8	+17 29 37	11·0	2 50·9	18	12 03 26·4	+22 48 50	11·2	22 16·9
19	12 40 54·5	+17 38 16	11·0	2 46·7	19	12 02 55·2	+22 48 14	11·3	22 12·5
20	12 40 32·9	+17 46 55	11·0	2 42·4	20	12 02 24·9	+22 47 25	11·3	22 08·1
21	12 40 10·0	+17 55 36	11·0	2 38·1	21	12 01 55·8	+22 46 23	11·3	22 03·7
22	12 39 45·8	+18 04 17	11·0	2 33·7	22	12 01 27·7	+22 45 08	11·3	21 59·3
23	12 39 20·4	+18 12 58	11·0	2 29·4	23	12 01 00·7	+22 43 41	11·3	21 54·9
24	12 38 53·7	+18 21 38	10·9	2 25·0	24	12 00 34·9	+22 42 01	11·3	21 50·6
25	12 38 25·9	+18 30 17	10·9	2 20·6	25	12 00 10·2	+22 40 09	11·4	21 46·3
26	12 37 56·9	+18 38 54	10·9	2 16·2	26	11 59 46·6	+22 38 04	11·4	21 42·0
27	12 37 26·7	+18 47 29	10·9	2 11·8	27	11 59 24·3	+22 35 48	11·4	21 37·7
28	12 36 55·4	+18 56 02	10·9	2 07·3	28	11 59 03·0	+22 33 20	11·4	21 33·4
Mar. 1	12 36 23·1	+19 04 32	10·9	2 02·8	29	11 58 43·0	+22 30 41	11·4	21 29·2
2	12 35 49·7	+19 12 58	10·9	1 58·4	30	11 58 24·2	+22 27 50	11·4	21 24·9
3	12 35 15·3	+19 21 20	10·9	1 53·9	May 1	11 58 06·5	+22 24 49	11·5	21 20·7
4	12 34 39·9	+19 29 38	10·9	1 49·3	2	11 57 50·1	+22 21 36	11·5	21 16·5
5	12 34 03·6	+19 37 51	10·9	1 44·8	3	11 57 34·9	+22 18 13	11·5	21 12·4
6	12 33 26·4	+19 45 59	10·8	1 40·3	4	11 57 20·8	+22 14 40	11·5	21 08·2
7	12 32 48·3	+19 54 01	10·8	1 35·7	5	11 57 08·0	+22 10 56	11·5	21 04·1
8	12 32 09·3	+20 01 57	10·8	1 31·1	6	11 56 56·4	+22 07 03	11·6	21 00·0
9	12 31 29·6	+20 09 46	10·8	1 26·5	7	11 56 46·0	+22 02 59	11·6	20 55·9
10	12 30 49·2	+20 17 28	10·8	1 21·9	8	11 56 36·8	+21 58 46	11·6	20 51·8
11	12 30 08·0	+20 25 03	10·8	1 17·3	9	11 56 28·8	+21 54 24	11·6	20 47·8
12	12 29 26·2	+20 32 30	10·8	1 12·7	10	11 56 22·0	+21 49 52	11·6	20 43·8
13	12 28 43·7	+20 39 48	10·8	1 08·0	11	11 56 16·4	+21 45 12	11·6	20 39·8
14	12 28 00·7	+20 46 57	10·8	1 03·4	12	11 56 12·1	+21 40 22	11·7	20 35·8
15	12 27 17·2	+20 53 57	10·8	0 58·7	13	11 56 08·9	+21 35 24	11·7	20 31·8
16	12 26 33·2	+21 00 48	10·8	0 54·1	14	11 56 06·9	+21 30 18	11·7	20 27·9
17	12 25 48·7	+21 07 28	10·8	0 49·4	May 15	11 56 06·1	+21 25 03	11·7	20 23·9
Mar. 18	12 25 03·9	+21 13 58	10·8	0 44·7	May 16	11 56 06·5	+21 19 40	11·7	20 20·0

Second transit for Davida 2015 March 27d 23h 57m9

GEOCENTRIC POSITIONS FOR 0ʰ TERRESTRIAL TIME

Date	Astrometric R.A.	Dec.	Vis. Mag.	Ephemeris Transit	Date	Astrometric R.A.	Dec.	Vis. Mag.	Ephemeris Transit
	h m s	° ′ ″		h m		h m s	° ′ ″		h m
2015 Feb. 12	13 16 58·9	−29 58 03	12·1	3 50·3	2015 Apr. 12	12 43 46·3	−30 19 20	11·3	23 20·5
13	13 16 55·1	−30 03 23	12·1	3 46·3	13	12 42 58·4	−30 13 57	11·3	23 15·8
14	13 16 50·1	−30 08 35	12·1	3 42·3	14	12 42 10·9	−30 08 25	11·3	23 11·1
15	13 16 43·8	−30 13 40	12·1	3 38·2	15	12 41 23·8	−30 02 44	11·3	23 06·4
16	13 16 36·2	−30 18 37	12·1	3 34·2	16	12 40 37·2	−29 56 54	11·3	23 01·7
17	13 16 27·4	−30 23 26	12·1	3 30·1	17	12 39 51·1	−29 50 56	11·4	22 57·0
18	13 16 17·3	−30 28 07	12·0	3 26·0	18	12 39 05·6	−29 44 49	11·4	22 52·3
19	13 16 05·9	−30 32 40	12·0	3 21·9	19	12 38 20·6	−29 38 34	11·4	22 47·6
20	13 15 53·2	−30 37 04	12·0	3 17·7	20	12 37 36·3	−29 32 12	11·4	22 43·0
21	13 15 39·3	−30 41 20	12·0	3 13·6	21	12 36 52·6	−29 25 43	11·4	22 38·3
22	13 15 24·1	−30 45 27	12·0	3 09·4	22	12 36 09·7	−29 19 07	11·4	22 33·7
23	13 15 07·6	−30 49 24	12·0	3 05·2	23	12 35 27·5	−29 12 25	11·4	22 29·1
24	13 14 49·9	−30 53 13	12·0	3 00·9	24	12 34 46·2	−29 05 36	11·4	22 24·5
25	13 14 30·9	−30 56 52	11·9	2 56·7	25	12 34 05·6	−28 58 43	11·4	22 19·9
26	13 14 10·7	−31 00 21	11·9	2 52·4	26	12 33 25·9	−28 51 44	11·4	22 15·3
27	13 13 49·3	−31 03 41	11·9	2 48·1	27	12 32 47·1	−28 44 40	11·4	22 10·7
28	13 13 26·7	−31 06 51	11·9	2 43·8	28	12 32 09·2	−28 37 32	11·4	22 06·2
Mar. 1	13 13 02·8	−31 09 50	11·9	2 39·5	29	12 31 32·3	−28 30 19	11·5	22 01·7
2	13 12 37·8	−31 12 40	11·9	2 35·2	30	12 30 56·3	−28 23 04	11·5	21 57·1
3	13 12 11·6	−31 15 19	11·8	2 30·8	May 1	12 30 21·3	−28 15 45	11·5	21 52·7
4	13 11 44·2	−31 17 47	11·8	2 26·4	2	12 29 47·4	−28 08 23	11·5	21 48·2
5	13 11 15·7	−31 20 05	11·8	2 22·0	3	12 29 14·4	−28 00 59	11·5	21 43·7
6	13 10 46·0	−31 22 12	11·8	2 17·6	4	12 28 42·6	−27 53 32	11·5	21 39·3
7	13 10 15·2	−31 24 08	11·8	2 13·1	5	12 28 11·8	−27 46 04	11·5	21 34·8
8	13 09 43·3	−31 25 52	11·8	2 08·7	6	12 27 42·1	−27 38 35	11·6	21 30·4
9	13 09 10·4	−31 27 25	11·8	2 04·2	7	12 27 13·5	−27 31 05	11·6	21 26·0
10	13 08 36·4	−31 28 47	11·7	1 59·7	8	12 26 46·1	−27 23 34	11·6	21 21·7
11	13 08 01·3	−31 29 57	11·7	1 55·2	9	12 26 19·8	−27 16 02	11·6	21 17·3
12	13 07 25·3	−31 30 55	11·7	1 50·6	10	12 25 54·7	−27 08 31	11·6	21 13·0
13	13 06 48·3	−31 31 41	11·7	1 46·1	11	12 25 30·7	−27 01 00	11·6	21 08·7
14	13 06 10·3	−31 32 15	11·7	1 41·5	12	12 25 07·9	−26 53 30	11·6	21 04·4
15	13 05 31·4	−31 32 37	11·7	1 37·0	13	12 24 46·3	−26 46 01	11·7	21 00·1
16	13 04 51·5	−31 32 47	11·6	1 32·4	14	12 24 25·9	−26 38 34	11·7	20 55·9
17	13 04 10·9	−31 32 44	11·6	1 27·8	15	12 24 06·8	−26 31 08	11·7	20 51·6
18	13 03 29·4	−31 32 29	11·6	1 23·1	16	12 23 48·8	−26 23 44	11·7	20 47·4
19	13 02 47·1	−31 32 01	11·6	1 18·5	17	12 23 32·1	−26 16 23	11·7	20 43·2
20	13 02 04·0	−31 31 21	11·6	1 13·9	18	12 23 16·7	−26 09 04	11·7	20 39·1
21	13 01 20·2	−31 30 28	11·6	1 09·2	19	12 23 02·4	−26 01 48	11·7	20 34·9
22	13 00 35·8	−31 29 22	11·6	1 04·5	20	12 22 49·5	−25 54 36	11·8	20 30·8
23	12 59 50·7	−31 28 03	11·5	0 59·8	21	12 22 37·8	−25 47 27	11·8	20 26·7
24	12 59 05·1	−31 26 32	11·5	0 55·2	22	12 22 27·3	−25 40 22	11·8	20 22·6
25	12 58 18·9	−31 24 48	11·5	0 50·5	23	12 22 18·1	−25 33 21	11·8	20 18·5
26	12 57 32·2	−31 22 52	11·5	0 45·8	24	12 22 10·1	−25 26 25	11·8	20 14·5
27	12 56 45·0	−31 20 43	11·5	0 41·0	25	12 22 03·4	−25 19 33	11·8	20 10·4
28	12 55 57·5	−31 18 21	11·5	0 36·3	26	12 21 58·0	−25 12 46	11·9	20 06·4
29	12 55 09·5	−31 15 47	11·5	0 31·6	27	12 21 53·7	−25 06 04	11·9	20 02·4
30	12 54 21·3	−31 13 01	11·4	0 26·9	28	12 21 50·7	−24 59 27	11·9	19 58·5
31	12 53 32·8	−31 10 02	11·4	0 22·1	May 29	12 21 49·0	−24 52 56	11·9	19 54·5
Apr. 1	12 52 44·1	−31 06 51	11·4	0 17·4	30	12 21 48·4	−24 46 30	11·9	19 50·6
2	12 51 55·2	−31 03 29	11·4	0 12·6	31	12 21 49·1	−24 40 10	11·9	19 46·7
3	12 51 06·1	−30 59 54	11·4	0 07·9	June 1	12 21 51·0	−24 33 56	11·9	19 42·8
4	12 50 17·0	−30 56 08	11·4	0 03·1	2	12 21 54·1	−24 27 48	12·0	19 39·0
5	12 49 27·8	−30 52 10	11·4	23 53·7	3	12 21 58·3	−24 21 46	12·0	19 35·1
6	12 48 38·6	−30 48 01	11·4	23 48·9	4	12 22 03·8	−24 15 51	12·0	19 31·3
7	12 47 49·5	−30 43 41	11·4	23 44·2	5	12 22 10·4	−24 10 02	12·0	19 27·5
8	12 47 00·5	−30 39 10	11·4	23 39·4	6	12 22 18·2	−24 04 20	12·0	19 23·7
9	12 46 11·6	−30 34 28	11·4	23 34·7	7	12 22 27·2	−23 58 44	12·0	19 19·9
10	12 45 22·9	−30 29 35	11·3	23 29·9	8	12 22 37·2	−23 53 15	12·0	19 16·2
11	12 44 34·4	−30 24 33	11·3	23 25·2	9	12 22 48·5	−23 47 53	12·1	19 12·4
Apr. 12	12 43 46·3	−30 19 20	11·3	23 20·5	June 10	12 23 00·8	−23 42 38	12·1	19 08·7

Second transit for Interamnia 2015 April 4ᵈ 23ʰ 58ᵐ4

OSCULATING ELEMENTS FOR ECLIPTIC AND EQUINOX OF J2000·0

Designation/Name	Perihelion Time T	Perihelion Distance q	Eccentricity e	Period P	Arg. of Perihelion ω	Long. of Asc. Node Ω	Inclination i	Osc. Epoch
		au		years	°	°	°	
201P/LONEOS	Jan. 14·616 87	1·339 1845	0·612 7739	6·43	25·059 88	35·238 53	7·033 38	Jan. 18
7P/Pons-Winnecke	Jan. 30·527 76	1·239 2126	0·637 5408	6·32	172·506 47	93·416 16	22·335 03	Jan. 18
P/2005 Q4 (LINEAR)	Feb. 16·784 02	1·740 4188	0·608 0176	9·36	50·974 89	11·370 79	17·666 56	Feb. 27
92P/Sanguin	Mar. 1·233 21	1·825 5016	0·659 4933	12·41	163·802 18	181·457 91	19·443 58	Feb. 27
6P/d'Arrest	Mar. 2·473 01	1·361 5208	0·611 4397	6·56	178·122 60	138·933 40	19·481 79	Feb. 27
44P/Reinmuth	Mar. 24·152 19	2·118 6295	0·426 4978	7·10	58·281 97	286·464 61	5·895 44	Apr. 8
P/2008 WZ96 (LINEAR)	Mar. 25·138 02	1·646 9603	0·509 5945	6·15	337·819 97	59·050 51	6·958 24	Apr. 8
86P/Wild	Apr. 3·332 03	2·263 5464	0·371 8940	6·84	179·140 73	72·409 99	15·472 34	Apr. 8
88P/Howell	Apr. 6·215 30	1·358 6007	0·563 0158	5·48	235·918 79	56·698 32	4·382 52	Apr. 8
42P/Neujmin	Apr. 8·260 32	2·027 9696	0·584 1190	10·77	147·136 23	150·280 01	3·984 48	Apr. 8
P/2006 S6 (Hill)	Apr. 18·894 59	2·383 7975	0·426 2847	8·47	31·409 36	8·965 93	13·185 92	Apr. 8
174P/Echeclus	Apr. 22·530 05	5·817 0605	0·455 4612	34·92	162·933 44	173·335 05	4·343 73	Apr. 8
218P/LINEAR	Apr. 23·228 01	1·171 5002	0·621 5808	5·45	59·822 14	175·869 66	2·718 69	Apr. 8
113P/Spitaler	Apr. 23·736 38	2·118 8358	0·424 4963	7·06	50·016 19	14·386 68	5·775 92	Apr. 8
268P/Bernardi	Apr. 27·393 92	2·420 0623	0·470 1404	9·76	0·438 23	127·655 32	16·100 98	Apr. 8
P/1997 T3 (Lagerkvist-Carsenty)	May 8·657 60	4·225 7708	0·363 4295	17·10	334·062 75	63·130 30	4·847 68	May 18
P/2007 S1 (Zhao)	May 10·493 03	2·494 2398	0·343 5478	7·41	245·778 45	141·524 37	5·973 33	May 18
205P/Giacobini	May 14·121 50	1·536 6801	0·566 9771	6·69	154·230 39	179·617 78	15·284 66	May 18
P/2008 QP20 (LINEAR-Hill)	May 17·246 19	1·723 3790	0·506 3845	6·52	72·353 99	324·966 69	7·741 77	May 18
57P/ du Toit-Neujmin-Delporte	May 22·245 98	1·728 8404	0·499 2702	6·42	115·209 64	188·810 26	2·847 91	May 18
19P/Borrelly	May 28·918 42	1·348 9453	0·625 4324	6·83	353·459 07	75·376 96	30·368 08	May 18
P/2009 Q4 (Boattini)	June 13·381 84	1·316 9863	0·580 0190	5·55	320·131 92	127·597 79	10·980 79	June 27
P/2010 B2 (WISE)	June 13·613 76	1·611 9544	0·481 2095	5·48	155·950 06	0·852 40	8·938 41	June 27
220P/McNaught	June 13·754 79	1·553 9782	0·501 4311	5·50	180·669 42	150·113 57	8·125 25	June 27
148P/Anderson-LINEAR	June 13·781 56	1·692 0197	0·539 4731	7·04	6·697 53	89·781 05	3·681 96	June 27
196P/Tichy	June 14·843 58	2·135 0101	0·434 3846	7·33	11·957 21	24·256 28	19·377 82	June 27
P/2012 F5 (Gibbs)	June 16·429 37	2·880 2672	0·041 1427	5·21	178·169 87	216·836 17	9·739 43	June 27
P/2009 WX51 (Catalina)	June 25·216 19	0·796 2637	0·741 0860	5·39	118·081 99	31·681 25	9·600 33	June 27
233P/La Sagra	June 25·438 37	1·786 5296	0·410 7649	5·28	27·247 60	74·968 14	11·278 57	June 27
P/2008 S1 (Catalina-McNaught)	July 1·867 56	1·196 7319	0·665 2865	6·76	203·664 65	111·363 90	15·073 83	June 27
221P/LINEAR	July 11·633 89	1·758 2920	0·491 7863	6·44	39·947 75	229·757 23	11·423 22	June 27
162P/Siding Spring	July 11·991 06	1·237 3502	0·595 1382	5·34	356·409 47	31·212 91	27·786 33	June 27
P/2004 FY140 (LINEAR)	July 24·835 70	4·059 2860	0·170 2740	10·82	241·964 71	326·785 60	2·136 96	Aug. 6
140P/Bowell-Skiff	Aug. 8·645 32	1·987 7250	0·691 9915	16·39	172·946 36	343·392 84	3·821 43	Aug. 6
P/2004 R1 (McNaught)	Aug. 12·264 01	0·976 7911	0·684 8372	5·46	0·749 51	295·943 08	4·900 36	Aug. 6
51P/Harrigton	Aug. 12·447 55	1·699 6505	0·542 3992	7·16	269·293 20	83·692 43	5·424 31	Aug. 6
67P/ Churyumov-Gerasimenko	Aug. 13·084 90	1·243 2635	0·640 8727	6·44	12·796 21	50·135 60	7·040 23	Aug. 6
P/2010 K2 (WISE)	Aug. 13·121 67	1·274 4881	0·569 7326	5·10	334·791 29	275·600 60	11·939 86	Aug. 6
P/2009 L2 (Yang-Gao)	Aug. 15·036 18	1·431 2948	0·593 6503	6·61	343·561 01	257·624 79	16·691 39	Aug. 6
141P/Machholz	Aug. 24·904 63	0·760 9159	0·748 1737	5·25	149·484 93	246·013 60	12·809 27	Aug. 6
C/2013 C2 (Tenagra)	Aug. 30·843 55	9·130 8895	0·431 5390	64·38	308·814 57	247·522 94	21·339 28	Sept. 15
61P/Shajn-Schaldach	Oct. 2·160 97	2·113 8935	0·425 7983	7·06	221·904 73	163·022 70	6·006 02	Sept. 15
151P/Helin	Oct. 8·110 77	2·473 8006	0·572 1611	13·90	216·270 08	143·156 70	4·719 64	Oct. 25
P/2001 H5 (NEAT)	Oct. 21·761 84	2·435 6923	0·600 3076	15·04	224·732 80	328·693 93	8·381 49	Oct. 25
P/2007 V2 (Hill)	Oct. 23·072 97	2·779 7449	0·317 3362	8·22	278·856 69	99·818 62	2·470 33	Oct. 25
P/1994 N2 (McNaught-Hartley)	Oct. 24·800 30	2·447 9163	0·674 3289	20·61	313·233 81	35·721 76	17·871 70	Oct. 25
22P/Kopff	Oct. 25·075 55	1·558 2241	0·547 7283	6·40	162·896 47	120·874 78	4·737 36	Oct. 25
P/2005 RV25 (LONEOS-Christensen)	Oct. 28·453 87	3·582 1885	0·168 1486	8·94	191·783 27	246·859 21	9·899 79	Oct. 25
P/2008 Y2 (Gibbs)	Nov. 5·967 63	1·629 4086	0·545 0640	6·78	162·335 99	330·863 24	7·287 88	Oct. 25
214P/LINEAR	Nov. 12·708 92	1·851 5157	0·487 5138	6·87	190·247 16	348·266 50	15·205 19	Oct. 25
10P/Tempel	Nov. 14·255 76	1·417 6473	0·537 3638	5·36	195·545 72	117·805 10	12·028 81	Dec. 4
230P/LINEAR	Nov. 18·073 53	1·485 2787	0·563 0599	6·27	308·920 74	112·394 42	14·652 93	Dec. 4
249P/LINEAR	Nov. 26·703 24	0·499 0121	0·819 4456	4·59	65·626 28	239·161 96	8·393 60	Dec. 4
P/2010 R2 (La Sagra)	Nov. 30·104 43	2·619 8328	0·153 8283	5·45	58·563 11	270·650 80	21·416 37	Dec. 4
P/2003 WC7 (LINEAR-Catalina)	Dec. 5·177 37	1·659 5549	0·679 7208	11·79	342·379 24	88·775 20	21·461 46	Dec. 4
P/2002 Q1 (Van Ness)	Dec. 10·901 07	1·560 2895	0·562 4671	6·73	185·092 46	173·959 58	36·212 57	Dec. 4
204P/LINEAR-NEAT	Dec. 11·613 70	1·929 5969	0·472 1256	6·99	355·084 21	109·069 28	6·588 71	Dec. 4
180P/NEAT	Dec. 12·705 80	2·489 2960	0·355 1526	7·58	94·872 98	84·583 30	16·869 53	Dec. 4
P/1998 QP54 (LONEOS-Tucker)	Dec. 25·984 17	1·886 6170	0·551 2731	8·62	30·614 05	341·599 27	17·649 23	Jan. 13

Up-to-date elements of the comets currently observable may be found at the web site of the IAU Minor Planet Center (see page x for web address).

CONTENTS OF SECTION H

See also

Except for the tables of ICRF radio sources, radio flux calibrators, quasars, pulsars, gamma ray sources and X-ray sources, positions tabulated in Section H are referred to the mean equator and equinox of J2015.5 = 2015 July 2.875 = JD 245 7206.375. The positions of the ICRF radio sources provide a practical realization of the ICRS. The positions of radio flux calibrators, quasars, pulsars, gamma ray sources and X-ray sources are referred to the equator and equinox of J2000.0 = JD 245 1545.0.

When present, notes associated with a table are found on the table's last page.

Designation		BS=HR No.	Right Ascension	Declination	Notes	V	U–B	B–V	Spectral Type
			h m s	° ′ ″					
28	ω Psc	9072	00 00 06.5	+06 56 57	6	4.01	+0.06	+0.42	F3 V
	ε Tuc	9076	00 00 42.7	−65 29 27		4.50	−0.28	−0.08	B9 IV
	θ Oct	9084	00 02 22.3	−76 58 49		4.78	+1.41	+1.27	K2 III
30 YY	Psc	9089	00 02 45.3	−05 55 41		4.41	+1.83	+1.63	M3 III
2	Cet	9098	00 04 32.0	−17 14 59		4.55	−0.12	−0.05	B9 IV
33 BC	Psc	3	00 06 07.7	−05 37 16	6	4.61	+0.89	+1.04	K0 III–IV
21	α And	15	00 09 11.5	+29 10 33	d6	2.06	−0.46	−0.11	B9p Hg Mn
11	β Cas	21	00 10 00.9	+59 14 07	svd6	2.27	+0.11	+0.34	F2 III
	ε Phe	25	00 10 11.6	−45 39 43		3.88	+0.84	+1.03	K0 III
22	And	27	00 11 07.9	+46 09 30		5.03	+0.25	+0.40	F0 II
	κ² Scl	34	00 12 21.5	−27 42 49	d	5.41	+1.46	+1.34	K5 III
	θ Scl	35	00 12 31.1	−35 02 47		5.25		+0.44	F3/5 V
88	γ Peg	39	00 14 02.2	+15 16 11	svd6	2.83	−0.87	−0.23	B2 IV
89	χ Peg	45	00 15 24.4	+20 17 34	as	4.80	+1.93	+1.57	M2⁺ III
7 AE	Cet	48	00 15 25.6	−18 50 50		4.44	+1.99	+1.66	M1 III
25	σ And	68	00 19 08.5	+36 52 16	6	4.52	+0.07	+0.05	A2 Va
8	ι Cet	74	00 20 13.0	−08 44 17	d	3.56	+1.25	+1.22	K1 IIIb
	ζ Tuc	77	00 20 52.1	−64 47 02		4.23	+0.02	+0.58	F9 V
41	Psc	80	00 21 23.8	+08 16 34		5.37	+1.55	+1.34	K3⁻ III Ca 1 CN 0.5
27	ρ And	82	00 21 56.5	+38 03 16		5.18	+0.05	+0.42	F6 IV
	R And	90	00 24 51.3	+38 39 46	svd	7.39	+1.25	+1.97	S5/4.5e
	β Hyi	98	00 26 32.7	−77 10 02		2.80	+0.11	+0.62	G1 IV
	κ Phe	100	00 26 57.7	−43 35 38		3.94	+0.11	+0.17	A5 Vn
	α Phe	99	00 27 02.9	−42 13 18	67	2.39	+0.88	+1.09	K0 IIIb
		118	00 31 09.1	−23 42 08	6	5.19		+0.12	A5 Vn
	λ¹ Phe	125	00 32 09.6	−48 43 05	d6	4.77	+0.04	+0.02	A1 Va
	β¹ Tuc	126	00 32 14.9	−62 52 23	d6	4.37	−0.17	−0.07	B9 V
15	κ Cas	130	00 33 53.6	+63 01 02	s6	4.16	−0.80	+0.14	B0.7 Ia
29	π And	154	00 37 42.8	+33 48 16	d6	4.36	−0.55	−0.14	B5 V
17	ζ Cas	153	00 37 50.6	+53 58 55		3.66	−0.87	−0.20	B2 IV
		157	00 38 11.3	+35 29 05	s	5.42	+0.45	+0.88	G2 Ib–II
30	ε And	163	00 39 22.7	+29 23 45		4.37	+0.47	+0.87	G6 III Fe−3 CH 1
31	δ And	165	00 40 09.6	+30 56 44	sd6	3.27	+1.48	+1.28	K3 III
18	α Cas	168	00 41 23.8	+56 37 20	d	2.23	+1.13	+1.17	K0⁻ IIIa
	μ Phe	180	00 42 03.3	−46 00 01		4.59	+0.72	+0.97	G8 III
	η Phe	191	00 44 02.7	−57 22 42	d	4.36	−0.02	0.00	A0.5 IV
16	β Cet	188	00 44 22.0	−17 54 06		2.04	+0.87	+1.02	G9 III CH−1 CN 0.5 Ca 1
22	o Cas	193	00 45 35.8	+48 22 08	d6	4.54	−0.51	−0.07	B5 III
34	ζ And	215	00 48 09.8	+24 21 04	vd6	4.06	+0.90	+1.12	K0 III
	λ Hyi	236	00 49 07.4	−74 50 21		5.07	+1.68	+1.37	K5 III
63	δ Psc	224	00 49 29.3	+07 40 09	d	4.43	+1.86	+1.50	K4.5 IIIb
64	Psc	225	00 49 47.7	+17 01 27	d6	5.07	0.00	+0.51	F7 V
24	η Cas	219	00 50 03.1	+57 53 49	sd6	3.44	+0.01	+0.57	F9 V
35	ν And	226	00 50 40.5	+41 09 47	6	4.53	−0.58	−0.15	B5 V
19	φ² Cet	235	00 50 54.2	−10 33 40		5.19	−0.02	+0.50	F8 V
		233	00 51 40.9	+64 19 54	cd6	5.39	+0.14	+0.49	G0 III–IV + B9.5 V
20	Cet	248	00 53 48.1	−01 03 37		4.77	+1.93	+1.57	M0⁻ IIIa
	λ² Tuc	270	00 55 34.8	−69 26 37		5.45	+1.00	+1.09	K2 III
37	μ And	269	00 57 37.1	+38 34 59	d	3.87	+0.15	+0.13	A5 IV–V
27	γ Cas	264	00 57 39.4	+60 48 01	d6	2.47	−1.08	−0.15	B0 IVnpe (shell)

Designation	BS=HR No.	Right Ascension	Declination	Notes	V	U–B	B–V	Spectral Type
		h m s	° ′ ″					
38 η And	271	00 58 02.2	+23 30 04	d6	4.42	+0.69	+0.94	G8⁻ IIIb
68 Psc	274	00 58 40.7	+29 04 32		5.42		+1.08	gG6
α Scl	280	00 59 21.1	−29 16 26	s6	4.31	−0.56	−0.16	B4 Vp
σ Scl	293	01 03 10.8	−31 28 08		5.50	+0.13	+0.08	A2 V
71 ε Psc	294	01 03 45.0	+07 58 24		4.28	+0.70	+0.96	G9 III Fe−2
β Phe	322	01 06 46.3	−46 38 08	d7	3.31	+0.57	+0.89	G8 III
ι Tuc	332	01 07 55.3	−61 41 34		5.37		+0.88	G5 III
υ Phe	331	01 08 30.2	−41 24 16	d	5.21	+0.09	+0.16	A3 IV/V
ζ Phe	338	01 09 02.0	−55 09 48	vd6	3.92	−0.41	−0.08	B7 V
30 μ Cas	321	01 09 18.9	+54 59 45	d6	5.17	+0.09	+0.69	G5 Vb
31 η Cet	334	01 09 22.2	−10 06 02	d	3.45	+1.19	+1.16	K2⁻ III CN 0.5
42 φ And	335	01 10 24.5	+47 19 27	d7	4.25	−0.34	−0.07	B7 III
43 β And	337	01 10 36.3	+35 42 08	ad	2.06	+1.96	+1.58	M0⁺ IIIa
	285	01 11 10.0	+86 20 22		4.25	+1.33	+1.21	K2 III
33 θ Cas	343	01 12 03.4	+55 13 55	d6	4.33	+0.12	+0.17	A7m
84 χ Psc	351	01 12 17.4	+21 07 00		4.66	+0.82	+1.03	G8.5 III
83 τ Psc	352	01 12 31.1	+30 10 17	6	4.51	+1.01	+1.09	K0.5 IIIb
86 ζ Psc	361	01 14 32.6	+07 39 25	d67	5.24	+0.09	+0.32	F0 Vn
89 Psc	378	01 18 36.0	+03 41 44	6	5.16	+0.08	+0.07	A3 V
90 υ Psc	383	01 20 19.3	+27 20 42	6	4.76	+0.10	+0.03	A2 IV
34 φ Cas	382	01 21 04.1	+58 18 45	sd6	4.98	+0.49	+0.68	F0 Ia
46 ξ And	390	01 23 15.6	+45 36 34	6	4.88	+0.99	+1.08	K0⁻ IIIb
45 θ Cet	402	01 24 47.9	−08 06 13	d	3.60	+0.93	+1.06	K0 IIIb
37 δ Cas	403	01 26 50.6	+60 18 55	sd6	2.68	+0.12	+0.13	A5 IV
36 ψ Cas	399	01 27 02.9	+68 12 37	d	4.74	+0.94	+1.05	K0 III CN 0.5
94 Psc	414	01 27 32.1	+19 19 13		5.50	+1.05	+1.11	gK1
48 ω And	417	01 28 35.5	+45 29 10	d	4.83	0.00	+0.42	F5 V
γ Phe	429	01 29 02.2	−43 14 21	v6	3.41	+1.85	+1.57	M0⁻ IIIa
48 Cet	433	01 30 20.7	−21 32 59	d7	5.12	+0.04	+0.02	A1 Va
δ Phe	440	01 31 53.7	−48 59 33		3.95	+0.70	+0.99	G9 III
99 η Psc	437	01 32 18.9	+15 25 31	d	3.62	+0.75	+0.97	G7 IIIa
50 υ And	458	01 37 42.8	+41 28 57	d6	4.09	+0.06	+0.54	F8 V
α Eri	472	01 38 17.4	−57 09 30		0.46	−0.66	−0.16	B3 Vnp (shell)
51 And	464	01 38 57.1	+48 42 22		3.57	+1.45	+1.28	K3⁻ III
40 Cas	456	01 39 47.1	+73 07 06	d	5.28	+0.72	+0.96	G7 III
106 ν Psc	489	01 42 14.4	+05 33 56		4.44	+1.57	+1.36	K3 IIIb
π Scl	497	01 42 50.5	−32 14 58		5.25	+0.79	+1.05	K1 II/III
	500	01 43 30.6	−03 36 46		4.99	+1.58	+1.38	K3 II–III
φ Per	496	01 44 38.5	+50 45 58	6	4.07	−0.93	−0.04	B2 Vep
52 τ Cet	509	01 44 47.3	−15 51 23	d	3.50	+0.21	+0.72	G8 V
110 o Psc	510	01 46 12.9	+09 14 07	s	4.26	+0.71	+0.96	G8 III
ε Scl	514	01 46 22.3	−24 58 33	d7	5.31	+0.02	+0.39	F0 V
	513	01 46 46.0	−05 39 23	s	5.34	+1.88	+1.52	K4 III
53 χ Cet	531	01 50 20.8	−10 36 37	d	4.67	+0.03	+0.33	F2 IV–V
55 ζ Cet	539	01 52 13.6	−10 15 32	d6	3.73	+1.07	+1.14	K0 III
2 α Tri	544	01 53 58.2	+29 39 13	dv6	3.41	+0.06	+0.49	F6 IV
ψ Phe	555	01 54 15.9	−46 13 38	6	4.41	+1.70	+1.59	M4 III
111 ξ Psc	549	01 54 21.6	+03 15 49	6	4.62	+0.72	+0.94	G9 IIIb Fe−0.5
φ Phe	558	01 55 00.6	−42 25 17	6	5.11	−0.15	−0.06	Ap Hg
η² Hyi	570	01 55 19.8	−67 34 17		4.69	+0.64	+0.95	G8.5 III

Designation	BS=HR No.	Right Ascension	Declination	Notes	V	U–B	B–V	Spectral Type
		h m s	° ′ ″					
6 β Ari	553	01 55 30.0	+20 53 00	d6	2.64	+0.10	+0.13	A4 V
45 ε Cas	542	01 55 31.6	+63 44 44		3.38	−0.60	−0.15	B3 IV:p (shell)
χ Eri	566	01 56 33.6	−51 31 56	d7	3.70	+0.46	+0.85	G8 III–IV CN−0.5 Hδ 0.5
α Hyi	591	01 59 15.5	−61 29 41		2.86	+0.14	+0.28	F0n III–IV
59 υ Cet	585	02 00 44.1	−21 00 12		4.00	+1.91	+1.57	M0 IIIb
113 α Psc	596	02 02 51.0	+02 50 17	vd6	4.18	−0.05	+0.03	A0p Si Sr
4 Per	590	02 03 20.7	+54 33 42	6	5.04	−0.32	−0.08	B8 III
50 Cas	580	02 04 47.4	+72 29 43	6	3.98	+0.03	−0.01	A1 Va
57 γ¹ And	603	02 04 51.4	+42 24 12	d6	2.26	+1.58	+1.37	K3⁻ IIb
ν For	612	02 05 11.1	−29 13 23	v	4.69	−0.51	−0.17	B9.5p Si
13 α Ari	617	02 08 03.0	+23 32 06	a6	2.00	+1.12	+1.15	K2 IIIab
4 β Tri	622	02 10 28.3	+35 03 36	d6	3.00	+0.10	+0.14	A5 IV
μ For	652	02 13 35.4	−30 39 06		5.28	−0.06	−0.02	A0 Va⁺nn
65 ξ¹ Cet	649	02 13 49.4	+08 55 07	d6	4.37	+0.60	+0.89	G7 II–III Fe−1
	645	02 14 38.8	+51 08 13	d6	5.31	+0.62	+0.93	G8 III CN 1 CH 0.5 Fe−1
	641	02 14 48.0	+58 37 57	s	6.44	+0.23	+0.60	A3 Iab
φ Eri	674	02 17 03.8	−51 26 27	d	3.56	−0.39	−0.12	B8 V
67 Cet	666	02 17 45.5	−06 21 05		5.51	+0.76	+0.96	G8.5 III
9 γ Tri	664	02 18 14.5	+33 55 05		4.01	+0.02	+0.02	A0 IV–Vn
68 o Cet	681	02 20 07.9	−02 54 29	vd	2 – 10	+1.09	+1.42	M5.5−9e III + pec
62 And	670	02 20 17.3	+47 27 02		5.30	0.00	−0.01	A1 V
δ Hyi	705	02 22 01.8	−68 35 21		4.09	+0.05	+0.03	A1 Va
κ Hyi	715	02 22 58.5	−73 34 33		5.01	+1.04	+1.09	K1 III
κ For	695	02 23 15.1	−23 44 47		5.20	+0.12	+0.60	G0 Va
λ Hor	714	02 25 20.0	−60 14 35		5.35	+0.06	+0.39	F2 IV–V
72 ρ Cet	708	02 26 42.0	−12 13 16		4.89	−0.07	−0.03	A0 III–IVn
κ Eri	721	02 27 33.2	−47 38 05	6	4.25	−0.50	−0.14	B5 IV
73 ξ² Cet	718	02 28 59.1	+08 31 44	6	4.28	−0.12	−0.06	A0 III⁻
12 Tri	717	02 29 04.8	+29 44 16		5.30	+0.10	+0.30	F0 III
ι Cas	707	02 30 21.8	+67 28 16	vd	4.52	+0.06	+0.12	A5p Sr
μ Hyi	776	02 31 23.1	−79 02 29		5.28	+0.73	+0.98	G8 III
76 σ Cet	740	02 32 49.3	−15 10 39		4.75	−0.02	+0.45	F4 IV
14 Tri	736	02 33 03.2	+36 12 55		5.15	+1.78	+1.47	K5 III
78 ν Cet	754	02 36 41.4	+05 39 36	d67	4.97	+0.56	+0.87	G8 III
	753	02 36 56.0	+06 57 36	sd6	5.82	+0.81	+0.98	K3⁻ V
	743	02 39 32.5	+72 53 05		5.16	+0.58	+0.88	G8 III
32 ν Ari	773	02 39 42.0	+22 01 39	6	5.46	+0.16	+0.16	A7 V
ε Hyi	806	02 39 50.0	−68 12 03		4.11	−0.14	−0.06	B9 V
82 δ Cet	779	02 40 16.7	+00 23 41	v6	4.07	−0.87	−0.22	B2 IV
ζ Hor	802	02 41 08.6	−54 29 02	6	5.21	−0.01	+0.40	F4 IV
ι Eri	794	02 41 16.7	−39 47 23		4.11	+0.74	+1.02	K0.5 IIIb Fe−0.5
86 γ Cet	804	02 44 06.3	+03 18 01	d7	3.47	+0.07	+0.09	A2 Va
35 Ari	801	02 44 21.9	+27 46 20	6	4.66	−0.62	−0.13	B3 V
89 π Cet	811	02 44 51.7	−13 47 37	6	4.25	−0.45	−0.14	B7 V
14 Per	800	02 45 06.1	+44 21 43		5.43	+0.65	+0.90	G0 Ib Ca 1
13 θ Per	799	02 45 16.0	+49 17 35	d	4.12	0.00	+0.49	F7 V
87 μ Cet	813	02 45 47.0	+10 10 44	d6	4.27	+0.08	+0.31	F0m F2 V⁺
1 τ¹ Eri	818	02 45 49.6	−18 30 28	6	4.47	0.00	+0.48	F5 V
β For	841	02 49 44.3	−32 20 29	d	4.46	+0.69	+0.99	G8.5 III Fe−0.5
1 α UMi	424	02 50 53.2	+89 19 48	vd6	2.02	+0.38	+0.60	F5−8 Ib

Designation		BS=HR No.	Right Ascension	Declination	Notes	V	U–B	B–V	Spectral Type
			h m s	° ′ ″					
41	Ari	838	02 50 54.0	+27 19 25	d6	3.63	−0.37	−0.10	B8 Vn
16	Per	840	02 51 34.1	+38 22 53	d	4.23	+0.08	+0.34	F1 V+
2 τ²	Eri	850	02 51 44.5	−20 56 27	d	4.75	+0.63	+0.91	K0 III
15 η	Per	834	02 51 50.3	+55 57 31	d6	3.76	+1.89	+1.68	K3− Ib−IIa
43 σ	Ari	847	02 52 21.1	+15 08 42		5.49	−0.43	−0.09	B7 V
R	Hor	868	02 54 23.7	−49 49 37	v	5 − 14	+0.43	+2.11	gM6.5e:
18 τ	Per	854	02 55 22.0	+52 49 29	cd6	3.95	+0.46	+0.74	G5 III + A4 V
3 η	Eri	874	02 57 11.1	−08 50 14		3.89	+1.00	+1.11	K1 IIIb
		875	02 57 24.1	−03 39 03	6	5.17	+0.05	+0.08	A3 Vn
θ¹	Eri	897	02 58 50.9	−40 14 35	d6	3.24	+0.14	+0.14	A5 IV
24	Per	882	03 00 01.6	+35 14 39		4.93	+1.29	+1.23	K2 III
91 λ	Cet	896	03 00 32.9	+08 58 06		4.70	−0.45	−0.12	B6 III
θ	Hyi	939	03 02 18.0	−71 50 31	d7	5.53	−0.51	−0.14	B9 IVp
11 τ³	Eri	919	03 03 04.5	−23 33 52		4.09	+0.08	+0.16	A4 V
92 α	Cet	911	03 03 05.5	+04 08 59		2.53	+1.94	+1.64	M1.5 IIIa
μ	Hor	934	03 03 58.9	−59 40 41		5.11	−0.03	+0.34	F0 IV−V
23 γ	Per	915	03 05 55.7	+53 33 58	cd6	2.93	+0.45	+0.70	G5 III + A2 V
25 ρ	Per	921	03 06 10.5	+38 53 57		3.39	+1.79	+1.65	M4 II
		881	03 08 16.4	+79 28 40	d6	5.49		+1.57	M2 IIIab
26 β	Per	936	03 09 11.0	+41 00 51	cvd6	2.12	−0.37	−0.05	B8 V + F:
ι	Per	937	03 10 11.6	+49 40 17	d	4.05	+0.12	+0.59	G0 V
27 κ	Per	941	03 10 32.9	+44 54 55	d6	3.80	+0.83	+0.98	K0 III
57 δ	Ari	951	03 12 31.1	+19 47 04		4.35	+0.87	+1.03	K0 III
α	For	963	03 12 44.1	−28 55 39	d7	3.87	+0.02	+0.52	F6 V
TW	Hor	977	03 12 56.8	−57 15 50	s	5.74	+2.83	+2.28	C6:,2.5 Ba2 Y4
94	Cet	962	03 13 34.0	−01 08 20	d7	5.06	+0.12	+0.57	G0 IV
58 ζ	Ari	972	03 15 47.7	+21 06 03		4.89	−0.01	−0.01	A0.5 Va+
13 ζ	Eri	984	03 16 35.3	−08 45 47	6	4.80	+0.09	+0.23	A5m:
29	Per	987	03 19 44.5	+50 16 40	s6	5.15	−0.06	−0.05	B3 V
96 κ	Cet	996	03 20 10.6	+03 25 34	dasv	4.83	+0.19	+0.68	G5 V
16 τ⁴	Eri	1003	03 20 12.4	−21 42 08	d	3.69	+1.81	+1.62	M3+ IIIa Ca−1
		1008	03 20 32.8	−43 00 41		4.27	+0.22	+0.71	G8 V
		999	03 21 16.9	+29 06 13		4.47	+1.79	+1.55	K3 IIIa Ba 0.5
61 τ	Ari	1005	03 22 07.5	+21 12 07	dv	5.28	−0.52	−0.07	B5 IV
		961	03 22 21.2	+77 47 22	d	5.45	+0.11	+0.19	A5 III:
33 α	Per	1017	03 25 26.2	+49 54 54	das	1.79	+0.37	+0.48	F5 Ib
1 o	Tau	1030	03 25 39.0	+09 04 57	6	3.60	+0.61	+0.89	G6 IIIa Fe−1
		1009	03 26 02.3	+64 38 24		5.23	+2.06	+2.08	M0 II
		1029	03 27 03.9	+49 10 27	sv	6.09	−0.49	−0.07	B7 V
2 ξ	Tau	1038	03 28 00.7	+09 47 09	d6	3.74	−0.33	−0.09	B9 Vn
κ	Ret	1083	03 29 39.1	−62 53 00	d	4.72	−0.04	+0.40	F5 IV−V
		1035	03 30 20.2	+59 59 35	vd	4.21	−0.24	+0.41	B9 Ia
		1040	03 31 09.7	+58 55 52	as6	4.54	−0.11	+0.56	A0 Ia
17	Eri	1070	03 31 23.3	−05 01 22		4.73	−0.27	−0.09	B9 Vs
35 σ	Per	1052	03 31 40.5	+48 02 51		4.36	+1.54	+1.35	K3 III
5	Tau	1066	03 31 43.9	+12 59 20	6	4.11	+1.02	+1.12	K0− II−III Fe−0.5
18 ε	Eri	1084	03 33 39.7	−09 24 24	das	3.73	+0.59	+0.88	K2 V
19 τ⁵	Eri	1088	03 34 28.4	−21 34 54	6	4.27	−0.35	−0.11	B8 V
20 EG	Eri	1100	03 36 59.8	−17 25 00	dv	5.23	−0.49	−0.13	B9p Si
37 ψ	Per	1087	03 37 35.9	+48 14 34		4.23	−0.57	−0.06	B5 Ve

Designation		BS=HR No.	Right Ascension	Declination	Notes	V	U–B	B–V	Spectral Type
			h m s	° ′ ″					
		1106	03 37 39.1	−40 13 28		4.58	+0.77	+1.04	K1 III
10		1101	03 37 39.9	+00 27 00		4.28	+0.07	+0.58	F9 IV–V
	δ For	1134	03 42 51.9	−31 53 23	6	5.00	−0.60	−0.16	B5 IV
	BD Cam	1105	03 43 30.9	+63 15 56	6	5.10	+1.82	+1.63	S3.5/2
23	δ Eri	1136	03 43 59.5	−09 42 43		3.54	+0.69	+0.92	K0⁺ IV
39	δ Per	1122	03 44 02.1	+47 50 09	d6	3.01	−0.51	−0.13	B5 III
	β Ret	1175	03 44 23.9	−64 45 30	d6	3.85	+1.10	+1.13	K2 III
38	o Per	1131	03 45 17.7	+32 20 10	vd6	3.83	−0.75	+0.05	B1 III
24	Eri	1146	03 45 17.8	−01 06 55	6	5.25	−0.39	−0.10	B7 V
17	Tau	1142	03 45 47.9	+24 09 40	6	3.70	−0.40	−0.11	B6 III
19	Tau	1145	03 46 08.0	+24 30 53	d6	4.30	−0.46	−0.11	B6 IV
41	ν Per	1135	03 46 15.1	+42 37 35	d	3.77	+0.31	+0.42	F5 II
29	Tau	1153	03 46 30.0	+06 05 51	d6	5.35	−0.61	−0.12	B3 V
20	Tau	1149	03 46 45.1	+24 24 54	s6	3.87	−0.40	−0.07	B7 IIIp
26	π Eri	1162	03 46 52.6	−12 03 14		4.42	+2.01	+1.63	M2⁻ IIIab
	γ Hyi	1208	03 47 00.9	−74 11 28		3.24	+1.99	+1.62	M2 III
23 v971 Tau		1156	03 47 15.0	+23 59 44		4.18	−0.42	−0.06	B6 IV
27	τ⁶ Eri	1173	03 47 30.9	−23 12 17		4.23	0.00	+0.42	F3 III
25	η Tau	1165	03 48 24.5	+24 09 07	d	2.87	−0.34	−0.09	B7 IIIn
		1195	03 50 02.1	−36 09 15		4.17	+0.69	+0.95	G7 IIIa
27	Tau	1178	03 50 05.2	+24 05 59	d6	3.63	−0.36	−0.09	B8 III
	BE Cam	1155	03 50 57.4	+65 34 20		4.47	+2.13	+1.88	M2⁺ IIab
	γ Cam	1148	03 52 01.2	+71 22 41	d	4.63	+0.07	+0.03	A1 IIIn
44	ζ Per	1203	03 55 06.6	+31 55 43	sd67	2.85	−0.77	+0.12	B1 Ib
34	γ Eri	1231	03 58 45.2	−13 27 55	d	2.95	+1.96	+1.59	M0.5 IIIb Ca−1
45	ε Per	1220	03 58 53.9	+40 03 14	sd67	2.89	−0.95	−0.20	B0.5 IV
	δ Ret	1247	03 58 59.7	−61 21 24		4.56	+1.96	+1.62	M1 III
46	ξ Per	1228	03 59 58.5	+35 50 04	6	4.04	−0.92	+0.01	O7.5 IIIf
35	λ Tau	1239	04 01 32.5	+12 31 59	v6	3.47	−0.62	−0.12	B3 V
35	Eri	1244	04 02 19.3	−01 30 26		5.28	−0.55	−0.15	B5 V
38	ν Tau	1251	04 03 59.0	+06 01 53		3.91	+0.07	+0.03	A1 Va
37	Tau	1256	04 05 36.9	+22 07 23	d	4.36	+0.95	+1.07	K0 III
47	λ Per	1261	04 07 44.7	+50 23 31		4.29	−0.04	−0.02	A0 IIIn
		1279	04 08 34.7	+15 12 11	sd6	6.01	+0.02	+0.40	F3 V
48 MX Per		1273	04 09 47.6	+47 45 09		4.04	−0.55	−0.03	B3 Ve
43	Tau	1283	04 10 04.3	+19 38 57		5.50		+1.07	K1 III
		1270	04 10 47.0	+59 56 52	s	6.32	+0.92	+1.16	G8 IIa
44 IM Tau		1287	04 11 46.7	+26 31 13	v	5.41	+0.06	+0.34	F2 IV–V
38	o¹ Eri	1298	04 12 37.4	−06 47 53		4.04	+0.13	+0.33	F1 IV
	α Hor	1326	04 14 31.0	−42 15 25		3.86	+1.00	+1.10	K2 III
	α Ret	1336	04 14 37.7	−62 26 07	d6	3.35	+0.63	+0.91	G8 II–III
40	o² Eri	1325	04 15 59.2	−07 37 47	d	4.43	+0.45	+0.82	K0.5 V
51	μ Per	1303	04 16 02.5	+48 26 50	d67	4.14	+0.64	+0.95	G0 Ib
49	μ Tau	1320	04 16 22.7	+08 55 48	6	4.29	−0.53	−0.06	B3 IV
	γ Dor	1338	04 16 26.0	−51 26 53	v	4.25	+0.03	+0.30	F1 V⁺
48	Tau	1319	04 16 39.2	+15 26 18	sd	6.32	+0.02	+0.40	F3 V
	ε Ret	1355	04 16 45.2	−59 15 55	d	4.44	+1.07	+1.08	K2 IV
41	Eri	1347	04 18 28.9	−33 45 41	d67	3.56	−0.37	−0.12	B9p Mn
54	γ Tau	1346	04 20 40.6	+15 39 50	d6	3.63	+0.82	+0.99	G9.5 IIIab CN 0.5
57 v483 Tau		1351	04 20 50.2	+14 04 17	sd6	5.59	+0.08	+0.28	F0 IV

Designation		BS=HR No.	Right Ascension	Declination	Notes	V	U–B	B–V	Spectral Type
			h m s	o ′ ″					
		1367	04 21 19.6	−20 36 13		5.38		−0.02	A1 V
54	Per	1343	04 21 25.2	+34 36 10	d	4.93	+0.69	+0.94	G8 III Fe 0.5
η	Ret	1395	04 22 03.6	−63 20 59		5.24	+0.69	+0.96	G8 III
		1327	04 22 08.6	+65 10 35	s	5.27	+0.47	+0.81	G5 IIb
61	δ Tau	1373	04 23 49.9	+17 34 40	d6	3.76	+0.82	+0.98	G9.5 III CN 0.5
63	Tau	1376	04 24 18.5	+16 48 44	cs6	5.64	+0.13	+0.30	F0m
42	ξ Eri	1383	04 24 27.2	−03 42 38	6	5.17	+0.08	+0.08	A2 V
43	Eri	1393	04 24 37.2	−33 58 54		3.96	+1.80	+1.49	K3.5⁻ IIIb
65	κ¹ Tau	1387	04 26 17.7	+22 19 41	d6	4.22	+0.13	+0.13	A5 IV–V
68 v776	Tau	1389	04 26 23.3	+17 57 44	d6	4.29	+0.08	+0.05	A2 IV–Vs
71 v777	Tau	1394	04 27 13.8	+15 39 08	d6	4.49	+0.14	+0.25	F0n IV–V
69	υ Tau	1392	04 27 14.3	+22 50 51	d6	4.28	+0.14	+0.26	A9 IV⁻n
77	θ¹ Tau	1411	04 29 27.7	+15 59 44	d6	3.84	+0.73	+0.95	G9 III Fe−0.5
74	ϵ Tau	1409	04 29 31.4	+19 12 49	d	3.53	+0.88	+1.01	G9.5 III CN 0.5
78	θ² Tau	1412	04 29 33.0	+15 54 15	sd6	3.40	+0.13	+0.18	A7 III
δ	Cae	1443	04 31 18.6	−44 55 16		5.07	−0.78	−0.19	B2 IV–V
50	υ¹ Eri	1453	04 34 07.1	−29 44 10		4.51	+0.72	+0.98	K0⁺ III Fe−0.5
α	Dor	1465	04 34 20.0	−55 00 48	vd7	3.27	−0.35	−0.10	A0p Si
86	ρ Tau	1444	04 34 43.8	+14 52 33	6	4.65	+0.08	+0.25	A9 V
52	υ² Eri	1464	04 36 09.2	−30 31 53		3.82	+0.72	+0.98	G8.5 IIIa
88	Tau	1458	04 36 30.4	+10 11 29	d6	4.25	+0.11	+0.18	A5m
87	α Tau	1457	04 36 48.7	+16 32 21	sd6	0.85	+1.90	+1.54	K5⁺ III
	R Dor	1492	04 36 56.6	−62 02 49	sd	5.40	+0.86	+1.58	M8e III:
48	ν Eri	1463	04 37 05.7	−03 19 19	vd6	3.93	−0.89	−0.21	B2 III
58	Per	1454	04 37 46.1	+41 17 43	c6	4.25	+0.82	+1.22	K0 II–III + B9 V
53	Eri	1481	04 38 53.5	−14 16 29	d67	3.87	+1.01	+1.09	K1.5 IIIb
90	Tau	1473	04 39 01.5	+12 32 27	d6	4.27	+0.13	+0.12	A5 IV–V
α	Cae	1502	04 41 03.7	−41 50 05	d	4.45	+0.01	+0.34	F1 V
54 DM	Eri	1496	04 41 07.2	−19 38 34	d	4.32	+1.81	+1.61	M3 II–III
β	Cae	1503	04 42 36.4	−37 06 53		5.05	+0.04	+0.37	F2 V
94	τ Tau	1497	04 43 10.6	+22 59 07	d67	4.28	−0.57	−0.13	B3 V
57	μ Eri	1520	04 46 16.7	−03 13 38	6	4.02	−0.60	−0.15	B4 IV
4	Cam	1511	04 49 18.1	+56 46 59	d	5.30	+0.15	+0.25	Am
1	π³ Ori	1543	04 50 41.0	+06 59 14	ad6	3.19	−0.01	+0.45	F6 V
		1533	04 50 57.4	+37 30 51		4.88	+1.70	+1.44	K3.5 III
2	π² Ori	1544	04 51 27.5	+08 55 32	6	4.36	0.00	+0.01	A0.5 IVn
3	π⁴ Ori	1552	04 52 02.0	+05 37 50	s6	3.69	−0.81	−0.17	B2 III
97 v480	Tau	1547	04 52 17.0	+18 51 54	d	5.10	+0.12	+0.21	A9 V⁺
4	o¹ Ori	1556	04 53 24.7	+14 16 31	cv	4.74	+2.03	+1.84	S3.5/1⁻
61	ω Eri	1560	04 53 39.4	−05 25 40	6	4.39	+0.16	+0.25	A9 IV
η	Men	1629	04 54 45.2	−74 54 45		5.47	+1.83	+1.52	K4 III
8	π⁵ Ori	1567	04 55 03.6	+02 27 54	v6	3.72	−0.83	−0.18	B2 III
9	α Cam	1542	04 55 36.1	+66 22 01		4.29	−0.88	+0.03	O9.5 Ia
9	o² Ori	1580	04 57 14.6	+13 32 16	d	4.07	+1.11	+1.15	K2⁻ III Fe−1
3	ι Aur	1577	04 58 00.3	+33 11 21	a	2.69	+1.78	+1.53	K3 II
7	Cam	1568	04 58 32.0	+53 46 31	d67	4.47	−0.01	−0.02	A0m A1 III
10	π⁶ Ori	1601	04 59 21.2	+01 44 12		4.47	+1.55	+1.40	K2⁻ II
7	ϵ Aur	1605	05 03 05.1	+43 50 41	vd6	2.99	+0.33	+0.54	A9 Ia
8	ζ Aur	1612	05 03 33.9	+41 05 49	cdv6	3.75	+0.38	+1.22	K5 II + B5 V
102	ι Tau	1620	05 04 01.4	+21 36 39		4.64	+0.15	+0.16	A7 IV

Designation			BS=HR No.	Right Ascension	Declination	Notes	V	U–B	B–V	Spectral Type
				h m s	° ′ ″					
10	β	Cam	1603	05 04 48.2	+60 27 47	d	4.03	+0.63	+0.92	G1 Ib–IIa
	η²	Pic	1663	05 05 22.2	−49 33 27		5.03	+1.88	+1.49	K5 III
11	v1032	Ori	1638	05 05 27.4	+15 25 28	v	4.68	−0.09	−0.06	A0p Si
	ζ	Dor	1674	05 05 46.7	−57 27 07		4.72	−0.04	+0.52	F7 V
2	ε	Lep	1654	05 06 07.1	−22 21 04		3.19	+1.78	+1.46	K4 III
10	η	Aur	1641	05 07 36.3	+41 15 14	a	3.17	−0.67	−0.18	B3 V
67	β	Eri	1666	05 08 36.8	−05 04 03	d	2.79	+0.10	+0.13	A3 IVn
69	λ	Eri	1679	05 09 53.3	−08 44 07		4.27	−0.90	−0.19	B2 IVn
16		Ori	1672	05 10 10.9	+09 50 54	d6	5.43	+0.16	+0.24	A9m
3	ι	Lep	1696	05 13 01.3	−11 51 06	d	4.45	−0.40	−0.10	B9 V:
5	μ	Lep	1702	05 13 37.7	−16 11 17	s	3.31	−0.39	−0.11	B9p Hg Mn
	θ	Dor	1744	05 13 45.0	−67 10 04		4.83	+1.39	+1.28	K2.5 IIIa
4	κ	Lep	1705	05 13 56.9	−12 55 26	d7	4.36	−0.37	−0.10	B7 V
17	ρ	Ori	1698	05 14 06.2	+02 52 43	d67	4.46	+1.16	+1.19	K1 III CN 0.5
11	μ	Aur	1689	05 14 29.5	+38 30 05		4.86	+0.09	+0.18	A7m
19	β	Ori	1713	05 15 17.0	−08 11 05	vdas6	0.12	−0.66	−0.03	B8 Ia
13	α	Aur	1708	05 17 50.2	+46 00 44	cd67	0.08	+0.44	+0.80	G6 III + G2 III
	o	Col	1743	05 18 02.7	−34 52 51		4.83	+0.80	+1.00	K0/1 III/IV
20	τ	Ori	1735	05 18 21.6	−06 49 43	sd6	3.60	−0.47	−0.11	B5 III
	ζ	Pic	1767	05 19 45.0	−50 35 23		5.45	+0.01	+0.51	F7 III–IV
15	λ	Aur	1729	05 20 14.0	+40 06 41	d	4.71	+0.12	+0.63	G1.5 IV–V Fe−1
6	λ	Lep	1756	05 20 17.4	−13 09 42		4.29	−1.03	−0.26	B0.5 IV
22		Ori	1765	05 22 33.3	−00 22 06	6	4.73	−0.79	−0.17	B2 IV–V
29		Ori	1784	05 24 41.7	−07 47 42		4.14	+0.69	+0.96	G8 III Fe−0.5
			1686	05 25 08.4	+79 14 43	d	5.05	−0.13	+0.47	F7 Vs
28	η	Ori	1788	05 25 15.4	−02 23 02	cdv6	3.36	−0.92	−0.17	B1 IV + B
24	γ	Ori	1790	05 25 57.8	+06 21 45	d6	1.64	−0.87	−0.22	B2 III
112	β	Tau	1791	05 27 16.4	+28 37 09	sd	1.65	−0.49	−0.13	B7 III
115		Tau	1808	05 28 04.4	+17 58 27	d	5.42	−0.53	−0.10	B5 V
9	β	Lep	1829	05 28 54.6	−20 44 53	d	2.84	+0.46	+0.82	G5 II
			1856	05 30 35.1	−47 04 02	d7	5.46	+0.21	+0.62	G3 IV
	γ	Men	1953	05 31 16.8	−76 19 45	d	5.19	+1.19	+1.13	K2 III
32		Ori	1839	05 31 36.9	+05 57 32	d7	4.20	−0.55	−0.14	B5 V
17		Cam	1802	05 31 38.3	+63 04 41		5.42	+2.00	+1.71	M1 IIIa
	ε	Col	1862	05 31 45.8	−35 27 36		3.87	+1.08	+1.14	K1 II/III
34	δ	Ori	1852	05 32 48.0	−00 17 19	dv6	2.23	−1.05	−0.22	O9.5 II
119	CE	Tau	1845	05 33 07.3	+18 36 16		4.38	+2.21	+2.07	M2 Iab–Ib
11	α	Lep	1865	05 33 24.9	−17 48 44	das	2.58	+0.23	+0.21	F0 Ib
25	χ	Aur	1843	05 33 44.3	+32 12 07	6	4.76	−0.46	+0.34	B5 Iab
	β	Dor	1922	05 33 45.7	−62 28 48	v	3.76	+0.55	+0.82	F7–G2 Ib
37	φ¹	Ori	1876	05 35 40.3	+09 29 56	d6	4.41	−0.97	−0.16	B0.5 IV–V
39	λ	Ori	1879	05 35 59.5	+09 56 36	d	3.54	−1.03	−0.18	O8 IIIf
	v1046	Ori	1890	05 36 07.9	−04 29 06	sdv6	6.55	−0.77	−0.13	B2 Vh
			1891	05 36 08.4	−04 24 55	ds	6.24	−0.70	−0.15	B2.5 V
44	ι	Ori	1899	05 36 11.5	−05 54 03	ds6	2.77	−1.08	−0.24	O9 III
46	ε	Ori	1903	05 37 00.0	−01 11 35	das6	1.70	−1.04	−0.19	B0 Ia
40	φ²	Ori	1907	05 37 45.5	+09 17 52	s	4.09	+0.64	+0.95	K0 IIIb Fe−2
123	ζ	Tau	1910	05 38 34.3	+21 09 03	s6	3.00	−0.67	−0.19	B2 IIIpe (shell)
48	σ	Ori	1931	05 39 31.5	−02 35 32	d6	3.81	−1.01	−0.24	O9.5 V
	α	Col	1956	05 40 12.7	−34 04 00	d	2.64	−0.46	−0.12	B7 IV

Designation			BS=HR No.	Right Ascension	Declination	Notes	V	U–B	B–V	Spectral Type
				h m s	° ′ ″					
50	ζ	Ori	1948	05 41 32.5	−01 56 08	d6	2.03	−1.04	−0.21	O9.5 Ib
	δ	Dor	2015	05 44 48.1	−65 43 47		4.35	+0.12	+0.21	A7 V⁺n
13	γ	Lep	1983	05 45 06.6	−22 26 39	d	3.60	0.00	+0.47	F7 V
27	o	Aur	1971	05 47 06.2	+49 49 53		5.47	+0.07	+0.03	A0p Cr
	β	Pic	2020	05 47 39.2	−51 03 41		3.85	+0.10	+0.17	A6 V
14	ζ	Lep	1998	05 47 39.5	−14 49 02	6	3.55	+0.07	+0.10	A2 Van
130		Tau	1990	05 48 20.5	+17 44 01		5.49	+0.27	+0.30	F0 III
53	κ	Ori	2004	05 48 29.5	−09 39 55		2.06	−1.03	−0.17	B0.5 Ia
	γ	Pic	2042	05 50 06.6	−56 09 48		4.51	+0.98	+1.10	K1 III
			2049	05 51 14.3	−52 06 21		5.17	+0.72	+0.99	G8 III
	β	Col	2040	05 51 30.4	−35 45 48		3.12	+1.21	+1.16	K1.5 III
15	δ	Lep	2035	05 51 59.3	−20 52 43		3.81	+0.68	+0.99	K0 III Fe−1.5 CH 0.5
32	ν	Aur	2012	05 52 33.9	+39 09 05	d	3.97	+1.09	+1.13	K0 III CN 0.5
136		Tau	2034	05 54 18.1	+27 36 52	6	4.58	+0.03	−0.02	A0 IV
54	χ¹	Ori	2047	05 55 18.1	+20 16 40	6	4.41	+0.07	+0.59	G0⁻ V Ca 0.5
58	α	Ori	2061	05 56 00.7	+07 24 32	ad6	0.50	+2.06	+1.85	M1−M2 Ia−Iab
30	ξ	Aur	2029	05 56 08.8	+55 42 31		4.99	+0.12	+0.05	A1 Va
16	η	Lep	2085	05 57 06.7	−14 09 57		3.71	+0.01	+0.33	F1 V
	γ	Col	2106	05 58 05.2	−35 16 57	d	4.36	−0.66	−0.18	B2.5 IV
	η	Col	2120	05 59 37.3	−42 48 54		3.96	+1.08	+1.14	G8/K1 II
60		Ori	2103	05 59 37.4	+00 33 12	d6	5.22	+0.01	+0.01	A1 Vs
34	β	Aur	2088	06 00 40.0	+44 56 51	vd6	1.90	+0.05	+0.03	A1 IV
37	θ	Aur	2095	06 00 46.7	+37 12 44	vd67	2.62	−0.18	−0.08	A0p Si
33	δ	Aur	2077	06 00 48.3	+54 17 02	d	3.72	+0.87	+1.00	K0⁻ III
35	π	Aur	2091	06 01 05.2	+45 56 11		4.26	+1.83	+1.72	M3 II
61	μ	Ori	2124	06 03 14.2	+09 38 46	d6	4.12	+0.11	+0.16	A5m:
62	χ²	Ori	2135	06 04 50.4	+20 08 12	asv	4.63	−0.68	+0.28	B2 Ia
1		Gem	2134	06 05 03.8	+23 15 40	d67	4.16	+0.53	+0.84	G5 III−IV
17 SS		Lep	2148	06 05 40.7	−16 29 11	s6	4.93	+0.12	+0.24	Ap (shell)
67	ν	Ori	2159	06 08 27.4	+14 45 55	d6	4.42	−0.66	−0.17	B3 IV
	ν	Dor	2221	06 08 38.3	−68 50 48		5.06	−0.21	−0.08	B8 V
			2180	06 09 37.0	−22 25 52		5.50		−0.01	A0 V
	α	Men	2261	06 09 46.7	−74 45 28		5.09	+0.33	+0.72	G5 V
	δ	Pic	2212	06 10 36.1	−54 58 21	v6	4.81	−1.03	−0.23	B0.5 IV
70	ξ	Ori	2199	06 12 49.3	+14 12 14	d6	4.48	−0.65	−0.18	B3 IV
36		Cam	2165	06 14 24.6	+65 42 47	6	5.38	+1.47	+1.34	K2 II−III
5	γ	Mon	2227	06 15 36.7	−06 16 50	d	3.98	+1.41	+1.32	K1 III Ba 0.5
7	η	Gem	2216	06 15 48.8	+22 30 04	vd6	3.28	+1.66	+1.60	M2.5 III
44	κ	Aur	2219	06 16 22.0	+29 29 28		4.35	+0.80	+1.02	G9 IIIb
	κ	Col	2256	06 17 06.3	−35 08 47		4.37	+0.83	+1.00	K0.5 IIIa
74		Ori	2241	06 17 18.9	+12 16 00	d	5.04	−0.02	+0.42	F4 IV
7		Mon	2273	06 20 27.6	−07 49 50	d6	5.27	−0.75	−0.19	B2.5 V
			2209	06 20 33.1	+69 18 43	6	4.80	0.00	+0.03	A0 IV⁺nn
1	ζ	CMa	2282	06 20 54.5	−30 04 16	d6	3.02	−0.72	−0.19	B2.5 V
2 UZ		Lyn	2238	06 20 59.4	+59 00 12		4.48	+0.03	+0.01	A1 Va
	δ	Col	2296	06 22 40.9	−33 26 42	6	3.85	+0.52	+0.88	G7 II
2	β	CMa	2294	06 23 23.0	−17 57 52	svd6	1.98	−0.98	−0.23	B1 II−III
13	μ	Gem	2286	06 23 53.9	+22 30 16	sd	2.88	+1.85	+1.64	M3 IIIab
	α	Car	2326	06 24 17.8	−52 42 17		−0.72	+0.10	+0.15	A9 II
8		Mon	2298	06 24 35.4	+04 35 02	d6	4.44	+0.13	+0.20	A6 IV

Designation			BS=HR No.	Right Ascension	Declination	Notes	V	U–B	B–V	Spectral Type
				h m s	° ′ ″					
			2305	06 24 53.7	−11 32 22		5.22	+1.20	+1.24	K3 III
46	ψ^1	Aur	2289	06 26 05.5	+49 16 42	6	4.91	+2.29	+1.97	K5−M0 Iab−Ib
10		Mon	2344	06 28 43.5	−04 46 22	d	5.06	−0.76	−0.17	B2 V
	λ	CMa	2361	06 28 44.7	−32 35 26		4.48	−0.61	−0.17	B4 V
18	ν	Gem	2343	06 29 53.0	+20 12 04	d6	4.15	−0.48	−0.13	B6 III
4	ξ^1	CMa	2387	06 32 30.1	−23 25 50	vd6	4.33	−0.99	−0.24	B1 III
			2392	06 33 30.5	−11 10 44	ds6	6.24	+0.78	+1.11	G9.5 III: Ba 3
13		Mon	2385	06 33 44.5	+07 19 14		4.50	−0.18	0.00	A0 Ib−II
			2395	06 34 25.1	−01 13 59		5.10	−0.56	−0.14	B5 Vn
			2435	06 35 19.1	−52 59 19		4.39	−0.15	−0.02	A0 II
5	ξ^2	CMa	2414	06 35 42.4	−22 58 41		4.54	−0.03	−0.05	A0 III
7	ν^2	CMa	2429	06 37 21.6	−19 16 12		3.95	+1.01	+1.06	K1.5 III−IV Fe 1
	ν	Pup	2451	06 38 14.2	−43 12 37	6	3.17	−0.41	−0.11	B8 IIIn
8	ν^3	CMa	2443	06 38 34.3	−18 15 07	d	4.43	+1.04	+1.15	K0.5 III
24	γ	Gem	2421	06 38 36.4	+16 23 05	d6	1.93	+0.04	0.00	A1 IVs
15	S	Mon	2456	06 41 49.9	+09 52 49	das6	4.66	−1.07	−0.25	O7 Vf
30		Gem	2478	06 44 51.7	+13 12 40	d	4.49	+1.16	+1.16	K0.5 III CN 0.5
27	ε	Gem	2473	06 44 53.1	+25 06 52	das6	2.98	+1.46	+1.40	G8 Ib
			2513	06 45 47.5	−52 13 05	s	6.57		+1.08	G5 Iab
9	α	CMa	2491	06 45 49.6	−16 44 19	od6	−1.46	−0.05	0.00	A0m A1 Va
31	ξ	Gem	2484	06 46 09.5	+12 52 40		3.36	+0.06	+0.43	F5 IV
56	ψ^5	Aur	2483	06 47 51.3	+43 33 38	d	5.25	+0.05	+0.56	G0 V
			2518	06 47 53.3	−37 56 51	d	5.26	−0.25	−0.08	B8/9 V
	α	Pic	2550	06 48 21.0	−61 57 30		3.27	+0.13	+0.21	A6 Vn
18		Mon	2506	06 48 40.1	+02 23 39	6	4.47	+1.04	+1.11	K0+ IIIa
57	ψ^6	Aur	2487	06 48 50.3	+48 46 17		5.22	+1.04	+1.12	K0 III
			2401	06 48 51.2	+79 32 40	6	5.45	−0.02	+0.50	F8 V
	v415	Car	2554	06 50 11.5	−53 38 28	6	4.40	+0.61	+0.92	G4 II
	τ	Pup	2553	06 50 19.3	−50 38 01	6	2.93	+1.21	+1.20	K1 III
13	κ	CMa	2538	06 50 25.2	−32 31 38		3.96	−0.92	−0.23	B1.5 IVne
	ι	Vol	2602	06 51 16.1	−70 58 57		5.40	−0.38	−0.11	B7 IV
	v592	Mon	2534	06 51 27.1	−08 03 36	sv	6.29	+0.02	0.00	A2p Sr Cr Eu
34	θ	Gem	2540	06 53 48.6	+33 56 28	d6	3.60	+0.14	+0.10	A3 III−IV
16	o^1	CMa	2580	06 54 46.6	−24 12 16	s	3.87	+1.99	+1.73	K2 Iab
14	θ	CMa	2574	06 54 54.6	−12 03 33		4.07	+1.70	+1.43	K4 III
	NP	Pup	2591	06 54 56.0	−42 23 09	s	6.32	+2.79	+2.24	C5,2.5
43		Cam	2511	06 55 22.0	+68 52 05		5.12	−0.43	−0.13	B7 III
20	ι	CMa	2596	06 56 49.7	−17 04 31		4.37	−0.70	−0.07	B3 II
15		Lyn	2560	06 58 36.9	+58 24 02	d7	4.35	+0.52	+0.85	G5 III−IV
21	ε	CMa	2618	06 59 14.1	−28 59 38	d	1.50	−0.93	−0.21	B2 II
			2527	07 02 18.3	+76 57 16	6	4.55	+1.66	+1.36	K4 III
22	σ	CMa	2646	07 02 20.2	−27 57 28	d	3.47	+1.88	+1.73	K7 Ib
42	ω	Gem	2630	07 03 21.4	+24 11 31	s	5.18	+0.68	+0.94	G5 IIa
24	o^2	CMa	2653	07 03 40.3	−23 51 25	vas6	3.02	−0.80	−0.08	B3 Ia
23	γ	CMa	2657	07 04 27.6	−15 39 26		4.12	−0.48	−0.12	B8 II
			2666	07 04 32.3	−42 21 39	d6	5.20	+0.15	+0.20	A9m
	v386	Car	2683	07 04 35.7	−56 46 25	v	5.17		−0.04	Ap Si
43	ζ	Gem	2650	07 05 01.6	+20 32 47	vd6	3.79	+0.62	+0.79	F9 Ib (var)
	γ^2	Vol	2736	07 08 36.7	−70 31 26	d	3.78	+0.88	+1.04	G9 III
25	δ	CMa	2693	07 09 01.3	−26 25 07	das6	1.84	+0.54	+0.68	F8 Ia

Designation		BS=HR No.	Right Ascension	Declination	Notes	V	U–B	B–V	Spectral Type
			h m s	o ′ ″					
20	Mon	2701	07 10 59.9	−04 15 44	d	4.92	+0.78	+1.03	K0 III
46	τ Gem	2697	07 12 07.5	+30 13 06	d7	4.41	+1.41	+1.26	K2 III
22	δ Mon	2714	07 12 39.3	−00 31 10	d	4.15	+0.02	−0.01	A1 III+
63	Aur	2696	07 12 43.2	+39 17 38	6	4.90	+1.74	+1.45	K3.5 III
QW	Pup	2740	07 13 00.2	−46 47 09		4.49	−0.01	+0.32	F0 IVs
48	Gem	2706	07 13 22.8	+24 06 05	s	5.85	+0.09	+0.36	F5 III–IV
L$_2$	Pup	2748	07 14 00.7	−44 39 56	vd	5.10		+1.56	M5 IIIe
51 BQ	Gem	2717	07 14 15.6	+16 07 53	d	5.00	+1.82	+1.66	M4 IIIab
27 EW	CMa	2745	07 14 53.1	−26 22 48	d6	4.66	−0.71	−0.19	B3 IIIep
28	ω CMa	2749	07 15 26.4	−26 48 02		3.85	−0.73	−0.17	B2 IV–Ve
	δ Vol	2803	07 16 49.1	−67 59 08		3.98	+0.45	+0.79	F9 Ib
	π Pup	2773	07 17 41.4	−37 07 34	d	2.70	+1.24	+1.62	K3 Ib
54	λ Gem	2763	07 18 59.0	+16 30 40	d67	3.58	+0.10	+0.11	A4 IV
30	τ CMa	2782	07 19 21.1	−24 59 01	vd6	4.40	−0.99	−0.15	O9 II
55	δ Gem	2777	07 21 02.9	+21 57 09	d67	3.53	+0.04	+0.34	F0 V+
31	η CMa	2827	07 24 42.5	−29 20 03	das	2.45	−0.72	−0.08	B5 Ia
66	Aur	2805	07 25 12.7	+40 38 28	6	5.23	+1.25	+1.25	K1 IIIa Fe−1
60	ι Gem	2821	07 26 41.3	+27 45 58		3.79	+0.85	+1.03	G9 IIIb
3	β CMi	2845	07 27 59.4	+08 15 25	d6	2.90	−0.28	−0.09	B8 V
4	γ CMi	2854	07 29 00.4	+08 53 35	d6	4.32	+1.54	+1.43	K3 III Fe−1
	σ Pup	2878	07 29 43.4	−43 20 00	vd6	3.25	+1.78	+1.51	K5 III
62	ρ Gem	2852	07 30 06.4	+31 45 09	d6	4.18	−0.03	+0.32	F0 V+
6	CMi	2864	07 30 39.5	+11 58 24		4.54	+1.37	+1.28	K1 III
		2906	07 34 43.0	−22 19 49		4.45	+0.06	+0.51	F6 IV
66	α^1 Gem	2891	07 35 35.1	+31 51 10	od6	1.98	+0.01	+0.03	A1m A2 Va
66	α^2 Gem	2890	07 35 35.4	+31 51 13	od6	2.88	+0.02	+0.04	A2m A5 V:
		2934	07 36 02.7	−52 34 08	6	4.94	+1.63	+1.40	K3 III
69	υ Gem	2905	07 36 52.5	+26 51 36	d	4.06	+1.94	+1.54	M0 III–IIIb
		2937	07 37 56.6	−35 00 15	d7	4.53	−0.31	−0.09	B8 V
25	Mon	2927	07 38 02.9	−04 08 48	d	5.13	+0.12	+0.44	F6 III
10	α CMi	2943	07 40 06.8	+05 11 03	osd67	0.38	+0.02	+0.42	F5 IV–V
R	Pup	2974	07 41 28.7	−31 41 53	s	6.56	+0.85	+1.18	G2 0–Ia
	ζ Vol	3024	07 41 37.3	−72 38 35	d7	3.95	+0.83	+1.04	G9 III
26	α Mon	2970	07 41 59.3	−09 35 18		3.93	+0.88	+1.02	G9 III Fe−1
75	σ Gem	2973	07 44 16.7	+28 50 41	d6	4.28	+0.97	+1.12	K1 III
24	Lyn	2946	07 44 18.6	+58 40 21	d	4.99	+0.08	+0.08	A2 IVn
3	Pup	2996	07 44 25.8	−28 59 34	6	3.96	−0.09	+0.18	A2 Ib
77	κ Gem	2985	07 45 22.9	+24 21 35	ad7	3.57	+0.69	+0.93	G8 III
		3017	07 45 48.5	−38 00 25		3.61	+1.72	+1.73	K5 IIa
78	β Gem	2990	07 46 15.7	+27 59 15	ad	1.14	+0.85	+1.00	K0 IIIb
4	Pup	3015	07 46 39.7	−14 36 09		5.04	+0.09	+0.33	F2 V
81	Gem	3003	07 47 01.2	+18 28 16	6	4.88	+1.75	+1.45	K4 III
11	CMi	3008	07 47 07.3	+10 43 46	6	5.30	−0.02	+0.01	A0.5 IV−nn
OV	Cep	2609	07 47 12.5	+86 58 56		5.07	+1.97	+1.63	M2− IIIab
		2999	07 47 41.2	+37 28 43		5.18	+1.94	+1.58	M2+ IIIb
		3037	07 47 59.6	−46 38 51	6	5.23	−0.85	−0.14	B1.5 IV
80	π Gem	3013	07 48 30.1	+33 22 35	d7	5.14	+1.95	+1.60	M1+ IIIa
	o Pup	3034	07 48 43.8	−25 58 35	d	4.50	−1.02	−0.05	B1 IV:nne
		3055	07 49 42.6	−46 24 46	d	4.11	−1.01	−0.18	B0 III
7	ξ Pup	3045	07 49 56.8	−24 53 58	d6	3.34	+1.16	+1.24	G6 Iab–Ib

Designation			BS=HR No.	Right Ascension	Declination	Notes	V	U–B	B–V	Spectral Type
				h m s	° ′ ″					
13	ζ	CMi	3059	07 52 30.2	+01 43 35		5.14	−0.49	−0.12	B8 II
			3080	07 52 45.0	−40 36 59	c6	3.73	+0.78	+1.04	K1/2 II + A
	QZ	Pup	3084	07 53 11.6	−38 54 13	v6	4.49	−0.69	−0.19	B2.5 V
			3090	07 53 45.5	−48 08 38		4.24	−1.00	−0.14	B0.5 Ib
83	φ	Gem	3067	07 54 26.6	+26 43 28	6	4.97	+0.10	+0.09	A3 IV−V
26		Lyn	3066	07 55 50.1	+47 31 23		5.45	+1.73	+1.46	K3 III
	χ	Car	3117	07 57 10.3	−53 01 28		3.47	−0.67	−0.18	B3p Si
11		Pup	3102	07 57 31.5	−22 55 20		4.20	+0.42	+0.72	F8 II
			3113	07 58 17.2	−30 22 37		4.79	+0.18	+0.15	A6 II
	V	Pup	3129	07 58 41.2	−49 17 15	cvd6	4.41	−0.96	−0.17	B1 Vp + B2:
			3153	07 59 53.3	−60 37 48	s	5.17	+1.91	+1.74	M1.5 II
27		Mon	3122	08 00 30.6	−03 43 22		4.93	+1.21	+1.21	K2 III
			3131	08 00 33.7	−18 26 33		4.61	+0.08	+0.08	A2 IVn
			3075	08 02 01.3	+73 52 27		5.41	+1.64	+1.42	K3 III
			3145	08 03 04.3	+02 17 28	d	4.39	+1.28	+1.25	K2 IIIb Fe−0.5
	ζ	Pup	3165	08 04 07.8	−40 02 51	s	2.25	−1.11	−0.26	O5 Iafn
	χ	Gem	3149	08 04 28.1	+27 44 59	d6	4.94	+1.09	+1.12	K1 III
	ε	Vol	3223	08 07 58.5	−68 39 46	d67	4.35	−0.46	−0.11	B6 IV
15	ρ	Pup	3185	08 08 12.3	−24 20 59	vd6	2.81	+0.19	+0.43	F5 (Ib−II)p
29	ζ	Mon	3188	08 09 22.4	−03 01 47	d	4.34	+0.69	+0.97	G2 Ib
27		Lyn	3173	08 09 37.0	+51 27 38	d	4.84	0.00	+0.05	A1 Va
16		Pup	3192	08 09 43.2	−19 17 28	6	4.40	−0.60	−0.15	B5 IV
	γ²	Vel	3207	08 10 00.6	−47 22 58	cd6	1.78	−0.99	−0.22	WC8 + O9I:
	NS	Pup	3225	08 11 54.7	−39 39 55	6	4.45	+1.86	+1.62	K4.5 Ib
20		Pup	3229	08 14 02.7	−15 50 09		4.99	+0.78	+1.07	G5 IIa
			3182	08 14 20.2	+68 25 36		5.45	+0.80	+1.05	G7 II
			3243	08 14 36.0	−40 23 45	d6	4.44	+1.09	+1.17	K1 II/III
17	β	Cnc	3249	08 17 21.3	+09 08 12	d	3.52	+1.77	+1.48	K4 III Ba 0.5
	α	Cha	3318	08 18 06.2	−76 58 06		4.07	−0.02	+0.39	F4 IV
			3270	08 19 08.2	−36 42 29		4.45	+0.11	+0.22	A7 IV
	θ	Cha	3340	08 20 09.1	−77 32 02	d	4.35	+1.20	+1.16	K2 III CN 0.5
18	χ	Cnc	3262	08 21 00.2	+27 09 59		5.14	−0.06	+0.47	F6 V
			3282	08 21 59.7	−33 06 16		4.83	+1.60	+1.45	K2.5 II−III
	ε	Car	3307	08 22 49.8	−59 33 35	dc	1.86	+0.19	+1.28	K3: III + B2: V
31		Lyn	3275	08 23 53.5	+43 08 14		4.25	+1.90	+1.55	K4.5 III
			3315	08 25 43.9	−24 05 50	d6	5.28	+1.83	+1.48	K4.5 III CN 1
	β	Vol	3347	08 25 54.1	−66 11 20		3.77	+1.14	+1.13	K2 III
			3314	08 26 26.1	−03 57 28		3.90	−0.02	−0.02	A0 Va
1	o	UMa	3323	08 31 32.4	+60 39 54	sd	3.37	+0.52	+0.85	G5 III
33	η	Cnc	3366	08 33 36.2	+20 23 15		5.33	+1.39	+1.25	K3 III
			3426	08 38 11.4	−43 02 38		4.14	+0.16	+0.11	A6 II
4	δ	Hya	3410	08 38 28.5	+05 38 56	d6	4.16	+0.01	0.00	A1 IVnn
5	σ	Hya	3418	08 39 34.0	+03 17 10		4.44	+1.28	+1.21	K1 III
	β	Pyx	3438	08 40 42.6	−35 21 50	d6	3.97	+0.65	+0.94	G4 III
	o	Vel	3447	08 40 44.2	−52 58 38	v6	3.62	−0.64	−0.18	B3 IV
6		Hya	3431	08 40 45.5	−12 31 51		4.98	+1.62	+1.42	K4 III
	η	Cha	3502	08 40 45.8	−79 01 08		5.47	−0.35	−0.10	B8 V
	v343	Car	3457	08 40 57.5	−59 49 00	d6	4.33	−0.80	−0.11	B1.5 III
			3445	08 41 08.5	−46 42 16	d	3.82	+0.33	+0.70	F0 Ia
34		Lyn	3422	08 42 05.0	+45 46 43		5.37	+0.75	+0.99	G8 IV

Designation			BS=HR No.	Right Ascension	Declination	Notes	V	U−B	B−V	Spectral Type
				h m s	° ′ ″					
7	η	Hya	3454	08 44 02.0	+03 20 32	6	4.30	−0.74	−0.20	B4 V
43	γ	Cnc	3449	08 44 10.8	+21 24 42	d6	4.66	+0.01	+0.02	A1 Va
	α	Pyx	3468	08 44 12.9	−33 14 35		3.68	−0.88	−0.18	B1.5 III
			3477	08 44 57.2	−42 42 22	d	4.07	+0.52	+0.87	G6 II−III
	δ	Vel	3485	08 45 07.9	−54 45 58	d7	1.96	+0.07	+0.04	A1 Va
47	δ	Cnc	3461	08 45 33.8	+18 05 47	d	3.94	+0.99	+1.08	K0 IIIb
			3487	08 46 33.2	−46 05 56		3.91	−0.05	0.00	A1 II
12		Hya	3484	08 47 06.5	−13 36 18	d6	4.32	+0.62	+0.90	G8 III Fe−1
	v344	Car	3498	08 47 06.6	−56 49 38		4.49	−0.73	−0.17	B3 Vne
11	ε	Hya	3482	08 47 35.7	+06 21 40	cd67	3.38	+0.36	+0.68	G5: III + A:
48	ι	Cnc	3475	08 47 37.9	+28 42 08	d	4.02	+0.78	+1.01	G8 II−III
13	ρ	Hya	3492	08 49 15.2	+05 46 47	d6	4.36	−0.04	−0.04	A0 Vn
14	KX	Hya	3500	08 50 08.4	−03 30 05		5.31	−0.35	−0.09	B9p Hg Mn
	γ	Pyx	3518	08 51 11.4	−27 46 05		4.01	+1.40	+1.27	K2.5 III
	ζ	Oct	3678	08 54 08.8	−85 43 22		5.42	+0.07	+0.31	F0 III
			3571	08 55 23.8	−60 42 15	d	3.84	−0.45	−0.10	B7 II−III
16	ζ	Hya	3547	08 56 12.7	+05 53 09		3.11	+0.80	+1.00	G9 IIIa
	v376	Car	3582	08 57 21.1	−59 17 22	d	4.92	−0.77	−0.19	B2 IV−V
65	α	Cnc	3572	08 59 20.0	+11 47 49	d6	4.25	+0.15	+0.14	A5m
9	ι	UMa	3569	09 00 15.7	+47 58 48	d6	3.14	+0.07	+0.19	A7 IVn
64	σ³	Cnc	3575	09 00 29.5	+32 21 27	d	5.22	+0.64	+0.92	G8 III
			3591	09 00 40.2	−41 18 52	c6	4.45	+0.38	+0.65	G8/K1 III + A
			3579	09 01 38.4	+41 43 14	od67	3.97	+0.04	+0.43	F7 V
	α	Vol	3615	09 02 41.3	−66 27 29	6	4.00	+0.13	+0.14	A5m
8	ρ	UMa	3576	09 03 55.3	+67 34 04		4.76	+1.88	+1.53	M3 IIIb Ca 1
12	κ	UMa	3594	09 04 40.6	+47 05 39	d7	3.60	+0.01	0.00	A0 IIIn
			3614	09 04 41.4	−47 09 36		3.75	+1.22	+1.20	K2 III
			3643	09 05 10.7	−72 39 54		4.48	+0.22	+0.61	F8 II
			3612	09 07 30.6	+38 23 21		4.56	+0.82	+1.04	G7 Ib−II
	λ	Vel	3634	09 08 34.0	−43 29 45	d	2.21	+1.81	+1.66	K4.5 Ib
76	κ	Cnc	3623	09 08 35.1	+10 36 18	d6	5.24	−0.43	−0.11	B8p Hg Mn
15		UMa	3619	09 09 57.4	+51 32 28		4.48	+0.12	+0.27	F0m
77	ξ	Cnc	3627	09 10 14.9	+21 58 55	d6	5.14	+0.80	+0.97	G9 IIIa Fe−0.5 CH−1
	v357	Car	3659	09 11 22.6	−59 01 51	6	3.44	−0.70	−0.19	B2 IV−V
			3663	09 11 37.8	−62 22 51		3.97	−0.67	−0.18	B3 III
	β	Car	3685	09 13 21.8	−69 46 52		1.68	+0.03	0.00	A1 III
36		Lyn	3652	09 14 48.7	+43 09 11		5.32	−0.48	−0.14	B8p Mn
22	θ	Hya	3665	09 15 10.2	+02 14 53	d6	3.88	−0.12	−0.06	B9.5 IV (C II)
			3696	09 16 38.3	−57 36 24		4.34	+1.98	+1.63	M0.5 III Ba 0.3
	ι	Car	3699	09 17 30.3	−59 20 26		2.25	+0.16	+0.18	A7 Ib
38		Lyn	3690	09 19 48.2	+36 44 10	d67	3.82	+0.06	+0.06	A2 IV⁻
40	α	Lyn	3705	09 21 59.7	+34 19 34		3.13	+1.94	+1.55	K7 IIIab
	θ	Pyx	3718	09 22 10.8	−26 01 55		4.72	+2.02	+1.63	M0.5 III
	κ	Vel	3734	09 22 35.7	−55 04 38	6	2.50	−0.75	−0.18	B2 IV−V
1	κ	Leo	3731	09 25 33.2	+26 06 53	d7	4.46	+1.31	+1.23	K2 III
30	α	Hya	3748	09 28 20.9	−08 43 35	d	1.98	+1.72	+1.44	K3 II−III
	ε	Ant	3765	09 29 53.2	−36 01 11	6	4.51	+1.68	+1.44	K3 III
	ψ	Vel	3786	09 31 18.8	−40 32 07	d7	3.60	−0.03	+0.36	F0 V⁺
			3803	09 31 41.6	−57 06 11		3.13	+1.89	+1.55	K5 III
			3821	09 31 42.7	−73 08 59		5.47	+1.75	+1.56	K4 III

Designation			BS=HR No.	Right Ascension	Declination	Notes	V	U–B	B–V	Spectral Type
				h m s	° ′ ″					
4	λ	Leo	3773	09 32 36.1	+22 53 56		4.31	+1.89	+1.54	K4.5 IIIb
	R	Car	3816	09 32 38.0	−62 51 28	vd	4 – 10	+0.23	+1.43	gM5e
23		UMa	3757	09 32 44.1	+62 59 35	d	3.67	+0.10	+0.33	F0 IV
5	ξ	Leo	3782	09 32 46.8	+11 13 50		4.97	+0.86	+1.05	G9.5 III
25	θ	UMa	3775	09 33 53.1	+51 36 21	d6	3.17	+0.02	+0.46	F6 IV
			3808	09 33 55.3	−21 11 06		5.01	+0.87	+1.02	K0 III
			3825	09 34 53.7	−59 17 57		4.08	−0.56	+0.01	B5 II
10	SU	LMi	3800	09 35 10.1	+36 19 41		4.55	+0.62	+0.92	G7.5 III Fe−0.5
24	DK	UMa	3771	09 35 49.6	+69 45 40		4.56	+0.34	+0.77	G5 III−IV
26		UMa	3799	09 35 52.6	+51 58 54		4.50	+0.04	+0.01	A1 Va
			3836	09 37 22.9	−49 25 30	d	4.35	+0.13	+0.17	A5 IV−V
			3751	09 39 11.3	+81 15 22		4.29	+1.72	+1.48	K3 IIIa
			3834	09 39 15.7	+04 34 43		4.68	+1.46	+1.32	K3 III
35	ι	Hya	3845	09 40 38.8	−01 12 50		3.91	+1.46	+1.32	K2.5 III
38	κ	Hya	3849	09 41 03.0	−14 24 12		5.06	−0.57	−0.15	B5 V
14	o	Leo	3852	09 41 58.6	+09 49 16	cd6	3.52	+0.21	+0.49	F5 II + A5?
16	ψ	Leo	3866	09 44 34.5	+13 57 00	d	5.35	+1.95	+1.63	M2.4+ IIIab
	θ	Ant	3871	09 44 53.6	−27 50 27	cd7	4.79	+0.35	+0.51	F7 II−III + A8 V
	λ	Car	3884	09 45 40.4	−62 34 47	v	3.69	+0.85	+1.22	F9−G5 Ib
17	ε	Leo	3873	09 46 43.7	+23 42 08		2.98	+0.47	+0.80	G1 II
	υ	Car	3890	09 47 29.3	−65 08 39	d	3.01	+0.13	+0.27	A6 II
	R	Leo	3882	09 48 23.4	+11 21 22	v	4 – 11	−0.20	+1.30	gM7e
			3881	09 49 35.0	+45 56 53		5.09	+0.10	+0.62	G0.5 Va
29	υ	UMa	3888	09 52 04.8	+58 57 54	vd	3.80	+0.18	+0.28	F0 IV
39	υ¹	Hya	3903	09 52 13.5	−14 55 11		4.12	+0.65	+0.92	G8.5 IIIa
24	μ	Leo	3905	09 53 38.5	+25 56 00	s	3.88	+1.39	+1.22	K2 III CN 1 Ca 1
			3923	09 55 36.1	−19 05 00	6	4.94	+1.93	+1.57	K5 III
	φ	Vel	3940	09 57 24.5	−54 38 31	d	3.54	−0.62	−0.08	B5 Ib
19		LMi	3928	09 58 37.7	+40 58 52	6	5.14	0.00	+0.46	F5 V
	η	Ant	3947	09 59 32.3	−35 57 56	d	5.23	+0.08	+0.31	F1 III−IV
29	π	Leo	3950	10 01 01.9	+07 58 09		4.70	+1.93	+1.60	M2− IIIab
20		LMi	3951	10 01 54.0	+31 50 49		5.36	+0.27	+0.66	G3 Va Hδ 1
40	υ²	Hya	3970	10 05 52.8	−13 08 25	6	4.60	−0.27	−0.09	B8 V
30	η	Leo	3975	10 08 10.5	+16 41 11	asd	3.52	−0.21	−0.03	A0 Ib
21		LMi	3974	10 08 20.4	+35 10 07		4.48	+0.08	+0.18	A7 V
31		Leo	3980	10 08 43.6	+09 55 16	d	4.37	+1.75	+1.45	K3.5 IIIb Fe−1:
15	α	Sex	3981	10 08 43.8	−00 26 52		4.49	−0.07	−0.04	A0 III
32	α	Leo	3982	10 09 11.7	+11 53 27	d6	1.35	−0.36	−0.11	B7 Vn
41	λ	Hya	3994	10 11 20.6	−12 25 52	d6	3.61	+0.92	+1.01	K0 III CN 0.5
	ω	Car	4037	10 14 06.3	−70 06 54		3.32	−0.33	−0.08	B8 IIIn
			4023	10 15 23.3	−42 11 57	6	3.85	+0.06	+0.05	A2 Va
36	ζ	Leo	4031	10 17 33.0	+23 20 22	das6	3.44	+0.20	+0.31	F0 III
	v337	Car	4050	10 17 36.2	−61 24 36	d	3.40	+1.72	+1.54	K2.5 II
33	λ	UMa	4033	10 18 01.5	+42 50 11	s	3.45	+0.06	+0.03	A1 IV
22	ε	Sex	4042	10 18 24.0	−08 08 48		5.24	+0.13	+0.31	F1 IV−
	AG	Ant	4049	10 18 50.3	−29 04 12		5.34		+0.24	A0p Ib−II
41	γ¹	Leo	4057	10 20 49.5	+19 45 45	d6	2.61	+1.00	+1.15	K1− IIIb Fe−0.5
			4080	10 22 59.6	−41 43 42		4.83	+1.08	+1.12	K1 III
34	μ	UMa	4069	10 23 14.8	+41 25 16	6	3.05	+1.89	+1.59	M0 III
			4086	10 24 10.1	−38 05 20		5.33		+0.25	A8 V

Designation			BS=HR No.	Right Ascension	Declination	Notes	V	U−B	B−V	Spectral Type
				h m s	° ′ ″					
			4102	10 24 42.0	−74 06 38	6	4.00	−0.01	+0.35	F2 V
			4072	10 25 13.9	+65 29 15	6	4.97	−0.13	−0.06	A0p Hg
42	μ	Hya	4094	10 26 50.5	−16 54 57		3.81	+1.82	+1.48	K4+ III
	α	Ant	4104	10 27 51.8	−31 08 50	6	4.25	+1.63	+1.45	K4.5 III
			4114	10 28 27.0	−58 49 08		3.82	+0.24	+0.31	F0 Ib
31	β	LMi	4100	10 28 46.5	+36 37 38	d67	4.21	+0.64	+0.90	G9 IIIab
29	δ	Sex	4116	10 30 15.9	−02 49 08		5.21	−0.12	−0.06	B9.5 V
36		UMa	4112	10 31 36.5	+55 54 02	d	4.83	−0.01	+0.52	F8 V
	PP	Car	4140	10 32 34.7	−61 45 55		3.32	−0.72	−0.09	B4 Vne
			4084	10 32 50.8	+82 28 43		5.26	−0.05	+0.37	F4 V
46		Leo	4127	10 33 01.3	+14 03 26		5.46	+2.04	+1.68	M1 IIIb
			4143	10 33 36.3	−47 05 01	d7	5.02	+0.59	+1.04	K1/2 III
47	ρ	Leo	4133	10 33 37.6	+09 13 35	vd6	3.85	−0.96	−0.14	B1 Iab
44		Hya	4145	10 34 45.2	−23 49 31	d	5.08	+1.82	+1.60	K5 III
	γ	Cha	4174	10 35 38.4	−78 41 18		4.11	+1.95	+1.58	M0 III
37		UMa	4141	10 36 09.0	+57 00 08		5.16	−0.02	+0.34	F1 V
			4159	10 36 11.2	−57 38 17	6	4.45	+1.79	+1.62	K5 II
			4126	10 36 22.1	+75 37 57		4.84	+0.72	+0.96	G8 III
			4167	10 37 57.4	−48 18 23	d67	3.84	+0.07	+0.30	F0m
37		LMi	4166	10 39 35.3	+31 53 43		4.71	+0.54	+0.81	G2.5 IIa
			4180	10 39 55.6	−55 41 03	d	4.28	+0.75	+1.04	G2 II
	θ	Car	4199	10 43 30.8	−64 28 33	6	2.76	−1.01	−0.22	B0.5 Vp
			4181	10 44 09.4	+68 59 41		5.00	+1.54	+1.38	K3 III
41		LMi	4192	10 44 15.4	+23 06 25		5.08	+0.05	+0.04	A2 IV
			4191	10 44 27.2	+46 07 19	d6	5.18	+0.01	+0.33	F5 III
	δ²	Cha	4234	10 45 54.7	−80 37 19		4.45	−0.70	−0.19	B2.5 IV
42		LMi	4203	10 46 43.4	+30 36 01	d6	5.24	−0.14	−0.06	A1 Vn
51		Leo	4208	10 47 14.5	+18 48 34		5.50	+1.15	+1.13	gK3
	μ	Vel	4216	10 47 26.4	−49 30 09	cd67	2.69	+0.57	+0.90	G5 III + F8: V
53		Leo	4227	10 50 04.2	+10 27 46	6	5.34	+0.02	+0.03	A2 V
	ν	Hya	4232	10 50 23.4	−16 16 30		3.11	+1.30	+1.25	K1.5 IIIb Hδ−0.5
			4257	10 54 07.7	−58 56 09	d6	3.78	+0.65	+0.95	K0 IIIb
46		LMi	4247	10 54 10.5	+34 07 51		3.83	+0.91	+1.04	K0+ III−IV
54		Leo	4259	10 56 27.0	+24 40 00	cd	4.50	+0.01	+0.01	A1 IIIn + A1 IVn
	ι	Ant	4273	10 57 26.6	−37 13 17		4.60	+0.84	+1.03	K0 III
47		UMa	4277	11 00 19.8	+40 20 50		5.05	+0.13	+0.61	G1− V Fe−0.5
7	α	Crt	4287	11 00 31.9	−18 22 54		4.08	+1.00	+1.09	K0+ III
			4293	11 00 52.1	−42 18 33		4.39	+0.12	+0.11	A3 IV
58		Leo	4291	11 01 21.7	+03 32 02	d	4.84	+1.12	+1.16	K0.5 III Fe−0.5
48	β	UMa	4295	11 02 46.0	+56 17 56	6	2.37	+0.01	−0.02	A0m A1 IV−V
60		Leo	4300	11 03 09.3	+20 05 47		4.42	+0.05	+0.05	A0.5m A3 V
50	α	UMa	4301	11 04 40.3	+61 40 02	d6	1.80	+0.90	+1.07	K0− IIIa
63	χ	Leo	4310	11 05 49.0	+07 15 07	d7	4.63	+0.08	+0.33	F1 IV
	χ¹	Hya	4314	11 06 04.8	−27 22 39	d7	4.94	+0.04	+0.36	F3 IV
	v382	Car	4337	11 09 15.4	−59 03 33	c6	3.91	+0.94	+1.23	G4 0−Ia
52	ψ	UMa	4335	11 10 31.8	+44 24 51		3.01	+1.11	+1.14	K1 III
11	β	Crt	4343	11 12 25.3	−22 54 38	6	4.48	+0.06	+0.03	A2 IV
			4350	11 13 15.7	−49 11 07	6	5.36		+0.18	A3 IV/V
68	δ	Leo	4357	11 14 55.8	+20 26 19	d	2.56	+0.12	+0.12	A4 IV
70	θ	Leo	4359	11 15 03.1	+15 20 41		3.34	+0.06	−0.01	A2 IV (Kvar)

Designation			BS=HR No.	Right Ascension	Declination	Notes	V	U−B	B−V	Spectral Type
				h m s	° ′ ″					
74	φ	Leo	4368	11 17 27.0	−03 44 12	d	4.47	+0.14	+0.21	A7 V⁺n
	SV	Crt	4369	11 17 45.3	−07 13 10	sd67	6.14	+0.15	+0.20	A8p Sr Cr
54	ν	UMa	4377	11 19 18.8	+33 00 34	d6	3.48	+1.55	+1.40	K3⁻ III
55		UMa	4380	11 19 58.3	+38 06 01	d6	4.78	+0.03	+0.12	A1 Va
12	δ	Crt	4382	11 20 07.0	−14 51 45	6	3.56	+0.97	+1.12	G9 IIIb CH 0.2
	π	Cen	4390	11 21 43.1	−54 34 34	d7	3.89	−0.59	−0.15	B5 Vn
77	σ	Leo	4386	11 21 56.1	+05 56 39	6	4.05	−0.12	−0.06	A0 III⁺
78	ι	Leo	4399	11 24 43.9	+10 26 38	d67	3.94	+0.07	+0.41	F2 IV
15	γ	Crt	4405	11 25 39.5	−17 46 09	d	4.08	+0.11	+0.21	A7 V
84	τ	Leo	4418	11 28 44.1	+02 46 15	d	4.95	+0.79	+1.00	G7.5 IIIa
1	λ	Dra	4434	11 32 18.5	+69 14 43		3.84	+1.97	+1.62	M0 III Ca−1
	ξ	Hya	4450	11 33 46.0	−31 56 37	d	3.54	+0.71	+0.94	G7 III
	λ	Cen	4467	11 36 30.2	−63 06 20	d	3.13	−0.17	−0.04	B9.5 IIn
			4466	11 36 41.0	−47 43 40		5.25	+0.12	+0.25	A7m
21	θ	Crt	4468	11 37 28.2	−09 53 17	6	4.70	−0.18	−0.08	B9.5 Vn
91	υ	Leo	4471	11 37 44.6	−00 54 34		4.30	+0.75	+1.00	G8⁺ IIIb
	o	Hya	4494	11 40 59.2	−34 49 50		4.70	−0.22	−0.07	B9 V
61		UMa	4496	11 41 51.8	+34 06 50	das	5.33	+0.25	+0.72	G8 V
3		Dra	4504	11 43 19.5	+66 39 33		5.30	+1.24	+1.28	K3 III
	v810	Cen	4511	11 44 16.0	−62 34 32	s	5.03	+0.35	+0.80	G0 0−Ia Fe 1
27	ζ	Crt	4514	11 45 33.0	−18 26 13	d	4.73	+0.74	+0.97	G8 IIIa
	λ	Mus	4520	11 46 20.9	−66 48 53	d	3.64	+0.15	+0.16	A7 IV
3	ν	Vir	4517	11 46 39.3	+06 26 33		4.03	+1.79	+1.51	M1 III
63	χ	UMa	4518	11 46 51.8	+47 41 36		3.71	+1.16	+1.18	K0.5 IIIb
			4522	11 47 16.3	−61 15 53	d	4.11	+0.58	+0.90	G3 II
93	DQ	Leo	4527	11 48 47.0	+20 07 58	cd6	4.53	+0.28	+0.55	G4 III−IV + A7 V
	II	Hya	4532	11 49 32.2	−26 50 10		5.11	+1.67	+1.60	M4⁺ III
94	β	Leo	4534	11 49 51.0	+14 29 07	d	2.14	+0.07	+0.09	A3 Va
			4537	11 50 26.9	−63 52 29		4.32	−0.59	−0.15	B3 V
5	β	Vir	4540	11 51 30.2	+01 40 38	d	3.61	+0.11	+0.55	F9 V
			4546	11 51 55.5	−45 15 35		4.46	+1.46	+1.30	K3 III
	β	Hya	4552	11 53 41.7	−33 59 40	vd7	4.28	−0.33	−0.10	Ap Si
64	γ	UMa	4554	11 54 38.4	+53 36 31	a6	2.44	+0.02	0.00	A0 Van
95		Leo	4564	11 56 28.3	+15 33 38	d6	5.53	+0.12	+0.11	A3 V
30	η	Crt	4567	11 56 48.5	−17 14 14		5.18	0.00	−0.02	A0 Va
8	π	Vir	4589	12 01 40.0	+06 31 40	6	4.66	+0.11	+0.13	A5 IV
	θ¹	Cru	4599	12 03 49.4	−63 23 57	d6	4.33	+0.04	+0.27	A8m
			4600	12 04 28.0	−42 31 15		5.15	−0.03	+0.41	F6 V
9	o	Vir	4608	12 05 59.9	+08 38 49	s	4.12	+0.63	+0.98	G8 IIIa CN−1 Ba 1 CH 1
	η	Cru	4616	12 07 42.0	−64 42 00	d6	4.15	+0.03	+0.34	F2 V⁺
			4618	12 08 53.8	−50 44 51	v	4.47	−0.67	−0.15	B2 IIIne
	δ	Cen	4621	12 09 10.1	−50 48 31	d	2.60	−0.90	−0.12	B2 IVne
1	α	Crv	4623	12 09 13.0	−24 48 55		4.02	−0.02	+0.32	F0 IV−V
2	ε	Crv	4630	12 10 55.5	−22 42 21		3.00	+1.47	+1.33	K2.5 IIIa
	ρ	Cen	4638	12 12 28.1	−52 27 17		3.96	−0.62	−0.15	B3 V
			4646	12 12 54.5	+77 31 49	v6	5.14	+0.10	+0.33	F2m
	δ	Cru	4656	12 15 58.6	−58 50 06		2.80	−0.91	−0.23	B2 IV
69	δ	UMa	4660	12 16 11.2	+56 56 48	d	3.31	+0.07	+0.08	A2 Van
4	γ	Crv	4662	12 16 36.3	−17 37 40	6	2.59	−0.34	−0.11	B8p Hg Mn
	ε	Mus	4671	12 18 25.3	−68 02 49	6	4.11	+1.55	+1.58	M5 III

Designation			BS=HR No.	Right Ascension	Declination	Notes	V	U–B	B–V	Spectral Type
				h m s	° ′ ″					
	β	Cha	4674	12 19 17.3	−79 23 53		4.26	−0.51	−0.12	B5 Vn
	ζ	Cru	4679	12 19 17.3	−64 05 21	d	4.04	−0.69	−0.17	B2.5 V
3		CVn	4690	12 20 34.3	+48 53 54		5.29	+1.97	+1.66	M1⁺ IIIab
15	η	Vir	4689	12 20 42.0	−00 45 10	d6	3.89	+0.06	+0.02	A1 IV⁺
16		Vir	4695	12 21 08.2	+03 13 35	d	4.96	+1.15	+1.16	K0.5 IIIb Fe−0.5
	ε	Cru	4700	12 22 12.4	−60 29 12		3.59	+1.63	+1.42	K3 III
12		Com	4707	12 23 17.0	+25 45 37	cd6	4.81	+0.26	+0.49	G5 III + A5
6		CVn	4728	12 26 36.6	+38 55 58		5.02	+0.73	+0.96	G9 III
	α¹	Cru	4730	12 27 28.3	−63 11 05	cd6	1.33	−1.03	−0.24	B0.5 IV
15	γ	Com	4737	12 27 42.5	+28 10 57		4.36	+1.15	+1.13	K1 III Fe 0.5
	σ	Cen	4743	12 28 53.1	−50 18 59		3.91	−0.78	−0.19	B2 V
			4748	12 29 12.2	−39 07 37		5.44		−0.08	B8/9 V
7	δ	Crv	4757	12 30 40.1	−16 36 06	d7	2.95	−0.08	−0.05	B9.5 IV⁻n
74		UMa	4760	12 30 40.4	+58 19 14		5.35	+0.14	+0.20	δ Del
	γ	Cru	4763	12 32 02.1	−57 11 59	d	1.63	+1.78	+1.59	M3.5 III
8	η	Crv	4775	12 32 52.3	−16 16 54	6	4.31	+0.01	+0.38	F2 V
	γ	Mus	4773	12 33 24.7	−72 13 06		3.87	−0.62	−0.15	B5 V
5	κ	Dra	4787	12 34 08.2	+69 42 11	v6	3.87	−0.57	−0.13	B6 IIIpe
			4783	12 34 24.6	+33 09 44		5.42	+0.83	+1.00	K0 III CN−1
8	β	CVn	4785	12 34 28.5	+41 16 24	ads6	4.26	+0.05	+0.59	G0 V
9	β	Crv	4786	12 35 12.3	−23 28 56		2.65	+0.60	+0.89	G5 IIb
23		Com	4789	12 35 37.4	+22 32 39	d6	4.81	−0.01	0.00	A0m A1 IV
24		Com	4792	12 35 54.4	+18 17 31	d	5.02	+1.11	+1.15	K2 III
	α	Mus	4798	12 38 07.5	−69 13 15	d	2.69	−0.83	−0.20	B2 IV–V
	τ	Cen	4802	12 38 33.4	−48 37 35		3.86	+0.03	+0.05	A1 IVnn
26	χ	Vir	4813	12 40 02.9	−08 04 50	d	4.66	+1.39	+1.23	K2 III CN 1.5
	γ	Cen	4819	12 42 22.7	−49 02 41	d67	2.17	−0.01	−0.01	A1 IV
29	γ¹	Vir	4825	12 42 26.8	−01 32 04	ocd6	3.48	−0.03	+0.36	F1 V
29	γ²	Vir	4826	12 42 26.8	−01 32 02	ocd	3.50	−0.03	+0.36	F0m F2 V
30	ρ	Vir	4828	12 42 40.1	+10 09 02	6	4.88	+0.03	+0.09	A0 Va (λ Boo)
			4839	12 44 50.3	−28 24 32		5.48	+1.50	+1.34	K3 III
	Y	CVn	4846	12 45 51.3	+45 21 21		4.99	+6.33	+2.54	C5,5
32 FM		Vir	4847	12 46 24.1	+07 35 20	6	5.22	+0.15	+0.33	F2m
	β	Mus	4844	12 47 14.8	−68 11 34	cd7	3.05	−0.74	−0.18	B2 V + B2.5 V
	β	Cru	4853	12 48 38.2	−59 46 24	vd6	1.25	−1.00	−0.23	B0.5 III
			4874	12 51 31.9	−34 05 01	d	4.91	−0.11	−0.04	A0 IV
31		Com	4883	12 52 27.1	+27 27 24	s	4.94	+0.20	+0.67	G0 IIIp
			4888	12 54 00.0	−49 01 39	6	4.33	+1.58	+1.37	K3/4 III
			4889	12 54 18.0	−40 15 46		4.27	+0.12	+0.21	A7 V
77	ε	UMa	4905	12 54 42.4	+55 52 33	dv6	1.77	+0.02	−0.02	A0p Cr
40	ψ	Vir	4902	12 55 09.6	−09 37 22		4.79	+1.53	+1.60	M3⁻ III Ca−1
	μ¹	Cru	4898	12 55 30.9	−57 15 42	d	4.03	−0.76	−0.17	B2 IV–V
8		Dra	4916	12 56 05.3	+65 21 17	v	5.24	+0.02	+0.28	F0 IV–V
43	δ	Vir	4910	12 56 23.1	+03 18 49	d	3.38	+1.78	+1.58	M3⁺ III
12	α²	CVn	4915	12 56 45.0	+38 14 06	vd	2.90	−0.32	−0.12	A0p Si Eu
	ι	Oct	4870	12 56 46.4	−85 12 25	d	5.46	+0.79	+1.02	K0 III
78		UMa	4931	13 01 23.4	+56 16 59	asd7	4.93	+0.01	+0.36	F2 V
47	ε	Vir	4932	13 02 56.9	+10 52 34	asd	2.83	+0.73	+0.94	G8 IIIab
	δ	Mus	4923	13 03 21.6	−71 37 55	6	3.62	+1.26	+1.18	K2 III
14		CVn	4943	13 06 27.8	+35 42 59		5.25	−0.20	−0.08	B9 V

Designation		BS=HR No.	Right Ascension	Declination	Notes	V	U–B	B–V	Spectral Type
			h m s	° ′ ″					
	ξ² Cen	4942	13 07 49.4	−49 59 20	d6	4.27	−0.79	−0.19	B1.5 V
51	θ Vir	4963	13 10 45.2	−05 37 17	d6	4.38	−0.01	−0.01	A1 IV
43	β Com	4983	13 12 35.7	+27 48 00	d6	4.26	+0.07	+0.57	F9.5 V
	η Mus	4993	13 16 19.1	−67 58 34	vd6	4.80	−0.35	−0.08	B7 V
		5006	13 17 45.0	−31 35 16		5.10	+0.61	+0.96	K0 III
20 AO	CVn	5017	13 18 14.1	+40 29 29	sv	4.73	+0.21	+0.30	F2 III (str. met.)
60	σ Vir	5015	13 18 23.3	+05 23 19		4.80	+1.95	+1.67	M1 III
61	Vir	5019	13 19 13.1	−18 23 49	d	4.74	+0.26	+0.71	G6.5 V
46	γ Hya	5020	13 19 46.1	−23 15 10	d	3.00	+0.66	+0.92	G8 IIIa
	ι Cen	5028	13 21 28.4	−36 47 37		2.75	+0.03	+0.04	A2 Va
		5035	13 23 38.8	−61 04 09	d	4.53	−0.60	−0.13	B3 V
79	ζ UMa	5054	13 24 32.8	+54 50 41	d6	2.27	+0.03	+0.02	A1 Va⁺ (Si)
80	UMa	5062	13 25 50.7	+54 54 27	6	4.01	+0.08	+0.16	A5 Vn
67	α Vir	5056	13 26 00.7	−11 14 30	vd6	0.98	−0.93	−0.23	B1 V
68	Vir	5064	13 27 32.4	−12 47 16		5.25	+1.75	+1.52	M0 III
		5085	13 29 01.1	+59 51 58	d	5.40	−0.02	−0.01	A1 Vn
70	Vir	5072	13 29 11.3	+13 41 47	d	4.98	+0.26	+0.71	G4 V
		5089	13 31 56.9	−39 29 13	d67	3.88	+1.03	+1.17	G8 III
78 CW	Vir	5105	13 34 55.1	+03 34 47	v6	4.94	0.00	+0.03	A1p Cr Eu
79	ζ Vir	5107	13 35 29.1	−00 40 28		3.37	+0.10	+0.11	A2 IV⁻
BH	CVn	5110	13 35 29.3	+37 06 12	6	4.98	+0.06	+0.40	F1 V⁺
		5139	13 37 33.5	+71 09 49		5.50		+1.20	gK2
	ε Cen	5132	13 40 52.8	−53 32 41	d	2.30	−0.92	−0.22	B1 III
	v744 Cen	5134	13 40 57.8	−50 01 41	s	6.00	+1.15	+1.50	M6 III
82	Vir	5150	13 42 25.7	−08 46 50		5.01	+1.95	+1.63	M1.5 III
1	Cen	5168	13 46 34.4	−33 07 18	6	4.23	0.00	+0.38	F2 V⁺
4	τ Boo	5185	13 47 59.9	+17 22 49	d7	4.50	+0.04	+0.48	F7 V
85	η UMa	5191	13 48 09.0	+49 14 11	a6	1.86	−0.67	−0.19	B3 V
	v766 Cen	5171	13 48 16.6	−62 40 00	sd	6.51	+1.19	+1.98	K0 0–Ia
5	υ Boo	5200	13 50 13.5	+15 43 17		4.07	+1.87	+1.52	K5.5 III
2 v806	Cen	5192	13 50 20.9	−34 31 39		4.19	+1.45	+1.50	M4.5 III
	ν Cen	5190	13 50 26.4	−41 45 52	v6	3.41	−0.84	−0.22	B2 IV
	μ Cen	5193	13 50 33.4	−42 33 01	sd6	3.04	−0.72	−0.17	B2 IV–Vpne (shell)
89	Vir	5196	13 50 43.0	−18 12 39		4.97	+0.92	+1.06	K0.5 III
10 CU	Dra	5226	13 51 53.1	+64 38 49	d	4.65	+1.89	+1.58	M3.5 III
8	η Boo	5235	13 55 25.4	+18 19 14	asd6	2.68	+0.20	+0.58	G0 IV
	ζ Cen	5231	13 56 30.9	−47 21 50	6	2.55	−0.92	−0.22	B2.5 IV
		5241	13 58 47.1	−63 45 43		4.71	+1.04	+1.11	K1.5 III
	φ Cen	5248	13 59 13.2	−42 10 33		3.83	−0.83	−0.21	B2 IV
47	Hya	5250	13 59 23.5	−25 02 50	6	5.15	−0.40	−0.10	B8 V
	υ¹ Cen	5249	13 59 38.6	−44 52 43		3.87	−0.80	−0.20	B2 IV–V
93	τ Vir	5264	14 02 26.2	+01 28 12	d6	4.26	+0.12	+0.10	A3 IV
	υ² Cen	5260	14 02 41.9	−45 40 40	6	4.34	+0.27	+0.60	F6 II
		5270	14 03 17.5	+09 36 42	s	6.20	+0.38	+0.90	G8: II: Fe−5
11	α Dra	5291	14 04 48.6	+64 18 07	s6	3.65	−0.08	−0.05	A0 III
	β Cen	5267	14 04 55.8	−60 26 49	d6	0.61	−0.98	−0.23	B1 III
	θ Aps	5261	14 06 53.4	−76 52 14	s	5.50	+1.05	+1.55	M6.5 III:
	χ Cen	5285	14 06 59.9	−41 15 11		4.36	−0.77	−0.19	B2 V
49	π Hya	5287	14 07 15.5	−26 45 23		3.27	+1.04	+1.12	K2⁻ III Fe−0.5
5	θ Cen	5288	14 07 36.0	−36 26 44	d	2.06	+0.87	+1.01	K0⁻ IIIb

Designation		BS=HR No.	Right Ascension	Declination	Notes	V	U–B	B–V	Spectral Type
			h m s	° ′ ″					
BY	Boo	5299	14 08 32.9	+43 46 52		5.27	+1.66	+1.59	M4.5 III
4	UMi	5321	14 08 48.6	+77 28 29	d6	4.82	+1.39	+1.36	K3⁻ IIIb Fe−0.5
12	Boo	5304	14 11 06.3	+25 01 08	d6	4.83	+0.07	+0.54	F8 IV
98 κ	Vir	5315	14 13 43.5	−10 20 43		4.19	+1.47	+1.33	K2.5 III Fe−0.5
16 α	Boo	5340	14 16 22.1	+19 06 08	d	−0.04	+1.27	+1.23	K1.5 III Fe−0.5
21 ι	Boo	5350	14 16 42.8	+51 17 46	d6	4.75	+0.06	+0.20	A7 IV
99 ι	Vir	5338	14 16 49.7	−06 04 26		4.08	+0.04	+0.52	F7 III–IV
19 λ	Boo	5351	14 16 58.3	+46 01 03		4.18	+0.05	+0.08	A0 Va (λ Boo)
		5361	14 18 39.1	+35 26 19	6	4.81	+0.92	+1.06	K0 III
100 λ	Vir	5359	14 19 57.1	−13 26 30	6	4.52	+0.12	+0.13	A5m:
18	Boo	5365	14 20 01.3	+12 56 00	d	5.41	−0.03	+0.38	F3 V
ι	Lup	5354	14 20 24.2	−46 07 44		3.55	−0.72	−0.18	B2.5 IVn
		5358	14 21 25.2	−56 27 25		4.33	−0.43	+0.12	B6 Ib
ψ	Cen	5367	14 21 30.3	−37 57 21	d	4.05	−0.11	−0.03	A0 III
v761	Cen	5378	14 23 59.9	−39 34 55	v	4.42	−0.75	−0.18	B7 IIIp (var)
		5392	14 24 57.7	+05 45 02	6	5.10	+0.10	+0.12	A5 V
		5390	14 25 41.9	−24 52 33		5.32	+0.71	+0.96	K0 III
23 θ	Boo	5404	14 25 43.5	+51 46 46	d	4.05	+0.01	+0.50	F7 V
τ¹	Lup	5395	14 27 08.3	−45 17 27	vd	4.56	−0.79	−0.15	B2 IV
22	Boo	5405	14 27 10.6	+19 09 28		5.39	+0.23	+0.23	F0m
τ²	Lup	5396	14 27 11.0	−45 26 55	cd67	4.35	+0.19	+0.43	F4 IV + A7:
5	UMi	5430	14 27 30.6	+75 37 37	d	4.25	+1.70	+1.44	K4⁻ III
105 φ	Vir	5409	14 29 00.1	−02 17 48	sd67	4.81	+0.21	+0.70	G2 IV
52	Hya	5407	14 29 05.1	−29 33 38	d	4.97	−0.41	−0.07	B8 IV
δ	Oct	5339	14 29 35.1	−83 44 12		4.32	+1.45	+1.31	K2 III
25 ρ	Boo	5429	14 32 29.9	+30 18 14	ad	3.58	+1.44	+1.30	K3 III
27 γ	Boo	5435	14 32 42.1	+38 14 28	d	3.03	+0.12	+0.19	A7 IV⁺
σ	Lup	5425	14 33 40.2	−50 31 30		4.42	−0.84	−0.19	B2 III
28 σ	Boo	5447	14 35 21.3	+29 40 42	d	4.46	−0.08	+0.36	F2 V
η	Cen	5440	14 36 29.9	−42 13 30	v7	2.31	−0.83	−0.19	B1.5 IVpne (shell)
ρ	Lup	5453	14 38 56.3	−49 29 33		4.05	−0.56	−0.15	B5 V
33	Boo	5468	14 39 24.8	+44 20 17	6	5.39	−0.04	0.00	A1 V
α²	Cen	5460	14 40 39.4	−60 53 54	od	1.33	+0.68	+0.88	K1 V
α¹	Cen	5459	14 40 39.9	−60 53 55	od6	−0.01	+0.24	+0.71	G2 V
30 ζ	Boo	5478	14 41 53.4	+13 39 45	od6	4.52	+0.05	+0.05	A2 Va
		5471	14 42 55.7	−37 51 33		4.00	−0.70	−0.17	B3 V
α	Lup	5469	14 42 58.1	−47 27 14	vd6	2.30	−0.89	−0.20	B1.5 III
α	Cir	5463	14 43 46.6	−65 02 29	d6	3.19	+0.12	+0.24	A7p Sr Eu
107 μ	Vir	5487	14 43 52.7	−05 43 29	6	3.88	−0.02	+0.38	F2 V
34 W	Boo	5490	14 44 06.2	+26 27 45	v	4.81	+1.94	+1.66	M3⁻ III
		5485	14 44 36.6	−35 14 22		4.05	+1.53	+1.35	K3 IIIb
36 ε	Boo	5506	14 45 39.8	+27 00 34	d	2.70	+0.73	+0.97	K0⁻ II–III
109	Vir	5511	14 47 02.0	+01 49 42		3.72	−0.03	−0.01	A0 IVnn
		5495	14 48 06.9	−52 26 53	d	5.21		+0.98	G8 III
56	Hya	5516	14 48 39.3	−26 09 06		5.24	+0.65	+0.94	G8/K0 III
α	Aps	5470	14 49 51.4	−79 06 31		3.83	+1.68	+1.43	K3 III CN 0.5
7 β	UMi	5563	14 50 40.5	+74 05 32	d	2.08	+1.78	+1.47	K4⁻ III
58	Hya	5526	14 51 12.2	−28 01 27		4.41	+1.49	+1.40	K2.5 IIIb Fe−1:
8 α¹	Lib	5530	14 51 32.7	−16 03 39		5.15	−0.03	+0.41	F3 V
9 α²	Lib	5531	14 51 44.3	−16 06 19	d6	2.75	+0.09	+0.15	A3 III–IV

Designation		BS=HR No.	Right Ascension	Declination	Notes	V	U–B	B–V	Spectral Type
			h m s	° ′ ″					
		5552	14 51 50.1	+59 13 53		5.46	+1.60	+1.36	K4 III
o	Lup	5528	14 52 39.4	−43 38 19	d67	4.32	−0.61	−0.15	B5 IV
		5558	14 56 42.1	−33 55 04	d6	5.32		+0.04	A0 V
15 ξ²	Lib	5564	14 57 36.7	−11 28 17		5.46	+1.70	+1.49	gK4
RR	UMi	5589	14 57 50.1	+65 52 16	6	4.60	+1.59	+1.59	M4.5 III
16	Lib	5570	14 57 59.7	−04 24 32		4.49	+0.05	+0.32	F0 IV⁻
β	Lup	5571	14 59 33.2	−43 11 43		2.68	−0.87	−0.22	B2 IV
κ	Cen	5576	15 00 10.5	−42 09 55	d	3.13	−0.79	−0.20	B2 V
19 δ	Lib	5586	15 01 48.2	−08 34 47	vd6	4.92	−0.10	0.00	B9.5 V
42 β	Boo	5602	15 02 31.8	+40 19 48		3.50	+0.72	+0.97	G8 IIIa Fe−0.5
110	Vir	5601	15 03 41.1	+02 01 52		4.40	+0.88	+1.04	K0⁺ IIIb Fe−0.5
20 σ	Lib	5603	15 04 58.9	−25 20 31		3.29	+1.94	+1.70	M2.5 III
43 ψ	Boo	5616	15 05 06.6	+26 53 16		4.54	+1.33	+1.24	K2 III
		5635	15 06 43.3	+54 29 50		5.25	+0.64	+0.96	G8 III Fe−1
45	Boo	5634	15 07 58.9	+24 48 34	d	4.93	−0.02	+0.43	F5 V
λ	Lup	5626	15 09 53.6	−45 20 19	d67	4.05	−0.68	−0.18	B3 V
κ¹	Lup	5646	15 13 01.2	−48 47 44	d	3.87	−0.13	−0.05	B9.5 IVnn
24 ι	Lib	5652	15 13 06.5	−19 50 58	d6	4.54	−0.35	−0.08	B9p Si
ζ	Lup	5649	15 13 24.4	−52 09 25	d	3.41	+0.66	+0.92	G8 III
		5691	15 14 49.4	+67 17 17		5.13	+0.08	+0.53	F8 V
1	Lup	5660	15 15 34.5	−31 34 34		4.91	+0.28	+0.37	F0 Ib–II
3	Ser	5675	15 15 57.7	+04 52 58	d	5.33	+0.91	+1.09	gK0
49 δ	Boo	5681	15 16 07.7	+33 15 28	d6	3.47	+0.66	+0.95	G8 III Fe−1
27 β	Lib	5685	15 17 50.6	−09 26 21	6	2.61	−0.36	−0.11	B8 IIIn
β	Cir	5670	15 18 44.4	−58 51 28		4.07	+0.09	+0.09	A3 Vb
2	Lup	5686	15 18 46.7	−30 12 17		4.34	+1.07	+1.10	K0⁻ IIIa CH−1
μ	Lup	5683	15 19 37.1	−47 55 52	d7	4.27	−0.37	−0.08	B8 V
γ	TrA	5671	15 20 22.7	−68 44 07		2.89	−0.02	0.00	A1 III
13 γ	UMi	5735	15 20 42.9	+71 46 44		3.05	+0.12	+0.05	A3 III
δ	Lup	5695	15 22 23.7	−40 42 09		3.22	−0.89	−0.22	B1.5 IVn
φ¹	Lup	5705	15 22 47.7	−36 19 00	d	3.56	+1.88	+1.54	K4 III
ε	Lup	5708	15 23 44.4	−44 44 39	d67	3.37	−0.75	−0.18	B2 IV–V
φ²	Lup	5712	15 24 09.1	−36 54 47		4.54	−0.63	−0.15	B4 V
γ	Cir	5704	15 24 37.4	−59 22 31	cd7	4.51	−0.35	+0.19	B5 IV
51 μ¹	Boo	5733	15 25 04.6	+37 19 24	d6	4.31	+0.07	+0.31	F0 IV
12 ι	Dra	5744	15 25 16.6	+58 54 44	d	3.29	+1.22	+1.16	K2 III
9 τ¹	Ser	5739	15 26 30.6	+15 22 28		5.17	+1.95	+1.66	M1 IIIa
3 β	CrB	5747	15 28 28.1	+29 03 11	vd6	3.68	+0.11	+0.28	F0p Cr Eu
52 υ¹	Boo	5763	15 31 29.2	+40 46 51		5.02	+1.90	+1.59	K4.5 IIIb Ba 0.5
κ¹	Aps	5730	15 33 14.1	−73 26 29	d	5.49	−0.77	−0.12	B1pne
4 θ	CrB	5778	15 33 33.3	+31 18 27	d	4.14	−0.54	−0.13	B6 Vnn
37	Lib	5777	15 35 01.7	−10 07 00		4.62	+0.86	+1.01	K1 III–IV
5 α	CrB	5793	15 35 20.7	+26 39 48	6	2.23	−0.02	−0.02	A0 IV
13 δ	Ser	5789	15 35 32.6	+10 29 16	cd	4.23	+0.12	+0.26	F0 III–IV + F0 IIIb
γ	Lup	5776	15 36 10.7	−41 13 04	dv67	2.78	−0.82	−0.20	B2 IVn
38 γ	Lib	5787	15 36 23.7	−14 50 25	d	3.91	+0.74	+1.01	G8.5 III
		5784	15 37 16.2	−44 26 51		5.43	+1.82	+1.50	K4/5 III
39 υ	Lib	5794	15 37 58.1	−28 11 07	d	3.58	+1.58	+1.38	K3.5 III
ε	TrA	5771	15 38 09.4	−66 22 03	d	4.11	+1.16	+1.17	K1/2 III
54 φ	Boo	5823	15 38 23.0	+40 18 13		5.24	+0.53	+0.88	G7 III–IV Fe−2

Designation	BS=HR No.	Right Ascension	Declination	Notes	V	U–B	B–V	Spectral Type
		h m s	° ′ ″					
ω Lup	5797	15 39 06.2	−42 37 01	d6	4.33	+1.72	+1.42	K4.5 III
40 τ Lib	5812	15 39 36.7	−29 49 39	6	3.66	−0.70	−0.17	B2.5 V
	5798	15 39 59.1	−52 25 21	d	5.44	0.00	0.00	B9 V
43 κ Lib	5838	15 42 50.5	−19 43 41	d6	4.74	+1.95	+1.57	M0⁻ IIIb
8 γ CrB	5849	15 43 23.6	+26 14 50	d7	3.84	−0.04	0.00	A0 IV comp.?
16 ζ UMi	5903	15 43 32.1	+77 44 46		4.32	+0.05	+0.04	A2 III–IVn
24 α Ser	5854	15 45 01.9	+06 22 40	d	2.65	+1.24	+1.17	K2 IIIb CN 1
28 β Ser	5867	15 46 54.2	+15 22 27	d	3.67	+0.08	+0.06	A2 IV
	5886	15 46 54.4	+62 33 07		5.19	−0.10	+0.04	A2 IV
27 λ Ser	5868	15 47 11.8	+07 18 19	6	4.43	+0.11	+0.60	G0⁻ V
35 κ Ser	5879	15 49 26.3	+18 05 40		4.09	+1.95	+1.62	M0.5 IIIab
10 δ CrB	5889	15 50 14.7	+26 01 18	s	4.62	+0.36	+0.80	G5 III–IV Fe−1
32 μ Ser	5881	15 50 25.8	−03 28 36	d6	3.53	−0.10	−0.04	A0 III
37 ε Ser	5892	15 51 35.4	+04 25 55		3.71	+0.11	+0.15	A5m
11 κ CrB	5901	15 51 49.0	+35 36 36	sd	4.82	+0.87	+1.00	K1 IVa
5 χ Lup	5883	15 51 56.9	−33 40 23	6	3.95	−0.13	−0.04	B9p Hg
1 χ Her	5914	15 53 12.7	+42 24 32		4.62	0.00	+0.56	F8 V Fe−2 Hδ−1
45 λ Lib	5902	15 54 14.2	−20 12 44	6	5.03	−0.56	−0.01	B2.5 V
46 θ Lib	5908	15 54 42.6	−16 46 25		4.15	+0.81	+1.02	G9 IIIb
β TrA	5897	15 56 31.3	−63 28 37	d	2.85	+0.05	+0.29	F0 IV
41 γ Ser	5933	15 57 10.2	+15 36 43	d	3.85	−0.03	+0.48	F6 V
5 ρ Sco	5928	15 57 50.7	−29 15 29	d6	3.88	−0.82	−0.20	B2 IV–V
CL Dra	5960	15 58 09.6	+54 42 23	6	4.95	+0.05	+0.26	F0 IV
13 ε CrB	5947	15 58 13.8	+26 50 02	sd	4.15	+1.28	+1.23	K2 IIIab
48 FX Lib	5941	15 59 03.6	−14 19 23	6	4.88	−0.20	−0.10	B5 IIIpe (shell)
6 π Sco	5944	15 59 47.5	−26 09 27	cvd6	2.89	−0.91	−0.19	B1 V + B2 V
T CrB	5958	16 00 09.1	+25 52 37	vd6	2 – 11	+0.59	+1.40	gM3: + Bep
	5943	16 00 33.9	−41 47 15		4.99		+1.00	K0 II/III
η Lup	5948	16 01 09.2	−38 26 23	d	3.41	−0.83	−0.22	B2.5 IVn
49 Lib	5954	16 01 11.9	−16 34 41	d6	5.47	+0.03	+0.52	F8 V
7 δ Sco	5953	16 01 15.2	−22 39 53	d6	2.32	−0.91	−0.12	B0.3 IV
13 θ Dra	5986	16 02 10.9	+58 31 27	6	4.01	+0.10	+0.52	F8 IV–V
8 β¹ Sco	5984	16 06 20.4	−19 50 48	d6	2.62	−0.87	−0.07	B0.5 V
8 β² Sco	5985	16 06 20.7	−19 50 35	sd	4.92	−0.70	−0.02	B2 V
δ Nor	5980	16 07 35.5	−45 12 50		4.72	+0.15	+0.23	A7m
θ Lup	5987	16 07 36.8	−36 50 36		4.23	−0.70	−0.17	B2.5 Vn
9 ω¹ Sco	5993	16 07 43.0	−20 42 36	s	3.96	−0.81	−0.04	B1 V
10 ω² Sco	5997	16 08 19.0	−20 54 34		4.32	+0.50	+0.84	G4 II–III
7 κ Her	6008	16 08 46.5	+17 00 24	d	5.00	+0.61	+0.95	G5 III
11 φ Her	6023	16 09 15.5	+44 53 42	v6	4.26	−0.28	−0.07	B9p Hg Mn
16 τ CrB	6018	16 09 32.4	+36 27 08	d6	4.76	+0.86	+1.01	K1⁻ III–IV
19 UMi	6079	16 10 24.2	+75 50 17		5.48	−0.36	−0.11	B8 V
14 ν Sco	6027	16 12 53.9	−19 29 59	d6	4.01	−0.65	+0.04	B2 IVp
κ Nor	6024	16 14 42.5	−54 40 09	d	4.94	+0.78	+1.04	G8 III
1 δ Oph	6056	16 15 09.6	−03 43 59	d	2.74	+1.96	+1.58	M0.5 III
δ TrA	6030	16 16 51.6	−63 43 25	d	3.85	+0.86	+1.11	G2 Ib–IIa
21 η UMi	6116	16 17 04.2	+75 43 09	d	4.95	+0.08	+0.37	F5 V
2 ε Oph	6075	16 19 08.6	−04 43 45	d	3.24	+0.75	+0.96	G9.5 IIIb Fe−0.5
22 τ Her	6092	16 20 12.4	+46 16 37	vd	3.89	−0.56	−0.15	B5 IV
	6077	16 20 31.7	−30 56 35	d6	5.49	−0.01	+0.47	F6 III

Designation		BS=HR No.	Right Ascension	Declination	Notes	V	U–B	B–V	Spectral Type
			h m s	° ′ ″					
γ^2	Nor	6072	16 21 00.4	−50 11 31	d	4.02	+1.16	+1.08	K1$^+$ III
20 σ	Sco	6084	16 22 08.0	−25 37 44	vd6	2.89	−0.70	+0.13	B1 III
20 γ	Her	6095	16 22 36.3	+19 07 03	d6	3.75	+0.18	+0.27	A9 IIIbn
δ^1	Aps	6020	16 22 42.8	−78 43 55	d	4.68	+1.69	+1.69	M4 IIIa
50 σ	Ser	6093	16 22 51.5	+00 59 37		4.82	+0.04	+0.34	F1 IV–V
14 η	Dra	6132	16 24 12.3	+61 28 46	d67	2.74	+0.70	+0.91	G8$^-$ IIIab
4 ψ	Oph	6104	16 25 00.7	−20 04 21		4.50	+0.82	+1.01	K0$^-$ II–III
24 ω	Her	6117	16 26 07.9	+13 59 55	vd	4.57	−0.04	0.00	B9p Cr
7 χ	Oph	6118	16 27 55.5	−18 29 25	6	4.42	−0.75	+0.28	B1.5 Ve
15	Dra	6161	16 27 57.6	+68 44 04		5.00	−0.12	−0.06	B9.5 III
ε	Nor	6115	16 28 19.5	−47 35 19	d67	4.46	−0.53	−0.07	B4 V
ζ	TrA	6098	16 30 09.2	−70 07 02	6	4.91	+0.04	+0.55	F9 V
21 α	Sco	6134	16 30 21.6	−26 27 55	d6	0.96	+1.34	+1.83	M1.5 Iab–Ib
27 β	Her	6148	16 30 53.2	+21 27 24	d6	2.77	+0.69	+0.94	G7 IIIa Fe−0.5
10 λ	Oph	6149	16 31 41.8	+01 57 04	d67	3.82	+0.01	+0.01	A1 IV
8 φ	Oph	6147	16 32 01.7	−16 38 43	d	4.28	+0.72	+0.92	G8$^+$ IIIa
		6143	16 32 23.9	−34 44 12		4.23	−0.80	−0.16	B2 III–IV
9 ω	Oph	6153	16 33 03.4	−21 29 54		4.45	+0.13	+0.13	Ap Sr Cr
35 σ	Her	6168	16 34 36.2	+42 24 21	d6	4.20	−0.10	−0.01	A0 IIIn
γ	Aps	6102	16 35 52.5	−78 55 44	6	3.89	+0.62	+0.91	G8/K0 III
23 τ	Sco	6165	16 36 51.0	−28 14 49	s	2.82	−1.03	−0.25	B0 V
		6166	16 37 23.8	−35 17 09	6	4.16	+1.94	+1.57	K7 III
13 ζ	Oph	6175	16 38 00.8	−10 35 50		2.56	−0.86	+0.02	O9.5 Vn
42	Her	6200	16 39 10.2	+48 53 55	d	4.90	+1.76	+1.55	M3$^-$ IIIab
40 ζ	Her	6212	16 41 52.3	+31 34 31	d67	2.81	+0.21	+0.65	G0 IV
		6196	16 42 28.3	−17 46 15		4.96	+0.87	+1.11	G7.5 II–III CN 1 Ba 0.5
44 η	Her	6220	16 43 25.7	+38 53 37	d	3.53	+0.60	+0.92	G7 III Fe−1
22 ε	UMi	6322	16 44 26.1	+82 00 35	vd6	4.23	+0.55	+0.89	G5 III
β	Aps	6163	16 45 19.6	−77 32 49	d	4.24	+0.95	+1.06	K0 III
		6237	16 45 35.6	+56 45 17	d6	4.85	−0.06	+0.38	F2 V$^+$
α	TrA	6217	16 50 19.1	−69 03 14		1.92	+1.56	+1.44	K2 IIb–IIIa
20	Oph	6243	16 50 41.6	−10 48 33	6	4.65	+0.07	+0.47	F7 III
η	Ara	6229	16 51 07.9	−59 04 02	d	3.76	+1.94	+1.57	K5 III
26 ε	Sco	6241	16 51 10.2	−34 19 12		2.29	+1.27	+1.15	K2 III
51	Her	6270	16 52 23.9	+24 37 53		5.04	+1.29	+1.25	K0.5 IIIa Ca 0.5
μ^1	Sco	6247	16 52 55.4	−38 04 21	v6	3.08	−0.87	−0.20	B1.5 IVn
μ^2	Sco	6252	16 53 23.3	−38 02 33		3.57	−0.85	−0.21	B2 IV
53	Her	6279	16 53 33.4	+31 40 37	d	5.32	−0.02	+0.29	F2 V
25 ι	Oph	6281	16 54 44.5	+10 08 27	6	4.38	−0.32	−0.08	B8 V
ζ^2	Sco	6271	16 55 40.6	−42 23 11		3.62	+1.65	+1.37	K3.5 IIIb
27 κ	Oph	6299	16 58 24.2	+09 21 07	as	3.20	+1.18	+1.15	K2 III
ζ	Ara	6285	16 59 54.5	−56 00 46		3.13	+1.97	+1.60	K4 III
ϵ^1	Ara	6295	17 00 49.4	−53 10 57		4.06	+1.71	+1.45	K4 IIIab
58 ε	Her	6324	17 00 53.0	+30 54 16	d6	3.92	−0.10	−0.01	A0 IV$^+$
30	Oph	6318	17 01 52.7	−04 14 41	d	4.82	+1.83	+1.48	K4 III
59	Her	6332	17 02 10.7	+33 32 48		5.25	+0.02	+0.02	A3 IV–Vs
60	Her	6355	17 06 05.9	+12 43 14	d	4.91	+0.05	+0.12	A4 IV
22 ζ	Dra	6396	17 08 50.1	+65 41 44	d	3.17	−0.43	−0.12	B6 III
35 η	Oph	6378	17 11 16.1	−15 44 34	d67	2.43	+0.09	+0.06	A2 Va$^+$ (Sr)
η	Sco	6380	17 13 16.0	−43 15 29		3.33	+0.09	+0.41	F2 V:p (Cr)

Designation			BS=HR No.	Right Ascension	Declination	Notes	V	U–B	B–V	Spectral Type
				h m s	° ′ ″					
64	α^1	Her	6406	17 15 21.3	+14 22 25	sd	3.48	+1.01	+1.44	M5 Ib–II
67	π	Her	6418	17 15 35.3	+36 47 33		3.16	+1.66	+1.44	K3 II
65	δ	Her	6410	17 15 40.1	+24 49 19	d6	3.14	+0.08	+0.08	A1 Vann
	v656	Her	6452	17 20 59.9	+18 02 32		5.00	+2.06	+1.62	M1$^+$ IIIab
72		Her	6458	17 21 14.4	+32 26 55	d	5.39	+0.07	+0.62	G0 V
53	ν	Ser	6446	17 21 42.0	−12 51 41	d7	4.33	+0.05	+0.03	A1.5 IV
40	ξ	Oph	6445	17 21 56.2	−21 07 42	d7	4.39	−0.05	+0.39	F2 V
42	θ	Oph	6453	17 22 57.8	−25 00 49	dv6	3.27	−0.86	−0.22	B2 IV
	ι	Aps	6411	17 23 50.1	−70 08 14	d7	5.41	−0.23	−0.04	B8/9 Vn
	β	Ara	6461	17 26 35.5	−55 32 34		2.85	+1.56	+1.46	K3 Ib–IIa
	γ	Ara	6462	17 26 42.1	−56 23 26	d	3.34	−0.96	−0.13	B1 Ib
49	σ	Oph	6498	17 27 17.1	+04 07 41	s	4.34	+1.62	+1.50	K2 II
23	δ	UMi	6789	17 27 17.2	+86 34 31		4.36	+0.03	+0.02	A1 Van
44		Oph	6486	17 27 19.1	−24 11 18		4.17	+0.12	+0.28	A9m:
			6493	17 27 27.3	−05 05 57	6	4.54	−0.03	+0.39	F2 V
45		Oph	6492	17 28 20.7	−29 52 47		4.29	+0.09	+0.40	δ Del
23	β	Dra	6536	17 30 47.0	+52 17 25	sd	2.79	+0.64	+0.98	G2 Ib–IIa
76	λ	Her	6526	17 31 21.9	+26 05 59		4.41	+1.68	+1.44	K3.5 III
34	υ	Sco	6508	17 31 49.1	−37 18 24	6	2.69	−0.82	−0.22	B2 IV
27		Dra	6566	17 31 54.3	+68 07 30	d6	5.05	+0.92	+1.08	G9 IIIb
24	ν^1	Dra	6554	17 32 28.9	+55 10 27	6	4.88	+0.04	+0.26	A7m
	δ	Ara	6500	17 32 30.1	−60 41 42	d	3.62	−0.31	−0.10	B8 Vn
25	ν^2	Dra	6555	17 32 34.4	+55 09 46	d6	4.87	+0.06	+0.28	A7m
	α	Ara	6510	17 33 02.5	−49 53 12	d6	2.95	−0.69	−0.17	B2 Vne
35	λ	Sco	6527	17 34 39.7	−37 06 49	vd6	1.63	−0.89	−0.22	B1.5 IV
55	α	Oph	6556	17 35 39.3	+12 32 59	6	2.08	+0.10	+0.15	A5 Vnn
28	ω	Dra	6596	17 36 51.8	+68 45 02	d6	4.80	−0.01	+0.43	F4 V
			6546	17 37 36.9	−38 38 41		4.29	+0.90	+1.09	G8/K0 III/IV
	θ	Sco	6553	17 38 26.0	−43 00 22		1.87	+0.22	+0.40	F1 III
55	ξ	Ser	6561	17 38 28.5	−15 24 25	d6	3.54	+0.14	+0.26	F0 IIIb
85	ι	Her	6588	17 39 54.2	+45 59 55	svd6	3.80	−0.69	−0.18	B3 IV
31	ψ	Dra	6636	17 41 40.0	+72 08 27	d	4.58	+0.01	+0.42	F5 V
56	o	Ser	6581	17 42 17.2	−12 52 57	6	4.26	+0.10	+0.08	A2 Va
	κ	Sco	6580	17 43 33.7	−39 02 11	v6	2.41	−0.89	−0.22	B1.5 III
84		Her	6608	17 43 59.8	+24 19 19	s	5.71	+0.27	+0.65	G2 IIIb
60	β	Oph	6603	17 44 14.3	+04 33 43		2.77	+1.24	+1.16	K2 III CN 0.5
58		Oph	6595	17 44 21.6	−21 41 22		4.87	−0.03	+0.47	F7 V:
	μ	Ara	6585	17 45 22.6	−51 50 26		5.15	+0.24	+0.70	G5 V
86	μ	Her	6623	17 47 04.0	+27 42 45	asd	3.42	+0.39	+0.75	G5 IV
	η	Pav	6582	17 47 15.4	−64 43 45		3.62	+1.17	+1.19	K1 IIIa CN 1
3	X	Sgr	6616	17 48 32.2	−27 50 07	v	4.54	+0.50	+0.80	F3 II
	ι^1	Sco	6615	17 48 40.2	−40 07 53	sd6	3.03	+0.27	+0.51	F2 Ia
62	γ	Oph	6629	17 48 40.2	+02 42 09	6	3.75	+0.04	+0.04	A0 Van
35		Dra	6701	17 48 45.5	+76 57 35		5.04	+0.08	+0.49	F7 IV
			6630	17 50 54.8	−37 02 48	d	3.21	+1.19	+1.17	K2 III
32	ξ	Dra	6688	17 53 47.8	+56 52 14	d	3.75	+1.21	+1.18	K2 III
89	v441	Her	6685	17 56 02.7	+26 02 54	sv6	5.45	+0.26	+0.34	F2 Ibp
91	θ	Her	6695	17 56 47.1	+37 14 57		3.86	+1.46	+1.35	K1 IIa CN 2
33	γ	Dra	6705	17 56 58.0	+51 29 15	asd	2.23	+1.87	+1.52	K5 III
92	ξ	Her	6703	17 58 22.1	+29 14 49	v	3.70	+0.70	+0.94	G8.5 III

Designation	BS=HR No.	Right Ascension	Declination	Notes	V	U–B	B–V	Spectral Type
		h m s	° ′ ″					
94 ν Her	6707	17 59 05.8	+30 11 20	d	4.41	+0.15	+0.39	F2m
64 ν Oph	6698	17 59 52.8	−09 46 28		3.34	+0.88	+0.99	G9 IIIa
93 Her	6713	18 00 44.8	+16 45 04		4.67	+1.22	+1.26	K0.5 IIb
67 Oph	6714	18 01 25.3	+02 55 55	sd	3.97	−0.62	+0.02	B5 Ib
68 Oph	6723	18 02 32.4	+01 18 21	d67	4.45	0.00	+0.02	A0.5 Van
W Sgr	6742	18 06 00.6	−29 34 41	vd6	4.69	+0.52	+0.78	G0 Ib/II
70 Oph	6752	18 06 14.2	+02 29 53	dv67	4.03	+0.54	+0.86	K0⁻ V
10 γ Sgr	6746	18 06 48.2	−30 25 21	6	2.99	+0.77	+1.00	K0⁺ III
θ Ara	6743	18 07 50.3	−50 05 20		3.66	−0.85	−0.08	B2 Ib
	6791	18 07 56.8	+43 27 52	s6	5.00	+0.71	+0.91	G8 III CN−1 CH−3
72 Oph	6771	18 08 05.1	+09 34 02	d6	3.73	+0.10	+0.12	A5 IV–V
103 o Her	6779	18 08 08.9	+28 45 56	d6	3.83	−0.07	−0.03	A0 II–III
102 Her	6787	18 09 25.3	+20 49 05	d	4.36	−0.81	−0.16	B2 IV
π Pav	6745	18 10 04.3	−63 39 57	6	4.35	+0.18	+0.22	A7p Sr
ε Tel	6783	18 12 22.8	−45 57 00	d	4.53	+0.78	+1.01	K0 III
36 Dra	6850	18 13 59.2	+64 24 10	d	5.02	−0.06	+0.41	F5 V
13 μ Sgr	6812	18 14 41.4	−21 03 13	d6	3.86	−0.49	+0.23	B9 Ia
	6819	18 18 25.8	−56 01 00	6	5.33	−0.69	−0.05	B3 IIIpe
η Sgr	6832	18 18 40.5	−36 45 20	d7	3.11	+1.71	+1.56	M3.5 IIIab
1 κ Lyr	6872	18 20 24.3	+36 04 20		4.33	+1.19	+1.17	K2⁻ IIIab CN 0.5
43 φ Dra	6920	18 20 32.0	+71 20 45	vd67	4.22	−0.33	−0.10	A0p Si
44 χ Dra	6927	18 20 46.5	+72 44 21	d6	3.57	−0.06	+0.49	F7 V
74 Oph	6866	18 21 38.5	+03 23 07	d	4.86	+0.62	+0.91	G8 III
19 δ Sgr	6859	18 21 59.2	−29 49 12	d	2.70	+1.55	+1.38	K2.5 IIIa CN 0.5
58 η Ser	6869	18 22 06.7	−02 53 37	d	3.26	+0.66	+0.94	K0 III–IV
109 Her	6895	18 24 21.5	+21 46 40	sd	3.84	+1.17	+1.18	K2 IIIab
ξ Pav	6855	18 24 39.2	−61 29 06	d67	4.36	+1.55	+1.48	K4 III
20 ε Sgr	6879	18 25 12.0	−34 22 33	d	1.85	−0.13	−0.03	A0 II⁻n (shell)
α Tel	6897	18 28 07.3	−45 57 30		3.51	−0.64	−0.17	B3 IV
22 λ Sgr	6913	18 28 55.6	−25 24 43		2.81	+0.89	+1.04	K1 IIIb
ζ Tel	6905	18 30 01.4	−49 03 38		4.13	+0.82	+1.02	G8/K0 III
γ Sct	6930	18 30 04.9	−14 33 17		4.70	+0.06	+0.06	A2 III⁻
60 Ser	6935	18 30 29.4	−01 58 27	6	5.39	+0.76	+0.96	K0 III
θ Cra	6951	18 34 36.5	−42 17 59		4.64	+0.76	+1.01	G8 III
α Sct	6973	18 36 03.0	−08 13 55		3.85	+1.54	+1.33	K3 III
	6985	18 37 12.2	+09 08 09	6	5.39	−0.02	+0.37	F5 IIIs
3 α Lyr	7001	18 37 27.8	+38 47 56	asd	0.03	−0.01	0.00	A0 Va
δ Sct	7020	18 43 07.3	−09 02 12	vd6	4.72	+0.14	+0.35	F2 III (str. met.)
ε Sct	7032	18 44 21.9	−08 15 31	d	4.90	+0.87	+1.12	G8 IIb
ζ Pav	6982	18 44 50.3	−71 24 44	d	4.01	+1.02	+1.14	K0 III
6 ζ¹ Lyr	7056	18 45 18.4	+37 37 19	d6	4.36	+0.16	+0.19	A5m
50 Dra	7124	18 45 51.7	+75 27 05	6	5.35	+0.04	+0.05	A1 Vn
110 Her	7061	18 46 19.8	+20 33 43	d	4.19	+0.49	+0.46	F6 V
27 φ Sgr	7039	18 46 37.4	−26 58 25	6	3.17	−0.36	−0.11	B8 III
	7064	18 46 42.0	+26 40 46		4.83	+1.23	+1.20	K2 III
111 Her	7069	18 47 42.4	+18 11 59	d6	4.36	+0.07	+0.13	A3 Va⁺
β Sct	7063	18 47 59.8	−04 43 49	6	4.22	+0.81	+1.10	G4 IIa
R Sct	7066	18 48 18.6	−05 41 15	s	5.20	+1.64	+1.47	K0 Ib:p Ca−1
η¹ CrA	7062	18 49 57.5	−43 39 42		5.49		+0.13	A2 Vn
10 β Lyr	7106	18 50 39.1	+33 22 53	cvd6	3.45	−0.56	0.00	B7 Vpe (shell)

Designation	BS=HR No.	Right Ascension	Declination	Notes	V	U–B	B–V	Spectral Type
		h m s	° ′ ″					
47 o Dra	7125	18 51 25.8	+59 24 27	dv6	4.66	+1.04	+1.19	G9 III Fe−0.5
λ Pav	7074	18 53 38.9	−62 10 04	d	4.22	−0.89	−0.14	B2 II−III
52 υ Dra	7180	18 54 12.2	+71 19 03	6	4.82	+1.10	+1.15	K0 III CN 0.5
12 δ^2 Lyr	7139	18 55 02.8	+36 55 09	d	4.30	+1.65	+1.68	M4 II
13 R Lyr	7157	18 55 48.4	+43 58 02	s6	4.04	+1.41	+1.59	M5 III (var)
34 σ Sgr	7121	18 56 13.5	−26 16 34	d	2.02	−0.75	−0.22	B3 IV
63 θ^1 Ser	7141	18 56 59.4	+04 13 29	d	4.61	+0.11	+0.16	A5 V
κ Pav	7107	18 58 32.4	−67 12 43	v	4.44	+0.71	+0.60	F5 I−II
37 ξ^2 Sgr	7150	18 58 39.2	−21 05 06		3.51	+1.13	+1.18	K1 III
14 γ Lyr	7178	18 59 31.4	+32 42 42	d	3.24	−0.09	−0.05	B9 II
λ Tel	7134	18 59 42.0	−52 55 00	6	4.87		−0.05	A0 III+
13 ε Aql	7176	19 00 19.6	+15 05 25	d6	4.02	+1.04	+1.08	K1− III CN 0.5
12 Aql	7193	19 02 30.5	−05 42 58		4.02	+1.04	+1.09	K1 III
χ Oct	6721	19 03 30.7	−87 35 04		5.28	+1.60	+1.28	K3 III
38 ζ Sgr	7194	19 03 35.8	−29 51 24	d67	2.60	+0.06	+0.08	A2 IV−V
39 o Sgr	7217	19 05 36.7	−21 43 03	d	3.77	+0.85	+1.01	G9 IIIb
17 ζ Aql	7235	19 06 07.4	+13 53 15	d6	2.99	−0.01	+0.01	A0 Vann
16 λ Aql	7236	19 07 04.3	−04 51 30		3.44	−0.27	−0.09	A0 IVp (wk 4481)
18 ι Lyr	7262	19 07 51.3	+36 07 31	d	5.28	−0.51	−0.11	B6 IV
40 τ Sgr	7234	19 07 54.4	−27 38 47	6	3.32	+1.15	+1.19	K1.5 IIIb
α CrA	7254	19 10 31.5	−37 52 44		4.11	+0.08	+0.04	A2 IVn
41 π Sgr	7264	19 10 41.1	−20 59 52	d7	2.89	+0.22	+0.35	F2 II−III
β CrA	7259	19 11 05.6	−39 18 53		4.11	+1.07	+1.20	K0 II
57 δ Dra	7310	19 12 33.3	+67 41 20	d	3.07	+0.78	+1.00	G9 III
20 Aql	7279	19 13 31.1	−07 54 45		5.34	−0.44	+0.13	B3 V
20 η Lyr	7298	19 14 17.2	+39 10 24	d6	4.39	−0.65	−0.15	B2.5 IV
60 τ Dra	7352	19 15 14.7	+73 23 02	6	4.45	+1.45	+1.25	K2+ IIIb CN 1
21 θ Lyr	7314	19 16 54.4	+38 09 43	d	4.36	+1.23	+1.26	K0 II
1 κ Cyg	7328	19 17 27.6	+53 23 51	6	3.77	+0.74	+0.96	G9 III
43 Sgr	7304	19 18 32.4	−18 55 27		4.96	+0.80	+1.02	G8 II−III
25 ω^1 Aql	7315	19 18 32.7	+11 37 28		5.28	+0.22	+0.20	F0 IV
44 ρ^1 Sgr	7340	19 22 34.2	−17 49 01		3.93	+0.13	+0.22	F0 III−IV
46 υ Sgr	7342	19 22 36.8	−15 55 29	6	4.61	−0.53	+0.10	Apep
β^1 Sgr	7337	19 23 45.0	−44 25 42	d	4.01	−0.39	−0.10	B8 V
β^2 Sgr	7343	19 24 20.1	−44 46 09		4.29	+0.07	+0.34	F0 IV
α Sgr	7348	19 24 57.4	−40 35 07	6	3.97	−0.33	−0.10	B8 V
31 Aql	7373	19 25 42.5	+11 58 43	d	5.16	+0.42	+0.77	G7 IV Hδ 1
30 δ Aql	7377	19 26 16.8	+03 08 48	d6	3.36	+0.04	+0.32	F2 IV−V
6 α Vul	7405	19 29 21.0	+24 41 50	d	4.44	+1.81	+1.50	M0.5 IIIb
10 ι^2 Cyg	7420	19 30 05.8	+51 45 48		3.79	+0.11	+0.14	A4 V
6 β Cyg	7417	19 31 20.8	+27 59 35	cd	3.08	+0.62	+1.13	K3 II + B9.5 V
36 Aql	7414	19 31 28.4	−02 45 20		5.03	+2.05	+1.75	M1 IIIab
61 σ Dra	7462	19 32 19.6	+69 41 15	asd	4.68	+0.38	+0.79	K0 V
8 Cyg	7426	19 32 20.9	+34 29 12		4.74	−0.65	−0.14	B3 IV
38 μ Aql	7429	19 34 50.8	+07 24 46	d	4.45	+1.26	+1.17	K3− IIIb Fe 0.5
ι Tel	7424	19 36 21.7	−48 03 52		4.90		+1.09	K0 III
13 θ Cyg	7469	19 36 51.5	+50 15 27	d	4.48	−0.03	+0.38	F4 V
41 ι Aql	7447	19 37 31.4	−01 15 04	d	4.36	−0.44	−0.08	B5 III
52 Sgr	7440	19 37 38.9	−24 50 54	d	4.60	−0.15	−0.07	B8/9 V
39 κ Aql	7446	19 37 43.4	−06 59 31		4.95	−0.87	0.00	B0.5 IIIn

Designation			BS=HR No.	Right Ascension	Declination	Notes	V	U–B	B–V	Spectral Type
				h m s	° ′ ″					
5	α	Sge	7479	19 40 47.4	+18 03 02	d	4.37	+0.43	+0.78	G1 II
			7495	19 41 18.9	+45 33 44	sd	5.06	+0.15	+0.40	F5 II–III
54		Sgr	7476	19 41 36.6	−16 15 24	d	5.30	+1.06	+1.13	K2 III
6	β	Sge	7488	19 41 44.7	+17 30 46		4.37	+0.89	+1.05	G8 IIIa CN 0.5
16		Cyg	7503	19 42 13.7	+50 33 42	sd	5.96	+0.19	+0.64	G1.5 Vb
16		Cyg	7504	19 42 16.7	+50 33 14	s	6.20	+0.20	+0.66	G3 V
55		Sgr	7489	19 43 24.3	−16 05 12	6	5.06	+0.09	+0.33	F0 IVn:
10		Vul	7506	19 44 21.6	+25 48 36		5.49	+0.67	+0.93	G8 III
15		Cyg	7517	19 44 50.2	+37 23 33		4.89	+0.69	+0.95	G8 III
18	δ	Cyg	7528	19 45 27.5	+45 10 09	d67	2.87	−0.10	−0.03	B9.5 III
50	γ	Aql	7525	19 46 59.8	+10 39 07	d	2.72	+1.68	+1.52	K3 II
56		Sgr	7515	19 47 15.9	−19 43 22		4.86	+0.96	+0.93	K0+ III
7	δ	Sge	7536	19 48 04.7	+18 34 24	cd6	3.82	+0.96	+1.41	M2 II + A0 V
63	ε	Dra	7582	19 48 06.8	+70 18 26	d67	3.83	+0.52	+0.89	G7 IIIb Fe−1
	ν	Tel	7510	19 49 16.7	−56 19 26		5.35		+0.20	A9 Vn
	χ	Cyg	7564	19 51 09.7	+32 57 14	vd	4.23	+0.96	+1.82	S6+/1e
53	α	Aql	7557	19 51 32.4	+08 54 37	dv	0.77	+0.08	+0.22	A7 Vnn
51		Aql	7553	19 51 37.9	−10 43 23	d	5.39		+0.38	F0 V
			7589	19 52 27.1	+47 04 04	s	5.62	−0.97	−0.07	O9.5 Iab
	v3961	Sgr	7552	19 52 53.5	−39 50 02	sv6	5.33	−0.22	−0.06	A0p Si Cr Eu
9		Sge	7574	19 53 03.3	+18 42 45	s6	6.23	−0.92	+0.01	O8 If
55	η	Aql	7570	19 53 15.7	+01 02 47	v6	3.90	+0.51	+0.89	F6–G1 Ib
	v1291	Aql	7575	19 54 07.4	−03 04 24	s	5.65	+0.10	+0.20	A5p Sr Cr Eu
60	β	Aql	7602	19 56 04.5	+06 26 47	ad	3.71	+0.48	+0.86	G8 IV
	ι	Sgr	7581	19 56 19.6	−41 49 35		4.13	+0.90	+1.08	G8 III
21	η	Cyg	7615	19 56 53.3	+35 07 31	d	3.89	+0.89	+1.02	K0 III
61		Sgr	7614	19 58 49.7	−15 26 57		5.02	+0.07	+0.05	A3 Va
12	γ	Sge	7635	19 59 26.8	+19 32 06	s	3.47	+1.93	+1.57	M0− III
	θ¹	Sgr	7623	20 00 44.5	−35 13 59	d6	4.37	−0.67	−0.15	B2.5 IV
15	NT	Vul	7653	20 01 44.4	+27 47 50	6	4.64	+0.16	+0.18	A7m
	ε	Pav	7590	20 02 21.5	−72 52 03		3.96	−0.05	−0.03	A0 Va
62	v3872	Sgr	7650	20 03 36.5	−27 39 56		4.58	+1.80	+1.65	M4.5 III
1	κ	Cep	7750	20 08 20.4	+77 45 27	d7	4.39	−0.11	−0.05	B9 III
	ξ	Tel	7673	20 08 34.0	−52 50 06	6	4.94	+1.84	+1.62	M1 IIab
28	v1624	Cyg	7708	20 10 00.2	+36 53 09	6	4.93	−0.77	−0.13	B2.5 V
	δ	Pav	7665	20 10 14.0	−66 08 27		3.56	+0.45	+0.76	G6/8 IV
65	θ	Aql	7710	20 12 06.2	−00 46 28	d6	3.23	−0.14	−0.07	B9.5 III+
33		Cyg	7740	20 13 45.4	+56 36 56	6	4.30	+0.08	+0.11	A3 IVn
31	o¹	Cyg	7735	20 14 07.2	+46 47 20	cvd6	3.79	+0.42	+1.28	K2 II + B4 V
67	ρ	Aql	7724	20 14 59.7	+15 14 44	6	4.95	+0.01	+0.08	A1 Va
32	o²	Cyg	7751	20 15 57.1	+47 45 45	cvd6	3.98	+1.03	+1.52	K3 II + B9: V
24		Vul	7753	20 17 26.9	+24 43 11		5.32	+0.67	+0.95	G8 III
34	P	Cyg	7763	20 18 21.5	+38 04 54	s	4.81	−0.58	+0.42	B1pe
5	α¹	Cap	7747	20 18 30.3	−12 27 34	d6	4.24	+0.78	+1.07	G3 Ib
6	α²	Cap	7754	20 18 54.8	−12 29 45	d6	3.57	+0.69	+0.94	G9 III
9	β	Cap	7776	20 21 52.8	−14 43 53	cd67	3.08	+0.28	+0.79	K0 II: + A5n: V:
37	γ	Cyg	7796	20 22 47.1	+40 18 25	asd	2.20	+0.53	+0.68	F8 Ib
			7794	20 23 56.8	+05 23 36		5.31	+0.77	+0.97	G8 III–IV
39		Cyg	7806	20 24 28.8	+32 14 27	s	4.43	+1.50	+1.33	K2.5 III Fe−0.5
	α	Pav	7790	20 26 51.9	−56 41 03	d6	1.94	−0.71	−0.20	B2.5 V

Designation			BS=HR No.	Right Ascension	Declination	Notes	V	U–B	B–V	Spectral Type
				h m s	° ′ ″					
2	θ	Cep	7850	20 29 50.3	+63 02 47	6	4.22	+0.16	+0.20	A7m
41		Cyg	7834	20 30 01.8	+30 25 16		4.01	+0.27	+0.40	F5 II
69		Aql	7831	20 30 27.6	−02 49 59		4.91	+1.22	+1.15	K2 III
73	AF	Dra	7879	20 31 17.2	+75 00 27	6	5.20	+0.11	+0.07	A0p Sr Cr Eu
2	ε	Del	7852	20 33 57.2	+11 21 24		4.03	−0.47	−0.13	B6 III
6	β	Del	7882	20 38 16.6	+14 38 59	d6	3.63	+0.08	+0.44	F5 IV
	α	Ind	7869	20 38 39.1	−47 14 11	d	3.11	+0.79	+1.00	K0 III CN−1
71		Aql	7884	20 39 08.3	−01 03 00	d6	4.32	+0.69	+0.95	G7.5 IIIa
29		Vul	7891	20 39 12.9	+21 15 23		4.82	−0.08	−0.02	A0 Va (shell)
7	κ	Del	7896	20 39 53.0	+10 08 30	d	5.05	+0.21	+0.72	G2 IV
9	α	Del	7906	20 40 21.5	+15 58 03	d6	3.77	−0.21	−0.06	B9 IV
15	υ	Cap	7900	20 40 55.8	−18 04 59		5.10	+1.99	+1.66	M1 III
49		Cyg	7921	20 41 40.2	+32 21 47	sd6	5.51		+0.88	G8 IIb
50	α	Cyg	7924	20 41 57.6	+45 20 11	asd6	1.25	−0.24	+0.09	A2 Ia
11	δ	Del	7928	20 44 11.0	+15 07 51	v6	4.43	+0.10	+0.32	F0m
	η	Ind	7920	20 45 10.1	−51 51 52		4.51	+0.09	+0.27	A9 IV
3	η	Cep	7957	20 45 36.2	+61 53 58	d	3.43	+0.62	+0.92	K0 IV
			7955	20 45 44.2	+57 38 09	d6	4.51	+0.10	+0.54	F8 IV–V
52		Cyg	7942	20 46 18.2	+30 46 37	d	4.22	+0.89	+1.05	K0 IIIa
	β	Pav	7913	20 46 20.2	−66 08 46		3.42	+0.12	+0.16	A6 IV⁻
53	ε	Cyg	7949	20 46 50.3	+34 01 44	ad6	2.46	+0.87	+1.03	K0 III
16	ψ	Cap	7936	20 47 00.6	−25 12 51		4.14	+0.02	+0.43	F4 V
12	γ²	Del	7948	20 47 22.7	+16 10 51	d	4.27	+0.97	+1.04	K1 IV
54	λ	Cyg	7963	20 48 00.8	+36 32 54	d67	4.53	−0.49	−0.11	B6 IV
2	ε	Aqr	7950	20 48 30.8	−09 26 17		3.77	+0.02	0.00	A1 III⁻
3	EN	Aqr	7951	20 48 33.2	−04 58 12		4.42	+1.92	+1.65	M3 III
55	v1661	Cyg	7977	20 49 28.0	+46 10 20	sd	4.84	−0.45	+0.41	B2.5 Ia
	ι	Mic	7943	20 49 31.8	−43 55 52	d7	5.11	+0.06	+0.35	F1 IV
18	ω	Cap	7980	20 52 44.6	−26 51 37		4.11	+1.93	+1.64	M0 III Ba 0.5
6	μ	Aqr	7990	20 53 29.3	−08 55 28	d6	4.73	+0.11	+0.32	F2m
32		Vul	8008	20 55 13.3	+28 07 02		5.01	+1.79	+1.48	K4 III
	β	Ind	7986	20 56 00.6	−58 23 40	d	3.65	+1.23	+1.25	K1 II
			8023	20 57 07.6	+44 59 06	s6	5.96	−0.85	+0.05	O6 V
58	ν	Cyg	8028	20 57 45.1	+41 13 39	d6	3.94	0.00	+0.02	A0.5 IIIn
33		Vul	8032	20 58 58.0	+22 23 12		5.31		+1.40	K3.5 III
59	v832	Cyg	8047	21 00 21.2	+47 34 55	d6	4.70	−0.93	−0.04	B1.5 Vnne
20	AO	Cap	8033	21 00 28.9	−18 58 28	sv	6.25		−0.13	B9psi
	γ	Mic	8039	21 02 14.3	−32 11 47	d	4.67	+0.54	+0.89	G8 III
	ζ	Mic	8048	21 03 57.1	−38 34 12		5.30		+0.41	F3 V
62	ξ	Cyg	8079	21 05 29.7	+43 59 25	s6	3.72	+1.83	+1.65	K4.5 Ib–II
	α	Oct	8021	21 06 32.6	−76 57 46	cv6	5.15	+0.13	+0.49	G2 III + A7 III
23	θ	Cap	8075	21 06 49.0	−17 10 14	6	4.07	+0.01	−0.01	A1 Va⁺
61	v1803	Cyg	8085	21 07 35.7	+38 49 35	asd	5.21	+1.11	+1.18	K5 V
61		Cyg	8086	21 07 37.0	+38 49 07	sd	6.03	+1.23	+1.37	K7 V
24		Cap	8080	21 08 01.9	−24 56 35	d	4.50	+1.93	+1.61	M1⁻ III
13	ν	Aqr	8093	21 10 26.2	−11 18 29		4.51	+0.70	+0.94	G8⁺ III
5	γ	Equ	8097	21 11 05.7	+10 11 41	d	4.69	+0.10	+0.26	F0p Sr Eu
64	ζ	Cyg	8115	21 13 35.8	+30 17 28	sd6	3.20	+0.76	+0.99	G8⁺ III–IIIa Ba 0.5
			8110	21 14 12.3	−27 33 19		5.42	+1.69	+1.42	K5 III
	ο	Pav	8092	21 14 46.2	−70 03 42	6	5.02	+1.56	+1.58	M1/2 III

Designation			BS=HR No.	Right Ascension	Declination	Notes	V	U–B	B–V	Spectral Type
				h m s	° ′ ″					
7	δ	Equ	8123	21 15 14.1	+10 04 14	d67	4.49	−0.01	+0.50	F8 V
65	τ	Cyg	8130	21 15 24.7	+38 06 43	d67	3.72	+0.02	+0.39	F2 V
8	α	Equ	8131	21 16 35.9	+05 18 45	cd6	3.92	+0.29	+0.53	G2 II–III + A4 V
67	σ	Cyg	8143	21 18 01.5	+39 27 37	6	4.23	−0.39	+0.12	B9 Iab
66	υ	Cyg	8146	21 18 33.4	+34 57 45	d6	4.43	−0.82	−0.11	B2 Ve
	ε	Mic	8135	21 18 52.4	−32 06 25		4.71	+0.02	+0.06	A1m A2 Va+
5	α	Cep	8162	21 18 56.9	+62 39 06	d	2.44	+0.11	+0.22	A7 V+n
	θ	Ind	8140	21 20 57.7	−53 23 01	d7	4.39	+0.12	+0.19	A5 IV–V
	σ	Oct	7228	21 21 42.1	−88 53 29	v	5.47	+0.13	+0.27	F0 III
	θ¹	Mic	8151	21 21 44.8	−40 44 35	dv	4.82	−0.07	+0.02	Ap Cr Eu
1		Peg	8173	21 22 48.2	+19 52 17	d6	4.08	+1.06	+1.11	K1 III
32	ι	Cap	8167	21 23 06.5	−16 46 04		4.28	+0.58	+0.90	G7 III Fe−1.5
18		Aqr	8187	21 25 02.2	−12 48 39	d	5.49		+0.29	F0 V+
69		Cyg	8209	21 26 25.1	+36 44 06	sd	5.94	−0.94	−0.08	B0 Ib
34	ζ	Cap	8204	21 27 33.0	−22 20 36	d6	3.74	+0.59	+1.00	G4 Ib: Ba 2
	γ	Pav	8181	21 27 42.4	−65 17 42		4.22	−0.12	+0.49	F6 Vp
8	β	Cep	8238	21 28 51.3	+70 37 44	vd6	3.23	−0.95	−0.22	B1 III
36		Cap	8213	21 29 36.3	−21 44 20		4.51	+0.60	+0.91	G7 IIIb Fe−1
71		Cyg	8228	21 30 01.3	+46 36 34		5.24	+0.80	+0.97	K0⁻ III
2		Peg	8225	21 30 39.1	+23 42 27	d	4.57	+1.93	+1.62	M1+ III
22	β	Aqr	8232	21 32 22.4	−05 30 08	asd	2.91	+0.56	+0.83	G0 Ib
73	ρ	Cyg	8252	21 34 33.9	+45 39 39		4.02	+0.56	+0.89	G8 III Fe−0.5
74		Cyg	8266	21 37 34.3	+40 29 01		5.01	+0.10	+0.18	A5 V
9 v337		Cep	8279	21 38 20.2	+62 09 08	as	4.73	−0.53	+0.30	B2 Ib
5		Peg	8267	21 38 29.0	+19 23 20		5.45	+0.14	+0.30	F0 V+
23	ξ	Aqr	8264	21 38 34.5	−07 47 02	d6	4.69	+0.13	+0.17	A5 Vn
75		Cyg	8284	21 40 47.7	+43 20 41	sd	5.11	+1.90	+1.60	M1 IIIab
40	γ	Cap	8278	21 40 56.9	−16 35 30	6	3.68	+0.20	+0.32	A7m:
11		Cep	8317	21 42 08.6	+71 22 59		4.56	+1.10	+1.10	K0.5 III
	ν	Oct	8254	21 43 08.8	−77 19 12	6	3.76	+0.89	+1.00	K0 III
	μ	Cep	8316	21 43 59.0	+58 51 05	asd	4.08	+2.42	+2.35	M2⁻ Ia
8	ε	Peg	8308	21 44 56.8	+09 56 48	sd	2.39	+1.70	+1.53	K2 Ib–II
9		Peg	8313	21 45 14.8	+17 25 18	as	4.34	+1.00	+1.17	G5 Ib
10	κ	Peg	8315	21 45 20.9	+25 43 01	d67	4.13	+0.03	+0.43	F5 IV
9	ι	PsA	8305	21 45 52.0	−32 57 16	d6	4.34	−0.11	−0.05	A0 IV
10	ν	Cep	8334	21 45 53.8	+61 11 34		4.29	+0.13	+0.52	A2 Ia
81	π²	Cyg	8335	21 47 22.1	+49 22 54	d6	4.23	−0.71	−0.12	B2.5 III
49	δ	Cap	8322	21 47 53.7	−16 03 23	vd6	2.87	+0.09	+0.29	F2m
14		Peg	8343	21 50 31.9	+30 14 49	6	5.04	+0.03	−0.03	A1 Vs
	o	Ind	8333	21 52 04.4	−69 33 23		5.53	+1.63	+1.37	K2/3 III
16		Peg	8356	21 53 46.2	+25 59 55	6	5.08	−0.67	−0.17	B3 V
51	μ	Cap	8351	21 54 08.4	−13 28 41		5.08	−0.01	+0.37	F2 V
	γ	Gru	8353	21 54 51.7	−37 17 29		3.01	−0.37	−0.12	B8 IV–Vs
13		Cep	8371	21 55 24.5	+56 41 06	s	5.80	−0.02	+0.73	B8 Ib
	δ	Ind	8368	21 58 57.7	−54 55 05	d7	4.40	+0.10	+0.28	F0 III–IVn
17	ξ	Cep	8417	22 04 14.4	+64 42 14	d6	4.29	+0.09	+0.34	A7m:
	ε	Ind	8387	22 04 32.1	−56 43 17		4.69	+0.99	+1.06	K4/5 V
20		Cep	8426	22 05 28.8	+62 51 42		5.27	+1.78	+1.41	K4 III
19		Cep	8428	22 05 37.5	+62 21 20	sd	5.11	−0.84	+0.08	O9.5 Ib
34	α	Aqr	8414	22 06 34.8	−00 14 39	sd	2.96	+0.74	+0.98	G2 Ib

Designation	BS=HR No.	Right Ascension	Declination	Notes	V	U–B	B–V	Spectral Type
		h m s	o ′ ″					
λ Gru	8411	22 07 02.6	−39 28 05		4.46	+1.66	+1.37	K3 III
33 ι Aqr	8418	22 07 16.4	−13 47 38	6	4.27	−0.29	−0.07	B9 IV–V
24 ι Peg	8430	22 07 44.0	+25 25 17	d6	3.76	−0.04	+0.44	F5 V
α Gru	8425	22 09 12.2	−46 53 07	d	1.74	−0.47	−0.13	B7 Vn
14 μ PsA	8431	22 09 17.0	−32 54 44		4.50	+0.05	+0.05	A1 IVnn
24 Cep	8468	22 10 06.1	+72 25 04		4.79	+0.61	+0.92	G7 II–III
29 π Peg	8454	22 10 40.6	+33 15 17		4.29	+0.18	+0.46	F3 III
26 θ Peg	8450	22 10 58.9	+06 16 29	6	3.53	+0.10	+0.08	A2m A1 IV–V
21 ζ Cep	8465	22 11 23.7	+58 16 41	6	3.35	+1.71	+1.57	K1.5 Ib
	8546	22 11 40.0	+86 11 06	6	5.27	−0.11	−0.03	B9.5 Vn
22 λ Cep	8469	22 12 02.3	+59 29 29	s	5.04	−0.74	+0.25	O6 If
	8485	22 14 32.8	+39 47 32	d6	4.49	+1.45	+1.39	K2.5 III
16 λ PsA	8478	22 15 11.3	−27 41 22		5.43	−0.55	−0.16	B8 III
23 ε Cep	8494	22 15 36.7	+57 07 16	d6	4.19	+0.04	+0.28	A9 IV
1 Lac	8498	22 16 38.8	+37 49 35		4.13	+1.63	+1.46	K3⁻ II–III
43 θ Aqr	8499	22 17 39.0	−07 42 20		4.16	+0.81	+0.98	G9 III
α Tuc	8502	22 19 33.0	−60 10 54	6	2.86	+1.54	+1.39	K3 III
ε Oct	8481	22 21 41.0	−80 21 42		5.10	+1.09	+1.47	M6 III
31 IN Peg	8520	22 22 16.9	+12 17 01		5.01	−0.81	−0.13	B2 IV–V
47 Aqr	8516	22 22 26.6	−21 31 12		5.13	+0.92	+1.07	K0 III
48 γ Aqr	8518	22 22 27.4	−01 18 32	d6	3.84	−0.12	−0.05	B9.5 III–IV
3 β Lac	8538	22 24 10.4	+52 18 25	d	4.43	+0.77	+1.02	G9 IIIb Ca 1
52 π Aqr	8539	22 26 04.1	+01 27 23		4.66	−0.98	−0.03	B1 Ve
δ Tuc	8540	22 28 25.1	−64 53 13	d7	4.48	−0.07	−0.03	B9.5 IVn
ν Gru	8552	22 29 33.4	−39 03 10	d	5.47		+0.95	G8 III
55 ζ² Aqr	8559	22 29 37.8	+00 03 35	cd	4.49	0.00	+0.37	F2.5 IV–V
27 δ Cep	8571	22 29 45.0	+58 29 41	vd6	3.75		+0.60	F5−G2 Ib
29 ρ² Cep	8591	22 30 00.4	+78 54 14	6	5.50	+0.08	+0.07	A3 V
5 Lac	8572	22 30 10.7	+47 47 12	cd6	4.36	+1.11	+1.68	M0 II + B8 V
δ¹ Gru	8556	22 30 11.4	−43 24 57	d	3.97	+0.80	+1.03	G6/8 III
δ² Gru	8560	22 30 40.6	−43 40 10	d	4.11	+1.71	+1.57	M4.5 IIIa
6 Lac	8579	22 31 09.6	+43 12 11	6	4.51	−0.74	−0.09	B2 IV
57 σ Aqr	8573	22 31 28.0	−10 35 54	d6	4.82	−0.11	−0.06	A0 IV
7 α Lac	8585	22 31 56.0	+50 21 45	d	3.77	0.00	+0.01	A1 Va
17 β PsA	8576	22 32 23.0	−32 15 58	d7	4.29	+0.02	+0.01	A1 Va
59 υ Aqr	8592	22 35 32.4	−20 37 42		5.20	0.00	+0.44	F5 V
62 η Aqr	8597	22 36 09.1	−00 02 14		4.02	−0.26	−0.09	B9 IV–V:n
31 Cep	8615	22 36 09.1	+73 43 26		5.08	+0.16	+0.39	F3 III–IV
63 κ Aqr	8610	22 38 33.5	−04 08 52	d	5.03	+1.16	+1.14	K1.5 IIIb CN 0.5
30 Cep	8627	22 39 12.2	+63 39 55	6	5.19	0.00	+0.06	A3 IV
10 Lac	8622	22 39 57.6	+39 07 53	ad	4.88	−1.04	−0.20	O9 V
	8626	22 40 16.5	+37 40 26	sd	6.03		+0.86	G3 Ib–II: CN−1 CH 2 Fe−1
11 Lac	8632	22 41 11.8	+44 21 27		4.46	+1.36	+1.33	K2.5 III
18 ε PsA	8628	22 41 30.6	−26 57 45		4.17	−0.37	−0.11	B8 Ve
42 ζ Peg	8634	22 42 14.1	+10 54 45	d	3.40	−0.25	−0.09	B8.5 III
β Gru	8636	22 43 35.2	−46 48 11		2.10	+1.67	+1.60	M4.5 III
44 η Peg	8650	22 43 43.9	+30 18 10	cd6	2.94	+0.55	+0.86	G8 II + F0 V
13 Lac	8656	22 44 47.1	+41 54 03	d	5.08	+0.78	+0.96	K0 III
47 λ Peg	8667	22 47 16.8	+23 38 51		3.95	+0.91	+1.07	G8 IIIa CN 0.5
46 ξ Peg	8665	22 47 28.1	+12 15 10	d	4.19	−0.03	+0.50	F6 V

Designation		BS=HR No.	Right Ascension	Declination	Notes	V	U–B	B–V	Spectral Type
			h m s	° ′ ″					
	β Oct	8630	22 47 33.5	−81 17 59	6	4.15	+0.11	+0.20	A7 III–IV
68	Aqr	8670	22 48 23.0	−19 31 56		5.26	+0.59	+0.94	G8 III
	ε Gru	8675	22 49 29.0	−51 14 06		3.49	+0.10	+0.08	A2 Va
32	ι Cep	8694	22 50 14.2	+66 16 56	s	3.52	+0.90	+1.05	K0⁻ III
71	τ Aqr	8679	22 50 24.7	−13 30 38	d	4.01	+1.95	+1.57	M0 III
48	μ Peg	8684	22 50 45.2	+24 41 01	s	3.48	+0.68	+0.93	G8⁺ III
		8685	22 51 54.8	−39 04 28		5.42	+1.69	+1.43	K3 III
22	γ PsA	8695	22 53 23.0	−32 47 35	d7	4.46	−0.14	−0.04	A0m A1 III–IV
73	λ Aqr	8698	22 53 25.3	−07 29 49		3.74	+1.74	+1.64	M2.5 III Fe−0.5
		8748	22 54 14.1	+84 25 45		4.71	+1.69	+1.43	K4 III
76	δ Aqr	8709	22 55 28.3	−15 44 17		3.27	+0.08	+0.05	A3 IV–V
23	δ PsA	8720	22 56 48.2	−32 27 23	d	4.21	+0.69	+0.97	G8 III
		8726	22 57 07.0	+49 49 00	s	4.95	+1.96	+1.78	K5 Ib
24	α PsA	8728	22 58 30.2	−29 32 23	a	1.16	+0.08	+0.09	A3 Va
		8732	22 59 26.5	−35 26 26	s	6.13		+0.58	F8 III–IV
	v509 Cas	8752	23 00 44.6	+57 01 43	s	5.00	+1.16	+1.42	G4v 0
	ζ Gru	8747	23 01 47.2	−52 40 15	6	4.12	+0.70	+0.98	G8/K0 III
1	o And	8762	23 02 38.3	+42 24 34	d6	3.62	−0.53	−0.09	B6pe (shell)
	π PsA	8767	23 04 21.0	−34 39 55	6	5.11	+0.02	+0.29	F0 V:
53	β Peg	8775	23 04 31.7	+28 10 02	d	2.42	+1.96	+1.67	M2.5 II–III
4	β Psc	8773	23 04 40.0	+03 54 13		4.53	−0.49	−0.12	B6 Ve
54	α Peg	8781	23 05 32.0	+15 17 20	6	2.49	−0.05	−0.04	A0 III–IV
86	Aqr	8789	23 07 30.7	−23 39 33	d	4.47	+0.58	+0.90	G6 IIIb
	θ Gru	8787	23 07 44.8	−43 26 11	d7	4.28	+0.16	+0.42	F5 (II–III)m
55	Peg	8795	23 07 47.1	+09 29 36		4.52	+1.90	+1.57	M1 IIIab
33	π Cep	8819	23 08 23.7	+75 28 17	d67	4.41	+0.46	+0.80	G2 III
88	Aqr	8812	23 10 16.3	−21 05 17		3.66	+1.24	+1.22	K1.5 III
	ι Gru	8820	23 11 13.8	−45 09 45	6	3.90	+0.86	+1.02	K1 III
59	Peg	8826	23 12 31.2	+08 48 16		5.16	+0.08	+0.13	A3 Van
90	φ Aqr	8834	23 15 07.5	−05 57 55		4.22	+1.90	+1.56	M1.5 III
91	ψ¹ Aqr	8841	23 16 42.2	−09 00 11	d	4.21	+0.99	+1.11	K1⁻ III Fe−0.5
6	γ Psc	8852	23 17 58.2	+03 22 02	s	3.69	+0.58	+0.92	G9 III: Fe−2
	γ Tuc	8848	23 18 19.5	−58 09 02		3.99	−0.02	+0.40	F2 V
93	ψ² Aqr	8858	23 18 42.5	−09 05 52		4.39	−0.56	−0.15	B5 Vn
	γ Scl	8863	23 19 39.5	−32 26 51		4.41	+1.06	+1.13	K1 III
95	ψ³ Aqr	8865	23 19 46.0	−09 31 33	d	4.98	−0.02	−0.02	A0 Va
62	τ Peg	8880	23 21 24.4	+23 49 31	v	4.60	+0.10	+0.17	A5 V
98	Aqr	8892	23 23 47.0	−20 00 57		3.97	+0.95	+1.10	K1 III
4	Cas	8904	23 25 32.0	+62 22 05	d	4.98	+2.07	+1.68	M2⁻ IIIab
68	υ Peg	8905	23 26 09.3	+23 29 22	s	4.40	+0.14	+0.61	F8 III
99	Aqr	8906	23 26 51.5	−20 33 25		4.39	+1.81	+1.47	K4.5 III
8	κ Psc	8911	23 27 43.6	+01 20 26	d	4.94	−0.02	+0.03	A0p Cr Sr
10	θ Psc	8916	23 28 45.3	+06 27 51		4.28	+1.01	+1.07	K0.5 III
	τ Oct	8862	23 29 54.3	−87 23 48		5.49	+1.43	+1.27	K2 III
70	Peg	8923	23 29 56.4	+12 50 46		4.55	+0.73	+0.94	G8 IIIa
		8924	23 30 20.1	−04 26 54	s	6.25	+1.16	+1.09	K3⁻ IIIb Fe 2
	β Scl	8937	23 33 47.9	−37 43 57		4.37	−0.36	−0.09	B9.5p Hg Mn
		8952	23 35 40.0	+71 43 40	s	5.84	+1.73	+1.80	G9 Ib
	ι Phe	8949	23 35 54.3	−42 31 45	d	4.71	+0.07	+0.08	Ap Sr
16	λ And	8961	23 38 19.6	+46 32 32	vd6	3.82	+0.69	+1.01	G8 III–IV

Designation			BS=HR No.	Right Ascension	Declination	Notes	V	U–B	B–V	Spectral Type
				h m s	o ′ ″					
			8959	23 38 40.8	−45 24 23	6	4.74	+0.09	+0.08	A1/2 V
17	ι	And	8965	23 38 54.1	+43 21 14	6	4.29	−0.29	−0.10	B8 V
35	γ	Cep	8974	23 39 59.9	+77 43 08	as	3.21	+0.94	+1.03	K1 III–IV CN 1
17	ι	Psc	8969	23 40 44.9	+05 42 37	d	4.13	0.00	+0.51	F7 V
19	κ	And	8976	23 41 10.6	+44 25 11	d	4.15	−0.21	−0.08	B8 IVn
	μ	Scl	8975	23 41 26.8	−31 59 15		5.31	+0.66	+0.97	K0 III
18	λ	Psc	8984	23 42 50.3	+01 51 55	6	4.50	+0.08	+0.20	A6 IV⁻
105	ω²	Aqr	8988	23 43 31.5	−14 27 33	d6	4.49	−0.12	−0.04	B9.5 IV
106		Aqr	8998	23 45 00.2	−18 11 27		5.24	−0.27	−0.08	B9 Vn
20	ψ	And	9003	23 46 48.4	+46 30 23	d	4.99	+0.81	+1.11	G3 Ib−II
			9013	23 48 39.9	+67 53 35	6	5.04	−0.04	−0.01	A1 Vn
20		Psc	9012	23 48 44.4	−02 40 31	d	5.49	+0.70	+0.94	gG8
	δ	Scl	9016	23 49 43.8	−28 02 40	d	4.57	−0.03	+0.01	A0 Va⁺n
81	φ	Peg	9036	23 53 16.7	+19 12 23		5.08	+1.86	+1.60	M3⁻ IIIb
82 HT		Peg	9039	23 53 24.6	+11 02 01		5.31	+0.10	+0.18	A4 Vn
7	ρ	Cas	9045	23 55 09.9	+57 35 08		4.54	+1.12	+1.22	G2 0 (var)
84	ψ	Peg	9064	23 58 33.1	+25 13 39	d	4.66	+1.68	+1.59	M3 III
27		Psc	9067	23 59 28.0	−03 28 12	d6	4.86	+0.70	+0.93	G9 III
	π	Phe	9069	23 59 43.6	−52 39 33		5.13	+1.03	+1.13	K0 III

Notes to Table

a anchor point for the MK system
c composite or combined spectrum
d double star given in Washington Double Star Catalog
o orbital position generated using FK5 center-of-mass position and proper motion
s MK standard star
v star given in Hipparcos Periodic Variables list
6 spectroscopic binary
7 magnitude and color refer to combined light of two or more stars

ᴡᴡᴡ A searchable version of this table appears on *The Astronomical Almanac Online*.

WWW This symbol indicates that these data or auxiliary material may also be found on *The Astronomical Almanac Online* at **http://asa.usno.navy.mil** and **http://asa.hmnao.com**

BS=HR No.	WDS No.	Right Ascension	Declination	Discoverer Designation	Epoch[1]	P.A.	Separation	V of primary[2]	Δm_V
		h m s	° ′ ″			°	″		
126	00315−6257	00 32 14.9	−62 52 23	LCL 119 AC	2009	168	27.1	4.28	0.23
154	00369+3343	00 37 42.8	+33 48 16	H 5 17 AB	2012	174	37.7	4.36	2.72
361	01137+0735	01 14 32.6	+07 39 25	STF 100 AB	2012	62	23.7	5.22	0.93
382	01201+5814	01 21 04.1	+58 18 45	H 3 23 AC	2010	231	134.3	5.07	1.97
531	01496−1041	01 50 20.8	−10 36 37	ENG 8	2012	250	192.9	4.69	2.12
596	02020+0246	02 02 51.0	+02 50 17	STF 202 AB	2015.5	261	1.8	4.10	1.07
603	02039+4220	02 04 51.4	+42 24 12	STF 205 A-BC	2012	64	9.8	2.31	2.71
681	02193−0259	02 20 07.9	−02 54 29	H 6 1 AC	2015.5	68	123.6	6.65	2.94
897	02583−4018	02 58 50.9	−40 14 35	PZ 2	2009	91	8.4	3.20	0.92
1279	04077+1510	04 08 34.7	+15 12 11	STF 495	2011	222	3.6	6.11	2.66
1387	04254+2218	04 26 17.7	+22 19 41	STF 541 AB	2011	173	340.7	4.22	1.07
1412	04287+1552	04 29 33.0	+15 54 15	STFA 10	2011	347	336.7	3.41	0.53
1497	04422+2257	04 43 10.6	+22 59 07	S 455 AB	2008	213	62.7	4.24	2.78
1856	05302−4705	05 30 35.1	−47 04 02	DUN 21 AD	2009	272	198.3	5.52	1.16
1879	05351+0956	05 35 59.5	+09 56 36	STF 738 AB	2012	44	4.2	3.51	1.94
1931	05387−0236	05 39 31.5	−02 35 32	STF 762 AB,D	2011	84	12.8	3.73	2.83
1931	05387−0236	05 39 31.5	−02 35 32	STF 762 AB,E	2011	62	41.5	3.73	2.61
1983	05445−2227	05 45 06.6	−22 26 39	H 6 40 AB	2012	350	95.0	3.64	2.64
2298	06238+0436	06 24 35.4	+04 35 02	STF 900 AB	2012	29	12.2	4.42	2.22
2736	07087−7030	07 08 36.7	−70 31 26	DUN 42	2002	296	14.4	3.86	1.57
2891	07346+3153	07 35 35.1	+31 51 10	STF1110 AB	2015.5	55	5.1	1.93	1.04
3223	08079−6837	08 07 58.5	−68 39 46	RMK 7	1999	24	6.0	4.38	2.93
3207	08095−4720	08 10 00.6	−47 22 58	DUN 65 AB	2009	221	40.3	1.79	2.35
3315	08252−2403	08 25 43.9	−24 05 50	S 568	2009	89	40.9	5.48	2.95
3475	08467+2846	08 47 37.9	+28 42 08	STF1268	2012	308	30.5	4.13	1.86
3582	08570−5914	08 57 21.1	−59 17 22	DUN 74	2000	76	40.1	4.87	1.71
3890	09471−6504	09 47 29.3	−65 08 39	RMK 11	2008	128	4.9	3.02	2.98
4031	10167+2325	10 17 33.0	+23 20 22	STFA 18	2012	338	334.8	3.46	2.57
4057	10200+1950	10 20 49.5	+19 45 45	STF1424 AB	2015.5	126	4.6	2.37	1.30
4180	10393−5536	10 39 55.6	−55 41 03	DUN 95 AB	2000	105	51.7	4.38	1.68
4191	10435+4612	10 44 27.2	+46 07 19	SMA 75 AB	2012	88	288.4	5.21	2.14
4203	10459+3041	10 46 43.4	+30 36 01	S 612 AB	2012	174	196.5	5.34	2.44
4203	10459+3041	10 46 43.4	+30 36 01	ARN 3 AC	2012	94	424.6	5.34	2.97
4257	10535−5851	10 54 07.7	−58 56 09	DUN 102 AB	2000	204	159.4	3.88	2.35
4259	10556+2445	10 56 27.0	+24 40 00	STF1487	2012	111	6.6	4.48	1.82
4369	11170−0708	11 17 45.3	−07 13 10	BU 600 AC	2015.5	99	53.2	6.15	2.07
4418	11279+0251	11 28 44.1	+02 46 15	STFA 19 AB	2015.5	182	88.8	5.05	2.42
4621	12084−5043	12 09 10.1	−50 48 31	JC 2 AB	1999	325	269.1	2.51	1.91
4730	12266−6306	12 27 28.3	−63 11 05	DUN 252 AB	2012	111	3.6	1.25	0.30
4792	12351+1823	12 35 54.4	+18 17 31	STF1657	2012	270	20.1	5.11	1.22
4898	12546−5711	12 55 30.9	−57 15 42	DUN 126 AB	2011	24	36.6	3.94	1.01
4915	12560+3819	12 56 45.0	+38 14 06	STF1692	2011	228	19.3	2.85	2.67
4993	13152−6754	13 16 19.1	−67 58 34	DUN 131 AC	2002	332	58.4	4.76	2.48
5035	13226−6059	13 23 38.8	−61 04 09	DUN 133 AB-C	2010	345	60.6	4.51	1.66
5054	13239+5456	13 24 32.8	+54 50 41	STF1744 AB	2011	154	15.3	2.23	1.65
5054	13239+5456	13 24 32.8	+54 50 41	STF1744 AC	2008	70	706.1	2.23	1.78
5085	13288+5956	13 29 01.1	+59 51 58	S 649 CA	2012	110	181.7	5.46	2.73
5171	13472−6235	13 48 16.6	−62 40 00	COO 157 AB	1998	318	9.3	7.19	2.71
5350	14162+5122	14 16 42.8	+51 17 46	STFA 26 AB	2011	33	38.8	4.76	2.63
5460	14396−6050	14 40 39.4	−60 53 54	RHD 1 AB	2015.5	295	4.1	−0.01*	1.34

BS=HR No.	WDS No.	Right Ascension	Declination	Discoverer Designation	Epoch[1]	P.A.	Separation	V of primary[2]	Δm_V
		h m s	° ′ ″			°	″		
5459	14396−6050	14 40 39.9	−60 53 55	RHD 1 BA	2015.5	115	4.1	1.33*	1.34
5506	14450+2704	14 45 39.8	+27 00 34	STF1877 AB	2011	345	3.0	2.58	2.23
5531	14509−1603	14 51 44.3	−16 06 19	SHJ 186 AB	2012	314	231.1	2.74	2.45
5646	15119−4844	15 13 01.2	−48 47 44	DUN 177	2010	143	26.5	3.83	1.69
5683	15185−4753	15 19 37.1	−47 55 52	DUN 180 AC	2010	128	23.1	4.99	1.35
5733	15245+3723	15 25 04.6	+37 19 24	STFA 28 AB	2012	171	108.0	4.33	2.76
5789	15348+1032	15 35 32.6	+10 29 16	STF1954 AB	2015.5	172	4.0	4.17	0.99
5984	16054−1948	16 06 20.4	−19 50 48	H 3 7 AC	2012	19	13.6	2.59	1.93
5985	16054−1948	16 06 20.7	−19 50 35	H 3 7 CA	2012	199	13.6	4.52	1.93
6008	16081+1703	16 08 46.5	+17 00 24	STF2010 AB	2015.5	14	27.1	5.10	1.11
6027	16120−1928	16 12 53.9	−19 29 59	H 5 6 AC	2012	336	41.2	4.21	2.39
6077	16195−3054	16 20 31.7	−30 56 35	BSO 12	2010	319	23.8	5.55	1.33
6020	16203−7842	16 22 42.8	−78 43 55	BSO 22 AB	2000	10	103.3	4.90	0.51
6115	16272−4733	16 28 19.5	−47 35 19	HJ 4853	2010	334	22.8	4.51	1.61
6406	17146+1423	17 15 21.3	+14 22 25	STF2140 AB	2015.5	103	4.6	3.48	1.92
6555	17322+5511	17 32 34.4	+55 09 46	STFA 35	2011	311	62.0	4.87	0.03
6636	17419+7209	17 41 40.0	+72 08 27	STF2241 AB	2015.5	17	29.6	4.60	0.99
6752	18055+0230	18 06 14.2	+02 29 53	STF2272 AB	2015.5	126	6.3	4.22	1.95
7056	18448+3736	18 45 18.4	+37 37 19	STFA 38 AD	2012	149	41.1	4.34	1.28
7141	18562+0412	18 56 59.4	+04 13 29	STF2417 AB	2012	104	22.3	4.59	0.34
7405	19287+2440	19 29 21.0	+24 41 50	STFA 42	2015.5	28	427.2	4.61	1.32
7417	19307+2758	19 31 20.8	+27 59 35	STFA 43 AB	2012	55	34.7	3.19	1.49
7476	19407−1618	19 41 36.6	−16 15 24	HJ 599 AC	2012	42	45.3	5.42	2.23
7503	19418+5032	19 42 13.7	+50 33 42	STFA 46 AB	2015.5	133	39.7	6.00	0.23
7582	19482+7016	19 48 06.8	+70 18 26	STF2603	2012	21	3.1	4.01	2.86
7735	20136+4644	20 14 07.2	+46 47 20	STFA 50 AD	2008	325	333.8	3.93	0.90
7754	20181−1233	20 18 54.8	−12 29 45	STFA 51 AE	2012	290	381.2	3.67	0.67
7776	20210−1447	20 21 52.8	−14 43 53	STFA 52 AB	2012	267	205.4	3.15	2.93
7948	20467+1607	20 47 22.7	+16 10 51	STF2727	2015.5	265	9.0	4.36	0.67
8085	21069+3845	21 07 35.7	+38 49 35	STF2758 AB	2015.5	152	31.6	5.20	0.85
8086	21069+3845	21 07 37.0	+38 49 07	STF2758 BA	2015.5	333	31.6	6.05	0.85
8097	21103+1008	21 11 05.7	+10 11 41	STFA 54 AD	2011	152	335.8	4.70	1.36
8140	21199−5327	21 20 57.7	−53 23 01	HJ 5258	2015.5	270	7.3	4.50	2.43
8417	22038+6438	22 04 14.4	+64 42 14	STF2863 AB	2015.5	274	8.4	4.45	1.95
8559	22288−0001	22 29 37.8	+00 03 35	STF2909	2015.5	164	2.3	4.34	0.15
8571	22292+5825	22 29 45.0	+58 29 41	STFA 58 AC	2012	191	40.6	4.21	1.90
8576	22315−3221	22 32 23.0	−32 15 58	PZ 7	2009	172	30.6	4.28	2.84

Notes to Table

[1] Epoch represents the date of position angle and separation data. Data for Epoch 2015.5 are calculated; data for all other epochs represent the most recent measurement. In the latter cases, the system configuration at 2015.5 is not expected to be significantly different.

[2] Visual magnitudes are Tycho V except where indicated by *; in those cases, the magnitudes are Hipparcos V. Primary is not necessarily the brighter object, but is the object used as the origin of the measurements for the pair.

UBVRI STANDARD STARS, J2015.5

Name	Right Ascension	Declination	V	B–V	U–B	V–R	R–I	V–I
	h m s	o ′ ″						
TPhe I	00 30 49	−46 23 02	14.820	+0.764	+0.338	+0.422	+0.395	+0.81⋯
TPhe A	00 30 54	−46 26 21	14.651	+0.793	+0.380	+0.435	+0.405	+0.84⋯
TPhe H	00 30 54	−46 22 17	14.942	+0.740	+0.225	+0.425	+0.425	+0.85⋯
TPhe B	00 31 01	−46 22 51	12.334	+0.405	+0.156	+0.262	+0.271	+0.53⋯
TPhe C	00 31 02	−46 27 14	14.376	−0.298	−1.217	−0.148	−0.211	−0.36⋯
TPhe D	00 31 03	−46 26 12	13.118	+1.551	+1.871	+0.849	+0.810	+1.66⋯
TPhe E	00 31 05	−46 19 28	11.631	+0.443	−0.103	+0.276	+0.283	+0.56⋯
TPhe J	00 31 08	−46 18 47	13.434	+1.465	+1.229	+0.980	+1.063	+2.04⋯
TPhe F	00 31 35	−46 28 16	12.475	+0.853	+0.534	+0.492	+0.437	+0.92⋯
TPhe K	00 31 41	−46 18 18	12.935	+0.806	+0.402	+0.473	+0.429	+0.90⋯
TPhe G	00 31 49	−46 17 44	10.447	+1.545	+1.910	+0.934	+1.086	+2.02⋯
PG0029+024	00 32 30	+02 42 51	15.268	+0.362	−0.184	+0.251	+0.337	+0.59⋯
HD 2892	00 33 00	+01 16 25	9.360	+1.322	+1.414	+0.692	+0.628	+1.32⋯
BD −15 115	00 39 07	−14 54 48	10.885	−0.199	−0.838	−0.095	−0.110	−0.20⋯
PG0039+049	00 42 54	+05 14 28	12.877	−0.019	−0.871	+0.067	+0.097	+0.16⋯
BD −11 162	00 53 02	−10 34 44	11.184	−0.082	−1.115	+0.051	+0.092	+0.14⋯
92 309	00 54 02	+00 51 04	13.842	+0.513	−0.024	+0.326	+0.325	+0.65⋯
92 312	00 54 04	+00 53 31	10.598	+1.636	+1.992	+0.898	+0.906	+1.80⋯
92 322	00 54 35	+00 52 37	12.676	+0.528	−0.002	+0.302	+0.305	+0.60⋯
92 245	00 55 04	+00 44 57	13.818	+1.418	+1.189	+0.929	+0.907	+1.83⋯
92 248	00 55 19	+00 45 19	15.346	+1.128	+1.289	+0.690	+0.553	+1.24⋯
92 249	00 55 21	+00 46 07	14.325	+0.699	+0.240	+0.399	+0.370	+0.77⋯
92 250	00 55 25	+00 43 59	13.178	+0.814	+0.480	+0.446	+0.394	+0.84⋯
92 330	00 55 31	+00 48 28	15.073	+0.568	−0.115	+0.331	+0.334	+0.66⋯
92 252	00 55 35	+00 44 26	14.932	+0.517	−0.140	+0.326	+0.332	+0.66⋯
92 253	00 55 39	+00 45 21	14.085	+1.131	+0.955	+0.719	+0.616	+1.33⋯
92 335	00 55 46	+00 49 02	12.523	+0.672	+0.208	+0.380	+0.338	+0.71⋯
92 339	00 55 51	+00 49 12	15.579	+0.449	−0.177	+0.306	+0.339	+0.64⋯
92 342	00 55 58	+00 48 14	11.615	+0.435	−0.037	+0.265	+0.271	+0.53⋯
92 188	00 55 58	+00 28 10	14.751	+1.050	+0.751	+0.679	+0.573	+1.25⋯
92 409	00 55 59	+01 00 57	10.627	+1.138	+1.136	+0.734	+0.625	+1.36⋯
92 410	00 56 02	+01 06 52	14.984	+0.398	−0.134	+0.239	+0.242	+0.48⋯
92 412	00 56 03	+01 06 56	15.036	+0.457	−0.152	+0.285	+0.304	+0.58⋯
92 259	00 56 09	+00 45 32	14.997	+0.642	+0.108	+0.370	+0.452	+0.82⋯
92 345	00 56 11	+00 56 08	15.216	+0.745	+0.121	+0.465	+0.476	+0.94⋯
92 347	00 56 14	+00 55 50	15.752	+0.543	−0.097	+0.339	+0.318	+0.65⋯
92 348	00 56 17	+00 49 34	12.109	+0.598	+0.056	+0.345	+0.341	+0.68⋯
92 417	00 56 20	+00 58 09	15.922	+0.477	−0.185	+0.351	+0.305	+0.65⋯
92 260	00 56 21	+00 43 24	15.071	+1.162	+1.115	+0.719	+0.608	+1.32⋯
92 263	00 56 27	+00 41 21	11.782	+1.046	+0.844	+0.562	+0.521	+1.08⋯
92 497	00 56 42	+01 16 43	13.642	+0.729	+0.257	+0.404	+0.378	+0.78⋯
92 498	00 56 44	+01 15 42	14.408	+1.010	+0.794	+0.648	+0.531	+1.18⋯
92 500	00 56 46	+01 15 26	15.841	+1.003	+0.211	+0.738	+0.599	+1.33⋯
92 425	00 56 46	+00 58 00	13.941	+1.191	+1.173	+0.755	+0.627	+1.38⋯
92 426	00 56 47	+00 57 56	14.466	+0.729	+0.184	+0.412	+0.396	+0.80⋯
92 501	00 56 48	+01 15 52	12.958	+0.610	+0.068	+0.345	+0.331	+0.67⋯
92 355	00 56 53	+00 55 48	14.965	+1.164	+1.201	+0.759	+0.645	+1.40⋯
92 427	00 56 54	+01 05 22	14.953	+0.809	+0.352	+0.462	+2.922	+3.27⋯
92 502	00 56 56	+01 09 26	11.812	+0.486	−0.095	+0.284	+0.292	+0.57⋯
92 430	00 57 03	+00 58 19	14.440	+0.567	−0.040	+0.338	+0.338	+0.67⋯

Name	Right Ascension	Declination	V	B–V	U–B	V–R	R–I	V–I
	h m s	° ′ ″						
92 276	00 57 14	+00 46 51	12.036	+0.629	+0.067	+0.368	+0.357	+0.726
92 282	00 57 35	+00 43 30	12.969	+0.318	−0.038	+0.201	+0.221	+0.422
92 507	00 57 39	+01 11 01	11.332	+0.932	+0.688	+0.507	+0.461	+0.969
92 508	00 57 39	+01 14 35	11.679	+0.529	−0.047	+0.318	+0.320	+0.639
92 364	00 57 40	+00 48 53	11.673	+0.607	−0.037	+0.356	+0.357	+0.714
92 433	00 57 42	+01 05 42	11.667	+0.655	+0.110	+0.367	+0.348	+0.716
92 288	00 58 05	+00 41 50	11.631	+0.858	+0.472	+0.491	+0.441	+0.932
F 11	01 05 10	+04 18 35	12.065	−0.239	−0.988	−0.118	−0.142	−0.259
F 11A	01 05 16	+04 16 54	14.475	+0.841	+0.454	+0.479	+0.426	+0.907
F 11B	01 05 16	+04 16 23	13.784	+0.747	+0.234	+0.437	+0.412	+0.849
F 16	01 55 21	−06 41 27	12.405	−0.008	+0.013	−0.007	+0.002	−0.004
93 407	01 55 25	+00 58 20	11.971	+0.852	+0.564	+0.487	+0.421	+0.908
93 317	01 55 26	+00 47 33	11.546	+0.488	−0.053	+0.293	+0.299	+0.592
93 333	01 55 53	+00 50 15	12.009	+0.833	+0.436	+0.469	+0.422	+0.892
93 424	01 56 14	+01 01 14	11.619	+1.083	+0.929	+0.553	+0.501	+1.056
G3 33	02 01 02	+13 07 08	12.298	+1.802	+1.306	+1.355	+1.752	+3.103
PG0220+132B	02 24 24	+13 32 15	14.216	+0.937	+0.319	+0.562	+0.496	+1.058
PG0220+132	02 24 29	+13 31 46	14.760	−0.132	−0.922	−0.050	−0.120	−0.170
PG0220+132A	02 24 31	+13 31 41	15.771	+0.783	−0.339	+0.514	+0.481	+0.995
F 22	02 31 06	+05 19 56	12.798	−0.052	−0.809	−0.103	−0.105	−0.206
PG0231+051E	02 34 18	+05 23 51	13.809	+0.677	+0.207	+0.383	+0.369	+0.752
PG0231+051D	02 34 23	+05 23 33	14.031	+1.077	+1.026	+0.671	+0.584	+1.252
PG0231+051A	02 34 29	+05 21 43	12.768	+0.711	+0.271	+0.405	+0.388	+0.794
PG0231+051	02 34 30	+05 22 47	16.096	−0.320	−1.214	−0.144	−0.373	−0.502
PG0231+051B	02 34 34	+05 21 36	14.732	+1.437	+1.279	+0.951	+0.991	+1.933
PG0231+051C	02 34 37	+05 24 29	13.707	+0.678	+0.078	+0.396	+0.385	+0.783
F 24	02 35 56	+03 47 59	12.412	−0.203	−1.182	+0.087	+0.361	+0.444
F 24A	02 36 05	+03 47 18	13.822	+0.525	+0.034	+0.314	+0.319	+0.635
F 24B	02 36 07	+03 46 42	13.546	+0.668	+0.188	+0.382	+0.367	+0.749
F 24C	02 36 15	+03 45 52	11.761	+1.133	+1.007	+0.598	+0.535	+1.127
94 171	02 54 27	+00 21 04	12.659	+0.817	+0.304	+0.480	+0.483	+0.964
94 296	02 56 08	+00 31 55	12.255	+0.750	+0.235	+0.415	+0.387	+0.803
94 394	02 57 02	+00 38 54	12.273	+0.545	−0.047	+0.344	+0.330	+0.676
94 401	02 57 19	+00 43 49	14.293	+0.638	+0.098	+0.389	+0.369	+0.759
94 242	02 58 09	+00 22 21	11.725	+0.303	+0.110	+0.176	+0.184	+0.362
BD -2 524	02 58 27	−01 56 07	10.304	−0.111	−0.621	−0.048	−0.060	−0.108
94 251	02 58 35	+00 19 44	11.204	+1.219	+1.281	+0.659	+0.586	+1.245
94 702	02 59 01	+01 14 35	11.597	+1.416	+1.617	+0.757	+0.675	+1.431
GD 50	03 49 38	−00 55 47	14.063	−0.276	−1.191	−0.147	−0.180	−0.325
95 15	03 53 28	−00 02 40	11.302	+0.712	+0.157	+0.424	+0.385	+0.809
95 16	03 53 28	−00 02 23	14.313	+1.306	+1.322	+0.796	+0.676	+1.472
95 301	03 53 29	+00 34 05	11.216	+1.293	+1.298	+0.692	+0.620	+1.311
95 302	03 53 30	+00 34 00	11.694	+0.825	+0.447	+0.471	+0.420	+0.891
95 96	03 53 42	+00 03 02	10.010	+0.147	+0.077	+0.079	+0.095	+0.174
95 97	03 53 45	+00 02 24	14.818	+0.906	+0.380	+0.522	+0.546	+1.068
95 98	03 53 48	+00 05 30	14.448	+1.181	+1.092	+0.723	+0.620	+1.342
95 100	03 53 48	+00 02 59	15.633	+0.791	+0.051	+0.538	+0.421	+0.961
95 101	03 53 52	+00 05 31	12.677	+0.778	+0.263	+0.436	+0.426	+0.863
95 102	03 53 55	+00 03 53	15.622	+1.001	+0.162	+0.448	+0.618	+1.065
95 252	03 53 58	+00 30 05	15.394	+1.452	+1.178	+0.816	+0.747	+1.566

Name	Right Ascension	Declination	V	B–V	U–B	V–R	R–I	V–I
	h m s	° ′ ″						
95 190	03 54 01	+00 19 05	12.627	+0.287	+0.236	+0.195	+0.220	+0.415
95 193	03 54 08	+00 19 17	14.338	+1.211	+1.239	+0.748	+0.616	+1.366
95 105	03 54 09	+00 02 24	13.574	+0.976	+0.627	+0.550	+0.536	+1.088
95 106	03 54 13	+00 04 05	15.137	+1.251	+0.369	+0.394	+0.508	+0.903
95 107	03 54 13	+00 05 03	16.275	+1.324	+1.115	+0.947	+0.962	+1.907
95 112	03 54 28	+00 01 31	15.502	+0.662	+0.077	+0.605	+0.620	+1.227
95 41	03 54 29	+00 00 09	14.060	+0.903	+0.297	+0.589	+0.585	+1.176
95 42	03 54 31	−00 01 53	15.606	−0.215	−1.111	−0.119	−0.180	−0.300
95 317	03 54 32	+00 32 32	13.449	+1.320	+1.120	+0.768	+0.708	+1.476
95 263	03 54 35	+00 29 23	12.679	+1.500	+1.559	+0.801	+0.711	+1.513
95 115	03 54 35	+00 01 55	14.680	+0.836	+0.096	+0.577	+0.579	+1.157
95 43	03 54 36	−00 00 20	10.803	+0.510	−0.016	+0.308	+0.316	+0.624
95 271	03 55 04	+00 21 34	13.669	+1.287	+0.916	+0.734	+0.717	+1.453
95 328	03 55 07	+00 39 13	13.525	+1.532	+1.298	+0.908	+0.868	+1.776
95 329	03 55 12	+00 39 48	14.617	+1.184	+1.093	+0.766	+0.642	+1.410
95 330	03 55 19	+00 31 46	12.174	+1.999	+2.233	+1.166	+1.100	+2.268
95 275	03 55 32	+00 30 01	13.479	+1.763	+1.740	+1.011	+0.931	+1.944
95 276	03 55 34	+00 28 35	14.118	+1.225	+1.218	+0.748	+0.646	+1.395
95 60	03 55 37	−00 04 23	13.429	+0.776	+0.197	+0.464	+0.449	+0.914
95 218	03 55 38	+00 12 49	12.095	+0.708	+0.208	+0.397	+0.370	+0.767
95 132	03 55 39	+00 08 02	12.067	+0.445	+0.311	+0.263	+0.287	+0.546
95 62	03 55 48	−00 00 13	13.538	+1.355	+1.181	+0.742	+0.685	+1.428
95 137	03 55 51	+00 06 06	14.440	+1.457	+1.136	+0.893	+0.845	+1.737
95 139	03 55 52	+00 05 47	12.196	+0.923	+0.677	+0.562	+0.476	+1.039
95 66	03 55 54	−00 06 51	12.892	+0.715	+0.167	+0.426	+0.438	+0.864
95 227	03 55 57	+00 17 15	15.779	+0.771	+0.034	+0.515	+0.552	+1.067
95 142	03 55 57	+00 04 01	12.927	+0.588	+0.097	+0.371	+0.375	+0.745
95 74	03 56 19	−00 06 33	11.531	+1.126	+0.686	+0.600	+0.567	+1.165
95 231	03 56 27	+00 13 23	14.216	+0.452	+0.297	+0.270	+0.290	+0.560
95 284	03 56 29	+00 29 18	13.669	+1.398	+1.073	+0.818	+0.766	+1.586
95 285	03 56 32	+00 27 50	15.561	+0.937	+0.703	+0.607	+0.602	+1.210
95 149	03 56 32	+00 09 42	10.938	+1.593	+1.564	+0.874	+0.811	+1.685
95 236	03 57 01	+00 11 27	11.487	+0.737	+0.168	+0.419	+0.412	+0.831
96 21	04 52 03	−00 13 19	12.182	+0.490	−0.004	+0.299	+0.297	+0.598
96 36	04 52 30	−00 08 39	10.589	+0.247	+0.118	+0.133	+0.137	+0.271
96 737	04 53 23	+00 23 59	11.719	+1.338	+1.146	+0.735	+0.696	+1.432
96 409	04 53 46	+00 10 33	13.778	+0.543	+0.042	+0.340	+0.340	+0.682
96 83	04 53 46	−00 13 12	11.719	+0.181	+0.205	+0.092	+0.096	+0.189
96 235	04 54 07	−00 03 33	11.138	+1.077	+0.890	+0.557	+0.509	+1.066
G97 42	05 28 51	+09 39 09	12.443	+1.639	+1.259	+1.171	+1.485	+2.655
G102 22	05 43 04	+12 29 21	11.509	+1.621	+1.134	+1.211	+1.590	+2.800
GD 71C	05 53 06	+15 52 54	12.325	+1.159	+0.849	+0.655	+0.628	+1.274
GD 71E	05 53 14	+15 52 17	13.634	+0.824	+0.428	+0.472	+0.423	+0.892
GD 71B	05 53 15	+15 52 51	12.599	+0.680	+0.166	+0.404	+0.399	+0.800
GD 71D	05 53 18	+15 55 08	12.898	+0.570	+0.097	+0.359	+0.363	+0.719
GD 71	05 53 21	+15 53 20	13.033	−0.248	−1.110	−0.138	−0.166	−0.304
GD 71A	05 53 27	+15 52 09	12.643	+1.176	+0.897	+0.651	+0.621	+1.265
97 249	05 57 55	+00 01 15	11.735	+0.647	+0.101	+0.369	+0.354	+0.725
97 345	05 58 21	+00 21 19	11.605	+1.652	+1.706	+0.929	+0.843	+1.772
97 351	05 58 25	+00 13 47	9.779	+0.201	+0.092	+0.124	+0.140	+0.264

Name	Right Ascension	Declination	V	B–V	U–B	V–R	R–I	V–I
	h m s	° ′ ″						
97 75	05 58 43	−00 09 26	11.483	+1.872	+2.100	+1.047	+0.952	+1.999
97 284	05 59 13	+00 05 15	10.787	+1.364	+1.089	+0.774	+0.726	+1.500
97 224	05 59 32	−00 05 09	14.085	+0.910	+0.341	+0.553	+0.547	+1.102
98 961	06 52 15	−00 16 46	13.089	+1.283	+1.003	+0.701	+0.662	+1.362
98 966	06 52 16	−00 17 35	14.001	+0.469	+0.357	+0.283	+0.331	+0.613
98 557	06 52 17	−00 26 16	14.780	+1.397	+1.072	+0.755	+0.741	+1.494
98 556	06 52 17	−00 26 01	14.137	+0.338	+0.126	+0.196	+0.243	+0.437
98 562	06 52 18	−00 20 09	12.185	+0.522	−0.002	+0.305	+0.303	+0.607
98 563	06 52 19	−00 27 35	14.162	+0.416	−0.190	+0.294	+0.317	+0.610
98 978	06 52 21	−00 12 42	10.574	+0.609	+0.094	+0.348	+0.321	+0.669
98 L1	06 52 27	−00 27 46	15.672	+1.243	+0.776	+0.730	+0.712	+1.445
98 580	06 52 27	−00 27 52	14.728	+0.367	+0.303	+0.241	+0.305	+0.547
98 581	06 52 27	−00 26 52	14.556	+0.238	+0.161	+0.118	+0.244	+0.361
98 L2	06 52 28	−00 23 09	15.859	+1.340	+1.497	+0.754	+0.572	+1.327
98 L3	06 52 30	−00 17 05	14.614	+1.936	+1.837	+1.091	+1.047	+2.142
98 L4	06 52 30	−00 17 31	16.332	+1.344	+1.086	+0.936	+0.785	+1.726
98 590	06 52 31	−00 23 29	14.642	+1.352	+0.853	+0.753	+0.747	+1.500
98 1002	06 52 31	−00 17 02	14.568	+0.574	−0.027	+0.354	+0.379	+0.733
98 614	06 52 36	−00 21 43	15.674	+1.063	+0.399	+0.834	+0.645	+1.480
98 618	06 52 37	−00 22 26	12.723	+2.192	+2.144	+1.254	+1.151	+2.407
98 624	06 52 39	−00 21 26	13.811	+0.791	+0.394	+0.417	+0.404	+0.822
98 626	06 52 40	−00 21 54	14.758	+1.406	+1.067	+0.806	+0.816	+1.624
98 627	06 52 41	−00 23 11	14.900	+0.689	+0.078	+0.428	+0.387	+0.817
98 634	06 52 43	−00 22 06	14.608	+0.647	+0.123	+0.382	+0.372	+0.757
98 642	06 52 47	−00 22 42	15.290	+0.571	+0.318	+0.302	+0.393	+0.697
98 185	06 52 49	−00 28 32	10.537	+0.202	+0.114	+0.110	+0.122	+0.231
98 646	06 52 50	−00 22 27	15.839	+1.060	+1.426	+0.583	+0.504	+1.090
98 193	06 52 51	−00 28 29	10.026	+1.176	+1.152	+0.614	+0.536	+1.151
98 650	06 52 52	−00 20 49	12.271	+0.157	+0.110	+0.080	+0.086	+0.166
98 652	06 52 52	−00 23 06	14.817	+0.611	+0.126	+0.276	+0.339	+0.618
98 653	06 52 53	−00 19 29	9.538	−0.003	−0.102	+0.010	+0.009	+0.017
98 666	06 52 57	−00 24 43	12.732	+0.164	−0.004	+0.091	+0.108	+0.200
98 670	06 52 59	−00 20 27	11.930	+1.357	+1.325	+0.727	+0.654	+1.381
98 671	06 52 59	−00 19 37	13.385	+0.968	+0.719	+0.575	+0.494	+1.071
98 675	06 53 01	−00 20 51	13.398	+1.909	+1.936	+1.082	+1.002	+2.085
98 676	06 53 01	−00 20 31	13.068	+1.146	+0.666	+0.683	+0.673	+1.352
98 L5	06 53 03	−00 20 55	17.800	+1.900	−0.100	+3.100	+2.600	+5.800
98 682	06 53 04	−00 20 52	13.749	+0.632	+0.098	+0.366	+0.352	+0.717
98 685	06 53 06	−00 21 30	11.954	+0.463	+0.096	+0.290	+0.280	+0.570
98 688	06 53 06	−00 24 44	12.754	+0.293	+0.245	+0.158	+0.180	+0.337
98 1082	06 53 08	−00 15 24	15.010	+0.835	−0.001	+0.485	+0.619	+1.102
98 1087	06 53 09	−00 17 01	14.439	+1.595	+1.284	+0.928	+0.882	+1.812
98 1102	06 53 16	−00 14 54	12.113	+0.314	+0.089	+0.193	+0.195	+0.388
98 1112	06 53 22	−00 16 37	13.975	+0.814	+0.286	+0.443	+0.431	+0.874
98 1119	06 53 24	−00 15 43	11.878	+0.551	+0.069	+0.312	+0.299	+0.611
98 724	06 53 25	−00 20 32	11.118	+1.104	+0.904	+0.575	+0.527	+1.103
98 1122	06 53 25	−00 18 15	14.090	+0.595	−0.297	+0.376	+0.442	+0.816
98 1124	06 53 26	−00 17 45	13.707	+0.315	+0.258	+0.173	+0.201	+0.373
98 733	06 53 28	−00 18 26	12.238	+1.285	+1.087	+0.698	+0.650	+1.347
Ru 149G	07 24 59	−00 33 50	12.829	+0.541	+0.033	+0.322	+0.322	+0.645

Name	Right Ascension	Declination	V	B–V	U–B	V–R	R–I	V–I
	h m s	o ′ ″						
Ru 149A	07 25 01	−00 34 45	14.495	+0.298	+0.118	+0.196	+0.196	+0.391
Ru 149F	07 25 02	−00 33 31	13.471	+1.115	+1.025	+0.594	+0.538	+1.132
Ru 149	07 25 02	−00 34 56	13.866	−0.129	−0.779	−0.040	−0.068	−0.108
Ru 149D	07 25 03	−00 34 40	11.480	−0.037	−0.287	+0.021	+0.008	+0.029
Ru 149C	07 25 05	−00 34 18	14.425	+0.195	+0.141	+0.093	+0.127	+0.222
Ru 149B	07 25 05	−00 34 59	12.642	+0.662	+0.151	+0.374	+0.354	+0.728
Ru 149E	07 25 06	−00 33 11	13.718	+0.522	−0.007	+0.321	+0.314	+0.637
Ru 152F	07 30 41	−02 06 51	14.564	+0.635	+0.069	+0.382	+0.315	+0.689
Ru 152E	07 30 41	−02 07 30	12.362	+0.042	−0.086	+0.030	+0.034	+0.065
Ru 152	07 30 45	−02 08 37	13.017	−0.187	−1.081	−0.059	−0.088	−0.147
Ru 152B	07 30 46	−02 07 57	15.019	+0.500	+0.022	+0.290	+0.309	+0.600
Ru 152A	07 30 47	−02 08 22	14.341	+0.543	−0.085	+0.325	+0.329	+0.654
Ru 152C	07 30 50	−02 07 39	12.222	+0.573	−0.013	+0.342	+0.340	+0.683
Ru 152D	07 30 53	−02 06 37	11.076	+0.875	+0.491	+0.473	+0.449	+0.921
99 6	07 54 21	−00 52 06	11.055	+1.252	+1.289	+0.650	+0.577	+1.227
99 367	07 54 59	−00 28 04	11.152	+1.005	+0.832	+0.531	+0.477	+1.007
99 408	07 56 01	−00 28 03	9.807	+0.402	+0.038	+0.253	+0.247	+0.500
99 438	07 56 42	−00 19 20	9.397	−0.156	−0.729	−0.060	−0.081	−0.142
99 447	07 56 54	−00 23 14	9.419	−0.068	−0.220	−0.031	−0.041	−0.073
100 241	08 53 22	−00 43 22	10.140	+0.157	+0.106	+0.078	+0.085	+0.162
100 162	08 54 02	−00 47 04	9.150	+1.276	+1.495	+0.649	+0.552	+1.202
100 267	08 54 05	−00 45 03	13.027	+0.485	−0.062	+0.307	+0.302	+0.608
100 269	08 54 06	−00 44 43	12.350	+0.547	−0.040	+0.335	+0.331	+0.666
100 280	08 54 23	−00 40 15	11.799	+0.493	−0.001	+0.295	+0.291	+0.588
100 394	08 54 42	−00 35 56	11.384	+1.317	+1.457	+0.705	+0.636	+1.341
PG0918+029D	09 22 10	+02 43 29	12.272	+1.044	+0.821	+0.575	+0.535	+1.108
PG0918+029	09 22 16	+02 42 02	13.327	−0.271	−1.081	−0.129	−0.159	−0.288
PG0918+029B	09 22 21	+02 43 59	13.963	+0.765	+0.366	+0.417	+0.370	+0.787
PG0918+029A	09 22 23	+02 42 20	14.490	+0.536	−0.032	+0.325	+0.336	+0.661
PG0918+029C	09 22 31	+02 42 37	13.537	+0.631	+0.087	+0.367	+0.357	+0.722
BD −12 2918	09 32 05	−13 33 26	10.067	+1.501	+1.166	+1.067	+1.318	+2.385
PG0942-029D	09 45 56	−03 10 13	13.683	+0.576	+0.064	+0.341	+0.329	+0.668
PG0942-029A	09 45 57	−03 14 33	14.738	+0.888	+0.552	+0.563	+0.474	+1.035
PG0942-029B	09 45 59	−03 11 17	14.105	+0.573	+0.014	+0.353	+0.341	+0.693
PG0942-029	09 45 59	−03 13 40	14.012	−0.298	−1.177	−0.132	−0.165	−0.296
PG0942-029C	09 46 01	−03 10 59	14.950	+0.803	+0.338	+0.488	+0.395	+0.884
101 315	09 55 39	−00 31 57	11.249	+1.153	+1.056	+0.612	+0.559	+1.172
101 316	09 55 40	−00 23 00	11.552	+0.493	+0.032	+0.293	+0.291	+0.584
101 L1	09 56 17	−00 26 09	16.501	+0.757	−0.104	+0.421	+0.527	+0.947
101 320	09 56 21	−00 26 59	13.823	+1.052	+0.690	+0.581	+0.561	+1.141
101 L2	09 56 22	−00 23 16	15.770	+0.602	+0.082	+0.321	+0.304	+0.625
101 404	09 56 28	−00 22 48	13.459	+0.996	+0.697	+0.530	+0.500	+1.029
101 324	09 56 44	−00 27 42	9.737	+1.161	+1.145	+0.591	+0.519	+1.109
101 408	09 56 56	−00 17 08	14.785	+1.200	+1.347	+0.718	+0.603	+1.321
101 262	09 56 56	−00 34 17	14.295	+0.784	+0.297	+0.440	+0.387	+0.827
101 326	09 56 56	−00 31 38	14.923	+0.729	+0.227	+0.406	+0.375	+0.780
101 327	09 56 56	−00 30 21	13.441	+1.155	+1.139	+0.717	+0.574	+1.290
101 410	09 56 57	−00 18 29	13.646	+0.546	−0.063	+0.298	+0.326	+0.623
101 413	09 57 02	−00 16 21	12.583	+0.983	+0.716	+0.529	+0.497	+1.025
101 268	09 57 05	−00 36 23	14.380	+1.531	+1.381	+1.040	+1.200	+2.237

Name	Right Ascension	Declination	V	B–V	U–B	V–R	R–I	V–I
	h m s	° ′ ″						
101 330	09 57 08	−00 31 49	13.723	+0.577	−0.026	+0.346	+0.338	+0.684
101 415	09 57 11	−00 21 20	15.259	+0.577	−0.008	+0.346	+0.350	+0.695
101 270	09 57 15	−00 40 11	13.711	+0.554	+0.055	+0.332	+0.306	+0.637
101 278	09 57 42	−00 34 05	15.494	+1.041	+0.737	+0.596	+0.548	+1.144
101 L3	09 57 43	−00 34 53	15.953	+0.637	−0.033	+0.396	+0.395	+0.792
101 281	09 57 53	−00 36 11	11.576	+0.812	+0.415	+0.453	+0.412	+0.864
101 L4	09 57 55	−00 35 52	16.264	+0.793	+0.362	+0.578	+0.062	+0.644
101 L5	09 57 58	−00 35 08	15.928	+0.622	+0.115	+0.414	+0.305	+0.720
101 421	09 58 04	−00 21 46	13.180	+0.507	−0.031	+0.327	+0.296	+0.623
101 338	09 58 05	−00 25 28	13.788	+0.634	+0.024	+0.350	+0.340	+0.691
101 339	09 58 06	−00 29 29	14.449	+0.850	+0.501	+0.458	+0.398	+0.857
101 424	09 58 08	−00 20 53	15.058	+0.764	+0.273	+0.429	+0.425	+0.855
101 427	09 58 14	−00 21 45	14.964	+0.805	+0.321	+0.484	+0.369	+0.854
101 341	09 58 17	−00 26 22	14.342	+0.575	+0.059	+0.332	+0.309	+0.641
101 342	09 58 19	−00 26 18	15.556	+0.529	−0.065	+0.339	+0.419	+0.758
101 343	09 58 19	−00 27 23	15.504	+0.606	+0.094	+0.396	+0.338	+0.734
101 429	09 58 19	−00 22 42	13.496	+0.980	+0.782	+0.617	+0.526	+1.143
101 431	09 58 25	−00 22 21	13.684	+1.246	+1.144	+0.808	+0.708	+1.517
101 L6	09 58 27	−00 22 21	16.497	+0.711	+0.183	+0.445	+0.583	+1.024
101 207	09 58 40	−00 52 04	12.421	+0.513	−0.080	+0.320	+0.323	+0.645
101 363	09 59 06	−00 30 05	9.874	+0.260	+0.132	+0.146	+0.151	+0.297
GD 108A	10 01 26	−07 37 55	13.881	+0.789	+0.316	+0.458	+0.449	+0.909
GD 108B	10 01 29	−07 35 38	15.056	+0.839	+0.364	+0.463	+0.466	+0.924
GD 108	10 01 34	−07 38 01	13.563	−0.214	−0.943	−0.099	−0.118	−0.218
GD 108C	10 01 42	−07 35 00	13.819	+0.786	+0.345	+0.435	+0.393	+0.825
GD 108D	10 01 42	−07 39 22	14.235	+0.641	+0.078	+0.372	+0.357	+0.731
BD +1 2447	10 29 43	+00 45 30	9.650	+1.501	+1.238	+1.033	+1.225	+2.261
G162 66	10 34 28	−11 46 28	13.012	−0.165	−0.997	−0.126	−0.141	−0.266
G44 27	10 36 49	+05 02 25	12.636	+1.586	+1.088	+1.185	+1.526	+2.714
PG1034+001	10 37 51	−00 13 09	13.228	−0.365	−1.274	−0.155	−0.203	−0.359
G163 6	10 43 42	+02 42 27	14.706	+1.550	+1.228	+1.090	+1.384	+2.478
PG1047+003	10 50 50	−00 05 34	13.474	−0.290	−1.121	−0.132	−0.162	−0.295
PG1047+003A	10 50 53	−00 06 08	13.512	+0.688	+0.168	+0.422	+0.418	+0.840
PG1047+003B	10 50 56	−00 07 01	14.751	+0.679	+0.172	+0.391	+0.371	+0.764
PG1047+003C	10 51 01	−00 05 29	12.453	+0.607	−0.019	+0.378	+0.358	+0.737
G44 40	10 51 40	+06 43 20	11.675	+1.644	+1.213	+1.216	+1.568	+2.786
102 620	10 55 52	−00 53 17	10.074	+1.080	+1.025	+0.645	+0.524	+1.169
G45 20	10 57 13	+06 55 12	13.507	+2.034	+1.165	+1.823	+2.174	+4.000
102 1081	10 57 52	−00 18 13	9.903	+0.664	+0.258	+0.366	+0.332	+0.697
G163 27	10 58 21	−07 36 21	14.338	+0.288	−0.548	+0.206	+0.210	+0.417
G163 51E	11 08 10	−05 21 17	14.466	+0.611	+0.095	+0.381	+0.344	+0.725
G163 51B	11 08 20	−05 17 40	11.292	+0.623	+0.119	+0.355	+0.336	+0.692
G163 51C	11 08 21	−05 19 23	12.672	+0.431	−0.009	+0.267	+0.272	+0.540
G163 51D	11 08 22	−05 20 03	13.862	+0.844	+0.202	+0.478	+0.466	+0.945
G163 51A	11 08 24	−05 17 26	12.504	+0.666	+0.060	+0.382	+0.371	+0.753
G163 50	11 08 47	−05 14 36	13.057	+0.036	−0.696	−0.084	−0.072	−0.158
G163 51	11 08 54	−05 18 57	12.559	+1.499	+1.195	+1.080	+1.355	+2.434
BD +5 2468	11 16 19	+04 52 19	9.352	−0.114	−0.543	−0.035	−0.052	−0.089
HD 100340	11 33 38	+05 11 28	10.115	−0.234	−0.975	−0.104	−0.135	−0.238
BD +5 2529	11 42 38	+05 03 10	9.585	+1.233	+1.194	+0.783	+0.667	+1.452

Name	Right Ascension	Declination	V	B–V	U–B	V–R	R–I	V–I
	h m s	° ′ ″						
G10 50	11 48 33	+00 42 47	11.153	+1.752	+1.318	+1.294	+1.673	+2.969
103 302	11 56 54	−00 53 05	9.859	+0.370	−0.057	+0.230	+0.236	+0.465
103 626	11 57 34	−00 28 25	11.836	+0.413	−0.057	+0.262	+0.274	+0.535
103 526	11 57 42	−00 35 24	10.890	+1.090	+0.936	+0.560	+0.501	+1.056
G12 43	12 34 03	+08 56 12	12.467	+1.846	+1.085	+1.530	+1.944	+3.479
104 306	12 41 51	−00 42 20	9.370	+1.592	+1.666	+0.832	+0.762	+1.591
104 423	12 42 24	−00 36 17	15.602	+0.630	+0.050	+0.262	+0.559	+0.818
104 428	12 42 29	−00 31 32	12.630	+0.985	+0.748	+0.534	+0.497	+1.032
104 L1	12 42 37	−00 26 07	14.608	+0.630	+0.064	+0.374	+0.364	+0.739
104 430	12 42 38	−00 30 58	13.858	+0.652	+0.131	+0.364	+0.363	+0.727
104 325	12 42 50	−00 46 41	15.581	+0.694	+0.051	+0.345	+0.307	+0.652
104 330	12 42 59	−00 45 47	15.296	+0.594	−0.028	+0.369	+0.371	+0.739
104 440	12 43 02	−00 29 52	15.114	+0.440	−0.227	+0.289	+0.317	+0.605
104 237	12 43 05	−00 56 24	15.395	+1.088	+0.918	+0.647	+0.628	+1.274
104 L2	12 43 07	−00 39 29	16.048	+0.650	−0.172	+0.344	+0.323	+0.667
104 443	12 43 07	−00 30 26	15.372	+1.331	+1.280	+0.817	+0.778	+1.595
104 444	12 43 08	−00 37 34	13.477	+0.512	−0.070	+0.313	+0.331	+0.643
104 334	12 43 08	−00 45 34	13.484	+0.518	−0.067	+0.323	+0.331	+0.653
104 335	12 43 09	−00 38 14	11.665	+0.622	+0.145	+0.357	+0.334	+0.691
104 239	12 43 11	−00 51 41	13.936	+1.356	+1.291	+0.868	+0.805	+1.675
104 336	12 43 12	−00 45 03	14.404	+0.830	+0.495	+0.461	+0.403	+0.865
104 338	12 43 18	−00 43 38	16.059	+0.591	−0.082	+0.348	+0.372	+0.719
104 339	12 43 21	−00 46 45	15.459	+0.832	+0.709	+0.476	+0.374	+0.849
104 244	12 43 22	−00 50 52	16.011	+0.590	−0.152	+0.338	+0.489	+0.825
104 455	12 43 40	−00 29 23	15.105	+0.581	−0.024	+0.360	+0.357	+0.716
104 456	12 43 41	−00 37 06	12.362	+0.622	+0.135	+0.357	+0.337	+0.694
104 457	12 43 42	−00 33 54	16.048	+0.753	+0.522	+0.484	+0.490	+0.974
104 460	12 43 50	−00 33 24	12.895	+1.281	+1.246	+0.813	+0.695	+1.511
104 461	12 43 54	−00 37 23	9.705	+0.476	−0.035	+0.288	+0.289	+0.579
104 350	12 44 02	−00 38 26	13.634	+0.673	+0.165	+0.383	+0.353	+0.736
104 470	12 44 10	−00 34 58	14.310	+0.732	+0.101	+0.295	+0.356	+0.649
104 364	12 44 34	−00 39 37	15.799	+0.601	−0.131	+0.314	+0.397	+0.712
104 366	12 44 41	−00 39 49	12.908	+0.870	+0.424	+0.517	+0.464	+0.982
104 479	12 44 43	−00 37 54	16.087	+1.271	+0.673	+0.657	+0.607	+1.264
104 367	12 44 46	−00 38 39	15.844	+0.639	−0.126	+0.382	+0.296	+0.679
104 484	12 45 08	−00 35 59	14.406	+1.024	+0.732	+0.514	+0.486	+1.000
104 485	12 45 12	−00 35 21	15.017	+0.838	+0.493	+0.478	+0.488	+0.967
104 490	12 45 21	−00 30 56	12.572	+0.535	+0.048	+0.318	+0.312	+0.630
104 598	12 46 04	−00 21 46	11.478	+1.108	+1.051	+0.667	+0.545	+1.214
PG1323-086	13 26 28	−08 54 08	13.481	−0.140	−0.681	−0.048	−0.078	−0.127
PG1323-086A	13 26 39	−08 55 12	13.591	+0.393	−0.019	+0.252	+0.252	+0.506
PG1323-086C	13 26 39	−08 53 28	14.003	+0.707	+0.245	+0.395	+0.363	+0.759
PG1323-086B	13 26 40	−08 55 44	13.406	+0.761	+0.265	+0.426	+0.407	+0.833
PG1323-086D	13 26 54	−08 55 25	12.080	+0.587	+0.005	+0.346	+0.335	+0.684
G14 55	13 29 09	−02 26 32	11.336	+1.491	+1.157	+1.078	+1.388	+2.462
105 505	13 36 13	−00 28 02	10.270	+1.422	+1.218	+0.910	+0.861	+1.771
105 437	13 38 04	−00 42 39	12.535	+0.248	+0.067	+0.136	+0.143	+0.279
105 815	13 40 50	−00 07 01	11.451	+0.381	−0.247	+0.267	+0.292	+0.559
BD +2 2711	13 43 06	+01 25 39	10.369	−0.163	−0.699	−0.072	−0.095	−0.168
32376437	13 43 11	+01 25 46	10.584	+0.499	+0.005	+0.304	+0.301	+0.606

Name	Right Ascension	Declination	V	B–V	U–B	V–R	R–I	V–I
	h m s	o ′ ″						
HD 121968	13 59 39	−02 59 22	10.256	−0.185	−0.915	−0.074	−0.100	−0.173
PG1407-013B	14 11 12	−01 31 38	12.471	+0.970	+0.665	+0.537	+0.505	+1.037
PG1407-013	14 11 14	−01 34 38	13.758	−0.259	−1.133	−0.119	−0.151	−0.272
PG1407-013C	14 11 16	−01 29 25	12.462	+0.805	+0.298	+0.464	+0.448	+0.914
PG1407-013A	14 11 17	−01 33 32	14.661	+1.151	+1.049	+0.617	+0.569	+1.178
PG1407-013D	14 11 22	−01 31 35	14.872	+0.891	+0.420	+0.496	+0.472	+0.967
PG1407-013E	14 11 24	−01 30 53	15.182	+0.883	+0.600	+0.496	+0.417	+0.915
106 1024	14 40 55	−00 02 12	11.599	+0.332	+0.085	+0.196	+0.195	+0.390
106 700	14 41 39	−00 27 34	9.786	+1.364	+1.580	+0.730	+0.643	+1.374
106 575	14 42 26	−00 29 58	9.341	+1.306	+1.485	+0.676	+0.587	+1.268
106 485	14 45 02	−00 41 00	9.477	+0.378	−0.052	+0.233	+0.236	+0.468
PG1514+034	15 18 01	+03 07 06	13.997	−0.009	−0.955	+0.087	+0.126	+0.212
PG1525-071	15 29 01	−07 19 43	15.046	−0.211	−1.177	−0.068	+0.012	−0.151
PG1525-071D	15 29 02	−07 19 50	16.300	+0.393	+0.224	+0.405	+0.343	+0.756
PG1525-071A	15 29 03	−07 19 12	13.506	+0.773	+0.282	+0.437	+0.421	+0.862
PG1525-071B	15 29 04	−07 19 24	16.392	+0.729	+0.141	+0.450	+0.387	+0.906
PG1525-071C	15 29 06	−07 17 41	13.519	+1.116	+1.073	+0.593	+0.509	+1.096
PG1528+062B	15 31 25	+05 58 05	11.989	+0.593	+0.005	+0.364	+0.344	+0.711
PG1528+062A	15 31 35	+05 58 16	15.553	+0.830	+0.356	+0.433	+0.389	+0.824
PG1528+062	15 31 36	+05 57 48	14.767	−0.252	−1.091	−0.111	−0.182	−0.296
PG1528+062C	15 31 42	+05 57 02	13.477	+0.644	+0.074	+0.357	+0.340	+0.699
PG1530+057A	15 33 56	+05 30 38	13.711	+0.829	+0.414	+0.473	+0.412	+0.886
PG1530+057	15 33 57	+05 29 22	14.211	+0.151	−0.789	+0.162	+0.036	+0.199
PG1530+057B	15 34 03	+05 30 41	12.842	+0.745	+0.325	+0.423	+0.376	+0.799
107 544	15 37 36	−00 18 08	9.036	+0.399	+0.156	+0.232	+0.227	+0.458
107 970	15 38 13	+00 15 33	10.939	+1.596	+1.750	+1.142	+1.435	+2.574
107 568	15 38 40	−00 20 18	13.054	+1.149	+0.862	+0.625	+0.595	+1.217
107 1006	15 39 21	+00 11 19	11.713	+0.766	+0.278	+0.442	+0.420	+0.863
107 347	15 39 24	−00 38 57	9.446	+1.294	+1.302	+0.712	+0.652	+1.365
107 720	15 39 25	−00 05 24	13.121	+0.599	+0.088	+0.374	+0.355	+0.731
107 456	15 39 30	−00 22 46	12.919	+0.921	+0.589	+0.537	+0.478	+1.015
107 351	15 39 34	−00 35 05	12.342	+0.562	−0.005	+0.351	+0.358	+0.708
107 457	15 39 35	−00 23 14	14.910	+0.792	+0.350	+0.494	+0.469	+0.964
107 458	15 39 38	−00 27 25	11.676	+1.214	+1.189	+0.667	+0.602	+1.274
107 592	15 39 38	−00 20 08	11.847	+1.318	+1.380	+0.709	+0.647	+1.357
107 459	15 39 39	−00 25 33	12.284	+0.900	+0.427	+0.525	+0.517	+1.045
107 212	15 39 44	−00 48 31	13.383	+0.683	+0.135	+0.404	+0.411	+0.818
107 215	15 39 46	−00 46 06	16.046	+0.115	−0.082	−0.032	−0.475	−0.511
107 213	15 39 46	−00 47 14	14.262	+0.802	+0.261	+0.531	+0.509	+1.038
107 357	15 39 53	−00 42 11	14.418	+0.675	+0.025	+0.416	+0.421	+0.840
107 359	15 39 57	−00 38 38	12.797	+0.580	−0.124	+0.379	+0.381	+0.759
107 599	15 39 57	−00 17 28	14.675	+0.698	+0.243	+0.433	+0.438	+0.869
107 600	15 39 58	−00 18 50	14.884	+0.503	+0.049	+0.339	+0.361	+0.700
107 601	15 40 02	−00 16 27	14.646	+1.412	+1.265	+0.923	+0.835	+1.761
107 602	15 40 07	−00 18 29	12.116	+0.991	+0.585	+0.545	+0.531	+1.074
107 611	15 40 23	−00 15 34	14.329	+0.890	+0.455	+0.520	+0.447	+0.968
107 612	15 40 23	−00 18 06	14.256	+0.896	+0.296	+0.551	+0.530	+1.081
107 614	15 40 29	−00 16 09	13.926	+0.622	+0.033	+0.361	+0.370	+0.732
107 626	15 40 53	−00 20 27	13.468	+1.000	+0.728	+0.600	+0.527	+1.126
107 627	15 40 55	−00 20 20	13.349	+0.779	+0.226	+0.465	+0.454	+0.918

Name	Right Ascension	Declination	V	B–V	U–B	V–R	R–I	V–I
	h m s	° ′ ″						
107 484	15 41 05	−00 24 13	11.311	+1.240	+1.298	+0.664	+0.577	+1.240
107 636	15 41 28	−00 17 50	14.873	+0.751	+0.121	+0.432	+0.465	+0.896
107 639	15 41 33	−00 20 07	14.197	+0.640	−0.026	+0.399	+0.404	+0.803
107 640	15 41 37	−00 19 44	15.050	+0.755	+0.092	+0.511	+0.506	+1.017
G153 41	16 18 48	−15 38 08	13.425	−0.210	−1.129	−0.133	−0.158	−0.289
G138 25	16 25 56	+15 38 31	13.513	+1.419	+1.265	+0.883	+0.796	+1.685
BD −12 4523	16 31 10	−12 42 02	10.072	+1.566	+1.195	+1.155	+1.499	+2.651
HD 149382	16 35 12	−04 02 45	8.943	−0.282	−1.143	−0.127	−0.135	−0.262
PG1633+099	16 36 08	+09 45 58	14.396	−0.191	−0.990	−0.085	−0.114	−0.208
108 1332	16 36 09	−00 05 57	9.208	+0.380	+0.083	+0.225	+0.225	+0.449
PG1633+099A	16 36 10	+09 46 01	15.259	+0.871	+0.305	+0.506	+0.506	+1.011
PG1633+099G	16 36 17	+09 48 39	13.749	+0.693	+0.079	+0.412	+0.389	+0.804
PG1633+099B	16 36 18	+09 44 29	12.968	+1.081	+1.017	+0.589	+0.503	+1.090
PG1633+099F	16 36 21	+09 47 49	13.768	+0.878	+0.254	+0.523	+0.522	+1.035
PG1633+099C	16 36 22	+09 44 24	13.224	+1.144	+1.146	+0.612	+0.524	+1.133
PG1633+099D	16 36 24	+09 44 50	13.689	+0.535	−0.021	+0.324	+0.323	+0.649
PG1633+099E	16 36 29	+09 47 33	13.113	+0.841	+0.337	+0.484	+0.471	+0.953
108 719	16 36 59	−00 27 19	12.690	+1.031	+0.648	+0.553	+0.533	+1.087
108 1848	16 37 46	+00 04 06	11.738	+0.559	+0.073	+0.331	+0.325	+0.657
108 475	16 37 48	−00 36 29	11.307	+1.380	+1.463	+0.743	+0.664	+1.408
108 1863	16 38 00	+00 00 41	12.244	+0.803	+0.378	+0.446	+0.398	+0.844
108 1491	16 38 02	−00 04 31	9.059	+0.964	+0.616	+0.522	+0.498	+1.020
108 551	16 38 36	−00 34 54	10.702	+0.180	+0.182	+0.100	+0.109	+0.209
108 1918	16 38 38	−00 02 25	11.384	+1.432	+1.839	+0.773	+0.661	+1.434
108 981	16 40 04	−00 26 54	12.071	+0.494	+0.237	+0.310	+0.312	+0.622
PG1647+056	16 51 04	+05 31 23	14.773	−0.173	−1.064	−0.058	−0.022	−0.082
Wolf 629	16 56 15	−08 21 01	11.759	+1.676	+1.256	+1.185	+1.525	+2.715
PG1657+078E	17 00 12	+07 42 41	14.486	+0.787	+0.284	+0.436	+0.413	+0.851
PG1657+078D	17 00 13	+07 41 39	16.156	+0.986	+0.599	+0.635	+0.592	+1.227
PG1657+078B	17 00 17	+07 40 47	14.724	+0.697	+0.039	+0.417	+0.420	+0.838
PG1657+078	17 00 17	+07 42 11	15.019	−0.142	−0.958	−0.079	−0.058	−0.128
PG1657+078A	17 00 18	+07 40 59	14.032	+1.068	+0.735	+0.569	+0.538	+1.105
PG1657+078C	17 00 20	+07 41 06	15.225	+0.837	+0.382	+0.504	+0.442	+0.965
BD −4 4226	17 06 02	−05 07 10	10.071	+1.415	+1.085	+0.970	+1.141	+2.113
109 71	17 44 55	−00 25 19	11.490	+0.326	+0.154	+0.187	+0.223	+0.409
109 381	17 45 00	−00 20 54.	11.731	+0.704	+0.222	+0.427	+0.435	+0.862
109 949	17 45 01	−00 02 49	12.828	+0.806	+0.363	+0.500	+0.517	+1.020
109 956	17 45 02	−00 02 28	14.639	+1.283	+0.858	+0.779	+0.743	+1.525
109 954	17 45 04	−00 02 37	12.436	+1.296	+0.956	+0.764	+0.731	+1.496
109 199	17 45 50	−00 29 48	10.990	+1.739	+1.967	+1.006	+0.900	+1.904
109 231	17 46 08	−00 26 11	9.333	+1.465	+1.591	+0.787	+0.705	+1.494
109 537	17 46 30	−00 21 54	10.353	+0.609	+0.226	+0.376	+0.393	+0.769
G21 15	18 27 59	+04 04 20	13.889	+0.092	−0.598	−0.039	−0.030	−0.069
110 229	18 41 33	+00 02 45	13.649	+1.910	+1.391	+1.198	+1.155	+2.356
110 230	18 41 39	+00 03 19	14.281	+1.084	+0.728	+0.624	+0.596	+1.218
110 232	18 41 40	+00 02 50	12.516	+0.729	+0.147	+0.439	+0.450	+0.889
110 233	18 41 40	+00 01 47	12.771	+1.281	+0.812	+0.773	+0.818	+1.593
110 239	18 42 07	+00 01 10	13.858	+0.899	+0.584	+0.541	+0.517	+1.060
110 339	18 42 14	+00 09 22	13.607	+0.988	+0.776	+0.563	+0.468	+1.036
110 340	18 42 16	+00 16 19	10.025	+0.308	+0.124	+0.171	+0.183	+0.354

Name	Right Ascension	Declination	V	B–V	U–B	V–R	R–I	V–I
	h m s	° ′ ″						
110 477	18 42 31	+00 27 40	13.988	+1.345	+0.715	+0.850	+0.857	+1.707
110 246	18 42 38	+00 05 59	12.706	+0.586	−0.129	+0.381	+0.410	+0.790
110 346	18 42 43	+00 10 55	14.757	+0.999	+0.752	+0.697	+0.646	+1.345
110 349	18 43 01	+00 11 13	15.095	+1.088	+0.668	+0.503	−0.059	+0.477
110 355	18 43 07	+00 09 22	11.944	+1.023	+0.504	+0.652	+0.727	+1.378
110 358	18 43 23	+00 16 00	14.430	+1.039	+0.418	+0.603	+0.543	+1.150
110 360	18 43 28	+00 10 09	14.618	+1.197	+0.539	+0.715	+0.717	+1.432
110 361	18 43 33	+00 09 03	12.425	+0.632	+0.035	+0.361	+0.348	+0.709
110 362	18 43 36	+00 07 26	15.693	+1.333	+3.919	+0.918	+0.885	+1.803
110 266	18 43 36	+00 06 05	12.018	+0.889	+0.411	+0.538	+0.577	+1.111
110 L1	18 43 38	+00 08 11	16.252	+1.752	+2.953	+1.066	+0.992	+2.058
110 364	18 43 40	+00 08 53	13.615	+1.133	+1.095	+0.697	+0.585	+1.281
110 157	18 43 44	−00 08 00	13.491	+2.123	+1.679	+1.257	+1.139	+2.395
110 365	18 43 45	+00 08 21	13.470	+2.261	+1.895	+1.360	+1.270	+2.631
110 496	18 43 47	+00 32 08	13.004	+1.040	+0.737	+0.607	+0.681	+1.287
110 273	18 43 47	+00 03 22	14.686	+2.527	+1.000	+1.509	+1.345	+2.856
110 497	18 43 50	+00 31 55	14.196	+1.052	+0.380	+0.606	+0.597	+1.203
110 280	18 43 55	−00 02 43	12.996	+2.151	+2.133	+1.235	+1.148	+2.384
110 499	18 43 55	+00 29 00	11.737	+0.987	+0.639	+0.600	+0.674	+1.273
110 502	18 43 58	+00 28 41	12.330	+2.326	+2.326	+1.373	+1.250	+2.625
110 503	18 43 59	+00 30 42	11.773	+0.671	+0.506	+0.373	+0.436	+0.808
110 504	18 43 59	+00 31 02	14.022	+1.248	+1.323	+0.797	+0.683	+1.482
110 506	18 44 06	+00 31 26	11.312	+0.568	+0.059	+0.335	+0.312	+0.652
110 507	18 44 07	+00 30 25	12.440	+1.141	+0.830	+0.633	+0.579	+1.206
110 290	18 44 10	−00 00 17	11.898	+0.708	+0.196	+0.418	+0.418	+0.836
110 441	18 44 21	+00 20 40	11.122	+0.556	+0.108	+0.325	+0.335	+0.660
110 311	18 44 35	+00 00 39	15.505	+1.796	+1.179	+1.010	+0.864	+1.874
110 312	18 44 37	+00 01 05	16.093	+1.319	−0.788	+1.137	+1.154	+2.293
110 450	18 44 39	+00 23 58	11.583	+0.946	+0.683	+0.549	+0.626	+1.175
110 315	18 44 40	+00 01 49	13.637	+2.069	+2.256	+1.206	+1.133	+2.338
110 316	18 44 40	+00 02 04	14.821	+1.731	+4.355	+0.858	+0.910	+1.769
110 319	18 44 43	+00 03 00	11.861	+1.309	+1.076	+0.742	+0.700	+1.443
111 773	19 38 03	+00 13 07	8.965	+0.209	−0.209	+0.121	+0.145	+0.265
111 775	19 38 04	+00 14 14	10.748	+1.741	+2.017	+0.965	+0.897	+1.863
111 1925	19 38 16	+00 27 11	12.387	+0.396	+0.264	+0.226	+0.256	+0.483
111 1965	19 38 29	+00 29 00	11.419	+1.710	+1.865	+0.951	+0.877	+1.830
111 1969	19 38 31	+00 27 58	10.382	+1.959	+2.306	+1.177	+1.222	+2.400
111 2039	19 38 52	+00 34 22	12.395	+1.369	+1.237	+0.739	+0.689	+1.430
111 2088	19 39 09	+00 33 10	13.193	+1.610	+1.678	+0.888	+0.818	+1.708
111 2093	19 39 11	+00 33 35	12.538	+0.637	+0.283	+0.370	+0.397	+0.766
112 595	20 42 06	+00 19 49	11.352	+1.601	+1.991	+0.898	+0.903	+1.801
112 704	20 42 50	+00 22 30	11.452	+1.536	+1.742	+0.822	+0.746	+1.570
112 223	20 43 02	+00 12 22	11.424	+0.454	+0.016	+0.273	+0.274	+0.547
112 250	20 43 14	+00 11 05	12.095	+0.532	−0.025	+0.317	+0.323	+0.639
112 275	20 43 23	+00 10 43	9.905	+1.210	+1.294	+0.648	+0.569	+1.217
112 805	20 43 34	+00 19 31	12.086	+0.151	+0.158	+0.064	+0.075	+0.139
112 822	20 43 42	+00 18 25	11.548	+1.030	+0.883	+0.558	+0.502	+1.060
Mark A4	20 44 44	−10 41 41	14.767	+0.795	+0.176	+0.471	+0.475	+0.952
Mark A2	20 44 46	−10 42 07	14.540	+0.666	+0.096	+0.379	+0.371	+0.751
Mark A1	20 44 49	−10 43 48	15.911	+0.609	−0.014	+0.367	+0.373	+0.740

Name	Right Ascension	Declination	V	B–V	U–B	V–R	R–I	V–I
	h m s	° ′ ″						
Mark A	20 44 50	−10 44 17	13.256	−0.246	−1.159	−0.114	−0.124	−0.238
Mark A3	20 44 54	−10 42 14	14.818	+0.938	+0.651	+0.587	+0.510	+1.098
Wolf 918	21 10 09	−13 14 51	10.869	+1.493	+1.139	+0.978	+1.083	+2.064
G26 7A	21 31 57	−09 42 28	13.047	+0.725	+0.279	+0.405	+0.371	+0.776
G26 7	21 32 10	−09 43 20	12.006	+1.664	+1.231	+1.298	+1.669	+2.968
G26 7C	21 32 13	−09 46 39	12.468	+0.624	+0.093	+0.354	+0.340	+0.695
G26 7B	21 32 16	−09 43 16	13.454	+0.562	+0.027	+0.323	+0.327	+0.652
113 440	21 41 22	+00 46 02	11.796	+0.637	+0.167	+0.363	+0.350	+0.715
113 221	21 41 24	+00 25 18	12.071	+1.031	+0.874	+0.550	+0.490	+1.041
113 L1	21 41 35	+00 32 51	15.530	+1.343	+1.180	+0.867	+0.723	+1.594
113 337	21 41 37	+00 32 13	14.225	+0.519	−0.025	+0.351	+0.331	+0.682
113 339	21 41 43	+00 32 14	12.250	+0.568	−0.034	+0.340	+0.347	+0.687
113 233	21 41 47	+00 26 18	12.398	+0.549	+0.096	+0.338	+0.322	+0.661
113 342	21 41 47	+00 31 52	10.878	+1.015	+0.696	+0.537	+0.513	+1.050
113 239	21 41 54	+00 26 49	13.038	+0.516	+0.051	+0.318	+0.327	+0.647
113 241	21 41 57	+00 30 03	14.352	+1.344	+1.452	+0.897	+0.797	+1.683
113 245	21 42 01	+00 26 08	15.665	+0.628	+0.112	+0.396	+0.318	+0.716
113 459	21 42 02	+00 47 20	12.125	+0.535	−0.018	+0.307	+0.313	+0.623
113 250	21 42 12	+00 24 57	13.160	+0.505	−0.003	+0.309	+0.316	+0.626
113 466	21 42 15	+00 44 32	10.003	+0.453	+0.003	+0.279	+0.283	+0.564
113 259	21 42 32	+00 21 56	11.744	+1.199	+1.220	+0.621	+0.544	+1.167
113 260	21 42 36	+00 28 09	12.406	+0.514	+0.069	+0.308	+0.298	+0.606
113 475	21 42 39	+00 43 37	10.304	+1.058	+0.841	+0.568	+0.528	+1.097
113 263	21 42 40	+00 29 54	15.481	+0.280	+0.074	+0.194	+0.207	+0.401
113 366	21 42 41	+00 33 39	13.537	+1.096	+0.896	+0.623	+0.588	+1.211
113 265	21 42 41	+00 22 20	14.934	+0.639	+0.101	+0.411	+0.395	+0.807
113 268	21 42 45	+00 24 12	15.281	+0.589	−0.018	+0.379	+0.407	+0.786
113 34	21 42 46	+00 05 23	15.173	+0.484	−0.054	+0.306	+0.346	+0.652
113 372	21 42 50	+00 32 55	13.681	+0.670	+0.080	+0.395	+0.370	+0.766
113 149	21 42 53	+00 13 42	13.469	+0.621	+0.043	+0.379	+0.386	+0.765
113 153	21 42 56	+00 19 21	14.476	+0.745	+0.285	+0.462	+0.441	+0.902
113 272	21 43 08	+00 25 15	13.904	+0.633	+0.067	+0.370	+0.340	+0.710
113 156	21 43 09	+00 16 26	11.224	+0.526	−0.057	+0.303	+0.314	+0.618
113 158	21 43 09	+00 18 26	13.116	+0.723	+0.247	+0.407	+0.374	+0.782
113 491	21 43 12	+00 48 11	14.373	+0.764	+0.306	+0.434	+0.420	+0.854
113 492	21 43 15	+00 42 38	12.174	+0.553	+0.005	+0.342	+0.341	+0.684
113 493	21 43 16	+00 42 28	11.767	+0.786	+0.392	+0.430	+0.393	+0.824
113 495	21 43 17	+00 42 25	12.437	+0.947	+0.530	+0.512	+0.497	+1.010
113 163	21 43 23	+00 21 02	14.540	+0.658	+0.106	+0.380	+0.355	+0.735
113 165	21 43 26	+00 19 50	15.639	+0.601	+0.003	+0.354	+0.392	+0.746
113 281	21 43 26	+00 23 13	15.247	+0.529	−0.026	+0.347	+0.359	+0.706
113 167	21 43 29	+00 20 25	14.841	+0.597	−0.034	+0.351	+0.376	+0.728
113 177	21 43 44	+00 19 01	13.560	+0.789	+0.318	+0.456	+0.436	+0.890
113 182	21 43 56	+00 19 07	14.370	+0.659	+0.065	+0.402	+0.422	+0.824
113 187	21 44 08	+00 21 12	15.080	+1.063	+0.969	+0.638	+0.535	+1.174
113 189	21 44 15	+00 21 38	15.421	+1.118	+0.958	+0.713	+0.605	+1.319
113 307	21 44 18	+00 22 22	14.214	+1.128	+0.911	+0.630	+0.614	+1.245
113 191	21 44 21	+00 20 12	12.337	+0.799	+0.223	+0.471	+0.466	+0.937
113 195	21 44 28	+00 21 39	13.692	+0.730	+0.201	+0.418	+0.413	+0.832
G93 48D	21 52 57	+02 25 49	13.664	+0.636	+0.120	+0.368	+0.362	+0.724

Name	Right Ascension	Declination	V	B–V	U–B	V–R	R–I	V–I
	h m s	° ′ ″						
G93 48C	21 53 01	+02 26 16	12.664	+1.320	+1.260	+0.852	+0.759	+1.610
G93 48A	21 53 05	+02 27 38	12.856	+0.715	+0.278	+0.403	+0.365	+0.772
G93 48B	21 53 06	+02 27 34	12.416	+0.719	+0.194	+0.405	+0.383	+0.791
G93 48	21 53 13	+02 27 39	12.743	−0.011	−0.790	−0.096	−0.099	−0.195
PG2213-006F	22 17 01	−00 13 16	12.644	+0.678	+0.171	+0.395	+0.384	+0.781
PG2213-006C	22 17 05	−00 17 35	15.108	+0.726	+0.175	+0.425	+0.432	+0.853
PG2213-006E	22 17 09	−00 13 00	13.776	+0.661	+0.087	+0.397	+0.373	+0.778
PG2213-006B	22 17 09	−00 17 09	12.710	+0.753	+0.291	+0.427	+0.404	+0.831
PG2213-006D	22 17 10	−00 13 02	13.987	+0.787	+0.128	+0.486	+0.479	+0.967
PG2213-006A	22 17 11	−00 16 47	14.180	+0.665	+0.094	+0.407	+0.408	+0.817
PG2213-006	22 17 16	−00 16 34	14.137	−0.214	−1.176	−0.072	−0.132	−0.211
G156 31	22 39 26	−15 12 32	12.361	+1.993	+1.408	+1.648	+2.042	+3.684
114 531	22 41 24	+00 56 48	12.095	+0.733	+0.175	+0.421	+0.404	+0.824
114 637	22 41 30	+01 08 03	12.070	+0.801	+0.307	+0.456	+0.415	+0.872
114 446	22 41 51	+00 50 54	12.064	+0.737	+0.237	+0.397	+0.369	+0.769
114 654	22 42 14	+01 15 03	11.833	+0.656	+0.178	+0.368	+0.341	+0.711
114 656	22 42 23	+01 16 02	12.644	+0.965	+0.698	+0.547	+0.506	+1.051
114 548	22 42 24	+01 03 59	11.599	+1.362	+1.568	+0.738	+0.651	+1.387
114 750	22 42 32	+01 17 29	11.916	−0.037	−0.367	+0.027	−0.016	+0.010
114 755	22 42 55	+01 21 41	10.909	+0.570	−0.063	+0.313	+0.310	+0.622
114 670	22 42 57	+01 15 10	11.101	+1.206	+1.223	+0.645	+0.561	+1.208
114 176	22 43 58	+00 26 09	9.239	+1.485	+1.853	+0.800	+0.717	+1.521
HD 216135	22 51 17	−13 13 48	10.111	−0.119	−0.618	−0.052	−0.065	−0.119
G156 57	22 54 07	−14 11 02	10.192	+1.557	+1.179	+1.179	+1.543	+2.730
GD 246A	23 13 04	+10 51 17	12.962	+0.463	−0.047	+0.288	+0.296	+0.584
GD 246	23 13 09	+10 52 08	13.090	−0.318	−1.194	−0.148	−0.181	−0.328
GD 246B	23 13 16	+10 52 15	14.368	+0.919	+0.693	+0.512	+0.431	+0.944
GD 246C	23 13 18	+10 54 18	13.637	+0.879	+0.540	+0.484	+0.448	+0.933
F 108	23 17 00	−01 45 30	12.973	−0.237	−1.050	−0.106	−0.140	−0.245
PG2317+046	23 20 43	+04 57 40	12.876	−0.246	−1.137	−0.074	−0.035	−0.118
PG2331+055	23 34 32	+05 51 48	15.182	−0.066	−0.487	−0.012	−0.031	−0.044
PG2331+055A	23 34 37	+05 52 01	13.051	+0.741	+0.257	+0.419	+0.401	+0.821
PG2331+055B	23 34 39	+05 50 18	14.744	+0.819	+0.429	+0.481	+0.454	+0.935
PG2336+004B	23 39 26	+00 47 56	12.429	+0.517	−0.048	+0.313	+0.317	+0.627
PG2336+004A	23 39 30	+00 47 38	11.274	+0.686	+0.129	+0.394	+0.382	+0.769
PG2336+004	23 39 31	+00 48 08	15.885	−0.160	−0.781	−0.056	−0.048	−0.109
115 554	23 42 18	+01 31 35	11.812	+1.005	+0.548	+0.586	+0.538	+1.127
115 486	23 42 21	+01 21 54	12.482	+0.493	−0.049	+0.298	+0.308	+0.607
115 412	23 42 49	+01 14 11	12.209	+0.573	−0.040	+0.327	+0.335	+0.665
115 268	23 43 18	+00 57 21	12.494	+0.634	+0.077	+0.366	+0.348	+0.714
115 420	23 43 24	+01 11 08	11.160	+0.467	−0.019	+0.288	+0.293	+0.581
115 271	23 43 30	+00 50 23	9.693	+0.612	+0.109	+0.354	+0.349	+0.702
115 516	23 45 03	+01 19 22	10.431	+1.028	+0.760	+0.564	+0.534	+1.099
BD +1 4774	23 50 01	+02 29 00	8.993	+1.434	+1.105	+0.964	+1.081	+2.047
PG2349+002	23 52 41	+00 33 28	13.277	−0.191	−0.921	−0.103	−0.116	−0.219

WWW A searchable version of this table appears on *The Astronomical Almanac Online*.
The table of bright Johnson *UBVRI* standards listed in editions prior to 2003 is available online as well.

uvby AND Hβ STANDARD STARS, J2015.5

Designation	BS=HR No.	Right Ascension	Declination	V	$b-y$	m_1	c_1	β	Spectral Type
		h m s	° ′ ″						
28 ω Psc	9072	00 00 06.5	+06 56 57	4.03	+0.271	+0.154	+0.631	2.667	F3 V
ε Tuc	9076	00 00 42.7	−65 29 27	4.50	−0.023	+0.098	+0.881	2.722	B9 IV
85 Peg	9088	00 02 58.8	+27 09 52	5.75	+0.430	+0.187	+0.214	2.558	G2 V
ζ Scl	9091	00 03 07.5	−29 38 03	5.04	−0.063	+0.106	+0.450	2.712	B4 III
	9107	00 05 42.7	+34 44 47	6.10	+0.412	+0.169	+0.312		G2 V
21 α And	15	00 09 11.5	+29 10 33	2.06*	−0.046	+0.120	+0.520	2.743	B9p Hg Mn
11 β Cas	21	00 10 00.9	+59 14 07	2.27*	+0.216	+0.177	+0.785		F2 III
22 And	27	00 11 07.9	+46 09 30	5.04	+0.273	+0.123	+1.082	2.666	F0 II
24 θ And	63	00 17 54.4	+38 46 03	4.62	+0.026	+0.180	+1.049	2.880	A2 V
κ Phe	100	00 26 57.7	−43 35 38	3.95	+0.098	+0.194	+0.918	2.846	A5 Vn
28 And	114	00 30 56.7	+29 50 13	5.23*	+0.169	+0.165	+0.869		Am
20 π Cas	184	00 44 19.9	+47 06 33	4.96	+0.086	+0.226	+0.901		A5 V
22 o Cas	193	00 45 35.8	+48 22 08	4.62*	+0.007	+0.076	+0.479	2.667	B5 III
	233	00 51 40.9	+64 19 54	5.39	+0.355	+0.127	+0.696		G0 III−IV + B9.5 V
37 μ And	269	00 57 37.1	+38 34 59	3.87	+0.068	+0.194	+1.056	2.865	A5 IV−V
33 θ Cas	343	01 12 03.4	+55 13 55	4.34*	+0.087	+0.213	+0.997		A7m
39 Cet	373	01 17 23.6	−02 25 09	5.41*	+0.554	+0.285	+0.335		G5 IIIe
93 ρ Psc	413	01 27 05.6	+19 15 09	5.35	+0.259	+0.146	+0.481		F2 V:
50 υ And	458	01 37 42.8	+41 28 57	4.10	+0.344	+0.179	+0.409	2.629	F8 V
107 Psc	493	01 43 20.4	+20 20 36	5.24	+0.493	+0.364	+0.298		K1 V
53 χ Cet	531	01 50 20.8	−10 36 37	4.66	+0.209	+0.188	+0.649	2.737	F2 IV−V
13 α Ari	617	02 08 03.0	+23 32 06	2.00	+0.696	+0.526	+0.395		K2 IIIab
14 Ari	623	02 10 18.5	+26 00 45	4.98	+0.210	+0.185	+0.874	2.723	F2 III
64 Cet	635	02 12 10.3	+08 38 30	5.64	+0.361	+0.180	+0.469	2.627	G0 IV
8 δ Tri	660	02 18 00.3	+34 17 40	4.86	+0.390	+0.187	+0.259		G0 V
	672	02 18 49.8	+01 49 49	5.60	+0.370	+0.188	+0.405	2.619	G0.5 IVb
10 Tri	675	02 19 51.1	+28 42 49	5.03	+0.011	+0.161	+1.145		A2 V
9 Per	685	02 23 26.9	+55 54 56	5.17*	+0.321	−0.038	+0.753		A2 IA
12 Tri	717	02 29 04.8	+29 44 16	5.29	+0.178	+0.211	+0.780		F0 III
32 ν Ari	773	02 39 42.0	+22 01 39	5.30	+0.092	+0.182	+1.095	2.829	A7 V
	784	02 40 57.7	−09 23 14	5.79	+0.330	+0.168	+0.362	2.627	F6 V
35 Ari	801	02 44 21.9	+27 46 20	4.65	−0.052	+0.097	+0.333	2.684	B3 V
89 π Cet	811	02 44 51.7	−13 47 37	4.25	−0.052	+0.105	+0.599	2.718	B7 V
87 μ Cet	813	02 45 47.0	+10 10 44	4.27*	+0.189	+0.188	+0.756	2.751	F0m F2 V+
38 Ari	812	02 45 48.4	+12 30 37	5.18*	+0.136	+0.186	+0.842	2.798	A7 III−IV
	870	02 57 03.6	+08 26 35	5.97	+0.306	+0.175	+0.505	2.662	F7 IV
	913	03 02 55.3	−06 26 05	6.20	+0.373	+0.205	+0.394	2.621	G0 IV−V
ι Per	937	03 10 11.6	+49 40 17	4.05	+0.376	+0.201	+0.376		G0 V
94 Cet	962	03 13 34.0	−01 08 20	5.06	+0.363	+0.186	+0.425		G0 IV
ζ¹ Ret	1006	03 18 06.5	−62 30 59	5.51	+0.403	+0.204	+0.284		G3−5 V
ζ² Ret	1010	03 18 33.2	−62 26 52	5.23	+0.381	+0.183	+0.297		G2 V
	1024	03 24 03.2	−07 44 26	6.20	+0.449	+0.198	+0.295		G2 V
33 α Per	1017	03 25 26.2	+49 54 54	1.79	+0.302	+0.195	+1.074	2.677	F5 Ib
1 o Tau	1030	03 25 39.0	+09 04 57	3.61	+0.547	+0.333	+0.426		G6 IIIa Fe−1
	1089	03 35 38.6	+06 28 07	6.49	+0.408	+0.183	+0.452	2.613	G0
16 Tau	1140	03 45 43.7	+24 20 14	5.46	+0.005	+0.097	+0.650	2.750	B7 IV
18 Tau	1144	03 46 05.4	+24 53 12	5.67	−0.021	+0.107	+0.638	2.750	B8 V
27 Tau	1178	03 50 05.2	+24 05 59	3.62	−0.019	+0.092	+0.708	2.696	B8 III
	1201	03 54 03.4	+17 22 20	5.97	+0.221	+0.166	+0.610	2.712	F4 V
42 ψ Tau	1269	04 07 58.1	+29 02 31	5.23	+0.226	+0.159	+0.588		F1 V

Designation			BS=HR No.	Right Ascension	Declination	V	b−y	m₁	c₁	β	Spectral Type
				h m s	° ′ ″						
45		Tau	1292	04 12 09.9	+05 33 44	5.71	+0.231	+0.164	+0.597	2.710	F4 V
51	μ	Per	1303	04 16 02.5	+48 26 50	4.15*	+0.614	+0.268	+0.551		G0 Ib
			1321	04 16 15.4	+06 14 13	6.94	+0.425	+0.240	+0.297	2.580	G5 IV
			1322	04 16 18.4	+06 13 27	6.32	+0.369	+0.185	+0.331	2.606	G0 IV
50	ω	Tau	1329	04 18 10.3	+20 36 56	4.94	+0.146	+0.235	+0.745		A3m
51		Tau	1331	04 19 18.4	+21 36 58	5.64	+0.171	+0.191	+0.784		F0 V
56		Tau	1341	04 20 31.9	+21 48 35	5.38	−0.094	+0.197	+0.536	2.768	A0p
54	γ	Tau	1346	04 20 40.6	+15 39 50	3.64*	+0.596	+0.422	+0.385		G9.5 IIIab CN 0.5
			1327	04 22 08.6	+65 10 35	5.26	+0.513	+0.286	+0.402		G5 IIb
61	δ	Tau	1373	04 23 49.9	+17 34 40	3.76*	+0.597	+0.424	+0.405		G9.5 III CN 0.5
63		Tau	1376	04 24 18.5	+16 48 44	5.63	+0.179	+0.244	+0.731	2.785	F0m
65	κ	Tau	1387	04 26 17.7	+22 19 41	4.22*	+0.070	+0.200	+1.054	2.864	A5 IV−V
67		Tau	1388	04 26 20.6	+22 14 03	5.28*	+0.149	+0.193	+0.840		A7 V
71 v777		Tau	1394	04 27 13.8	+15 39 08	4.49	+0.153	+0.183	+0.933		F0n IV−V
77	θ¹	Tau	1411	04 29 27.7	+15 59 44	3.85	+0.584	+0.394	+0.393		G9 III Fe−0.5
74	ε	Tau	1409	04 29 31.4	+19 12 49	3.53	+0.616	+0.449	+0.417		G9.5 III CN 0.5
78	θ²	Tau	1412	04 29 33.0	+15 54 15	3.41*	+0.101	+0.199	+1.014	2.831	A7 III
79		Tau	1414	04 29 42.4	+13 04 51	5.02	+0.116	+0.225	+0.907	2.836	A7 V
83		Tau	1430	04 31 29.8	+13 45 25	5.40	+0.154	+0.200	+0.813		F0 V
86	ρ	Tau	1444	04 34 43.8	+14 52 33	4.65	+0.146	+0.199	+0.829	2.797	A9 V
87	α	Tau	1457	04 36 48.7	+16 32 21	0.86*	+0.955	+0.814	+0.373		K5⁺ III
1	π³	Ori	1543	04 50 41.0	+06 59 14	3.18*	+0.299	+0.162	+0.416	2.652	F6 V
3	π⁴	Ori	1552	04 52 02.0	+05 37 50	3.68	−0.056	+0.073	+0.135	2.606	B2 III
3	ι	Aur	1577	04 58 00.3	+33 11 21	2.69*	+0.937	+0.775	+0.307		K3 II
102	ι	Tau	1620	05 04 01.4	+21 36 39	4.63	+0.078	+0.203	+1.034	2.847	A7 IV
10	η	Aur	1641	05 07 36.3	+41 15 14	3.16*	−0.085	+0.104	+0.318	2.685	B3 V
104		Tau	1656	05 08 22.1	+18 39 52	4.91	+0.410	+0.201	+0.328		G4 V
13		Ori	1662	05 08 29.3	+09 29 22	6.17	+0.398	+0.185	+0.350	2.590	G1 IV
16		Ori	1672	05 10 10.9	+09 50 54	5.42	+0.136	+0.251	+0.835	2.828	A9m
15	λ	Aur	1729	05 20 14.0	+40 06 41	4.71	+0.389	+0.206	+0.363	2.598	G1.5 IV−V Fe−1
11	α	Lep	1865	05 33 24.9	−17 48 44	2.57	+0.142	+0.150	+1.496		F0 Ib
			1861	05 33 28.4	−01 34 54	5.34*	−0.074	+0.073	+0.002	2.615	B1 IV
122		Tau	1905	05 37 57.8	+17 02 55	5.53	+0.132	+0.203	+0.856		F0 V
	λ	Col	2056	05 53 40.7	−33 47 55	4.89*	−0.070	+0.115	+0.413	2.718	B5 V
136		Tau	2034	05 54 18.1	+27 36 52	4.56	+0.001	+0.133	+1.152		A0 IV
54	χ¹	Ori	2047	05 55 18.1	+20 16 40	4.41	+0.378	+0.194	+0.307	2.599	G0⁻ V Ca 0.5
	γ	Col	2106	05 58 05.2	−35 16 57	4.36	−0.073	+0.093	+0.362	2.644	B2.5 IV
40		Aur	2143	06 07 39.2	+38 28 47	5.35*	+0.139	+0.222	+0.923		A4m
			2233	06 16 21.6	−00 31 09	5.62	+0.325	+0.154	+0.446	2.633	F6 V
			2236	06 16 42.0	+01 09 47	6.36	+0.299	+0.148	+0.476	2.645	F5 IV:
45		Aur	2264	06 23 01.6	+53 26 36	5.33	+0.285	+0.170	+0.627		F5 III
			2313	06 26 04.1	−00 57 23	5.88	+0.361	+0.170	+0.395	2.613	F8 V
27	ε	Gem	2473	06 44 53.1	+25 06 52	3.00	+0.868	+0.656	+0.282		G8 Ib
31	ξ	Gem	2484	06 46 09.5	+12 52 40	3.36*	+0.288	+0.167	+0.552		F5 IV
56	ψ⁵	Aur	2483	06 47 51.3	+43 33 38	5.25	+0.359	+0.184	+0.376		G0 V
16		Lyn	2585	06 58 44.8	+45 04 21	4.91	+0.014	+0.159	+1.109		A2 Vn
			2622	07 01 03.7	−05 23 22	6.29	+0.359	+0.192	+0.402		G0 III−IV
23	γ	CMa	2657	07 04 27.6	−15 39 26	4.11	−0.046	+0.099	+0.556	2.689	B8 II
21		Mon	2707	07 12 11.1	−00 19 43	5.44*	+0.185	+0.184	+0.875		A8 Vn − F3 Vn
54	λ	Gem	2763	07 18 59.0	+16 30 40	3.58*	+0.048	+0.198	+1.055		A4 IV

Designation	BS=HR No.	Right Ascension	Declination	V	b−y	m_1	c_1	β	Spectral Type
		h m s	o ′ ″						
	2779	07 20 37.8	+07 06 47	5.92	+0.339	+0.169	+0.469	2.628	F8 V
55 δ Gem	2777	07 21 02.9	+21 57 09	3.53	+0.221	+0.156	+0.696	2.712	F0 V+
	2798	07 22 01.5	−08 54 31	6.55	+0.343	+0.174	+0.390		F5
	2807	07 23 05.2	−03 00 35	6.24	+0.432	+0.216	+0.588		F5
3 β CMi	2845	07 27 59.4	+08 15 25	2.89*	−0.038	+0.113	+0.799	2.731	B8 V
62 ρ Gem	2852	07 30 06.4	+31 45 09	4.18	+0.214	+0.155	+0.613	2.713	F0 V+
	2866	07 30 10.8	−07 35 01	5.86	+0.311	+0.155	+0.392		F8 V
64 Gem	2857	07 30 18.3	+28 05 06	5.05	+0.062	+0.202	+1.013		A4 V
	2883	07 32 50.3	−08 54 57	5.93	+0.355	+0.124	+0.335	2.595	F5 V
7 δ¹ CMi	2880	07 32 54.2	+01 52 50	5.25	+0.128	+0.173	+1.198		F0 III
68 Gem	2886	07 34 29.5	+15 47 32	5.28	+0.037	+0.143	+1.178		A1 Vn
	2918	07 37 24.2	+05 49 37	5.90	+0.375	+0.188	+0.387	2.610	G0 V
25 Mon	2927	07 38 02.9	−04 08 48	5.14	+0.283	+0.180	+0.643		F6 III
	2948/9	07 39 27.5	−26 50 16	3.83	−0.076	+0.121	+0.400		B6 V + B5 IVn
	2961	07 40 00.1	−38 20 40	4.84	−0.084	+0.103	+0.303		B2.5 V
71 o Gem	2930	07 40 10.5	+34 32 51	4.89	+0.270	+0.173	+0.654		F3 III
77 κ Gem	2985	07 45 22.9	+24 21 35	3.57	+0.573	+0.379	+0.398		G8 III
81 Gem	3003	07 47 01.2	+18 28 16	4.85	+0.895	+0.735	+0.451		K4 III
QZ Pup	3084	07 53 11.6	−38 54 13	4.50*	−0.083	+0.104	+0.244		B2.5 V
	3131	08 00 33.7	−18 26 33	4.61	+0.048	+0.161	+1.122	2.837	A2 IVn
27 Lyn	3173	08 09 37.0	+51 27 38	4.81	+0.017	+0.151	+1.105		A1 Va
17 β Cnc	3249	08 17 21.3	+09 08 12	3.52	+0.914	+0.758	+0.371		K4 III Ba 0.5
18 χ Cnc	3262	08 21 00.2	+27 09 59	5.14	+0.314	+0.146	+0.384		F6 V
	3271	08 21 00.4	−00 57 34	6.17	+0.385	+0.193	+0.414	2.612	F9 V
1 Hya	3297	08 25 21.4	−03 48 09	5.60	+0.311	+0.138	+0.400	2.631	F3 V
	3314	08 26 26.1	−03 57 28	3.90	−0.006	+0.156	+1.024	2.898	A0 Va
4 δ Hya	3410	08 38 28.5	+05 38 56	4.15	+0.009	+0.152	+1.091	2.855	A1 IVnn
7 η Hya	3454	08 44 02.0	+03 20 32	4.30*	−0.087	+0.093	+0.241	2.653	B4 V
	3459	08 44 26.0	−07 17 25	4.63	+0.517	+0.294	+0.472		G1 Ib
	3538	08 55 03.7	−05 29 38	6.01	+0.410	+0.239	+0.325	2.597	G3 V
59 σ² Cnc	3555	08 57 53.8	+32 50 59	5.45	+0.084	+0.205	+0.972		A7 IV
15 UMa	3619	09 09 57.4	+51 32 28	4.46	+0.165	+0.248	+0.762		F0m
14 τ UMa	3624	09 12 10.8	+63 26 58	4.65	+0.214	+0.253	+0.711		Am
	3657	09 14 30.2	+21 13 07	6.48	+0.017	+0.164	+1.094		A2 V
22 θ Hya	3665	09 15 10.2	+02 14 53	3.88	−0.028	+0.145	+0.944		B9.5 IV (C II)
18 UMa	3662	09 17 17.7	+53 57 25	4.84*	+0.113	+0.196	+0.892		A5 V
31 τ¹ Hya	3759	09 29 56.0	−02 50 14	4.60	+0.295	+0.164	+0.453		F6 V
23 UMa	3757	09 32 44.1	+62 59 35	3.67*	+0.211	+0.180	+0.752		F0 IV
25 θ UMa	3775	09 33 53.1	+51 36 21	3.18	+0.314	+0.153	+0.463		F6 IV
10 SU LMi	3800	09 35 10.1	+36 19 41	4.55	+0.561	+0.349	+0.375		G7.5 III Fe−0.5
11 LMi	3815	09 36 35.0	+35 44 21	5.41	+0.473	+0.304	+0.372		G8 IIIv
	3856	09 39 46.8	−61 23 55	4.51*	−0.034	+0.140	+0.821		B9 IV−V
38 κ Hya	3849	09 41 03.0	−14 24 12	5.07	−0.070	+0.110	+0.407	2.704	B5 V
14 o Leo	3852	09 41 58.6	+09 49 16	3.52	+0.306	+0.234	+0.615		F5 II + A5?
	3881	09 49 35.0	+45 56 53	5.10	+0.390	+0.203	+0.382		G0.5 Va
4 Sex	3893	09 51 18.4	+04 16 14	6.24	+0.306	+0.161	+0.419	2.646	F7 Vn
	3901	09 52 07.9	−06 15 17	6.43	+0.363	+0.185	+0.412		F8 V
7 Sex	3906	09 53 00.1	+02 22 52	6.03	−0.015	+0.136	+1.040		A0 Vs
19 LMi	3928	09 58 37.7	+40 58 52	5.14	+0.300	+0.165	+0.457		F5 V
20 LMi	3951	10 01 54.0	+31 50 49	5.35	+0.416	+0.234	+0.388	2.599	G3 Va Hδ 1

Designation	BS=HR No.	Right Ascension	Declination	V	b−y	m_1	c_1	β	Spectral Type
		h m s	° ′ ″						
30 η Leo	3975	10 08 10.5	+16 41 11	3.53	+0.030	+0.068	+0.966		A0 Ib
21 LMi	3974	10 08 20.4	+35 10 07	4.49*	+0.106	+0.201	+0.876	2.837	A7 V
36 ζ Leo	4031	10 17 33.0	+23 20 22	3.44	+0.196	+0.169	+0.986	2.722	F0 III
40 Leo	4054	10 20 34.7	+19 23 30	4.79*	+0.299	+0.166	+0.462		F6 IV
41 γ^1 Leo	4057/8	10 20 49.6	+19 45 44	1.98*	+0.689	+0.457	+0.373		K1⁻ IIIb Fe−0.5
30 LMi	4090	10 26 47.9	+33 43 00	4.73	+0.150	+0.196	+0.959		F0 V
45 Leo	4101	10 28 28.0	+09 40 59	6.04	−0.036	+0.180	+0.956		A0p
30 β Sex	4119	10 31 05.0	−00 43 01	5.08	−0.061	+0.113	+0.479	2.730	B6 V
47 ρ Leo	4133	10 33 37.6	+09 13 35	3.86*	−0.027	+0.040	−0.040	2.552	B1 Iab
37 LMi	4166	10 39 35.3	+31 53 43	4.72	+0.512	+0.297	+0.477	2.595	G2.5 IIa
47 UMa	4277	11 00 19.8	+40 20 50	5.05	+0.392	+0.203	+0.337		G1⁻V Fe−0.5
4293	11 00 52.1	−42 18 33	4.38	+0.059	+0.179	+1.116		A3 IV
49 UMa	4288	11 01 42.2	+39 07 43	5.07	+0.142	+0.198	+1.012		F0 Vs
60 Leo	4300	11 03 09.3	+20 05 47	4.42	+0.022	+0.194	+1.019		A0.5m A3 V
11 β Crt	4343	11 12 25.3	−22 54 38	4.47	+0.011	+0.164	+1.190	2.877	A2 IV
	4378	11 19 09.5	+11 53 58	6.66	+0.024	+0.190	+1.052		A2 V
77 σ Leo	4386	11 21 56.1	+05 56 39	4.05	−0.020	+0.127	+1.014		A0 III⁺
56 UMa	4392	11 23 40.3	+43 23 51	4.99	+0.610	+0.416	+0.396		G7.5 IIIa
15 γ Crt	4405	11 25 39.5	−17 46 09	4.07	+0.118	+0.195	+0.895	2.823	A7 V
90 Leo	4456	11 35 30.8	+16 42 40	5.95	−0.066	+0.095	+0.323	2.687	B4 V
62 UMa	4501	11 42 22.5	+31 39 37	5.74	+0.312	+0.118	+0.401		F4 V
2 ξ Vir	4515	11 46 05.0	+08 10 19	4.85	+0.090	+0.196	+0.928	2.855	A4 V
93 DQ Leo	4527	11 48 47.0	+20 07 58	4.53*	+0.352	+0.186	+0.725		G4 III–IV + A7 V
94 β Leo	4534	11 49 51.0	+14 29 07	2.14*	+0.044	+0.210	+0.975	2.900	A3 Va
5 β Vir	4540	11 51 30.2	+01 40 38	3.60	+0.354	+0.186	+0.415	2.629	F9 V
	4550	11 53 52.1	+37 36 27	6.43	+0.483	+0.225	+0.153		G8 V P
64 γ UMa	4554	11 54 38.4	+53 36 31	2.44	+0.006	+0.153	+1.113	2.884	A0 Van
	4618	12 08 53.8	−50 44 51	4.47	−0.076	+0.108	+0.254	2.682	B2 IIIne
15 η Vir	4689	12 20 42.0	−00 45 10	3.90*	+0.017	+0.163	+1.130		A1 IV⁺
16 Vir	4695	12 21 08.2	+03 13 35	4.97	+0.717	+0.485	+0.516		K0.5 IIIb Fe−0.5
	4705	12 22 57.5	+24 41 17	6.20	−0.002	+0.169	+1.034		A0 V
12 Com	4707	12 23 17.0	+25 45 37	4.81	+0.322	+0.175	+0.779	2.701	G5 III + A5
18 Com	4753	12 30 13.5	+24 01 24	5.48	+0.289	+0.170	+0.609		F5 III
8 η Crv	4775	12 32 52.3	−16 16 54	4.30*	+0.245	+0.167	+0.543	2.700	F2 V
23 Com	4789	12 35 37.4	+22 32 39	4.81	+0.008	+0.144	+1.090		A0m A1 IV
τ Cen	4802	12 38 33.4	−48 37 35	3.86	+0.026	+0.159	+1.086	2.870	A1 IVnn
28 Com	4861	12 49 00.9	+13 28 07	6.56	+0.012	+0.167	+1.052		A1 V
29 Com	4865	12 49 40.8	+14 02 18	5.70	+0.020	+0.156	+1.130		A1 V
30 Com	4869	12 50 02.7	+27 28 06	5.78	+0.025	+0.169	+1.074		A2 V
31 Com	4883	12 52 27.1	+27 27 24	4.93	+0.437	+0.186	+0.416	2.592	G0 IIIp
	4889	12 54 18.0	−40 15 46	4.26	+0.125	+0.185	+0.971	2.816	A7 V
12 α^1 CVn	4914	12 56 44.0	+38 13 53	5.60	+0.230	+0.152	+0.578		F0 V
78 UMa	4931	13 01 23.4	+56 16 59	4.92*	+0.244	+0.170	+0.575	2.707	F2 V
43 β Com	4983	13 12 35.7	+27 48 00	4.26	+0.370	+0.191	+0.337	2.608	F9.5 V
59 Vir	5011	13 17 32.7	+09 20 37	5.19	+0.372	+0.191	+0.385	2.614	G0 Vs
20 AO CVn	5017	13 18 14.1	+40 29 29	4.72*	+0.174	+0.238	+0.915		F3 III(str. met.)
80 UMa	5062	13 25 50.7	+54 54 27	4.02*	+0.097	+0.192	+0.928	2.847	A5 Vn
70 Vir	5072	13 29 11.3	+13 41 47	4.97	+0.446	+0.232	+0.350		G4 V
	5163	13 44 42.7	−05 34 35	6.53	+0.028	+0.172	+0.980		A1 V
1 Cen	5168	13 46 34.4	−33 07 18	4.23*	+0.247	+0.164	+0.548	2.700	F2 V⁺

uvby AND Hβ STANDARD STARS, J2015.5

Designation	BS=HR No.	Right Ascension	Declination	V	$b-y$	m_1	c_1	β	Spectral Type
		h m s	° ′ ″						
8 η Boo	5235	13 55 25.4	+18 19 14	2.68	+0.376	+0.203	+0.476	2.627	G0 IV
	5270	14 03 17.5	+09 36 42	6.21	+0.638	+0.087	+0.541	2.533	G8: II: Fe−5
	5280	14 03 34.3	+50 53 52	6.15	+0.020	+0.181	+1.016		A2 V
χ Cen	5285	14 06 59.9	−41 15 11	4.36*	−0.094	+0.102	+0.161	2.661	B2 V
12 Boo	5304	14 11 06.3	+25 01 08	4.82	+0.347	+0.172	+0.443		F8 IV
	5414	14 29 12.3	+28 13 15	7.62	+0.014	+0.168	+1.018		A1 V
	5415	14 29 14.2	+28 13 18	7.12	+0.008	+0.146	+1.020		A1 V
28 σ Boo	5447	14 35 21.3	+29 40 42	4.47*	+0.253	+0.135	+0.484	2.675	F2 V
109 Vir	5511	14 47 02.0	+01 49 42	3.74	+0.006	+0.137	+1.078	2.846	A0 IVnn
	5522	14 49 42.0	−00 54 41	6.16	−0.007	+0.132	+0.996		B9 Vp:v
8 α^1 Lib	5530	14 51 32.7	−16 03 39	5.16	+0.265	+0.156	+0.494	2.681	F3 V
9 α^2 Lib	5531	14 51 44.3	−16 06 19	2.75	+0.074	+0.192	+0.996	2.860	A3 III−IV
45 Boo	5634	15 07 58.9	+24 48 34	4.93	+0.287	+0.161	+0.448		F5 V
	5633	15 08 03.0	+18 22 58	6.02	+0.032	+0.190	+1.017		A3 V
λ Lup	5626	15 09 53.6	−45 20 18	4.06	−0.077	+0.105	+0.265	2.687	B3 V
1 Lup	5660	15 15 34.5	−31 34 34	4.92	+0.246	+0.132	+1.367	2.741	F0 Ib−II
49 δ Boo	5681	15 16 07.7	+33 15 28	3.49	+0.587	+0.346	+0.410		G8 III Fe−1
27 β Lib	5685	15 17 50.6	−09 26 21	2.61	−0.040	+0.100	+0.750	2.706	B8 IIIn
7 Ser	5717	15 23 07.3	+12 30 46	6.28	+0.008	+0.136	+1.044		A0 V
	5754	15 27 57.5	+62 13 21	6.40	+0.062	+0.210	+0.982		A5 IV
	5752	15 29 14.4	+47 08 55	6.15	+0.046	+0.194	+1.142		Am
5 α CrB	5793	15 35 20.7	+26 39 48	2.24*	0.000	+0.144	+1.060		A0 IV
	5825	15 42 15.7	−44 42 41	4.64	+0.270	+0.152	+0.458	2.678	F5 IV−V
24 α Ser	5854	15 45 01.9	+06 22 40	2.64	+0.715	+0.572	+0.445		K2 IIIb CN 1
27 λ Ser	5868	15 47 11.8	+07 18 19	4.43	+0.383	+0.193	+0.366	2.605	G0⁻ V
1 Sco	5885	15 51 54.9	−25 47 50	4.65	+0.006	+0.070	+0.122	2.639	B3 V
12 λ CrB	5936	15 56 21.5	+37 54 10	5.44	+0.230	+0.161	+0.654		F0 IV
41 γ Ser	5933	15 57 10.2	+15 36 43	3.86	+0.319	+0.151	+0.401	2.632	F6 V
13 ϵ CrB	5947	15 58 13.8	+26 50 02	4.15	+0.751	+0.570	+0.414		K2 IIIab
15 ρ CrB	5968	16 01 38.3	+33 15 27	5.40	+0.396	+0.176	+0.331		G2 V
9 ω^1 Sco	5993	16 07 43.0	−20 42 36	3.94	+0.037	+0.042	+0.009	2.617	B1 V
10 ω^2 Sco	5997	16 08 19.0	−20 54 34	4.32	+0.522	+0.285	+0.448	2.577	G4 II−III
14 ν Sco	6027	16 12 53.9	−19 29 59	3.99	+0.080	+0.051	+0.137	2.663	B2 IVp
22 τ Her	6092	16 20 12.4	+46 16 37	3.88*	−0.056	+0.089	+0.440	2.702	B5 IV
22 Sco	6141	16 31 09.1	−25 08 53	4.79	−0.047	+0.092	+0.191	2.665	B2 V
13 ζ Oph	6175	16 38 00.8	−10 35 50	2.56	+0.088	+0.014	−0.069	2.583	O9.5 Vn
20 Oph	6243	16 50 41.6	−10 48 33	4.64	+0.311	+0.164	+0.532	2.647	F7 III
59 Her	6332	17 02 10.7	+33 32 48	5.28	+0.001	+0.172	+1.102	2.885	A3 IV−Vs
60 Her	6355	17 06 05.9	+12 43 14	4.90	+0.064	+0.207	+0.992	2.877	A4 IV
35 η Oph	6378	17 11 16.0	−15 44 37	2.42	+0.029	+0.186	+1.076	2.894	A2 Va⁺ (Sr)
72 Her	6458	17 21 14.4	+32 26 55	5.39*	+0.405	+0.178	+0.312	2.588	G0 V
23 β Dra	6536	17 30 47.0	+52 17 25	2.78	+0.610	+0.323	+0.423	2.599	G2 Ib−IIa
85 ι Her	6588	17 39 54.2	+45 59 55	3.80	−0.064	+0.078	+0.294	2.661	B3 IV
56 o Ser	6581	17 42 17.2	−12 52 57	4.25*	+0.049	+0.168	+1.108	2.874	A2 Va
60 β Oph	6603	17 44 14.3	+04 33 43	2.76	+0.719	+0.553	+0.451		K2 III CN 0.5
58 Oph	6595	17 44 21.6	−21 41 22	4.87	+0.304	+0.150	+0.408	2.645	F7 V:
62 γ Oph	6629	17 48 40.2	+02 42 09	3.75	+0.024	+0.165	+1.055	2.905	A0 Van
67 Oph	6714	18 01 25.3	+02 55 55	3.97	+0.081	+0.020	+0.302	2.585	B5 Ib
68 Oph	6723	18 02 32.4	+01 18 21	4.44*	+0.029	+0.137	+1.087	2.842	A0.5 Van
99 Her	6775	18 07 37.0	+30 33 54	5.06	+0.356	+0.136	+0.321		F7 V

Designation		BS=HR No.	Right Ascension	Declination	V	b−y	m_1	c_1	β	Spectral Type
			h m s	° ′ ″						
	θ Ara	6743	18 07 50.3	−50 05 20	3.67	+0.007	+0.037	+0.006	2.582	B2 Ib
	γ Sct	6930	18 30 04.9	−14 33 17	4.69	+0.045	+0.147	+1.208	2.846	A2 III⁻
111	Her	7069	18 47 42.4	+18 11 59	4.36	+0.061	+0.216	+0.942	2.895	A3 Va⁺
		7119	18 55 36.4	−15 34 57	5.09	+0.175	+0.026	+0.468	2.626	B5 II
14	γ Lyr	7178	18 59 31.4	+32 42 42	3.24	+0.001	+0.093	+1.219	2.751	B9 II
	ε CrA	7152	18 59 46.0	−37 05 09	4.85*	+0.253	+0.161	+0.617		F0 V
17	ζ Aql	7235	19 06 07.4	+13 53 15	2.99	+0.012	+0.147	+1.080	2.873	A0 Vann
		7253	19 07 14.7	+28 39 14	5.53	+0.176	+0.189	+0.747	2.756	F0 III
	α CrA	7254	19 10 31.5	−37 52 44	4.11	+0.024	+0.181	+1.057	2.890	A2 IVn
1	κ Cyg	7328	19 17 27.6	+53 23 51	3.76	+0.579	+0.390	+0.430		G9 III
44	ρ¹ Sgr	7340	19 22 34.2	−17 49 01	3.93*	+0.130	+0.194	+0.950	2.809	F0 III−IV
30	δ Aql	7377	19 26 16.8	+03 08 48	3.37*	+0.203	+0.170	+0.711	2.733	F2 IV−V
61	σ Dra	7462	19 32 19.6	+69 41 15	4.67	+0.472	+0.324	+0.266		K0 V
13	θ Cyg	7469	19 36 51.5	+50 15 27	4.49	+0.262	+0.157	+0.502	2.689	F4 V
41	ι Aql	7447	19 37 31.4	−01 15 04	4.36	−0.017	+0.087	+0.574	2.704	B5 III
39	κ Aql	7446	19 37 43.4	−06 59 31	4.95	+0.085	−0.024	−0.031	2.563	B0.5 IIIn
5	α Sge	7479	19 40 47.4	+18 03 02	4.39	+0.489	+0.259	+0.471		G1 II
16	Cyg	7503	19 42 13.7	+50 33 42	5.98	+0.410	+0.212	+0.368		G1.5 Vb
		7504	19 42 16.7	+50 33 14	6.23	+0.417	+0.223	+0.349		G3 V
50	γ Aql	7525	19 46 59.8	+10 39 07	2.71	+0.936	+0.762	+0.292		K3 II
17	Cyg	7534	19 47 00.9	+33 45 52	5.01	+0.312	+0.155	+0.436		F7 V
53	α Aql	7557	19 51 32.4	+08 54 37	0.76	+0.137	+0.178	+0.880		A7 Vnn
54	o Aql	7560	19 51 46.2	+10 27 20	5.13	+0.356	+0.182	+0.415		F8 V
60	β Aql	7602	19 56 04.5	+06 26 47	3.72*	+0.522	+0.303	+0.345		G8 IV
61	φ Aql	7610	19 56 58.3	+11 27 57	5.29	−0.006	+0.178	+1.021		A1 IV
8	ν Cap	7773	20 21 31.3	−12 42 34	4.76	−0.020	+0.135	+1.011	2.853	B9.5 V
37	γ Cyg	7796	20 22 47.1	+40 18 25	2.23	+0.396	+0.296	+0.885	2.641	F8 Ib
3	η Del	7858	20 34 41.0	+13 04 52	5.40	+0.023	+0.207	+0.983	2.918	A3 IV
9	α Del	7906	20 40 21.5	+15 58 03	3.77	−0.019	+0.125	+0.893	2.799	B9 IV
53	ε Cyg	7949	20 46 50.3	+34 01 44	2.46	+0.627	+0.415	+0.425		K0 III
16	ψ Cap	7936	20 47 00.6	−25 12 51	4.14	+0.278	+0.161	+0.465	2.673	F4 V
55 v1661	Cyg	7977	20 49 28.0	+46 10 20	4.86*	+0.356	−0.067	+0.153	2.530	B2.5 Ia
56	Cyg	7984	20 50 38.0	+44 07 06	5.04	+0.108	+0.209	+0.897	2.844	A4m
22	η Cap	8060	21 05 17.1	−19 47 34	4.86	+0.090	+0.191	+0.946	2.861	A5 V
61 v1803	CygA	8085	21 07 35.7	+38 49 35	5.21	+0.656	+0.677	+0.136		K5 V
61	CygB	8086	21 07 37.0	+38 49 07	6.04	+0.792	+0.673	+0.063		K7 V
67	σ Cyg	8143	21 18 01.5	+39 27 37	4.23	+0.138	+0.027	+0.571	2.583	B9 Iab
5	α Cep	8162	21 18 56.9	+62 39 06	2.45*	+0.125	+0.190	+0.936	2.808	A7 V⁺n
	γ Pav	8181	21 27 42.4	−65 17 42	4.23	+0.333	+0.118	+0.315	2.613	F6 Vp
9 v337	Cep	8279	21 38 20.2	+62 09 08	4.73*	+0.275	−0.051	+0.135	2.558	B2 Ib
5	Peg	8267	21 38 29.0	+19 23 20	5.47*	+0.199	+0.172	+0.890	2.734	F0 V⁺
9	Peg	8313	21 45 14.8	+17 25 18	4.34	+0.706	+0.479	+0.346		G5 Ib
13	Peg	8344	21 50 53.0	+17 21 31	5.29*	+0.263	+0.156	+0.545	2.688	F2 III−IV
	γ Gru	8353	21 54 51.7	−37 17 29	3.01	−0.045	+0.106	+0.726		B8 IV−Vs
	α Gru	8425	22 09 12.2	−46 53 07	1.74	−0.058	+0.107	+0.568	2.729	B7 Vn
14	μ PsA	8431	22 09 17.0	−32 54 44	4.50	+0.032	+0.167	+1.070	2.872	A1 IVnn
29	π Peg	8454	22 10 40.6	+33 15 17	4.29	+0.304	+0.177	+0.778		F3 III
23	ε Cep	8494	22 15 36.7	+57 07 16	4.19*	+0.169	+0.192	+0.787	2.758	A9 IV
35	Peg	8551	22 28 38.6	+04 46 26	4.79	+0.640	+0.420	+0.418		K0 III
7	α Lac	8585	22 31 56.0	+50 21 45	3.77	+0.001	+0.173	+1.030	2.906	A1 Va

Designation	BS=HR No.	Right Ascension	Declination	V	b−y	m_1	c_1	β	Spectral Type
		h m s	o ′ ″						
9 Lac	8613	22 38 00.8	+51 37 32	4.65	+0.149	+0.172	+0.935	2.784	A8 IV
10 Lac	8622	22 39 57.6	+39 07 53	4.89	−0.066	+0.037	−0.117	2.587	O9 V
42 ζ Peg	8634	22 42 14.1	+10 54 45	3.40	−0.035	+0.114	+0.867	2.768	B8.5 III
46 ξ Peg	8665	22 47 28.1	+12 15 10	4.19	+0.330	+0.147	+0.407		F6 V
β Oct	8630	22 47 33.5	−81 17 59	4.14	+0.124	+0.191	+0.915	2.817	A7 III−IV
ε Gru	8675	22 49 29.0	−51 14 06	3.49	+0.051	+0.161	+1.143	2.856	A2 Va
76 δ Aqr	8709	22 55 28.3	−15 44 17	3.28	+0.036	+0.167	+1.157	2.890	A3 IV−V
51 Peg	8729	22 58 13.8	+20 51 08	5.45	+0.415	+0.233	+0.372		G2.5 IVa
24 α PsA	8728	22 58 30.2	−29 32 23	1.16	+0.039	+0.208	+0.985	2.906	A3 Va
54 α Peg	8781	23 05 32.0	+15 17 20	2.48	−0.012	+0.130	+1.128	2.840	A0 III−IV
59 Peg	8826	23 12 31.2	+08 48 16	5.16	+0.076	+0.164	+1.091	2.820	A3 Van
7 And	8830	23 13 15.9	+49 29 28	4.53	+0.188	+0.169	+0.713		F0 V
γ Tuc	8848	23 18 19.5	−58 09 02	3.99	+0.271	+0.143	+0.564	2.665	F2 V
62 τ Peg	8880	23 21 24.4	+23 49 31	4.60*	+0.105	+0.166	+1.009		A5 V
	8899	23 24 33.4	+32 37 00	6.69	+0.321	+0.121	+0.404		F4 Vw
16 PsC	8954	23 37 10.8	+02 11 18	5.69	+0.306	+0.122	+0.386		F6 Vbvw
17 ι And	8965	23 38 54.1	+43 21 14	4.29	−0.031	+0.100	+0.784	2.728	B8 V
17 ι Psc	8969	23 40 44.9	+05 42 37	4.13	+0.331	+0.161	+0.398	2.621	F7 V
19 κ And	8976	23 41 10.6	+44 25 11	4.14	−0.035	+0.131	+0.831	2.833	B8 IVn

Notes to Table

*   *V* magnitude may be or is variable.

Name	Right Ascension	Declination	V	Spectral Type	Note
	h m s	° ′ ″			
HR 9087	00 02 37.12	−02 56 28.5	5.12	B7III	
G 158−100	00 34 41.61	−12 02 54.8	14.89	dG−K	
HR 153	00 37 50.60	+53 58 55.3	3.66	B2IV	
CD−34 239	00 42 15.20	−33 32 30.6	11.23	F	
BPM 16274	00 50 45.72	−52 03 11.7	14.20	DA2	Mod.
LTT 1020	01 55 33.12	−27 24 07.1	11.52	G	
HR 718	02 28 59.11	+08 31 43.6	4.28	B9III	
EG 21	03 10 39.80	−68 32 35.8	11.38	DA	
LTT 1788	03 48 56.40	−39 05 52.1	13.16	F	
GD 50	03 49 37.67	−00 55 47.0	14.06	DA2	
SA 95−42	03 54 31.29	−00 01 53.0	15.61	DA	
HZ 4	03 56 12.89	+09 49 58.5	14.52	DA4	
LB 227	04 10 22.33	+17 10 17.7	15.34	DA4	
HZ 2	04 13 35.14	+11 54 07.4	13.86	DA3	
HR 1544	04 51 27.48	+08 55 32.2	4.36	A1V	
G 191−B2B	05 06 44.85	+52 51 02.8	11.78	DA1	
HR 1996	05 46 34.50	−32 18 05.0	5.17	O9V	Mod.
GD 71	05 53 21.26	+15 53 20.1	13.03	DA1	
LTT 2415	05 57 01.73	−27 51 30.3	12.21		
HILT 600	06 46 01.79	+02 07 13.2	10.44	B1	
HD 49798	06 48 32.58	−44 20 03.3	8.30	O6	Mod.
HD 60753	07 33 51.84	−50 37 06.7	6.70	B3IV	Mod.
G 193−74	07 54 38.45	+52 26 59.5	15.70	DA0	
BD+75 325	08 12 41.78	+74 55 09.1	9.54	O5p	
LTT 3218	08 42 08.46	−32 59 33.7	11.86	DA	
HR 3454	08 44 02.04	+03 20 31.8	4.30	B3V	
AGK+81°266	09 23 36.73	+81 39 26.7	11.92	sdO	
GD 108	10 01 33.50	−07 38 00.7	13.56	sdB	
LTT 3864	10 32 55.39	−35 42 30.2	12.17	F	
Feige 34	10 40 31.04	+43 01 17.0	11.18	DO	
HD 93521	10 49 16.03	+37 29 17.4	7.04	O9Vp	
HR 4468	11 37 28.15	−09 53 17.1	4.70	B9.5V	
LTT 4364	11 46 34.40	−64 55 35.0	11.50	C2	
HR 4554	11 54 38.41	+53 36 30.7	2.44	A0V	Mod.
Feige 56	12 07 34.75	+11 35 02.0	11.06	B5p	
HZ 21	12 14 42.99	+32 51 22.2	14.68	DO2	
Feige 66	12 38 09.60	+24 58 53.1	10.50	sdO	
LTT 4816	12 39 41.56	−49 52 58.2	13.79	DA	
Feige 67	12 42 38.25	+17 26 13.9	11.81	sdO	
GD 153	12 57 47.89	+21 56 49.0	13.35	DA1	
G 60−54	13 00 55.96	+03 23 28.1	15.81	DC	
HR 4963	13 10 45.23	−05 37 17.0	4.38	A1IV	
HZ 43	13 17 05.54	+29 01 00.4	12.91	DA1	
HZ 44	13 24 17.43	+36 03 09.6	11.66	sdO	
GRW+70°5824	13 39 12.75	+70 12 25.1	12.77	DA3	

Name	Right Ascension	Declination	V	Spectral Type	Note
	h m s	° ′ ″			
HR 5191	13 48 09.00	+49 14 10.7	1.86	B3V	Mod.
CD−32 9927	14 12 41.35	−33 07 34.6	10.42	A0	
HR 5501	14 46 17.67	+00 39 09.3	5.68	B9.5V	
LTT 6248	15 39 56.29	−28 38 38.4	11.80	A	
BD+33 2642	15 52 36.15	+32 54 10.0	10.81	B2IV	
EG 274	16 24 37.06	−39 15 52.4	11.03	DA	
G 138−31	16 28 38.02	+09 10 08.1	16.14	DC	
HR 7001	18 37 27.84	+38 47 56.0	0.00	A0V	
LTT 7379	18 37 33.31	−44 17 49.5	10.23	G0	
HR 7596	19 55 32.41	+00 18 54.5	5.62	A0III	
LTT 7987	20 11 54.22	−30 10 21.9	12.23	DA	
G 24−9	20 14 41.40	+06 45 34.0	15.72	DC	
HR 7950	20 48 30.81	−09 26 17.4	3.78	A1V	
LDS 749B	21 33 04.27	+00 19 23.8	14.67	DB4	
BD+28 4211	21 51 52.56	+28 56 12.6	10.51	Op	
G 93−48	21 53 12.60	+02 27 38.9	12.74	DA3	
BD+25 4655	22 00 24.44	+26 30 25.8	9.76	O	
NGC 7293	22 30 29.26	−20 45 26.7	13.51	V.Hot	
HR 8634	22 42 14.13	+10 54 45.5	3.40	B8V	
LTT 9239	22 53 31.02	−20 30 40.2	12.07	F	
LTT 9491	23 20 24.40	−17 00 22.4	14.11	DC	
Feige 110	23 20 46.37	−05 04 50.3	11.82	DOp	
GD 248	23 26 53.33	+16 05 25.1	15.09	DC	

Notes to Table

Mod.   Model data for the optical range; only suitable as a standard in the ultraviolet range.

Name			HD No.	BS=HR No.	Right Ascension	Declination	V	v_r	Spectral Type
					h m s	° ′ ″		km/s	
6		Cet	693	33	00 12 03.1	−15 22 59	4.89	+ 14.7 ± 0.2	F5 V
18	α	Cas	3712	168	00 41 23.8	+56 37 20	2.23	− 3.9 0.1	K0⁻IIIa
			3765		00 41 40.6	+40 16 09	7.36	− 63.0 0.2	K2 V
16	β	Cet	4128	188	00 44 22.0	−17 54 06	2.04	+ 13.1 0.1	G9 III CH−1 CN 0.5 Ca 1
			4388		00 47 17.2	+31 02 09	7.34	− 28.3 0.6	K3 III
			6655		01 05 47.5	−72 28 18	8.06	+ 15.5 ± 0.5	F8 V
			8779	416	01 27 15.0	−00 19 08	6.41	− 5.0 0.6	K0 IV
98	μ	Psc	9138	434	01 30 59.9	+06 13 24	4.84	+ 35.4 0.5	K4 III
			12029		01 59 35.4	+29 27 17	7.44	+ 38.6 0.5	K2 III
13	α	Ari	12929	617	02 08 03.0	+23 32 06	2.00	− 14.3 0.2	K2 IIIab
92	α	Cet	18884	911	03 03 05.5	+04 08 59	2.53	− 25.8 ± 0.1	M1.5 IIIa
10		Tau	22484	1101	03 37 39.9	+00 27 00	4.28	+ 27.9 0.1	F9 IV−V
			23169		03 44 49.2	+25 46 23	8.50	+ 13.3 0.2	G2 V
			24331		03 51 07.4	−42 31 00	8.61	+ 22.4 0.5	K2 V
43		Tau	26162	1283	04 10 04.3	+19 38 57	5.50	+ 23.9 0.6	K1 III
87	α	Tau	29139	1457	04 36 48.7	+16 32 21	0.85	+ 54.1 ± 0.1	K5⁺III
			32963		05 08 53.3	+26 20 49	7.60	− 63.1 0.4	G5 IV
9	β	Lep	36079	1829	05 28 54.6	−20 44 53	2.84	− 13.5 0.1	G5 II
			39194		05 44 21.5	−70 07 57	8.09	+ 14.2 0.4	K0 V
CD	-43	2527			06 32 43.4	−43 31 58	8.65	+ 13.1 0.5	K1 III
			48381		06 42 17.2	−33 29 08	8.49	+ 39.5 ± 0.5	K0 IV
18	μ	CMa	51250	2593	06 56 49.3	−14 03 52	5.00	+ 19.6 0.5	K2 III +B9 V:
78	β	Gem	62509	2990	07 46 15.7	+27 59 15	1.14	+ 3.3 0.1	K0 IIIb
			65583		08 01 29.6	+29 09 50	6.97	+ 12.5 0.4	G8 V
			66141	3145	08 03 04.3	+02 17 28	4.39	+ 70.9 0.3	K2 IIIb Fe−0.5
			65934		08 03 07.7	+26 35 38	7.70	+ 35.0 ± 0.3	G8 III
			75935		08 54 45.2	+26 51 13	8.46	− 18.9 0.3	G8 V
			80170	3694	09 17 33.6	−39 28 02	5.33	0.0 0.2	K5 III−IV
30	α	Hya	81797	3748	09 28 20.9	−08 43 35	1.98	− 4.4 0.2	K3 II−III
			83443		09 37 48.2	−43 20 34	8.23	+ 27.6 0.5	K0 V
			83516		09 38 41.7	−35 08 50	8.63	+ 42.0 ± 0.5	G8 IV
17	ε	Leo	84441	3873	09 46 43.7	+23 42 08	2.98	+ 4.8 0.1	G1 II
			90861		10 30 45.7	+28 30 05	6.88	+ 36.3 0.4	K2 III
33		Sex	92588	4182	10 42 11.5	−01 49 24	6.26	+ 42.8 0.1	K1 IV
			101266		11 39 36.5	−45 26 56	9.30	+ 20.6 0.5	G5 IV
			102494		11 48 44.5	+27 15 16	7.48	− 22.9 ± 0.3	G9 IVw...
5	β	Vir	102870	4540	11 51 30.2	+01 40 38	3.61	+ 5.0 0.2	F9 V
			103095	4550	11 53 52.1	+37 36 27	6.45	− 99.1 0.3	G8 Vp
16		Vir	107328	4695	12 21 08.2	+03 13 35	4.96	+ 35.7 0.3	K0.5 IIIb Fe−0.5
9	β	Crv	109379	4786	12 35 12.3	−23 28 56	2.65	− 7.0 0.0	G5 IIb
			111417		12 50 24.0	−45 54 37	8.30	− 16.0 ± 0.5	K3 IV
			112299		12 56 13.6	+25 39 14	8.39	+ 3.4 0.5	F8 V
			120223		13 50 03.4	−43 48 36	8.96	− 24.1 0.6	G8 IV−V
			122693		14 03 34.9	+24 29 13	8.11	− 6.3 0.2	F8 V
16	α	Boo	124897	5340	14 16 22.1	+19 06 08	−0.04	− 5.3 0.1	K1.5 III Fe−0.5

Name			HD No.	BS=HR No.	Right Ascension	Declination	V	v_r		Spectral Type
					h m s	° ′ ″		km/s		
			126053	5384	14 24 02.9	+01 10 11	6.27	− 18.5	± 0.4	G1 V
			132737		15 00 32.5	+27 05 58	7.64	− 24.1	0.3	K0 III
5		Ser	136202	5694	15 20 06.4	+01 42 28	5.06	+ 53.5	0.2	F8 III−IV
			144579		16 05 28.9	+39 06 55	6.66	− 60.0	0.3	G8 IV
7	κ	Her	145001	6008	16 08 46.5	+17 00 24	5.00	− 9.5	0.2	G5 III
1	δ	Oph	146051	6056	16 15 09.6	−03 43 59	2.74	− 19.8	± 0.0	M0.5 III
	α	TrA	150798	6217	16 50 19.1	−69 03 14	1.92	− 3.7	0.2	K2 IIb−IIIa
			154417	6349	17 06 04.2	+00 40 51	6.01	− 17.4	0.3	F8.5 IV−V
	κ	Ara	157457	6468	17 27 12.7	−50 38 46	5.23	+ 17.4	0.2	G8 III
60	β	Oph	161096	6603	17 44 14.3	+04 33 43	2.77	− 12.0	0.1	K2 III CN 0.5
19	δ	Sgr	168454	6859	18 21 59.2	−29 49 12	2.70	− 20.0	± 0.0	K2.5 IIIa CN 0.5
			171391	6970	18 35 54.1	−10 57 50	5.14	+ 6.9	0.2	G8 III
			176047		19 00 46.1	−34 26 56	8.10	− 40.7	0.5	K1 III
31		Aql	182572	7373	19 25 42.5	+11 58 43	5.16	− 100.5	0.4	G7 IV Hδ 1
BD	+28	3402			19 35 37.5	+29 07 20	8.88	− 36.6	0.5	F7 V
54	o	Aql	187691	7560	19 51 46.2	+10 27 20	5.11	+ 0.1	± 0.3	F8 V
			193231		20 22 49.5	−54 45 47	8.39	− 29.1	0.6	G5 V
			194071		20 23 16.3	+28 17 48	7.80	− 9.8	0.1	G8 III
			196983		20 42 48.7	−33 49 55	9.08	− 8.0	0.6	K2 III
33		Cap	203638	8183	21 25 02.2	−20 47 07	5.41	+ 21.9	0.1	K0 III
22	β	Aqr	204867	8232	21 32 22.4	−05 30 08	2.91	+ 6.7	± 0.1	G0 Ib
35		Peg	212943	8551	22 28 38.6	+04 46 26	4.79	+ 54.3	0.3	K0 III
			213014		22 28 56.7	+17 20 34	7.45	− 39.7	0.0	G9 III
			213947		22 35 20.4	+26 40 43	6.88	+ 16.7	0.3	K2
			219509		23 18 18.3	−66 50 11	8.71	+ 62.3	0.5	K5 V
17	ι	Psc	222368	8969	23 40 44.9	+05 42 37	4.13	+ 5.3	± 0.2	F7 V
			223311	9014	23 49 20.3	−06 17 40	6.07	− 20.4	0.1	K4 III

Name	HD No.	R.A.	Dec.	Type	Magnitude Min.	Magnitude Max.	Magnitude Type	Epoch 2400000+	Period	Spectral Type
		h m s	° ′ ″						d	
WW Cet		00 12 12.2	−11 23 33	UGz:	9.3	16.0	p		31.2:	pec(UG)
S Scl	1115	00 16 09.1	−31 57 33	M	5.5	13.6	v	42345	362.57	M3e−M9e(TC)
T Cet	1760	00 22 33.3	−19 58 20	SRc	5.0	6.9	v	40562	158.9	M5−6SIIe
R And	1967	00 24 51.3	+38 39 46	M	5.8	14.9	v	43135	409.33	S3,5e−S8,8e(M7e)
TV Psc	2411	00 28 51.5	+17 58 44	SR	4.65	5.42	V	31387	49.1	M3III−M4IIIb
EG And	4174	00 45 28.3	+40 45 50	Z And	7.08	7.8	V			M2IIIep
U Cep	5679	01 03 45.9	+81 57 31	EA	6.75	9.24	V	51492.323	2.493	B7Ve + G8III−IV
RX And		01 05 28.3	+41 22 56	UGz	10.3	15.4	v		14:	pec(UG)
ζ Phe	6882	01 09 02.0	−55 09 48	EA	3.91	4.42	V	41957.6058	1.670	B6V + B9V
WX Hyi		02 10 16.5	−63 14 18	UGsu	9.6	14.85	V		13.7:	pec(UG)
KK Per	13136	02 11 20.4	+56 37 54	Lc	6.6	7.89	V			M1.0Iab−M3.5Iab
o Cet	14386	02 20 07.9	−02 54 29	M	2.0	10.1	v	44839	331.96	M5e−M9e
VW Ari	15165	02 27 35.7	+10 38 04	SX Phe:	6.64	6.76	V		0.149	F0IV
U Cet	15971	02 34 28.3	−13 04 52	M	6.8	13.4	v	42137	234.76	M2e−M6e
R Tri	16210	02 37 59.0	+34 19 51	M	5.4	12.6	v	45215	266.9	M4IIIe−M8e
RZ Cas	17138	02 50 20.9	+69 41 53	EA	6.18	7.72	V	48960.2122	1.195	A2.8V
R Hor	18242	02 54 23.7	−49 49 37	M	4.7	14.3	v	41494	407.6	M5e−M8eII−III
ρ Per	19058	03 06 10.5	+38 53 57	SRb	3.30	4.0	V		50:	M4IIb−IIIb
β Per	19356	03 09 11.0	+41 00 51	EA	2.12	3.39	V	52207.684	2.867	B8V
λ Tau	25204	04 01 32.5	+12 31 59	EA	3.37	3.91	V	47185.265	3.953	B3V + A4IV
VW Hyi		04 09 05.1	−71 15 17	UGsu	8.4	14.4	v		27.3:	pec(UG)
R Dor	29712	04 36 56.6	−62 02 49	SRb	4.8	6.6	v		338:	M8IIIe
HU Tau	29365	04 39 10.8	+20 42 53	EA	5.85	6.68	V	42412.456	2.056	B8V
R Cae	29844	04 41 02.4	−38 12 22	M	6.7	13.7	v	40645	390.95	M6e
R Pic	30551	04 46 34.5	−49 13 06	SR	6.35	10.1	V	44922	170.9	M1IIe−M4IIe
R Lep	31996	05 00 18.7	−14 47 02	M	5.5	11.7	v	42506	427.07	C7,6e(N6e)
ε Aur	31964	05 03 05.1	+43 50 41	EA	2.92	3.83	V	35629	9892	A8Ia−F2epIa + BV
RX Lep	33664	05 12 06.3	−11 49 51	SRb	5.0	7.4	v		60:	M6.2III
AR Aur	34364	05 19 20.2	+33 46 57	EA	6.15	6.82	V	49706.3615	4.135	Ap(Hg−Mn) + B9V
TZ Men	39780	05 27 16.9	−84 46 23	EA	6.19	6.87	V	39190.34	8.569	A1III + B9V:
β Dor	37350	05 33 45.7	−62 28 48	δ Cep	3.46	4.08	V	40905.30	9.843	F4−G4Ia−II
SU Tau	247925	05 49 59.7	+19 04 10	RCB	9.1	16.86	V			G0−1Iep(C1,0Hd)
α Ori	39801	05 56 00.7	+07 24 32	SRc	0.0	1.3	v		2335	M1−M2Ia−Ibe
U Ori	39816	05 56 44.4	+20 10 36	M	4.8	13.0	v	45254	368.3	M6e−M9.5e
SS Aur		06 14 32.8	+47 44 06	UGss	10.3	15.8	v		55.5:	pec(UG)
η Gem	42995	06 15 48.8	+22 30 04	SRa+EA	3.15	3.9	V	37725	232.9	M3IIIab
T Mon	44990	06 26 03.2	+07 04 34	δ Cep	5.58	6.62	V	43784.615	27.025	F7Iab−K1Iab +...
RT Aur	45412	06 29 33.8	+30 28 55	δ Cep	5.00	5.82	V	42361.155	3.728	F4Ib−G1Ib
WW Aur	46052	06 33 27.8	+32 26 33	EA	5.79	6.54	V	41399.305	2.525	A3m: + A3m:
IR Gem		06 48 38.1	+28 03 39	UGsu	11.2	17.0	V		75:	pec(UG)
IS Gem	49380	06 50 41.9	+32 35 16	SRc	6.6	7.3	p		47:	K3II
ζ Gem	52973	07 05 01.6	+20 32 47	δ Cep	3.62	4.18	V	43805.927	10.151	F7Ib−G3Ib
L₂ Pup	56096	07 14 00.7	−44 39 56	SRb	2.6	6.2	v		140.6	M5IIIe−M6IIIe
R CMa	57167	07 20 10.3	−16 25 31	EA	5.70	6.34	V	50015.6841	1.136	F1V
U Mon	59693	07 31 31.8	−09 48 37	RVb	6.1	8.8	p	38496	91.32	F8eVIb−K0pIb(M2)
U Gem	64511	07 56 00.2	+21 57 34	UGss+E	8.6	15.5	v		105.2:	pec(UG) + M4.5V
V Pup	65818	07 58 41.2	−49 17 15	EB	4.35	4.92	V	45367.6063	1.454	B1Vp + B3:
AR Pup		08 03 36.1	−36 38 27	RVb	8.7	10.9	p		74.58	F0I−II−F8I−II
AI Vel	69213	08 14 35.8	−44 37 24	δ Sct	6.15	6.76	V		0.116	A2p−F2pIV/V
Z Cam		08 26 55.5	+73 03 34	UGz	10.0	14.5	v		22:	pec(UG) + G1

Name	HD No.	R.A.	Dec.	Type	Magnitude Min.	Magnitude Max.	Magnitude Type	Epoch 2400000+	Period	Spectral Type
		h m s	° ′ ″						d	
SW UMa		08 37 52.0	+53 25 21	UGsu/dq	9.3	18.49	V		460:	pec(UG)
AK Hya	73844	08 40 36.3	−17 21 33	SRb	6.33	6.91	V		75:	M4III
VZ Cnc	73857	08 41 42.5	+09 46 06	δ Sct	7.18	7.91	V	39897.4246	0.178	A7III−F2III
BZ UMa		08 54 55.7	+57 45 06	UGsu	10.5	17.5	v		97:	pec(UG)
CU Vel		08 59 07.6	−41 51 31	UGsu	10.0	16.83	V		164.7:	
TY Pyx	77137	09 00 22.6	−27 52 39	EA/RS	6.85	7.50	V	43187.2304	3.199	G5 + G5
CV Vel	77464	09 01 07.2	−51 37 00	EA	6.69	7.19	V	42048.6689	6.889	B2.5V + B2.5V
SY Cnc		09 01 55.6	+17 50 15	UGz	10.5	14.1	V		27:	pec(UG) + G
T Pyx		09 05 20.1	−32 26 32	Nr	7.0	15.77	B	39501	7000:	pec(NOVA)
WY Vel	81137	09 22 29.6	−52 37 51	Z And	8.8	10.2	p			M3epIb: + B
IW Car	82085	09 27 15.1	−63 41 53	RVb	7.9	9.6	p	29401	67.5	F7−F8
R Car	82901	09 32 38.0	−62 51 28	M	3.9	10.5	v	42000	308.71	M4e−M8e
S Ant	82610	09 32 59.2	−28 41 48	EW	6.4	6.92	V	46516.428	0.648	A9Vn
W UMa	83950	09 44 50.2	+55 52 51	EW	7.75	8.48	V	51276.3967	0.334	F8Vp + F8Vp
R Leo	84748	09 48 23.4	+11 21 22	M	4.4	11.3	v	44164	309.95	M6e−M8IIIe−...
CH UMa		10 08 11.9	+67 28 14	UG	10.4	15.5	v		204:	pec(UG) + K
S Car	88366	10 09 51.6	−61 37 31	M	4.5	9.9	v	42112	149.49	K5e−M6e
η Car	93309	10 45 39.8	−59 45 58	S Dor	−0.80	7.9	v			pec(E)
VY UMa	92839	10 46 07.5	+67 19 47	Lb	5.87	7.0	V			C6,3(N0)
U Car	95109	10 58 26.4	−59 48 55	δ Cep	5.72	7.02	V	37320.055	38.768	F6−G7Iab
VW UMa	94902	11 00 04.3	+69 54 21	SR	6.85	7.71	V		610	M2
T Leo		11 39 14.5	+03 16 57	UGsu	9.6	16.2	v			pec(UG)
BC UMa		11 53 04.2	+49 09 32	UGsu	10.9	19.37	V			
RU Cen	105578	12 10 12.4	−45 30 45	RV	8.7	10.7	p	28015.51	64.727	A7Ib−G2pe
S Mus	106111	12 13 38.0	−70 14 17	δ Cep	5.89	6.49	V	40299.42	9.660	F6Ib−G0
RY UMa	107397	12 21 11.5	+61 13 25	SRb	6.68	8.3	V		310:	M2−M3IIIe
SS Vir	108105	12 26 02.0	+00 41 02	SRa	6.0	9.6	v	45361	364.14	C6,3e(Ne)
BO Mus	109372	12 35 49.9	−67 50 32	Lb	5.85	6.56	V			M6II−III
R Vir	109914	12 39 17.1	+06 54 13	M	6.1	12.1	v	45872	145.63	M3.5IIIe−M8.5e
R Mus	110311	12 43 02.9	−69 29 32	δ Cep	5.93	6.73	V	26496.288	7.510	F7Ib−G2
UW Cen		12 44 10.4	−54 36 46	RCB	9.1	<14.5	v			K
TX CVn		12 45 26.7	+36 40 46	Z And	9.2	11.8	p			B1−B9Veq +...
SW Vir	114961	13 14 52.3	−02 53 20	SRb	6.40	7.90	V		150:	M7III
FH Vir	115322	13 17 10.8	+06 25 22	SRb	6.92	7.45	V	40740	70:	M6III
V CVn	115898	13 20 08.2	+45 26 45	SRa	6.52	8.56	V	43929	191.89	M4e−M6eIIIa:
R Hya	117287	13 30 33.8	−23 21 40	M	3.5	10.9	v	43596	388.87	M6e−M9eS(TC)
BV Cen		13 32 18.7	−55 03 20	UGss+E	10.7	13.6	v	40264.780	0.610	pec(UG)
T Cen	119090	13 42 39.1	−33 40 31	SRa	5.5	9.0	v	43242	90.44	K0:e−M4II:e
V412Cen	121518	13 58 31.9	−57 47 10	Lb	7.1	9.6	B			M3Iab/b−M7
θ Aps	122250	14 06 53.4	−76 52 14	SRb	6.4	8.6	p		119	M7III
Z Aps		14 08 15.0	−71 26 41	UGz	10.7	12.7	v		19:	
R Cen	124601	14 17 42.1	−59 59 06	M	5.3	11.8	v	41942	505	M4e−M8IIe
δ Lib	132742	15 01 48.2	−08 34 47	EA	4.91	5.90	V	48788.426	2.327	A0IV−V
i Boo	133640	15 04 18.0	+47 35 39	EW	5.8	6.40	V	50945.4898	0.268	G2V + G2V
S Aps		15 10 59.5	−72 07 15	RCB	9.6	15.2	v			C(R3)
GG Lup	135876	15 19 57.7	−40 50 38	EB	5.49	6.0	B	47676.6274	1.850	B7V
τ⁴ Ser	139216	15 37 11.3	+15 03 04	SRb	5.89	7.07	V		100:	M5IIb−IIIa
R CrB	141527	15 49 12.8	+28 06 36	RCB	5.71	14.8	V			C0,0(F8pep)
R Ser	141850	15 51 24.7	+15 05 15	M	5.16	14.4	V	45521	356.41	M5IIIe−M9e
T CrB	143454	16 00 09.1	+25 52 37	Nr	2.0	10.8	v	31860	29000:	M3III + pec(NOVA)

Name		HD No.	R.A.	Dec.	Type	Magnitude			Epoch 2400000+	Period	Spectral Type
						Min.	Max.	Type			
			h m s	° ′ ″						d	
AG	Dra		16 01 46.7	+66 45 37	Z And	8.9	11.8	p	38900	554	K3IIIep
AT	Dra	147232	16 17 31.0	+59 43 04	Lb	6.8	7.5	p			M4IIIa
U	Sco		16 23 24.5	−17 54 50	Nr	8.7	19.3	v	44049		pec(E)
g	Her	148783	16 29 09.1	+41 50 54	SRb	4.3	6.3	v		89.2	M6III
α	Sco	148478	16 30 21.6	−26 27 55	Lc	0.88	1.16	V			M1.5Iab−Ib
R	Ara	149730	16 41 02.4	−57 01 26	EA	6.0	6.9	p	25818.028	4.425	B9IV−V
AH	Her		16 44 48.4	+25 13 22	UGz	10.6	15.2	v		19.8:	pec(UG)
V1010Oph		151676	16 50 20.9	−15 41 38	EB	6.1	7.00	V	50963.757	0.661	A5V
ζ¹	Sco	152236	16 55 05.5	−42 23 11	S Dor:	4.66	4.86	V			B1Iape
RS	Sco	152476	16 56 45.5	−45 07 37	M	6.2	13.0	v	44676	319.91	M5e−M9
V861	Sco	152667	16 57 40.9	−40 50 49	EB	6.07	6.40	V	43704.21	7.848	B0.5Iae
α¹	Her	156014	17 15 21.3	+14 22 25	SRc	2.74	4.0	V			M5Ib−II
VW	Dra	156947	17 16 40.8	+60 39 16	SRd:	6.0	7.0	v		170:	K1.5IIIb
U	Oph	156247	17 17 18.9	+01 11 40	EA	5.84	6.56	V	52066.758	1.677	B5V + B5V
u	Her	156633	17 17 54.0	+33 05 03	EA	4.69	5.37	V	48852.367	2.051	B1.5Vp + B5III
RY	Ara		17 22 17.6	−51 08 06	RV	9.2	12.1	p	30220	143.5	G5−K0
BM	Sco	160371	17 41 59.2	−32 13 17	SRd	6.8	8.7	p		815:	K2.5Ib
V703	Sco	160589	17 43 17.6	−32 31 47	δ Sct	7.58	8.04	V	42979.3923	0.115	A9−G0
X	Sgr	161592	17 48 32.2	−27 50 07	δ Cep	4.20	4.90	V	40741.70	7.013	F5−G2II
RS	Oph	162214	17 51 03.3	−06 42 41	Nr	4.3	12.5	v	39791		Ob + M2ep
V539	Ara	161783	17 51 44.1	−53 36 57	EA	5.66	6.18	V	48016.7171	3.169	B2V + B3V
OP	Her	163990	17 57 15.3	+45 20 59	SRb	5.85	6.73	V	41196	120.5	M5IIb−IIIa(S)
W	Sgr	164975	18 06 00.6	−29 34 41	δ Cep	4.29	5.14	V	43374.77	7.595	F4−G2Ib
VX	Sgr	165674	18 09 00.2	−22 13 15	SRc	6.52	14.0	V	36493	732	M4eIa−M10eIa
RS	Sgr	167647	18 18 37.9	−34 06 02	EA	6.01	6.97	V	20586.387	2.416	B3IV−V + A
RS	Tel		18 20 00.6	−46 32 27	RCB	9.0	<14.0	v			C(R0)
Y	Sgr	168608	18 22 17.7	−18 51 07	δ Cep	5.25	6.24	V	40762.38	5.773	F5−G0Ib−II
AC	Her	170756	18 30 55.7	+21 52 42	RVa	6.85	9.0	V	35097.8	75.01	F2PIb−K4e(C0.0)
T	Lyr		18 32 52.3	+37 00 40	Lb	7.84	9.6	V			C6,5(R6)
XY	Lyr	172380	18 38 37.2	+39 40 58	Lc	5.80	6.35	V			M4−5Ib−II
X	Oph	172171	18 39 05.6	+08 50 55	M	5.9	9.2	v	44729	328.85	M5e−M9e
R	Sct	173819	18 48 18.6	−05 41 15	RVa	4.2	8.6	v	44872	146.5	G0Iae−K2p(M3)Ibe
V	CrA	173539	18 48 35.9	−38 08 28	RCB	8.3	<16.5	v			C(r0)
β	Lyr	174638	18 50 39.1	+33 22 53	EB	3.25	4.36	V	52652.486	12.941	B8II−IIIep
FN	Sgr		18 54 49.4	−18 58 27	Z And	9	13.9	p			pec(E)
R	Lyr	175865	18 55 48.4	+43 58 02	SRb	3.88	5.0	V		46:	M5III
κ	Pav	174694	18 58 32.4	−67 12 43	CWa	3.91	4.78	V	40140.167	9.094	F5−G5I−II
FF	Aql	176155	18 58 56.1	+17 22 58	δ Cep	5.18	5.68	V	41576.428	4.471	F5Ia−F8Ia
MT	Tel	176387	19 03 20.9	−46 37 50	RRc	8.68	9.28	V	42206.350	0.317	A0W
R	Aql	177940	19 07 07.0	+08 15 16	M	5.5	12.0	v	43458	270	M5e−M9e
RY	Sgr	180093	19 17 33.4	−33 29 38	RCB	5.8	14.0	v			G0Iaep(C1,0)
RS	Vul	180939	19 18 19.6	+22 28 12	EA	6.79	7.83	V	32808.257	4.478	B4V + A2IV
U	Sge	181182	19 19 29.1	+19 38 23	EA	6.45	9.28	V	17130.4114	3.381	B8V + G2III−IV
UX	Dra	183556	19 21 01.8	+76 35 22	SRa:	5.94	7.1	V		168	C7,3(N0)
BF	Cyg		19 24 30.1	+29 42 21	Z And	9.3	13.4	p			Bep + M5III
CH	Cyg	182917	19 24 57.5	+50 16 21	Z And+SR	5.3	10.6	v			M7IIIab + Be
RR	Lyr	182989	19 25 57.6	+42 48 54	RRab	7.06	8.12	V	55751.4711	0.568	A5.0−F7.0
CI	Cyg		19 50 46.3	+35 43 27	Z And+EA	9.9	13.1	p	11902	855.25	Bep + M5III
χ	Cyg	187796	19 51 09.7	+32 57 14	M	3.3	14.2	v	42140	408.05	S6,2e−S10,4e(MSe)
η	Aql	187929	19 53 15.7	+01 02 47	δ Cep	3.48	4.39	V	36084.656	7.177	F6Ib−G4Ib

Name	HD No.	R.A.	Dec.	Type	Magnitude Min.	Magnitude Max.	Magnitude Type	Epoch 2400000+	Period	Spectral Type
		h m s	° ′ ″						d	
V449Cyg	188344	19 53 56.3	+33 59 29	Lb	7.4	9.07	B			M1−M4
V505Sgr	187949	19 53 58.8	−14 33 45	EA	6.46	7.51	V	50999.3118	1.183	A2V + F6:
S Sge	188727	19 56 43.5	+16 40 36	δ Cep	5.24	6.04	V	42678.792	8.382	F6Ib−G5Ib
RR Sgr	188378	19 56 54.2	−29 08 53	M	5.4	14.0	v	40809	336.33	M4e−M9e
RR Tel		20 05 32.2	−55 40 52	Nc	6.5	16.5	p			pec
WZ Sge		20 08 17.7	+17 45 01	UGwz/DQ	7.8	15.8	v		11900:	DAep(UG)
P Cyg	193237	20 18 21.5	+38 04 54	S Dor	3	6	v			B1IApeq
V Sge		20 20 55.2	+21 09 08	E+NL	8.6	13.9	v	37889.9154	0.514	pec(CONT + e)
EU Del	196610	20 38 37.2	+18 19 26	SRb	5.79	6.9	V	41156	59.7	M6.4III
AE Aqr		20 40 57.1	−00 48 55	NL/DQ	10.4	12.2	v			K2Ve +...
X Cyg	197572	20 44 00.6	+35 38 40	δ Cep	5.85	6.91	V	43830.387	16.386	F7Ib−G8Ib
T Vul	198726	20 52 07.8	+28 18 33	δ Cep	5.41	6.09	V	41705.121	4.435	F5Ib−G0Ib
T Cep	202012	21 09 43.7	+68 33 15	M	5.2	11.3	v	44177	388.14	M5.5e−M8.8e
VY Aqr		21 12 59.1	−08 45 46	UGwz	10.0	17.38	V	17796		
W Cyg	205730	21 36 37.9	+45 26 40	SRb	6.80	8.9	B		131.1	M4e−M6e(TC:)III
EE Peg	206155	21 40 47.7	+09 15 20	EA	6.93	7.51	V	45563.8916	2.628	A3MV + F5
V460Cyg	206570	21 42 40.4	+35 34 53	SRb	5.57	7.0	V		180:	C6,4(N1)
SS Cyg	206697	21 43 19.5	+43 39 27	UGss	7.7	12.4	v		49.5:	K5V + pec(UG)
μ Cep	206936	21 43 59.0	+58 51 05	SRc	3.43	5.1	V		730	M2eIa
RS Gru	206379	21 44 04.7	−48 07 05	δ Sct	7.92	8.51	V	34325.2931	0.147	A6−A9IV−F0
AG Peg	207757	21 51 47.2	+12 41 55	Nc	6.0	9.4	v			WN6 + M3III
VV Cep	208816	21 57 05.4	+63 41 59	EA+SRc	4.80	5.36	V	43360	7430	M2epIa−...
AR Lac	210334	22 09 18.5	+45 49 08	EA/RS	6.08	6.77	V	49292.3444	1.983	G2IV−V + K0IV
RU Peg		22 14 48.2	+12 46 54	UGss	9.5	13.6	v		74.3:	pec(UG) + G8IVn
π¹ Gru	212087	22 23 40.7	−45 52 09	SRb	5.41	6.70	V		150:	S5,7e
δ Cep	213306	22 29 45.0	+58 29 41	δ Cep	3.48	4.37	V	36075.445	5.366	F5Ib−G1Ib
ER Aqr	218074	23 06 15.3	−22 24 11	Lb	7.14	7.81	V			M3
Z And	221650	23 34 24.9	+48 54 14	Z And	8.0	12.4	p			M2III + B1eq
R Aqr	222800	23 44 37.5	−15 11 55	M	5.8	12.4	v	42398	386.96	M5e−M8.5e + pec
TX Psc	223075	23 47 11.1	+03 34 22	Lb	4.79	5.20	V			C7,2(N0)(TC)
SX Phe	223065	23 47 22.0	−41 29 58	SX Phe	6.76	7.53	V	38636.6170	0.055	A5−F4

Notes to Table

E	eclipsing	δ Sct	δ Scuti type
EA	eclipsing, Algol type	SR	semi-regular, long period variable
EB	eclipsing, β Lyrae type	SRa	semi-regular, late spectral class, strong periodicities
EW	eclipsing, W Ursae Maj type	SRb	semi-regular, late spectral class, weak periodicities
δ Cep	cepheid, classical type	SRc	semi-regular supergiant of late spectral class
CWa	cepheid, W Vir type (period > 8 days)	SRd	semi-regular giant or supergiant, spectrum F, G, or K
DQ	DQ Herculis type	UG	U Gem type dwarf nova
Lb	slow irregular variable	UGss	U Gem type dwarf nova (SS Cygni subtype)
Lc	irregular supergiant (late spectral type)	UGsu	U Gem type dwarf nova (SU Ursae Majoris subtype)
M	Mira type long period variable	UGwz	U Gem type dwarf nova (WZ Sagittae subtype)
Nc	very slow nova	UGz	U Gem type dwarf nova (Z Camelopardalis subtype)
NL	nova-like variable	Z And	Z And type symbiotic star
Nr	recurrent nova	RRab	RR Lyrae variable (asymmetric light curves)
RS	RS Canum Venaticorum type	RRc	RR Lyrae variable (symmetric sinusoidal light curves)
RV	RV Tauri type	RCB	R Coronae Borealis variable
RVa	RV Tauri type (constant mean brightness)	S Dor	S Doradus variable
RVb	RV Tauri type (varying mean brightness)	SX Phe	SX Phoenicis variable
p	photographic magnitude	V	photoelectric magnitude, visual filter
v	visual magnitude	B	photoelectric magnitude, blue filter
:	uncertainty in period or spectral type	<	fainter than the magnitude indicated
...	full spectral type given in Section L		

HD No.	Star Name	R.A.	Dec.	V	B–V	[Fe/H]	Exoplanet	Period[1]	e[2]	Epoch[3]_P 2440000+
		h m s	o ′ ″					d		
	WASP-8	00 00 23.9	−34 56 42	9.79	0.73	+0.1700	WASP-8 b	8.158715	0.310	14675.429
142		00 07 07.0	−48 59 21	5.70	0.52	+0.0998	HD 142 b	350.3	0.260	11963
1237	GJ3021	00 16 54.6	−79 45 55	6.59	0.75	+0.1200	HD 1237 b	133.71001	0.511	11545.86
1461		00 19 29.7	−07 58 03	6.60	0.67	+0.1800	HD 1461 b	5.7727	0.140	10366.519
3651	54 Psc	00 40 10.4	+21 20 02	5.88	0.85	+0.1645	HD 3651 b	62.218	0.596	13932.6
4208		00 45 12.7	−26 25 49	7.78	0.66	−0.2842	HD 4208 b	828	0.052	11040
4308		00 45 18.4	−65 34 05	6.55	0.65	−0.3100	HD 4308 b	15.56	0	13314.7
5388		00 55 54.0	−47 19 23	6.84	0.50	−0.2700	HD 5388 b	777	0.400	14570
6434		01 05 22.8	−39 24 28	7.72	0.61	−0.5200	HD 6434 b	21.997999	0.170	11490.8
7449		01 15 16.2	−04 57 59	7.50	0.57	−0.1100	HD 7449 b	1275	0.820	15298
7924		01 23 17.7	+76 47 27	7.18	0.83	−0.1500	HD 7924 b	5.3978	0.170	14727.27
8535		01 24 18.5	−41 11 22	7.72	0.55	+0.0600	HD 8535 b	1313	0.150	14537
8574		01 26 04.6	+28 38 47	7.12	0.58	−0.0089	HD 8574 b	227	0.297	13981
9826	υ And	01 37 42.8	+41 28 57	4.10	0.54	+0.1530	υ And b	4.6171363	0.013	14425.017
9826	υ And	01 37 42.8	+41 28 57	4.10	0.54	+0.1530	υ And c	241.33335	0.224	14265.567
9826	υ And	01 37 42.8	+41 28 57	4.10	0.54	+0.1530	υ And d	1278.1218	0.267	13937.728
10069	WASP-18	01 38 04.0	−45 35 57	9.39	0.49		WASP-18 b	0.9414529	0.009	14664.429
10180		01 38 26.0	−60 25 59	7.33	0.63	+0.0800	HD 10180 b	1.17768	0.065	13999.513
10180		01 38 26.0	−60 25 59	7.33	0.63	+0.0800	HD 10180 c	5.75962	0.077	14001.496
10180		01 38 26.0	−60 25 59	7.33	0.63	+0.0800	HD 10180 d	16.3567	0.143	14005.38
10180		01 38 26.0	−60 25 59	7.33	0.63	+0.0800	HD 10180 e	49.747	0.065	14008.788
10180		01 38 26.0	−60 25 59	7.33	0.63	+0.0800	HD 10180 f	12272	0.133	14027.553
10180		01 38 26.0	−60 25 59	7.33	0.63	+0.0800	HD 10180 g	602	0	14042.585
10180		01 38 26.0	−60 25 59	7.33	0.63	+0.0800	HD 10180 h	2248	0.151	13619.174
10647		01 43 05.0	−53 39 49	5.52	0.55	−0.0776	HD 10647 b	1003	0.160	10960
10697	109 Psc	01 43 05.0	−53 39 49	6.27	0.72	+0.1940	HD 10697 b	1075.2	0.099	11480
11977		01 55 19.8	−67 34 17	4.70	0.93	−0.2100	HD 11977 b	711	0.400	11420
11964		01 57 55.1	−10 10 06	6.42	0.82	+0.1216	HD 11964 b	1944.5898	0.041	14170.722
11964		01 57 55.1	−10 10 06	6.42	0.82	+0.1216	HD 11964 c	37.910254	0.302	14366.648
12661		02 05 26.9	+25 29 14	7.43	0.71	+0.3623	HD 12661 b	262.70861	0.377	14152.755
12661		02 05 26.9	+25 29 14	7.43	0.71	+0.3623	HD 12661 c	1707.8812	0.031	16153.417
12929	α Ari	02 08 03.0	+23 32 06	2.00	1.16	−0.0900	α Ari b	380	0.250	11213.52
13189		02 10 34.9	+32 23 21	7.56	1.48	−0.5800	HD 13189 b	471.6	0.270	12327.9
13445	GJ 86	02 11 03.3	−50 44 54	6.12	0.81	−0.2679	GJ 86 b	15.76491	0.042	11903.36
13931		02 17 46.4	+43 50 36	7.61	0.64	+0.0300	HD 13931 b	4218	0.020	14494
15082	WASP-33	02 27 48.3	+37 37 10	8.30	0.09	+0.1000	WASP-33 b	1.219870	0	14590.179
16141	79 Cet	02 36 06.6	−03 29 43	6.83	0.67	+0.1703	HD 16141 b	75.523	0.252	10338
16417		02 37 37.2	−34 30 44	5.78	0.67	+0.0700	HD 16417 b	17.24	0.200	10099.74
16232	30 Ari B	02 37 51.6	+24 42 53	7.09	0.51	+0.1500	30 Ari B b	335.1	0.289	14538
16175		02 38 01.4	+42 07 45	7.29	0.63	+0.3900	HD 16175 b	990	0.600	13810
16400	81 Cet	02 38 28.7	−03 19 47	5.65	1.02	−0.0600	81 Cet b	952.7	0.206	12486
17051	ι Hor	02 43 05.1	−50 44 02	5.40	0.56	+0.1113	ι Hor b	302.8	0.140	11227
17092		02 47 26.1	+49 43 03	7.74	1.26	+0.1800	HD 17092 b	359.89999	0.166	12969.5
17156		02 51 15.1	+71 49 00	8.17	0.64	+0.2400	HD 17156 b	21.21663	0.682	14757.008
19994		03 13 34.0	−01 08 20	5.07	0.57	+0.1865	HD 19994 b	466.2	0.266	13757
20794		03 20 32.8	−43 00 41	4.26	0.71	−0.4000	HD 20794 b	18.315	0	14774.806
20794		03 20 32.8	−43 00 41	4.26	0.71	−0.4000	HD 20794 c	40.114	0	14766.756
20794		03 20 32.8	−43 00 41	4.26	0.71	−0.4000	HD 20794 d	90.309	0	14779.34
20782		03 20 42.9	−28 47 56	7.36	0.63	−0.0510	HD 20782 b	585.85999	0.925	11687.1
22049	ε Eri	03 33 39.7	−09 24 24	3.72	0.88	−0.0309	ε Eri b	2500	0.250	8940

HD No.	Star Name	R.A.	Dec.	V	B−V	[Fe/H]	Exoplanet	Period[1]	e^2	Epoch[3]$_P$ 2440000+
		h m s	° ′ ″					d		
23079		03 40 08.0	−52 52 00	7.12	0.58	−0.1497	HD 23079 b	730.6	0.102	10492
23596		03 49 03.0	+40 34 39	7.25	0.63	+0.2179	HD 23596 b	1561	0.266	13162
24040		03 51 16.3	+17 31 17	7.50	0.65	+0.2063	HD 24040 b	3403.6224	0.068	10733.323
25171		03 55 59.1	−65 08 31	7.79	0.55	−0.1100	HD 25171 b	1845	0.080	15301
27442	ε Ret	04 16 45.2	−59 15 55	4.44	1.08	+0.4198	ε Ret b	428.1	0.060	10836
	XO-3	04 23 10.4	+57 51 10	9.91	0.40	−0.1770	XO-3 b	3.1915426	0.288	14024.728
28254		04 25 15.2	−50 35 17	7.71	0.77	+0.3600	HD 28254 b	1116	0.810	14049
28305	ε Tau	04 29 31.4	+19 12 49	3.53	1.01	+0.1700	ε Tau b	594.90002	0.151	12879
30562		04 49 22.4	−05 38 56	5.77	0.63	+0.2600	HD 30562 b	1157	0.760	10131.5
31253		04 55 35.8	+12 22 34	7.13	0.58	+0.1600	HD 31253 b	466	0.300	10660
32518		05 11 19.1	+69 39 27	6.44	1.11	−0.1500	HD 32518 b	157.54	0.010	12950.29
33636		05 12 35.9	+04 25 15	7.00	0.59	−0.1256	HD 33636 b	2127.7	0.481	11205.8
34445		05 18 31.3	+07 22 06	7.31	0.62	+0.1400	HD 34445 b	1049	0.270	13781
33564		05 25 08.4	+79 14 43	5.08	0.51	−0.1200	HD 33564 b	388	0.340	12603
39091	π Men	05 35 56.9	−80 27 21	5.65	0.60	+0.0483	HD 39091 b	2151	0.641	7820
38283		05 36 39.8	−73 41 28	6.70	0.56	−0.1200	HD 38283 b	363.2	0.410	10802.6
37124		05 37 57.9	+20 44 15	7.68	0.67	−0.4416	HD 37124 b	154.378	0.054	10305
37124		05 37 57.9	+20 44 15	7.68	0.67	−0.4416	HD 37124 c	885.5	0.125	9534
37124		05 37 57.9	+20 44 15	7.68	0.67	−0.4416	HD 37124 d	1862	0.160	8858
38529		05 47 22.9	+01 10 21	5.95	0.77	+0.4451	HD 38529 b	14.310195	0.244	14384.815
38529		05 47 22.9	+01 10 21	5.95	0.77	+0.4451	HD 38529 c	2146.0503	0.355	12255.921
40307		05 54 15.9	−60 01 18	7.17	0.92	−0.3100	HD 40307 b	4.3115	0	14562.77
40307		05 54 15.9	−60 01 18	7.17	0.92	−0.3100	HD 40307 c	9.62	0	14551.53
40307		05 54 15.9	−60 01 18	7.17	0.92	−0.3100	HD 40307 d	20.46	0	14532.42
40979		06 05 37.9	+44 15 28	6.74	0.57	+0.1683	HD 40979 b	264.15	0.252	13919
44219		06 20 58.2	−10 43 58	7.69	0.69	+0.0300	HD 44219 b	472.3	0.610	14585.6
45410	6 Lyn	06 32 07.7	+58 08 58	5.86	0.93	−0.1300	6 Lyn b	874.774	0.059	14024.5
47186		06 36 45.8	−27 38 14	7.60	0.71	+0.2300	HD 47186 b	4.0845	0.038	14566.95
47186		06 36 45.8	−27 38 14	7.60	0.71	+0.2300	HD 47186 c	1353.6	0.249	12010
47205		06 37 21.6	−19 16 12	3.95	1.06	+0.2100	7 CMa b	763	0.140	15520
50499		06 52 36.0	−33 56 05	7.21	0.61	+0.3352	HD 50499 b	2457.8717	0.254	11220.052
50554		06 55 39.5	+24 13 28	6.84	0.58	−0.0658	HD 50554 b	1224	0.444	10646
52265		07 01 03.7	−05 23 22	6.29	0.57	+0.1933	HD 52265 b	119.29	0.325	10833.7
60532		07 34 43.0	−22 19 49	4.45	0.52	−0.2600	HD 60532 b	201.3	0.280	13987
60532		07 34 43.0	−22 19 49	4.45	0.52	−0.2600	HD 60532 c	604	0.020	13732
62509	Pollux	07 46 15.7	+27 59 15	1.15	1.00	+0.1900	β Gem b	589.64001	0.020	7739.02
69830		08 19 08.1	−12 41 08	5.95	0.79	−0.0604	HD 69830 b	197	0.100	13496.8
69830		08 19 08.1	−12 41 08	5.95	0.79	−0.0604	HD 69830 c	31.559999	0.130	13469.6
69830		08 19 08.1	−12 41 08	5.95	0.79	−0.0604	HD 69830 d	8.6669998	0.070	13358
70642		08 22 01.5	−39 45 16	7.17	0.69	+0.1642	HD 70642 b	2068	0.034	11350
72659		08 34 50.3	−01 37 21	7.46	0.61	−0.0045	HD 72659 b	3658	0.220	15351
73108	4 UMa	08 41 33.2	+64 16 20	5.79	1.20	−0.2500	4 UMa b	269.29999	0.432	12987.394
74156		08 43 14.1	+04 31 15	7.61	0.58	+0.1308	HD 74156 b	51.638	0.630	10793
74156		08 43 14.1	+04 31 15	7.61	0.58	+0.1308	HD 74156 c	2520	0.380	8416
75289		08 48 14.3	−41 47 44	6.35	0.58	+0.2166	HD 75289 b	3.509267	0.034	10830.34
75732	55 Cnc	08 53 31.0	+28 16 14	5.96	0.87	+0.3145	55 Cnc b	14.651262	0.016	7572.031
75732	55 Cnc	08 53 31.0	+28 16 14	5.96	0.87	+0.3145	55 Cnc c	44.37871	0.053	7547.525
75732	55 Cnc	08 53 31.0	+28 16 14	5.96	0.87	+0.3145	55 Cnc d	5371.8207	0.063	6862.308
75732	55 Cnc	08 53 31.0	+28 16 14	5.96	0.87	+0.3145	55 Cnc e	0.736543	0.057	15568.156
75732	55 Cnc	08 53 31.0	+28 16 14	5.96	0.87	+0.3145	55 Cnc f	260.6694	0	7488.015

HD No.	Star Name	R.A.	Dec.	V	B–V	[Fe/H]	Exoplanet	Period[1]	e[2]	Epoch[3]$_P$ 2440000+
		h m s	° ′ ″					d		
80606		09 23 41.2	+50 32 13	9.06	0.76	+0.3425	HD 80606 b	111.4367	0.934	14424.857
81040		09 24 39.4	+20 17 51	7.72	0.68	−0.1600	HD 81040 b	1001.7	0.526	12504
81688		09 29 40.6	+45 31 58	5.40	0.99	−0.3590	HD 81688 b	184.02	0	12335.4
82943		09 35 35.8	−12 12 00	6.54	0.62	+0.2654	HD 82943 b	441.2	0.219	10931.41
82943		09 35 35.8	−12 12 00	6.54	0.62	+0.2654	HD 82943 c	219.5	0.359	10969.868
82886		09 36 41.3	+34 42 39	7.78	0.86	−0.3100	HD 82886 b	705	0	15200
85512		09 51 44.9	−43 34 40	7.67	1.16	−0.3300	HD 85512 b	58.43	0.110	15250.015
86264		09 57 42.5	−15 58 11	7.42	0.46	+0.2560	HD 86264 b	1475	0.700	15172
87883		10 09 37.3	+34 09 56	7.57	0.96	+0.0700	HD 87883 b	2754	0.530	11139
89307		10 19 10.6	+12 32 35	7.02	0.59	−0.1592	HD 89307 b	2166	0.200	12346.4
89484	γ Leo A	10 20 49.6	+19 45 44	2.12	1.08	−0.4900	γ Leo A b	428.5	0.144	11236
89744		10 23 05.5	+41 09 01	5.73	0.53	+0.2648	HD 89744 b	256.78	0.673	11505.5
233731		10 23 41.4	+50 03 00	9.73	0.86	+0.2400	HAT-P-22 b	3.21222	0.016	14930.794
90043	24 Sex	10 24 16.0	−00 58 52	6.61	0.92	−0.0300	24 Sex b	455.2	0.184	14758
90043	24 Sex	10 24 16.0	−00 58 52	6.61	0.92	−0.0300	24 Sex c	910	0.412	14941
90156		10 24 38.1	−29 43 26	6.92	0.66	−0.2400	HD 90156 b	49.77	0.310	14775.1
92788		10 43 35.9	−02 15 58	7.31	0.69	+0.3179	HD 92788 b	325.81	0.334	10759.2
95128	47 UMa	11 00 19.8	+40 20 50	5.03	0.62	+0.0431	47 UMa c	2391	0.098	12441
95128	47 UMa	11 00 19.8	+40 20 50	5.03	0.62	+0.0431	47 UMa b	1078	0.032	11917
96127		11 06 38.3	+44 13 03	7.43	1.50	−0.2400	HD 96127 b	647.3	0.300	13969.4
97685		11 15 22.6	+25 37 33	7.76	0.84	−0.2300	HD 97658 b	9.494	0	15375.01
99492	83 Leo B	11 27 33.3	+02 55 18	7.58	1.00	+0.3623	HD 99492 b	17.0431	0.254	10468.7
100655		11 35 52.2	+20 21 21	6.45	1.01	+0.1500	HD 100655 b	157.57	0.085	13072.4
102117		11 45 35.8	−58 47 24	7.47	0.72	+0.2952	HD 102117 b	20.8133	0.121	10942.2
102365		11 47 15.6	−40 35 05	4.89	0.68	−0.2600	HD 102365 b	122.1	0.340	10129
104985		12 06 01.3	+76 49 09	5.78	1.03	−0.3500	HD 104985 b	199.505	0.090	11927.5
106252		12 14 17.0	+09 57 16	7.41	0.63	−0.0763	HD 106252 b	1531	0.482	13397.5
106270		12 14 25.1	−09 35 59	7.73	0.74	+0.0800	HD 106270 b	2890	0.402	14830
107383	11 Com	12 21 30.0	+17 42 26	4.78	0.99	−0.3500	11 Com b	326.03	0.231	12899.6
108147		12 26 38.4	−64 06 29	6.99	0.54	+0.0868	HD 108147 b	10.8985	0.530	10828.86
111232		12 49 50.7	−68 30 32	7.59	0.70	−0.3600	HD 111232 b	1143	0.200	11230
114762		13 13 04.7	+17 26 06	7.30	0.52	−0.6531	HD 114762 b	83.9151	0.335	9889.106
114783		13 13 31.6	−02 20 49	7.56	0.93	+0.1165	HD 114783 b	493.7	0.144	13806
114729		13 13 35.7	−31 57 24	6.68	0.59	−0.2617	HD 114729 b	1114	0.167	10520
115617	61 Vir	13 19 13.1	−18 23 49	4.87	0.71	+0.0500	61 Vir b	4.215	0.120	13367.222
115617	61 Vir	13 19 13.1	−18 23 49	4.87	0.71	+0.0500	61 Vir c	38.021	0.140	13350.472
115617	61 Vir	13 19 13.1	−18 23 49	4.87	0.71	+0.0500	61 Vir d	123.01	0.350	13350.031
117176	70 Vir	13 29 11.3	+13 41 47	4.97	0.71	−0.0123	70 Vir b	116.6884	0.401	7239.82
117207		13 30 14.2	−35 39 04	7.26	0.72	+0.2661	HD 117207 b	2597	0.144	10630
117618		13 33 22.1	−47 21 04	7.17	0.60	+0.0027	HD 117618 b	25.827	0.420	10832.2
120136	τ Boo	13 47 59.9	+17 22 49	4.50	0.51	+0.2336	τ Boo b	3.312433	0	1562.108
121504		13 58 19.6	−56 06 56	7.54	0.59	+0.1600	HD 121504 b	63.330002	0.030	11450
	WASP-14	14 33 48.9	+21 49 37	9.75	0.46	0.0000	WASP-14 b	2.243752	0.091	14462.33
128311		14 36 46.2	+09 40 43	7.48	0.97	+0.2048	HD 128311 b	454.2	0.345	13835
128311		14 36 46.2	+09 40 43	7.48	0.97	+0.2048	HD 128311 c	923.8	0.230	16987
134987		15 14 23.2	−25 22 01	6.47	0.69	+0.2792	HD 134987 b	258.18	0.233	10071
134987		15 14 23.2	−25 22 01	6.47	0.69	+0.2792	HD 134987 c	5000	0.120	11100
136726	11 UMi	15 17 05.8	+71 46 04	5.02	1.39	+0.0400	11 UMi b	516.22	0.080	12861.04
136118		15 19 43.5	−01 38 53	6.93	0.55	−0.0502	HD 136118 b	1187.3	0.338	12999.5
137759	ι Dra	15 25 16.6	+58 54 44	3.29	1.17	0.0000	ι Dra b	511.098	0.712	12014.59

HD No.	Star Name	R.A.	Dec.	V	$B-V$	[Fe/H]	Exoplanet	Period[1]	e^2	Epoch[3]$_P$ 2440000+
		h m s	° ′ ″					d		
137510		15 26 35.1	+19 25 37	6.26	0.62	+0.3729	HD 137510 b	801.3	0.399	14187.8
139357		15 35 40.9	+53 52 17	5.98	1.19	−0.1300	HD 139357 b	1125.7	0.100	12466.7
142091	κ CrB	15 51 49.0	+35 36 36	4.79	1.00	+0.1500	κ CrB b	1261.94	0.044	13909.2
141937		15 53 11.2	−18 28 53	7.25	0.63	+0.1286	HD 141937 b	653.21997	0.410	11847.38
142245		15 53 39.0	+15 23 07	7.63	1.04	+0.2300	HD 142245 b	1299	0	14760
142415		15 58 59.4	−60 14 40	7.33	0.62	+0.0880	HD 142415 b	386.29999	0.500	11519
143761	ρ CrB	16 01 38.3	+33 15 27	5.39	0.61	−0.1990	ρ CrB b	39.8449	0.057	10563.2
145457		16 10 42.3	+26 42 12	6.57	1.04	−0.1400	HD 145457 b	176.3	0.112	13518
145675	14 Her	16 10 54.5	+43 46 36	6.61	0.88	+0.4599	14 Her b	1773.4	0.369	11372.7
142022		16 14 02.5	−84 16 15	7.70	0.79	+0.1900	HD 142022 b	1928	0.530	10941
146389	WASP-38	16 16 34.7	+09 59 41	9.48	0.48	−0.1200	WASP-38 b	6.871814	0.031	15333.964
147506	HAT-P-2	16 21 07.6	+41 00 42	8.71	0.41	+0.1400	HAT-P-2 b	5.6334729	0.517	14388.077
147513		16 25 04.5	−39 13 40	5.37	0.63	+0.0892	HD 147513 b	528.40002	0.260	11123
148427		16 29 20.3	−13 25 59	6.89	0.93	+0.1700	HD 148427 b	331.5	0.160	13991
148156		16 29 25.0	−46 21 03	7.69	0.56	+0.2900	HD 148156 b	1027	0.520	14707
150706		16 30 19.6	+79 45 24	7.03	0.57	−0.0100	HD 150706 b	5894	0.308	18179
149026		16 31 02.0	+38 18 53	8.16	0.61	+0.3600	HD 149026 b	2.8758911	0	13317.838
154345		17 03 02.7	+47 03 51	6.76	0.73	−0.1049	HD 154345 b	3341.5588	0.044	12831.223
153950		17 05 37.7	−43 19 51	7.39	0.56	−0.0100	HD 153950 b	499.4	0.340	14502
155358		17 10 08.7	+33 20 10	7.28	0.55	−0.6800	HD 155358 b	194.3	0.170	11224.8
155358		17 10 08.7	+33 20 10	7.28	0.55	−0.6800	HD 155358 c	391.9	0.160	15345.4
154857		17 12 34.4	−56 41 56	7.24	0.65	−0.2200	HD 154857 b	409	0.470	10346
	HAT-P-14	17 20 59.5	+38 13 39	9.98	0.42	+0.1100	HAT-P-14 b	4.627669	0.107	14875.331
156411		17 21 02.1	−48 33 54	6.67	0.61	−0.1200	HD 156411 b	842.2	0.220	14356
156846		17 21 29.0	−19 20 56	6.50	0.58	+0.2200	HD 156846 b	359.51001	0.847	13998.09
158038		17 26 22.6	+27 17 25	7.64	1.04	+0.2800	HD 158038 b	521	0.291	15491
159868		17 40 06.2	−43 09 14	7.24	0.72	0.0000	HD 159868 b	1178.4	0.010	13435
159868		17 40 06.2	−43 09 14	7.24	0.72	0.0000	HD 159868 c	352.3	0.150	13239
160691	μ Ara	17 45 22.6	−51 50 26	5.12	0.69	+0.2929	μ Ara b	643.25	0.128	12365.6
160691	μ Ara	17 45 22.6	−51 50 26	5.12	0.69	+0.2929	μ Ara c	9.6386	0.172	12991.1
160691	μ Ara	17 45 22.6	−51 50 26	5.12	0.69	+0.2929	μ Ara d	310.54999	0.067	12708.7
160691	μ Ara	17 45 22.6	−51 50 26	5.12	0.69	+0.2929	μ Ara e	4205.8	0.099	12955.2
164922		18 03 08.7	+26 18 41	7.01	0.80	+0.1701	HD 164922 b	1155	0.050	11100
167042		18 10 50.7	+54 17 30	5.97	0.94	+0.0500	HD 167042 b	420.77	0.089	14230.1
168443		18 20 55.0	−09 35 20	6.92	0.72	+0.0400	HD 168443 b	58.11247	0.529	15626.199
168443		18 20 55.0	−09 35 20	6.92	0.72	+0.0400	HD 168443 c	1749.83	0.211	15599.9
170693	42 Dra	18 26 01.8	+65 34 23	4.83	1.19	−0.4600	42 Dra b	479.1	0.380	12757.4
169830		18 28 48.9	−29 48 22	5.90	0.52	+0.1530	HD 169830 b	225.62	0.310	11923
169830		18 28 48.9	−29 48 22	5.90	0.52	+0.1530	HD 169830 c	2102	0.330	12516
173416		18 44 08.7	+36 34 24	6.06	1.03	−0.2200	HD 173416 b	323.6	0.210	13465.8
177830		19 05 58.7	+25 56 41	7.18	1.09	+0.5453	HD 177830 b	410.1	0.096	10254
		19 08 19.6	+46 53 37	9.95	0.21	0.0000	KOI-13 b	1.7637	0	15138.744
179070		19 09 58.7	+38 44 24	8.25	0.52	−0.1500	Kepler-21 b	2.785755	0	15093.8
180314		19 15 25.7	+31 53 18	6.61	1.00	+0.2000	HD 180314 b	396.03	0.257	13565.9
179949		19 16 29.8	−24 09 06	6.25	0.55	+0.1369	HD 179949 b	3.092514	0.022	11002.36
180902		19 20 13.9	−23 31 44	7.78	0.94	+0.0400	HD 180902 b	479	0.091	14858.291
185269		19 37 49.1	+28 32 06	6.67	0.61	−0.0250	HD 185269 b	6.8378503	0.296	13154.089
186427	16 Cyg B	19 42 16.7	+50 33 14	6.25	0.66	+0.0375	16 Cyg B b	798.5	0.681	6549.1
187085		19 50 35.9	−37 44 28	7.22	0.57	+0.0882	HD 187085 b	986	0.470	10912
	HAT-P-11	19 51 17.7	+48 07 19	9.58	1.02	+0.3100	HAT-P-11 b	4.8878162	0.198	14609.801

HD No.	Star Name	R.A.	Dec.	V	$B-V$	[Fe/H]	Exoplanet	Period[1]	e^2	Epoch[3]$_p$ 2440000+
		h m s	° ′ ″					d		
188310	ξ Aql	19 54 59.9	+08 30 09	4.71	1.02	−0.2050	ξ Aql b	136.75	0	13001.7
189733		20 01 23.9	+22 45 12	7.67	0.93	−0.0300	HD 189733 b	2.2185757	0	14279.437
190228		20 03 39.0	+28 21 03	7.30	0.79	−0.1803	HD 190228 b	1136.1	0.531	13522
190360	GJ 777 A	20 04 15.7	+29 56 20	5.73	0.75	+0.2128	HD 190360 b	2915.0369	0.313	13541.662
190360	GJ 777 A	20 04 15.7	+29 56 20	5.73	0.75	+0.2128	HD 190360 c	17.111027	0.238	14389.63
190647		20 08 19.8	−35 29 38	7.78	0.74	+0.2400	HD 190647 b	1038.1	0.180	13868
192263		20 14 47.7	−00 49 05	7.79	0.94	+0.0543	HD 192263 b	24.3556	0.055	10994.3
192310	GJ 785	20 16 15.2	−26 59 08	5.73	0.78	+0.0800	GJ 785 b	74.39	0.300	15164.3
192310	GJ 785	20 16 15.2	−26 59 08	5.73	0.88	−0.0400	HD 192310 c	525.8	0.320	15311.915
192699		20 16 52.2	+04 37 44	6.44	0.87	−0.1500	HD 192699 b	345.53	0.129	14036.6
195019		20 29 01.1	+18 49 17	6.87	0.66	+0.0680	HD 195019 b	18.20132	0.014	11015.5
196050		20 39 07.3	−60 34 47	7.50	0.67	+0.2291	HD 196050 b	1378	0.228	10843
197037		20 40 06.1	+42 18 11	6.87	0.45	−0.2000	HD 197037 b	1035.7	0.220	11353.1
196885		20 40 36.4	+11 18 20	6.39	0.51	+0.2200	HD 196885 b	1333	0.480	12554
197286	WASP-7	20 45 10.6	−39 10 07	9.54	0.42	0.0000	WASP-7 b	4.954658	0	13985.015
199665	18 Del	20 59 10.7	+10 53 59	5.51	0.93	−0.0520	18 Del b	993.3	0.080	11672
200964		21 07 26.7	+03 51 58	6.64	0.88	−0.1500	HD 200964 b	613.8	0.040	14900
200964		21 07 26.7	+03 51 58	6.64	0.88	−0.1500	HD 200964 c	825	0.181	15000
208487		21 58 15.8	−37 41 23	7.47	0.57	+0.0223	HD 208487 b	130.08	0.240	10999
209458		22 03 55.0	+18 57 35	7.65	0.59	0.0000	HD 209458 b	3.5247486	0	12826.629
210277		22 10 18.9	−07 28 27	6.54	0.77	+0.2143	HD 210277 b	442.19	0.476	10104.3
210702		22 12 36.3	+16 07 03	5.93	0.95	+0.1200	HD 210702 b	354.29	0.036	14142.6
212771		22 27 53.2	−17 11 05	7.75	0.88	−0.2100	HD 212771 b	373.3	0.111	14947
212301		22 28 55.9	−77 38 20	7.76	0.56	−0.1800	HD 212301 b	2.245715	0	13549.195
213240		22 31 56.9	−49 21 15	6.81	0.60	+0.1387	HD 213240 b	882.7	0.421	11499
216435	τ Gru	22 54 32.6	−48 30 57	6.03	0.62	+0.2439	τ Gru b	1311	0.070	10870
216437	ρ Ind	22 55 42.9	−69 59 26	6.04	0.66	+0.2250	HD 216437 b	1353	0.320	10605
217014	51 Peg	22 58 13.8	+20 51 08	5.45	0.67	+0.1999	51 Peg b	4.230785	0.013	10001.51
217107		22 59 03.4	−02 18 44	6.17	0.74	+0.3893	HD 217107 b	7.1268163	0.127	14395.787
217107		22 59 03.4	−02 18 44	6.17	0.74	+0.3893	HD 217107 c	4270	0.517	11106.321
220773		23 27 14.7	+08 43 42	7.06	0.66	+0.0900	HD 220773 b	3724.7	0.510	13866.4
221345	14 And	23 32 03.4	+39 19 17	5.22	1.03	−0.2400	14 And b	185.84	0	12861.4
222155		23 38 46.0	+49 04 55	7.12	0.64	−0.1100	HD 222155 b	3999	0.160	16319
222404	γ Cep	23 39 59.9	+77 43 08	3.21	1.03	+0.1800	γ Cep b	905.574	0.120	13121.925
222582		23 42 39.2	−05 54 01	7.68	0.65	−0.0285	HD 222582 b	572.38	0.725	10706.7

Notes to Table

[1] Period of exoplanet in days.

[2] Eccentricity of exoplanet orbit.

[3] Julian date of periastron.

Name	Right Ascension	Declination	Type	L	Log (D_{25})	Log (R_{25})	P.A.	B_T^w	$B-V$	$U-B$	v_r
	h m s	° ′ ″					°				km/s
WLM	00 02 45	−15 21.9	IB(s)m	9.0	2.06	0.46	4	11.03	0.44	−0.21	− 118
NGC 0045	00 14 50.7	−23 05 42	SA(s)dm	7.3	1.93	0.16	142	11.32	0.71	−0.05	+ 468
NGC 0055	00 15 41	−39 06.7	SB(s)m: sp	5.6	2.51	0.76	108	8.42	0.55	+0.12	+ 124
NGC 0134	00 31 07.8	−33 09 31	SAB(s)bc	3.7	1.93	0.62	50	11.23	0.84	+0.23	+1579
NGC 0147	00 34 03.2	+48 35 38	dE5 pec		2.12	0.23	25	10.47	0.95		− 160
NGC 0185	00 39 49.3	+48 25 19	dE3 pec		2.07	0.07	35	10.10	0.92	+0.39	− 251
NGC 0205	00 41 12.9	+41 46 13	dE5 pec		2.34	0.30	170	8.92	0.85	+0.22	− 239
NGC 0221	00 43 32.8	+40 56 59	cE2		1.94	0.13	170	9.03	0.95	+0.48	− 205
NGC 0224	00 43 35.37	+41 21 13.4	SA(s)b	2.2	3.28	0.49	35	4.36	0.92	+0.50	− 298
NGC 0247	00 47 54.4	−20 40 32	SAB(s)d	6.8	2.33	0.49	174	9.67	0.56	−0.09	+ 159
NGC 0253	00 48 18.78	−25 12 13.5	SAB(s)c	3.3	2.44	0.61	52	8.04	0.85	+0.38	+ 250
SMC	00 53 10	−72 43.0	SB(s)m pec	7.0	3.50	0.23	45	2.70	0.45	−0.20	+ 175
NGC 0300	00 55 37.3	−37 36 01	SA(s)d	6.2	2.34	0.15	111	8.72	0.59	+0.11	+ 141
Sculptor	01 00 53	−33 37.5	dSph		[2.06]	0.17	99	9.5:	0.7		+ 107
IC 1613	01 05 36	+02 12.2	IB(s)m	9.5	2.21	0.05	50	9.88	0.67		− 230
NGC 0488	01 22 35.1	+05 20 16	SA(r)b	1.1	1.72	0.13	15	11.15	0.87	+0.35	+2267
NGC 0598	01 34 43.46	+30 44 21.1	SA(s)cd	4.3	2.85	0.23	23	6.27	0.55	−0.10	− 179
NGC 0613	01 35 01.16	−29 20 22.5	SB(rs)bc	3.0	1.74	0.12	120	10.73	0.68	+0.06	+1478
NGC 0628	01 37 31.9	+15 51 44	SA(s)c	1.1	2.02	0.04	25	9.95	0.56		+ 655
NGC 0672	01 48 46.8	+27 30 35	SB(s)cd	5.4	1.86	0.45	65	11.47	0.58	−0.10	+ 420
NGC 0772	02 00 10.8	+19 04 57	SA(s)b	1.2	1.86	0.23	130	11.09	0.78	+0.26	+2457
NGC 0891	02 23 31.9	+42 25 09	SA(s)b? sp	4.5	2.13	0.73	22	10.81	0.88	+0.27	+ 528
NGC 0908	02 23 47.6	−21 09 50	SA(s)c	1.5	1.78	0.36	75	10.83	0.65	0.00	+1499
NGC 0925	02 28 12.8	+33 38 52	SAB(s)d	4.3	2.02	0.25	102	10.69	0.57		+ 553
Fornax	02 40 38	−34 23.0	dSph		[2.26]	0.18	82	8.4:	0.62	+0.04	+ 53
NGC 1023	02 41 22.5	+39 07 44	SB(rs)0⁻		1.94	0.47	87	10.35	1.00	+0.56	+ 632
NGC 1055	02 42 33.0	+00 30 32	SBb: sp	3.9	1.88	0.45	105	11.40	0.81	+0.19	+ 995
NGC 1068	02 43 28.39	+00 03 07.7	(R)SA(rs)b	2.3	1.85	0.07	70	9.61	0.74	+0.09	+1135
NGC 1097	02 46 58.62	−30 12 36.9	SB(s)b	2.2	1.97	0.17	130	10.23	0.75	+0.23	+1274
NGC 1187	03 03 19.0	−22 48 25	SB(r)c	2.1	1.74	0.13	130	11.34	0.56	−0.05	+1397
NGC 1232	03 10 27.3	−20 31 15	SAB(rs)c	2.0	1.87	0.06	108	10.52	0.63	0.00	+1683
NGC 1291	03 17 52.5	−41 03 06	(R)SB(s)0/a		1.99	0.08		9.39	0.93	+0.46	+ 836
NGC 1313	03 18 27.3	−66 26 33	SB(s)d	7.0	1.96	0.12		9.2	0.49	−0.24	+ 456
NGC 1300	03 20 23.2	−19 21 20	SB(rs)bc	1.1	1.79	0.18	106	11.11	0.68	+0.11	+1568
NGC 1316	03 23 17.22	−37 09 12.5	SAB(s)0⁰ pec		2.08	0.15	50	9.42	0.89	+0.39	+1793
NGC 1344	03 28 57.5	−31 00 54	E5		1.78	0.24	165	11.27	0.88	+0.44	+1169
NGC 1350	03 31 44.8	−33 34 34	(R′)SB(r)ab	3.0	1.72	0.27	0	11.16	0.87	+0.34	+1883
NGC 1365	03 34 11.9	−36 05 20	SB(s)b	1.3	2.05	0.26	32	10.32	0.69	+0.16	+1663
NGC 1399	03 39 04.7	−35 24 03	E1 pec		1.84	0.03		10.55	0.96	+0.50	+1447
NGC 1395	03 39 10.2	−22 58 40	E2		1.77	0.12		10.55	0.96	+0.58	+1699
NGC 1398	03 39 31.4	−26 17 17	(R′)SB(r)ab	1.1	1.85	0.12	100	10.57	0.90	+0.43	+1407
NGC 1433	03 42 30.7	−47 10 23	(R′)SB(r)ab	2.7	1.81	0.04		10.70	0.79	+0.21	+1067
NGC 1425	03 42 49.3	−29 50 41	SA(s)b	3.2	1.76	0.35	129	11.29	0.68	+0.11	+1508
NGC 1448	03 45 02.6	−44 35 48	SAcd: sp	4.4	1.88	0.65	41	11.40	0.72	+0.01	+1165
IC 342	03 48 19.3	+68 08 37	SAB(rs)cd	2.0	2.33	0.01		9.10			+ 32

Name	Right Ascension	Declination	Type	L	Log (D_{25})	Log (R_{25})	P.A.	B_T^w	$B-V$	$U-B$	v_r
	h m s	° ′ ″					°				km/s
NGC 1512	04 04 24.8	−43 18 26	SB(r)a	1.1	1.95	0.20	90	11.13	0.81	+0.17	+ 889
IC 356	04 09 24.3	+69 51 10	SA(s)ab pec		1.72	0.13	90	11.39	1.32	+0.76	+ 888
NGC 1532	04 12 40.0	−32 50 06	SB(s)b pec sp	1.9	2.10	0.58	33	10.65	0.80	+0.15	+1187
NGC 1566	04 20 21.4	−54 54 06	SAB(s)bc	1.7	1.92	0.10	60	10.33	0.60	−0.04	+1492
NGC 1672	04 45 57.5	−59 13 12	SB(s)b	3.1	1.82	0.08	170	10.28	0.60	+0.01	+1339
NGC 1792	05 05 46.4	−37 57 37	SA(rs)bc	4.0	1.72	0.30	137	10.87	0.68	+0.08	+1224
NGC 1808	05 08 14.51	−37 29 36.3	(R)SAB(s)a		1.81	0.22	133	10.76	0.82	+0.29	+1006
LMC	05 23.5	−69 44	SB(s)m	5.8	3.81	0.07	170	0.91	0.51	0.00	+ 313
NGC 2146	06 21 05.7	+78 20 57	SB(s)ab pec	3.4	1.78	0.25	56	11.38	0.79	+0.29	+ 890
Carina	06 42 00	−50 58.9	dSph		[2.25]	0.17	65	11.5:	0.7:		+ 223
NGC 2280	06 45 26.1	−27 39 20	SA(s)cd	2.2	1.80	0.31	163	10.9	0.60	+0.15	+1906
NGC 2336	07 29 42.1	+80 08 44	SAB(r)bc	1.1	1.85	0.26	178	11.05	0.62	+0.06	+2200
NGC 2366	07 30 33.4	+69 11 02	IB(s)m	8.7	1.91	0.39	25	11.43	0.58		+ 99
NGC 2442	07 36 20.8	−69 33 57	SAB(s)bc pec	2.5	1.74	0.05		11.24	0.82	+0.23	+1448
NGC 2403	07 38 19.7	+65 33 57	SAB(s)cd	5.4	2.34	0.25	127	8.93	0.47		+ 130
Holmberg II	08 20 42	+70 39.9	Im	8.0	1.90	0.10	15	11.10	0.44		+ 157
NGC 2613	08 34 03.6	−23 01 37	SA(s)b	3.0	1.86	0.61	113	11.16	0.91	+0.38	+1677
NGC 2683	08 53 39.0	+33 21 43	SA(rs)b	4.0	1.97	0.63	44	10.64	0.89	+0.27	+ 405
NGC 2768	09 12 49.1	+59 58 24	E6:		1.91	0.28	95	10.84	0.97	+0.46	+1335
NGC 2784	09 13 00.9	−24 14 11	SA(s)0⁰:		1.74	0.39	73	11.30	1.14	+0.72	+ 691
NGC 2835	09 18 35.0	−22 25 13	SB(rs)c	1.8	1.82	0.18	8	11.01	0.49	−0.12	+ 887
NGC 2841	09 23 06.53	+50 54 35.5	SA(r)b:	0.5	1.91	0.36	147	10.09	0.87	+0.34	+ 637
NGC 2903	09 33 02.6	+21 25 55	SAB(rs)bc	2.3	2.10	0.32	17	9.68	0.67	+0.06	+ 556
NGC 2997	09 46 19.4	−31 15 46	SAB(rs)c	1.6	1.95	0.12	110	10.06	0.7	+0.3	+1087
NGC 2976	09 48 30.7	+67 50 39	SAc pec	6.8	1.77	0.34	143	10.82	0.66	0.00	+ 3
NGC 3031	09 56 48.623	+68 59 28.67	SA(s)ab	2.2	2.43	0.28	157	7.89	0.95	+0.48	− 36
NGC 3034	09 57 08.8	+69 36 20	I0		2.05	0.42	65	9.30	0.89	+0.31	+ 216
NGC 3109	10 03 54.9	−26 14 00	SB(s)m	8.2	2.28	0.71	93	10.39			+ 404
NGC 3077	10 04 32.5	+68 39 30	I0 pec		1.73	0.08	45	10.61	0.76	+0.14	+ 13
NGC 3115	10 06 00.3	−07 47 40	S0⁻		1.86	0.47	43	9.87	0.97	+0.54	+ 661
Leo I	10 09 17.3	+12 13 52	dSph		[1.82]	0.10	79	10.7	0.6	+0.1:	+ 285
Sextans	10 13.8	−01 42	dSph		[2.52]	0.91	56	11.0:			+ 224
NGC 3184	10 19 12.4	+41 20 46	SAB(rs)cd	3.5	1.87	0.03	135	10.36	0.58	−0.03	+ 591
NGC 3198	10 20 51.5	+45 28 18	SB(rs)c	2.6	1.93	0.41	35	10.87	0.54	−0.04	+ 663
NGC 3227	10 24 21.28	+19 47 10.5	SAB(s)a pec	3.5	1.73	0.17	155	11.1	0.82	+0.27	+1156
IC 2574	10 29 29.3	+68 19 57	SAB(s)m	8.0	2.12	0.39	50	10.80	0.44		+ 46
NGC 3319	10 40 03.5	+41 36 20	SB(rs)cd	3.8	1.79	0.26	37	11.48	0.41		+ 746
NGC 3344	10 44 21.9	+24 50 26	(R)SAB(r)bc	1.9	1.85	0.04		10.45	0.59	−0.07	+ 585
NGC 3351	10 44 46.7	+11 37 19	SB(r)b	3.3	1.87	0.17	13	10.53	0.80	+0.18	+ 777
NGC 3368	10 47 34.71	+11 44 17.0	SAB(rs)ab	3.4	1.88	0.16	5	10.11	0.86	+0.31	+ 897
NGC 3359	10 47 37.3	+63 08 32	SB(rs)c	3.0	1.86	0.22	170	11.03	0.46	−0.20	+1012
NGC 3377	10 48 31.5	+13 54 13	E5−6		1.72	0.24	35	11.24	0.86	+0.31	+ 692
NGC 3379	10 48 38.7	+12 29 58	E1		1.73	0.05		10.24	0.96	+0.53	+ 889
NGC 3384	10 49 06.0	+12 32 49	SB(s)0⁻:		1.74	0.34	53	10.85	0.93	+0.44	+ 735
NGC 3486	11 01 14.5	+28 53 30	SAB(r)c	2.6	1.85	0.13	80	11.05	0.52	−0.16	+ 681

Name	Right Ascension	Declination	Type	L	Log (D_{25})	Log (R_{25})	P.A.	B_T^w	$B-V$	$U-B$	v_r
	h m s	° ′ ″					°				km/s
NGC 3521	11 06 36.24	−00 07 11.2	SAB(rs)bc	3.6	2.04	0.33	163	9.83	0.81	+0.23	+ 804
NGC 3556	11 12 24.9	+55 35 24	SB(s)cd	5.7	1.94	0.59	80	10.69	0.66	+0.07	+ 694
NGC 3621	11 19 01.8	−32 53 56	SA(s)d	5.8	2.09	0.24	159	10.28	0.62	−0.08	+ 725
NGC 3623	11 19 44.4	+13 00 26	SAB(rs)a	3.3	1.99	0.53	174	10.25	0.92	+0.45	+ 806
NGC 3627	11 21 03.48	+12 54 23.3	SAB(s)b	3.0	1.96	0.34	173	9.65	0.73	+0.20	+ 726
NGC 3628	11 21 05.5	+13 30 14	Sb pec sp	4.5	2.17	0.70	104	10.28	0.80		+ 846
NGC 3631	11 21 55.2	+53 05 04	SA(s)c	1.8	1.70	0.02		11.01	0.58		+1157
NGC 3675	11 26 59.0	+43 30 01	SA(s)b	3.3	1.77	0.28	178	11.00			+ 766
NGC 3726	11 34 11.3	+46 56 36	SAB(r)c	2.2	1.79	0.16	10	10.91	0.49		+ 849
NGC 3923	11 51 49.0	−28 53 32	E4−5		1.77	0.18	50	10.8	1.00	+0.61	+1668
NGC 3938	11 53 37.7	+44 02 05	SA(s)c	1.1	1.73	0.04		10.90	0.52	−0.10	+ 808
NGC 3953	11 54 37.2	+52 14 25	SB(r)bc	1.8	1.84	0.30	13	10.84	0.77	+0.20	+1053
NGC 3992	11 58 23.9	+53 17 18	SB(rs)bc	1.1	1.88	0.21	68	10.60	0.77	+0.20	+1048
NGC 4038	12 02 40.6	−18 57 18	SB(s)m pec	4.2	1.72	0.23	80	10.91	0.65	−0.19	+1626
NGC 4039	12 02 41.3	−18 58 21	SB(s)m pec	5.3	1.72	0.29	171	11.10			+1655
NGC 4051	12 03 56.97	+44 26 42.1	SAB(rs)bc	3.3	1.72	0.13	135	10.83	0.65	−0.04	+ 720
NGC 4088	12 06 21.2	+50 27 11	SAB(rs)bc	3.9	1.76	0.41	43	11.15	0.59	−0.05	+ 758
NGC 4096	12 06 48.1	+47 23 30	SAB(rs)c	4.2	1.82	0.57	20	11.48	0.63	+0.01	+ 564
NGC 4125	12 08 52.0	+65 05 17	E6 pec		1.76	0.26	95	10.65	0.93	+0.49	+1356
NGC 4151	12 11 19.43	+39 19 10.5	(R′)SAB(rs)ab:		1.80	0.15	50	11.28	0.73	−0.17	+ 992
NGC 4192	12 14 35.6	+14 48 52	SAB(s)ab	2.9	1.99	0.55	155	10.95	0.81	+0.30	− 141
NGC 4214	12 16 26.0	+36 14 26	IAB(s)m	5.8	1.93	0.11		10.24	0.46	−0.31	+ 291
NGC 4216	12 16 41.7	+13 03 48	SAB(s)b:	3.0	1.91	0.66	19	10.99	0.98	+0.52	+ 129
NGC 4236	12 17 28	+69 22.3	SB(s)dm	7.6	2.34	0.48	162	10.05	0.42		0
NGC 4244	12 18 16.1	+37 43 17	SA(s)cd: sp	7.0	2.22	0.94	48	10.88	0.50		+ 242
NGC 4242	12 18 16.1	+45 31 59	SAB(s)dm	6.2	1.70	0.12	25	11.37	0.54		+ 517
NGC 4254	12 19 36.8	+14 19 50	SA(s)c	1.5	1.73	0.06		10.44	0.57	+0.01	+2407
NGC 4258	12 19 43.29	+47 13 04.7	SAB(s)bc	3.5	2.27	0.41	150	9.10	0.69		+ 449
NGC 4274	12 20 37.24	+29 31 43.1	(R)SB(r)ab	4.0	1.83	0.43	102	11.34	0.93	+0.44	+ 929
NGC 4293	12 21 59.83	+18 17 48.3	(R)SB(s)0/a		1.75	0.34	72	11.26	0.90		+ 943
NGC 4303	12 22 42.41	+04 23 15.9	SAB(rs)bc	2.0	1.81	0.05		10.18	0.53	−0.11	+1569
NGC 4321	12 23 42.0	+15 44 11	SAB(s)bc	1.1	1.87	0.07	30	10.05	0.70	−0.01	+1585
NGC 4365	12 25 15.7	+07 13 55	E3		1.84	0.14	40	10.52	0.96	+0.50	+1227
NGC 4374	12 25 50.882	+12 48 04.43	E1		1.81	0.06	135	10.09	0.98	+0.53	+ 951
NGC 4382	12 26 11.0	+18 06 19	SA(s)0+ pec		1.85	0.11		10.00	0.89	+0.42	+ 722
NGC 4395	12 26 35.0	+33 27 40	SA(s)m:	7.3	2.12	0.08	147	10.64	0.46		+ 319
NGC 4406	12 26 58.88	+12 51 37.8	E3		1.95	0.19	130	9.83	0.93	+0.49	− 248
NGC 4429	12 28 13.8	+11 01 19	SA(r)0+		1.75	0.34	99	11.02	0.98	+0.55	+1137
NGC 4438	12 28 32.65	+12 55 24.0	SA(s)0/a pec:		1.93	0.43	27	11.02	0.85	+0.35	+ 64
NGC 4449	12 28 56.3	+44 00 29	IBm	6.7	1.79	0.15	45	9.99	0.41	−0.35	+ 202
NGC 4450	12 29 16.44	+16 59 57.9	SA(s)ab	1.5	1.72	0.13	175	10.90	0.82		+1956
NGC 4472	12 30 34.03	+07 54 53.5	E2		2.01	0.09	155	9.37	0.96	+0.55	+ 912
NGC 4490	12 31 21.4	+41 33 27	SB(s)d pec	5.4	1.80	0.31	125	10.22	0.43	−0.19	+ 578
NGC 4486	12 31 36.469	+12 18 20.30	E+0−1 pec		1.92	0.10		9.59	0.96	+0.57	+1282
NGC 4501	12 32 46.06	+14 20 06.0	SA(rs)b	2.4	1.84	0.27	140	10.36	0.73	+0.24	+2279

Name	Right Ascension	Declination	Type	L	Log (D_{25})	Log (R_{25})	P.A.	B^w_T	$B-V$	$U-B$	v_r
	h m s	° ′ ″					°				km/s
NGC 4517	12 33 33.3	+00 01 46	SA(s)cd: sp	5.6	2.02	0.83	83	11.10	0.71		+1121
NGC 4526	12 34 50.25	+07 36 50.5	SAB(s)0⁰:		1.86	0.48	113	10.66	0.96	+0.53	+ 460
NGC 4527	12 34 55.97	+02 34 07.2	SAB(s)bc	3.3	1.79	0.47	67	11.38	0.86	+0.21	+1733
NGC 4535	12 35 07.50	+08 06 44.9	SAB(s)c	1.6	1.85	0.15	0	10.59	0.63	−0.01	+1957
NGC 4536	12 35 14.6	+02 06 09	SAB(rs)bc	2.0	1.88	0.37	130	11.16	0.61	−0.02	+1804
NGC 4548	12 36 13.2	+14 24 40	SB(rs)b	2.3	1.73	0.10	150	10.96	0.81	+0.29	+ 486
NGC 4552	12 36 26.8	+12 28 15	E0−1		1.71	0.04		10.73	0.98	+0.56	+ 311
NGC 4559	12 36 43.6	+27 52 29	SAB(rs)cd	4.3	2.03	0.39	150	10.46	0.45		+ 814
NGC 4565	12 37 06.84	+25 54 08.9	SA(s)b? sp	1.0	2.20	0.87	136	10.42	0.84		+1225
NGC 4569	12 37 36.67	+13 04 40.1	SAB(rs)ab	2.4	1.98	0.34	23	10.26	0.72	+0.30	− 236
NGC 4579	12 38 30.48	+11 43 59.4	SAB(rs)b	3.1	1.77	0.10	95	10.48	0.82	+0.32	+1521
NGC 4605	12 40 40.3	+61 31 27	SB(s)c pec	5.7	1.76	0.42	125	10.89	0.56	−0.08	+ 143
NGC 4594	12 40 47.842	−11 42 28.79	SA(s)a		1.94	0.39	89	8.98	0.98	+0.53	+1089
NGC 4621	12 42 49.2	+11 33 44	E5		1.73	0.16	165	10.57	0.94	+0.48	+ 430
NGC 4631	12 42 53.2	+32 27 24	SB(s)d	5.0	2.19	0.76	86	9.75	0.56		+ 608
NGC 4636	12 43 37.3	+02 36 11	E0−1		1.78	0.11	150	10.43	0.94	+0.44	+1017
NGC 4649	12 44 26.9	+11 28 04	E2		1.87	0.09	105	9.81	0.97	+0.60	+1114
NGC 4656	12 44 43.7	+32 05 14	SB(s)m pec	7.0	2.18	0.71	33	10.96	0.44		+ 640
NGC 4697	12 49 23.9	−05 53 06	E6		1.86	0.19	70	10.14	0.91	+0.39	+1236
NGC 4725	12 51 12.1	+25 25 01	SAB(r)ab pec	2.4	2.03	0.15	35	10.11	0.72	+0.34	+1205
NGC 4736	12 51 36.71	+41 02 10.1	(R)SA(r)ab	3.0	2.05	0.09	105	8.99	0.75	+0.16	+ 308
NGC 4753	12 53 09.9	−01 17 00	I0		1.78	0.33	80	10.85	0.90	+0.41	+1237
NGC 4762	12 53 42.7	+11 08 48	SB(r)0⁰? sp		1.94	0.72	32	11.12	0.86	+0.40	+ 979
NGC 4826	12 57 29.2	+21 35 58	(R)SA(rs)ab	3.5	2.00	0.27	115	9.36	0.84	+0.32	+ 411
NGC 4945	13 06 22.0	−49 33 04	SB(s)cd: sp	6.7	2.30	0.72	43	9.3			+ 560
NGC 4976	13 09 32.4	−49 35 18	E4 pec:		1.75	0.28	161	11.04	1.01	+0.44	+1453
NGC 5005	13 11 39.13	+36 58 37.0	SAB(rs)bc	3.3	1.76	0.32	65	10.61	0.80	+0.31	+ 948
NGC 5033	13 14 10.29	+36 30 43.4	SA(s)c	2.2	2.03	0.33	170	10.75	0.55		+ 877
NGC 5055	13 16 30.9	+41 56 52	SA(rs)bc	3.9	2.10	0.24	105	9.31	0.72		+ 504
NGC 5068	13 19 45.1	−21 07 12	SAB(rs)cd	4.7	1.86	0.06	110	10.7	0.67		+ 671
NGC 5102	13 22 50.7	−36 42 40	SA0⁻		1.94	0.49	48	10.35	0.72	+0.23	+ 468
NGC 5128	13 26 22.363	−43 05 57.86	E1/S0 + S pec		2.41	0.11	35	7.84	1.00		+ 559
NGC 5194	13 30 31.82	+47 06 55.7	SA(s)bc pec	1.8	2.05	0.21	163	8.96	0.60	−0.06	+ 463
NGC 5195	13 30 38.7	+47 11 11	I0 pec		1.76	0.10	79	10.45	0.90	+0.31	+ 484
NGC 5236	13 37 53.0	−29 56 36	SAB(s)c	2.8	2.11	0.05		8.20	0.66	+0.03	+ 514
NGC 5248	13 38 18.37	+08 48 25.2	SAB(rs)bc	1.8	1.79	0.14	110	10.97	0.65	+0.05	+1153
NGC 5247	13 38 53.50	−17 57 44.6	SA(s)bc	1.8	1.75	0.06	20	10.5	0.54	−0.11	+1357
NGC 5253	13 40 49.05	−31 43 05.8	Pec		1.70	0.41	45	10.87	0.43	−0.24	+ 404
NGC 5322	13 49 46.32	+60 06 50.0	E3−4		1.77	0.18	95	11.14	0.91	+0.47	+1915
NGC 5364	13 56 58.8	+04 56 22	SA(rs)bc pec	1.1	1.83	0.19	30	11.17	0.64	+0.07	+1241
NGC 5457	14 03 45.4	+54 16 28	SAB(rs)cd	1.1	2.46	0.03		8.31	0.45		+ 240
NGC 5585	14 20 17.7	+56 39 31	SAB(s)d	7.6	1.76	0.19	30	11.20	0.46	−0.22	+ 304
NGC 5566	14 21 06.8	+03 51 48	SB(r)ab	3.6	1.82	0.48	35	11.46	0.91	+0.45	+1505
NGC 5746	14 45 43.1	+01 53 24	SAB(rs)b? sp	4.5	1.87	0.75	170	11.29	0.97	+0.42	+1722
Ursa Minor	15 09 11	+67 10.1	dSph		[2.50]	0.35	53	11.5:	0.9?		− 250

Name	Right Ascension	Declination	Type	L	Log (D_{25})	Log (R_{25})	P.A.	B_T^w	$B-V$	$U-B$	v_r
	h m s	° ′ ″					°				km/s
NGC 5907	15 16 17.8	+56 16 20	SA(s)c: sp	3.0	2.10	0.96	155	11.12	0.78	+0.15	+ 666
NGC 6384	17 33 09.4	+07 03 00	SAB(r)bc	1.1	1.79	0.18	30	11.14	0.72	+0.23	+1667
NGC 6503	17 49 16.8	+70 08 26	SA(s)cd	5.2	1.85	0.47	123	10.91	0.68	+0.03	+ 43
Sgr Dw Sph	18 56.2	−30 29	dSph		[4.26]	0.42	104	4.3:	0.7?		+ 140
NGC 6744	19 11 13.9	−63 49 52	SAB(r)bc	3.3	2.30	0.19	15	9.14			+ 838
NGC 6822	19 45 50	−14 46.0	IB(s)m	8.5	2.19	0.06	5	9.0	0.79	+0.04:	− 54
NGC 6946	20 35 11.83	+60 12 28.8	SAB(rs)cd	2.3	2.06	0.07		9.61	0.80		+ 50
NGC 7090	21 37 33.2	−54 29 12	SBc? sp		1.87	0.77	127	11.33	0.61	−0.02	+ 854
IC 5152	22 03 41.9	−51 13 14	IA(s)m	8.4	1.72	0.21	100	11.06			+ 120
IC 5201	22 21 54.0	−45 57 26	SB(rs)cd	5.1	1.93	0.34	33	11.3			+ 914
NGC 7331	22 37 46.72	+34 29 47.4	SA(s)b	2.2	2.02	0.45	171	10.35	0.87	+0.30	+ 821
NGC 7410	22 55 53.3	−39 34 43	SB(s)a		1.72	0.51	45	11.24	0.93	+0.45	+1751
IC 1459	22 58 02.36	−36 22 44.8	E3−4		1.72	0.14	40	10.97	0.98	+0.51	+1691
IC 5267	22 58 06.4	−43 18 47	SA(rs)0/a		1.72	0.13	140	11.43	0.89	+0.37	+1713
NGC 7424	22 58 10.9	−40 59 15	SAB(rs)cd	4.0	1.98	0.07		10.96	0.48	−0.15	+ 941
NGC 7582	23 19 14.7	−42 17 09	(R′)SB(s)ab		1.70	0.38	157	11.37	0.75	+0.25	+1573
IC 5332	23 35 16.7	−36 00 55	SA(s)d	3.9	1.89	0.10		11.09			+ 706
NGC 7793	23 58 37.6	−32 30 17	SA(s)d	6.9	1.97	0.17	98	9.63	0.54	−0.09	+ 228

Alternate Names for Some Galaxies

Leo I	Regulus Dwarf
LMC	Large Magellanic Cloud
NGC 224	Andromeda Galaxy, M31
NGC 598	Triangulum Galaxy, M33
NGC 1068	M77, 3C 71
NGC 1316	Fornax A
NGC 3034	M82, 3C 231
NGC 4038/9	The Antennae
NGC 4374	M84, 3C 272.1
NGC 4486	Virgo A, M87, 3C 274
NGC 4594	Sombrero Galaxy, M104
NGC 4826	Black Eye Galaxy, M64
NGC 5055	Sunflower Galaxy, M63
NGC 5128	Centaurus A
NGC 5194	Whirlpool Galaxy, M51
NGC 5457	Pinwheel Galaxy, M101/2
NGC 6822	Barnard's Galaxy
Sgr Dw Sph	Sagittarius Dwarf Spheroidal Galaxy
SMC	Small Magellanic Cloud, NGC 292
WLM	Wolf-Lundmark-Melotte Galaxy

IAU Designation	Name	RA	Dec.	Appt. Diam.	Dist.	Log (age)	Mag. Mem.[1]	$E_{(B-V)}$	Metal-licity	Trumpler Class
		h m s	° ′ ″	′	pc	yr				
C0001−302	Blanco 1	00 04 54	−29 44 49	70.0	269	7.796	8	0.010	+0.04	IV 3 m
C0022+610	NGC 103	00 26 08	+61 24 33	4.0	3026	8.126	11	0.406		II 1 m
C0027+599	NGC 129	00 30 52	+60 18 14	19.0	1625	7.886	11	0.548		III 2 m
C0029+628	King 14	00 32 56	+63 14 28	8.0	2960	7.9	10	0.34		III 1 p
C0030+630	NGC 146	00 33 52	+63 25 10	5.5	3470	7.11		0.55		II 2 p
C0036+608	NGC 189	00 40 29	+61 10 48	5.0	752	7.00		0.42		III 1 p
C0040+615	NGC 225	00 44 34	+61 51 35	12.0	657	8.114		0.274		III 1 pn
C0039+850	NGC 188	00 49 08	+85 20 22	17.0	2047	9.632	10	0.082	−0.03	I 2 r
C0048+579	King 2	00 51 55	+58 16 03	5.0	5750	9.78	17	0.31	−0.42	II 2 m
	IC 1590	00 53 44	+56 42 44	4.0	2940	6.54		0.32		
C0112+598	NGC 433	01 16 10	+60 12 30	2.0	2323	7.50	9	0.86		III 2 p
C0112+585	NGC 436	01 16 57	+58 53 35	5.0	3014	7.926	10	0.460		I 2 m
C0115+580	NGC 457	01 20 34	+58 22 04	20.0	2429	7.324	6	0.472		II 3 r
C0126+630	NGC 559	01 30 38	+63 23 01	10.4	2170	8.8	9	0.68		I 1 m
C0129+604	NGC 581	01 34 25	+60 43 45	5.0	2194	7.336	9	0.382		II 2 m
C0132+610	Trumpler 1	01 36 45	+61 21 44	3.0	2563	7.60	10	0.582		II 2 p
C0139+637	NGC 637	01 44 10	+64 07 03	3.0	2500	7.0	8	0.64		I 2 m
C0140+616	NGC 654	01 45 05	+61 57 45	5.0	2410	7.0	10	0.82		II 2 r
C0140+604	NGC 659	01 45 28	+60 45 03	5.0	1938	7.548	10	0.652		I 2 m
C0144+717	Collinder 463	01 47 01	+71 53 14	57.0	702	8.373		0.259		III 2 m
C0142+610	NGC 663	01 47 14	+61 18 44	14.0	2420	7.4	9	0.80		II 3 r
C0149+615	IC 166	01 53 36	+61 54 34	7.0	4800	9.0	17	0.80	−0.178	II 1 r
C0154+374	NGC 752	01 58 37	+37 51 36	75.0	457	9.050	8	0.034	+0.01	II 2 r
C0155+552	NGC 744	01 59 36	+55 32 54	5.0	1207	8.248	10	0.384		III 1 p
C0211+590	Stock 2	02 15 50	+59 33 24	60.0	303	8.23		0.38	−0.14	I 2 m
C0215+569	NGC 869	02 20 06	+57 11 57	18.0	2079	7.069	7	0.575	−0.3	I 3 r
C0218+568	NGC 884	02 23 29	+57 11 45	18.2	2940	7.1	7	0.56	−0.3	I 3 r
C0225+604	Markarian 6	02 30 50	+60 46 30	6.0	698	7.214	8	0.606		III 1 P
C0228+612	IC 1805	02 33 53	+61 31 04	20.0	2344	6.48	9	0.87		II 3 mn
C0233+557	Trumpler 2	02 38 00	+55 58 54	17.0	725	7.95		0.40		II 2 p
C0238+425	NGC 1039	02 43 05	+42 49 38	35.0	499	8.249	9	0.070	+0.07	II 3 r
C0238+613	NGC 1027	02 43 56	+61 41 56	6.2	1030	8.4	9	0.41		II 3 mn
C0247+602	IC 1848	02 52 25	+60 29 47	18.0	2002	6.840		0.598		I 3 pn
C0302+441	NGC 1193	03 06 58	+44 26 33	3.0	4571	9.7	14	0.19	−0.293	I 2 m
	NGC 1252	03 11 12	−57 42 31	8.0	790	9.45		0.00		
C0311+470	NGC 1245	03 15 47	+47 17 37	40.0	2800	9.02	12	0.68	−0.04	II 2 r
C0318+484	Melotte 20	03 25 26	+49 54 56	300.0	185	7.854	3	0.090		III 3 m
C0328+371	NGC 1342	03 32 38	+37 25 43	15.0	665	8.655	8	0.319	−0.16	III 2 m
C0341+321	IC 348	03 45 33	+32 12 40	8.0	385	7.641		0.929		
C0344+239	Melotte 22	03 47 55	+24 09 49	120.0	133	8.131	3	0.030	−0.03	I 3 m
C0400+524	NGC 1496	04 05 43	+52 42 11	4.0	1230	8.80	12	0.45		III 2 p
C0403+622	NGC 1502	04 09 13	+62 22 19	8.0	1000	7.00	7	0.70		I 3 m
C0406+493	NGC 1513	04 11 06	+49 33 17	10.0	1320	8.11	11	0.67		II 1 m
C0411+511	NGC 1528	04 16 34	+51 15 10	16.0	1090	8.6	10	0.26		II 2 m
C0417+448	Berkeley 11	04 21 42	+44 57 10	5.0	2200	8.041	15	0.95		II 2 m
C0417+501	NGC 1545	04 22 07	+50 17 21	18.0	711	8.448	9	0.303	−0.13	IV 2 p
C0424+157	Melotte 25	04 27 47	+15 54 02	330.0	45	8.896	4	0.010	+0.13	
C0443+189	NGC 1647	04 46 49	+19 08 32	40.0	540	8.158	9	0.370		II 2 r
C0445+108	NGC 1662	04 49 18	+10 57 47	20.0	437	8.625	9	0.304	−0.095	II 3 m
C0447+436	NGC 1664	04 52 13	+43 42 01	9.0	1199	8.465	10	0.254		

IAU Designation	Name	RA	Dec.	Appt. Diam.	Dist.	Log (age)	Mag. Mem.[1]	E(B−V)	Metallicity	Trumpler Class
		h m s	° ′ ″	′	pc	yr				
C0504+369	NGC 1778	05 09 07	+37 02 33	8.0	1469	8.155		0.336		III 2 p
C0509+166	NGC 1817	05 13 09	+16 42 28	16.0	1972	8.612	9	0.334	−0.16	IV 2 r
C0518−685	NGC 1901	05 18 07	−68 26 03	10.0	460	8.78		0.03		III 3 m
C0519+333	NGC 1893	05 23 45	+33 25 32	25.0	6000	6.48		0.45		II 3 m
C0520+295	Berkeley 19	05 25 05	+29 36 48	4.0	7870	9.40	15	0.32	−0.50	II 1 m
C0524+352	NGC 1907	05 29 07	+35 20 12	7.0	1800	8.5	11	0.52		I 1 mn
C0524+343	Stock 8	05 29 09	+34 26 06	12.0	2005	6.30		0.40		
C0525+358	NGC 1912	05 29 42	+35 51 36	20.0	1400	8.5	8	0.25		II 2 r
C0532+099	Collinder 69	05 35 57	+09 56 33	70.0	400	6.70		0.12		
C0532−059	NGC 1980	05 36 10	−05 54 21	20.0	550	6.67		0.05		III 3 mn
C0532+341	NGC 1960	05 37 20	+34 08 55	10.0	1330	7.4	9	0.22		I 3 r
C0536−026	Sigma Orionis	05 39 29	−02 35 32	10.0	399	7.11		0.05		III 1 p
C0535+379	Stock 10	05 40 04	+37 56 28	25.0	380	7.90		0.07		IV 2 p
C0546+336	King 8	05 50 25	+33 38 14	4.0	6403	8.618	15	0.580	−0.460	II 2 m
C0548+217	Berkeley 21	05 52 38	+21 47 11	5.0	5000	9.34	6	0.76	−0.835	I 2
C0549+325	NGC 2099	05 53 19	+32 33 22	14.0	1383	8.540	11	0.302	+0.089	I 2 r
C0600+104	NGC 2141	06 03 46	+10 26 43	10.0	4033	9.231	15	0.250	−0.18	I 2 r
C0601+240	IC 2157	06 05 47	+24 03 14	5.0	2040	7.800	12	0.548		II 1 p
C0604+241	NGC 2158	06 08 22	+24 05 37	5.0	5071	9.023	15	0.360	−0.28	
C0605+139	NGC 2169	06 09 17	+13 57 42	5.0	1052	7.067		0.199		III 3 m
C0605+243	NGC 2168	06 09 51	+24 19 47	40.0	912	8.25	8	0.20	−0.160	III 3 r
C0606+203	NGC 2175	06 10 34	+20 28 58	22.0	1627	6.953	8	0.598		III 3 rn
C0609+054	NGC 2186	06 12 58	+05 26 56	8.1	2700	8.3	12	0.27		II 2 m
C0611+128	NGC 2194	06 14 37	+12 48 05	9.0	3781	8.515	13	0.383	−0.08	II 2 r
C0613−186	NGC 2204	06 16 14	−18 40 16	10.0	2629	8.896	13	0.085	−0.23	II 2 r
C0618−072	NGC 2215	06 21 34	−07 17 29	7.0	1293	8.369	11	0.300		II 2 m
C0624−047	NGC 2232	06 28 01	−04 46 07	53.0	359	7.727		0.030	+0.32	III 2 p
C0627−312	NGC 2243	06 30 09	−31 17 40	5.0	4458	9.032		0.051	−0.42	I 2 r
C0629+049	NGC 2244	06 32 44	+04 55 46	29.0	1660	6.28	7	0.47		II 3 rn
C0632+084	NGC 2251	06 35 29	+08 21 13	10.0	1329	8.427		0.186	+0.25	III 2 m
C0634+094	Trumpler 5	06 37 33	+09 25 10	15.4	2400	9.70	17	0.60	−0.30	III 1 rn
C0635+020	Collinder 110	06 39 12	+02 00 08	18.0	1950	9.15		0.50		
C0638+099	NGC 2264	06 41 49	+09 52 46	39.0	667	6.954	5	0.051	−0.15	III 3 mn
C0640+270	NGC 2266	06 44 17	+26 57 13	5.0	3400	8.80	11	0.10	−0.39	II 2 m
C0644−206	NGC 2287	06 46 41	−20 46 26	39.0	710	8.4	8	0.01	+0.040	I 3 r
C0645+411	NGC 2281	06 49 22	+41 03 36	25.0	558	8.554	8	0.063	+0.13	I 3 m
C0649+005	NGC 2301	06 52 33	+00 26 26	14.0	870	8.2	8	0.03	+0.060	I 3 r
C0649−070	NGC 2302	06 52 40	−07 06 10	5.0	1500	7.08	12	0.23		III 2 m
C0649+030	Berkeley 28	06 53 01	+02 54 49	3.0	2557	7.846	15	0.761		I 1 p
C0655+065	Berkeley 32	06 58 56	+06 24 41	6.0	3100	9.53	14	0.16	−0.29	II 2 r
C0700−082	NGC 2323	07 03 27	−08 24 24	14.0	950	8.0	9	0.20		II 3 r
C0701+011	NGC 2324	07 04 55	+01 01 16	10.6	3800	8.65	12	0.25	−0.17	II 2 r
C0704−100	NGC 2335	07 07 33	−10 03 12	6.0	1417	8.210	10	0.393	−0.030	III 2 mn
C0705−105	NGC 2343	07 08 50	−10 38 31	5.0	1056	7.104	8	0.118	−0.30	II 2 pn
C0706−130	NGC 2345	07 09 01	−13 13 08	12.0	2251	7.853	9	0.616		II 3 r
C0712−256	NGC 2354	07 14 48	−25 43 03	18.0	4085	8.126		0.307		III 2 r
C0712−102	NGC 2353	07 15 14	−10 17 40	18.0	1170	8.10	9	0.10	−0.08	III 3 p
C0712−310	Collinder 132	07 15 56	−30 42 41	80.0	472	7.080		0.037		III 3 p
C0715−367	Collinder 135	07 17 50	−36 50 43	50.0	316	7.407		0.032		
C0714+138	NGC 2355	07 17 51	+13 43 17	7.0	2200	8.85	13	0.12	−0.07	II 2 m

IAU Designation	Name	RA	Dec.	Appt. Diam.	Dist.	Log (age)	Mag. Mem.[1]	$E_{(B-V)}$	Metal-licity	Trumpler Class
		h m s	° ′ ″	′	pc	yr				
C0715−155	NGC 2360	07 18 25	−15 40 14	13.0	1887	8.749		0.111	−0.03	I 3 r
C0716−248	NGC 2362	07 19 20	−24 59 03	5.0	1480	6.70	8	0.10		I 3 r
C0717−130	Haffner 6	07 20 49	−13 09 47	6.0	3054	8.826	16	0.450		IV 2 m
C0721−131	NGC 2374	07 24 39	−13 17 40	12.0	1468	8.463		0.090		IV 2 p
C0722−321	Collinder 140	07 25 03	−31 52 52	60.0	405	7.548		0.030	−0.10	III 3 m
C0722−261	Ruprecht 18	07 25 17	−26 14 53	7.0	1056	7.648		0.700	−0.010	
C0722−209	NGC 2384	07 25 50	−21 03 11	5.0	3070	7.15		0.31		IV 3 p
C0724−476	Melotte 66	07 26 50	−47 41 54	14.0	4313	9.445		0.143	−0.33	II 1 r
C0731−153	NGC 2414	07 33 54	−15 29 15	5.0	3455	6.976		0.508		I 3 m
C0734−205	NGC 2421	07 36 54	−20 38 49	6.0	2200	7.90	11	0.42		I 2 r
C0734−143	NGC 2422	07 37 18	−14 31 07	25.0	490	7.861	5	0.070		I 3 m
C0734−137	NGC 2423	07 37 49	−13 54 26	12.0	766	8.867		0.097	+0.14	II 2 m
C0735−119	Melotte 71	07 38 14	−12 06 09	7.0	3154	8.371		0.113	−0.32	II 2 r
C0735+216	NGC 2420	07 39 18	+21 32 14	5.0	2480	9.3	11	0.04	−0.38	I 1 r
C0738−334	Bochum 15	07 40 41	−33 34 12	3.0	2806	6.742		0.576		IV 2 pn
C0738−315	NGC 2439	07 41 21	−31 43 49	9.0	1300	7.00	9	0.37		II 3 r
C0739−147	NGC 2437	07 42 29	−14 50 50	20.0	1510	8.4	10	0.10	+0.059	II 2 r
C0742−237	NGC 2447	07 45 09	−23 53 41	10.0	1037	8.588	9	0.046	−0.10	I 3 r
C0744−044	Berkeley 39	07 47 28	−04 38 20	7.0	4780	9.90	16	0.12	−0.26	II 2 r
C0745−271	NGC 2453	07 48 13	−27 14 03	4.0	2150	7.187		0.446		I 3 m
C0746−261	Ruprecht 36	07 49 02	−26 20 22	5.0	1681	7.606	12	0.166		IV 1 m
C0750−384	NGC 2477	07 52 43	−38 34 14	15.0	1300	8.78	12	0.24	+0.07	I 2 r
C0752−241	NGC 2482	07 55 51	−24 18 00	10.0	1343	8.604		0.093	+0.120	IV 1 m
C0754−299	NGC 2489	07 56 52	−30 06 19	6.0	3957	7.264	11	0.374	+0.080	I 2 m
C0757−607	NGC 2516	07 58 19	−60 47 45	30.0	409	8.052	7	0.101	+0.060	I 3 r
C0757−284	Ruprecht 44	07 59 29	−28 37 34	10.0	4730	6.941	12	0.619		IV 2 m
C0757−106	NGC 2506	08 00 45	−10 48 48	12.0	3460	9.045	11	0.081	−0.20	I 2 r
C0803−280	NGC 2527	08 05 36	−28 11 29	10.0	601	8.649		0.038	−0.09	II 2 m
C0805−297	NGC 2533	08 07 42	−29 55 44	5.0	1700	8.84		0.14		II 2 r
C0809−491	NGC 2547	08 10 36	−49 15 41	25.0	361	7.585	7	0.186	−0.160	I 3 rn
C0808−126	NGC 2539	08 11 21	−12 51 54	9.0	1363	8.570	9	0.082	+0.13	III 2 m
C0810−374	NGC 2546	08 12 49	−37 38 32	70.0	919	7.874	7	0.134	+0.120	III 2 m
C0811−056	NGC 2548	08 14 29	−05 47 52	30.0	770	8.6	8	0.03	+0.080	I 3 r
C0816−304	NGC 2567	08 19 10	−30 41 21	7.0	1677	8.469	11	0.128	−0.09	II 2 m
C0816−295	NGC 2571	08 19 34	−29 47 57	8.0	1342	7.488		0.137	+0.05	II 3 m
C0835−394	Pismis 5	08 38 12	−39 38 17	12.0	869	7.197		0.421		
C0837−460	NGC 2645	08 39 34	−46 17 19	3.0	1668	7.283	9	0.380		II 3 p
C0838−528	IC 2391	08 40 59	−53 05 20	60.0	175	7.661	4	0.008	−0.01	II 3 m
C0837+201	NGC 2632	08 41 17	+19 36 39	70.0	187	8.863	6	0.009	+0.27	II 3 m
	Mamajek 1	08 41 32	−79 04 59	40.0	97	6.9		0.00		
C0839−461	Pismis 8	08 42 07	−46 19 21	3.0	1312	7.427	10	0.706		II 2 p
C0839−480	IC 2395	08 43 00	−48 10 10	18.6	800	6.80		0.09	0.00	II 3 m
C0840−469	NGC 2660	08 43 09	−47 15 23	3.5	2826	9.033	13	0.313	+0.04	I 1 r
C0843−486	NGC 2670	08 46 00	−48 51 25	7.0	1188	7.690	13	0.430		III 2 m
C0843−527	NGC 2669	08 46 49	−53 00 20	20.0	1046	7.927		0.180		III 3 m
C0846−423	Trumpler 10	08 48 28	−42 30 28	29.0	424	7.542		0.034		II 3 m
C0847+120	NGC 2682	08 52 09	+11 44 28	25.0	908	9.409	9	0.059	+0.03	II 3 r
C0914−364	NGC 2818	09 16 39	−36 41 25	9.0	1855	8.626		0.121	−0.17	III 1 m
	NGC 2866	09 22 38	−51 10 00	2.0	2600	8.30		0.66		
C0922−515	Ruprecht 76	09 24 44	−51 44 02	5.0	1262	7.734	13	0.376		IV 2 p

IAU Designation	Name	RA	Dec.	Appt. Diam.	Dist.	Log (age)	Mag. Mem.[1]	$E_{(B-V)}$	Metal-licity	Trumpler Class
		h m s	° ′ ″	′	pc	yr				
C0925−549	Ruprecht 77	09 27 33	−55 11 04	5.0	4129	7.501	14	0.622		II 1 m
C0926−567	IC 2488	09 28 06	−57 04 05	18.0	1134	8.113	10	0.231	+0.10	II 3 r
C0927−534	Ruprecht 78	09 29 40	−53 46 06	3.0	1641	7.987	15	0.350		II 2 m
C0939−536	Ruprecht 79	09 41 30	−53 55 15	5.0	1979	7.093	11	0.717		III 2 p
C1001−598	NGC 3114	10 03 06	−60 11 43	35.0	911	8.093	9	0.069	+0.02	
C1019−514	NGC 3228	10 21 59	−51 48 24	5.0	544	7.932		0.028		
C1022−575	Westerlund 2	10 24 36	−57 50 44	2.0	6400	6.30		1.67		IV 1 pn
C1025−573	IC 2581	10 28 04	−57 41 46	5.0	2446	7.142		0.415	−0.34	II 2 pn
C1028−595	Collinder 223	10 32 50	−60 06 00	18.0	2820	8.0		0.25		II 2 m
C1033−579	NGC 3293	10 36 27	−58 18 38	6.0	2327	7.014	8	0.263		
C1035−583	NGC 3324	10 37 56	−58 43 21	12.0	2317	6.754		0.438		
C1036−538	NGC 3330	10 39 24	−54 12 15	4.0	894	8.229		0.050		III 2 m
C1040−588	Bochum 10	10 42 48	−59 12 53	20.0	2027	6.857		0.306		II 3 mn
C1041−641	IC 2602	10 43 31	−64 28 53	100.0	161	7.507	3	0.024	0.00	I 3 r
C1041−593	Trumpler 14	10 44 32	−59 37 54	5.0	2500	6.30		0.57		
C1041−597	Collinder 228	10 44 36	−60 10 06	14.0	2201	6.830		0.342		
C1042−591	Trumpler 15	10 45 19	−59 26 54	14.0	1853	6.926		0.434		III 2 pn
C1043−594	Trumpler 16	10 45 46	−59 47 54	10.0	3900	6.70		0.61		
C1045−598	Bochum 11	10 47 51	−60 09 55	21.0	2412	6.764		0.576		IV 3 pn
C1054−589	Trumpler 17	10 57 02	−59 16 59	5.0	2189	7.706		0.605		
C1055−614	Bochum 12	10 58 01	−61 47 59	10.0	2218	7.61		0.24		III 3 p
C1057−600	NGC 3496	11 00 14	−60 25 12	8.0	990	8.471		0.469		II 1 r
	Sher 1	11 01 42	−60 19 00	1.0	5875	6.713		1.374		
C1059−595	Pismis 17	11 01 45	−59 54 00	6.0	3504	7.023	9	0.471		
C1104−584	NGC 3532	11 06 19	−58 50 14	50.0	492	8.477	8	0.028	−0.022	II 3 r
C1108−599	NGC 3572	11 11 03	−60 19 57	5.0	1995	6.891	7	0.389		II 3 mn
C1108−601	Hogg 10	11 11 22	−60 29 04	3.0	1776	6.784		0.460		
C1109−604	Trumpler 18	11 12 08	−60 45 04	5.0	1358	7.194		0.315		II 3 m
C1109−600	Collinder 240	11 12 20	−60 23 39	32.0	1577	7.160		0.310		III 2 mn
C1110−605	NGC 3590	11 13 39	−60 52 22	3.0	1651	7.231		0.449		I 2 p
C1110−586	Stock 13	11 13 46	−58 58 04	5.0	1577	7.222	10	0.218		I 3 pn
C1112−609	NGC 3603	11 15 47	−61 20 41	4.0	6900	6.00		1.338		II 3 mn
C1115−624	IC 2714	11 18 07	−62 49 05	14.0	1238	8.542	10	0.341	+0.01	II 2 r
C1117−632	Melotte 105	11 20 22	−63 34 06	5.0	2208	8.316		0.482		I 2 r
C1123−429	NGC 3680	11 26 23	−43 19 43	5.0	938	9.077	10	0.066	−0.19	I 2 m
C1133−613	NGC 3766	11 36 58	−61 41 39	9.3	2218	7.32	8	0.20		I 3 r
C1134−627	IC 2944	11 39 04	−63 27 31	65.0	1794	6.818		0.320		III 3 mn
C1141−622	Stock 14	11 44 33	−62 36 10	6.0	2146	7.058	10	0.225		III 3 p
C1148−554	NGC 3960	11 51 19	−55 45 34	5.0	1850	9.1		0.29	+0.02	I 2 m
C1154−623	Ruprecht 97	11 58 15	−62 48 11	5.0	1357	8.343	12	0.229	−0.59	IV 1 p
C1204−609	NGC 4103	12 07 29	−61 20 10	6.0	1632	7.393	10	0.294		I 2 m
C1221−616	NGC 4349	12 25 00	−61 57 27	5.0	2176	8.315	11	0.384	−0.12	II 2 m
C1222+263	Melotte 111	12 25 53	+26 00 51	120.0	96	8.652	5	0.013	+0.07	III 3 r
C1226−604	Harvard 5	12 28 08	−60 51 52	5.0	1184	8.032		0.160		
C1225−598	NGC 4439	12 29 19	−60 11 26	4.0	1785	7.909		0.348		
C1239−627	NGC 4609	12 43 13	−63 04 47	13.0	1320	7.7	10	0.37		II 2 m
C1250−600	NGC 4755	12 54 35	−60 26 44	10.0	1976	7.216	7	0.388		
C1315−623	Stock 16	13 20 30	−62 42 52	3.0	1810	6.90	10	0.52		III 3 pn
C1317−646	Ruprecht 107	13 20 49	−65 01 52	3.0	1442	7.478	12	0.458		III 2 p
C1324−587	NGC 5138	13 28 17	−59 06 48	7.0	1986	7.986		0.262	+0.120	II 2 m

IAU Designation	Name	RA	Dec.	Appt. Diam.	Dist.	Log (age)	Mag. Mem.[1]	$E_{(B-V)}$	Metallicity	Trumpler Class
		h m s	° ′ ″	′	pc	yr				
C1326−609	Hogg 16	13 30 20	−61 16 47	6.0	1585	7.047		0.411		II 2 p
C1327−606	NGC 5168	13 32 08	−61 01 10	4.0	1777	8.001		0.431		I 2 m
C1328−625	Trumpler 21	13 33 18	−62 52 46	5.0	1263	7.696		0.197		I 2 p
C1343−626	NGC 5281	13 47 41	−62 59 37	7.0	1108	7.146	10	0.225		I 3 m
C1350−616	NGC 5316	13 55 03	−61 56 39	14.0	1215	8.202	11	0.267	−0.02	II 2 r
C1356−619	Lynga 1	14 01 09	−62 13 29	3.0	1900	8.00		0.45		II 2 p
C1404−480	NGC 5460	14 08 27	−48 24 59	35.0	700	8.2	9	0.092	−0.06	I 3 m
C1420−611	Lynga 2	14 25 45	−61 24 00	13.0	900	7.95		0.22		II 3 m
C1424−594	NGC 5606	14 28 56	−59 42 02	3.0	1805	7.075		0.474		I 3 p
C1426−605	NGC 5617	14 30 54	−60 46 48	10.0	2000	7.90	10	0.48		I 3 r
C1427−609	Trumpler 22	14 32 13	−61 14 05	10.0	1516	7.950	12	0.521		III 2 m
C1431−563	NGC 5662	14 36 44	−56 41 07	29.0	666	7.968	10	0.311		II 3 r
C1440+697	Collinder 285	14 41 18	+69 30 03	1400.0	25	8.30	2	0.00		
C1445−543	NGC 5749	14 50 00	−54 33 44	10.0	1031	7.728		0.376		II 2 m
C1501−541	NGC 5822	15 05 30	−54 27 23	35.0	933	8.95	10	0.103	+0.05	II 2 r
C1502−554	NGC 5823	15 06 40	−55 39 46	12.0	1192	8.900	13	0.090		II 2 r
C1511−588	Pismis 20	15 16 37	−59 07 24	4.0	2018	6.864		1.179		
C1559−603	NGC 6025	16 04 37	−60 28 25	14.0	756	7.889	7	0.159	+0.19	II 3 r
C1601−517	Lynga 6	16 06 03	−51 58 29	5.0	1600	7.430		1.250		
C1603−539	NGC 6031	16 08 48	−54 03 20	3.0	1823	8.069		0.371		I 3 p
C1609−540	NGC 6067	16 14 24	−54 15 25	14.0	1417	8.076	10	0.380	+0.138	I 3 r
C1614−577	NGC 6087	16 20 08	−57 58 18	14.0	891	7.976	8	0.175	−0.01	II 2 m
C1622−405	NGC 6124	16 26 24	−40 41 16	39.0	512	8.147	9	0.750		I 3 r
C1623−261	Collinder 302	16 27 05	−26 17 03	500.0						III 3 p
C1624−490	NGC 6134	16 28 56	−49 11 07	6.0	913	8.968	11	0.395	+0.15	
C1632−455	NGC 6178	16 36 54	−45 40 27	5.0	1014	7.248		0.219		III 3 p
C1637−486	NGC 6193	16 42 30	−48 47 32	14.0	1155	6.775		0.475		
C1642−469	NGC 6204	16 47 18	−47 02 38	5.0	1200	7.90		0.46		I 3 m
C1645−537	NGC 6208	16 50 43	−53 45 15	18.0	939	9.069		0.210	−0.03	III 2 r
C1650−417	NGC 6231	16 55 15	−41 50 57	14.0	1243	6.843	6	0.439		
C1652−394	NGC 6242	16 56 37	−39 29 08	9.0	1131	7.608		0.377		
C1653−405	Trumpler 24	16 58 05	−40 41 24	60.0	1138	6.919		0.418		
C1654−447	NGC 6249	16 58 49	−44 50 05	5.0	981	7.386		0.443		II 2 m
C1654−457	NGC 6250	16 59 04	−45 57 34	10.0	865	7.415		0.350		II 3 r
C1657−446	NGC 6259	17 01 52	−44 40 37	14.0	1031	8.336	11	0.498	+0.020	II 2 r
C1714−355	Bochum 13	17 18 26	−35 33 57	14.0	1077	6.823		0.854		III 3 m
C1714−429	NGC 6322	17 19 32	−42 56 55	5.0	996	7.058		0.590		I 3 m
C1720−499	IC 4651	17 26 01	−49 56 47	10.0	888	9.057	10	0.116	+0.15	II 2 r
C1731−325	NGC 6383	17 35 49	−32 34 33	20.0	985	6.962		0.298		II 3 mn
C1732−334	Trumpler 27	17 37 21	−33 31 31	6.0	1211	7.063		1.194		III 3 m
C1733−324	Trumpler 28	17 38 01	−32 29 30	5.0	1343	7.290		0.733		III 2 mn
C1734−362	Ruprecht 127	17 38 54	−36 18 29	5.0	1466	7.351	11	0.990		II 2 p
C1736−321	NGC 6405	17 41 21	−32 15 38	20.0	487	7.974	7	0.144	+0.06	II 3 r
C1741−323	NGC 6416	17 45 20	−32 22 03	14.0	741	8.087		0.251		III 2 m
C1743+057	IC 4665	17 47 04	+05 42 42	70.0	352	7.634	6	0.174	−0.03	III 2 m
C1747−302	NGC 6451	17 51 41	−30 12 48	7.0	2080	8.134	12	0.672	−0.34	I 2 rn
C1750−348	NGC 6475	17 54 53	−34 47 44	80.0	301	8.475	7	0.103	+0.14	I 3 r
C1753−190	NGC 6494	17 57 59	−18 59 09	29.0	628	8.477	10	0.356	+0.090	II 2 r
C1758−237	Bochum 14	18 02 57	−23 40 57	2.0	578	6.996		1.508		III 1 pn
C1800−279	NGC 6520	18 04 23	−27 53 13	2.0	1900	8.18	9	0.42		I 2 rn

IAU Designation	Name	RA	Dec.	Appt. Diam.	Dist.	Log (age)	Mag. Mem.[1]	$E_{(B-V)}$	Metal- licity	Trumpler Class
		h m s	° ′ ″	′	pc	yr				
C1801−225	NGC 6531	18 05 09	−22 29 18	14.0	1205	7.070	8	0.281		I 3 r
C1801−243	NGC 6530	18 05 28	−24 21 23	14.0	1330	6.867	6	0.333		
C1804−233	NGC 6546	18 08 19	−23 17 37	14.0	938	7.849		0.491		II 1 r
C1815−122	NGC 6604	18 18 55	−12 14 05	5.0	1696	6.810		0.970		I 3 mn
C1816−138	NGC 6611	18 19 41	−13 47 58	6.0	1800	6.11	11	0.80		
C1817−171	NGC 6613	18 20 52	−17 05 38	5.0	1296	7.223		0.450		II 3 pn
C1825+065	NGC 6633	18 28 00	+06 31 07	20.0	376	8.629	8	0.182	+0.06	III 2 m
C1828−192	IC 4725	18 32 42	−19 06 17	29.0	620	7.965	8	0.476	+0.17	I 3 m
C1830−104	NGC 6649	18 34 18	−10 23 26	5.0	1369	7.566	13	1.201		I 3 m
C1834−082	NGC 6664	18 37 27	−07 47 58	12.0	1164	7.162	9	0.709		III 2 m
C1836+054	IC 4756	18 39 46	+05 27 53	39.0	484	8.699	8	0.192	−0.15	II 3 r
C1840−041	Trumpler 35	18 43 43	−04 07 02	5.0	1206	7.862		1.218		I 2 m
C1842−094	NGC 6694	18 46 09	−09 21 58	7.0	1600	7.931	11	0.589		II 3 m
C1848−052	NGC 6704	18 51 34	−05 11 09	5.0	2974	7.863	12	0.717		I 2 m
C1848−063	NGC 6705	18 51 55	−06 15 03	32.0	1877	8.4	11	0.428	+0.136	
C1850−204	Collinder 394	18 53 11	−20 11 01	22.0	690	7.803		0.235		
C1851+368	Stephenson 1	18 54 03	+36 56 12	20.0	390	7.731		0.040		IV 3 p
C1851−199	NGC 6716	18 55 29	−19 52 52	10.0	789	7.961		0.220	−0.31	IV 1 p
C1905+041	NGC 6755	19 08 35	+04 17 31	14.0	1421	7.719	11	0.826		II 2 r
C1906+046	NGC 6756	19 09 28	+04 43 50	4.0	1507	7.79	13	1.18		I 1 m
C1919+377	NGC 6791	19 21 26	+37 48 06	10.0	5853	9.643	15	0.117	+0.320	I 2 r
C1936+464	NGC 6811	19 37 45	+46 25 26	14.0	1215	8.799	11	0.160		III 1 r
C1939+400	NGC 6819	19 41 50	+40 13 25	5.0	2360	9.174	11	0.238	+0.09	
C1941+231	NGC 6823	19 43 49	+23 20 15	6.0	3176	6.5		0.854		I 3 mn
C1948+229	NGC 6830	19 51 39	+23 08 25	5.0	1639	7.572	10	0.501		II 2 p
C1950+292	NGC 6834	19 52 49	+29 26 56	5.0	2067	7.883	11	0.708		II 2 m
C1950+182	Harvard 20	19 53 48	+18 22 27	7.0	1540	7.476		0.247		IV 2 p
C2002+438	NGC 6866	20 04 25	+44 12 10	14.0	1470	8.8	10	0.10		II 2 r
C2002+290	Roslund 4	20 05 32	+29 15 41	5.0	2000	6.6		0.91		II 3 mn
C2004+356	NGC 6871	20 06 34	+35 49 19	29.0	1574	6.958		0.443		II 2 pn
C2007+353	Biurakan 2	20 09 47	+35 31 46	20.0	1106	7.011	16	0.360		III 2 p
C2008+410	IC 1311	20 10 50	+41 15 48	5.0	6026	9.20		0.28	−0.30	I 1 r
C2009+263	NGC 6885	20 12 40	+26 31 32	20.0	597	9.16	6	0.08		III 2 m
C2014+374	IC 4996	20 17 05	+37 42 14	2.2	2398	6.87	8	0.71		II 3 pn
C2018+385	Berkeley 86	20 20 58	+38 44 59	6.0	1112	7.116	13	0.898		IV 2 mn
C2019+372	Berkeley 87	20 22 17	+37 25 00	10.0	633	7.152	13	1.369		III 2 m
C2021+406	NGC 6910	20 23 45	+40 49 44	10.0	1139	7.127		0.971		I 3 mn
C2022+383	NGC 6913	20 24 31	+38 33 33	10.0	1148	7.111	9	0.744		II 3 mn
C2030+604	NGC 6939	20 31 49	+60 42 53	10.0	1800	9.20		0.33	0.00	II 1 r
C2032+281	NGC 6940	20 35 05	+28 20 14	25.0	770	8.858	11	0.214	+0.013	III 2 r
C2054+444	NGC 6996	20 57 03	+44 41 36	14.0	760	8.54		0.52		III 2 m
C2109+454	NGC 7039	21 11 21	+45 40 50	14.0	951	7.820		0.131		IV 2 m
C2121+461	NGC 7062	21 24 01	+46 26 43	5.0	1480	8.465		0.452		II 2 m
C2122+478	NGC 7067	21 24 56	+48 04 38	6.0	3600	8.00		0.75		II 1 p
C2122+362	NGC 7063	21 24 59	+36 33 14	9.0	689	7.977		0.091		III 1 p
C2127+468	NGC 7082	21 29 51	+47 11 42	25.0	1442	8.233		0.237	−0.01	
C2130+482	NGC 7092	21 32 22	+48 30 08	29.0	326	8.445	7	0.013	+0.15	III 2 m
C2137+572	Trumpler 37	21 39 35	+57 34 14	89.0	835	7.054		0.470		IV 3 m
C2144+655	NGC 7142	21 45 31	+65 50 48	12.0	2344	9.84	11	0.32	+0.08	I 2 r
C2151+470	IC 5146	21 54 00	+47 20 25	20.0	852	6.00		0.593		III 2 pn

IAU Designation	Name	RA	Dec.	Appt. Diam.	Dist.	Log (age)	Mag. Mem.[1]	$E_{(B-V)}$	Metallicity	Trumpler Class
		h m s	° ′ ″	′	pc	yr				
C2152+623	NGC 7160	21 54 07	+62 40 37	5.0	789	7.278		0.375	+0.16	I 3 p
C2203+462	NGC 7209	22 05 44	+46 33 33	14.0	1168	8.617	9	0.168	−0.12	III 1 m
C2208+551	NGC 7226	22 11 00	+55 28 30	2.0	2616	8.436		0.536		I 2 m
C2210+570	NGC 7235	22 12 58	+57 20 49	5.0	3330	6.90		0.90		II 3 m
C2213+496	NGC 7243	22 15 45	+49 58 33	29.0	808	8.058	8	0.220		II 2 m
C2213+540	NGC 7245	22 15 46	+54 25 15	7.0	3467	8.65		0.45		II 2 m
C2218+578	NGC 7261	22 20 45	+58 12 00	5.0	1681	7.670		0.969		II 3 m
C2227+551	Berkeley 96	22 30 00	+55 28 47	2.0	3087	6.822	13	0.630		I 2 p
C2245+578	NGC 7380	22 47 58	+58 12 49	20.0	2222	7.077	10	0.602		III 2 mn
C2306+602	King 19	23 08 58	+60 36 03	5.0	1967	8.557	12	0.547		III 2 p
C2309+603	NGC 7510	23 11 43	+60 39 16	6.0	3480	7.35	10	0.90		II 3 rn
C2313+602	Markarian 50	23 15 59	+60 33 05	2.0	2114	7.095		0.810		III 1 pn
C2322+613	NGC 7654	23 25 30	+61 40 43	15.0	1400	8.2	11	0.57		II 2 r
C2345+683	King 11	23 48 33	+68 43 10	5.0	2892	9.048	17	1.270	−0.27	I 2 m
C2350+616	King 12	23 53 47	+62 03 10	3.0	2378	7.037	10	0.590		II 1 p
C2354+611	NGC 7788	23 57 32	+61 29 05	4.0	2374	7.593		0.283		I 2 p
C2354+564	NGC 7789	23 58 11	+56 47 41	25.0	1795	9.15	10	0.28	+0.02	II 2 r
C2355+609	NGC 7790	23 59 11	+61 17 41	5.0	2944	7.749	10	0.531		II 2 m

Notes to Table

[1] The Mag. Mem. column gives the visual magnitude of the brightest cluster member.

Alternate Names for Some Clusters

C0001−302	ζ Scl Cluster	C0838−528	o Vel Cluster
C0129+604	M103	C0847+120	M67
C0215+569	h Per	C1041−641	θ Car Cluster
C0218+568	χ Per	C1043−594	η Car Cluster
C0238+425	M34	C1239−627	Coal-Sack Cluster
C0344+239	M45	C1250−600	Jewel Box Cluster
C0525+358	M38	C1440+697	Ursa Major Moving Group
C0532+341	M36	C1736−321	M6
C0549+325	M37	C1750−348	M7
C0605+243	M35	C1753−190	M23
C0629+049	Rosette Cluster	C1801−225	M21
C0638+099	S Mon Cluster	C1816−138	M16
C0644−206	M41	C1817−171	M18
C0700−082	M50	C1828−192	M25
C0716−248	τ CMa Cluster	C1842−094	M26
C0734−143	M47	C1848−063	M11
C0739−147	M46	C2022+383	M29
C0742−237	M93	C2130+482	M39
C0811−056	M48	C2322+613	M52
C0837+201	M44		

Name	RA	Dec.	V_t	$B-V$	$E_{(B-V)}$	$(m-M)_V$	[Fe/H]	v_r	c^1	r_h^2	Alternate Name
	h m s	° ′ ″						km/s		′	
NGC 104	00 24 46.5	−71 59 44	3.95	0.88	0.04	13.37	−0.72	− 18.0	2.07	3.17	47 Tuc
NGC 288	00 53 30.5	−26 29 55	8.09	0.65	0.03	14.84	−1.32	− 45.4	0.99	2.23	
NGC 362	01 03 45.6	−70 45 57	6.40	0.77	0.05	14.83	−1.26	+223.5	1.76c	0.82	
Whiting 1	02 03 44.1	−03 10 43	15.03		0.03	17.49	−0.70	−130.6	0.55	0.22	
NGC 1261	03 12 41.7	−55 09 31	8.29	0.72	0.01	16.09	−1.27	+ 68.2	1.16	0.68	
Pal 1	03 35 38.6	+79 37 56	13.18	0.96	0.15	15.70	−0.65	− 82.8	2.57	0.46	
AM 1	03 55 29.1	−49 34 14	15.72	0.72	0.00	20.45	−1.70	+116.0	1.36	0.41	E 1
Eridanus	04 25 24.8	−21 09 08	14.70	0.79	0.02	19.83	−1.43	− 23.6	1.10	0.46	
Pal 2	04 47 05.6	+31 24 31	13.04	2.08	1.24	21.01	−1.42	−133.0	1.53	0.50	
NGC 1851	05 14 37.3	−40 01 46	7.14	0.76	0.02	15.47	−1.18	+320.5	1.86	0.51	
NGC 1904	05 24 49.3	−24 30 41	7.73	0.65	0.01	15.59	−1.60	+205.8	1.70c	0.65	M 79
NGC 2298	06 49 32.4	−36 01 25	9.29	0.75	0.14	15.60	−1.92	+148.9	1.38	0.98	
NGC 2419	07 39 11.2	+38 50 47	10.41	0.66	0.08	19.83	−2.15	− 20.2	1.37	0.89	
Ko 2	07 59 13.5	+26 12 44	17.60		0.08	17.95			0.50	0.21	
Pyxis	09 08 34.7	−37 17 04	12.90		0.21	18.63	−1.20	+ 34.3	0.00	0.00	
NGC 2808	09 12 21.2	−64 55 40	6.20	0.92	0.22	15.59	−1.14	+101.6	1.56	0.80	
E 3	09 20 45.8	−77 20 54	11.35		0.30	15.47	−0.83		0.75	2.10	
Pal 3	10 06 19.6	−00 00 15	14.26		0.04	19.95	−1.63	+ 83.4	0.99	0.65	
NGC 3201	10 18 15.1	−46 29 25	6.75	0.96	0.24	14.20	−1.59	+494.0	1.29	3.10	
Pal 4	11 30 06.0	+28 53 17	14.20		0.01	20.21	−1.41	+ 74.5	0.93	0.51	
Ko 1	12 00 06.2	+12 10 25	17.10		0.01	18.45			0.50	0.26	
NGC 4147	12 10 53.6	+18 27 23	10.32	0.59	0.02	16.49	−1.80	+183.2	1.83	0.48	
NGC 4372	12 26 40.7	−72 44 41	7.24	1.10	0.39	15.03	−2.17	+ 72.3	1.30	3.91	
Rup 106	12 39 32.2	−51 14 07	10.90		0.20	17.25	−1.68	− 44.0	0.70	1.05	
NGC 4590	12 40 17.4	−26 49 45	7.84	0.63	0.05	15.21	−2.23	− 94.7	1.41	1.51	M 68
NGC 4833	13 00 37.1	−70 57 35	6.91	0.93	0.32	15.08	−1.85	+200.2	1.25	2.41	
NGC 5024	13 13 40.7	+18 05 11	7.61	0.64	0.02	16.32	−2.10	− 62.9	1.72	1.31	M 53
NGC 5053	13 17 12.5	+17 37 08	9.47	0.65	0.01	16.23	−2.27	+ 44.0	0.74	2.61	
NGC 5139	13 27 43.3	−47 33 35	3.68	0.78	0.12	13.94	−1.53	+232.1	1.31	5.00	ω Cen
NGC 5272	13 42 54.4	+28 17 58	6.19	0.69	0.01	15.07	−1.50	−147.6	1.89	2.31	M 3
NGC 5286	13 47 26.1	−51 27 05	7.34	0.88	0.24	16.08	−1.69	+ 57.4	1.41	0.73	
AM 4	13 57 14.6	−27 14 34	15.88		0.05	17.69	−1.30		0.70	0.43	
NGC 5466	14 06 09.0	+28 27 39	9.04	0.67	0.00	16.02	−1.98	+110.7	1.04	2.30	
NGC 5634	14 30 26.2	−06 02 42	9.47	0.67	0.05	17.16	−1.88	− 45.1	2.07	0.86	
NGC 5694	14 40 30.5	−26 36 18	10.17	0.69	0.09	18.00	−1.98	−140.3	1.89	0.40	
IC 4499	15 02 54.3	−82 16 27	9.76	0.91	0.23	17.08	−1.53	+ 31.5	1.21	1.71	
NGC 5824	15 04 56.0	−33 07 41	9.09	0.75	0.13	17.94	−1.91	− 27.5	1.98	0.45	
Pal 5	15 16 52.9	−00 10 05	11.75		0.03	16.92	−1.41	− 58.7	0.52	2.73	
NGC 5897	15 18 18.2	−21 03 59	8.53	0.74	0.09	15.76	−1.90	+101.5	0.86	2.06	
NGC 5904	15 19 20.3	+02 01 31	5.65	0.72	0.03	14.46	−1.29	+ 53.2	1.73	1.77	M 5
NGC 5927	15 29 08.2	−50 43 34	8.01	1.31	0.45	15.82	−0.49	−107.5	1.60	1.10	
NGC 5946	15 36 36.6	−50 42 37	9.61	1.29	0.54	16.79	−1.29	+128.4	2.50c	0.89	
BH 176	15 40 15.3	−50 06 08	14.00		0.54	18.06	0.00		0.85	0.90	
NGC 5986	15 47 04.1	−37 50 02	7.52	0.90	0.28	15.96	−1.59	+ 88.9	1.23	0.98	
Pal 14	16 11 43.3	+14 55 06	14.74		0.04	19.54	−1.62	+ 72.3	0.80	1.22	AvdB
Lynga 7	16 12 17.9	−55 21 25	10.18		0.73	16.78	−1.01	+ 8.0	0.95	1.20	BH184
NGC 6093	16 17 58.0	−23 00 48	7.33	0.84	0.18	15.56	−1.75	+ 8.1	1.68	0.61	M 80
NGC 6121	16 24 32.3	−26 33 39	5.63	1.03	0.35	12.82	−1.16	+ 70.7	1.65	4.33	M 4
NGC 6101	16 27 35.1	−72 14 11	9.16	0.68	0.05	16.10	−1.98	+361.4	0.80	1.05	
NGC 6144	16 28 10.8	−26 03 26	9.01	0.96	0.36	15.86	−1.76	+193.8	1.55	1.63	

Name	RA	Dec.	V_t	$B-V$	$E_{(B-V)}$	$(m-M)_V$	[Fe/H]	v_r	c^1	r_h^2	Alternate Name
	h m s	° ′ ″						km/s		′	
NGC 6139	16 28 43.3	−38 52 57	8.99	1.40	0.75	17.35	−1.65	+ 6.7	1.86	0.85	
Terzan 3	16 29 41.2	−35 23 12	12.00		0.73	16.82	−0.74	−136.3	0.70	1.25	
NGC 6171	16 33 23.9	−13 05 09	7.93	1.10	0.33	15.05	−1.02	− 34.1	1.53	1.73	M 107
1636-283	16 40 23.6	−28 25 42	12.00		0.46	16.02	−1.50		1.00	0.50	ESO452−SC11
NGC 6205	16 42 14.4	+36 25 52	5.78	0.68	0.02	14.33	−1.53	−244.2	1.53	1.69	M 13
NGC 6229	16 47 24.9	+47 30 03	9.39	0.70	0.01	17.45	−1.47	−154.2	1.50	0.36	
NGC 6218	16 48 02.4	−01 58 31	6.70	0.83	0.19	14.01	−1.37	− 41.4	1.34	1.77	M 12
FSR 1735	16 53 19.6	−47 04 59	12.90		1.42	19.35			0.56	0.34	
NGC 6235	16 54 21.1	−22 12 07	9.97	1.05	0.31	16.26	−1.28	+ 87.3	1.53	1.00	
NGC 6254	16 57 58.1	−04 07 25	6.60	0.90	0.28	14.08	−1.56	+ 75.2	1.38	1.95	M 10
NGC 6256	17 00 35.4	−37 08 37	11.29	1.69	1.09	18.44	−1.02	−101.4	2.50c	0.86	
Pal 15	17 00 38.9	−00 33 40	14.00		0.40	19.51	−2.07	+ 68.9	0.60	1.10	
NGC 6266	17 02 12.1	−30 08 08	6.45	1.19	0.47	15.63	−1.18	− 70.1	1.71c:	0.92	M 62
NGC 6273	17 03 35.4	−26 17 21	6.77	1.03	0.38	15.90	−1.74	+135.0	1.53	1.32	M 19
NGC 6284	17 05 25.4	−24 47 07	8.83	0.99	0.28	16.79	−1.26	+ 27.5	2.50c	0.66	
NGC 6287	17 06 05.2	−22 43 43	9.35	1.20	0.60	16.72	−2.10	−288.7	1.38	0.74	
NGC 6293	17 11 08.0	−26 36 02	8.22	0.96	0.36	16.00	−1.99	−146.2	2.50c	0.89	
NGC 6304	17 15 31.3	−29 28 44	8.22	1.31	0.54	15.52	−0.45	−107.3	1.80	1.42	
NGC 6316	17 17 35.8	−28 09 22	8.43	1.39	0.54	16.77	−0.45	+ 71.4	1.65	0.65	
NGC 6341	17 17 35.9	+43 07 12	6.44	0.63	0.02	14.65	−2.31	−120.0	1.68	1.02	M 92
NGC 6325	17 18 55.8	−23 46 54	10.33	1.66	0.91	17.29	−1.25	+ 29.8	2.50c	0.63	
NGC 6333	17 20 05.7	−18 31 52	7.72	0.97	0.38	15.67	−1.77	+229.1	1.25	0.96	M 9
NGC 6342	17 22 04.9	−19 36 06	9.66	1.26	0.46	16.08	−0.55	+115.7	2.50c	0.73	
NGC 6356	17 24 29.1	−17 49 35	8.25	1.13	0.28	16.76	−0.40	+ 27.0	1.59	0.81	
NGC 6355	17 24 56.3	−26 22 00	9.14	1.48	0.77	17.21	−1.37	−176.9	2.50c	0.88	
NGC 6352	17 26 39.9	−48 26 06	7.96	1.06	0.22	14.43	−0.64	−137.0	1.10	2.05	
IC 1257	17 27 58.7	−07 06 19	13.10	1.38	0.73	19.25	−1.70	−140.2	1.55	1.40	
Terzan 2	17 28 33.0	−30 48 52	14.29		1.87	20.17	−0.69	+109.0	2.50c	1.52	HP 3
NGC 6366	17 28 33.7	−05 05 31	9.20	1.44	0.71	14.94	−0.59	−122.2	0.74	2.92	
Terzan 4	17 31 39.3	−31 36 23	16.00		2.00	20.48	−1.41	− 50.0	0.90	1.85	HP 4
HP 1	17 32 04.7	−29 59 32	11.59		1.12	18.05	−1.00	+ 45.8	2.50c	3.10	BH 229
NGC 6362	17 33 31.1	−67 03 31	7.73	0.85	0.09	14.68	−0.99	− 13.1	1.09	2.05	
Liller 1	17 34 25.7	−33 23 56	16.77		3.07	24.09	−0.33	+ 52.0	2.30		
NGC 6380	17 35 32.4	−39 04 43	11.31	2.01	1.17	18.81	−0.75	− 3.6	1.55c:	0.74	Ton 1
Terzan 1	17 36 47.6	−30 28 43	15.90		1.99	20.31	−1.03	+114.0	2.50c	3.82	HP 2
Ton 2	17 37 14.6	−38 33 44	12.24		1.24	18.41	−0.70	−184.4	1.30	1.30	Pismis 26
NGC 6388	17 37 25.3	−44 44 39	6.72	1.17	0.37	16.13	−0.55	+ 80.1	1.75	0.52	
NGC 6402	17 38 24.9	−03 15 15	7.59	1.25	0.60	16.69	−1.28	− 66.1	0.99	1.30	M 14
NGC 6401	17 39 33.4	−23 55 03	9.45	1.58	0.72	17.35	−1.02	− 65.0	1.69	1.91	
NGC 6397	17 41 57.7	−53 40 53	5.73	0.73	0.18	12.37	−2.02	+ 18.8	2.50c	2.90	
Pal 6	17 44 40.0	−26 13 42	11.55	2.83	1.46	18.34	−0.91	+181.0	1.10	1.20	
NGC 6426	17 45 41.1	+03 09 53	11.01	1.02	0.36	17.68	−2.15	−162.0	1.70	0.92	
Djorg 1	17 48 29.4	−33 04 12	13.60		1.58	20.58	−1.51	−362.4	1.50	1.59	
Terzan 5	17 49 02.0	−24 47 00	13.85	2.77	2.28	21.27	−0.23	− 93.0	1.62	0.72	Terzan 11
NGC 6440	17 49 48.0	−20 21 51	9.20	1.97	1.07	17.95	−0.36	− 76.6	1.62	0.48	
NGC 6441	17 51 16.3	−37 03 18	7.15	1.27	0.47	16.78	−0.46	+ 16.5	1.74	0.57	
Terzan 6	17 51 46.5	−31 16 43	13.85		2.35	21.44	−0.56	+126.0	2.50c	0.44	HP 5
NGC 6453	17 51 53.6	−34 36 09	10.08	1.31	0.64	17.30	−1.50	− 83.7	2.50c	0.44	
UKS 1	17 55 24.1	−24 08 50	17.29		3.14	24.20	−0.64	+ 57.0	2.10		
NGC 6496	18 00 11.4	−44 15 58	8.54	0.98	0.15	15.74	−0.46	−112.7	0.70	1.02	

Name	RA	Dec.	V_t	$B-V$	$E_{(B-V)}$	$(m-M)_V$	[Fe/H]	v_r	c^1	r_h^2	Alternate Name
	h m s	° ′ ″						km/s		′	
Terzan 9	18 02 36.9	−26 50 20	16.00		1.76	19.71	−1.05	+ 59.0	2.50c	0.78	
NGC 6517	18 02 41.4	−08 57 29	10.23	1.75	1.08	18.48	−1.23	− 39.6	1.82	0.50	
Djorg 2	18 02 47.7	−27 49 30	9.90		0.94	16.90	−0.65		1.50	1.05	ESO456−SC38
NGC 6522	18 04 33.6	−30 01 57	8.27	1.21	0.48	15.92	−1.34	− 21.1	2.50c	1.00	
Terzan 10	18 04 34.2	−26 04 15	14.90		2.40	21.25	−1.00		0.75	1.55	
NGC 6535	18 04 38.3	−00 17 46	10.47	0.94	0.34	15.22	−1.79	−215.1	1.33	0.85	
NGC 6539	18 05 40.0	−07 35 02	9.33	1.83	1.02	17.62	−0.63	+ 31.0	1.74	1.70	
NGC 6528	18 05 49.2	−30 03 15	9.60	1.53	0.54	16.17	−0.11	+206.6	1.50	0.38	
NGC 6540	18 07 07.2	−27 45 46	9.30		0.66	15.65	−1.35	− 17.7	2.50		Djorg 3
NGC 6544	18 08 17.8	−24 59 40	7.77	1.46	0.76	14.71	−1.40	− 27.3	1.63c:	1.21	
NGC 6541	18 09 09.7	−43 42 42	6.30	0.76	0.14	14.82	−1.81	−158.7	1.86c:	1.06	
2MS-GC01	18 09 16.9	−19 49 35	27.74		6.80	33.85			0.85	1.65	2MASS−GC01
NGC 6553	18 10 15.3	−25 54 18	8.06	1.73	0.63	15.83	−0.18	− 3.2	1.16	1.03	
ESO-SC06	18 10 15.4	−46 25 10	12.00		0.07	16.87	−1.80		0.90	1.05	ESO280−SC06
2MS-GC02	18 10 32.0	−20 46 30	24.60		5.16	29.46	−1.08	−238.0	0.95	0.55	2MASS−GC02
NGC 6558	18 11 18.1	−31 45 35	9.26	1.11	0.44	15.70	−1.32	−197.2	2.50c	2.15	
IC 1276	18 11 34.5	−07 12 12	10.34	1.76	1.08	17.01	−0.75	+155.7	1.33	2.38	Pal 7
Terzan 12	18 13 12.1	−22 44 14	15.63		2.06	19.77	−0.50	+ 94.1	0.57	0.75	
NGC 6569	18 14 39.3	−31 49 18	8.55	1.34	0.53	16.83	−0.76	− 28.1	1.31	0.80	
BH 261	18 15 05.5	−28 37 46	11.00		0.36	15.19	−1.30		1.00	0.55	AL 3
GLIMPSE02	18 19 24.5	−16 58 12			7.85	38.05	−0.33		1.33	1.75	
NGC 6584	18 19 51.9	−52 12 31	8.27	0.76	0.10	15.96	−1.50	+222.9	1.47	0.73	
NGC 6624	18 24 40.2	−30 21 07	7.87	1.11	0.28	15.36	−0.44	+ 53.9	2.50c	0.82	
NGC 6626	18 25 30.0	−24 51 37	6.79	1.08	0.40	14.95	−1.32	+ 17.0	1.67	1.97	M 28
NGC 6638	18 31 53.5	−25 29 08	9.02	1.15	0.41	16.14	−0.95	+ 18.1	1.33	0.51	
NGC 6637	18 32 23.7	−32 20 10	7.64	1.01	0.18	15.28	−0.64	+ 39.9	1.38	0.84	M 69
NGC 6642	18 32 50.7	−23 27 47	9.13	1.11	0.40	15.79	−1.26	− 57.2	1.99c:	0.73	
NGC 6652	18 36 46.5	−32 58 38	8.62	0.94	0.09	15.28	−0.81	−111.7	1.80	0.48	
NGC 6656	18 37 20.6	−23 53 27	5.10	0.98	0.34	13.60	−1.70	−146.3	1.38	3.36	M 22
Pal 8	18 42 24.9	−19 48 36	11.02	1.22	0.32	16.53	−0.37	− 43.0	1.53	0.58	
NGC 6681	18 44 13.2	−32 16 33	7.87	0.72	0.07	14.99	−1.62	+220.3	2.50c	0.71	M 70
GLIMPSE01	18 49 37.9	−01 28 44	22.24		4.85	28.15			1.37	0.65	
NGC 6712	18 53 55.0	−08 41 10	8.10	1.17	0.45	15.60	−1.02	−107.6	1.05	1.33	
NGC 6717	18 56 02.1	−22 40 51	9.28	1.00	0.22	14.94	−1.26	+ 22.8	2.07	0.68	Pal 9
NGC 6715	18 56 02.8	−30 27 33	7.60	0.85	0.15	17.58	−1.49	+141.3	2.04	0.82	M 54
NGC 6723	19 00 35.6	−36 36 36	7.01	0.75	0.05	14.84	−1.10	− 94.5	1.11c:	1.53	
NGC 6749	19 06 02.3	+01 55 31	12.44	2.14	1.50	19.14	−1.60	− 61.7	0.79	1.10	
NGC 6760	19 11 59.3	+01 03 25	8.88	1.66	0.77	16.72	−0.40	− 27.5	1.65	1.27	
NGC 6752	19 12 13.9	−59 57 29	5.40	0.66	0.04	13.13	−1.54	− 26.7	2.50c	1.91	
NGC 6779	19 17 11.8	+30 12 43	8.27	0.86	0.26	15.68	−1.98	−135.6	1.38	1.10	M 56
Pal 10	19 18 43.2	+18 36 02	13.22		1.66	19.01	−0.10	− 31.7	0.58	0.99	
Terzan 7	19 18 45.0	−34 37 44	12.00		0.07	17.01	−0.32	+166.0	0.93	0.77	
Arp 2	19 29 43.0	−30 19 22	12.30	0.86	0.10	17.59	−1.75	+115.0	0.88	1.77	
NGC 6809	19 40 58.6	−30 55 41	6.32	0.72	0.08	13.89	−1.94	+174.7	0.93	2.83	M 55
Terzan 8	19 42 44.7	−33 57 44	12.40		0.12	17.47	−2.16	+130.0	0.60	0.95	
Pal 11	19 46 04.7	−07 58 08	9.80	1.27	0.35	16.72	−0.40	− 68.0	0.57	1.46	
NGC 6838	19 54 27.9	+18 49 13	8.19	1.09	0.25	13.80	−0.78	− 22.8	1.15	1.67	M 71
NGC 6864	20 06 59.3	−21 52 33	8.52	0.87	0.16	17.09	−1.29	−189.3	1.80	0.46	M 75
NGC 6934	20 34 56.9	+07 27 30	8.83	0.77	0.10	16.28	−1.47	−411.4	1.53	0.69	
NGC 6981	20 54 18.7	−12 28 41	9.27	0.72	0.05	16.31	−1.42	−345.0	1.21	0.93	M 72

Name	RA	Dec.	V_t	$B-V$	$E_{(B-V)}$	$(m-M)_V$	[Fe/H]	v_r	c^1	r_h^2	Alternate Name
	h m s	° ′ ″						km/s		′	
NGC 7006	21 02 12.7	+16 14 56	10.56	0.75	0.05	18.23	−1.52	−384.1	1.41	0.44	
NGC 7078	21 30 43.2	+12 14 08	6.20	0.68	0.10	15.39	−2.37	−107.0	2.29c	1.00	M 15
NGC 7089	21 34 14.8	−00 45 14	6.47	0.66	0.06	15.50	−1.65	− 5.3	1.59	1.06	M 2
NGC 7099	21 41 14.8	−23 06 32	7.19	0.60	0.03	14.64	−2.27	−184.2	2.50c	1.03	M 30
Pal 12	21 47 30.9	−21 10 50	11.99	1.07	0.02	16.46	−0.85	+ 27.8	2.98	1.72	
Pal 13	23 07 31.0	+12 51 22	13.47	0.76	0.05	17.23	−1.88	+ 25.2	0.66	0.36	
NGC 7492	23 09 15.5	−15 31 38	11.29	0.42	0.00	17.10	−1.78	−177.5	0.72	1.15	

Notes to Table

[1] central concentration index: c = core collapsed; c: = possibly core collapsed
[2] half-light radius

IERS Designation	Right Ascension	Declination	Type	z	Flux 8.4 GHz	2.3 GHz	α^1	V	Notes
	h m s	° ′ ″			Jy	Jy			
0002−478	00 04 35.6555 0384	−47 36 19.6037 899	A		0.38	0.18	+0.50	19.0	
0007+106	00 10 31.0059 0186	+10 58 29.5043 827	G	0.089	0.38	0.18	+0.50	14.2	S1.2, var.
0008−264	00 11 01.2467 3846	−26 12 33.3770 171	Q	1.096	0.44	0.30	+0.50	19.0	
0010+405	00 13 31.1302 0334	+40 51 37.1441 040	G	0.256	0.56	0.48	−0.62	18.2	S1.9
0013−005	00 16 11.0885 5479	−00 15 12.4453 413	Q	1.574	0.35	0.88	−0.24	20.8	
0016+731	00 19 45.7864 1940	+73 27 30.0174 396	Q	1.781	0.77	1.56	+0.07	18.0	
0019+058	00 22 32.4412 0914	+06 08 04.2690 807	L		0.17	0.25	+0.03	19.2	
0035+413	00 38 24.8435 9231	+41 37 06.0003 032	Q	1.353	0.35	0.65	+0.20	19.9	
0048−097	00 50 41.3173 8756	−09 29 05.2102 688	L	0.537	1.24	0.84	+0.20	16.3	HP, var.
0048−427	00 51 09.5018 2012	−42 26 33.2932 480	Q	1.749	0.39	0.85		18.8	
0059+581	01 02 45.7623 8248	+58 24 11.1366 009	A	0.644	1.68	1.38		16.1	
0104−408	01 06 45.1079 6851	−40 34 19.9602 291	Q	0.584	3.34	1.16		19.0	
0107−610	01 09 15.4752 0598	−60 49 48.4599 686	G					21.4	
0109+224	01 12 05.8247 1754	+22 44 38.7863 909	L		0.67	0.42	+0.12	16.4	HP
0110+495	01 13 27.0068 0344	+49 48 24.0431 742	G	0.389	0.60	0.53	−0.14	19.3	S1.2
0116−219	01 18 57.2621 6666	−21 41 30.1399 986	Q	1.161	0.50	0.59	+0.09	19.0	
0119+115	01 21 41.5950 4339	+11 49 50.4131 012	Q	0.570	0.18	0.10	+0.33*	19.0	HP
0131−522	01 33 05.7625 5607	−52 00 03.9457 209	G	0.020				20.3	S1
0133+476	01 36 58.5948 0585	+47 51 29.1000 445	Q	0.859	2.00	1.86	+0.19	17.7	HP
0134+311	01 37 08.7336 2970	+31 22 35.8553 611	V		0.34	0.59	+0.03	21.6	
0138−097	01 41 25.8321 5547	−09 28 43.6741 894	L	0.733	0.53	0.62	−0.12	17.5	HP
0151+474	01 54 56.2898 8783	+47 43 26.5395 732	Q	1.026	0.61	0.38	+0.50		
0159+723	02 03 33.3849 6841	+72 32 53.6672 938	L		0.22	0.22	+0.09	19.2	
0202+319	02 05 04.9253 6007	+32 12 30.0954 538	Q	1.466	0.89	0.49	+0.07	18.2	
0215+015	02 17 48.9547 5182	+01 44 49.6990 704	Q	1.715	1.06	0.69		18.3	HP
0221+067	02 24 28.4281 9659	+06 59 23.3415 393	G	0.511	0.41	0.32	+0.04	19.0	HP
0230−790	02 29 34.9465 9358	−78 47 45.6017 972	Q	1.070				18.6	
0229+131	02 31 45.8940 5431	+13 22 54.7162 668	Q	2.060	1.04	1.34	+0.06	17.7	
0234−301	02 36 31.1694 2057	−29 53 55.5402 759	Q	2.103	0.48	0.20		18.0	
0235−618	02 36 53.2457 4589	−61 36 15.1834 250	A					17.8	
0234+285	02 37 52.4056 7732	+28 48 08.9900 231	Q	1.210	1.18	1.90	+0.13	17.1	HP
0237−027	02 39 45.4722 6775	−02 34 40.9144 020	Q	1.116	0.51	0.37	+0.49	21.0	
0300+470	03 03 35.2422 2254	+47 16 16.2754 406	L		0.78	1.22		17.2	
0302−623	03 03 50.6313 4799	−62 11 25.5498 711	A					19.1	
0302+625	03 06 42.6595 4796	+62 43 02.0241 642	R		0.25	0.38			
0306+102	03 09 03.6235 0016	+10 29 16.3409 599	Q	0.862	0.57	0.62	+0.44	17.0	
0308−611	03 09 56.0991 5397	−60 58 39.0561 502	A					18.6	
0307+380	03 10 49.8799 2951	+38 14 53.8378 720	Q	0.816	0.66	0.48	+0.36	17.6	
0309+411	03 13 01.9621 2305	+41 20 01.1835 585	G	0.134	0.44	0.29	+0.33	16.5	S1
0322+222	03 25 36.8143 5154	+22 24 00.3655 873	Q	2.060	1.69	0.99	−0.01	19.1	
0332−403	03 34 13.6545 1358	−40 08 25.3978 415	L	1.445	2.15	0.57	−0.04	18.5	HP
0334−546	03 35 53.9248 4162	−54 30 25.1146 727	A					20.4	
0342+147	03 45 06.4165 4424	+14 53 49.5582 021	A	1.556	0.28	0.44	+0.42		
0346−279	03 48 38.1445 7723	−27 49 13.5655 526	Q	0.990	1.21	1.11		19.4	
0358+210	04 01 45.1660 7260	+21 10 28.5870 359	A	0.834	0.41	0.61		17.9	
0402−362	04 03 53.7498 9835	−36 05 01.9131 085	Q	1.417	1.50	1.15	+0.43	17.2	
0403−132	04 05 34.0033 8957	−13 08 13.6907 083	Q	0.571	0.72	0.38	−0.37	17.2	HP
0405−385	04 06 59.0353 3560	−38 26 28.0423 567	Q	1.285	1.26	1.00	+0.19	17.5	
0414−189	04 16 36.5444 5140	−18 51 08.3400 284	Q	1.536	0.77	1.12	−0.09	18.5	
0420−014	04 23 15.8007 2776	−01 20 33.0654 034	Q	0.915	2.67	2.68	−0.08	17.8	HP
0422+004	04 24 46.8420 6092	+00 36 06.3293 676	L	0.310	0.41	0.43	−0.33	16.1	HP, var.
0426+273	04 29 52.9607 6804	+27 24 37.8762 939	V		0.40	0.49	−0.42	18.6	

IERS Designation	Right Ascension	Declination	Type	z	Flux 8.4 GHz	2.3 GHz	α^1	V	Notes
	h m s	° ′ ″			Jy	Jy			
0430+289	04 33 37.8298 5993	+29 05 55.4770 346	L		0.42	0.48	+0.02	18.8	
0437−454	04 39 00.8546 6883	−45 22 22.5628 657	V		1.00			20.5	
0440+345	04 43 31.6352 0255	+34 41 06.6640 222	R		0.58	0.98			
0446+112	04 49 07.6711 0088	+11 21 28.5964 577	L?	1.207	0.55	0.76	+0.38	20.0	
0454−810	04 50 05.4402 0132	−81 01 02.2313 228	G	0.444			+0.29*	19.6	S1.5
0454−234	04 57 03.1792 2863	−23 24 52.0201 418	Q	1.003	1.62	1.43	−0.07	16.6	HP
0458−020	05 01 12.8098 8366	−01 59 14.2562 534	Q	2.286	1.47	1.84	−0.09	18.4	HP
0458+138	05 01 45.2708 2031	+13 56 07.2204 176	R		0.38	0.60	+0.16		
0506−612	05 06 43.9887 2791	−61 09 40.9937 940	Q	1.093				16.9	
0454+844	05 08 42.3634 5199	+84 32 04.5440 155	L		0.23	0.33	+0.24	16.5	HP
0506+101	05 09 27.4570 6864	+10 11 44.6000 396	A		0.54	0.41	−0.30	17.8	
0507+179	05 10 02.3691 2982	+18 00 41.5816 534	G	0.416	0.65	0.75	0.00	20.0	
0516−621	05 16 44.9261 6793	−62 07 05.3892 036	A					21.0	
0515+208	05 18 03.8245 0329	+20 54 52.4974 899	A	2.579	0.32	0.43			
0522−611	05 22 34.4254 7880	−61 07 57.1335 242	Q	1.400			−0.18	18.1	
0524−460	05 25 31.4001 5013	−45 57 54.6848 636	Q	1.479			+0.14*	17.3	
0524−485	05 26 16.6713 1064	−48 30 36.7915 470	V		0.10	0.10		20.0	blue
0524+034	05 27 32.7054 4796	+03 31 31.5166 429	L		0.39	0.46		18.6	
0529+483	05 33 15.8657 8266	+48 22 52.8076 620	Q	1.162	0.53	0.64		18.8	
0534−611	05 34 35.7724 8961	−61 06 07.0730 607	A					18.8	
0534−340	05 36 28.4323 7520	−34 01 11.4684 150	-	0.683	0.33	0.49			
0537−441	05 38 50.3615 5219	−44 05 08.9389 165	Q	0.894	4.79	4.03		15.5	HP
0536+145	05 39 42.3659 9103	+14 33 45.5616 993	A	2.690	0.47	0.54			
0537−286	05 39 54.2814 7645	−28 39 55.9478 122	Q	3.100	0.53	0.65	+0.24	20.0	
0544+273	05 47 34.1489 2109	+27 21 56.8425 667	R		0.51	0.36			
0549−575	05 50 09.5801 8296	−57 32 24.3965 304	A					19.5	
0552+398	05 55 30.8056 1150	+39 48 49.1649 664	Q	2.365	5.28	3.99		18.0	
0556+238	05 59 32.0331 3165	+23 53 53.9267 683	R		0.49	0.64			
0600+177	06 03 09.1302 6176	+17 42 16.8105 604	A	1.738	0.42	0.58			
0642+449	06 46 32.0259 9463	+44 51 16.5901 237	Q	3.400	3.86	1.07	+0.88	18.4	
0646−306	06 48 14.0964 7071	−30 44 19.6596 827	Q	1.153	0.95	0.90	+0.06	18.6	
0648−165	06 50 24.5818 5521	−16 37 39.7251 917	R		0.95	1.37			
0656+082	06 59 17.9960 3428	+08 13 30.9533 022	V		0.51	0.68		16.1	red
0657+172	07 00 01.5255 3646	+17 09 21.7014 901	V		0.83	0.75		16.0	red
0707+476	07 10 46.1048 7679	+47 32 11.1427 167	Q	1.292	0.49	0.88	−0.28	18.2	
0716+714	07 21 53.4484 6336	+71 20 36.3634 253	L	0.300	0.41	0.26	−0.13	15.5	HP
0722+145	07 25 16.8077 6128	+14 25 13.7466 902	A		0.45	0.93	+0.03	17.8	
0718+792	07 26 11.7352 4096	+79 11 31.0162 085	R		0.62	0.77	+0.19		
0727−115	07 30 19.1124 7420	−11 41 12.6005 110	Q	1.591	2.02	2.90		22.5	
0736+017	07 39 18.0338 9693	+01 37 04.6178 588	Q	0.191	1.20	2.00	−0.09	16.1	HP, var.
0738+491	07 42 02.7489 4651	+49 00 15.6089 340	A	2.318	0.45	0.47	+0.11		
0743−006	07 45 54.0823 2111	−00 44 17.5398 546	Q	0.994	1.53	1.24	+0.67	17.1	
0743+259	07 46 25.8741 7871	+25 49 02.1347 553	Q	2.979	0.15	0.49		19.1	
0745+241	07 48 36.1092 7469	+24 00 24.1100 315	G	0.409	0.54	0.74	+0.25	19.0	HP
0748+126	07 50 52.0457 3519	+12 31 04.8281 766	Q	0.889	1.80	1.35	+0.15	17.8	
0759+183	08 02 48.0319 6182	+18 09 49.2493 958	A		0.47	0.57	+0.12	18.5	
0800+618	08 05 18.1795 6846	+61 44 23.7002 968	A	3.033	1.00	1.07	−0.08		
0805+046	08 07 57.5385 7015	+04 32 34.5310 021	Q	2.880	0.20	0.34	−0.38	18.4	
0804+499	08 08 39.6662 8353	+49 50 36.5304 035	Q	1.436	0.81	1.08	−0.14	17.5	HP
0805+410	08 08 56.6520 3923	+40 52 44.8888 616	Q	1.418	0.93	0.77	+0.38	19.0	
0808+019	08 11 26.7073 1189	+01 46 52.2202 616	L	1.148	0.58	0.57	+0.43	17.5	
0812+367	08 15 25.9448 5739	+36 35 15.1488 917	Q	1.028	0.75	0.75	−0.08	18.0	

IERS Designation	Right Ascension	Declination	Type	z	Flux 8.4 GHz	2.3 GHz	α^1	V	Notes
	h m s	° ′ ″			Jy	Jy			
0814+425	08 18 15.9996 0470	+42 22 45.4149 140	L		1.05	1.08	−0.04	18.5	HP, z?
0823+033	08 25 50.3383 5429	+03 09 24.5200 730	L	0.506	1.13	1.45	+0.14	18.0	HP
0827+243	08 30 52.0861 9070	+24 10 59.8204 032	Q	0.940	0.85	0.89	+0.03	17.3	
0834−201	08 36 39.2152 5294	−20 16 59.5040 953	Q	2.752	3.40	2.46		19.4	
0851+202	08 54 48.8749 2702	+20 06 30.6408 861	L	0.306	1.31	1.24	+0.11*	14.0	HP
0854−108	08 56 41.8041 4812	−11 05 14.4301 901	R		1.10	0.63	+0.04		
0912+029	09 14 37.9134 3166	+02 45 59.2469 393	G	0.427	0.48	0.58		18.0	S1
0920−397	09 22 46.4182 6064	−39 59 35.0683 561	Q	0.591	1.39	1.19		18.8	
0920+390	09 23 14.4529 3105	+38 49 39.9101 375	V		0.37	0.36	−0.01	21.7	
0925−203	09 27 51.8243 1596	−20 34 51.2324 031	Q	0.348	0.45	0.31	−0.20	16.4	S1.0
0949+354	09 52 32.0261 6656	+35 12 52.4030 592	Q	1.876	0.34	0.29	−0.04	19.0	
0955+476	09 58 19.6716 3931	+47 25 07.8424 347	Q	1.882	1.89	1.30	+0.20	18.0	
0955+326	09 58 20.9496 3113	+32 24 02.2095 353	Q	0.530	0.68	0.43	−0.33	15.8	S1.8
0954+658	09 58 47.2451 0127	+65 33 54.8180 587	L	0.368	0.56	0.67	+0.29	15.4	HP
1004−500	10 06 14.0093 1618	−50 18 13.4706 757	R						
1012+232	10 14 47.0654 5658	+23 01 16.5708 649	Q	0.565	0.77	0.69	−0.05	17.5	S1.5
1013+054	10 16 03.1364 6769	+05 13 02.3414 482	Q	1.713	0.52	0.54	−0.18	19.9	
1014+615	10 17 25.8875 7718	+61 16 27.4966 664	Q	2.805	0.50	0.58	+0.19	18.3	
1015+359	10 18 10.9880 9086	+35 42 39.4408 279	Q	1.228	0.63	0.61	0.00	19.0	
1022−665	10 23 43.5331 9996	−66 46 48.7177 526	R						
1022+194	10 24 44.8095 9508	+19 12 20.4156 249	Q	0.828	0.47	0.39	−0.05	17.5	
1030+415	10 33 03.7078 6817	+41 16 06.2329 177	Q	1.117	0.37	0.19	−0.14	18.2	HP
1030+074	10 33 34.0242 9130	+07 11 26.1477 035	A	1.535	0.19	0.20	+0.18	19.0	
1034−374	10 36 53.4396 0199	−37 44 15.0656 721	Q	1.821	0.50	0.22	+0.29	19.5	HP
1034−293	10 37 16.0797 3476	−29 34 02.8133 345	Q	0.312	1.49	1.21	+0.14	16.5	HP
1038+528	10 41 46.7816 3764	+52 33 28.2313 168	Q	0.678	0.53	0.44	−0.10	17.4	
1039+811	10 44 23.0625 4789	+80 54 39.4430 277	Q	1.260	0.76	0.71	+0.10	16.5	
1042+071	10 44 55.9112 4593	+06 55 38.2626 553	Q	0.690	0.24	0.35	−0.25	20.5	
1045−188	10 48 06.6206 0701	−19 09 35.7266 240	Q	0.595	1.19	0.85	−0.11	18.8	S1.8
1049+215	10 51 48.7890 7490	+21 19 52.3138 145	Q	1.300	0.91	1.27	−0.06	17.9	var.
1053+815	10 58 11.5353 7962	+81 14 32.6751 819	Q	0.706	0.78	0.54	+0.47	18.5	
1055+018	10 58 29.6052 0747	+01 33 58.8237 691	Q	0.890	3.75			18.3	HP
1101−536	11 03 52.2216 7171	−53 57 00.6966 293	A					16.2	
1101+384	11 04 27.3139 4136	+38 12 31.7990 644	L	0.030	0.32	0.36	−0.11	13.8	HP
1111+149	11 13 58.6950 8359	+14 42 26.9525 965	Q	0.866	0.23	0.55		18.0	
1123+264	11 25 53.7119 2285	+26 10 19.9786 840	Q	2.341	0.76	1.17	+0.04	17.5	
1124−186	11 27 04.3924 4958	−18 57 17.4416 582	Q	1.050	1.51	0.97	+0.53	19.0	
1128+385	11 30 53.2826 1193	+38 15 18.5469 933	Q	1.741	1.15	0.80	+0.14	19.1	
1130+009	11 33 20.0557 9171	+00 40 52.8372 903	Q	1.640	0.22	0.29	−0.09	19.0	
1133−032	11 36 24.5769 3290	−03 30 29.4964 694	Q	1.648	0.53	0.36		19.5	
1143−696	11 45 53.6241 7065	−69 54 01.7977 922	A					17.7	
1144+402	11 46 58.2979 1629	+39 58 34.3045 026	Q	1.088	0.73	0.48	+0.30	18.1	
1144−379	11 47 01.3707 0177	−38 12 11.0234 199	Q	1.048	2.72	1.08	+0.22	16.2	HP
1145−071	11 47 51.5540 2876	−07 24 41.1410 887	Q	1.342	0.53	0.78	+0.08	17.5	
1147+245	11 50 19.2121 7405	+24 17 53.8353 207	L	0.200	0.50	0.52	−0.05	16.7	HP, var.
1149−084	11 52 17.2095 1537	−08 41 03.3138 824	Q	2.370	1.05	0.97		18.5	
1156−663	11 59 18.3054 4873	−66 35 39.4272 186	R						
1156+295	11 59 31.8339 0975	+29 14 43.8268 741	Q	0.730	1.28	1.52	−0.29	17.0	HP
1213−172	12 15 46.7517 6110	−17 31 45.4029 502	G		1.62	1.23	−0.16	21.4	
1215+303	12 17 52.0819 6139	+30 07 00.6359 190	L	0.130	0.25	0.28	−0.30	15.7	HP, var.
1219+044	12 22 22.5496 2080	+04 13 15.7761 797	Q	0.965	0.67	0.54	+0.12	18.0	
1221+809	12 23 40.4937 3854	+80 40 04.3404 390	L		0.47	0.36	−0.28	18.0	

IERS Designation	Right Ascension	Declination	Type	z	Flux 8.4 GHz	2.3 GHz	α^1	V	Notes
	h m s	° ′ ″			Jy	Jy			
1226+373	12 28 47.4236 7744	+37 06 12.0958 631	Q	1.510	0.25	0.46	+0.44	18.2	
1236+077	12 39 24.5883 2517	+07 30 17.1892 686	G	0.400	0.70	0.70	+0.11	20.1	
1240+381	12 42 51.3690 7635	+37 51 00.0252 447	Q	1.318	0.51	0.68	+0.05	19.0	
1243−072	12 46 04.2321 0358	−07 30 46.5745 473	Q	1.286	0.78	0.69		18.0	
1244−255	12 46 46.8020 3492	−25 47 49.2887 900	Q	0.630	1.52	0.73	+0.25	17.4	HP
1252+119	12 54 38.2556 1161	+11 41 05.8951 798	Q	0.873	0.40	0.70	−0.14	16.2	
1251−713	12 54 59.9214 4870	−71 38 18.4366 697	A					20.5	
1300+580	13 02 52.4652 7568	+57 48 37.6093 180	V		0.28	0.25	+0.54	18.9	
1308+328	13 10 59.4027 2936	+32 33 34.4496 333	Q	1.650	0.45	0.49	+0.26	19.1	
1313−333	13 16 07.9859 3995	−33 38 59.1725 057	Q	1.210	0.87	0.77	−0.07	20.0	
1324+224	13 27 00.8613 1377	+22 10 50.1629 729	Q	1.400	1.79	1.98	+0.07	18.2	
1325−558	13 29 01.1449 2878	−56 08 02.6657 428	R						
1334−127	13 37 39.7827 7768	−12 57 24.6932 620	Q	0.540	4.88	3.21	+0.34	17.2	HP
1342+662	13 43 45.9595 7134	+66 02 25.7451 011	Q	0.766	0.23	0.26	−0.55	20.0	
1342+663	13 44 08.6796 6687	+66 06 11.6438 846	Q	1.350	0.51		−0.16	20.0	
1349−439	13 52 56.5349 4294	−44 12 40.3875 227	L	0.050	0.06	0.06		18.0	HP
1351−018	13 54 06.8953 2213	−02 06 03.1904 447	Q	3.710	0.77	0.80		20.9	
1354−152	13 57 11.2449 7976	−15 27 28.7867 232	Q	1.890	1.34	0.69		19.0	
1357+769	13 57 55.3715 3147	+76 43 21.0510 512	A		0.80	0.68	+0.05	19.0	
1406−076	14 08 56.4812 0036	−07 52 26.6664 200	Q	1.494	0.73	0.63		18.4	
1418+546	14 19 46.5974 0212	+54 23 14.7871 875	L	0.153	0.50	0.60	+0.57	15.9	HP
1417+385	14 19 46.6137 6070	+38 21 48.4750 925	Q	1.831	0.59	0.50		19.3	
1420−679	14 24 55.5573 9563	−68 07 58.0945 205	A					22.2	
1423+146	14 25 49.0180 1632	+14 24 56.9019 040	Q	0.780	0.35	0.45	+0.09	19.0	
1424−418	14 27 56.2975 6536	−42 06 19.4375 991	Q	1.522	1.33	1.49	+0.28*	17.7	HP
1432+200	14 34 39.7933 5525	+19 52 00.7358 213	A	1.382	0.40	0.50		18.3	
1443−162	14 45 53.3762 8643	−16 29 01.6189 137	A		0.28	0.45		19.5	
1448−648	14 52 39.6792 4989	−65 02 03.4333 591	G					22.0	
1451−400	14 54 32.9123 5921	−40 12 32.5142 375	Q	1.810	0.33	0.70		18.5	
1456+044	14 58 59.3562 1201	+04 16 13.8206 019	G	0.391	0.53	0.44	−0.33	18.3	
1459+480	15 00 48.6542 2191	+47 51 15.5381 838	A		0.61	0.40	+0.24	19.4	
1502+106	15 04 24.9797 8142	+10 29 39.1986 151	Q	1.839	1.00	1.50	−0.03	18.6	HP
1502+036	15 05 06.4771 5917	+03 26 30.8126 616	G	0.409	0.98	0.83	+0.41	18.1	
1504+377	15 06 09.5299 6778	+37 30 51.1325 044	G	0.672	0.86	0.66	−0.01	21.2	S2
1508+572	15 10 02.9223 6464	+57 02 43.3759 071	Q	4.309	0.38	0.22	−0.18	21.4	
1510−089	15 12 50.5329 2491	−09 05 59.8295 878	Q	0.361	1.23	2.20		16.7	HP, var.
1511−100	15 13 44.8934 1390	−10 12 00.2644 930	Q	1.513	0.82	0.80	+0.03	14.7	
1514+197	15 16 56.7961 6342	+19 32 12.9920 178	L	1.070	0.48	0.60	+0.14	18.5	
1520+437	15 21 49.6138 7985	+43 36 39.2681 562	Q	2.171	0.50	0.38	+0.48		
1519−273	15 22 37.6759 8872	−27 30 10.7854 174	L	1.294	1.68	1.34	+0.17	18.5	HP
1546+027	15 49 29.4368 4301	+02 37 01.1634 197	Q	0.414	1.23	1.25	+0.05	16.8	HP
1548+056	15 50 35.2692 4162	+05 27 10.4484 262	Q	1.422	2.10	2.35	−0.21	17.7	HP
1555+001	15 57 51.4339 7128	−00 01 50.4137 075	Q	1.770	0.96	0.78		19.3	
1554−643	15 58 50.2843 6339	−64 32 29.6374 071	G	0.080				17.0	
1557+032	15 59 30.9726 1545	+03 04 48.2568 829	Q	3.891	0.35	0.35		19.8	
1604−333	16 07 34.7623 4480	−33 31 08.9133 114	V		0.17	0.26		20.5	blue
1606+106	16 08 46.2031 8554	+10 29 07.7758 300	Q	1.226	1.20	1.69	+0.12	18.2	
1611−710	16 16 30.6415 5980	−71 08 31.4545 422	A					20.7	
1614+051	16 16 37.5568 1502	+04 59 32.7367 495	Q	3.210	0.55	0.67	+0.39	19.5	
1617+229	16 19 14.8246 1057	+22 47 47.8510 784	A	1.987	0.68	0.57		20.9	
1619−680	16 24 18.4370 0573	−68 09 12.4965 314	Q	1.354				18.0	
1622−253	16 25 46.8916 4010	−25 27 38.3267 989	Q	0.786	2.24	2.18	−0.04	21.9	

IERS Designation	Right Ascension	Declination	Type	z	Flux 8.4 GHz	Flux 2.3 GHz	α^1	V	Notes
	h m s	° ′ ″			Jy	Jy			
1624−617	16 28 54.6898 2354	−61 52 36.3978 862	R						S1.2
1637+574	16 38 13.4562 9705	+57 20 23.9790 727	Q	0.751	0.91	1.28	+0.05	16.7	S1.2
1638+398	16 40 29.6327 7180	+39 46 46.0285 033	Q	1.700	0.86	0.98	+0.28	18.5	HP
1639+230	16 41 25.2275 6501	+22 57 04.0327 611	Q	2.063	0.42	0.37	+0.12	19.3	
1642+690	16 42 07.8485 0549	+68 56 39.7564 973	Q	0.751	1.10	1.48	−0.22	19.2	HP
1633−810	16 42 57.3456 5318	−81 08 35.0701 687	A					18.0	
1657−261	17 00 53.1540 6129	−26 10 51.7253 457	R		0.45	0.23			
1657−562	17 01 44.8581 1384	−56 21 55.9019 532	R						
1659−621	17 03 36.5412 4564	−62 12 40.0081 704	V					18.7	blue
1705+018	17 07 34.4152 7100	+01 48 45.6992 837	Q	2.570	0.51	0.76		18.9	
1706−174	17 09 34.3453 9327	−17 28 53.3649 724	R		0.33	0.52			
1717+178	17 19 13.0484 8160	+17 45 06.4373 011	L	0.137	0.54	0.68	+0.03	18.5	HP
1726+455	17 27 27.6508 0470	+45 30 39.7313 444	Q	0.710	1.02	1.14	+0.21	17.8	S1.2
1730−130	17 33 02.7057 8476	−13 04 49.5481 484	Q	0.902	8.31	4.67	−0.08	18.5	
1725−795	17 33 40.7002 7819	−79 35 55.7166 934	A					19.7	
1732+389	17 34 20.5785 3662	+38 57 51.4430 746	Q	0.970	1.12	1.25	+0.19	19.0	HP
1738+499	17 39 27.3904 9252	+49 55 03.3684 410	Q	1.545	0.35	0.43		19.0	
1738+476	17 39 57.1290 7360	+47 37 58.3615 566	L		0.60	1.01	+0.04	18.5	
1741−038	17 43 58.8561 3396	−03 50 04.6166 450	Q	1.054	3.59	2.18	+0.78	18.6	HP
1743+173	17 45 35.2081 7083	+17 20 01.4236 878	Q	1.702	0.70	1.20	−0.14	18.7	
1745+624	17 46 14.0341 3721	+62 26 54.7383 903	Q	3.900	0.48	0.35	−0.29	19.5	
1749+096	17 51 32.8185 7318	+09 39 00.7284 829	Q	0.322	4.30	1.59	+0.64	17.9	HP, var.
1751+288	17 53 42.4736 4429	+28 48 04.9388 841	V		0.33	0.41		19.6	blue
1754+155	17 56 53.1021 3624	+15 35 20.8265 328	V		0.45	0.31		17.1	
1758+388	18 00 24.7653 6125	+38 48 30.6975 330	Q	2.092	1.07	0.42	+0.72	18.0	
1803+784	18 00 45.6839 1641	+78 28 04.0184 502	Q	0.680	2.07	2.23	+0.13	17.0	HP
1800+440	18 01 32.3148 2108	+44 04 21.9003 219	Q	0.663	0.95	0.37	−0.20	17.5	
1758−651	18 03 23.4966 6700	−65 07 36.7612 094	V					20.6	
1806−458	18 09 57.8717 5020	−45 52 41.0139 197	G	0.070				15.7	
1815−553	18 19 45.3995 1849	−55 21 20.7453 785	A					18.9	
1823+689	18 23 32.8539 0304	+68 57 52.6125 919	R		0.20	0.35	−0.04		
1823+568	18 24 07.0683 7771	+56 51 01.4908 371	Q	0.664	0.98	0.95	−0.11	18.4	HP
1824−582	18 29 12.4023 7320	−58 13 55.1616 899	R						
1831−711	18 37 28.7149 3799	−71 08 43.5545 891	Q	1.356			+0.14	17.5	
1842+681	18 42 33.6416 8915	+68 09 25.2277 840	Q	0.470	0.80	0.65	+0.02	17.9	
1846+322	18 48 22.0885 8135	+32 19 02.6037 429	A	0.798	0.52	0.55			
1849+670	18 49 16.0722 8978	+67 05 41.6802 978	Q	0.657	0.85	0.67	−0.06	18.7	S1.2
1908−201	19 11 09.6528 9198	−20 06 55.1089 891	Q	1.119	1.78	1.84	+0.06		
1920−211	19 23 32.1898 1466	−21 04 33.3330 547	Q	0.874	2.60	2.30	−0.09		
1921−293	19 24 51.0559 5514	−29 14 30.1210 524	Q	0.352	12.03	13.93	+0.05	16.8	HP, var.
1925−610	19 30 06.1600 9446	−60 56 09.1841 517	A					20.3	
1929+226	19 31 24.9167 8444	+22 43 31.2586 209	R		0.60	0.59			
1933−400	19 37 16.2173 5166	−39 58 01.5529 907	Q	0.965	0.96		−0.10	18.0	
1936−155	19 39 26.6577 4750	−15 25 43.0584 183	Q	1.657	0.75	0.67	+0.53	19.4	HP
1935−692	19 40 25.5282 0104	−69 07 56.9714 945	Q	3.100				17.3	
1954+513	19 55 42.7382 6837	+51 31 48.5461 210	Q	1.220	1.29	1.21		18.5	
1954−388	19 57 59.8192 7470	−38 45 06.3557 585	Q	0.630	3.15	2.45	+0.35	17.1	HP
1958−179	20 00 57.0904 4485	−17 48 57.6725 440	Q	0.650	1.06	0.70	+0.75	17.5	HP
2000+472	20 02 10.4182 5568	+47 25 28.7737 223	V		1.12	1.07		19.6	red
2002−375	20 05 55.0709 0025	−37 23 41.4778 536	R		0.32	0.45	+0.41		
2008−159	20 11 15.7109 3257	−15 46 40.2536 652	Q	1.180	1.10	0.93	+0.59	17.2	
2029+121	20 31 54.9942 7114	+12 19 41.3403 129	Q	1.215	0.82	1.00	+0.74*	18.5	

IERS Designation	Right Ascension	Declination	Type	z	Flux 8.4 GHz	Flux 2.3 GHz	α^1	V	Notes
	h m s	° ′ ″			Jy	Jy			
2052−474	20 56 16.3598 1874	−47 14 47.6276 461	Q	1.489	0.10	0.10		19.1	
2059+034	21 01 38.8341 6420	+03 41 31.3209 577	Q	1.013	0.94	0.87		18.1	
2106+143	21 08 41.0321 5158	+14 30 27.0123 177	A	2.017	0.39	0.46	−0.06	20.0	
2106−413	21 09 33.1885 9195	−41 10 20.6053 191	Q	1.060	1.59	1.50		21.0	
2113+293	21 15 29.4134 5556	+29 33 38.3669 657	Q	1.514	0.66	0.48	+0.62*	18.5	
2123−463	21 26 30.7042 6484	−46 05 47.8920 231	Q	1.670	0.10	0.10		18.0	
2126−158	21 29 12.1758 9777	−15 38 41.0413 097	Q	3.270	0.84	1.06	+0.38	17.3	
2131−021	21 34 10.3095 9643	−01 53 17.2387 909	Q		1.26	1.54	+0.01	18.7	HP, z?
2136+141	21 39 01.3092 6937	+14 23 35.9922 096	Q	2.427	2.84	1.50	+0.38	18.5	
2142−758	21 47 12.7306 2415	−75 36 13.2248 179	Q	1.139				17.3	
2150+173	21 52 24.8193 9953	+17 34 37.7950 583	L		0.55	0.50	−0.06	21.0	HP
2204−540	22 07 43.7333 0411	−53 46 33.8197 226	Q	1.206				18.0	
2209+236	22 12 05.9663 1138	+23 55 40.5438 272	Q	1.125	0.93	0.82	+0.13	19.0	
2220−351	22 23 05.9305 7815	−34 55 47.1774 281	G	0.298	0.32	0.27	−0.51		S1
2223−052	22 25 47.2592 9302	−04 57 01.3907 581	Q	1.404	2.37	1.67	−0.31	17.2	HP
2227−088	22 29 40.0843 4003	−08 32 54.4353 948	Q	1.560	2.76	1.25	+0.13	17.5	HP
2229+695	22 30 36.4697 0494	+69 46 28.0768 954	G		0.24	0.52	+0.24	19.6	
2232−488	22 35 13.2365 7712	−48 35 58.7945 006	Q	0.510	0.10	0.10	−0.15	17.2	
2236−572	22 39 12.0759 2367	−57 01 00.8393 966	V					18.5	
2244−372	22 47 03.9173 2284	−36 57 46.3039 624	Q	2.252	0.62	0.57	−0.33	19.0	
2245−328	22 48 38.6857 3771	−32 35 52.1879 540	Q	2.268	0.35	0.34	−0.12	18.6	
2250+190	22 53 07.3691 7339	+19 42 34.6287 472	Q	0.284	0.32	0.34	+0.17	16.7	S1
2254+074	22 57 17.3031 2249	+07 43 12.3024 770	L	0.190	0.51	0.36		17.0	HP, var.
2255−282	22 58 05.9628 8481	−27 58 21.2567 425	Q	0.926	3.83	1.38	+0.57	16.8	S1
2300−683	23 03 43.5646 2053	−68 07 37.4429 706	Q	0.510				16.4	S1.5
2318+049	23 20 44.8565 9790	+05 13 49.9525 567	Q	0.622	0.65	0.70		19.0	
2326−477	23 29 17.7043 5026	−47 30 19.1148 404	Q	1.299	0.10	0.10		16.8	
2333−415	23 36 33.9850 9655	−41 15 21.9839 279	A	1.406	0.10	0.10	−0.05	20.0	
2344−514	23 47 19.8640 9462	−51 10 36.0654 829	A	2.670				20.1	
2351−154	23 54 30.1951 8762	−15 13 11.2130 207	Q		0.58	0.98		17.0	
2353−686	23 56 00.6814 0587	−68 20 03.4717 084	A	1.716				17.0	
2355−534	23 57 53.2660 8808	−53 11 13.6893 562	Q	1.006				17.8	
2355−106	23 58 10.8824 0761	−10 20 08.6113 211	Q	1.639	0.55	0.61	−0.07	17.7	
2356+385	23 59 33.1807 9739	+38 50 42.3182 943	Q	2.704	0.51	0.37	−0.29	19.0	
2357−318	23 59 35.4915 4293	−31 33 43.8242 510	Q	0.990	0.76	0.54		17.6	

Notes to Table

[1]	Spectral index from Healey *et al.* 2007; otherwise * indicates from Stickel *et al.* 1989, 1994
Q	Quasar
G	Galaxy
L	BL Lac object
L?	BL Lac candidate
A	Active galactic nuclei or quasar
V	Optical source
R	Radio source
S1	Seyfert 1 spectrum
S1.0 - S1.9	Intermediate Seyfert galaxies
HP	High optical polarization (> 3%)
var.	Variable in optical
red	Magnitude given in V is for R filter
blue	Magnitude given in V is for B filter
z?	Questionable redshift

Name	Right Ascension	Declination	S_{400}	S_{750}	S_{1400}	S_{1665}	S_{2700}	S_{5000}	S_{8000}
	h m s	° ′ ″	Jy	Jy	Jy	Jy	Jy	Jy	Jy
3C 48[e,h]	01 37 41.299	+33 09 35.13	42.3	26.7	16.30	14.12	9.33	5.33	3.39
3C 123	04 37 04.4	+29 40 15	119.2	77.7	48.70	42.40	28.50	16.5	10.60
3C 147[e,g,h]	05 42 36.138	+49 51 07.23	48.2	33.9	22.42	19.43	12.96	7.66	5.10
3C 161[h]	06 27 10.0	−05 53 07	40.5	28.4	18.64	16.38	11.13	6.42	4.03
3C 218	09 18 06.0	−12 05 45	134.6	76.0	43.10	36.80	23.70	13.5	8.81
3C 227	09 47 46.4	+07 25 12	20.3	12.1	7.21	6.25	4.19	2.52	1.71
3C 249.1	11 04 11.5	+76 59 01	6.1	4.0	2.48	2.14	1.40	0.77	0.47
3C 274[e,f]	12 30 49.423	+12 23 28.04	625.0	365.0	214.00	184.00	122.00	71.9	48.10
3C 286[e,h]	13 31 08.288	+30 30 32.96	23.8	19.2	14.71	13.55	10.55	7.34	5.39
3C 295[h]	14 11 20.7	+52 12 09	55.7	36.8	22.40	19.24	12.19	6.35	3.66
3C 348	16 51 08.3	+04 59 26	168.1	86.8	45.00	37.50	22.60	11.8	7.19
3C 353	17 20 29.5	−00 58 52	131.1	88.2	57.30	50.50	35.00	21.2	14.20
DR 21	20 39 01.2	+42 19 45							21.60
NGC 7027[d,h]	21 07 01.6	+42 14 10				1.43	1.93	3.69	5.43	5.90

Name	S_{10700}	S_{15000}	S_{22235}	S_{32000}	S_{43200}	Spec.	Type	Angular Size (at 1.4 GHz)
	Jy	Jy	Jy	Jy	Jy			″
3C 48[e,h]	2.54	1.80	1.18	0.80	0.57	C−	QSS	<1
3C 123	7.94	5.63	3.71			C−	GAL	20
3C 147[e,g,h]	3.95	2.92	2.05	1.47	1.12	C−	QSS	<1
3C 161[h]	2.97	2.04	1.29	0.82	0.56	C−	GAL	<3
3C 218	6.77					S	GAL	core 25, halo 220
3C 227	1.34	1.02	0.73			S	GAL	180
3C 249.1	0.34	0.23				S	QSS	15
3C 274[e,f]	37.50	28.10				S	GAL	halo 400[a]
3C 286[e,h]	4.38	3.40	2.49	1.83	1.40	C−	QSS	<5
3C 295[h]	2.54	1.63	0.94	0.55	0.35	C−	GAL	4
3C 348	5.30					S	GAL	115[b]
3C 353	10.90					C−	GAL	150
DR 21	20.80	20.00	19.00			Th	HII	20[c]
NGC 7027[d,h]	5.93	5.84	5.65	5.43	5.23	Th	PN	10

Notes to Table

a   Halo has steep spectral index, so for $\lambda \leq 6$ cm, more than 90% of the flux is in the core. The slope of the spectrum is positive above 20 GHz.

b   Angular distance between the two components

c   Angular size at 2 cm, but consists of 5 smaller components

d   All data are calculated from a fit to the thermal spectrum. Mean epoch is 1995.5.

e   Suitable for calibration of interferometers and synthesis telescopes.

f   Virgo A

g   Indications of time variability above 5 GHz.

h   Suitable for polarization calibrator; see following page.

GAL   Galaxy

HII   HII region

PN   Planetary Nebula

QSS   Quasar

C−   Concave parabola has been fitted to spectrum data.

S   Straight line has been fitted to spectrum data.

Th   Thermal spectrum

Name	1.40 GHz		1.66 GHz		2.65 GHz		4.85 GHz		8.35 GHz		10.45 GHz		14.60 GHz		32.00 GHz	
	m	χ	m	χ	m	χ	m	χ	m	χ	m	χ	m	χ	m	χ
	%	°	%	°	%	°	%	°	%	°	%	°	%	°	%	°
3C 48	0.6	147.6	0.7	178.7	1.6	70.5	4.2	106.6	5.4	114.4	5.9	115.9	5.9	114.0	8.0	106.1
3C 147	<0.3		<0.3		<0.3				0.9	151.3	1.1	14.7	2.7	57.7		
3C 161	5.8	30.3	9.8	125.9	10.2	175.6	4.8	122.5	2.6	99.9	2.4	93.8			2.7	52.4
3C 286[a]	9.5	33.0	9.8	33.0	10.1	33.0	11.0	33.0	11.2	33.0	11.7	33.0	11.8	33.0	12.0	33.0
3C 295	<0.3		<0.3		<0.3		<0.3		0.9	28.7	1.7	155.2	1.9	95.4		

Notes to Table

Positions of these radio sources are found on the previous page.

m   Degree of polarization

χ   Polarization angle

a   Serves as main reference source, besides NGC 7027 which can be considered unpolarized at all frequencies.

Name	Right Ascension	Declination	Flux[1]	Mag.[2]	Identified Counterpart	Type of Source
	h m s	° ′ ″	mCrab			
Tycho's SNR	00 25 20.0	+64 08 18	9.4		Tycho's SNR	SNR
4U 0037−10	00 41 34.7	−09 21 00	3.1	12.8	Abell 85	C
4U 0053+60	00 56 42.5	+60 43 00	4.8 − 10.6	2.5	Gamma Cas	Be Star
SMC X−1	01 17 05.1	−73 26 36	0.5 − 54.7	13.3	Sanduleak 160	HMXB
2S 0114+650	01 18 02.7	+65 17 30	3.8	11.0	LSI+65 010	HMXB
4U 0115+634	01 18 31.9	+63 44 33	1.9 − 336.0	15.2	V 635 Cas	HMXB
4U 0316+41	03 19 48.0	+41 30 44	50.1	12.5*	Abell 426	C
4U 0352+309	03 55 23.1	+31 02 45	8.6 − 35.5	6.1	X Per	HMXB
4U 0431−12	04 33 36.1	−13 14 43	2.7	15.3*	Abell 496	C
4U 0513−40	05 14 06.6	−40 02 36	5.8	8.1	NGC 1851	LMXB
LMC X−2	05 20 28.7	−71 57 37	8.6 − 42.2	18.5*X		BHC
LMC X−4	05 32 49.6	−66 22 13	2.9 − 57.6	14.0	O7 IV Star	HMXB
Crab Nebula	05 34 31.3	+22 00 53	1000.0		Crab Nebula	SNR+P
A 0538−66	05 35 44.8	−66 50 25	0.01 − 172.8	13.8	Be star	HMXB
A 0535+262	05 38 54.6	+26 18 57	2.9 − 2687.9	9.2	HD 245770	HMXB
LMC X−3	05 38 56.7	−64 05 03	1.6 − 42.2	17.2	B3 V Star	BHC
LMC X−1	05 39 40.1	−69 44 34	2.9 − 24.0	14.5	O8 III Star	BHC
4U 0614+091	06 17 08.0	+09 08 37	48.0	18.8*	V 1055 Ori	BHC
IC 443	06 18 01.4	+22 33 48	3.6		IC 443	SNR
A 0620−00	06 22 44.5	−00 20 44	0.02 − 47998.5	18.2	V 616 Mon	BHC
4U 0726−260	07 28 53.6	−26 06 29	1.2 − 4.5	11.6	LS 437	HMXB
EXO 0748−676	07 48 33.7	−67 45 08	0.1 − 57.6	16.9	UY Vol	B
Pup A	08 24 07.1	−42 59 55	7.9		Pup A	SNR
Vela SNR	08 34 11.4	−45 45 10	9.6		Vela SNR	SNR
GRS 0834−430	08 36 51.4	−43 15 00	28.8 − 288.0	20.4X		HMXB
Vela X−1	09 02 06.9	−40 33 17	1.9 − 1056.0	6.9	GP Vel	HMXB
3A 1102+385	11 04 27.3	+38 12 31	4.4	13.0	MRK 421	Q
Cen X−3	11 21 15.2	−60 37 27	9.6 − 299.5	13.3V	V 779 Cen	HMXB
4U 1145−619	11 48 00.0	−62 12 25	3.8 − 960.0	8.9	V 801 Cen	HMXB
4U 1206+39	12 10 32.6	+39 24 21	4.5	11.9	NGC 4151	AGN
GX 301−2	12 26 37.6	−62 46 13	8.6 − 960.0	10.8V	Wray 977	HMXB
3C 273	12 29 06.7	+02 03 09	2.8	12.5	3C 273	Q
4U 1228+12	12 30 49.4	+12 23 27	22.9	8.6	M 87	AGN
4U 1246−41	12 48 49.3	−41 18 39	5.4		Centaurus Cluster	C
4U 1254−690	12 57 37.7	−69 17 15	24.0	18V	GR Mus	B
4U 1257+28	12 59 35.8	+27 57 44	15.6	10.7	Coma Cluster	C
GX 304−1	13 01 17.1	−61 36 07	0.3 − 192.0	13.4V	V 850 Cen	HMXB
Cen A	13 25 27.6	−43 01 09	8.9	6.8	NGC 5128	Q
Cen X−4	14 58 22.4	−32 01 06	0.1 − 19199.4	18.2*	V 822 Cen	B
SN 1006	15 02 22.2	−41 53 47	2.5		SN 1006	SNR
Cir X−1	15 20 40.9	−57 09 59	4.8 − 2879.9	21.4*	BR Cir	LMXB
4U 1538−522	15 42 23.4	−52 23 10	2.9 − 28.8	16.3	QV Nor	HMXB
4U 1556−605	16 01 01.5	−60 44 26	15.4	18.6V	LU TrA	LMXB
4U 1608−522	16 12 42.8	−52 25 20	1.0 − 105.6		QX Nor	LMXB
Sco X−1	16 19 55.1	−15 38 25	13439.6	11.1	V 818 Sco	LMXB
4U 1627+39	16 28 38.3	+39 33 05	4.1	12.6	Abell 2199	C
4U 1627−673	16 32 16.7	−67 27 40	24.0	18.2V	KZ TrA	LMXB
4U 1636−536	16 40 55.6	−53 45 05	211.2	16.9V	V 801 Ara	B
GX 340+0	16 45 47.9	−45 36 42	480.0			LMXB
GRO J1655−40	16 54 00.2	−39 50 45	3132.0	14.0V	V 1033 Sco	BHC

Name	Right Ascension	Declination	Flux[1]	Mag.[2]	Identified Counterpart	Type of Source
	h m s	° ′ ″	mCrab			
Her X−1	16 57 49.8	+35 20 33	14.4 − 48.0	13.8	HZ Her	LMXB
4U 1704−30	17 02 06.3	−29 56 45	3.3	13.0*V	V 2134 Oph	B
GX 339−4	17 02 49.4	−48 47 23	1.4 − 864.0	15.4	V 821 Ara	BHC
4U 1700−377	17 03 56.8	−37 50 39	10.6 − 105.6	6.5	V 884 Sco	HMXB
GX 349+2	17 05 44.5	−36 25 23	792.0	18.3V	V 1101 Sco	LMXB
4U 1722−30	17 27 33.2	−30 48 06	7.3		Terzan 2	LMXB
Kepler's SNR	17 30 35.9	−21 28 55	4.4	19	Kepler's SNR	SNR
GX 9+9	17 31 43.9	−16 57 43	288.0	17.1*	V 2216 Oph	LMXB
GX 354−0	17 31 57.3	−33 49 58	144.0			B
GX 1+4	17 32 02.2	−24 44 44	96.0	18.7V	V 2116 Oph	LMXB
Rapid Burster	17 33 23.6	−33 23 26	0.1 − 192.0		Liller 1	B
4U 1735−444	17 38 58.2	−44 27 00	153.6	17.4V	V 926 Sco	LMXB
1E 1740.7−2942	17 44 02.7	−29 43 25	3.8 − 28.8			BHC
GX 3+1	17 47 56.5	−26 33 50	384.0	14.0V	V 3893 Sgr	B
4U 1746−37	17 50 12.7	−37 03 08	30.7	8.0	NGC 6441	LMXB
4U 1755−338	17 58 40.2	−33 48 25	96.0	18.3V	V 4134 Sgr	BHC
GX 5−1	18 01 07.9	−25 04 54	1200.0			LMXB
GX 9+1	18 01 31.1	−20 31 39	672.0			LMXB
GX 13+1	18 14 30.3	−17 09 28	336.0		V 5512 Sgr	LMXB
GX 17+2	18 16 01.4	−14 02 12	672.0	17.5V	NP Ser	LMXB
4U 1820−30	18 23 40.5	−30 21 42	240.0	9.1	NGC 6624	LMXB
4U 1822−37	18 25 46.9	−37 06 19	9.6 − 24.0	15.8*	V 691 CrA	B
Ser X−1	18 39 57.6	+05 02 11	216.0	19.2*	MM Ser	B
4U 1850−08	18 53 05.1	−08 42 23	6.7	8.7	NGC 6712	LMXB
Aql X−1	19 11 15.6	+00 35 14	0.1 − 1248.0	14.8V	V 1333 Aql	LMXB
SS 433	19 11 49.6	+04 58 58	2.5 − 9.9	13.0	V 1343 Aql	BHC
GRS 1915+105	19 15 11.7	+10 56 46	288.0		V 1487 Aql	BHC
4U 1916−053	19 18 48.0	−05 14 10	24.0	21.4*	V 1405 Aql	B
Cyg X−1	19 58 21.7	+35 12 06	225.6 − 1267.2	8.9	V 1357 Cyg	BHC
4U 1957+11	19 59 24.0	+11 42 30	28.8	18.7V	V 1408 Aql	LMXB
Cyg X−3	20 32 26.1	+40 57 20	86.4 − 412.8		V 1521 Cyg	BHC
4U 2129+12	21 29 58.3	+12 10 03	5.8	6.2	M 15	LMXB
4U 2129+47	21 31 26.2	+47 17 25	8.6	15.6V	V1727 Cyg	B
SS Cyg	21 42 42.8	+43 35 10	3.5 − 19.9	12.1	SS Cyg	T
Cyg X−2	21 44 41.2	+38 19 17	432.0	14.4*	V 1341 Cyg	LMXB
Cas A	23 23 21.4	+58 48 45	56.4		Cassiopeia A	SNR

Notes to Table

[1]   (2-10) keV flux of X-ray source
[2]   V magnitude of optical counterpart
   * indicates B magnitude given instead of V
   V indicates variable magnitude
   X indicates magnitude is for X-ray source and not optical counterpart

AGN	active galactic nuclei	LMXB	low mass X-ray binary
B	X-ray burster	P	pulsar
BHC	black hole candidate	Q	quasar
C	cluster of galaxies	SNR	supernova remnant
HMXB	high mass X-ray binary	T	transient (nova-like optically)

LQAC−2 ID	Right Ascension	Declination	V	$B-V$	Flux 20 cm	Flux 13 cm	z	M_B	Criteria
	h m s	° ′ ″			Jy	Jy			
009−002.001	00 38 20.53	−02 07 40.55	+18.02	+0.28	5.33	0.34	0.220	−21.8	F
017+013.002	01 08 52.87	+13 20 14.27	+13.93	−1.28	12.82		0.060	−24.5	F
017+014.010	01 09 34.33	+14 23 00.84	+18.33	−1.68			3.990	−31.6	M
024+033.002	01 37 41.30	+33 09 35.13	+16.46	+0.19	16.50	0.59	0.367	−25.3	F
030+001.015	02 03 41.42	+01 11 51.33	+18.00	−2.86			3.808	−32.6	M
037+072.001	02 31 06.07	+72 01 17.63	+10.14	+1.70			1.808		V
040−023.001	02 40 08.17	−23 09 15.73	+16.63	+0.15	6.30	5.79	2.225	−28.7	F
040+072.001	02 43 25.00	+72 21 25.80	+11.98	+1.51			1.808		V
047+004.007	03 11 21.52	+04 53 16.74	+19.04	+1.56			6.833		Z
049+041.007	03 19 48.16	+41 30 42.10	+12.48	−3.90	23.90	26.61	0.017		F
072+011.002	04 48 45.84	+11 21 23.13	+18.90	+1.66			6.836		Z
080+016.001	05 21 09.89	+16 38 22.05	+18.84	+0.53	8.47	1.94	0.759		F
083+019.001	05 34 44.51	+19 27 21.49	+17.57	−0.34	6.80	0.05	0.000		F
085+049.001	05 42 36.14	+49 51 07.23	+17.80	+0.65	22.50	2.78	0.545		F
114+027.009	07 38 20.10	+27 50 45.34	+21.82				6.725		Z
118+019.005	07 53 01.57	+19 52 27.46	+15.71	+0.63			4.316	−32.5	M
120+037.001	08 00 10.50	+37 10 13.80	+15.77	−0.17			3.885	−32.4	M
120+055.004	08 02 48.19	+55 13 28.94	+18.65	+0.55			6.787		Z
123+048.012	08 13 36.05	+48 13 02.26	+17.79	+0.57	13.90		0.871	−25.2	F
124+043.014	08 19 40.24	+43 15 29.44	+14.22	−1.35			1.317	−31.5	M
125+038.008	08 23 37.16	+38 38 16.51	+19.18	+0.29			6.517		Z
128+055.003	08 34 54.90	+55 34 21.07	+17.21	+0.88	8.80	7.07	0.242	−22.3	F
132+031.012	08 49 32.22	+31 42 38.39	+16.12	−1.06			3.187	−31.7	M
135+030.010	09 02 47.57	+30 41 20.81	+17.26	+0.16			4.760	−32.7	M
138+024.010	09 15 01.72	+24 18 12.13	+20.38	+0.54			6.515		Z
140+045.005	09 21 08.62	+45 38 57.40	+16.01	+0.26	8.75		0.175	−23.3	F
143+007.010	09 34 42.30	+07 03 39.33	+17.56	−0.70			4.269	−31.9	M
146+007.008	09 47 45.15	+07 25 20.58	+15.82	−0.66	6.94		0.086	−22.8	F
147+003.011	09 49 13.32	+03 58 49.25	+17.65	−0.72			4.193	−31.7	M
150+028.009	10 01 49.52	+28 47 08.97	+16.23	+0.57	5.47		0.185	−22.9	F
152+056.004	10 08 43.16	+56 20 44.93	+18.87	+0.91			6.918		Z
153+059.004	10 12 44.20	+59 35 31.15	+18.85	+0.26			6.889		Z
154+023.002	10 16 39.81	+23 56 31.39	+23.32				6.677		Z
156+060.013	10 27 38.54	+60 50 16.52	+17.67	+0.95	0.01		6.640		Z
165+040.002	11 00 48.55	+40 42 10.58	+10.13	+1.28			1.794		V
170+003.005	11 21 06.93	+03 28 07.82	+19.09	−2.76			4.048	−32.0	M
172−014.001	11 30 07.05	−14 49 27.39	+16.74	+0.27	5.33	5.16	1.187	−26.9	F
173+032.006	11 34 24.64	+32 38 02.45	+17.97	+2.40			6.983		Z
174+063.003	11 36 27.34	+63 36 29.08	+17.61	−0.04			4.342	−31.3	M
175+004.001	11 40 54.92	+04 13 09.59	+17.02	−1.96			4.318	−33.7	M
176+019.004	11 45 05.01	+19 36 22.74	+ 8.73	+0.33	5.59	0.17	0.021	−25.8	F
176+004.013	11 47 49.59	+04 11 36.79	+17.51	−0.30			4.281	−31.5	M
178+023.001	11 52 18.13	+23 03 01.08	+17.78	+0.63			4.624	−31.3	M
179+019.007	11 57 27.69	+19 55 06.45	+18.90	−1.95			4.017	−31.3	M
184+005.012	12 19 23.22	+05 49 29.70	+12.87	−0.74	19.43	0.26	0.007		F
185−000.004	12 20 12.15	+00 03 06.78	+19.33	+1.31	0.01		6.687		Z
186+012.005	12 25 03.74	+12 53 13.14	+12.31	−0.65	6.50	0.15	0.003		F
186+046.006	12 27 28.70	+46 18 25.86	+17.74	+0.17			4.585	−31.6	M
187+011.003	12 28 23.97	+11 25 13.58	+18.16	−2.16			3.838	−31.8	M
187+012.009	12 30 49.42	+12 23 28.04	+12.86	−1.83	22.37	2.32	0.004		F

LQAC–2 ID	Right Ascension	Declination	V	B–V	Flux 20 cm	Flux 13 cm	z	M_B	Criteria
	h m s	° ′ ″			Jy	Jy			
194+020.002	12 56 37.30	+20 51 05.90	+18.40	+2.15			6.691		Z
194+027.021	12 59 01.63	+27 32 12.95	+16.17	−2.06			3.117	−32.5	M
199+027.012	13 19 35.27	+27 25 02.25	+19.07	+0.94			6.501		Z
200+062.005	13 23 10.99	+62 06 57.05	+17.63	−0.59			6.517		Z
202+025.008	13 30 37.69	+25 09 10.88	+17.67	+0.56	6.80	0.13	1.055	−26.0	F
202+029.007	13 30 42.12	+29 47 33.62	+18.70	−4.11			3.570	−32.9	M
202+030.007	13 31 08.29	+30 30 32.96	+17.25	+0.13	15.00	5.33	0.849	−25.7	F
204+054.005	13 36 19.95	+54 07 38.43	+13.02	+0.72			1.858	−31.1	M
206+012.011	13 47 33.36	+12 17 24.24	+18.44		5.20	5.13	0.120		F
214+006.009	14 19 08.18	+06 28 34.80	+16.79	+0.33	5.80	0.40	1.436	−27.3	F
217+045.007	14 29 36.58	+45 57 40.40	+16.29	+0.33			4.898	−33.8	M
219+014.011	14 39 59.94	+14 37 11.02	+17.93	−1.37			4.412	−32.4	M
222+046.014	14 50 45.56	+46 15 04.23	+19.18	+1.67			6.908		Z
224+054.007	14 57 05.31	+54 30 13.28	+15.34	−1.19			4.883	−36.2	M
224+071.001	14 59 07.58	+71 40 19.87	+16.78	+0.46	7.60	2.25	0.905	−26.3	F
226+017.006	15 05 31.71	+17 59 04.78	+14.42	−0.73			2.910	−32.7	M
228+058.002	15 12 25.69	+58 57 52.23	+18.95	+1.94			6.903		Z
229+047.008	15 17 12.69	+47 03 33.41	+18.02	−0.51			4.730	−32.5	M
234+014.007	15 37 53.45	+14 01 47.41	+18.85	−1.18			4.269	−31.1	M
240+026.003	16 00 31.70	+26 52 28.77	+10.88	+0.98			1.272		V
240+027.006	16 00 36.87	+27 26 23.66	+10.95	+1.21			1.272		V
240+028.004	16 01 41.67	+28 03 15.04	+11.02	+0.94			1.272		V
240+027.011	16 01 43.52	+27 05 48.07	+11.78	+1.36			1.271		V
240+015.005	16 01 43.76	+15 02 37.74	+17.15	+0.53			6.699		Z
240+026.012	16 02 10.34	+26 49 23.13	+11.74	+1.09			1.271	−31.4	V, M
240+027.017	16 02 38.01	+27 22 44.72	+11.79	+1.56			1.271		V
240+027.019	16 02 40.98	+27 12 26.18	+12.99	+0.08			1.343	−31.3	M
240+027.020	16 02 46.87	+27 19 05.65	+10.64	+1.23			1.272		V
240+027.022	16 02 53.07	+27 03 47.78	+12.03	+1.11			1.272	−31.1	M
240+026.017	16 02 59.24	+26 53 21.10	+11.92	+0.94			1.270		V
241+027.007	16 04 45.01	+27 54 56.42	+11.80	+1.57			1.271		V
241+026.005	16 04 48.90	+26 49 45.82	+11.54	+1.67			1.272		V
244+032.009	16 17 42.54	+32 22 34.32	+16.29	+0.29			4.011	−31.6	M
246+017.003	16 24 15.13	+17 01 05.53	+16.62	−2.71			2.601	−32.0	M
250+039.021	16 42 58.81	+39 48 36.99	+15.96	+0.23	8.00	7.12	0.595	−24.8	F
257+062.003	17 09 08.38	+62 43 19.67	+18.16	−0.08			6.519		Z
257+021.007	17 09 27.19	+21 12 48.53	+18.89	−0.21			6.991		Z
263−013.001	17 33 02.71	−13 04 49.55	+18.50	−0.59	5.20	4.61	0.902		F
277+048.002	18 29 31.78	+48 44 46.16	+16.81	+0.24	14.20	2.13	0.692	−26.3	F
277+022.001	18 30 32.64	+22 14 39.60	+17.17	+0.81			6.533		Z
278+032.001	18 35 03.39	+32 41 46.86	+12.36	+0.21	5.12	0.20	0.058	−24.7	F
291−029.001	19 24 51.06	−29 14 30.12	+16.82	+1.83	6.00	9.82	0.352	−22.9	F
309+051.001	20 38 37.03	+51 19 12.66	+20.00	+1.00	5.80	2.52	1.686		F
330+042.001	22 02 43.29	+42 16 39.98	+15.14	+0.97	6.07	2.88	0.069		F
331−018.016	22 06 10.42	−18 35 38.75	+18.50	+0.43	6.44	0.78	0.619	−23.7	F
332+011.004	22 10 11.26	+11 54 28.90	+18.88	−2.20			4.370	−32.5	M
336−004.001	22 25 47.26	−04 57 01.39	+17.19	+0.45	5.70	3.04	1.404	−27.9	F
338+011.001	22 32 36.41	+11 43 50.90	+17.66	+0.42	6.50	5.46	1.037	−27.1	F
343+016.001	22 53 57.75	+16 08 53.56	+16.10	+0.47	10.00	11.03	0.859	−27.5	F

Name	Right Ascension	Declination	Period	$\dot{P}$	Epoch	DM	S_{400}	Type
	h m s	° ′ ″	s	$10^{-15}ss^{-1}$	MJD	$cm^{-3}pc$	mJy	
B0021−72C	00 23 50.4	−72 04 31.5	0.005 756 780	0.0000	51600	24.6	1.5	
J0030+0451	00 30 27.4	+04 51 39.7	0.004 865 453	0.0001	52035	4.3	7.9	gx
J0034−0534	00 34 21.8	−05 34 36.6	0.001 877 182	0.0000	50690	13.8	17	b
J0045−7319	00 45 35.2	−73 19 03.0	0.926 275 905	4.4632	49144	105.4	1	b
J0218+4232	02 18 06.4	+42 32 17.4	0.002 323 090	0.0001	50864	61.3	35	bxg
B0329+54	03 32 59.4	+54 34 43.6	0.714 519 700	2.0483	46473	26.8	1500	
J0437−4715	04 37 15.8	−47 15 08.5	0.005 757 452	0.0001	53019	2.6	550	bxg
B0450−18	04 52 34.1	−17 59 23.4	0.548 939 223	5.7531	49289	39.9	82	
B0531+21	05 34 31.9	+22 00 52.1	0.033 403 347	420.95	48743	56.8	646	oxg
B0540−69	05 40 11.2	−69 19 55.0	0.050 567 546	478.91	52858	146.5		ox
J0613−0200	06 13 44.0	−02 00 47.2	0.003 061 844	0.0000	53012	38.8	21	gb
B0628−28	06 30 49.5	−28 34 43.1	1.244 418 596	7.123	46603	34.5	206	x
B0656+14	06 59 48.1	+14 14 21.5	0.384 891 195	55.0031	49721	14.0	6.5	oxg
B0655+64	07 00 37.8	+64 18 11.2	0.195 670 945	0.0007	48806	8.8	5	b
J0737−3039A	07 37 51.2	−30 39 40.7	0.022 699 378	0.0017	53016	48.9		bx
J0737−3039B	07 37 51.2	−30 39 40.7	2.773 460 770	0.892	53016	48.9		b
B0736−40	07 38 32.3	−40 42 40.9	0.374 919 985	1.6161	51700	160.8	190	
B0740−28	07 42 49.1	−28 22 43.8	0.166 762 292	16.821	49326	73.8	296	
J0751+1807	07 51 09.2	+18 07 38.6	0.003 478 771	0.0000	51800	30.2	10	bg
B0818−13	08 20 26.4	−13 50 55.5	1.238 129 544	2.1052	48904	40.9	102	
B0820+02	08 23 09.8	+01 59 12.4	0.864 872 805	0.1046	49281	23.7	30	b
B0833−45	08 35 20.6	−45 10 34.9	0.089 328 385	125.01	51559	68.0	5000	oxg
B0834+06	08 37 05.6	+06 10 14.6	1.273 768 292	6.7992	48721	12.9	89	
B0835−41	08 37 21.3	−41 35 15.0	0.751 623 618	3.5393	51700	147.3	197	
B0950+08	09 53 09.3	+07 55 35.8	0.253 065 165	0.2298	46375	3.0	400	x
B0959−54	10 01 38.0	−55 07 06.7	1.436 582 629	51.396	46800	130.3	80	
J1012+5307	10 12 33.4	+53 07 02.6	0.005 255 749	0.0000	50700	9.0	30	b
J1022+1001	10 22 58.0	+10 01 52.5	0.016 452 930	0.0000	53100	10.2	20	b
J1024−0719	10 24 38.7	−07 19 19.2	0.005 162 204	0.0002	53000	6.5	4.6	x
J1028−5819	10 28 28.0	−58 19 05.2	0.091 403 231	16.1	54562	96.5		g
J1045−4509	10 45 50.2	−45 09 54.1	0.007 474 224	0.0000	53050	58.2	15	b
B1055−52	10 57 58.8	−52 26 56.3	0.197 107 608	5.8335	43556	30.1	80	xg
B1133+16	11 36 03.2	+15 51 04.5	1.187 913 066	3.7338	46407	4.9	257	
J1141−6545	11 41 07.0	−65 45 19.1	0.393 897 834	4.2946	51370	116.0		b
J1157−5112	11 57 08.2	−51 12 56.1	0.043 589 227	0.0001	51400	39.7		b
B1154−62	11 57 15.2	−62 24 50.9	0.400 522 048	3.9313	46800	325.2	145	
B1237+25	12 39 40.5	+24 53 49.3	1.382 449 103	0.9600	46531	9.2	110	
B1240−64	12 43 17.2	−64 23 23.8	0.388 480 921	4.5006	46800	297.2	110	
B1257+12	13 00 03.0	+12 40 56.7	0.006 218 532	0.0001	48700	10.2	20	b
B1259−63	13 02 47.7	−63 50 08.7	0.047 762 507	2.2765	50357	146.7		b
B1323−58	13 26 58.3	−58 59 29.1	0.477 990 867	3.238	47782	287.3	120	
B1323−62	13 27 17.4	−62 22 44.6	0.529 913 192	18.8787	47781	318.8	135	
B1356−60	13 59 58.2	−60 38 08.0	0.127 500 777	6.3385	43556	293.7	105	
B1426−66	14 30 40.9	−66 23 05.0	0.785 440 757	2.7695	46800	65.3	130	
B1449−64	14 53 32.7	−64 13 15.6	0.179 484 754	2.7461	46800	71.1	230	

Name	Right Ascension	Declination	Period	$\dot{P}$	Epoch	DM	S_{400}	Type
	h m s	° ′ ″	s	$10^{-15}ss^{-1}$	MJD	cm^{-3}pc	mJy	
J1453+1902	14 53 45.7	+19 02 12.2	0.005 792 303	0.0001	53337	14.0	2.2	
J1455−3330	14 55 48.0	−33 30 46.4	0.007 987 205	0.0000	50598	13.6	9	b
B1451−68	14 56 00.2	−68 43 39.2	0.263 376 815	0.0983	46800	8.6	350	
B1508+55	15 09 25.6	+55 31 32.3	0.739 681 923	4.9982	49904	19.6	114	
B1509−58	15 13 55.6	−59 08 09.0	0.150 657 551	1536.5	48355	252.5	1.5	xg
J1518+4904	15 18 16.8	+49 04 34.3	0.040 934 988	0.0000	51203	11.6	8	b
B1534+12	15 37 10.0	+11 55 55.6	0.037 904 441	0.0024	50300	11.6	36	b
B1556−44	15 59 41.5	−44 38 46.1	0.257 056 098	1.0192	46800	56.1	110	
B1620−26	16 23 38.2	−26 31 53.8	0.011 075 751	0.0007	48725	62.9	15	b
J1643−1224	16 43 38.2	−12 24 58.7	0.004 621 641	0.0000	50288	62.4	75	b
B1641−45	16 44 49.3	−45 59 09.5	0.455 059 775	20.090	46800	478.8	375	
B1642−03	16 45 02.0	−03 17 58.3	0.387 689 698	1.7804	46515	35.7	393	
B1648−42	16 51 48.8	−42 46 11	0.844 080 666	4.812	46800	482	100	
B1706−44	17 09 42.7	−44 29 08.2	0.102 459 246	92.98	50042	75.7	25	xg
J1713+0747	17 13 49.5	+07 47 37.5	0.004 570 136	0.0000	52000	16.0	36	b
J1730−2304	17 30 21.6	−23 04 31.4	0.008 122 798	0.0000	50320	9.6	43	
B1727−47	17 31 42.1	−47 44 34.6	0.829 828 785	163.63	50939	123.3	190	
J1744−1134	17 44 29.4	−11 34 54.7	0.004 074 546	0.0000	53742	3.2	18	g
B1744−24A	17 48 02.2	−24 46 36.9	0.011 563 148	0.0000	48270	242.2		b
J1748−2446ad	17 48 04.9	−24 46 45	0.001 395 955	0.0000	53500	235.6		b
B1749−28	17 52 58.7	−28 06 37.3	0.562 557 636	8.1291	46483	50.4	1100	
B1800−27	18 03 31.7	−27 12 06	0.334 415 426	0.0171	50261	165.5	3.4	b
J1804−2717	18 04 21.1	−27 17 31.2	0.009 343 031	0.0000	51041	24.7	15	b
B1802−07	18 04 49.9	−07 35 24.7	0.023 100 855	0.0005	50337	186.3	3.1	b
B1818−04	18 20 52.6	−04 27 38.1	0.598 075 930	6.3314	46634	84.4	157	
B1820−11	18 23 40.3	−11 15 11	0.279 828 697	1.379	49465	428.6	11	b
B1820−30A	18 23 40.5	−30 21 39.9	0.005 440 003	0.0034	50319	86.8	16	
B1821−24	18 24 32.0	−24 52 11.1	0.003 054 315	0.0016	49858	119.8	40	x
B1830−08	18 33 40.3	−08 27 31.2	0.085 284 251	9.1707	50483	411		
B1831−03	18 33 41.9	−03 39 04.3	0.686 704 444	41.565	49698	234.5	89	
B1831−00	18 34 17.2	−00 10 53.3	0.520 954 311	0.0105	49123	88.6	5.1	b
B1855+09	18 57 36.4	+09 43 17.2	0.005 362 100	0.0000	53186	13.3	31	b
B1857−26	19 00 47.6	−26 00 43.8	0.612 209 204	0.2045	48891	38.0	131	
B1859+03	19 01 31.8	+03 31 05.9	0.655 450 239	7.459	50027	402.1	165	
J1906+0746	19 06 48.7	+07 46 28.6	0.144 071 930	20.280	53590	217.8	0.9	b
J1911−1114	19 11 49.3	−11 14 22.3	0.003 625 746	0.0000	50458	31.0	31	b
B1911−04	19 13 54.2	−04 40 47.7	0.825 935 803	4.0680	46634	89.4	118	
B1913+16	19 15 28.0	+16 06 27.4	0.059 029 998	0.0086	46444	168.8	4	b
B1929+10	19 32 13.9	+10 59 32.4	0.226 517 635	1.1574	46523	3.2	303	x
B1933+16	19 35 47.8	+16 16 40.2	0.358 738 411	6.0025	46434	158.5	242	
B1937+21	19 39 38.6	+21 34 59.1	0.001 557 806	0.0001	47900	71.0	240	x
B1946+35	19 48 25.0	+35 40 11.1	0.717 311 174	7.0612	49449	129.1	145	
B1951+32	19 52 58.2	+32 52 40.5	0.039 531 193	5.8448	49845	45.0	7	xg
B1953+29	19 55 27.9	+29 08 43.5	0.006 133 166	0.0000	49718	104.6	15	b
B1957+20	19 59 36.8	+20 48 15.1	0.001 607 402	0.0000	48196	29.1	20	bx

SELECTED PULSARS, J2000.0

Name	Right Ascension	Declination	Period	$\dot{P}$	Epoch	DM	S_{400}	Type
	h m s	° ′ ″	s	$10^{-15}ss^{-1}$	MJD	$cm^{-3}pc$	mJy	
B2016+28	20 18 03.8	+28 39 54.2	0.557 953 480	0.1481	46384	14.2	314	
J2019+2425	20 19 31.9	+24 25 15.3	0.003 934 524	0.0000	50000	17.2		b
J2021+3651	20 21 04.5	+36 51 27	0.103 722 225	95.6	52407	371		g
J2043+2740	20 43 43.5	+27 40 56	0.096 130 563	1.27	49773	21.0	15	g
B2045−16	20 48 35.4	−16 16 43.0	1.961 572 304	10.958	46423	11.5	116	
J2051−0827	20 51 07.5	−08 27 37.8	0.004 508 642	0.0000	51000	20.7	22	b
B2111+46	21 13 24.3	+46 44 08.7	1.014 684 793	0.7146	46614	141.3	230	
J2124−3358	21 24 43.8	−33 58 44.7	0.004 931 115	0.0000	53174	4.6	17	gx
B2127+11B	21 29 58.6	+12 10 00.3	0.056 133 036	0.0095	50000	67.7	1.0	
J2145−0750	21 45 50.5	−07 50 18.4	0.016 052 424	0.0000	50800	9.0	100	b
B2154+40	21 57 01.8	+40 17 45.9	1.525 265 634	3.4326	49277	70.9	105	
B2217+47	22 19 48.1	+47 54 53.9	0.538 468 822	2.7652	46599	43.5	111	
J2229+2643	22 29 50.9	+26 43 57.8	0.002 977 819	0.0000	49718	23.0	13	b
J2235+1506	22 35 43.7	+15 06 49.1	0.059 767 358	0.0002	49250	18.1	3	
B2303+46	23 05 55.8	+47 07 45.3	1.066 371 072	0.5691	46107	62.1	1.9	b
B2310+42	23 13 08.6	+42 53 13.0	0.349 433 682	0.1124	48241	17.3	89	
J2317+1439	23 17 09.2	+14 39 31.2	0.003 445 251	0.0000	49300	21.9	19	b
J2322+2057	23 22 22.4	+20 57 02.9	0.004 808 428	0.0000	48900	13.4		

Notes to Table

b   Pulsar is a member of a binary system.
g   Pulsar has been observed in the gamma ray.
o   Pulsar has been observed in the optical.
x   Pulsar has been observed in the X-ray.

Name	Alternate Name	RA	Dec.	Flux[1]		E_{low}[2]	E_{high}	Type
		h m s	° ′ ″	photons cm^{-2}s^{-1}		MeV	MeV	
PSR J0007+7303	2FGL J0007.0+7303	00 07 06	+73 03 16	6.6E−8	±8.6E−10	1000	100000	P
3C66A	2FGL J0222.6+4302	02 22 38	+43 02 09	2.6E−8	6.1E−10	1000	100000	Q
AO 0235+164	2FGL J0238.7+1637	02 38 42	+16 37 27	1.9E−8	5.1E−10	1000	100000	Q
LSI +61 303	2FGL J0240.5+6113	02 40 31	+61 13 30	4.8E−8	7.7E−10	1000	100000	B
LSI +61 303		02 40 31	+61 13 30	2.2E−11	7.0E−12	>200000		B
NGC 1275	2FGL J0319.8+4130	03 19 52	+41 30 45	1.9E−8	±5.3E−10	1000	100000	Q
EXO 0331+530		03 34 58	+53 10 06	2.9E−3	4.8E−5	0.04	0.1	B
X Per	4U 0352+30	03 55 23	+31 02 45	2.9E−3	8.7E−5	0.04	0.1	B
GRO J0422+32	Nova Per 1992	04 21 43	+32 54 35	9.0E−4	3.1E−4	0.75	2	P
PKS 0426−380	2FGL J0428.6−3756	04 28 41	−37 56 00	3.1E−8	6.8E−10	1000	100000	Q
1FGL J0433.5+2905	CGRaBS J0433+2905	04 33 33	+29 05 21	4.5E−9	±5.5E−10	1000	100000	Q
PKS 0454−234	2FGL J0457.0−2325	04 57 04	−23 25 38	2.3E−8	5.4E−10	1000	100000	Q
LMC	2FGL J0526.6−6825e	05 26 36	−68 25 12	2.0E−8	6.1E−10	1000	100000	G
PKS 0528+134	1FGL J0531.0+1331	05 31 00	+13 31 22	4.0E−9	5.3E−10	1000	100000	Q
Crab		05 34 32	+22 00 52	9.7E−2	2.9E−5	0.04	0.1	P,N
Crab	2FGL J0534.5+2201	05 34 32	+22 00 52	1.8E−7	±1.5E−9	1000	100000	P,N
Crab		05 34 32	+22 00 52	2.0E−10	5.0E−12	>200000		N
SN 1987A		05 35 28	−69 16 11	6.5E−3	1.4E−3	0.85	line[3]	R
QSO 0537−441	2FGL J0538.8−4405	05 38 52	−44 04 51	3.7E−8	6.8E−10	1000	100000	Q
PSR J0614−3330	2FGL J0614.1−3329	06 14 10	−33 29 01	1.8E−8	5.4E−10	1000	100000	P
SNR G189.1−03.0	2FGL J0617.2+2234e	06 17 14	+22 34 48	6.5E−8	±1.0E−9	1000	100000	R
PSR J0633+0632	2FGL J0633.7+0633	06 33 44	+06 33 23	1.5E−8	6.9E−10	1000	100000	P
Geminga	2FGL J0633.9+1746	06 33 54	+17 46 13	7.3E−7	3.0E−9	1000	100000	P
S5 0716+71	2FGL J0721.9+7120	07 21 54	+71 20 58	1.8E−8	4.3E−10	1000	100000	Q
PKS 0727−11	2FGL J0730.2−1141	07 30 17	−11 41 44	2.2E−8	5.8E−10	1000	100000	Q
PKS 0805−07	2FGL J0808.2−0750	08 08 14	−07 50 59	1.5E−8	±4.8E−10	1000	100000	Q
Vela−X	2FGL J0833.1−4511e	08 33 09	−45 11 24	1.8E−8		1000	100000	N
Vela−X	HESS J0835−455	08 35 00	−45 36 00	1.3E−11	0.4E−11	>1000000		N
Vela Pulsar	2FGL J0835.3−4510	08 35 20	−45 10 35	1.4E−6	4.1E−9	1000	100000	P
RX J0852.0−4622	HESS J0852−463	08 52 00	−46 22 00	1.9E−11	0.6E−11	>1000000		N
Vela X−1	4U 0900−40	09 02 06	−40 33 16	5.3E−3	±1.9E−5	0.04	0.1	B
1FGL J1018.6−5856	2FGL J1019.0−5856	10 19 02	−58 56 30	2.6E−8	9.8E−10	1000	100000	B
PSR J1023−5746	2FGL J1022.7−5741	10 22 42	−57 41 57	1.9E−8	1.3E−9	1000	100000	P
PSR J1028−5819	2FGL J1028.5−5819	10 28 30	−58 19 55	3.3E−8	9.5E−10	1000	100000	P
PSR J1044−5737	2FGL J1044.5−5737	10 44 33	−57 37 34	1.7E−8	6.5E−10	1000	100000	P
Eta Carinae	2FGL J1045.0−5941	10 45 00	−59 41 31	2.4E−8	±8.6E−10	1000	100000	U
PSR J1048−5832	2FGL J1048.2−5831	10 48 17	−58 31 48	2.8E−8	8.2E−10	1000	100000	P
PSR J1057−5226	2FGL J1057.9−5226	10 57 59	−52 26 54	5.0E−8	8.7E−10	1000	100000	P
MRK 421	2FGL J1104.4+3812	11 04 30	+38 12 39	3.0E−8	6.1E−10	1000	100000	Q
MRK 421		11 04 30	+38 12 39	1.5E−10	3.0E−12	>250000		Q
NGC 4151	H 1208+396	12 10 33	+39 24 35	2.3E−6	±3.5E−8	0.07	0.3	Q
4C +21.35	2FGL J1224.9+2122	12 24 54	+21 22 48	3.5E−8	6.4E−10	1000	100000	Q
4C +21.35		12 24 54	+21 22 48	4.6E−10	5.0E−11	>100000		Q
NGC 4388		12 25 47	+12 39 00	6.4E−4	5.8E−5	0.05	0.15	Q
3C 273	2FGL J1229.1+0202	12 29 06	+02 03 09	1.5E−8	4.5E−10	1000	100000	Q

SELECTED GAMMA RAY SOURCES, J2000.0

Name	Alternate Name	RA	Dec.	Flux[1]		E_{low}[2]	E_{high}	Type
		h m s	° ′ ″	photons cm^{-2}s^{-1}		MeV	MeV	
PSR J1231−1411	2FGL J1231.2−1411	12 31 16	−14 11 13	1.8 E−8	±5.4E−10	1000	100000	P
3C 279	2FGL J1256.1−0547	12 56 13	−05 47 28	2.6 E−8	5.7E−10	1000	100000	Q
HESS J1303−631		13 03 00	−63 11 55	1.2 E−11	0.2E−11	>380000		N
Cen A		13 25 39	−43 00 40	3.9 E−3	2.9E−5	0.04	0.1	Q
1FGL J1410.3−6128c	3EG J1410−6147	14 10 23	−61 28 09	1.4 E−8	1.7E−9	1000	100000	U
PSR J1413−6205	2FGL J1413.4−6204	14 13 26	−62 04 30	2.6 E−8	±9.8E−10	1000	100000	P
NGC 5548	H 1415+253	14 18 00	+25 07 47	3.8 E−4	7.4E−5	0.05	0.15	Q
PSR J1418−6058	2FGL J1418.7−6058	14 18 46	−60 58 40	4.3 E−8	2.0E−9	1000	100000	P
PSR J1420−6048	2FGL J1420.1−6047	14 20 07	−60 47 49	1.9 E−8	1.8E−9	1000	100000	P
H 1426+428	RGB J1428+426	14 28 33	+42 40 25	2.0 E−11	3.5E−12	>280000		Q
PKS 1502+106	2FGL J1504.3+1029	15 04 25	+10 29 34	4.0 E−8	±7.3E−10	1000	100000	Q
PKS 1510−08	2FGL J1512.8−0906	15 12 50	−09 06 09	4.1 E−8	7.2E−10	1000	100000	Q
PSR B1509−58		15 13 55	−59 08 24	9.4 E−4	4.8E−5	0.05	5	P
MSH 15−52	HESS J1514−591	15 14 07	−59 09 27	2.3 E−11	0.6E−11	>280000		N
B2 1520+31	2FGL J1522.1+3144	15 22 10	+31 44 37	1.8 E−8	4.5E−10	1000	100000	Q
XTE J1550−564	V381 Nor	15 50 58	−56 28 36	3.2 E−3	±1.9E−5	0.04	0.1	B
HESS J1614−518		16 14 19	−51 49 12	5.8 E−11	7.7E−12	>200000		U
HESS J1616−508		16 16 24	−50 54 00	4.3 E−11	2.0E−12	>200000		N
2FGL J1620.8−4928		16 20 50	−49 28 52	2.5 E−8	1.1E−9	1000	100000	U
4U 1630−47		16 34 00	−47 23 39	2.0 E−3	9.7E−6	0.04	0.1	T
2FGL J1636.3−4740c		16 36 21	−47 40 58	1.6 E−8	±1.3E−9	1000	100000	U
MRK 501		16 53 52	+39 45 37	2.8 E−11	5.0E−12	>300000		Q
OAO 1657−415	H 1657−415	17 00 47	−41 40 23	3.7 E−3	9.7E−6	0.04	0.1	B
GX 339−4	1H 1659−487	17 02 50	−48 47 23	4.2 E−3	1.9E−5	0.04	0.1	B
4U 1700−377	V884 Sco	17 03 56	−37 50 38	1.2 E−2	9.7E−6	0.04	0.1	B
HESS J1708−443		17 08 11	−44 20 00	3.8 E−12	±8.0E−13	>1000000		U
PSR J1709−4429	2FGL J1709.7−4429	17 09 43	−44 29 08	1.9 E−7	1.7E−9	1000	100000	P
RX J1713.7−3946	G 347.3−0.5	17 13 33	−39 45 44	5.3 E−12	9 E−13	>1800000		R
GX 1+4	4U 1728−24	17 32 02	−24 44 44	4.0 E−3	9.7E−6	0.04	0.1	B
PSR J1732−3131	2FGL J1732.5−3131	17 32 32	−31 31 08	3.7 E−8	1.1E−9	1000	100000	P
PSR J1741−2054	2FGL J1741.9−2054	17 41 54	−20 54 27	1.6 E−8	±6.3E−10	1000	100000	P
1E 1740.7−2942		17 44 02	−29 43 26	3.5 E−3	9.7E−6	0.04	0.1	T
IGR J17464−3213	H 1743−32	17 45 02	−32 13 36	6.9 E−3	3.4E−5	0.04	0.1	B
Galactic Center	HESS J1745−290	17 45 40	−29 00 22	2.0 E−12	1.0E−13	>1000000		U
2FGL J1745.6−2858	3EG J1746−2851	17 45 42	−28 58 43	7.7 E−8	2.0E−9	1000	100000	U
PSR J1747−2958	2FGL J1747.1−3000	17 47 09	−30 00 50	2.5 E−8	±1.1E−9	1000	100000	P
GRO J1753+57		17 51 40	+57 10 47	5.8 E−4	1.0E−4	0.75	8	U
Swift J1753.5−0127		17 53 29	−01 27 24	6.6 E−3	1.9E−5	0.04	0.1	B
GRS 1758−258	INTEGRAL1 79	18 01 12	−25 44 36	7.2 E−3	9.7E−6	0.04	0.1	B
W28	2FGL J1801.3−2326e	18 01 22	−23 26 24	5.9 E−8	1.5E−9	1000	100000	N
PMN J1802−3940	2FGL J1802.6−3940	18 02 39	−39 40 45	1.7 E−8	±5.4E−10	1000	100000	Q
2FGL J1803.3−2148		18 03 20	−21 48 14	1.5 E−8	1.1E−9	1000	100000	U
HESS J1804−216		18 04 31	−21 42 00	5.32E−11	2.0E−12	>200000		U
W30	2FGL J1805.6−2136e	18 05 38	−21 36 42	2.9 E−8	1.4E−9	1000	100000	N
PSR J1809−2332	2FGL J1809.8−2332	18 09 52	−23 32 46	6.9 E−8	1.2E−9	1000	100000	P

Name	Alternate Name	RA	Dec.	Flux[1]		E_{low}[2]	E_{high}	Type
		h m s	° ′ ″	photons cm^{-2}s^{-1}		MeV	MeV	
PSR J1813−1246	2FGL J1813.4−1246	18 13 26	−12 46 17	2.7E−8	±8.3 E−10	1000	100000	P
M 1812−12	4U 1812−12	18 15 12	−12 05 00	2.5E−3	1.9 E−5	0.04	0.1	B
HESS J1825−137		18 26 02	−13 45 36	3.9E−11	2.2 E−12	>200000		N
PSR J1826−1256	2FGL J1826.1−1256	18 26 08	−12 56 52	5.3E−8	1.4 E−9	1000	100000	P
LS 5039	2FGL J1826.3−1450	18 26 21	−14 50 13	2.1E−8	1.1 E−9	1000	100000	B
GS 1826−24		18 29 28	−24 48	6.4E−3	±9.7 E−6	0.04	0.1	B
PSR J1836+5926	2FGL J1836.2+5926	18 36 16	+59 26 02	1.0E−7	1.0 E−9	1000	100000	P
2FGL J1839.0−0539		18 39 04	−05 39 21	2.9E−8	1.5 E−9	1000	100000	U
W44	2FGL J1855.9+0121e	18 55 58	+01 21 18	8.0E−8	1.8 E−9	1000	100000	R
MGRO J1908+06	HESS J1908+063	19 07 54	+06 16 07	3.8E−12	8.0 E−13	>1000000		U
PSR J1907+0602	2FGL J1907.9+0602	19 07 57	+06 02 03	3.8E−8	±1.0 E−9	1000	100000	P
SNR G043.3−00.2	2FGL J1911.0+0905	19 11 03	+09 05 39	2.2E−8	9.1 E−10	1000	100000	N
GRS 1915+105	Nova Aql 1992	19 15 11	+10 56 45	1.2E−2	9.7 E−6	0.04	0.1	B
W51C	2FGL J1923.2+1408e	19 23 16	+14 08 42	3.9E−8	1.1 E−9	1000	100000	N
NGC 6814	QSO 1939−104	19 42 40	−10 19 12	3.2E−4	8.3 E−5	0.05	0.15	Q
J1952+3252	2FGL J1953.0+3253	19 53 00	+32 53 12	2.1E−8	±6.5 E−10	1000	100000	P
PSR J1954+2836	2FGL J1954.3+2836	19 54 19	+28 36 33	1.7E−8	7.0 E−10	1000	100000	P
Cyg X−1	4U 1956+35	19 58 21	+35 12 00	6.6E−4	7.4 E−5	0.75	2	B
1ES 1959+650	QSO B1959+650	20 00 00	+65 08 55	4.7E−11	1.6 E−11	>180000		Q
MAGIC J2001+435	1FGL J2001.1+4351	20 01 13	+43 52 53	6.8E−10	7.0 E−11	>100000		Q
PSR J2021+3651	2FGL J2021.0+3651	20 21 05	+36 51 48	6.8E−8	±1.2 E−9	1000	100000	P
PSR J2021+4026	2FGL J2021.5+4026	20 21 34	+40 26 26	1.2E−7	1.5 E−9	1000	100000	P
EXO 2030+375		20 32 13	+37 37 48	3.3E−3	1.9 E−5	0.04	0.1	B
PSR J2032+4127	2FGL J2032.2+4126	20 32 15	+41 26 13	2.2E−8	8.8 E−10	1000	100000	P
Cyg X−3		20 32 26	+40 57 28	6.8E−3	1.9 E−5	0.04	0.1	B
J2124.6+5057	IGR J21247+5058	21 24 39	+50 58 26	6.5E−4	±2.9 E−5	0.04	0.1	Q
PKS 2155−304	HESS J2158−302	21 58 52	−30 13 32	1.3E−11	0.1 E−11	>300000		Q
PKS 2155−304	2FGL J2158.8−3013	21 58 52	−30 13 32	2.4E−8	5.7 E−10	1000	100000	Q
PSR J2229+6114	2FGL J2229.0+6114	22 29 04	+61 14 46	3.1E−8	6.8 E−10	1000	100000	P
3C 454.3	2FGL J2253.9+1609	22 53 59	+16 08 58	9.7E−8	1.0 E−9	1000	100000	Q
Cas A	1H 2321+585	23 23 12	+58 48 36	2.8E−4	±6.60E−5	0.04	0.25	R

Notes to Table

[1] Integrated flux over the low (< 100 KeV), high (100 MeV to 100 GeV), or very high (> 100 GeV) energy range; some sources are bright in multiple energy ranges.

[2] > indicates a lower limit energy value; flux is the integral observed flux.

[3] For SN1987A, flux is only for single observed spectral line.

B Binary system
G Galaxy
N Nebula/diffuse
P Pulsar
Q Quasar
R Supernova remnant
T Transient
U Unknown

CONTENTS OF SECTION J

NOTES

Beginning with the 1997 edition of *The Astronomical Almanac*, observatories in the General List are alphabetical first by country and then by observatory name within the country. If the country in which an observatory is located is unknown, it may be found in the Index List. Taking Ebro Observatory as an example, the Index List refers the reader to Spain, under which Ebro is listed in the General List.

Observatories in England, Northern Ireland, Scotland and Wales will be found under United Kingdom. Observatories in the United States will be found under the appropriate state, under United States of America (USA). Thus, the W.M. Keck Observatory is under USA, Hawaii. In the Index List it is listed under Keck, W.M. and W.M. Keck, with referrals to Hawaii (USA) in the General List.

The "Location" column in the General List gives the city or town associated with the observatory, sometimes with the name of the mountain on which the observatory is actually located. Since some institutions have observatories located outside of their native countries, the "Location" column indicates the locale of the observatory, but not necessarily the ownership by that country. In the "Observatory Name" column of the General List, observatories with radio instruments, infrared instruments, or laser instruments are designated with an 'R', 'I', or 'L', respectively. The height of the observatory is given, in the final column, in meters (m) above mean sea level (m.s.l.); observatories for which the height is unknown at the time of publication have a "——" in the "Height" column.

Beginning with the 2012 edition of *The Astronomical Almanac*, the General List includes observatory codes as designated by the IAU Minor Planet Center (MPC), for some observatories; these codes are given in the "MPC Code" column.

Finally, readers interested in only a subset of the observatories—for example, those from a certain country (or few countries) or those with radio (or infrared or laser) instruments—may wish to use the Observatory Search feature on *The Astronomical Almanac Online* (see below).

OBSERVATORIES, 2015

J3

INDEX LIST

INDEX LIST

INDEX LIST

INDEX LIST

INDEX LIST

Observatory Name	MPC Code	Location	East Longitude		Latitude		Height (m.s.l.)
			°	′	°	′	m
Algeria							
Algiers Obs.	008	Bouzaréa	+	3 2.10	+ 36	48.1	345
Argentina							
Argentine Radio Ast. Inst.	R	Villa Elisa	−	58 8.20	− 34	52.1	11
Córdoba Ast. Obs.	822	Córdoba	−	64 11.8	− 31	25.3	434
Córdoba Obs. Astrophys. Sta.	821	Bosque Alegre	−	64 32.8	− 31	35.9	1250
Dr. Carlos U. Cesco Sta.		San Juan/El Leoncito	−	69 19.8	− 31	48.1	2348
El Leoncito Ast. Complex	808	San Juan/El Leoncito	−	69 18.0	− 31	48.0	2552
Félix Aguilar Obs.		San Juan	−	68 37.2	− 31	30.6	700
La Plata Ast. Obs.	839	La Plata	−	57 55.9	− 34	54.5	17
National Obs. of Cosmic Physics		San Miguel	−	58 43.9	− 34	33.4	37
Naval Obs.		Buenos Aires	−	58 21.3	− 34	37.3	6
Armenia							
Byurakan Astrophysical Obs.	R 123	Yerevan/Mt. Aragatz	+	44 17.5	+ 40	20.1	1500
Australia							
Anglo–Australian Obs.	I	Coonabarabran/Siding Spg., NSW	+	149 4.00	− 31	16.6	1164
Australian Natl. Radio Ast. Obs.	R	Parkes, NSW	+	148 15.7	− 33	0E-1	392
CSIRO Ast. and Space Sci. (CASS)	R	Culgoora, NSW	+	149 33.7	− 30	18.9	217
Deep Space Sta.	R	Tidbinbilla, ACT	+	148 58.8	− 35	24.1	656
Fleurs Radio Obs.	R	Kemps Creek, NSW	+	150 46.5	− 33	51.8	45
Molonglo Radio Obs.	R	Hoskinstown, NSW	+	149 25.4	− 35	22.3	732
Mopra Radio Obs.	R	Coonabarabran, NSW	+	149 6.00	− 31	16.1	866
Mount Pleasant Radio Ast. Obs.	R	Hobart, Tasmania	+	147 26.4	− 42	48.3	43
Mount Stromlo Obs.	414	Canberra/Mt. Stromlo, ACT	+	149 0.50	− 35	19.2	767
Perth Obs.	323	Bickley, Western Australia	+	116 8.10	− 32	0.50	391
Riverview College Obs.		Lane Cove, NSW	+	151 9.50	− 33	49.8	25
Siding Spring Obs.	413	Coonabarabran/Siding Spg., NSW	+	149 3.70	− 31	16.4	1149
Austria							
Kanzelhöhe Solar Obs.		Klagenfurt/Kanzelhöhe	+	13 54.4	+ 46	40.7	1526
Kuffner Obs.		Vienna	+	16 17.8	+ 48	12.8	302
L. Figl Astrophysical Obs.	562	St. Corona at Schöpfl	+	15 55.4	+ 48	5.00	890
Lustbühel Obs.	580	Graz	+	15 29.7	+ 47	3.90	480
Purgathofer Obs.	A96	Klosterneuburg	+	16 17.2	+ 48	17.8	399
Univ. of Graz Obs.		Graz	+	15 27.1	+ 47	4.70	375
Urania Obs.	602	Vienna	+	16 23.1	+ 48	12.7	193
Vienna Univ. Obs.	045	Vienna	+	16 20.2	+ 48	13.9	241
Belgium							
Ast. and Astrophys. Inst.		Brussels	+	4 23.0	+ 50	48.8	147
Cointe Obs.	623	Liège	+	5 33.9	+ 50	37.1	127
Royal Obs. Radio Ast. Sta.	R	Humain	+	5 15.3	+ 50	11.5	293
Royal Obs. of Belgium	R 012	Uccle	+	4 21.5	+ 50	47.9	105
Brazil							
Abrahão de Moraes Obs.	R 860	Valinhos	−	46 58.0	− 23	0.10	850
Antares Ast. Obs.		Feira de Santana	−	38 57.9	− 12	15.4	256
Itapetinga Radio Obs.	R	Atibaia	−	46 33.5	− 23	11.1	806
Morro Santana Obs.		Porto Alegre	−	51 7.60	− 30	3.20	300
National Obs.	880	Rio de Janeiro	−	43 13.4	− 22	53.7	33
Pico dos Dias Obs.	874	Itajubá/Pico dos Dias	−	45 35.0	− 22	32.1	1870
Piedade Obs.		Belo Horizonte	−	43 30.7	− 19	49.3	1746
Valongo Obs.		Rio de Janeiro/Mt. Valongo	−	43 11.2	− 22	53.9	52

Observatory Name	MPC Code	Location	East Longitude	Latitude	Height (m.s.l.)
			° ′	° ′	m
Bulgaria					
Belogradchik Ast. Obs.		Belogradchik	+ 22 40.5	+ 43 37.4	650
Rozhen National Ast. Obs.	071	Rozhen	+ 24 44.6	+ 41 41.6	1759
Canada					
Algonquin Radio Obs.	R	Lake Traverse, Ontario	− 78 4.40	+ 45 57.3	260
Climenhaga Obs.	657	Victoria, British Columbia	− 123 18.5	+ 48 27.8	74
Devon Ast. Obs.		Devon, Alberta	− 113 45.5	+ 53 23.4	708
Dominion Astrophysical Obs.		Victoria, British Columbia	− 123 25.0	+ 48 31.2	238
Dominion Radio Astrophys. Obs.	R	Penticton, British Columbia	− 119 37.2	+ 49 19.2	545
Elginfield Obs.	440	London, Ontario	− 81 18.9	+ 43 11.5	323
Mont Mégantic Ast. Obs.	301	Mégantic/Mont Mégantic, Quebec	− 71 9.20	+ 45 27.3	1114
Ottawa River Solar Obs.		Ottawa, Ontario	− 75 53.6	+ 45 23.2	58
Rothney Astrophysical Obs.	I 661	Priddis, Alberta	− 114 17.3	+ 50 52.1	1272
Chile					
Cerro Calán National Ast. Obs.	806	Santiago/Cerro Calán	− 70 32.8	− 33 23.8	860
Cerro El Roble Ast. Obs.	805	Santiago/Cerro El Roble	− 71 1.20	− 32 58.9	2220
Cerro Tololo Inter–Amer. Obs.	R,I 807	La Serena/Cerro Tololo	− 70 48.9	− 30 9.90	2215
European Southern Obs.	R 809	La Serena/Cerro La Silla	− 70 43.8	− 29 15.4	2347
Gemini South Obs.	I11	La Serena/Cerro Pachón	− 70 43.4	− 30 13.7	2725
Las Campanas Obs.	304	Vallenar/Cerro Las Campanas	− 70 42.0	− 29 0.50	2282
Maipu Radio Ast. Obs.	R	Maipu	− 70 51.5	− 33 30.1	446
Manuel Foster Astrophys. Obs.		Santiago/Cerro San Cristobal	− 70 37.8	− 33 25.1	840
Paranal Obs.	309	Antofagasta/Cerro Paranal	− 70 24.2	− 24 37.5	2635
China, People's Republic of					
Beijing Normal Univ. Obs.	R	Beijing	+ 116 21.6	+ 39 57.4	70
Beijing Obs. Sta.	R	Miyun	+ 116 45.9	+ 40 33.4	160
Beijing Obs. Sta.	R,L 324	Shahe	+ 116 19.7	+ 40 6.10	40
Beijing Obs. Sta.		Tianjing	+ 117 3.50	+ 39 8.00	5
Beijing Obs. Sta.	I 327	Xinglong	+ 117 34.5	+ 40 23.7	870
Purple Mountain Obs.	R 330	Nanjing/Purple Mtn.	+ 118 49.3	+ 32 4.00	267
Shaanxi Ast. Obs.	R	Lintong	+ 109 33.1	+ 34 56.7	468
Shanghai Obs. Sta.	R,L	Sheshan	+ 121 11.2	+ 31 5.80	100
Shanghai Obs. Sta.	R	Urumqui	+ 87 10.7	+ 43 28.3	2080
Shanghai Obs. Sta.	R	Xujiahui	+ 121 25.6	+ 31 11.4	5
Wuchang Time Obs.	L	Wuhan	+ 114 20.7	+ 30 32.5	28
Yunnan Obs.	R 286	Kunming	+ 102 47.3	+ 25 1.50	1940
Colombia					
National Ast. Obs.		Bogotá	− 74 4.90	+ 4 35.9	2640
Croatia, Republic of					
Geodetical Faculty Obs.		Zagreb	+ 16 1.30	+ 45 49.5	146
Hvar Obs.		Hvar	+ 16 26.9	+ 43 10.7	238
Czech Republic					
Charles Univ. Ast. Inst.	541	Prague	+ 14 23.7	+ 50 4.60	267
Nicholas Copernicus Obs.	616	Brno	+ 16 35.0	+ 49 12.2	304
Ondřejov Obs.	R 557	Ondřejov	+ 14 47.0	+ 49 54.6	533
Prostějov Obs.		Prostějov	+ 17 9.80	+ 49 29.2	225
Valašské Meziříčí Obs.		Valašské Meziříčí	+ 17 58.5	+ 49 27.8	338

Observatory Name		MPC Code	Location	East Longitude	Latitude	Height (m.s.l.)
				° ′	° ′	m
Denmark						
Copenhagen Univ. Obs.		054	Brorfelde	+ 11 40.0	+ 55 37.5	90
Copenhagen Univ. Obs.		035	Copenhagen	+ 12 34.6	+ 55 41.2	——
Ole Rømer Obs.		155	Aarhus	+ 10 11.8	+ 56 7.70	50
Ecuador						
Quito Ast. Obs.		781	Quito	− 78 29.9	− 0 13.0	2818
Egypt						
Helwân Obs.		087	Helwân	+ 31 22.8	+ 29 51.5	116
Kottamia Obs.		088	Kottamia	+ 31 49.5	+ 29 55.9	476
Estonia						
Wilhelm Struve Astrophys. Obs.			Tartu	+ 26 28.0	+ 58 16.0	——
Finland						
European Incoh. Scatter Facility	R		Sodankylä	+ 26 37.6	+ 67 21.8	197
Metsähovi Obs.			Kirkkonummi	+ 24 23.8	+ 60 13.2	60
Metsähovi Obs. Radio Rsch. Sta.	R		Kirkkonummi	+ 24 23.6	+ 60 13.1	61
Tuorla Obs.		063	Piikkiö	+ 22 26.8	+ 60 25.0	40
Univ. of Helsinki Obs.		569	Helsinki	+ 24 57.3	+ 60 9.70	33
France						
Besançon Obs.		016	Besançon	+ 5 59.2	+ 47 15.0	312
Bordeaux Univ. Obs.	R	999	Floirac	− 0 31.7	+ 44 50.1	73
Côte d'Azur Obs.		020	Nice/Mont Gros	+ 7 18.1	+ 43 43.4	372
Côte d'Azur Obs. Calern Sta.	I,L		St. Vallier–de–Thiey	+ 6 55.6	+ 43 44.9	1270
Grenoble Obs.	R		Gap/Plateau de Bure	+ 5 54.5	+ 44 38.0	2552
Lyon Univ. Obs.		513	St. Genis Laval	+ 4 47.1	+ 45 41.7	299
Meudon Obs.		005	Meudon	+ 2 13.9	+ 48 48.3	162
Millimeter Radio Ast. Inst.	R		Gap/Plateau de Bure	+ 5 54.4	+ 44 38.0	2552
Obs. of Haute–Provence		511	Forcalquier/St. Michel	+ 5 42.8	+ 43 55.9	665
Paris Obs.		007	Paris	+ 2 20.2	+ 48 50.2	67
Paris Obs. Radio Ast. Sta.	R		Nançay	+ 2 11.8	+ 47 22.8	150
Pic du Midi Obs.		586	Bagnères–de–Bigorre	+ 0 8.70	+ 42 56.2	2861
Strasbourg Obs.		522	Strasbourg	+ 7 46.2	+ 48 35.0	142
Toulouse Univ. Obs.		004	Toulouse	+ 1 27.8	+ 43 36.7	195
Georgia						
Abastumani Astrophysical Obs.	R	119	Abastumani/Mt. Kanobili	+ 42 49.3	+ 41 45.3	1583
Germany						
Archenhold Obs.		604	Berlin	+ 13 28.7	+ 52 29.2	41
Bochum Obs.			Bochum	+ 7 13.4	+ 51 27.9	132
Central Inst. for Earth Physics			Potsdam	+ 13 4.00	+ 52 22.9	91
Einstein Tower Solar Obs.	R		Potsdam	+ 13 3.90	+ 52 22.8	100
Friedrich Schiller Univ. Obs.		032	Jena	+ 11 29.2	+ 50 55.8	356
Göttingen Univ. Obs.		528	Göttingen	+ 9 56.6	+ 51 31.8	159
Hamburg Obs.		029	Bergedorf	+ 10 14.5	+ 53 28.9	45
Hoher List Obs.		017	Daun/Hoher List	+ 6 51.0	+ 50 9.80	533
Inst. of Geodesy Ast. Obs.			Hannover	+ 9 42.8	+ 52 23.3	71
Karl Schwarzschild Obs.		033	Tautenburg	+ 11 42.8	+ 50 58.9	331
Lohrmann Obs.		040	Dresden	+ 13 52.3	+ 51 3.00	324
Max Planck Inst. for Radio Ast.	R		Effelsberg	+ 6 53.1	+ 50 31.6	369
Munich Univ. Obs.		532	Munich	+ 11 36.5	+ 48 8.70	529
Potsdam Astrophysical Obs.		042	Potsdam	+ 13 4.00	+ 52 22.9	107

Observatory Name	MPC Code	Location	East Longitude	Latitude	Height (m.s.l.)
			° ′	° ′	m
Germany, cont.					
Remeis Obs.	521	Bamberg	+ 10 53.4	+ 49 53.1	288
Schauinsland Obs.		Freiburg/Schauinsland Mtn.	+ 7 54.4	+ 47 54.9	1240
Sonneberg Obs.	031	Sonneberg	+ 11 11.5	+ 50 22.7	640
State Obs.	024	Heidelberg/Königstuhl	+ 8 43.3	+ 49 23.9	570
Stockert Radio Obs.	R	Eschweiler	+ 6 43.4	+ 50 34.2	435
Stuttgart Obs.		Welzheim	+ 9 35.8	+ 48 52.5	547
Swabian Obs.	025	Stuttgart	+ 9 11.8	+ 48 47.0	354
Tremsdorf Radio Ast. Obs.	R	Tremsdorf	+ 13 8.20	+ 52 17.1	35
Tübingen Univ. Ast. Obs.		Tübingen	+ 9 3.50	+ 48 32.3	470
Wendelstein Solar Obs.	230	Brannenburg	+ 12 0.80	+ 47 42.5	1838
Wilhelm Foerster Obs.	544	Berlin	+ 13 21.2	+ 52 27.5	78
Greece					
Kryonerion Ast. Obs.		Kiáton/Mt. Killini	+ 22 37.3	+ 37 58.4	905
National Obs. Sta.	R	Pentele	+ 23 51.8	+ 38 2.90	509
National Obs. of Athens	066	Athens	+ 23 43.2	+ 37 58.4	110
Stephanion Obs.		Stephanion	+ 22 49.7	+ 37 45.3	800
Univ. of Thessaloníki Obs.		Thessaloníki	+ 22 57.5	+ 40 37.0	28
Greenland					
Incoherent Scatter Facility	R	Søndre Strømfjord	− 50 57.0	+ 66 59.2	180
Hungary					
Heliophysical Obs.		Debrecen	+ 21 37.4	+ 47 33.6	132
Heliophysical Obs. Sta.		Gyula	+ 21 16.2	+ 46 39.2	135
Konkoly Obs.	053	Budapest	+ 18 57.9	+ 47 30.0	474
Konkoly Obs. Sta.	561	Piszkéstetö	+ 19 53.7	+ 47 55.1	958
Urania Obs.		Budapest	+ 19 3.90	+ 47 29.1	166
India					
Aryabhatta Res. Inst. of Obs. Sci.		Naini Tal/Manora Peak	+ 79 27.4	+ 29 21.7	1927
Gauribidanur Radio Obs.	R	Gauribidanur	+ 77 26.1	+ 13 36.2	686
Gurushikhar Infrared Obs.	I	Abu	+ 72 46.8	+ 24 39.1	1700
Indian Ast. Obs.		Hanle/Mt. Saraswati	+ 78 57.9	+ 32 46.8	4467
Japal–Rangapur Obs.	R 219	Japal	+ 78 43.7	+ 17 5.90	695
Kodaikanal Solar Obs.		Kodaikanal	+ 77 28.1	+ 10 13.8	2343
National Centre for Radio Aph.		Khodad	+ 74 3.00	+ 19 6.00	650
Nizamiah Obs.		Hyderabad	+ 78 27.2	+ 17 25.9	554
Radio Ast. Center	R	Udhagamandalam (Ooty)	+ 76 40.0	+ 11 22.9	2150
Vainu Bappu Obs.	220	Kavalur	+ 78 49.6	+ 12 34.6	725
Indonesia					
Bosscha Obs.	299	Lembang (Java)	+ 107 37.0	− 6 49.5	1300
Ireland					
Dunsink Obs.	982	Castleknock	− 6 20.2	+ 53 23.3	85
Israel					
Florence and George Wise Obs.	097	Mitzpe Ramon/Mt. Zin	+ 34 45.8	+ 30 35.8	874
Italy					
Arcetri Astrophysical Obs.	030	Arcetri	+ 11 15.3	+ 43 45.2	184
Asiago Astrophysical Obs.	043	Asiago	+ 11 31.7	+ 45 51.7	1045
Bologna Univ. Obs.	598	Loiano	+ 11 20.2	+ 44 15.5	785
Brera–Milan Ast. Obs.	096	Merate	+ 9 25.7	+ 45 42.0	340

Observatory Name	MPC Code	Location	East Longitude	Latitude	Height (m.s.l.)
			° ′	° ′	m
Italy, cont.					
Brera–Milan Ast. Obs.	027	Milan	+ 9 11.5	+ 45 28.0	146
Cagliari Ast. Obs.	L	Capoterra	+ 8 58.6	+ 39 8.20	205
Capodimonte Ast. Obs.	044	Naples	+ 14 15.3	+ 40 51.8	150
Catania Astrophysical Obs.	156	Catania	+ 15 5.20	+ 37 30.2	47
Catania Obs. Stellar Sta.		Catania/Serra la Nave	+ 14 58.4	+ 37 41.5	1735
Chaonis Obs.	567	Chions	+ 12 42.7	+ 45 50.6	15
Collurania Ast. Obs.	037	Teramo	+ 13 44.0	+ 42 39.5	388
Damecuta Obs.		Anacapri	+ 14 11.8	+ 40 33.5	137
International Latitude Obs.		Carloforte	+ 8 18.7	+ 39 8.20	22
Medicina Radio Ast. Sta.	R	Medicina	+ 11 38.7	+ 44 31.2	44
Mount Ekar Obs.	098	Asiago/Mt. Ekar	+ 11 34.3	+ 45 50.6	1350
Padua Ast. Obs.	533	Padua	+ 11 52.3	+ 45 24.0	38
Palermo Univ. Ast. Obs.	535	Palermo	+ 13 21.5	+ 38 6.70	72
Rome Obs.	034	Rome/Monte Mario	+ 12 27.1	+ 41 55.3	152
San Vittore Obs.	552	Bologna	+ 11 20.5	+ 44 28.1	280
Trieste Ast. Obs.	R A82	Trieste	+ 13 52.5	+ 45 38.5	400
Turin Ast. Obs.	022	Pino Torinese	+ 7 46.5	+ 45 2.30	622
Japan					
Dodaira Obs.	L 387	Tokyo/Mt. Dodaira	+ 139 11.8	+ 36 0.20	879
Hida Obs.		Kamitakara	+ 137 18.5	+ 36 14.9	1276
Hiraiso Solar Terr. Rsch. Center	R	Nakaminato	+ 140 37.5	+ 36 22.0	27
Kagoshima Space Center	R	Uchinoura	+ 131 4.00	+ 31 13.7	228
Kashima Space Research Center	R	Kashima	+ 140 39.8	+ 35 57.3	32
Kiso Obs.	381	Kiso	+ 137 37.7	+ 35 47.6	1130
Kwasan Obs.	377	Kyoto	+ 135 47.6	+ 34 59.7	221
Kyoto Univ. Ast. Dept. Obs.		Kyoto	+ 135 47.2	+ 35 1.70	86
Kyoto Univ. Physics Dept. Obs.		Kyoto	+ 135 47.2	+ 35 1.70	80
Mizusawa Astrogeodynamics Obs.		Mizusawa	+ 141 7.90	+ 39 8.10	61
Nagoya Univ. Fujigane Sta.	R	Kamiku Isshiki	+ 138 36.7	+ 35 25.6	1015
Nagoya Univ. Radio Ast. Lab.	R	Nagoya	+ 136 58.4	+ 35 8.90	75
Nagoya Univ. Sugadaira Sta.	R	Toyokawa	+ 138 19.3	+ 36 31.2	1280
Nagoya Univ. Toyokawa Sta.	R	Toyokawa	+ 137 22.2	+ 34 50.1	25
National Ast. Obs.	R 388	Mitaka	+ 139 32.5	+ 35 40.3	58
Nobeyama Cosmic Radio Obs.	R	Nobeyama	+ 138 29.0	+ 35 56.0	1350
Nobeyama Solar Radio Obs.	R	Nobeyama	+ 138 28.8	+ 35 56.3	1350
Norikura Solar Obs.	I 382	Matsumoto/Mt. Norikura	+ 137 33.3	+ 36 6.80	2876
Okayama Astrophysical Obs.	371	Kurashiki/Mt. Chikurin	+ 133 35.8	+ 34 34.4	372
Sendai Ast. Obs.	D93	Sendai	+ 140 51.9	+ 38 15.4	45
Simosato Hydrographic Obs.	R,L	Simosato	+ 135 56.4	+ 33 34.5	63
Sirahama Hydrographic Obs.		Sirahama	+ 138 59.3	+ 34 42.8	172
Tohoku Univ. Obs.		Sendai	+ 140 50.6	+ 38 15.4	153
Tokyo Hydrographic Obs.		Tokyo	+ 139 46.2	+ 35 39.7	41
Toyokawa Obs.	R	Toyokawa	+ 137 22.3	+ 34 50.2	18
Kazakhstan					
Mountain Obs.	210	Alma–Ata	+ 76 57.4	+ 43 11.3	1450
Korea, Republic of					
Bohyunsan Optical Ast. Obs.	344	Youngchun/Mt. Bohyun	+ 128 58.6	+ 36 10.0	1127
Daeduk Radio Ast. Obs.	R	Taejeon	+ 127 22.3	+ 36 23.9	120
Korea Ast. Obs.		Taejeon	+ 127 22.3	+ 36 23.9	120
Sobaeksan Ast. Obs.	245	Danyang	+ 128 27.4	+ 36 56.0	1390

Observatory Name		MPC Code	Location	East Longitude	Latitude	Height (m.s.l.)
				° ′	° ′	m
Latvia						
Latvian State Univ. Ast. Obs.	L		Riga	+ 24 7.00	+ 56 57.1	39
Riga Radio–Astrophysical Obs.	R		Riga	+ 24 24.0	+ 56 47.0	75
Lithuania						
Moletai Ast. Obs.		152	Moletai	+ 25 33.8	+ 55 19.0	220
Vilnius Ast. Obs.		570	Vilnius	+ 25 17.2	+ 54 41.0	122
Mexico						
Guillermo Haro Astrophys. Obs.			Cananea/La Mariquita Mtn.	− 110 23.0	+ 31 3.20	2480
Large Millimeter Telescope (LMT)	R		Sierra Negra	− 97 18.9	+ 18 59.1	4600
National Ast. Obs.			San Felipe (Baja California)	− 115 27.8	+ 31 2.60	2830
National Ast. Obs.	R		Tonantzintla	− 98 18.8	+ 19 2.00	2150
Univ. Guanajuato Obs.			Mineral de La Luz (Guanajuato)	− 101 19.5	+ 21 3.20	2420
Netherlands						
Catholic Univ. Ast. Inst.			Nijmegen	+ 5 52.1	+ 51 49.5	62
Dwingeloo Radio Obs.	R		Dwingeloo	+ 6 23.8	+ 52 48.8	25
Kapteyn Obs.			Roden	+ 6 26.6	+ 53 7.70	12
Leiden Obs.		013	Leiden	+ 4 29.1	+ 52 9.30	12
Simon Stevin Obs.	R	505	Hoeven	+ 4 33.8	+ 51 34.0	9
Sonnenborgh Obs.		015	Utrecht	+ 5 7.80	+ 52 5.20	14
Westerbork Radio Ast. Obs.	R		Westerbork	+ 6 36.3	+ 52 55.0	16
New Zealand						
Auckland Obs.		467	Auckland	+ 174 46.7	− 36 54.4	80
Carter Obs.		485	Wellington	+ 174 46.0	− 41 17.2	129
Carter Obs. Sta.		483	Blenheim/Black Birch	+ 173 48.2	− 41 44.9	1396
Mount John Univ. Obs.		474	Lake Tekapo/Mt. John	+ 170 27.9	− 43 59.2	1027
Norway						
European Incoh. Scatter Facility	R		Tromsø	+ 19 31.2	+ 69 35.2	85
Skibotn Ast. Obs.		093	Skibotn	+ 20 21.9	+ 69 20.9	157
Philippine Islands						
Manila Obs.	R		Quezon City	+ 121 4.60	+ 14 38.2	58
Pagasa Ast. Obs.			Quezon City	+ 121 4.30	+ 14 39.2	70
Poland						
Astronomical Latitude Obs.	L	187	Borowiec	+ 17 4.50	+ 52 16.6	80
Jagellonian Obs. Ft. Skala Sta.	R		Cracow	+ 19 49.6	+ 50 3.30	314
Jagellonian Univ. Ast. Obs.		055	Cracow	+ 19 57.6	+ 50 3.90	225
Mount Suhora Obs.			Koninki/Mt. Suhora	+ 20 4.00	+ 49 34.2	1000
Piwnice Ast. Obs.	R	092	Piwnice	+ 18 33.4	+ 53 5.70	100
Poznań Univ. Ast. Obs.	L	047	Poznań	+ 16 52.7	+ 52 23.8	85
Warsaw Univ. Ast. Obs.		060	Ostrowik	+ 21 25.2	+ 52 5.40	138
Wroclaw Univ. Ast. Obs.			Wroclaw	+ 17 5.30	+ 51 6.70	115
Wroclaw Univ. Bialkow Sta.			Wasosz	+ 16 39.6	+ 51 28.5	140
Portugal						
Coimbra Ast. Obs.			Coimbra	− 8 25.8	+ 40 12.4	99
Lisbon Ast. Obs.		971	Lisbon	− 9 11.2	+ 38 42.7	111
Prof. Manuel de Barros Obs.	R		Vila Nova de Gaia	− 8 35.3	+ 41 6.50	232

Observatory Name	MPC Code	Location	East Longitude	Latitude	Height (m.s.l.)
			° ′	° ′	m
Puerto Rico					
Arecibo Obs.	R 251	Arecibo	− 66 45.2	+ 18 20.6	496
Romania					
Bucharest Ast. Obs.	073	Bucharest	+ 26 5.80	+ 44 24.8	81
Cluj–Napoca Ast. Obs.		Cluj–Napoca	+ 23 35.9	+ 46 42.8	750
Russia					
Engelhardt Ast. Obs.	136	Kazan	+ 48 48.9	+ 55 50.3	98
Irkutsk Ast. Obs.		Irkutsk	+ 104 20.7	+ 52 16.7	468
Kaliningrad Univ. Obs.	058	Kaliningrad	+ 20 29.7	+ 54 42.8	24
Kazan Univ. Obs.	135	Kazan	+ 49 7.30	+ 55 47.4	79
Pulkovo Obs.	R 084	Pulkovo	+ 30 19.6	+ 59 46.4	75
Pulkovo Obs. Sta.		Kislovodsk/Shat Jat Mass Mtn.	+ 42 31.8	+ 43 44.0	2130
Sayan Mtns. Radiophys. Obs.		Sayan Mountains	+ 102 12.5	+ 51 45.5	832
Special Astrophysical Obs.	R 115	Zelenchukskaya/Pasterkhov Mtn.	+ 41 26.5	+ 43 39.2	2100
St. Petersburg Univ. Obs.		St. Petersburg	+ 30 17.7	+ 59 56.5	3
Sternberg State Ast. Inst.	105	Moscow	+ 37 32.7	+ 55 42.0	195
Tomsk Univ. Obs.	236	Tomsk	+ 84 56.8	+ 56 28.1	130
Serbia					
Belgrade Ast. Obs.	057	Belgrade	+ 20 30.8	+ 44 48.2	253
Slovakia					
Lomnický Štít Coronal Obs.	059	Poprad/Mt. Lomnický Štít	+ 20 13.2	+ 49 11.8	2632
Skalnaté Pleso Obs.	056	Poprad	+ 20 14.7	+ 49 11.3	1783
Slovak Technical Univ. Obs.		Bratislava	+ 17 7.20	+ 48 9.30	171
South Africa, Republic of					
Boyden Obs.	074	Mazelspoort	+ 26 24.3	− 29 2.30	1387
Hartebeeshoek Radio Ast. Obs.	R	Hartebeeshoek	+ 27 41.1	− 25 53.4	1391
Leiden Obs. Southern Sta.	081	Hartebeespoort	+ 27 52.6	− 25 46.4	1220
South African Ast. Obs.	051	Cape Town	+ 18 28.7	− 33 56.1	18
South African Ast. Obs. Sta.		Sutherland	+ 20 48.7	− 32 22.7	1771
Southern African Large Telescope	B31	Sutherland	+ 20 48.6	− 32 22.8	1798
Spain					
Deep Space Sta.	R	Cebreros	− 4 22.0	+ 40 27.3	789
Deep Space Sta.	R	Robledo	− 4 14.9	+ 40 25.8	774
Ebro Obs.	R	Roquetas	+ 0 29.6	+ 40 49.2	50
German Spanish Ast. Center		Gérgal/Calar Alto Mtn.	− 2 32.2	+ 37 13.8	2168
Millimeter Radio Ast. Inst.	R	Granada/Pico Veleta	− 3 24.0	+ 37 4.10	2870
National Ast. Obs.	990	Madrid	− 3 41.1	+ 40 24.6	670
National Obs. Ast. Center	R 491	Yebes	− 3 6.00	+ 40 31.5	914
Naval Obs.	L	San Fernando	− 6 12.2	+ 36 28.0	27
Ramon Maria Aller Obs.		Santiago de Compostela	− 8 33.6	+ 42 52.5	240
Roque de los Muchachos Obs.		La Palma Island (Canaries)	− 17 52.9	+ 28 45.6	2326
Teide Obs.	R,I	Tenerife Island (Canaries)	− 16 29.8	+ 28 17.5	2395
Sweden					
European Incoh. Scatter Facility	R	Kiruna	+ 20 26.1	+ 67 51.6	418
Kvistaberg Obs.	049	Bro	+ 17 36.4	+ 59 30.1	33
Lund Obs.	039	Lund	+ 13 11.2	+ 55 41.9	34
Lund Obs. Jävan Sta.		Björnstorp	+ 13 26.0	+ 55 37.4	145
Onsala Space Obs.	R	Onsala	+ 11 55.1	+ 57 23.6	24
Stockholm Obs.	052	Saltsjöbaden	+ 18 18.5	+ 59 16.3	60

Observatory Name	MPC Code	Location	East Longitude	Latitude	Height (m.s.l.)
			° ′	° ′	m
Switzerland					
Arosa Astrophysical Obs.		Arosa	+ 9 40.1	+ 46 47.0	2050
Basle Univ. Ast. Inst.		Binningen	+ 7 35.0	+ 47 32.5	318
Cantonal Obs.	019	Neuchâtel	+ 6 57.5	+ 46 59.9	488
Geneva Obs.	517	Sauverny	+ 6 8.20	+ 46 18.4	465
Gornergrat North & South Obs.	R,I	Zermatt/Gornergrat	+ 7 47.1	+ 45 59.1	3135
High Alpine Research Obs.		Mürren/Jungfraujoch	+ 7 59.1	+ 46 32.9	3576
Inst. of Solar Research (IRSOL)		Locarno	+ 8 47.4	+ 46 10.7	500
Specola Solar Obs.		Locarno	+ 8 47.4	+ 46 10.4	365
Swiss Federal Obs.		Zürich	+ 8 33.1	+ 47 22.6	469
Univ. of Lausanne Obs.		Chavannes–des–Bois	+ 6 8.20	+ 46 18.4	465
Zimmerwald Obs.	026	Zimmerwald	+ 7 27.9	+ 46 52.6	929
Tadzhikistan					
Inst. of Astrophysics	191	Dushanbe	+ 68 46.9	+ 38 33.7	820
Taiwan (Republic of China)					
National Central Univ. Obs.		Chung–li	+ 121 11.2	+ 24 58.2	152
Taipei Obs.		Taipei	+ 121 31.6	+ 25 4.70	31
Turkey					
Ege Univ. Obs.		Bornova	+ 27 16.5	+ 38 23.9	795
Istanbul Univ. Obs.	080	Istanbul	+ 28 57.9	+ 41 0.70	65
Kandilli Obs.		Istanbul	+ 29 3.70	+ 41 3.80	120
Tübitak National Obs.	A84	Antalya/Mt. Bakirlitepe	+ 30 20.1	+ 36 49.5	2515
Univ. of Ankara Obs.	R	Ankara	+ 32 46.8	+ 39 50.6	1266
Çanakkale Univ. Obs.		Ulupinar/Çanakkale	+ 26 28.5	+ 40 6.00	410
Ukraine					
Crimean Astrophysical Obs.		Partizanskoye	+ 34 1.00	+ 44 43.7	550
Crimean Astrophysical Obs.	R 094	Simeis	+ 34 1.00	+ 44 32.1	676
Inst. of Radio Ast.	R	Kharkov	+ 36 56.0	+ 49 38.0	150
Kharkov Univ. Ast. Obs.	101	Kharkov	+ 36 13.9	+ 50 0.20	138
Kiev Univ. Obs.	085	Kiev	+ 30 29.9	+ 50 27.2	184
Lvov Univ. Obs.	067	Lvov	+ 24 1.80	+ 49 50.0	330
Main Ast. Obs.		Kiev	+ 30 30.4	+ 50 21.9	188
Nikolaev Ast. Obs.	089	Nikolaev	+ 31 58.5	+ 46 58.3	54
Odessa Obs.	086	Odessa	+ 30 45.5	+ 46 28.6	60
United Kingdom					
Armagh Obs.	981	Armagh, Northern Ireland	− 6 38.9	+ 54 21.2	64
Cambridge Univ. Obs.	503	Cambridge, England	+ 0 5.70	+ 52 12.8	30
Chilbolton Obs.	R	Chilbolton, England	− 1 26.2	+ 51 8.70	92
City Obs.	961	Edinburgh, Scotland	− 3 10.8	+ 55 57.4	107
Godlee Obs.		Manchester, England	− 2 14.0	+ 53 28.6	77
Jodrell Bank Obs.	R	Macclesfield, England	− 2 18.4	+ 53 14.2	78
Mills Obs.		Dundee, Scotland	− 3 0.70	+ 56 27.9	152
Mullard Radio Ast. Obs.	R	Cambridge, England	+ 0 2.60	+ 52 10.2	17
Royal Obs. Edinburgh		Edinburgh, Scotland	− 3 11.0	+ 55 55.5	146
Satellite Laser Ranger Group	L 501	Herstmonceux, England	+ 0 20.3	+ 50 52.0	31
Univ. of Glasgow Obs.		Glasgow, Scotland	− 4 18.3	+ 55 54.1	53
Univ. of London Obs.	998	Mill Hill, England	− 0 14.4	+ 51 36.8	81
Univ. of St. Andrews Obs.		St. Andrews, Scotland	− 2 48.9	+ 56 20.2	30

Observatory Name	MPC Code	Location	East Longitude	Latitude	Height (m.s.l.)
			° ′	° ′	m
United States of America					
Alabama					
Univ. of Alabama Obs.		Tuscaloosa	− 87 32.5	+ 33 12.6	87
Arizona					
Fred L. Whipple Obs.	696	Amado/Mt. Hopkins	− 110 52.6	+ 31 40.9	2344
Kitt Peak National Obs.	695	Tucson/Kitt Peak	− 111 36.0	+ 31 57.8	2120
Lowell Obs.	690	Flagstaff	− 111 39.9	+ 35 12.2	2219
Lowell Obs. Sta.	688	Flagstaff/Anderson Mesa	− 111 32.2	+ 35 5.80	2200
MMT Obs.		Amado/Mt. Hopkins	− 110 53.1	+ 31 41.3	2608
McGraw–Hill Obs.	697	Tucson/Kitt Peak	− 111 37.0	+ 31 57.0	1925
Mount Lemmon Infrared Obs.	I	686	Tucson/Mt. Lemmon	− 110 47.5	+ 32 26.5	2776
National Radio Ast. Obs.	R	Tucson/Kitt Peak	− 111 36.9	+ 31 57.2	1939
Northern Arizona Univ. Obs.	687	Flagstaff	− 111 39.2	+ 35 11.1	2110
Steward Obs.	692	Tucson	− 110 56.9	+ 32 14.0	757
Steward Obs. Catalina Sta.		Tucson/Mt. Bigelow	− 110 43.9	+ 32 25.0	2510
Steward Obs. Catalina Sta.		Tucson/Mt. Lemmon	− 110 47.3	+ 32 26.6	2790
Steward Obs. Catalina Sta.		Tucson/Tumamoc Hill	− 111 0.30	+ 32 12.8	950
Steward Obs. Sta.	691	Tucson/Kitt Peak	− 111 36.0	+ 31 57.8	2071
Submillimeter Telescope Obs.	R	Safford/Mt. Graham	− 109 53.5	+ 32 42.1	3190
U.S. Naval Obs. Sta.	689	Flagstaff	− 111 44.4	+ 35 11.0	2316
Vatican Obs. Research Group	I	290	Safford/Mt. Graham	− 109 53.5	+ 32 42.1	3181
Warner and Swasey Obs. Sta.		Tucson/Kitt Peak	− 111 35.9	+ 31 57.6	2084
California					
Big Bear Solar Obs.		Big Bear City	− 116 54.9	+ 34 15.2	2067
Chabot Space & Science Center	G58	Oakland	− 122 10.9	+ 37 49.1	476
Goldstone Complex	R	252	Fort Irwin	− 116 50.9	+ 35 23.4	1036
Griffith Obs.		Los Angeles	− 118 17.9	+ 34 7.10	357
Hat Creek Radio Ast. Obs.	R	Cassel	− 121 28.4	+ 40 49.1	1043
Leuschner Obs.	660	Lafayette	− 122 9.40	+ 37 55.1	304
Lick Obs.	662	San Jose/Mt. Hamilton	− 121 38.2	+ 37 20.6	1290
MIRA Oliver Observing Sta.		Monterey/Chews Ridge	− 121 34.2	+ 36 18.3	1525
Mount Laguna Obs.	L	Mount Laguna	− 116 25.6	+ 32 50.4	1859
Mount Wilson Obs.	R	672	Pasadena/Mt. Wilson	− 118 3.60	+ 34 13.0	1742
Owens Valley Radio Obs.	R	Big Pine	− 118 16.9	+ 37 13.9	1236
Palomar Obs.	675	Palomar Mtn.	− 116 51.8	+ 33 21.4	1706
Radio Ast. Inst.	R	Stanford	− 122 11.3	+ 37 23.9	80
SRI Radio Ast. Obs.	R	Stanford	− 122 10.6	+ 37 24.3	168
San Fernando Obs.	R	San Fernando	− 118 29.5	+ 34 18.5	371
Stanford Center for Radar Ast.	R	Palo Alto	− 122 10.7	+ 37 27.5	172
Table Mountain Obs.	673	Wrightwood	− 117 40.9	+ 34 22.9	2285
Colorado					
Chamberlin Obs.	708	Denver	− 104 57.2	+ 39 40.6	1644
Chamberlin Obs. Sta.	707	Bailey/Dick Mtn.	− 105 26.2	+ 39 25.6	2675
Meyer–Womble Obs.		Georgetown/Mt. Evans	− 105 38.4	+ 39 35.2	4305
Sommers–Bausch Obs.	463	Boulder	− 105 15.8	+ 40 0.20	1653
Tiara Obs.		South Park	− 105 31.0	+ 38 58.2	2679
U.S. Air Force Academy Obs.	712	Colorado Springs	− 104 52.5	+ 39 0.40	2187
Connecticut					
John J. McCarthy Obs.	932	New Milford	− 73 25.6	+ 41 31.6	79
Van Vleck Obs.	298	Middletown	− 72 39.6	+ 41 33.3	65
Western Conn. State Univ. Obs.		Danbury	− 73 26.7	+ 41 24.0	128
Delaware					
Mount Cuba Ast. Obs.	788	Greenville	− 75 38.0	+ 39 47.1	92
District of Columbia					
Naval Rsch. Lab. Radio Ast. Obs.	R	Washington	− 77 1.60	+ 38 49.3	30
U.S. Naval Obs.	786	Washington	− 77 4.00	+ 38 55.3	92

Observatory Name	MPC Code	Location	East Longitude ° ′	Latitude ° ′	Height (m.s.l.) m
USA, cont.					
Florida					
Brevard Community College Obs.	758	Cocoa	− 80 45.7	+ 28 23.1	17
Rosemary Hill Obs.	831	Bronson	− 82 35.2	+ 29 24.0	44
Univ. of Florida Radio Obs.	R	Old Town	− 83 2.10	+ 29 31.7	8
Georgia					
Bradley Obs.		Decatur	− 84 17.6	+ 33 45.9	316
Emory Univ. Obs.		Atlanta	− 84 19.6	+ 33 47.4	310
Fernbank Obs.		Atlanta	− 84 19.1	+ 33 46.7	320
Hard Labor Creek Obs.		Rutledge	− 83 35.6	+ 33 40.2	223
Hawaii					
C.E.K. Mees Solar Obs.		Kahului/Haleakala, Maui	− 156 15.4	+ 20 42.4	3054
Caltech Submillimeter Obs.	R	Hilo/Mauna Kea, Hawaii	− 155 28.5	+ 19 49.3	4072
Canada–France–Hawaii Tel. Corp.	I	Hilo/Mauna Kea, Hawaii	− 155 28.1	+ 19 49.5	4204
Gemini North Obs.		Hilo/Mauna Kea, Hawaii	− 155 28.1	+ 19 49.4	4213
Joint Astronomy Centre	R,I	Hilo/Mauna Kea, Hawaii	− 155 28.2	+ 19 49.3	4198
LURE Obs.	L	Kahului/Haleakala, Maui	− 156 15.5	+ 20 42.6	3049
Mauna Kea Obs.	I	568 Hilo/Mauna Kea, Hawaii	− 155 28.2	+ 19 49.4	4214
Mauna Loa Solar Obs.		Hilo/Mauna Loa, Hawaii	− 155 34.6	+ 19 32.1	3440
Subaru Tel.		Hilo/Mauna Kea, Hawaii	− 155 28.6	+ 19 49.5	4163
Submillimeter Array (SMA)	R	Hilo/Mauna Kea, Hawaii	− 155 28.7	+ 19 49.5	4080
W.M. Keck Obs.	917	Hilo/Mauna Kea, Hawaii	− 155 28.5	+ 19 49.6	4160
Illinois					
Dearborn Obs.	756	Evanston	− 87 40.5	+ 42 3.40	195
Indiana					
Goethe Link Obs.	760	Brooklyn	− 86 23.7	+ 39 33.0	300
Iowa					
Erwin W. Fick Obs.		Boone	− 93 56.5	+ 42 0.30	332
Grant O. Gale Obs.		Grinnell	− 92 43.2	+ 41 45.4	318
North Liberty Radio Obs.	R	North Liberty	− 91 34.5	+ 41 46.3	241
Univ. of Iowa Obs.		Riverside	− 91 33.6	+ 41 30.9	221
Kansas					
Clyde W. Tombaugh Obs.		Lawrence	− 95 15.0	+ 38 57.6	323
Zenas Crane Obs.		Topeka	− 95 41.8	+ 39 2.20	306
Kentucky					
Moore Obs.		Brownsboro	− 85 31.8	+ 38 20.1	216
Maryland					
GSFC Optical Test Site		Greenbelt	− 76 49.6	+ 39 1.30	53
Maryland Point Obs.	R	Riverside	− 77 13.9	+ 38 22.4	20
Univ. of Maryland Obs.	R	College Park	− 76 57.4	+ 39 0.10	53
Massachusetts					
Clay Center	I01	Brookline	− 71 8.00	+ 42 20.0	47
Five College Radio Ast. Obs.	R	New Salem	− 72 20.7	+ 42 23.5	314
George R. Wallace Jr. Aph. Obs.	810	Westford	− 71 29.1	+ 42 36.6	107
Harvard–Smithsonian Ctr. for Aph.	R	802 Cambridge	− 71 7.80	+ 42 22.8	24
Haystack Obs.	R	254 Westford	− 71 29.3	+ 42 37.4	146
Hopkins Obs.	R	Williamstown	− 73 12.1	+ 42 42.7	215
Judson B. Coit Obs.		Boston	− 71 6.30	+ 42 21.0	——
Maria Mitchell Obs.	811	Nantucket	− 70 6.30	+ 41 16.8	20
Millstone Hill Atm. Sci. Fac.	R	Westford	− 71 29.7	+ 42 36.6	146
Millstone Hill Radar Obs.	R	Westford	− 71 29.5	+ 42 37.0	156
Oak Ridge Obs.	R	Harvard	− 71 33.5	+ 42 30.3	185
Sagamore Hill Radio Obs.	R	Hamilton	− 70 49.3	+ 42 37.9	53
Westford Antenna Facility	R	Westford	− 71 29.7	+ 42 36.8	115
Whitin Obs.		Wellesley	− 71 18.2	+ 42 17.7	32

Observatory Name	MPC Code	Location	East Longitude	Latitude	Height (m.s.l.)
			° ′	° ′	m
USA, cont.					
Michigan					
Brooks Obs.	746	Mount Pleasant	− 84 46.5	+ 43 35.3	258
Michigan State Univ. Obs.	766	East Lansing	− 84 29.0	+ 42 42.4	274
Univ. of Mich. Radio Ast. Obs. R		Dexter	− 83 56.2	+ 42 23.9	345
Minnesota					
O'Brien Obs.		Marine–on–St. Croix	− 92 46.6	+ 45 10.9	308
Missouri					
Morrison Obs.		Fayette	− 92 41.8	+ 39 9.10	228
Nebraska					
Behlen Obs.		Mead	− 96 26.8	+ 41 10.3	362
Nevada					
MacLean Obs.		Incline Village	− 119 55.7	+ 39 17.7	2546
New Hampshire					
Shattuck Obs.		Hanover	− 72 17.0	+ 43 42.3	183
New Jersey					
Crawford Hill Obs. R		Holmdel	− 74 11.2	+ 40 23.5	114
FitzRandolph Obs.	785	Princeton	− 74 38.8	+ 40 20.7	43
New Mexico					
Apache Point Obs.	705	Sunspot	− 105 49.2	+ 32 46.8	2781
Capilla Peak Obs.		Albuquerque/Capilla Peak	− 106 24.3	+ 34 41.8	2842
Corralitos Obs.		Las Cruces	− 107 2.60	+ 32 22.8	1453
Joint Obs. for Cometary Research	702	Socorro/South Baldy Peak	− 107 11.3	+ 33 59.1	3235
National Radio Ast. Obs. R		Socorro	− 107 37.1	+ 34 4.70	2124
National Solar Obs.		Sunspot	− 105 49.2	+ 32 47.2	2811
New Mexico State Univ. Obs. Sta.		Las Cruces/Blue Mesa	− 107 9.90	+ 32 29.5	2025
New Mexico State Univ. Obs. Sta.		Las Cruces/Tortugas Mtn.	− 106 41.8	+ 32 17.6	1505
New York					
C.E. Kenneth Mees Obs.		Bristol Springs	− 77 24.5	+ 42 42.0	701
Hartung–Boothroyd Obs.	H81	Ithaca	− 76 23.1	+ 42 27.5	534
Reynolds Obs.	H91	Potsdam	− 74 57.1	+ 44 40.7	140
Rutherfurd Obs.	795	New York	− 73 57.5	+ 40 48.6	25
Syracuse Univ. Obs.		Syracuse	− 76 8.30	+ 43 2.20	160
North Carolina					
Dark Sky Obs.		Boone	− 81 24.7	+ 36 15.1	926
Morehead Obs.		Chapel Hill	− 79 3.00	+ 35 54.8	161
Pisgah Ast. Rsch. Inst. (PARI)		Rosman	− 82 52.3	+ 35 12.0	892
Three College Obs.		Saxapahaw	− 79 24.4	+ 35 56.7	183
Ohio					
Cincinnati Obs.	765	Cincinnati	− 84 25.4	+ 39 8.30	247
Nassau Ast. Obs.	774	Montville	− 81 4.50	+ 41 35.5	390
Perkins Obs.	H69	Delaware	− 83 3.30	+ 40 15.1	280
Ritter Obs.		Toledo	− 83 36.8	+ 41 39.7	201
Pennsylvania					
Allegheny Obs.	778	Pittsburgh	− 80 1.30	+ 40 29.0	380
Black Moshannon Obs.		State College/Rattlesnake Mtn.	− 78 0.30	+ 40 55.3	738
Bucknell Univ. Obs.		Lewisburg	− 76 52.9	+ 40 57.1	170
Kutztown Univ. Obs.		Kutztown	− 75 47.1	+ 40 30.9	158
Sproul Obs.		Swarthmore	− 75 21.4	+ 39 54.3	63
Strawbridge Obs. R	437	Haverford	− 75 18.2	+ 40 0.70	116
The Franklin Inst. Obs.		Philadelphia	− 75 10.4	+ 39 57.5	30
Villanova Univ. Obs. R		Villanova	− 75 20.5	+ 40 2.40	——
Rhode Island					
Ladd Obs.		Providence	− 71 24.0	+ 41 50.3	69

Observatory Name	MPC Code	Location	East Longitude	Latitude	Height (m.s.l.)
			° ′	° ′	m
USA, cont.					
South Carolina					
Melton Memorial Obs.		Columbia	− 81 1.60	+ 33 59.8	98
Univ. of S.C. Radio Obs.	R	Columbia	− 81 1.90	+ 33 59.8	127
Tennessee					
Arthur J. Dyer Obs.	759	Nashville	− 86 48.3	+ 36 3.10	345
Texas					
George R. Agassiz Sta.	R	Fort Davis	− 103 56.8	+ 30 38.1	1603
McDonald Obs.	L 711	Fort Davis/Mt. Locke	− 104 1.30	+ 30 40.3	2075
Millimeter Wave Obs.	R	Fort Davis/Mt. Locke	− 104 1.70	+ 30 40.3	2031
Virginia					
Leander McCormick Obs.	780	Charlottesville	− 78 31.4	+ 38 2.00	264
Leander McCormick Obs. Sta.		Charlottesville/Fan Mtn.	− 78 41.6	+ 37 52.7	566
Washington					
Manastash Ridge Obs.	664	Ellensburg/Manastash Ridge	− 120 43.4	+ 46 57.1	1198
West Virginia					
National Radio Ast. Obs.	R 256	Green Bank	− 79 50.5	+ 38 25.8	836
Naval Research Lab. Radio Sta.	R	Sugar Grove	− 79 16.4	+ 38 31.2	705
Wisconsin					
Pine Bluff Obs.		Pine Bluff	− 89 41.1	+ 43 4.70	366
Thompson Obs.		Beloit	− 89 1.90	+ 42 30.3	255
Washburn Obs.	753	Madison	− 89 24.5	+ 43 4.60	292
Yerkes Obs.	754	Williams Bay	− 88 33.4	+ 42 34.2	334
Wyoming					
Wyoming Infrared Obs.	I	Jelm/Jelm Mtn.	− 105 58.6	+ 41 5.90	2943
Uruguay					
Los Molinos Ast. Obs.	844	Montevideo	− 56 11.4	− 34 45.3	110
Montevideo Obs.		Montevideo	− 56 12.8	− 34 54.6	24
Uzbekistan					
Maidanak Ast. Obs.		Kitab/Mt. Maidanak	+ 66 54.0	+ 38 41.1	2500
Tashkent Obs.	192	Tashkent	+ 69 17.6	+ 41 19.5	477
Uluk–Bek Latitude Sta.	186	Kitab	+ 66 52.9	+ 39 8.00	658
Vatican City State					
Vatican Obs.	036	Castel Gandolfo	+ 12 39.1	+ 41 44.8	450
Venezuela					
Cagigal Obs.		Caracas	− 66 55.7	+ 10 30.4	1026
Llano del Hato Obs.	303	Mérida	− 70 52.0	+ 8 47.4	3610

CONTENTS OF SECTION K

> **WWW**   This symbol indicates that these data or auxiliary material may also be found on *The Astronomical Almanac Online* at **http://asa.usno.navy.mil** and **http://asa.hmnao.com**

CONVERSION FOR PRE–JANUARY AND POST–DECEMBER DATES

Tabulated Date	Equivalent Date in Previous Year	Tabulated Date	Equivalent Date in Previous Year	Tabulated Date	Equivalent Date in Subsequent Year	Tabulated Date	Equivalent Date in Subsequent Year
Jan. − 39	Nov. 22	Jan. − 19	Dec. 12	Dec. 32	Jan. 1	Dec. 52	Jan. 21
− 38	23	− 18	13	33	2	53	22
− 37	24	− 17	14	34	3	54	23
− 36	25	− 16	15	35	4	55	24
− 35	26	− 15	16	36	5	56	25
Jan. − 34	Nov. 27	Jan. − 14	Dec. 17	Dec. 37	Jan. 6	Dec. 57	Jan. 26
− 33	28	− 13	18	38	7	58	27
− 32	29	− 12	19	39	8	59	28
− 31	30	− 11	20	40	9	60	29
− 30	1	− 10	21	41	10	61	30
Jan. − 29	Dec. 2	Jan. − 9	Dec. 22	Dec. 42	Jan. 11	Dec. 62	Jan. 31
− 28	3	− 8	23	43	12	63	Feb. 1
− 27	4	− 7	24	44	13	64	2
− 26	5	− 6	25	45	14	65	3
− 25	6	− 5	26	46	15	66	4
Jan. − 24	Dec. 7	Jan. − 4	Dec. 27	Dec. 47	Jan. 16	Dec. 67	Feb. 5
− 23	8	− 3	28	48	17	68	6
− 22	9	− 2	29	49	18	69	7
− 21	10	− 1	30	50	19	70	8
− 20	11	Jan. 0 Dec. 31		51	20	71	9

JULIAN DAY NUMBER, 1950–2000

OF DAY COMMENCING AT GREENWICH NOON ON:

Year	Jan. 0	Feb. 0	Mar. 0	Apr. 0	May 0	June 0	July 0	Aug. 0	Sept. 0	Oct. 0	Nov. 0	Dec. 0
1950	243 3282	3313	3341	3372	3402	3433	3463	3494	3525	3555	3586	3616
1951	3647	3678	3706	3737	3767	3798	3828	3859	3890	3920	3951	3981
1952	4012	4043	4072	4103	4133	4164	4194	4225	4256	4286	4317	4347
1953	4378	4409	4437	4468	4498	4529	4559	4590	4621	4651	4682	4712
1954	4743	4774	4802	4833	4863	4894	4924	4955	4986	5016	5047	5077
1955	243 5108	5139	5167	5198	5228	5259	5289	5320	5351	5381	5412	5442
1956	5473	5504	5533	5564	5594	5625	5655	5686	5717	5747	5778	5808
1957	5839	5870	5898	5929	5959	5990	6020	6051	6082	6112	6143	6173
1958	6204	6235	6263	6294	6324	6355	6385	6416	6447	6477	6508	6538
1959	6569	6600	6628	6659	6689	6720	6750	6781	6812	6842	6873	6903
1960	243 6934	6965	6994	7025	7055	7086	7116	7147	7178	7208	7239	7269
1961	7300	7331	7359	7390	7420	7451	7481	7512	7543	7573	7604	7634
1962	7665	7696	7724	7755	7785	7816	7846	7877	7908	7938	7969	7999
1963	8030	8061	8089	8120	8150	8181	8211	8242	8273	8303	8334	8364
1964	8395	8426	8455	8486	8516	8547	8577	8608	8639	8669	8700	8730
1965	243 8761	8792	8820	8851	8881	8912	8942	8973	9004	9034	9065	9095
1966	9126	9157	9185	9216	9246	9277	9307	9338	9369	9399	9430	9460
1967	9491	9522	9550	9581	9611	9642	9672	9703	9734	9764	9795	9825
1968	243 9856	9887	9916	9947	9977	*0008	*0038	*0069	*0100	*0130	*0161	*0191
1969	244 0222	0253	0281	0312	0342	0373	0403	0434	0465	0495	0526	0556
1970	244 0587	0618	0646	0677	0707	0738	0768	0799	0830	0860	0891	0921
1971	0952	0983	1011	1042	1072	1103	1133	1164	1195	1225	1256	1286
1972	1317	1348	1377	1408	1438	1469	1499	1530	1561	1591	1622	1652
1973	1683	1714	1742	1773	1803	1834	1864	1895	1926	1956	1987	2017
1974	2048	2079	2107	2138	2168	2199	2229	2260	2291	2321	2352	2382
1975	244 2413	2444	2472	2503	2533	2564	2594	2625	2656	2686	2717	2747
1976	2778	2809	2838	2869	2899	2930	2960	2991	3022	3052	3083	3113
1977	3144	3175	3203	3234	3264	3295	3325	3356	3387	3417	3448	3478
1978	3509	3540	3568	3599	3629	3660	3690	3721	3752	3782	3813	3843
1979	3874	3905	3933	3964	3994	4025	4055	4086	4117	4147	4178	4208
1980	244 4239	4270	4299	4330	4360	4391	4421	4452	4483	4513	4544	4574
1981	4605	4636	4664	4695	4725	4756	4786	4817	4848	4878	4909	4939
1982	4970	5001	5029	5060	5090	5121	5151	5182	5213	5243	5274	5304
1983	5335	5366	5394	5425	5455	5486	5516	5547	5578	5608	5639	5669
1984	5700	5731	5760	5791	5821	5852	5882	5913	5944	5974	6005	6035
1985	244 6066	6097	6125	6156	6186	6217	6247	6278	6309	6339	6370	6400
1986	6431	6462	6490	6521	6551	6582	6612	6643	6674	6704	6735	6765
1987	6796	6827	6855	6886	6916	6947	6977	7008	7039	7069	7100	7130
1988	7161	7192	7221	7252	7282	7313	7343	7374	7405	7435	7466	7496
1989	7527	7558	7586	7617	7647	7678	7708	7739	7770	7800	7831	7861
1990	244 7892	7923	7951	7982	8012	8043	8073	8104	8135	8165	8196	8226
1991	8257	8288	8316	8347	8377	8408	8438	8469	8500	8530	8561	8591
1992	8622	8653	8682	8713	8743	8774	8804	8835	8866	8896	8927	8957
1993	8988	9019	9047	9078	9108	9139	9169	9200	9231	9261	9292	9322
1994	9353	9384	9412	9443	9473	9504	9534	9565	9596	9626	9657	9687
1995	244 9718	9749	9777	9808	9838	9869	9899	9930	9961	9991	*0022	*0052
1996	245 0083	0114	0143	0174	0204	0235	0265	0296	0327	0357	0388	0418
1997	0449	0480	0508	0539	0569	0600	0630	0661	0692	0722	0753	0783
1998	0814	0845	0873	0904	0934	0965	0995	1026	1057	1087	1118	1148
1999	1179	1210	1238	1269	1299	1330	1360	1391	1422	1452	1483	1513
2000	245 1544	1575	1604	1635	1665	1696	1726	1757	1788	1818	1849	1879

OF DAY COMMENCING AT GREENWICH NOON ON:

Year	Jan. 0	Feb. 0	Mar. 0	Apr. 0	May 0	June 0	July 0	Aug. 0	Sept. 0	Oct. 0	Nov. 0	Dec. 0
2000	245 1544	1575	1604	1635	1665	1696	1726	1757	1788	1818	1849	1879
2001	1910	1941	1969	2000	2030	2061	2091	2122	2153	2183	2214	2244
2002	2275	2306	2334	2365	2395	2426	2456	2487	2518	2548	2579	2609
2003	2640	2671	2699	2730	2760	2791	2821	2852	2883	2913	2944	2974
2004	3005	3036	3065	3096	3126	3157	3187	3218	3249	3279	3310	3340
2005	245 3371	3402	3430	3461	3491	3522	3552	3583	3614	3644	3675	3705
2006	3736	3767	3795	3826	3856	3887	3917	3948	3979	4009	4040	4070
2007	4101	4132	4160	4191	4221	4252	4282	4313	4344	4374	4405	4435
2008	4466	4497	4526	4557	4587	4618	4648	4679	4710	4740	4771	4801
2009	4832	4863	4891	4922	4952	4983	5013	5044	5075	5105	5136	5166
2010	245 5197	5228	5256	5287	5317	5348	5378	5409	5440	5470	5501	5531
2011	5562	5593	5621	5652	5682	5713	5743	5774	5805	5835	5866	5896
2012	5927	5958	5987	6018	6048	6079	6109	6140	6171	6201	6232	6262
2013	6293	6324	6352	6383	6413	6444	6474	6505	6536	6566	6597	6627
2014	6658	6689	6717	6748	6778	6809	6839	6870	6901	6931	6962	6992
2015	245 7023	7054	7082	7113	7143	7174	7204	7235	7266	7296	7327	7357
2016	7388	7419	7448	7479	7509	7540	7570	7601	7632	7662	7693	7723
2017	7754	7785	7813	7844	7874	7905	7935	7966	7997	8027	8058	8088
2018	8119	8150	8178	8209	8239	8270	8300	8331	8362	8392	8423	8453
2019	8484	8515	8543	8574	8604	8635	8665	8696	8727	8757	8788	8818
2020	245 8849	8880	8909	8940	8970	9001	9031	9062	9093	9123	9154	9184
2021	9215	9246	9274	9305	9335	9366	9396	9427	9458	9488	9519	9549
2022	9580	9611	9639	9670	9700	9731	9761	9792	9823	9853	9884	9914
2023	245 9945	9976	*0004	*0035	*0065	*0096	*0126	*0157	*0188	*0218	*0249	*0279
2024	246 0310	0341	0370	0401	0431	0462	0492	0523	0554	0584	0615	0645
2025	246 0676	0707	0735	0766	0796	0827	0857	0888	0919	0949	0980	1010
2026	1041	1072	1100	1131	1161	1192	1222	1253	1284	1314	1345	1375
2027	1406	1437	1465	1496	1526	1557	1587	1618	1649	1679	1710	1740
2028	1771	1802	1831	1862	1892	1923	1953	1984	2015	2045	2076	2106
2029	2137	2168	2196	2227	2257	2288	2318	2349	2380	2410	2441	2471
2030	246 2502	2533	2561	2592	2622	2653	2683	2714	2745	2775	2806	2836
2031	2867	2898	2926	2957	2987	3018	3048	3079	3110	3140	3171	3201
2032	3232	3263	3292	3323	3353	3384	3414	3445	3476	3506	3537	3567
2033	3598	3629	3657	3688	3718	3749	3779	3810	3841	3871	3902	3932
2034	3963	3994	4022	4053	4083	4114	4144	4175	4206	4236	4267	4297
2035	246 4328	4359	4387	4418	4448	4479	4509	4540	4571	4601	4632	4662
2036	4693	4724	4753	4784	4814	4845	4875	4906	4937	4967	4998	5028
2037	5059	5090	5118	5149	5179	5210	5240	5271	5302	5332	5363	5393
2038	5424	5455	5483	5514	5544	5575	5605	5636	5667	5697	5728	5758
2039	5789	5820	5848	5879	5909	5940	5970	6001	6032	6062	6093	6123
2040	246 6154	6185	6214	6245	6275	6306	6336	6367	6398	6428	6459	6489
2041	6520	6551	6579	6610	6640	6671	6701	6732	6763	6793	6824	6854
2042	6885	6916	6944	6975	7005	7036	7066	7097	7128	7158	7189	7219
2043	7250	7281	7309	7340	7370	7401	7431	7462	7493	7523	7554	7584
2044	7615	7646	7675	7706	7736	7767	7797	7828	7859	7889	7920	7950
2045	246 7981	8012	8040	8071	8101	8132	8162	8193	8224	8254	8285	8315
2046	8346	8377	8405	8436	8466	8497	8527	8558	8589	8619	8650	8680
2047	8711	8742	8770	8801	8831	8862	8892	8923	8954	8984	9015	9045
2048	9076	9107	9136	9167	9197	9228	9258	9289	9320	9350	9381	9411
2049	9442	9473	9501	9532	9562	9593	9623	9654	9685	9715	9746	9776
2050	246 9807	9838	9866	9897	9927	9958	9988	*0019	*0050	*0080	*0111	*0141

JULIAN DAY NUMBER, 2050–2100

OF DAY COMMENCING AT GREENWICH NOON ON:

Year	Jan. 0	Feb. 0	Mar. 0	Apr. 0	May 0	June 0	July 0	Aug. 0	Sept. 0	Oct. 0	Nov. 0	Dec. 0
2050	246 9807	9838	9866	9897	9927	9958	9988	*0019	*0050	*0080	*0111	*0141
2051	247 0172	0203	0231	0262	0292	0323	0353	0384	0415	0445	0476	0506
2052	0537	0568	0597	0628	0658	0689	0719	0750	0781	0811	0842	0872
2053	0903	0934	0962	0993	1023	1054	1084	1115	1146	1176	1207	1237
2054	1268	1299	1327	1358	1388	1419	1449	1480	1511	1541	1572	1602
2055	247 1633	1664	1692	1723	1753	1784	1814	1845	1876	1906	1937	1967
2056	1998	2029	2058	2089	2119	2150	2180	2211	2242	2272	2303	2333
2057	2364	2395	2423	2454	2484	2515	2545	2576	2607	2637	2668	2698
2058	2729	2760	2788	2819	2849	2880	2910	2941	2972	3002	3033	3063
2059	3094	3125	3153	3184	3214	3245	3275	3306	3337	3367	3398	3428
2060	247 3459	3490	3519	3550	3580	3611	3641	3672	3703	3733	3764	3794
2061	3825	3856	3884	3915	3945	3976	4006	4037	4068	4098	4129	4159
2062	4190	4221	4249	4280	4310	4341	4371	4402	4433	4463	4494	4524
2063	4555	4586	4614	4645	4675	4706	4736	4767	4798	4828	4859	4889
2064	4920	4951	4980	5011	5041	5072	5102	5133	5164	5194	5225	5255
2065	247 5286	5317	5345	5376	5406	5437	5467	5498	5529	5559	5590	5620
2066	5651	5682	5710	5741	5771	5802	5832	5863	5894	5924	5955	5985
2067	6016	6047	6075	6106	6136	6167	6197	6228	6259	6289	6320	6350
2068	6381	6412	6441	6472	6502	6533	6563	6594	6625	6655	6686	6716
2069	6747	6778	6806	6837	6867	6898	6928	6959	6990	7020	7051	7081
2070	247 7112	7143	7171	7202	7232	7263	7293	7324	7355	7385	7416	7446
2071	7477	7508	7536	7567	7597	7628	7658	7689	7720	7750	7781	7811
2072	7842	7873	7902	7933	7963	7994	8024	8055	8086	8116	8147	8177
2073	8208	8239	8267	8298	8328	8359	8389	8420	8451	8481	8512	8542
2074	8573	8604	8632	8663	8693	8724	8754	8785	8816	8846	8877	8907
2075	247 8938	8969	8997	9028	9058	9089	9119	9150	9181	9211	9242	9272
2076	9303	9334	9363	9394	9424	9455	9485	9516	9547	9577	9608	9638
2077	247 9669	9700	9728	9759	9789	9820	9850	9881	9912	9942	9973	*0003
2078	248 0034	0065	0093	0124	0154	0185	0215	0246	0277	0307	0338	0368
2079	0399	0430	0458	0489	0519	0550	0580	0611	0642	0672	0703	0733
2080	248 0764	0795	0824	0855	0885	0916	0946	0977	1008	1038	1069	1099
2081	1130	1161	1189	1220	1250	1281	1311	1342	1373	1403	1434	1464
2082	1495	1526	1554	1585	1615	1646	1676	1707	1738	1768	1799	1829
2083	1860	1891	1919	1950	1980	2011	2041	2072	2103	2133	2164	2194
2084	2225	2256	2285	2316	2346	2377	2407	2438	2469	2499	2530	2560
2085	248 2591	2622	2650	2681	2711	2742	2772	2803	2834	2864	2895	2925
2086	2956	2987	3015	3046	3076	3107	3137	3168	3199	3229	3260	3290
2087	3321	3352	3380	3411	3441	3472	3502	3533	3564	3594	3625	3655
2088	3686	3717	3746	3777	3807	3838	3868	3899	3930	3960	3991	4021
2089	4052	4083	4111	4142	4172	4203	4233	4264	4295	4325	4356	4386
2090	248 4417	4448	4476	4507	4537	4568	4598	4629	4660	4690	4721	4751
2091	4782	4813	4841	4872	4902	4933	4963	4994	5025	5055	5086	5116
2092	5147	5178	5207	5238	5268	5299	5329	5360	5391	5421	5452	5482
2093	5513	5544	5572	5603	5633	5664	5694	5725	5756	5786	5817	5847
2094	5878	5909	5937	5968	5998	6029	6059	6090	6121	6151	6182	6212
2095	248 6243	6274	6302	6333	6363	6394	6424	6455	6486	6516	6547	6577
2096	6608	6639	6668	6699	6729	6760	6790	6821	6852	6882	6913	6943
2097	6974	7005	7033	7064	7094	7125	7155	7186	7217	7247	7278	7308
2098	7339	7370	7398	7429	7459	7490	7520	7551	7582	7612	7643	7673
2099	7704	7735	7763	7794	7824	7855	7885	7916	7947	7977	8008	8038
2100	248 8069	8100	8128	8159	8189	8220	8250	8281	8312	8342	8373	8403

The Julian date (JD) corresponding to any instant is the interval in mean solar days elapsed since 4713 BC January 1 at Greenwich mean noon (12^h UT). To determine the JD at 0^h UT for a given Gregorian calendar date, sum the values from Table A for century, Table B for year and Table C for month; then add the day of the month. Julian dates for the current year are given on page B3.

A. Julian date at January 0^d 0^h UT of centurial year

Year	1600†	1700	1800	1900	2000†	2100
Julian date	230 5447·5	234 1971·5	237 8495·5	241 5019·5	245 1544·5	248 8068·5

† Centurial years that are exactly divisible by 400 are leap years in the Gregorian calendar. To determine the JD for any date in such a year, subtract 1 from the JD in Table A and use the leap year portion of Table C. (For 1600 and 2000 the JDs tabulated in Table A are actually for January 1^d 0^h.)

B. Addition to give Julian date for January 0^d 0^h UT of year

Year	Add	Year	Add	Year	Add	Year	Add
0	0	25	9131	50	18262	75	27393
1	365	26	9496	51	18627	76*	27758
2	730	27	9861	52*	18992	77	28124
3	1095	28*	10226	53	19358	78	28489
4*	1460	29	10592	54	19723	79	28854
5	1826	30	10957	55	20088	80*	29219
6	2191	31	11322	56*	20453	81	29585
7	2556	32*	11687	57	20819	82	29950
8*	2921	33	12053	58	21184	83	30315
9	3287	34	12418	59	21549	84*	30680
10	3652	35	12783	60*	21914	85	31046
11	4017	36*	13148	61	22280	86	31411
12*	4382	37	13514	62	22645	87	31776
13	4748	38	13879	63	23010	88*	32141
14	5113	39	14244	64*	23375	89	32507
15	5478	40*	14609	65	23741	90	32872
16*	5843	41	14975	66	24106	91	33237
17	6209	42	15340	67	24471	92*	33602
18	6574	43	15705	68*	24836	93	33968
19	6939	44*	16070	69	25202	94	34333
20*	7304	45	16436	70	25567	95	34698
21	7670	46	16801	71	25932	96*	35063
22	8035	47	17166	72*	26297	97	35429
23	8400	48*	17531	73	26663	98	35794
24*	8765	49	17897	74	27028	99	36159

* Leap years

Examples

a. 1981 November 14

Table A	
1900 Jan. 0	241 5019·5
+ Table B	+ 2 9585
1981 Jan. 0	244 4604·5
+ Table C (n.y.)	+ 304
1981 Nov. 0	244 4908·5
+ Day of Month	+ 14
1981 Nov. 14	244 4922·5

b. 2000 September 24

Table A	
2000 Jan. 1	245 1544·5
− 1 (for 2000)	− 1
2000 Jan. 0	245 1543·5
+ Table B	+ 0
2000 Jan. 0	245 1543·5
+ Table C (l.y.)	+ 244
2000 Sept. 0	245 1787·5
+ Day of Month	+ 24
2000 Sept. 24	245 1811·5

c. 2006 June 21

Table A	
2000 Jan. 1	245 1544·5
+ Table B	+ 2191
2006 Jan. 0	245 3735·5
+ Table C (n.y.)	+ 151
2006 June 0	245 3886·5
+ Day of Month	+ 21
2006 June 21	245 3907·5

C. Addition to give Julian date for beginning of month (0^d 0^h UT)

	Jan.	Feb.	Mar.	Apr.	May	June	July	Aug.	Sept.	Oct.	Nov.	Dec.
Normal year	0	31	59	90	120	151	181	212	243	273	304	334
Leap year	0	31	60	91	121	152	182	213	244	274	305	335

WARNING: prior to 1925 Greenwich mean noon (i.e. 12^h UT) was usually denoted by 0^h GMT in astronomical publications.

Conversions between Calendar dates and Julian dates may be performed using the USNO utility which is located under "Data Services" on the Astronomical Applications web pages (see page x).

Selected Astronomical Constants

The IAU 2009 System of Astronomical Constants (1) as published in the Report of the IAU Working Group on Numerical Standards for Fundamental Astronomy (NSFA, 2011) and updated by resolution B2 of the IAU XXVIII General Assembly (2012), (2) planetary equatorial radii, taken from the report of the IAU WG on Cartographic Coordinates and Rotational Elements: 2009 (2011), and lastly (3) other useful constants. For each quantity the list tabulates its description, symbol and value, and to the right, as appropriate, its uncertainty in units that the quantity is given in. Further information is given at foot of the table on the next page.

1 IAU 2009/2012 System of Astronomical Constants

1.1 Natural Defining Constant:

Speed of light $\qquad c = 299\ 792\ 458\ \mathrm{m\,s^{-1}}$

1.2 Auxiliary Defining Constants:

Astronomical unit[†]	$au = 149\ 597\ 870\ 700\ \mathrm{m}$	
$1 - \mathrm{d(TT)/d(TCG)}$	$L_G = 6\cdot969\ 290\ 134 \times 10^{-10}$	
$1 - \mathrm{d(TDB)/d(TCB)}$	$L_B = 1\cdot550\ 519\ 768 \times 10^{-8}$	
TDB$-$TCB at $T_0 = 244\ 3144\cdot5003\ 725$(TCB)	$\mathrm{TDB}_0 = -6\cdot55 \times 10^{-5}\ \mathrm{s}$	
Earth rotation angle (ERA) at J2000·0 UT1	$\theta_0 = 0\cdot779\ 057\ 273\ 2640$ revolutions	
Rate of advance of ERA	$\dot\theta = 1\cdot002\ 737\ 811\ 911\ 354\ 48$ revolutions UT1-day^{-1}	

1.3 Natural Measurable Constant:

Constant of gravitation $\qquad G = 6\cdot674\ 28 \times 10^{-11}\ \mathrm{m^3\,kg^{-1}\,s^{-2}} \qquad \pm 6\cdot7 \times 10^{-15}$

1.4 Other Constants:

Average value of $1 - \mathrm{d(TCG)/d(TCB)}$ $\qquad L_C = 1\cdot480\ 826\ 867\ 41 \times 10^{-8} \qquad \pm 2 \times 10^{-17}$

1.5 Body Constants:

Solar mass parameter[†]	$GM_S = 1\cdot327\ 124\ 420\ 99 \times 10^{20}\ \mathrm{m^3\,s^{-2}}$ (TCB)	$\pm 1 \times 10^{10}$
	$= 1\cdot327\ 124\ 400\ 41 \times 10^{20}\ \mathrm{m^3\,s^{-2}}$ (TDB)	$\pm 1 \times 10^{10}$
Equatorial radius for Earth	$a_E = a_e = 6\ 378\ 136\cdot6\ \mathrm{m}$ (TT)	$\pm 0\cdot1$
Dynamical form-factor for the Earth	$J_2 = 0\cdot001\ 082\ 635\ 9$	$\pm 1 \times 10^{-10}$
Time rate of change in J_2	$\dot J_2 = -3\cdot0 \times 10^{-9}\ \mathrm{cy^{-1}}$	$\pm 6 \times 10^{-10}$
Geocentric gravitational constant	$GM_E = 3\cdot986\ 004\ 418 \times 10^{14}\ \mathrm{m^3\,s^{-2}}$ (TCB)	$\pm 8 \times 10^5$
	$= 3\cdot986\ 004\ 415 \times 10^{14}\ \mathrm{m^3\,s^{-2}}$ (TT)	$\pm 8 \times 10^5$
	$= 3\cdot986\ 004\ 356 \times 10^{14}\ \mathrm{m^3\,s^{-2}}$ (TDB)	$\pm 8 \times 10^5$
Potential of the geoid	$W_0 = 6\cdot263\ 685\ 60 \times 10^7\ \mathrm{m^2\,s^{-2}}$	$\pm 0\cdot5$
Nominal mean angular velocity of the Earth	$\omega = 7\cdot292\ 115 \times 10^{-5}\ \mathrm{rad\,s^{-1}}$ (TT)	
Mass Ratio: Moon to Earth	$M_M/M_E = 1\cdot230\ 003\ 71 \times 10^{-2}$	$\pm 4 \times 10^{-10}$

Ratio of the mass of the Sun to the mass of the Body

Mass Ratio: Sun to Mercury	$M_S/M_{Me} = 6\cdot023\ 6 \times 10^6$	$\pm 3 \times 10^2$
Mass Ratio: Sun to Venus	$M_S/M_{Ve} = 4\cdot085\ 237\ 19 \times 10^5$	$\pm 8 \times 10^{-3}$
Mass Ratio: Sun to Mars	$M_S/M_{Ma} = 3\cdot098\ 703\ 59 \times 10^6$	$\pm 2 \times 10^{-2}$
Mass Ratio: Sun to Jupiter	$M_S/M_J = 1\cdot047\ 348\ 644 \times 10^3$	$\pm 1\cdot7 \times 10^{-5}$
Mass Ratio: Sun to Saturn	$M_S/M_{Sa} = 3\cdot497\ 9018 \times 10^3$	$\pm 1 \times 10^{-4}$
Mass Ratio: Sun to Uranus	$M_S/M_U = 2\cdot290\ 298 \times 10^4$	$\pm 3 \times 10^{-2}$
Mass Ratio: Sun to Neptune	$M_S/M_N = 1\cdot941\ 226 \times 10^4$	$\pm 3 \times 10^{-2}$
Mass Ratio: Sun to (134340) Pluto	$M_S/M_P = 1\cdot365\ 66 \times 10^8$	$\pm 2\cdot8 \times 10^4$
Mass Ratio: Sun to (136199) Eris	$M_S/M_{Eris} = 1\cdot191 \times 10^8$	$\pm 1\cdot4 \times 10^6$

Ratio of the mass of the Body to the mass of the Sun

Mass Ratio: (1) Ceres to Sun	$M_{Ceres}/M_S = 4\cdot72 \times 10^{-10}$	$\pm 3 \times 10^{-12}$
Mass Ratio: (2) Pallas to Sun	$M_{Pallas}/M_S = 1\cdot03 \times 10^{-10}$	$\pm 3 \times 10^{-12}$
Mass Ratio: (4) Vesta to Sun	$M_{Vesta}/M_S = 1\cdot35 \times 10^{-10}$	$\pm 3 \times 10^{-12}$

All values of the masses from Mars to Eris are the sum of the masses of the celestial body and its satellites.

continued ...

Selected Astronomical Constants (continued)

1.6 Initial Values at J2000·0:

Mean obliquity of the ecliptic $\qquad$ $\epsilon_{J2000\cdot0} = \epsilon_0 = 23° 26' 21''\cdot406 = 84\,381''\cdot406 \qquad \pm0''\cdot001$

2 Constants from IAU WG on Cartographic Coordinates and Rotational Elements 2009

Equatorial radii in km:

Mercury	2 439·7	±1·0	Jupiter	71 492 ± 4	(134340) Pluto	1 195	±5
Venus	6 051·8	±1·0	Saturn	60 268 ± 4			
Earth	6 378·1366	±0·0001	Uranus	25 559 ± 4	Moon (mean)	1 737·4	±1
Mars	3 396·19	±0·1	Neptune	24 764 ±15	Sun	696 000	

3 Other Constants

Light-time for unit distance[†] $\qquad \tau_A = au/c = 499\overset{s}{\cdot}004\,783\,84$
$\qquad\qquad\qquad\qquad\qquad\qquad\qquad 1/\tau_A = 173\cdot144\,632\,674$ au/d

Mass Ratio: Earth to Moon $\qquad M_E/M_M = 1/\mu = 81\cdot300\,568 \qquad\qquad\qquad \pm3 \times 10^{-6}$

Mass Ratio: Sun to Earth $\qquad GM_S/GM_E = 332\,946\cdot0487 \qquad\qquad\qquad \pm0\cdot0007$

Mass of the Sun $\qquad\qquad M_S = S = GM_S/G = 1\cdot9884 \times 10^{30}$ kg $\qquad \pm2 \times 10^{26}$

Mass of the Earth $\qquad\qquad M_E = E = GM_E/G = 5\cdot9722 \times 10^{24}$ kg $\qquad \pm6 \times 10^{20}$

Mass Ratio: Sun to Earth + Moon $\qquad (S/E)/(1+\mu) = 328\,900\cdot5596 \qquad\qquad \pm7 \times 10^{-4}$

Earth, reciprocal of flattening (IERS 2010) $\qquad 1/f = 298\cdot256\,42 \qquad\qquad\qquad \pm1 \times 10^{-5}$

Rates of precession at J2000·0 (IAU 2006)

General precession in longitude $\qquad\qquad\qquad p_A = 5028''\cdot796\,195$ per Julian century (TDB)

Rate of change in obliquity $\qquad\qquad\qquad\quad \dot\epsilon = -46''\cdot836\,769$ per Julian century (TDB)

Precession of the equator in longitude $\qquad \dot\psi = 5038''\cdot481\,507$ per Julian century (TDB)

Precession of the equator in obliquity $\qquad \dot\omega = -0''\cdot025\,754$ per Julian century (TDB)

Constant of nutation at epoch J2000·0 $\qquad N = 9''\cdot2052\,331$

Solar parallax $\qquad\qquad\qquad\qquad\qquad \pi_\odot = \sin^{-1}(a_e/A) = 8''\cdot794\,143$

Constant of aberration at epoch J2000·0 $\qquad \kappa = 20''\cdot495\,51$

Masses of the larger natural satellites: mass satellite/mass of the planet (see pages F3, F5)

Jupiter	Io	$4\cdot704 \times 10^{-5}$	**Saturn**	Titan	$2\cdot366 \times 10^{-4}$
	Europa	$2\cdot528 \times 10^{-5}$	**Uranus**	Titania	$4\cdot06 \times 10^{-5}$
	Ganymede	$7\cdot805 \times 10^{-5}$		Oberon	$3\cdot47 \times 10^{-5}$
	Callisto	$5\cdot667 \times 10^{-5}$	**Neptune**	Triton	$2\cdot089 \times 10^{-4}$

Users are advised to check the NSFA's website at at http://maia.usno.navy.mil/NSFA for the latest list of 'Current Best Estimates'. This website also has detailed information about the constants, and all the relevant references.

This almanac, in certain circumstances, may not use constants from this list. The reasons and those constants used will be given at the end of Section L *Notes and References.*

Units
The units meter (m), kilogram (kg), and SI second (s) are the units of length, mass and time in the International System of Units (SI).

The astronomical unit of time is a time interval of one day (D) of 86400 seconds. An interval of 36525 days is one Julian century. Some constants that involve time, either directly or indirectly need to be compatible with the underlying time-scales. In order to specify this (TDB) or (TCB) or (TT), as appropriate, is included after the unit to indicate that the value of the constant is compatible with the specified time-scale, for example, TDB-compatible.

[†]The astronomical unit of length (the au) in metres is re-defined (resolution B2, IAU XXVIII GA 2012) to be a conventional unit of length in agreement with the value adopted in the IAU 2009 Resolution B2; it is to be used with all time scales such as TCB, TDB, TCG, TT, etc. Also the heliocentric gravitational constant GM_S is renamed the solar mass parameter. Further information is given at the end of Section L *Notes and References.*

REDUCTION OF TIME-SCALES, 1620–1889

$$\Delta T = \text{ET} - \text{UT}$$

Year	ΔT s	Year	ΔT s	Year	ΔT s	Year	ΔT s	Year	ΔT s	Year	ΔT s
1620·0	+124	1665·0	+32	1710·0	+10	1755·0	+14	1800·0	+13·7	1845·0	+6·3
1621	+119	1666	+31	1711	+10	1756	+14	1801	+13·4	1846	+6·5
1622	+115	1667	+30	1712	+10	1757	+14	1802	+13·1	1847	+6·6
1623	+110	1668	+28	1713	+10	1758	+15	1803	+12·9	1848	+6·8
1624	+106	1669	+27	1714	+10	1759	+15	1804	+12·7	1849	+6·9
1625·0	+102	1670·0	+26	1715·0	+10	1760·0	+15	1805·0	+12·6	1850·0	+7·1
1626	+ 98	1671	+25	1716	+10	1761	+15	1806	+12·5	1851	+7·2
1627	+ 95	1672	+24	1717	+11	1762	+15	1807	+12·5	1852	+7·3
1628	+ 91	1673	+23	1718	+11	1763	+15	1808	+12·5	1853	+7·4
1629	+ 88	1674	+22	1719	+11	1764	+15	1809	+12·5	1854	+7·5
1630·0	+ 85	1675·0	+21	1720·0	+11	1765·0	+16	1810·0	+12·5	1855·0	+7·6
1631	+ 82	1676	+20	1721	+11	1766	+16	1811	+12·5	1856	+7·7
1632	+ 79	1677	+19	1722	+11	1767	+16	1812	+12·5	1857	+7·7
1633	+ 77	1678	+18	1723	+11	1768	+16	1813	+12·5	1858	+7·8
1634	+ 74	1679	+17	1724	+11	1769	+16	1814	+12·5	1859	+7·8
1635·0	+ 72	1680·0	+16	1725·0	+11	1770·0	+16	1815·0	+12·5	1860·0	+7·88
1636	+ 70	1681	+15	1726	+11	1771	+16	1816	+12·5	1861	+7·82
1637	+ 67	1682	+14	1727	+11	1772	+16	1817	+12·4	1862	+7·54
1638	+ 65	1683	+14	1728	+11	1773	+16	1818	+12·3	1863	+6·97
1639	+ 63	1684	+13	1729	+11	1774	+16	1819	+12·2	1864	+6·40
1640·0	+ 62	1685·0	+12	1730·0	+11	1775·0	+17	1820·0	+12·0	1865·0	+6·02
1641	+ 60	1686	+12	1731	+11	1776	+17	1821	+11·7	1866	+5·41
1642	+ 58	1687	+11	1732	+11	1777	+17	1822	+11·4	1867	+4·10
1643	+ 57	1688	+11	1733	+11	1778	+17	1823	+11·1	1868	+2·92
1644	+ 55	1689	+10	1734	+12	1779	+17	1824	+10·6	1869	+1·82
1645·0	+ 54	1690·0	+10	1735·0	+12	1780·0	+17	1825·0	+10·2	1870·0	+1·61
1646	+ 53	1691	+10	1736	+12	1781	+17	1826	+ 9·6	1871	+0·10
1647	+ 51	1692	+ 9	1737	+12	1782	+17	1827	+ 9·1	1872	−1·02
1648	+ 50	1693	+ 9	1738	+12	1783	+17	1828	+ 8·6	1873	−1·28
1649	+ 49	1694	+ 9	1739	+12	1784	+17	1829	+ 8·0	1874	−2·69
1650·0	+ 48	1695·0	+ 9	1740·0	+12	1785·0	+17	1830·0	+ 7·5	1875·0	−3·24
1651	+ 47	1696	+ 9	1741	+12	1786	+17	1831	+ 7·0	1876	−3·64
1652	+ 46	1697	+ 9	1742	+12	1787	+17	1832	+ 6·6	1877	−4·54
1653	+ 45	1698	+ 9	1743	+12	1788	+17	1833	+ 6·3	1878	−4·71
1654	+ 44	1699	+ 9	1744	+13	1789	+17	1834	+ 6·0	1879	−5·11
1655·0	+ 43	1700·0	+ 9	1745·0	+13	1790·0	+17	1835·0	+ 5·8	1880·0	−5·40
1656	+ 42	1701	+ 9	1746	+13	1791	+17	1836	+ 5·7	1881	−5·42
1657	+ 41	1702	+ 9	1747	+13	1792	+16	1837	+ 5·6	1882	−5·20
1658	+ 40	1703	+ 9	1748	+13	1793	+16	1838	+ 5·6	1883	−5·46
1659	+ 38	1704	+ 9	1749	+13	1794	+16	1839	+ 5·6	1884	−5·46
1660·0	+ 37	1705·0	+ 9	1750·0	+13	1795·0	+16	1840·0	+ 5·7	1885·0	−5·79
1661	+ 36	1706	+ 9	1751	+14	1796	+15	1841	+ 5·8	1886	−5·63
1662	+ 35	1707	+ 9	1752	+14	1797	+15	1842	+ 5·9	1887	−5·64
1663	+ 34	1708	+10	1753	+14	1798	+14	1843	+ 6·1	1888	−5·80
1664·0	+ 33	1709·0	+10	1754·0	+14	1799·0	+14	1844·0	+ 6·2	1889·0	−5·66

For years 1620 to 1955 the table is based on an adopted value of $-26''/\text{cy}^2$ for the tidal term ($\dot{n}$) in the mean motion of the Moon from the results of analyses of observations of lunar occultations of stars, eclipses of the Sun, and transits of Mercury (see F. R. Stephenson and L. V. Morrison, *Phil. Trans. R. Soc. London*, 1984, A **313**, 47-70).

To calculate the values of ΔT for a different value of the tidal term ($\dot{n}'$), add to the tabulated value of ΔT

$$-0\overset{\text{s}}{\cdot}000\,091\,(\dot{n}' + 26)\,(\text{year} - 1955)^2 \text{ seconds}$$

For 1956 through 1997 the table is derived from the direct comparison between TAI and UT1 taken from the Annual Reports of the BIH and from the IERS Bulletin B for 1988 onwards.

1890–1983, ΔT = ET − UT
1984–2000, ΔT = TDT − UT
From 2001, ΔT = TT − UT

Extrapolated Values

TAI − UTC

Year	ΔT s	Year	ΔT s	Year	ΔT s	Year	ΔT s
1890·0	− 5·87	1935·0	+23·93	1980·0	+50·54	2014	+67·2
1891	− 6·01	1936	+23·73	1981	+51·38	2015	+68
1892	− 6·19	1937	+23·92	1982	+52·17	2016	+68
1893	− 6·64	1938	+23·96	1983	+52·96	2017	+68
1894	− 6·44	1939	+24·02	1984	+53·79	2018	+69
1895·0	− 6·47	1940·0	+24·33	1985·0	+54·34		
1896	− 6·09	1941	+24·83	1986	+54·87		
1897	− 5·76	1942	+25·30	1987	+55·32		
1898	− 4·66	1943	+25·70	1988	+55·82		
1899	− 3·74	1944	+26·24	1989	+56·30		
1900·0	− 2·72	1945·0	+26·77	1990·0	+56·86		
1901	− 1·54	1946	+27·28	1991	+57·57		
1902	− 0·02	1947	+27·78	1992	+58·31		
1903	+ 1·24	1948	+28·25	1993	+59·12		
1904	+ 2·64	1949	+28·71	1994	+59·98		
1905·0	+ 3·86	1950·0	+29·15	1995·0	+60·78		
1906	+ 5·37	1951	+29·57	1996	+61·63		
1907	+ 6·14	1952	+29·97	1997	+62·29		
1908	+ 7·75	1953	+30·36	1998	+62·97		
1909	+ 9·13	1954	+30·72	1999	+63·47		
1910·0	+10·46	1955·0	+31·07	2000·0	+63·83		
1911	+11·53	1956	+31·35	2001	+64·09		
1912	+13·36	1957	+31·68	2002	+64·30		
1913	+14·65	1958	+32·18	2003	+64·47		
1914	+16·01	1959	+32·68	2004	+64·57		
1915·0	+17·20	1960·0	+33·15	2005·0	+64·69		
1916	+18·24	1961	+33·59	2006	+64·85		
1917	+19·06	1962	+34·00	2007	+65·15		
1918	+20·25	1963	+34·47	2008	+65·46		
1919	+20·95	1964	+35·03	2009	+65·78		
1920·0	+21·16	1965·0	+35·73	2010·0	+66·07		
1921	+22·25	1966	+36·54	2011	+66·32		
1922	+22·41	1967	+37·43	2012	+66·60		
1923	+23·03	1968	+38·29	2013	+66·91		
1924	+23·49	1969	+39·20				
1925·0	+23·62	1970·0	+40·18				
1926	+23·86	1971	+41·17				
1927	+24·49	1972	+42·23				
1928	+24·34	1973	+43·37				
1929	+24·08	1974	+44·49				
1930·0	+24·02	1975·0	+45·48				
1931	+24·00	1976	+46·46				
1932	+23·87	1977	+47·52				
1933	+23·95	1978	+48·53				
1934·0	+23·86	1979·0	+49·59				

Date	ΔAT s
1972 Jan. 1	+10·00
1972 July 1	+11·00
1973 Jan. 1	+12·00
1974 Jan. 1	+13·00
1975 Jan. 1	+14·00
1976 Jan. 1	+15·00
1977 Jan. 1	+16·00
1978 Jan. 1	+17·00
1979 Jan. 1	+18·00
1980 Jan. 1	+19·00
1981 July 1	+20·00
1982 July 1	+21·00
1983 July 1	+22·00
1985 July 1	+23·00
1988 Jan. 1	+24·00
1990 Jan. 1	+25·00
1991 Jan. 1	+26·00
1992 July 1	+27·00
1993 July 1	+28·00
1994 July 1	+29·00
1996 Jan. 1	+30·00
1997 July 1	+31·00
1999 Jan. 1	+32·00
2006 Jan. 1	+33·00
2009 Jan. 1	+34·00
2012 July 1	+35·00

In critical cases descend

$$\frac{\Delta \mathbf{ET}}{\Delta \mathbf{TT}} = \Delta \mathrm{AT} + 32^{s}\!\cdot\!184$$

From 1990 onwards, ΔT is for January 1 0^{h} UTC.

Page B6 gives a summary of the notation for time-scales. See *The Astronomical Almanac Online* for plots showing "Delta T Past, Present and Future".

WITH RESPECT TO THE INTERNATIONAL TERRESTRIAL REFERENCE SYSTEM (ITRS)

Date	1970 x	1970 y	1980 x	1980 y	1990 x	1990 y	2000 x	2000 y	2010 x	2010 y
	"	"	"	"	"	"	"	"	"	"
Jan. 1	−0.140	+0.144	+0.129	+0.251	−0.132	+0.165	+0.043	+0.378	+0.099	+0.193
Apr. 1	−0.097	+0.397	+0.014	+0.189	−0.154	+0.469	+0.075	+0.346	−0.061	+0.319
July 1	+0.139	+0.405	−0.044	+0.280	+0.161	+0.542	+0.110	+0.280	+0.061	+0.483
Oct. 1	+0.174	+0.125	−0.006	+0.338	+0.297	+0.243	−0.006	+0.247	+0.234	+0.366

Date	1971 x	1971 y	1981 x	1981 y	1991 x	1991 y	2001 x	2001 y	2011 x	2011 y
Jan. 1	−0.081	+0.026	+0.056	+0.361	+0.023	+0.069	−0.073	+0.400	+0.131	+0.203
Apr. 1	−0.199	+0.313	+0.088	+0.285	−0.217	+0.281	+0.091	+0.490	−0.033	+0.279
July 1	+0.050	+0.523	+0.075	+0.209	−0.033	+0.560	+0.254	+0.308	+0.044	+0.436
Oct. 1	+0.249	+0.263	−0.045	+0.210	+0.250	+0.436	+0.065	+0.118	+0.180	+0.377

Date	1972 x	1972 y	1982 x	1982 y	1992 x	1992 y	2002 x	2002 y	2012 x	2012 y
Jan. 1	+0.045	+0.050	−0.091	+0.378	+0.182	+0.168	−0.177	+0.294	+0.119	+0.263
Apr. 1	−0.180	+0.174	+0.093	+0.431	−0.083	+0.162	−0.031	+0.541	−0.010	+0.313
July 1	−0.031	+0.409	+0.231	+0.239	−0.142	+0.378	+0.228	+0.462	+0.094	+0.409
Oct. 1	+0.142	+0.344	+0.036	+0.060	+0.055	+0.503	+0.199	+0.200	+0.169	+0.334

Date	1973 x	1973 y	1983 x	1983 y	1993 x	1993 y	2003 x	2003 y	2013 x	2013 y
Jan. 1	+0.129	+0.139	−0.211	+0.249	+0.208	+0.359	−0.088	+0.188	+0.075	+0.290
Apr. 1	−0.035	+0.129	−0.069	+0.538	+0.115	+0.170	−0.133	+0.436	+0.051	+0.375
July 1	−0.075	+0.286	+0.269	+0.436	−0.062	+0.209	+0.131	+0.539	+0.143	+0.391
Oct. 1	+0.035	+0.347	+0.235	+0.069	−0.095	+0.370	+0.259	+0.304		

Date	1974 x	1974 y	1984 x	1984 y	1994 x	1994 y	2004 x	2004 y
Jan. 1	+0.115	+0.252	−0.125	+0.089	+0.010	+0.476	+0.031	+0.154
Apr. 1	+0.037	+0.185	−0.211	+0.410	+0.174	+0.391	−0.140	+0.321
July 1	+0.014	+0.216	+0.119	+0.543	+0.137	+0.212	−0.008	+0.510
Oct. 1	+0.002	+0.225	+0.313	+0.246	−0.066	+0.199	+0.199	+0.432

Date	1975 x	1975 y	1985 x	1985 y	1995 x	1995 y	2005 x	2005 y
Jan. 1	−0.055	+0.281	+0.051	+0.025	−0.154	+0.418	+0.149	+0.238
Apr. 1	+0.027	+0.344	−0.196	+0.220	+0.032	+0.558	−0.029	+0.243
July 1	+0.151	+0.249	−0.044	+0.482	+0.280	+0.384	−0.040	+0.397
Oct. 1	+0.063	+0.115	+0.214	+0.404	+0.138	+0.106	+0.059	+0.417

Date	1976 x	1976 y	1986 x	1986 y	1996 x	1996 y	2006 x	2006 y
Jan. 1	−0.145	+0.204	+0.187	+0.072	−0.176	+0.191	+0.053	+0.383
Apr. 1	−0.091	+0.399	−0.041	+0.139	−0.152	+0.506	+0.103	+0.374
July 1	+0.159	+0.390	−0.075	+0.324	+0.179	+0.546	+0.128	+0.300
Oct. 1	+0.227	+0.158	+0.062	+0.395	+0.267	+0.227	+0.033	+0.252

Date	1977 x	1977 y	1987 x	1987 y	1997 x	1997 y	2007 x	2007 y
Jan. 1	−0.065	+0.076	+0.146	+0.315	−0.023	+0.095	−0.049	+0.347
Apr. 1	−0.226	+0.362	+0.096	+0.212	−0.191	+0.329	+0.023	+0.479
July 1	+0.085	+0.500	−0.003	+0.208	+0.019	+0.536	+0.209	+0.412
Oct. 1	+0.281	+0.230	−0.053	+0.295	+0.221	+0.379	+0.134	+0.206

Date	1978 x	1978 y	1988 x	1988 y	1998 x	1998 y	2008 x	2008 y
Jan. 1	+0.007	+0.015	−0.023	+0.414	+0.103	+0.175	−0.081	+0.258
Apr. 1	−0.231	+0.240	+0.134	+0.407	−0.110	+0.252	−0.064	+0.490
July 1	−0.042	+0.483	+0.171	+0.253	−0.068	+0.439	+0.211	+0.498
Oct. 1	+0.236	+0.353	+0.011	+0.132	+0.125	+0.445	+0.265	+0.220

Date	1979 x	1979 y	1989 x	1989 y	1999 x	1999 y	2009 x	2009 y
Jan. 1	+0.140	+0.076	−0.159	+0.316	+0.139	+0.296	−0.017	+0.146
Apr. 1	−0.107	+0.133	+0.028	+0.482	+0.026	+0.241	−0.119	+0.406
July 1	−0.117	+0.351	+0.238	+0.369	−0.032	+0.310	+0.130	+0.534
Oct. 1	+0.092	+0.408	+0.167	+0.106	+0.006	+0.379	+0.266	+0.331

The orientation of the ITRS is consistent with the former BIH system (and the previous IPMS and ILS systems). The angles, x y, are defined on page B84. From 1988 their values have been taken from the IERS Bulletin B, published by the IERS Central Bureau, Bundesamt für Kartographie und Geodäsie, Richard-Strauss-Allee 11, 60598 Frankfurt am Main, Germany. Further information about IERS products may be found via *The Astronomical Almanac Online*.

Introduction

In the reduction of astrometric observations of high precision, it is necessary to distinguish between several different systems of terrestrial coordinates that are used to specify the positions of points on or near the surface of the Earth. The formulae on page B84 for the reduction for polar motion give the relationships between the representations of a geocentric vector referred to either the equinox-based celestial reference system of the true equator and equinox of date, or the Celestial Intermediate Reference System, and the current terrestrial reference system, which is realized by the International Terrestrial Reference Frame, ITRF2008 (Altamimi, Z., et al., "ITRF2008: an improved solution of the international terrestrial reference frame"). Realizations of the ITRF have been published at intervals since 1989 in the form of the geocentric rectangular coordinates and velocities of observing sites around the world.

ITRF2008 is a rigorous combination of space geodesy solutions from the techniques of VLBI, SLR, LLR, GPS and DORIS from 934 stations located at 580 sites with better global distribution compared to previous ITRF versions. The ITRF2008 origin is defined by the Earth-system centre of mass sensed by SLR and its scale by the mean scale of the VLBI and SLR solutions. The ITRF axes are consistent with the axes of the former BIH Terrestrial System (BTS) to within $\pm 0\rlap{.}''005$, and the BTS was consistent with the earlier Conventional International Origin to within $\pm 0\rlap{.}''03$. The use of rectangular coordinates is precise and unambiguous, but for some purposes it is more convenient to represent the position by its longitude, latitude and height referred to a reference spheroid (the term "spheroid" is used here in the sense of an ellipsoid whose equatorial section is a circle and for which each meridional section is an ellipse).

The precise transformation between these coordinate systems is given below. The spheroid is defined by two parameters, its equatorial radius and flattening (usually the reciprocal of the flattening is given). The values used should always be stated with any tabulation of spheroidal positions, but in case they should be omitted a list of the parameters of some commonly used spheroids is given in the table on page K13. For work such as mapping gravity anomalies, it is convenient that the reference spheroid should also be an equipotential surface of a reference body that is in hydrostatic equilibrium, and has the equatorial radius, gravitational constant, dynamical form factor and angular velocity of the Earth. This is referred to as a Geodetic Reference System (rather than just a reference spheroid). It provides a suitable approximation to mean sea level (i.e. to the geoid), but may differ from it by up to 100m in some regions.

Reduction from geodetic to geocentric coordinates

The position of a point relative to a terrestrial reference frame may be expressed in three ways:

(i) geocentric equatorial rectangular coordinates, x, y, z;

(ii) geocentric longitude, latitude and radius, λ, ϕ', ρ;

(iii) geodetic longitude, latitude and height, λ, ϕ, h.

The geodetic and geocentric longitudes of a point are the same, while the relationship between the geodetic and geocentric latitudes of a point is illustrated in the figure on page K12, which represents a meridional section through the reference spheroid. The geocentric radius ρ is usually expressed in units of the equatorial radius of the reference spheroid. The following relationships hold between the geocentric and geodetic coordinates:

$$x = a\,\rho\,\cos\phi'\cos\lambda = (aC + h)\cos\phi\cos\lambda$$
$$y = a\,\rho\,\cos\phi'\sin\lambda = (aC + h)\cos\phi\sin\lambda$$
$$z = a\,\rho\,\sin\phi' \qquad = (aS + h)\sin\phi$$

where a is the equatorial radius of the spheroid and C and S are auxiliary functions that depend on the geodetic latitude and on the flattening f of the reference spheroid. The polar radius b and the eccentricity e of the ellipse are given by:

$$b = a\,(1 - f) \qquad e^2 = 2f - f^2 \qquad \text{or} \qquad 1 - e^2 = (1 - f)^2$$

It follows from the geometrical properties of the ellipse that:

$$C = \{\cos^2\phi + (1 - f)^2\sin^2\phi\}^{-1/2} \qquad S = (1 - f)^2 C$$

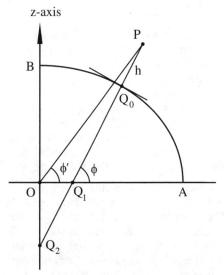

O is centre of Earth

OA = equatorial radius, a

OB = polar radius, b
     $= a(1 - f)$

OP = geocentric radius, ap

PQ_0 is normal to the reference spheroid

$Q_0Q_1 = aS$

$Q_0Q_2 = aC$

ϕ = geodetic latitude

ϕ' = geocentric latitude

Geocentric coordinates may be calculated directly from geodetic coordinates. The reverse calculation of geodetic coordinates from geocentric coordinates can be done in closed form (see for example, Borkowski, *Bull. Geod.* **63**, 50-56, 1989), but it is usually done using an iterative procedure.

An iterative procedure for calculating λ, ϕ, h from x, y, z is as follows:

Calculate: $\lambda = \tan^{-1}(y/x)$ $r = (x^2 + y^2)^{1/2}$ $e^2 = 2f - f^2$

Calculate the first approximation to ϕ from: $\phi = \tan^{-1}(z/r)$

Then perform the following iteration until ϕ is unchanged to the required precision:

$$\phi_1 = \phi \qquad C = (1 - e^2 \sin^2 \phi_1)^{-1/2} \qquad \phi = \tan^{-1}((z + aCe^2 \sin \phi_1)/r)$$

Then:
$$h = r/\cos\phi - aC$$

Series expressions and tables are available for certain values of f for the calculation of C and S and also of ρ and $\phi - \phi'$ for points on the spheroid ($h = 0$). The quantity $\phi - \phi'$ is sometimes known as the "reduction of the latitude" or the "angle of the vertical", and it is of the order of $10'$ in mid-latitudes. To a first approximation when h is small the geocentric radius is increased by h/a and the angle of the vertical is unchanged. The height h refers to a height above the reference spheroid and differs from the height above mean sea level (i.e. above the geoid) by the "undulation of the geoid" at the point.

Other geodetic reference systems

In practice, most geodetic positions are referred either (a) to a regional geodetic datum that is represented by a spheroid that approximates to the geoid in the region considered or (b) to a global reference system, ideally the ITRF2008 or earlier versions. Data for the reduction of regional geodetic coordinates or those in earlier versions of the ITRF to ITRF2008 are available in the relevant geodetic publications, but it is hoped that the following notes and formulae and data will be useful.

(a) Each regional geodetic datum is specified by the size and shape of an adopted spheroid and by the coordinates of an "origin point". The principal axis of the spheroid is generally close to the mean axis of rotation of the Earth, but the centre of the spheroid may not coincide with the centre of mass of the Earth, The offset is usually represented by the geocentric rectangular coordinates (x_0, y_0, z_0) of the centre of the regional spheroid. The reduction from the regional geodetic coordinates (λ, ϕ, h) to the geocentric rectangular coordinates referred to the ITRF (and hence to the geodetic coordinates relative to a reference spheroid) may then be made by using the expressions:

$$x = x_0 + (aC + h) \cos\phi \cos\lambda$$
$$y = y_0 + (aC + h) \cos\phi \sin\lambda$$
$$z = z_0 + (aS + h) \sin\phi$$

(b) The global reference systems defined by the various versions of ITRF differ slightly due to an evolution in the multi-technique combination and constraints philosophy as well as through observational and modelling improvements, although all versions give good approximations to the latest reference frame. The transformations from the latest to previous ITRF solutions involve coordinate and velocity translations, rotations and scaling (i.e. 14 parameters in all) and all of these are given online (see http://www.iers.org) for the ITRF2008 frame in the IERS Conventions (2010, *IERS Technical Note 36*). For example, translation parameters T_1, T_2 and T_3 from ITRF2008 to ITRF2005 are $(-2 \cdot 0, -0 \cdot 9, -4 \cdot 7)$ millimetres, with scale difference 0·94 parts per billion.

The space technique GPS is now widely used for position determination. Since January 1987 the broadcast orbits of the GPS satellites have been referred to the WGS84 terrestrial frame, and so positions determined directly using these orbits will also be referred to this frame, which at the level of a few centimetres is close to the ITRF. The parameters of the spheroid used are listed below, and the frame is defined to agree with the BIH frame. However, with the ready availability of data from a large number of geodetic sites whose coordinates and velocities are rigorously defined within ITRF2008, and with GPS orbital solutions also being referred by the International Global Navigation Satellite Systems Service (IGS) analysis centres to the same frame, it is straightforward to determine directly new sites' coordinates within ITRF2008.

GEODETIC REFERENCE SPHEROIDS

Name and Date	Equatorial Radius, a	Reciprocal of Flattening, $1/f$	Gravitational Constant, GM	Dynamical Form Factor, J_2	Ang. Velocity of earth, ω
	m		$10^{14} m^3 s^{-2}$		$10^{-5} rad\ s^{-1}$
WGS 84	637 8137	298·257 223 563	3·986 005	0·001 082 63	7·292 115
GRS 80 (IUGG, 1980)[†]	8137	298·257 222	3·986 005	0·001 082 63	7·292 115
IAU 1976	8140	298·257	3·986 005	0·001 082 63	—
GRS 67 (IUGG, 1967)	8160	298·247 167	3·986 03	0·001 082 7	7·292 115 146 7
IAU 1964	8160	298·25	3·986 03	0·001 082 7	7·292 1
International 1924 (Hayford)	8388	297	—	—	—
Clarke 1866	8206·4	294·978 698	—	—	—
Airy 1830	637 7563·396	299·324 964	—	—	—

[†]H. Moritz, Geodetic Reference System 1980, *Bull. Géodésique*, **58**(3), 388-398, 1984.

Astronomical coordinates

Many astrometric observations that historically were used in the determination of the terrestrial coordinates of the point of observation used the local vertical, which defines the zenith, as a principal reference axis; the coordinates so obtained are called "astronomical coordinates". The local vertical is in the direction of the vector sum of the acceleration due to the gravitational field of the Earth and of the apparent acceleration due to the rotation of the Earth on its axis. The vertical is normal to the equipotential (or level) surface at the point, but it is inclined to the normal to the geodetic reference spheroid; the angle of inclination is known as the "deflection of the vertical".

The astronomical coordinates of an observatory may differ significantly (e.g. by as much as $1'$) from its geodetic coordinates, which are required for the determination of the geocentric coordinates of the observatory for use in computing, for example, parallax corrections for solar system observations. The size and direction of the deflection may be estimated by studying the gravity field in the region concerned. The deflection may affect both the latitude and longitude, and hence local time. Astronomical coordinates also vary with time because they are affected by polar motion (see page B84).

Introduction and notation

The interpolation methods described in this section, together with the accompanying tables, are usually sufficient to interpolate to full precision the ephemerides in this volume. Additional notes, formulae and tables are given in the booklets *Interpolation and Allied Tables* and *Subtabulation* and in many textbooks on numerical analysis. It is recommended that interpolated values of the Moon's right ascension, declination and horizontal parallax are derived from the daily polynomial coefficients that are provided for this purpose on *The Astronomical Almanac Online* (see page D1).

f_p denotes the value of the function $f(t)$ at the time $t = t_0 + ph$, where h is the interval of tabulation, t_0 is a tabular argument, and $p = (t - t_0)/h$ is known as the interpolating factor. The notation for the differences of the tabular values is shown in the following table; it is derived from the use of the central-difference operator δ, which is defined by:

$$\delta f_p = f_{p+1/2} - f_{p-1/2}$$

The symbol for the function is usually omitted in the notation for the differences. Tables are given for use with Bessel's interpolation formula for p in the range 0 to $+1$. The differences may be expressed in terms of function values for convenience in the use of programmable calculators or computers.

Arg.	Function	Differences				Differences in terms of Function Values
		1st	2nd	3rd	4th	
t_{-2}	f_{-2}		δ^2_{-2}			$\delta_{1/2} = f_1 - f_0$
		$\delta_{-3/2}$		$\delta^3_{-3/2}$		$\delta^2_0 = \delta_{1/2} - \delta_{-1/2}$
t_{-1}	f_{-1}		δ^2_{-1}		δ^4_{-1}	$= f_1 - 2f_0 + f_{-1}$
		$\delta_{-1/2}$		$\delta^3_{-1/2}$		$\delta^2_0 + \delta^2_1 = f_2 - f_1 - f_0 + f_{-1}$
t_0	f_0		δ^2_0		δ^4_0	$\delta^3_{1/2} = \delta^2_1 - \delta^2_0$
		$\delta_{1/2}$		$\delta^3_{1/2}$		$= f_2 - 3f_1 + 3f_0 - f_{-1}$
t_{+1}	f_{+1}		δ^2_1		δ^4_1	$\delta^4_0 = \delta^3_{1/2} - \delta^3_{-1/2}$
		$\delta_{3/2}$		$\delta^3_{3/2}$		$= f_2 - 4f_1 + 6f_0 - 4f_{-1} + f_{-2}$
t_{+2}	f_{+2}		δ^2_2			$\delta^4_0 + \delta^4_1 = f_3 - 3f_2 + 2f_1 + 2f_0 - 3f_{-1} + f_{-2}$

$$p \equiv \text{the interpolating factor} = (t - t_0)/(t_1 - t_0) = (t - t_0)/h$$

Bessel's interpolation formula

In this notation, Bessel's interpolation formula is:

$$f_p = f_0 + p\,\delta_{1/2} + B_2\,(\delta^2_0 + \delta^2_1) + B_3\,\delta^3_{1/2} + B_4\,(\delta^4_0 + \delta^4_1) + \cdots$$

where
$$B_2 = p\,(p - 1)/4 \qquad B_3 = p\,(p - 1)\,(p - \tfrac{1}{2})/6$$
$$B_4 = (p + 1)\,p\,(p - 1)\,(p - 2)/48$$

The maximum contribution to the truncation error of f_p, for $0 < p < 1$, from neglecting each order of difference is less than 0·5 in the unit of the end figure of the tabular function if

$$\delta^2 < 4 \qquad \delta^3 < 60 \qquad \delta^4 < 20 \qquad \delta^5 < 500.$$

The critical table of B_2 opposite provides a rapid means of interpolating when δ^2 is less than 500 and higher-order differences are negligible or when full precision is not required. The interpolating factor p should be rounded to 4 decimals, and the required value of B_2 is then the tabular value opposite the interval in which p lies, or it is the value above and to the right of p if p exactly equals a tabular argument. B_2 is always negative. The effects of the third and fourth differences can be estimated from the values of B_3 and B_4, given in the last column.

Inverse interpolation

Inverse interpolation to derive the interpolating factor p, and hence the time, for which the function takes a specified value f_p is carried out by successive approximations. The first estimate p_1 is obtained from:

$$p_1 = (f_p - f_0)/\delta_{1/2}$$

This value of p is used to obtain an estimate of B_2, from the critical table or otherwise, and hence an improved estimate of p from:

$$p = p_1 - B_2\,(\delta_0^2 + \delta_1^2)/\delta_{1/2}$$

This last step is repeated until there is no further change in B_2 or p; the effects of higher-order differences may be taken into account in this step.

CRITICAL TABLE FOR B_2

p	B_2	p	B_2	p	B_2	p	B_2	p	B_2	p	B_3
0·0000	–	0·1101	–	0·2719	–	0·7280	–	0·8898	–	0·0	0·000
	·000		·025		·050		·049		·024	0·1	+0·006
0·0020		0·1152		0·2809		0·7366		0·8949		0·2	+0·008
	·001		·026		·051		·048		·023	0·3	+0·007
0·0060		0·1205		0·2902		0·7449		0·9000		0·4	+0·004
	·002		·027		·052		·047		·022		
0·0101		0·1258		0·3000		0·7529		0·9049		0·5	0·000
	·003		·028		·053		·046		·021		
0·0142		0·1312		0·3102		0·7607		0·9098		0·6	−0·004
	·004		·029		·054		·045		·020	0·7	−0·007
0·0183		0·1366		0·3211		0·7683		0·9147		0·8	−0·008
	·005		·030		·055		·044		·019	0·9	−0·006
0·0225		0·1422		0·3326		0·7756		0·9195		1·0	0·000
	·006		·031		·056		·043		·018		
0·0267		0·1478		0·3450		0·7828		0·9242		p	B_4
	·007		·032		·057		·042		·017	0·0	0·000
0·0309		0·1535		0·3585		0·7898		0·9289		0·1	+0·004
	·008		·033		·058		·041		·016	0·2	+0·007
0·0352		0·1594		0·3735		0·7966		0·9335		0·3	+0·010
	·009		·034		·059		·040		·015	0·4	+0·011
0·0395		0·1653		0·3904		0·8033		0·9381			
	·010		·035		·060		·039		·014	0·5	+0·012
0·0439		0·1713		0·4105		0·8098		0·9427			
	·011		·036		·061		·038		·013	0·6	+0·011
0·0483		0·1775		0·4367		0·8162		0·9472		0·7	+0·010
	·012		·037		·062		·037		·012	0·8	+0·007
0·0527		0·1837		0·5632		0·8224		0·9516		0·9	+0·004
	·013		·038		·061		·036		·011	1·0	0·000
0·0572		0·1901		0·5894		0·8286		0·9560			
	·014		·039		·060		·035		·010		
0·0618		0·1966		0·6095		0·8346		0·9604			
	·015		·040		·059		·034		·009		
0·0664		0·2033		0·6264		0·8405		0·9647			
	·016		·041		·058		·033		·008		
0·0710		0·2101		0·6414		0·8464		0·9690			
	·017		·042		·057		·032		·007		
0·0757		0·2171		0·6549		0·8521		0·9732			
	·018		·043		·056		·031		·006		
0·0804		0·2243		0·6673		0·8577		0·9774			
	·019		·044		·055		·030		·005		
0·0852		0·2316		0·6788		0·8633		0·9816			
	·020		·045		·054		·029		·004		
0·0901		0·2392		0·6897		0·8687		0·9857			
	·021		·046		·053		·028		·003		
0·0950		0·2470		0·7000		0·8741		0·9898			
	·022		·047		·052		·027		·002		
0·1000		0·2550		0·7097		0·8794		0·9939			
	·023		·048		·051		·026		·001		
0·1050		0·2633		0·7190		0·8847		0·9979			
	·024		·049		·050		·025		·000		
0·1101		0·2719		0·7280		0·8898		1·0000			

In critical cases ascend. B_2 is always negative.

Polynomial representations

It is sometimes convenient to construct a simple polynomial representation of the form

$$f_p = a_0 + a_1\,p + a_2\,p^2 + a_3\,p^3 + a_4\,p^4 + \cdots$$

which may be evaluated in the nested form

$$f_p = (((a_4\,p + a_3)\,p + a_2)\,p + a_1)\,p + a_0$$

Expressions for the coefficients a_0, a_1, ... may be obtained from Stirling's interpolation formula, neglecting fifth-order differences:

$$a_4 = \delta_0^4/24 \qquad a_2 = \delta_0^2/2 - a_4 \qquad a_0 = f_0$$
$$a_3 = (\delta_{1/2}^3 + \delta_{-1/2}^3)/12 \qquad a_1 = (\delta_{1/2} + \delta_{-1/2})/2 - a_3$$

This is suitable for use in the range $-\frac{1}{2} \le p \le +\frac{1}{2}$, and it may be adequate in the range $-2 \le p \le 2$, but it should not normally be used outside this range. Techniques are available in the literature for obtaining polynomial representations which give smaller errors over similar or larger intervals. The coefficients may be expressed in terms of function values rather than differences.

Examples

To find (a) the declination of the Sun at 16^h 23^m $14\overset{s}{\cdot}8$ TT on 1984 January 19, (b) the right ascension of Mercury at 17^h 21^m $16\overset{s}{\cdot}8$ TT on 1984 January 8, and (c) the time on 1984 January 8 when Mercury's right ascension is exactly 18^h 04^m.

Difference tables for the Sun and Mercury are constructed as shown below, where the differences are in units of the end figures of the function. Second-order differences are sufficient for the Sun, but fourth-order differences are required for Mercury.

Sun

Jan.	Dec.	δ	δ^2
	° ′ ″		
18	−20 44 48·3		
		+7212	
19	−20 32 47·1		+233
		+7445	
20	−20 20 22·6		+230
		+7675	
21	−20 07 35·1		

Mercury

Jan.	R.A.	δ	δ^2	δ^3	δ^4
	h m s				
6	18 10 10·12				
		−18709			
7	18 07 03·03		+4299		
		−14410		−16	
8	18 04 38·93		+4283		−104
		−10127		−120	
9	18 02 57·66		+4163		−76
		−5964		−196	
10	18 01 58·02		+3967		
		−1997			
11	18 01 38·05				

(a) *Use of Bessel's formula*

The tabular interval is one day, hence the interpolating factor is 0·68281. From the critical table, $B_2 = -0·054$, and

$$f_p = -20° \ 32' \ 47''1 + 0·68281 \ (+744''5) - 0·054 \ (+23''3 + 23''0)$$
$$= -20° \ 24' \ 21''2$$

(b) *Use of polynomial formula*

Using the polynomial method, the coefficients are:

$a_4 = -1\overset{s}{\cdot}04/24 = -0\overset{s}{\cdot}043$ $a_1 = (-101\overset{s}{\cdot}27 - 144\overset{s}{\cdot}10)/2 + 0\overset{s}{\cdot}113 = -122\overset{s}{\cdot}572$

$a_3 = (-1\overset{s}{\cdot}20 - 0\overset{s}{\cdot}16)/12 = -0\overset{s}{\cdot}113$ $a_0 = 18^h + 278\overset{s}{\cdot}93$

$a_2 = +42\overset{s}{\cdot}83/2 + 0\overset{s}{\cdot}043 = +21\overset{s}{\cdot}458$

where an extra decimal place has been kept as a guarding figure. Then with interpolating factor $p = 0·72311$

$$f_p = 18^h + 278\overset{s}{\cdot}93 - 122\overset{s}{\cdot}572 \, p + 21\overset{s}{\cdot}458 \, p^2 - 0\overset{s}{\cdot}113 \, p^3 - 0\overset{s}{\cdot}043 \, p^4$$
$$= 18^h \ 03^m \ 21\overset{s}{\cdot}46$$

(c) *Inverse interpolation*

Since $f_p = 18^h \ 04^m$ the first estimate for p is:

$$p_1 = (18^h \ 04^m - 18^h \ 04^m \ 38\overset{s}{\cdot}93)/(-101\overset{s}{\cdot}27) = 0·38442$$

From the critical table, with $p = 0·3844$, $B_2 = -0·059$. Also

$$(\delta_0^2 + \delta_1^2)/\delta_{1/2} = (+42·83 + 41·63)/(-101·27) = -0·834$$

The second approximation to p is:

$$p = 0·38442 + 0·059 \, (-0·834) = 0·33521 \quad \text{which gives } t = 8^h \ 02^m \ 42^s;$$

as a check, using the polynomial found in (b) with $p = 0·33521$ gives

$$f_p = 18^h \ 04^m \ 00\overset{s}{\cdot}25.$$

The next approximation is $B_2 = -0·056$ and $p = 0·38442 + 0·056(-0·834) = 0·33772$ which gives $t = 8^h \ 06^m \ 19^s$: using the polynomial in (b) with $p = 0·33772$ gives

$$f_p = 18^h \ 03^m \ 59\overset{s}{\cdot}98.$$

Subtabulation

Coefficients for use in the systematic interpolation of an ephemeris to a smaller interval are given in the following table for certain values of the ratio of the two intervals. The table is entered for each of the appropriate multiples of this ratio to give the corresponding decimal value of the interpolating factor p and the Bessel coefficients. The values of p are exact or recurring decimal numbers. The values of the coefficients may be rounded to suit the maximum number of figures in the differences.

BESSEL COEFFICIENTS FOR SUBTABULATION

Ratio of intervals											Bessel Coefficients			
$\frac{1}{2}$	$\frac{1}{3}$	$\frac{1}{4}$	$\frac{1}{5}$	$\frac{1}{6}$	$\frac{1}{8}$	$\frac{1}{10}$	$\frac{1}{12}$	$\frac{1}{20}$	$\frac{1}{24}$	$\frac{1}{40}$	p	B_2	B_3	B_4
										1	0·025	−0·006094	0·00193	0·0010
									1		0·0416	−0·009983	0·00305	0·0017
								1		2	0·050	−0·011875	0·00356	0·0020
										3	0·075	−0·017344	0·00491	0·0030
							1		2		0·0833	−0·019097	0·00530	0·0033
						1		2		4	0·100	−0·022500	0·00600	0·0039
					1				3	5	0·125	−0·027344	0·00684	0·0048
								3		6	0·150	−0·031875	0·00744	0·0057
				1			2		4		0·1666	−0·034722	0·00772	0·0062
										7	0·175	−0·036094	0·00782	0·0064
			1			2		4		8	0·200	−0·040000	0·00800	0·0072
									5		0·2083	−0·041233	0·00802	0·0074
										9	0·225	−0·043594	0·00799	0·0079
		1			2		3	5	6	10	0·250	−0·046875	0·00781	0·0085
										11	0·275	−0·049844	0·00748	0·0091
									7		0·2916	−0·051649	0·00717	0·0095
						3		6		12	0·300	−0·052500	0·00700	0·0097
										13	0·325	−0·054844	0·00640	0·0101
	1			2			4		8		0·3333	−0·055556	0·00617	0·0103
								7		14	0·350	−0·056875	0·00569	0·0106
					3				9	15	0·375	−0·058594	0·00488	0·0109
			2			4		8		16	0·400	−0·060000	0·00400	0·0112
							5		10		0·4166	−0·060764	0·00338	0·0114
										17	0·425	−0·061094	0·00305	0·0114
								9		18	0·450	−0·061875	0·00206	0·0116
									11		0·4583	−0·062066	0·00172	0·0116
										19	0·475	−0·062344	0·00104	0·0117
1		2		3	4	5	6	10	12	20	0·500	−0·062500	0·00000	0·0117
										21	0·525	−0·062344	−0·00104	0·0117
									13		0·5416	−0·062066	−0·00172	0·0116
								11		22	0·550	−0·061875	−0·00206	0·0116
										23	0·575	−0·061094	−0·00305	0·0114
							7		14		0·5833	−0·060764	−0·00338	0·0114
			3			6		12		24	0·600	−0·060000	−0·00400	0·0112
					5				15	25	0·625	−0·058594	−0·00488	0·0109
								13		26	0·650	−0·056875	−0·00569	0·0106
	2			4			8		16		0·6666	−0·055556	−0·00617	0·0103
										27	0·675	−0·054844	−0·00640	0·0101
						7		14		28	0·700	−0·052500	−0·00700	0·0097
									17		0·7083	−0·051649	−0·00717	0·0095
										29	0·725	−0·049844	−0·00748	0·0091
	3				6		9	15	18	30	0·750	−0·046875	−0·00781	0·0085
										31	0·775	−0·043594	−0·00799	0·0079
								19			0·7916	−0·041233	−0·00802	0·0074
			4			8		16		32	0·800	−0·040000	−0·00800	0·0072
										33	0·825	−0·036094	−0·00782	0·0064
				5			10		20		0·8333	−0·034722	−0·00772	0·0062
										34	0·850	−0·031875	−0·00744	0·0057
					7				21	35	0·875	−0·027344	−0·00684	0·0048
						9		18		36	0·900	−0·022500	−0·00600	0·0039
							11		22		0·9166	−0·019097	−0·00530	0·0033
										37	0·925	−0·017344	−0·00491	0·0030
								19		38	0·950	−0·011875	−0·00356	0·0020
									23		0·9583	−0·009983	−0·00305	0·0017
										39	0·975	−0·006094	−0·00193	0·0010

The following are some useful formulae involving vectors and matrices.

Position vectors

Positions or directions on the sky can be represented as column vectors in a specific celestial coordinate system with components that are Cartesian (rectangular) coordinates. The relationship between a position vector $\mathbf{r}$ its three components r_x, r_y, r_z, and its right ascension (α), declination (δ) and distance (d) from the specified origin have the general form

$$\mathbf{r} = \begin{bmatrix} r_x \\ r_y \\ r_z \end{bmatrix} = \begin{bmatrix} d\,\cos\alpha\,\cos\delta \\ d\,\sin\alpha\,\cos\delta \\ d\,\sin\delta \end{bmatrix} \quad \text{and} \quad \begin{aligned} \alpha &= \tan^{-1}\left(r_y/r_x\right) \\ \delta &= \tan^{-1} r_z/\sqrt{(r_x^2+r_y^2)} \\ d &= |\mathbf{r}| = \sqrt{(r_x^2+r_y^2+r_z^2)} \end{aligned}$$

where α is measured counterclockwise as viewed from the positive side of the z-axis. A two-argument arctangent function (e.g., atan2) will return the correct quadrant for α if r_y and r_x are provided separately. The above is written in terms of equatorial coordinates (α, δ), however they are also valid, for example, for ecliptic longitude and latitude (λ, β) and geocentric (not geodetic) longitude and latitude (λ, ϕ).

Unit vectors are often used; the unit vector $\hat{\mathbf{r}}$ is a vector with distance (magnitude) equal to one, and may be calculated thus;

$$\hat{\mathbf{r}} = \frac{\mathbf{r}}{|\mathbf{r}|}$$

For stars and other objects "at infinity" (beyond the solar system), d is often set to 1.

Vector dot and cross products

The dot or scalar product $(\mathbf{r}_1 \cdot \mathbf{r}_2)$ of two vectors $\mathbf{r}_1$ and $\mathbf{r}_2$ is the sum of the products of their corresponding components in the same reference frame, thus

$$\mathbf{r}_1 \cdot \mathbf{r}_2 = x_1\,x_2 + y_1\,y_2 + z_1\,z_2$$

The angle (θ) between two unit vectors $\hat{\mathbf{r}}_1$ and $\hat{\mathbf{r}}_2$ is given by

$$\hat{\mathbf{r}}_1 \cdot \hat{\mathbf{r}}_2 = \cos\theta$$

Note, also, that the magnitude (d) of $\mathbf{r}$ is given by

$$d = |\mathbf{r}| = \sqrt{(\mathbf{r} \cdot \mathbf{r})} = \sqrt{r_x^2+r_y^2+r_z^2}$$

The cross or vector product $(\mathbf{r}_1 \times \mathbf{r}_2)$ of two vectors $\mathbf{r}_1$ and $\mathbf{r}_2$ is a vector that is perpendicular to plane containing both $\mathbf{r}_1$ and $\mathbf{r}_2$ in the direction given by a right-handed screw, and

$$\mathbf{r}_1 \times \mathbf{r}_2 = \begin{bmatrix} y_1\,z_2 - y_2\,z_1 \\ x_2\,z_1 - x_1\,z_2 \\ x_1\,y_2 - x_2\,y_1 \end{bmatrix}$$

where $\mathbf{r}_1$ and $\mathbf{r}_2$ have column vectors (x_1, y_1, z_1) and (x_2, y_2, z_2), respectively. A cross product is not commutative since

$$\mathbf{r}_1 \times \mathbf{r}_2 = -\mathbf{r}_2 \times \mathbf{r}_1$$

The magnitude of the cross product of two unit vectors is the sine of the angle between them

$$|\hat{\mathbf{r}}_1 \times \hat{\mathbf{r}}_2| = \sin\theta \quad \text{and} \quad 0 \le \theta \le \pi$$

The vector triple product

$$(\mathbf{r}_1 \times \mathbf{r}_2) \times \mathbf{r}_3 = (\mathbf{r}_1 \cdot \mathbf{r}_3)\,\mathbf{r}_2 - (\mathbf{r}_2 \cdot \mathbf{r}_3)\,\mathbf{r}_1$$

is a vector in the same plane as $\mathbf{r}_1$ and $\mathbf{r}_2$. Note the position of the brackets. The latter is used on page B67 in step 3 where $\mathbf{r}_1 = \mathbf{q}$, $\mathbf{r}_2 = \mathbf{e}$ and $\mathbf{r}_3 = \mathbf{p}$.

Matrices and matrix multiplication

The general form of a 3×3 matrix $\mathbf{M}$ used with 3-vectors is usually specified

$$\mathbf{M} = \begin{bmatrix} m_{11} & m_{12} & m_{13} \\ m_{21} & m_{22} & m_{23} \\ m_{31} & m_{32} & m_{33} \end{bmatrix}$$

If each element of $\mathbf{M}$ (m_{ij}) is the result of multiplying matrices $\mathbf{A}$ and $\mathbf{B}$, i.e. $\mathbf{M} = \mathbf{A}\,\mathbf{B}$, then $\mathbf{M}$ is calculated from

$$m_{ij} = \sum_{k=1}^{3} a_{ik}\, b_{kj} \qquad \text{thus} \qquad \mathbf{M} = \begin{bmatrix} \sum a_{1k} b_{k1} & \sum a_{1k} b_{k2} & \sum a_{1k} b_{k3} \\ \sum a_{2k} b_{k1} & \sum a_{2k} b_{k2} & \sum a_{2k} b_{k3} \\ \sum a_{3k} b_{k1} & \sum a_{3k} b_{k2} & \sum a_{3k} b_{k3} \end{bmatrix}$$

where $i = 1, 2, 3$, $j = 1, 2, 3$ and k is summed from 1 to 3. Note that matrix multiplication is associative, i.e. $\mathbf{A}\,(\mathbf{B}\,\mathbf{C}) = (\mathbf{A}\,\mathbf{B})\,\mathbf{C}$, but it is **not** commutative i.e. $\mathbf{A}\,\mathbf{B} \neq \mathbf{B}\,\mathbf{A}$.

Rotation matrices

The rotation matrix $\mathbf{R}_n(\phi)$, for $n = 1, 2$ and 3 transforms column 3-vectors from one Cartesian coordinate system to another. The final system is formed by rotating the original system about its own n^{th}-axis (i.e. the x, y, or z-axis) by the angle ϕ, counterclockwise as viewed from the $+x$, $+y$ or $+z$ direction, respectively.

The two columns below give $\mathbf{R}_n(\phi)$ and its inverse $\mathbf{R}_n^{-1}(\phi)$ (see below), respectively,

$$\mathbf{R}_1(\phi) = \begin{bmatrix} 1 & 0 & 0 \\ 0 & \cos\phi & \sin\phi \\ 0 & -\sin\phi & \cos\phi \end{bmatrix} \qquad \mathbf{R}_1^{-1}(\phi) = \begin{bmatrix} 1 & 0 & 0 \\ 0 & \cos\phi & -\sin\phi \\ 0 & \sin\phi & \cos\phi \end{bmatrix}$$

$$\mathbf{R}_2(\phi) = \begin{bmatrix} \cos\phi & 0 & -\sin\phi \\ 0 & 1 & 0 \\ \sin\phi & 0 & \cos\phi \end{bmatrix} \qquad \mathbf{R}_2^{-1}(\phi) = \begin{bmatrix} \cos\phi & 0 & \sin\phi \\ 0 & 1 & 0 \\ -\sin\phi & 0 & \cos\phi \end{bmatrix}$$

$$\mathbf{R}_3(\phi) = \begin{bmatrix} \cos\phi & \sin\phi & 0 \\ -\sin\phi & \cos\phi & 0 \\ 0 & 0 & 1 \end{bmatrix} \qquad \mathbf{R}_3^{-1}(\phi) = \begin{bmatrix} \cos\phi & -\sin\phi & 0 \\ \sin\phi & \cos\phi & 0 \\ 0 & 0 & 1 \end{bmatrix}$$

Generally, a rotation matrix $\mathbf{R}$ is a matrix formed from products of the above rotational matricies $\mathbf{R}_n(\phi)$ that implements a transformation from one Cartesian coordinate system to another, the two systems sharing a common origin. Any such matrix is orthogonal; that is, the transpose $\mathbf{R}^{\mathrm{T}}$ (where rows are replaced by columns) equals the inverse, $\mathbf{R}^{-1}$. Therefore

$$\mathbf{R}^{\mathrm{T}}\,\mathbf{R} = \mathbf{R}^{-1}\,\mathbf{R} = \mathbf{I}$$

where $\mathbf{I}$ is the unit (identity) matrix. Sometimes $\mathbf{R}^{\mathrm{T}}$ is denoted $\mathbf{R}'$. It is also worth noting the following relationships

$$\mathbf{R}_n^{-1}(\theta) = \mathbf{R}_n^{\mathrm{T}}(\theta) = \mathbf{R}_n(-\theta)$$

which is shown in the right-hand column above. The initial and final Cartesian coordinate systems are right handed ($\hat{\mathbf{e}}_x \times \hat{\mathbf{e}}_y = \hat{\mathbf{e}}_z$), where $\hat{\mathbf{e}}_n$ are the unit vectors along the axes. Matrices interconnecting such systems have their determinant equal to $+1$ and are called *proper orthogonal matrices* or *proper rotation matrices*. Such a matrix can always be represented as a product of three matrices of the types $\mathbf{R}_n(\phi)$.

Example: The transformation between a geocentric position with respect to the Geocentric Celestial Reference System $\mathbf{r}_{\mathrm{GCRS}}$ and a position with respect to the true equator and equinox of date $\mathbf{r}_t$, and vice versa, is given by:

$$\mathbf{r}_t = \mathbf{N}\,\mathbf{P}\,\mathbf{B}\,\mathbf{r}_{\mathrm{GCRS}}$$

$$\mathbf{B}^{-1}\mathbf{P}^{-1}\mathbf{N}^{-1}\mathbf{r}_t = \mathbf{B}^{-1}\,[\mathbf{P}^{-1}\,(\mathbf{N}^{-1}\mathbf{N})\,\mathbf{P}]\,\mathbf{B}\,\mathbf{r}_{\mathrm{GCRS}}$$

Rearranging gives

$$\mathbf{r}_{\mathrm{GCRS}} = \mathbf{B}^{-1}\,\mathbf{P}^{-1}\,\mathbf{N}^{-1}\,\mathbf{r}_t = \mathbf{B}^{\mathrm{T}}\,\mathbf{P}^{\mathrm{T}}\,\mathbf{N}^{\mathrm{T}}\,\mathbf{r}_t$$

where $\mathbf{B}$, $\mathbf{P}$ and $\mathbf{N}$ are the frame bias, precession and nutation matrices, respectively, and are all proper rotation matrices. Note that the order the transformations are applied is crucial.

CONTENTS OF SECTION L

This section specifies the sources for the theories and data used to construct the ephemerides in this volume, explains the basic concepts required to use the ephemerides, and where appropriate states the precise meaning of tabulated quantities. Definitions of individual terms appear in the Glossary (Section M). The *Explanatory Supplement to the Astronomical Almanac* (Urban and Seidelmann, 2012) contains additional information about the theories and data used.

The companion website *The Astronomical Almanac Online* provides, in machine-readable form, some of the information printed in this volume as well as closely related data. Two mirrored sites are maintained. The URL [1] for the website in the United States is http://asa.usno.navy.mil and in the United Kingdom is http://asa.hmnao.com. The symbol ^{WW}W is used throughout this edition to indicate that additional material can be found on *The Astronomical Almanac Online*.

To the greatest extent possible, *The Astronomical Almanac* is prepared using standard data sources and models recommended by the International Astronomical Union (IAU). The data prepared in the United States rely heavily on the US Naval Observatory's NOVAS software package [2]. Data prepared in the United Kingdom utilize the IAU Standards of Fundamental Astronomy (SOFA) library [3]. Although NOVAS and SOFA were written independently, the underlying scientific bases are the same. Resulting computations typically are in agreement at the microarcsecond level.

Fundamental Reference System

The fundamental reference system for astronomical applications is the International Celestial Reference System (ICRS), as adopted by the IAU General Assembly (GA) in 1997 (Resolution B2, IAU, 1999). At the same time, the IAU specified that the practical realization of the ICRS in the radio regime is the International Celestial Reference Frame (ICRF), a space-fixed frame based on high accuracy radio positions of extragalactic sources measured by Very Long Baseline Interferometry (VLBI); see Ma et al. (1998). Beginning in 2010, the ICRS is realized in the radio by the ICRF2 catalog (IERS, 2009); also available at [4]. The ICRS is realized in the optical regime by the Hipparcos Celestial Reference Frame (HCRF), consisting of the *Hipparcos Catalogue* (ESA, 1997) with certain exclusions (Resolution B1.2, IAU, 2001). Although the directions of the ICRS coordinate axes are not defined by the kinematics of the Earth, the ICRS axes (as implemented by the ICRF and HCRF) closely approximate the axes that would be defined by the mean Earth equator and equinox of J2000.0 (to within 0.1 arcsecond).

In 2000, the IAU defined a system of space-time coordinates for the solar system, and the Earth, within the framework of General Relativity, by specifying the form of the metric tensors for each and the 4-dimensional space-time transformation between them. The former is called the Barycentric Celestial Reference System (BCRS), and the latter, the Geocentric Celestial Reference System (GCRS) (Resolution B1.3, *op.cit.*). The ICRS can be considered a specific implementation of the BCRS; the ICRS defines the spatial axis directions of the BCRS. The GCRS axis directions are derived from those of the BCRS (ICRS); the GCRS can be considered to be the "geocentric ICRS," and the coordinates of stars and planets in the GCRS are obtained from basic ICRS reference data by applying the algorithms for proper place (*e.g.*, for stars, correcting the ICRS-based catalog position for proper motion, parallax, gravitational deflection of light, and aberration).

Precession and Nutation Models

The IAU Resolution B1 adopts the IAU 2006 precession theory (Capitaine et al., 2003) recommended by the Working Group on Precession and the Ecliptic (Hilton et al., 2006) and the IAU 2000A nutation theory (IAU 2000 Resolution B1.6) based on the transfer functions of Matthews et al. (2002), MHB2000. However, at the highest precision (μas), implementing these precession and nutation theories will not agree with the combined precession-nutation approach using the X,Y of the CIP as implemented by the IERS Conventions (IERS, 2010, Chapter 5, and the updates at [7]). This is due to some very small adjustments that are needed in a few of the IAU 2000A nutation amplitudes in order to ensure compatibility with the IAU 2006 values for ϵ_0 and the J_2 rate (see IERS (2010), 5.6.3).

Sections C, E, F use IAU 2000A nutation without the adjustments (see USNO Circular 179, Kaplan (2005) available at [8]) and Sections A, B, D and G use IAU SOFA software, which includes the adjustments. Note that these adjustments are well below the precision printed. These IAU recommendations have been implemented into this almanac since the 2009 edition.

Section B describes the transformation (rotations for precession and nutation) from the GCRS to the of date system. This includes the offsets of the ICRS axes from the axes of the dynamical system (mean equator and equinox of J2000.0, termed frame bias). Users are reminded that both variants of formulation, with and without frame bias, are often given, and the difference matters.

Time Scales

Two fundamentally different types of time scales are used in astronomy: coordinate timescales such as International Atomic Time (TAI), Terrestrial Time (TT), and Barycentric Dynamical Time (TDB), and those based on the rotation of the Earth such as Universal Time (UT) and sidereal time.

A coordinate timescale is one associated with a coordinate system. To be of use, a coordinate timescale must be related to the proper time of an actual clock. This connection is made from the proper times of an ensemble of atomic clocks on the geoid, through a relativistic transformation, to define the TAI coordinate timescale. The realization of TAI is the responsibility of the Bureau International de Poids et Mesures (BIPM).

The Earth is subject to external torques and change to its internal structure. Thus, the Earth's rotation rate varies with time. And those timescales, such as UT, that are based on the Earth's rotation do not have a fixed relationship to coordinate timescales.

The fundamental unit of time in a coordinate time scale is the SI second defined as 9 192 631 770 cycles of the radiation corresponding to the ground state hyperfine transition of Cesium 133. As a simple count of cycles of an observable phenomenon, the SI second can be implemented, at least in principle, by an observer anywhere. According to relativity theory, clocks advancing by SI seconds according to a co-moving observer (*i.e.*, an observer moving with the clock) may not, in general, appear to advance by SI seconds to an observer on a different space-time trajectory from that of the clock. Thus, a coordinate time scale defined for use in a particular reference system is related to the coordinate time scale defined for a second reference system by a rather complex formula that depends on the relative space-time trajectories of the two reference systems. Simply stated, different astronomical reference systems use different time scales. However, the universal use of SI units allows the values of fundamental physical constants determined in one reference system to be used in another reference system without scaling.

The IAU has recommended relativistic coordinate time scales based on the SI second for theoretical developments using the Barycentric Celestial Reference System or the Geocentric Celestial Reference System. These time scales are, respectively, Barycentric Coordinate Time (TCB) and Geocentric Coordinate Time (TCG). Neither TCB nor TCG appear explicitly in this volume (except here and in the Glossary), but may underlie the physical theories that contribute to the data, and are likely to be more widely used in the future.

International Atomic Time (TAI) is a commonly used time scale with a mean rate equal, to a high level of accuracy, to the mean rate of the proper time of an observer situated on the Earth's surface (the rotating geoid). TAI is the most precisely determined time scale that is now available for astronomical use. This scale results from analyses, by the BIPM in Sèvres, France, of data from atomic time standards of many countries. Although TAI was not officially introduced until 1972, atomic time scales have been available since 1956, and TAI may be extrapolated backwards to the period 1956–1971 (for a history of TAI, see Nelson et al. (2001)). TAI is readily available as an integral number of seconds offset from UTC, which is extensively disseminated. UTC is discussed at the end of this section.

The astronomical time scale called Terrestrial Time (TT), used widely in this volume, is an idealized form of TAI with an epoch offset. In practice it is TT = TAI + 32^s.184. TT was so defined to preserve continuity with previously used (now obsolete) "dynamical" time scales, Terrestrial Dynamical Time (TDT) and Ephemeris Time (ET).

Barycentric Dynamical Time (TDB, defined by the IAU in 1976 and 1979 and modified in 2006 by Resolution B3) is defined such that it is linearly related to TCB and, at the geocenter, remains close to TT. Barycentric and heliocentric data are therefore often tabulated with TDB shown as the time argument. Values of parameters involving TDB (see pages K6–K7) which are not based on the SI second, will, in general, require scaling to convert them to SI-based values (dimensionless quantities such as mass ratios are unaffected).

The coordinate time scale TDB is used as the independent argument of various fundamental solar system ephemerides. In particular, it is the coordinate time scale of the Jet Propulsion Laboratory (JPL) ephemerides DE430/LE430. Previous JPL ephemerides, e.g. DE405/LE405 used the coordinate time scale T$_{eph}$ (see Glossary). The DE430/LE430 ephemerides are the basis for many of the tabulations in this volume (see the Ephemerides Section on page L5). They were computed in the barycentric reference system. The linear drift between TDB and TCB (by about 10^{-8}) is such that the rates of TDB and TT are as close as possible for the time span covered by the particular ephemeris (Resolution B3, IAU, 2006).

The second group of time scales, which are also used in this volume, are based on the (variable) rotation of the Earth. In 2000, the IAU (Resolution B1.8, IAU, 2001) defined UT1 (Universal Time) to be linearly proportional to the Earth rotation angle (ERA, see page B8) which is the geocentric angle between two directions in the equatorial plane called, respectively, the celestial intermediate origin (CIO) and the terrestrial intermediate origin (TIO). The TIO rotates with the Earth, while the motion of the CIO has no component of instantaneous motion along the celestial equator, thus ERA is a direct measure of the Earth's rotation.

Greenwich sidereal time is the hour angle of the equinox measured with respect to the Greenwich meridian. Local sidereal time is the local hour angle of the equinox, or the Greenwich sidereal time plus the longitude (east positive) of the observer, expressed in time units. Sidereal time appears in two forms, apparent and mean, the difference being the *equation of the equinoxes*; apparent sidereal time includes the effect of nutation on the location of the equinox. Greenwich (or local) sidereal time can be observationally obtained from the equinox-based right ascensions of celestial objects transiting the Greenwich (or local) meridian. The current form of the expression for Greenwich mean sidereal time (GMST) in terms of ERA (which is a function of UT1) and the accumulated precession in right ascension (which are functions of TDB or TT), was first adopted for the 2006 edition of the almanac. The current expression for GMST is given on page B8.

Universal Time (formerly Greenwich Mean Time) is widely used in astronomy, and in this volume always means UT1. Historically, prior to the 2006 edition of *The Astronomical Almanac*, which implemented the IAU resolutions adopted in 2000, UT1 as a function of GMST was specified by IAU Resolution C5 (IAU, 1983) adopted from Aoki et al. (1982). For the 2006-2008 editions of the almanac, consistent with IAU 2000A precession-nutation, the expression is given by Capitaine, Wallace, and McCarthy (2003). Beginning with the 2009 edition, which implemented the IAU resolutions from 2006, the expression for UT1 in terms of GMST (consistent with the IAU 2006 precession) is given in Capitaine et al. (2005). No discontinuities in any time scale resulted from any of the changes in the definition of UT1.

UT1 and sidereal time are affected by variations in the Earth's rate of rotation (length of day), which are unpredictable. The lengths of the sidereal and UT1 seconds are therefore not constant when expressed in a uniform time scale such as TT. The accumulated difference in time measured by a clock keeping SI seconds on the geoid from that measured by the rotation of the Earth is $\Delta T = $ TT $-$ UT1. In preparing this volume, an assumption had to be made about the value(s) of ΔT during the tabular year; a table of observed and extrapolated values of ΔT is given on page K9. Calculations of topocentric data, such as precise transit times and hour angles, are often referred to the *ephemeris meridian*, which is 1.002 738 ΔT east of the Greenwich meridian, and thus independent of the Earth's actual rotation. Only when ΔT is specified can such predictions be referred to the Greenwich meridian. Essentially, the ephemeris meridian rotates at a uniform rate corresponding to the SI second on the geoid, rather than at the variable (and generally slower) rate of the real Earth.

The worldwide system of civil time is based on Coordinated Universal Time (UTC), which is now ubiquitous and tightly synchronized. UTC is a hybrid time scale, using the SI second on the geoid as its fundamental unit, but subject to occasional 1-second adjustments to keep it within $0\overset{s}{.}9$ of UT1. Such adjustments, called "leap seconds," are normally introduced at the end of June or December, when necessary, by international agreement. Tables of the differences UT1–UTC, called ΔUT, for various dates are published by the International Earth Rotation and Reference System Service, at [5]. DUT, an approximation to UT1–UTC, is transmitted in code with some radio time signals, such as those from WWV. As previously noted, UTC and TAI differ by an integral number of seconds, which increases by 1 whenever a positive leap second is introduced into UTC. Only positive leap seconds have ever been introduced. The TAI–UTC difference is referred to as ΔAT, tabulated on page K9. Therefore TAI = UTC + ΔAT and TT= UTC + ΔAT + $32\overset{s}{.}184$.

In many astronomical applications multiple time scales must be used. In the astronomical system of units, the unit of time is the day of 86400 seconds. For long periods, however, the Julian century of 36525 days is used. With the increasing precision of various quantities it is now often necessary not only to specify the date but also the time scale. Thus the standard epoch for astrometric reference data designated J2000.0 is 2000 January 1, 12^{h}TT (JD 245 1545.0 TT). The use of time scales based on the tropical year and Besselian epochs was discontinued in 1984. Other information on time scales and the relationships between them may be found on pages B6–B12.

Ephemerides

The fundamental ephemerides of the Sun, Moon, and major planets were calculated by numerical integration at the Jet Propulsion Laboratory (JPL). These ephemerides, designated DE430/LE430, provide barycentric equatorial rectangular coordinates for the period JD2287184.5 (1549 Dec. 21.0) through JD2688976.5 (2650 Jan. 25.0) (Williams et al., 2013). *The Astronomical Almanac* for 2015 was the first edition that used the DE430/LE430 ephemerides; the volumes for 2003 through 2014 used the ephemerides designated DE405/LE405 (Standish, 1998a). Optical, radar, laser, and spacecraft observations were analyzed to determine starting conditions for the numerical integration and values of fundamental constants such as the planetary masses and the length of the astronomical unit in meters. The reference frame for the basic ephemerides is the ICRF; the alignment onto this frame has an estimated accuracy of 1–2 milliarcseconds. As described above, the JPL DE430/LE430 ephemerides have been developed in a barycentric reference system using a barycentric coordinate time scale TDB.

The geocentric ephemerides of the Sun, Moon, and planets tabulated in this volume have been computed from the basic JPL ephemerides in a manner consistent with the rigorous reduction methods presented in Section B. For each planet, the ephemerides represent the position of the center of mass, which includes any satellites, not the center of figure or center of light. The precession-nutation model used in the computation of geocentric positions follows the IAU resolutions adopted in 2000 and 2006; see the Precession and Nutation Models section above.

Section A: Summary of Principal Phenomena

In 2006, the IAU agreed on resolution 5B, which provides the definition for "planet" and also introduces the new class of "dwarf planets". Following those resolutions, only eight solar system objects – Mercury, Venus, Earth, Mars, Jupiter, Saturn, Uranus and Neptune – classify as planets. Along with Pluto, Ceres is now in the new class of dwarf planets.

The lunations given on page A1 are numbered in continuation of E.W. Brown's series, of which No. 1 commenced on 1923 January 16 (Brown, 1933).

The list of occultations of planets and bright stars by the Moon starting on page A2 gives the approximate times and areas of visibility for the planets, the dwarf planets Ceres and Pluto, the minor planets Pallas, Juno and Vesta, and the five bright stars *Aldebaran*, *Antares*, *Regulus*, *Pollux* and *Spica*. However, due primarily to precession, it is known that *Pollux* has not, nor will be, occulted by the Moon for hundreds of years. Maps of the area of visibility of these occultations and for the minor planets published in Section G are available on *The Astronomical Almanac Online*. IOTA, the International Occultation Timing Association [6], is responsible for the predictions and reductions of timings of lunar occultations of stars by the Moon.

Times tabulated on page A3 for the stationary points of the planets are the instants at which the planet is stationary in apparent geocentric right ascension; but for elongations of the planets from the Sun, the tabular times are for the geometric configurations. From inferior conjunction to superior conjunction for Mercury or Venus, or from conjunction to opposition for a superior planet, the elongation from the Sun is west; from superior to inferior conjunction, or from opposition to conjunction, the elongation is east. Because planetary orbits do not lie exactly in the ecliptic plane, elongation passages from west to east or from east to west do not in general coincide with oppositions and conjunctions. For the selected dwarf planets Pluto and Ceres and minor planets Pallas, Juno and Vesta conjunctions, oppositions and stationary points are tabulated at the bottom of page A4 while their magnitudes, every 40 days, are given on page A5.

Dates of heliocentric phenomena are given on page A3. Since they are determined from the actual perturbed motion, these dates generally differ from dates obtained by using the elements of the mean orbit. The date on which the radius vector is a minimum may differ considerably from the date on which the heliocentric longitude of a planet is equal to the longitude of perihelion of the mean orbit. Similarly, when the heliocentric latitude of a planet is zero, the heliocentric longitude may not equal the longitude of the mean node.

The magnitudes and elongations of the planets are tabulated on pages A4–A5. For Mercury and Venus (page A4) they are tabulated every 5 days and the expressions for the magnitudes are given by Hilton (2005a) with amendments from Hilton (2005b). Magnitudes are not tabulated for a few dates around inferior and superior conjunction. In terms of the phase angle (ϕ) magnitudes are given for Mercury when $2°.1 < \phi < 169°.5$, and for Venus when $2°.2 < \phi < 170°.2$. For the other planets (page A5), the elongations and magnitudes are given every 10 days. These magnitude expressions are due to Harris (1961) and Irvine et al. (1968). Daily tabulations are given in Section E.

Configurations of the Sun, Moon and planets (pages A9–A11) are a chronological listing, with times to the nearest hour, of geocentric phenomena. Included are eclipses; lunar perigees, apogees and phases; phenomena in apparent geocentric longitude of the planets, dwarf planets Ceres and Pluto and the minor planets Pallas, Juno and Vesta; times when these planets are stationary in right ascension and when the geocentric distance to Mars is a minimum; and geocentric conjunctions in apparent right ascension of the planets with the Moon, with each other, and with the five bright stars *Aldebaran*, *Regulus*, *Spica*, *Pollux* and *Antares*, provided these conjunctions are considered to occur sufficiently far from the Sun to permit observation. Thus conjunctions in right ascension are excluded if they occur within $20°$ of the Sun for Uranus and Neptune; $15°$ for the Moon, Mars and Saturn; within $10°$ for Venus and Jupiter; and within approximately $10°$ for Mercury, depending on

Mercury's brightness. For Venus the occasion of its greatest illuminated extent is included. The occurrence of occultations of planets and bright stars is indicated by "Occn."; the areas of visibility are given in the list on page A2 while the maps are available on *The Astronomical Almanac Online*. Geocentric phenomena differ from the actually observed configurations by the effects of the geocentric parallax at the place of observation, which for configurations with the Moon may be quite large.

The explanation for the tables of sunrise and sunset, twilight, moonrise and moonset is given on page A12; examples are given on page A13.

Eclipses

The elements and circumstances are computed according to Bessel's method from apparent right ascensions and declinations of the Sun and Moon based, for the eclipses only, on the JPL ephemerides DE405/LE405. Semidiameters of the Sun and Moon used in the calculation of eclipses do not include irradiation. The adopted semidiameter of the Sun at unit distance is $15'59''.64$ from the IAU (1976) Astronomical Constants (IAU, 1976). The apparent semidiameter of the Moon is equal to $\arcsin(k \sin \pi)$, where π is the Moon's horizontal parallax and k is an adopted constant. In 1982, the IAU adopted $k = 0.272\,5076$, corresponding to the mean radius of the Watts' datum (Watts, 1963) as determined by observations of occultations and to the adopted radius of the Earth. Corrections to the ephemerides, if any, are noted in the beginning of the eclipse section.

In calculating lunar eclipses the radius of the geocentric shadow of the Earth is increased by one-fiftieth part to allow for the effect of the atmosphere. Refraction is neglected in calculating solar and lunar eclipses. Because the circumstances of eclipses are calculated for the surface of the ellipsoid, refraction is not included in Besselian elements. For local predictions, corrections for refraction are unnecessary; they are required only in precise comparisons of theory with observation in which many other refinements are also necessary.

Descriptions of the maps and use of Besselian elements are given on pages A78–A83, while maps of the areas of visibility are available on *The Astronomical Almanac Online*.

Section B: Time Scales and Coordinate Systems

Calendar

Over extended intervals civil time is ordinarily reckoned according to conventional calendar years and adopted historical eras; in constructing and regulating civil calendars and fixing ecclesiastical calendars, a number of auxiliary cycles and periods are used. In particular the Islamic calendar printed is determined from an algorithm that approximates the lunar cycle and is independent of location. In practice the dates of Islamic fasts and festivals are determined by an actual sighting of the appropriate new crescent moon.

To facilitate chronological reckoning, the system of Julian day (JD) numbers maintains a continuous count of astronomical days, beginning with JD 0 on 1 January 4713 B.C., Julian proleptic calendar. Julian day numbers for the current year are given on page B3 and in the Universal and Sidereal Times pages, B13–B20, and the Universal Time and Earth rotation angle table on pages B21–B24. To determine JD numbers for other years on the Gregorian calendar, consult the Julian Day Number tables on pages K2–K5.

Note that the Julian day begins at noon, whereas the calendar day begins at the preceding midnight. Thus the Julian day system is consistent with astronomical practice before 1925, with the astronomical day being reckoned from noon. The Julian date should include a specification as to the time scale being used, *e.g.*, JD 245 1545.0 TT or JD 245 1545.5 UT1.

At the bottom of pages B4–B5 dates are given for various chronological cycles, eras, and religious calendars. Note that the beginning of a cycle or era is an instant in time; the date given is the Gregorian day on which the period begins. Religious holidays, unlike the beginning of eras, are not instants in time but typically run an entire day. The tabulated date of a religious festival is the Gregorian day on which it is celebrated. When converting to other calendars whose days begin at different times of day (*e.g.*, sunset rather than midnight), the convention utilized is to tabulate the day that contains noon in both calendars.

For a discussion on time scales see page L3 of this section.

IAU XXIV General Assembly, 2006

The resolutions of the IAU 2006 GA that impacted on this section were a result of the IAU Division I Working Groups on Nomenclature for Fundamental Astronomy (WGNFA) and the Working Group on Precession and the Ecliptic (WGPE).

The 2006 edition of this almanac introduced the recommendations of the WGNFA which were adopted at the 2006 GA (Resolution B2, IAU, 2006). This included replacing the terms Celestial Ephemeris Origin and Terrestrial Ephemeris Origin, the "non-rotating" origins of the Celestial and Terrestrial Intermediate Reference Systems of the IAU 2000 resolution B1.8 (IAU, 2001), with the terms Celestial Intermediate Origin (CIO), and the Terrestrial Intermediate Origin (TIO), respectively.

Beginning with the 2009 edition, resolution B1, which relates to the report of the WGPE (Hilton et al., 2006) has been implemented. Table 1 of this report gives a useful list of "The polynomial coefficients for the precession angles". The WGPE adopted the precession theory designated P03 (Capitaine, Wallace, and Chapront, 2003). The two papers of Capitaine and Wallace (2006) and Wallace and Capitaine (2006), have also been used. The updated Chapter 5 of the IERS (2010), which replaces IERS (2004), is available from their website [7] which describes the ITRS to GCRS conversion.

The IAU SOFA library [3] has been used in the software that has generated the data in this section.

Universal and Sidereal Times and Earth Rotation Angle

The tabulations of Greenwich mean sidereal time (GMST) at 0^h UT1 are calculated from the defining relation between the Earth rotation angle (ERA), which is a function of UT1, and the accumulated precession (P03, see reference above) in right ascension, which is a function of TDB or TT (see pages B8 and L3).

The tabulations of Greenwich apparent sidereal time (GAST, or GST as it is designated in the papers above), is calculated from ERA and the equation of the origins. The latter is a function of the CIO locator s and precession and nutation (see Capitaine and Wallace (2006) and Wallace and Capitaine (2006)). This formulation ensures that whichever paradigm is used, equinox or CIO based, the resulting hour angles will be identical. Greenwich mean and apparent sidereal times and the equation of the equinoxes are tabulated on pages B13–B20, while ERA and equation of the origins are tabulated on pages B21–B24.

Bias, Precession and Nutation

The WGPE stated that the choice of the precession parameters should be left to the user. It should be noted that the effect of the frame bias (see page B50), the offset of the ICRS from the J2000.0 system, is not related to precession. However, the Fukushima-Williams angles (see page B56), which are used by SOFA, and the series method (see page B46) of calculating the ICRS-to-date matrix, have the frame bias offset included.

The approximate formulae (see page B54) using the precessional constants M, N, a, b, c and c' for the reduction of precession that transform positions and orbital elements from and to J2000.0 are accurate to $0\overset{''}{.}5$ within half a century of J2000.0 and to $1''$ within one century of J2000.0 for the position formulae (α, δ, λ, β) and accurate to $0\overset{''}{.}5$ within half a century of J2000.0 and to $1\overset{''}{.}5$ within one century of J2000.0 for the orbital element formulae. These differences were found, in the case of transforming positions, by comparing values of right ascension such that $0° \leq \alpha \leq 360°$ in steps of $30°$ and declination such that $-75° \leq \delta \leq +75°$ in steps of $5°$ every 10 days. In the case of transforming orbital elements the differences were found by comparing values for each of the planets every 10 days.

The formulae given at the bottom of the page B54 which are for the approximate reduction from the mean equinox and equator or ecliptic of the middle of the year (e.g. mean places of stars) to a date within the year (i.e. $-0.5 \leq \tau \leq +0.5$) were compared daily with a similar range of positions as above. These formulae use the annual rates m, n, p, π for the middle of the year, which are given at the top of the following page. The years analyzed were 1950 to 2050 and the formulae are accurate to $0\overset{''}{.}002$ for right ascension and declination and accurate to $0\overset{''}{.}006$ for ecliptic longitude and latitude. All these traditional approximate formulae break down near the poles.

Reduction of Astronomical Coordinates

Formulae and methods are given showing the various stages of the reduction from an International Celestial Reference System (ICRS) position to an "of date" position consistent with the IAU 2012 resolution B2 (IAU, 2012). This reduction may be achieved either by using the long-standing equinox approach or the CIO-based method, thus generating apparent or intermediate places, respectively. The examples also show the calculation of Greenwich hour angle using GAST or ERA as appropriate. The matrices for the transformation from the GCRS to the "of date" position for each method are tabulated on pages B30–B45. The Earth's position and velocity components (tabulated on pages B76-B83) are extracted from the JPL ephemeris DE430/LE430, which is described on page L5.

The determination of latitude using the position of Polaris or σ Octantis may be performed using the methods and tables on pages B87-B92.

Section C: The Sun

The formulas for the Sun's orbital elements found on page C1—specifically the geometric mean longitude (λ), the mean longitude of perigee (ϖ), the mean anomaly (l') and the eccentricity (e)— are computed using the values from Simon et al. (1994): λ, the expression $\lambda = F + \Omega - D$ is used where F and D are the Delaunay arguments found in § 3.5b and Ω is the longitude of the Moon's node found in § 3.4 3.b; the expression $\varpi = \lambda - l'$ is used, where l' is taken from § 3.5b; e is taken directly from § 5.8.3. Mean obliquity, ε, is from Capitaine, Wallace, and Chapront (2003), Eq. 39 with ε_0 from Eq. 37. Rates for all of the mean orbital elements are the time derivatives of the above expressions.

The lengths of the principal years are computed using the rates of the orbital elements. Tropical year is $360°/\dot{\lambda}$. Sidereal year is $360°/(\dot{\lambda} - \dot{P})$ where $\dot{P}$ is the precession rate found in Simon et al. (1994), Eq. 5. The anomalistic year is $360°/\dot{l'}$ and the eclipse year is $360°/(\dot{\lambda} - \dot{\Omega})$.

The coefficients for the equation of time formula are computed using Smart (1956), § 90; in that formula the value for L is the same as λ (explained above) but corrected for aberration and rounded for ease of computation.

The rotation elements listed on page C3 are due to Carrington (1863). The synodic rotation numbers tabulated on page C4 are in continuation of Carrington's Greenwich photoheliographic series of which Number 1 commenced on November 9, 1853.

The JPL DE430/LE430 ephemeris, which is described on page L5, is the basis of the various tabular data for the Sun on pages C6–C25.

Daily geocentric coordinates of the Sun are given on the even pages of C6–C20; the tabular argument is Terrestrial Time (TT). The ecliptic longitudes and latitudes are referred to the mean equinox and ecliptic of date. These values are geometric, that is they are not antedated for light-time, aberration, etc. The apparent equatorial coordinates, right ascension and declination, are referred to the true equator and equinox of date and are antedated for light-time and have aberration applied. The true geocentric distance is given in astronomical units and is the value at the tabular time; that is, the values are not antedated.

Daily physical ephemeris data are found on the odd pages of C7–C21 and are computed using the techniques outlined in *The Explanatory Supplement to the Astronomical Almanac* (Urban and Seidelmann, 2012); the tabular argument is TT. The solar rotation parameters are from *Report of the IAU/IAG Group on Cartographic Coordinates and Rotational Elements: 2009* (Archinal et al., 2011a); the data are based on Carrington (1863). Prior to *The Astronomical Almanac* for 2009, neither light-time correction nor aberration were applied to the solar rotation because they were presumably already in Carrington's meridian. Since the Earth-Sun distance is relatively constant, this is possible only for the Sun. At the 2006 IAU General Assembly, the Working Group on Cartographic Coordinates and Rotational Elements decided to make the physical ephemeris computations for the Sun consistent with the other major solar system bodies. The W_0 value for the Sun was "foredated" by about 499s; using the new value, the computation must take into account the light travel time. To further unify the process with other solar system objects, aberration is now explicitly corrected. Differences between the pre-2009 technique and the current recommendation are negligible at the Earth; for *The Astronomical Almanac*, differences of one in the least significant digit are occasionally seen in P, B_0 and L_0 with no other values being affected. Further explanation is found on the *The Astronomical Almanac Online* in the Notes and References area.

The Sun's daily ephemeris transit times are given on the odd pages of C7–C21. An ephemeris transit is the passage of the Sun across the *ephemeris meridian*, defined as a fictitious meridian that rotates independently of the Earth at the uniform rate. The ephemeris meridian is $1.002738 \times \Delta T$ east of the Greenwich meridian.

Geocentric rectangular coordinates, in au, are given on pages C22–C25. These are referred to the ICRS axes, which are within a few tens of milliarcseconds of the mean equator and equinox of J2000.0. The time argument is TT and the coordinates are geometric, that is there is no correction for light-time, aberration, etc.

Section D: The Moon

The geocentric ephemerides of the Moon are based on the JPL DE430/LE430 numerical integration described on page L5, with the tabular argument being TT. Additional formulae and data pertaining to the Moon are given on pages D1–D5 and D22.

For high precision calculations a polynomial ephemeris (ASCII or PDF) is available at *The Astronomical Almanac Online* along with the necessary procedures for its evaluation. Daily apparent ecliptic latitude and longitude (to nearest second of arc) and apparent geocentric right ascension and declination (to $0\overset{''}{.}1$) are given on the even numbered pages D6–D20. Although the tabular apparent right ascension and declination are antedated for light-time, the true distance and the horizontal parallax are the geometric values for the tabular time. The horizontal parallax is derived from $\arcsin(a_E/r)$, where r is the true distance and $a_E = 6378.1366$ km is the Earth's equatorial radius (see page K6).

The semidiameter s is computed from $s = \arcsin(R_M/r)$, where r is the true distance and $R_M = 1737.4\,\text{km}$ is the mean radius of the Moon (see page K7). From the 2013 edition the semidiameter is tabulated on odd pages D7–D21.

The values for the librations of the Moon are calculated using rigorous formulae. The optical librations are based on the mean lunar elements of Simon et al. (1994) while the total librations are computed from the LE430 rotation angles (LE 403 was used for 2011 through 2014). The rotation angles have been transformed from the Principal Moment of Inertia system used in the JPL ephemeris to librations that are defined in the mean-Earth direction, mean pole of rotation system given in Section D, by means of specific rotations provided by Williams et al. (2013). The rotation ephemeris and hence the derived librations are more accurate than those of Eckhardt (1981) which have been used in the editions from 1985 to 2010, inclusive; (see also, Calame, 1982). The value of $1°32'32''.6$ for the inclination of the mean lunar equator to the ecliptic (also given on page D2) has been taken from Newhall and Williams (1996). Since apparent coordinates of the Sun and Moon are used in the calculations, aberration is fully included, except for the inappreciable difference between the light-time from the Sun to the Moon and from the Sun to the Earth. A detailed description of this process can found in *NAO Technical Note*, No. 74 (Taylor et al., 2010). From the 2013 edition the physical librations, the difference between the total and optical librations, are no longer tabulated.

The selenographic coordinates of the Earth and Sun specify the points on the lunar surface where the Earth and Sun, respectively, are in the selenographic zenith. The selenographic longitude and latitude of the Earth are the total geocentric (optical and physical) librations with respect to the coordinate system in which the x-axis is the mean direction towards the geocentre and the z-axis is the mean pole of lunar rotation. When the longitude is positive, the mean central point is displaced eastward on the celestial sphere, exposing to view a region on the west limb. When the latitude is positive, the mean central point is displaced toward the south, exposing to view the north limb.

The tabulated selenographic colongitude of the Sun is the east selenographic longitude of the morning terminator. It is calculated by subtracting the selenographic longitude of the Sun from $90°$ or $450°$. Colongitudes of $270°$, $0°$, $90°$ and $180°$ correspond to New Moon, First Quarter, Full Moon and Last Quarter, respectively.

The position angles of the axis of rotation and the midpoint of the bright limb are measured counterclockwise around the disk from the north point. The position angle of the terminator may be obtained by adding $90°$ to the position angle of the bright limb before Full Moon and by subtracting $90°$ after Full Moon.

For precise reductions of observations, the tabular librations and position angle of the axis should be reduced to topocentric values. Formulae for this purpose by Atkinson (1951) are given on page D5.

Section E: Planets

The heliocentric and geocentric ephemerides of the planets are based on the numerical integration DE430/LE430 described on page L5. These data are given in TDB, which is the timescale used for the fundamental solar system ephemerides (DE430). The longitude of perihelion for both Venus and Neptune is given to a lower degree of precision due to the fact that they have nearly circular orbits and the point of perihelion is nearly undefined.

Although the apparent right ascension and declination are antedated for light-time, the true geocentric distance in astronomical units is the geometric distance for the tabular time.

The physical ephemerides of the planets depend upon the fundamental solar system ephemerides DE430/LE430 described on page L5. Physical data are based on the *Report of the IAU/IAG Working Group on Cartographic Coordinates and Rotational Elements: 2009* (Archinal et al. (2011a), hereafter the WGCCRE Report) and its erratum (Archinal et al., 2011b). This report contains tables giving the dimensions, directions of the north poles of rotation and the prime meridians of the planets, Pluto, some of the satellites, and asteroids.

The orientation of the pole of a planet is specified by the right ascension α_0 and declination δ_0 of the north pole, with respect to the ICRS. According to the IAU definition, the north pole is the pole that lies on the north side of the invariable plane of the solar system. Because of precession of a planet's axis, α_0 and δ_0 may vary slowly with time; values for the current year are given on page E5.

For the four gas giant planets, the outer layers rotate at different rates, depending on latitude, and differently from their interior layers. The rotation rate is therefore defined by the periodicity of radio emissions, which are presumably modulated by the planet's internal magnetic field; this is referred to as "System III" rotation. For Jupiter, "System I" and "System II" rotations have also been defined, which correspond to the apparent rotations of the equatorial and mid-latitude cloud tops, respectively, in the visual band. It should be noted that recent observations by the Cassini spacecraft have cast doubt on the reliability of the current methods to predict Saturn's rotation parameters (Gurnett et al., 2007) and that the influence of Saturn's moon Enceladus may be affecting the results.

All tabulated quantities in the physical ephemeris tables are corrected for light-time, so the given values apply to the disk that is visible at the tabular time. Except for planetographic longitudes, all tabulated quantities vary so slowly that they remain unchanged if the time argument is considered to be UT rather than TT. Conversion from TT to UT affects the tabulated planetographic longitudes by several tenths of a degree for all but Mercury and Venus.

Expressions for the visual magnitudes of the planets are due to Harris (1961), with the exception of Mercury and Venus which are derived using constants given by Hilton (2005a,b) and Jupiter which uses those of Irvine et al. (1968). The apparent magnitudes of the planets do not include variations from albedo markings or atmospheric disturbances. For example, the albedo markings on Mars may cause variations of approximately 0.05 magnitudes. If there is a major dust storm, the apparent magnitude can be highly variable and be as much as 0.2 magnitudes brighter than the predicted value.

The apparent disk of an oblate planet is always an ellipse, with an oblateness less than or equal to the oblateness of the planet itself, depending on the apparent tilt of the planet's axis. For planets with significant oblateness, the apparent equatorial and polar diameters are separately tabulated. The WGCCRE Report gives two values for the polar radii of Mars because there is a location difference between the center of figure and the center of mass for the planet. For the purposes of the physical ephemerides, the calculations use the mean value of the polar radii for Mars which produces the same result as using either radii at the precision of the printed table.

More information as well as useful data and formulae are given on pages E3–E6.

Section F: Natural Satellites

The ephemerides of the satellites are intended only for search and identification, not for the exact comparison of theory with observation; they are calculated only to an accuracy sufficient for the purpose of facilitating observations. These ephemerides are based on the numerical integration DE430/LE430 described on page L5, and corrected for light-time. The value of ΔT used in preparing the ephemerides is given on page F1. Reference planes for the satellite orbits are defined by the individual theories, cited below, used to compute their ephemerides.

Beginning with the 2013 edition of *The Astronomical Almanac*, the orbital data given for the planetary satellites of Mars, Jupiter (satellites I - XVI), Saturn (satellites I - IX), and Neptune (satellites I - VIII) in the table on pages F2 and F4 are given with respect to the local Laplace Plane. The Laplace Plane is an auxiliary concept convenient for describing the orbital plane evolution of a satellite in a nearly circular orbit within the "star - oblate planet - weightless satellite" setting, provided the orbit is not too close to polar. In an ideal situation where a planet is perfectly spherical and its satellite feels no influence from the Sun, the orbital plane of that satellite would be coplanar with the planet's equatorial plane with its normal vector parallel to the spin axis of the planet. In a real situation, however, planets are oblate and the gravitational influence of the Sun cannot be ignored. The oblateness of the planet and the gravitational influence of the Sun causes the satellite's orbital normal vector to precess in an elliptical pattern about another vector which serves as the normal vector to the Laplace Plane. For satellite orbits close to the planet, the Laplace Plane lies close to the planet's equatorial plane; for satellite orbits high above the planet, the Laplace Plane lies close to the planet's orbital plane.

Beginning with the 2006 edition of *The Astronomical Almanac*, a set of selection criteria has been instituted to determine which satellites are included in the table; those criteria appear on page F5. As a result, many newer satellites of Jupiter, Saturn, and Uranus have been included. However, some satellites that were included in previous editions have now been excluded. A more complete table containing all of the data from this edition as well as many of the previously included satellites is available on *The Astronomical Almanac Online*. The following sources were used to update the data presented in this table: Jacobson et al. (1989); the The Giant Planet Satellite and Moon Page at [11]; the JPL Planetary Satellite Mean Orbital Parameters at [9], and references therein; Nicholson (2008); Jacobson (2000); Owen, Jr. et al. (1991).

Ephemerides and phenomena for planetary satellites are computed using data from a mixed function solution for twenty short-period planetary satellite orbits presented in Taylor (1995). Starting with the 2007 edition, the offset data generated are used to produce satellite diagrams for Mars, Jupiter, Uranus, and Neptune. Beginning with the 2010 edition the paths of the satellites are computed at six minute intervals for Mars, eighty minute intervals for Jupiter, eighty-one minute intervals for Uranus, and thirty-five minute intervals for Neptune. As a consequence of these choices, the paths of the satellites for these planets appear as dotted lines in the satellite diagrams. The new diagrams give a scale (in arcseconds) of the orbit of the satellites as seen from Earth. Approximate formulae for calculating differential coordinates of satellites are given with the relevant tables.

The tables of apparent distance and position angle have been discontinued in *The Astronomical Almanac* starting with the 2005 edition. These tables are available on *The Astronomical Almanac Online* along with the offsets of the satellites from the planets.

Satellites of Mars

The ephemerides of the satellites of Mars are computed from the orbital elements given in Sinclair (1989).

Satellites of Jupiter

The ephemerides of Satellites I–IV are based on the theory given in Lieske (1977), with constants from (Arlot, 1982).

Elongations of Satellite V are computed from circular orbital elements determined in Sudbury (1969). The differential coordinates of Satellites VI–XIII are computed from numerical integrations, using starting coordinates and velocities calculated at the U.S. Naval Observatory (Rohde and Sinclair, 1992).

The use of ".. .. .." for the Terrestrial Time of Superior Geocentric Conjunction data for satellites I–IV indicate times of the year when Jupiter is too close to the Sun for any conjunctions to be observed which occurs when the angular separation between Jupiter and the Sun is less than 20 degrees.

The actual geocentric phenomena of Satellites I–IV are not instantaneous. Since the tabulated times are for the middle of the phenomena, a satellite is usually observable after the tabulated time of eclipse disappearance (Ec D) and before the time of eclipse reappearance (Ec R). In the case of Satellite IV the difference is sometimes quite large. Light curves of eclipse phenomena are discussed in Harris (1961).

To facilitate identification, approximate configurations of Satellites I–IV are shown in graphical form on pages facing the tabular ephemerides of the geocentric phenomena. Time is shown by the vertical scale, with horizontal lines denoting 0^h UT. For any time the curves specify the relative positions of the satellites in the equatorial plane of Jupiter. The width of the central band, which represents the disk of Jupiter, is scaled to the planet's equatorial diameter.

For eclipses the points d of immersion into the shadow and points r of emersion from the shadow are shown pictorially at the foot of the right-hand pages for the superior conjunctions nearest the middle of each month. At the foot of the left-hand pages, rectangular coordinates of these points are given in units of the equatorial radius of Jupiter. The x-axis lies in Jupiter's equatorial plane, positive toward the east; the y-axis is positive toward the north pole of Jupiter. The subscript 1 refers to the beginning of an eclipse, subscript 2 to the end of an eclipse.

Galilean Satellites

About every six years the Earth's orbit crosses the orbital planes of the four Galilean satellites. This results in a significant number of observable occultations and eclipses involving these satellites. These phenomena are tabulated on *The Astronomical Almanac Online*. These data were provided by Dr. Kaare Aksnes of the Institute for Theoretical Astrophysics in Oslo, Norway.

Satellites and Rings of Saturn

The apparent dimensions of the outer ring and factors for computing relative dimensions of the rings are from Esposito et al. (1984). The appearance of the rings depends upon the Saturnicentric positions of the Earth and Sun. The ephemeris of the rings is corrected for light-time.

The positions of Mimas, Enceladus, Tethys and Dione are based upon orbital theories presented in Kozai (1957), elements from Taylor and Shen (1988), with mean motions and secular rates from Kozai (1957) and Garcia (1972). The positions of Rhea and Titan are based upon orbital theories given in Sinclair (1977) with elements from Taylor and Shen (1988), mean motions and secular rates by Garcia (1972). The theory and elements for Hyperion are from Taylor (1984). The theory for Iapetus is from Sinclair (1974) with additional terms from Harper et al. (1988) and elements from Taylor and Shen (1988). The orbital elements used for Phoebe are from Zadunaisky (1954).

For Satellites I–V times of eastern elongation are tabulated; for Satellites VI–VIII times of all elongations and conjunctions are tabulated. On the diagram of the orbits of Satellites I–VII, points of eastern elongation are marked "0^d". From the tabular times of these elongations the apparent position of a satellite at any other time can be marked on the diagram by setting off on the orbit the elapsed interval since last eastern elongation. For Hyperion, Iapetus, and Phoebe, ephemerides of differential coordinates are also included.

Solar perturbations are not included in calculating the tables of elongations and conjunctions, distances and position angles for Satellites I–VIII. For Satellites I–IV, the orbital eccentricity e is neglected.

Satellites and Rings of Uranus

Data for the Uranian rings are from the analysis presented in Elliot et al. (1981). Ephemerides of the satellites are calculated from orbital elements determined in Laskar and Jacobson (1987).

Satellites and Rings of Neptune

The ephemerides of Triton and Nereid are calculated from elements given in Jacobson (1990). The differential coordinates of Nereid are apparent positions with respect to the true equator and equinox of date.

Satellite of Pluto

The ephemeris of Charon is calculated from the elements given in Tholen (1985).

Section G: Dwarf Planets and Small Solar System Bodies

This section contains data on a selection of 5 dwarf planets, 92 minor planets and short period comets.

Astrometric positions for selected dwarf planets and minor planets are given daily at 0^h TT for 60 days on either side of an opposition occurring between January 1 of the current year and January 31 of the following year. Also given are the apparent visual magnitude and the time of ephemeris transit over the ephemeris meridian. The dates when the object is stationary in apparent right ascension are indicated by shading. It is occasionally possible for a stationary date to be outside the period tabulated. Linear interpolation is sufficient for the magnitude and ephemeris transit, but for the astrometric right ascension and declination second differences may be significant.

Astrometric ephemerides (right ascension and declination) are tabulated since they are comparable with observations (corrected for geocentric parallax) and referred to catalogue places of comparison stars, when the catalogue places are referred to the ICRS (or the mean equator and equinox of J2000.0) and the star positions are corrected for proper motion and annual parallax, if significant, to the epoch of observation.

Dwarf Planets

The dwarf planets are those acknowledged by the IAU in the year of production (see [10]). For the edition for 2015, these are the following objects: (1) Ceres, (134340) Pluto, (136108) Haumea, (136199) Eris and (136472) Makemake.

From those five, we currently provide more detailed information for Ceres, Pluto and Eris. Ceres and Pluto have been chosen due to their long observational history and the availability of high quality positions, which make the published ephemeris reliable. While Eris may be seen as the object which (historically) had a major influence on the process of reclassification within the solar system, it can also be targeted by amateur astronomers. In addition to these three objects, Makemake and Haumea are included in this list of dwarf planets and their physical properties are tabulated.

Osculating elements are tabulated for ecliptic and equinox J2000.0 for Ceres, Pluto and Eris for three dates per year (100 day dates). For any of these three objects that are at opposition during the year, like the minor planets, an astrometric ephemeris is tabulated daily for a 120-day window centered on the opposition date, 60 days on either side of opposition. Two star charts are also provided, one showing the astrometric positions around opposition and the other the path during the year. The stars plotted with Ceres and any dwarf planet brighter than magnitude $V = 10.0$ are from a hybrid catalogue (Urban, 2010 private communication) that was generated from the *Tycho-2 Catalogue* (Høg et al., 2000) and *Hipparcos Catalogue* (ESA, 1997). For other fainter dwarf planets (*i.e.* trans-Neptunian objects) the stars that are plotted are taken from the NOMAD database [17]. This selection of stars is related to the opposition magnitude of the particular dwarf planet and includes all those stars whose magnitudes are at least brighter than the opposition magnitude. Depending on the density of the stars other selection criteria may be used. The magnitude range has thus been chosen to fit with each object and is given at the bottom of each chart. All of the charts show astrometric J2000.0 positions.

The astrometric positions of Pluto and Ceres are based on the JPL DE430 ephemeris and the USNO/AE 98 minor planet ephemeris of Hilton (1999), respectively. The Eris ephemeris is based on data from JPL Horizons, converted into Chebychev polynomials following the same methods used to calculate coordinates with the USNO/AE 98 ephemerides. A physical ephemeris is also included for those dwarf planets for which reliable data are available; currently (1) Ceres and (134340) Pluto where data are taken from the 2009 IAU Working Group on Cartographic Coordinates and Rotational Elements report of Archinal (2011a, 2011b). Basic physical properties are listed for all five dwarf planets. Due to the recent discovery of Eris, Makemake and Haumea data have been collected from several sources:

- Ceres: values as published in earlier editions of *The Astronomical Almanac*; mass as given in Pitjeva and Standish (2009).
- Pluto: values as published previously in Section E of the 2013 edition of *The Astronomical Almanac*; the minimum earth distance has been taken from the JPL Small Body Database at [12].
- Eris: values as given in Brown et al. (2005); Brown (2008).
- Makemake: period of rotation from Heinze and de Lahunta (2009); see the JPL Small Body Database [12] and the IAU Minor Planet Center [13] for other parameters
- Haumea: period of rotation from Lacerda et al. (2008); see JPL Small Body Database [12] and the IAU Minor Planet Center [13] for other parameters

The absolute visual magnitude at zero phase angle H, and the slope parameter for magnitude G are taken from the Minor Planet Center database. For Ceres, the values are the same as used previously, and were taken from the Minor Planet Ephemerides produced by the Institute of Applied Astronomy, St. Petersburg.

Much of this information and more details are available from M. E. Brown's website [14] and links therein.

Minor Planets

The 92 minor planets are divided into two sets. The main set of the fourteen largest asteroids are (2) Pallas, (3) Juno, (4) Vesta, (6) Hebe, (7) Iris, (8) Flora, (9) Metis, (10) Hygiea, (15) Eunomia, (16) Psyche, (52) Europa, (65) Cybele, (511) Davida, and (704) Interamnia. Their astrometric ephemerides are based on the USNO/AE98 minor planets of Hilton (1999). These particular asteroids were chosen because they are large (> 300 km in diameter), have well observed histories, and/or are the largest member of their taxonomic class. The remaining 78 minor planets constitute the set with opposition magnitudes < 11, or < 12 if the diameter $\geq$ 200 km. Their positions are based on the USNO/AE2001 ephemerides of J.L. Hilton, which follows the methodologies of Hilton (1999). The absolute visual magnitude at zero phase angle (H) and the slope parameter (G), which depends on the albedo, are from the Minor Planet Ephemerides produced by the Institute of Applied Astronomy, St. Petersburg. The purpose of the selection of objects is to encourage observation of the most massive, largest and brightest of the minor planets.

A chronological list of the opposition dates of all the objects is given together with their visual magnitude and apparent declination. Those oppositions printed in bold also have a sixty-day ephemeris around opposition. All phenomena (dates of opposition and dates of stationary points) are calculated to the nearest hour (UT1). It must be noted, as with phenomena for all objects, that opposition dates are determined from the apparent longitude of the Sun and the object, with respect to the mean ecliptic of date. Stationary points, on the other hand, are defined to occur when the rate of change of the apparent right ascension is zero.

Osculating orbital elements for all the minor planets are tabulated with respect to the ecliptic and equinox J2000.0 for, usually, a 400-day epoch. Also tabulated are the H and G parameters for magnitude and the diameters. The masses of most of the objects have been set to an arbitrary value of 1×10^{-12} $M_\odot$. The masses of 13 minor planets tabulated by Hilton (2002) have been used. However, the masses of Pallas and Vesta have been updated with the adopted IAU 2009 Best Estimates [30] which are taken from Pitjeva and Standish (2009). The values for the diameters of the minor planets were taken from a number of sources which are referenced on *The Astronomical Almanac Online*.

Periodic Comets

The osculating elements for periodic comets returning to perihelion in the year have been supplied by Daniel W. E. Green, Department of Earth and Planetary Sciences, Harvard University with collaboration from S. Nakano, Sumoto, Japan.

The innate inaccuracy of some of the elements of the Periodic Comets tabulated on the last page of section G can be more of a problem, particularly for those comets that have been observed for no more than a few months in the past (*i.e.* those without a number in front of the P). It is important to note that elements for numbered comets may be prone to uncertainty due to non-gravitational forces that affect their orbits. In some cases these forces have a degree of predictability. However, calculations of these non-gravitational effects can never be absolute and their effects in common with short-arc uncertainties mainly affect the perihelion time.

Up-to-date elements of the comets currently observable may be found at the web site of the IAU Minor Planet Center [13].

Section H: Stars and Stellar Systems

The positional data in Section H are mean places, *i.e.*, barycentric. Except for the tables of ICRF radio sources, radio flux calibrators, pulsars, gamma ray sources and X-ray sources, positions tabulated in Section H are referred to the mean equator and equinox of J2015.5 = 2015 July 2.875 = JD 245 7206.375. The positions of the ICRF radio sources provide a practical realization of the ICRS. The positions of radio flux calibrators, pulsars, quasars, gamma ray sources and X-rays are referred to the mean equator and equinox of J2000.0 = JD 245 1545.0.

Bright Stars

Included in the list of bright stars are 1469 stars chosen according to the following criteria:

a. all stars of visual magnitude 4.5 or brighter, as listed in the fifth revised edition of the *Yale Bright Star Catalogue* (BSC: Hoffleit and Warren, 1991);

b. all stars brighter than 5.5 listed in the *Basic Fifth Fundamental Catalogue* (FK5) (Fricke et al., 1988);

c. all MK atlas standards in the BSC (Morgan et al., 1978; Keenan and McNeil, 1976);

d. all stars selected according to the criteria in a, b, or c above and also listed in the *Hipparcos Catalogue* (ESA, 1997).

Flamsteed and Bayer designations are given with the constellation name and the BSC number.

Positions and proper motions are taken from the *Hipparcos Catalogue* and converted to epoch, equator, and equinox of the middle of the current year; radial velocities are included in the calculation where available. However, FK5 positions and proper motions are used for a few wide binary stars given the requirement for center of mass positions to generate their orbital positions. Orbital elements for these stars are taken from the *Sixth Catalog of Orbits of Visual Binary Stars* at [15]. See also the *Fifth Catalog of Orbits of Visual Binary Stars* (Hartkopf et al., 2001).

The *V* magnitudes and color indices $U-B$ and $B-V$ are homogenized magnitudes taken from the BSC. Spectral types were provided by W.P. Bidelman and updated by R.F. Garrison. Codes in the Notes column are explained at the end of the table (page H31). Stars marked as MK Standards are from either of the two spectral atlases listed above. Stars marked as anchor points to the MK System are a subset of standard stars that represent the most stable points in the system (Garrison, 1994). Further details about the stars marked as double stars may be found at [16].

Tables of bright star data for several years are available in both PDF and ASCII formats on *The Astronomical Almanac Online* as is a searchable database from current epochs.

Double Stars

The table of Selected Double Stars contains recent orbital data for 87 double star systems in the Bright Star table where the pair contains the primary star and the components have a separation $> 3\overset{''}{.}0$ and differential visual magnitude < 3 magnitudes. A few other systems of interest are present. Data given are the most recent measures except for 21 systems, where predicted positions are given based on orbit or rectilinear motion calculations. The list was provided by B. Mason and taken from the *Washington Double Star Catalog* (WDS) (Mason et al., 2001); also available at [16].

The positions are for those of the primary stars and taken directly from the list of bright stars. The Discoverer Designation contains the reference for the measurement from the WDS and the Epoch column gives the year of the measurement. The column headed Δm_v gives the relative magnitude difference in the visual band between the two components.

The term "primary" used in this section is not necessarily the brighter object, but designates which object is the origin of measurements.

Tables of double star data for several years are available in both PDF and ASCII formats on *The Astronomical Almanac Online*.

Photometric Standards

The table of *UBVRI* Photometric Standards are selected from Table 2 in Landolt (2009). Finding charts for stars are given in the paper. These data are an update of and additions to Landolt (1992). They provide internally consistent homogeneous broadband standards for the Johnson-Kron-Cousins photometric system for telescopes of intermediate and large size in both hemispheres. The filter bands have the following effective wavelengths: *U*, 3600Å; *B*, 4400Å; *V*, 5500Å; *R*, 6400Å; *I*, 7900Å.

The positions are taken from the Naval Observatory Merged Astronomical Database (NOMAD, [17], Zacharias et al. (2004)) which provides the optimum ICRS positions and proper motions for stars taken from the following catalogs in the order given: *Hipparcos, Tycho-2, UCAC2,* or *USNO-B*. Positions are converted to the epoch, equator, and equinox of the middle of the current year; radial velocities are included in the calculation where available.

The list of bright Johnson standards which appeared in editions prior to 2003 is given for J2000 on *The Astronomical Almanac Online*. Also available is a searchable database of Landolt Standards for current epochs.

The selection and photometric data for standards on the Strömgren four-color and Hβ systems are those of Perry et al. (1987). Only the 319 stars which have four-color data are included. The *u* band is centered at 3500Å; *v* at 4100Å; *b* at 4700Å; and *y* at 5500Å. Four indices are tabulated: $b-y$, $m_1 = (v-b) - (b-y)$, $c_1 = (u-v) - (v-b)$ and Hβ.

Star names and numbers are taken from the BSC. Positions and proper motions are taken from NOMAD as described above. Spectral types are taken from the list of bright stars (pages H2–H31) or from the original reference cited above. Visual magnitudes given in the column headed V are taken from the original reference and therefore may disagree with those given in the list of bright stars.

The spectrophotometric standard stars are suitable for the reduction of astronomical spectroscopic observations in the optical and ultraviolet wavelengths. As recommended by the IAU Standard Stars Working Group, data for the spectrophotometric standard stars listed here are taken from the European Southern Observatory's (ESO) site at [18] except for the positions which are taken from the NOMAD database as described above. Finding charts for the sources and explanation are found on the website.

The standards on the ESO list are from four sources. The ultraviolet standards are from the Hubble Space Telescope (HST) ultraviolet spectrophotometric standards which are based on International Ultraviolet Explorer (IUE) and optical spectra and calibrated by the primary white dwarf standards (Turnshek et al., 1990; Bohlin et al., 1990). The optical standards are based on Hale 5m observations in the 7 to 16 magnitude range (Oke, 1990) and CTIO observations of southern hemisphere secondary and tertiary standard stars (Hamuy et al., 1992, 1994). Some of the Hamuy standards were misidentified in the original reference and have since been corrected. Data for four white dwarf primary spectrophotometric standards in the 11–13 magnitude range based on model atmospheres and HST Faint Object Spectrograph (FOS) observations in 10Å to 3 microns are also included (Bohlin et al., 1995).

Radial Velocity Standards

The selection of radial velocity standard stars is based on a list of bright standards taken from the report of IAU Commission 30 Working Group on Radial Velocity Standard Stars (IAU, 1957) and a list of faint standards (IAU, 1973). The combined list represents the IAU radial velocity standard stars with late spectral types. Also included in the table at the recommendation of IAU Commission 30 are 14 faint stars with reliable radial velocity data useful for observers in the Southern Hemisphere (IAU, 1968). Variable stars (orbital and intrinsic) in the lists of standards have been removed; see Udry et al. (1999). The resulting table of stars is sufficient to serve as a group of moderate-precision radial velocity standards.

These stars have been extensively observed for more than a decade at the Center for Astrophysics, Geneva Observatory, and the Dominion Astrophysical Observatory. A discussion of velocity standards and the mean velocities from these three monitoring programs can be found in the report of IAU Commission 30, Reports on Astronomy (IAU, 1992).

Positions are taken from the *Hipparcos Catalogue* processed by the procedures used for the table of bright stars. V magnitudes are taken from the BSC, the *Hipparcos Catalogue* or SIMBAD. The spectral types are taken primarily from the list of bright stars. Otherwise, the spectral types originate from the BSC, the *Hipparcos Catalogue*, or the original IAU list.

Variable Stars

The list of variable stars was compiled by J.A. Mattei using as reference the fourth edition of the *General Catalogue of Variable Stars* (Kholopov et al., 1996), the *Sky Catalog 2000.0, Volume 2* (Hirshfeld and Sinnott, 1997), *A Catalog and Atlas of Cataclysmic Variables, 2nd Edition* (Downes et al., 1997), and the data files of the American Association of Variable Star Observers (AAVSO, at [19]). The brightest stars for each class with amplitude of 0.5 magnitude or more have been selected.

The following magnitude criteria at maximum brightness are used:

a. eclipsing variables brighter than magnitude 7.0;

b. pulsating variables:

RR Lyrae stars brighter than magnitude 9.0;

Cepheids brighter than 6.0;

Mira variables brighter than 7.0;

Semiregular variables brighter than 7.0;

Irregular variables brighter than 8.0;

c. eruptive variables:

U Geminorum, Z Camelopardalis, SS Cygni, SU Ursae Majoris,

WZ Sagittae, recurrent novae, very slow novae, nova-like and

DQ Herculis variables brighter than magnitude 11.0;

d. other types:

RV Tauri variables brighter than magnitude 9.0;

R Coronae Borealis variables brighter than 10.0;

Symbiotic stars (Z Andromedae) brighter than 10.0;

δ Scuti variables brighter than 9.0;

S Doradus variables brighter than 6.0;

SX Phoenicis variables brighter than 7.0.

The epoch for eclipsing variables is for time of minimum. The epoch for pulsating, eruptive, and other types of variables is for time of maximum.

Positions and proper motions are taken from NOMAD as described in the photometric standards section.

Several spectral types were too long to be listed in the table and are given here:

T Mon: F7Iab-K1Iab + A0V
R Leo: M6e–M8IIIe–M9.5e
TX CVn: B1–B9Veq + K0III–M4
AE Aqr: K2Ve + pec(e+CONT)
VV Cep: M2epIa–Iab + B8:eV

Exoplanets and Host Stars

The table of exoplanets and their host stars draws from the Exoplanet Orbit Database and the Exoplanet Data Explorer at [20] where data for host star characteristics are also available. A subset from this growing online data set is represented in the table by using a host star magnitude limit of V < 7.8. Also incorporated into the table are all transiting exoplanets, which takes the table to about V = 10. As suggested by P. Butler, useful properties of the exoplanets such as orbital period, eccentricity, and time of periastron are included in the table to calculate data such as time of transit for the transiting planets. Stellar properties such $B - V$, parallax, and metallicity are also included for those interested in the study of the host stars.

The data are assembled by S.G. Stewart and taken from the online catalog with the exception of the coordinates of the host stars. Positions, proper motions and parallax (where available) were taken independently from NOMAD as described on page L18.

Bright Galaxies

This is a list of 198 galaxies brighter than $B_T^w = 11.50$ and larger than $D_{25} = 5'$, drawn primarily from *The Third Reference Catalogue of Bright Galaxies* (de Vaucouleurs et al., 1991), hereafter referred to as RC3. The data have been reviewed and corrected where necessary, or supplemented by H.G. Corwin, R.J. Buta, and G. de Vaucouleurs.

Two recently recognized dwarf spheroidal galaxies (in Sextans and Sagittarius) that are not included in RC3 are added to the list (Irwin and Hatzidimitriou, 1995; Ibata et al., 1997).

Catalog designations are from the *New General Catalog* (NGC) or from the *Index Catalog* (IC). A few galaxies with no NGC or IC number are identified by common names. The Small Magellanic Cloud is designated "SMC" rather than NGC 292. Cross-identifications for these common names are given in Appendix 8 of RC3 or at the end of the table.

In most cases, the RC3 position is replaced with a more accurate weighted mean position based on measurements from many different sources, some unpublished. Where positions for unresolved nuclear radio sources from high-resolution interferometry (usually at 6- or 20-cm) are known to coincide with the position of the optical nucleus, the radio positions are adopted. Similarly, positions have been adopted from the Two Micron All-Sky Survey (2MASS, Jarrett et al., 2000) where these coincide with the optical nucleus. Positions for Magellanic irregular galaxies without nuclei (*i.e.*, LMC, NGC 6822, IC 1613) are for the centers of the bars in these galaxies. Positions for the dwarf spheroidal galaxies (*i.e.*, Fornax, Sculptor, Carina) refer to the peaks of the luminosity distributions. The precision with which the position is listed reflects the accuracy with which it is known. The mean errors in the listed positions are 2–3 digits in the last place given.

Morphological types are based on the revised Hubble system (see de Vaucouleurs, 1959, 1963).

The mean numerical van den Bergh luminosity classification, L, refers to the numerical scale adopted in RC3 corresponding to van den Bergh classes as follows:

L	1	2	3	4	5	6	7	8	9	(10)	(11)
class	I	I–II	II	II–III	III	III–IV	IV	IV–V	V	(V–VI)	(VI)

Classes V–VI and VI (10 and 11 in the numerical scale) are an extension of van den Bergh's original system, which stopped at class V.

The column headed Log (D_{25}) gives the logarithm to base 10 of the diameter in tenths of arcminute of the major axis at the 25.0 blue mag/arcsec^2 isophote. Diameters with larger than usual standard deviations are noted with brackets. With the exception of the Fornax and Sagittarius Systems, the diameters for the highly resolved Local Group dwarf spheroidal galaxies are core diameters from fitting of King models to radial profiles derived from star counts (Irwin and Hatzidimitriou, *op.cit.*). The relationship of these core diameters to the 25.0 blue mag/arcsec^2 isophote is unknown. The diameter for the Fornax System is a mean of measured values given by de Vaucouleurs and Ables (1968) and Hodge and Smith (1974), while that of Sagittarius is taken from Ibata *et al.* (*op.cit.*) and references therein.

The heading Log (R_{25}) gives the logarithm to base 10 of the ratio of the major to the minor axes (D/d) at the 25.0 blue mag/arcsec^2 isophote. For the dwarf spheroidal galaxies, the ratio is a mean value derived from isopleths.

The position angle of the major axis is for the equinox 1950.0, measured from north through east.

The heading B_T^w gives the total blue magnitude derived from surface or aperture photometry, or from photographic photometry reduced to the system of surface and aperture photometry, uncorrected for extinction or redshift. Because of very low surface brightnesses, the magnitudes for the dwarf spheroidal galaxies (see Irwin and Hatzidimitriou, *op.cit.*) are very uncertain. The total magnitude for NGC 6822 is from Hodge (1977). A colon indicates a larger than normal standard deviation associated with the magnitude.

The total colors, $B-V$ and $U-B$, are uncorrected for extinction or redshift. RC3 gives total colors only when there are aperture photometry data at apertures larger than the effective (half-light) aperture. However, a few of these galaxies have a considerable amount of data at smaller apertures, and also have small color gradients with aperture. Thus, total colors for these objects have been determined by further extrapolation along standard color curves. The colors for the Fornax System are taken from de Vaucouleurs and Ables (*op.cit.*), while those for the other dwarf spheroidal systems are from the recent literature, or from unpublished aperture photometry. The colors for NGC 6822 are from Hodge (*op.cit.*). A colon indicates a larger than normal standard deviation associated with the color.

Star Clusters

The list of open clusters comprises a selection of open clusters which have been studied in some detail so that a reasonable set of data is available for each. With the exception of the magnitude and Trumpler class data, all data are taken from the *New Catalog of Optically Visible Open Clusters and Candidates* (Dias et al., 2002) supplied by W. Dias and updated current to 2012 (version 3.2 of the catalog). The catalog is available at [21]. The "Trumpler Class" and "Mag. Mem." columns are taken from fifth (1987) edition of the Lund-Strasbourg catalog (original edition described by Lyngå (1981)), with updates and corrections to the data current to 1992.

For each cluster, two identifications are given. First is the designation adopted by the IAU, while the second is the traditional name. Alternate names for some clusters are given in the notes at the end of the table.

Positions are for the central coordinates of the clusters, referred to the mean equator and equinox of the middle of the Julian year. Cluster mean absolute proper motion and radial velocity are used in the calculation when available.

Apparent angular diameters of the clusters are given in arcminutes and distances between the clusters and the Sun are given in parsecs. The logarithm to the base 10 of the cluster age in years is determined from the turnoff point on the main sequence. Under the heading "Mag. Mem." is the visual magnitude of the brightest cluster member. $E_{(B-V)}$ is the color excess. Metallicity is mostly determined from photometric narrow band or intermediate band studies. Trumpler classification is defined by R.S. Trumpler (Trumpler, 1930).

The list of Milky Way globular clusters is compiled from the December 2010 revision of a *Catalog of Parameters for Milky Way Globular Clusters* supplied by W. E. Harris. The complete catalog containing basic parameters on distances, velocities, metallicities, luminosities, colors, and dynamical parameters, a list of source references, an explanation of the quantities, and calibration information is accessible at [22]. The catalog is also briefly described in Harris (1996).

The present catalog contains objects adopted as certain or highly probable Milky Way globular clusters. Objects with virtually no data entries in the catalog still have somewhat uncertain identities. The adoption of a final candidate list continues to be a matter of some arbitrary judgment for certain objects. The bibliographic references should be consulted for excellent discussions of these individually troublesome objects, as well as lists of other less likely candidates.

The adopted integrated V magnitudes of clusters, V_t, are the straight averages of the data from all sources. The integrated $B-V$ colors of clusters are on the standard Johnson system.

Measurements of the foreground reddening, $E_{(B-V)}$, are the averages of the given sources (up to 4 per cluster), with double weight given to the reddening from well calibrated (120 clusters) color-magnitude diagrams. The typical uncertainty in the reddening for any cluster is on the order of 10 percent, *i.e.*, $\Delta[E_{(B-V)}] = 0.1\, E_{(B-V)}$.

The primary distance indicator used in the calculation of the apparent visual distance modulus, $(m-M)_V$, is the mean V magnitude of the horizontal branch (or RR Lyrae stars), V_{HB}. The absolute calibration of V_{HB} adopted here uses a modest dependence of absolute V magnitude on metallicity,

M_V(HB) = 0.15 [Fe/H]+ 0.80. The V(HB) here denotes the mean magnitude of the HB stars, without further adjustments to any predicted zero age HB level. Wherever possible, it denotes the mean magnitude of the RR Lyrae stars directly. No adjustments are made to the mean V magnitude of the horizontal branch before using it to estimate the distance of the cluster. For a few clusters (mostly ones in the Galactic bulge region with very heavy reddening), no good [Fe/H] estimate is currently available; for these cases, a value [Fe/H] $= -1$ is assumed.

The heavy-element abundance scale, [Fe/H], adopted here is the one established by Zinn and West (1984). This scale has recently been reinvestigated as being nonlinear when calibrated against the best modern measurements of [Fe/H] from high-dispersion spectra (see Carretta and Gratton, 1997; Rutledge et al., 1997). In particular, these authors suggest that the Zinn-West scale overestimates the metallicities of the most metal-rich clusters. However, the present catalog maintains the older (Zinn-West) scale until a new consensus is reached in the primary literature.

The adopted heliocentric radial velocity, v_r, for each cluster is the average of the available measurements, each one weighted inversely as the published uncertainty.

A 'c' following the value for the central concentration index denotes a core-collapsed cluster. Trager et al. (1993) arbitrarily adopt $c = 2.50$ for such clusters, and these have been carried over to the present catalog. The 'c:' symbol denotes an uncertain identification of the cluster as being core-collapsed.

The central concentration $c = \log(r_t/r_c)$, where r_t is the tidal radius and r_c is the core radius, are taken primarily from the comprehensive discussion of Trager et al. (1995). The half light radius, r_h, is an observationally "secure" measured quantity and gives an idea of how big a cluster actually looks on the sky.

Radio Sources

Beginning in 2010, the fundamental reference system in astronomy, ICRS, is actualized by the second realization of the International Celestial Reference Frame, ICRF2 (see Fundamental Reference System section on L1; IAU (2010), Res. B3; IERS (2009)). The ICRF2 contains precise positions of 3414 compact radio sources. Maintenance of ICRF2 will be made using a set of 295 new defining sources selected on the basis of positional stability, lack of extensive intrinsic source structure, and spatial distribution. These 295 defining sources are presented in the table. Positions of all ICRF2 sources are available at [4].

Information on the known physical characteristics of the ICRF2 radio sources includes, where known, the object type, 8.4 Ghz and 2.3 Ghz flux, spectral index, V magnitude, redshift, a classification of spectrum and comments for each ICRF2 defining sources.

This table was compiled by A.-M. Gontier by sequentially assembling the data from the following primary sources:

a. *Large Quasar Astrometric Catalog (LQAC),* a compilation of 12 largest quasar catalogues contains 113666 quasars, providing information when available on photometry, redshift, and radio fluxes (Souchay et al. (2009), available at [23] as catalogue J/A+A/494/799). This source was used to provide information on fluxes at 8.4 GHz and 2.3 GHz and initial information for the redshift and the magnitude.

b. *Optical Characteristics of Astrometric Radio Sources* which includes 4261 radio sources with J2000.0 coordinates, redshift, V magnitude, object type and comments (Malkin and Titov (2008), [24]).

c. *Catalogue of Quasars and Active Galactic Nuclei, 12th Edition)* which includes 85221 quasars, 1122 BL Lac objects and 21737 active galaxies together with known lensed quasars and double quasars (Véron-Cetty and Véron (2006), available at [23] as catalogue VII/248).

d. *An all-sky survey of flat-spectrum radio sources* providing precise positions, subarcsecond structures, and spectral indices for some 11000 sources (Healey et al. (2007), available at [23] as catalogue J/ApJS/171/61).

e. *The Optical spectroscopy of 1Jy, S4 and S5 radio source identifications* which gives position, magnitude, type of the optical identification, flux at 5GHz and two-point spectral index between 2.7 GHz and 5 GHz (Stickel and Kuehr (1994); Stickel et al. (1989), available at at [23] as catalogue III/175).

Data for the list of radio flux standards are due to Baars et al. (1977), as updated by Kraus, Krichbaum, Pauliny-Toth, and Witzel (private communication, current to 2009). Flux densities S, measured in Janskys, are given for twelve frequencies ranging from 400 to 43200 MHz. Positions are referred to the mean equinox and equator of J2000.0. Positions of 3C 48, 3C 147, 3C 274 and 3C 286 are taken from the ICRF database [4]. Positions of the other sources are due to Baars et al. (1977).

A table with polarization data for the most prominent sources is provided by A. Kraus, current to 2012. This table gives the polarization degree and angle for a number of frequencies.

X-Ray Sources

The primary criterion for the selection of X-ray sources is having an identified optical counterpart. However, well-studied sources lacking optical counterparts are also included. Positions are for those of the optical counterparts, except when none is listed in the column headed Identified Counterpart. Positions and proper motions are taken from NOMAD described on page L18. The X-ray flux in the 2–10 keV energy range is given in micro-Janskys (μJy) in the column headed Flux. In some cases, a range of flux values is presented, representing the variability of these sources. The identified optical counterpart (or companion in the case of an X-ray binary system) is listed in the column headed Identified Counterpart. The type of X-ray source is listed in the column headed Type. Neutron stars in binary systems that are known to exhibit many X-ray bursts are designated "B" for "Burster." X-ray sources that are suspected of being black holes have the "BHC" designation for "Black Hole Candidate." Supernova remnants have the "SNR" designation. Other neutron stars in binaries which do not burst and are not known as X-ray pulsars have been given the "NS" designation. All codes in the Type column are explained at the end of the table.

The data in this table are assembled by M. Stollberg. For the X-ray binary sources, the catalogs of van Paradijs (1995), Liu et al. (2000, 2001) are used. Other sources are selected from the *Fourth Uhuru Catalog* (Forman et al., 1978), hereafter referred to as 4U. Fluxes in μJy in the 2–10 keV range for X-ray binary sources were readily given by van Paradijs (1995) and Liu et al. (2000, 2001). These fluxes were converted back to Uhuru count rates using the conversion factor found in Bradt and McClintock (1983). For some sources Uhuru count rates were taken directly from the 4U catalog. Count rates for all the sources were divided by the 4U count rate for the Crab Nebula and then multiplied by 1000 to obtain the 2-10 keV flux in mCrabs.

The tabulated magnitudes are the optical magnitude of the counterpart in the V filter, unless marked by an asterisk, in which case the B magnitude is given. Variable magnitude objects are denoted by "V"; for these objects the tabulated magnitude pertains to maximum brightness. For a few cases where the optical counterpart of the X-ray source remains unidentified, the magnitude given is that for the X-ray source itself. An "X" indicates these magnitudes

Tables of X-Ray source data for several years are available in both PDF and ASCII formats on *The Astronomical Almanac Online*.

Quasars

A set of quasars is selected from the second release of the *Large Quasar Astrometric Catalog (LQAC-2)* (Souchay et al., 2012) which offers a complete set of sources and associated data while maintaining precision and accuracy of coordinates with respect to the ICRF-2.

The data are compiled by S.G. Stewart based on the selection criteria suggested by J. Souchay. The following selection criteria, that are not mutually exclusive, are used:

$V < 12.0$ and $z > 1.0$ (13 quasars);

$M(B) < -31.0$ (32 quasars);

z (redshift) > 6.5 (21 quasars);

20 cm flux density > 5.0 Jy (34 quasars).

The redshift criteria is added in the visual magnitude selection of the quasars in order to avoid very extended galaxies in the sample.

Since they originate from different photometric systems, the apparent magnitudes are not measured in a homogeneous bandwith. The photometric magnitude in optical B-band is between 400 and 500nm and the photometric magnitude in the optical V-band is between 500 and 600nm.

Pulsars

Data for the pulsars presented in this table are compiled by Z. Arzoumanian. Data are taken from the *ATNF Pulsar Catalogue* described by Manchester et al. (2005), available at [25]. Data for B0540-69 are derived from Johnston et al. (2004).

Pulsars chosen are either bright, with S_{400}, the mean flux density at 400 MHz, greater than 80 milli-Janskys; fast, with spin period less than 100 milli-seconds; or have binary companions. Pulsars without measured spin-down rates and very weak pulsars (with measured 400 MHz flux density below 0.9 milli-Jansky) are excluded. A few other interesting systems are also included.

Positions are referred to the equator and equinox of J2000.0. For each pulsar the period P in seconds and the time rate of change $\dot{P}$ in $10^{-15}\,\mathrm{s\,s^{-1}}$ are given for the specified epoch. The group velocity of radio waves is reduced from the speed of light in a vacuum by the dispersive effect of the interstellar medium. The dispersion measure DM is the integrated column density of free electrons along the line of sight to the pulsar; it is expressed in units $\mathrm{cm^{-3}}$ pc. The epoch of the period is in Modified Julian Date (MJD), where MJD = JD − 2400000.5.

Gamma Ray Sources

The table of gamma ray sources is compiled by David J. Thompson (David.J.Thompson@nasa.gov) and contains a selection of historically important sources, well known sources, and bright sources. Because the gamma ray band covers such a broad energy range, the sources come primarily from three different catalogs:

a. Low-energy gamma rays (photon energies < 100 keV): *The Fourth IBIS/ISGRI Soft Gamma-Ray Survey Catalog* (Bird et al., 2010) available online at [26];

b. High-energy gamma rays (photon energies between 100 MeV and 100 GeV): *Fermi Large Area Telescope Second Source Catalog* (The Fermi-LAT Collaboration 2012) available at [27];

c. Very-high-energy gamma rays (photon energies above 100 GeV): *TeVCat Online Catalog for TeV Astronomy* available at [28].

Some sources are bright in two or all three energy ranges.

The observed flux of the source is given with the upper and lower limits on the energy range (in MeV) over which it has been observed. The flux, in photons cm^{-2}s^{-1} is an integrated flux over this energy range. In many cases, no upper limit energy is given. For those cases, the flux is the integral observed flux. Many gamma ray sources, particularly quasars, are highly variable. The flux values given are taken from the literature and may not represent the state at any given time. Gamma ray telescopes typically measure source locations with uncertainties of 1−10 arcmin. The positions in the table often refer to the counterparts seen at longer wavelengths.

Tables of gamma ray source data for several years are available in both PDF and ASCII formats on *The Astronomical Almanac Online*.

Section J: Observatories

The list of observatories is intended to serve as a finder list for planning observations or other purposes not requiring precise coordinates. Members of the list are chosen on the basis of instrumentation, and being active in astronomical research, the results of which are published in the current scientific literature. Most of the observatories provided their own information, and the coordinates listed are for one of the instruments on their grounds. Thus the coordinates may be astronomical, geodetic, or other, and should not be used for rigorous reduction of observations. A searchable list of observatories is available on *The Astronomical Almanac Online*.

Beginning in 2012, the list of observatories includes observatory codes from the IAU's Minor Planet Center website [29]. Codes are given for observatories where a reasonable match between *The Astronomical Almanac* and Minor Planet Center lists could be made based on coordinates and name.

Section K: Tables and Data

Astronomical constants are a topic that is in the purview of the IAU Working Group on Numerical Standards for Fundamental Astronomy [30]. At the 2009 XXVII GA, Resolution B2 on "Current Best Estimates of Astronomical Constants", was adopted, and this list of constants (modified by the re-definition of the astronomical unit) is tabulated in items 1 and 2 of pages K6–K7. Resolution B2 passed at the IAU XXVIII General Assembly (2012), recommends:

1.　that the astronomical unit be re-defined to be a conventional unit of length equal to 149 597 870 700 m exactly, in agreement with the value adopted in the IAU 2009 Resolution B2,

2.　that this definition of the astronomical unit be used with all time scales such as TCB, TDB, TCG, TT, etc.,

3. that the Gaussian gravitational constant k be deleted from the system of astronomical constants,

4. that the value of the solar mass parameter, [previously known as the heliocentric gravitational constant] GM_S, be determined observationally in SI units, and

5. that the unique symbol "au" be used for the astronomical unit.

The NSFA, via their website at [30], will be keeping the list of "Current Best Estimates" up-to-date, together with detailed notes and references.

Both ASCII and PDF versions of pages K6–K7 may be downloaded from *The Astronomical Almanac Online*; the IAU 1976 and IAU 2009 constants are also available.

The ΔT values provided on pages K8–K9 are not necessarily those used in the production of *The Astronomical Almanac* or its predecessors. They are tabulated primarily for those involved in historical research. Estimates of ΔT are derived from data published in Bulletins B and C of the International Earth Rotation and Reference Systems Service (IERS) [5].

From 2003 the pole is the Celestial Intermediate Pole. However, the coordinates of the celestial pole tabulated on page K10 are with respect to the celestial pole definition for the relevant year. The orientation of the ITRS is consistent with the former BIH system, and the previous IPMS and ILS systems (1974-1987). Prior to 1988, values were taken from Circular D of the BIH and from 1988 the values have been taken from the IERS Bulletin B.

Pages K11–K13, on "Reduction of Terrestrial Coordinates", which includes information on the International Terrestrial Reference Frame (Altamimi et al., 2011), has been updated by G. Appleby, Head of the UK Space Geodesy Facility at Herstmonceux.

Section M: Glossary

The definitions provided in the glossary have been composed by staff members of Her Majesty's Nautical Almanac Office and the US Naval Observatory's Astronomical Applications Department. Various astronomical dictionaries and encyclopedia are used to ensure correctness and to develop particular phrasing. E. M. Standish (Jet Propulsion Laboratory, California Institute of Technology) and S. Klioner (Technischen Universität Dresden) were also consulted in updating the content of the definitions in recent editions.

Definitions of some glossary entries contain terms that are defined elsewhere in the section. These are given in italics.

The glossary is not intended to be a complete astronomical reference, but instead clarify terms used within *The Astronomical Almanac* and *The Astronomical Almanac Online*. A PDF version and an HTML version are found on *The Astronomical Almanac Online*.

References

[1]. The Astronomical Almanac Online
http://asa.usno.navy.mil or http://asa.hmnao.com.

[2]. USNO Vector Astrometry Software (NOVAS)
http://aa.usno.navy.mil/software/novas/novas_info.php.

[3]. IAU Standards of Fundamental Astronomy (SOFA)
http://www.iausofa.org.

[4]. ICRS Product Center
http://hpiers.obspm.fr/icrs-pc/.

[5]. IERS Earth Orientation Data
http://www.iers.org/IERS/EN/DataProducts/EarthOrientationData/eop.html.

[6]. The International Occultation Timing Association (IOTA)
http://lunar-occultations.com/iota.

[7]. IERS Conventions
http://tai.bipm.org/iers/convupdt/convupdt.html.

[8]. USNO Publications
http://aa.usno.navy.mil/publications/.

[9]. JPL Planetary Satellite Mean Orbital Parameters
http://ssd.jpl.nasa.gov/?sat_elem.

[10]. IAU, Pluto and the Developing Landscape of Our Solar System
http://www.iau.org/public/pluto/.

[11]. Scott Sheppard's Jupiter Satellite Page
http://www.dtm.ciw.edu/users/sheppard/satellites.

[12]. JPL Small-Body Database
http://ssd.jpl.nasa.gov/sbdb.cgi.

[13]. IAU Minor Planet Center
http://www.minorplanetcenter.net/iau/Ephemerides/Comets/index.html.

[14]. Mike Brown, California Institute of Technology
http://www.gps.caltech.edu/~mbrown/.

[15]. USNO Sixth Catalog of Orbits of Visual Binary Stars
http://www.usno.navy.mil/USNO/astrometry/optical-IR-prod/wds/orb6/.

[16]. USNO Washington Double Star Catalog
http://www.usno.navy.mil/USNO/astrometry/optical-IR-prod/wds/WDS.

[17]. NOMAD Database
http://www.nofs.navy.mil/data/fchpix/.

[18]. ESO Optical and UV Spectrophotometric Standard Stars
http://www.eso.org/sci/observing/tools/standards/spectra/.

[19]. American Association of Variable Star Observers (AAVSO)
http://www.aavso.org/.

[20]. Exoplanet Data Explorer
http://exoplanets.org/index.html.

[21]. Wilton Dias' Open Clusters Database
http://www.astro.iag.usp.br/~wilton.

[22]. William Harris' Globular Clusters Database
http://physwww.physics.mcmaster.ca/%7Eharris/mwgc.dat.

[23]. Centre de Données Astronomiques de Strasbourg (CDS)
http://cdsweb.u-strasbg.fr/.

[24]. Optical Characteristics of Astrometric Radio Sources
http://www.gao.spb.ru/english/as/ac_vlbi/ocars.txt.

[25]. ATNF Pulsar Catalog
http://www.atnf.csiro.au/research/pulsar/psrcat.

[26]. The Fourth IBIS/ISGRI Soft Gamma-ray Survey Catalog
http://heasarc.gsfc.nasa.gov/W3Browse/integral/ibiscat4.html.

[27]. Fermi Large Area Telescope Second Source Catalog
http://heasarc.gsfc.nasa.gov/W3Browse/fermi/fermilpsc.html.

[28]. TeVCat online catalog for TeV Astronomy
http://tevcat.uchicago.edu/.

[29]. IAU Minor Planet Center List of Observatory Codes
http://www.minorplanetcenter.org/iau/lists/ObsCodesF.html.

[30]. IAU Numerical Standards for Fundamental Astronomy (NSFA)
http://maia.usno.navy.mil/NSFA.html.

[31]. CODATA Recommended Fundamental Physical Constants
http://physics.nist.gov/constants.

Altamimi, Z., X. Collilieux, and L. Métivier (2011). ITRF2008: an improved solution of the international terrestrial reference frame. *Journal of Geodesy* **85**, 457–473.

Aoki, S., H. Kinoshita, B. Guinot, G. H. Kaplan, D. D. McCarthy, and P. K. Seidelmann (1982). The new definition of universal time. *Astronomy and Astrophysics* **105**, 359–361.

Archinal, B. A., M. F. A'Hearn, E. Bowell, A. Conrad, G. J. Consolmagno, R. Courtin, T. Fukushima, D. Hestroffer, J. L. Hilton, G. A. Krasinsky, G. Neumann, J. Oberst, P. K. Seidelmann, P. Stooke, D. J. Tholen, P. C. Thomas, and I. P. Williams (2011a). Report of the IAU/IAG Working Group on Cartographic Coordinates and Rotational Elements: 2009. *Celestial Mechanics and Dynamical Astronomy* **109**, 101–135.

Archinal, B. A., M. F. A'Hearn, E. Bowell, A. Conrad, G. J. Consolmagno, R. Courtin, T. Fukushima, D. Hestroffer, J. L. Hilton, G. A. Krasinsky, G. Neumann, J. Oberst, P. K. Seidelmann, P. Stooke, D. J. Tholen, P. C. Thomas, and I. P. Williams (2011b). Erratum to: Report of the IAU/IAG Working Group on Cartographic Coordinates and Rotational Elements: 2006 & 2009. *Celestial Mechanics and Dynamical Astronomy* **110**, 401–403.

Arlot, J.-E. (1982). New Constants for Sampson-Lieske Theory of the Galilean Satellites of Jupiter. *Astronomy and Astrophysics* **107**, 305–310.

Atkinson, R. d. (1951). The Computation of Topocentric Librations. *Monthly Notices of the Royal Astronomical Society* **111**, 448.

Baars, J. W. M., R. Genzel, I. I. K. Pauliny-Toth, and A. Witzel (1977). The Absolute Spectrum of CAS A - an Accurate Flux Density Scale and a Set of Secondary Calibrators. *Astronomy and Astrophysics* **61**, 99–106.

Bird, A. J., A. Bazzano, L. Bassani, F. Capitanio, M. Fiocchi, A. B. Hill, A. Malizia, V. A. McBride, S. Scaringi, V. Sguera, J. B. Stephen, P. Ubertini, A. J. Dean, F. Lebrun, R. Terrier, M. Renaud, F. Mattana, D. Götz, J. Rodriguez, G. Belanger, R. Walter, and C. Winkler (2010). The Fourth IBIS/ISGRI Soft Gamma-ray Survey Catalog. *The Astrophysical Journal Supplement Series* **186**, 1–9.

Bohlin, R. C., L. Colina, and D. S. Finley (1995). White Dwarf Standard Stars: G191-B2B, GD 71, GD 153, HZ 43. *Astronomical Journal* **110**, 1316.

Bohlin, R. C., A. W. Harris, A. V. Holm, and C. Gry (1990). The Ultraviolet Calibration of the Hubble Space Telescope. IV - Absolute IUE Fluxes of Hubble Space Telescope Standard Stars. *Astrophysical Journal Supplement Series* **73**, 413–439.

Bradt, H. V. D. and J. E. McClintock (1983). The Optical Counterparts of Compact Galactic X-ray Sources. *Annual Review of Astronomy and Astrophysics* **21**, 13–66.

Brown, E. W. (1933). Theory and Tables of the Moon: The Motion of the Moon, 1923-31. *Monthly Notices of the Royal Astronomical Society* **93**, 603–619.

Brown, M. (2008). The Largest Kuiper Belt Objects. In M. A. Barucci, H. Boehnhardt, D. P. Cruikshank, A. Morbidelli, and R. Dotson (Eds.), *The Solar System Beyond Neptune*, pp. 335–344.

Brown, M. E., C. A. Trujillo, and D. L. Rabinowitz (2005). Discovery of a Planetary-sized Object in the Scattered Kuiper Belt. *The Astrophysical Journal* **635**, L97–L100.

Calame, O. (Ed.) (1982). *Proceedings of the 63rd Colloquium of the International Astronomical Union*, Volume 94 of *IAU Colloquia*.

Capitaine, N. and P. T. Wallace (2006). High Precision Methods for Locating the Celestial Intermediate Pole and Origin. *Astronomy and Astrophysics* **450**, 855–872.

Capitaine, N., P. T. Wallace, and J. Chapront (2003). Expressions for IAU 2000 Precession Quantities. *Astronomy and Astrophysics* **412**, 567–586.

Capitaine, N., P. T. Wallace, and J. Chapront (2005). Improvement of the IAU 2000 Precession Model. *Astronomy and Astrophysics* **432**, 355–367.

Capitaine, N., P. T. Wallace, and D. D. McCarthy (2003). Expressions to Implement the IAU 2000 Definition of UT1. *Astronomy and Astrophysics* **406**, 1135–1149.

Carretta, E. and R. G. Gratton (1997). Abundances for Globular Cluster Giants. I. Homogeneous Metallicities for 24 Clusters. *Astronomy and Astrophysics Supplement Series* **121**, 95–112.

Carrington, R. C. (1863). *Observations of the Spots on the Sun: From November 9, 1853, to March 24, 1861, Made at Redhill*. London: Williams and Norgate.

de Vaucouleurs, G. (1959). Classification and Morphology of External Galaxies. *Handbuch der Physik* **53**, 275.

de Vaucouleurs, G. (1963). Revised Classification of 1500 Bright Galaxies. *Astrophysical Journal Supplement* **8**, 31.

de Vaucouleurs, G. and H. D. Ables (1968). Integrated Magnitudes and Color Indices of the Fornax Dwarf Galaxy. *Astrophysical Journal* **151**, 105.

de Vaucouleurs, G., A. de Vaucouleurs, H. Corwin, R. J. Buta, G. Paturel, and P. Fouque (1991). *Third Reference Catalogue of Bright Galaxies (RC3)*. New York: Springer-Verlag.

Dias, W. S., B. S. Alessi, A. Moitinho, and J. R. D. Lepine (2002). New Catalog of Optically Visible Open Clusters and Candidates. *Astronomy and Astrophysics* **389**, 871–873.

Downes, R., R. F. Webbink, and M. M. Shara (1997). A Catalog and Atlas of Cataclysmic Variables-Second Edition. *Publications of the Astronomical Society of the Pacific* **109**, 345–440.

Eckhardt, D. H. (1981). Theory of the Libration of the Moon. *Moon and Planets* **25**, 3–49.

Elliot, J. L., R. G. French, J. A. Frogel, J. H. Elias, D. J. Mink, and W. Liller (1981). Orbits of Nine Uranian Rings. *Astronomical Journal* **86**, 444–455.

ESA (1997). *The Hipparcos and Tycho Catalogues*. Noordwijk, Netherlands: European Space Agency. SP-1200 (17 volumes).

Esposito, L. W., J. N. Cuzzi, J. H. Holberg, E. A. Marouf, G. L. Tyler, and C. C. Porco (1984). *Saturn's Rings: Structure, Dynamics, and Particle Properties*. University of Arizona Press.

Forman, W., C. Jones, L. Cominsky, P. Julien, S. Murray, G. Peters, H. Tananbaum, and R. Giacconi (1978). The Fourth Uhuru Catalog of X-ray Sources. *Astrophysical Journal Supplement Series* **38**, 357–412.

Fricke, W., H. Schwan, T. Lederle, U. Bastian, R. Bien, G. Burkhardt, B. Du Mont, R. Hering, R. Jährling, H. Jahreiß, S. Röser, H. Schwerdtfeger, and H. G. Walter (1988). *Fifth Fundamental Catalogue Part I*. Heidelberg: Veroeff. Astron. Rechen-Institut.

Garcia, H. A. (1972). The Mass and Figure of Saturn by Photographic Astrometry of Its Satellites. *Astronomical Journal* **77**, 684–691.

Garrison, R. F. (1994). A Hierarchy of Standards for the MK Process. *Astronomical Society of the Pacific Conference Series* **60**, 3–14.

Groten, E. (2000). Report of Special Commission 3 of IAG. In Johnston, K. J. and McCarthy, D. D. and Luzum, B. J. and Kaplan, G. H. (Ed.), *IAU Colloq. 180: Towards Models and Constants for Sub-Microarcsecond Astrometry*, pp. 337.

Gurnett, D. A., A. M. Persoon, W. S. Kurth, J. B. Groene, T. F. Averkamp, M. K. Dougherty, and D. J. Southwood (2007). The Variable Rotation Period of the Inner Region of Saturn's Plasma Disk. *Science* **316**, 442.

Hamuy, M., N. B. Suntzeff, S. R. Heathcote, A. R. Walker, P. Gigoux, and M. M. Phillips (1994). Southern Spectrophotometric Standards, 2. *Publications of the Astronomical Society of the Pacific* **106**, 566–589.

Hamuy, M., A. R. Walker, N. B. Suntzeff, P. Gigoux, S. R. Heathcote, and M. M. Phillips (1992). Southern Spectrophotometric Standards. *Publications of the Astronomical Society of the Pacific* **104**, 533–552.

Harper, D., D. B. Taylor, A. T. Sinclair, and K. X. Shen (1988). The Theory of the Motion of Iapetus. *Astronomy and Astrophysics* **191**, 381–384.

Harris, D. L. (1961). *Photometry and Colorimetry of Planets and Satellites*. Chicago, IL.

Harris, W. E. (1996). A Catalog of Parameters for Globular Clusters in the Milky Way. *Astronomical Journal* **112**, 1487.

Hartkopf, W., B. Mason, and C. Worley (2001). The 2001 US Naval Observatory Double Star CD-ROM. II. The Fifth Catalog of Orbits of Visual Binary Stars. *Astronomical Journal* **122**, 3472–3479.

Healey, S. E., R. W. Romani, G. B. Taylor, E. M. Sadler, R. Ricci, T. Murphy, J. S. Ulvestad, and J. N. Winn (2007). CRATES: An All-Sky Survey of Flat-Spectrum Radio Sources. *The Astrophysical Journal Supplement Series* **171**, 61–71.

Heinze, A. N. and D. de Lahunta (2009). The Rotation Period and Light-Curve Amplitude of Kuiper Belt Dwarf Planet 136472 Makemake (2005 FY9). *Astronomical Journal* **138**, 428–438.

Hilton, J. L. (1999). US Naval Observatory Ephemerides of the Largest Asteroids. *Astronomical Journal* **117**, 1077–1086.

Hilton, J. L. (2002). Asteroid Masses and Densities. *Asteroids III*, 103–112.

Hilton, J. L. (2005a). Improving the Visual Magnitudes of the Planets in The Astronomical Almanac. I. Mercury and Venus. *Astronomical Journal* **129**, 2902–2906.

Hilton, J. L. (2005b). Erratum: "Improving the Visual Magnitudes of the Planets in The Astronomical Almanac. I. Mercury and Venus". *Astronomical Journal* **130**, 2928.

Hilton, J. L., N. Capitaine, J. Chapront, J. M. Ferrandiz, A. Fienga, T. Fukushima, J. Getino, P. Mathews, J.-L. Simon, M. Soffel, J. Vondrak, P. T. Wallace, and J. Williams (2006). Report of the International Astronomical Union Division I Working Group on Precession and the Ecliptic. *Celestial Mechanics and Dynamical Astronomy* **94**, 351–367.

Hirshfeld, A. and R. W. Sinnott (1997). *Sky catalogue 2000.0. Volume 2: Double Stars, Variable Stars and Nonstellar Objects*.

Hodge, P. W. (1977). The Structure and Content of NGC 6822. *Astrophysical Journal Supplement* **33**, 69–82.

Hodge, P. W. and D. W. Smith (1974). The Structure of the Fornax Dwarf Galaxy. *Astrophysical Journal* **188**, 19–26.

Hoffleit, E. D. and W. Warren (1991). *The Bright Star Catalogue (5th edition)*. New Haven: Yale University Observatory.

Høg, E., C. Fabricius, V. V. Makarov, S. Urban, T. Corbin, G. Wycoff, U. Bastian, P. Schwekendiek, and A. Wicenec (2000). The Tycho-2 Catalog of the 2.5 Million Brightest Stars. *Astronomy and Astrophysics* **355**, L27–L30.

IAU (1957). In P. T. Oosterhoff (Ed.), *Transactions of the International Astronomical Union*, Volume IX, Cambridge, pp. 442. Cambridge University Press. Proc. 9th General Assembly, Dublin, 1955.

IAU (1968). In L. Perek (Ed.), *Transactions of the International Astronomical Union*, Volume XIII B, Dordrecht, pp. 170. Reidel. Proc. 13th General Assembly, Prague, 1967.

IAU (1973). In C. de Jager (Ed.), *Transactions of the International Astronomical Union*, Volume XV A, Dordrecht, Holland, pp. 409. Reidel. Reports on Astronomy.

IAU (1976). Report of joint meetings of commissions 4, 8 and 31 on the new system of astronomical constants. In *Transactions of the International Astronomical Union*, Volume XVI B, Dordrecht, Holland. Reidel.

IAU (1983). In R. M. West (Ed.), *Transactions of the International Astronomical Union*, Volume XVIII B, Dordrecht, Holland. Reidel. Proc. 18th General Assembly, Patras, 1982.

IAU (1992). In J. Bergeron (Ed.), *Transactions of the International Astronomical Union*, Volume XXI B, Dordrecht. Kluwer. Proc. 21st General Assembly, Beunos Aires, 1991.

IAU (1999). In J. Andersen (Ed.), *Transactions of the International Astronomical Union*, Volume XXIII B, Dordrecht. Kluwer. Proc. 23rd General Assembly, Kyoto, 1997.

IAU (2001). In H. Rickman (Ed.), *Transactions of the International Astronomical Union*, Volume XXIV B, San Francisco. Astronomical Society of the Pacific. Proc. 24th General Assembly, Manchester, 2000.

IAU (2006). In K. van der Hucht (Ed.), *Transactions of the International Astronomical Union*, Volume XXVI B, San Francisco. Astronomical Society of the Pacific. Proc. 26th General Assembly, Prague, 2006.

IAU (2010). In I. F. Corbett (Ed.), *Transactions of the International Astronomical Union*, Volume XXVII B. Proc. 27th General Assembly, Rio de Janeiro, 2009.

IAU (2012). In *Transactions of the International Astronomical Union*. Proc. 28th General Assembly, Beijing, China, 2012.

Ibata, R. A., R. F. G. Wyse, G. Gilmore, M. J. Irwin, and N. B. Suntzeff (1997). The Kinematics, Orbit, and Survival of the Sagittarius Dwarf Spheroidal Galaxy. *Astrophysical Journal* **113**, 634.

IERS (2004). Conventions (2003). Technical Note 32, International Earth Rotation Service, Frankfurt am Main. Verlag des Bundesamts für Kartographie und Geodäsie, D. D. McCarthy and G. Petit (Eds.).

IERS (2009). The second realization of the international celestial reference frame by very long baseline interferometry. Technical Note 35, International Earth Rotation Service. A. L. Fey, D. Gordon, and C. S. Jacobs (Eds.).

IERS (2010). Conventions (2010). Technical Note 36, International Earth Rotation Service, Frankfurt am Main. Verlag des Bundesamts für Kartographie und Geodäsie, G. Petit and B. Luzum (Eds.).

Irvine, W. M., T. Simon, D. H. Menzel, C. Pikoos, and A. T. Young (1968). Multicolor Photoelectric Photometry of the Brighter Planets. III. Observations from Boyden Observatory. *Astronomical Journal* **73**, 807.

Irwin, M. and D. Hatzidimitriou (1995). Structural parameters for the Galactic dwarf spheroidals. *Monthly Notices of the Royal Astronomical Society* **277**, 1354.

Jacobson, R. A. (1990). The Orbits of the Satellites of Neptune. *Astronomy and Astrophysics* **231**, 241–250.

Jacobson, R. A. (2000). The Orbits of the Outer Jovian Satellites. *Astronomical Journal* **120**, 2679–2686.

Jacobson, R. A., S. P. Synnott, and J. K. Campbell (1989). The Orbits of the Satellites of Mars from Spacecraft and Earthbased Observations. *Astronomy and Astrophysics* **225**, 548–554.

Jarrett, T. H., T. Chester, R. Cutri, S. Schneider, M. Skrutskie, and J. P. Huchra (2000). 2MASS Extended Source Catalog: Overview and Algorithms. *Astronomical Journal* **119**, 2498–2531.

Johnston, S., R. W. Romani, F. E. Marshall, and W. Zhang (2004). Radio and X-ray observations of PSR B0540-69. *Monthly Notices of the Royal Astronomical Society* **355**, 31–36.

Kaplan, G. H. (2005). The IAU Resolutions on Astronomical Reference Systems, Time Scales, and Earth Rotation Models : Explanation and Implementation. *U.S. Naval Observatory Circulars* **179**.

Keenan, P. C. and R. C. McNeil (1976). *Atlas of Spectra of the Cooler Stars: Types G, K, M, S, and C*. Ohio: Ohio State University Press.

Kholopov, P. N., N. N. Samus, M. S. Frolov, V. P. Goranskij, N. A. Gorynya, N. N. Kireeva, N. P. Kukarkina, N. E. Kurochkin, G. I. Medvedeva, and N. B. Perova (1996). *General Catalogue of Variable Stars, 4th edition*. Moscow: Nauka Publishing House.

Kozai, Y. (1957). On the Astronomical Constants of Saturnian Satellites System. *Annals of the Tokyo Observatory, Series 2* **5**, 73–106.

Lacerda, P., D. Jewitt, and N. Peixinho (2008). High-Precision Photometry of Extreme KBO 2003 EL$_{61}$. *Astronomical Journal* **135**, 1749–1756.

Landolt, A. U. (1992). UBVRI Photometric Standard Stars in the Magnitude Range 11.5-16.0 Around the Celestial Equator. *Astronomical Journal* **104**, 340–371.

Landolt, A. U. (2009). UBVRI Photometric Standard Stars Around the Celestial Equator: Updates and Additions. *Astronomical Journal* **137**, 4186–4269.

Laskar, J. and R. A. Jacobson (1987). GUST 86. An Analytical Ephemeris of the Uranian Satellites. *Astronomy and Astrophysics* **188**, 212–224.

Lieske, J. H. (1977). Theory of Motion of Jupiter's Galilean Satellites. *Astronomy and Astrophysics* **56**, 333–352.

Liu, Q. Z., J. van Paradijs, and E. P. J. van den Heuvel (2000). A Catalogue of High-Mass X-ray Binaries. *Astronomy and Astrophysics Supplement* **147**, 25–49.

Liu, Q. Z., J. van Paradijs, and E. P. J. van den Heuvel (2001). A catalog of Low-Mass X-ray Binaries. *Astronomy and Astrophysics* **368**, 1021–1054.

Lyngå, G. (1981). Astronomical Data Center Bulletin. Circular 2, NASA/GSFC, Greenbelt, MD.

Ma, C., E. F. Arias, T. M. Eubanks, A. L. Fey, A. M. Gontier, C. S. Jacobs, O. J. Sovers, B. A. Archinal, and P. Charlot (1998). The International Celestial Reference Frame as Realized by Very Long Baseline Interferometry. *Astronomical Journal* **116**, 516–546.

Malkin, Z. and O. Titov (2008). Optical Characteristics of Astrometric Radio Sources. In *Measuring the Future, Proc. Fifth IVS General Meeting, A. Finkelstein, D. Behrend (Eds.), 2008, p. 183-187*, pp. 183–187.

Manchester, R. N., G. B. Hobbs, A. Teoh, and M. Hobbs (2005). The Australia Telescope National Facility Pulsar Catalogue. *Astronomical Journal* **129**, 1993–2006.

Mason, B. D., G. L. Wycoff, W. I. Hartkopf, G. Douglass, and C. E. Worley (2001). The Washington Double Star Catalog. *Astronomical Journal* **122**, 3466–3471.

Matthews, P. M., T. A. Herring, and B. Buffett (2002). Modeling of nutation and precession: New nutation series for nonrigid Earth and insights into the Earth's interior. *Journal of Geophysical Research* **107(B4)**, 2068.

Morgan, W. W., H. A. Abt, and J. W. Tapschott (1978). *Revised MK Spectral Atlas for Stars Earlier than the Sun*. Williams Bay, WI and Tucson, AZ: Yerkes Obs. and Kitt Peak Nat. Obs.

Nelson, R. A., D. D. McCarthy, S. Malys, J. Levine, B. Guinot, H. F. Fliegel, R. L. Beard, and T. R. Bartholomew (2001). The Leap Second: its History and Possible Future. *Metrologia* **38**, 509–529.

Newhall, X. X. and J. G. Williams (1996). Estimation of the Lunar Physical Librations. *Celestial Mechanics and Dynamical Astronomy* **66**, 21–30.

Nicholson, P. D. (2008). *Natural Satellites of the Planets*. Toronto, Ontario, Canada: University of Toronto Press.

Oke, J. B. (1990). Faint Spectrophotometric Standard Stars. *Astronomical Journal* **99**, 1621–1631.

Owen, Jr., W. M., R. M. Vaughan, and S. P. Synnott (1991). Orbits of the Six New Satellites of Neptune. *Astronomical Journal* **101**, 1511–1515.

Perry, C. L., E. H. Olsen, and D. L. Crawford (1987). A Catalog of Bright UVBY Beta Standard Stars. *Publications of the Astronomy Society of the Pacific* **99**, 1184–1200.

Pitjeva, E. V. and E. M. Standish (2009). Proposals for the Masses of the Three Largest Asteroids, the Moon-Earth Mass Ratio and the Astronomical Unit. *Celestial Mechanics and Dynamical Astronomy* **103**, 365–372.

Rohde, J. R. and A. T. Sinclair (1992). Orbital Ephemerides and Rings of Satellites. In P. K. Seidelmann (Ed.), *Explanatory Supplement to The Astronomical Almanac*, pp. 353. Mill Valley, CA: University Science Books.

Rutledge, G. A., J. E. Hesser, and P. B. Stetson (1997). Galactic Globular Cluster Metallicity Scale from the Ca II Triplet II. Rankings, Comparisons, and Puzzles. *Publications of the Astronomical Society of the Pacific* **109**, 907–919.

Simon, J. L., P. Bretagnon, J. Chapront, M. Chapront-Touzé, G. Francou, and J. Laskar (1994). Numerical Expressions for Precession Formulae and Mean Elements for the Moon and the Planets. *Astronomy and Astrophysics* **282**, 663–683.

Sinclair, A. T. (1974). A Theory of the Motion of Iapetus. *Monthly Notices of the Royal Astronomical Society* **169**, 591–605.

Sinclair, A. T. (1977). The Orbits of Tethys, Dione, Rhea, Titan and Iapetus. *Monthly Notices of the Royal Astronomical Society* **180**, 447–459.

Sinclair, A. T. (1989). The Orbits of the Satellites of Mars Determined from Earth-based and Spacecraft Observations. *Astronomy and Astrophysics* **220**, 321–328.

Smart, W. M. (1956). *Text-Book on Spherical Astronomy*. Cambridge: Cambridge University Press.

Souchay, J., A. H. Andrei, C. Barache, S. Bouquillon, A.-M. Gontier, S. B. Lambert, C. Le Poncin-Lafitte, F. Taris, E. F. Arias, D. Suchet, and M. Baudin (2009). Large Quasar Astrometric Catalog. *Astronomy and Astrophysics* **494**, 799.

Souchay, J., A. H. Andrei, C. Barache, S. Bouquillon, D. Suchet, F. Taris, and R. Peralta (2012, January). The second release of the Large Quasar Astrometric Catalog (LQAC-2). *Astronomy and Astrophysics* **537**, A99.

Standish, E. M. (1998a). JPL Planetary and Lunar Ephemerides, DE405/LE405. *JPL IOM 312.F-98-048*.

Standish, E. M. (1998b). Time Scales in the JPL and CfA Ephemerides. *Astronomy and Astrophysics* **336**, 381–384.

Stickel, M., J. W. Fried, and H. Kuehr (1989). Optical Spectroscopy of 1 Jy BL Lacertae Objects and Flat Spectrum Radio Sources. *Astronomy and Astrophysics Supplement Series* **80**, 103–114.

Stickel, M. and H. Kuehr (1994). An Update of the Optical Identification Status of the S4 Radio Source Catalogue. *Astronomy and Astrophysics Supplement Series* **103**, 349–363.

Sudbury, P. V. (1969). The Motion of Jupiter's Fifth Satellite. *Icarus* **10**, 116–143.

Taylor, D. B. (1984). A Comparison of the Theory of the Motion of Hyperion with Observations Made During 1967-1982. *Astronomy and Astrophysics* **141**, 151–158.

Taylor, D. B. (1995). Compact Ephemerides for Differential Tangent Plane Coordinates of Planetary Satellites. *NAO Technical Note* **No. 68**.

Taylor, D. B., S. A. Bell, J. L. Hilton, and A. T. Sinclair (2010). Computation of the Quantities Describing the Lunar Librations in The Astronomical Almanac. *NAO Technical Note* **No. 74**.

Taylor, D. B. and K. X. Shen (1988). Analysis of Astrometric Observations from 1967 to 1983 of the Major Satellites of Saturn. *Astronomy and Astrophysics* **200**, 269–278.

The Fermi-LAT Collaboration (2012 submitted). Fermi Large Area Telescope First Source Catalog. *Astrophysical Journal Supplement Series*. arXiv:1108.1435 [astro-ph.HE].

Tholen, D. J. (1985). The Orbit of Pluto's Satellite. *Astronomical Journal* **90**, 2353–2359.

Trager, S. C., S. Djorgovski, and I. R. King (1993). Structural Parameters of Galactic Globular Clusters. In Djorgovski, S. G. and Meylan, G. (Ed.), *Structure and Dynamics of Globular Clusters*, Volume 50 of *Astronomical Society of the Pacific Conference Series*, pp. 347.

Trager, S. C., I. R. King, and S. Djorgovski (1995). Catalogue of Galactic Globular-Cluster Surface-Brightness Profiles. *Astronomical Journal* **109**, 218–241.

Trumpler, R. J. (1930). Preliminary Results on the Distances, Dimensions and Space Distribution of Open Star Clusters. *Lick Observatory Bulletin* **XIV**, 154.

Turnshek, D. A., R. C. Bohlin, R. L. Williamson, O. L. Lupie, J. Koornneef, and D. H. Morgan (1990). An Atlas of Hubble Space Telescope Photometric, Spectrophotometric, and Polarimetric Calibration Objects. *Astronomical Journal* **99**, 1243–1261.

Udry, S. Mayor, M., E. Maurice, J. Andersen, M. Imbert, H. Lindgren, J. C. Mermilliod, B. Nordström, and L. Prévot (1999). 20 years of CORAVEL Monitoring of Radial-Velocity Standard Stars. In J. Hearnshaw and C. Scarfe (Eds.), *Precise Stellar Radial Velocities, Victoria, IAU Coll. 170*, pp. 383.

Urban, S. and P. K. Seidelmann (Eds.) (2012). *Explanatory Supplement to The Astronomical Almanac*. Mill Valley, CA: University Science Books.

van Paradijs, J. (1995). A Catalogue of X-Ray Binaries. In W. H. G. Lewin, J. van Paradijis, and E. P. J. van den Heuvel (Eds.), *X-ray Binaries*, pp. 536. University of Chicago Press. Volume IX of Stars and Stellar Systems.

Véron-Cetty, M. P. and P. Véron (2006). A Catalogue of Quasars and Active Nuclei: 12th edition. *Astronomy and Astrophysics* **455**, 773–777.

Wallace, P. T. and N. Capitaine (2006). Precession-Nutation Procedures Consistent with IAU 2006 Resolutions. *Astronomy and Astrophysics* **459**, 981–985.

Watts, C. B. (1963). The Marginal Zone of the Moon. In *Astronomical Papers of the American Ephemeris and Nautical Almanac*, Volume 17. Washington, DC: U.S. Government Printing Office.

Williams, J. G., D. H. Boggs, and W. M. Folkner (2013). DE430 Lunar Orbot, Physical Librations, and Surface Coordinates. *JPL IOM 335-JW,DB,WF-20080314-001*.

Zacharias, N., D. G. Monet, S. E. Levine, S. E. Urban, R. Gaume, and G. L. Wycoff (2004). The Naval Observatory Merged Astrometric Dataset (NOMAD). In *American Astronomical Society Meeting Abstracts*, Volume 36 of *Bulletin of the American Astronomical Society*, pp. 1418.

Zadunaisky, P. E. (1954). A Determination of New Elements of the Orbit of Phoebe, Ninth Satellite of Saturn. *Astronomical Journal* **59**, 1–6.

Zinn, R. and M. J. West (1984). The Globular Cluster System of the Galaxy. III - Measurements of Radial Velocity and Metallicity for 60 Clusters and a Compilation of Metallicities for 121 Clusters. *Astrophysical Journal Supplement Series* **55**, 45–66.

ΔT: the difference between *Terrestrial Time (TT)* and *Universal Time (UT)*: $\Delta T = TT - UT1$.

ΔUT1 (or ΔUT): the value of the difference between *Universal Time (UT)* and *Coordinated Universal Time (UTC)*: $\Delta UT1 = UT1 - UTC$.

aberration (of light): the relativistic apparent angular displacement of the observed position of a celestial object from its *geometric position*, caused by the motion of the observer in the reference system in which the trajectories of the observed object and the observer are described. (See *aberration, planetary.*)

aberration, annual: the component of *stellar aberration* resulting from the motion of the Earth about the Sun. (See *aberration, stellar.*)

aberration, diurnal: the component of *stellar aberration* resulting from the observer's *diurnal motion* about the center of the Earth due to Earth's rotation. (See *aberration, stellar.*)

aberration, E-terms of: the terms of *annual aberration* which depend on the *eccentricity* and longitude of *perihelion* of the Earth. (See *aberration, annual; perihelion.*)

aberration, elliptic: see *aberration, E-terms of.*

aberration, planetary: the apparent angular displacement of the observed position of a solar system body from its instantaneous geometric direction as would be seen by an observer at the geocenter. This displacement is produced by the combination of *aberration of light* and *light-time displacement.*

aberration, secular: the component of *stellar aberration* resulting from the essentially uniform and almost rectilinear motion of the entire solar system in space. Secular aberration is usually disregarded. (See *aberration, stellar.*)

aberration, stellar: the apparent angular displacement of the observed position of a celestial body resulting from the motion of the observer. Stellar *aberration* is divided into diurnal, annual, and secular components. (See *aberration, annual; aberration, diurnal; aberration, secular.*)

altitude: the angular distance of a celestial body above or below the *horizon*, measured along the great circle passing through the body and the *zenith*. Altitude is 90° minus the *zenith distance*.

annual parallax: see *parallax, heliocentric.*

anomaly: the angular separation of a body in its *orbit* from its *pericenter*.

anomaly, eccentric: in undisturbed elliptic motion, the angle measured at the center of the *orbit* ellipse from *pericenter* to the point on the circumscribing auxiliary circle from which a perpendicular to the major axis would intersect the orbiting body. (See *anomaly, mean; anomaly, true.*)

anomaly, mean: the product of the *mean motion* of an orbiting body and the interval of time since the body passed the *pericenter*. Thus, the mean *anomaly* is the angle from the pericenter of a hypothetical body moving with a constant angular speed that is equal to the mean motion. In realistic computations, with disturbances taken into account, the mean anomaly is equal to its initial value at an *epoch* plus an integral of the mean motion over the time elapsed since the epoch. (See *anomaly, eccentric; anomaly, mean at epoch; anomaly, true.*)

anomaly, mean at epoch: the value of the *mean anomaly* at a specific *epoch*, i.e., at some fiducial moment of time. It is one of the six *Keplerian elements* that specify an *orbit*. (See *Keplerian elements; orbital elements.*)

anomaly, true: the angle, measured at the focus nearest the *pericenter* of an *elliptical orbit*, between the pericenter and the *radius vector* from the focus to the orbiting body; one of the standard *orbital elements*. (See *anomaly, eccentric; anomaly, mean; orbital elements.*)

aphelion: the point in an *orbit* that is the most distant from the Sun.

apocenter: the point in an *orbit* that is farthest from the origin of the reference system. (See *aphelion; apogee.*)

apogee: the point in an *orbit* that is the most distant from the Earth. Apogee is sometimes used with reference to the apparent orbit of the Sun around the Earth.

apparent place (or position): the *proper place* of an object expressed with respect to the *true (intermediate) equator and equinox* of date.

apparent solar time: see *solar time, apparent.*

appulse: the least apparent distance between one celestial object and another, as viewed from a third body. For objects moving along the *ecliptic* and viewed from the Earth, the time of appulse is close to that of *conjunction* in *ecliptic longitude.*

Aries, First point of: another name for the *vernal equinox.*

aspect: the position of any of the *planets* or the Moon relative to the Sun, as seen from the Earth.

asteroid: a loosely defined term generally meaning a small solar system body that is orbiting the Sun, does not show a comet-like appearance, and is not massive enough to be a *dwarf planet*. The term is usually restricted to bodies with *orbits* interior or similar to Jupiter's. "Asteroid" is often used interchangeably with *"minor planet"*, although there is no implicit contraint that a minor planet be interior to Jupiter's orbit.

astrometric ephemeris: an *ephemeris* of a solar system body in which the tabulated positions are *astrometric places*. Values in an astrometric ephemeris are essentially comparable to catalog *mean places* of stars after the star positions have been updated for *proper motion* and *parallax.*

astrometric place (or position): direction of a solar system body formed by applying the correction for *light-time displacement* to the *geometric position*. Such a position is directly comparable with the catalog positions of background stars in the same area of the sky, after the star positions have been updated for *proper motion* and *parallax*. There is no correction for *aberration* or *deflection of light* since it is assumed that these are almost identical for the solar system body and background stars. An astrometric place is expressed in the reference system of a star catalog; in *The Astronomical Almanac*, the reference system is the *International Celestial Reference System (ICRS).*

astronomical coordinates: the longitude and latitude of the point on Earth relative to the *geoid*. These coordinates are influenced by local gravity anomalies. (See *latitude, terrestrial; longitude, terrestrial; zenith.*)

astronomical refraction: see *refraction, astronomical.*

astronomical unit (au): a conventional unit of length equal to 149 597 870 700 m exactly. Prior to 2012, it was defined as the radius of a circular *orbit* in which a body of negligible mass, and free of *perturbations*, would revolve around the Sun in $2\pi/k$ *days*, k being the *Gaussian gravitational constant*. This is slightly less than the *semimajor axis* of the Earth's orbit.

astronomical zenith: see *zenith, astronomical.*

atomic second: see *second, Système International (SI).*

augmentation: the amount by which the apparent *semidiameter* of a celestial body, as observed from the surface of the Earth, is greater than the semidiameter that would be observed from the center of the Earth.

autumnal equinox: see *equinox, autumnal.*

azimuth: the angular distance measured eastward along the *horizon* from a specified reference point (usually north). Azimuth is measured to the point where the great circle determining the *altitude* of an object meets the horizon.

barycenter: the center of mass of a system of bodies; e.g., the center of mass of the solar system or the Earth-Moon system.

barycentric: with reference to, or pertaining to, the *barycenter* (usually of the solar system).

Barycentric Celestial Reference System (BCRS): a system of *barycentric* space-time coordinates for the solar system within the framework of General Relativity. The metric tensor to be used in the system is specified by the *IAU* 2000 resolution B1.3. For all practical applications, unless otherwise stated, the BCRS is assumed to be oriented according to the *ICRS* axes. (See *Barycentric Coordinate Time (TCB)*.)

Barycentric Coordinate Time (TCB): the coordinate time of the *Barycentric Celestial Reference System (BCRS)*, which advances by *SI seconds* within that system. TCB is related to *Geocentric Coordinate Time (TCG)* and *Terrestrial Time (TT)* by relativistic transformations that include a secular term. (See *second, Système International (SI)*.)

Barycentric Dynamical Time (TDB): A time scale defined by the *IAU* (originally in 1976; named in 1979; revised in 2006) for use as an independent argument of *barycentric ephemerides* and equations of motion. TDB is a linear function of *Barycentric Coordinate Time (TCB)* that on average tracks *TT* over long *periods* of time; differences between TDB and TT evaluated at the Earth's surface remain under 2 ms for several thousand *years* around the current *epoch*. TDB is functionally equivalent to T_{eph}, the independent argument of the JPL planetary and lunar ephemerides DE405/LE405. (See *second, Système International (SI)*.)

Besselian elements: quantities tabulated for the calculation of accurate predictions of an *eclipse* or *occultation* for any point on or above the surface of the Earth.

calendar: a system of reckoning time in units of solar *days*. The days are enumerated according to their position in cyclic patterns usually involving the motions of the Sun and/or the Moon.

    calendar, Gregorian: The *calendar* introduced by Pope Gregory XIII in 1582 to replace the *Julian calendar*. This calendar is now used as the civil calendar in most countries. In the Gregorian calendar, every *year* that is exactly divisible by four is a leap year, except for centurial years, which must be exactly divisible by 400 to be leap years. Thus 2000 was a leap year, but 1900 and 2100 are not leap years.

    calendar, Julian: the *calendar* introduced by Julius Caesar in 46 B.C. to replace the Roman calendar. In the Julian calendar a common *year* is defined to comprise 365 *days*, and every fourth year is a leap year comprising 366 days. The Julian calendar was superseded by the *Gregorian calendar*.

    calendar, proleptic: the extrapolation of a *calendar* prior to its date of introduction.

catalog equinox: see *equinox, catalog*.

Celestial Ephemeris Origin (CEO): the original name for the *Celestial Intermediate Origin (CIO)* given in the *IAU* 2000 resolutions. Obsolete.

celestial equator: the plane perpendicular to the *Celestial Intermediate Pole (CIP)*. Colloquially, the projection onto the *celestial sphere* of the Earth's *equator*. (See *mean equator and equinox; true equator and equinox*.)

Celestial Intermediate Origin (CIO): the non-rotating origin of the *Celestial Intermediate Reference System*. Formerly referred to as the *Celestial Ephemeris Origin (CEO)*.

Celestial Intermediate Origin Locator (CIO Locator): denoted by s, is the difference between the *Geocentric Celestial Reference System (GCRS) right ascension* and the intermediate right ascension of the intersection of the GCRS and intermediate *equators*.

Celestial Intermediate Pole (CIP): the reference pole of the *IAU* 2000A *precession nutation* model. The motions of the CIP are those of the Tisserand mean axis of the Earth with *periods* greater than two *days*. (See *nutation; precession*.)

Celestial Intermediate Reference System: a *geocentric* reference system related to the *Geocentric Celestial Reference System (GCRS)* by a time-dependent rotation taking into account *precession-nutation*. It is defined by the intermediate *equator* of the *Celestial Intermediate Pole (CIP)* and the *Celestial Intermediate Origin (CIO)* on a specific date.

celestial pole: see *pole, celestial.*

celestial sphere: an imaginary sphere of arbitrary radius upon which celestial bodies may be considered to be located. As circumstances require, the celestial sphere may be centered at the observer, at the Earth's center, or at any other location.

center of figure: that point so situated relative to the apparent figure of a body that any line drawn through it divides the figure into two parts having equal apparent areas. If the body is oddly shaped, the center of figure may lie outside the figure itself.

center of light: same as *center of figure* except referring only to the illuminated portion.

conjunction: the phenomenon in which two bodies have the same apparent *ecliptic longitude* or *right ascension* as viewed from a third body. Conjunctions are usually tabulated as *geocentric* phenomena. For Mercury and Venus, geocentric inferior conjunctions occur when the *planet* is between the Earth and Sun, and superior conjunctions occur when the Sun is between the planet and Earth. (See *longitude, ecliptic.*)

constellation: 1. A grouping of stars, usually with pictorial or mythical associations, that serves to identify an area of the *celestial sphere.* **2.** One of the precisely defined areas of the celestial sphere, associated with a grouping of stars, that the *International Astronomical Union (IAU)* has designated as a constellation.

Coordinated Universal Time (UTC): the time scale available from broadcast time signals. UTC differs from *International Atomic Time (TAI)* by an integral number of *seconds*; it is maintained within $\pm 0\overset{s}{.}9$ seconds of *UT1* by the introduction of *leap seconds.* (See *International Atomic Time (TAI); leap second; Universal Time (UT).*)

culmination: the passage of a celestial object across the observer's *meridian*; also called "meridian passage".

> **culmination, lower:** (also called *"culmination* below pole" for circumpolar stars and the Moon) is the crossing farther from the observer's *zenith.*

> **culmination, upper:** (also called *"culmination* above pole" for circumpolar stars and the Moon) or *transit* is the crossing closer to the observer's *zenith.*

day: an interval of 86 400 *SI seconds*, unless otherwise indicated. (See *second, Système International (SI).*)

declination: angular distance on the *celestial sphere* north or south of the *celestial equator.* It is measured along the *hour circle* passing through the celestial object. Declination is usually given in combination with *right ascension* or *hour angle.*

defect of illumination: (sometimes, greatest defect of illumination): the maximum angular width of the unilluminated portion of the apparent disk of a solar system body measured along a radius.

deflection of light: the angle by which the direction of a light ray is altered from a straight line by the gravitational field of the Sun or other massive object. As seen from the Earth, objects appear to be deflected radially away from the Sun by up to $1\overset{''}{.}75$ at the Sun's *limb.* Correction for this effect, which is independent of wavelength, is included in the transformation from *mean place* to *apparent place.*

deflection of the vertical: the angle between the astronomical *vertical* and the geodetic vertical. (See *astronomical coordinates; geodetic coordinates; zenith.*)

delta T: see ΔT.

delta UT1: see ΔUT1 *(or* ΔUT*).*

direct motion: for orbital motion in the solar system, motion that is counterclockwise in the *orbit* as seen from the north pole of the *ecliptic*; for an object observed on the *celestial sphere*, motion that is from west to east, resulting from the relative motion of the object and the Earth.

diurnal motion: the apparent daily motion, caused by the Earth's rotation, of celestial bodies across the sky from east to west.

diurnal parallax: see *parallax, geocentric.*

dwarf planet: a celestial body that is in *orbit* around the Sun, has sufficient mass for its self-gravity to overcome rigid body forces so that it assumes a hydrostatic equilibrium (nearly round) shape, has not cleared the neighbourhood around its orbit, and is not a satellite. (See *planet.*)

dynamical equinox: the ascending *node* of the Earth's mean *orbit* on the Earth's *true equator*; i.e., the intersection of the *ecliptic* with the *celestial equator* at which the Sun's *declination* changes from south to north. (See *catalog equinox; equinox; true equator and equinox.*)

dynamical time: the family of time scales introduced in 1984 to replace *ephemeris time (ET)* as the independent argument of dynamical theories and *ephemerides*. (See *Barycentric Dynamical Time (TDB); Terrestrial Time (TT).*)

Earth Rotation Angle (ERA): the angle, θ, measured along the *equator* of the *Celestial Intermediate Pole (CIP)* between the direction of the *Celestial Intermediate Origin (CIO)* and the *Terrestrial Intermediate Origin (TIO)*. It is a linear function of *UT1*; its time derivative is the Earth's angular velocity.

eccentricity: 1. A parameter that specifies the shape of a conic secton. **2.** One of the standard *elements* used to describe an elliptic or *hyperbolic orbit*. For an *elliptical orbit*, the quantity $e = \sqrt{1 - (b^2/a^2)}$, where a and b are the lengths of the *semimajor* and semiminor axes, respectively. (See *orbital elements.*)

eclipse: the obscuration of a celestial body caused by its passage through the shadow cast by another body.

    eclipse, annular: a *solar eclipse* in which the solar disk is not completely covered but is seen as an annulus or ring at maximum eclipse. An annular eclipse occurs when the apparent disk of the Moon is smaller than that of the Sun. (See *eclipse, solar.*)

    eclipse, lunar: an *eclipse* in which the Moon passes through the shadow cast by the Earth. The eclipse may be total (the Moon passing completely through the Earth's *umbra*), partial (the Moon passing partially through the Earth's umbra at maximum eclipse), or penumbral (the Moon passing only through the Earth's *penumbra*).

    eclipse, solar: actually an *occultation* of the Sun by the Moon in which the Earth passes through the shadow cast by the Moon. It may be total (observer in the Moon's *umbra*), partial (observer in the Moon's *penumbra*), annular, or annular-total. (See *eclipse, annular.*)

ecliptic: 1. The mean plane of the *orbit* of the Earth-Moon *barycenter* around the solar system barycenter. **2.** The apparent path of the Sun around the *celestial sphere*.

ecliptic latitude: see *latitude, ecliptic.*

ecliptic longitude: see *longitude, ecliptic.*

elements: a set of parameters used to describe the position and/or motion of an astronomical object.

    elements, Besselian: see *Besselian elements.*

    elements, Keplerian: see *Keplerian elements.*

    elements, mean: see *mean elements.*

    elements, orbital: see *orbital elements.*

    elements, osculating: see *osculating elements.*

elements, rotational: see *rotational elements.*

elongation: the *geocentric* angle between two celestial objects.

elongation, greatest: the maximum value of a *planetary elongation* for a solar system body that remains interior to the Earth's *orbit,* or the maximum value of a *satellite elongation.*

elongation, planetary: the *geocentric* angle between a *planet* and the Sun. Planetary *elongations* are measured from 0° to 180°, east or west of the Sun.

elongation, satellite: the *geocentric* angle between a satellite and its primary. Satellite *elongations* are measured from 0° east or west of the *planet.*

epact: 1. The age of the Moon. **2.** The number of *days* since new moon, diminished by one day, on January 1 in the Gregorian ecclesiastical lunar cycle. (See *calendar, Gregorian; lunar phases.*)

ephemeris: a tabulation of the positions of a celestial object in an orderly sequence for a number of dates.

ephemeris hour angle: an *hour angle* referred to the *ephemeris meridian.*

ephemeris longitude: longitude measured eastward from the *ephemeris meridian.* (See *longitude, terrestrial.*)

ephemeris meridian: see *meridian, ephemeris.*

ephemeris time (ET): the time scale used prior to 1984 as the independent variable in gravitational theories of the solar system. In 1984, ET was replaced by *dynamical time.*

ephemeris transit: the passage of a celestial body or point across the *ephemeris meridian.*

epoch: an arbitrary fixed instant of time or date used as a chronological reference datum for *calendars,* celestial reference systems, star catalogs, or orbital motions. (See *calendar; orbit.*)

equation of the equinoxes: the difference apparent *sidereal time* minus mean sidereal time, due to the effect of *nutation* in longitude on the location of the *equinox.* Equivalently, the difference between the *right ascensions* of the true and *mean equinoxes,* expressed in time units. (See *sidereal time.*)

equation of the origins: the arc length, measured positively eastward, from the *Celestial Intermediate Origin (CIO)* to the *equinox* along the intermediate *equator;* alternatively the difference between the *Earth Rotation Angle (ERA)* and *Greenwich Apparent Sidereal Time (GAST),* namely, (ERA - GAST).

equation of time: the difference *apparent solar time* minus *mean solar time.*

equator: the great circle on the surface of a body formed by the intersection of the surface with the plane passing through the center of the body perpendicular to the axis of rotation. (See *celestial equator.*)

equinox: 1. Either of the two points on the *celestial sphere* at which the *ecliptic* intersects the *celestial equator.* **2.** The time at which the Sun passes through either of these intersection points; i.e., when the apparent *ecliptic longitude* of the Sun is 0° or 180°. **3.** The *vernal equinox.* (See *mean equator and equinox; true equator and equinox.*)

equinox, autumnal: 1. The decending *node* of the *ecliptic* on the *celestial sphere.* **2.** The time which the apparent *ecliptic longitude* of the Sun is 180°.

equinox, catalog: the intersection of the *hour angle* of zero *right ascension* of a star catalog with the *celestial equator.* Obsolete.

equinox, dynamical: the ascending *node* of the *ecliptic* on the Earth's *true equator.*

equinox, vernal: 1. The ascending *node* of the *ecliptic* on the *celestial equator.* **2.** The time at which the apparent *ecliptic longitude* of the Sun is 0°.

era: a system of chronological notation reckoned from a specific event.

ERA: see *Earth Rotation Angle (ERA).*

flattening: a parameter that specifies the degree by which a *planet*'s figure differs from that of a sphere; the ratio $f = (a - b)/a$, where a is the equatorial radius and b is the polar radius.

frame bias: the orientation of the *mean equator and equinox* of J2000.0 with respect to the *Geocentric Celestial Reference System (GCRS)*. It is defined by three small and constant angles, two of which describe the offset of the mean pole at J2000.0 and the other is the GCRS *right ascension* of the mean inertial equinox of J2000.0.

frequency: the number of *periods* of a regular, cyclic phenomenon in a given measure of time, such as a *second* or a *year*. (See *period; second, Système International (SI); year.*)

frequency standard: a generator whose output is used as a precise *frequency* reference; a primary frequency standard is one whose frequency corresponds to the adopted definition of the *second*, with its specified accuracy achieved without calibration of the device. (See *second, Système International (SI).*)

GAST: see *Greenwich Apparent Sidereal Time (GAST).*

Gaussian gravitational constant: (k = 0.017 202 098 95). The constant defining the astronomical system of units of length (*astronomical unit (au)*), mass (solar mass) and time (*day*), by means of Kepler's third law. The dimensions of k^2 are those of Newton's constant of gravitation: $L^3 M^{-1} T^{-2}$.

geocentric: with reference to, or pertaining to, the center of the Earth.

Geocentric Celestial Reference System (GCRS): a system of *geocentric* space-time coordinates within the framework of General Relativity. The metric tensor used in the system is specified by the *IAU* 2000 resolutions. The GCRS is defined such that its spatial coordinates are kinematically non-rotating with respect to those of the *Barycentric Celestial Reference System (BCRS)*. (See *Geocentric Coordinate Time (TCG).*)

Geocentric Coordinate Time (TCG): the coordinate time of the *Geocentric Celestial Reference System (GCRS)*, which advances by *SI seconds* within that system. TCG is related to *Barycentric Coordinate Time (TCB)* and *Terrestrial Time (TT)*, by relativistic transformations that include a secular term. (See *second, Système International (SI).*)

geocentric coordinates: **1.** The latitude and longitude of a point on the Earth's surface relative to the center of the Earth. **2.** Celestial coordinates given with respect to the center of the Earth. (See *latitude, terrestrial; longitude, terrestrial; zenith.*)

geocentric zenith: see *zenith, geocentric.*

geodetic coordinates: the latitude and longitude of a point on the Earth's surface determined from the geodetic *vertical* (normal to the reference ellipsoid). (See *latitude, terrestrial; longitude, terrestrial; zenith.*)

geodetic zenith: see *zenith, geodetic.*

geoid: an equipotential surface that coincides with mean sea level in the open ocean. On land it is the level surface that would be assumed by water in an imaginary network of frictionless channels connected to the ocean.

geometric position: the position of an object defined by a straight line (vector) between the center of the Earth (or the observer) and the object at a given time, without any corrections for *light-time, aberration*, etc.

GHA: see *Greenwich Hour Angle (GHA).*

GMST: see *Greenwich Mean Sidereal Time (GMST).*

greatest defect of illumination: see *defect of illumination.*

Greenwich Apparent Sidereal Time (GAST): the *Greenwich hour angle* of the *true equinox* of date.

Greenwich Hour Angle (GHA): angular distance on the *celestial sphere* measured westward along the *celestial equator* from the *Greenwich meridian* to the *hour circle* that passes through a celestial object or point.

Greenwich Mean Sidereal Time (GMST): the *Greenwich hour angle* of the *mean equinox* of date.

Greenwich meridian: see *meridian, Greenwich.*

Greenwich sidereal date (GSD): the number of *sidereal days* elapsed at Greenwich since the beginning of the Greenwich sidereal day that was in progress at the *Julian date (JD)* 0.0.

Greenwich sidereal day number: the integral part of the *Greenwich sidereal date (GSD).*

Gregorian calendar: see *calendar, Gregorian.*

height: the distance above or below a reference surface such as mean sea level on the Earth or a planetographic reference surface on another solar system *planet.*

heliocentric: with reference to, or pertaining to, the center of the Sun.

heliocentric parallax: see *parallax, heliocentric.*

horizon: 1. A plane perpendicular to the line from an observer through the *zenith.* **2.** The observed border between Earth and the sky.

> **horizon, astronomical:** the plane perpendicular to the line from an observer to the *astronomical zenith* that passes through the point of observation.

> **horizon, geocentric:** the plane perpendicular to the line from an observer to the *geocentric zenith* that passes through the center of the Earth.

> **horizon, natural:** the border between the sky and the Earth as seen from an observation point.

horizontal parallax: see *parallax, horizontal.*

horizontal refraction: see *refraction, horizontal.*

hour angle: angular distance on the *celestial sphere* measured westward along the *celestial equator* from the *meridian* to the *hour circle* that passes through a celestial object.

hour circle: a great circle on the *celestial sphere* that passes through the *celestial poles* and is therefore perpendicular to the *celestial equator.*

IAU: see *International Astronomical Union (IAU).*

illuminated extent: the illuminated area of an apparent planetary disk, expressed as a solid angle.

inclination: 1. The angle between two planes or their poles. **2.** Usually, the angle between an orbital plane and a reference plane. **3.** One of the standard *orbital elements* that specifies the orientation of the *orbit.* (See *orbital elements.*)

instantaneous orbit: see *orbit, instantaneous.*

intercalate: to insert an interval of time (e.g., a *day* or a *month*) within a *calendar*, usually so that it is synchronized with some natural phenomenon such as the seasons or *lunar phases.*

intermediate place (or position): the *proper place* of an object expressed with respect to the true (intermediate) *equator* and *CIO* of date.

International Astronomical Union (IAU): an international non-governmental organization that promotes the science of astronomy. The IAU is composed of both national and individual members. In the field of positional astronomy, the IAU, among other activities, recommends standards for data analysis and modeling, usually in the form of resolutions passed at General Assemblies held every three *years.*

International Atomic Time (TAI): the continuous time scale resulting from analysis by the Bureau International des Poids et Mesures of atomic time standards in many countries. The fundamental unit of TAI is the *SI second* on the *geoid*, and the *epoch* is 1958 January 1. (See *second, Système International (SI).*)

International Celestial Reference Frame (ICRF): 1. A set of extragalactic objects whose adopted positions and uncertainties realize the *International Celestial Reference System (ICRS)* axes and give the uncertainties of those axes. **2.** The name of the radio catalog whose defining sources serve as fiducial points to fix the axes of the ICRS, recommended by the *International Astronomical Union (IAU)*. The first such catalog was adopted for use beginning in 1997. The second catalog, termed ICRF2, was adopted for use beginning in 2010.

International Celestial Reference System (ICRS): a time-independent, kinematically non-rotating *barycentric* reference system recommended by the *International Astronomical Union (IAU)* in 1997. Its axes are those of the *International Celestial Reference Frame (ICRF)*.

international meridian: see *meridian, Greenwich.*

International Terrestrial Reference Frame (ITRF): a set of reference points on the surface of the Earth whose adopted positions and velocities fix the rotating axes of the *International Terrestrial Reference System (ITRS)*.

International Terrestrial Reference System (ITRS): a time-dependent, non-inertial reference system co-moving with the geocenter and rotating with the Earth. The ITRS is the recom-mended system in which to express positions on the Earth.

invariable plane: the plane through the center of mass of the solar system perpendicular to the angular momentum vector of the solar system.

irradiation: an optical effect of contrast that makes bright objects viewed against a dark background appear to be larger than they really are.

Julian calendar: see *calendar, Julian.*

Julian date (JD): the interval of time in *days* and fractions of a day, since 4713 B.C. January 1, Greenwich noon, Julian *proleptic calendar*. In precise work, the timescale, e.g., *Terrestrial Time (TT)* or *Universal Time (UT)*, should be specified.

Julian date, modified (MJD): the *Julian date (JD)* minus 2400000.5.

Julian day number: the integral part of the *Julian date (JD)*.

Julian year: see *year, Julian.*

Keplerian elements: a certain set of six *orbital elements*, sometimes referred to as the Keplerian set. Historically, this set included the *mean anomaly* at the *epoch*, the *semimajor axis*, the *eccentricity* and three Euler angles: the *longitude of the ascending node*, the *inclination*, and the *argument of pericenter*. The time of pericenter passage is often used as part of the Keplerian set instead of the mean anomaly at the epoch. Sometimes the longitude of pericenter (which is the sum of the longitude of the ascending node and the argument of pericenter) is used instead of either the longitude of the ascending node or the argument of pericenter.

Laplacian plane: 1. For *planets* see *invariable plane*. **2.** For a system of satellites, the fixed plane relative to which the vector sum of the disturbing forces has no orthogonal component.

latitude, celestial: see *latitude, ecliptic.*

latitude, ecliptic: angular distance on the *celestial sphere* measured north or south of the *ecliptic* along the great circle passing through the poles of the ecliptic and the celestial object. Also referred to as *celestial latitude*.

latitude, terrestrial: angular distance on the Earth measured north or south of the *equator* along the *meridian* of a geographic location.

leap second: a *second* inserted as the 61st second of a minute at announced times to keep *UTC* within $0\overset{s}{.}9$ of *UT1*. Generally, leap seconds are added at the end of June or December as necessary, but may be inserted at the end of any *month*. Although it has never been utilized, it is possible to have a negative leap second in which case the 60th second of a minute would be removed. (See *Coordinated Universal Time (UTC); second, Système International (SI); Universal Time (UT).*)

librations: the real or apparent oscillations of a body around a reference point. When referring to the Moon, librations are variations in the orientation of the Moon's surface with respect to an observer on the Earth. Physical librations are due to variations in the orientation of the Moon's rotational axis in inertial space. The much larger optical librations are due to variations in the rate of the Moon's orbital motion, the *obliquity* of the Moon's *equator* to its orbital plane, and the diurnal changes of geometric perspective of an observer on the Earth's surface.

light, deflection of: see *deflection of light.*

light-time: the interval of time required for light to travel from a celestial body to the Earth.

light-time displacement: the difference between the geometric and *astrometric place* of a solar system body. It is caused by the motion of the body during the interval it takes light to travel from the body to Earth.

light-year: the distance that light traverses in a vacuum during one *year*. Since there are various ways to define a year, there is an ambiguity in the exact distance; the *IAU* recommends using the *Julian year* as the time basis. A light-year is approximately 9.46×10^{12} km, 5.88×10^{12} statute miles, 6.32×10^4 *au*, and 3.07×10^{-1} *parsecs*. Often distances beyond the solar system are given in parsecs. (See *parsec (pc)*.)

limb: the apparent edge of the Sun, Moon, or a *planet* or any other celestial body with a detectable disk.

limb correction: generally, a small angle (positive or negative) that is added to the tabulated apparent *semidiameter* of a body to compensate for local topography at a specific point along the *limb*. Specifically for the Moon, the angle taken from the Watts lunar limb data (Watts, C. B., APAE XVII, 1963) that is used to correct the semidiameter of the Watts mean limb. The correction is a function of position along the limb and the apparent *librations*. The Watts mean limb is a circle whose center is offset by about $0''.6$ from the direction of the Moon's center of mass and whose radius is about $0''.4$ greater than the semidiameter of the Moon that is computed based on its *IAU* adopted radius in kilometers.

local place: a *topocentric place* of an object expressed with respect to the *Geocentric Celestial Reference System (GCRS)* axes.

local sidereal time: the *hour angle* of the *vernal equinox* with respect to the local *meridian*.

longitude of the ascending node: given an *orbit* and a reference plane through the primary body (or center of mass): the angle, Ω, at the primary, between a fiducial direction in the reference plane and the point at which the orbit crosses the reference plane from south to north. Equivalently, Ω is one of the angles in the reference plane between the fiducial direction and the line of *nodes*. It is one of the six *Keplerian elements* that specify an orbit. For planetary orbits, the primary is the Sun, the reference plane is usually the *ecliptic*, and the fiducial direction is usually toward the *equinox*. (See *node; orbital elements.*)

longitude, celestial: see *longitude, ecliptic.*

longitude, ecliptic: angular distance on the *celestial sphere* measured eastward along the *ecliptic* from the *dynamical equinox* to the great circle passing through the poles of the ecliptic and the celestial object. Also referred to as *celestial longitude.*

longitude, terrestrial: angular distance measured along the Earth's *equator* from the *Greenwich meridian* to the meridian of a geographic location.

luminosity class: distinctions in intrinsic brightness among stars of the same *spectral type*, typically given as a Roman numeral. It denotes if a star is a supergiant (Ia or Ib), giant (II or III), subgiant (IV), or main sequence — also called dwarf (V). Sometimes subdwarfs (VI) and white dwarfs (VII) are regarded as luminosity classes. (See *spectral types or classes.*)

lunar phases: cyclically recurring apparent forms of the Moon. New moon, first quarter, full moon and last quarter are defined as the times at which the excess of the apparent *ecliptic longitude* of the Moon over that of the Sun is 0°, 90°, 180° and 270°, respectively. (See *longitude, ecliptic.*)

lunation: the *period* of time between two consecutive new moons.

magnitude of a lunar eclipse: the fraction of the lunar diameter obscured by the shadow of the Earth at the greatest *phase* of a *lunar eclipse*, measured along the common diameter. (See *eclipse, lunar.*)

magnitude of a solar eclipse: the fraction of the solar diameter obscured by the Moon at the greatest *phase* of a *solar eclipse*, measured along the common diameter. (See *eclipse, solar.*)

magnitude, stellar: a measure on a logarithmic scale of the brightness of a celestial object. Since brightness varies with wavelength, often a wavelength band is specified. A factor of 100 in brightness is equivalent to a change of 5 in stellar magnitude, and brighter sources have lower magnitudes. For example, the bright star Sirius has a visual-band magnitude of -1.46 whereas the faintest stars detectable with an unaided eye under ideal conditions have visual-band magnitudes of about 6.0.

mean distance: an average distance between the primary and the secondary gravitating body. The meaning of the mean distance depends upon the chosen method of averaging (i.e., averaging over the time, or over the *true anomaly*, or the *mean anomaly*. It is also important what power of the distance is subject to averaging.) In this volume the mean distance is defined as the inverse of the time-averaged reciprocal distance: $(\int r^{-1}\, dt)^{-1}$. In the two body setting, when the disturbances are neglected and the *orbit* is elliptic, this formula yields the *semimajor axis*, a, which plays the role of mean distance.

mean elements: average values of the *orbital elements* over some section of the *orbit* or over some interval of time. They are interpreted as the elements of some reference (mean) orbit that approximates the actual one and, thus, may serve as the basis for calculating orbit *perturbations*. The values of mean elements depend upon the chosen method of averaging and upon the length of time over which the averaging is made.

mean equator and equinox: the celestial coordinate system defined by the orientation of the Earth's equatorial plane on some specified date together with the direction of the *dynamical equinox* on that date, neglecting *nutation*. Thus, the mean *equator* and equinox moves in response only to *precession*. Positions in a star catalog have traditionally been referred to a catalog equator and equinox that approximate the mean equator and equinox of a *standard epoch*. (See *catalog equinox; true equator and equinox.*)

mean motion: defined for bound *orbits* only. **1.** The rate of change of the *mean anomaly*. **2.** The value $\sqrt{Gm/a^3}$, where G is Newton's gravitational constant, m is the sum of the masses of the primary and secondary bodies, and a is the *semimajor axis* of the relative orbit. For unperturbed elliptic or circular orbits, these definitions are equivalent; the mean motion is related to the *period* through $nT = 2\pi$ where n is the mean motion and T is the period. For perturbed bound orbits, the two definitions yield, in general, different values of n, both of which are time dependent.

mean place: coordinates of a star or other celestial object (outside the solar system) at a specific date, in the *Barycentric Celestial Reference System (BCRS)*. Conceptually, the coordinates represent the direction of the object as it would hypothetically be observed from the solar system *barycenter* at the specified date, with respect to a fixed coordinate system (e.g., the axes of the *International Celestial Reference Frame (ICRF)*), if the masses of the Sun and other solar system bodies were negligible.

mean solar time: see *solar time, mean.*

meridian: a great circle passing through the *celestial poles* and through the *zenith* of any location on Earth. For planetary observations a meridian is half the great circle passing through the *planet*'s poles and through any location on the planet.

    meridian, ephemeris: a fictitious *meridian* that rotates independently of the Earth at the uniform rate implicitly defined by *Terrestrial Time (TT)*. The *ephemeris* meridian is 1.002 738 ΔT east of the *Greenwich meridian*, where $\Delta T = TT - UT1$.

meridian, Greenwich: (also called international or *prime meridian*) is a generic reference to one of several origins of the Earth's longitude coordinate (zero-longitude). In *The Astronomical Almanac*, it is the plane defining the astronomical zero meridian; it contains the geocenter, the *Celestial Intermediate Pole* and the *Terrestrial Intermediate Origin*. Other definitions are: the x-z plane of the *International Terrestrial Reference System (ITRS)*; the zero-longitude meridian of the World Geodetic System 1984 (WGS-84); and the meridian that passes through the *transit* circle at the Royal Observatory, Greenwich. Note that the latter meridian is about 100 m west of the others.

meridian, international: see *meridian, Greenwich*.

meridian, prime: on Earth, same as *Greenwich meridian*. On other solar system objects, the zero-longitude meridian, typically defined via international convention by an observable surface feature or *rotational elements*.

minor planet: a loosely defined term generally meaning a small solar system body that is orbiting the Sun, does not show a comet-like appearance, and is not massive enough to be a *dwarf planet*. The term is often used interchangeably with *"asteroid"*, although there is no implicit constraint that a minor planet be interior to Jupiter's *orbit*.

month: a calendrical unit that approximates the *period* of revolution of the Moon. Also, the period of time between the same dates in successive *calendar* months.

month, sidereal: the *period* of revolution of the Moon about the Earth (or Earth-Moon *barycenter*) in a fixed reference frame. It is the mean period of revolution with respect to the background stars. The mean length of the sidereal *month* is approximately 27.322 *days*.

month, synodic: the *period* between successive new Moons (as seen from the geocenter). The mean length of the synodic *month* is approximately 29.531 *days*.

moonrise, moonset: the times at which the apparent upper *limb* of the Moon is on the *astronomical horizon*. In *The Astronomical Almanac*, they are computed as the times when the true *zenith distance*, referred to the center of the Earth, of the central point of the Moon's disk is 90 34′ + *s* − π, where *s* is the Moon's *semidiameter*, π is the *horizontal parallax*, and 34′ is the adopted value of *horizontal refraction*.

nadir: the point on the *celestial sphere* diametrically opposite to the *zenith*.

node: either of the points on the *celestial sphere* at which the plane of an *orbit* intersects a reference plane. The position of one of the nodes (the *longitude of the ascending node*) is traditionally used as one of the standard *orbital elements*.

nutation: oscillations in the motion of the rotation pole of a freely rotating body that is undergoing torque from external gravitational forces. Nutation of the Earth's pole is specified in terms of components in *obliquity* and longitude.

obliquity: in general, the angle between the equatorial and orbital planes of a body or, equivalently, between the rotational and orbital poles. For the Earth the obliquity of the *ecliptic* is the angle between the planes of the *equator* and the ecliptic; its value is approximately 23°.44.

occultation: the obscuration of one celestial body by another of greater apparent diameter; especially the passage of the Moon in front of a star or *planet*, or the disappearance of a satellite behind the disk of its primary. If the primary source of illumination of a reflecting body is cut off by the occultation, the phenomenon is also called an *eclipse*. The occultation of the Sun by the Moon is a *solar eclipse*. (See *eclipse, solar*.)

opposition: the phenomenon whereby two bodies have apparent *ecliptic longitudes* or *right ascensions* that differ by 180° as viewed by a third body. Oppositions are usually tabulated as *geocentric* phenomena.

orbit: the path in space followed by a celestial body as a function of time. (See *orbital elements.*)

orbit, elliptical: a closed *orbit* with an *eccentricity* less than 1.

orbit, hyperbolic: an open *orbit* with an *eccentricity* greater than 1.

orbit, instantaneous: the unperturbed two-body *orbit* that a body would follow if *perturbations* were to cease instantaneously. Each orbit in the solar system (and, more generally, in any perturbed two-body setting) can be represented as a sequence of instantaneous ellipses or hyperbolae whose parameters are called *orbital elements*. If these elements are chosen to be osculating, each instantaneous orbit is tangential to the physical orbit. (See *orbital elements; osculating elements.*)

orbit, parabolic: an open *orbit* with an *eccentricity* of 1.

orbital elements: a set of six independent parameters that specifies an *instantaneous orbit*. Every real orbit can be represented as a sequence of instantaneous ellipses or hyperbolae sharing one of their foci. At each instant of time, the position and velocity of the body is characterised by its place on one such instantaneous curve. The evolution of this representation is mathematically described by evolution of the values of orbital *elements*. Different sets of geometric parameters may be chosen to play the role of orbital elements. The set of *Keplerian elements* is one of many such sets. When the Lagrange constraint (the requirement that the instantaneous orbit is tangential to the actual orbit) is imposed upon the orbital elements, they are called *osculating elements*.

osculating elements: a set of parameters that specifies the instantaneous position and velocity of a celestial body in its perturbed *orbit*. Osculating *elements* describe the unperturbed (two-body) orbit that the body would follow if *perturbations* were to cease instantaneously. (See *orbit, instantaneous; orbital elements.*)

parallax: the difference in apparent direction of an object as seen from two different locations; conversely, the angle at the object that is subtended by the line joining two designated points.

parallax, annual: see *parallax, heliocentric.*

parallax, diurnal: see *parallax, geocentric.*

parallax, geocentric: the angular difference between the *topocentric* and *geocentric* directions toward an object. Also called *diurnal parallax.*

parallax, heliocentric: the angular difference between the *geocentric* and *heliocentric* directions toward an object; it is the angle subtended at the observed object. Also called *annual parallax.*

parallax, horizontal: the angular difference between the *topocentric* and a *geocentric* direction toward an object when the object is on the *astronomical horizon.*

parallax, solar: the angular width subtended by the Earth's equatorial radius when the Earth is at a distance of 1 *astronomical unit (au)*. The value for the solar *parallax* is 8.794143 arcseconds.

parallax in altitude: the angular difference between the *topocentric* and *geocentric* direction toward an object when the object is at a given *altitude.*

parsec (pc): the distance at which one *astronomical unit (au)* subtends an angle of one arcsecond; equivalently the distance to an object having an *annual parallax* of one arcsecond. One parsec is $1/\sin(1'') = 206264.806$ au, or about 3.26 *light-years.*

penumbra: 1. The portion of a shadow in which light from an extended source is partially but not completely cut off by an intervening body. **2.** The area of partial shadow surrounding the *umbra.*

pericenter: the point in an *orbit* that is nearest to the origin of the reference system. (See *perigee; perihelion.*)

pericenter, argument of: one of the *Keplerian elements*. It is the angle measured in the *orbit* plane from the ascending *node* of a reference plane (usually the *ecliptic*) to the *pericenter*.

perigee: the point in an *orbit* that is nearest to the Earth. Perigee is sometimes used with reference to the apparent orbit of the Sun around the Earth.

perihelion: the point in an *orbit* that is nearest to the Sun.

period: the interval of time required to complete one revolution in an *orbit* or one cycle of a periodic phenomenon, such as a cycle of *phases*. (See *phase*.)

perturbations: **1.** Deviations between the actual *orbit* of a celestial body and an assumed reference orbit. **2.** The forces that cause deviations between the actual and reference orbits. Perturbations, according to the first meaning, are usually calculated as quantities to be added to the coordinates of the reference orbit to obtain the precise coordinates.

phase: **1.** The name applied to the apparent degree of illumination of the disk of the Moon or a *planet* as seen from Earth (crescent, gibbous, full, etc.). **2.** The ratio of the illuminated area of the apparent disk of a celestial body to the entire area of the apparent disk; i.e., the fraction illuminated. **3.** Used loosely to refer to one *aspect* of an *eclipse* (partial phase, annular phase, etc.). (See *lunar phases*.)

phase angle: the angle measured at the center of an illuminated body between the light source and the observer.

photometry: a measurement of the intensity of light, usually specified for a specific wavelength range.

planet: a celestial body that is in *orbit* around the Sun, has sufficient mass for its self-gravity to overcome rigid body forces so that it assumes a hydrostatic equilibrium (nearly round) shape, and has cleared the neighbourhood around its orbit. (See *dwarf planet*.)

planetocentric coordinates: coordinates for general use, where the z-axis is the mean axis of rotation, the x-axis is the intersection of the planetary *equator* (normal to the z-axis through the center of mass) and an arbitrary *prime meridian*, and the y-axis completes a right-hand coordinate system. Longitude of a point is measured positive to the prime meridian as defined by *rotational elements*. Latitude of a point is the angle between the planetary equator and a line to the center of mass. The radius is measured from the center of mass to the surface point.

planetographic coordinates: coordinates for cartographic purposes dependent on an equipotential surface as a reference surface. Longitude of a point is measured in the direction opposite to the rotation (positive to the west for direct rotation) from the cartographic position of the *prime meridian* defined by a clearly observable surface feature. Latitude of a point is the angle between the planetary *equator* (normal to the z-axis and through the center of mass) and normal to the reference surface at the point. The *height* of a point is specified as the distance above a point with the same longitude and latitude on the reference surface.

polar motion: the quasi-periodic motion of the Earth's pole of rotation with respect to the Earth's solid body. More precisely, the angular excursion of the *CIP* from the *ITRS* z-axis. (See *Celestial Intermediate Pole (CIP); International Terrestrial Reference System (ITRS)*.)

polar wobble: see *wobble, polar*.

pole, celestial: either of the two points projected onto the *celestial sphere* by the Earth's axis. Usually, this is the axis of the *Celestial Intermediate Pole (CIP)*, but it may also refer to the instantaneous axis of rotation, or the angular momentum vector. All of these axes are within $0\rlap{.}''1$ of each other. If greater accuracy is desired, the specific axis should be designated.

pole, Tisserand mean: the angular momentum pole for the Earth about which the total internal angular momentum of the Earth is zero. The motions of the *Celestial Intermediate Pole (CIP)* (described by the conventional theories of *precession* and *nutation*) are those of the Tisserand mean pole with *periods* greater than two *days* in a celestial reference system (specifically, the

Geocentric Celestial Reference System (GCRS)).

precession: the smoothly changing orientation (secular motion) of an orbital plane or the *equator* of a rotating body. Applied to rotational dynamics, precession may be excited by a singular event, such as a collision, a progenitor's disruption, or a tidal interaction at a close approach (free precession); or caused by continuous torques from other solar system bodies, or jetting, in the case of comets (forced precession). For the Earth's rotation, the main sources of forced precession are the torques caused by the attraction of the Sun and Moon on the Earth's equatorial bulge, called precession of the equator (formerly known as lunisolar precession). The slow change in the orientation of the Earth's orbital plane is called precession of the *ecliptic* (formerly known as planetary precession). The combination of both motions — that is, the motion of the equator with respect to the ecliptic — is called general precession.

prime meridian: see *meridian, prime.*

proleptic calendar: see *calendar, proleptic.*

proper motion: the projection onto the *celestial sphere* of the space motion of a star relative to the solar system; thus the transverse component of the space motion of a star with respect to the solar system. Proper motion is usually tabulated in star catalogs as changes in *right ascension* and *declination* per *year* or century.

proper place: direction of an object in the *Geocentric Celestial Reference System (GCRS)* that takes into account orbital or space motion and *light-time* (as applicable), light deflection, and *annual aberration.* Thus, the position (geocentric *right ascension* and *declination*) at which the object would actually be seen from the center of the Earth if the Earth were transparent, non-refracting, and massless. Unless otherwise stated, the coordinates are expressed with respect to the GCRS axes, which are derived from those of the *ICRS.*

quadrature: a configuration in which two celestial bodies have apparent longitudes that differ by 90° as viewed from a third body. Quadratures are usually tabulated with respect to the Sun as viewed from the center of the Earth. (See *longitude, ecliptic.*)

radial velocity: the rate of change of the distance to an object, usually corrected for the Earth's motion with respect to the solar system *barycenter.*

radius vector: an imaginary line from the center of one body to another, often from the heliocenter. Sometimes only the length of the vector is given.

refraction: the change in direction of travel (bending) of a light ray as it passes obliquely from a medium of lesser/greater density to a medium of greater/lesser density.

   refraction, astronomical: the change in direction of travel (bending) of a light ray as it passes obliquely through the atmosphere. As a result of *refraction* the observed *altitude* of a celestial object is greater than its geometric altitude. The amount of refraction depends on the altitude of the object and on atmospheric conditions.

   refraction, horizontal: the *astronomical refraction* at the *astronomical horizon*; often, an adopted value of 34' is used in computations for sea level observations.

retrograde motion: for orbital motion in the solar system, motion that is clockwise in the *orbit* as seen from the north pole of the *ecliptic*; for an object observed on the *celestial sphere*, motion that is from east to west, resulting from the relative motion of the object and the Earth. (See *direct motion.*)

right ascension: angular distance on the *celestial sphere* measured eastward along the *celestial equator* from the *equinox* to the *hour circle* passing through the celestial object. Right ascension is usually given in combination with *declination.*

rotational elements: a set of parameters used to describe the orientation of a solar system object in inertial space at any given time. Typically the parameters consist of the coordinates of the direction of the north (or positive) pole and the location of the *prime meridian* at a *standard* *epoch*, and the time derivatives of each.

second, Système International (SI): the duration of 9 192 631 770 cycles of radiation corresponding to the transition between two hyperfine levels of the ground state of cesium 133.

selenocentric: with reference to, or pertaining to, the center of the Moon.

semidiameter: the angle at the observer subtended by the equatorial radius of the Sun, Moon or a *planet*.

semimajor axis: 1. Half the length of the major axis of an ellipse. **2.** A standard element used to describe an *elliptical orbit*. (See *orbital elements*.)

SI second: see *second, Système International (SI)*.

sidereal day: the *period* between successive *transits* of the *equinox*. The mean sidereal *day* is approximately 23 hours, 56 minutes, 4 *seconds*. (See *sidereal time*.)

sidereal hour angle: angular distance on the *celestial sphere* measured westward along the *celestial equator* from the *equinox* to the *hour circle* passing through the celestial object. It is equal to 360° minus *right ascension* in degrees.

sidereal month: see *month, sidereal*.

sidereal time: the *hour angle* of the *equinox*. If the *mean equinox* is used, the result is mean sidereal time; if the *true equinox* is used, the result is apparent sidereal time. The hour angle can be measured with respect to the local *meridian* or the *Greenwich meridian*, yielding, respectively, local or Greenwich (mean or apparent) sidereal times.

solar parallax: see *parallax, solar*.

solar time: the measure of time based on the *diurnal motion* of the Sun.

    solar time, apparent: the measure of time based on the *diurnal motion* of the true Sun. The rate of diurnal motion undergoes seasonal variation caused by the *obliquity* of the *ecliptic* and by the *eccentricity* of the Earth's *orbit*. Additional small variations result from irregularities in the rotation of the Earth on its axis.

    solar time, mean: a measure of time based conceptually on the *diurnal motion* of a fiducial point, called the fictitious mean Sun, with uniform motion along the *celestial equator*.

solstice: either of the two points on the *ecliptic* at which the apparent longitude of the Sun is 90° or 270°; also the time at which the Sun is at either point. (See *longitude, ecliptic*.)

spectral types or classes: categorization of stars according to their spectra, primarily due to differing temperatures of the stellar atmosphere. From hottest to coolest, the commonly used Morgan-Keenan spectral types are O, B, A, F, G, K and M. Some other extended spectral types include W, L, T, S, D and C.

standard epoch: a date and time that specifies the reference system to which celestial coordinates are referred. (See *mean equator and equinox*.)

stationary point: the time or position at which the rate of change of the apparent *right ascension* of a *planet* is momentarily zero. (See *apparent place (or position)*.)

sunrise, sunset: the times at which the apparent upper *limb* of the Sun is on the *astronomical horizon*. In *The Astronomical Almanac* they are computed as the times when the true *zenith distance*, referred to the center of the Earth, of the central point of the disk is 90°50′, based on adopted values of 34′ for *horizontal refraction* and 16′ for the Sun's *semidiameter*.

surface brightness: the visual *magnitude* of an average square arcsecond area of the illuminated portion of the apparent disk of the Moon or a *planet*.

synodic month: see *month, synodic*.

synodic period: the mean interval of time between successive *conjunctions* of a pair of *planets*, as observed from the Sun; or the mean interval between successive conjunctions of a satellite with the Sun, as observed from the satellite's primary.

synodic time: pertaining to successive *conjunctions*; successive returns of a *planet* to the same *aspect* as determined by Earth.

syzygy: 1. A configuration where three or more celestial bodies are positioned approximately in a straight line in space. Often the bodies involved are the Earth, Sun and either the Moon or a *planet*. **2.** The times of the New Moon and Full Moon.

T_{eph}: the independent argument of the JPL planetary and lunar *ephemerides* DE405/LE405; in the terminology of General Relativity, a *barycentric coordinate time* scale. T_{eph} is a linear function of *Barycentric Coordinate Time (TCB)* and has the same rate as *Terrestrial Time (TT)* over the time span of the *ephemeris*. T_{eph} is regarded as functionally equivalent to *Barycentric Dynamical Time (TDB)*. (See *Barycentric Coordinate Time (TCB); Barycentric Dynamical Time (TDB); Terrestrial Time (TT)*.)

TAI: see *International Atomic Time (TAI)*.

TCB: see *Barycentric Coordinate Time (TCB)*.

TCG: see *Geocentric Coordinate Time (TCG)*.

TDB: see *Barycentric Dynamical Time (TDB)*.

TDT: see *Terrestrial Dynamical Time (TDT)*.

terminator: the boundary between the illuminated and dark areas of a celestial body.

Terrestrial Dynamical Time (TDT): the time scale for apparent *geocentric ephemerides* defined by a 1979 *IAU* resolution. In 1991, it was replaced by *Terrestrial Time (TT)*. Obsolete.

Terrestrial Ephemeris Origin (TEO): the original name for the *Terrestrial Intermediate Origin (TIO)*. Obsolete.

Terrestrial Intermediate Origin (TIO): the non-rotating origin of the *Terrestrial Intermediate Reference System (TIRS)*, established by the *International Astronomical Union (IAU)* in 2000. The TIO was originally set at the *International Terrestrial Reference Frame (ITRF)* origin of longitude and throughout 1900-2100 stays within 0.1 mas of the ITRF zero-*meridian*. Formerly referred to as the *Terrestrial Ephemeris Origin (TEO)*.

Terrestrial Intermediate Reference System (TIRS): a *geocentric* reference system defined by the intermediate *equator* of the *Celestial Intermediate Pole (CIP)* and the *Terrestrial Intermediate Origin (TIO)* on a specific date. It is related to the *Celestial Intermediate Reference System* by a rotation of the *Earth Rotation Angle*, θ, around the Celestial Intermediate Pole.

Terrestrial Time (TT): an idealized form of *International Atomic Time (TAI)* with an *epoch* offset; in practice TT = TAI + $32^s.184$. TT thus advances by *SI seconds* on the *geoid*. Used as an independent argument for apparent *geocentric ephemerides*. (See *second, Système International (SI)*.)

topocentric: with reference to, or pertaining to, a point on the surface of the Earth.

topocentric place (or position): the *proper place* of an object computed for a specific location on or near the surface of the Earth (ignoring atmospheric *refraction*) and expressed with respect to either the *true (intermediate) equator and equinox* of date or the *true equator* and *CIO* of date. In other words, it is similar to an apparent or *intermediate place*, but with corrections for *geocentric parallax* and *diurnal aberration*. (See *aberration, diurnal; parallax, geocentric*.)

transit: 1. The passage of the apparent center of the disk of a celestial object across a *meridian*. **2.** The passage of one celestial body in front of another of greater apparent diameter (e.g., the passage of Mercury or Venus across the Sun or Jupiter's satellites across its disk); however, the passage of the Moon in front of the larger apparent Sun is called an *annular eclipse*. (See *eclipse, annular; eclipse, solar*.)

    transit, shadow: The passage of a body's shadow across another body; however, the passage of the Moon's shadow across the Earth is called a *solar eclipse*.

true equator and equinox: the celestial coordinate system defined by the orientation of the Earth's equatorial plane on some specified date together with the direction of the *dynamical equinox* on that date. The true *equator* and equinox are affected by both *precession* and *nutation*. (See *mean equator and equinox; nutation; precession*.)

TT: see *Terrestrial Time (TT)*.

twilight: the interval before *sunrise* and after *sunset* during which the scattering of sunlight by the Earth's atmosphere provides significant illumination. The qualitative descriptions of astronomical, civil and *nautical twilight* will match the computed beginning and ending times for an observer near sea level, with good weather conditions, and a level *horizon*. (See *sunrise, sunset*.)

    twilight, astronomical: the illumination level at which scattered light from the Sun exceeds that from starlight and other natural sources before *sunrise* and after *sunset*. Astronomical *twilight* is defined to begin or end when the geometric *zenith distance* of the central point of the Sun, referred to the center of the Earth, is 108°.

    twilight, civil: the illumination level sufficient that most ordinary outdoor activities can be done without artificial lighting before *sunrise* or after *sunset*. Civil *twilight* is defined to begin or end when the geometric *zenith distance* of the central point of the Sun, referred to the center of the Earth, is 96°.

    twilight, nautical: the illumination level at which the *horizon* is still visible even on a Moonless night allowing mariners to take reliable star sights for navigational purposes before *sunrise* or after *sunset*. Nautical *twilight* is defined to begin or end when the geometric *zenith distance* of the central point of the Sun, referred to the center of the Earth, is 102°.

umbra: the portion of a shadow cone in which none of the light from an extended light source (ignoring *refraction*) can be observed.

Universal Time (UT): a generic reference to one of several time scales that approximate the mean *diurnal motion* of the Sun; loosely, *mean solar time* on the *Greenwich meridian* (previously referred to as Greenwich Mean Time). In current usage, UT refers either to a time scale called UT1 or to *Coordinated Universal Time (UTC)*; in this volume, UT always refers to UT1. UT1 is formally defined by a mathematical expression that relates it to *sidereal time*. Thus, UT1 is observationally determined by the apparent diurnal motions of celestial bodies, and is affected by irregularities in the Earth's rate of rotation. UTC is an atomic time scale but is maintained within 0ˢ9 of UT1 by the introduction of 1-*second* steps when necessary. (See *leap second*.)

UT1: see *Universal Time (UT)*.

UTC: see *Coordinated Universal Time (UTC)*.

vernal equinox: see *equinox, vernal*.

vertical: the apparent direction of gravity at the point of observation (normal to the plane of a free level surface).

week: an arbitrary *period* of *days*, usually seven days; approximately equal to the number of days counted between the four *phases of the Moon*. (See *lunar phases*.)

wobble, polar: 1. In current practice including the phraseology used in *The Astronomical Almanac*, it is identical to *polar motion*. **2.** In certain contexts it can refer to specific components of polar motion, *e.g.* Chandler wobble or annual wobble. (See *polar motion*.)

year: a *period* of time based on the revolution of the Earth around the Sun, or the period of the Sun's apparent motion around the *celestial sphere*. The length of a given year depends on the choice of the reference point used to measure this motion.

year, anomalistic: the *period* between successive passages of the Earth through *perihelion*. The anomalistic *year* is approximately 25 minutes longer than the *tropical year*.

year, Besselian: the *period* of one complete revolution in *right ascension* of the fictitious mean Sun, as defined by Newcomb. Its length is shorter than a *tropical year* by $0.148 \times T$ *seconds*, where T is centuries since 1900.0. The beginning of the Besselian *year* occurs when the fictitious mean Sun is at *ecliptic longitude* 280°. Now obsolete.

year, calendar: the *period* between two dates with the same name in a *calendar*, either 365 or 366 *days*. The *Gregorian calendar*, now universally used for civil purposes, is based on the *tropical year*.

year, eclipse: the *period* between successive passages of the Sun (as seen from the geocenter) through the same lunar *node* (one of two points where the Moon's *orbit* intersects the *ecliptic*). It is approximately 346.62 *days*.

year, Julian: a *period* of 365.25 *days*. It served as the basis for the *Julian calendar*.

year, sidereal: the *period* of revolution of the Earth around the Sun in a fixed reference frame. It is the mean period of the Earth's revolution with respect to the background stars. The sidereal *year* is approximately 20 minutes longer than the *tropical year*.

year, tropical: the *period* of time for the *ecliptic longitude* of the Sun to increase 360 degrees. Since the Sun's *ecliptic* longitude is measure with respect to the *equinox*, the tropical *year* comprises a complete cycle of seasons, and its length is approximated in the long term by the civil *(Gregorian) calendar*. The mean tropical year is approximately 365 *days*, 5 hours, 48 minutes, 45 *seconds*.

zenith: in general, the point directly overhead on the *celestial sphere*.

zenith, astronomical: the extension to infinity of a plumb line from an observer's location.

zenith, geocentric: The point projected onto the *celestial sphere* by a line that passes through the geocenter and an observer.

zenith, geodetic: the point projected onto the *celestial sphere* by the line normal to the Earth's geodetic ellipsoid at an observer's location.

zenith distance: angular distance on the *celestial sphere* measured along the great circle from the *zenith* to the celestial object. Zenith distance is 90° minus *altitude*.

Users may be interested to know that a hypertext linked version of the glossary is available on *The Astronomical Almanac Online* (see below).

Definitions of astronomical terms are provided in the Glossary, Section M. Entries in the Glossary are not cited in the Index.

Definitions of astronomical terms are provided in the Glossary, Section M. Entries in the Glossary are not cited in the Index.

Definitions of astronomical terms are provided in the Glossary, Section M. Entries in the Glossary are not cited in the Index.

Definitions of astronomical terms are provided in the Glossary, Section M. Entries in the Glossary are not cited in the Index.

Definitions of astronomical terms are provided in the Glossary, Section M. Entries in the Glossary are not cited in the Index.

Definitions of astronomical terms are provided in the Glossary, Section M. Entries in the Glossary are not cited in the Index.

Definitions of astronomical terms are provided in the Glossary, Section M. Entries in the Glossary are not cited in the Index.

Definitions of astronomical terms are provided in the Glossary, Section M. Entries in the Glossary are not cited in the Index.

Definitions of astronomical terms are provided in the Glossary, Section M. Entries in the Glossary are not cited in the Index.

INDEX

Definitions of astronomical terms are provided in the Glossary, Section M. Entries in the Glossary are not cited in the Index.

Definitions of astronomical terms are provided in the Glossary, Section M. Entries in the Glossary are not cited in the Index.

Definitions of astronomical terms are provided in the Glossary, Section M. Entries in the Glossary are not cited in the Index.

Definitions of astronomical terms are provided in the Glossary, Section M. Entries in the Glossary are not cited in the Index.

Definitions of astronomical terms are provided in the Glossary, Section M. Entries in the Glossary are not cited in the Index.

Definitions of astronomical terms are provided in the Glossary, Section M. Entries in the Glossary are not cited in the Index.

Definitions of astronomical terms are provided in the Glossary, Section M. Entries in the Glossary are not cited in the Index.

For Reference

Not to be taken from this room